U0753920

上海“十二五”重点图书出版规划项目
上海文化发展基金资助项目
湖北省社会科学基金项目:20世纪西方会计思想演进研究
——西方会计名家传略(2011LJ004)的最终研究成果

·中外会计人文系列丛书·

CHINESE AND FOREIGN ACCOUNTING HUMANITIES SERIES

# 西方会计名家传略

许家林 蔡传里 王 辉 等/编著

**图书在版编目(CIP)数据**

西方会计名家传略 / 许家林等编著. —上海：立信会计出版社，2013.8

(中外会计人文系列丛书)

ISBN 978-7-5429-3930-2

Ⅰ.①西… Ⅱ.①许… Ⅲ.①会计学家—列传—西方国家 Ⅳ.①K815.31

中国版本图书馆 CIP 数据核字(2013)第 178955 号

策划编辑　黄成艮
责任编辑　黄成艮
封面设计　周崇文

**西方会计名家传略**

| | | | |
|---|---|---|---|
| 出版发行 | 立信会计出版社 | | |
| 地　　址 | 上海市中山西路 2230 号 | 邮政编码 | 200235 |
| 电　　话 | (021)64411389 | 传　　真 | (021)64411325 |
| 网　　址 | www.lixinaph.com | 电子邮箱 | lxaph@sh163.net |
| 网上书店 | www.shlx.net | 电　　话 | (021)64411071 |
| 经　　销 | 各地新华书店 | | |

| | | | |
|---|---|---|---|
| 印　　刷 | 上海肖华印务有限公司 | | |
| 开　　本 | 787 毫米×1092 毫米　1/16 | | |
| 印　　张 | 56.75 | 插　　页 | 3 |
| 字　　数 | 1066 千字 | | |
| 版　　次 | 2013 年 8 月第 1 版 | | |
| 印　　次 | 2013 年 8 月第 1 次 | | |
| 书　　号 | ISBN 978-7-5429-3930-2/K | | |
| 定　　价 | 106.00 元 | | |

# 总　序

人类社会发展与演进过程中的无数史实充分表明，会计是经济管理的一个重要组成部分，经济越发展，会计越重要。早在140多年前，马克思就在其鸿篇巨制《资本论》第二卷中曾明确地谈到会计对社会经济发展的重要价值："过程越是按社会的规模进行，越是失去纯粹个人的性质，作为对过程的控制和观念总结的簿记就越是必要；因此，簿记对资本主义生产，比对手工业和农民的分散生产更为必要，对公有生产，比对资本主义生产更为必要。"在现代信息社会中，经济的发展，尤其离不开会计。而会计理论是采用一定逻辑形式对会计实践行为的本质及其演变与发展规律进行研究后所形成的系统、全面的理性认识。会计理论来自于会计实践，用于指导会计实践并接受实践的检验。由于会计实践的多样性，导致会计理论的内涵非常丰富，所涉及的范围比较广泛，内容也比较庞杂。随着社会生产力水平的不断提高，会计方法与技术日趋完善，会计理论所涉及的范围日益广泛。会计理论和实务的发展，促进着社会经济的发展。

20世纪既是世界经济发展的高峰时期，也是现代会计理论逐渐走向成熟的重要时期。在这一时期，会计环境的不断变化给会计工作提出了许多新的要求，也使会计理论与实务面临着许多新的问题。在会计界的共同努力下，会计理论研究所取得的一系列重要成果，为会计科学在整个人类科学体系中占据重要地位打下了坚实的基础。回溯20世纪西方会计理论的发展历程，其巨大成就的取得，除了来自外部环境对会计理论演进的外力作用外，由人类文化宝库中先进的、科学的、优秀的价值观与方法论指导而形成特有会计文化元素——会计学科群体内部的会计专业人士、会计职业组织、会计研究文献、会计专门规范、会计专业期刊和相关会计传播媒体等主要人文因素的相应变化，以及其综合动力的形成，也是促进其发展的重要源泉，它们各自对现代会计理论的发展起到了不同的推动作用。因此，研究现代会计理论与实务的发展趋势，就必须研究其已经取得的历史成就并分析其形成与演进的规律；研究现代西方会计理论及会计思想的发展规律，就需要了解在会计实务与理论发展的不同时期，上述相关因素所起到的客观作用，需要研究不同因素之间的关系及其对会计理论发展的影响程度，更需要系统地研究其所包含的主要内容及其在学术发展中的地位。只有这样，才可使我们在研究有关会计理论学术观点的演进历程、变化态势与发展趋势等问题时，能够从历史发展进程的角度对其进行全面的分析、研究与评判，从而得出相对比较客观的结论。

会计专业人士、会计职业组织、会计研究文献、会计专门规范、会计专业期刊和相关会计传播媒体等学术元素，不仅对现代会计理论的发展具有重要影响，且相互之间也具有必然的联系：如果没有优秀的会计专业人士，就难以对纷繁复杂的会计实务从理论的高度进行系统地分析与研究，从而也就不会产生闪耀着理性光芒的会计思想；如果没有相应的会计职业组织与会计学术组织，单一会计专业人士的思想与理性认识就不会在碰撞和砥砺中得以发扬光大与传播；如果没有会计研究文献，会计专业人士和会计组织的研究成果就不可能流传后世；如果没有会计专业期刊、会计出版机构与会计网络等平面和立体的传播媒体，会计专业人士的思想与观点就不可能有效且及时地传播，会计思想与理论就不可能向指导会计实务方面有效地转化；如果没有形成与时俱进的会计专门规范并付诸实施，会计理论研究成果将会永远停留在会计学者的书斋和会计管理者的案卷资料中，也就不能对会计实务的改进形成具体的指导，进而难以推进会计理论与实务的发展。我们要研究会计思想的发展，就必须对这些问题进行深入、全面、系统的研究。与此同时，我们要培养合格的高层次会计专门人才，就必须向学生系统地传授这方面的知识，以使其在系统了解并不断丰富上述会计理论知识的基础之上，承担传承会计学术薪火的重任。

1983年以来，我一直从事基础会计理论的研究与教学工作。2001年以来，我在中南财经政法大学会计学院主要从事会计学专业博士生的《会计理论发展与学术派别》、硕士研究生的《会计基本理论研究》、《会计科学研究方法》和本科生的《会计学原理》、《会计理论专题》和《毕业论文写作专题》等课程的教学以及与此相关的研讨组织工作。

在近30年针对不同层次的会计理论教学实践中，我深切地感受到，当前会计专业学生，特别是研究生生源结构上的复杂性，导致学生专业知识参差不齐的现象极其严重。在会计专业理论学习过程，学生对于需要了解的相关基本知识（诸如会计理论发展历史、会计名家、会计名著、会计规范、会计职业组织和会计专业期刊等）以及经典会计文献等会计人文方面的知识知之甚少，甚至可以说是极其贫乏。

目前，在我国繁荣的图书市场上，尽管国内出版的会计理论书籍众多，但尚无系统介绍有关西方会计理论发展演进的普及性书籍，从而给学生全面了解会计理论知识带来诸多不便。此外，尽管有的会计理论书籍中亦有对上述问题的不同程度涉及，以及为满足各自著述需要的不同视角的介绍，但因不同作者取得资料的来源不一，加上互相转引现象较为普遍，因而，客观上既形成了对西方同一学者、同一文献的译法不一、提法不一、说法不一以及内容不一的混乱现象，有的甚至产生一定的专业知识误导。具体表现为：①在同一书中将同一位会计名家列出不同的词条。如国内已经出版的一本教科书中，对于同一位会计名人分别列了两个词条：例如，美国著名的会计学家斯蒂芬·亚当·泽夫(Stephen Addam Zeff)，就有两次介绍，既有“斯蒂芬·A·泽福”，也有“斯蒂芬·A·泽夫”；又如，现代会计之父卢卡·帕乔利(Luca Pacioli)也有两次不同的词条介绍。②同一文献在同一书籍的参考文献中被重复列示。如国内出版的一本会计理论书籍的书末参考文献中，美国著名会计学家阿纳尼亚斯·查尔斯·利特尔顿(Ananias Charles Littleton)1953 年的一份英文文献“A. C. Littleton. 1953. Structure of Accounting Theory. American Accounting Association Published in the United States of American”就出现了三次，其主要原因是其在列示该文献时，英文名字的排列顺序不同：一条列为 A. C. Littleton；一条列为 Littleton A. C.；另外一条则直接列为 Littleton。③重要会计组织的译名出现明显错误。如国内出版的一本会计学译著中，在介绍作者时，就有：“唐纳德·E·基索(Donald E. Kieso)博士，CPA，全美会计协会(AAA)、全美注册会计师协会(AICPA)和伊利诺伊州注册会计师协会成员……”杰里·J·韦安特(Jerry J. Weygandt)博士，CPA，全美会计协会(AAA)、全美注册会计师协会(AICPA)和威斯康星州注册会计师协会成员……”这里面，将美国会计学会(AAA)和美国注册会计师协会(AICPA)一再译为“全美会计协会(AAA)”、“全美注册会计师协会(AICPA)”，似有不妥。如此现象，不一而足。这种状况，对于会计专业学术薪火传承产生了一种极为不利的后续学术影响，即部分本科生、研究生毕业后又相继走上了不同层次学校会计专业的专科、本科甚至是硕士研究生在会计理论课的教学岗位，他们用非规范抑或是不太准确的学术信息向学生传授，这也在客观上形成了会计专业理论知识的非良性循环。

由此可见，如果能够对影响会计理论与思想发展的相关元素进行全面编译整理，通过相应的研究，最终形成一套能够大致反映 20 世纪中外会计思想发展演变全貌的资料便显得尤为重要。这项工作，既是一项具有重要学术价值和社会影响的文献研究工作，也是一项可体现我国现阶段会计理论研究成果繁荣程度的基础性工作之一。

正是出于个人对这一工作的热情与兴趣，近 10 年来，我亦曾采用多种方式，组织我所带的博士生和硕士生们先后尝试着做了些相应的会计理论知识的普及与传播工作，并取得了初步成效。

2001—2003 年间，我曾组织编纂了《西方会计学名著导读》一书，由于受到当时资料条件的限制，书中只搜集了较为经典的22部会计理论论著，并对其作者生平以及论著的核心内容进行了概要式的编写，该书经中国财政经济出版社于2004年1月正式出版发行后，国内有很多高校均将其选作会计专业研究生的会计理论课的参考材料，笔者所在的中南财经政法大学会计学院更是早已经将该书列为会计专业研究生的必读书目之一，受到了使用者的普遍好评。但由于受当时资料掌握程度的限制，该书所涉及的范围也极为有限。

2005—2006年间，我曾组织2002—2004级硕士生以中文核心期刊《财会月刊》所专门开设的“西方会计名著掠影”专栏为阵地，先后发表了22篇会计名著的赏读性论文，在学术界产生了一定的学术影响。

2007—2010年间，我曾组织2003—2007级博士生在中文核心期刊《财会通讯》、《财会月刊》、《立信会计学院学报》和《财政监督》等杂志上发表了44篇有关实证研究经典论文赏析、会计理论学术派别、会计理论发展创新以及中国会计改革与发展的论文。

2008年1月至2010年12月间，我曾组织2005—2009级硕士生在会计期刊上连载了自1950年“美国会计名人堂”创设以来所入选的前36位会计名家。自2011年开始，我继续组织学生在会计杂志上开设的“西方会计名家掠影”专栏中，连载入选“美国会计名人堂”的后续52位会计名家与其他会计名人的著作。

但由于上述工作涉及的范围较广，延续时间较长，所取得的成果较为零碎，故其所产生的学术影响也受到限制。于是，我们考虑，能否制定一个系统的研究计划并分步实施，对涉及会计理论发展的主要元素进行相对较为全面的整理与研究，并形成一套系统的资料。

2001年开始，我即开始构思并着手编纂这套“中外会计人文系列丛书”的准备工作，当时初步拟定本套丛书的书目主要有：《西方会计名家传略》、《中国会计名家传略》、《西方会计规范集萃》、《西方会计名著导读（上、下）》、《中外会计组织掠影》和《中外会计期刊概览》等十多本。

为了完成这一浩繁的工程，我先后组织了我院2000—2011级共11届的200多名硕士研究生，以及2004—2011级的100多名博士研究生参与这一工作，并且通过各种方式从国内外不同渠道搜集资料、分类整理并分步组织实施。首先，通过各种渠道广泛搜集西方会计名著、会计规范、会计名家、会计职业组织、会计专业期刊，以及经典会计案例等方面的中外文资料；其次，组织博士与硕士研究生进行全面地编译与整理；再次，组织院内外英文基础较好的青年教师进行校译；最后，组织专家对全部资料进行校订。经过将近10年的努力，基本上完成了前拟规划中主要书目的初步编纂以及相应的资料整理工作。

纳入该丛书撰著规划中的有:《西方会计名家传略》、《中国会计名家传略》、《西方会计规范集萃》、《西方会计名著导读(上、下)》、《中外会计组织掠影》和《中外会计期刊概览》等6本,将作为“中外会计人文系列丛书”的第一批,可望于2014年年底完成全部编纂出版工作。

而纳入该丛书撰著规划中的其他书目,将作为“中外会计人文系列丛书”的第二批,计划在未来5～8年内完成全部编纂出版工作。

我们相信,由于该丛书涉及的知识面广泛,且涉及的内容繁多,故该丛书的出版,不仅会对传播会计理论、繁荣会计理论起到一定的推动作用,更为重要的是,它可为会计专业的研究生学习与研究会计理论,以及会计专业教师研讨会计专业问题,特别是对于研究20世纪会计理论与会计思想发展方面的问题,提供了一套系统的参考资料,且属于填补国内会计理论研究与出版物方面空白的一项工作。因而,它的出版,不仅对繁荣我国现阶段的会计理论研究具有重要的学术价值,而且对我国现阶段的高层次会计教育等会计实务工作,亦具有一定的促进作用。

许家林

2013年3月于武昌·竹苑

# 前　言

《西方会计名家传略》一书，是我们组织编撰的"中外会计人文系列丛书"的第一本，它是一部关于西方各国对会计理论和实务有杰出贡献的127位会计名人的简略传记。

人类会计的发展离不开会计理论工作者和实践者的努力，卢卡·帕乔利(Luca Pacioli)、乔治·奥利弗·梅(George Oliver May)、威廉·安德鲁·佩顿(William Andrew Paton)、阿纳尼亚斯·查尔斯·利特尔顿(Ananias Charles Littleton)、斯蒂芬·亚当·泽夫(Stephen Adam Zeff)、罗伯特·塞缪尔·卡普兰(Robert Samuel Kaplan)等会计名家则属于理论与实务发展的领头人。他们虽然没有浩浩荡荡的大军可供指挥，更没有堂堂皇皇的帝国可以统治，但没有这些会计名家，就不会对会计实务站在理论高度进行系统地分析与研究，就不会产生闪耀着哲学光芒的会计思想，就不可能发挥理论有效指导会计实践的客观功效。所以，他们的言行对会计理论、会计实务的发展做出了不可磨灭的贡献，从而也为世界经济发展做出了不可磨灭的贡献。

为了让会计后学们了解那些为创建、发展与完善会计理论和实务而披荆斩棘、辛勤劳动、不懈努力并做出过重要贡献的先行者，学习、传承、发扬他们的学术思想、治学精神和勇于探索、创新的科学态度，了解会计理论与会计思想发展的基本线索，作者从2001年即开始组织院内硕士生、博士生和部分青年教师，通过各种渠道搜集、整理大量中外文献、资料，历时近10年，编著了这本《西方会计名家传略》。

本书共收入了目前会计学界公认的对20世纪会计理论与实务发展具有突出贡献且有重大影响的127位西方会计名家。这些会计名家，可分为两大部分：第一部分是已经入选美国会计名人堂(1950—2011)的全球88位会计名人；第二部分则为入选澳大利亚会计名人堂及其他有着重要影响的39位会计名人，有的尽管暂时未入选会计名人堂，但其已有重要学术著作传世，或者在会计科学某一领域有突出成就，或者是某一文献在学界有着重要影响，或者是对会计理论和会计实务发展有某一方面重要贡献。在编写过程中，对每位入选的西方会计名家，我们均按人物分别编写传记。每位会计名家的传记，重点撰著5个方面内容：一是个人简要生平；二是理论与实务的主要贡献；三是主要论著简析；四是其多角度的珍贵照片等档案资料；五是主要参考文献（以加强资料之间的相互链接）。

目前入选本书的会计名家，其区域范围主要涉及美国、英国、加拿大、澳大利亚、荷兰、德国和日本等主要发达国家，这些名家的研究领域主要涉及会计史、规范会计理论、实证会计理论、财务报告理论、国际会计理论、管理会计理论和审计理论等多个方面，故本书涉及人物的代表性较强。

本书在编写过程中，我们共阅读了数百万字的相关英文文献及部分直接译著，同时也参阅了国内已经出版的大量直接资料与间接资料，以及利用网络或其他媒体获得的相应资料，由于涉及的范围太广，故在此不能对参阅资料的出处一一列示，但在书中均以参考文献或者其他方式将相关信息详告读者。在此，特别要对本书所涉原著的原始作者、译者、出版机构及相关评论介绍者表示我们真诚的感谢。

由于编写这本传略历时较长，传略中的部分内容曾断断续续在有关杂志、书籍上刊载。2004年1月，我们主编并由中国财政经济出版社出版了《西方会计名著导读》一书，重点是对当时影响较大且已经译为中文的22部西方会计名著的作者与每一名著的重要学术观点进行了全面梳理与归集性研究，并辅以对其学术贡献的评析；2005—2006年间，在中文会计类核心期刊《财会月刊》上开设"西方会计名著导读"专栏将其核心内容予以连载。2008—2010年间，在中文核心期刊《会计之友》上开设"西方会计名家掠影"专栏，连载了36篇评介1976年前入选"美国会计名人堂"的会计大师们生平与学术贡献的系列论文；2011年1月开始，又在《财会学习》杂志上开设了"西方会计名家·名师"专栏，计划用5～6年的时间，对入选"美国会计名人堂"和"澳大利亚会计名人堂"的会计大师，以及其他会计名家的生平与学术业绩向国内读者做系统评介。2012年1月开始，在《财会通讯》上开设专栏，对部分未能入选会计名人堂的会计大师们的学术生平与学术贡献做了连载。现根据新搜集掌握的部分文献资料，对已发表部分内容进行了反复补充与修改，加上新撰写部分，才最终形成此书。

该书的设计与编著方案由许家林于2002年提出，并于次年开始分步组织实施；蔡传里参与了早期方案的设计；王辉承担了"美国会计名人堂"部分入选名人初稿编纂的组织工作；张华林、龚翔、胡伟、王昌锐、黄益雄、杨海燕、许慧、胡曲应、朱廷辉、杨孙蕾、李朝芳、冯丽丽、林芳、蔡梅江、吕敏康和舒利敏等各位博士生参加了部分内容的资料补充与校订工作。全部初稿基本完成后，许家林利用2007年、2008年和2010年3个暑假的时间、蔡传里在2010年8月至2011年8月间，负责对书中入选全部名人传记初稿与终稿的逐一校订、补充与完善，直到2011年年底，这本书稿才得以基本完成。

承担本书初稿编译与撰稿任务的作者，主要是我院 2003—2011 级部分硕士研究生，以及 2004—2010 级部分博士研究生，他们是巴璇、白露珍、包锦君、蔡传里、陈红霞、陈瑞龙、陈雯、陈勇、崔慧静、杜安利、杜琳琳、范淑芬、冯静钏、冯俊、冯丽丽、付丽、管考磊、郭方方、何雁明、胡丹、胡娟、胡乾坤、胡妍妍、黄俊华、黄漂、黄媛媛、江丽、金星、李冰、李朝芳、李成艾、李佳梅、李静、李菊芳、李世凤、李晓丹、李晓琴、林芳、林宇、刘公文、刘剑超、刘双菱、刘霞、柳金金、陆震、祁娅菲、沈王月、沈维成、宋小明、滕丽霞、田伦、王昌锐、王辉、王潇媛、王晓亭、王艳平、王玉勤、王圆、魏琴、文保同、翁冬冬、吴令君、吴小娇、吴云良、夏毅、向玉章、徐娟、徐跃、许慧、薛苗、颜菱、杨欢、杨纪红、杨亮、杨孙蕾、杨智柳、叶仁敏、叶向阳、易凯、易庆玲、袁海英、翟月梅、张庚贤、张璟霖、张敏、张艳芳、赵彩霞、郑早琴、钟文芳、周德旺、周君、朱靖、朱晓江、庄恒、卓文妍、訾磊、李寒珺、李想、邓越、钟淑雅、周超、柴小康等，书中每位名家材料初稿的整理与执笔人均在文末列出。2010 级博士生冯丽丽、林芳与蔡梅江，以及李寒珺、廖海霞、邓越、李想、陈磊、杨姚幸子、杨姚存子、柴小康、刘莎、孙艳阳、周超、胡一川和张然等硕士研究生则承担了最终书稿的多次校订任务；2011 级博士生舒利敏、吕敏康和 2012 年博士生董峰除承担全部书稿各篇文末参考文献的校订任务外，还负责组织了最终书稿文字的校对工作。苏雯不惜牺牲暑假休息时间，协助进行最终书稿电子稿的校订工作。许迪协助进行了最终书稿中相关外文文献的校订工作。

本书涉及的范围非常广泛，而限于条件，我们所能搜集的文献资料可能并不完整，加上我们涉及与熟悉的知识领域和水平所限，有些应该收录的人物也许未能编入，对所收录人物的描述和评论也难免有不全面与不准确之处。因此，对有些问题的阐述与认识，难免就会带有主编与初稿作者个人的主观判断，不当之处自然是在所难免。本书中所涉及的会计名家，包括健在会计名家的传略，限于条件亦难能经他们本人或亲友审阅，如有不恰当、不完整和不确切的地方，还请各位名家与其亲友及广大读者指正。

本书既是我主持的 2011 年度湖北省社会科学基金项目——《20 世纪西方会计思想演进研究——西方会计名家传略》(课题编号：2011LJ004 的最终研究成果）亦是我们所承担的、由郭道扬教授任首席专家的 2011 年度国家哲学社会科学基金重大项目(第二批)——《中国会计通史系列问题研究》(课题编号：11&ZD145）所属第三子课题《中外会计史比较研究》的前期基础性成果之一。

本书可为我国会计专业研究生、不同学校会计专业教师与科研工作者提供一本相对专业化、且较全面的会计理论学习参考文献，对于他们研讨会计专业理论问题，特别是研究 20 世纪会计理论与会计思想发展方面的问题，也具有较高的学术参考价值。

尽管这本书从设计到完稿历时较长，过程较为艰辛，但我们感到欣慰的是，经过我们师生近十年的共同努力，我们终于做完了目前可能还没有人做但我们想为会计界做的这件小事。

本书在编写过程中，得到了许多老师、朋友、同事的支持和帮助，他们为本书提供了大量的重要参考文献和资料，在此致以衷心的感谢。感谢《会计之友》杂志社的总编笑雪先生、《财会通讯》杂志社的程瑞川社长以及《财会学习》编辑部主任李英老师对我们介绍西方会计名家专题成果的关注并给予连续刊载，还要感谢立信会计出版社对本书的厚爱，更要感谢窦瀚修社长、陆盛强总编以及黄成艮主任对本书出版的大力支持与具体指导。

本书是我们在这一领域里所开拓的初期成果，衷心期望其出版可得到学界关注，并望得到批评与指教，以使我们可对“中外会计人文系列丛书”不断地完善。

许家林

2013 年 2 月 27 日于武昌·南湖

# 目　　录

## 第一部分　美国会计名人堂的成员
## (1950—2011年，88人)

## 第二部分 其他西方会计名人

## （39 人）

# 第一部分

# 美国会计名人堂的成员

（1950 — 2011 年，88 人）

# 乔治·奥利弗·梅

## (George Oliver May, 1875 — 1961)

乔治·奥利弗·梅(George Oliver May, 1875—1961)是一位杰出的会计学家和会计理论先驱,他为美国会计理论与实务的发展做出了杰出贡献,因而是首批入选俄亥俄州立大学于1950年为美国著名会计学家设立的专门纪念厅——会计名人堂的3位会计大师之一。

## 一、个人简要生平

1875年5月22日,梅(见图1)生于英格兰德文郡(Devonshire)一个名为廷茅斯(Teignmouth)的小镇,并在廷茅斯语法学校和私塾(1882—1889)、布兰戴尔(Blundell)学校(1889—1891)接受了初等教育。1902年1月1日,他与爱第斯·玛丽·斯洛根(Edith Mary Slocome)结婚,育有3个孩子,其终身爱好包括经济、法律理论、历史、语言和收集英国古银币等。1961年5月25日,梅逝世,终年86岁。

图1 乔治·奥利弗·梅

1892年2月15日,梅成为埃克塞特市(Exeter)Thomas Andrew公司的一名正式职员,从而为参加特许会计师考试积累了必要的经验,并在考试中取得了第一名的成绩,1897年取得特许会计师资格,加入英格兰和威尔士特许会计师协会(The Institute of Chartered Accountants in England and Wales,简称ICAEW)。在离开Thomas Andrew公司后,他于1897年在伦敦加入了普华会计师事务所(Price Waterhouse,简称PW)。同年,他离开PW伦敦所前往美国,即成为PW美国所的代表。1902年,他成为PW的合伙人,1909年正式取得美国国籍,并于1911年成为高级合伙人,直到他1940年退休。

20世纪前期，梅曾担任美国注册会计师协会副主席（1917—1918）、检查委员会成员（1916—1919）和AICPA基金委员会副主席（1923—1924），而且任职期间异常活跃。但由于其从不喜欢琐碎的管理工作，且喜欢做幕后工作而不是台前工作，故曾谢绝了AICPA主席的职位。此外，他还曾担任过AICPA的其他一些重要职务，包括捐赠管理委员会（the Committee on Administration of Endowment）主席（1917—1930）、证交所合作委员会（the Committee Cooperation with Stock Exchanges）主席（1930—1935）、会计原则发展委员会（the Committee Development of Accounting Principles）主席（1933—1936），并曾于1939—1945年期间担任专业术语委员会（the Committee on Terminology）主席、1937—1945年兼任会计程序委员会（the Committee on Accounting Procedure，简称CAP）副主席、1938—1941年担任CAP主席，他通过这两个委员会对会计理论和会计实务产生了重要影响。

另外，梅还是1947年创立的由AICPA和洛克菲勒基金会共同资助的关于企业收益研究小组的成员。1952年，他帮助起草了该小组的公告——变化中的企业收益概念（*Changing Concepts of Business Income*）。1930年，AICPA设立了一个由6名资深合伙人组成的特别委员会，负责同纽约证交所沟通与合作，并成为该委员会的主席和证交所的首席会计顾问。在任期间，他开拓性地为双方的沟通和合作奠定了基础。1944年，他获得了AICPA的最高荣誉——美国注册会计师协会金质奖章（the AICPA's Gold Medal Award）。在他去世后，哥伦比亚大学（Columbia University）还设立了一个以他的名字命名的财务会计特殊教授职位。

## 二、理论与实务的主要贡献

梅对20世纪30年代美国会计执业水准的提高发挥了不可或缺的作用。众所周知，20世纪20年代中期美国公司出现了大量的破产倒闭。为此，会计师受到了社会的严厉指责。例如，哈佛大学（Harvard University）经济学家威廉·Z·里普利（William Z. Ripley）就曾撰文，鞭挞高估资产和低估折旧的会计实务，抱怨公司没有披露其编制财务报告的具体会计方法。因此，建议政府对公司财务报告实施直接的管制。就是在这样一个特定的历史背景下，梅以其有效的行动扩大了在会计职业界的影响。一方面，他坚决反驳社会对会计指责中的片面不实之词；另一方面，他竭力主张AICPA同纽约证交所联手，以规范和改进公司财务报告。1928年，纽约证交所选中普华会计师事务所为其提供会计咨询服务，梅即成为证交所的首席会计顾问。第一次世界大战期间，他曾经在财政部（Treasury Department）和战时贸易委员会（War Trade

Board)任职。此后,他还经常为财政部和其他政府机构献计献策,并成为参议院众多委员会的专家。他担任的其他公职还包括全国经济研究局局长(1926—1927)、理事会主席(1928—1929),美国经济学会副主席(1930)和美国统计学会理事(1930)等。

梅是 20 世纪上半叶最著名的会计理论家之一。在他的领导下,AICPA 与纽约证交所(the New York Stock Exchange)精诚合作,并在 1934 年发表了《公司账户之审计》(*Audits of Corporate Accounts*, 1934),第一次提出了上市公司必须遵循的 6 项会计原则。该文讨论了一种对公司和会计原则可行的审计报告的形式,从而为证交所要求上市公司接受年度独立审计提供了基础。这份报告也有助于说服新成立的美国证券交易委员会(SEC),使其相信会计职业的权威应该是会计原则,而不是联邦政府。《公司账户之审计》的发表大大增加了 AICPA 坚持职业自律的筹码。

梅一生中共为专业杂志撰写了约 106 篇文章(其中有 54 篇发表在《会计杂志》上),并著有《财务会计:实践之提炼》(*Financial Accounting: A Distillation of Experience*)(1943)一书。他在哥伦比亚大学、西北大学、斯坦福大学与耶鲁大学等著名大学都作过演讲,并在 1936—1937 年间成为哈佛大学第一位迪金森讲师(Dickinson Lecturer)。由于梅的卓越成就及对世界会计职业发展的重大贡献,因而,他曾获得多项崇高的会计荣誉,美国俄亥俄州立大学于 1950 年为美国著名会计学家设立专门纪念厅——会计名人堂时,他与罗伯特·希斯特·蒙哥马利和威廉·安德鲁·佩顿一道成为首批入选的会计名人,并名列首位。

梅的会计格言是:"真实可靠是会计的生命线。"①

## 三、主要论著简析

也许是由于梅对经济理论比较感兴趣的原因,他在《会计评论》(*the Accounting Review*)、《经济学季刊》(*Quarterly Journal of Economics*)和《哈佛商业评论》(*Harvard Business Review*)等期刊上发表的一些论文中,在谈及会计问题时也经常涉及经济方面的一些概念。现摘要编译选介如下。

### (一)"评基尔先生的基准与标志"(1956)

"评基尔先生的基准与标志"(*A Comment on Mr. Geer's Benchmarks and Bea-*

① Tamas J Burns, Edwards N Coffman. 1976. The Accounting Hall of Fame: Profiles of Thirty-Six Members[M]. College of Administrative Science, The Ohio State University, 37.

*cons*)一文刊于《会计评论》1956 年第 4 期。此文关注的是 AICPA 主席霍华德·格林(Howard C. Green)对公司财务报告的看法问题。他认为,AICPA 应该采取一定措施解决已经存在了近 1/4 世纪的公司财务报告问题。他认为,SEC 基本上支持 SEC 与 AICPA 的联合公告以及商务部咨询委员会(Advisory Committee to the Department of Commerce,简称 ACDC)报告所建议的解决方法,并建议 AICPA 应该采纳并加以推广这一方法。对"一般公认会计准则"(Generally Accepted Accounting Principles,简称 GAAP)的介绍,也正是出现在 SEC 与 AICPA 的合作中。虽然格林的报告对 GAAP 并不认同,但对 GAAP 的定义却非常明确。关于总括收益账户,格林认为,AICPA 注意到了对它采用的一种"勉强趋势";同时,通过只是建议发布关于收益与盈余的联合公告可见,CAP 在这方面也采取了谨慎的行动。

### (二)"企业收益的概念及其执行"(1954)

"企业收益(business income)的概念及其执行"(*Concepts of Business Income and Their Implementation*)一文刊于《经济学季刊》1954 年第 1 期。此文的重点是说明企业收益的概念以及实施方法。一个世纪以前,当公司还处在孕育阶段以及复式记账法只是在一小部分企业中应用的时候,企业收益通常是在考虑资本增加和减少额的情况下通过年初与年末企业净值的比较来度量的。当时流行的经济学中,企业收益概念是将其看作是从资本这棵树上掉下来的果实。可见,会计上和经济学中有关企业收益的两种观点明显地存在方法上的冲突,因为收益被许多经济学家看作是某一期间内企业经济实力的增加,这一增加额可通过贴现的期望值来计量。所以,经济学上的收益概念,通常表述为使个人或主体在期初与期末同样富足情况下可供消费的最大数额。会计人员在接受必须小心防范对总额过分估计的条件下,很可能同意这一观点。

### (三)"对投资成本重要性的限制"(1952)

"对投资成本重要性的限制"(*Limitations on the Significance of Invested Cost*)一文刊于《会计评论》1952 年第 4 期。文中提出,对"变动企业收益概念"报告的不同意见并没有表现为实务界与学术界的观点冲突,发布这份公告的研究小组的所有学术成员与 2/3 多数的实务界人士达成了一致结论。美国会计学会概念与准则委员会(Committee on Concepts and Standards of the Association)在 1952 年 1 月发布的公告(于《会计评论》发表)也与研究小组的意见一致,但是它在某些方面研究得更深入,在某些方面也存在不足;同时,有必要使公众明白的是:现行财务报告也不能提供有关信息以弥补这方面的不足。所需的信息应该基本上与会计人员所提供的信息具有相同的特性并且同样非常重要。并非所有的会计人员都能称职地提供所需要的附加服务,也并非所有的会计人员能够承担所有的责任。因此,如同法律与医学界一样,会计也应该成为一门职业,在这一职业领域的所有从业人员应该具备一定的职业胜任能力,以提供相应的职业服务。

### (四)"公司资本结构与联邦所得税"(1943)

"公司资本结构与联邦所得税"(*Corporate Structures and Federal Income Taxation*)一文刊于《哈佛商业评论》1943 年秋季卷。此文主要讨论公司资本结构和联邦所得税的关系。对于那些对税收理论感兴趣的人来说,他们早就发现:资本结构的不同会影响联邦所得税税负的大小。随着税率的上调,这一影响程度已经更加明显。与超额利润所得税不同,一个 100 万美元资本中有 6%优先股的美国公司,为了支付 40%的所得税,必须取得 10 万美元的税前收益,才能剩下 6 万美元的可供支付股利的税后收益。如果通过发行 5%的债券来替换这些优先股,由于将不存在税收而只有利息需要支付,因此需要取得的税前收益将减少到 5 万美元,准确说是原来的一半。在当时税法规定下,即使是收益债券,这种差异仍然存在。但是,收取利息的债券持有人与收取股利股东承担的税负并无区别。而在英国,公司与个人的税负并不会由于资本是采取债券或者股票形式的不同而不同。

### (五)"财务会计过程的特点"(1943)

"财务会计过程的特点"(*The Nature of the Financial Accounting Process*)一文刊于《会计评论》1943 年第 3 期。此文重点讨论财务会计过程的特点。美国会计师协会①的一个委员会将会计定义为"以一定的方式用货币对交易和事项进行记录、分类、总结并解释由此产生结果的一门艺术,这些交易与事项至少具有部分财务特性"。但本文认为,会计是一门艺术,是一门广泛应用且具有多种有用性的艺术,而不是科学。会计纯粹的记录作用虽然是必不可少的,但是它只与技术人员相关。会计的分析与解释作用有两种:一种是为管理层(主要是经理人)在经营过程中提供帮助;另一种是为董事会、股东、债权人及其他利益相关者提供与企业财务状况和经营成果相关的财务

---

① 美国注册会计师协会(American Institute of Certified Public Accountants,简称 AICPA,1957 年成立,其前身是 1887 年成立的美国公共会计师协会,即 American Association of Public Accountants,简称 AAPA;1916 年,AAPA 更名为美利坚会计师协会,即 Institute of Accountants in the United States of America,简称 IAUSA;1917 年,IAUSA 再次改名为美国会计师协会,即 American Institute of Accountants,简称 AIA)。本书后文中涉及此信息较多,在时间与称谓上不做严格区分。

报告。因此，这一财务会计的过程对那些既非会计人员也不是经理人员来说也具有广泛的重要性。

**(六)“总收益”(1941)**

“总收益”(*Gross Income*)一文刊于《经济学季刊》1941年5月号。此文重点讨论会计人员对“总收益”与“总节余”的不正确使用。会计人员由于使用诸如“折旧前收益”之类的词语而受到指责，因为此时折旧及其他成本还没有从总收入中扣除。批评者针对的是会计人员使用的“收益”包含了利得或利润。税法也使用了总收益的概念，但是它的定义还存在需要探讨的地方。它提出了包含在总收益中的各种利得、利润与收益，并认为总收益概念应该包括从各种资源中获得的利得、利润与收益。以前认为收益未必是利得或利润。在传统会计循环中，认为销售以一定的数额收入产生收益的思想并没有受到多少质疑，虽然收益与销售在像“总销售与收益”(gross sales and income)这样的分类中不均衡地被联系起来的情况并不常见。该文中，梅对“总收益”所表达的基本观点如下：

从标准词法上来说，“gross”这个单词没有什么难度，它就是“整体”(whole)的意思。但总是存在这样一种倾向，将一个净指标看作是整体上的(as the whole)而把gross看作是比整体还要多的一个概念(something more than the whole)。近年来，会计人员总会被指责使用诸如“折旧前的收益”之类的词语，因为在折旧和其他成本从总收入中剔除出来之前，并不存在所谓的收益。批评就是针对会计人员的收益概念含义是利得(gain)或利润(profit)。

最高法院在解释所得税的一项修正案时对收益(income)一词进行了定义。税法使用了“总收益”的表达方式，但是这个定义并未解决所有问题。它提出了各种包含在总收益中的利得、利润、收益，并认为这一概念也包括从其他任何资源中衍生出来的利得、利润、收益。所使用的这个词暗示了在国会的观点上，收益未必是一项利得或利润，但是国会使用这些词看起来更可能是仅仅显示他们对大众的忠实。

作为一条规律，国会并不寻求对那些通常不被认为是利得的收益征税。它对股利征税的建议被最高法院认为是一次与这一规律对抗的尝试，并据此被判无效。针对财政部试图对木材经营按一定数额的收益征税的尝试，法院在达成不能根据木材砍伐作出任何扣除的认识后，也做了同样的判决。这看起来似乎是一条鼓励耗尽木材的不合逻辑的条款，虽然对于矿藏消耗的条款来说并不是，但是对于在任何所谓的收益产生之前从销售收入中做必要的扣除还是达成了一致看法，特别是由于木材的消耗可以由它的生长来弥补，而矿藏的消耗则是无法弥补的。但是法庭关于折耗事项执行的决议支持它成为一个特别法并持续了很久，这项法律用于确定采矿公司的可分收入。但是在木材案中，财政部总体上支持这种说法，即总销售收入就是收益，唯一允许的扣除应该是由国会明确批准的。然而这一规律被法院强行否决。

在传统会计循环中销售产生收益的观念被普遍接受，虽然收益与销售在像“总销售与收益”(gross sales and income)这样的分类中联系起来的情况并不常见。经济学领域的“收益”有时是空洞的，但是除了这种用法外，它还表示一种利得，即从原来存在的事物中取得的价值增加。在社会科学百科全书中的“收益”和“国民收入”概念均承认收益是一个净值指标。它认为相对于其他领域的收益概念，经济学上的总收益观念是最不能承认的“收益”。然而，经济学家似乎比会计学家更好地准备好推广“收益”概念。

在极端情况下，所有的总销售收入被认为是收益。在 Brookings 机构的研究论文《资本扩大、雇佣与经济稳定》中(第 115～116 页)，总收益被描述为“销售商品和提供劳务的收入以及可能获得的非经营收益”，根据这个概念，1929 年全国所有公司的收益总额将超过 1 440 亿美元。虽然在备忘录 C 中也引用了这种说法，但是在备忘录中“总收入”(gross revenue)被用来表达“总收益”的概念，“收益”(非标准)概念的首次使用是描述从总收入中扣除现金经营性支出的总和，而不是扣除坏账、折旧或者折耗。在同一本论文集的第 183 页是这样描述的：“1929 年国民收入的总额(代表了所生产商品和提供的劳务的价值)约为 820 亿美元”。这个数据明显低于在第 116 页中出现的所有公司的总收益。这好像就是 Kuznets 所说的“国民收入”，在这一概念中坏账、折旧、折耗以及其他成本均已经被扣除。

在《国民收入与资本构成》中，Kuznets 认为，国民收入，或是他更喜欢的“国民净产出”(net national product)，是一个“独一无二的确定的概念”。但是作为一个总括(gross)的指标，总国民收入应该存在许多概念，因为它不可能被完全调整，换句话说，总国民收入并不是完全的收益，而是在内容上增加一定数量的负面因素后的国民收入。在最近的论文《商品流与资本构成》中，他在探讨同一个话题时认为：这些总额数的计量部分依赖于所需加计的程度(the extent of duplication required)，部分又依赖于可确认的差别和能用可靠数据计量的加计因素(duplication)。在这两篇论文中，他在计算净国民总收入或国民收益时继续单列出一个特定的负面因素，并将其加计到国民收益中，从而得出“总国民收益”(gross national income)。他使用“总国民收益”的特别意义，就是为了描述一定时期内国民净产出(当然包括生产的资本商品)与在生产过程中消耗的资本商品的数额。

这两篇论文提供的对这一做法的维护虽然在实质上相似，但在细节上却不同，同时也暗示了作者自己也不甚满意。他指出两点:首先,耐用商品的当前消耗在短期内是不可见的,它的估价最佳情况下也只是粗略的估计数。由于用于计算国民收入的所有数据最多只是估计数,对这种做法的维护仅仅会产生一个粗略程度的问题。Fabricant 博士的著作揭示了资本消耗的估计可以比这样的收益计算更加准确。其次,由于原材料的替换,耐用商品的更新并不能被技术因素严格控制,而给业主或消费者留下相当大的自主选择空间。如此宽广的自主空间意味着在短期内对耐用商品的更新需求存在大量的不同。这一观点的相关性并不很明显。如果是为了确定国民净产出或国民净收入的话,那么资本商品的消耗才是中肯的,而不应该是替换。毫无疑问,更新经常落后于标准,就如同持有和存货减少;国家的生存依赖于累计剩余,公司也一样。但是,依赖程度的确定才是最重要,而不应该通过委婉地使用"gross"一词来掩饰。

所有的争论都暗示了对以前在企业账户中未能提供折旧与会计人员所使用的"折旧前的收益"一词的辩护。用"国民总产出"来描述国民净产出与生产过程耗用的资本商品可能是一种可接受的合理辩护,但是即使用恰当的词来修饰这一总数,我们仍然不能合理说明"国民收入"的使用。

不幸的是,"国民收入"与"国民产出收入"(national income produced)作为"国民净产出"可接受的近义词已经获得广泛接受,而不管有没有"gross"来形容国民净产出与生产过程消耗的资本价值的总额。这种用法所引起混乱的一个重要例证可在汉森和克里博士的临时全国经济委员会(Temporary National Economic Committee of Dr Handen and Dr Currie,简称 TNEC)前的陈述中发现。汉森博士和克里博士站在证人的立场上将国民储蓄定义为国民收入超过消费的剩余部分,同时又使用"国民收入"一词来表示国民净产出与生产过程消耗的资本性商品。当有不同看法指向汉森博士时,他解释说是克里博士提到总节余("gross" saving)。然而,"gross"能修饰这样一个忽视了说明节余的主要消费项目的指标吗(But can the adjective "gross" make a figure which ignores a major item of consumption indicative of saving)?

我们该如何解释那些为科学计量和表达而经过专门培训的人士对"收益"(总收益)与"节余"(总节余)如此模糊的使用呢?无疑,一部分可通过这样一个看法来解释,即消耗(折旧费用)的估计总体上是超额的,同时掩盖了大量的利润和节余。虽然汉森博士和克里博士都没有任何证据来支持这一说法,但是很明显这是他们的观点。Kuznet 和布来基夫人(professor and Mrs. Blakey)在他们的论文《联邦所得税》中谈到了折旧费用的"残暴",似乎折旧费用的超额计算(excessiveness)已经臭名昭著。但是,很难发现会有大量经验丰富的会计人员认为,"收益统计"中反映的相同行业折旧支出额,从总体上说远远不足以提供正在发生的有用生物(useful life)的消耗数,虽然在一些特定的案例中，折旧数的确比足够的数额还要多。Fabricant 在《资本形成与消耗》一文中的一项调查也得出了相同的结论。由于税收总署从 1934 年起确立了严格限制支出数（provision）和禁止实践中无法保证的前期消耗（obsolescence）的储备目标，因此，这一结论具有内在的可能性。

除了已经提到的困惑外，“国民总收入”的使用也导致了很多就资本利得和损失是否应该列入国民收入计算问题的无谓争论。当然，没人会建议资本利得应该包含在国民净产出中。也许只有资本利得的一小部分代表了与包括在国民净产出中相似的附加价值，而其中绝大部分反映的是价格水平的变化、利率的变动、未分配利润的累积或者是由于其他原因导致的资本性资产价值的波动。也许我们太希望经济学家们不要继续使用“国民产出收入”，但是有一点看起来并非不合理，就是请求他们不要使用“gross”一词来表示比整体还要多的东西以及只在涉及利得时才使用“收益”一词。

## 参考文献

[1] 任明川. 美国历史上最杰出的几位会计师[J]. 中国注册会计师，2004(2)：62-64.

[2] http://fisher. osu. edu/departments/accounting-and-mis/the-accounting-hall-of-fame/membership-in-hall/george-oliver-may，2011-11-16.

[3] Stabler Heney Francis，George Oliver May(1875—1961). In History of Accountany：An International Encyclopedia，edited by Michael Chatfied and Richard Vangemeevsch. New York：Garland Publishing，1996：407-409.

（初稿执笔人：庄恒）

# 罗伯特·希斯特·蒙哥马利

## (Robert Hiester Montgomery, 1872—1953)

罗伯特·希斯特·蒙哥马利(Robert Hiester Montgomery, 1872—1953)是一位杰出的会计学家。由于蒙哥马利一生的卓越成就以及对世界会计职业发展的重大贡献,他曾获得多项崇高的会计荣誉:1949 年,他荣获 AICPA 的金质奖章;美国俄亥俄州立大学于 1950 年为美国著名会计学家设立专门纪念厅——会计名人堂时,他与乔治·奥利弗·梅、威廉·安德鲁·佩顿一道成为首批入选的会计名人。著名的会计史学教授斯蒂芬·亚当·泽夫曾经将他与乔治·奥利弗·梅、威廉·安德鲁·佩顿和卡曼·乔治·布劳推崇为"美国会计职业界四个最伟大的人"。

## 一、个人简要生平

1872 年 9 月 21 日,蒙哥马利(见图 2)出生于美国宾夕法尼亚州(Pennsylvania)的马哈诺伊市(Mahanoy City)。他的父亲托马斯·蒙哥马利(Thomas Montgomery)是一位乡村牧师。由于父亲工作地点不固定,他并未正式完成高中学业,大部分知识全靠自修取得。1941 年,他在宾夕法尼亚州的迪金森学院(Dickinson College, Carlisle, Pennsylvania)取得法学博士学位。

图 2 罗伯特·希斯特·蒙哥马利

蒙哥马利在 14 岁的时候,因父亲生病,使他不得不开始了第一份工作。1889 年 2 月 4 日,蒙哥马利在约翰·海因斯(John Heins)于费城创办的会计师事务所(该事务所后改名为 Heins, Whelen, Lybrand & Co.)里担任实习生。在此期间,他和事务所的威廉·M·莱布兰德(William M. Lybrand)、T·爱德华·罗斯(T. Edward Ross)和亚当·A·罗斯(Adam A. Ross)三位同事结下了深厚的友谊。在他们的帮助下,他刻苦学习会计学和审计学知识并取得成效。1898 年,他们四人在费城创办了莱布兰德-罗斯兄弟-蒙哥马利会计师事务所(Lybrand, Ross Brothers and Montgomery)。1902 年,莱布兰德会计事务所在纽约设立了由蒙哥马利负责的办事处,这是其在宾夕法尼亚州以外地区设立的第一家机构,从而使事务所从一家地区性机构发展为全国性机构迈出了可喜的第一步。后经发展,该所成为名噪一时的八大国际性会计公司之一——永道国际会计公司。

1899 年,蒙哥马利在取到了宾夕法尼亚州注册会计师的执照后仍然刻苦学习法律知识,并分别于 1900 年和 1904 年通过了费城和纽约的法律考试,取得了律师资格。许多年来,尽管他一直从事会计和法律工作,但为了会计事业,他最终还是放弃了法律工作。

在美国和西班牙的战争期间,蒙哥马利曾在波多黎各的一支炮兵部队中服役。从 1898 年直到 1902 年,他在宾夕法尼亚州的警卫队中服役。1918 年,在第一次大战期间,蒙哥马利被委任为陆军中尉。因此,后来他被人们称为蒙哥马利中尉。蒙哥马利也曾是战时评估委员会、战时工业委员会和战时定价委员会的成员,以及购买、存储和交通定价委员会的负责人。战后,他还作为会计和税收问题的专家积极参与了政府机构委托的一些工作。

除了在会计与审计领域里的卓越成就,蒙哥马利的爱好和兴趣也极为广泛:他最热衷的业余爱好是园艺,对针叶树和热带树更是情有独钟;1938 年,他出资在佛罗里达建立了一个儿童热带植物园;1940 年,建成蒙哥马利图书馆和博物馆;他还对纽约植物园的建成做出巨大的贡献,并且于 1935—1953 年间为其董事会服务。1951 年,纽约植物园因他的贡献而颁给他杰出贡献奖。此外,蒙哥马利还是一个高尔夫球爱好者和会计古籍收藏家。1926 年,他将自己在世界各地收集的各种会计古籍和 15 世纪几位国王、皇后记录的会计账簿捐赠给了哥伦比亚大学。

1904 年 11 月 5 日,蒙哥马利与伊丽莎白·亚当斯·肖(Elizabeth Adams Shaw)结婚,婚后育有 4 个孩子。1927 年,他与前妻离婚后,于 1928 年与洛伊斯·卡特·哥白(Lois Cate Gibb)再婚,在与其第二任妻子离异后,于 1934 年 7 月 6 日与埃莉诺·福斯特(Eleanor Foster)结婚。1953 年 5 月 2 日,蒙哥马利逝世,享年 81 岁。

## 二、理论与实务的主要贡献

蒙哥马利虽然学历不高,但他勤学苦干。作为一名职业会计人员,他十分积极从事一些会计、税收和商业组织的活动。在他职业生涯的早期,为了建立一个全国性的会计组织而不懈地努力并做出了积极的贡献。1897 年，蒙哥马利就成为了宾夕法尼亚州注册会计师协会(Pennsylvania Institute of CPAs)的成员，并在后来成为该协会的会长。1912—1914 年，蒙哥马利出任美国公共会计师协会(AAPA)会长职位，该协会于1916—1917年之间更名为美国会计师协会(AIA)，并于 1957 年改为美国注册会计师协会(AICPA)。在协会任职期间，他与另一位著名会计学家乔治·奥利弗·梅(George Oliver May)一起，成功地阻止了两个政府机构控制注册会计师职业的企图。他们说服这些机构接受了他们的建议，并由会计师协会在《联邦储备公告》上发表了名为《统一会计》(*Uniform Accounts*)的历史性文件。这份文件不久又以小册子的形式再版，名为《编制资产负债表的公认方法》。这是世界上第一份由民间审计组织颁发的指导性的业务公告。

1922—1923 年间，蒙哥马利担任纽约注册会计师协会(New York State Society of CPAs)的会长。1935—1937 年，他再一次被推选出任美国注册会计师协会的前身美国会计师协会的会长。

1905 年 11 月，蒙哥马利受托组织和筹资出版了《会计杂志》(*Journal of Accountancy*)，并在创刊号发表了一篇关于民间审计职业标准的专论文章。这份期刊现在仍然是美国注册会计师协会会刊，属于当今世界发行量较大的国际性会计刊物。

蒙哥马利还为国际会计师联合会(International Federation of Accountants，简称IFAC)的发展做出了积极的努力：1904 年，在圣路易斯世界博览会期间，他成功地帮助组织了第一届国际会计师会议；1926 年，他代表哥伦比亚大学出席了在阿姆斯特丹召开的第二届国际会计师会议；1929 年，他在纽约主持召开了第三届国际会计师会议；1933 年，他代表了美国会计师协会出席了在伦敦召开的第四届国际会计师会议。

蒙哥马利也是一位德高望重的会计和审计教育家。1902 年，他在宾夕法尼亚州公共会计师协会赞助的夜校里开始讲授会计课程；1904 年，他在宾夕法尼亚大学(University of Pennsylvania)讲授夜校课程；1905—1906 年，他同时在瓦顿会计与财务学校和纽约大学(New York University)讲课；1910 年，他担任哥伦比亚大学函授部主任，并讲授会计学课程；1912 年，他任哥伦比亚大学贸易系讲师；1915 年，他被提升为副教授；1919 年，他开始担任会计学教授，直至 1931 年载誉退休。在传道授业的过程中，蒙哥马利并不满足于仅仅讲授会计理论方面的知识，他首先倡导建立会计实验室，试图培养学生理论联系实际的意识和能力，这无疑是他教学方面的锐意创新之处。

蒙哥马利的会计格言是："会计最忌空谈"①。

---

① Tamas J Burns，Edwards N Coffman. 1976. The Accounting Hall of Fame：Profiles of Thirty-Six Members[M]. College of Administrative Science，The Ohio State University，41.

## 三、主要论著简析

蒙哥马利一生著述甚丰，先后共出版了66本专著、发表了75篇论文，内容涉及会计、审计和税收等多个领域，其中以审计理论和实践的研究成果最为突出，他不但是英式审计学的伟大继承者，也是美式审计学的开拓者。当然，蒙哥马利最重要的著作当推被西方审计人员誉为“圣经”的传世之作——《蒙哥马利审计学》(*Montgomery's Auditing*)。

1905年，蒙哥马利编辑并出版了英国劳伦斯·罗伯特·迪克西(Lawrence Robert Dicksee)的审计传世之作——《审计学：审计师实用手册》(*Auditing, A Practical Manual for Auditors*)的美国版本，这是一部介绍英国详细审计的作品。本书的出版标志着美国只有审计实务没有审计理论时代的结束。英国民间审计理论思潮对美国审计的发展产生了深刻的影响，然而，英国式的审计理论和实践在美国风行的时间并不太长。因为进入20世纪以后，美国的经济形式发生了很大的变化，呈现出与英国不同的特色。在1905—1933年之间，美国公司资金的周转主要依靠银行贷款，而不是通过在证券交易市场上发行股票，因而对审计的要求更多地是来自金融家和贷款人。这些债权人迫切需要了解被审企业的流动资产和流动负债的比例，以作出是否投资的决策，这是20世纪以来美国经济社会所发生的深刻变化在民间审计领域所激起的涟漪。

适应经济环境变化与会计职业发展的需要，蒙哥马利在糅合迪克西的英国式审计理论和先进的美国实践经验的基础之上，于1912年出版了自己的专著——《审计理论与实践》(*Auditing Theory and Practice*)，本书是在具有美国特色的资产负债表审计的流行背景下产生的，是美国审计学界的第一本审计学专著。由于该书具有较强的理论与实践指导价值，多次修订、再版并迅速传遍审计职业界。《审计理论与实践》一书在1916年、1921年、1927年、1934年和1940年先后有5次修订后的版本问世，第7版于1949年问世，改名为《蒙哥马利审计学》。蒙哥马利不幸于1953年逝世以后，其他审计同仁根据经济发展对审计职业要求上的变化，多次对该书进行修订与补充并不断推出新的版本①。1957年，诺曼·J·哈伦特和菲利普·路易·德弗利斯(Philip Leroy Defliese)编著并出版了《蒙哥马利审计学》(第8版)；1975年，永道国际会计公司的3位合伙人德弗利斯、K·约翰逊和麦克劳德合作编著的《蒙哥马利审计学》(第9版)在纽约正式发行；1985年，杰里·D·沙利文、理查德·A·格诺斯佩利奥斯、菲利

① 部分内容参见本书有关菲利普·路易·德弗利斯的介绍。

普·路易·德弗利斯和亨利·R·贾尼克对《蒙哥马利审计学》(第9版)重新进行组合和改写,推出了由5篇共42章组成的《蒙哥马利审计学》(第10版):第一篇为审计环境,包括审计概论、审计职业的组织与机构、审计标准与职业道德、专业职责和法律责任等4章;第二篇为理论和概念,包括审计过程、审计战略计划与控制、内部控制制度、系统检查和文件提供、审计测试和审计目标、审计计算机系统的一般控制、计算机辅助审计、审计抽样的测试程序等8章;第三篇为各经济业务循环和账目审计,包括营业收入环节的审计、购货环节的审计、生产环节和存货余额的审计、预付费用和应计负债的审计、投资审计、财产厂房和设备的审计、所得税审计、负债和权益的审计等10章;第四篇为终结工作和报告结果,包括终结审计、关于财务报告陈述的审计、审计报告、特殊报告问题和审计业的未来等5章;第五篇为行业审计。本书第10版由汤云为教授和文硕教授组织有关专家译成中文,以《蒙哥马利审计学》(上、下)纳入"世界审计会计名著译丛",由中国商业出版社1989年11月出版发行。

《蒙哥马利审计学》修改后的第11版于1992年问世,共分四篇:第一篇为审计环境,主要涉及审计概要、职业审计人员的组织与机构、审计准则与法律责任;第二篇为审计理论与概念,主要涉及审计风险、审计战略、内部控制系统、审计风险和EDP环境审计;第三篇为特定循环与账户审计,主要介绍了生产、销售、存货、现金、投资、固定资产和法人税的审计;第四篇为审计作业结果报告,主要介绍审计报告和特殊报告等内容。

1998年,经文森特·M·奥赖利(Vincent M. O'Reilly)、巴里·N·威诺格拉德(Barry N. Winograd)、詹姆斯·S·格尔森(James S. Gerson)等人修改补充后的《蒙哥马利审计学》第12版问世,为会计师在当前巨变的信息社会中有效地管理审计风险、实现审计目标提供了权威指南。本版共分四个部分:第一部分为审计环境,旨在帮助读者理解审计师执业时所处的环境;第二部分为审计理论与概念,只是在概念层次而非账户层次对有关内容进行了探讨,为读者理解审计计划及执行的方式提供了概念基础;第三部分为特定账户的审计,涵盖了需要被审计的所有领域,介绍了如何将审计概念应用于审计实践中,包括如何对构成审计对象主体的特定账户余额及披露事项进行审计;第四部分为完成审计工作及审计报告,在起草审计报告这一财务报表阅读者所能看到的审计工作的外显形式时,审计师的工作得到了准确而精炼的表述。本版于2007年经刘霄仑与陈关亭翻译后由中信出版社出版发行。

蒙哥马利及其著作在世界民间审计史上的突出地位,有两位审计史学家作了高度评价。著名的会计史学家斯蒂芬·亚当·泽夫教授在《会计职业的领导者》一文中指出:"美国会计职业在它的第一个世纪拥有许多领导者,其中有14人对这门职业的完善作出了尤为重要的贡献。……在这些人中，又以罗伯特·希斯特·蒙哥马利、乔治·奥利弗·梅、威廉·安德鲁·佩顿和卡曼·乔治·布劳 4 人出类拔萃。”他赞誉道：“罗伯特·希斯特·蒙哥马利在美国注册会计师协会历史的数个转折点上，曾发挥了关键性的作用。他还是早期美国审计和税收文献的主要作者。”关于《蒙哥马利审计学》，他指出：“这部百科全书式的专著不仅是审计实务的权威性文献，而且是审计人员释疑所不可缺少的指南。”研究蒙哥马利的权威人士、美国会计史学家协会秘书长艾尔弗雷德·R·罗伯茨博士(Dr. Alfred R. Roberts)盛赞：“罗伯特·希斯特·蒙哥马利集会计师、律师、教育家和作家于一身，被公认为是 1910—1940 年间民间审计职业的杰出领导人之一。他的影响通过他编写的专著和他帮助创办的永道国际会计师事务所，迄今犹存。”

## 参考文献

[1] 任明川. 美国历史上最杰出的几位会计师[J]. 中国注册会计师，2004(2)：62-64.

[2] 文硕. 世界审计史[M]. 北京：企业管理出版社，1996：655-670.

[3] 文硕. 审计巨星 光照百年[J]. 会计之友，1999(6).

[4] 许家林. 西方会计学名著导读[M]. 北京：中国财政经济出版社，2004：567-572.

[5] http://fisher. osu. edu/departments/accounting-and-mis/the-accounting-hall-of-fame/membership-in-hall/robert-hiester-montgomery/，2005-12-11.

[6] http://www. e-cufe. net/cjxy/dsfc/show. asp，2007-12-19.

[7] http://www. hallprofessions. com/accounting/109. shtml，2003-12-25.

（初稿执笔人：张庚贤）

# 威廉·安德鲁·佩顿

## (William Andrew Paton, 1889—1991)

威廉·安德鲁·佩顿(William Andrew Paton，1889—1991)是一位杰出的会计学家和会计理论先驱，被誉为美国现代会计理论之父，因而是首批被俄亥俄州立大学于1950年为美国著名会计学家设立的专门纪念厅——会计名人堂的三位会计大师之一。他是密歇根(Michigan)大学的终身教授，具有渊博的学识和一流的理论水平，参与创办了后来享誉会计学界的《会计评论》(*The Accounting Review*)杂志并亲任第一任主编。他不仅对会计理论的发展做出了突出贡献，还通过美国注册会计师协会(AICPA)的研究公告对会计实务产生了深远影响。

## 一、个人简要生平

1889年7月19日，佩顿(见图3)出生于美国密歇根州靠近卡留麦特(Calumet)的一个知识分子家庭。当时，他的父亲(Andrew Paton)是当地教育系统的负责人，母亲玛丽(Mary Nowlin Paton)是一位经验丰富的教师，他们于1897年到密歇根南部的一个农场定居。佩顿的童年是在一个叫做马契兰德的偏僻地方度过的。艰苦的环境使佩顿从小就懂得自立和拼搏的价值，培养了他独立自强的意志。他虽然没有多少机会接受正规教育，但却利用母亲当图书馆管理员这一便利条件，博览群书，靠自学掌握了不少知识。后经过努力，在印莱市中学读了一年书。

**图3　威廉·安德鲁·佩顿**

由于务农的压力而耽搁一段时间后，1911年，佩顿终于进入密歇根州立师范学院(Eastern Michigan University，现在的东密歇根大学)，开始了一年的预科学习，1912年秋，他考入密歇根大学(University of Michigan)。他边打工边学习，于1915年获得学士学位，接着又一鼓作气，仅各用一年时间就攻下了硕士、博士学位课程，完成硕士、博士学位论文，分别于1916年、1917年获得经济学硕士和博士学位。

1914年，佩顿在密歇根大学任兼职讲师，从此和大学教育结下了不解之缘，开始了他长期的教学生涯。如佩顿后来所说，正是得益于这个职位，他认识了当时在密歇根州的Battle Creek教育系统任数学教师的密歇根大学毕业生玛丽·K·斯丽特(Mary K. Sleator)，并与其喜结连理。1915年，佩顿受聘担任密歇根大学的经济学指导老师。1916—1917学年，佩顿在明尼苏达州大学(University of Minnesota)任助理教授，1917年后又重返母校密歇根大学执教。1921年，他晋升为正教授，主讲经济学和会计学，直到1958年以"会计学和经济学荣誉教授"的头衔载誉退休。期间，佩顿同时兼任埃德温·弗朗西斯·盖易大学的会计学教授，曾于1937—1938年在加利福尼亚大学伯克利分校(University of California, Berkeley)执教。自从密歇根大学退休后，他受聘在10个州的多所大学里兼职任教，从1959—1960年任职芝加哥大学(The University of Chicago)开始，至1968—1969年任职肯塔基大学(University of Kentucky)结束。

佩顿一家可以称为教育之家，其家庭成员均热衷于教育事业。特别值得一提的是，佩顿的与其同姓名的儿子(William A. Paton, Jr.)也在密歇根大学获得博士学位，并在密歇根大学从事会计学教育长达30余年。他的女儿玛格丽特(Margaret)曾就读于密歇根大学并取得硕士学位，在结婚之前也从事教学工作，其中有几年的时间是在密歇根大学执教。

1939—1940年，佩顿任哈佛大学"迪金森讲师"(Dickinson Lecturer)，系获得此项殊荣的第一位会计学者。他曾应邀到多所大学作学术报告，并为多种职业协会、商业组织、学术团体和其他团体演讲。令佩顿引以为自豪的是，尽管此类邀约异常频繁，他从来没有给学生缺过一次课。当然，这也意味着他的很多夜晚都是在飞机上度过的。

佩顿酷爱运动，尤其热衷于田径运动和乒乓球，曾尝试过飞机驾驶，并声称他的名为《*On Going Underground*》的文章是有史以来唯一系统描述地表下住房优越性的文章。1984年他还编写并出版了名为《*Words! Combining Fun and Learning*》的书，言辞风趣，寓教于乐，深刻表明他对母语的热爱。

1989年7月14日星期五，在佩顿生日到来之前，他的学生、朋友和同事等200余人济济一堂于密歇根大学商学院，共同庆祝他100周岁的生日。1991年4月26日，这位为会计学研究和教育奋斗了数十载的会计前辈离开了人世，享年102岁。

## 二、理论与实务的主要贡献

佩顿一生非常积极地参加会计专业团体的活动。1916 年，佩顿积极协助创建了美国大学会计教师联合会即现在的美国会计学会(AAA)的前身。早在 1921 年，佩顿就成为该协会的主要领导人之一。1922 年，年仅 32 岁的佩顿就被选为协会第六任会长，这也是 AAA 历史上最年轻的会长。在此之前，他还曾先后担任协会的副会长和财务干事。1926 年，他负责创办了著名的会计学术刊物《会计评论》，这也是会计学界最早的学术性杂志。他于 1926—1928 年同时担任该杂志的主编和出版部经理。1936—1939 年，他又与阿纳尼亚斯·查尔斯·利特尔顿(Ananias Charles Littleton)一起领导学会研究部的工作。1940 年，佩顿和利特尔顿共同负责起草了著名文献——《公司会计准则导论》(*An Introduction to Corporate Accounting Standards*)。佩顿同时在美国注册会计师协会的多个部门任职。他是美国注册会计师协会下属的会计程序委员会(Committee On Accounting Procedure, CAP)的发起人之一，1939—1950 年，佩顿作为学术界的代表参加了会计程序委员会。CAP 共发表了 51 份会计研究公告，其中 33 份上印有佩顿的名字，这在美国会计史上也是空前的。值得一提的是，佩顿一贯反对历史成本会计，并竭力倡导现值会计，并曾试图让 CAP 接受重置成本会计，但由于 SEC 的反对而未能如愿。除此之外，他还是其他很多专门委员会的委员。

佩顿早在 1927 年就取得注册会计师证书，成为密歇根州注册会计师协会的会员，并曾与人合办过会计师事务所，但是，为了有更多的时间和精力投身于会计教育，他先是严格限制自己承接业务的范围，主要限于休假期间的专门咨询业务，后来干脆于 1936 年退出了事务所。

佩顿非常重视会计教育。他认为会计中有很多问题都需要认真研究，强调会计研究生教育的重要性。他主张鼓励学生提问、探究会计实务处理方法的“所以然”，并身体力行。关于他的教学方法，深受好评。他入木三分的分析和见解、诲人不倦的循循善诱、对趣谈轶事和圣经典故的旁征博引、对学生职业生涯的深切关注以及对学生姓名和相貌的惊人记忆力，使每一位有幸亲聆其教诲的学生难以忘怀。

除了从事会计教育工作之外，佩顿还多次担任政府公职。佩顿以雄辩的口才和犀利的文笔见长，经常应邀就经济政策、税收法规和邮资调整等问题发表演讲或出席国会听证。佩顿以专家的身份频繁出现在法庭、联邦和州立委员会、仲裁听证机构、国会下属委员会和其他官方机构。第一次世界大战期间的 1918—1919 年，佩顿到华盛顿，最初在研究和统计局(Bureau of Research and Statistics)任职,而后他又先后出任美国战时贸易委员会(War Trade Board)和国内税务署(Bureau of Internal Revenue)的贸易专家。后来,他又供职于安·阿巴市府,负责反对浪费、提高工作效率方面的工作。除此之外,他曾兼任美国联邦政府和密歇根州政府很多委员会的职务。1952—1963年,先后任 Kalamazoo Vegetable Parchment 公司和 KVP Sutherland Paper 公司的董事。他还多年担任经济学教育基金会的 Barhart 基金的受托人。1959—1963年间,佩顿担任了美国会计总署教育咨询委员会的委员。

不懈的努力和卓越的贡献为佩顿带来了许多荣誉。他曾被选入全美优等大学生荣誉协会和其他联谊会的成员,也被美国艺术与科学学会吸收为会员。1944年,美国会计师协会授予他金质奖章,表彰他对会计职业的突出贡献。1968年,密歇根州注册会计师协会授予佩顿"有突出成就奖",这是密歇根州注册会计师协会颁出的第一个杰出贡献奖。1961年,密歇根州注册会计师协会以佩顿的名字,特设一项佩顿奖,奖励在每半年举行一次的全美注册会计师考试中密歇根州成绩最好的优秀考生。1955年,密歇根大学成立了佩顿基金会,以提供会计学奖学金和研究基金。1976年6月11日,由佩顿的学生和其他朋友筹款在密歇根大学新建成的一栋大楼举行挂牌仪式,专门成立了"佩顿教育及研究中心"。1987年,在美国注册会计师协会成立100周年的庆典上,佩顿被授予"20世纪杰出的会计教育家"称号。这项殊荣有着特别的纪念意义。在他的职业生涯中,佩顿获得了多项名誉学位,包括利哈伊大学(Lehigh University)授予的名誉文学博士学位、东密歇根大学(Eastern Michigan University)授予的名誉法学博士学位。另外,奥利维特学院、诺思伍德学院等高等学府也先后授予他名誉学位。

由于佩顿教授的卓越成就及对世界会计职业发展的重大贡献,他曾获得多项崇高的会计荣誉,美国俄亥俄州立大学于1950年为美国著名会计学家设立专门纪念厅——会计名人堂时,他即与乔治·奥利弗·梅和罗伯特·希斯特·蒙哥马利一道成为首批入选的会计名人。

佩顿的最大贡献是提出了会计等式:"资产=权益"①。

## 三、主要论著简析

佩顿一生著述颇丰,独撰和合作出版了很多经典著作。从1916—1984年,在近70年的学术生涯中,他共计著书20余部,发表学术论文150余篇,他的论著以立论敏

① Tamas J Burns, Edwards N Coffman. 1976. The Accounting Hall of Fame: Profiles of Thirty-Six Members[M]. College of Administrative Science, The Ohio State University, 45.

锐、论据中肯和文笔简洁而给读者以充分启迪，为会计理论的发展做出了卓越的贡献。其主要论著包括：《会计学原理》(*Accounting Principle*，与罗素·斯蒂文逊合著，1916)；《会计原则》(*Principles of Accounting*，1918)；《会计理论》(*Accounting Theory*，1922)；《审计报告所示的公司利润》(*Corporate Profits as Shown by Audit Reports*，1935)；《会计的本质》(*Essentials of Accounting*，1938)；《公司会计准则导论》(*An Introduction to Corporate Accounting Standards*，与利特尔顿合著，1940)；《高级会计学》(*Advanced Accounting*，1941)；《非正式经济学：一项常识性调查》(*Shirtsleeve Economics: A Commonsense Survey*，1952)；《公司会计和报表》(*Corporation Accounts and Statements*，1955)；《公司利润的计量、分配、报告与税收》(*Corporate Profits-Measurement, Distribution, Reporting, Taxation*，1965)；《资产——会计计量和管理》(*Assets-Accounting and Administration*，1971)，等等。他还是 1932—1943 年版《会计师手册》(*Accountants' handbook*)的主编。佩顿还编写了一些独具匠心的会计教科书。他是美国第一位运用真实案例编写会计教科书的作者，案例涉及公司合同、上市公告、年度财务报告、法庭判例和新闻报道，这使他的教科书更贴近现实。上述论著中，早期影响较大的有 1918 年的《会计原则》，最著名的是 1922 年出版的《会计理论》和 1940 年出版的《公司会计准则导论》。前者在会计界以讨论账务程序和核算方法为主导的当时，可谓鹤立鸡群，首先提出了会计的主体理论，发展了会计要素学说。在该书中，佩顿认为会计的着眼点应当是企业这个“个体”，主张将债权人和所有者统一看作企业的权益持有人，将“资产－负债＝业主权益”这一基本会计方程式改为“资产＝权益”，并以此为依据，重新阐述复式簿记的记账原理，解决了原有的“所有者理论”在论述公司会计方面的不足之处。后者则对美国会计学会 1936 年所提出的会计原则草案的基本理论做出了合理的论证，首次用“准则”代替“原则”一词，从而成为公司会计准则的经典名著。现对这两本重要的经典著作简要评析如下。

### (一)《会计理论》(1922)

该书首先提出了会计的主体理论，发展了会计要素学说。全书共分会计结构和专门会计理论问题两大部分：第一部分“账户设置原理”中设导论、基本分类、独资权益与负债、财产与权益账户、交易的种类、费用和收入账户、其他补充账户、账户分类、定期分析和特别案例、借与贷共 10 章；第二部分“专门会计理论问题”中设净收入、非经营活动、商誉和持续经营价值、基本计价问题、业务和企业间的关系、股本的不同阶段、一些计价账户、再估价和保持账户、收入的标准和会计假设共 10 章。

佩顿教授公开出版的《会计理论》(1922)，是我们手头可查文献中最早论述会计假设的。在该书的最后一章即第 20 章，作者用的标题就是“会计假设”(the postulates of accounting)。佩顿将会计人员在履行判断、估计时所经常应用到的一些最为基本的命题，归并为会计假设。《会计理论》首先提出了 7 项会计假设，而且对会计假设做出了相当精辟的说明。他在这本书的第 471～472 页写道：“会计经常面临着判断的要求，充满估计和假定。长期以来，很遗憾的是我们的会计师的职能只是接近猜测。会计师必须牢记，你们是处理经济数据，是处理价值的，而不是处理自然界比较确定的数字。价值是高度不确定性的，是很不稳定的，现代会计不仅在许多方面包括估计和猜测，而且可以说现代会计整个结构都是建立在一系列通用的假定基础上。”①换句话说，指导会计师的是有关现行价值、成本、收益这些具体概念，指导会计师研究和处理现行价值、成本、收益的是特定的基本前提和假设，比如“持续经营”假定，是就整体企业来说的。对个别企业来说，任何一个企业都不可能是“万岁”的企业。但是什么时候倒闭、破产、被兼并却无法确定，所以，具体到每一个企业，它都会或前或后，或早或迟关停并转，在市场上消失，不可能无限期的生存下去。但是，我们在会计上必须有一个“持续经营”假定。这当然是一个推理，但并非是武断的推理。尽管每一个企业适用这项假定都不可能得到完全的证实，但它却是必要的，因为离开这项假定，会计的正常运转将不可能，会计信息也就失去作用，这就是会计基本假定中有一种假定(如持续经营)对会计来说属于必需的性质。不能没有假设，事实上，假设(包括假定)是会计的前提。会计不能离开假设(因为会计存在于动态的市场经济和高度的不确定性之中)，而这些假设永远不能得到完全的证实(即不辩自明的真理)。

佩顿在 1922 年的《会计理论》提出的 7 个假设分别是②：(1) 会计主体(the business entity)。实际上现在每一个商品生产者都是一个会计主体，他们独立经营、自负盈亏，理所当然是一个会计主体。(2) 持续经营(the going on concern)。他认为企业能无限期地经营下去。所以，一切会计处理、日常记录、定期编制报表都是从长期考虑的。因此，可以叫做惯例，也可以叫做假定。“会计主体”和“持续经营”两个假定基本是由环境所决定。根据这两个假定再推导出 5 个技术性假定。(3) 会计平衡公式(the balance-sheet equation)。一个企业的主体当然需要有资产，也必定会有产权、所有者权益，这三者之间必定要形成一定的关系，最基本的关系是资产等于产权，这是他提出的第一个基本公式。产权可以一分为二，一个是外在的资产的产权，是负债，一个是内部所有者的产权，是所有者权益。这样，就应该是“资产＝负债＋所有者权益”。

---

① 转引自葛家澍. 西方财务会计理论问题探索[J]. 财会通讯，2005(1)：8.

② 参考葛家澍，林志军. 现代西方会计理论[M]. 厦门：厦门大学出版社；同时参考葛家澍. 2005. 西方财务会计理论问题探索[J]. 财会通讯，2001(1)：8.

这个平衡公式客观的描述了一个企业的资产与产权之间的关系。(4) 财务状况和资产负债表(financial condition and the balance-sheet)。资产负债表是用来反映一个企业特定时日,某一个时点的财务状况。会计平衡公式演变成一个表格就是资产负债表,资产负债表实际上是会计平衡公式的数量表现或货币表现。(5) 成本和账面价值(cost and book value)。一个企业开始经营活动,进行经营记录的价值必定是成本,比如购买存货,进行交换,商品存货的价值就是成本,这是历史成本。当然开始的历史成本同当时的市场(交换)价格是一致的,它来自市场价格。之所以变成历史成本是因入账以后就不改变了。资产购入后,有的直接处理了,比如存货,买进来按成本,发出去也按成本。但固定资产购进后是每年提取折旧,固定资产的实物形态没有改变,但它的价值则逐渐损耗。所以,对固定资产开始是按成本计量;以后是按成本减去累计折旧计量,这又称为账面价值。资产在使用中,成本与账面价值将逐渐背离。(6) 应计成本和收益(cost accrual and income)。成本还有另外一个概念,就是购入的资产如果被消耗掉,就构成销货成本,称为应计成本,实际上就等于费用,这是指存货,它只是应计成本的一部分,应计成本还有固定资产折旧、现金支出费用(如工资、办公费等)。应计成本是指资产被耗用的部分。毫无疑问,被耗费的成本是一定要收回、要得到补偿的,它是通过收入收回。收入与成本配比的结果,就是收益。(7) 顺序性(sequence)。会计处理要按照一定的顺序。他举了一个例子,比如固定资产出售,发生了损失,损失数额的处理在会计上要有一个规定。首先从当期收益来弥补,当期收益不能弥补的,从累计收益弥补,累计收益不能弥补的,最后才从投入资本(注册资本)弥补。这个顺序可以叫做惯例,也可以叫做假定,而且,这样的规定在很多国家往往在公司法、证券法和其他的有关经济法规里。以上 7 个假定是一步步推导下来的,具有一定的内在逻辑联系。佩顿的著作特点是逻辑性非常强。

佩顿和 AICPA 分别是会计假设起点论的首创者和积极支持者。会计假设是一个基础命题,是会计理论的基础部分,是会计理论体系中最高层次的概念;同时,会计假设也是会计实务的基本前提,它是客观环境对会计的约束。他认为,会计研究只有以会计假设为起点,会计理论体系才具有逻辑严密性和客观性,会计实务才能在一定的规范下得以开展。当时虽已提出会计假设,但并未得到普遍使用,并呈销声匿迹之状。直到 1953 年,会计假设才再一次出现在 AICPA 名词委员会所公布的第 1 号公告中,但此时仍未受到会计界的重视。直到 20 世纪 50 年代末,会计假设才引起了美国会计界的高度重视。1958 年 AICPA 研究项目特别委员会在提议成立会计原则委员会(Accounting Principles Board,简称 APB)的报告中才指出:会计假定是“支撑原则的基本假设,它们是必要的……它们为原则和其他规则的制订或将原则运用于特定问题的指南的发展提供了一个有意义的基础。……系列广泛且相关的会计原则必须以假定为基础才能形成"[①]。1959 年 AICPA 设立会计研究部时,将会计假设列为最优先考虑的研究项目。1961 年 AICPA 会计研究部的首任主任莫里斯 · 穆尼茨(Maurice Moonitz)完成了第 1 号会计研究公报《论会计基本假设》(ARS No. 1),提出了三类 14 个假设[②]。从此,会计假设的研究开始风靡于美国,并取得了丰硕的成果。

### (二)《公司会计准则导论》(1940)

《公司会计准则导论》是佩顿和利特尔顿两人的合著。该书为美国会计学会的第 3 号"专题研究报告",全书共设准则、概念、成本、收入、收益、盈余和解释 7 章。1940 年该书首次出版后,在 1950—1977 年间共 15 次再版。早在 1949 年,我国会计界前辈潘序伦先生就已将《公司会计准则导论》翻译介绍给我国读者,由立信图书用品社出版(书名译为《公司会计准则绪论》),对我国会计理论和实践产生了深远的影响。2004 年,厦门大学会计系翻译组据该书第 16 版(1977)译为中文,由中国财政经济出版社正式出版。

由于是两人合著,其中既有佩顿的观点,如会计主体、经营的持续性;又有利特尔顿的观点,如计量、坚持历史成本与历史收入、收益的决定必须通过收入与成本(费用)的配比等方面。该书在收益计量上强调损益表,突出收益与成本的匹配,对会计理论和实务产生了深远的影响。这本书的重大特点是为美国准则制定机构制定财务会计与报告的概念框架(也是会计理论)在基本理论上开辟了道路。

20 世纪 30～40 年代,美国的一些会计文献在讨论会计理论问题时,不是特别注重目标的概念,但他们在研究中,都直接或间接涉及目标这一概念。佩顿和利特尔顿在共同合作的经典名著《公司会计准则导论》中将会计目标直接界定为,通过分类整理,提供企业财务信息,以满足管理当局、投资者和社会公众的需要。会计准则是一种技术性规范,其规范对象主要是会计实务,会计准则是检验实务的标准和改良未来实务的指南,它是有序、系统、内在一致的,应能与可观察的客观事物相吻合。

这本书中没有使用假设,而是提出了 6 个基本概念(concepts),具体包括:(1) 会计主体(the business entity)。特别强调不应站在企业以外的立场上(包括业主的立场上),而应站在企业立场上进行记录和编表。(2) 经济活动的连续性(continuity of ac-

---

① AICPA. Report to Council of The Special Committee on Research Program[J]. The Journal of Accounting, 1958,106(4):64.

② 参见葛家澍,林志军. 现代西方会计理论[M]. 厦门:厦门大学出版社, 2001:53.

tivity)。与前面不同的是要求使用者注意每一期间的报告数字是暂时的,都带有暂时性(to be provisional in character),但这个问题过去往往被大家所忽视。(3) 可计量的对价(measured consideration)。会计进行计量、记录时,不外是买方和卖方,对卖方要记录的是卖出的货物的价格积数(price-aggregate),对买方是成本。所以,价格积数对买方是成本,对卖方是发出资产的代价,是收入。总的来说都是交换价格乘数量。"价格积数"是买卖双方在交易时所同意的价格。(4) 成本归属性(cost attach)。发生的成本是各种力量的消耗,是各种耗费的货币表现。它是重新组合的价格积数,所以说,各种服务和物质消耗只要表现为价格积数即可归属于一个新的价格积数——生产经营成本,不过成本归属性又是可分的,可分到具体的企业生产部门的不同产品、不同的营业时间上。当然,必要时必须能合成连贯一致的毫无痕迹的一个总数。商品的价值不管你怎么看,也看不出它的存在。但是若用货币数量表现,即价格表现,所费成本的构成就一清二楚了。成本的归属性既可合,又可分。(5) 所费和所得(effort and accomplishment)。在企业经营活动中,所花的力量与所取得的成就要配比。花费成本(费用)是为了取得成就(收入),那么,取得成就就不可能不花费成本。所以,这两者始终是结合在一起的。两者结合起来,把收入同成本相比较,才能衡量最终的成果,那就是收益。这个概念为确认收入和与之相关联的费用即运用"配比"原则提供了理论依据(这一概念最能体现利特尔顿的观点)。(6) 可检验的、客观的证据(verifiable, objective evidence)。这一条是非常具体的。一切记录、报告都需要有证据。而且证据必须是客观的、可检查的。因为:第一,所有权与经营权分离,所有者不参与经营管理,但需要会计信息,所以对会计信息的真实可靠性非常关注,经营者决不应提供虚假的信息误导投资者的决策。第二,以证据说明会计信息的客观性。证据是广义解释的,可以通过各种各样的证明,包括发票、账单和其他各种证明文件。证据要力求客观、可验证性。绝对客观是不可能的,因为存在持续经营,时间是长期的,而我们往往要划分成若干时期,确定收益,编制报表,这些都存在估计、判断。所以,他们也说客观总是相对的,不过,要力求越客观越有用。客观性越高,可检验性就越高,这就是会计所要求的证据①。

佩顿关于计量的观点时有变化,他先倾向于历史成本,后又倾向于重估价,即现行价值。他曾认为,一个企业的收益应该是这个企业在某一会计期间净经济状况的变化,也就是净财富或净资产的变化,以此来计量投资的回报(这里要扣除这一会计期间的追加投资或业主抽回投资)。期末净资产大于期初净资产才是收益,期末净资产小

① 参考葛家澍,林志军. 现代西方会计理论[M]. 厦门:厦门大学出版社;同时参考葛家澍. 2005. 西方财务会计理论问题探索[J]. 财会通讯,2001(1):9.

于期初净资产则是损失。他的这个观点,实际上就是现在美国财务会计准则委员会(Financial Accounting Standards Board,简称 FASB)主张的"资产负债观"和"全面收益观"(Comprehensive Income)。在财务会计中,收益的决定有两种观点:一是资产负债观;二是收入费用观。资产负债观就是确定收益时用两期资产负债表的净资产进行对比,这是当前美国流行的观点;收入费用观是用收入与费用配比来确定收益,这是长期以来会计实务的传统观点,也是利特尔顿极力主张的观点。从这里可以看到,佩顿与利特尔顿在这个问题上的观点并不一致。佩顿究竟是主张历史成本模式,还是主张现行成本(价值)模式,前后并不一致。而利特尔顿则是历史成本的一贯维护者。这本书在计量方面主要反映了利特尔顿的观点,强调历史成本。保证收入与费用配比,以求得真实的收益。所以特别加上最后一项假定,用"可验证的客观的证据"来支撑历史成本的计量属性。不过,在本书的最后,当谈到物价变动和物价变动影响存货价值的增减时,可以在收益表中列示涨价收益,这似乎又迁就了佩顿的观点。

## 参考文献

[1] 葛家澍.西方财务会计理论问题探索[J].财会通讯,2005(1):6-9.

[2] 刘绍军,顾飞.试论会计假设的发展[J].贵州商业高等专科学校学报,1999(3):20-24.

[3] 佩顿,利特尔顿.公司会计准则导论[M].厦门大学会计系翻译组,译.北京:中国财政经济出版社,2004.

[4] 任明川.美国历史上最杰出的几位会计师[J].中国注册会计师,2004(2):62-64.

[5] 任咏恒.二十世纪杰出的注册会计师[J].财会通讯,1992a(2):58.

[6] 任咏恒.俄亥俄会计名人馆与二十世纪的会计大师[J].财会通讯,1992b(1):60-61.

[7] 王世定.论会计假设[J].会计研究,1994(2):7-12.

[8] 文善恩.威廉·安德鲁·佩顿(William Andrew Paton)[J].财会通讯,1992(11):61-62.

[9] http://fisher.osu.edu/departments/accounting-and-mis/the-accounting-hall-of-fame/membership-in-hall/william-a.-paton/,2004-07-06.

[10] Paton W A. Accountants' Handbook[M]. New York:The Roland Press Company, 1932a.

[11] Paton W A. Accounting and Utilization of Resources[J]. Journal Of Accounting Research, 1963a,1(1):44-72.

[12] Paton W A. Accounting Problems of the Depression[J]. The Accounting Review, 1932b,7(4):258-267.

[13] Paton W A. Accounting Theory, with Special Reference to the Corporate Enterprise[M]. New York:The Roland Press Company, 1922.

[14] Paton W A. Accounting[M]. New York: The Macmillan company, 1924.

[15] Paton W A. Advanced Accounting[M]. New York: The Macmillan company, 1941.

[16] Paton W A, A C Littleton. An Introduction to Corporate Accounting Standards(Book Reviews)[J]. The Accounting Review, 2000,75(2):248-249.

[17] Paton W A, A C Littleton. An Introduction to Corporate Accounting Standards[M]. New York: The Macmillan company, 1940.

[18] Paton W A, E A Saliers. Accountants' Handbook[M]. New York: Ronald press Co., 1950.

[19] Paton W A, R A Stevenson. Problems and Exercises in Accounting[M]. Ann Arbor, Mich. G. Wahr, 1918.

[20] Paton W A, R A Stevenson. Principles of Accounting[M]. Ann Arbor: The Ann Arbor press, 1916.

[21] Paton W A, R L Dixon. Essentials of Accounting [M]. New York: The Macmillan company, 1958.

[22] Paton W A, R L Dixon. Make-or-buy Decisions in Tooling for Mass Production[C]. Michigan: Bureau of Business Research, School of Business Administration, University of Michigan, 1961.

[23] Paton W A, S J Broad. Valuation of the Business Enterprise[J]. The Accounting Review, 1936,11(1):26-35.

[24] Paton W A. Aspects of Asset Valuations[J]. The Accounting Review, 1934,9(2):122-129.

[25] Paton W A. Asset Accounting, An Intermediate Course[M]. New York: The Macmillan Company, 1952a.

[26] Paton W A. Corporate Profits as Shown by Audit Reports[M]. New York: National Bureau of Economic Research, 1935.

[27] Paton W A. Corporate Profits[M]. Homewood, Illinois: Richard D. Irwin. 1965.

[28] Paton W A. Corporation Accounts and Statements: An Advanced Course[M]. New York, Macmillan, 1955.

[29] Paton W A. Distribution Costs and Inventory Values [J]. The Accounting Review, 1927,2(3):246-253.

[30] Paton W A. Earmarks of a Profession and the APB [J]. Journal of Accountancy, 1971,120(1):37-45.

[31] Paton W A. Economic Theory in Relation to Accounting Valuations[J]. The Accounting Review, 1931,6(2):89-96.

[32] Paton W A. Essentials of Accounting[M]. New York: The Macmillan company, 1938.

[33] Paton W A. Guidelines for Make-or-Buy Decisions [J]. Management Review. 1966,55(5):27-30.

[34] Paton W A. Interest and Profit Theory—Amended from An Accounting Stance[J]. Journal of Accountancy, 1976:76-82.

[35] Paton W A. Limitations of Financial and Operating Ratios[J]. The Accounting Review, 1928, 3(3):252-260.

[36] Paton W A. Observations on Inflation from An Accounting Stance[J]. Journal Of Accounting Research, 1968,6(1):72-85.

[37] Paton W A. Postscript on "Treasury" Shares [J]. The Accounting Review, 1969, 44 (2):276-283.

[38] Paton W A. Presentation of Bond Discount [J]. The Accounting Review, 1937, 12 (3):285-290.

[39] Paton W A. Recent and Prospective Developments in Accounting Theory[C]. Boston: Harvard university, Graduate School of Business Administration, Bureau of Business Research, 1940.

[40] Paton W A. Shirtsleeve economics: A commonsense survey[M]. New York: Appleton-Century-Crofts, 1952b.

[41] Paton W A. Simplification of Federal Tax Administration[J]. The Accounting Review, 1944, 19(1):11-19.

[42] Paton W A. Some Reflections on Education and Professoring[J]. The Accounting Review, 1967,42(1):7-23.

[43] Paton W A. Statement by William A. Paton [J]. The Accounting Review, 1980, 55 (4):629-630.

[44] Paton W A. The "Cash-Flow" Illusion[J]. The Accounting Review, 1963b,38(2):243-251.

[45] Paton W A. The Divided Code[J]. The Accounting Review, 1929,4(4):218-220.

[46] Paton W A. The Economic Position of the United Kingdom: 1912-1918[M]. Washington: Govt. print. off, 1919.

[47] Paton W A. Transactions between Affiliates[J]. The Accounting Review, 1945, 20(3): 255-266.

[48] Paton W A. Words! Combining Fun and Learning[C]. Ann Arbor: Division of Research, University of Michigan Graduate School of Business Administration, 1984.

[49] Paton W A, Lasser J K, H E Hetu. Accounting Problems Relating to the Reporting of Profits: proceedings of A Public forum Sponsored by the Economic and Business Foundation. New Wilmington, PA.

[50] Paton W A. Paton on Accounting: Selected Writings of W. A. Paton[C]. Ann Arbor: Bureau of Business Research, Graduate School of Business Administration, University of Michigan, 1964.

[51] Taggart H F, Bedford N M, R Chambers, et al. A Tribute to William A. Paton[J]. The Ac-

counting Review, 1992,67(1):1-16.

[52] Zeff S A. Leaders of the Accounting Profession: 14 Who Made A Difference[J]. Journal of Accountancy, 1987,163(5):46-71.

(初稿执笔人:王辉)

# 亚瑟·洛斯·迪金森

## (Sir Arthur Lowes Dickinson, 1859—1935)

亚瑟·洛斯·迪金森爵士(Sir Arthur Lowes Dickinson, 1859—1935)是一位杰出的会计学家和注册会计师。由于他具有渊博的学识和一流的理论水平,而且为注册会计师的发展产生了深远的影响,因而在1951年,他与亨利·兰德·哈特菲尔德(Henry Rand Hatfield)一起被选入美国会计名人堂,成为当年入选的两位会计名人之一。

## 一、个人简要生平

1859年8月,迪金森(见图4)出生于英国伦敦。他曾先后就读于英国剑桥大学卡尔特修道院(Charterhouse School)和皇家学院(King's College)。1882年,迪金森从剑桥大学以数学学位甲等的优异成绩毕业,并于1888年获得硕士学位。

图4 亚瑟·洛斯·迪金森

1883年,迪金森作为一名见习生在爱德华兹-杰克森-布朗宁公司(Messrs Edwards, Jackson and Browning)开始了他的会计职业生涯,从而为参加注册会计师考试取得了必要的实践经历,并先后通过了特许会计师学会(Institute of Chartered Accountants)的初级考试、中级考试(成绩名列第一)。1886年12月,他通过了特许会计师协会的最终考试(与另一名考生获得并列第一名的优异成绩),并于1887年正式成为一名注册会计师。1888年,迪金森以一名初级合伙人的身份加入Lovelock and Whiffin公司,直到1901年,迪金森成为美国普华会计师事务所(Price Waterhouse Co.,即后来的Jones, Caesar Co.公司)的高级合伙人。1906年,迪金森取得美国国籍并定居美国,1913年他又返回英国,并在普华会计师事务所的伦敦办事处工作，直至1923年退休。迪金森在美国工作期间最首要的贡献就是，构建了美国钢铁公司的合并财务报表格式，为复杂公司财务报表的披露提供了一种可供借鉴的模式。

20世纪初期，迪金森来到美国，他按照类似于英国特许会计师的发展模式，对美国会计职业组织的产生和发展壮大起到了重要的作用。1902年，美国公共会计师团体联合会(The Federation of Societies of Public Accountants in the United States of America)成立，1903年，迪金森即担任该协会的主席。此后，迪金森和联合会秘书乔治·威尔森(George Wilkinson)一道为各州会计师协会的发展做出了艰辛的努力，这些州协会后来逐渐发展成为美国全国或联邦的组织。1904年，在迪金森的推动下，第一次国际会计师会议在美国圣路易斯召开，他还做了题为“联合会计划”(The Federation Plan)的报告，例证了其优点并指出其未来发展道路。在这次会议上，迪金森还提交了题为“公司利润”(*The Profits of a Corporation*)的论文，这篇论文中所涉及的大部分会计原则对今天的实务仍具指导作用。

在第一次世界大战前夕，迪金森从美国回到英国，并留在英国继续他的专业工作。他先是在英国当时军需部的企业注册管理机构(The Controlled Establishments Division of the Ministry of Munitions)担任了两年的财务顾问，后来又出任煤炭矿山管理局(Controller of Coal Mines)的财务顾问。1913年，迪金森加入普华会计师事务所的一家英国办事处，作为一名合伙人，此后十几年即一直在该公司工作。1918年，为了表彰迪金森在一战期间所提供的服务，英国国王乔治(King George)特授予他爵士称号。

1923年，迪金森于普华会计师事务所的英国办事处退休。此后，英国政府还委派他做了很多研究项目，其中最著名的是关于印度铁路状况的考核和比较报告。1924年，普华会计师事务所在哈佛大学商学院成立了“迪金森”基金，这个基金用来专门支持会计研究，也被用来指定提供给迪金森讲师。迪金森作为英国同行业中重要的会计执业者之一，后来还在英格兰和威尔士特许会计师协会(The Council of the Institute of Chartered Accountants of England and Wales，简称ICAEW)的工作(1914—1928)中起到了重要的作用。

20世纪20年代，迪金森曾几次重返美国参观学习。1931年，他最后一次公开出现在费城召开的每年一次美国会计师协会(AIA)的会议上。1933年，他出席了在伦敦召开的国际会计师公会的大会，直到去世前，他还一直与这个组织保持紧密联系。

迪金森于1888年与玛丽·詹宁斯(Mary Jennings)结婚，婚后育有两个孩子。1935年2月28日，迪金森逝世，终年75岁。

## 二、理论与实务的主要贡献

迪金森作为一名在美国从业的注册会计师，以他和美国其他合并企业的经验为基础，经过全面研究与慎重考虑后为美国钢铁公司提出了恰当的合并会计报表模式，这为当时开始出现的股权结构复杂公司的财务报表披露问题提供了一种新的方式，与此同时，该报表的提出也为会计和审计实践的发展开拓出一个全新的理论与实务领域。

迪金森不仅对会计职业充满热忱，而且保持着长期一贯的兴趣。这一点不仅使他为全国各地的普华会计师事务所开展了很多重要的项目，还促使他参与了许多偏远地区的会计会议。1905 年 10 月，迪金森被推选为美国公共会计师协会的主席。此后，迪金森也被美国的很多州授予名誉注册会计师的证书。1906 年，迪金森正式成为一名美国公民。

迪金森的同事们觉得，他又是一位时常让人具有压力感的老板。他认为，合法的标准和规定是所有会计实务应遵守的基本原则。迪金森对会计执业人员应具备的素质有着独到的见解，他曾经多次指出：会计从业人员必须具备从理论到实践的一系列会计原则知识；会计从业人员必须熟知会计信息，能够理解会计记录和财务报表编制所依据的合法性和经营原则，并能快速地捕捉在会计记录和财务报表所提供会计信息中反映的内涵和目的；会计从业人员必须具备一个合法的批判性的思维，它通常可以透过现象看本质且直指问题的核心所在，从而得出更具经济价值的结论；会计从业人员应当在支持某一方面问题的前提下，为了获得另一方面信息或获取该问题所有方面信息而去争论的能力；会计从业人员还必须具备生产经营性交易和融资方面的知识，以及要了解制约交易与融资的合法性原则；最重要的原则是，会计执业人员不仅应当诚信和机智，而且要性情温和。

迪金森在世时既是一位特许会计师，同时也是一位注册会计师。他曾是美国会计师协会（The American Institute of Accountants）的成员，安大略特许会计师协会（The Ontario Institute of Chartered Accountants）、英格兰和威尔士特许会计师协会和英属哥伦比亚特许会计师协会（The Institution of Chartered Accountants of Birtish Columbia）的会员，他是纽约注册会计师协会（The New York Society of Accountants）的知名会员之一，他也是密苏里州注册会计师协会（The Missouri Society of Certified Public Accountants）23 位特许会计师中的一员。此外，他还是保险精算师协会（The Institution of Acturaries）的会员。

迪金森作为一名会计执业者，在国际上享有崇高的声誉。这可以由 20 世纪 30～

50年代在美国会计界发生的两件重大史实来证实:第一件大事,是1924年秋天在哈佛大学商学院设立了亚瑟·洛斯·迪金森基金(The Arthur Lowers Dickinson Fund)。这个基金是由普华会计师事务所发起设立的,但其主要资金来源于普华会计师事务所的前任合伙人——亚瑟·洛斯·迪金森爵士。第二件大事,则是在1951年,他和另一杰出会计学家亨利·兰德·哈特菲尔德一起被选入美国会计名人堂,在现有80名成员中位列第4位。

美国学者默菲(Murphy)还曾用下面的话表达了会计界对迪金森尊敬的、由衷的赞美之情:迪金森将弗朗西斯·培根(Francis Bacon)对专业职业人士的要求作为他的座右铭,并作为他前进的动力。这个义务是"就像人类追求美貌和利益一样,我认为每个从业者都是其自身的挑战者,所以他们有义务通过改进提高自己,使自己成为一个有用的、到哪里都是增添荣耀的人物"。总之,迪金森在美国的努力促使美国注册会计师的发展突破了原有职业的局限性,因此他被认为是会计职业界的先驱,并在会计职业界领袖中占有一席之地,这个地位是不会随着时空的变化而改变的。

在迪金森去世时,《会计杂志》的编辑,A. P. Rickardon 写下了以下的赞词:"……迪金森以其卓越的思想,大公无私的精神,将他的一生都投入到英国和美国会计职业的建设中。他在这个很难让人选择谁最重要的新兴的会计职业中扮演着重要的角色。……他对人类最伟大的贡献是建立了英美两个会计师机构间的友好合作关系。"

迪金森的会计格言是:"资产负债表并非完善无憾"①。

## 三、主要论著简析

迪金森在将主要精力放在会计执业领域的同时,还花费了很多时间放在专业写作上,从而对会计理论的发展做出了重要的贡献。迪金森的论文及著作主要有:《公司利润》(*The Profits of a Corporation*, 1904)、《会计实务和程序》(*Accounting Practice and Procedure*, 1913)和《控股公司账目的相关问题》(*Notes on Some Problems Relating to the Accounts of Holding Companies. Journal of Accountancy*, 1906)等。

首先,是他编撰了很多负有盛名的会计专著。其中最主要的一本,则是他1913年出版的《会计实务和程序》。这本书系统介绍了迪金森在美国的执业经验,集中地反映了他在英国和美国获得丰富会计实务经验后所探索的成熟观点。该书出版不久即广

① Tamas J Burns, Edwards N Coffman. The Accounting Hall of Fame: Profiles of Thirty-Six Members [M]. College of Administrative Science, The Ohio State University, 1976:17.

为流传,得到了业界的一致好评并被多次重印。在《会计实务和程序》中,迪金森曾郑重地表达了以下重要观点:每张资产负债表都是大量观点和信息的集合体。还特别强调了审计报告中的短语"我认为",是注册会计师加强职业判断能力的具体体现,因为这个短语表达了注册会计师并不是在鲁莽的情况下才签字的,而是经过了深思熟虑后,才对会计报表发表意见,声明哪张报表是真实的,哪张报表存在虚假表述的。作为同时代的业界精英之一的亨利·兰德·哈特菲尔德,在对该书所做详细而深刻的评述中就特别指出:《会计实务和程序》中的部分内容是新颖的,且是"前无古人"的,是其他会计学专著中所从未论及的。哈特菲尔德还指出,这本书中体现了作者迪金森睿智的探索性思维与严密的辩证逻辑思维,也极大地展现了作者的聪明才智。1923 年,时任美国会计师协会主席的 Gore,在《会计实务和程序》首版发行 10 年之后的评论中,仍然认为该书是会计师专著中的经典。

其次,是迪金森还撰写了许多学术性强、含金量高的专业论文。这些论文极大地丰富了迪金森时代的会计学理论,众多学者从不同角度对其高质量的论文作了评述。1906 年 4 月,迪金森在美国注册会计师协会的前身美国公共会计师协会创办的《会计杂志》上,发表了题为"控股公司账目的相关问题"的著名论文。基于对会计发展过程的熟识与了解,他在文中概括性地提出了编制合并会计报表的原理和方法。致使此后研究"控股公司会计"问题的专家们,不仅仅引用迪金森在基本原则设计上的理论成果,而且还多次引用他在合并会计报表这个专业领域中的研究成果。对迪金森的另一篇名为"成本账户的结构、使用、弊病(*The Construction, Use, and Abuse of Cost Accounts*)"的论文,美国学者 Kaap 曾作出了如下评论:"一个技艺精湛的技工可以由他的产品体现出来,即使看起来发现并概括一个有着 20 页篇幅的成本账户中的主要问题有一定的难度,但是这篇论文将证明事实并非如此。"

## 参考文献

[1] http://fisher. osu. edu/departments/accounting-and-mis/the-accounting-hall-of-fame/membership-in-hall/arthur-lowes-dickinson/,2005-10-26.

[2] Kahle J J. American Accountants and Their Contributions to Accounting Thought: 1900—1930 [M]. New York:Garland Pub, 1993:21-27.

(初稿执笔人:徐娟)

# 亨利·兰德·哈特菲尔德

## (Henry Rand Hatfield, 1866—1945)

亨利·兰德·哈特菲尔德(Henry Rand Hatfield, 1866—1945)是美国著名的会计学家和会计教育家。哈特菲尔德一生涉猎甚广,在会计理论、比较国际会计、会计史和会计教育等方面均有建树。特别是在会计理论方面,他兼收世界会计之长,以独到的见解阐明了很多会计科学理论原理,不仅奠定了美国会计学科发展的基础,而且为美国会计实务的发展做出了杰出贡献。由于其在推动现代会计理论与实务方面的杰出贡献,因而在 1951 年,他与美国著名会计学家与注册会计师亚瑟·洛斯·迪金森爵士一起,第二批入选美国会计名人堂。

## 一、个人简要生平

1866 年 11 月 27 日,哈特菲尔德(见图 5)出生于美国芝加哥。1884 年,哈特菲尔德就读于美国西北大学。1886 年,他暂停学业而进入一家投资银行从事证券业务。在工作 5 年之后,他返回校园继续其学业,并在 1892 年获得学士学位。大学学习期间,哈特菲尔德的主要兴趣在语言、文字和历史等学科领域。鉴于其所具备的经济学和政治学基础,他于 1893 年在华盛顿大学获得一个讲师教席。与此同时,他还继续在芝加哥大学深造,并于 1897 年以优等成绩获得哲学博士学位。哈特菲尔德在取得博士学位的第二年,即加盟芝加哥大学任教。1900 年,学校派遣他出访德国考查商业教育系统,为该校筹建商学院做前期准备。1902 年,哈特菲尔德晋升为副教授,并担任该校商学院的首任院长至 1904 年。在这之后,他离开了芝加哥大学而进入加利福尼亚大学任教。在 1904—1909 年间,他一直是加利福尼亚大学

图 5 亨利·兰德·哈特菲尔德

会计学的副教授，且是全美第一个会计学教授。1909年，哈特菲尔德晋升为教授，此后就一直在加利福尼亚大学工作，直到1937年退休。在这一期间，哈特菲尔德分别在1923年和1940年获得了西北大学和加利福尼亚大学授予的荣誉法学博士学位。他还两次出任加利福尼亚大学商学院的院长(1909—1920，1927—1928)，3次出任教务长(1916，1917—1918，1920—1923)。

1918年7月至1919年6月，哈特菲尔德教授暂时离开加利福尼亚大学，受聘担任战争工业委员会计划与统计部(the Division of Planning and Statistics of the War Industries Board)的部长，在这个位置上，他的学术能力、管理才能以及处理同事关系的技巧尽现无遗。战争工业委员会停止运转之后，他在华盛顿逗留了一段时间，主要是作为税务咨询委员会(the Advisory Tax Board)的专家，讨论如何规划战后政府的政策性问题。

在各种会计专业组织中，哈特菲尔德教授也非常活跃并发挥了重要的作用。1916年，他协助成立了美国会计学会的前身——美国大学会计教师联合会(AAUIA)，并曾先后担任该协会的副会长(1917—1918)和会长(1919)等职。此外，他还曾担任美国经济学会(the American Economic Association)副会长、全美优等大学生荣誉协会的评议员(1923—1928)等职。1929年，他作为美国政府的代表出席了国际商业教育大会(the International Congress on Commercial Education)。1933年，他代表AAA参加了在伦敦举行的第四届国际会计师公会的大会。在1941—1942学术年度里，哈特菲尔德教授受聘为哈佛大学商学院的"迪金森讲师"。

1898年6月15日，他和埃塞尔·A·格洛弗(Ethel A. Glover)结为伉俪，婚后育有3个孩子。1945年12月25日，哈特菲尔德教授在加利福尼亚的伯克莱逝世，享年79岁。因其在会计理论方面的重要建树与突出成就，被学界誉为"美国会计学泰斗"。

## 二、理论与实务的主要贡献

哈特菲尔德教授是美国会计理论的先驱者之一。20世纪初期，在他从事会计理论研究的时候，会计理论和准则制定问题尚处于幼年期，美国还没有成为世界会计的领导者，甚至连英语还不是进行学术交流的主要语言。而在美国国内，由欧洲移民来的英国会计师影响甚大。1911年，他对此状表达忧虑之情时曾明确指出：我们已经习惯于指望英格兰而不是这个大陆(指美国)来寻求会计的灵感。当某人参加一个公共会计师的聚会时，他首先会以为他到了英格兰，然后当他听到"buff"这个词时，又会觉得好像是到了特威德的北岸(the Tweed系英国河流，经苏格兰南部与英格兰东北部流入北海，意即到了苏格兰)。作为会计理论的先驱进行开创性的研究工作，就意味着会面临着各种各样的问题。比如，在会计这个新领域获得研究资料即是一件非常困难的事，特别是对哈特菲尔德来说更是如此，因为他长时间生活在偏远的加利福尼亚州，且那时交通特别是航空业还很不发达。但是我们透过他留下来的相关著述可以发现，他对当时的会计文献和实务却是非常了解。哈特菲尔德教授的一生，对美国会计发展的贡献主要体现在以下四个方面。

**(一) 对会计理论的贡献**

哈特菲尔德教授在会计理论的贡献体现于《现代会计:原理与问题》(*Modern Accounting: Its Principles and Some of Its Problems*, 1909, 1919)和1938年的《会计原则的研究报告》(*A Statement of Accounting Principles*,又译《论会计原则》)这两个重要文献之中。

**(二) 在会计史研究方面的贡献**

哈特菲尔德教授是英语系国家里最早研究会计史的学者之一，也是早期簿记学方面的权威。早年，他在读完一篇别人翻译卢卡·帕乔利的文章后，他曾经这样写道:“有些人也许是‘口味’反常，对簿记早期的历史比较感兴趣，我把自己也算作是其中的一员。”他的第一篇会计史学方面的文章是用德语写的，名字叫《两位先驱》(英语名是《*Two Pioneer*》，德语名是《*Zwei Pfadfinder*》)。1907年，该文发表在奥地利的一家刊物上，其内容到今天已不会有人感兴趣了，但它的重要性在于它表明了美国早期的会计理论研究者曾经预料到19世纪欧洲大陆学者的学术观点。1977年，这篇文章被翻译成英文并发表在《会计史学家杂志》(*The Accounting Historian's Journal*)上。1932年，哈特菲尔德与阿纳尼亚斯·查尔斯·利特尔顿(Ananias Charles Littleton)一起合作整理了早期簿记方面的著作。1933年，由利特尔顿出版了其经典著作《1900年前会计的发展》(*The Accounting Evaluation to 1900*)，该书的第一章是缩写版的《历史辩护》，主要内容就是由哈特菲尔德完成的。除此之外，哈特菲尔德教授还曾专门研究过“capital”(资本)一词的首次使用问题。1926年和1934年的《经济学季刊》(*The Quarterly Journal of Economics*)上，曾经发表了两篇他关于“capital”(资本)一词的专门研究文章。这既反映了他对早期理论文献的了解与把握，也反映了他对会计地位的关心。他在文中指出，“capital”一词的第一次使用不是在经济学而是在会计学的文献中，其出处是在1547年荷兰簿记学家简·英平·克里斯托弗尔(Jan Ympyn Christoffels)的《*A Notable and Very Excellent*

*Woorke*》一文中。这一研究结论表明，是经济学家借用了这个会计词汇，而不是会计学家借用经济学家的词汇。以此诊断为依据，另一学者 Paker 1994 年的研究结论则具体揭示了“capital”一词是怎样被经济学家从会计师那里借用，并在赋予其新的含义之后又被会计师“借回”的过程。

### （三）对比较国际会计研究的贡献

从哈特菲尔德的著作中，我们可以知道他对美国、英国以及欧洲大陆的会计文献和实务都非常熟悉。20 世纪初，比较国际会计的研究刚刚起步，作为一名该领域的开拓者，哈特菲尔德早在 1911 年就在美国公共会计师协会的年会上发表了一篇文章题为“英格兰、法国、德国以及美国会计实务的一些差异”（*Some Variations in Accounting Practice in England，France，Germany and the United State*）的比较会计研究论文，这篇文章直到 1966 年才公开发表。20 世纪上半叶，美国关于会计和财务报告方面的一些观点和做法开始在全世界范围内产生重要的影响。在这个过程中，哈特菲尔德与美国新一代的年轻学者们，诸如乔治·奥利弗·梅（George Oliver May）、利特尔顿、威廉·安德鲁·佩顿（William Andrew Paton）等一起发挥了重要作用。现时的欧洲大陆语言不屑于从美式英语中吸取营养，而哈特菲尔德当时却相反，他并没有盲目地排外，而是把法国和德国会计当作是可以学习的对象，例如“估价账户”（valuation accounts）一词，就是他从德国术语 “Bewertung skonten”引进过来的。

### （四）对会计教育的贡献

早在 1902 年，哈特菲尔德就开始教授会计课程。但在当时，美国的知识界并不重视会计，大学里面才刚刚开始开展会计教育，甚至连教材也极度缺乏，因此各方面的条件十分艰难。但是，他为了发展会计理论与实务而做出了不懈的努力。一方面，他为会计是一门科学而辩护；另一方面，他又通过深入研究已有会计文献以及相关的法律条文，自己精心准备会计课程的教案并授课，从而取得了良好效果。由于他曾任芝加哥大学商学院和加利福尼亚商学院的院长，培养了大量的会计人才，因而在很长一段时间内，他被称作美国“各地会计学教师的院长”。当然，哈特菲尔德教授也曾做过一些被后人认为是“错误”的事情。例如，《会计评论》本来在 1919 年就会创刊发行，但由于他的反对，被整整推迟了 7 年，直到 1926 年才正式出刊。另外，美国大学会计教师联合会（The American Association of University Instructors in Accounting，简称 AAUIA）在扩大成员范围、改组更名为美国会计学会，以及日益强调研究而不是教学等方面的规划与行为，都曾遭到了他的反对。

有学者认为，哈特菲尔德的一个重要贡献是，客观地评价了帕乔利的功过①。

## 三、主要论著简析

哈特菲尔德教授一生著述颇丰，涉及的专业面也比较广泛，现流传于世的著述主要有：1926 年 5 月，载于《经济学季刊》上的论文——"'capital'一词的首次使用"（*The Earliest Use in English of the Term Capital*）；1933 年 2 月，在《会计杂志》上发表的论文——"评格雷姆和卡茨的《法律实务中的会计》"（*Review of W. J. Graham and W. G. Katz, Accounting in Law Practice*）；1934 年 11 月，在《经济学季刊》上发表的论文——"'capital'一词的早期使用"（*The Early Use of Capital*）；1936 年 3 月，在《会计评论》上发表的论文——"众说纷纭论折旧"（*What They Say About Depreciation*）；1966 年，在《会计研究杂志》（*Journal of Accounting Research*）秋季版上刊载的论文——"英格兰、法国、德国以及美国会计实务的一些差异"（*Some Variations in Accounting Practice in England, France, Germany and the United States*）；1924 年 4 月，在《会计杂志》上发表的论文——"簿记学的历史辩护"（*An Historical Defense of Bookkeeping*）；1909 年所著《现代会计》（*Modern Accounting*，由纽约的 D. Appleton and Company 1919 年重印）；1927 年，以《现代会计》（*Modern Accounting*）修订而成的《会计学：原理和问题》（*Accounting: Its Principles and Problems, New York: D. Appleton and Company*，1927）；1938 年，由美国会计师协会出版的托马斯·亨利·桑德斯（Thomas Henry Sanders）、哈特菲尔德和昂德希尔·穆尔（Underhill Moore）合著的《会计原则的研究报告》（*A Statement of Accounting Principles*），该报告后又分别于 1959 年、1963 年、1968 年、1974 年、1977 年和 1985 年由美国注册会计师协会多次再版发行，对美国现代财务会计理论及其一般公认会计原则的发展产生了重要的影响。影响最大的论著当数如下两部。

### （一）《现代会计》（1909）

19 世纪末 20 世纪初，美国的会计理论和实践尚处于初创阶段，会计理论与实务上主要是学习引进英国和德国的成果。1909 年，哈特菲尔德编著的《现代会计》（*Modern Accounting*）一书得以在纽约出版问世，旋即在美国会计界产生了极大震动。该书以资产负债表为主线，吸收了德国人 J·F·雪尔（J. F. Schar）的"二账系学说"、

---

① Tamas J Burns, Edwards N Coffman. The Accounting Hall of Fame: Profiles of Thirty-Six Members [M]. College of Administrative Science, The Ohio State University, 1976:17.

H·V·西蒙(H. V. Simon)与H·雷姆(H. Rehm)的主观价值学说,同时他还吸收了英国人L·R·狄克西(L. R. Dicksee)与F·W·皮克斯利(F. W. Pixley)的经验会计观,以及A·H·丘奇(A. H. Church)的成本管理思想,阐明了会计学的一系列问题,奠定了美国会计学的基础。在该书中,哈特菲尔德教授对业主权理论进行了比较全面的论述。书中提出,尽管业主权理论的基本思想几乎可以追溯到16世纪,但直到1818年,克朗赫尔姆才在其著作《独特的复式簿记》中首次完成了对业主权理论的解说。《现代会计》中所完整论述业主权理论的思想主要包括:(1) 会计恒等式是"资产－负债＝业主权益",即业主居于权力的中心。资产是业主所有的资产,负债则是业主的义务,业主权益就是代表企业所有者所拥有的企业净值;在企业创立初期,其净值等于业主的投资;在企业经营过程中,其净值等于业主的原始投资加新增投资,再加累计净收益,然后再减去业主提款后的余额。(2) 业主权益在企业经营过程中不断地发生了变化。通常情况下,收入即为业主权益的增加,费用意味着业主权益的减少,而收入大于费用所形成的净收益,则直接导致业主权益的净增长。(3) 会计应是为业主负责的。其所提供的会计报告应反映业主权益的变化,故会计报告也主要是为业主服务。哈特菲尔德还认为,会计的本质在于:一是表示某一时刻的财产物资状态;二是表明某一期间经常活动之结果。其具体表现为应着重于决算表的合理编制和内容真实。

1927年,哈特菲尔德将《现代会计》修订后更名为《会计学:原理和问题》。修订后的这本书则是一本美国式的会计著作,它建立了美国会计的科学体系,从而使美国会计独立于世界会计学界。在这本书中,哈特菲尔德教授还对无形资产的有关问题进行了阐述。他指出"无形资产的含义是指专利权、版权、专有技术、商誉、商标、专营权以及其他类似的资产"。并承认"这一定义并不十分恰当,但是除了列举其内容而外,确实不易把有形资产和无形资产划分清楚"。时至今日,学界仍有许多采用列举方式定义无形资产的观点。在谈到合并商誉时,哈特菲尔德教授认为,控股公司即使没有取得被投资公司100%的股份,也应该确认全部的合并商誉。他的理由是:"既然在合并资产负债表披露了每一项资产的全部价值,那么尽管控股公司只持有一部分股权,但也没有必要只反映单项资产商誉的部分价值,而完全忽视代表其他股票持有者权益的那部分价值。"1928年5月1日,哈特菲尔德教授的《会计学:原理和问题》一书获得"会计学作品最具贡献奖"。

### (二)《会计原则的研究报告》(1938)

1938年,桑德斯、哈特菲尔德和穆尔合著的《会计原则的研究报告》一书由美国会计师协会出版,该书被称为归纳会计学派的代表作之一。书中不仅参考了大量研究文献，而且还罗列了当时会计实务中已得到普遍认同的会计原则，并将其分类加以汇编，力求改进当时的会计处理方法，使其达到比较理想的标准，涉及的范围比较全面。尽管该书在后来曾受到各种批评和责难，但它的重要贡献则在于其从一定程度上直接促进了对会计原则理论依据的全面深入研究。哈特菲尔德曾对持续经营假设进行了全面的剖析，得出的结论是：如果持续经营是资产估价的关键，由于固定资产不是为销售而购进，其售价则是不相关的，因而可以按历史成本计价；存货的存在是为了销售，则应在资产负债上反映其售价。另外，他还曾批判稳健主义的成本与市价孰低原则，认为低估资产价值，有时或许比高估会好一些，但是将其当作一项会计原则则是不恰当的。他也不赞成用历史成本计价，而主张在资产负债表上使用重置成本。对于固定资产的折旧，他不主张用直线法而主张用加速折旧法。

**参考文献**

[1] 陈今池.现代会计理论概论[M].上海：立信会计出版社，1993.

[2] 葛家澍，刘峰.会计大典：会计理论[M]. 北京：中国财政经济出版社，1998：32-34.

[3] 郭道扬.会计大典——会计史[M]. 北京：中国财政经济出版社，1999.

[4] 郭道扬.会计百科全书 [M]. 沈阳：辽宁人民出版社，1990.

[5] 孙邦治.会计发展史 [M]. 北京：光明日报出版社，1989.

[6] http://fisher. osu. edu/Departments/Accounting-and-MIS/Hall-of-Fame/Membership-in-Hall/Henry-Rand-Hatfield，2005-10-26.

[7] Parker R H. Finding English Words to Talk about Accounting Concepts[J]. Accounting，Auditing & Accountability Journal，1994，7(2)：70-85.

[8] Parker R H，Henry Rand Hatfield. The Triumphs and Travails of an Academic Accounting Pioneer[J]. Accounting History，2002，7(2)：125.

（初稿执笔人：易凯）

# 伊莱贾·瓦特·塞尔斯

## (Elijah Watt Sells, 1858 — 1924)

伊莱贾·瓦特·塞尔斯(Elijah Watt Sells, 1858—1924)是一位杰出的会计学家。1952年,他与另一位著名会计学家维克托·赫尔曼·斯坦普佛(Victor Herman Stempf)一道入选美国会计名人堂。

## 一、个人简要生平

塞尔斯(见图6)于1858年3月1日出生于爱荷华州(Iowa)的马斯卡廷(Muscatine)。他在爱荷华州的公立学校接受了初等教育,而后进入贝克大学(Baker University),但并未获得学位。1909年,他被贝克大学授予荣誉艺术硕士学位。1916年,又被纽约大学(New York University)授予荣誉商科博士学位。

图6 伊莱贾·瓦特·塞尔斯

塞尔斯早期的会计职业经历均与铁路会计工作相关,他也是美国铁路会计主管人员协会的会员。1874年,他在堪萨斯州的Baldwin加入Leavenworth, Lawrence & Galveston铁路公司,成为一位助理站务员,但这个公司后来被Santa Fe系统兼并。随后,他又到Fort Scott & Memphis铁路公司位于堪萨斯城的总部工作,并在芝加哥分部Burlington & Quincy系统一直工作到1879年。由于塞尔斯的工作非常努力,很快即引起上司的关注从而得以迅速地晋升。此后10多年时间内,他在铁路公司的工作也不断变化:1879—1881年,在位于爱荷华州迪比克(Dubuque)的Chicago, Clinton, Dubuque & Minnesota铁路公司担任出纳和簿记员;1881—1884年,在位于俄勒冈州波特兰(Portland, Oregon)的Oregon Railway and Navigation Company担任主计长;1884年,在位于加利福尼亚州圣路易斯欧(San

Louis Obispo, California)的 Pacific Coast Railway 公司担任审计员;1884—1887 年,在位于加利福尼亚州旧金山的 Oregon Improvement Company 担任审计员;1887—1888 年,在 Fort Scoff & Memphis Railroad 公司担任助理主计长;1888—1893 年,在 Atchison, Topeka & Santa Fe 系统的一个部门——佛罗里达中部铁路公司(Colorado Midland Railway Company)担任秘书和审计员;1893 年,他成为 Atchison, Topeka & Santa Fe Railroad 公司审计长的秘书。

1893 年,塞尔斯被美国国会的 Dockery 委员会(Dockery Commission)推选为会计专家,主要负责对美国自华盛顿总统以来的联邦会计实务规则进行修订工作。该委员会是根据美国第 53 届议会法案成立,旨在全面研究政府部门、机构的各个方面,以保证其高效和经济性。在该委员会工作期间,他与查尔斯·沃尔多·哈斯金斯(Charles Waldo Haskins)开始了专业上的合作,由于两人上学前均有在铁路领域从事会计相关工作的背景,故受托筹划会计制度和内部审计程序。在他们的努力下,新的会计制度和审计程序得以应用于多个政府部门,并曾获得了年节约 60 万美元的成效。

1895 年 3 月 4 日,塞尔斯与查尔斯·沃尔多·哈斯金斯合伙在纽约创办了名为哈斯金斯-塞尔斯(Haskins & Sells)的事务所,该所是美国历史上第一家由美国人创办的并主营审计业务的事务所,后来它也成为 Deloitte & Touche 事务所(德勤)的前身之一。此后,塞尔斯全身心投入哈斯金斯-塞尔斯事务所中的各项事务,甚至包括亲自撰写由事务所赞助相关体育活动的专题报告之类的事项,而且他还每年在其自己的威彻斯特(Westchester)庄园主办由正式员工和非员工之间的垒球比赛。1906 年,当哈斯金斯-塞尔斯事务所的正式员工队成为这一传统垒球赛事的常胜将军后,队员们开始有些自大情绪,因此塞尔斯决定想法挫挫他们的锐气,他曾买通纽约巨人队的队员,让他们身着农装出战并打击了事务所队显现的傲气。

1896 年,塞尔斯获得了注册会计师执业资格,从而成为纽约州的第一个注册会计师,同时他又是伊利诺伊州、马里兰州、密苏里州、纽约州、宾夕法尼亚州和俄亥俄州等州注册会计师协会的会员。此后,他即积极投身于美国注册会计师协会的创设工作。1900 年,他还为纽约大学的商业、会计和金融学院提供了实务方面的帮助。

1901 年,哈斯金斯-塞尔斯事务所在芝加哥开设了第一个地区性办事处,同时还在伦敦开设了第一个海外分支机构。1903 年,查尔斯·沃尔多·哈斯金斯去世后,塞尔斯成为事务所的高级合伙人。在此后的 20 多年时间内,塞尔斯不仅成功地经营着事务所,而且以其卓有成效的工作对美国整个会计职业的发展产生了重大影响:1906—1908 年间,他曾先后担任两届美国公共会计师协会的主席;在 1916—1922 年间，他一直供职于美国公共会计师协会的理事会和执行委员会。与此同时，他亦曾任预算和财政委员会的主席一职（1916—1922），并且是其中的捐赠管理委员会的成员（1917—1923）。

1923年，为了纪念塞尔斯对美国注册会计师职业发展的贡献，他的朋友倡导创设了“伊莱贾·瓦特·塞尔斯奖学金基金会”，并由美国会计师协会提供奖金，以专门用于奖励在注册会计师统一考试中取得出色成绩的考生：1923—1935年，该奖金只授予在注册会计师考试中通过所有4科考试，并取得好成绩的考生；1935—1977年，该奖金扩大到向取得最好成绩的两位考生颁发金牌和银牌；自1978年5月开始，该奖金增加到向位列第三的考生颁发铜牌。自1978年以后，则用颁发奖章来取代奖牌的方式，而且以此作为确认奖金获得者的唯一方式。目前，该奖金每年设10个名额，奖金申请人必须在过去一年中一次性通过所有4科考试并获得较高积分。每年，美国注册会计师协会均会给10个获胜者颁发特别纪念奖章。2004年，美国注册会计师统一考试改为上机考试后，“塞尔斯奖金”也进行了相应的调整并确定了现行标准，即在上机考试环境下，考生可以在注册会计师统一考试中灵活选择他们认为适当的4门科目考试顺序，并可在美国不同地方参考，考试时间也可定为每年12个月份中的8个月份。

20世纪20年代末期美国经济大危机后，塞尔斯作为一名会计师事务所合伙人，积极参与了推动美国国会通过《证券法（1933）》与《证券交易法（1934）》的工作，最后致使美国国会以上述两法为依据而创设了美国证券交易委员会（SEC），同时还为所有公众公司均要接受财务审计的规则出台起到了一定的推进作用。

1884年4月24日，塞尔斯和玛贝尔·格瑞福森（Mabel Graveson）喜结连理，夫妻共育有两个孩子。1902年，塞尔斯在纽约市北部35公里处的威彻斯特（Westchester）购买了一座农场。出于他本人在网球和骑马方面的爱好，他在农场上建起了专用的马棚和网球场，并将其称为“北部城堡”。农场不仅种育水果、小麦、燕麦和家禽，还自产咸肉和火腿等农副产品。在某种程度上讲，“北部城堡”不仅是塞尔斯工作之余的休闲场所，还是其会计思想的发源地。塞尔斯的早期合作者查尔斯·沃尔多·哈斯金斯在一本描述他们早期创业情况的书中就曾经记载：“伊莱贾·瓦特·塞尔斯经常提到，那些关于会计和组织的奇思妙想，均是他在农场附近树林里悠闲信步时想出来的。”另一位美国学者约翰·R·威尔德曼也在1924年出版的《自然经济年份和十三篇论文》（A. W. Shaw Co.）一书“序言”中证实了这个说法。在该书的“序言”中，他曾引用了塞尔斯的一段话：我的“论文《公司管理与政府控制》（*Corporate Management Compared with Government Control*）的不断完善，就是我在农场附近树林中散步的时候发生的”。威尔德曼认为，其实塞尔斯的很多思想也是这样形成的，这足以说明“精神娱乐的成果与头脑有关，户外生活和锻炼则会使头脑更健康清醒”。1924 年 3 月 19 日，塞尔斯去世，享年 66 岁。

## 二、理论与实务的主要贡献

塞尔斯对会计理论的发展也作出了重要贡献，并对后世产生了重要的影响。他的著作主要包括：《公司管理与政府控制》、《公司财务事务的公开性》(*Publicity of Financial Affairs of Corporations*)、《盘存和结账的自然商业年度》(*The Natural Business Year for Inventories and Fiscal Closings*)、发表于《会计杂志》1915 年 2 月号的《国际和平计划》(*A Plan for International Peace*)和《会计职业——需要和未来》(*The Accounting Profession—Its Demands and its Future*)等。

塞尔斯的会计格言是：“会计年度应当采用自然年度”①。

**参考文献**

[1] http://fisher.osu.edu/departments/accounting-and-mis/the-accounting-hall-of-fame/membership-in-hall/elijah-watt-sells/,2007-12-10.

[2] Jobe M E, D L Flesher. Esprit de Corps and Transcendent Organizational Behavior: The Role of Athletics in Haskins & Sells Corporate Culture [J]. The CPA Journal, 2005,75(4):24-29.

[3] Shildneck B J. Did You Know[J]. Journal of Accountancy, 2005,100(4):40-41.

(初稿执笔人：田伦)

① Tamas J Burns, Edwards N Coffman. The Accounting Hall of Fame: Profiles of Thirty-Six Members [M]. College of Administrative Science, The Ohio State University, 1976:57.

# 维克托·赫尔曼·斯坦普佛

## (Victor Herman Stempf, 1893 — 1946)

维克托·赫尔曼·斯坦普佛(Victor Herman Stempf, 1893—1946)是一位杰出的会计学家和会计理论先驱,他的一生对现代会计理论和实务产生了深远的影响。1945年,因其对美国会计职业发展的突出贡献,他与埃里克·路易斯·科勒(Eric Louis Kohler)和威廉·威格·库珀(William Wager Cooper)一起获得美国注册会计师协会(AICPA)的金质奖章,是该奖项于1944年设立后的第二批获奖者之一。1952年,他作为当时最年轻的成员被选入美国会计名人堂。

## 一、个人简要生平

斯坦普佛(见图7)于1893年4月28日出生于明尼苏达州(Minnesota)的明尼阿波利斯市(Minneapolis),他是理查德·斯坦普佛和杰西·C·斯坦普佛(Richard and Jessie Cirkler Stempf)之子。1915年,他于圣路易斯大学毕业后即进入塔奇·罗斯会计师事务所(Touche Ross Co.)就业,1917年,斯坦普佛开始其注册会计师的职业生涯;1919年,他成为塔奇·罗斯会计师事务所经理。

图7　维克托·赫尔曼·斯坦普佛

1917年4月12日,他与多梦茜(Dorothy)结为夫妻,并育有两个孩子。1946年4月18日逝世,年仅52岁。

斯坦普佛一生中曾担任过美国多个会计职业组织与学术机构的多种职位:他在1935—1946年期间,担任全美成本会计师协会(National Association of Cost Accountants,简称NACA),该协会于1957年改名为全美会计师联合会(National Association of Accountants,简称NAA),1991年再次更名为管理会计师协会(the Institute of Management Accountants,简称IMA)。

1938—1939年任 NACA 副会长，1940—1941 年任 NACA 会长；他曾于 1942—1943 年任 AICPA 副会长，1943—1944 年任会长，并在 1944—1946 年期间担任 AICPA 执行委员会成员，他在任职期间对该组织的发展起到了重要作用；他在 1949 年任美国会计学会(AAA)副会长；1925 年，他曾担任密苏里州注册会计师协会副会长；1926—1940 年间，他一直是纽约注册会计师协会理事会成员，并于 1939—1940 年间任该协会会长；1926 年，他创建了全美成本会计师协会圣路易斯分会(the Saint Louis Chapter of NACA)。除此之外，1937—1940 年间，他还曾担任过 AICPA 有关会计程序、会计术语和战后税收政策委员会的成员，以及联邦收益税委员会(Committee on Federal Income Taxation)的成员。他还积极投身于社区工作，曾任过密苏里大学的会计主管(1921—1925)，担任过纽约市马马罗内克(Mamaroneck)的警察局局长(1936—1945)。

## 二、理论与实务的主要贡献

斯坦普佛一生除了担任过多种职务外，还广泛参与各种学术活动。1943 年和 1944 年，他分别担任《会计师手册》(*Accountants' Handbook*)和《成本会计师手册》(*Costs Accountants' Handbook*)的编辑顾问。他在许多专业团体发表演讲，并给当时的会计专业期刊撰写了大量的文章。他还到美国多所大学发表过演讲并受到师生的一致好评，也在他的母校圣路易斯大学担任兼职教授多年，并在 1944 年得到圣路易斯大学授予他的一个奖项。斯坦普佛一生在会计理论与实务方面的贡献很多，但影响较大的主要有三个方面。

### (一) 创建全美成本会计师协会圣路易斯分会

1919 年，全美成本会计师协会在纽约成立，成立之初有 35 位成员。在随后的几年里，该会成员和分会迅速在几个大城市发展。1920 年，圣路易斯已经有 21 个成员但是没有分会，到了 1924 年，发展到 25 个成员，但仍然没有分会组织。1926 年 4 月 14 日，斯坦普佛与约翰·J·郎(John J. Lang)、乔治·毛瑞尔(George Maurer)、约翰·K·摩根(John K. Morgan)以及查尔斯·A·雷纳(Charles A. Renard)共同发起创立了美国全美成本会计师协会圣路易斯分会。在该分会成立的第一年，成员增加很快，每次出席会议的人员由最少的 44 人到最多的 86 人，平均每次都有 60 人。通过在报纸上的会议宣传计划，该组织引起了人们极大的关注。在全美成本会计师协会圣路易斯分会成立后，斯坦普佛代表该组织理事会制定了相关章程和规则，其中包括分会名称、分会管辖范围、分会目标、分会会员资格与申请、分会组织结构和分会财务管理等问题。斯坦普佛作为全美成本会计师协会的创始人之一，于 1940 年在圣路易斯举行的年会上，被选举为该协会会长。

## (二) 关于战后经济转轨的观点

1944 年，斯坦普佛在《会计评论》第 2 期上发表的“终止与再协商”(*Termination and Renegotiation*)一文中提出了战后经济转轨的理论观点及具体方案。本文主要是从第二次世界大战结束后，美国政府应当如何帮助企业顺利实现从战时生产到民用生产的转变，以保持和平时期商业的迅速发展，并从消除大量失业危险的角度出发，就生产终止还是协商生产这一关系到相关各方直接利益的焦点问题，从既不影响工业生产的稳定性，又要从财务报告及其审计方面考虑表达了观点，并就当时环境下的终止和协商问题进行了探讨。文中指出，战时生产不会突然停止而会向民用生产更快地转化，在此过渡期内，生产减少是不可避免的，而取消战时合约的清算、战争存货和设备的处置和交换，以及合理确定留存收益对战后美国工业至关重要。职业会计师可以在终止和协商中提供有用的服务。只要有可能，价格调整委员会会在所有再协商程序和多数终止程序中要求提供注册会计师的独立审计报告，审计报告有助于提高契约双方财务报告的可信性。而职业会计师会有助于形成再协商和终止中需要的相关数据信息。但无论如何，注册会计师必须保持他的独立公正性。再协商偿还款条款应该作为流动负债包括在资产负债表中，并且作为一项计税销售额特别的扣减项目列示于损益表中。很显然，这是一项强制性要求，会计师必须熟悉再协商和终止的相关要求并且应该明确他们自己的责任。全文的主要内容涉及战争协议的终止、基本原则、政府调节和权限、联合协议终止委员会、总会计署、紧急清算、战争存货和设备的处置、原则和实务、财务报告、终止和再协商的相互关系、当前应用情况、新的免除条款、追索调整、过度盈利的含义、可允许的扣除、战争协议价格调整委员会的功能、税务法庭、义务协议、整体依据、内部收益署的审计、限制性规定、法案的终结、战争合约的再计价等方面。其主要内容如下：

除了谈到以上方面外，在文章的最后，斯坦普佛强调，对于职业会计师来说，终止和再协商可以为许多有用性目标服务。如果注册会计师的独立审计报告是可获得的，价格调整委员会将会在所有再协商程序和终止程序中要求提供审计报告。这些报告将为承包商的财务代理人提供信用保证。此外，职业会计师也能为终止和再协商提供有用的数据。在各种情况下，职业会计师都必须坚持他们的独立地位，以免办理与公共注册会计师职能不相容事务的情况出现。

### （三）关于会计原则的理论观点

1938年，斯坦普佛在《会计评论》第1期上发表了“对《会计原则暂行公告》的质疑”(*A Critique of the Tentative Statement of Accounting Principles*)一文，该文就会计原则的暂行规定提出了质疑。文中提出，不同产业有着不同的特征，同一产业也存有不同，这些相异之处要求运用多种确认会计原则以解决那些相似但不相同的问题。对这些暂行的原则评论取决于会计的发展。这些成果不仅会计专业人士会运用，那些经营者、债权人和投资者也会使用。在原则的制定过程中，观点必须清晰明了，不能留有任何模棱两可的余地，以便达成一个共识。因此，作者认为，会计原则的暂行规定只能作为可选择的确认原则运用，而不应该是强制性的。尽管涉及共性会计实务的原则已经确定，但从审计角度看，许多情况下有些替代程序是可以使用的，这些情况可能证明有关程序的规定是冗长而缺乏效率的。在该文中，斯坦普佛主要就两个方面提出质疑并进行了详细的讨论。

第一方面，关于成本和价值的计量问题。(1)《会计原则暂行公告》规定：“会计本质上不是一个估价过程，但对实物资产的估价是会计师的责任。”他认为，此规定不够恰当，会计应该是对账户的设立进行处理并不进行价值的估计。(2)《会计原则暂行公告》规定：“成本应该被冲销，以反映已消耗的、到期的、已毁损的成本，并对当前账户进行调整以确定实际价值。”他认为，应该对固定资产和流动资产的计价区别对待。固定资产的计价是以折旧、摊销来进行调整的，该方法同样适用于无形资产、租赁和专利权的计价。而流动资产的计价是采用成本与市价孰低法。(3)《会计原则暂行公告》开始部分说明该规定不适用于企业合并，但又规定，如果实际拥有权发生实质改变，成本应该按照现金支出或者按照在证券市场上获取的公允价值进行计量。他就这些规定提出了质疑：如果所有权发生了非实质改变，那么如何对这个独资公司的固定资产进行计价；如果一个公司的股本改变引起了固定资产实际拥有权的本质改变，固定资产的账面价值需要改变吗？这个公司的原始成本与新法律实体的剩余成本是一致的吗？此外，他还就以证券市场上取得的价值作为公允价值的做法提出了质疑。

第二方面，关于收入计量的原则问题。《会计原则暂行公告》认为应该将经营活动损益表和非经营活动损益表连接为一张表，这样就可避免盈余调整。斯坦普佛认为，从理论上讲，此规定可以行得通，但是否能将其作为会计原则值得怀疑，并认为将此作为会计原则使用是一种空想。与此主题相关，他围绕四个方面进行了讨论：(1)关于盈余调整。在会计实务中，人们并不赞成进行盈余调整，反复进行盈余调整可能意味所选用的会计方法存在问题。在会计中遵循着一个基本规则，费用应该与相应的收入相配比，然而在实际工作中，难以准确确定的应计收入和费用有时也可能扰乱这一原则。当然，如果年末和年初的应计收入、费用的差异不大，则对年度损益的影响不大；但如果差异扩大就会出现问题，这种差异是否应该计入盈余也值得进一步探讨。此外，他还就资本盈余计提相应费用是否会影响将来收益所对应的费用，以及进行损益调整对当年以及以前年度的财务报告的影响进行了探讨。(2) 关于联邦收入征税管理。由于不能准确地确认每年的收入，征税存在很多问题。可能某年多征而下年少征。在这种情况下，通过借方或贷方的调整会歪曲收入，此时他倾向于盈余调整。(3) 关于现金购买商誉时损益账户的调整。如果用现金购买商誉，购买价格应当以以前年度收益为基础。如果经过一段时间后，商誉已经没有任何价值，董事会决定对商誉进行冲销，那么会计师所面临的问题是，应如何对损益账户进行调整，如果某年损益账户已经做好，则由谁来估计年损益和调整以前年度的损益。(4) 关于相关条款的讨论。他对于《会计原则暂行公告》第 9 条的规定并不反对，但认为其不应该作为一项会计原则，而应该作为一个程序；《会计原则暂行公告》第 10 条和第 11 条规定应该是第 9 条的一个详细叙述，也不应该作为一项原则；《会计原则暂行公告》第 12 条应当无条件地作为一项原则；完全不同意《会计原则暂行公告》第 13 条中要求“由于当前年度损益的调整而导致盈余重述，所以年度报表也应该重新报告”。

斯坦普佛的会计格言是：“会计是对过去交易的真实反映”①。

## 参考文献


[1] http://fisher. osu. edu/departments/accounting-and-mis/the-accounting-hall-of-fame/membership-in-hall/victor-hermann-stempf, 2005-12-25.

[2] Stempf V H. A Critique of the Tentative Statement of Accounting Principles[J]. The Accounting Review, 1938,13(1):55-62.

[3] Stempf V H. Termination and Renegotiation [J]. The Accounting Review, 1944, 19(2): 117-130.


（初稿执笔人：杨欢）

① Tamas J Burns, Edwards N Coffman. The Accounting Hall of Fame: Profiles of Thirty-Six Members [M]. College of Administrative Science, The Ohio State University, 1976:65.

# 亚瑟·爱德华·安德森

## (Arthur Edward Andersen, 1885 — 1947)

亚瑟·爱德华·安德森(Arthur Edward Andersen, 1885—1947)是一位杰出的会计学家和会计实务工作者。他曾是美国西北大学的教授,并曾任该校会计系主任。安德森具有渊博的学识和一流的理论水平,对会计理论与实务的发展做出了突出贡献。他不仅创办了著名的安达信会计师事务所(Arthur Andersen),且在美国注册会计师协会的多个部门任过要职,还通过参与其所属会计程序委员会会计研究公告(Accounting Research Bulletins,简称 ARBs)的制定,对美国一般公认会计原则(Generally Accepted Accounting Principles,简称 GAAP)的形成并运用于会计实务产生了深远影响。由于其突出的成就,1953 年他被选入美国会计名人堂。

## 一、个人简要生平

安德森(见图 8)于 1885 年 5 月 30 日出生于伊利诺伊(Illinois)的普莱诺(Plano)。1903 年,安德森从芝加哥的 Atheneum 高级中学毕业。1907 年,安德森在西北大学获得学士学位,1938 年,路德学院(Luther College)授予他法律荣誉博士学位。此后,西北大学、格林奈尔学院(Grinnell College)和圣·奥拉夫学院(St. Olaf College)也都曾于 1941 年授予他法律荣誉博士学位。

**图 8 亚瑟·爱德华·安德森**

1906 年 8 月 8 日,安德森与阿诺德·B·艾玛(Emma Barnes Arnold)结婚,他们养育有 3 个孩子。安德森的一生兴趣广泛,在闲暇时喜欢打高尔夫球、钓鱼、阅读、摄影和旅行,也喜欢音乐艺术。1947 年 1 月 10 日,安德森逝世,享年 61 岁。

安德森的会计职业生涯可谓一帆风顺且颇有建树。1901—1907 年,安德森受雇于 Fraser & Chalmers 公司，该公司后来成为 Allis-Chalmers 公司的一个分部；1907 年，他加入了普华会计师事务所（Price Waterhouse & Co.），成为该事务所的一名职员并进入会计执业领域；1908 年，他通过了注册会计师考试，成为当时伊利诺伊州最年轻的注册会计师；1911 年，他辞职去了 Jos. Schlitz Brewing 公司，并成为该公司的会计总监；1913 年，安德森和他的搭档伦斯·德莱尼（Clarence DeLany）成立了一家会计师事务所——Andersen，Delany Co.，这就是后来著名的安达信国际会计公司（Arthur Andersen LLP），直到去世之前，安德森一直是这家事务所的高级合伙人。

安德森在各种职业团体中也相当活跃。1918—1919 年，他担任伊利诺伊州注册会计师协会的主席；1926—1928 年，他担任伊利诺伊州注册会计师考试命题委员会成员；他曾受 AICPA 之托主持多项专项事务，如 1923—1924 年在所得税法制定和管理委员会（the Committee on Form and Administration of Income Tax Laws）任职，1924—1930 年，他任盈余界定特殊委员会主席（the Chairman of the Special Committee on Definition of Earned Surplus）。此外，他还曾经是美国会计学会（AAA）和美国经济学会（American Economic Association，简称 AEA）的成员；他也是 Beta Alpha Psi 基金会、Beta Gamma Sigma 基金会和 Omicron Delta Kappa 基金会的荣誉会员。

安德森把他一生的大部分时间也献给了会计教育事业。1909—1912 年，他在西北大学任讲师，1912 年升任副教授，并在 1915 年晋升为教授；在 1912—1922 年的 10 年间，他一直担任西北大学会计系主任。1917 年，他编写了《完整会计教程》（*Complete Accounting Course*）一书，该书被评价为“会计教育发展领域中被广泛认可的教材之一”。

安德森还很热衷于市政和社区服务活动。1923—1925 年，他担任芝加哥友谊之家（Chicago Home for the Friendless）的主席；1927—1930 年，他是西北大学理事会的理事，并在 1930—1932 年担任该理事会主席；他曾担任 1933—1934 年在芝加哥举行的世博会（Century of Progress）的理事；1936—1942 年，他出任挪威-美国历史协会（Norwegian-American Historical Association）的主席；并曾经担任设在埃文斯顿（Evanston）的伊利诺伊州立银行信托公司（The State Bank and Trust Company of Evanston，Illinois）董事；他还一度是美国商会的税务与财政委员会（Taxation and Finance Committees，U. S. Chamber of Commerce）的成员。1940 年，挪威政府曾授予安德森二级爵士勋章（The Knight Commanders Cross of the Royal Order of St. Olav.）。

## 二、理论与实务的主要贡献

安德森的一生，不论是在会计实务领域，还是在会计理论研究领域，均做出了开拓性的贡献，并对现代会计的发展产生了重要影响。影响最大的是在会计职业的发展上，他一手创建并发展了安达信事业。

1913年，联邦所得税的开征导致了人们对会计服务的需求大大增加，在这种情况下，安德森和他在普华的搭档德莱尼（DeLany）成立了安达信与德莱尼会计师事务所（Andersen - DeLany Co.），拟与普华会计师事务所相抗衡。事务所最开始只有他们两名合伙人和6名雇员，专门为顾客提供联邦所得税和其他方面的会计服务。1918年，德莱尼离去后，这个公司就改名为安达信会计公司。20世纪20年代前后，公司迅速成长并在许多地方设立了分支机构，并开始为企业提供财务调查服务。

安德森从事审计服务的至理名言是："即使倾芝加哥全城的财富，也难以诱我让步。"1947年，安德森逝世后，伦纳德·斯帕切克（Leonard Paul Spacek）接手管理安达信并坚持亚瑟·爱德华·安德森的信念。斯帕切克不但对安达信的规模在美国本土进行了大幅的扩张，并且开始拓展国外市场。直到20世纪末，这种扩张仍然在继续，随着公司的日益国际化，终使其成为五大国际会计公司之一。尽管世纪之交"安然事件"的出现，导致安达信受到牵连而不得不在2002年停止了它的审计业务，并把它在海外的资产出售给别的公司。但我们不能忽视创业者的初衷与艰难，正是因为有了安德森的努力才有安达信曾经的辉煌。

安德森的会计格言是："三思而后行"；"即使倾芝加哥全城的财富，也难以诱我做出让步"①。

## 三、主要论著简析

安德森在会计理论研究上也有独到见解。当他辞去教职而全身心地投入会计实务后，仍然花费许多精力撰写了大量的专业论文，并曾先后在美国《会计评论》等权威期刊上发表，如1929年的"财务与产业调查研究"（*Financial and Industrial Investigations*）、1931年的"工业化时代带来的主要问题"（*The Major Problem Created by the Machine Age*）、1934年的"审计人员的责任和义务"（*Duties and Responsibilities*

① Tamas J Burns, Edwards N Coffman. The Accounting Hall of Fame: Profiles of Thirty-Six Members [M]. College of Administrative Science, The Ohio State University, 1976(1).

*of the Comptroller*)和“经济系统的未来”(*The Future of our Economic System*)、1935年的“影响财务报表列报和解释的现存问题”(*Present Day Problems Affecting the Presentation and Interpretation of Financial Statements*)和1941年的“一位门外汉的演讲”(*A Layman Speaks*)等。另外,他还在《美国经济评论》(*American Economic Review*)上发表了若干文章。

1929年,安德森在《会计评论》第1期上发表的名为“财务与产业调查研究”(*Financial and Industrial Investigations*)论文中,分三个部分表达了对这一问题的独到见解,产生了重要的影响。对当时企业经营活动分析范围与方式的全面论证对后来会计领域的拓展起到了一定的导向作用。

首先,是分析了当时企业经营分析中存在的两大问题。(1) 对企业的分析研究脱离了会计领域。独立于会计领域的研究多年之前就出现了,其目的在于展示并解释企业中一些更活跃的因素,其中的一些研究是很专门化的,特别是针对销售。有一些专门研究销售环境和销售心理的部门,他们对管理具有重大的帮助作用。有关方面已做了一些扩大研究范围的努力,但结果都是不完整的。其主要原因在于,他们在做分析研究时,均忽视了企业的财务因素。(2) 会计人员也忽视了自身的作用。由于会计人员已经习惯于检查企业的财务结果,但是很少考虑是什么原因导致了这些财务结果的出现。在多数情况下,涉及持续经营企业财务结果的分析和解释工作都留给了管理部门自己去做。会计人员认为他们一旦提交了经核准的资产负债表和损益表,他们的职责就履行完毕了,这即使得会计的作用没有得到有效发挥。

其次,是表达了如何加强企业会计分析的5个主要观点。(1)对企业的分析应当全面考虑外部相关因素。企业本身是一个建立在生产、销售和资金三个主要元素基础上的综合体,而这三个元素的任何一个本身又都是很复杂的,任何不包括这三个元素的理论必然是不完整的。但现实则是外部因素几乎没有起到应有的作用,也许管理者认为企业管理部门已能胜任提供所有元素以及其详细内容的任务,但如果一个企业管理部门需要一个或全部外部因素的详细内容,它就需要来自外部的观点和分析。(2)会计分析比其他任何领域都重要,应当重视会计分析的重要地位与作用。因为会计通常能看到一个企业所有因素的状况。损益表的结果显示了企业的管理政策、管理行为、经营设施、销售环境、市场环境、竞争、财务和经济循环、专利权以及其他相关因素甚至组织内外个体人格的综合影响。(3) 会计分析的特点是方便。通常情况下,至少有部分分析资料是会计人员随手可得的:他们通常可以毫不费力地提供准确的成本给生产经营部门;他们能分析销售费用以便确定更重要的影响因素,如销售人员薪金、差旅费和广告费等;他们也许能够通过产品生产情况来分析销售态势甚至产品利润;

他们也许能够说明导致销售变化的几个特定经济事项或者特定地域环境的影响；他们对管理费用的会计分析可以为将来的管理因素和政策研究提供一个基础。(4) 会计部门工作范围应当扩大。随着企业规模的扩大以及外部利益相关者对股票关注的增加，会计部门的工作范围要扩大。管理者不再像原来一样仅仅是为所有者服务，不再仅仅是处理当地的事务，而是要面对国际市场和国际环境。由于企业重组与合并现象的不断出现，企业的规模一下子由小变大，因此它必须最大限度地寻求并利用外部援助：在融资方面，它更多是求助于银行；有时候它还需要聘用个体生产单位来帮助解决一些生产方面的问题；在拓展市场方面，它离不开销售和广告部门，甚至有的还求助于会计人员来检查它的记录和系统，但最重要的问题是如何处理好企业由小到大蜕变过程中所出现的问题，这就为会计人员扩大他们的分析和服务范围提供了机会。(5) 分析时应全面考虑影响企业经营过程及其结果的某些特定因素。这些因素主要包括：从数据方面看，企业的资本和财务的历史记录可能揭示了某种管理政策，资本结构关系也在一定程度上揭示了管理层的兴趣和活动，故此因素不可忽视；职能部门负责人和行政管理官员的影响更不容忽视；产品特征、可能的销售方法、潜在的市场因素和替代品、销售原材料和其他附属品等方面的影响需要考虑；生产工具和设备状况也很重要，充足的生产工具将带来高成本；生产设计和劳动力也会直接影响到产品成本；某一企业所处行业的规模大小、稳定性、是否被强有力的公司控制以及处于上升还是下降阶段均有明显影响；特定企业在所处行业中的地位，即处于主导还是被控制地位，影响较大还是毫无名气，是因质量和服务而闻名还是由于低价带来的优势等问题。

最后，他认为许多必要的分析都应当建立在会计检查的基础之上，分析结论的得出在很大程度上也需要依赖于所用会计数据的准确性。在很多情况下，企业经营过程与结果的审计是整个工作不可缺少的部分。因此，财务与产业研究实际上就是会计分析功能的一种延伸，这种研究将扩大会计的工作范围，并且可充分发挥会计的作用。

**参考文献**

[1] 亚瑟·安达信. 离去的躯体和留下的灵魂，2008-01-31.

[2] Andersen A. Financial and industrial investigations[J]. Accounting Review, 1929, 4(1): 16-22.

[3] Andersen A. Report of the Auditor [J]. The American Economic Review, 1941, 30 (5): 438-443.

[4] Andersen A. The Organization of Modern Business[J]. The American Economic Review, 1923, 13(2): 310-312.

[5] http://domino-20.prominic.com/A55916 /AlumniAndersen.nsf.

[6] Swinney J B, Andersen A, et al.. Accounting, Business Methods, Investments and the Exchanges[J]. The American Economic Review, 1923,13(2):308-319.

[7] Tippetts C S. Corporate Earning Power[J]. The American Economic Review, 1929,19(4):685-688.

(初稿执笔人:刘双菱)

# 托马斯·科尔曼·安德鲁斯

## (Thomas Coleman Andrews, 1899 — 1983)

托马斯·科尔曼·安德鲁斯(Thomas Coleman Andrews, 1899—1983)是一位经历独特且颇有建树的会计学家,由于其在政府与公共事务管理会计理论与实务领域里的突出贡献,1953 年入选美国会计名人堂。

## 一、个人简要生平

1899 年 2 月 19 日,安德鲁斯(见图 9)出生于美国弗吉尼亚州的里士满,其父名 C·W·安德鲁斯(Cheatham William Andrews),母亲名 D·L·皮塔玛·安德鲁斯(Dora Lee Pittman Andrews)。他在里士满公立学校接受了初级教育并于 1916 年毕业于约翰·马歇尔高级中学,他一生所接受的正式教育随着他高中毕业而结束。但由于其职业生涯的突出成就,1955 年和 1963 年,他分别获得了密歇根大学和格洛夫城市学院的法律学荣誉博士学位;1954 年,他获得了佩斯大学的商业管理荣誉博士学位;1955 年,他获得里士满大学科学荣誉博士学位。1919 年 10 月 18 日,他和瑞伊·威尔逊·瑞姆斯(Rae Wilson Reams)结婚,他们育有两个孩子。安德鲁斯的业余爱好是高尔夫、狩猎、钓鱼和养杜鹃花。他于 1983 年 10 月 15 日去世,享年 84 岁。

**图 9　托马斯·科尔曼·安德鲁斯**

## 二、理论与实务的主要贡献

在 20 世纪的 20~50 年代,安德鲁斯的职业生涯主要涉及会计执业实务、公共会

计服务、军事服务和商业管理等各方面。在其漫长的职业生涯中,安德鲁斯是会计系统改革的积极倡导者与参与者,他从复杂的政府组织中孕育出了效率。他的最典型的观点是:“现代会计和审计对那些私欲无度的政府官员来说是令人讨厌的东西,它们是政府官员不良行为的主要敌人。腐败、渎职和大部分其他恶习严重威胁着政府效率。”尽管安德鲁斯成功地在当地、州和全国范围内执行了政府会计改革,但其理想主义观点在政界常受掣肘。实际上,当其在州国税局实施了一系列有意义的改革,并于1954年将其作法向美国联邦国税局(Internal Revenue Service,简称IRS)过渡后,他得出的结论是,真正的税务改革是不可能的,但其并未放弃。此外,他坚信民主社会的会计人员尽管讨厌专门责任,但由于日常的专业经历使他们熟悉组织和管理经营事务,故比普通人员具有更强的责任感。

安德鲁斯在其职业生涯的早期,主要是从事与政府公共事务管理相关的会计审计工作。高中毕业后,安德鲁斯成为Armour公司里士满分部的一位办事员,实际上就是一名肉类包装工。1918年,他在F. W. Lafrentz公司开始了在公共会计领域的职业生涯。1921年,他在弗吉尼亚州取得注册会计师资格,并创建上属于自己的公司——T·科尔曼·安德鲁斯会计师事务所。1922—1925年,他还在弗吉尼亚的有关协会讲授会计和商业管理课程,并逐渐成为美国注册会计师中活跃的一员。

1931年,他接受弗吉尼亚州地方政府的任命,暂时离开自己的事务所并开始专门从事公共账户收支的审计工作。1931—1933年间,作为公共账户收支的专职审计人员,安德鲁斯极力推行会计改革和对地方官员不当行为的调查,并积极倡导将查实有不端行为的官员绳之以法。他确立的主要工作目标是三个方面:一是建立并发展在全州范围内的统一会计制度;二是建立公共账户审计部,并以此为基础为国家及各政党提供高标准的会计和审计服务;三是改进当时核算国家公共事务管理所运用的会计方法和程序。在安德鲁斯所创立的统一会计制度框架下,弗吉尼亚州每个县或郡的所有资产、负债、收入和费用都要按照统一的方式记录和描述。在审计现存会计制度期间,安德鲁斯揭示出全州100个县或郡中有42个县或郡的财政账户存在短缺问题而且找到了挪用资金的证据,所查实的资金短缺额为1 138 875美元,其中大约一半涉及挪用公款问题。这在当时是一个庞大的数字,从而导致6位官员被判刑。安德鲁斯推行的这些改革卓有成效,其中一个表现就是为公务员提供的资金保证明显减少,其工作也引起了全国的关注。1933年,他认为自己已经在实质上完成了作为公共账户审计员(Auditor of Public Accounts)的目标,故向公共账户审计部提出了辞呈,尔后又回到会计执业服务领域。1933年,国家公司委员会(the State Corporation Commission)委托安德鲁斯和他的会计师事务所参加对电价的调查。

1938年，安德鲁斯再次暂时离开自己公司，在弗吉尼亚州里士满市的财政部门担任部长和主计长。在接受里士满议会的任命时，安德鲁斯提出他只工作到财政部门建立现代会计系统之时，故仅在此岗位上工作了两年。从1938年7月到1940年6月，安德鲁斯任职期间，按计划对里士满财政系统实施改组，并成功地推行了包括建立现代财务会计系统在内的许多他所计划的改革项目，显著提高了长期拖欠的个人财产税的征收率。在一系列改革中，安德鲁斯得到了公众的公正赞誉，但也因影响了地方官员的利益而致其不满。

20世纪30年代后期，安德鲁斯主要活跃于美国和加拿大的政府财务官员协会等机构中，从事政府及公共会计事务工作。随着美国政府会计的发展，在美国会计学会、美国会计师协会、全国成本会计师联合会、政府财务官员联合会和许多其他在会计、财政和政府方面的联合会共同的支持下，美国联邦政府会计委员会（National Committee on Municipal Accounting，简称NCMA）于1934年创立，安德鲁斯曾在NCMA的咨询组工作。NCMA通过引入适合管理需要的现代会计、审计和报告标准来提高公共管理能力。美国联邦政府会计委员会第一份永久公告——"政府会计报告公告第6号"中，以改进政府组织不必要的复杂程度，以及改善缺少可理解的财务报告为目标，描述了委员会对按统一原则编制政府会计与财务报告的三方面建议：一是实施成本会计和预算；二是所有收入和费用的记录；三是对数据流向要从发生就能够按计划并如实记录到相同账户之中。在此期间，安德鲁斯还积极倡导会计和管理方法对保持当地政府管理活力的重要性，这一点可以从他在20世纪30年代后期的演讲和论文中可以看出。在1939年所作的一次演讲中，他批评了政府对当地事务的管理方式，并主张在政府中实行私人企业型的会计制度和控制，他说："如果政府对当地事务的管理方式照这样发展下去，当地政府的自治将难以继续"。他还认为，取消所得税是促进经济尽快从萧条中复苏的最好方式。

第二次世界大战期间，安德鲁斯积极投身于战时经济相关的会计管理服务工作。1941年，他暂时离开自己的公司到美国陆军的财政分部任主计长；1942年，他成为海军指挥部合同审议部的一名官员；1943年，他加入美国海军陆战队，不久后，即被调入国务院担任总会计师，同时兼任总部设在阿尔及尔的北非经济委员会交通部的长官；1944年，他恢复现役并成为第四陆战队飞行联队参谋部的成员；1945年，他以少校身份从海军陆战队退役。

退役后的安德鲁斯，在时任美国会计师协会（AIA）行政秘书John的举荐下，负责组织新成立的美国审计总署（U. S. General Accounting Office，简称GAO）公司审计部并担任第一任主任。在接受组织新建公司审计部这一工作时，他声明不会把这一职位看作是自己长久的工作,之所以接受是因为想为公众和自己的同行们服务。在任期间,安德鲁斯成功地在联邦政府机构中建立了专业的审计部门,并尝试将其按照会计师事务所的方式运作。在安德鲁斯的努力下,美国总审计署作为辅助国会调查的地位得以确立,从而被看作在联邦政府实施有效审计的奠基人。为了表彰安德鲁斯对公司审计部的建立和运作所做出的贡献,1947 年美国会计师协会授予其金质奖章。后来,美国总审计署为了加强政府的责任而推出了一系列措施,包括 1984 年通过的要求州政府和当地政府每年实施一次审计的独立审计法案和 1990 年通过的要求联邦局及其机关提供财务报表和接受一年一次财务审计的主要财务官员法案,所有这些法案都源于像安德鲁斯这样的会计师们的早期努力。

20 世纪 40 年代末期,安德鲁斯曾在胡佛委员会(Hoover Commission)工作。安德鲁斯在联邦政府的工作经历,使他更加确信需要对联邦政府的财务和会计政策进行彻底检查。在离开美国总审计署后,安德鲁斯又担任了胡佛委员会中会计政策委员会的主席,主要工作是主持联邦政府的会计、审计和财务报告程序等问题的研究并为其改革提供建议。1948 年 10 月,安德鲁斯把他所在委员会的报告上交专门工作组(task force),并最终由胡佛委员会上交国会。在会计政策委员会的这份报告中,他提出了一份保证以合理成本进行会计和审计的计划:(1)由联邦政府及时发布具有可读性的财务报告概要,这将满足政府执行机构和国会立法机构的需要,而且使纳税人清楚明了地知道自己所缴纳税款的使用方式与渠道;(2)为政府众多部门、机构和其他组织中建立适当的会计和财务报告制度奠定了基础;(3)对政府所有账户进行全面审计。此外,安德鲁斯还担任了为胡佛委员会负责的弗吉尼亚州的公民委员会的主席,该组织是为了给胡佛委员会议案提供普遍支持而在全国范围内成立的,但最后的结果却使得安德鲁斯感到失望。其原因主要是,在美国国会 1950 年所通过的《预算和会计程序法案》(*The Budget and Accounting Procedures Act of 1950* )中,那些与会计相关的条款均是他希望能够遵循且应该被遵循的基本原则。但安德鲁斯认为,它没有建立一个独立于行政部门的中央会计办公室,也没有定义财政监察官作为审计人员的角色。与此相反,对会计系统以及呈报责任却建立在财政部之内,且取决于财政监察官的监督力量之上。但当时联邦财政的领导却不这样看,他们称赞此行动是自从《1921 年预算和会计法案》(*The Budget and Accounting Act of 1921* )以来对改善联邦政府财政最具有进步的举措。

20 世纪 50 年代中期,安德鲁斯曾在美国联邦国税局(IRS)工作。安德鲁斯是第一个被提名担任美国联邦国税局委员的注册会计师。1953 年 2 月 4 日,安德鲁斯被任命为艾森豪威尔总统执政时期高级管理团队中的一员,在此工作到 1955 年 10 月

31 日。尽管长期以来安德鲁斯都被看作全国顶尖的会计专家，但遗憾的是这一任命并没有受到弗吉尼亚共和党的欢迎，而且由于其所推行的分权计划，使得国会更难获得信息并影响其权势，故他也就面临着持续不断的反对意见。作为美国联邦国税局(IRS)的委员，安德鲁斯有明确的任务，就是完成已经开始的重组，减少地方机构的数量，设立分权的程序，建立公众对国税局的信心，使其运作更加有效，加强管理技术和刺激更多的有效政策的发展。安德鲁斯对国税局的重组包括将权利从华盛顿总部下放到地方性机构，使地方性机构的数目由 17 个下降到 9 个，减少华盛顿总部雇员的数量，减少未审计收益的储备和未决事项，引入推动公共关系的计划。由安德鲁斯推行的一个著名的改革，就是被新闻界称为“Operation Snoop”的挨户调查活动，其目的是为了搜集公民已经纳税的证据。此外，安德鲁斯还推行了其他方面的重要改革，如在密歇根大学建立国税局高级培训中心。

1955 年 10 月，在联邦国税局工作了 2 年零 9 个月时，安德鲁斯提出了辞呈。他认为他的工作已经完成，但很可能也是因为执政党对他的强烈反对，要进一步推进自己的改革已无可能。在推行联邦国税局的分权、有效和简化的改革过程中，安德鲁斯被认为是非常成功的。在担任联邦国税局委员期间的种种行为，增强了安德鲁斯在抵制政府压力和强调有效性和公平性方面的声望，而其在重建公众对联邦国税局的信心方面的成功归因于他的勇气及无可指责的品质。1955 年，为了表彰安德鲁斯对联邦国税局所做出的贡献，艾森豪威尔总统颁发给安德鲁斯美国财政服务奖章。在安德鲁斯辞职时，艾森豪威尔曾经这样称赞他：“你在重组联邦国税局方面的工作是非常杰出的。你赢得了我的感谢。当然，也会赢得全国人民的感谢。”

20 世纪 50 年代后期，安德鲁斯也曾活跃于政界。安德鲁斯在 1953 年担任国税局委员之前，已经从他的公司和其他专业性公司辞职。1955 年离开行政部门后，他回到里士满，在美国 FC 公司担任董事会主席及首席执行官。1956 年，他以独立候选人的身份参加美国总统竞选。他的选举纲领倡导结束当时的联邦所得税系统并限制政府支出，他认为当时的所得税法案对中等收入阶层及白领不公平，并且非常复杂，实施起来成本太高，提倡对法律进行彻底的简单化。安德鲁斯也活跃于政府、城市和社区的各种服务，他是 1933 年弗吉尼亚公共效率研究委员会的会计专家；1949 年，任胡佛报告弗吉尼亚公民委员会主席，同时，他还是里士满市政医院董事会成员；1958 年，任里士满商会主席。此外，他还是许多其他商业组织的董事会主席。

安德鲁斯一生在多种会计专业组织中担任要职并获得多种奖励。1926 年，他代表美国会计师协会出席了在荷兰阿姆斯特丹举行的第二届世界会计师大会议；1926—1927 年，他任美国会计师协会的财务官，1948—1949 年任副主席，1950—1951 年任主席;他是审议与执行委员会成员之一,也是政府会计、预算和财务等许多其他委员会的成员;并且与美国证券交易委员会(SEC)有过合作;1948 年,他担任胡佛委员会中会计政策委员会下设的会计与审计研究组的主席。此外,他还是美国会计学会(AAA)、政府会计师协会(Association of Government Accountants,简称 AGA),全美会计师联合会(National Accounting Association,简称 NAA)和弗吉尼亚注册会计师协会(Virginia Society of CPAS)等组织的重要成员。1947 年,他获得美国会计师协会的金质奖章,其他主要荣誉包括:1955 年,获亚历山大·哈密尔顿财政部奖;1955 年,成为税收行政学会(Tax Executives Institute)的首届奖得主;此外,他还是 Beta Alpha Psi、Beta Gamma Sigma 和 Omicron Delta Kappa 组织的荣誉会员。

安德鲁斯的会计格言是:"会计数字奥秘无穷"①。

## 参考文献

[1] Andrews T C. Accounting and the Management of Public Affairs [J]. The Accounting Review, 1947a,22(4):367-371.

[2] Andrews T C. Advances in Governmental Accounting [J]. The Accounting Review, 1947b,22(1):23-27.

[3] Andrews T C. Our Dilemma and Its Resolution [J]. Vital Speeches of The Day, 9(1): 149-152.

[4] http://fisher. osu. edu/departments/accounting-and-mis/the-accounting-hall-of-fame/membership-in-hall/thomas-coleman-andrews/, 2008-01-31.

[5] Morecroft S E, Coffman E N, Jensen T. Coleman Andrews: crusader for accountability in government[J]. Accounting, Business & Financial History, 2000,10(2):245-258.

(初稿执笔人:金星)

① Tamas J Burns, Edwards N Coffman. The Accounting Hall of Fame: Profiles of Thirty-Six Members [M]. College of Administrative Science, The Ohio State University, 1976(3).

# 查尔斯·以斯拉·斯普拉格

## (Charles Ezra Sprague,1842—1912)

查尔斯·以斯拉·斯普拉格(Charles Ezra Sprague,1842—1912)是20世纪初期美国杰出的会计学家,被誉为现代会计理论的开创人和奠基人之一,特别是他于1907年所著的《账户哲理》(*The Philosophy of Accounting*,又译《账户的哲学》)一书,被学界认为是构建现代会计理论的最初尝试与肇始性著作。斯普拉格一生的军旅生涯较长,尔后转行金融业并是保险精算领域的杰出先锋,他精通会计实务,不仅有多项会计技术发明和创新,在会计职业团体活动中也十分活跃,还为会计教育和世界性商业语言的普及做出了杰出的贡献。由于斯普拉格在会计理论研究和实务方面的突出成就,1953年,他被选入美国会计名人堂,成为早期列入会计名人堂的会计大师之一。

## 一、个人简要生平

1842年10月9日,斯普拉格(见图10)出生于美国纽约州的拿骚(Nassau),其父亲是一名牧师,母亲名伊丽莎白·布朗·斯普拉格(Elizabeth Brown Edgerton Sprague)。1866年4月2日,斯普拉格与雷·埃里森(Ray Ellison)在纽约结婚并育有4个女儿,不幸的是其中两个女儿夭折。斯普拉格夫妇伉俪情深,两人曾相伴游历了大半个欧洲,总次数达27次之多。斯普拉格的欧洲之旅是以英国为主,其间他见识和学习到了很多新的商业性事务,并大大开阔了他的视野,为其后来在金融与会计方面的发展奠定了坚实的实践基础。1912年3月21日,斯普拉格因肺炎离开人世,享年69岁。

**图10　查尔斯·以斯拉·斯普拉格**

斯普拉格求学历程顺利。童年时期，在纽约的阿姆斯特丹(Amsterdam)地方学校接受了初等教育，中学则就读于纽约阿姆斯特丹学院(Amsterdam Academy)。1856年，14岁的斯普拉格考入了联合学院(Union College)，成为当时入校年龄最小的一名学生。在联合学院，他的主修专业是传统希腊语，此后他又自学了现代希腊语，在专业学习上他远远超过了其他同学。同时，由于斯普拉格学习成绩优异，严于自律，大学4年他一直都获得了诺特奖学金(Nott Scholarship)。在校期间，斯普拉格积极参加联谊活动，他加入了Alpha Delta Phi协会，此后他一生都保持着与该协会的密切联系，1896—1901年他出任该组织的全国秘书长，并于1897—1898年和1901—1903年两度担任该组织的主席。1860年，18岁的斯普拉格从联合学院毕业并获学士学位，同时还成为全美优等大学生荣誉协会(Phi Beta Kappa)的成员。1862年，斯普拉格又在联合学院获得了硕士学位，并在格林威治联合大学(Greenwich Union Academy)短期任教。1893年，该校授予其荣誉哲学博士称号。1910年，他还获得奥立佛学院(Olivet College)的荣誉文学博士称号。

斯普拉格的军旅经历丰富。1862年，斯普拉格加入了纽约国民警卫队，开始了他早年的戎马生涯。南北战争爆发以后，他一直在军中服役。1863年1月，斯普拉格被提升为中士；1863年，他在盖茨堡(Gettysburg)战役中负伤；1864年3月，斯普拉格因伤退役，由于斯普拉格在盖茨堡战役中表现英勇，他于1868年被晋升为纽约志愿军上校；1864—1870年间，他先后执教于扬克斯军事学院(Yonkers Military Institute)、皮克斯基尔军校(Peekskill Military Academy)和帕基普希军事学院(Poughkeepsie Military Institute)；1870—1872年间，斯普拉格再次服役于纽约国民警卫队，并于1873年8月光荣退役；1879年，他最后一次在军中服务，并以上校的级别担任纽约国民警卫队的助理邮政总长，1901年6月离职。

斯普拉格爱好十分广泛，其中最突出的是他对语言学习的热爱。童年时的斯普拉格，即表现出了非凡的语言能力和强烈的求知欲望。他8岁的时候，就通过对英文圣经和希伯来(Hebrew)圣经的对照学习而自学掌握了希伯来语，此后一生都钟爱于对语言的学习，且特别钟情于拼写简单的通用语言，如世界语和沃拉普克语(Volapuk)。为了学习沃拉普克语，他曾经专程去德国的巴伐利亚州拜访发明沃拉普克语的德国神父约翰·M·舒切纳(Johann M. Schleyer)。斯普拉格一生共掌握了16种语言，沃拉普克语对他来说并不必要，他之所以钟爱是因其看到了通用语言的巨大社会作用，即能使世界各国之间在商业领域的交流更加简捷。1888年，斯普拉格还编写了《沃拉普克语手册》(*The HandBook of Volapiik*)，因而他被认为是第一个倡导沃拉普克语的美国人。此外，斯普拉格还喜爱铜管音乐和棒球运动。

## 二、理论与实务的主要贡献

### （一）在金融业有颇多建树

1870年，斯普拉格进入纽约的联合储蓄银行(Union Dime Savings Bank)，成为一名正式职员。由于他具备多种语言翻译能力，加上工作业绩突出，1877年升为秘书，1880年成为会计主管，1892年出任该银行总裁，在这个职位上直至1912年去世。1904—1905年，斯普拉格还曾出任美国银行家协会的储蓄银行分会主席。斯普拉格在银行任职期间才开始接触会计业务，通过实践中对会计实务的思考和探索，他对会计业务达到了十分精通的程度。斯普拉格思维活跃，具有创新精神，他倡导对储蓄银行的运营设备和系统进行改革，并亲自参与它们的设计与运用；在簿记业务与相关技术上他也有一些新的见解，诸如发明了小型的银行存折和支票簿，发明了活页式的分类账，创立了分期付款的方法，并发明了第一台能做分类账记录的机器，从而大大减少了手工入账的工作量和出错率，但由于没有申请专利，故此后曾被他人仿用。

### （二）在会计职业团体中也十分活跃

1896年，他参与了纽约州第一部注册会计师法案的起草与颁布过程，并发挥了重要作用，使纽约成为美国第一个建立注册会计师(CPA)法案的州。根据该法案，CPA执业需要通过考试和注册，这极大地规范了注册会计师的执业标准，提高了其执业水平，为美国注册会计师业及世界注册会计师界的发展都起到了极大的促进作用。纽约州CPA法案颁布以后，引起了美国其他各州纷纷效仿，此后美国CPA制度逐步完善，此次纽约州CPA法案的颁布也被认为是美国CPA考试制度之雏形。由于他在注册会计师行业中有突出的贡献和丰富的实践经验，故被任命为第一届国家注册会计师考试委员会3名成员之一。同年，斯普拉格第一批通过了纽约州注册会计师考试，按其字母顺序取得了第11号注册会计师证书，并加入了纽约州注册会计师协会。与此同时，斯普拉格也与美国注册会计师协会(AICPA)和美国银行家协会(American Bankers Association，简称ABA)有密切的联系。

### （三）对会计教育十分重视

当他还在联合储蓄银行的时候，即意识到对年青一代进行商务教育的重要性，当他进入会计职业领域后,倍感系统推行这种教育的重要性。斯普拉格认为,如果注册会计师队伍想在经济社会中占有一席之地,合适的专业教育即必不可少。因此,纽约州注册会计师协会在任命一个关于职业教育的委员会时,斯普拉格自荐成为该委员会非官方成员。在由该委员会所提交的报告中,他建议与纽约大学合作进行会计教育。由于斯普拉格等人的不懈努力,纽约大学最终同意开设会计课程的教育项目,并于1900年组建了一所含有商业、会计、财政专业的学院,系当时世界上第一所此类专业性学院。直到他去世前,斯普拉格在工作之余一直坚持在这所学院的会计系义务任教,体现了他对传播会计学无私奉献的崇高精神。任教期间,因其严格守时、思维严密、耐心细致、授课条理清晰、且通俗易懂,特受学生欢迎。

### (四)在财政金融和会计理论与实务领域著作颇丰

除在银行和商业类报刊杂志上发表过多篇极有见地的论文外,还出版了多部著作,主要有:1880年,斯普拉格在《簿记员》(*The Bookkeeper*)杂志上分三期连载的"账户数学"(*Algebra of Accounts*)一文中,首先提出了今天"资产=负债+所有者权益"这一会计等式的雏形。1907年,斯普拉格在《账户哲理》(*The Philosophy of Accounts*,又译《账户的哲学》)中,将这一等式进行了全面的论证与完善。其他著作还有:1904年的《投资会计》(*Accountancy of Investment*)和《投资会计问题研究》(*Problems and Studies in the Accountancy of Investments*);1905年的《广义债券表》(*Extended Bond Tables*);1907年的《复利表》(*Tables of Compound Interest*);1908年的《分期付款法》(*Amortization*);1910年的《十二种对数及它们在利息计算中的运用》(*Logarithms to Twelve Places and Their Use in Interest Calculations*)等。此外,1881—1884年间,斯普拉格曾担任《簿记员》的助理编辑,同时他也出任过《会计杂志》的副总编。

斯普拉格信奉的会计格言是:"一个人的所有物=其人财产所有权"①。

## 三、主要论著简析

在斯普拉格的众多著述中,在会计理论和实务方面最著名且影响最大的要数《账户哲理》一书,该书被认为是现代会计理论研究的起点性著作,也是美国会计理论早期最著名的一本著作,故学界一般研究美国会计理论的沿革都是从这本书开始的。

---

① Tamas J Burns, Edwards N Coffman. The Accounting Hall of Fame: Profiles of Thirty-Six Members [M]. College of Administrative Science, The Ohio State University, 1976,61.

《账户哲理》一书的出版有着其自身的背景。19世纪末20世纪初，尽管当时西方的会计职业已经得到了较大发展，但对会计理论的研究仍然没有受到足够的重视。亨利·兰德·哈特菲尔德就曾认为，当时大西洋两岸的执业会计师们都是惯例和传统的盲目追随者，他们往往遵照惯例和传统来解释会计实务，但这些惯例和传统的解释，经常是不完善且站不住脚的。因此，人们开始考虑如何用一种相对规范的理论对会计业务处理规律进行系统的描述与总结。在这种客观需求下，1907年斯普拉格的《账户哲理》一经面世即备受会计界瞩目。与同期和之前公开出版的会计类书籍相比，该书不再仅仅是对会计方法和实务的罗列与介绍，而是从一定的理论高度来讨论账户原理，并且对资产、负债、所有者权益和资产负债表等基本概念作了详细的讨论。从这一意义上讲，该书是构建会计理论最初的尝试。它不仅将其1907年间发表在《会计杂志》上的一系列论文编辑后收入其中，并以银行实际业务为例来阐述其观点。其主要理论贡献体现于以下四个方面：

第一，系统地研究了复式簿记理论。该书从账户（account）和交易（transaction）两个概念出发，系统地说明了会计记录和会计报告的一整套方法和理论，亦即系统研究了复式簿记理论。并按经济事项所引起的资产负债增减变化，来说明账户借方、贷方的性质，这是较前人诠释借贷记账原理上的一个重要进步，对后世传播复式簿记理论的模式产生了一定的影响。

第二，明确提出了所有权理论。书中提出，在一个企业中，资产和负债都不能从企业角度来解释，而应该从企业的所有者（业主）即业主所有权这个角度来解释。从这个角度来讲，资产是所有者的财产，负债是所有者的负资产。正资产和负资产相结合，其差额就是所有者的净资产，即业主产权。

第三，对负债和所有者权益要素的讨论。书中的负债被定义为负资产，认为其是资产减少的推迟，或是资产的未来减少；所有者权益从数量上虽然是资产减负债后的剩余，但它具有负债所不可比拟的特征，代表了所有者控制和使用资产的权力；负债不会因资产的收缩而收缩，但所有者权益会随费用、损失及资产的收缩而降低或者相反。

第四，创立了现代会计等式“资产＝负债＋所有者权益”的雏形。该书在分析了资产、负债和所有者权益的关系后，所提出的初期会计方程的基本原理是从两个角度来表达和理解的：一是“我所拥有的（what belongs to me）＋我应收的（what is owing to me）＝我应付的（what is claimed from to me）＋我的权益（what is unclaimed）”；二是“我应付的（what is owe）＋我的权益（what I am worth）＝我所有的（what I have）＋我应收的（what I claim）”。

斯普拉格的《账户哲理》一书最主要的贡献是科学地说明了在企业中所使用的各

种账户和运用账户作出复式记录的理由及其真正含义。当然,从今天的认识水平来看,《账户哲理》一书所涉及的会计理论的分量相对较轻,但在当时会计基本理论缺乏的环境下,斯普拉格这本著作的出版在一定程度上推动了会计理论研究热潮的出现。

鉴于斯普拉格在会计理论与实务方面的杰出贡献,学者们纷纷从不同角度对其予以高度赞赏:斯普拉格的四位朋友在《账户哲理》第五版序言中,用“他是我所知道的最优秀的人之一……一个传统的、彬彬有礼的、灵敏的、机智的人……一个不在乎是否获得荣誉但是坚持科学严谨的学者”来刻画他的性格;美国学者海伦·斯科特·曼恩(Helen Scott Mann)在给斯普拉格所做的传记中,将其一生高度精炼地概括为“斯普拉格是一个商人、学者、科学家、银行家,同时也是一个严谨的教师、语言学家和一位给世人留下了珍贵会计理论著作的学者”;美国著名会计学家亨利·兰德·哈特菲尔德教授认为,斯普拉格是一位“书生气十足的人,他有着独特的思维模式和彬彬有礼的态度,兴趣广泛,是典型的商人型学者”;1972 年,美国著名会计学家威廉·安德鲁·佩顿在《账户哲理》一书再版的序言中曾高度评价斯普拉格的地位与贡献,认为只有他才真正发现了 Accounting(会计)这个词汇的内涵,对会计理论做出了破冰式贡献,因此他应该是美国在研究会计理论(主要是簿记)方面的鼻祖。葛家澍教授评价认为,《账户哲理》一书对会计基本要素的讨论具有理论奠基意义,即使今天我们对负债和所有者权益这两个要素的认识水平,总体上也没有超出 100 年前斯普拉格的论证结论。

## 参考文献

[1] 葛家澍,刘峰. 会计大典:会计理论[M]. 北京:中国财政经济出版社,1998:32-34.

[2] 葛家澍. 西方财务会计理论问题探索[J]. 财会通讯,2005(1):6-9.

[3] http://fisher. osu. edu/departments/accounting-and-mis/the-accounting-hall-of-fame/membership-in-hall/charles-ezra-sprague/,2007-03-01.

[4] http://www. albany. edu/nystatehistory/44/afterwar. HTM.

[5] http://home. nycap. rr. com/civilwar/sprague. htm, 2007-01-01.

[6] http://www. famousamericans. net/charlesezrasprague,2007-09-01.

[7] http://www. h-net. msu. edu/~ business/bhcweb/publications/BEHprint/v025n1/p0252 - p0266. pdf, 2008-03-01.

[8] Mann H S. Charles Ezra Sprague [M]. New York:New York University,1931.

[9] Mcclain C E. Biographical Sketches of Selected Men of the Normal School Company[EB/OL].

2008-03-01.

[10] Previts G J. Book Reviews [J]. The Accounting Review, 1974,49(1):216-217.

[11] Sprague C E. The philosophy of accounts [M]. New York:The Ronald Press Company,1917.

(初稿执笔人:冯静钏)

# 约瑟夫·埃德蒙德·斯特莱特

## (Joseph Edmund Sterrett,1870 — 1934)

约瑟夫·埃德蒙德·斯特莱特(Joseph Edmund Sterrett,1870—1934)是美国杰出的会计职业开拓者与领导人之一,由于其在推动早期美国注册会计行业发展特别是在会计职业道德规范方面的杰出贡献,1953 年被选入美国会计名人堂。

## 一、个人简要生平

1870 年 6 月 17 日,斯特莱特(见图 11)出生在宾夕法尼亚州(Pennsylvania)布落克威市(Brockway)。斯特莱特很早就开始其会计职业生涯。1887 年,斯特莱特受雇于宾夕法尼亚的一家煤矿公司;1891 年,他在费城成为注册会计师约翰·W·弗朗西斯(John W. Francis)的助理,从而开始进入会计执业领域;1893 年,他与弗朗西斯合伙开办了弗朗西斯·斯特莱特事务所,该所一直持续到 1901 年弗朗西斯去世。1899 年,斯特莱特正式获得宾夕法尼亚州注册会计师资格。1907 年,该事务所与普华会计师事务所(Price Whitehouse)合并,此后,斯特莱特即成为合并后普华会计帅事务所第一个美籍合伙人,后来一直是其资深合伙人之一。

**图 11　约瑟夫·埃德蒙德·斯特莱特**

1897 年 6 月 17 日,斯特莱特同玛格利特·麦柯迪(Margaret McCurdy)结婚,婚后他们育有两个孩子。1934 年 3 月 22 日,斯特莱特去世,享年 64 岁。

## 二、理论与实务的主要贡献

斯特莱特是会计职业域内的先驱之一。他积极倡导并组织宾夕法尼亚的会计职业进入社会服务领域,特别是在制定宾夕法尼亚会计行业法规的过程中,他起到了重要的作用。1897 年 3 月 30 日，宾夕法尼亚公共会计师协会正式成立后的第一项举措，就是向宾夕法尼亚上议院提出最初的注册会计师议案，通过该协会成员的共同努力，使得该议案于 1898 年仅以一票优势得以通过。1900 年，宾夕法尼亚公共会计师协会被正式改名为宾夕法尼亚注册会计师协会（Pennsylvania Institute of Certified Public Accountants，简称 PICPA），1897—1901 年，斯特莱特任 PICPA 执行委员会委员兼秘书。1904 年 3 月 5 日，斯特莱特被选举为 PICPA 主席并任职至 1906 年，此后还一直担任该州注册会计师考试委员会成员多年。此外，他还极力支持于 1897 年建立的宾夕法尼亚注册会计师学院。由于斯特莱特对宾夕法尼亚州 CPA 行业的杰出领导以及突出贡献，PICPA 奖学金的基金托管人还以其名字设立了一项荣誉奖项，每年把募集得到的资金颁发给在宾夕法尼亚的大学和会计师学院的会计系学生，其遴选依据则是学生在校期间所取得的学术成就和所展示的领导才能。

斯特莱特在美国全国性行业组织中也一直非常活跃，并为其发展做出了多方面的贡献。1908—1910 年，他担任美国公共会计师协会（AAPA）的主席；1919—1922 年他任 AAPA 的司库；1916—1918 年，他是 AIA 下属管理委员会的成员；1927—1932 年间他任 AIA 下属的执行委员会成员。与此同时，他还为 AIA 下属的众多其他委员会提供服务，其中包括 1930—1931 年间出任会计特别程序委员会成员、1916—1924 年他任出版委员会主席，由于其在这一岗位上的努力，明显地提高了美国注册会计师协会的会刊——《会计杂志》的质量。1904 年，斯特莱特在圣路易斯举行的第一届国际会计师大会（International Congress of Accountants，简称 ICA）上担任执行主席，并在 1929 年 9 月纽约举行的第三届国际会计师大会（ICA）上担任名誉主席。

斯特莱特对公共服务事业也投入了大量的精力。1911—1912 年，他任经济效率咨询委员会委员；1917—1919 年，他任税务顾问委员会委员；1918—1919 年，他任联邦政府咨询委员会委员；1919—1925 年，他任全国经济研究局主任；1921—1922 年，他任财政部的税务顾问；1924—1927 年，在一战结束后的赔偿付款协议执行过程中，他以美国政府代表的身份监督德国向其他债权国的赔偿付款事宜，其间因其卓越的服务，受到了来自比利时、法国、意大利和德国政府的一致好评。1928—1930 年他曾担任纽约州商务税务委员会主席。

斯特莱特的会计格言是："每项经济活动均可提炼出两类信息：过去与未来；历史与预见"①。

---

① Tamas J Burns，Edwards N Coffman. The Accounting Hall of Fame：Profiles of Thirty-Six Members [M]. College of Administrative Science，The Ohio State University，1976，67.

## 三、主要论著简析

斯特莱特在将主要精力投入社会服务领域的同时,他还为专业期刊写了很多文章表达自己对于会计职业发展以及美国经济发展的观点,并曾在哈佛大学、纽约大学、宾夕法尼亚大学以及耶鲁大学多次演讲并产生重要影响。

### (一) 关于会计职业的责任、义务与前景问题(1904)

斯特莱特关于会计职业前景的认识与呼吁,对这一行业的发展产生了重要的影响。1904 年 9 月 26 日,在美国密苏里州的圣路易斯城(Saint Louis)举行的第一次国际会计师大会上,斯特莱特以宾夕法尼亚注册会计师学院董事局主席的身份,就如何明确注册会计师责任与义务问题发表了一个重要演讲。在这一演讲中所提出的会计应当作为一门专门职业的观点,为大多数与会者所认同。由于其中很多与会者后来均成为美国会计行业的重要领导人,故这些先驱的观念为后人制定行业标准也奠定了一定的认识基础。时至今日,该演讲的内容仍被许多会计史学家们和其他会计理论研究的学者们引用,其中很多观念仍被应用到现代企业管理中。该演讲所表达的基本观点有五个方面:(1)会计行业是商品经济社会的重要组成元素,其作用重大。随着商品经济的发展,无论是在数量上还是在会计分支的多样性上,既需要有一种科学的会计计量方法,也需要富有策略而又尽职尽责的监督机制。注册会计师的主要作用就是去满足这种需要。(2)注册会计师的职业类似侦探,这一比喻也许并不全面,但备受信任的官员和雇员有时候也会背叛他们内心本身已存在的良知,这点却极有可能。当然出现这类情况仅是我们活动中的小部分。(3)预防要优于治疗,而会计就是为了这一目的去提供服务,并让测试和证据贯穿于企业所完成的交易和实施审计的过程中。(4)注册会计师的首要作用之一就是分析与整理会计记录所描述事项的事实。在形式上,它是比较容易理解,由于传递的及时性使得信息与被描述的交易保持一致。无论多长一段时间,如果没有关于资产、负债、成本、费用和收入的准确、详细和连续的资料,企业管理就不可能达到最佳效果。而这些资料只有在拥有合理设计的会计系统情形下才有可能取得。(5)会计行业是神圣的,可以让我们把这一理念作为个人生命中的最高理想。社会正在缓慢稳步发展到一个更高的阶段,但在这个阶段里,诚信和尊严绝不仅仅是一抽象的概念。这一想法最初是他在美国经济学会年会的发言中提出来的。也许是受到斯特莱特这一观点启发,后来成为美国会计职业著名领导人之一的乔治·奥利弗·梅就把会计看作是有着自己特定职责的行业,且认为其是一种技艺与专门的艺术。1908年，针对当时会计行业存在质量不高的问题，斯特莱特还大胆预言，会计必然会对那些引起审计不便的错误负责，这一认识也为后来会计职业的发展所验证。

### （二）关于会计师的职业道德建设问题（1907）

1907年10月16日，在美国公共会计师协会（American Association of Public Accountants，简称AAPA）关于会计职业道德的专门会议上，斯特莱特作了一次意义非常重要的演讲，清晰地分析会计行业职业道德面临的问题。该演讲涉及与职业道德相关但却颇有争议的一些现实问题，如审计行为的合谋、额外费用的筹备、广告以及审计客户真实性的鉴定等，他强调两个方面的观点：（1）如果一项职业仅仅依赖用来指导行为的详细规则，那么职业道德行为是无法规范的。（2）只有当会计人员认同了诸如公平、真理、正直、荣誉以及与此相当的若干观念时，职业道德行为才有可能真正在行业中得以实施。在这次著名的演讲中，他从客户、其他注册会计师和社会公众三个角度定义了注册会计师职业道德的范畴与作用，其中对后来产生重要影响并持续有效的内容有九个方面：（1）保守秘密。（2）职业谨慎（能力与应有的勤奋）。（3）技巧和英勇无畏的正直（坦诚）。（4）不给误导公众的财务报表做证明。（5）保持独立性。（6）财务上与客户要保持独立。（7）不诋毁该行业内的其他同事。（8）遵循后来审计员应有的职责。（9）遵循辅助人员应有的职责。该演讲全文刊于1907年10月的《会计杂志》上，它对后来会计职业道德的讨论具有里程碑的意义，也为AAPA在10年后（1917年）提出“五条禁令性”的“职业道德准则”播下了理想的种子。这诚如Marquette所评论的那样，斯特莱特在1907年的演讲不仅使职业道德的讨论成为一项重要内容，并为后来若干年内的职业道德规范制定了框架。

### （三）关于资金投资效益的分析问题（1916）

在一篇题为“商业部门和公共服务部门投资效益的比较”（*The Comparative Field on Trade and Public Service Investment*）的论文中，斯特莱特分析了把资金投放于商业和公共部门的回报比较问题，并引用大量的历史数据资料，进行了缜密的比较研究。最后提出，资金回报率应该由投资者或市场来确定，任何人为或某些组织确定的回报率都不一定是最公平合理的。该文刊于美国经济学权威期刊《美国经济评论》（*American Economic Review*）1916年第2期。文中指出：在商业企业，怎样的利率才算是公平的投资回报率。近来因州际商务委员会以及各州公共服务部门花了大量时间去确定这一比率，因而这一问题有扩大化的趋势。从广义上讲，这一投资回报率理应能够确定，因为他吸引了大量资金以维持和发展某些特定行业。从制定原则上讲，这一想法无疑是正确的,但在实际生活中是有些行不通的。问题在于,到底哪样的投资回报率才算是适当的,以把资金吸引到这一行业上来。因为投资者有自己的选择权,他们是利率的制定者。虽然对于那些曾经投资过的人来说,这种选择权已经被实践过了,但制定利率对未来投资者的影响和对公众造成的影响同样是重大的。任何人都希望这种良好的资本市场发展势头能够继续下去,除非资金找到了更加具有吸引力的地方。而且更重要的一点是,无论是资金吸引力还是在资金利润率还受到经营管理好坏的影响。

此外,在与他人合作的一篇题为"墨西哥的主要经济问题(*The Chief Economic Problem of Mexico*)"的论文中,通过对墨西哥的地理环境、生产技术水平与经济条件进行全面剖析的基础之上,对其粮食生产的发展表达了作者的观点。该文刊于《美国经济评论》1930 年第 2 期。

## 参考文献


[1] A Crusader for Collegiate Education— American Accountancy,1875-1900 [EB/OL]. 2007-05-15.

[2] Handman M S, Sterrett J E, Tannenbaum F. The Chief Economic Problems of Mexico—Discussion[J]. The American Economic Review, 1930,20(1):63-72.

[3] http://fisher. osu. edu/departments/accounting-and-mis/the-accounting-hall-of-fame/membership-in-hall/joseph-edmund-sterrett/,2006-05-03.

[4] http://www. aicpa. org/pubs/jofa/jan2005/letters. htm, 2006-10-31.

[5] http://www. findarticles. com.

[6] Sterrett J. The Comparative Yield on Trade and Public Service Investment[J]. The American Economic Review, 1916,6(1):1-8.

[7] Taking Account of History: How Much and How Little Have Changed in Century—100 Years of Accounting [EB/OL], 2006-09-30.


(初稿执笔人:易庆玲)

# 卡曼·乔治·布劳

## (Carman George Blough,1895—1981)

卡曼·乔治·布劳(Carman George Blough,1895—1981)被称为美国会计原则管理方针的设计师,他是美国证券交易委员会(Securities and Exchange Commission,简称 SEC)历史上的第一任首席会计师,其任期为 1935 年 12 月到 1938 年 5 月。由于他任职前后对美国早期会计原则研究、会计准则和审计准则的发展以及对推进美国注册会计师职业发展等方面的贡献,于 1954 年被选入美国会计名人堂。

## 一、个人简要生平

1895 年 11 月 11 日,布劳(见图 12)生于美国宾夕法尼亚州(Pennsylvania)的约翰斯敦(Johnstown)。布劳的职业生涯可谓一帆风顺。1917 年,他在曼彻斯特学院(Manchester College)本科毕业后,即来到布里奇沃特学院(Bridgewater College)讲授商业管理课程;1918 年秋,受聘出任威斯康星州丰迪拉克学校(Wisconsin High School)商学系主任;1920 年,他受聘到威斯康星大学(The University of Wisconsin)任助教,并于 1922 年在该校获得硕士学位;1922 年,他获得注册会计师(CPA)的执业证书;1929 年,他受聘担任北达科他大学(North Dakota)会计系主任和会计学教授;1922—1927 年,他在威斯康星州政府税务委员会任职,并于 1927—1929 年在威斯康星州政府公共事务局任执行局长(Executive Secretary of the Wisconsin State Board of Public Affairs);1932—1933 学年,他曾兼职于哈佛大学。

图 12　卡曼·乔治·布劳

1934 年,布劳受聘为新成立的证券交易委员会的第一任首席会计师;1938 年,布劳离开 SEC,出任著名的亚瑟·扬会计公司(Arthur Young & Co.)的经理一职,并于

1940—1942年间任亚瑟·扬的合伙人;1942—1944年的第二次世界大战期间,他就职于战时生产委员会;1944年,布劳担任美国会计学会(AAA)的主席,成为该学会历史上屈指可数的几位非学术界出身的主席之一,同时亦开始出任美国注册会计师协会(AICPA)的研究部专职主任,在这一岗位上直到1961年退休;1957—1958年,布劳服务于AICPA的特别委员会,并负责筹建新的会计原则研究机构,他提交的专题研究报告直接导致了会计原则委员会(Accounting Principles Board,简称APB)的产生;1959—1964年,布劳是APB的成员。1961年布劳正式退休后,其职业活动并未停止,他不仅担任亚瑟·扬会计公司的顾问,而且兼任5所大学的教授,同时充当许多法律诉讼案的专家证人。

1922年8月17日,布劳与莉莉·凯瑟琳·弗洛里(Lillie Katherine Flory)结为伉俪,婚后育有一个孩子。1981年3月9日,布劳辞世,享年65岁。

## 二、理论与实务的主要贡献

布劳的一生,为推动会计原则制定与会计信息披露监管工作的规范化进程做出了积极的努力。虽然其在1913年因一次突发的铁路交通事故而失去了右臂,可残疾并未成为他在20世纪30～60年代为会计发展做杰出成就的障碍。其主要贡献体现在以下三个方面。

### (一)积极呼吁加强会计业务处理规范的统一性(1937)

1932年在美国发生的库罗哥尔事件(Kreuger and Toll Corporation Case)和世界经济大危机,使美国政府决心在立法方面加强对公司会计的约束和监督。根据1933年《证券法》和1934年《证券交易法》的相关规定,新组建的SEC作为掌管证券法规的行政机关,开始对《证券法》和《证券交易法》的实施情况进行监督和管理,而其中规范会计信息披露制度即是一项重要的内容。1935年,布劳被任命为SEC的第一任首席会计师后,针对上市公司向SEC提交财务报告所使用会计惯例极为混乱的现状,着手进行规范会计原则的前期准备工作。1937年,在纽约州注册会计师协会举办的一次演讲活动中,布劳曾对职业界存在的问题作了深刻的抨击,并指出如果会计职业界不努力解决会计实践中业务处理标准的统一性和一致性问题,SEC就将出面干预,这一提议受到AICPA的高度关注。实际上当SEC成立之后,AICPA即马上设立了一个特别委员会,负责同SEC的沟通与协调。纵观AICPA同SEC的关系,仅在1936年12月之前双方曾有过一段“蜜月期”,其后即转入“冷战期”。为了有效地制定SEC的会计政策，也为了减少政策实施过程中的摩擦和抵触，SEC首席会计师即成为与会计职业界之间的一个重要桥梁与纽带，要求其不仅有渊博的知识和丰富的实践经验，还必须同有关各方（特别是会计职业界）进行有效的沟通和协调。在推动会计监管的过程中，布劳能够做到"以信取威"而不是"以威取信"，故深为会计职业界所敬佩。

### （二）积极倡导由会计职业界来推动会计原则的制定工作（1938）

布劳在担任SEC首席会计师后，通过对大型会计公司合伙人的全面调查后发现，不仅合伙人之间对会计惯例的理解存有很大的分歧，即使是在SEC内部各位委员之间，对究竟如何监管会计信息披露问题也是莫衷一是，争论不休，有的认为应利用SEC的地位对会计惯例做出权威性的规定，而另外一些委员则认为这样做是行不通的。此外，会计职业界也十分担心同SEC的关系。但布劳坚持认为，会计原则的发展以及缩小会计原则运用中的差异问题，应该由会计职业自身来完成而不是由SEC负责，SEC只是承担实施会计信息披露监管方面的责任。1938年4月，SEC发布了由布劳起草且颇具影响的第4号《会计系列文告》(*Accounting Series Release to No. 4*)，该公告提出了SEC对会计原则的管理方针，认为公司财务报表的编制必须遵循"真正的权威支持的"(substantial authoritative support)会计原则，但这些原则应当由会计职业界的组织负责制定并推动其实施。在此背景下，1938年，研究会计原则问题的重任即转移至美国注册会计师协会，该协会即于1939年成立了会计程序委员会(Committee of Accounting Procedure，简称CAP)，并授权其发布《会计研究公告》(*Accounting Research Bulletins*，简称ARBs)。历史证明，由布劳所提出并制定的会计原则管理方针，不仅一直为SEC后续会计主管们所认同，它对SEC的相关方针政策的影响甚至一直延续到今天。早在20世纪30年代初期，尽管当时美国会计职业界的领袖人物之一的乔治·奥利弗·梅在《证券法》和《证券交易法》颁布之前，就曾经富有远见卓识地提出了AICPA应同纽约证交所联手研究会计业务处理原则问题以"规范和改进公司财务报告"的建议，这说明会计职业界已经认识到会计实务存在的严重问题，但是他们却没有预见到政府会直接干预。这正如约翰·L·凯里(John L. Carey)在1969年出版的《会计职业的崛起》(*The Rise of Accounting Profession*)一书中写道，1933年《证券法》颁布时，AICPA"既没有明确的立场也没有应对的策略，更谈不上对该法的制定提出任何建设性的意见"。由于自由放任的会计实务对1929年的股市崩溃负有不可推卸的责任，因此社会各界对政府直接管制会计的呼声在当时即颇为盛行。身为SEC的第一位首席会计师，布劳清醒地认识到政府管制的弊端和职业自律之重要。他把两者有机地融为一体而不是简单地取此舍彼，从而显示出"一代会计大师"的高瞻远瞩。

### (三)积极参与会计原则的研究和制定工作(1944—1961)

从1944年开始至1961年,布劳在担任AICPA的研究部主任近17年时间内,制定并推出了一系列具有相当权威性的会计原则和审计程序,使其在会计职业界获得了崇高的声望。在20世纪40～50年代,他所主持的AICPA的研究部不仅对会计原则委员会和审计程序委员会予以很大的帮助,而且对其他20多个委员会的工作也产生了重大的影响。1947—1963年,鉴于其在会计原则和审计程序建设方面的独到认识与见解,美国注册会计师协会的会刊《会计杂志》曾为布劳开辟研究审计技术问题的专栏,以回答执业注册会计师们所提出的各种会计和审计问题。该专栏先后共发表了197篇文章,创下了为该杂志撰写文章的最高纪录。1957年,布劳把在《会计杂志》专栏上发表的文章精心挑选后,出版了名为《会计标准在实践中的应用》(*Practical Applications of Accounting Standards*)论文专辑。除此之外,布劳也是历史成本会计的忠实捍卫者,他不太赞成采用诸如后进先出(LIFO)和按物价水准折旧等方法来片面解决历史成本会计存在的问题。

布劳对会计事业的贡献得到职业界广泛承认并获得众多殊荣。主要有:美国注册会计师协会的金质奖章(1953)、Alpha Kappa Psi奖(1955)、曼彻斯特学院荣誉博士(1944)和布里奇沃特学院荣誉博士(1972);他是Bete Alpha Psi、Beta Gamma Sigma的名誉会员;在弗吉尼亚大学的迈因蒂商学院设立有两个以布劳名字命名的专业教授岗位。

格雷·约翰·普雷维兹教授评价布劳时说:"从1922年获得CPA称号到1981年逝世的60年岁月中,在构建会计惯例、会计报告及财务揭示的结构中,没有哪一位能够与卡曼·乔治·布劳相媲美"。而另外一位会计学家约翰·L·凯里(J. L. Carey)在评价布劳时则赞誉道:布劳精力充沛、勤奋刻苦、充满自信,且坦诚直率,决不武断。他是一位公正、诚实、善于激励人们信心的人,他是一个真正的会计职业家。1987年,在AICPA成立100周年时,时任美国会计学会会长的斯蒂文·亚当·泽夫(Stephen Addam Zeff)教授曾在当年5月号《会计杂志》上发表了一份题为"美国会计职业界百年的十四位领袖"(*Leaders of the Accounting Profession*:14 *Who Made a Differencek*)的专稿,文中不仅将卡曼·乔治·布劳列为AICPA发展史上14位杰出的领导人之一,而且称其是"SEC会计原则管理方针的设计师,AICPA研究部会计研究项目的奠基人物"。

布劳的会计格言是:"资产负债表体现了人与物的关系"①。

---

① Tamas J Burns, Edwards N Coffman. The Accounting Hall of Fame: Profiles of Thirty-Six Members [M]. College of Administrative Science, The Ohio State University, 1976,9.

## 参考文献


[1] 戴新苗. 世界会计名人录(上):卡曼·乔治·布劳[J]. 会计学刊,1989(2):127-128.

[2] 任明川. 美国历史上最杰出的几位会计师[J]. 中国注册会计师,2004(2):62-64.

[3] 王光远. 卡曼·乔治·布劳[EB/OL],2008-04-03.

[4] 徐国君. 会计学科概览[M]. 北京:中国商业出版社,1999:337-339.

[5] http://219.219.191.244:1980/PE/kuaiji/xii/interna /200511/1375.html.

[6] http://fisher.osu.edu/departments/accounting-and-mis/the-accounting-hall-of-fame/membership-in-hall/carman-george-blough/,2005-10-10.

[7] Zeff S A. Leaders of the Accounting Profession: 14 Who Made a Difference [J]. Journal of Accountancy, 1987,163(5):46-71.


(初稿执笔人:刘剑超)

# 塞缪尔·约翰·布洛德

## (Samuel John Broad,1893 — 1972)

塞缪尔·约翰·布洛德(Samuel John Broad,1893—1972)是美国杰出的会计学家,他的一生在长期从事会计执业的同时,亦服务于各种会计职业组织,并积极从事会计理论和实务研究,发表了大量的研究文献。由于对推动会计原则与审计程序规范化方面的贡献,他于1954年被选入美国会计名人堂。

## 一、个人简要生平

1893年9月4日,布洛德(见图13)出生于英国西南部州的汉普顿家族,其父母分别为威廉姆·塔克尔(William Tucker)和卡罗琳·斯科特·李·布洛德(Caroline Guscott Lee Broad)。

图13 塞缪尔·约翰·布洛德

1916年,布洛德获得加拿大皇后大学(Queen's University)的学士学位,并于同年进入毕马威会计事务所(Peat Marwick Main Co.)在加拿大的卡尔加里办事处任职。1920年,他转入毕马威会计事务所在纽约的办事处,他在1915年取得加拿大特许会计师的资格,并于1921年成为纽约注册会计师,1926年成为毕马威会计公司的合伙人。随后,他一直以合伙人的身份负责职业实践、会计和审计部,在1947年被选为资深合伙人代表,1959年从该职位退休。

1917年4月25日,布洛德与葛莱蒂丝·宝(Gladys Bowes)结婚,婚后育有3个子女。1933年,他加入美国籍。1972年10月10日,布洛德去世,享年79岁。

## 二、理论与实务的主要贡献

布洛德一生在各种会计职业组织中极为活跃，不仅担任了相关职务并做出了相应的贡献。特别是在美国注册会计师协会(AICPA)中，布洛德先后在多个部门任职：1939—1940 年间担任副会长，1940—1944 年担任会计主管，1944—1945 年担任会长；1934—1935 年任执行委员会(Executive Committee)下属会计原则研究部(Development of Accounting Principles)成员；1938—1944 年任审计程序委员会(Auditing Procedure)的主席；1939—1947 年任执行委员会成员；1946—1948 年为会计程序委员会(Committee of Accounting Procedure，简称 CAP)成员，1948—1950 任主席；1955—1958 年任职业道德顾问委员会(Advisory Committee on Professional Ethics)的成员。他还在 AICPA 的其他专业委员会中担任过很多职务：1934—1935 年任联邦储备委员会刊物修订会(Revision of Federal Reserve Board Pamphlet)成员，1935—1936 任主席；1934—1939 年、1942—1944 年和 1947—1950 年间 3 次出任与美国证券交易委员会合作/关系委员会(the Committee on Cooperation with the SEC)成员，1936—1937 年担任技术信息委员会(Technical Information)的成员，1937—1938 年任主席；1940—1944 年担任预算和财务委员会(Budget & Finance)成员，1945—1946 年任提名委员会(Nominations)主席；1948—1950 年任惩戒委员会(Trial Board)成员；1950—1952 年任编辑顾问委员会(Editorial Advisory Board)成员；1952—1955 年任会计人事委员会(Accounting Personnel)主席；1959—1961 年任公共事务所委员会(Public Affairs)成员；1947—1959 任美国注册会计师协会慈善基金会(the AICPA Benevolent Fund)的理事；1952—1953 年任公共关系委员会(Committee on Public Relations)的顾问；1962—1963 年任公立小学教科书委员会(Public School Brochure Committee)顾问。

布洛德还曾担任过美国会计学会(AAA)的副会长(1950)和纽约州注册会计师(New York State Society of Certified Public Accountants)会长等职。由于其出色的学术成就，1952 年获得美国注册会计师协会颁发的金质奖章。由于其对会计原则与审计程序方面的突出贡献，会计学家约翰·L·凯里(John L. Carey)在评价布洛德时感叹道："他是对审计目标最富思考的学者之一。"

布洛德的会计格言是："会计道德的底线是知法、守法与执法"①。

① Tamas J Burns, Edwards N Coffman. The Accounting Hall of Fame: Profiles of Thirty-Six Members [M]. College of Administrative Science, The Ohio State University, 1976, 11.

## 三、主要论著简析

布洛德经常为专业期刊撰写论文，一生共发表各种演讲稿与论文40多篇，其中主要有：1936年，在纽约州注册会计协会上发表的演讲——“独立会计师对财务报表的审查问题”(*Examination of Financial Statements by Independent Public Accountants*)；1948年，在全美成本会计师协会(National Association of Cost Accountants，简称NACA)第29届国际学术会议上发表的著名演讲——“物价变动对财务报表的影响”(*The Effects of Price Level Changes on Financial Statements*)；1939年，发表于《会计账簿》(*Accounting Ledger*)第4期上的“审计程序是否可以标准化”(*Can Audit Programs be Standardized*)；在《会计杂志》(*Journal of Accountancy*)上发表的“审计准则”(*Auditing Standards*，1941年第11期)和“为什么需要会计师”(*Why do we need Accountants?* 1945年第10期)；在《会计评论》(*The Accounting Review*)发表的“资本原理”(*The Capital Principle*，1942年第1期)和“存货计价”(*Valuation of inventories*，1950年第3期)等。下面择要介绍两个方面的学术贡献。

### (一) 关于存货计价理论问题(1949)

布洛德于1949年在密尔沃基市举办的威斯康星州注册会计师税务论坛上发表了题为“存货计价”的演讲。他讨论了成本、成本差异、市价、成本分配方法、后进先出法、存货的临时性清算、采用后进先出法下存货的成本与市价孰低法以及一贯性等问题，该文发表于《会计评论》1950年第3期，全文分为三个层次来论述存货计价的相关原理。

首先，布洛德论述了存货资产的重要性。文中指出：对于工业、制造业来说，在一个会计期间中正确地对存货进行计价可能是比较困难而又非常重要的问题。因为存货对资产负债表和利润表都有影响。历史地看，因为信用需求，资产负债表比它今天的地位要重要许多。一般认为，存货需用保守方式列示。保守的陈述虽不完善，但备受称赞。然而人们逐渐意识到保守的资产负债表会经常导致收入夸大。随着收入公平列示的重要性上升，资产负债表目标的保守性概念开始受到怀疑。

其次，布洛德论述了存货配比原则与常用计价方法。布洛德指出，公司在每个会计期间都会有一定的期初存货，它的成本确定以及正确配比的过程，就是确定多少成本与当年收入相配比、而多少成本需要递延到将来期间；而从存货实物流转假设的角度考虑，最常用的两种存货计价方法有先进先出法和后进先出法两种。先进先出法是以先购入的存货先发出这样一种存货实物流转假设来对发出存货进行计价的一种方法；后进先出法则是以后购入的存货先发出为假定前提，对发出存货按最近收进的单价进行计价的一种方法。

最后，布洛德围绕存货计价这一主题，主要谈了以下八个方面的学术认识。

第一，成本的性质。成本定义为"为使某个项目达到现存条件和场所所发生的直接或间接的支出和费用"。这一概念看似简单，但实务中确定成本经常会出现许多技术问题和难题，尤其是在某些项目的正确分配上。

第二，存货成本的差异。虽然以成本为基础一般能使目前成本与收入较好地配比，但可能导致存货成本与未来期间的收入不能正确配比。存货减值有时是不可避免的，它不仅包括物理上的耗损，还有市价下跌产生的损失。如果收入是被正确反映的，则利润的正确确定是取决于商品成本的确定。以前，采用成本与市价孰低法的原因就是要用保守的观念来列示资产负债表，但当确定收入成为会计主要目标时，这种保守观念就难以立足了。坚持历史成本的困难是存货会有价格下跌，在正常利润应该减少直到货物卖出的这个预期中，实际存在一个对未来利润的抵押。在存货的价值降至成本以下时，如果我们继续坚持采用历史成本计价，而不把降价损失正确地记录在某账目上以与收入相配比，从而将存货价值损失部分计入存货成本显失公正。成本与市价孰低法提供了一个切实有用的方法来计量损失，并将它分配到合适的会计期间。

第三，存货的市价。市价与重置成本相关，但是对它的选择规定了上限和下限。上限是可实现净值，下限是可实现净值减去正常毛利后的差额。我们需要特别考虑重置成本的下降是否会导致售价的下滑。

第四，存货发出计价。确定发出存货的成本可以采用先进先出法和后进先出法，也可以采用折中的方法即加权平均法，加权平均法是以一段时期内的全部购进或生产的货物与期初存货的成本计算出加权单位成本的方法。个别计价法适用于由于产品种类不同而成本存在很大差别的公司如烟草公司，这种情况下采用平均成本计价不能精确反映企业的经营成果。布洛德认为，一家企业的政策、方法和条件对在某种特定情况下采用何种存货计价方法具有很重要的意义，会计的政策、方法的变更是影响经营成果的重要因素，会计人员也常被指责在实务中尤其是在存货计价方面缺乏统一性。因此企业的政策、方法和条件应该尽可能地在会计报表中加以列示。

第五，后进先出法。后进先出法能迅速反映原材料成本变化，它以后收进的存货先发出为假定前提。后进先出法的公认支持观点是后进先出法代表当前收入与当前费用相配比的实务方法。它因此被认为可以避免在采用先进先出法时由于存货价格上涨而带来的利得计入收益中。采用后进先出法的结果是将由于存货价格变化而引起的利得或损失从收入中剔除。但我们应该意识到价格变化主要产生于两个因素：一是货币价值的变化如一段时期的通货膨胀或紧缩;二是不考虑货币价值变化的条件下某种商品相对市场价格的变化。对于第二个因素的影响大小,我们可以通过商品价格指数加以计算。商品的价格增长速度远远快于其他元素——生活消耗如食物、房租、制造费用、交通费用和电费等。由于存货价格既受到通货膨胀的影响,又受到商品相对价格变动的影响,因此采用后进先出法对存货进行计价消除了它们对利润确定的影响。但这也是人们反对采用后进先出法对存货进行计价的最大原因,由于存货相对物价水平增长而带来的利得远比货币购买力下降而带来的收益要重要得多。

第六,存货的临时性清算。后进先出法的目标是使当期收入与当期费用配比,这将会产生这样一个问题:若当期销售产品的数量大于当期生产或当期购入的数量时,将会动用库存存货。若后进先出法是对当期收入和当期成本正确配比,那么动用的库存存货应该采用重置成本计价。因此当普通股被清算时,用重置成本配比收入来确认收益,可能会提供更有用的财务状况声明;并且当条件便利时,处置这些股票是正常的意图。有争论认为,某一预期的未来重置数据不可能表明将要支付的清算股票的价格。因此,包含了此种估计的财务状况表准确性将会被削弱。由于重置的预期成本数据可能很难估计,在此情况下当期重置成本可能是一个合理的选择。

第七,后进先出法下存货的成本与市价孰低法。有时会出现这样的问题:在后进先出法下,当市价低于后进先出法成本时是否采用市价。后进先出法适用于存货价格逐渐上升时的情况,当平均价格高于过去几年的价格时,此种问题不会产生,但在存货价格持续下降时会出现上述问题。在当期成本与收入配比的原则下,将与当期成本无关的支出计入当期成本明显不符合配比原则。不管在哪种计价基础下,在此期间发生与历史成本不相关的存货价格的下降会将可能使存货效用减至成本以下的数字。目前比较一致的观点是,当存货的物理效用降低时,应该在存货效用下降的当期予以反映。与此相类似,由于市场因素而导致存货效用的下降,也应该在当期予以反映。

第八,一致性问题。一致性是与存货确认相关的税务规则的基本要求。企业变更存货计价方法时,应该披露变更所带来的影响,否则披露的经营结果可能是毫无意义的。

### (二)关于资本运营理论问题(1944)

20 世纪 40 年代初期,美国开始对会计原则的基本问题进行全面研究。针对美国会计学会(AAA)所属执行委员会(the Executive Committee)于 1941 年发布的专题研究报告——《企业财务报表的会计原则》(*Accounting Principles Underlying Corporate Financial Statement*,以下简称“报告”)中,有关资本章节的提法与学术争论观点的介绍，布洛德选择了几个认为需要进一步讨论的话题进行研究，所形成的认识以“资本原理”(*The Capital Principle*)为题发表在《会计评论》1942 年第 1 期上。在该文中，他主要探讨了与资本营运密切相关的股票溢价、分配股利的盈余来源、亏损弥补、盈余限制和披露等问题，指出他所认为的会计报表中关于资本账目的弱点和不一贯性，通过列出反对委员会的有力论据及他自己的观点，来使其论点的有效性得到尽可能地检验。本文的主要论点为五个方面。

第一，关于股票溢价。公司资本是所有股东的权益，这一观念把公司作为一个独立的主体，说明公司资本是对股东的经营责任，并不是用公司资产所表示的经济资本，也不是从股东立场所定义的资本。公司作为一个独立于其股东的主体存在，没有必要不同股东投入的资本金区分开来，也没有必要将投入资本和作为收益的资本积累区分开来。从法律角度和从公司权益角度看，公司有且只有一项资本金。会计概念与法律概念不同的是必须有证据支持而不是仅仅有定义。有些情况下，会计实务会超出法律概念之外，这种情况下是有合理理由的，如缴入公积和所获盈余的差异仅仅是会计概念上的，只是后来才被法律所认可。“声明”的目的是反映事项的实情和已发生的事情。布洛德列举了七条假定情况下的资本和盈余事实，认为会计没有权力改变这些事实。

第二，关于分配股利的盈余来源。公司法允许从实收股本中支付股利，实收股本用于支付股利的限度应在财务说明中列示。布洛德认为，这种做法在实务中很危险。其一，假若有盈余“可用来”分配股利，公司也必须用现金或其他资产来支付股利的情况下，此时可以用资本盈余来分配股利，但却可能没有用于分配股利的资金。其二，这种要求会使会计人员脱离会计领域。为完成会计目标而采纳的一个基本概念是成本，成本既是资产也是盈余的基础。当时，在美国的大多数州，公司支付股利的权利不是建立在资产成本基础上而是在价值基础上。简而言之，除非资产价值超过负债和法定资本，股利是不可以支付的。一些州则仍允许不考虑利益或收入来支付股利。布洛德指出，这两种情况均未考虑成本，因而在成本基础上确定的盈余将不能衡量出可允许支付股利的数字。而成本和价值的数量却可能存在很大差异。他提到会计人员会遇到法律问题时，首先要考虑某州法律中是否允许以实收资本支付股利。另外，可能还会遇到这样的问题，即一个公司在另一个州有分公司时是否需要同时遵循两个州的法律。

第三，关于亏损弥补。“声明”中认同弥补亏损是实收资本的减少，并且要求补亏应有股东批准。股东的批准程序对会计原则没有什么影响，股东的批准既不能使坏的实践变好，股东的不批准也不能使好的实践转坏。

第四,关于盈余限制。许多州的法律规定:除非公司总资产大于负债和资本数额(或者除非公司获得了盈余),否则不允许向公司股东分配股利。一般的做法是,回购的股票记录在资产负债表的负债一方,冲减已发行股票,而不是记录为资产。另外,公司的法定资本不因回购股票而减少,除非回购的股票被正式注销。所以,法定资本作为一个重要数字应在资产负债表上列示。若库存股票数额直接从盈余中扣除,从而得出净盈余,这样盈余限制就被说明得很清楚。但是,如果从资本和盈余总额中扣除库存股而没有进一步说明的话,就很难清晰地表明减少的是自由盈余而不是资本。用于回购股票的资金就不能重新用于发放股利,除非股票重新销售或被注销。所以,布洛德认为,如果不提供进一步的解释,股东可能很难理解直接从资本和盈余总额中扣除回购股票的含义。

第五,关于披露。布洛德认为,"声明"中的第 5 段关于财务报表的内容,第 6 段关于清算时摊派优先股,第 7 段关于回购股票和盈余限制的条例,很难称为会计原则。

## 参考文献


[1] Broad S J, W W Werntz. The Capital Principle [J]. The Accounting Review, 1942,17(1): 28-60.

[2] Broad S J. Valuation of Inventories [J]. The Accounting Review, 1950,25(3):227-235.

[3] http://fisher.osu.edu/departments/accounting-and-mis/the-accounting-hall-of-fame/membership-in-hall/samuel-john-broad/,2005-10-22.

[4] Zeff S A. Leaders of the Accounting Profession: 14 Who Made a Difference [J]. Journal of Accountancy, 1987,163(5):46-71.


(初稿执笔人:胡妍妍)

# 托马斯·亨利·桑德斯

## (Thomas Henry Sanders, 1885—1953)

托马斯·亨利·桑德斯(Thomas Henry Sanders,1885—1953)是一位杰出的会计学家和会计理论先驱,他具有渊博的学识和一流的理论水平,是哈佛大学的终身教授。由于其一生对会计理论的发展作出了突出的贡献,对会计实务产生了深远的影响,故于1954年被选入美国会计名人堂。

## 一、个人简要生平

1885年4月7日,桑德斯(见图14)出生于英国斯塔福德郡(Staffordshire)布尔利山一带(Brierley Hill),其父名托马斯(Thomas),母亲名凯瑟琳·N·桑德斯(Catherine Nock Sanders)。

图14 托马斯·亨利·桑德斯

1905年,桑德斯获英国伯明翰大学(University of Birmingham)学士学位,并于1914年获得该校硕士学位;1921年,获哈佛大学(Harvard University)博士学位。

1914年3月25日,桑德斯与Gertrude-Schuiz喜结连理,在他们共同生活的39年中育有5个孩子。1926年,桑德斯加入美国国籍。1953年6月5日,这位久负盛誉的会计学家离开了人世,享年68岁。

## 二、理论与实务的主要贡献

桑德斯的一生,主要是从事会计教育工作。1905—1910年间,桑德斯供职于英国考文垂市(Coventry)Rudge-Whitworth有限公司;1911—1917年间,桑德斯在日本山口县高等商业学校(Higher Commercial School,Yamaguchi)任教,讲授《贸易实务》课程;1917年,桑德斯来到美国;1918—1920年,桑德斯于明尼苏达大学(University of Minnesota)任助理教授;1921—1924年间,桑德斯在哈佛大学任助理教授,1924年提升为副教授,1927年晋升为正教授,直至1952年载誉退休。1948—1949年间,桑德斯荣任哈佛大学"迪金森讲师"(Dickinson Lecturer)。此外,桑德斯也是美国注册会计师。

桑德斯亦热情参与各种会计职业团体的活动。他是全美会计师联合会(NAA)的董事会成员之一,为其发展做出了重要的贡献。早在1930年,他就被选为该协会副会长,同时担任该协会出版部主任(director of publications)一职;1931年,他又被选为该协会会长,担任此职直至1932年。与此同时,桑德斯还在NAA的多个部门任职:1927—1929年,任该协会教育部门主任(director of education);1929—1930年以及1933—1934年间,任该协会研究部门主任(director of research);1945—1946年,任该协会下属的调查委员会主任(chairman of the Committee on Research);1923—1934年,被选为全美会计师联合会波士顿分会副会长,1924—1925年间出任该分会会长一职。1939—1941年,桑德斯担任美国注册会计师协会(AICPA)研究部主任。桑德斯也曾供职于美国会计学会(AAA)。

桑德斯还积极参与各项公共事务服务工作。1934—1935年间,他出任美国证券交易委员会(SEC)顾问。第二次世界大战期间,桑德斯还身兼数职,如任成本分析部门、采购部门及生产管理办公室的负责人,以及战时价格调整委员会、海军部以及海运委员会的成员等。

桑德斯的会计格言是:"会计诚信的基本要求是真实披露"①。

## 三、主要论著简析

桑德斯一生著述颇丰。除为许多专业杂志撰写多篇论文之外,还在许多会计职业团体发表演讲,以传播自己的学术思想,为会计理论的发展做出了卓越的贡献。其中在著名的《哈佛商业评论》上就先后发表有"通货膨胀与会计"(*Inflation and Accounting*)和"两个会计观念"(*Two Concepts of Accounting*)等文。此外,他还独撰和合作撰写出版了许多经典著作。其中主要包括:1923年所著《工业会计问题研究》(*Problems in Industrial Accounting*);1926年与J·H·杰克逊(J. H. Jackson)及

① Tamas J Burns, Edwards N Coffman. The Accounting Hall of Fame: Profiles of Thirty-Six Members [M]. College of Administrative Science, The Ohio State University, 1976,53.

A. H. Sproul 合著的《簿记与商业知识》(*Bookkeeping and Business Knowledge*);1934 年独著《成本控制会计》(*Cost Accounting for Control*);1938 年与加利福尼亚大学的亨利·兰德·哈特菲尔德(Henry Rand Hatfield)、耶鲁大学法学院的昂德希尔·穆尔(Underhill Moore)合著《会计原则的研究报告》(*A Statement of Accounting Principles*,又译《论会计原则》);1940 年与亨利·兰德·哈特菲尔德(Henry Rand Hatfield)及 N·L·伯顿(N. L. Burton)合著的《会计原则与实务》(*Accounting Principles and Practices*);1949 年独著的《公司年度财务报告》(*Company Annual Reports*);1951 年独著的《税收对高层管理人员的影响》(*Effects of Taxation on Executives*);等等。上述学术论著中影响较大的观点有四个方面。

**(一) 关于会计原则的相关基础理论问题(1938)**

在桑德斯的众多论文及会计专著中,影响较大的即为由他主笔,并与亨利·兰德·哈特菲尔德及昂德希尔·穆尔合著的《会计原则的研究报告》一书。该书系其受哈斯金斯·塞尔斯基金会的委托专门进行会计原则研究的一项重要成果,先由美国注册会计师协会(AICPA)于 1938 年出版,又分别于 1959 年、1963 年、1968 年、1974 年、1977 年和 1985 年先后 6 次再版。

该书共设一个绪论部分与 6 个专题部分。"绪论"部分主要涉及会计原则、对会计原则的基本认可和论会计原则的基本观念问题。6 个专题分别是:(1)基础知识。主要涉及资金和收入的概念及其区别、会计学中的谨慎性和财务报表的格式及术语。(2)利润表。主要涉及利润表的一般用途、收入确认的一般原则、利润表的组成、营业部分、非营业部分。(3)资产负债表。主要涉及资产负债表的一般用途、资产负债表的特征、资产负债表的分类、资产、负债、储备、净值。(4)合并报表。主要涉及合并报表的用途、合并报表的条件、合并资产负债表和合并利润表。(5)财务报告的备注和注释。(6)一般会计原则的概括。主要包括一般原则、利润表的适用原则、资产负债表的适用原则、合并报表的适用原则、备注和注释的适用原则。

《会计原则的研究报告》的主要学术贡献在于:第一,该书属后期归纳学派的代表作之一,它集中于公认会计原则问题的研究。作者认为会计原则概念的形成,以及会计假设的概念"为原则和其他规则的制订或将原则运用于特定问题指南的发展提供了一个有意义的基础,一系列广泛性及相互关联的会计原则必须以假设为基础才能形成"。第二,该书对会计准则较早进行了系统地研究,还罗列了当时实务中已得到普遍认同的会计原则及惯例,在分类整理加以汇编后,共提出了 5 类计 21 条会计原则,并对实务的局限提出了改进意见。第三,尽管该书后来受到各种批评和指责,认为它主要是对现行实务中所运用的会计惯例的整理与汇编，没有提出对实务的改革性或革命性的修订意见，没有形成一个逻辑严密、协调一致的逻辑体系，也难以形成内在一致的理论框架，但该书却在一定程度上直接触发了后来对会计原则理论依据的研究。

### （二）关于通货膨胀的会计问题（1942）

1942年，桑德斯在《哈佛商业评论》上发表了“通货膨胀与会计”一文。该文首先指出，通货膨胀对经济的干扰和危害较大，在钢铁工业领域尤其严重。那些大量投资于固定资本的企业如公用事业、铁路部门、钢铁工业都严重地受到通货膨胀的影响。因此，通货膨胀导致了对所有独资公司的管理以及大众福利出现问题，要解决这些问题会出现以下两个方面的困难：一是需要将所有相关问题综合考虑；二是存在对经济的不同观念和社会的偏见。文中以钢铁工业的情况为例，从以下几方面进行论述：(1)会计问题。从公认会计原则的地位、会计收入与真实收入、对报告收益的批判与质疑、关于商业收入的调研4方面进行论述。文中提出，由于存在严重的通货膨胀，无论是成本数据还是收入数据都高于过去的价格水平，但目前在会计处理上对此没有做任何改变。如果以后会计年度的数据降低到与通货膨胀前同样的物价水平，公司就必须向股东们做出解释。如不做调整，年度间的收入对比很容易产生误解。但问题是一些权威的专业会计组织重申了会计实务中应当以历史成本来计提折旧，另一个建议是以历史成本计价为基础。(2)工业的需要。主要是从价格上涨的空间、特殊的分期偿还、维修的重要性、公司税务的影响以及工资的涨幅超过了利润的增长5个方面进行论述。(3)公共责任与公正(public responsibility and justice)。主要从政府监管、公正与经济需要、平等待遇问题、有关消费者的问题4个方面进行论述。文章最后得出3个方面的结论：(1)对折旧的争论。主要在于：一种观点认为会计是一个确切的程序；另一种观点认为会计是随环境变化的经济有机体的一个工具。前者认为历史价值非常重要且稳定；后者认为历史价值阻碍进步，应被现值所取代。(2)只有充分考虑变化的经济环境，特定年度的会计数据才会被正确的理解。(3)对会计计量、确认基础没有清晰的理解，就不可能提出过去与现在利润安排的正确建议。

### （三）关于会计实务中方法与规则的关系问题（1945）

1945年，桑德斯在《哈佛商业评论》上发表了“两个会计观念”一文，该文围绕4个方面的问题进行了分析。

第一，如何使普遍接受的传统折旧观念与其相反的评论之间相互协调？作者对此进行了比较透彻的分析。首先，是在传统折旧方式中，大多数形式不被接受，只接受工厂的总成本在其运营周期内进行分摊这一形式，然而，独资公司因为其相应账户的确定性而比较乐于接受将“原始成本”一次折旧。当账户具有许多不可避免的不确定性时，这种分摊的会计处理方法将会增加公众对这一数据的接受程度。其次，是只要公司用于适当维修和工厂扩充的费用部分可免于承担税收，就可选择原始成本折旧。既然这种情况在特定经济状况下是可行时，就不能说公司的利益由于会计处理方法的限制而受到了严重的损害。此外，作者还慎重考虑了不会耗尽营运资本的课税方式。

第二，联邦贸易委员会的成本与定价规则中的“初始成本”与加利福尼亚州税务计算公式中的“初始成本”中的共同要素是什么？该文对其进行了讨论。共同要素是：在所有的例子中，政府规则将会计原则运用于企业实体，帮助并指导公司在管理中自由地做出决定，并且在无自由选择权的领域将之转化成硬性指标。这些规则应当建立在一些含糊的一般观念上，并且已经被特别情况处理中的行政判断所取代。在文中引证的税务处理案例中，被用于分配成本的计算公式同样被用于分配利润（很不一样的两种情况）。州内权威专家认为这种处理方法为管理提供了便利，但是不能就此认为专家们不愿意寻找课税之外法权的价值基础。

第三，这些规则是否为现代福利状况提供了必要准备？是否为大众福利服务？权威专家认为，对于这两个问题的判断必须以可辨认的商业策略为基础，这表明他们不理解企业家出于何种目的考虑采用这些策略。这些规则是否为大众福利服务也不清楚。规则包括复杂的经济利益和高度技术性的会计问题，这些问题未被普遍理解，当然也未被大多数的反对者所理解。在那些真正理解这些规则的人当中，大多数人可能并不把这种规则当做大众福利的一部分。而实际情况则可能是：如果大众福利基于对商业管理程序更好理解的基础之上，大众福利才会更加成功。如果这类规则的目的是为了使商业企业失去权威地位并且限制它的发展，这些规则当然就应该考虑相关因素的重要程度。

第四，我们必须在一定的规则下生存并且所有规则都是普遍接受的，当这一点很清楚的时候，批判普遍化规则的目的是什么？很显然谴责所有普遍存在的规则是不可能的，该文即是从构成和运用两方面为规则的存在进行辩解。另外，一个民主的社会被授权使其政府按照普遍化规则运行明确，并得到公正实施，特别是当一个领域内的规则是其固有且运行得很好时，将其运用于另一个领域，由于该规则在本领域并不固有，则有可能运行不畅。文中提出，不同科学分支间的跨学科思想可能具有高度的创造性，故需要对其进行适当的关注。正如霍姆斯（Holmes）所言：“历史的一页蕴含了大量值得分析的逻辑推理。”文中分析到，过去20年的经济、政治变革所有阶段均以变化的速度为特征，但还不是消化所有改革措施并使其合理化的时候。如果时机成熟，通过将会计服务领域限定于特定目的,并以特定用意设置会计账户即是很自然的一件事。只有此时,才可以说:会计是客观的、公正的和可感受到的程序,而不会屈从于任何人的意图。

### (四) 关于税收政策对管理者行为的影响问题(1951)

1951年,桑德斯教授在位于马萨诸塞州的哈佛商学院完成的《税收对高层管理人员的影响》(*Effects of Taxation on Executive*)一书,对税收政策对管理者行为的影响问题进行了比较全面的研究,其中也包括了部分行为管理学方面的理论分析。该书是哈佛工商管理研究所研究项目的第四项研究成果,该项目得到了Merrill金融发展基金会(Merrill foundation for Advancement of Financial Knowledge)的支持。该书第一,将高层管理者分为两类:第一类,是受聘于大型公司的专职人员,他们的酬劳以工资的形式为主,并且他们中的大多数人严格受上级领导的约束和监督;第二类,则是公司的所有者或管理者以及因自身地位或者股权关系而不受上级领导约束和监督的高层管理者。书中提出,由于这两类管理者也需要纳税,所以他们中很少有人能够真正地轻松,然而不容否认,税收政策并不妨碍人们获得一份好的工作。第二,桑德斯教授通过对许多退休人员实际情况的研究发现:受税收政策的影响,越来越多的人愿意延长工作时间。虽然也有其他方面的积极因素不时地会对税收政策产生正面或负面的影响,但税收政策对各方面均具有影响已成为公认的事实。第三,是该书的个别章节涉及直接补偿、职工优先认股权、购买计划、预算拨款、行政退休养老金计划等问题。第四,是书中提出高税负水平与物价水平上涨共同影响行政补偿。作者相信,税收会随着物价水平的上涨而上涨。

### 参考文献

[1] 葛家澍,等.会计理论[M].北京:中国财政经济出版社,1998:57-59.

[2] http://fisher.osu.edu/departments/accounting-and-mis/the-accounting-hall-of-fame/membership-in-hall/thomas-h.-sanders/,2005-10-03.

[3] http://web32.epnet.com/citation.asp,2005-10-15.

[4] Sanders T H, Jackson J H and A H Sproul. Bookkeeping and Business Knowledge [M]. 1926.

[5] Sanders T H, Hatfield H R and N L Burton. Accounting Principles and Practices [M]. 1940.

[6] Sanders T H, Hatfield H R and U Moore. A Statement of Accounting Principles [M]. by Thomas H Sanders, H R Hatfield and U Moore, 1938.

[7] Sanders T H. Cost Accounting for Control(reprinted, 1970.) [M]. Elmsford, N Y: Maxwell

Reprint Co. , 1934.

[ 8 ] Sanders T H. Effects of Taxation on Executives(reprinted, 1970. ) [M]. Elmsford, N Y: Maxwell Reprint Co. , 1951.

[ 9 ] Sanders T H. Inflation and Accounting [J]. Harvard Business Review, 1942:150-58.

[10] Sanders T H. Problems in Industrial Accounting(reprinted, 1970) [M]. Elmsford, N Y: Maxwell Reprint Co. , 1923.

[11] Sanders T H. Two Concepts of Accounting [J]. Harvard Business Review, 1945:505-520.

(初稿执笔人:李菊芳)

# 海勒姆·汤普森·斯科维尔

## (Hiram Thompson Scovill,1885 — 1962)

海勒姆·汤普森·斯科维尔(Hiram Thompson Scovill,1885—1962)是一位杰出的会计教育家和会计理论家。他是伊利诺伊大学会计学终身教授,其一生积极参与各种会计专业团体的活动,曾于 1920 年担任美国大学会计教师联合会(the American Association of University Instructors in Accounting,简称 AAUIA,即现在 AAA)的会长。由于他对会计理论和会计教育发展所作出的突出贡献,1954 年被选入美国会计名人堂。

## 一、个人简要生平

1885 年 2 月 22 日,斯科维尔(见图 15)出生于伊利诺伊州(Illinois),父亲是 William Preston,母亲是 Theresa Josephine Thompson。1912 年 8 月 31 日,斯科维尔与 Eliza Stewart Edith(其父当时是伊利诺伊大学教员)喜结连理,婚后共育有 3 个孩子,空闲时间喜欢打保龄球和高尔夫。1962 年 10 月 19 日去世,享年 77 岁。

图 15 海勒姆·汤普森·斯科维尔

1902 年,斯科维尔毕业于罗克福德中学(Rockford High School)。1902—1904 年间,曾为了赚取大学学费而在伊利诺伊中央铁路公司(Illinois Central Railroad)供职。1904 年被伊利诺伊大学(The University of Illinois)会计学专业录取,1908 年毕业。在校期间,斯科维尔表现极为优秀,他是伊利诺伊大学全美优等大学生荣誉协会(Phi Beta Kappa)的 6 位学生创始人之一。1946 年获得伊利诺伊大学法学博士学位。

大学本科毕业之后的 5 年时间内,他一直在芝加哥工作。他白天就职于德勒伊特

(Deloitte)、普伦德(Plender)和格里菲斯(Griffiths)等会计公司,晚上则在拉萨尔函授大学(LaSalle Extension University)讲授会计和审计,从而获得了相当丰富的会计实务经历和教学经验,为后来的会计教育职业生涯奠定了坚实的基础。1918 年,他通过了伊利诺伊州注册会计师年度考试并获得执业资格,还因其得分最高而获得年度金质奖章。

斯科维尔一生不懈地努力和卓越的贡献为他带来了许多荣誉。1934 年,他被授予厄巴纳香槟一等市民奖,以表彰其对厄巴纳市的突出贡献;1945 年,鉴于其在公众活动、商业和教育领域所作的杰出贡献,他被纽约市授予 Beta Gamma Sigma 校友奖;1949 年,鉴于他对会计职业所作的杰出贡献,获得美国会计师协会(AIA,即美国注册会计师协会前身)所颁发的美国会计师年度奖,且是获此殊荣的第一位大学教授,同年还被授予美国注册会计师协会(AICPA)金质奖章,也是获此奖项的第一位大学教授;1959 年,获得 Alpha Kappa Psi 奖。除此之外,1939 年,他被美国证券交易委员会(SEC)选为 12 位杰出会计学家中唯一一位大学教授。

斯科维尔一生所崇尚的会计理念是:准确的信息源是会计信息真实、准确并有效的重要基础①。

## 二、理论与实务的主要贡献

1913 年,斯科维尔受邀回到伊利诺伊大学厄巴纳·香槟分校讲授会计课程,从此即和大学教育结下了不解之缘,开始了他长期的教学生涯。1917 年担任伊利诺伊大学助理教授,1919 年评为会计学教授。1919—1953 年退休时一直担任商业组织运营系主任,并曾于 1942—1947 年间担任工商管理学院执行院长。1953 年,当商业组织运营系重组时,会计专业从工商管理学院独立出来,在这段转换期内,他一直担任会计系主任和工商管理学院执行院长,并从七个方面为伊利诺伊大学会计学科的建设与发展做出了重要的贡献。

### (一)积极引进会计教学的新生力量并首创助教制度

缘于斯科维尔极力游说,著名的会计学家 A·C·利特尔顿得以于 1915 年进入伊利诺伊大学执教。在 20 世纪 20~30 年代期间,他与利特尔顿教授共同致力于伊利诺伊大学会计专业研究生教育的发展。在他的强力支持下,利特尔顿就会计学专业的

① Tamas J Burns, Edwards N Coffman. The Accounting Hall of Fame: Profiles of Thirty-Six Members. College of Administrative Science, The Ohio State University, 1976,55.

会计理论与会计实务的课程设置和课时安排进行了合理的规划,到1930年时,伊利诺伊大学会计学专业就已经将会计理论和会计实务课程很好地统一起来。为了使改革后会计学专业课程能够充满生机与活力,20世纪30年代早期,斯科维尔还聘请了一些新教师参与该校的会计教学工作,其中就有黑尔·L·纽卡莫(Hale L. Newcomer)和C·A·莫耶(C. A. Moyer),他们后来均在该校工作多年,并为伊利诺伊大学会计系的发展作出了很大贡献。同时,他还在教学中引入了"助教"这种新的教学形式,即让刚在伊利诺伊大学获得硕士学位的研究生协助讲授本科生课程,这种教学方式不仅使这些助教获得了经济收入,取得了一定的教学经验,也对他们以后在伊利诺伊大学或其他学校进行会计专业教学工作具有很大的帮助,同时也降低了每门课程的教学成本。

### (二)注重教学团队的建设

1915—1930年间,斯科维尔对伊利诺伊大学会计系所作的重要贡献之一,就是通过进行教工家属的联谊活动,加强教工的凝聚力。其主要形式就是举办聚会和招待会,这些活动既有利于在教工之间建立起职业以外的共同兴趣,也有利于培养员工之间在职业方面的合作。斯科维尔相信这种组织活动有助于培养发挥不同学术领域教工之间的认同感,以增强教学团队之间的团结。

### (三)注重会计课程组的建设

在不同类型会计业务课程的系统化建设中,斯科维尔和H·H·贝利(H. H. Baily)等共同提出了一个系统的课程架构,该系统课程包括零售业会计、制造业会计、采掘业会计、交通会计和财务公司会计等。而在相应的研究生课程中,就要求学生以那些记录不同公司会计程序的财务报告为蓝本,把其所提供的信息进行归纳与总结,以发现其个性与共性,从而使这一会计系统课程的开发更为全面。1931年,斯科维尔开始在伊利诺伊大学专门讲授研究生课程。与此同时,他还一直热衷于企业的"内部"会计核算工作,这一点可从他1920年招募被认为是当时商业企业成本会计权威的C·F·斯拉特(C. F. Schlatter)来校执教,以专门研究成本会计领域的课程得以证明。

### (四)推崇会计国际化以及会计理论研究成果与会计实务相结合

1951—1952年,他曾代表美国会计学会(AAA)参加在伦敦举行的国际会计会议,会后他即意识到强调会计学国际性意识的重要性,并开始努力将伊利诺伊大学会计系的发展向国际会计领域延伸，这一战略思想对于20世纪50年代后期伊利诺伊大学会计系在国际上崭露头角可谓功不可没。1952—1953学年间，他还花费大量时间，研究两个问题：一是如何将会计理论和会计程序与美国证券交易委员会(SEC)的会计系列文告结合起来；二是如何将审计实务和审计程序与当时美国会计师协会(AIA)制定审计准则和颁发《审计准则公报》(*Statement of Auditing Standards*)有规律地联系起来。作这些研究的同时，他的行政工作非常繁忙，他在学校、学院和系每周平均的工作时间为65个小时。一方面，他是商业组织运营系的主任(当时商业组织运营系有73名教师和4 500名学生)；另一方面，他还要在专业学术领域里与州内和国内其他学校、组织保持紧密联系。正因斯科维尔作出了其他人所无可比拟的卓越贡献，激励着伊利诺伊大学其他教员，特别是像E·J·费尔贝(E. J. Filbey)、H·H·贝利(H. H. Baily)、C· F·斯拉特(C. F. Schlatter)和A·C·利特尔顿等人，使之能够将会计与一系列社会、政治、政府和学校行为联系起来，并尽力推动会计在财政、投资、公共和私人机构的管理中发挥重要的作用。为了纪念他的杰出贡献，1952年伊利诺伊大学工商管理学院校友以其名义为会计专业的本科生专门设立了"海勒姆·汤普森·斯科维尔奖学金"。1953年，他的457名支持者向该项奖学金捐赠了20 133.50美元，这是伊利诺伊大学基金创设后年内接收的一笔最大捐赠。直到退休之前，斯科维尔和他的妻子Edith一道一直致力于伊利诺伊大学会计系的发展，并作出了重要的贡献。

### (五) 积极地参加会计专业团体的活动

1916年，他积极协助创建美国大学会计教师联合会(AAUIA)，亦即现在的美国会计学会(AAA)的前身。1916年12月28日的美国大学会计教师联合会第一次会议，大约只有20～25位教师参加。但在1917年12月28日在费城举办的第二次会议上，该组织已经有82名成员，在这次会议上他被选为该协会的会计主管和下设两个委员会之一的主席，他在会议报告上提出了协会应重视会计学术研究。而在1918年12月27日在弗吉尼亚的里士满(Richmond)举办的第三次会议上又一次当选为会计主管，因这次会议结成的会计教育界同行之间的友谊使AAUIA得以继续发展。

1919年7月，第一次世界大战刚刚结束，他意识到AAUIA需要正式出版协会刊物。作为协会的会计主管，他积极推进协会刊物的创办工作。在当年的协会年会上他强调了协会需要创建一份杂志的重要性，并列出了计划表，这一努力和其对协会其他活动的贡献对于他在1920年当选为协会会长起到了很大的作用。但由于资金方面的原因，直到1926年3月，《会计评论》(*The Accounting Review*)第1期才得以出版。随着AAUIA的不断发展，他决定为会计专业的学生创办一个类似全美优秀大学生的荣誉组织的 Beta Alpha Psi 统一组织，并在伊利诺伊大学建立了 Alpha Chapter，这个组织使各种各样的会计人士（实务人员、教授和学生）统一起来，对形成服务于公众（特别是债权人、股东和经理）有统一标准的会计职业起到了很大的推动作用。同时，他也是全美成本会计师协会（National Association of Cost Accountant，简称 NACA）的会员，全美成本会计师协会是代表管理会计师利益的组织，后来更改为全美会计师联合会（NAA），现为管理会计协会（the Institute of Management Accounting，简称 IMA），负责组织注册管理会计师（Certificate of Management Accounting，简称 CMA）资格的考试及培训。1936—1937 年，他担任伊利诺伊州注册会计师协会（the Illinois Society of CPAs）副会长，1937—1938 年，他任该协会会长；1939—1942 年，他是美国注册会计师考试委员会（Board of Examiners）委员；1942—1944 年间，他是美国注册会计师协会下属的会计程序委员会（Committee On Accounting Procedure，简称 CAP）成员和美国注册会计师协会其他委员会委员。除此之外，1919—1925 年间，他还同时担任 Beta Gamma Sigma 和 Beta Alpha Psi 的主席；他还是 1919 年发起成立全美会计师联合会（NAA）的创始人之一。

### （六）积极地参与社会性的服务工作

除了在上述会计职业团体任职外，他还是美国经济学会（American Economic Association，简称 AEA）成员；1951—1952 年间，他是伊利诺伊大学的教务委员会、学院执行委员会的委员。1944—1946 年间，担任全美州立商科大学会议主席。此外，他还曾服务于多个团体，如商业协会、麦金利山基金会和厄巴纳香槟基瓦尼俱乐部等，并于 1930 年担任基瓦尼俱乐部主席；1929—1943 年间，他一直担任厄巴纳第一基督教长老会理事会主席。

### （七）多次担任政府公共事务服务性工作

1937—1942 年间，他任美国商业教育委员会下设的特殊教育委员会（American Council on Education Special Committee to study Collegiate Business Education）委员；1935—1937 年间，任人口再安置署的会计顾问。此外，他在厄巴纳市曾担任过很多职位：1922—1932 年任市议员；1923—1932 年任财务委员会主席；1924—1927 任厄巴纳市市政规划委员会委员；1945—1947 年任厄巴纳市和厄巴纳公共教育系统的审计员、财务咨询师和伊利诺伊州商会成员；1953—1959 年任教育委员会（the Board of Education）委员；1927—1933 年任伊利诺伊地区联合会（the Illinois Municipal League）会计主管；1925—1935 年任伊利诺伊大学设立的伊利诺伊出版公司董事会主席等。此外,他还经常以专家的身份频繁出现在法庭、联邦和州立委员会、仲裁听证机构、国会下属委员会和其他官方机构中,以自己的专业知识服务于社会。例如,1922年他就曾作为 Cushman Tool 破产案件的代理破产管理员,1927 年和 1928 年厄巴纳香槟 Sterling-Rock Falls 自来水价格案专业听证员,以及 1933 年麦克森·罗宾斯公司破产案件调查的专业听证员等。

## 三、主要论著简析

斯科维尔一生著述颇丰,从 1916—1954 年,共独撰或与其他学者合作出版了 11 部著作,主要包括《天然气公司账目统一制度》(*A Uniform System of Accounts for Gas Companies*,1916)、《农场会计学》(*Farm Accounting*,1918)、《会计要素》(*Elements of Accounting*,1919)、《基础会计学》(*Elementary Accounting*,1923)、《会计程序》(*Accounting Procedure*,1926)、《会计学原理》(*Fundamentals of Accounting*,1940)、《现代会计学》(*Contemporary Accounting*,1945 年)和《会计基本原理》(*Fundamental principles of Accounting*,1954)等。此外,他还在各类刊物上发表了 55 篇关于财务、投资和会计的文章,其中仅在 AAA 主办的《会计评论》上就发表论文十多篇,并在 1925—1955 年担任了约翰·威莱有限公司主编,主编了 20 余部著名的会计系列教材,为会计理论的发展作出了卓越的贡献。现择要介绍如下。

### (一)《会计基本原理》(1954)

《会计基本原理》是斯科维尔与 C·A·莫耶两人的合著,这是两位作者结合多年的会计教学和实践工作而为会计一年级学生编写的教材,此书用简洁明了的方式向学生介绍了常用会计方法和商业程序,对他们刚开始学习会计相关课程有很大帮助。

该书前 14 章对完整会计循环中的簿记方面做了详细的说明,详细阐述了这些会计程序在独资服务企业和独资贸易企业的应用。关于该书后半部分的写作目的,作者在书中清楚写道:"本书后半部分分析了大量交易、几个新账户的使用以及财务报表分析,但最重要的是介绍使用工商业票据、特种账簿、辅助记录中所反映的商业程序"。全书还有共 154 个习题,使学生做到充分练习。习题分布在各章节中并与各个会计程序保持密切联系,学生不需要经过充分的课堂讨论就可以独立完成这些练习。这些习题不会有多种处理方法,也不会涉及理论和前沿问题,避免造成对学生的困扰。

该书的第一部分是关于独资服务企业的,作者介绍了分类账户、试算平衡表和结账,然后介绍了存货管理包括存货的实地盘存制。第七章日记账首先介绍了单栏式特种日记账,然后介绍了多栏式日记账。在第十章复习部分之前介绍了财务报表。这一部分最后是介绍可流通证券、利息和折扣计算以及调整分录。

该书第二部分强调商业形式和商业程序,首先介绍了现金记录、销售形式和程序、凭证系统和工资会计,随后介绍了合伙经营和有限公司。本书还特别介绍了财务报表分析、分支机构会计、部门之间的收入和费用分配、单式记账法。

这本书对簿记程序进行了详细阐述,并对中小服务和贸易企业商业程序的一些重要方面进行了很好的总结,因此对那些将来会成为这种企业职员或管理者的学生来说,是一本学习有关会计程序基础知识的理想教材。本书还介绍了合伙经营和有限公司组织、销售税金、工资税金和商业形式,使它对非制造业的小型商业企业的簿记员来说不失为一本好书。

**(二)《农场会计学》(1918)**

《农业会计学》是斯科维尔教授在早年所著的一本专著。该书共设 9 章,比较深入详细地阐述了农业会计的相关问题,下面是本书主要内容介绍。

第一章,簿记和企业交易。主要涉及:会计和簿记;账簿;交易要素;会计信息使用;资产负债表;比较财务报表;损益表;财务报表分析。

第二章,分类账。主要涉及:分类账在会计中的重要性;簿记缩写;企业交易;价值;财产;资本;账户;借方与贷方;分类账;账户余额;账户减项;借贷额计算;账户说明;借贷平衡。

第三章,资本账户细分。主要涉及:资本账户细分原因;两种方法比较;收入费用类账户;名义账户;损益类账户;转账或结账分录;将损益结转到经营者资本;结果比较;期末余额;账户分类。

第四章,试算平衡表。主要涉及:试算平衡表术语解释;试算平衡表编制目的和编制时间;编制程序;取得账户余额;将余额填至试算平衡表;计算借方余额、贷方余额合计数;比较借贷方是否平衡;结账前和结账后试算表;试算平衡表和财务报表的关系;财务报表的两种编制方法。

第五章,原始分录簿。主要涉及:使用原始分录簿的五个理由;记录;特种日记账的特点;普通日记账;普通日记账记录;普通现金账簿;普通现金账簿记录;现金日记账;现金日记账记录;现金日记账格式;预防和发现错误;常见错误;发现错误方法;纠正错误;发现现金日记账错误;支票账户调节;支票存根差错。

第六章,特种账户和分录(上)。主要涉及:雇工;应收票据;应付票据;特种应收应付票据;土地;建筑物;商业中的混合账户;农业中混合账户;各式各样物料盘存账户;

折旧;折旧账户;价值减少和直线法折旧;建筑物折旧;折旧的基本理论;日记账分录结账。

第七章,特种账户和分录(下)。主要涉及:集市展品;发货;拍卖;火灾损失;家禽死亡;商品菜园;按合同所销农作物;果园;林地;蜜蜂;合伙经营;合伙开始分录;合伙结账分录;合伙人资本净值利息;合伙人预支账户;合伙经营法律难点;合伙企业解散;共摊租金;租金收入分配;租金收入的存货记录;现金地租;财富增加和减少形式;作为农场主和个人的利润。

第八章,成本会计(上)。主要涉及:成本会计与普通会计的比较;使用费用数据;成本系统的目的;从生产性要素挖掘利润;理论上固定价格实施的基本方案;劳动力;每月劳动力记录;每年劳动力记录;劳动力借贷方记录;每日劳动力记录;劳动力每小时成本;马的劳动力记录;马的交换劳动力;饲料记录;饲料借贷方记录。

第九章,成本会计(下)。主要涉及:农场地;土地账户——总账;土地账户——明细账;土地账户的使用;农作物账户的使用;饲料账户;饲料、种子账户;家庭和农场产品;牧场;副产品;租金分摊;设备费用;工作用马匹和其他用马匹;预付款;肥料;非正常损益;费用化利息;劳动收入和资本收入;土地利息;建筑物利息;租金和利息;抵押财产利息;家禽利息;营运资本利息;结账程序;利息和总费用;结账总程序;结账具体程序;成本系统的修正;结账后工作。

第十章,成本账户阐述。主要涉及:正确阐述的重要性;土地经营者劳动收入;农场所有者收入;外居土地所有者收入;外居土地所有者利润变化;成本含义;利润含义;收益账户;分析和比较成果;农作物账户分析比较;几种农作物比较;比较农作物产量和成本;所有农作物产量比较;土地比较;家禽比较;家禽分析;畜产品分析;管理用账户;更改现有政策;劳动力和马力效率检验;关于政策的各式各样问题;启动新项目。

附录部分,农场内部价格和利率。主要涉及:内部交易;内部成本方法;虚构利润;计价盘存;家禽饲料定价;创利润用家禽;工作用家禽;家庭所耗农场产品定价;投资利率;工资计算;饲料记录计算。

**(三)《基础会计学》(1923)**

本书是斯科维尔教授在伊利斯诺大学讲授会计相关基础课程的基础上编写的,本书分为两大部分:第一部分介绍了账户理论;第二部分介绍了特殊问题的会计处理方法,涉及原始分录的设计与使用、凭证系统。处理方法与程序包括:先提交资产负债表以反映全年交易的基本情况;以调整账户修正资产负债表内各个项目;然后在整个会计循环(包括调账和结账)中使用大量新颖的会计方法;草拟出财务报表。

## 参考文献

[1] http://fisher. osu. edu/departments/accounting-and-mis/the-accounting-hall-of-fame/membership-in-hall/hiram-thompson-scovill/. 2005-10-27.

[2] Bedford N M. A history of accountancy at the University of Illinois at Urbana-Champaign[C]. Center for International Education and Research in Accounting, Champaign, IL,1997.

[3] Hudgins H. Elementary Accounting by Hiram T. Scovill[J]. The Accounting Review, 1926,1(1):193-94.

[4] Wheeler J. Fundamental Principles of Accounting by C. A. Moyer; H. T. Scovill[J]. The Accounting Review, 1954,295(1):25-526.

[5] http://chla. library. cornell. edu/cgi/t/text/text-idx, 2005-11-28.

（初稿执笔人：胡丹）

# 帕西瓦尔·佛莱克·布伦戴奇

## (Percival Flack Brundage,1892—1979)

帕西瓦尔·佛莱克·布伦戴奇(Percival Flack Brundage,1892—1979)是一位优秀的注册会计师和杰出的会计学家,由于其在会计实务工作中的出色成就,1955年被选入美国会计名人堂。

## 一、个人简要生平

布伦戴奇(见图16)是威廉·密夫顿(William Mifton )和夏洛特·佛莱克·布伦戴奇(Charlotte Flack Brundage)的儿子,他于1892年4月2日出生在纽约的阿姆斯特丹(Amsterdam)。1918年6月1日,他与艾蜜尔·奥丝拉德(Amittai Ostrander)喜结连理,婚后育有两个孩子。布伦戴奇喜爱民间舞蹈、耕种和户外运动,特别是网球、高尔夫和登山。他于1979年7月16日去世,终年87岁。

图16 帕西瓦尔·佛莱克·布伦戴奇

布伦戴奇早年就读于纽约的阿尔巴尼学校,后进入纽约布鲁克林(Brooklyn)的爱德菲学校,于1910年毕业。他出身于一个很有宗教背景的家庭,他的父亲曾任职于宗教部门。1914年他顺利地从哈佛大学毕业。1919年,他在新泽西州通过考试并成为一名注册会计师。1950年他在纽约大学获得了荣誉商科博士学位。

1914年大学毕业以后,布伦戴奇在纽约加入了Patterson & Ridgway会计师事务所。由此开始了从办公室服务生、会计助理到成为一名资深会计师的历程。1916年,他辞职加入普华会计师事务所(Price Waterhouse Co.)。第一次世界大战期间,布伦戴奇在纽约军需处负责物资会计工作。1918年,他重新回到普华会计师事务所。

1930 年，他成为这个事务所的合伙人，并在 1944 年成为资深合伙人直到 1954 年。尔后，他离开事务所出任联邦政府公职，先是担任美国预算局（The Bureau of the Budget，简称 BOB）的副局长，1956 年晋升为局长并一直担任这个职务，直到 1958 退休，他为美国的预算工作做出了巨大贡献。1958—1960 年，他仍以特别顾问的身份继续为预算局服务。他是第一位在联邦政府中担任如此重要职位的注册会计师。

## 二、理论与实务的主要贡献

布伦戴奇曾活跃于多个会计专业组织，特别是在美国注册会计师协会（AICPA），他曾在多个部门任职：1946—1947 年任副会长；1948—1949 年任会长；1943—1946 年和 1947—1948 年，任理事会成员；1943—1949 年任执行委员会成员；1949—1950 年任执行委员会的主席；1935—1940 任检查委员会的成员；1950—1959 年任审查委员会的成员；1940—1943 年任审计程序委员会委员；1949—1952 年，AICPA 和洛克菲勒基金会（Rockefeller Foundation）曾共同举办了一次对企业收入内涵的学习与讨论活动，作为这次活动的主席，他于事后组织出版了专题文集——《企业收入观念的变革》（1952）一书。此外，1950—1953 年，他担任全美律师和注册会计师会议的联合主席；他亦曾活跃于地方注册会计师学会：1930—1931 年任马萨诸塞州注册会计师协会副会长，1931—1932 任该协会会长；1945—1946 年任纽约注册会计师协会副会长，1947—1948 年任该协会的第一副会长；同时与新泽西州注册会计师协会关系密切。他的业绩得到业内的广泛认同，获得了纽约注册会计师协会"卓越服务奖（1947—1948）"，以及美国注册会计师协会金质奖章（1952）。

布伦戴奇还积极服务于政府、民间和社区的不同组织中。1940 年，他加入了大西洋联盟组织，该组织倡导大西洋民主国家联盟。布伦戴奇曾是该联盟组织的理事（1940—1954）和主席（1951—1954）。他曾担任大西洋联盟（Atlantic Union）国际运动组织的会计主管。由于受到父亲的影响，布伦戴奇非常支持宗教和慈善事业并在多个组织中任职：他曾是美国难民基督教会的理事（1938）和美国对澳大利亚救济中心的理事，以及难民救济理事会的主席；1942 年，任美国基督教协会会长，并在 1949 年成为第一个在该组织中任职 5 年的理事；1952—1955 年，任国际宗教信仰自由联合会的会长；1959—1962 年，任基督教教义开发计划委员会的主席；1953—1958 年，任阿拉伯 Schweftzer 学院之友委员会的主席和企业专家顾问组织的主席。此外，布伦戴奇还担当过 HOPE 工程的会计主管和理事。

作为一名财务专家，布伦戴奇还曾服务于多个经济研究机构。他在美国国家经济研究所担任过理事(1943—1966)、副所长(1952,1953)和所长(1954),1967年退休后一直担任该所名誉所长;1952—1954年,他任纽约商会执行委员会的主任;1950—1954年,任蒙特克莱尔社区福利基金会的理事。

在从事会计执业服务的同时,布伦戴奇也为教育事业做出了很大的贡献。1946年,他曾任牛津大学的讲师。1950—1951年间,他担任哈佛大学的迪金森讲师。

布伦戴奇始终认为,会计是一个充满生机与活力的领域①。

## 三、主要论著简析

1970年,布伦戴奇出版了专著——《预算局》(*The Bureau of the Budget*),书中对美国联邦政府预算局的历史作用与面临的问题作了深刻的阐述,该书出版后即得到美国政府的大力推荐,书中的很多建议均被预算局所采纳,它对美国预算制度的发展产生了深远的影响。该书的出版具有一定的时代背景。20世纪50～60年代之前,美国似乎很少有人意识到美国预算局(BOB)在政府政策制定过程中的作用。因此,在时任总统德怀特·戴维·艾森豪威尔(Dwightd David Eisenhower)的授意下,布伦戴奇开始写这本极有意义的书。1969年,第37位总统理查德·米尔豪斯·尼克松(Richard Milhous Nixon)主政后,正式建立起直属于总统管辖的管理与预算办公室(Office of Management and Budget,简称MBO),尔后该书得以出版。这是一本较早的对预算作出详细解释的书,它阐释了预算局的情况和它在联邦政府行政机构的政策制定过程中所扮演的角色,并且披露了一些有关BOB和MBO合并原因的解释和MBO在将来可能的发展状况。布伦戴奇在书中不仅介绍了相关的知识,还运用自己极其丰富的经验对预算工作提供了很多建设性的建议。全书共设12章,大致可分为4个部分。

第一部分,为第1～3章。该部分从1789年开始,写到1921年的预算与会计方案,再到1960年年末,主要写了预算局的历史、组织和与权力机构的关系。美国预算机关的成立要比其他欧洲工业国家晚,但发展比较顺利。这一部分主要是一些描述性的说明,以让人们对预算局与预算有个概括性了解。但该书并没有按照常规从预算的“经济”用途入手来作介绍,而是全面地介绍了预算的历史和财务结构,对与基本经济概念有关的问题,作者用适当的方法进行了介绍。

第二部分,为第4～7章,主要描述了预算局的功能与作用。人们习惯上所知预算局的最大作用,就是在经过考核测算的基础上做出预算决案,但这只是其中的一部分。

---

① Tamas J Burns, Edwards N Coffman. The Accounting Hall of Fame: Profiles of Thirty-Six Members. College of Administrative Science, The Ohio State University, 1976,13.

预算局的另外一个作用，就是将制定的预算方案与总统的工作业绩相核对，来评价总统的目标完成情况和其应承担的责任。书中指出，预算局过去虽然一直在履行这项工作，但完成得不够充分。为了更好地完成这个角色，就必须提高 MBO 的地位，加大 MBO 的作用。预算局的另一个主要活动，则是考查立法机关的经济活动，但预算局隶属于国会。在这个角色中，BOB 检查由行政机关送交国会的所有账单，来确认它们的经费使用与总统的政策密切相关，并且在送交前已经由相关机构进行过审查。BOB 的另一个作用体现在政府统计政策的制定中。在这个角色中，BOB 有自己特定的标准，并且有责任将统计政策与其他相关机构相协调。但书中并没有具体介绍政府政策制定的经济过程，只是介绍了这些政策制定的操作程序。

第三部分，为第 8～11 章，描写了预算局与联邦政府其他机构的关系。对于其他机构来说，预算局的作用十分强大，它有同意或拒绝预算申请的权利。这种权利只有预算局拥有，这是其区别于其他机构的根本特征。预算局对预算方案的评价标准因申请机构的不同而不同。作者在书中指出，预算局对自然资源机关的预算申请基本上没有影响，但它可以限制很多单位的预算申请。BOB 的权力可能会继续增大，但有文献暗示应是 MBO 而不是 BOB 对预算有更大的权力和义务。预算局对预算的审查因机构而异：如在某些案例中，预算局会质询某一特定计划或方案的需求是否合理；而在某些案例中，若某计划或方案有多种执行方法，预算局就会审查为什么采用这种方法以及其效果如何；但在其他一些案例中，如社会福利方案，预算局则不能在开始时就审查这个方案，而是一直到这个方案实施好几年之后，其原因当然是它不可能完全否决这些方案。

第四部分，为第 12 章，布伦戴奇提出了一些关于预算局未来发展方向的观点以及他对预算局的评价和建议。主要内容为：提出必须将过时的方案从预算中剔除、预算局必须对政府的 5 年计划评价其优点和缺点；描写了很多预算局在工作和运作中遇到的困难和压力，如对相关政策的不了解和外部压力的干涉，在实施过程中还会遇到各种各样的困难；介绍了联合政策预算审查的复杂性，如预算局要花相当多的时间和精力去协调有相同或相似责任的机关之间的工作与计划；对总统们的管理方法作出了评价，如有对艾森豪威尔总统和肯尼迪总统的评价等。

最后，为 4 个附件和 1 个参考目录。主要有：预算局的工作机遇；预算局相关的原则与地位；BOB 自 1921 年成立以来的历任领导等。

该书的出版也受到了社会的广泛关注，大量书评中的褒贬之辞兼而有之。有学者认为，作者拥有丰富的社会与工作经验，以及他在华盛顿和很多财务组织中的工作经历，因此他的这些意见被普遍接受，很有益处且值得深思。也有学者认为，作者对政府政策、法律、他人的演讲、报告和相关的统计数据相当了解，并且熟练地加以引用。这些引用表明作者对当时的这些第一手资料很有研究，并利用它们进行分析来得到结果。但是，在某方面上来说引用过多，这不仅是本书的唯一缺陷，还会使读者感到乏味。还有学者认为，鉴于作者在书中过多地采用第一人称叙述，可能会激怒一些读者而认为它缺乏公正性。但绝大多数读者认为，该书是一本很好的书，很适合那些对预算局有兴趣的人阅读，它达到了作者写作本书的基本目的，就是通俗地解释预算局的职责与它在政策制定中的作用。布伦戴奇作为MBO的一员，不仅给了读者很多宝贵的、详细的资料，他同时能很从容地利用这些精炼的信息得出了本质性的结论，即“BOB的义务不仅限于财政范围，还涉及国内、国际的国家政策制定问题，至今尚无任何一个组织或个人能站在如此高的角度给出影响力如此之大的意见。这一结论，不仅影响了某些政策的优先性，并且还影响了为达到某些政策目标而采用的预算方案。”

**参考文献**

[1] Herber B P. The Bureau of the Budget. by Percival Flack Brundage [J]. The Journal of Finance，1970，25(1)：1223-1225.

[2] http://fisher.osu.edu/departments/accounting-and-mis/the-accounting-hall-of-fame/membership-in-hall/percival-brundag/，2005-10-11.

（初稿执笔人：巴璇）

# 阿纳尼亚斯·查尔斯·利特尔顿

## (Ananias Charles Littleton,1886 — 1974)

阿纳尼亚斯·查尔斯·利特尔顿(Ananias Charles Littleton,1886—1974)既是美国著名的会计学家,也是世界上最杰出的当代会计学家之一。他一生著述甚丰,其思想对美国乃至全球以会计准则理论为核心的现代理论发展都具有重大的影响。由于他对会计理论和会计教育发展所做出的巨大贡献,1956 年被选入美国会计名人堂。1987 年,在美国注册会计师协会(AICPA)成立 100 周年时,斯蒂芬·亚当·泽夫(Stephen Addam Zeff)教授将利特尔顿教授列为注册会计师职业 14 位杰出的领导人之一。

## 一、个人简要生平

1886 年 12 月 4 日,利特尔顿(见图 17)出生于美国伊利诺伊州的布鲁明顿(Bloomington)。利特尔顿于 1905 年高中毕业,在进入伊利诺伊大学学习之前,他曾在 Chicago & Alton 铁路公司当过车站职员和电报操作员。1907 年,他就读于伊利诺伊大学铁路管理专业,但在大学二年级的时候,他获悉伊利诺伊州颁布了新的注册会计师条例,即立志成为一名公共执业会计师。1912 年,他在伊利诺伊大学获学士学位,后分别于 1918 年和 1931 年获得伊利诺伊大学的经济学硕士与博士学位。

图 17　阿纳尼亚斯·查尔斯·利特尔顿

1912—1915 年,利特尔顿先后就职于德勒伊特(Deloitte)、普伦德(Plender)和格里菲思(Griffiths)等会计公司,并于 1919 年获得伊利诺伊州第 229 号注册会计师资格证书。1915 年,他接受海勒姆·汤普森·斯科维尔(Hiram Thompson Scovill)的邀请,回到伊利诺伊大学从事会计专业教学工作,从此即与会计教育工作结下了不解之缘并为之付出了一生的心血，也为现代会计学专业的硕士教育与博士教育做出了奠基性的贡献。1915—1918 年任讲师；1920—1924 年任助理教授；1925—1930 年任副教授；1931 年获经济学博士学位后，即刻晋升为正教授，直到 1952 年载誉退休。退休后他还先后在丹佛大学，密歇根州立大学，科罗拉多大学和亚利桑那州立大学做一些兼职教授工作。1967 年，在退休 15 年之后，他被伊利诺伊大学授予法律学荣誉博士学位；1968—1969 年，母校再一次授予他第一位韦尔顿·鲍威尔纪念教授荣誉，以表彰他对大学会计教育、会计思想、注册会计师职业所做出的杰出贡献。

1919 年，海勒姆·汤普森·斯科维尔和利特尔顿在伊利诺伊大学创建了类似全美优秀大学生荣誉组织的 Beta Alpha Psi 后，利特尔顿于 1927—1929 年间还担任过 Beta Alpha Psi 奖的主席，1934 年，他也因在会计领域的卓越贡献而获得了 Beta Alpha Psi 奖。

1916 年 8 月，22 岁的利特尔顿与巴尼·瑞(Bonnie Ray)结婚，婚后育有两个孩子。工作之余，他喜欢阅读文学作品，也喜欢钓鱼、散步、划船和其他可亲近大自然的各种户外活动。休假期间，他一般到原始森林旅游，退休之后，则全身心学习绘画以安度晚年。1974 年，利特尔顿逝世，享年 87 岁。

## 二、理论与实务的主要贡献

利特尔顿一生中，有 37 年是在伊利诺伊大学度过的，在这 37 年里，他对当代会计理论、公认会计原则等的形成有着重大的影响，为此他也得到各种荣誉和评价。诺顿·M·贝德福特和理查德·E·齐格勒在利特尔顿任教伊利诺伊大学 37 周年纪念文章中写道："他让学生和他的同事相信，会计实务有其理论基础……他让实业者确信，会计原则和准则是会计实务的指南。""随着利特尔顿的去世，会计学界失去了一个其理论的重要构建者。"[①]美国著名会计学家、也是利特尔顿的学生 V·K·齐默尔曼教授对这位老师的评价则是："……在(会计)学术出版物领域，利特尔顿教授并没有像其在研究生教育领域一样拥有特殊的机会，而使其成为该领域的第一人，这是因为此前大量与会计相关的学术著作早已存在。但重要的是，即便如此，他在该领域也是优秀的。事实上，我们完全有理由认为，正是因为利特尔顿的卓越贡献，才使得以前并不存在成文的会计理论终于得到系统整理与弘扬。我们

---

① Norton M Bedford, Richard E Ziegler. The Contributions of A. C. Littleton to Accounting Thought and Practice [J]. The Accounting Review, 1975,50(3):435.

可以收集很多证据来证明,利特尔顿教授在会计理论和会计实务方面的贡献所得到的国际认可:他的著作和论文被广为翻译;当我们试图说明美国会计学界对某个问题的看法时,我们常常引用他的观点;他的著作在世界范围内广泛销售。这一切都说明,利特尔顿教授的确是一位世界级的会计大师,或许没有其他的美国会计学家能够拥有如此的声誉和如此地受到尊重。”①利特尔顿教授对会计理论与实务的主要贡献有以下 4 个方面。

### (一) 留下诸多重要的会计文献

利特尔顿是一位极富洞察力且博学多才的会计学者。他于 1915 年进入伊利诺伊大学后,由于当时会计专业教材甚为缺乏,其面临的第一项任务就是编撰一部会计学教材。1919 年,他编著的《基础会计理论》(*Introduction to Elementary Accounting*)便得以顺利出版。尔后在 1919—1976 年的半个多世纪漫长的学术生涯中,利特尔顿共在专业期刊上发表了 100 多篇论文,以及大量的评论等,总数量有 300 多篇。此外,他还独著或与其他人合著了多部有较大影响的会计理论专著,主要有:《1900 年以前的会计发展》(*Accounting Evolution To 1900* ,1933)、与威廉・安德鲁・佩顿(William Andrew Paton)合著的《公司会计准则导论》(*An Introduction to Corporate Accounting Standards*,1940)、《会计理论结构》(*Structure of Accounting Theory*,1953)、与 B・S・耶梅(Basil S. Yamey)合编的《会计史论文集》(*Studies in the History of Accounting*,1956)、主编的《会计论文集》(*Essays on Accountancy*,1961),与 V・K・齐默尔曼(V. K. Zimmerman)合著的《会计理论:连续性与变革》(*Accounting Theory:Continuity and Change*,1962)和与莫里斯・莫里茨(Maurice Moonitz)合编的《会计学优秀论文集》(*Significant Accounting Essays*,1965)等。

利特尔顿发表论文涉猎的领域极其广泛且论证严谨、表达深邃。利特尔顿早年就致力于完善在那个时代还极不成型的会计学科,充分显示了他较强的逻辑性思维和分析性思维的特征以及前后一致的研究方法,并一直强调会计思想的逻辑性和一致性。在遇到困难时,他总是信心十足,并注重积极地按照一个历史学家的客观态度来处理问题。同 20 世纪初的时代主流相一致,他始终认为会计实务先于会计理论。在通过深思熟虑并对经验的理性分析产生逻辑性解释之后,他往往能够发现在会计行为背后所隐含的极富启发性的思想。他的文字功底深厚,虽未成为一名轰动盛世的文学作家,但在阐述专业理论问题时,他那清晰并深沉的思想,对术语、修辞和例证的高度注

① Zimmerman V K. The Long Shadow of a Scholar [J]. International Journal of Accounting, 1967,2(2):1-20.

重，使得他能够游刃有余且有效地对其会计思想做出精确的表述。他在一系列著述中所表现出的理论高度和论证质量，充分地显示了他执著的动机、严谨的逻辑，以及科学的学术精神。即使是退休后，他还一直坚持写作，其文章和著作仍然给人们留下了深刻的印象。利特尔顿最后一篇名为“会计的制约因素”（*Factors Limiting Accounting*）的论文完成于 1970 年 6 月，发表于当年《会计评论》（*The Accounting Review*）的第 3 期，此时他已是 84 岁高龄。上述专著和论文均为重要的会计文献，在世界各国会计学界广为流传并产生了重大的影响。

### （二）对现代会计思想的发展起到了巨大的推动作用

有专家认为，在人类会计发展史上，有两次历史性转变让会计的光芒闪耀世界，那就是 15 世纪人类发展到簿记学建设时代以及 19 世纪人类由簿记时代进入会计时代。利特尔顿深刻地洞察了这一历史进程，他的著作从不忽视历史文明的成果，因此，以簿记理论为基础构建由会计思想、会计理论与会计方法等有机结合的具有良好逻辑的会计学体系是他在 20 世纪中叶所形成的有关著作的一个重要特征。

利特尔顿在会计理论方面的学术贡献主要体现在对现代会计思想的发展起到了巨大的推动作用。20 世纪 20 年代之后，以威廉·安德鲁·佩顿和亨利·兰德·哈特菲尔德等人为代表的美国会计理论研究进入一个新的历史时期，各种理论著述明显增多。仅就美国会计学会 1977 年发布的“会计理论与理论认可报告”所引列的，就有约翰·班纳特·坎宁（John Bennet Canning）的《会计学中的经济学》（*The Economic of Accountancy：A Critical Analysis of Accounting Theory*，1929）、亨利·惠特科姆·斯威尼（Henry Whitcomb Sweeney）的《稳定币值会计》（*Stabilized Accounting*，1936）、斯蒂芬·吉尔曼（Stephen Gilman）的《利润的会计概念》（*Accounting Concepts of Profit*，1939）和肯尼斯·福赛思·麦克尼尔（Kenneth Forsythe MacNen）的《会计中的真实性》（*Truth in Accounting*，1939）等。

从历史的角度看，利特尔顿对会计思想的影响是重大和深远的。利特尔顿之所以能对会计思想的发展有如此大的影响，主要是因为他漫长的学术生涯以及其早期的学术思想对随后形成的会计理论的影响。他对会计理论、实务和会计教育方面的贡献从 1915 年一直持续到 20 世纪 60 年代中期，而他在 1952 年便退休了。他明确提出对历史成本会计原则的一贯支持、他对美国会计学会（AAA）官方公告的影响持续了 30 年、他的早期著作中体现的会计思想现在还在美国注册会计师协会（AICPA）的公告中得到反映，这一切都说明他的会计思想影响了两代会计学者和会计执业人员。利特尔顿对会计历史研究做出了巨大的贡献，特别是他于 1933 年出版的《1900 年以前的会计发展》一书，更是会计史学上的开拓性著作，在相关著作中，他特别强调要用历史发展的观点来研究会计理论。

利特尔顿的会计思想和贡献主要体现在：第一，是坚持用归纳法进行会计理论研究，并形成一个非常完整的理论体系。由于归纳法受现实可观察现象的限制较多，因此，按照这一方法从事理论研究，往往不能形成较严密的理论体系，但利特尔顿突破了这一限制，在会计理论研究中，将归纳法应用得非常充分，构筑了较为完整的会计理论结构体系。第二，是坚持与归纳法思想相一致的思想观念，坚持把会计实务和其存在社会以及经济环境联系起来的历史方法。利特尔顿认为，现行会计实务之所以能保存下来并为实践所接受，自有其必然性和合理性，历史是支持现时理论和实务的源泉。因此，他也被称为会计达尔文主义者。第三，是坚持历史成本原则。受归纳法研究特征的影响，利特尔顿从客观性、可验证性等要求出发，坚持历史成本原则，认为历史成本是恰当的计量属性。他本人也因此被称为历史成本的捍卫者。在此前提下，他也是交易基础会计的支持者，这一点影响了他对物价变动会计的认同。第四，会计理论和会计实务是相互联系和不可分割的，构建会计理论是为了更好地解释会计实务和会计概念。他通过其论文、著作的影响以及直接参与推动美国“公认会计原则”的制订工作，确立了会计实务必须接受会计原则和准则指导的观念，认为准则是理论的表象，两者之间既互相关联又互相独立，协调准则是理论体系的重要功能，但也只有通过对反映企业行为和经验的准则进行归纳才能使会计理论得到发展。第五，他认为会计的主要职能是记录与报告，而不是计价。计价是第二层次的问题，财务报表应能帮助使用者在不同方案中进行评价和选择，从而逐步形成通用目的的财务报表。第六，是通过“方位”的概念，明确地将会计纳入一定的社会经济环境中，并与其他各门学科相互联系起来说明会计的发展。第七，积极倡导并不断发展收入与费用相配比，以及成本分配程序相一致的观念，这是一项具有永久意义的理论贡献。利特尔顿认为，收入确定是会计的中心目的。反映企业经营成果是会计的目标，通过会计中成本与收益的配比过程，可以将付出的努力和取得的成就作出恰当的比较，他将其描述为金字塔式的会计目标。在利特尔顿的会计著述中反映出来的对配比原则、收益表重心说等思想，不仅逐渐为会计实务所全面接受，而且对会计理论的发展也有着相当重要的推进作用。第八，会计是一个相互联系的知识体系，因此，需要把它当作一个单独的学科予以研究。会计同时是一门反映时代变化和需要的科学，但变化是其持久的原因。第九，会计报表应满足广大使用者的要求，从而它也为会计理论的发展创造了条件。

作为一个会计学者而非会计执业人员，利特尔顿一生致力于会计理论的发展，并一直强调会计思想的逻辑性和一致性。最终,会计实务人员学会如何利用会计理论来解决他们在实务中遇到的问题。他的思想通过其著作得以体现,并影响到广大会计从业人员,在树立会计实务应该由会计原则和会计准则指导的观念方面发挥了很大的作用。综观会计理论发展过程,绝大部分理论观点均是(或者主要是)演绎法的产物,而归纳法在会计理论发展过程中的地位并不高。但利特尔顿可以说是一个例外,他在研究过程中一贯采用归纳法,但他在会计理论上的成就与造诣,却足以与威廉·安德鲁·佩顿等少数最杰出的会计思想家相媲美。

### (三)创建了会计学研究生的教育

在长期的教学生涯中,利特尔顿除了承担繁重的教学任务,还承担一定数量的行政事务,并在20世纪30年代为会计学高层次人才的培养做出了开创性的贡献。他是伊利诺伊大学工商管理学院的第一任院长助理(1920—1922),在1921—1942年间,担任商业研究所的助理所长达20年之久。

1921年,在时任系主任海勒姆·汤普森·斯科维尔教授的支持下,利特尔顿在伊利诺伊大学拟定起草了第一份会计学专业研究生的课程教学计划,就其课程设置和课时安排进行了合理的布局与规划,于当年秋季首次使用。在利特尔顿的领导下,1922年,伊利诺伊大学开始实施会计学专业研究生教育计划,并于当年授予了第一个会计学硕士学位。

1937年,伊利诺伊大学开始执行会计学博士学位教育计划,并于1939年授予了全美第一个会计学博士学位。此外,利特尔顿还负责伊利诺伊大学会计专业学生的毕业论文指导工作,到他退休为止,在伊利诺伊大学毕业的所有会计专业学生中,他共指导了76篇硕士论文,占这一时期内伊利诺伊大学所授予的会计学硕士学位论文总数225篇的34%。同时,他还指导了24篇会计学博士论文,占该期间伊利诺伊大学所授予会计学博士学位论文总数26篇的92%。他所指导的这些论文,充分反映了利特尔顿富有创建性的努力、对学生的关心和爱护以及对会计研究生教育的深远影响。利特尔顿教授所亲手培养的这批学生,为西方现代会计科学的发展做出了重大的贡献。

### (四)积极参与各种会计职业团体活动并做出了重要贡献

利特尔顿是当代会计思想家中少有的同时活跃于会计理论界和会计职业界的领袖人物之一。他曾先后服务多个会计职业组织并承担多项社会职务,对推动美国会计理论和实务的发展有着直接的贡献。特别是在美国会计学会(AAA)中,他曾担任多项要职:1936年任副会长;1940—1942年,任研究部主任;1943年任会长;1943—1947

年，任美国会计学会主办的《会计评论》杂志主编；1940—1947年，任执行委员会委员。此外，利特尔顿还参与了美国注册会计师协会（AICPA）的多项工作：1939—1941年，任会计程序委员会（CAP）委员；1943—1947年，任人事遴选委员会委员；1946—1947年，任会计史专业委员会委员。

## 三、主要论著简析

利特尔顿对会计思想的影响开始于20世纪30年代，当时，会计实务比较混乱。尽管早在1917年美国就开始了统一会计实务的努力，但是，这一努力对会计实务的改善并没有什么重要的影响。利特尔顿对当时混乱的会计实务极其失望，他发现“他所接受的会计理论和他所观察的会计实务之间的差距依然很大①”。当时，上市公司可以使用各种不同的会计处理和报告方式，对以成本为基础的会计计量模式的偏离是经常性的。这对试图使会计更加有序和协调的利特尔顿而言是不可容忍的，也促使他为改进当时混乱的实务而倍加努力。利特尔顿一生的著作颇丰，但长期以来，利特尔顿有三部著作在世界各国会计学界广为流传并产生了重大的影响。

### （一）《1900年以前的会计发展》（1933）

1933年，利特尔顿出版了《1900年以前的会计发展》。该书充分体现了他特别擅长运用历史发展的观点来研究会计问题的特点，是会计史领域的经典之作。正如郭道扬教授在1999年所撰《二十世纪会计史研究和会计史学的创立》一文中所说，该书“研究格局具有开创性，在研究内容处理方面体现了继承和发展”。也正因如此，该书的编辑理查德森（Richardson）认为：“这部精深的著作必将在会计专业经典文献之林中占据不朽的地位。”正是凭借该书，利特尔顿不仅成为美国知名的会计学者，而且也为其以后的著作被广泛接受奠定了基础。会计是“永不停止的历史”，利特尔顿在这部著作中以严密的逻辑思维、丰富的史料、精准生动的语言开创了会计史研究的新格局，催生了一大批会计史名著名篇的诞生。

利特尔顿认为，会计理论和会计实务表现为一个完整的知识体系，并且该体系是不可分开的。他坚信会计实务应该反映会计理论，会计理论通过会计实务而得到表现。但是，这并不意味着所有的会计实务都一定是合理的，也不意味着那些能为特定会计实务提供支持的会计理论都是正确的。正是因为他发现了会计理论和会

---

① Bedford Norton M, Richard E Ziegler. The Contributions of A C Littleton to Accounting Thought and Practice [J]. The Accounting Review, 1975,50(3):437.

计实务的两个方面不一致:一是一些会计实务没有任何会计理论可以解释;二是那些明显值得怀疑的会计实务却被一些不正确的会计理论所支持。从而,促使他从现存的各种备选方案中去探求最佳会计实务和理论的原因。

在《1900 年以前的会计发展》一书中,利特尔顿以 1800 年前后为界将 1900 年以前的会计思想的发展分为两个阶段,并在这部著作中分别作为两个部分进行阐述。第一阶段大约发端于 1300 年,这一阶段由于商人们迫切需要了解"人欠和欠人"的情况,促进了复式簿记方法的产生与不断完善,这一重要的历史过程在该书的第一部分分为 10 章进行了系统的阐述。该书的第二部分则提供了大量的关于账户、分类账、账簿等史料,展现了第二阶段会计技术和程序的演变,论证了正是由于工业发展和公司制企业的出现,导致了企业需要信息来控制组织的内部活动,因此"簿记"(bookkeeping)在 19 世纪开始向"会计"(accounting)转变。诚如利特尔顿教授在前言中所说,这部书不仅是簿记或会计的发展史,而且再现了作为表示和计量工具的簿记艰难的设计和完善的进化过程,并勾勒了由简单的记录或簿记扩展为会计的环境要素变化。基于此,郭道扬教授曾于 1999 年所撰《二十世纪会计史研究和会计史学的创立》中指出,该书的总体贡献在四个方面:一是系统阐述了复式簿记的发展史,并揭示其历史运行规律;二是立足于对历史环境的分析,阐明了由簿记阶段向会计发展阶段转变的根本原因;三是研究了审计发展史,并揭示其历史运行规律;四是阐明了成本会计的起源与初步发展的原因。

### (二)《公司会计准则导论》(1940)

1940 年,由利特尔顿和威廉·安德鲁·佩顿合著的《公司会计准则导论》发表。《公司会计准则导论》一书,是美国会计学会(AAA)的第三号专题研究报告,该研究报告在当时乃至现在都堪称以历史成本原则指导公司会计报表编制的经典之作。

随着美国《宪法第十六修正案》和稍后的《收入法案》的通过,计量问题成为当时研究的焦点。利特尔顿积极倡导以配比原则为基础的会计收益确认模式,这是对会计收益确认思想的一次本质的变革。同时,利特尔顿也认为,会计数据应该基于客观的事实。由于会计实务的混乱,和对统一会计实务的迫切要求,美国会计学会决定参与会计原则的制定,美国会计学会认为,他们能在保证公共利益和企业利益的基础上改进财务报告质量发挥作用。作为美国会计学会执行委员会成员的利特尔顿和威廉·安德鲁·佩顿提出了一份著名的报告——《试论公司财务报告的会计原则》,利特尔顿执笔撰写了《影响公司报告的会计原则的暂行说明》(*A Tentative Statement of Accounting Principles Affecting Corporate Reports*)一文,并发表于《会计评论》1936年第2期上①。因为直到1936年会计程序还缺乏系统的理论指导，更多是依赖于具体的规则和推荐使用的方法②。而该报告的面世，为建立一套会计原则以指导会计实务迈出了可喜的第一步。因此，该报告对会计理论的发展具有奠基性的作用。尽管该报告对会计理论的发展影响巨大，但是，其对当时会计实务的影响是比较小的。这在很大程度上是因为当时的执业会计师和公司管理者认为会计报表是所有者、管理者和债权人的事情。利特尔顿认为，会计报表是为一系列有着不同目的的使用者所准备的。因此，需要建立一套理论来指导会计报表的编制以保护广大使用者的利益。正是因为有此信念，利特尔顿对建立会计理论以指导会计实务做出了不懈的努力。

以《公司会计准则导论》(1940)为题发表的专题报告是试图为1936年发表的《试论公司财务报告的会计原则》提供理论上的支持。该专题报告以1936年发表的简要、尝试性的《影响公司报告的会计原则的暂行说明》为开端，对基本概念作了详尽阐述并予以扩展，对准则本身进行了更广泛的说明，相当清晰地揭示了应用准则、选择所推荐的特定准则的动因，并列出大量资料表明准则在实务中得到了应用。作者指出，会计准则应"有序、系统、内在一致，应能与可观察的客观现实相吻合；它们应是不受个人所左右的，无偏见的"，其意图是要构建一个框架，并在此框架中建立起对公司会计准则的说明，在这里，会计理论被视为一个连贯、协调、内在一致的理论体系，组成一个有用的形式，来阐述可据以评判公司会计的准则，能帮助公司会计人员对其实务进行符合实际的评估，并有助于公共会计师对公司报告进行审查。该书由准则、概念、成本、收入、收益、盈余、解释共7章组成。通过该专题研究报告，利特尔顿体现出对会计实务的三大贡献：第一，强调资产是未摊销的成本，因此，不能利用现实价值对其计量；第二，强调配比原则对正确计量收益的重要性；第三，对投入的资本和留存收益的区分，从而使全面收益观念获得更多的支持。在该专题报告中，利特尔顿依然坚持收益确认的问题是会计计量的核心；同时，他也认识到，由于会计报表的使用者众多，他们可能有不同的要求，他认为，这正是会计的一个不足。"商人、银行家和投资者可能有很多机会来对不动产、公司前景、市场状况和存货进行估价，但是，会计从来不能这么做"。利特尔顿认为，会计的首要职能是记录和披露，如果还有其他的功能的话，那就是计价(valuation)职能。利特尔顿还认为，由于价值的易变性和主观性，会计无法对价值进

---

① Littleton A C. A Tentative Statement of Accounting Principles Affecting Corporate Reports [J]. The Accounting Review, 1936, 11(2): 187-191.

② Bedford Norton M, Richard E Ziegler. The Contributions of A. C. Littleton to Accounting Thought and Practice [J]. The Accounting Review, 1975, 50(3): 434-443.

行精确的计量。因此,会计报表不能试图描述价值,而只能是通过披露有关信息来帮助信息使用者个人做出相关决策。在该研究报告中,利特尔顿还提出了"盈利能力"(earning power)的概念,并强调了其重要性:盈利能力而不是成本价格、重置价格、销售或清算价格是评估企业价值的重要基础。因此,损益表应该是最重要的会计报表。

该书为当时"公认会计原则"的制订和执行,提供了最具权威性的理论依据。该书作为美国会计学会的第 3 号"专题研究报告"于 1940 年首次出版发表后,对现代会计理论以及会计准则理论的影响巨大。后又分别于 1950、1951、1952、1954、1955、1956、1957、1960、1962、1964、1965、1967、1970、1974、1977 年共 15 次再版,在近 1/4个世纪里平均每年出售 2 000 份以上,其所倡导的理论观念即得以在全球广为传播。该书奠定了现代会计准则的理论基础与理论架构,被认为是美国传统会计实务所依据基础理论的最清晰的说明。

《公司会计准则导论》对利特尔顿的方法论思想也有体现。利特尔顿对归纳法的重视为对会计理论进行实证分析创造了条件。他认为,归纳法和演绎法是相互依靠的,如果通过两种方法得到一致的结论,那么就到达真理了。利特尔顿还认为,会计中存在基本的真理,这些真理既可以从实务中归纳出来,也可以从得到普遍认可的基本假设中推导出来,而这些基本假设是不容反驳的,除非会计发展了。他所倡导的从假设中归纳出"真理"的思想在当时看来好像没有什么大的意义,但这一思想对后来的会计研究工作却产生了重要的影响。1961 年和 1962 年,美国会计学会的会计研究部试图以"假设—原则"为核心构建财务会计概念结构的思路和利特尔顿提出的由假设中归纳出"真理"的思想不无渊源,由此可见其思想影响力之深远。尽管以"假设—原则"为核心构建财务会计概念结构的思路未获得成功,但其对后来以目标为导向的准则制定模式提供了思想上的借鉴。

### (三)《会计理论结构》(1953)

《会计理论结构》是利特尔顿教授在多年讲授会计理论课程基础上编写的一本代表性专著,最早于 1953 年作为美国会计学会(AAA)的第 5 号研究报告正式发表,1958 年再版。随后,每隔 3 年即重印发行一次,持续印刷很多次,并被译成多种文字传入其他国家,已经成为一本非常著名的重要会计文献。该书是会计界第一次完整论述会计理论体系和结构的专著,它的出版标志着会计从一门方法发展成为一门科学,利特尔顿对会计理论的贡献,也因此书而达到顶峰,现在仍然被誉为那个时代对会计理论发展最有贡献意义的文献。

利特尔顿在从伊利诺伊大学退休后,并没有放弃其构建会计理论的努力,而且,他还从一个更广阔的视角去看待会计思想。利特尔顿认为,当时没有多少会计理论能解释会计为什么是这样而不是那样。因此,他强烈建议要构建会计理论来解释和指导会计实务,他的这一观点在一定程度上也促进了当时会计学者对会计研究方法的重视。1953年,利特尔顿的著作《会计理论结构》充分体现了这一点。在利特尔顿的这部著作中,他试图从哲学的角度去认识和解决会计问题。同时,该著作也对会计教育发展起到了推动作用。作者在该书中指出:簿记以及后来的会计和审计老师发现很有必要,对现存的那些规则以及对描述性的程序通过解释和证明予以扩展,这样做的原因是使学生不需要记住更多的规则,而只需要理解相应的理论就可以更好地处理会计实务中的问题。

利特尔顿在《会计理论结构》(1953)一书中比较深入地阐述了会计的本质、会计理论的含义与作用以及会计原则和规则及其应用等一些重要的会计理论问题,书中许多精辟的见解历经半个世纪,仍然没有过时,并对今天的会计理论研究与探讨具有重要的启迪和借鉴作用。作者将全书有意识的分成两个部分:第一篇为会计的本质,设方位、重心、分类的系统、期间再分类、信息的报告、独立的审查、模型的要素等7章;第二篇为理论的性质,设理论的工具、行动和规则、原则的制订、归纳法形成的原则和理论的应用等5章。"会计的本质"篇是全书的重点,它从会计的时空框架、会计的目的、会计的分类系统及信息的报告与审查等方面对会计的本质进行了深刻的阐述,最后从组织学的角度构建了会计结构模型,构筑了较为完整的会计理论结构体系,说明了会计学科组织的严密性。而在"理论的性质"篇中,则着重阐述了会计理论的性质和会计理论对会计实务的作用,作者将重点置于会计理论的基本要素,如会计行为、目的、理由、规则、指南、惯例、原则等一系列基本会计概念的含义及其内在相互关系上,有力地阐述了自己的学术见解。综观全书,利特尔顿教授对会计基本理论问题的阐述做到了深入浅出、论据充分、逻辑严密、自成一派,用近似哲理的表述方式为我们提供了一幅会计理论体系的完整框架,有助于我们更好地认识会计理论的结构及其发展变化。利特尔顿最根本的会计信条是:反映经济真实是会计的永恒追求①。

**参考文献**

[1] 蔡传里,许家林. A·C·利特尔顿的《会计理论结构》[J]. 财会月刊:会计版,2005(6):52-53.

[2] 葛家澍,刘峰. 会计理论:关于财务会计概念结构的研究[M]. 北京:中国财政经济出版社,

① Tamas J Burns, Edwards N Coffman. The Accounting Hall of Fame: Profiles of Thirty-Six Members [M]. College of Administrative Science, The Ohio State University, 1976,33.

2003:46-47.

[3] 冉明东,蔡传里,许家林. A·C·利特尔顿的《1900 年以前的会计发展》[J]. 财会月刊:会计版,2006(2):44-45.

[4] 王光远. 阿纳尼亚斯·查尔斯·利特尔顿[J]. 财会通讯,1992(10):60-61.

[5] 许家林. 西方会计学名著导读[M]. 北京:中国财政经济出版社,2004.

[6] Bedford N M, Ziegler R E. The Contributions of A C Littleton to Accounting Thought and Practice [J]. The Accounting Review, 1975,50(3):434-443.

[7] http://fisher. osu. edu/departments/accounting-and-mis/the-accounting-hall-of-fame/membership-in-hall/ananias-charles-littleton/,2008-04-20.

[8] Littleton A C, V K Zimmerman. Accounting theory, Continuity and Change [M]. Englewood Cliffs N J: Prentice-Hall, Inc. , 1962.

[9] Littleton A C. Factors Limiting Accounting [J]. The Accounting Review, 1970, 45(3): 476-480.

[10] Littleton A C. Structure of accounting theory [C]. United States of American: American Accounting Association, 1953.

[11] Littleton A C. Value and Price in Accounting [J]. The Accounting Review, 1929, 4(1): 147-154.

[12] Paton W A, A C Littleton. An Introduction to Corporate Accounting Standards [C]. New York: American Accounting Association, 1940.

[13] Zimmerman V K. The Long Shadow of a Scholar [J]. International Journal of Accounting Education, 1967, 2(2):1-20.

(初稿执笔人:訾磊)

# 罗伊·伯纳德·凯斯特

## (Roy Bernard Kester,1882—1965)

罗伊·伯纳德·凯斯特(Roy Bernard Kester,1882—1965)是美国著名的会计学家之一,他于1957年被选入为美国会计名人堂。凯斯特一生的重大贡献是他于1936年在哥伦比亚大学的时候创办了会计系,使其成为商学院的一部分,并为现代会计理论发展做出了杰出的贡献。

## 一、个人简要生平

1882年9月11日,凯斯特(见图18)出生于美国密苏里州(Missouri)。凯斯特的初级教育是在密苏里州公立的初级中学和高级中学完成的。1898年,他从卡梅伦中学毕业,随后就读于密苏里州卫斯理大学,并于1902年在此获得了文学学士学位。1906年与1907年他又分别在科罗拉多大学和芝加哥大学学习。尔后,凯斯特还曾在丹佛大学深造,在那里获得了商学士学位(1911)和文学硕士学位(1912)。1919年,凯斯特在哥伦比亚大学获得博士学位。此外,贝克大学还于1941年授予其法学荣誉博士。

图18 罗伊·伯纳德·凯斯特

1902年,凯斯特开始他的专业教学生涯。1902—1905年间,他在密苏里州卫斯理大学讲授数学;1907—1915年,他先后在东丹佛中学和丹佛大学进行教学;1915年,他开始在哥伦比亚大学从事教学工作,1919年任助理教授,1920年晋升副教授,1922年晋升为教授。尔后,他在哥伦比亚大学一直工作到1948年退休。1936年他在哥伦比亚大学倡导成立了会计系,并使其成为商学院的一个组成部分。

1915年,凯斯特与伊撒多·S·范吉尔德(Isadore S. Van Gilder)结婚并生有一个孩子,他的第一个妻子在1918年去世。1929年,他与伊蒂丝·凯斯(Edith Case)结婚。在业余时间,凯斯特喜欢钓鱼、网球、马术、登山、徒步旅行和烹饪等。凯斯特于1965年10月21日逝世,终年83岁。

## 二、理论与实务的主要贡献

凯斯特的一生有着丰富的会计专业实践,其主要经历包括:1911—1915年间,他在丹佛任兼职会计;1914年,他在科罗拉多州获得注册会计师资格;1917年后,他一直与罗纳德出版公司和纽约的Boyce, Hughes & Farrell公司有业务联系,并连续担任会计顾问,还接受一些与联邦政府有关的重要工作;1922—1931年间,凯斯特是商学院管理委员会成员,直到1931年该委员会解散。

凯斯特也一直活跃并服务于重要的会计专业组织中。1914年,他加入了科罗拉多州注册会计师协会,1915年任该协会会长,并且是它的终身荣誉会员。1922—1924年间,他曾担任美国会计学会(AAA)副会长,1925年任会长。1925—1928年,他出任全美会计师联合会(NAA)研究与发行部理事以及特别委员会主席,并调查了利息费用问题(1920年)。1927年,他出席了美国大学会计教师联合会(AAUIA)的第12次会议,并在会上做主题发言。1944—1947年间,凯斯特成为纽约州注册会计师协会理事会成员,并且是审计委员会成员,同时还为美国注册会计师协会下的会计程序委员会(CAP)服务。此外,凯斯特也是财务经理协会的会员,且是其所设的3人委员会成员之一,主要负责重起草1938年收入法案中的有关条款,对采用后进先出存货计价方法为联邦纳税提供依据。

凯斯特也是一些联谊会如Beta Gamma Sigma、Alpha Kappa Psi的成员,并且是Alpha Kappa Psi的领导人之一。特别是值得一提的是,1947年12月15日,Alpha Kappa Psi中的众多商业领袖、一起共事的教授和学生们在哥伦比亚大学俱乐部为凯斯特教授颁发了荣誉证书,且因其对Alpha Kappa Psi所作的卓越贡献,他被授予Alpha Kappa Psi金奖。

凯斯特的一生也乐于著书立说,出版了多部论著并发表了多篇论文。在他的著作中,最有名的当属"会计理论与实务(*Accounting Theory and Practice*)"丛书(1套3册):第一册为《会计原理》(*Principles of Accounting*,1917),第二册为《高级会计学》(*Advanced Accounting*,1918),第三册为《不同形式工商企业的会计应用》(*Accounting Applications to Various Forms of Business and Industry*,1921)。除此之外,还有《会计要素中的问题与实际数据》(*Problems and Practice Data for Elements of*

*Accounting*,1916)、与S·伯纳德·库普曼(S. Bernard Koopman)合著的《会计原理基础与簿记实践》(*Fundamentals of Accounting Principles and Practice of Bookkeeping*,1921,共2册)、《会计基本原理教师手稿》(*Teacher's Manual for Fundamentals of Accounting*,1922)、《折旧》(*Depreciation*,1924)、与豪厄尔·A·英格兰姆(Howell A. Inghram)合编的《公司财务报告——会计协会议事录》(*Corporate Financial Statements-Proceedings of the Accounting Institute*,1940)。

凯斯特的基本会计理念是:会计原则是相对而非绝对的①。

## 三、主要论著简析

虽然凯斯特一生著有很多会计文献,但他为会计领域的贡献仅凭他的著作"会计理论与实务"丛书就已经足够。尽管这是凯斯特第一本主要的著作,但自它面市的那一天起,就一直被认为是迄今为止对美国会计发展具有重要意义的文献。从当时美国会计学界关于本书原版和再版多篇评论中,我们不仅能够了解它的一般特点,也能找到它被给予如此高度评价的原因。该丛书的主要内容与特点如下。

### (一)《会计原理》(1917)

"会计理论与实务"第1册《会计原理》是为大学一年级的教科书而编写的。该书在导言中提出,其主旨在于给学生提供关于会计的最基本知识,这些内容被认为与商业教育中所需要的关于经济学的最基本内容具有同等重要性。按照这种宗旨,在会计方法之前介绍会计结果是符合逻辑的。因此,在本书中,资产负债表和损益表是先于复式记账及类似的具体技巧方法介绍的。换言之,这本书是以实例方式说明如何处理日常会计问题的。用Scovell书评中的话说,这是一部产生于充分准备和丰富教学经验的优秀而实用的著作。作为一本教科书的作者,凯斯特总能意识到会计领域即将发生的众多变化。这一事实在对他的作品的第一册的第三版本中的评论中有所提及。凯斯特在这一版本中说明了日益重要的通过会计实施的管理控制问题。这一版本与前几个版本相比,最重要的变化是它包括了关于"制造业公司"(manufacturing corporation)和"凭单制度"(the voucher system)这两章从第二册改到第一册中,这是一个关于提高大学生第一年课程标准的重要迹象。作者对它的读者群的态度变化似乎更值得注意。经过两次修订,各章的顺序也得到重新安排,论述的内容也有所延伸,并强

① Tamas J Burns, Edwards N Coffman. The Accounting Hall of Fame: Profiles of Thirty-Six Members [M]. College of Administrative Science, The Ohio State University, 1976,27.

调突出对内容的分析，弱化了关于机制和技术方面的论述[①]。在第 3 版本中，他主要针对企业管理人员而不是学生。因为到了这个时候，管理人员实际上迫使自己获取一些这方面的知识，以确信自己能够得到预期能从接受过培训的会计人员那里得到的信息。

评论者认为，该书的第 4 版对前面几个版本进行了修改完善，已经成为一本受到广泛认同的权威教材，经验丰富的作者根据认识到的新环境对其作了彻底修订。本书以新的题目和更大版面的新形式出现，章与章进行了组合，并新增两章内容。书中大多内容重新编写，并加进了大量新的材料来满足不断培训更好会计人员的要求。全书的章节由 40 章减少到 30 章，页数由 618 页增加到 675 页。特别是一个关于簿记的例证引起了公司的关注，也包括了关于简单合并的新讨论。本书第 4 版的前 14 章是基础知识，从最简单的公司间交易开始，通过各种账户逐渐深入，逐步介绍这些账户会影响的试算平衡、结账分录、损益表和资产负债表。第 15 章是新增的一章，涵盖了一个比较全面的参考案例问题，详细列举了一个独资企业一个月内的日常交易并对每一笔交易发生时的正确分录进行了清晰的阐释。在这些基础知识后面是对其他企业组织形式的讨论及其特有账户的研究：第 16～17 章讲的是合伙企业，第 18～23 章介绍公司制企业。公司制企业由于它的持续存在性和股东有限责任，许多年来一直是企业组织形式中所盛行的形式，著作者们也趋于减少关于合伙制企业的内容的介绍。但是由于高税赋和施加于公司制企业的其他限制性规定也被用于合伙企业中，因此在本书中对公司制企业的企业组织形式和它特有的账户也进行了详细的论述。第 24～26 章的内容为资产负债表项目的估价以及对财务报告的分析与解释。第 27 章是另一新增章节，解决关于分公司、母公司和附属分支机构的问题。第 28～29 章是关于存货控制问题和销售及代售会计问题。第 30 章介绍管理者控制会计，比书中的其他章节更具有进步性，能够引起有经验的会计人员、审计人员和企业经理以及学生的兴趣。本书的练习资料独立印刷成册，共有 234 页，包括简短无联系的一般问题和长而相互有联系的企业实例，所有问题都与教材紧密相关。本书将重点放在理论的阐述上，加上关于实际应用的充分说明，组织结构严谨，它的表述能够让初级的学生对会计原则和程序有充分的了解，非常适合大学一年级和技术类学校的学生使用[②]。

### (二)《高级会计学》(1918)

“会计理论与实务”第 2 册《高级会计学》普遍被用作大学二年级学生的教材，它主

---

① W P Fiske 对“会计理论与实务”第 1 册《会计原理》第 3 版的评论(1930)。

② W P Fiske, Jas M Mcconahey 对《会计原理》第 4 版的评论(1939)。

要是关于为资产负债表和财务状况报告而准备的估价与呈报问题。本书的第1版发表于1918年,其覆盖内容的完整性和表述上的技术性很快使作者赢得了其在会计领域里的显赫地位,这种地位一直持续到随后几年。和该丛书的第一册一样,它在出版后近30年内,先后经过了几次彻底的修改。1925年出版了第一次修订本,1933年出版了第二次修订本,尔后作者花了几年时间准备该书的第4版。尽管该书在战时已经完成,但由于市场原因并没有马上出版。在经过进一步的充分修改后,该书的第4版终于在1946年秋天出版。

本书在1925年进行了第一次修订出版,即得到一致好评。当时的会计学者们纷纷在美国会计学会主办的《会计评论》的书评专栏中发表评论文章,对本书予以推介。Peisch认为,该修订本在每一方面都是充分和完整的,其主要特点在于将第1版中的内容进行了大量重组,使其更具有逻辑顺序性,还对一些新的会计问题进行了重点阐述,包括折旧、无面值股票、制造业公司、凭单制度、合并报表处理、存货计价方法等,新增加"阅读资产负债表"重要章节,并提出了比同时代学者更多可选的比率,其所涉及的许多计算方法都与通常采用的方法不同①。Hexsxl则认为,该书的1925年修订版是对现代会计研究内容的最全面的论述,它突出了会计实践的改进和管理者通过会计进行控制的趋势。和第1册相比,新版解释了会计基本原则,以财务报告为起点体现了呈报的现代观,提出了确定程序,描述和说明了原始的分录和分类账的主要书籍,解释了各种不同交易类型的联系和记录保持机制中的连续步骤。该书有条理地介绍了合伙会计和公司会计的特征,以控制为目的的部门组织形式,会计与管理中其他问题的关系以及经理人员对报告的分析与解释。最后一章"报告的分析与解释"目的在于解释财务分析比率体系,并将其与从流动资产对流动负债的比率开始的标准普通比率进行比较,还提出大量其他的比率作为管理者研究不同时期公司发展趋势的指南②。

1933年第3版出版后的间隔期内,会计原则经历了重大变化,因此对会计原则给予了更多的关注。在第4版修订时,作者将旧版中的一些内容转移到第一册中,扩展了部分重要内容,而删除了部分不重要的内容。这一册中的内容被压缩为30章,前一册则设36章。前3章总体上是围绕资产负债表进行描述的,第1章是项目内容,第2章是计量,第3章是数据在资产负债中的呈报。在第4章中,"损益表"的提法则被"收入状况表"所代替。第5～24章全面介绍财务报表中不同项目的会计处理问题,其中存货一章中增加了有关后进先出法的讨论;增加了一章关于资本盈余的内容,澄清了资本盈余这一概念与经营盈余之间的区别;关于厂房等资产重新估价的讨论得到发

① Archie M Peisch对"会计理论与实务"第2册《高级会计学》第2版的评论(1925)。

② Philip H Hexsxl对"会计理论与实务"第2册《高级会计学》的评论(1930)。

展。对合并财务报表的处理由 3 章扩展到 5 章。最后一章内容关于财务报表的解释，大部分是关于比率方法和资金报表的。评论者认为，该书作者创作出了一本全面完整的教材和参考书，它是会计学中最杰出的教科书[①]。

### （三）《不同形式工商企业的会计应用》（1921）

"会计理论与实务"的第 3 册为《不同形式工商企业的会计应用》，它是三年级的教科书。该书由凯斯特与许多其他作者一起合作完成，虽然这本书已经被多次印刷，但还从来没有被修订过。

### （四）《会计原理基础与簿记实践》（1930）

《会计原理基础与簿记实践》（共 2 册）一书，是凯斯特与 S·伯纳德·库普曼（S. Bernard Koopman）于 1930 年合作完成。本书是关于初级簿记的一本入门性的教科书，最早在 1921 年出版，为满足现代教学方法的需要于 1930 年进行了较彻底的修改。该书按照资产负债表的逻辑顺序安排，该书体现了以下较重要的三个观念：一是会计基本原则的快速发展使得尽早引入记录成为必要；二是会计实务中时时面临着对应计和递延项目等的简单处理；三是此类研究中最需要的是练习材料，因为学会一件事的唯一方法就是去做，因此该书后面附有大量有价值的练习材料。

**参考文献**

[1] http://fisher.osu.edu/departments/accounting-and-mis/the-accounting-hall-of-fame/membership-in-hall/roy-bernard-kester/，2008-05-24.

[2] http://www.ebscohost.com/，2005-12-15.

[3] Kahle J J. American Accountants and Their Contributions to Accounting Thought：1900—1930 [M]. New York：Garland Pub，1993：21-27.

（初稿执笔人：包锦君）

① Howarg E Cooper 对《高级会计学》第 4 版的评论（1946）。

# 赫尔曼·克林顿·米勒

## (Hermann Clinton Miller,1895 — 1955)

赫尔曼·克林顿·米勒(Hermann Clinton Miller,1895—1955)是一位杰出的会计学家和会计教育家。由于其一生对会计教育的理论和实践作出了尤其突出的贡献,故于1957年被选为美国会计名人堂。

## 一、个人简要生平

米勒(见图19)于1895年3月25日出生于美国俄亥俄州的首府哥伦布市,其父母分别是埃莱·克林顿(Eli Clinton)和艾丽丝·布律兹·米勒(Alice Breeze Miller)。

1913年,米勒毕业于俄亥俄州北方中学。1916年他在俄亥俄州州立大学顺利地取得学士学位,并于1917年获硕士学位。大学毕业之后,米勒即开始了他的会计职业生涯。1920—1921年间,他成为Scovell Wellington Co.的一名会计师;1922年,他曾任美国摩托汽车公司的秘书兼会计师;1923年,他取得了注册会计师证书并成为俄亥俄州注册会计师协会的会员。

图19 赫尔曼·克林顿·米勒

1923年后,米勒便和大学教育结下了不解之缘,开始了他漫长的教学生涯。1923—1925年间,他任教于俄亥俄州州立大学;1925—1926年在威斯康星大学任教;1926年,他回到了母校俄亥俄州州立大学,1926—1930年间任助理教授,1930年晋升为副教授,1934年晋升为教授。1946年开始直至1955年去世前,米勒一直是俄亥俄州州立大学的会计系主任。

在米勒的职业生涯中,还曾有为部队服务的经历,他本人也曾表示,非常留恋为美国海军预备队效力那几年的工作和生活。第一次世界大战结束前后,他曾参加过美国海军，服役时间为1917—1920年，且从1925—1954年一直任职于海军预备队，退休时已经成为一名上校。在第二次世界大战期间，主要是从事为军队服务的工作。1941—1942年，他是一家钢铁公司(Bethlehem Steel Co.)的海军军方成本稽查员；1943—1945年，他从事海军第四军区的成本监查工作；1945年，他是海军第三军区和海军造船厂的会计主管。此外，米勒亦曾任多项社会职务。他是Beta Alpha Psi会员和全美理事会成员，并于1937—1938年间任该组织全美会计主管，1941年担任理事会主席。他同时也是Alpha Kappa Psi、Beta Gamma Sigma等组织的成员。

1919年他与阿妮丝汀·亨特(Ernestine Hunter)喜结良缘，并育有两个小孩。1955年10月4日，这位为会计学研究和教育奋斗了数十载的会计前辈离开了人世，享年60岁。

1955年，也即米勒教授逝世当年，为了纪念他为俄亥俄州会计事业所作出的贡献，俄亥俄州注册会计师界设立了以他的名字所命名的纪念基金，该基金旨在资助那些有志于从事会计教育的研究生，每年俄亥俄州立大学均会从基金中拿出一部分，以奖励那些被认为是有望成为杰出教师的会计学博士生。

## 二、理论与实务的主要贡献

### (一)发起创办会计名人堂

由米勒发起、至今仍有纪念意义的成果，便是从1950年开始设立的并由俄亥俄会计学会推动成立的会计名人堂(The Accounting Hall of Fame)。为了表彰20世纪以来对会计事业发展作出杰出贡献的会计大师，美国俄亥俄州立大学于1950年建立了世界上唯一的一家会计名人堂。截至2011年，进入名人堂的会计大师一共有88位。在这些大师中，有的是国际会计公司的创建人，有的是著名的会计教育家，有的则是职业会计组织的领导人，有的是蜚声职业界的会计思想家。他们为会计进步所做出的种种贡献为世人所公认，对他们给予奖赏不仅仅是一种荣誉，更重要的是引导后人去继续他们所开拓的事业。因为有了俄亥俄会计学会的努力才使得名人堂的创办者可以组织并维持一个著名且公正的委员会，即名人堂提名委员会。目前，会计名人的推选由一个专门委员会负责，该委员会由45名职业会计师和会计学家所组成，其中注册会计师、会计教育家、企业及政府机构会计师各占1/3，分别为15人。起初这个委员会由美国人组成，并且要符合所规定的相关条件。从1973年开始，该委员会发展成为一种国际性评选机构，其成员分别来自美国、澳大利亚、加拿大、英国、日本、荷兰、墨西哥等国家。获奖会计名人将得到一份荣誉证书，该证书由俄亥俄州立大学校长签名并加盖大学图章，同时有评选委员会一名代表的签名。会计名人证书的颁发多在美国会计学会(AAA)的年会上进行，入选名人的嘉奖状及其肖像照将永久地陈列在俄亥俄州立大学校园的哈格蒂大厅内。

### (二) 注重会计理论研究与实务界的合作

米勒在出任俄亥俄州立大学会计系主任期间，在组织指导俄亥俄州立大学的"年度会计研讨会"上起到了关键性的作用。这个闻名全美的年度会计讨论会，是由俄亥俄注册会计师协会发起的，但由于该协会要同时承办两个会议有些困难，于是同意将该年度研讨会地点设在俄亥俄州州立大学并授权俄亥俄大学会计系组织筹划该项目。自1938年该项目开始举办起，立即受到全美会计界的关注。与会人士中，既有各个会计职业机构主要领导人，也有其他在会计理论以及实务界的颇有成就的著名人士，如八大会计师事务所的管理合伙人以及十大名校中有名的会计学者等。每年5月，这些人汇聚到俄亥俄州立大学举行为期一周的研讨会，每届所研讨的会计热点问题(无论在正式会议还是非正式会议上)都会得到周详的讨论，而组织筹备下一年的研讨会却要付出将近一年的劳碌。一般情况下，每次研讨会结束的两个星期后，相关人员就要开始为下年度的聚会筹划工作。在俄亥俄州立大学老一辈会计学者中，为此盛大聚会作出贡献最大的非米勒教授莫属。他是该研讨会背后的一种必不可少的推动力量，作为会计系主任，为了能成功举办好每次研讨会他都要付出将近一整年的精力。他负责并确保会计职业机构的每一名会长都能出席该会议，并尽可能使每人均提交一篇相关论文，而且还负责确保公共会计公司的管理合伙人也能参加会议。由于米勒教授个人研究方向的缘故，研讨项目中对于财务会计和审计方面的讨论尤其关注，当然也会涉及成本会计、管理会计以及税务会计方面的问题。由于米勒教授在组织该会议上所起的举足轻重作用，所以当他突然于1955年不幸逝世后，尽管该会议在此后将近十年内还是如期举行着，但研讨会的巅峰时期似乎也随之过去了。

### (三) 积极倡导并身先士卒研究会计教育问题

由于米勒多年来在大学任教，且作为商业职业教育委员会(Council on Professional Education for Business)的主席以及注册会计师职业教育和实践标准执行委员会(Executive Committee of the Commission on Standards of Education and Experience for CPAs)的成员，更能深切体会到大学会计教育的日益重要以及在美国上百所高等院校所提供的会计教育水平参差不齐的事实，所以他对于会计教育方面研究的论著比较多。他在美国会计学会任职期间十分重视会计教育，积极启动了很多学习计划。例如，对会计专业的学生如何应对毕业以后实务工作的复杂性和艰难性专门提出了一些课程设计，提倡会计专业本科生可以考虑再多学一年(也即5年制)，或者积极争取研究生学习进行2年的深造，鼓励会计实务者参加后续教育学习。此外，对于会计教师如何循序渐进地指引学生透彻理解并掌握专业知识，米勒教授提出了一些标准，即教师应该具备的各方面素质以及教师的再培训计划，建议学校管理当局应该为教师提供足够的机会和较好的条件，其中还建议应当给教师们充分多的补助以留住并吸引优秀人才。这些思想在米勒的一些论文和报告中都有体现，主要有1938年发表在《会计评论》上的《关于会计师教育项目的提议》(*A Suggested Program of Education for the Accountant*)，1948年的美国会计学会年度报告(*Association Report*)，1951年发表在《会计评论》上的"标准评估委员会中期报告"(*Interim Report of the Standards Rating Committee*)，1954年发表的"美国会计学会标准评估委员会报告"(*American Accounting Association Report of Standards Rating Committee*)，以及与印第安纳大学商学院的 Arthur M. Weimer 教授合著发表于1956年《会计评论》上的"引进并挑选会计教师"(*The Attraction and Selection of Accounting Teachers*)等。

### (四) 积极地服务于各种会计专业团体的活动

米勒一生非常积极地服务于各种会计专业团体的活动，并曾任重要职位且产生了重要的影响。1930—1934年间，他任俄亥俄州注册会计师协会的理事，1934—1936年任该协会会长。1941年，他出任美国会计学会(AAA)副会长，并于1947年荣任会长。与此同时，他也是美国会计学会所属标准评估委员会的主席，他同时也是商业职业教育委员会的主席以及注册会计师职业教育和实践标准执行委员会的成员。此外，他是全美会计师联合会(NAA)、美国注册会计师协会(AICPA)以及财务管理协会(Financial Executives Institute，简称 FEI)的会员。

此外，在米勒的积极推动下成立了美国会计学会俄亥俄分会，俄亥俄会计学会的成立可以说是俄亥俄州立大学的会计学人一致努力的结果，但米勒的功绩是不容忽视的，他在发起创办该学会并使之持续健康发展方面作出了杰出贡献。

米勒的基本会计理念是：会计师就是市场经济的警察①。

---

① Tamas J Burns, Edwards N Coffman. The Accounting Hall of Fame: Profiles of Thirty-Six Members [M]. College of Administrative Science, The Ohio State University, 1976, 39.

## 三、主要论著简析

米勒教授一生著述甚丰。他除了自己写一些专业文章以外，还与泰勒（Jacob B. Taylor）联合撰写了3本书，这3本书在美国会计业界影响很大。

### （一）《注册会计师理论和审计疑难问题》（1930）

《注册会计师理论和审计疑难问题》（*CPA Problems and Questions in Theory and Auditing*）于1930年第一次出版，随后经过修订再版，1953年推出了第4版。该书第4版包括以下5大部分：第一部分，是233个常见问题。问题主要引自1939年5月到1949年11月间注册会计师考试的试题。第二部分，是作为附录的38个实务问题。这些实务问题是由1950年5月到1952年5月注册会计师考试的会计实务内容构成。第三部分，是283个有关的会计理论问题。第四部分，是关于审计的175个问题；第五部分，是1952年5月考试中关于会计理论、审计以及商法方面的问题。上述所有问题的来源有两个：(1)美国会计师协会考试委员会准备的统一考试试题。(2)各地区会计师协会采用美国会计师协会试题前的考试试题，有纽约州、俄亥俄州、威斯康星州和宾夕法尼亚州等。这本书总体上对不同的问题给予了不同的侧重，例如对成本会计、合并会计报表、政府及事业单位会计方面的问题出现得较多。书中列示的大部分试题都较长，这也印证了当时注册会计师考试试题的一大特点。

### （二）《注册会计师疑难问题简答》（1931）

《注册会计师疑难问题简答》（*Solutions to CPA Problems*）是《注册会计师理论和审计疑难问题》的姊妹篇，是对《注册会计师理论和审计疑难问题》中所提出问题的配套解答，1931年出版了第1版，1953年也推出了第4版。《注册会计师疑难问颞简答》（1953）对于233个从1939年5月至1949年11月注册会计师考试试卷中挑选出的问题给出了作者自己系统而又完备的解答。但对于附录中的问题以及关于会计理论和审计的问题则没有作答。总体来说，这些解答具有较好的连贯性而且形式上精简并合乎逻辑。

### （三）《中级财务会计》（1938）

1938年出版的《中级财务会计》（*Intermediate Accounting*）是其较早版本的修订。新版本的章节安排几乎跟老版本一模一样，将它们做一比较可以发现，旧版本中正文占了591页，而在新版本里则有556页。因而总的来说两个版本在正文上没多大变化。课后思考题部分在老版本中占据了241页，然而在新版本里只有87页。随着社会经济和商业观念的不断发展变化，会计理论也需要适宜地随之更新。米勒将会计环境变化导致的会计理论相关改变的一些内容也涵盖在本书中，尤其是有关资产价值评估的部分，在修订版中的各章节均有所体现：第7章关于建筑合同的会计科目介绍；第10章中关于可收回包装物的会计核算以及第23章中关于对合并资产负债表中股票红利的处理；书的开篇就详细介绍价值评估问题以及会计报表的编制和分析，包括资金报表及其应用和净利润变动表，对净利润变动表的阐述尤其周详；第6～15章都是用于阐述资产负债表项目的计价问题；第16章讨论了一些特殊的会计问题，如寄售的会计处理、分期收款销售的会计处理、分支机构会计核算包括国外分支机构以及由此引发的外币会计问题；第19～24章介绍了合并、持股企业以及合并资产负债表；第25～28章，介绍了清算会计处理；最后一章则阐述房地产和信托问题。

此外，由于米勒教授有在美国海军部队工作的特殊经历，也给他提供了一个研究关于海军成本问题的机会，因此，在他的著述中即有相关的成果。例如，在1942年4月出刊的《会计评论》上，他就发表了一篇题为“美国海军的成本检查”(*Cost Inspection in the United States Navy*)的文章。这篇文章讨论了关于美国海军成本检查的方方面面，详细阐述了补偿委员会如何进行成本检查以及物资供应处的成本检查与具体操作，并在最后归纳了作为一个海军成本检察员所肩负的责任，即不仅要做好沟通相关利益者的工作，还有一项任务，就是作为政府的官方代表检查员，你所做出的关于审计测试和相关成本验证的决定必须是公允和负责的。与此相适应，这即对会计专业知识有一定掌握但缺乏实践经验的会计毕业生提出了一项任务。作者认为，学生本身的专业素质、到社会上的适应能力、对于工作单位的忠诚以及责任感是一个无可争议的话题，每个会计专业毕业生都应该以此来完善自己。由此看来，米勒教授作为一个传道、授业、解惑的教师身份，在其众多论文中都有不同程度的体现。

**参考文献**

[1] Hanson A W. CPA Problems and Questions in Theory and Auditing by Jacob B. Taylor; Hermann C. Miller [J]. The Accounting Review, 1939,14(1):192.

[2] Historical Notes on the Accounting Hall of Fame [EB/OL],2005-2-10.

[3] http://fisher. osu. edu/ departments/ account i ng-and-mis/the-accounting-hall-of-fame/history.

[4] http://fisher. osu. edu/departments/accounting-and-mis/the-accounting-hall-of-fame/member-

ship-in-hall/hermann-clinton-miller/,2005-10-09.

[5] Lang T. Intermediate Accounting by Jacob B. Taylor; Hermann C. Miller [J]. The Accounting Review, 1939,14(1):85.

[6] Mauriello J A. CPA Problems and Questions in Theory and Auditing and Solutions to CPA Problems by Jacob B. Taylor; Hermann C. Miller [J]. The Accounting Review, 1954,28(1):158-159.

[7] http://fisher.osu.edu/departments/accounting-and-mis/the-accounting-hall-of-fame/history/institute-conferences.

[8] The Ohio State Institute on Accounting Conferences [EB/OL],[2005-12-10].

（初稿执笔人：黄漂）

# 哈里·安松·斐内

## (Harry Anson Finney,1886 — 1966)

哈里·安松·斐内(Harry Anson Finney,1886—1966)是美国20世纪上半叶著名的会计学家之一。他学识渊博,特别是由他编写的《会计原理》,在当时被誉为最具权威性的会计学教科书,成为各大院校的首选教材并受到会计界教育人士的一致好评。因其一生为会计教育事业和会计实务发展所做出的突出贡献,于1958年被选入美国会计名人堂。

## 一、个人简要生平

斐内(见图20)于1886年11月19日出生于美国爱荷华州(Iowa)的波斯特维尔(Postville),其父母分别是埃朗·比克·斐内(Ellen Bike Finney)和索伦·B(Solon B.)。

图20 哈里·安松·斐内

斐内的高中就读于爱荷华州的费耶特中学。高中毕业后,他进入芝加哥大学学习,并于1913年获得学士学位。1915—1916年,就职于美国西北大学,主要负责毕业生的工作。工作之余,他还利用业余时间在芝加哥华尔顿商业学校学习。1917年,他在伊利诺伊州取得注册会计师资格。由于他在州注册会计师考试中成绩第一,因此伊利诺伊州注册会计师协会授予他一枚金质奖章。1919年5月,他在美国注册会计师协会举行的一次考试中也取得最高分的优异成绩。

斐内的会计教师职业生涯是从担任一所高中的商务教师开始,从此即与会计专业教学结下了不解之缘。他在芝加哥华尔顿商业学校担任了一段时间的会计教师后,于1920年9月进入西北大学会计系任教,在其后的25年时间里他一直在西北大学从事会计教学工作,直至1944年退休。

斐内在从事会计教学工作的同时,也从事一定的会计实务工作。1923年,他就职于哈斯金斯-塞尔斯(Haskins & Sells)会计师事务所芝加哥分所,并在那里工作了将近5年。20世纪20年代末,他和H·P·鲍曼(H. P. Baumann)在芝加哥以他们名字命名注册成立了鲍曼-斐内(Baumann-Finney Company)会计师事务所,斐内作为该公司的合伙人之一,一直在公司工作至他退出会计实务界。

斐内的一生有过两次婚姻。他的第一任夫人是洛伊丝·英格拉姆(Lois Ingram)于1920年11月24日与斐内结婚,并养育有3个孩子。1946年2月9日,斐内与黑兹尔·M·哈勒(Hazel M. Hale)结婚,并与她度过了美好的晚年生活。斐内喜欢深海钓鱼与骑马,但很少远足旅行。1966年5月8日,斐内去世,享年80岁。

## 二、理论与实务的主要贡献

### (一) 积极投身各种会计专业团体的活动

1920—1930年,斐内担任伊利诺伊州注册会计师协会会长;1945—1953年,斐内在美国注册会计师协会(AICPA)下属的会计程序委员会任职,同时斐内也是美国会计学会(AAA)的会员。此外,斐内还是Delta Sigma Phi、Beta Gamma Sigma和Bete Alpha Psi等组织的主要成员。

### (二) 有着丰硕的学术成果

斐内教授的一生为会计教育事业和会计实务的发展做出了突出的贡献,他的著作在会计学领域中影响深远。1920—1929年,斐内担任西北大学学生部主办的《会计杂志》主编,并在此期刊上发表过100多篇文章,这些文章对会计学中一些重点难点问题做了深刻充分的论述。此外,斐内还编写了多部会计著作,其中比较著名的有:1916年出版的与约瑟夫·克利夫顿·布朗(Joseph Clifton Brown)合著的《现代经营算术》(*Modern Business Arithmetic*),1920年出版的《精算学原理》(*Introduction to Actuarial Science*),1921年出版的与西摩·瓦尔顿(Seymour Walton)合著的《会计和金融数学》(*Mathematics of Accounting and Finance*),1922年出版的《母子公司合并报表》(*Consolidated Statements for Holding Companies and Subsidiaries*),1923年出版的《会计原理:高级篇》(*Principle of Accounting—Advanced*),1924年出版的《会计原理:中级篇》(*Principle of Accounting—Intermediate*)和1932年出版的《会计原理:

初级篇》(*Principle of Accounting—Introductory*),1955年出版的与理查德·奥尔德伯格(Richard Oldberg)合著的《律师会计指南》(*Lawyer's Guide to Accounting*,1955)。此外,还有《会计原理和簿记方法》(*Accounting Principles and Bookkeeping Methods*,1924)、《财务会计原理:概念与方法》(*Principles of Financial Accounting:A Conceptual Approach*,1968)等。当然,影响最大的是其所著的《会计原理》系列教材,该书在当时是最具权威性的会计学教科书。后来,他和赫伯特·埃尔默·米勒(Herbert Elmer Miller)合作对《会计原理》系列丛书进行多次修订并连续出版,该套书十分受欢迎,经多次印刷总共售出了200多万册。此外,他还撰写了80多篇专业论文。

斐内的会计格言是:"会计职业判断的范围相当地宽泛"①。

## 三、主要论著简析

在西方会计界,斐内教授组织编写的《会计原理》系列书籍,是一部久享盛誉的会计学教科书,是一本比较全面的、可供高等学校教学和从业会计管理人员使用的会计学教科书和参考书,该书的出版为培养会计人才和会计教育事业的发展做出了重大贡献。该书之所以有强大的生命力,其突出优点就是立论精当,行文以深入浅出见长,而编写时又能结合有效的教学方法,使读者易学易懂;其次,该书每章均附有一系列难易程度不同而又富有启发性的问题可供读者思考和练习来巩固学习成果,加强理解和培养解决问题的能力。斐内的著作不仅在当时会计教科书中占有权威地位,并且对后来的相同论著有着深远的影响。斐内的《会计原理》共分为"初级篇"、"中级篇"和"高级篇"三卷,均系供大学会计学专业学生循序渐进地学习会计学之用。其中"高级篇"问世最早(1923年初版),其次是"中级篇"(1924年初版),然后才是"初级篇"(1932年初版)。他的《会计原理》"中级篇"和"高级篇"两卷区别于其他教科书的特点就是书中详细介绍由于以前年度会计差错调整报表和账户的会计处理步骤,还有对这些调整的要求作的分析解释。查尔斯·A·格洛弗(Charles A. Glover)评论道,这本会计人员的参考书,在高级会计教科书中赢得最高的褒奖,这一点可以从1923年出版问世至1928年就已经7次再印刷足见其畅销程度②。

---

① Tamas J Burns, Edwards N Coffman. The Accounting Hall of Fame: Profiles of Thirty-Six Members [M]. College of Administrative Science, The Ohio State University, 1976,21.

② Charles A Glover. Review of Principles of Accounting, Rev. ed., Vols. Ⅰ and Ⅱ, by H. A. Finney [J]. The Accounting Review, 1928,3(4):407-408.

### (一)《会计原理——初级篇》(1932)

在1932年出版的《会计原理》“初级篇”中,斐内开始明显地打破常规,从单一业主的角度转变为从公司角度谈论会计问题。他注意到,在基础会计课程中很少关注会计记账程序问题,因此,斐内特别强调他的学生在学习会计理论前要完全掌握会计记账程序的各个步骤。

《会计原理——初级篇》初版时由30章组成。但随着西方会计理论和实务的发展,该书几经修订,到第8版时,除原有的优点仍然保持外,不仅整个内容都已经改观,且更加完全和精深。例如,在深度上,它已淘汰了那些接近于中等专业学校水平的内容,而注重于有关会计基本概念和理论的阐述;在广度上,则包括了财务会计和管理会计两方面的内容。《会计原理——初级篇》第8版分24章主要介绍了会计产生信息的制度、会计理论简述、损益的衡量、传统的记账程序、会计循环、经常性交易的处理、货币性资产——现金及证券投资、货币性资产——应收款项、存货计价及控制、长期资产、负债、股东权益、企业组织及其他形态、营运资本来源及用途表、现金流转分析、有关制造业务的基本观念、制造成本制度——分批法、制造成本制度——分步法、标准成本、责任会计、成本—数量—利益分析、物价水平变动及补充报表、所得税的考量、合并报表、资本预算简述和财务报表分析等。

### (二)《会计原理——中级篇》(1924)

《会计原理——中级篇》是公认的对会计理论和实务影响最大的一本书。斐内分别于1928年、1934年、1946年对该书进行了3次修订(第4版系与他人合作),修订后的《会计原理——中级篇》第3版共由30章组成。第1～3章介绍了会计程序、工作底稿及结账方法,这3章主要是出于复习的目的,其中也增加了一些新内容和对相关内容新发展的介绍,如在第3章中介绍了财务报告上新发展;第4章和第5章介绍了有关合伙的基础内容;第6～9章介绍公司会计问题;第10章是介绍将基础运算应用于计算利息、现值、年金、偿债基金和相关问题;第11章和第12章介绍了会计基本理论,这两章是新增的。从第13～22章是有关不同资产如何计量的原理和实务中如何操作的问题,其中也出现了“成本”与“价值”计量属性的讨论;第23章讨论了现时负债、或有负债、固定债务和税金问题;第24章介绍了基金的问题;第25章概括介绍了有关储备金的原理;第26～30章主要是介绍财务报告原理和财务报告分析;最后附有索引,方便读者查询。斐内在该书的第3版中主要有3处重要修订:第一,是对会计理论的重要性更加强调;第二,是为了全面反映会计原理增加了两个新的章节,许多地方对反映原理的案例又增加了一些思考问题；第三，是对章的结构和顺序也做出了调整。一些有关合伙的章节从高级会计原理一书转至中级会计原理，关于代销和分期销售的内容则转至高级会计原理中。在以前的版本中，斐内针对每章内容都附有一些较复杂的练习题，而在新版本中，他又增加了4～5题习题，新增加的练习题内容简单，强调基础性，类似每章中提到的案例。新增加的习题明显有重大改进，且有利于读者巩固学过的内容。《会计原理——中级篇》第3版每章说明一个内容或分连续几章说明一个内容，因此，每章和内容相关的章都可视为一个独立的单元，满足了教师对授课内容的安排。尽管第3版对一些问题还缺乏正确的认识，但是不可否认的是，斐内的会计原理书长期处于会计学领域的权威地位。尽管当时人们对此书曾褒贬不一，但此书仍是当时一本重要的会计教材。

### （三）《会计原理——高级篇》(1923)

《会计原理——高级篇》第1版于1923年出版。自第2版出版(1934年)到第3版的出版(1946年)经过十多年的间隔，在这十多年里会计理论的发展，所颁布的法律对会计的影响，以及对不同事项讨论的相关内容发生的重要变化，在第3版中均得到了全面地反映。其中，为了满足教师的需求，部分内容在高级会计原理和中级会计原理之间进行了重新调整。关于合伙企业的组织结构、合伙利润的分配、合伙人准入以及合伙企业的合并等内容从高级会计原理转入中级会计原理。而关于合伙人的退出和死亡、合伙企业的出售、合伙企业的解散和清偿则仍然保留在高级会计原理中。关于代销、分期销售、报表和账簿的更正等则从中级会计原理转至高级会计原理。

《会计原理——高级篇》共由30章组成，包括合伙、代销、投机账户、分期销售、保险、报表和账簿的更正、事项说明、清算人会计核算、变卖和清算报告、总公司和分公司会计核算、母公司和子公司会计核算、合并资产负债表、合并盈余表、合并损益表、兼并和融资、外汇、财产与信托、预算、政府会计、银行会计、股票佣金、思考与练习。

修订后的《会计原理——高级篇》第3版中，斐内对当时母公司账簿中在反映子公司的损益和从子公司分得的股利时存在两种核算基础，他认为这样的做法有欠妥当。第一，是因为这样没有人能够准确保证解释母公司的报表，除非他清楚知道运用了哪种核算基础。第二，是母公司在两种核算基础间转换事实证明是为制造好景象：当子公司的收益超过分得的股利，则将子公司的收益作为母公司的收益；当从子公司分得的股利超过子公司的收益，则将从子公司分得的股利作为母公司的收益。斐内对此提出一条建议，就是在按照一种会计核算基础的前提下，通过母公司账簿中的投资账户来记录母公司损益的份额，但是将未分配的子公司收益作为母公司的盈余或在母公司净收益下作为一个独立的项目加以反映，这就表示这些未分配的子公司收益是不能用来分配股利的。这个办法看起来与任何法律要求是不相冲突的，但考虑到该做法体现了合理和保守的思想，这个做法确实限制了母公司本应享有的一些法律权利。从法律的角度看，从子公司分得的股利，甚至取得超过子公司收益的那些股利是应当作为母公司的收益。

"会计原理系列教材"问世后，先后由三代人相继进行了修订，第一代作者是斐内(Finney)本人，第二代作者是斐内和米勒，第三代作者是格棱·L·约翰逊(Glennl L. Johnson)和詹姆斯·A·根垂(James A. Gentry)，至目前已经发行十多版。自1930年以来，斐内和米勒两位教授因著作本书而享誉全球。后又由华盛顿州立大学格棱·L·约翰逊(Glennl L. Johnson)博士及爱默里大学詹姆斯·A·根垂(James A. Gentry)博士加以修订改写。全书财务管理与会计并重，且包罗了美国权威会计组织发表的有关公报，其目的在于介绍财务信息如何用财务报表的形式表示出来，从而解释这种形式的会计观念及技巧，并进一步说明如何使用这种会计信息来制订管理政策。斐内的《会计原理》也深受广大教师和实务者的欢迎。当时人们普遍认为，如果一个财经类的图书馆没有收藏斐内的会计原理系列丛书，则这个图书馆的藏书就是不完整的。由此可见，人们对斐内这套书籍的高度认可程度。

**参考文献**

[1] 约翰逊·金屈莱·斐内-米勒会计学原理[M]. 上海财经大学《会计译丛》小组，译. 上海：上海人民出版社，1989.

[2] http://fisher.osu.edu/departments/accounting-and-mis/the-accounting-hall-of-fame/membership-in-hall/harry-anson-finney/，2005-10-12.

[3] Finney H A. Principles of Accounting，Intermediate [M]. New York：Prentice-Hall，Inc.，1946.

[4] Johnson G L，Gentry J J A. Finney and Miller's principles of accounting：introductory [M]. New York：Prentice-Hall，Inc.，1980.

[5] Wade H H. Principles of Accounting，Advanced by H A Finney [J]. The Accounting Review，1947，22(1)：96-97.

[6] Beights D M. Principles of Accounting，Intermediate by H A Finney [J]. The Accounting Review，1947，22(1)：95.

（初稿执笔人：陈雯）

# 亚瑟·贝文斯·佛耶

## (Arthur Bevins Foye, 1893—1976)

亚瑟·贝文斯·佛耶(Arthur Bevins Foye,1893—1976)是美国20世纪早期的会计实务专家。作为美国20世纪上半叶的八大会计师事务所之一——哈斯金斯-塞尔斯的七大代表人物之一,佛耶在美国注册会计师界声名显赫,是1958年3位被选为美国会计名人堂的会计名人之一。

## 一、个人简要生平

1893年6月20日,佛耶(见图21)出生在纽约的布鲁克林区,出生后随母亲的姓氏。1909年,在他17岁时毕业于布鲁克林的一家商业高中;毕业后随即进入纽约大学学习,并于1914年以优等成绩从纽约大学毕业。毕业的第二年,佛耶就留校做了讲师。1920年任该校税务系主任。但由于他的主要兴趣在会计实务方面,故其并没有在大学里一直待下去,稍后即把精力转向了会计实务领域,这也注定了他的一生与会计实务发展紧密相连。

图21 亚瑟·贝文斯·佛耶

1918年,佛耶加入了哈斯金斯-塞尔斯会计师事务所(Haskins & Sells,简称H&S)。此后他一直没有离开。H&S成立于1895年,是由两位合伙人查尔斯·沃尔多·哈斯金斯(Charles Waldo Haskins)和伊莱贾·瓦特·塞尔斯(Elijah Watt Sells)的名字合并而来的。H&S是早期美国的八大会计师事务所之一,后来于1952年与英国最古老的会计师事务所之一的德勒伊特-帕莱德-格里菲斯会计师事务所(Deloitte Plender Griffiths Co.)合并,更名为DHS。DHS后来又被著名的四大会计师事务所之一的德勤国际会计公司所合并。

佛耶在H&S经历了5年的磨炼后，于1923年成为这家美国早期著名的大会计师所的合伙人。同年他获得了纽约州的注册会计师执业资格证书。在第二次世界大战期间(1942—1947)，他还担任了代理管理合伙人，并在1947年担任正式管理合伙人直到1956年退休为止。

退休后佛耶与公司依然保持着密切的联系。1956—1976年间，他一直担任哈斯金斯-塞尔斯基金会(Haskins & Sells Foundation)的副会长。他对H&S贡献还体现在参与了研究有关哈斯金斯-塞尔斯事务所发展历程的《我们的首个75年：1895—1970》(*Haskins & Sells, Our First Seventy-five Years*：1895—1970)这本著作的编写。

佛耶和艾玛·格雷厄姆(Emma Graham)于1914年10月7日结婚，婚后育有一个孩子。在闲暇时间里，他喜欢打高尔夫球，还喜欢听音乐，尤其喜欢剧院音乐。佛耶于1976年去世，享年82岁。

## 二、理论与实务的主要贡献

佛耶曾活跃于各种会计专业组织，长期在各种会计职业组织中担任要职。他在1951—1952年期间担任了美国注册会计师协会(AICPA)的副会长，并在1953—1954年期间担任了AICPA的会长。除了担任会长一职，在AICPA的其他机构也多有任职：1949—1953年，任咨询委员会委员；1950—1954年，任执行委员会委员；1954—1956年，任执行委员会主席；1951—1956年、1958—1961年、1964—1967年，任惩戒委员会委员；1953—1954年，任出版委员会主席；1954—1955年，任提名委员会主席。与此同时，他还作为项目咨询委员会的成员，参与了AICPA有关国外运作报告的研究。他是1953年出版的《注册会计师手册》的特约编辑。此外，他还在纽约州注册会计师协会(New York State Institute of Certified Public Accountants)担任过多种重要职务：1955年，任协会会长兼理事；1956—1957年任协会副会长兼理事；1949—1950年，任协会商业仲裁委员会主席；1952年，任协会公共关系委员会主席；1958—1960年，任协会基金投资委员会主席；1957年，任协会奖励委员会主席。与此同时，他还拥有美国会计学会(AAA)、全美会计师联合会(NAA)的会员资格，以及拥有宾夕法尼亚、加利福尼亚、路易斯安那和新泽西等州注册会计师协会的会员资格。1957—1962年间，他是在纽约举行的第八届国际会计师联合会(International Federation of Accountants，简称IFAC)的主席。1957年，他获得了AICPA的金质奖章，还获得了纽约州注册会计师协会的卓越服务奖章。

佛耶对国际事务有着浓厚的兴趣。第二次世界大战期间，他是菲律宾救济组织的财务官；二战以后，他是美国政府国外援助组织的 4 个委员会的成员之一，这些组织包括公共咨询委员会、经济合作管理委员会中国项目部、共同安全署不发达地区顾问委员会和共同安全署不列颠调查组。此外，他还是胡佛委员会有关政府执行机构组织的海外经济办公室工作小组成员，以及联邦委员会国民经济和社会理事会成员，1959 年，他还担任在纽约召开的理事会第八次年会的主席。

佛耶与政府组织的联系也包含了对相关国际组织的服务。他曾先后担任下列社会服务性职务：国际经济事务委员会、全国制造商协会的副主席；基督教青年会国际委员会的副主席、主席；美洲殖民地慈善会的财务官和理事；国际商会美国委员会的理事；远东与美洲工商业委员会的主席，且是该协会亚洲协会的主管；非洲事务委员会和美国土耳其委员会的创建者之一。他也曾在新泽西州的理奇伍德的基督教青年会担任过主席和理事。

佛耶对其母校纽约大学的发展也极其热心，从 1952—1964 年一直担任理事，曾先后出任财务人俱乐部（The Men in Finance Club）的主席（1947—1948 年）、商学院校友会的会长（1949—1951 年）与学校校友总会会长（1952—1954 年）。他还担任过纽约大学校友基金会的会长（1956—1959 年），推动了纽约大学 the Albert Gallatin 联合会的建立，并担任了第一任会长（1957—1961 年），后来又做了荣誉会长。基于佛耶对纽约大学的卓越贡献，纽约大学曾经先后授予他 Arch and Square 奖章（1951 年）、功勋服务奖（Meritorious Service Medal，1952）、校友总会荣誉奖（Alumni Federation Certificate of Honor，1954）和卓越纪念奖（Madden Memorial Award，1956）等荣誉奖章。

佛耶认为："会计职业的专业化程度取决于准则的标准化。"①

**参考文献**

[1] 文硕. 世界审计史[M]. 北京：企业管理出版社，1996.

[2] http://fisher. osu. edu/departments/accounting-and-mis/the-accounting-hall-of-fame/membership-in-hall/arthur-bevins-foye/，2005-10-12.

（初稿执笔人：徐跃）

---

① Tamas J Burns，Edwards N Coffman. The Accounting Hall of Fame：Profiles of Thirty-Six Members [M]. College of Administrative Science，The Ohio State University，1976，23.

# 唐纳德·帕特南·佩里

## (Donald Putnam Perry,1895 — 1957)

唐纳德·帕特南·佩里(Donald Putnam Perry,1895—1957)是一位杰出的会计学家和会计理论先驱,他是1958年3位被选为美国会计名人堂的会计名人之一。由于其具有渊博的学识和一流的理论水平,他不仅对会计理论的发展做出了突出贡献,还通过美国注册会计师协会(AICPA)的研究公告对会计实务产生了深远影响。

## 一、个人简要生平

1895年6月20日,佩里(见图22)出生于马萨诸塞州的丹佛斯。他是P·华莱士(P. Wallace)和玛撒·帕特南·佩里(Martha Putnam Perry)的儿子,1916年,他以优异的成绩毕业于哈佛大学。在后来的3年中,由于正值第一次世界大战期间,他主要在军队服役。

**图22 唐纳德·帕特南·佩里**

1919年,他以一个会计职员的身份参加了库珀兄弟会计事务所(Coopers & Lybrand,该公司于1973年更名为永道国际会计公司),并于1929年获得了合伙人资格,1934年成为该所的合伙人,并在这个位置一直待到1957年去世为止。在其职业生涯早期,他就取得了马萨诸塞州的CPA执业资格。

1921年4月,佩里和桃乐茜·吉福特(Dorothy Gifford)结婚;他们先后育有两个孩子。闲暇之余,他喜欢摄影、音乐、网球、壁球和侍弄花草。1957年4月29日,佩里去世,终年61岁。

## 二、理论与实务的主要贡献

佩里在各种会计职业组织中非常活跃。1932—1933 年间，任马萨诸塞州注册会计师协会的会长和马萨诸塞州注册部的主任；1955 年，他出任美国会计学会（AAA）会长；1956—1957 年，任美国注册会计师协会（AICPA）的副会长。1952—1956 年间，他还兼任全美会计师联合会（NAA）理事会、执行委员会和教育委员会等机构的职务。此外，他还是美国内部审计师协会，即后来的国际内部审计师协会（Institute of Internal Auditors，简称 IIA）的会员。

佩里一生，也为相关会计专业杂志写了很多学术文章。1954—1955 年间，他曾任哈佛大学的迪金森讲师。由于其在会计实务领域里的突出贡献，1956 年被授予 Alpha Kappa Psi 基金会计奖（The Alpha Kappa Psi Foundation Accounting Award），1957 年他去世后，还被授予美国注册会计师协会的金质奖章。

佩里在社会活动中也非常活跃，他曾先后在马萨诸塞州的波士顿（Boston）和西纽顿（West Newton）担任过社会职务，如担任过牛顿-韦尔兹利医院（Newton-Wellesley Hospital）的理事、会计主管和副院长，担任过安德沃牛顿神学院和牛顿储蓄银行的理事。

佩里认为："会计的主要服务对象是相关利益者。"①

**参考文献**

http://fisher.osu.edu/departments/accounting-and-mis/the-accounting-hall-of-fame/membership-in-hall/donald-putnam-perry/,2005-10-12.

（初稿执笔人：周德旺）

① Tamas J Burns，Edwards N Coffman. The Accounting Hall of Fame：Profiles of Thirty-Six Members [M]. College of Administrative Science，The Ohio State University，1976，49.

# 乔治·伊顿

## (Marquis George Eaton,1898—1958)

乔治·伊顿侯爵(Marquis George Eaton,1898—1958)是一位杰出的会计学家和会计实务界的先驱。他曾于1956年担任美国注册会计师协会(AICPA)的会长,是美国20世纪最具有影响力的会计大师之一,于1959年被列入会计名人堂。

## 一、个人简要生平

1898年9月27日,伊顿(见图23)出生于密歇根州的哈斯廷斯,其父母都是贵族,因此可谓身出名门。但伊顿的童年过得并不舒适,在他很小的时候就被带到印第安纳州还未被命名的一块领土上开始了其童年生活,不久又被带到俄克拉荷马州。12岁时,他的母亲因病去世。14岁时,他进入位于密苏里州的Wentworth军校学习。由于他学习刻苦与努力,随着第一次世界大战的爆发,他提前毕业并加入第一军官集训营。1917—1919年,伊顿作为中尉在美国陆军中服役。

1919年,第一次世界大战结束后,伊顿加入了位于纽约的美国中部石油公司,主要从事簿记员工作。直到1924年,他辞去这份工作,开始从事自己的会计实务工作。1926年秋天,他加入了位于得克萨斯州威奇塔瀑布附近的联合石油公司并成为一名会计。同时,在繁忙工作之余,他进入纽约大学学习会计专业知识,只是由于工作地点的变迁未能取得学位。

图23　乔治·伊顿

1929年,伊顿在得克萨斯州取得了注册会计师资格。1928—1931年,他加入了总部位于俄克拉荷马州塔尔萨市的L. E. Cahill公司,担任会计师。1932年他开始担任巴洛-瓦德-古思里尔会计师事务所(Barrow-Wade-Guthrie Co.)的办公室主任。1936年他辞去了这份工作,全家搬到位于得克萨斯州的圣安东尼奥市，自己另立炉灶，办起了会计咨询公司。一开始公司就他一个员工，可是经过他的不懈努力，这家公司在接下来的24年里发展成为当地最大的会计公司，拥有7名合伙人和25名员工。1943年，他成立了Eaton & Huddle会计事务所并担任合伙人一直到他病逝。

1922年8月15日，伊顿与夏洛特·伽伊普(Charlotte Goeppe)结婚。1958年2月23日，伊顿侯爵由于心脏病突发在得克萨斯州走完了他59年的光辉人生。他的突然离去令当时的会计业界所有人感到震惊，他曾经服务过的各个会计组织纷纷举行各种吊唁活动，美国注册会计师协会还给予他"时代导师"的高度评价。

## 二、理论与实务的主要贡献

伊顿自取得了注册会计师执业资格后，即开始积极活跃于各种会计职业组织，并且在这些组织中担任要职。1932—1933年间，因其杰出的贡献，他先后被选为俄克拉荷马州注册会计师协会的副会长以及会长，开始领导当地注册会计师协会的工作。1942—1943年，他被选为圣安东尼奥注册会计师协会的会长。在此期间，他还在得克萨斯州和俄克拉荷马州中的各种会计职业委员会中担任要职，帮助和起草各种会计规章制度，有效地推动了当地会计职业的发展。

1951年，他开始进入美国注册会计师协会(AICPA)并担任副会长。从此开始了他人生的巅峰时期，在此期间他不仅参与各种会计程序和会计准则的制订工作，帮助并推动了美国注册会计师行业的发展，而且他还在会计咨询委员会、执行委员会和惩戒委员会等组织中担任要职。1953—1954年，他还担任了得克萨斯州注册会计师协会的主会长。从上可见，他一直在为美国会计的发展贡献自己的力量。

1956—1957年，伊顿被选为美国注册会计师协会的会长，这是美国注册会计师们对他过去所做贡献的认可，也是对他致力于推动美国注册会计师协会的未来发展寄予很高的期望。实践证明，伊顿侯爵在担任美国注册会计师协会会长期间确实做了巨大的贡献。他曾多次出现在国内外的演讲台上，他以雄辩的口才和犀利的文笔见长，给听众们留下深刻的影响。他以会长的身份经常就会计政策、会计原则及注册会计师权益等问题出席国会的听证会。在当时因相关会计执业问题受到指责而导致会计师不利的社会环境下，他领导注册会计师成功地捍卫了自己的权利。他为捍卫注册会计师权益的不懈努力赢得了全国所有注册会计师的尊重和钦佩，即使那些不了解他的人也被他强有力的演讲和观点尖锐的文章深深震撼，他的亲密朋友们均被他无限的思维创造能力所感染。他对美国会计实务方面有极其巨大的贡献，参与领导编写了《注册会计师手册》(*The CPA Handbook*)并于1953年出版,有效地规范了当时的会计实务程序。在他杰出的领导下,美国会计行业特别是注册会计师行业取得了巨大的进步,他的言行对现代会计实务也产生了深远的影响。

伊顿侯爵不仅重视会计实务,也很重视会计教育。他认为会计是一门不断发展的学科,因此会计师们只有不断学习,不断地领悟和掌握新知识,才能成为一名合格负责的会计师,这不仅是对会计师自己负责,也是对社会公众负责。因此,他规定每位会计师在一定期间内,需要学习一定的时间。为此,他还以美国注册会计师协会会长的身份发表了一份《注册会计师终身教育》(*The Lifelong Education of the CPA*)的公告,强制性地要求所有注册会计师们执行继续教育制度。

不懈的努力和卓越的贡献为伊顿侯爵赢得了许多荣誉。他被聘为Bete Alpha Psi基金会的荣誉会员。在他去世后,1959年,美国注册会计师协会授予其金质奖,以表彰其对注册会计师行业的重要贡献。美国得克萨斯州大学专门设立以他名字命名的奖学金,奖励品学兼优的会计专业学生。佛罗里达州立大学将他一生所有的著作及演讲稿专门搜集起来出了专著,并将其列入图书馆永久保存以示纪念。

伊顿的会计格言是:"会计具有广阔的应用领域"①。

## 三、主要论著简析

伊顿侯爵不仅帮助领导制定了《注册会计师手册》,公开发表的文章也是数不胜数。但其最主要的思想和观点体现在其1956—1957年任美国注册会计师协会会长期间所发表的大量演讲当中。

### (一) 处于社会发展变化中的财务报告(1957)

1957年6月7日,他在伊利诺伊注册会计师协会发表了重要演讲"处于社会发展变化中的财务报告"。该演讲是针对当时社会环境不断发展变化,财务报告不断受到质疑而专门发表的。伊顿提出,编制财务报告的方法不是一成不变的,公认会计原则也是个发展的过程,因此,其中存在的部分缺点和问题是在所难免。这一观点相当鲜明,产生的影响很大,至今还被很多会计师们引用。

伊顿指出,我们正处于经济大发展的时代,这个时代不同于以往的任何时候,没有一个人在这个经济时代能完全知道这个经济系统正在和即将发生的一切,因为很明

① Tamas J Burns, Edwards N Coffman. The Accounting Hall of Fame: Profiles of Thirty-Six Members [M]. College of Administrative Science, The Ohio State University, 1976,19.

显，这个经济环境处于不断地变化中，并且是在高速度的变化之中，又经常以一种不能预测的方式出现。伊顿侯爵认为，有一种东西，它能够将处于不断变化的经济信息抓住并反映出来，这就是财务报告。财务报告是根据一定的规则将一个由复杂要素组成的企业信息以简单可理解的方式表达出来，而这些复杂的要素主要有土地、建筑物、机器、原材料、人工、相关负债等以及上述要素相互作用所产生的结果。没有充分掌握企业经营活动结果信息，就不可能做出明智合理的决策，而我们的国民经济也就不能正常地发展。

在编制财务报告中最重要的一点是关于利润的确定。因为利润的重要性使得确定利润的方法变得相当重要。因而，就出现了一个如何去确定净收益的问题。伊顿侯爵认为，这个问题不仅仅是给出一个答案就行了，它不仅要考虑会计职业还要考虑商业管理、政府机构、投资者、银行家、工会、经济学家、金融分析师及其他所有关心企业利润确定和分配的人们。他认为这些问题包括：如何确定利润；利润的确定方法又该由谁确定；目前确定利润的方法合适吗？如果不合适，怎样去改进它？伊顿侯爵认为应该从三个方面去考虑利润的确定方法问题：其一，是从税收的目的出发，必须符合国内税收法规及相关法规的规定；其二，是从效率评价的角度出发，必须与商务委员会、公共事业委员会及其他团体会计系统的规定相协调；其三，没有法律规定的，应该同公认会计原则相协调。为此，他从以下六个方面做了详细的阐述。

第一，关于公认会计原则（*Generally Accepted Accounting Principles*）。伊顿侯爵认为，“公认会计原则”没有被严格的定义，它是从现实的企业经济实务中演化而来的会计惯例，只是一个宽泛的概念。虽然美国会计学会发布了很多研究公告并对许多原则进行了定义或阐释，但是在某些特殊问题的会计处理上，又确实存在备选原则或程序。这样可能导致对同一会计问题运用不同处理原则计算出来的净收益差别很大。允许备选原则存在的原因可能非常充分，目前也没有一种更好的理由来反对存在多种备选原则。所以，如果对这种情况武断地强制只使用一种会计原则，将是非常不幸的，因为它不适应不断发展变化的经济环境，会计程序将会僵化，会计理论和技术的发展也会停滞不前。但是，当两家几乎相同的公司因采用不同的会计原则而导致它们的净收益存在巨大的差异，而且注册会计师还出具了“与公认会计原则相一致的”的审计意见时，人们也会无法理解。伊顿侯爵提出的意见是：企业前后各期的会计处理方法应当保持一致，这样可以防止公司对同一会计问题随意变更会计方法；但是这一原则也不能保证某一个行业的所有单位都采用一致的会计原则，而这样又使得同行业之间的财务报表相互比较变得相当困难，而解决这个问题在可预见的未来也是相当困难的。

第二，关于比较财务报告（*Comparability of Financial Reports*）。伊顿认为，企

业与企业之间存在巨大的差异,而这些差异会很自然地导致在会计处理方法的不同,从而使不同企业之间的财务报告可能不存在可比性。例如,金矿开采公司是在其产品处于被精炼的条件下就确认了收入,一般的公司是在其产品正式销售后才确认收入,还有一些公司的产品是分期收款销售,只有在收到款项的条件下才确认收入。所以,对于那些大量要求会计处理方法一致性的希望是不现实的,因为财务事务是千变万化的。所以,不同企业之间的财务报告是否具有可比性是我们需要思考的基本问题。解决这一问题,需要我们重新审视财务会计隐含的假设或基本假定。我们必须明白,会计不是一门自然科学,而是一门社会科学,它所计量和传递的有关经营活动的信息也是动态的和不固定的。

第三,关于会计假设(*Accounting Postulates*)。对于会计假设的最早研究是在美国,特别是在20世纪50年代最为充分。可是社会公众对会计假设提出了很强烈的质疑,认为会计假设削弱了财务报告的真实性。伊顿侯爵代表美国注册会计师协会回答了这个问题,他认为会计是一门社会学科,不是一门自然学科。由于加入了人类对活动的判断,所以会计以它独有的方式计量和传递的有关经营活动的信息。任何计量和传递信息的方法技术均是建立在一定的假设基础上,即使是它们被认为是暂时的。伊顿侯爵认为,当时的会计假设包括货币计量、持续经营和权责发生制三个方面。会计假设的存在,并不是因为实际情况就是这样,而是在于其必要性。著名会计学家乔治·奥利弗·梅说过:"如果会计假设不是必不可少的,他们就是站不住脚的。"上述会计假设都是从长期实践经验中发展出来的,但是可能并不只有这三个假设。如果目前的实践证明其他的假设更加有效,可能还会有其他的假设。但是,要改变这些假设也不是会计说了就算的,除非这些假设能够被企业和政府部门所接受。当然,这并不能意味着CPA就能逃脱他们应负的责任。

第四,长期存在的相关问题(*Continuing Problems*)。伊顿侯爵认为,无论我们取得了多大的进步,我们还是要必须面对现实,即由于社会经济的不断变革会带来许多新的问题。规章制度已经深深地影响到目前的会计实务,企业和相关机构都按照现行规定来进行会计处理、提供会计信息,但是它并不能公允地表达企业的财务状况和经营业绩。然而这些规章制度却已经成为公认的会计实务操作指南。不仅如此,新的企业经济业务的不断涌现,也会影响到会计实务。我们不能忽视这些问题的存在。

第五,关于责任(*Divisions of Responsibility*)。谁应该对这个一直处于发展变化状态下的所谓公认会计原则负责呢?伊顿侯爵认为,虽然美国注册会计师协会已经主动接受了领导研究寻找更好财务报告方法的责任,但是它们并没有,也不应该单独为这个公认会计原则的结果负责。伊顿侯爵认为,事实上,公司的管理者才是应该对财务报告负责的首要负责人，这个财务报告代表的是他们自己。很明显，公司有能力也必须带有部分主观判断，而这些主观判断削弱了财务报表的真实性；政府部门是另外一个责任承担者，政府部门应该运用他们的税收及管理力量来引导，而不是强加一个健全的财务报告。当然，伊顿侯爵也认为，CPA也不能逃脱他们应负的责任，CPA应该负有责任去衡量会计原则的新变化是否能体现财务报告的公允真实性。

第六，关于发展(*Evolutionary Progress*)。伊顿侯爵认为，公认会计原则一直处于快速发展和不断完善中，以满足这个飞快改变的社会，但应与一般法律一样，公认会计基本原则(GAAP)的发展也需要一个进化程序。也许目前的变化能够令人满意，但不是说我们现在就可以不急于解决我们目前遇到的问题了。虽然我们已经在财务报表形式上取得了巨大的进步，但是还要继续努力，主要是为了选用更好、更加精确的方法去报告财务事项的真实性而进行永无止境的研究，以使得财务报表更有效、更好地理解。同时也请公众明白，由于经济事项变得越来越复杂，而真实性也变得没那么简单和明晰，事实上就没有存在真实性的终点，所以这些问题不是简单的问题，在这个多变的社会里它们将永远存在。但就像乔治·奥利弗·梅曾说过的："会计永远不会比其所反映的还要更加确切。"伊顿侯爵认为，在会计原则的不断研究中，注定会存在着不一样的声音，在任何给定的时间上，观点可能不止两个或者更多，而这些观点又是建立在理论和逻辑上。只有实践才能证明哪个观点更加合理，从而最终变成公众所接受。但是我们同时必须注意，实践也是千变万化的。

### (二)"税收与会计方法"(1957)

1957年，伊顿在《纽约注册会计师》(New York Certified Public Accountance)杂志第8期上发表了题为"税收与会计方法"(*Taxation and Accounting Methods*)的论文。他认为，法律和会计原则存在了许多不协调的地方，比如所得税法就步入了一个两难的困境，它的影响力是有力的但并不总是有效的。如果在商业管理中存在着可允许的替代会计处理方法，就会很自然地倾向于采取一种导致税赋最小的方法。即使这些会计处理方法是国内税收署所允许的，但未必是向股东和社会公众报告经营结果的最好方法。可是会计师们认为这些会计处理方法是最合适的，认为股东没有必要支付巨额的额外税收而放弃这种合法的和可接受的确定净收益的会计处理方法。因此，伊顿侯爵认为，在政府和注册会计师协会之间应该相互合作，而且是更紧密的合作，只有相互协调而不是相互孤立才能解决这个问题。

### (三)"会计的科学性"(1957)

1957年5月，俄亥俄州召开了第九届会计年会，伊顿侯爵作了"注册会计师终身教育”的大会报告，提出了“会计的科学性”(The science of accounting)重要观点。伊顿侯爵对会计的前景非常乐观，他认为会计已经是在现代商业中占有一席之地。在整个商业世界中，对会计服务的需求将会得到进一步的扩张，这种扩张将毫无疑问地向广度和深度两个方面渗透，将会有更多的较落后国家会逐渐接受会计这一职业，就像现在会计在发达国家中的重要性一样。会计作为一个职业，应当经常审视自己的道德标准、职业规范，应当不断强化自我学习。会计职业应该为商业活动、政府活动等各种事务提供更完美的服务，不仅应提供传统的服务，还应该提供更高层次的服务。

伊顿侯爵认为，会计是一门不仅追求自身利益，更是为企业管理、企业理财、政府管理等相关技能提供服务和为决策判断提供指导的学科。因此，会计的未来非常美好。

## 参考文献

[1] Anonymous. Marquis G Eaton[J]. Journal of Accontancy, 1958(2):29.

[2] Eaton M G. Financial Reporting In A Changing Society[J]. Journal of Accontancy, 1957(3):25-32.

[3] Eaton M G. Financial Reporting in A Changing Society[C]. American Institute of Certified Public Accountants, 1957.

[4] Eaton M G. How Much Should A CPA Earn[J]. New York Certified Public Accountance, 1957(4):930.

[5] Eaton M G. Taxation and Accounting Methods[J]. New York Certified Public Accountance, 1957(3):566.

[6] Eaton M G. The Economics of Accounting Practice[J]. Journal of Accontancy, 1957(3):1.

[7] Eaton M G. The Science of Accounting[J]. Journal of Accontancy, 1957(4):64.

[8] http://fisher. osu. edu/departments/accounting-and-mis/the-accounting-hall-of-fame/membership-in-hall/marquis-george-eaton/, 2005-10-05.

(初稿执笔人：陈瑞龙)

# 莫里斯·休伯特·斯坦斯

## (Maurice Hubert Stans,1908—1998)

莫里斯·休伯特·斯坦斯(Maurice Hubert Stans,1908—1998)是一位著名的会计学家,由于其在会计领域里的杰出贡献,他是1960年唯一一位被选为美国会计名人堂的会计名人。

## 一、个人简要生平

1908年3月22日,斯坦斯(见图24)出生在明尼苏达州的谢科琨市。其父约翰·赫伯特(John Hubert)曾是一名室内粉刷工,也曾在一个乐团当指挥。母亲名马蒂尔达·尼森·斯坦斯(Mathilda Nyssen Stans)。斯坦斯在圣·马可中学接受了初等教育,并在那里成为一名致告别辞的优秀毕业生代表,这是该校最高的荣誉。后来他进入谢科琨中学(Shakopee High School)继续其高中学业,学习的范围包括数学、簿记、速记、政治、公开演讲、经济和社会问题等。1925年,他以优异的成绩毕业,并获得优秀毕业生的荣誉。

图24 莫里斯·休伯特·斯坦斯

1925年,年轻的斯坦斯背着一个萨克斯管、怀揣151美元现金离开了他的家乡谢科琶,来到西北大学求学。他靠所带的那点钱维持生计,直到在芝加哥市找到了一个速记员的工作。1925—1928年间,年轻的斯坦斯白天从事速记员的工作,而晚上则在芝加哥的西北大学进修商科的课程。1928—1930年间,他又到哥伦比亚大学上夜校,但是由于种种原因,他未能完成获得学位所必需的课程。

速记员的工作是他在哈里·利瓦伊公司的芝加哥分公司找到的。1928年,他辞去了这份工作,并加入亚历山大-格兰特会计事务所(Alexander Grant Company)。

1931 年他取得纽约市和俄亥俄州的注册会计师资格，并成为合伙人；1938 年，他升任执行合伙人并一直做到 1955 年。此间他在 8 个州拥有注册会计师资格。1955 年，他辞职去出任邮政部的副部长。

斯坦斯进入邮政部的机会比较偶然，起因于他 1953 年所承担的一个为期六周的预算研究。当时他作为一个专门工作组的成员，帮助美国众议院拨款委员会审查 1954 年的联邦预算。这个工作花了他们一年的时间去研究邮务财务管理系统及其会计实务。当这项任务完成时他成为邮政部长的顾问，致力于使邮政财务管理系统和会计实务处理现代化的研究。在随后的两年里，他花了几乎一半的时间在这件事上。1957 年他被任命为预算局副局长，在这个位置工作了 6 个月后，即 1958 年 3 月，他被任命为预算局局长，一直做到 1961 年。

1961—1962 年，斯坦斯担任位于洛杉矶的美国西部银行的董事和董事长，他还是加州联合银行的董事和董事会副主席。同时，他在加利福尼亚的几家大公司担任董事，在波莫纳学院当理事，是洛杉矶市政经济效率委员会的主席，并且是加利福尼亚州的法律修订委员会成员。他也是一名在多家报刊上发表文章的专栏作家。1963 年，他成为威廉·R·斯塔茨公司(William R. Staats Company)的高级合伙人，该公司在 1965 年与葛罗福根公司(Glore Forgan, Inc.)合并，合并后他被选举为该公司的投资银行业务部的总裁，并移居纽约。1968 年，他先后担任尼克松总统委员会、筹资委员会的主席，随后他成为共和党全国筹资委员会的主席。由于他的努力工作，曾创纪录地为共和党阵营筹集了大量竞选资金。1969—1972 年，斯坦斯开始担任美国商务部部长。作为商务部部长，斯坦斯是总统制定政策的最高智囊之一，只要涉及商业问题，他就要和总统的核心三人组打交道。

1972 年，在他的好友尼克松第二次竞选总统的活动中，斯坦斯再次出任了总统筹资委员会主席以及共和党全国筹资委员会的主席，但这个职务给斯坦斯带来了多年噩梦般的后果。1973 年，斯坦斯被起诉 10 次，罪名是作伪证以及与非法组织相勾结，该组织资助过逃亡的金融家罗伯特·维斯科。尽管陪审团在 1974 年宣判他无罪，斯坦斯还是承认自己两次非自愿地违背了竞选筹资法以及接受了三次非法捐赠。

1978 年，斯坦斯出版了一本名为《恐怖的司法：水门事件不为人知的一面》(*The Terrors of Justice: The Untold Side of Watergate*)的书，这本书由纽约 Everest House 公司出版。事实上，后来正是这本书毁掉了他的政治前途。

1933 年 9 月 7 日，斯坦斯与凯瑟琳·卡莫迪(Kathleen Carmody)结婚，婚后收养了 4 个孩子。他妻子于 1984 年 10 月去世。斯坦斯的业余爱好是捕鱼和打猎。1998 年 4 月 14 日，他死于帕萨迪纳，享年 90 岁。

## 二、理论与实务的主要贡献

斯坦斯活跃于职业组织，先后担任美国注册会计师协会（AICPA）的副会长（1949—1950年）和会长（1954—1955年），是AICPA的理事会和执行委员会的成员。同时他也是其他很多委员会的成员，如会计程序委员会（1943—1948年、1953—1954年）和会计术语委员会（1953—1954年）等。他曾担任伊利诺伊注册会计师协会的理事（1944—1946年），并担任该组织发行的期刊《伊利诺伊注册会计师》（*The Illinois Certified Public Accountant*）的编辑。他还是很多职业组织的会员，包括美国会计学会（AAA）、政府会计师联合会（AGA）、全美会计师联合会（NAA）、哥伦比亚注册会计师协会（District of Columbia Institute of CPAs），以及纽约、加利福尼亚和夏威夷的注册会计师协会等。他在专业杂志上发表了许多文章，并且参与编辑了AICPA于1953年发布的《注册会计师手册》。

由于斯坦斯的杰出成就，他获得过很多荣誉，包括Alpha Kappa Psi会计奖（1952）、美国注册会计师协会金质奖章（1954）、税务基金奖（1959），以及国际特许经营协会的自由企业奖（1987）等。

斯坦斯的一生中，也曾获得很多大学授予的荣誉法学博士称号，其中包括伊利诺伊韦斯利大学（1954），西北大学（1960），德保罗大学（1960），圣地亚哥大学（1970），佩珀代因大学（1984），以及葛拉夫市立学院（1969），圣安塞尔姆学院（1969），古斯塔夫斯·阿道弗斯学院（1970），波莫纳学院（1971）和梅利维尔学院（1971）。1960年，教区牧师学院授予他名誉公共管理博士学位；1972年，里约格兰德学院授予他名誉公共事业博士学位；1979年，他获得美国国立大学人文文学的名誉博士学位。

斯坦斯的一生也为公益事业做出了独到的贡献。1940年，斯坦斯在芝加哥建立斯坦斯基金并担任该基金会的理事和会长，该基金会是一个拥有1 000 000美元的非盈利性慈善组织，主要用于资助慈善、宗教、科学组织和教育机构。作为一个积极的野生动物保护者，斯坦斯也是非洲野生动物基金的创始人之一，并担任理事（1959—1963年）。1952年，他还作为发起人和主要赞助者在南卡罗来纳州的Rock Hill创立了一个自然历史博物馆。

斯坦斯的会计格言是："绝对中立并不存在"①。

---

① Tamas J Burns, Edwards N Coffman. The Accounting Hall of Fame: Profiles of Thirty-Six Members [M]. College of Administrative Science, The Ohio State University, 1976, 63.

## 三、主要论著简析

### (一) 主要论文

“小企业需要什么?”(*What Small Business Needs*)。该文发表于《会计评论》(*The Accounting Review*)1946年10月第21卷第4期。文中指出:如今小公司面临着千头万绪、错综复杂的问题。这些问题牵连甚广,不仅关乎经济问题,还涉及社会问题和政治问题。大企业变得越来越大,越来越集中,而且更加稳定,这对于小企业来讲是前所未有的不利条件。世界大战时的状况受到人们的谴责,因为大量的生产力和技术都留给了大型企业,使得这些企业此间获得了极好的成长机会,不仅扩大了生产规模,并且获准增加大量的资源。一般来说,资本对几乎所有企业都是相当重要的。在放贷和收款期间,用于商业投资的资金必须足够购买存货,并能负担放贷和收款之间的销售经费。政府的官僚主义、规章制度等繁琐问题,都给小企业形成了麻烦。对于像美国这样的复合型工业国家而言,政府必须加强对自身工作的管制,以协助小企业进行改良。

“损益表的现代化”(*Modernizing the Income Statement*)。该文发表于《会计评论》1949年1月第24卷第1期。文中指出:在公司制度中,会计由来已久并源远流长。作为一门商业语言,会计在促进工业生产力增长方面的地位、重要性以及作用得到了极大提升。独立核算的企业一直在对产品成本进行核算和费用分摊,以计算出会计收益,这些活动的最终结果是损益表。目前有两个因素使得这个工作比以前更加困难:一是公众似乎对企业财务会计缺乏最基本的信心,这主要是由于语言表述的混乱以及会计方法滥用造成的;二是由于没有对货币价值进行调整的机制,使得采用货币计量的企业会计有很多局限性。例如,就目前而言,经济表面的繁荣和显著的通货膨胀交织在一起,其效果便相互叠加难以区分。随着公司制度的发展,经济也会随着发展,而经济的发展也必然带动政治和社会结构的变迁。但是无论怎样变化,不管采用何种方式,也不管最终是采取专制的方式还是回复到前工业时代那种家庭自给自足、不存在交换和分配问题的状态,经济不平衡的问题最终将得到解决。

“存货定价与价格水平的变动”(*Inventory Pricing and Changes in Price Levels*)。该文发表于《会计评论》1954年第29卷第2期,是斯坦斯与他人合作的论文,主要论述了存货的定价以及存货价格水平变动中的相关理论与实务问题。文中指出:理论上说，会计利润的计量过程是特定商品的可辨认成本与该特定商品出售所产生的收入之间的精确配比。但事实上，这种可辨认成本与收入之间的精确配比是无法实现的。我们可以通过采用成本流转假设来模拟可辨认成本进而进行配比。一方面，成本流转假设是符合实际的，它反映了商品实际流动的最突出特征，因此，先进先出、加权平均和后进先出这几种成本流转的运动方式存在其实际的优势；另一方面，成本流转假设也可以是人为的，同实际物质运动相比，我们可以假设仅是一种成本的流动。然而，一个商业企业某个时期的收益是通过从这一时期的收入中扣除和这部分收入相联系的成本而计算出来的。在有些情况下（比如委托销售），一个时期所发生的成本与该时期收入之间的关系是相当直接的，成本与收入之间的配比非常明确，则会显得毫无疑问。

"联邦预算需要改革"（*The Federal Budget Needs Reform*）。该文发表于《会计师》（*Journal of Accountancy*）1966 年 11 月第 122 卷第 5 期。文章对 1966 年美国联邦政府的预算改革提出了一些观点和看法，介绍了预算中主要信托基金的详细情况，最后分析了导致预算混乱的若干因素以及预算改革委员会在改革中应解决的问题。

"银行应扩展国际性服务"（*Banks Should Expand International Services*）。该文发表于《银行界》（*Banking*）1969 年 8 月第 62 卷第 2 期。文中首先对 1969 年 8 月美国商务部提出银行应提供国际性服务的建议进行了分析，然后分析了如何说服更多的美国公司加大商品出口所面对的实际困难，提出了地方银行在出口融资方面可采取的措施，以及商务部对银行及其客户所能提供的服务。

"银行的未开发市场"（*The Untapped Market for Banking*）。该文发表于《银行界》1970 年 12 月第 63 卷第 6 期。文中重点关注了由美国国家标准总局发起的一场争论，这场争论是关于美国是否应批准正式采用国际公制的建议。文中引用了美国在公制研究方面的成果，讨论了公制的使用对国家经济产生的影响，针对公制的选择与否进行了成本—效益分析。

"美国是否应批准关于正式采用国际公制的建议"（*Should the U. S. Approve Pending Recommendations to Adopt Officially the International Metric System*），该文发表于《国会辑要》（*Congressional Digest*）1971 年 12 月第 50 卷第 12 期。文中指出：银行一直忽略少数民族族群（minority）[①]，但优秀的银行有理由开始关注他们。因为这是一个未开发的大市场，它的成长速度很快，该人群的教育和经济水平得到提高，

① 文中的"minority"包括黑人，墨西哥人，波多尼各人和爱斯基摩人。

更愿意开办企业，且他们视野的开拓使得他们对待社会经济的态度得到改变。少数民族创办的企业具有和传统小企业一样的特征，可以采取类似的处理方式。美国各地都有一些银行积极着手帮助少数民族的企业，美国政府也参与降低银行风险，并提高该资助的效果。政府的支持通过OMBE这个组织集中实施。小企业利益保护局(Small Business Administration，简称SBA)为短期贷款提供担保，少数民族小企业投资公司(Minority Enterprise Small Business Investment Company，简称MESBIC)项目则帮助少数民族企业获得营运资本贷款。美国银行联合会已制定了资助少数民族企业的时间表。银行内部对该贷款项目的态度也发生了重大转折，下级人员都积极参与或协助了该项目。但有些银行的计划因种种原因可能流产。这个项目受益众多，我们有更多的工作可以做。

“资本主义的‘追随者’”(*Running Dogs of Capitalism*)。该文发表于《国民评论》(*National Review*)1984年12月第36卷第24期。文中指出：近年来中国发生了翻天覆地的变化。改革开放之后，中国从中央集权的计划经济转型为市场经济。经过众多开拓性运动以及两代领导人的努力，中国的经济实质上推行了资本主义，包括农田归家庭管理、私营和合营企业受到鼓励、设立了经济特区和经济开发区以吸引外资和扩大出口，以及允许香港地区在回归后50年内保留资本主义制度。中国改革也取得了巨大成就，北京明显的变化以及农业产量和收入激增印证了资本主义道路的优点，人口问题也因计划生育政策而得到控制。但资本主义的缺点也同时在中国出现。鉴于中国人口众多，资源丰富，潜力巨大，很多问题都需要前瞻性思考。但中国的政治安全问题以及对世界的政治、经济影响，也有待进一步地观察。

### (二) 主要演讲

由于工作的原因，斯坦斯一生做过多场演讲，主要有：“通向工业和平的道路”(*The Road to Industrial Peace*，1947)、“责任：发展的定则”(*Responsibility: Formula For Progress*，1960)、“有建设性意义的行为：个人的力量”(*Constructive Action: The Power of the Individual*，1962)、“有效社会的‘三个不要’”(*The Three Don'ts: A Workable Society*，1969)和“商业展望”(*Business Outlook*，1970)等。

### 参考文献

[1] http://fisher. osu. edu/departments/accounting-and-mis/the-accounting-hall-of-fame/membership-in-hall/maurice-h. stans/.

[2] Stans M H. What Small Business Needs[J]. The Accounting Review, 1946, 21(4): 361-371.
[3] Stans M H. Modernizing the Income Statement[J]. The Accounting Review, 1949, 24(1): 3-14.

（初稿执笔人：杜安利）

# 埃里克·路易斯·科勒

## (Eric Louis Kohler，1892 — 1976)

埃里克·路易斯·科勒(Eric Louis Kohler，1892—1976)是美国历史上的杰出会计学家之一，曾有“会计巨人”之称，他在会计理论与实务方面对会计界的影响得到了业界的普遍认可，成为1961年唯一一位入选美国会计名人堂的会计大师。

## 一、个人简要生平

1892年7月9日，科勒(见图25)诞生于密歇根州的Owosso市，他的父亲是F·埃德温(F. Edwin)，母亲名凯特·伊芙琳·本特丽·科勒(Kate Evelyn Bentley Kohler)。科勒在安阿伯(AnArbor)度过高中时光后进入密歇根大学深造，并于1914年获得学士学位，仅一年后，即1915年，科勒即获得了西北大学的硕士学位，第二年(1916年)他就在伊利诺伊州取得了注册会计师资格。

图25 埃里克·路易斯·科勒

从西北大学毕业之后的二十几年里，科勒都在企业里从事实务工作，积累了大量的实践经验，并为以后的会计理论研究打下了扎实的基础。他在这期间的工作经历有：1915—1917年，就职于亚瑟·安达信公司；1917—1919年，由于第一次世界大战，他在美国陆军军需部服役，任上尉；1919—1920年，回到亚瑟·安达信公司；1922—1933年，供职于Kohler，Pettengill & Co.(即之后的E. L. Kohler Co.)；1933—1937年，重新回到亚瑟·安达信公司工作。

1938—1944年间，科勒先后进入了3个联邦政府部门担任重要职务。这3个政府部门分别是田纳西河流管理局、紧急状况管理与战时生产委员会办公室和战争石油管理部门。从1945年开始，科勒开始进入会计咨询领域从事会计咨询服务工作。

1946年,他供职于美国农业部,担任财政顾问;1946—1947年,他是美国审计总署的顾问,同时是美国总审计长的顾问团成员和美国财政部超额利润税委员会的委员;1948—1949年,科勒应当时为了配合马歇尔计划而设置的美国经济合作总署的聘请,担任了这个机构的总署长。

除了对会计的热爱和痴迷,科勒还有一些其他爱好,他在闲暇时喜欢摄影,这是他业余生活不可或缺的一部分。电子学也是科勒的兴趣之一。除此之外,他对音乐更是情有独钟。在科勒年轻时,他曾经梦想成为一名作曲家和鉴赏家,为此他还曾学过作曲。当最初的梦想不能实现时,他还是一生都保持着对音乐的热爱。也是出于对音乐的这份感情,科勒从1960年一直到他1976年2月20日离开人世,都担任着芝加哥音乐剧院理事会的会计主管和顾问一职。

不得不提的是,科勒身材高大伟岸、个性鲜明但却选择了独身,终生也没有结婚成家,其中缘由无法考证,但可以肯定的是他能独自走完83年的人生历程,会计和广泛的业余爱好对他的人生起到了很大的支撑作用。

## 二、理论与实务的主要贡献

科勒无论对会计理论还是会计实务都产生了非常深远的影响。科勒被誉为"会计巨人"[①],不仅是因为他高大的身材,更因为他渊博的学识和对会计界所作出的卓越贡献。理论论著是专家研究成果和学术思想的集中体现,大凡著名的学者专家都会留下很多论著,科勒也不例外。他在从事会计实务时不断地分析总结,并进行会计理论的研究,他先后在各种专业期刊上发表了100多篇论文,从20世纪20年代开始出版了大量的会计专业著作。

科勒凭着对会计咨询业的热爱,在结束了美国经济合作总署的工作后,重新投入到社会服务性的会计咨询工作中。实际上,在1948年和1949年这两年间,科勒并没有中断他的会计咨询工作,从1947年一直到1968年,他都是国会组织之一的美国商会顾问团的成员。科勒与罗斯福大学的渊源颇深,是罗斯福大学的理事会成员(1947—1968)和工商管理学院顾问委员会成员(1957—1971)。

科勒除了在企业和政府部门任职外,在会计职业组织中的表现也相当活跃。1928年,年仅37岁的他就已成为享誉会计学界的《会计评论》(*The Accounting Review*)杂志的主编,并一直持续到1942年,前后长达15年。他分别在1936年和1946年两次

---

① 参见 http://www.nysscpa.org/cpajournal/1996/0896/nV82f96.htm。

成为美国会计学会(AAA)的会长。另外,1928—1931年,科勒作为伊利诺伊州注册会计师考试委员会的成员在注册会计师考试这项工作中倾注了很多心血。在此期间,他还是美国注册会计师协会(AICPA)下属会计术语委员会的主席,为统一会计术语的理解和运用作了非常大的贡献。科勒还加入了全美会计师联合会(NAA)和伊利诺伊州注册会计师协会。

与很多会计大师一样,科勒也十分关心美国的会计教育事业,投入了很多精力和时间在会计人才的培养上。他一生到过很多大学,传播会计知识,为学生授业解惑,用自己对学问的严谨态度和治学精神影响一批又一批的会计新人,并用自己对会计理论的专注精神影响学生。早在1922—1928年间,他就在其母校——西北大学作为夜校的教授,从事会计教育工作。为了教育事业,科勒从20世纪50～60年代的十多年间,先后在俄亥俄州立大学、明尼苏达大学、芝加哥大学和伊利诺伊大学等校做客座教授。为了更好地进行会计教学工作,科勒还写了不少会计学教科书。此外还在美国会计学会(AAA)主办《会计评论》的教育专栏上发表了很多论文,提出了很多观点,比如他提出案例在教学上的重要性和优越性,并针对这一问题说明了应当如何获取案例,以何种方式将其引入课堂等。

即使到了晚年,科勒仍然是笔耕不辍,继续在权威会计杂志上发表论文,表达自己的观点。在科勒这一时期的作品中,有一个特点,那就是他更倾向于写书评。为广大会计专业的读者介绍优秀的书刊,如他在1965年9月份《会计杂志》对Raymond P. Marple的《基本会计哲学》(*Toward a Basic Accounting Philosophy*)一书的概括介绍和中肯评价。正如上文提到的,科勒的性格鲜明,勇于提出质疑,这在他写的书评上,也能反映这一点。同样是在《会计杂志》上,科勒在1966年8月对哈沃德·柔斯(Howard Ross)的《捉摸不透的会计艺术:浅评财务报表》(*The Elusive Art of Accounting: A Brash Commentary Financial Statements*)一书不仅提出了其优点,还以犀利、诙谐的措辞指出了其中的不足,提出了自己的疑问。

科勒在其著作和论文中提出了很多就当时来说十分新颖和独到的观点,有些已被验证了其先进性。比如目前十分流行的作业成本法的相关观点,会计界公认为是科勒最早从理论和实践上探讨作业会计。1941年,科勒在《会计杂志》发表论文首次对作业、作业账户设置等问题进行了讨论,并提出"每项作业都设置一个账户"。科勒在文章中指出:"作业就是一个组织单位对一项工程、一个大型建设项目、一项规划以及一项重要经营的各个具体活动所做出的贡献"①。类似的例子还有他在1952年提出的

① 参见《ABC理论与实施》. http://xinxihua.cn/CEO/2004-06/84591.htm.

“棋盘式分析表”，探讨旨在解决多重对应关系的多式簿记法。

由于科勒对会计理论与实务的卓越贡献，他对会计界的影响得到了普遍的认可，亦为其一生赢得了很多荣誉。1924—1927年，他是Beta Alpha Psi的主席，同时也是Beta Gamma Sigma的成员；1945年，他被授予美国注册会计师协会的最高荣誉——美国注册会计师金质奖章；1958年，他成为Alpha Kappa Ps会计奖的获得者；1961年，科勒成为这一年唯一入选会计名人堂的会计大师，使其在会计界的地位随之得到了进一步的提升。

科勒的会计格言是：“历史成本：一种可支持会计估价的基础”①。

## 三、主要论著简析

科勒个性鲜明，思路缜密且具有渊博的知识，对会计理论的某些方面有自己独到的见解，论著丰硕。由于科勒一生供职过的单位非常多，从企业到咨询公司再到政府部门，他都有所涉猎。再加上其实践经验异常丰富，在此基础上他潜心钻研会计和审计实务上的热点和难点问题，最终形成了很多旨在指导实务操作的专著。由于其特殊的工作经历和工作特点，科勒的很多著作都与政府部门的会计工作相关，更多则是为帮助企业进行会计或审计实务操作而撰写的指导性很强的原则准则类、词典类的工具性书刊，其对会计实务的发展和进步起了很大的推动作用。如1927年出版的《企业家会计》(*Accounting for Business Executives*)，1939年出版的《高级会计面临的问题及其解决方法》(*Advanced Accounting Problems and Solutions to Advanced Accounting Problems*)和1952年出版的《会计词典》(*A Dictionary for Accountants*)等。除此之外，他还为美国高质量会计准则的形成作了不小的贡献，他与Paul W. Pettengill合著的《审计原则》(*Principles of Auditing*，1924)，与Paul L. Morrison合著的《会计原则》(*Principles of Accounting*，1926)的出版都促进了美国会计准则的进一步完善。由于科勒对管理会计和政府会计也颇有研究，他与Howard W. Wright在1956年合著的《政府会计》(*Accounting in the Federal Government*)，以及独撰的《管理会计》(*Accounting for Management*)是他在这方面的主要著作。在科勒的所有著作中，影响最大、最深远、应用最广的当属1952年首次出版的《会计词典》(*A Dictionary for Accountants*)，直到现在还在被广泛运用，在很多文章中甚至在美国财务会计准则委员会(Financial Accounting Standards Board，简称FASB)后期发布的报告中也有引

① Tamas J Burns, Edwards N Coffman. The Accounting Hall of Fame: Profiles of Thirty-Six Members [M]. College of Administrative Science, The Ohio State University, 1976,31.

用《会计词典》中的定义。在此书中，作者听取各方面专家的意见，对会计以及与会计相关的学科术语进行了明确的定义。事实上，这不仅仅如编纂一本词典那么简单，它是作者对会计职业界所面临的热点问题进行探讨和研究的工具。

### (一)《会计词典》(1952)

科勒的《会计词典》(1952)，是我们现在可以查到最早关于会计名词定义的系统性词典。在20世纪50年代，就如科勒在《会计词典》前言中所说的那样，“尽管簿记和会计的初步形式在文明时代初期就已存在，但是现代会计原则和会计语言却是刚刚开始”①。1952年第1版《会计词典》的出版对会计界来说具有里程碑的意义，它把会计涉及的术语都集合到一起，并对其作了简洁的定义和概括，为会计人员更好地理解会计，更有效地开展会计工作提供了一个相当有利的工具。同时这本著作还具有很高的学术价值，它从很多其他可能对会计未来发展产生影响的学科领域角度突出会计的发展和会计概念，从而为会计的发展提供了广泛的基础。

科勒之所以会产生把会计学的概念建成一个体系，为会计职业界和会计实务服务的想法，源于20世纪30年代科勒在美国会计术语委员会(American Institute of Accountants' Committee on Terminology)工作的经历。1931年，美国会计术语委员会发布了包含729个词条的《会计名词》(*Accounting Terminology*)，之后不久，科勒成为了美国会计术语委员会的成员。他对这个工作十分感兴趣，并于1936年成为了该委员会的主席，它在委员会成员的协助下校订了第2版《会计名词》，其中包含了991个词条。在正式发行之前，200份初稿在会计职业界流通试用。但是会计术语委员会最终成了AICPA的附属机构“会计术语委员会”，可当时AICPA却没有对这个工作给以足够的重视，所以第2版的《会计名词》最终没有继续下去，于是科勒决定自己完成这个工作。

科勒在筹备第1版的《会计词典》时花了约15年的时间。该词典涉及经济学、法学和管理学等学科，要完成这本词典的编撰不是一件容易的事情，科勒常常和社会各界人士讨论与会计相关的名词的概念，其中包括经济学家、工程师、企业界人士、政府官员还有会计学和工商管理学的专家、学生等。

《会计词典》(1952)深受会计职业界的欢迎，从1952—1956年每年都要再版一次。科勒并没有就此停止这项工作，直到他80多岁去世前都在不断地对这本词典进行修订与完善。科勒在生前一共对这部词典修订了4次，连同1952年的初版共有5个版

① Eric Louis Kohler. A Dictionary for Accountants [M]. Englewood Cliffs. N J: Prentice-Hall, Inc., 1952.

本，即 1952 年、1957 年、1963 年、1970 年和 1975 年。到 1975 年 4 月的第 5 版时，该词典已经包含了 3 000 多个名词。遗憾的是第 5 版的词典出版后不到 1 年，这位 83 岁老人就与世长辞了。可以说，这部词典倾注了科勒后半生几十年的大部分精力。

1952 年版的《会计词典》一共包含了 2 275 个词条。词典中明确地定义了各种会计学属性，会计准则和会计职业界的职责。这本书的作用远远不止于一本词典，在形式内容上也和一般意义上的词典有很大区别。事实上，这本词典也是作者对会计职业界面临的热点问题进行探讨的工具。对一些术语的定义事实上更接近于一篇小论文，在这些小论文中作者就某些问题详细地阐述了自己的观点。例如计量、收入确认、披露和会计职能等问题。在词典中，作者为了说明某个问题往往会引用大量例子。另外，词典中还包含了很多图表、公式。例如，词典针对资产负债表这一词条，就用了 4 页的篇幅，各用一个例子说明了账户式（account form）和报告式（report form）两类资产负债表的结构要素，之后还说明了资产负债表结构和内容方面的 12 条原则。当读者阅读时就会发现这不仅仅是一本词典，更是科勒教授对他的会计理论观点的阐述。

科勒认为，清晰的定义对会计的发展非常重要，他对模棱两可的语言十分反感。这种信念一直贯穿于他对词典的编写中。所以，对《会计词典》的每一个词条的定义和阐述，他都认真地反复考证，尽量做到明确易懂。

词典的词条不仅包括会计学的专用词语，也包含了一些相关学科的术语，其中包括法律、金融、经济学、统计学、国际贸易、工商管理等。根据《会计词典》前言的介绍，这些词条的数量比例大致是这样的：基本的英语词汇 132 个；基本的会计专用词 328 个；发展的会计词汇 835 个；法律词汇 242 个；财务词汇 206 个；商业词汇 86 个；政府词汇 84 个；统计学词汇 80 个；数学词汇 58 个；保险学词汇 57 个；价格词汇 56 个；税收词汇 46 个；经济学词汇 34 个；其他词汇 31 个。

### （二）《柯氏会计词典》(1983)

随着会计环境的不断变化，会计业务的不断更新，会计学的不断发展，科勒的《会计词典》难免有些与现实不相符的地方。于是在 1983 年，由同是会计名人堂成员的美国会计学家威廉·威格·库珀（William Wager Coope）和美籍日裔会计学家井尻雄士（Yuji Ijiri）历时 4 年，根据 1975 年的第 5 版《会计词典》改编的《柯氏会计词典》（*Kohler's Dictionary for Accountants*）（也就是第 6 版的《会计词典》）出版了，这本修订后的词典增加了一些新的词条，对旧的词条进行了一些删改，但基本上保存了原《会计词典》的风格和内容。由于其内容的完整性，事实上目前使用较多的是《柯氏会计词典》。我国台湾学者龙毓聃在 1970 年翻译了科勒的《会计词典》并由三民书局出版。

1983 年的《柯氏会计词典》的词条数增加到了 4 538 个,其中的 2 260 个是从第 5 版的《会计词典》中沿用下来的,不过其中很多地方都已经过修改,另外的 1 878 个则是新定义的词。《柯氏会计词典》和《会计词典》的区别主要是由于电脑和相关技术手段的发展对会计实务和会计理论研究的影响所造成的。由于从 1973 年以后,美国财务会计准则委员会(FASB)已经成立,而且其权威性不断提升,所以在《柯氏会计词典》中很多地方引用了 FASB 的定义和表述。在词典的结构上有一个很大的区别,那就是《柯氏会计词典》书后多了一个索引,这是对先前版本的一个改进,有了这个索引,读者就可以更加方便地使用这本词典。

### (三) 其他主要会计著作

科勒的其他著作主要有:《在联邦所得税基础上的会计准则》(*Accounting Principles Underlying Federal Income Taxes*,1924)和 Paul W. Pettengill 合著的《审计原则》(*Principles of Auditing*,1924);与 Paul L. Morrison 合著的《会计原则》(*Principles of Accounting*, 1926);《企业家会计》(*Accounting for Business Executives*, 1927);《高级会计面临的问题及其解决方法》(*Advanced Accounting Problems and Solutions Advanced Accounting Problems*, 1939);《审计——公共会计工作指南》(*Auditing, An Introduction to the Work of Public Accountant*,1947);与 Howard W. Wright 合著的《政府会计》(*Accounting in the Federal Government*,1956);《管理会计》(*Accounting for Management*,1965);《埃里克·路易斯·科勒 1919—1975 年的文集》(*Eric Louis Kohler: A Collection of His Writings* 1919—1975,1980)①;《高级管理会计问题的解决对策(第二版)》(*Solutions for Advanced accounting problems*,1947);《田纳西河流管理局简史》(*Tennessee Valley Authority oral history*, 1971);《例证性审计入门》(*Illustrative Audit to Accompany Auditing: An introduction*,1947);《例证性审计》(*Illustrative Audit*,1924);《行政部门会计问题》(*Accounting Problems of a Governmental Agency*)②。

### 参考文献

[1] 杨纪琬,阎达五. 论"会计管理"[J]. 经济理论与经济管理.

[2] Cooper W W, Yuji Ijiri. Kohler's Dictionary for Accountants[M]. Chicago: Prentice Hall,

① 这本书中收集了科勒先生 1919—1975 年间的主要论文、演讲还有其他研究报告等。

② 出版社和出版时间不详。

Inc. , 1983.

[ 3 ] http://fisher. osu. edu/ accounting-and-mis/the-accounting-hall-of-fame/membership-eric-louis-kohler/,2005-10-09.

[ 4 ] http://www. gdaudit. gov. cn/allfile/Dianziban/1999/9907/g990708. html，2005-11-05.

[ 5 ] http://www. nysscpa. org/cpajournal/1996/0896/nV82f96. htm，2005-11-01.

[ 6 ] Kohler E. Dictionary for Accountants[M]. Chicago:Prentice-Hall，Inc. , 1952.

（初稿执笔人:薛苗）

# 安德鲁·巴尔

## (Andrew Barr, 1901 — 1995)

安德鲁·巴尔(Andrew Barr,1901—1995)是美国证券交易委员会(Securities and Exchange Commission,简称 SEC)历史上任期最长的首席会计师,也是美国政府会计协会(Association of Government Accountants,简称 AGA)创建人之一,曾任美国政府会计协会(AGA)会长等要职。由于其在会计理论与实务方面的突出成就,成为1963 年两位被选入美国会计名人堂的会计大师之一。

## 一、个人简要生平

1901 年 5 月 6 日,安德鲁·巴尔(见图 26)出生在美国伊利诺伊州的厄巴纳市,其祖辈世代都是砖厂制造商。1919 年,巴尔在当地高中毕业后,进入伊利诺伊大学学习,在校期间曾参加过预备军官集训营(Reserve Officer Training Corp,简称 COTC)的特殊训练,并于 1923 年和 1924 年分别获得学士学位和硕士学位。

图 26　安德鲁·巴尔

1924 年,巴尔通过了伊利诺伊州的注册会计师考试。当时他的大学老师、亦为 1954 年会计名人的海勒姆·汤普森·斯科维尔教授,曾经劝告年轻的巴尔,进入会计职业界时,首先进入一家小型会计师事务所要比进入全国大型会计师事务所学到的东西多得多。在老师的指导下,巴尔进入芝加哥的一家小型会计师事务所工作。

在会计师事务所做了两年会计实务工作后,在 1926 年辞去了他在会计师事务所的工作,进入耶鲁大学研究生院,一边学习经济学,一边在耶鲁大学经济系教会计。在耶鲁大学任教的 12 年(1926—1938)间,巴尔结识了拉尔夫·C·琼斯(Ralph C. Jones)、威廉·韦林·沃恩茨(William Welling Werntz)和威廉·O·道格拉斯(William O. Douglas)等会计界名流,为巴尔日后在会计职业领域里的发展打下了重要的基础。

1929—1933年,美国爆发了严重的经济危机,美国经济遭受了严重破坏,金融业受到了重创,为恢复经济美国国会于1933年和1934年分别通过了《证券法》和《证券交易法》,并于1934年成立了证券交易委员会(SEC),开始着手准备制定统一的会计准则,以便更好地规范证券市场。在此背景下,巴尔认为进入政府机关工作能够为美国经济从大萧条中恢复过来作出更大的贡献,于是决定进入政府部门工作。

1938年,巴尔辞去了耶鲁大学的教学工作后,顺利通过了证券交易委员会首席会计师卡曼·乔治·布劳(Carman George Blough)主持的面试。同年5月,巴尔作为一名会计研究人员进入证券交易委员会工作,此时面试他的首席会计师卡曼·乔治·布劳已离任,由新上任的首席会计师威廉·韦林·沃恩茨(William Welling Werntz)主持工作。当时沃恩茨领导的SEC正在对麦克森-罗宾斯欺诈案进行调查,巴尔进入SEC后被直接指派参与麦克森-罗宾斯欺诈案的调查。尽管此项工作尚无前例可循,然而,巴尔却非常出色地完成了这项工作。

尽管巴尔的大半生都在从事会计职业的工作,但他也曾经有过一段军旅经历。1941年2月,巴尔积极响应国家号召参军并参加了第二次世界大战,被分配到第三装甲部队做军事情报人员。由于巴尔在证券交易委员会的工作经历,很快便被提升为陆军中校。后来,他曾写道:"审计师对复杂案例的审计与战场上的情报分析工作有异曲同工之妙。"

第二次世界大战结束后的1946年5月,巴尔重返证券交易委员会从事会计研究工作,但仍然保留了军籍至1961年。1947—1950年,巴尔任美国证券交易委员会企业金融部会计主管助理;1950—1956年,巴尔又被提升为证券交易委员会企业金融部会计主管;1956年,巴尔正式上任证券交易委员会首席会计师,并一直任此职到1972年从SEC退休,先后长达16年之久,是美国历史上任期最长的证券交易委员会的首席会计师。离任后巴尔应邀到伊利诺伊大学做客座教授。

除了在证券交易委员会任职外,巴尔还积极参与了许多会计职业组织并出任多种要职:1950年,他发起设立了联邦政府会计学会(Federal Government Accountants Association,后改为AGA),并于1953—1954年担任该协会会长;1956年,巴尔还曾任美国会计学会(AAA)副会长;1955—1959年,任全美会计师联合会(NAA)理事,1959—1961年任该会副会长,1961—1962年任该会会长;1972—1975年,任美国注册会计师协会理事会理事和华盛顿办事处顾问;1973—1976年,任美国财务会计准则咨询委员会(Financial Accounting Standards Advisory Council,简称 FASAC)委员。此外,巴尔还是伊利诺伊注册会计师协会和哥伦比亚注册会计师协会的荣誉会员。

由于其突出的贡献,巴尔一生获得过许多殊荣。1960 年,获得联邦政府授予政府职员的最高奖项"联邦政府杰出贡献总统奖"(President's Award for Distinguished Federal Civilian Service);1961 年,获得了"政府会计学会杰出领导奖"(AGA's Distinguished Leadership Award);1963 年,获得 Alpha Kappa Psi 会计奖(Alpha Kappa Psi Foundation Accounting Award);1964 年,获得了美国注册会计师协会金质奖章(AICPA's Gold Medal Award);1967 年,获得美国证券交易委员会杰出贡献奖(SEC's Distinguished Service Award);1968 年,获得"政府会计学会罗伯特纪念奖"(AGA's Robert W. King Memorial Award)。

巴尔终生未娶。1995 年 11 月 29 日,巴尔在其故里伊利诺伊州的厄巴纳市逝世,享年 94 岁。

## 二、理论与实务的主要贡献

巴尔在 SEC 任职期间,不仅善于了解会计职业人员的愿望和打算,还善于传达 SEC 的政策和主张,从而成为双方沟通的一条"绿色通道",在政府和会计职业界间扮演着亲善大使的角色,对建立和发展会计原则产生了重要影响,并发挥了重要的作用。其主要贡献有如下几方面。

### (一) 参与麦克森-罗宾斯欺诈案调查(1938)

1938 年,巴尔进入证券交易委员会工作。当时新上任的 SEC 首席会计师威廉·韦林·沃恩茨正面临着对麦克森-罗宾斯欺诈案调查的一系列难题,其中主要的难点在于审计程序的充分性和公司财务报告信息的充分性。在经历了金融危机之后,投资者对证券市场的信心才刚刚开始恢复,对麦克森-罗宾斯欺诈案的调查是否成功将是衡量 SEC 能力的重要指标,如果此次调查不成功,将会直接影响到 SEC 的权威性和公众对 SEC 的信心。此次调查还牵涉怎样处理好 SEC 与会计职业界组织 AICPA之间关系的问题。1938 年 SEC 发布的第 4 号《会计系列文告》(*Accounting Series Release No. 4*)认可了由会计职业界制定会计准则,SEC 只保留相应的监督权。而联邦法律却明确地授权由 SEC 负责制定上市公司统一遵守的会计准则。此次调查中,SEC 在制定审计程序问题上扮演什么样的角色,也会影响到 SEC 与 AICPA 之间的关系。

巴尔以会计研究员的身份被威廉·韦林·沃恩茨指派去负责收集相关证据。他的工作包括收集事实和资料来支持 SEC 的调查工作。这项工作对于刚进入 SEC 的巴尔来说是一个巨大的挑战,巴尔面临的挑战是如何选择适当的审计程序。最后,威廉·韦林·沃恩茨从杰出的审计实务工作者和审计专家那里获得证词,并且成功地说服了这些实务界的专家出庭作证,为获得专家们的证词,巴尔精心准备了问题。这些问题使得 AICPA 对 SEC 关于扩大审计程序(如应收账款函证和存货监盘等)的顾虑迅速做出了反应,成立了审计程序特别委员会来研究这个问题。到麦克森-罗宾斯欺诈案调查结案的时候,会计职业界已经成立了一个审计程序常设委员会(Standing Committee on Auditing Procedure,简称 SCAP)并制定了广泛的审计程序。

### (二) 解决审计独立性的争议(1959)

1956 年,巴尔接任 SEC 的首席会计师。一上任他就面临着如何协调会计职业界和 SEC 在审计独立性方面的争议问题。审计师们认为,所谓的审计独立性只是一种理想境界,审计师享有客户利益、受雇于客户和兼任客户公司董事不会使审计独立性受损。而 SEC 却认为,这种情况会破坏审计师的独立性。1959 年,巴尔在俄亥俄州会计学会(The Ohio State Accounting Institute)发布了一篇题为"独立会计师与 SEC"(*The Independent Accountant and the SEC*)的演讲,在演讲中他强调应该避免审计师享有客户利益、受雇于客户和兼任客户公司董事等情况。这次演讲后来被整理成论文,1959 年 10 月发表于由 AICPA 主办的《会计杂志》(*Journal of Accountancy*)。

### (三) 要求上市公司保证两套财务报告的一致性(1964)

大西洋研发公司(Atlantic Research Corporation,ARC)事件说明,由于一般公认会计原则(Generally Accepted Accounting Principles,简称 GAAP)和 SEC 的 S-X 规则之间存在差异,所以需要编制两套不同的财务报表分别提交给股东和 SEC。但也正由于两者规则的差异,导致企业可以利用这一差异,最终使得 ARC 报送 SEC 备案的 10-K 格式的报表上显示出净损失,而根据一般公认会计原则(GAAP)编制的提交公司股东的报表上却显示净收益,两份会计报表都经过了审计,可是却因为编制报表的依据不同而导致了截然相反的结果。根据巴尔的建议,SEC 于 1964 年修订规则,要求上市公司保证分别提交给 SEC 和公司股东的两套财务报告必须一致。

### (四) 解决投资税额抵免的争议(1962)

1960 年,约翰·F·肯尼迪(John Fitzgerald Kennedy)就任美国第 35 任总统以

后，为了刺激新工厂和设备的投资，通过了投资税额抵免法案。该法案是指企业在购买高质量的设备时，可按新设备购入成本的一定比例来抵减企业当期应缴纳的所得税。但在会计上应如何处理这一投资减税额却发生了争议。一部分人认为投资税收抵免数应当直接抵减购货当期的所得税，以增加当期收益，这就是所谓的直接冲销法(flow-through method)。但另一部分人则认为，投资税收抵免数实际上是新资产成本的降低数，其利益应当贯穿于资产的整个使用期，所以税收抵免的利益应当采用递延法(deferred method)，即在资产的整个寿命期内予以摊销。1962 年 12 月，会计原则委员会(Accounting Principles Board，简称 APB)以微弱的优势偏向于递延法。但这场争论并没有就此结束。虽然会计原则委员会意见书第 2 号以微弱优势而获通过，但却并没有受到职业会计师的普遍认同，而是就此展开了一场尖锐而持久的争论。八大会计师事务所中便有好几家发表声明，直接声称他们不会遵从 APB 的决定。可见，在巴尔任 SEC 首席会计师期间，会计职业界和 SEC 之间在关于投资税负优惠的会计处理方法问题上曾存在着争议。最后，在巴尔的建议下，SEC 发布了第 96 号会计系列文告(ASR96)，宣布它将同时认可递延法和直接冲销法，此事才告了结。

### (五) 协助国会举行《证券法》修订案听证会(1964)

20 世纪 60 年代初，由于资本市场环境的快速变化，美国已经实行了 30 年之久的《证券法》已经不能满足资本市场的需要。当时许多大公司没有正式在 SEC 注册上市，而是通过场外(Over-the-Counter，OTC)进行股票交易从而吸收公众资本，这样它们就逃避了 SEC 的监管。1964 年修订的《证券法》要求通过场外进行股票交易的公司也须提交经审计的财务报表。在此期间，巴尔协助国会准备了这次修订案的听证会，并对国会的质疑给出了圆满的回答。

巴尔一生发表的演讲数倍于他发表的文章数量。1980 年，他的主要作品被伊利诺伊大学收入了《会计实务文稿》(*Written Contributions of Selected Accounting*)第 3 卷中。

巴尔的会计格言是："会计记录的真正内涵：过去＋现在＋未来"①。

### 参考文献

[1] 汤云为，钱逢胜. 会计理论[M]. 上海：上海财经大学出版社，1997.

① Tamas J Burns, Edwards N Coffman. The Accounting Hall of Fame: Profiles of Thirty-Six Members [M]. College of Administrative Science, The Ohio State University, 1976, 7.

[2] http://fisher. osu. edu/departments/accounting-and-mis/the-accounting-hall-of-fame/membership-in-hall/andrew-barr/,2005-11-05.

[3] http://www. h-net. org/~ business/bhcweb/publications/BEHprint/v023n1/p0221 - p0228. pdf, 2005-11-18.

[4] http://www. cicpa. org. cn/magazine/Show_ArCont. asp, 2005-11-16.

[5] Barr A. Comments on Accounting Principles [J]. The Journal of Accountancy, 1966(122): 58-68.

[6] Flesher D L, G J Previts. A Memorial to Andrew Barr: AGA's Ambassador to the Accounting Profession [J]. The Government Accountants Journal, 1966(3): 50-52.

（初稿执笔人：杨纪红）

# 劳埃德·莫里

## (Lloyd Morey,1886 — 1965)

劳埃德·莫里(Lloyd Morey,1886—1965)是美国著名的会计学家之一。由于其在会计理论与实务方面的突出成就,1963 年被选为美国会计名人堂的两位会计大师之一。

## 一、个人简要生平

1886 年 1 月 15 日,莫里(见图 27)出生在密苏里州,母亲名叫海伦(Hiram),父亲名叫爱米理·卡特·莫里(Emily Carter Morey)。1902 年,莫里从 Laddonia 中学毕业。中学毕业之后的莫里并没有直接上大学,而是先在伊利诺伊州昆西市的宝石城商学院(The Gem City Business College of Quincy)待过一段时间,后来还在银行任过职。直到 1907 年,莫里才进入伊利诺伊大学开始正式的大学学习生活。

莫里在伊利诺伊大学学习非常刻苦,抓住一切学习机会和点点滴滴时间,经过 4 年的努力,于 1911 年他获得了双学士学位,其中一个是英语文学士学位,另一个则是音乐学士学位。他还分别获得罗伦斯学院(1935)、南伊利诺伊大学(1954)和密歇根州立大学(1955)的名誉法学博士学位。此外,他还于 1954 年从布拉德利大学获得名誉理学博士学位。

图 27 劳埃德·莫里

莫里家境并不富裕,但他肯吃苦耐劳,在伊利诺伊大学读书期间,他一边刻苦学习,一边在学校管理办公室做兼职工作。毕业以后,他曾先后担任会计处的记账员(1911—1913)、审计员(1913—1916)以及会计主管(1916—1953)。凭借个人的刻苦学习和丰富的工作经验,莫里于 1916 年通过了伊利诺伊州的注册会计师考试,成为一名正式的职业注册会计师,并以其在伊利诺伊州的注册会计师考试中第二名的骄人成绩而被授予银质奖章。

1917年,莫里除了管理工作以外还开始了教育的生涯。他同时还在多所大学任职,包括南加利福尼亚大学(1936)、密歇根大学(1956)、肯塔基大学(1956、1959)和北伊利诺伊大学(1959、1960)等,担任讲师(1917—1919)、助理教授(1919—1921)、教授(1921—1955)、执行副院长(1953)和院长(1954—1955)等。他还是第一个在专业性大学任院长的注册会计师。除了在上述大学任职以外,他同时还担任伊利诺伊州高校退休部门的会计主管(1941—1953)、伊利诺伊州高校教育基金的会计主管(1935—1953)。1956年6月,70岁高龄的劳埃德·莫里退休之后,还接受了伊利诺伊州长的邀请,担任伊利诺伊公共财政审计员。

1912年6月8日,莫里与埃德娜·考克斯(Edna Cox)结婚,他们没有孩子。莫里酷爱音乐,而且还谱写了许多音乐作品。劳埃德·莫里1965年9月29日逝世,享年79岁。

## 二、理论与实务的主要贡献

由于莫里既从事过教育又在各种政府部门工作过,因此他能够很好地把理论与实践经验结合起来,故此可以说他是政府会计与学校会计方面的专业权威。他曾担任过伊利诺伊注册会计师协会的会长(1941—1942),美国注册会计师协会政府会计委员会的主席(1933—1936、1938—1941)。他也是美国会计学会(AAA)的会员,而且还担任过高校商业教育联合会的会长(Association of University and College Business Office,1923—1924),担任过高等教育机构标准报告全国委员会的主席(National Committee on Standard Reports for Institutions of Higher Education,1930—1935),美国教育财务顾问委员会的主席(Financial Advisory Service American Council on Education,1935—1940),美国政府会计委员会的副会长(National Committee on Governmental Accounting,1934—1951)。他曾任美国教育办公室教育财务专家(1929)、教育政策委员会的顾问(1936—1941)、美国国防部会计政策的顾问(1955—1961)、伊利诺伊州地方同盟的顾问(1920—1928)、高校工商管理专业全国指导委员会(National Committee on Manual of College and University Business Administration,1942—1952,1963—1965)的成员、伊利诺伊州富布莱特法案基金理事会的成员(1953—1956)、佛罗里达州高等教育研究委员会的顾问(1955—1956)、弗吉尼亚州高等教育委员会的顾问(1955—1956)、伊利诺伊州高等教育问题研究委员会的成员(Commission to Study Problems of Higher Education in Illinois,1954—1957),亚伯拉商业协会会长(1918—1919),以及亚伯拉旋转俱乐部的主席等。

莫里不仅在实践工作中大放光彩，在会计理论方面也有一些建树，不过因为与其工作性质的关系，他的著作和论文主要涉及政府和事业单位会计方面。莫里一生在专业杂志上发表了150多篇论文和著作。其代表性的作品有：《注册会计师问题与解答》(*CPA Problems and Solutions*, 1918)；《政府会计导论》(*Introduction to Governmental Accounting*, 1927)；《政府会计手册》(*Manual of Municipal Accounting*, 1927)；《大学与学院会计》(*University and College Accounting*, 1930)；《学院与大学财务报告》(*Financial Reports for College and University*, 1935)；与O. W. Diehl合著的《政府会计原则与程序》(*Municipal Accounting Principles and Procedure*, 1942)；与R. P. Hackett合著的《政府会计原理》(*Fundamentals of Governmental Accounting*, 1942)；《州立大学》(*The State-Supported University*, 1961)等。

莫里同时还担任多种期刊的编辑，曾先后担任过《教育事业》(*Educational Business*, 1930—1938)的编辑、《会计师手册》(*Accountants' Handbook*, 1943)的顾问、《学院与大学》(*College and University*, 1950—1953)的顾问。

鉴于莫里工作热情负责，以及其所取得的成就，他获得一些业界殊荣：1955年，他被授予美国注册会计师协会金质奖章(the AICPA's Gold Medal Award)；1961年，他是Alpha Kappa Psi会计奖(The Alpha Kappa Psi Foundation Accounting Award)的获得者；1956年，他因在地方与其他政府会计方面所作出的杰出贡献，而同时被美国和加拿大政府财务主管协会(The Municipal Finance Officers Association of the U. S. and Canada)授予杰出贡献者称号。此外，他还是Alpha Kappa Psi、Beta Alpha Psi、Beta Gamma Sigma、全美优等大学生荣誉协会(Phi Beta Kappa)和Phi Kappa Phi等荣誉组织的名誉会员。

莫里的会计格言是："政府会计信息亦应当适度地公开披露"①。

**参考文献**


[1] http://fisher.osu.edu/departments/accounting-and-mis/the-accounting-hall-of-fame/membership-in-hall/lloyd-morey/, 2005-12-15.

[2] http://www.ioc.state.il.us/index.cfm/about-our-office/history/. 2005-12-15.


(初稿执笔人：沈维成)

---

① Tamas J Burns, Edwards N Coffman. The Accounting Hall of Fame: Profiles of Thirty-Six Members [M]. College of Administrative Science, The Ohio State University, 1976, 43.

# 保罗·富兰克林·格雷迪

## (Paul Franklin Grady,1900—1984)

保罗·富兰克林·格雷迪(Paul Franklin Grady,1900—1984)是一位杰出的会计学家和会计实务先驱,其人生经历极具传奇色彩。他一生中获奖无数,是1964年两位被选入美国会计名人堂的会计大师之一。

## 一、个人简要生平

格雷迪(见图28)原名保罗·富兰克林·彼得斯(Paul Franklin Peterson),后改换姓氏,并在美国海军服过役,还做过几份不同的工作,且活跃在许多专业组织和社会民间组织。

图28 保罗·富兰克林·格雷迪

1900年5月19日,格雷迪出生于美国伊利诺伊南部靠近Creal Springs村的一个小木屋里。他是一名早产儿,出生时不足3磅重,当时以为都难以存活,按照家族的传统,保罗被裹在一个毯子里然后放在四周环绕着壁炉烘烤热砖的鞋盒中。就这样,在热砖提供的温暖中,保罗度过了他的人生第一夜。也许正是这种最初的温暖给了他成功人士的奋斗精神和顽强克服困难的意志。

保罗5岁那年,他的父亲詹姆士·彼得斯(James Peterson)患了严重肺结核,他们一家被迫于1905年搬去科罗拉多(Colorado)给老彼得斯治病。然而就在那一年晚些时候,因其父病逝,保罗和母亲及弟弟又搬回了南伊利诺伊,定居于马里恩(Marion)。就在这次返程旅行中,保罗的母亲默特尔·帕瓦雷斯·彼得斯(Myrtle Powless Peterson)遇见了约翰·J·格雷迪(John J. Grady),并随后与他结婚。保罗在母亲的第2次婚礼时并没有改姓,直到他18岁那年才改姓格雷迪,而他的弟弟则一直没有改姓。

在马里恩成长的日子里，格雷迪是个好学生，尤其擅长数学和物理科学。由于当地有一个煤矿，所以他从小就对开采煤矿业感兴趣。在马里恩高中读书的时候，有两件值得一提的事：一是虽然格雷迪个子不高，但他篮球打得特别好，是校队的队长；二是他遇到了后来成为他妻子的露丝·特弗雷(Louese Trevor)，她当时是学校拉拉队队长，长得很漂亮且歌唱得也很好。

格雷迪 18 岁中学毕业后在美国海军服役过几个月，做海军三等兵一直到第一次世界大战结束。其后的 5 年时间里，他进入伊利诺伊大学学习并于 23 岁那年毕业，当时他就表现出不俗的学术天赋，获得了很高的学术荣誉。他读大学的全部费用都是由自己打工赚来的，他家里只是为他的婚礼存了点钱。当时，格雷迪下午和晚上都在 Ostrand 家庭熟食店当短厨，为大学生服务。由于工作出色，两年后，Ostrand 先生就主动提出赠予他熟食店 1/3 的股权，但格雷迪仔细考虑后还是谢绝了。在他后来的人生中，他还经常回忆起那段日子，十分向往给学生做短厨的那种平静的生活。

从伊利诺伊大学毕业后，格雷迪加入了亚瑟·安达信公司(Arthur Andersen & Co.)在芝加哥的分公司工作，并于 1923 年在伊利诺伊州通过了 CPA 考试。在芝加哥的日子里，格雷迪的事业迅速攀升，深得上司赏识。1931 年，公司指派他去纽约成立新的办事处，他成功地开设了亚瑟·安达信公司在纽约的分公司并一直工作到 1937 年，随后才返回芝加哥的公司。1932 年，格雷迪成为亚瑟·安达信公司的合伙人。但因故于 1942 年从该公司辞职，与公司关系的破裂可能是格雷迪人生中一段很难受的经历。当时，亚瑟·安德森先生曾给予其他合伙人很大压力以阻止他的辞职，以至于其他合伙人都不敢和他有任何往来。

第二次世界大战期间，格雷迪应海军秘书处的邀请，来到华盛顿审查和改进海军的成本管理系统，他认为这份工作是他爱国精神的体现。在华盛顿，他一直干到 1945 年直至工作完成和第二次世界大战结束。在第二次世界大战后期，亚瑟·安德森先生曾经联系过他，并且希望他重新回到芝加哥的公司做合伙人并为公司的发展出力，但是格雷迪认为战争时期国家的利益高于一切，他需要为国家出力，所以拒绝了亚瑟·安德森的邀请。由于格雷迪的卓越表现和能力，1944 年他被授予“海军国民杰出贡献奖章”，1947 年被授予“总统功勋奖”。1943 年 5 月格雷迪加入了普华永道会计师事务所(Price Waterhouse & Co.)，并且于 1944 年 1 月成为该所纽约分所的合伙人，于 1960 年从该所退休。

格雷迪和美国前总统赫伯特·胡佛(Herbert Hoover)是好朋友。他曾于 1948 年和 1953—1954 年两度负责第一、第二届胡佛委员会政府贷款特别工作组的工作。

1960—1984 年，他是斯坦福大学胡佛研究所监督委员会的成员。1972—1984 年，他是位于爱荷华州胡佛总统图书馆西部联盟理事会成员。在图书馆负责人的要求下，格雷迪先生的著作和出版的论文都被收集并保存在总统图书馆的档案馆里。

由于格雷迪突出的贡献使其获得多种重要荣誉。1959 年，获美国注册会计师协会授予的金质奖章。1965 年，他成为 Alpha Kappa Psi 会计奖的获得者。1946 年，他成为 Beta Gamma Sigma 的会员。

格雷迪的业余爱好有高尔夫球和游泳，他还热衷于当地俱乐部的社会活动。1921 年 11 月 23 日，他与露丝·特弗雷(Louese Trevor)喜结良缘，后来养育有两个孩子。1984 年 4 月 21 日，这位具有传奇色彩的会计大师离开了人世，享年 84 岁。

## 二、理论与实务的主要贡献

格雷迪在注册会计师独立审计和成本会计方面都有着卓越的贡献，他的言行对当时的理论和实务都产生了深远的影响。

### （一）长期服务于美国注册会计师协会

格雷迪活跃在许多专业组织，特别是长期服务于美国注册会计师协会(AICPA)的各种专业委员会，其间共有 42 年的服务经历，承担了多项任务还担任多种职务：1939—1941 年，任公用事业委员会的主席；1944—1948 年，任审计程序委员会的主席，在任期间，发展并采纳了公认审计标准的提法，并且出版了许多审计案例，还有许多题名为《内部控制——构成要素及其对企业管理与独立会计师的重要性》(*Internal Control —Elements of a Coordinated System and Its Importance to Management and the Independent Public Accountant*)的小册子；1950—1953 年，任处理银行家关系委员会主席；1954—1957 年，任处理 SEC 关系委员会主席；1957—1958 年，任劳工与福利委员会主席；1958 年，他还是 AICPA 特别委员会的成员，正是由于他的一篇报告，促成了会计原则委员会(Accounting Principles Board，简称 APB)的建立；1959—1960 年，任保险信托委员会主席；1962—1963 年，负责会计实务的评论与分析；1963—1964 年，任 AIPCA 下属会计研究部的理事。此外，他还于 1968—1972 年任佛罗里达州会计委员会委员。他还是纽约与伊利诺伊注册会计师协会的会员。1954 年，任美国会计学会的副会长。

### （二）主持制定了企业会计原则汇编工作

1964—1965 年，格雷迪担任美国注册会计师协会下属会计研究部理事时，由于其

具有渊博的学识和一流的专业水平，受命主持起草并完成了美国注册会计师协会会计研究公报第 7 号——《企业公认会计原则汇编》(*Accounting Research Study No. 7: Inventory of Generally Accepted Accounting Principles for Business Enterprises*)。这部著作售出了 30 多万本，并被翻译成西班牙语和日语等在多国畅销。

美国证券交易委员会和美国注册会计师协会的性质、责任和相关权威性等问题，在该文献中都有详细的描述，其具体内容主要包括 11 个章节，分别是：第一章为“作用、责任与权威性”，主要讲述了企业会计的作用以及美国会计的责任和权威性；第二章为“基本观念”，主要讲述了会计原则的理论起源，以及在美国的理论界与实务界都公认的一些成为会计原则的基础并渗透到原则之中去的一些基本会计观念和假设；第三章为“公认会计准原则的含义和概要”，此部分追溯了美国公认会计原则条款运用的历史并提供了有关概念解释的最新研究成果；第四章为“收入与费用”；第五章为“权益”；第六章为“资产”；第七章为“负债”；第八章为“财务报告”，分类介绍了这些要素的确认、计量和报告方面的问题；第九章为“物价水平变动”，主要是概括或再现了美国会计学会下属关于物价水平变动财务效果研究小组的一些报告，并且介绍了由会计研究部门准备的会计研究公报第 6 号的主要结论；第十章为“可供选择的会计方法与观点补充”，此部分主要介绍可供选择的会计方法以及补充原则，随后作者又介绍了对前述章节内容以及不同会计方法的重要观点的理解；第十一章为“公报术语”，主要对全文的一些专业术语进行了解释。

### (三) 提出注册会计师独立审计与报告的要求

1944—1948 年，美国注册会计师协会下属的审计程序委员会出台了一份关于公认审计标准的报告，与此同时还发布了较早的 6 份审计程序研究成果，这其中格雷迪功不可没。1965 年 11 月，他在 AICPA 主办的《会计杂志》上发表了《注册会计师独立审计和报告作用》一文，系统地论述了他以及审计程序委员会在审计方面的研究成果。全文包括以下几个大方面的内容：(1)审计标准和审计程序的区别。他认为审计标准是占统治地位的，而具体的审计程序随着环境的不同而变化。弄清两者区别是研究的前提和基础。(2)内部控制。格雷迪很早就开始强调内部控制，并最终于 1949 年形成了《内部控制报告》，本部分主要介绍报告的相关内容。(3)审计哲学。认为除了专业理论和标准，也应该承认审计文化和审计哲学。(4)专业服务在过去被低估。认为应该重视审计专业服务的作用。(5)审计目标是否应该改变。(6)持续审计和审计信息系统。(7)未来的利益增长。(8)管理审计。(8)由谁来完成计划和补充。(10)结论。

### （四）提出固定资产摊销的新办法——加速折旧

格雷迪在会计理论与方法发展方面的重要贡献之一，就是推动加速折旧法（accelerated depreciation）的应用，并使其最终成为公认会计原则所认可一种方法。1954年，美国国会通过了《国内税收法》（*The Internal Revenue Code*），使整个会计行业都对法律的新变动产生了极大的兴趣。格雷迪和 AICPA 的一些其他代表参与了国会的立法工作，他们认为，当通货膨胀发生时，新税法应当反映物价上涨对纳税人的影响，可以通过给纳税人一定的税收抵扣来弥补由于货币购买力下降造成的投资于股份有限公司有价证券的损失。但是国会不同意将这一条款写入新的法律，最终会计学者们与之达成妥协，允许有大量固定资产的企业在通货膨胀期间作扣除，方法是对固定资产采用加速折旧法代替直线法（straight-line）从而获得纳税上的好处。当加速折旧法税收目的被公众接受后，很快它又被公认会计原则（GAAP）接受。虽然格雷迪不一定同意 FASB 第 33 号报告（他认为不应当确认净货币资产或负债的收益或损失），但他同意一般情况下公司应当具有适应通货膨胀影响财务报表的能力。他同时也认为，一旦制定了合理的通货膨胀会计方法，我们将不必同时使用后进先出法和加速折旧法。

格雷迪在倡导加速折旧法推广应用的过程中，他看到了加速折旧给企业在税收上带来的纳税利益，其对企业实务界意义巨大。他早在 1950 年发表于《会计评论》（*The Accounting Review*）第 1 期上的《固定资产及其摊销》（*Accounting for Fixed Assets and Their Amortization*）一文中，全面论述了有关会计实体、取得固定资产的货币基础、取得成本、固定资产和无形资产及它们摊销的相似性等方面的理论问题。

### （五）确定战时成本的组织与管理

第二次世界大战期间，在美国海军部和其他政府部门，都有大量为满足战争需要而产生的设备和材料的合同，当时普遍采用的是成本加固定费用模式的合同。这种类型的合同需要不断地对成本进行审计，审计成本是采购和付款的一个必要程序。海军部所有这类合同的审计工作几乎成为了成本检查部门最主要的工作。为了承担好这个艰巨的任务，格雷迪创造性地提出，必须要重视三个主要方面：一是在华盛顿海军总部和各地海军分部建立起一个好的组织结构计划；二是征募有经验有能力的员工；三是编纂一个操作手册，详细引导成本检查工作。

### （六）其他主要贡献

格雷迪的职业生涯中，也曾涉足会计教育事业。1965 年秋，他在佛罗里达大学会计学专业做访问学者；1975—1978 年，他任伊利诺伊大学会计系专业咨询委员会成员；1978—1984 年，他在佛罗里达州亚特兰大大学会计学院供职。

格雷迪还活跃在政府民事及社区服务领域。1946—1949 年，他担任联邦财政管理理事会的主席；1964—1965 年，担任美国劳工部劳工福利计划顾问委员会委员；1968—1970 年，担任原子能机构核材料安全咨询委员会委员；1944—1949 年，担任海军部长和国防部长的顾问；1950—1951 年，在康涅狄格州的格林威治镇担任镇政府公民委员会主席，1955—1960 年担任基督教会的教区委员；1954—1968 年，他还是干船坞储蓄银行理事会理事。

格雷迪对 AICPA 所出版的不同会计文献做过深入的研究，提倡在审计中运用电子数据程序。他认为，无论从事什么样的会计工作，优秀的性格、能力和专业技术都是最重要的。他号召建立一个值得信赖的政府和工业化的经济环境，为会计职业的独立发展和作为一种力量服务于社会创造条件。

格雷迪的会计格言是："会计也是社会发展的一种动力"①。

## 三、主要论著简析

格雷迪在世时，曾给会计专业杂志写了大量的论文。1940 年和 1946 年，他主编了《审计程序——审计师培训要点》(*Audit Procedures — An Outline for Staff Training*)一书。1962 年，他还主编了著名会计学大师乔治·奥利弗·梅的会计思想论文集。格雷迪的主要著述有："企业公认会计原则汇编"，载于《会计评论》1965 年第 1 期；"固定资产及其摊销"，载于《会计评论》1950 年第 1 期；"注册会计师独立审计和报告作用"(*The Independent Auditing and Reporting Function of the CAP*)，载于《会计杂志》1965 年第 11 期；"会计是一种社会力量的再探讨"(*The Increasing Emphasis on Accounting as A Social Force*)，载于《会计评论》1948 年第 2 期；"成本确定问题"(*Current Problems in Cost of Depreciation*)，载于《会计评论》1944 年第 1 期；"折旧成本的确认对生产性资本的保全"(*Conservation of Productive Capital Througe Recognition of Current Cost of Depreciation*)，载于《会计评论》1955 年第 4 期，该论文曾在 1954 年 11 月的化学制造业学会年会议交流；"美国会计历史：会计文化重要性的历史解释"(*A History of Accounting in America: An Historical Interpretation of the Cultural Significance of Accounting*)载于《会计杂志》1980 年第 1

① Tamas J Burns, Edwards N Coffman. The Accounting Hall of Fame: Profiles of Thirty-Six Members [M]. College of Administrative Science, The Ohio State University, 1976, 25.

期;“会计职业化”(*Professionalism in Accounting*),载于《国际会计杂志》1967 年秋季号上。

## 参考文献


[1] 葛家澍. 西方财务会计理论问题探索[J]. 财会通讯,2005(1):6-9.

[2] Andrews W T. Retrospective: Paul Franklin Grady[J]. The Accounting Historians Journal, 1995,22(1):149-158.

[3] Grady P. Accounting for Fixed Assets and Their Amortization[J]. The Accounting Review, 1950,25(1):3-19.

[4] Grady P. Conservation of Productive Capital through Recognition of Current Cost of Depreciation[J]. The Accounting Review, 1955,30(4):617-622.

[5] Grady P. Current Problems in Cost Determinations[J]. The Accounting Review, 1944,19(1):47-55.

[6] Grady P. Inventory of Generally Accepted Accounting Principles in the United States of America[J]. The Accounting Review, 1965,40(1):21-30.

[7] Grady P. The Increasing Emphasis on Accounting as a Social Force[J]. The Accounting Review, 1948,23(3):266-275.

[8] http://fisher. osu. edu/departments/accounting-and-mis/the-accounting-hall-of-fame/membership-in-hall/paul-franklin-grady/. 2005-10-25.

[9] Grady P. Letters to the Journal[J]. Journal of Accountancy, 1971,131(4):24-26.

[10] Previts G J, B D Merino. A History of Accounting in America: An Historical Interpretation of the Cultural Significance of Accounting[J]. Journal of Accountancy, 1980,149(6):92.

[11] Professionalism in Accounting[J]. International Journal of Accounting, 1967,3(1):87-100.

[12] The Independent Auditing and Reporting Function of the CPA[J]. The Journal of Accountancy, 1965,120(5):65-71.


(初稿执笔人:朱靖)

# 佩里·伊姆帕·莫斯

## (Perry Empey Mason,1899 — 1964)

佩里·伊姆帕·莫斯(Perry Empey Mason,1899—1964)是一位杰出的会计学家,他不仅对会计理论有一定的贡献,而且通过美国注册会计师协会的公告对会计实务产生了很大的影响。他是1964年两位被选入美国会计名人堂的会计大师之一。

## 一、个人简要生平

1899年6月25日,莫斯(见图29)出生于伊利诺伊州的芝加哥。他的父亲是艾伯特·尤金(Albert Eugene),他的母亲是内蒂· 维奥拉·伊姆帕·莫斯(Nettie Viola Empey Mason)。

莫斯分别于1921年和1924年在密歇根大学取得学士学位和硕士学位,并取得了注册会计师执业资格。

图29 佩里·伊姆帕·莫斯

莫斯的职业生涯主要是在大学度过的。1922年,他开始在密歇根大学当讲师;1924年,他离开了密歇根大学,来到了堪萨斯大学任助理教授;1925年,他又回到了密歇根大学,并一直待到了1930年,后来任职于安提俄克学院。与此同时,他一面任教,一面在密歇根大学修习博士课程,并于1938年获得了哲学博士学位。1938年,他从安提俄克学院辞职,并来到加利福尼亚大学伯克利分校任副教授。1942年他晋升为教授,并在1946—1949年间任该校工商管理学院副院长。1954年,他从加利福尼亚大学退休后,在美国注册会计师协会下属的研究部担任主任助理,1959—1960年,任研究部执行主任;1960年,任研究部副主任,一直到1963年辞职。

1921年12月17日，莫斯与罗蒙·亚瑟·佛露(Norma Altha Fulllle)结婚，婚后育有两个孩子。莫斯拥有非凡的音乐天分，是一位有相当水准的钢琴演奏家。1964年1月9日，莫斯因患癌症在加利福尼亚的斯坦福去世，享年64岁。

## 二、理论与实务的主要贡献

著名会计师威廉·安德鲁·佩顿对于莫斯选择会计作为一门职业产生了重要的影响。因为在密歇根大学期间，他曾先后在卡珀可·赫斯特·道尔顿会计师事务所(1921—1922)以及佩顿·罗斯事务所(1925—1930)工作过。

莫斯一直活跃于相关的学术机构并做出自己力所能及的贡献。他曾分别于1939年、1950年担任美国会计学会(AAA)的副会长和会长。与此同时，他也是美国会计学会相关委员会的成员，如国民收入会计委员会、成本原则委员会等。此外，他对《会计评论》索引工作的编纂起到了重要作用，先后主持编纂了1926—1950年(此中包括1917—1925年间的论文与会议论文)、1951—1955年以及1956—1962年间的文献索引。在美国注册会计师协会(AICPA)，他先后出任编辑委员会成员、会计程序委员会的成员(1951—1954)、会计术语委员会的主席(1954)。他还是美国财务经理协会(Financial Executives International，简称FEI)和加利福尼亚注册会计师协会(The California Society of CPAs)的会员。

莫斯的朋友们都认为，莫斯虽然是一个性格非常内向的人，但却是一个对工作非常富有激情的人。他授课的思路非常清晰，能使他讲授的内容浅显易懂，学生在这一点上对他有非常深刻的印象。他又是一个思想非常保守的人，他总是强烈的反对新事物。但由于其并不是一个非常有感染力的人，故许多会计人员都对他的作品并不很欣赏。

因为莫斯在会计理论与实务方面的贡献，1960年，他获得Alpha Kappa Psi奖。

莫斯的会计格言是："折旧的本质并非资金来源"①。

## 三、主要论著简析

莫斯在世时，曾为专业期刊撰写了不少文章，但影响较大的主要是三份专门研究文献。

---

① Tamas J Burns，Edwards N Coffman. The Accounting Hall of Fame：Profiles of Thirty-Six Members [M]. College of Administrative Science，The Ohio State University，1976，35.

### （一）《公用事业公司折旧原理》（1937）

1937 年，莫斯完成了其博士论文《公用事业公司折旧原理》（*Principles of Public-Utility Depreciation*），后被美国会计学会编入其“专题研究报告”正式出版。该文献的出版，引发了一场关于减值会计的讨论。他在这方面所做的贡献是：他认为不管经营单位是否盈利，资产减值无论何时都应考虑进去。他强调减值是由于使用而导致的，而不是受物理环境的影响。

### （二）《物价变动水平和财务报表：基本观念和方法》（1950）

莫斯对一般物价水平的变动对公司财务状况的影响很感兴趣。1950 年，他作为美国会计学会的会长向社会寻求支持，以便开展对这一问题的研究。1951 年，AAA 得到了一笔研究基金的支持，拉尔夫·琼斯（Ralph Jones）博士被任命为这个项目的负责人，莫斯与他密切合作，积极努力，终于在 1956 年完成了其专题研究报告——《物价变动水平和财务报表：基本观念和方法》（*Price-Level Changes and Financial Statements: Basic Concepts and Methods*），并构成 AICPA 的第 6 号会计研究公报——《物价水平变动对财务状况的影响》，后由 AAA 正式出版发行。在这本报告里，莫斯解释了如何根据物价变动水平来调整经营单位的财务状况。这项研究导致后来一系列会计公告的发布，其中美国财务会计准则委员会（FASB）就发布有专门的“物价变动调整”公告，并把它作为传统会计的一项补充。

### （三）《现金流量分析和资金状况表》（1961）

1961 年，美国注册会计师协会（AICPA）出版了莫斯所写的《现金流量分析和资金状况表》（*Cash Flow' Analysis and the Funds Statement*）一书。书中强调，现金流量分析不能仅仅作为提高经营单位净利润的手段，也不能仅仅作为经营状况的一个补充说明。他认为资金状况应作为财务状况重点考察。同时他认为，在考核资产状况时，应该考虑使用作为全部资源定义的资金概念。这项研究引起了关于资金状况的讨论，同时也是会计原则委员会（APB）1963 年 10 月发布的第 3 号意见书——“资金来源与运用表”（*APB Opinions No. 3: The Statement of Source and Application of Funds*）的基础。

此外，莫斯撰写的其他主要著作有《会计基础》（*Fundamentals of Accounting*，1942），以及 1951 年与乔治·B·斯腾伯格（George B. Stenberg）和威廉·尼文（William Niven）合著的《初级会计》（*Elementary Accounting*）等。他对会计史也非常感兴

趣，刊于美国会计历史学家学会主办的《会计史学家杂志》(*Accounting Historians Journal*)1988 年第 2 期上有关复式簿记起源和演变的论文是他退休后留下的会计史著述之一。

**参考文献**


[1] http://130.74.92.202:82/search/dMason，2005-12-25.

[2] Mason P，S Davinson. Fundamentals of Accounting. 3rd ed [M]. Santa Barbara：Foundation Press，1953.

[3] Mason P. Principles of Public-utility Depreciation [C]. Sarasota：American Accounting Association，1937.

[4] Mason P. Elementary Accounting [M]. Santa Barbara：Foundation Press，1956a.

[5] Mason P. Price-level Changes and Financial Statements，Basic Concepts and Methods [C]. American Accounting Association，1956b.

[6] Mason P. Cash Flow Analysis and the Funds Statement [M]. North Carolina：American Institute of CPAs，1961.


(初稿执笔人：吴云良)

# 詹姆斯·拉伦·皮尔斯

## (James Loring Peirce,1907 — 1994)

詹姆斯·拉伦·皮尔斯(James Loring Peirce,1907—1994)是一位杰出的会计实务工作者,也是一位自学成才的会计学家,由于其所具备的丰富管理实践经验,以及对美国管理会计发展的突出贡献,当他还在任 A. B. Dick 公司的财务副总裁时,成为 1965 年唯一入选美国会计名人堂的会计大师。

## 一、个人简要生平

1907 年 9 月 13 日,皮尔斯(见图 30)出生于印第安纳州的瓦尔帕莱索(Valparaiso,Indiana)。父亲是拉伦·汉普顿(Loring Hampton),母亲是罗斯·卓格·皮尔斯(Rose Drago Peirce)。他父亲去世后,他即随同母亲移民到芝加哥,并于 1924 年从当地的尼可拉丝·森尼(Nicholas Senn)中学毕业。

图 30　詹姆斯·拉伦·皮尔斯

中学毕业后的皮尔斯,首先就是在芝加哥的一家银行即联合信托公司(Union Trust Company,后来被芝加哥的第一国家银行兼并)工作,他对财务的兴趣也是从这时开始萌发。在开创其职业生涯的同时,皮尔斯还参加了西北大学夜校的学习,并于 1930 年毕业。经过他的不断努力,1932 年终于取得了注册会计师资格。

1927 年,他被聘用到设在芝加哥的绝缘体制造商色罗提(Celotex)公司从事财务工作。1934 年,皮尔斯加盟 A·B·狄克(A. B. Dick)公司,这是具有 50 年历史的从事办公设备制造的家族公司,其总部设在芝加哥。在出色地完成了一系列的财务工作之后,1941 年,皮尔斯被提拔为会计主管助理,并临时任命为执行会计主管。随后,他在公司里的地位稳步上升,1947 年他被推举为会计主管,并于 1951 年被任命为财务副总裁。1966 年他被选举为董事会成员，并于6年后成为副董事长。1979年，皮尔斯从公司退休。在他受雇于A·B·狄克公司这段时间里，该公司业务蓬勃发展，并逐步进入国际市场，特别是在办公复印、非压缩打印以及文字处理等新领域取得了重要进展，而皮尔斯的管理经验也得到了不断丰富和长足的发展，为他后来提出的会计思想打下了牢固的实践基础。

1938年2月12日，皮尔斯和马里恩·洛·菲尔德(Marion Low Field)结婚，婚后育有两个孩子。他所有的业余时间都投入到家庭、教会以及一些校友活动上。皮尔斯曾说过，除了阅读、园艺和部分精彩的体育项目外，他没有更多的爱好。1994年，这位杰出的会计实践工作者离开了人世，享年87岁。

## 二、理论与实务的主要贡献

皮尔斯曾在财务经理协会(Financial Executives Institute，简称FEI)长期任职，并取得了突出成绩。FEI原名为美国会计主管协会(The Controllers Institute of America)，成立于1931年。由于财务经理人员的职责已经扩展到公司决策领域，1962年该协会更名为财务经理协会。随着世界经济的发展，2000年11月6号，该协会演变成财务经理国际协会(Financial Executives International，简称FEI)，并吸收世界各国的财务经理人员成为会员。FEI现共有86个分会，遍布美国和加拿大，其中较大的是波士顿、硅谷、纽约和芝加哥，总部设在华盛顿。FEI理事会是其管理机构，其主要成员有主席、地区主席、地区副主席、研究基金会主席、FEI加拿大地区主席、副主席和技术委员会主席；主席办公室为FEI提供工作协调，执行委员会则是理事会的执行机构。1950年，皮尔斯是该协会的芝加哥分会会长，1953年任美国财务经理协会理事，直到1961年他一直是FEI全国理事会成员。在此期间里，皮尔斯先后任该协会计划委员会主席(1952)，以及远期研究目标委员会委员和地区副主席(1955)。1957年他被推举为美国财务经理协会会长，次年成为理事会的主席，1959年成为执行委员会的主席。1959—1965年任财务经理研究基金的理事。1959年，皮尔斯被推选为FEI的荣誉会员。作为FEI的成员之一，皮尔斯对其他国家财务机构的早期发展产生了浓厚的兴趣。1967年，他代表FEI参加了在巴黎举办的第九届国际会计师大会，并在大会上发言。1969年，第一届FEI国际大会在西班牙的马贝拉(Marbella，Spain)举行，他是大会的主题发言人。

皮尔斯的会计格言是："预算是目标与现实结合的桥梁"①。

---

① Tamas J Burns, Edwards N Coffman. The Accounting Hall of Fame: Profiles of Thirty-Six Members [M]. College of Administrative Science, The Ohio State University, 1976, 47.

## 三、主要论著简析

1952—1963 年间，皮尔斯结合工作实践，在控制、计划、预算和相关的管理会计主题方面发表了一系列广为传阅的论文，其中许多发表在《财务经理》(*Financial Executive*)(原为《会计主管》(*Controller*)上。总的来看，皮尔斯所有文章和谈话的要义在于提高会计主管的地位和作用，使之从仅是会计员的身份上升到在商业决策制定各个阶段都参与管理的一个重要角色，而他所执行的该项管理是建立在计划和控制原则基础上的。无论是在理论还是在实践中他都一再呼吁，尽管人们曾经仔细定义会计主管的控制职能以避免其与一般主管权力相混淆，但这一控制职能的概念并没有得到实质上的解释。在这一阶段，美国以会计控制理论来指导各大公司率先进行财务会计组织上的改革，形成了比较完善的财务、会计与内部审计三足鼎立的组织管理系统，突出了财务会计的预算和成本控制职能，而管理会计作为会计一项分支也快速发展起来。

此外，还有一篇发表在 1954 年 5 月的《哈佛商业评论》(*Harvard Business Review*)上的"预算管理时代来临"(*The Budget Comes of Age*)，是关于工业高级预算管理方面的文献，该论文的主要内容是根据他 1953 年 11 月 20 日在美国管理协会于纽约举办学术会议上的演讲整理而成的。在该文中，他主要阐述了如下观点：当早期不够成熟的管理技术已经被人类完善，从而出现一个和人们最基本动机相符的前景和惯例之时，该种管理技术就成熟了。预算好像正在经历这种转变，走出它以前造成的困扰之阴影，正以一种更稳定、更有序和更积极的状况出现在人们面前。这篇文章的主要目的在于重申预算要建立在某种原则上，该原则与其说和会计准则相符倒不如说和人际关系概念相符。如果将这些原则付诸实践，成功也将是必然的。文章共分六个部分，其基本内容如下。

第一，防御是困惑。毫无疑问，成千上万的管理人员在建设性的预算实践上都有良好的基础，商业活动中的平衡感和方向感也由此而来。在有效的预算管理系统方面有丰富经验的商人都不会怀疑它的价值。但是还有更多的成千上万的管理人员对这一主题太过于混淆，以致他们认为取消预算制度可能会更有利。据调查，预算对于一些部门就像下岗对于普通工头那样习以为常，而且由于滥用预算机制带来的损失也是很严重的。一些管理人员承认，他们的预算机制有缺陷，需要运用比之更高级的人际关系原则来修正它们。尽管说是很简单的，但为什么不能立刻把预算变一个受欢迎而且有效的公司运营特征呢？当看到许多运用失败的例子之时，我想，问题并不是这么简单，正如人际关系并不简单，也正如人际关系的原理并不简单一样。我们将怎样灌输新生的思想来取代消极的或是目光短浅的态度呢？只有在痛苦经历之后，能正视我们中许多人采取一种防御的态度对待预算这一事实，我们才会成功。这种不愉快的反映来自人们普遍不喜欢预算这一现象。我们应该记住，工厂处于第一位而管理者第二，同样，部门经理是高于总经理的。预算代表着约束，就像上课铃和星期一早晨一样。

第二，态度是关键。当人们对待彼此的态度是宽容的、互相理解的和互相尊重的时候，任何管理层所采纳的来提高业绩的技术都很容易获得成功；反之，人们互相不信任、互相批评甚至指责的话，任何措施都会以惨痛失败告终。所以，由于人性的奇异歪曲，预算和那些维护它们的人们因为公司出现一些与预算本身毫不相关的基本错误而承受着猛烈的指责。预算的动机是什么？预算难道是整体计划小系统的一部分，为了计量消耗并为了设计方案的？抑或是一种施压手段，被设计来驱使人们付出更多努力的？这两种看法都很普遍。

第三，计划是基础。尽管预算能被运用到任何一个公司单元里去，但只有将其建立在对整体经营有综合计划的基础之上，才会更有效。从恰当的角度说，预算是计划的一个步骤。当计划概念被接受时，预算就成为必然的东西了。计划这一手段包括销售预算、产量计划、费用预算、生产成本和存货水平估计，涉及新产品的开发引进、营销策略、物料采购和工资水平的事先决策。总之，计划预期了将来一个营业周期内所有可能出现的棘手问题。计划能确保一个合理的净利润，这是其他方法所没有的。很明显，当公司的管理人员都很团结，这时建立一个计划体系能预期得到更好的收获、更多的满意和令人更有信心的经营业绩；反之，管理层处于人员关系不协调状况之中的话，最好还是延缓实施这一计划和控制思想直到公司将内部关系处理好。一个被很好设计的预算体系如果加之于不好的管理政策基础之上，很容易崩溃。

第四，控制是补充。预算的另一个阶段是控制，与计划相比，它更能考察人们的素质。控制是计划的永恒补充，它们离开谁都发挥不了作用，在预算运行中连公司最小的单元都存在着控制。实际应用中常常存在以下问题：(1)滥用预算。执行预算的巨大错误往往产生于控制领域。外行人往往指责他们的下属造成预算超支，而没有意识到他们自己应该因为没有充分地培训员工而承担责任。(2)从常识出发。控制的作用与人们所受的培训和所处的条件是相辅相成的，如果他们完全理解了控制的意义和用法，将会把它看成常识，因而不会憎恨它了。他们也将发挥预算建设性的作用，从此使之成为一种辅助手段而不是一个障碍。(3)基本先决条件。该项先决条件之一，是所提及的主管，无论他在公司哪个部门，都与他的顶头上司保持一个令自己满意的工作关系。其次，是所用的会计准则应该被很好地测试过。会计主管层必须具备很高的能力和素质。在那里，用严格的程序来决定预算账户和费用的内容。最重要的是，明白预算的结构，灵活的工厂预算可能是复杂而且容易发生分歧的，所以应该在充分认识它们缺点的基础上清晰地解释出各种影响因素。

第五，降低成本是目的。激烈的竞争环境促使企业不断努力降低成本，这进一步促进企业强化预算管理。给管理者的印象是不断追求更好的业绩，因为没有达到预算而遭受不断指责，而对自己好的业绩又没有得到一点认可。改变这种不正常现象的真正有效方法是，尽快将“让我们一起来做”取代“你可以做也可以不做”这一个目光短浅的态度。预算应该作为一种激励手段而不是驾驭控制的方法。控制成本是企业发展的长足动力，而预算正好可以作为控制成本的一种有效激励方法，它能够促使人们努力挖掘降低成本的可能性，从而促进人们不断改进方法。当然，我们必须注意预算激励方法的有效性，注意区分哪些是真正有效的激励方法，是什么促使生产部门的经理不得不削减成本。当然由威胁提供的激励是消极的，从长远来看也是无效的。直接的金钱激励，被认为有一些优点，但是也充满了问题。在几代管理者的实践之后，真正的激励变得越来越清晰，它们就是那些通常被称为无形的东西，这些东西可由工资来仔细衡量和大致解释。对于一个深谙自己在管理层中角色的主管来说，给他的真正激励是一种满意，该满意来自于他清楚自己已给出了最好的努力，并可由财务上和主管的言语、行动上的适度认可表示出来。没有什么可以替代主管和其余管理层人员之间的积极谅解，同样，没有比一个有积极态度和对公司目标需求和政策有真正理解的工人更能确保成本削减的成功运用了。

第六，核心是原则。许多系统建立者碰到的难题在于缺乏高层管理者的支持。更令人惊讶的是，很多高层管理者不能真正明白计划和控制的含义，以及工作态度对该系统成功运行有重要影响的道理。没有来自高层管理者过硬的支持和理解，预算体系是不可能发挥它的强大功效的。成功预算的一个重要障碍很可能是预算与有关人员之间的摩擦，这里涉及会计主管、预算经理、会计以及许多其他参与预算工作人员的误解。解决这种误解或摩擦的一个重要方法是实行预算分级管理。一旦管理层明白分级管理有利于成本控制，所有问题都会迎刃而解。管生产的副总裁负责降低生产成本，他将工作分配给生产经理，生产经理又转而分配给车间主任，进而是一线的工人。

改善预算机制的措施应建立在该机构一直以来所犯下错误基础之上。由于认识到错误运用这些原则的所作所为，管理者才可能找到正确的步骤，此时勇气和耐心是必需的。因此，推行预算的基本要求如下：将你的预算体系建立在尽可能高的激励水平上；把你的预算牢牢地固定在公司计划的基础之上；确定控制的意义，并将之付诸实践；保持清晰的组织结构；保持一个良好完整的会计核算系统，以及针对预算项目的完整、明了和及时的解释；在执行成本控制时，将预算作为激励工人努力降低成本的一种方法，而不应该作为控制工人的工具；确保高层管理者的积极参与；财务经理及其团队必须以高度负责的精神来设立、维护和协调预算体系，以保证企业的计划控制系统正常运行。

1997年，爱德华·卡夫曼（Edward N. Coffman）和丹尼尔·杰逊（Daniel L. Jesen）为纪念这位名人堂里的大师而联手编辑了《詹姆斯·拉伦·皮尔斯作品精选集》，将皮尔斯的生平都记录在内。这本书将皮尔斯的作品按相关内容划归为控制和控制过程、预算，人际关系的处理准则和财务经理规则三大类。每类文章都是按照发表时间的先后顺序来排列的，这样有利于读者追寻他思想和观念的发展轨迹，其中主要篇目有："控制和会计的比较"（*Controllership and Accounting: A Contrast*），载于《财务经理》1953年9月；"计划和控制概念"（*The Planning and Control Concept*），载于《财务经理》1954年9月；"控制新概念"（*The New Image of Controllership*），载于《财务经理》1963年1月；"预算会计及前瞻"（*Budgetary Accounting and Its Prospects*），载于《财务经理》1968年2月；"预算管理时代来临"（*The Budget Comes of Age*），载于1954年5月《哈佛商业评论》；等等。

**参考文献**

[1] http://www.financialexecutives.org/KenticoCMS/home.aspx. 2008-08-02.

[2] Peirce J L. The Budget Comes of Age [J]. Harvard Business Review, 1954, 32(3): 58-66.

[3] Peirce J L. Views on Controllership and Management: Ohio Regional Meeting of American Accounting Association, Columbus, May 3, 2002[R].

（初稿执笔人：杜琳琳）

# 乔治·戴维斯·贝利

## (George Davis Bailey,1890 — 1966)

乔治·戴维斯·贝利(George Davis Bailey,1890—1966)是一位杰出的注册会计师(CPA)和会计实务先驱。他在会计师事务所工作长达46年,积累了丰富的实践经验,并于1947年创造了美国会计师事务所史上著名的兼并典范,掀起会计师事务所历史上的兼并浪潮。同时,贝利在完善职业准则和提高大学教育水平方面做出了巨大贡献,尤其值得一提的是他和外界联系非常密切,从而推动了法律界与会计界的紧密联系。正由于他的这些杰出贡献,贝利于成为1968年入选美国会计名人堂的3位会计大师之一。

## 一、个人简要生平

1890年6月6日,贝利(见图31)出生于爱荷华州(Iowa)的Sioux市。他的父亲叫亨利·摩尔(Henry Moore),母亲名玛丽·路易斯·戴维斯·贝利(Mary Louise Davis Bailey)。1908年,他从Sioux中学毕业。

图31 乔治·戴维斯·贝利

1912年,贝利从威斯康星大学毕业,并获取会计学学士学位。在美国,他是较早主修会计学的学生之一,同年,他进入位于克利夫兰(Cleveland)恩斯特-恩斯特(Ernst & Ernst)会计师事务所工作。1916年,他成为该所的合伙人之一。1917年,他取得威斯康星(Wisconsin)注册会计师资格。

1916年,贝利与埃德拉·吉尔(Edna Gillen)结婚,后又于1962年他与弗恩·库芙德(Fern Crawford)再婚,但在这两次婚姻中贝利都没有孩子。贝利是一个非常活跃的俱乐部成员,其兴趣广泛,喜欢钓鱼、打高尔夫球,也喜欢旅行，还喜欢底特律的交响乐乐队。同时，闲暇之余，他喜欢收集英国老字典和猫头鹰雕像。贝利于 1966 年 12 月 2 日去世，享年 76 岁。

## 二、理论与实务的主要贡献

1912—1957 年 46 年间，贝利一直在事务所工作。特别值得一提的是 1947 年，在他的带领和策划下才出现了会计师事务所发展史上一次非常著名的合并，并为会计师事务所后续合并浪潮提供了榜样，开了先河。由于贝利在会计师事务所工作长达 40 多年，他与外界联系异常密切，这为其增强会计界与法律界的联系提供了保障。贝利还担任过与法律界联系委员会的主席，经过他的努力，会计在社会中的地位得到大幅度的提高，这也为那些认为会计是伪科学的人上了生动的一课。

1912 年，刚从大学毕业的贝利就进入恩斯特-恩斯特事务所(Ernst & Ernst)工作。1916 年，他即成为该所的合伙人之一。1922 年，他成为该事务所在底特律分所的执行合伙人(managing partner)，但由于他在工作中与该所的创始人 A. C. Ernst 产生意见分歧，1947 年他辞职成立自己的事务所——乔治贝里会计师事务所(George Bailey & Co.)。同年，由于业务发展需要，再加上人员的缺乏，贝利将其事务所与 Touche，Niven & Co. 和 Allen R. Smart & Co. 两个事务所合并成立塔奇-罗斯会计师事务所(Touche Ross Co.)。合并初期事务所叫 Touche Niven Bailey Smart，后几经合并和重组才变为 Touche Ross Co.。1968 年，该所是美国的八大会计师事务所之一[①]。他一直是这个事务所的执行合伙人直到 1957 年退休为止。

贝利一生都非常积极地参加会计专业团体的活动。特别是在美国注册会计师协会(AICPA)中，贝利担任了很多职务：1943—1944 年，任协会副会长；1947—1948 年，任协会会长。同时，他曾经是 AICPA 的 23 个委员会包括咨询委员会(Council Committee)、执行委员会(Executive Committee，1941—1944 年)、惩戒委员会(Trial Board)、会计程序委员会(Committee on Accounting Procedure，1938—1944 年；1944—1947 年任主席)、术语委员会(Terminology Committee)及与法律界联系委员会(Relations Committee with the Bar)的主席或成员；1959 年，他成为特别统筹委员会(Special Coordinating Committee)的主席，该委员会是为了让 CPA 学习委员会关于教育和经验标准方面的报告。1942 年，他出任美国会计学会(AAA)的副会长。

---

① 该所于 1968 年更名为塔奇-罗斯公司(Touche Ross Co.，简称 TR)。1989 年 6 月，与德罗伊特·哈斯金斯·塞尔斯国际会计公司(Deloitte, Haskins & Sells，简称 DHS)合并，成立德勤公司(Deloitte Ross Tohmatsu，简称 DRT)，1992 年与日本 Tohmatsu 合并，再度更名为 Deloitte Touche Tohmatsu(简称 DTT)。

贝利在推进职业准则完善和提高大学会计教育水平方面被公认为是一位先驱者，在从事职业活动的同时，他也积极投身于会计教育事业：1958—1959 年，他是密歇根大学的客座教授；1961—1962 年，他任加利福尼亚大学洛杉矶分校的评议教授；1947—1948 年，他任哈佛大学的迪金森讲师。此外，他还是韦恩州立大学企业家咨询委员会的成员。1952 年，他被密歇根大学 Beta Alpha Psi 支部聘任为名誉会员。他还是 Beta Gamma Sigma 的成员。

贝利的重要贡献之一是由于他和外界联系非常密切，从而推动了法律界与会计界的紧密联系。值得一提的是，他是最早直接从学校选入职业界的候选人之一。1958 年，他获得密歇根注册会计师协会颁发的 CPA 服务奖章。1960 年，他获得美国注册会计师协会的最高荣誉——美国注册会计师协会金质奖章。

贝利在许多政府部门、民间组织和社区组织，特别是在密歇根公众事务和底特律的城市管理中担任很多职务，并经常为联邦政府工作，多数情况都是作为免费的咨询和顾问。早在第二次世界大战期间，他在美国陆军部就参与会计和税收政策的制定。他是合同纠纷处置部(Office of Contract Settlement，1944—1945)、美联储(Board of Governors of the Federal Reserve System)以及联合国秘书处统计部门(Statistical Division of the United Nations Secretariat，1958—1959)的咨询专家。他曾任密歇根税收研究委员会(Michigan Council for Tax Research)的主席、密歇根公民研究委员会(Citizens' Research Council of Michigan)的理事。在底特律，他曾任联合社区服务主席(United Community Services，1946—1948)和商业委员会主任 (Board of Commerce，1945—1958)。他也曾任慈善医院(Grace Hospital)和家庭病房护士协会(Visiting Nurse Association)的理事。此外，他还在第一个为全国和地方慈善机构筹集资金的组织——联合基金会(The United Foundation)的形成过程中发挥了重要作用。

贝利还曾在 1943 年担任美国会计学会下属文献委员会(Committee on Monographs)的主席，该委员会当年主要完成了两个项目：一是对证券交易委员会以及美国会计师协会(The American Institute of Accountants)下属的会计程序委员会(The Committee on Accounting Procedure，简称 CAP)和审计程序委员会(The Committee on Auditing Procedure)发布的各项会计事项声明、公告进行了汇编；二是对合并报表会计原则的讨论。这一工作即为他在理论上的发展打开了方便之门。

贝利的会计格言是："会计的目标是服务于社会"①。

① Tamas J Burns，Edwards N Coffman. The Accounting Hall of Fame：Profiles of Thirty-Six Members [M]. College of Administrative Science，The Ohio State University，1976，5.

## 三、主要论著简析

除了在实务方面的贡献之外，贝利在他工作之余，在会计专业杂志上也发表了很多文章，这些文章大都是讨论当时实务中存在的问题，并提出了自己的看法，从而为这些实践问题的解决做出了应有的贡献。其主要文献包括："公司收益报告中的问题"(*Problems in Reporting Corporation Income*)，载于《哈佛商业评论》(*Harvard Business Review*)1948 年第 9 期；"收益概念"(*Concepts of Income*，1)，载于《哈佛商业评论》1948 年第 11 期；"政府会计中的现实问题"(*Practical Problems in Governmental Accounting*)，载于《会计评论》1939 年第 1 期；"当前审计问题"(*Current Auditing Problems*)，载于《会计评论》1950 年第 2 期；"1943 年的协会报告"(*Association Reports for the Year 1943*)，载于《会计评论》1944 年第 2 期，等等。这些文章均强调了对公众教育以使其成为高素质报表使用者的必要性，从而有力推动了会计教育事业的发展。下面简要介绍上述论文的主要内容。

### (一)"公司收益报告中的问题"(1948)

在这篇文章中，贝利主要从三个方面对这一问题进行阐述。首先，是充分指出了报告中存在的问题。他认为现实的收益报告是不令人满意的：一方面是因为公司报告的数量和质量不令人满意，主要是其质量不令人满意；另一方面是因为公众的理解能力有限，从而造成其对收益报告的不满。因此，贝利认为应提高对公众的教育以提高其理解能力，他认为这一责任主要应由教育界人士和注册会计师来完成。教育界人士已做得很好但应继续努力，但注册会计师做得很不够。其次，贝利重点讲述了陈报中存在的问题。从报表目的开始，他主要强调应为所有者服务，他认为若满足了所有者的需要，则其他使用者的需要自然可以得到满足。这一需要应在财务报表的内容上得到反映，他更关注收益报告，强调提供可比数据。他认为没必要对费用分类，但他还是对两者情况——区分成本和费用以及对成本和费用按自然属性分类——予以了肯定。同时，他认为收益报告应采用单步式陈报。当然，在这部分中他重点强调了会计术语。他认为应将"利得和损失表"改为"收入表"或"收益表"；应将"剩余(surplus)"这一易产生歧义的术语改为"留存收益"；"储备金(reserves)"应被"定额储备(provisions)"代替等。最后，他介绍了收益确认中存在的问题。他认为收益确认中存在的最主要问题就是实务处理和准则规定方法相差很大，不具有可比性。他提倡缩小处理差异，以提高其可比性。最后他介绍了会计程序委员会(Committee on Accounting Procedure)

在缩小会计差异方面所作的贡献。

### （二）“收益的概念”(1948)

在这篇文章中，贝利主要从两个方面对这一问题进行阐述，就收益陈报是采用“当期经营观”还是采用“总括收益观”展开论述。他主要赞同“当期经营观”，但主张把非经常发生项目予以适当陈报——在附注中充分披露，并与收益表建立起连接。他认为，不管采用什么方法都必须对数据进行解释，这时可以采用能对当期成果有较好反映的“当期经营观”来对收益进行陈报。首先，他认为应关注年度内收益。他指出“当期经营观”造成历史数据的滥用是“总括收益观”产生的主要原因，并指出“当期经营观”的运用应建立一定的排除标准，CAP 在 No. 32 中采用了这一观点，但美国会计学会和美国证券交易委员会均不赞成这一观点，而建议采纳“总括收益观”。其次，他认为还应关注环境变动的影响。由于在 1948 年左右美国发生了持续性的通货膨胀，从而引起人们对会计和会计人员的极度不信任，甚至有人认为应改变会计基础。为应对这些挑战，美国会计师协会成立专门委员会来研究会计中常用的术语。在关于收益表方面，贝利认为收益表是概念的混合，收益与会计、税收、法律及经济四个概念有联系。他认为会计收益应考虑谨慎性原则，但会造成资产负债表并未真正反映企业的价值；税收收益是由法庭与政策规定的，经常变动，他建议收益税收的征收应以实务中会计收益的确认为基础，而非与其违背；法律收益也是由法律与法庭决定，它显示了可供分配收益的累积数，若它与会计收益违背，则以牺牲会计收益为代价；当价格水平剧烈变动时，经济收益比会计收益更有用。因此，需要尽力研究出一致的收益概念，以统一这 4 个不同的概念。

### （三）“政府会计中的现实问题”(1939)

贝利在该文中认为：政府会计的实际问题就是其报告如何能被理性公众理解。他认为这一问题应从两方面解决：一是通过教育；二是通过提高政府财务报告陈报质量。对于前一方法，需要大学的努力；后一方法，他提出会计责任应集中化，这样可以集中资源并可以协调城市各部门之间的利益以达到整个城市利益最大化。但为了使中心会计部门更好地运行，他强调审计部门应完全独立于这一城市所有部门。但现实很难做到这一点，应建立城市审计局(City Auditor General)，完全独立，可负担起这一职责。此外，文中还讨论了存货方面的问题。他认为，政府会计中存货并未得到足够的重视，提出应将存货控制分为实物控制和会计控制。对于实物控制，他建议应建立专库并由专人对其控制；对于会计控制，他建议应建立像小额备用金那样的循环资金制度：领用的存货可以以领用申请表代替，再加上剩余存货数量后的总数可以保持一个定额。他也提出有待提高的方面，即未反映金额问题会使报表复杂化。他还提到了固定资产方面的问题，建议那些向公众提供服务并收取费用的固定资产在提取折旧以及编制预算时应予以特别考虑等。

## 参考文献


[1] Association Reports for the Year 1943 [J]. The Accounting Review, 1944,19(2):221-230.

[2] Bailey G D. Current Auditing Problems [J]. The Accounting Review, 1950,25(2):125-132.

[3] Bailey G D. Practical Problems in Governmental Accounting [J]. The Accounting Review, 1939,14(1):52-57.

[4] Bailey G D. Concepts of Income [J]. Harvard Business Review, 1948,26(6):680-692.

[5] http://fisher.osu.edu/acctmis/hall/members/bailey/,2008-08-02.

[6] http://fisher.osu.edu/departments/accounting-and-mis/the-accounting-hall-of-fame/membership-in-hall/george-thomas-bailey/,2005-12-25.

[7] Problems in Reporting Corporation Income [J]. Harvard Business Review, 1948, 26(5): 513-526.

[8] Wootton C W, Wolk C M and C Normand. An historical perspective on mergers and acquisitions by major US accounting firms [J]. Accounting History, 2003,8(1):25.


（初稿执笔人：王玉勤）

# 约翰·兰辛·凯里

## (John Lansing Carey,1904 — 1987)

约翰·兰辛·凯里(John Lansing Carey,1904—1987)虽然不是一名执业的注册会计师,但他曾先后担任美国注册会计师协会(AICPA)副会长、美国会计学会(AAA)副会长等职,并曾在许多大学执教。由于其对会计实务产生的深远影响,成为1968年3位入选美国会计名人堂的会计大师之一。

## 一、个人简要生平

1904年5月30日,凯里(见图32)出生于纽约市郊的布鲁克林(Brooklyn, New York),他的父亲是亨利·兰辛(Harry Lansing),母亲是伊丽莎白·卡梅伦·凯里(Elizabeth Cameron Carey)。1908年,他们家移居到长岛市。他就读于当地的Richmond Hill中学时,由于成绩优异,在毕业前的1921年被推选进入学校Arista联谊会,并在高年级时担任班长。他入读耶鲁大学后,被选入全美优等大学生荣誉协会。

图32 约翰·兰辛·凯里

凯里在美国注册会计师协会有较长的工作经历。1925年从耶鲁大学毕业后,他即任助理秘书;1930年,被委任为秘书;1948年,被选为执行理事;1967年,被提升为执行副会长;1969年,从AICPA退休。在此期间,他还参与AICPA的官方期刊——《会计杂志》的相关工作:1937—1949年,任责任编辑;1949—1954年,任编辑;1955—1966年,任发行人。1969年,凯里出任美国会计学会(AAA)副会长。他从AICPA退休以后,AICPA的会员们出资捐资以他的名义设立了一项奖学金,用来每年奖励一名立志毕业后从事会计职业的耶鲁大学高年级优秀学生,目前这一基金已经在全美推广,一共有了7个类似的奖项。

凯里爱好广泛，尤其喜欢读书、园艺、桥牌、立体声音乐和打高尔夫球，他博览群书，包括历史、经济和哲学，曾两次阅读威尔·杜兰特(Will Durrant)写的厚达11册的《世界文明史》(*The Story of Civilization*)一书。

凯里于1933年1月27日与乔伊莉·纽蔓(Joyce Newman)结婚，婚后育有两个儿子。纽蔓对凯里的工作给予了莫大的支持，但遗憾的是，她并未能陪凯里走完最后的人生道路。凯里晚年丧妻，使他的生活失去了许多光彩，但是尽管没有了妻子的体贴与关怀，他一个人孤独地生活，但并未自我怜悯，更没有被早期严重的脑中风所击倒。每当他提起这些事时，向来都是直言不讳甚至略带幽默。他以一种在遇到逆境时所表现出来的平和心态来对待死亡。他常用丘吉尔演讲中的一句话来告诫会计界，即“对人类唯一的指引是人类的道德和良心，正直和真诚是人类唯一保护自己的武器”。正因为凯里有了这种武器，所以他永远在道义的指引下前进。这位会计界的前辈永远值得后人怀念和学习。1987年8月24日，凯里逝世，享年83岁。

## 二、理论与实务的主要贡献

凯里的一生都在为会计事业而奋斗，为会计事业的发展做出了突出的贡献。凯里作为一位职业化后会计职业界的服务者，为美国注册会计师协会工作规范做出了贡献。他在AICPA的同事们均认为，凯里身上有许多优秀的品质值得学习。比如，他观察问题非常敏锐，对人非常平易近人，对工作全身心地投入，并且有着充沛的精力，随机应变的能力很强，以至于可以使许多紧张的局势得到缓解。所有这些不仅是凯里的人格魅力，而且是AICPA的一笔宝贵财富，如果没有这些，AICPA的发展可能会是另外一番情形。

尽管凯里有时固守传统，但他还是很容易接受新思想。因而在协会的许多新项目上，他毫无疑问的是一个积极的推动者。比如，对经济事务的前沿探讨，最早发起会计的继续教育事业，主张和学术团体建立良好的关系，主张在华盛顿建立一个AICPA的分支机构，为了对远期规划形成一个系统的方案所作的不懈努力，以及为了提高注册会计师的社会地位而涉及的有关公共关系方案的落实。这些先进的思想，在他的著作《会计职业的发展》(*The Rise of the Accounting Profession*)一书中都有所体现，他始终认为自己是一个会计职业的服务者，因此在本书中忽略了自己在会计职业取得的许多伟大成就中的关键作用。

凯里还有一个重要的优点，就是愿意倾听别人的意见，哪怕他不同意这些意见，他也会认真地倾听。由于他这一天生的优点，他经常能调解意见的冲突并且在职业界的不同部门间营造一种相当和谐的氛围。他之所以能做到这一点，还因为他以这一工作为荣。他从不会因自大而忽略别人的意见，对别人视而不见。他的协调能力是如此之好，也反映了他对协会中的会员特别尊重，即使有些人很难相处。曾经有一个会员控告协会剽窃(实属无理取闹)，当然法庭很快驳回了这一控告。在审判中，凯里与控告者友好地打了招呼，他的同事们一点都没有惊讶，而他笑笑说："噢，你们应该明白，他仍是协会中的一员。"由此可以看出，凯里具有宽阔的胸怀和很好的为人。

凯里作为注册会计师协会的主要官员，一向都是以身作则，而不是靠劝诫性讲话，他也很少训斥雇员，当雇员们犯了很小的过失或错误时，都能在凯里的脸上感觉到他的失望。很明显，他对自己要求得非常严格，相应地也影响了他的同事们。因为他的同事们认为，只有严格要求自己才配和这样的领导一起工作，才可以营造一个良好的工作环境，才能实现他的抱负。

凯里还为维护会员的权利作出了突出贡献。当法律界企图限制注册会计师对税收事务的检查时，凯里带头对此发起了一个有力回击的运动。当双方同意友好地解决这一问题时，都意识到凯里实际上已经成为一个为注册会计师地位而辩解的令人敬畏的人物。他深知，如果没有他发起的有力回击，这种冲突是不会被友好地解决，这些为了注册会计师地位而辩护的思想在他的论文"注册会计师受到攻击"(*CPAs Under Fire*)中也得到了很好地体现。

凯里退休以后，继续为会计教育事业作贡献。1970 年，曾任马里兰大学的讲师；1970 年春季，他是伊利诺伊大学的访问学者；1971 年春季，他是乔治大学的客座教授；1971 年秋季，他任德克萨斯基督教大学的讲师。在此期间，他还写了一本很有激情的书向青年学者讲解会计职业。

除了对会计实务和会计教育的贡献外，他还多次出任政府公职。从 1936—1951 年，他居住在罗斯林(Roslyn)期间，曾任 Roslyn 房地产协会的秘书和会长、Roslyn 房地产协会的理事，布鲁克林乡村全日制小学理事会的主席。他还当过肯涅狄格州西北纳税人协会的执行秘书、执行副会长和会长。1942—1944 年，他曾在纽约州警卫队第七军团服役。

不懈的努力和卓越的贡献不仅为他带来了荣誉，同时也证明了他对会计事业的贡献：1961 年，他获得了美国注册会计师协会的最高荣誉——美国注册会计师协会金质奖章，他是获得此奖项的唯一一位非执业会计师。他既不是会计学者，也不是会计专家，仅仅作为美国会计学会的官员，于 1968 年被选入会计名人堂，他也是截至当时被选入的 4 位非执业会计师之一。

凯里的会计格言是:“会计的特征是知己、律己与责己”①。

## 三、主要论著简析

凯里以朴实自然的文风见长,其一生共有著作 7 部,发表学术论文 30 余篇,除此之外他还有许多演讲、报告,以及为协会拟定的大纲和通讯稿,他能够把有条不紊的思路和高超的写作技巧相融合,孕育出许多对推动会计师事业有着重要贡献的著作。退休以后,凯里仍然坚持写作,不断地向地方报纸投稿并提出关于国家政策的建议,不仅获得一些稿费维持基本开支,最重要的是从中获得无穷的乐趣。其主要著作有如下几部。

### (一)《公共会计师职业道德》(1946)

《公共会计师职业道德》(*Professional Ethics of Public Accounting*)一书,主要帮助年轻的会计理解适用于会计的职业行为准则,即为什么每条准则都是合理的,应该怎样理解,怎样以一个逻辑的方式使它不仅仅代表社会整体的利益,而且代表个人利益。一个广为人知的故事是,当凯里在做急性阑尾炎切除手术住院期间,还在口授他的著作《公共会计师职业道德》中的一章。

### (二)《注册会计师的未来筹划》(1965)

《注册会计师的未来筹划》(*The CPA Plans for the Future*)是一部帮助注册会计师个人、公司、政府和事务所本身阐明他们的目标,并且采取必要措施达到这些目标的文献。对注册会计师未来发展作了合理预期,并且指出了会计职业成功应对时代变化的合理要求。

### (三)《会计职业的发展》(上、下册,1969—1970)

《会计职业的发展》(*The Rise of Accounting Profession*),是凯里于 1969 年和 1970 年间完成的最有影响的一部著作。

1.《会计职业的发展:从技术性到职业性,1896—1936》(*The Rise of Accounting Profession: from technician to professional*,1896—1936)。该书以时间为主线,描述了美国纽约和华盛顿会计的发展情况,其主要内容涵盖了从 1896 年美国第一部注册

---

① Tamas J Burns,Edwards N Coffman. 1976. The Accounting Hall of Fame: Profiles of Thirty-Six Members[M]. College of Administrative Science,The Ohio State University,15.

会计师法在纽约颁布实施到1936年美国会计师协会(AIA)与美国注册公共会计师联合会(AAPA)合并的整个期间的事件。

该书的前四章主要是按事件发生的顺序逐年记叙大事件,但后面的内容,尤其是在1913年所得税法确立后的内容,文章的中心有了转移。

第5章为"联邦政府对会计的影响"。这一章主要讲述了从1907年由于罗斯福的反托拉斯活动引起的恐慌到1913年的宪法第16次修订案和所得税法的通过对会计职业的影响。凯里详细地描述了美国会计师协会的领导为了使所得税法与健全的会计实务相协调所做出的不懈努力。第6章为"会计准则的出现"。第7章为"教育和注册会计师的原则"。第8章为"董事会开始关注"。第9章为"道德和自我约束"。第10章为"发展完善的会计准则"。第11章为"政府对会计的干预"。本章讲述的是罗斯福新政时期。凯里很审慎地看待那个时期,他把新政看作是美国人处理顽症的一种典型方式。凯里对1933年和1934年的有关证券立法的活动进行了详细和富有见解的描述。书中提出,由于当时职业界几乎无法应对罗斯福刚上台时的快节奏,其结果只能对有其他机构发起的活动做出反应。尽管职业界处于不利地位,但还是使审计条款进入证券立法,并与美国证券交易委员会(SEC)确立了满意的合作关系,且进展很快,在20世纪30年代末获得了制定会计准则的主要权利。

第19章和第20章为最后两章,分别写了会计界的大分裂和重新团结。1921年,为了应对美国会计师协会(American Institute of Accountants,简称AIA)对有些基本组织问题的解决感到力不从心,美国注册会计师联合会成立。凯里充分阐述了美国注册会计师联合会在代表美国会计职业界解决一些争端上的失败教训,这些争端包括国家和地方之间的,有时是人为组织调整职业的英国方法与被授权国家控制的美国方法之间的矛盾。美国会计师协会在组织结构上作了一些基本变化后,使得美国会计职业界能够于1936年重新团结起来,即美国会计师协会和美国注册会计师联合会合并。美国注册会计师联合会的会员被美国会计师协会全部吸收后,宣告解散。

总体而言,这本书的特点之一,是作者把过去和现在联系在一起,比如他在文中写道:"……良好的机遇……在不久的将来会出现在会计界。实际上,会计界可以抓住的机遇是无限的。"凯里在为会计职业服务的40多年时间内,丝毫未曾动摇过这种信念。另一个特点是作者是以超然身份来写这部著作的,尽管他是一位会计职业管理者,不是会计师,但他始终以客观的眼光看待问题。如他在第四页中写道:"注册会计师也是普通的人,他们很难以满腔的热情来应对环境的千变万化……他们前进的动力大都来自于外部的压力,但客观地说,他们一般能够敏锐地意识到这种压力的重要性——并且迅速地做出反应,不至于太迟"。该书美中不足的是,他缺少一个索引核对资料来源的注释。

2.《会计职业的发展：走向权威和责任，1937—1969》（*The Rise of Accounting Profession*：*To Responsibility and Authority*，1937—1969）。该书以在纽约举行的美国会计师协会（AIA）15 周年纪念大会的报道开始，并且引用了著名会计学家罗伯特·希斯特·蒙哥马利离职演说中的精彩部分，称其是一个为实行高质量的会计准则、为体现会计独立和不屈服于委托者与政府的压力，为提高财务报表透明度和充分揭示纰漏的激动人心的呼吁。这本书弥补了第 1 册的不足，增加了一个综合索引。该书第 2 章为“审计危机”。该章以 1938 年纽约州爆发的有史以来最大的案件——麦克森-罗宾斯（McKesson 和 Robbins）公司倒闭事件，以及从此案例中汲取的教训展开论述。凯里引用了美国证券交易委员会（SEC）1939 年开始的调查以及协会 12 位知名会员提供的证词，他们都以美国会计师协会（AIA）1936 年 1 月发表的一份公告——“由独立公共会计师进行的财务报表检查”为基础提供证言。很明显，公共会计师在听证会上出庭作证是一项非常重要的公共服务。1938 年新成立的审计程序委员会（Auditing Procedure Committee）的第一任主席——塞缪尔·约翰·布洛德（Samuel John Broad）是第一位为麦克森-罗宾斯事件出庭作证的专家。会计界对这一案例的反应是，美国会计师协会（AIA）采取了更加广泛的审计程序。第 3 章描述了在第二次世界大战期间注册会计师提供的重要政府服务。后面有 3 章涉及了美国会计师协会为应付盈余可比性的巨大压力和消除会计实务的选择而做出的努力。作者在这里找到了除 SEC 施加的压力外，美国会计师协会、财务分析师、财务压力和协会自身因素也会给美国会计师协会的发展带来压力。此外，一个对有关财务报表负责的观念被引用进来，即“投资者不可否认地感受到在会计师身上正好并且一定有推卸不掉的难题”。这清楚地说明，职业界已经欣然承担这一责任。

在“审计责任的演变”和“独立观念”这些章节，凯里论述了美国证券交易委员会的参与对会计职业界发展的重要影响，作者在这些章节对这些问题进行了很好地阐述，并且讨论了对会计界非常重要的关键性问题。“税收实务”是很长的一章，在这一章中详细地描述了会计职业生涯中比较困惑的一些事情，比如税收问题。这一章应该和另一章“美国会计师协会在改进税法方面所做的贡献”一章结合起来阅读。其他章节，则写了美国注册会计师协会为提高会计执业标准所做的努力，他们主张要求会员进行更高的正规教育，增加立法中的附加条款以对其行为进行保护，鼓励对会计人员进行后续教育，其中涉及的一个重要问题是会计职业道德，有关这一方面的问题，是凯里在过去 25 年里所一直关注的问题，且已做出了巨大的贡献，他的有关会计职业道德观点已经被许多论著所引用。

## 参考文献

[1] Bedford N M, P Pacter. Getting Acquainted with Accounting(Book Review) [J]. The Journal of Accountancy, 1973,135(4):95-96.

[2] Carey J L, K F Skousen. Getting Acquainted with Accounting [M]. Boston: Houghton Mifflin, 1973.

[3] Carey J L, W O Doherty. Ethical Standards of the Accounting Profession [M]. New York: American Institute of Certified Public Accountants. 1966.

[4] Carey J L. How Can Barriers Against International Accounting Practice Be Eliminated [J]. International Journal of Accounting, 1970a,6(1):54-60.

[5] Carey J L. Problems of the Profession in the United States[J]. The Journal of Accountancy, 1968,79(4):77-81.

[6] Carey J L. Professional Ethics of Certified Public Accountants [M]. New York: American Institute of Accountants, 1956.

[7] Carey J L. Professional Ethics of Public Accounting [M]. New York: American Institute of Accountants, 1980.

[8] Carey J L. Teachers and Practitioners [J]. The Accounting Review, 1969b,44(1):79-85.

[9] Carey J L. The CPA Plans for the Future [M]. New York: American Institute of Certified Public Accountants,1965.

[10] Carey J L. The Rise of Accounting Profession: from Technician to Professional,1896—1936, Volume One [M]. NewYork: NewYork American Institute Certificate Public Accountants, Inc., 1969a.

[11] Carey J L. The Rise of Accounting Profession: To Responsibility and Authority,1937—1969, Volume two [M]. NewYork: NewYork American Institute Certificate Public Accountants, Inc., 1970b.

[12] Cassel H S. Getting Acquainted with Accounting(Book Review) [J]. The Accounting Review, 1973,48(4):811-812.

[13] http://fisher. osu. edu/departments/accounting-and-mis/the-accounting-hall-of-fame/membership-in-hall/john-lansing-carey/,2005-12-01.

[14] Lawler J, John L Carey (1904—1987): A Personal Tribute [J]. Journal of Accountancy, 1988,165(1):27-27.

(初稿执笔人:王艳平)

# 威廉·韦林·沃恩茨

## (William Welling Wernt z,1908—1964)

威廉·韦林·沃恩茨(William Welling Werntz,1908—1964)是美国证券交易委员会(SEC)第二任首席会计师,对美国会计原则和公认审计准则的建立起到了极为重要的推动作用。由于沃恩茨对美国乃至世界会计及审计理论与实务的发展都产生了深远的影响,他成为1968年3位入选美国会计名人堂的会计大师之一。

## 一、个人简要生平

1908年3月27日,沃恩茨(见图33)出生于华盛顿,父亲是威廉·沃伦·沃恩茨(William Warren Werntz),母亲是丽莲·格特鲁德·威廉·沃恩茨(Lillian Gertrude Welling Werntz)。结束了在俄亥俄州托利多的斯科特中学的3年学习后,1925年,沃恩茨作为毕业典礼上的班级发言人,从马萨卡-密歇根高中毕业。

图33 威廉·韦林·沃恩茨

1929年,沃恩茨在耶鲁大学获得会计学学士学位,1931年又在该校获法学学位,并开始攻读经济学博士学位。1931—1934年,他完成了除学位论文之外的所有博士阶段的学习和考试。1930年夏天,沃恩茨在密歇根大学学习法律和会计。1929—1935年,沃恩茨在耶鲁大学法学院任教,讲授会计、公司财务和法律课程。

1935年,沃恩茨作为一名正式职员进入美国证券交易委员会(Securities and Exchange Commission,简称SEC)。1938年5月至1947年4月,一直担任SEC首席会计师。1947年5月辞去SEC的公职,加入塔奇-罗斯会计师事务所(Touche和Ross Co.)。1964年,沃恩茨当选为TRB & S的高级合伙人,至逝世前一直担任此职务。在SEC工作期间,他曾任价格管理办公室的顾问(1942—1943)和美国财政部顾问(1944—1945),以及联邦住房建设部的部长。1950年,沃恩茨取得新泽西州注册会计师资格。1931年,他取得康乃狄格州律师资格。

1947年5月,沃恩茨辞去了SEC的职务之后转投会计职业界,成为塔奇-罗斯会计师事务所的成员。有趣的是,沃恩茨还受到过SEC的查处。沃恩茨在该事务所的最初几年里,主要负责海滨商业公司的事务。SEC认为,沃恩茨所审计的海滨商业公司1947年度报告存有“严重误导性错误”,因为没有计提足够的减值准备导致部分账户数字可疑,且流动资产被高估。出于对这家新成立的会计师事务所形象的考虑,也因为该项事务中牵涉到沃恩茨,SEC对于沃恩茨在此项事务中应承担责任的决定并不明确。尽管如此,沃恩茨和塔奇-罗斯会计师事务所还是受到了停业15天的惩罚。这一事件也成为10多年后新的1号会计系列文告(Accounting Series Release,简称ASR)的基础,1957年3月25日,SEC所发布的第78号ASR就是针对这一案例的。

1932年7月9日,沃恩茨于与珍妮·坎贝尔(Jeanne Darling Campbell)结婚,婚后育有一子。在空闲的时候,沃恩茨喜欢钓鱼、集邮、打桥牌和阅读。沃恩茨于1964年11月19日逝世,终年56岁。

## 二、理论与实务的主要贡献

沃恩茨作为SEC首席会计师的重要功绩之一,是在麦克森-罗宾斯(McKesson和Robbins)欺诈案发生后,建立了基于实务的公认审计准则。其在会计理论与实务发展方面的重要贡献亦在于主持处理麦克森-罗宾斯公司审计假账案及建立“公认审计准则”的基础。作为当时任职SEC的首席会计师,沃恩茨兼任了麦克森-罗宾斯欺诈案调查委员会主席。SEC在调查后公布了一份长达454页的调查报告。鉴于该案所暴露的问题,沃恩茨认识到建立审计准则的重要性。该调查案结束后,沃恩茨认为当时的审计程序有缺漏,建议注册会计师协会自行设法改正,以免政府干预。从1941年起,SEC就要求审计师在审计报告中明确其审计是否遵循了“公认审计准则”。而AICPA直到1948年才正式定义“公认审计准则”。显然,沃恩茨对审计准则的建立发挥了重要作用。可见,由于该案件的妥善处理,不但加速了美国公认审计准则的发展,同时,还为建立起现代美国审计的基本模式,以及在评价内部控制制度基础上的抽样审计奠定了基础。

### (一)麦克森-罗宾斯欺诈案简介

1938年12月,沃恩茨上任刚7个月,麦克森-罗宾斯欺诈案曝光,起因是美国纽约州的麦克森-罗宾斯药材公司突然宣布倒闭。在经济萧条时期,股份公司的倒闭本来习以为常。然而,该公司的倒闭,却使得"报刊以耸人听闻的手法来对待这件案子"①。究其原因,是因为该案涉及审计程序中的一系列问题。在全面处理这一案件中,沃恩茨投入了全部的精力。

1938 年年初,长期贷款给罗宾斯药材公司的朱利安·汤普森公司,在审核罗宾斯药材公司财务报表时发现两个疑问:第一,是罗宾斯药材公司中的制药原料部门,原是个盈利率较高的部门,但该部门却一反常态地没有现金积累,而且流动资金亦未见增加。相反,该部门还不得不依靠公司管理者重新调集资金来进行再投资,以维持生产。第二,是公司董事会曾开会决议,要求公司减少存货金额。但到 1938 年年底,公司存货反而增加 100 万美元。汤普森公司立即表示,在没有查明这两个疑问之前,不再予以贷款,并请求官方协调控制证券市场的权威机构——纽约证券交易委员会②调查此事。

纽约证券交易委员会在收到请求之后,立即组织有关人员进行调查。调查发现该公司在经营的十余年中,每年都聘请了美国著名的普华会计师事务所对该公司的财务报表进行审计。在查看这些审计人员出具的审计报告中,审计人员每年都对该公司的财务状况及经营成果发表了"正确、适当"等无保留的审计意见。为了核实这些审计结论是否正确,调查人员对该公司 1937 年的财务状况与经营成果进行了重新审核。结果发现:作为一家主要经营药物和化学制品的知名大公司,1937 年 12 月 31 日的合并资产负债表计有总资产 8 700 万美元,但其中的1 907.5 万美元的资产是虚构的,包括存货虚构 1 000 万美元,销售收入虚构 900 万美元,银行存款虚构 7.5 万美元;在 1937 年年度合并损益表中,虚假的销售收入和毛利分别达到 1 820 万美元和 180 万美元。在此基础上,调查人员对该公司经理的背景作了进一步调查,结果发现公司经理菲利普·科斯特及其同伙穆西卡等人,都是犯有前科的诈骗犯。他们都是用了假名,混入公司并爬上公司管理岗位。他们将亲信安插在掌管公司钱财的重要岗位上,并相互勾结、沆瀣一气,使他们的诈骗活动持续很久没能被人发现。

1939 年,在麦克森-罗宾斯一案曝光后不久,SEC 开始了其对该公司的听证。证券交易委员会将案情调查结果在听证会上一宣布,立即引起轩然大波。根据调查结果,罗宾斯药材公司的实际财务状况早已"资不抵债",应立即宣布破产。而首当其冲的受损失者是汤普森公司,因为它是罗宾斯药材公司的最大债权人。为此,汤普森公

① 转引自杨庆英. 2002. 罗宾斯公司审计案加速美国公认审计准则的发展[N]. 证券时报, 2002-01-09.

② 即 1792 年 5 月 17 日诞生的纽约股票交易所(New York Stock Exchange,简称 NYSE),1817 年 3 月 8 日这个组织起草了一项章程,并把名字更改为"纽约证券交易委员会"。

司指控普华会计师事务所。汤普森公司认为其所以给罗宾斯公司贷款，是因为信赖了会计师事务所出具的审计报告。因此，他们要求普华会计师事务所赔偿他们的全部损失。

在听证会上，普华会计师事务所拒绝了汤普森公司的赔偿要求。普华会计师事务所认为，他们执行的审计遵循了美国注册会计师协会在1936年颁布的《财务报表检查》(*Examination of Financial Statement*)中所规定的各项规则。药材公司的欺骗是由于经理部门共同串通合谋所致，审计人员对此不负任何责任。最后，在证券交易委员会的调解下，普华会计师事务所以退回历年来收取的审计费用共50万美元，作为对汤普森公司债权损失的赔偿。

### (二) 沃恩茨领导SEC对现行审计程序进行了全面检讨

美国注册会计师协会下属的审计程序委员会早在1936年就指出："对财务报表负责的主要应是企业管理当局，而不是审计人员。"如果审计人员审定的财务报表与事实不符，则要分清事实不符的原因。当企业内部因共同合谋而使内部控制制度失效时，即使再高明的审计人员，在成本、时间的限制下，也是无法发现这些欺骗行为的。为此，当纽约州司法部长约翰·贝内特在听证会上指责审计人员时，立即遭到审计人员的反驳。他们说："在司法部长所引证的大部分案子中……所涉及的审计问题，只是人的行为本身的失败，而不是一般所遵循的程序失败。"同时，"美国注册会计师协会仍然决定不修改1936年的声明，继续发展公认审计程序"。① 但麦克森-罗宾斯欺诈案，使审计人员再一次认识到，审计是存在风险的。对这个风险，如属于企业内部人为造成，则审计人员不应对此负责。其次，审计人员还进一步认识到，建立科学、严格的公认审计程序，使审计工作规范化，能够有效地保护尽责的审计人员，免受不必要的法律指责。

麦克森-罗宾斯暴露了当时审计程序的不足：即只重视账册凭证而轻视实物的审核；只重视企业内部的证据而忽视了外部审计证据的取得。在罗宾斯破产案件听证会上，12位专家提供的证词中列举了这两个不足。证券交易委员会根据这个证词，颁布了新的审计程序规则。该审计规则的要点在于，需要在合理和可能的情况下进行存货的盘点和应收账款的函证。在规则中，证券交易委员会要求：审计人员在审核应收账款时，如应收账款在流动资产中占有较大比例，除了在企业内部要核对有关证据外，还需进一步发函询证，以从外部取得可靠合理的证据；在评价存货时，除了验看有关账单

① 转引杨庆英.罗宾斯公司审计案加速美国公认审计准则的发展[N].证券时报，2002-01-09.

外，还要进行实物盘查，除此之外还要求审计人员对企业的内部控制制度进行评价，并强调了审计人员对公共利益人员负责。后来，美国注册会计师协会所属的审计程序委员会于1939年5月颁布的《审计程序的扩大》，对审计程序作了上述几个方面的修改，使它成为公认的审计准则。

与此同时，注册会计师职业界也开始独立行动，于1938年正式建立了一个制定审计程序的专门委员会——审计程序委员会（Auditing Procedure Committee），并由著名会计学家塞缪尔·约翰·布洛德（Samuel John Broad）作首任主席。明确规定该委员会的议题是已被广泛接受的对资产的审计程序和财务报表的披露是否足以发现舞弊，以保护公众投资者的利益。最初的审计准则——《第1号审计程序报告》及《审计程序的扩大》的颁布，在某种程度上说，也是职业界迅速行动的结果。SEC在1939年公布其听证结果的同时，也开始针对独立会计人员职业能力的缺乏设计合适的课程。然而此时，基于之前颁布的第1号审计准则而建立的审计程序已被美国注册会计师协会通过。1940年12月颁布的第19号会计系列文告（ASR），显示了SEC对麦克森-罗宾斯事件的调查结果及结论。在发现审计人员在执业过程中并没有持有足够的警戒心理和职业敏感度的同时，SEC也认识到职业界在颁布第1号审计准则以避免审计程序整体缺陷的过程中，采取了迅速的行动。因此，SEC承认了审计工作人员为建立其自身工作规则的权威性所做出的努力。尽管有些人以从未有法律语言明确该委员会及其准则在制定审计程序方面的权威性为由质疑该项准则，其他人认为，如果职业界没有做出及时和恰当的反应，国会也会立法以授权SEC来进行该项工作。

1939年，同样一项重要的先例出现于洲际纺织公司的案例中。尽管这个案例主要牵涉的并不是财务信息责任问题，最终的判决结果却显示了属于SEC管辖范围的公司管理层有责任将财务信息提交给SEC。这一案例的启示是需要建立和加强一种普遍的共识，就是管理层对会计原则的选择和应用负首要责任，审计人员的责任是不仅要满足自身的职业判断，还要在管理当局支持的基础上判断其选用会计原则的适当性。

1940年2月，SEC颁布了先前相关法案的修正案，并将其付诸实施。此时沃恩茨已成为SEC中哈罗德·耐夫（Harold Neff）领导的部门成员，因此，该项修正工作主要由沃恩茨负责。沃恩茨在1940年编撰了规则Z，此项规则后来改称规则S-X。规则S-X明确规定了上交给SEC的财务信息与报告的形式和内容。1941年，在沃恩茨任SEC首席会计师期间，规则S-X再次修订，要求会计报告需要通过独立会计师的认证以保证其与公认审计准则的一致性。

### (三) 沃恩茨对"审计独立性"问题做出了积极的贡献

根据沃恩茨的思想,如果审计师同其客户达成协议,不承担由审计报告而招致的任何损失和责任,那么,SEC便可以"缺乏独立性"为由,拒绝其出具的审计报告。

在担任首席会计师期间,沃恩茨建立了利益冲突的净价值评估法,并解决了有关独立性的诸多困难问题,这些问题在先前的第2号ASR中都没有明确的表述。在第25号ASR中,以独立性作为决策基础,沃恩茨规定了股东和会计师间有关会计师与由他的认证带来的损失及负债无关的协议(如规定会计师免责)将极大地损害会计师的独立性,以至于总会计师不能对注册会计师在认证财务报表时的独立性表示认可。沃恩茨引用了1944年1月颁布的第47号ASR中有关独立性的诸多案例来扩展独立性的概念。编撰和考虑这些案例的原则已在第44号ASR颁布时提出,当时SEC规定,当会计师与所有者有直接或间接的利益关系、或在被报告期间担任企业出资者、担保人、投票受托管理者、领导者、经理或雇员的,将被认定为不具备独立性。

如今,独立性的概念不仅对注册会计师职业界,而且对所有者和SEC都同样非常重要。这种概念一直延续到今天,并且成为对向SEC提供报表的企业进行报表审计的注册会计师服务的一项重要内容。就像关于审计准则的权威性报告所说的一样,管理层对于会计原则和S-X规则的选择责任不足。对此,沃恩茨提出了在SEC实务规则下的程序①。所有以上的活动,都发生于第二次世界大战那个非常困难和关键性的几年之中。

沃恩茨一生非常积极地参与职业组织活动。1948年,任美国会计学会(AAA)副会长。1960—1963年,任职于美国注册会计师协会(AICPA)理事会,1961年起任职于惩戒委员会(Trial Board),1962年当选副会长;1950—1959年,担任会计程序委员会(CAP)成员,其中1956—1959年任主席。在沃恩茨的领导下,CAP于1959年将递延所得税视作负债或递延贷项,而不是业主权益的一部分。该结论让AICPA招致了一场官司。原告系当时最大的公用事业公司——美国电力公司。最高法院以AICPA胜诉的裁决了结了这场官司。沃恩茨还曾任美国注册会计师协会许多其他委员会的主席,包括大学关系委员会(Relations with Universities,1959—1961)、会计原则委员会特别意见委员会(Special Committee on Opinions of the Accounting Principles Board,1964)。他还曾兼任AICPA特别研究委员会(Special Committee on Research,1957—1959)的成员,该委员会于1959年设计了会计原则委员会(Accounting Princi-

① 此时,受训过的从业人员被发现在实践中的独立性和能力方面均有所欠缺。

ples Board,简称 APB)的建立框架。在 APB 的支持下,沃恩茨还成为一个顾问委员会的成员,该委员会对 1961—1962 年颁布的假设和会计原则的形成进行了研究。他还曾是 AICPA 和洛克菲勒基金会(Rockefeller Foundation)发起的企业收益研究组的成员。沃恩茨还活跃于全美会计师联合会(NAA)、新泽西注册会计师协会、纽约注册会计师协会以及许多其他组织。

沃恩茨亦曾在许多大学里任教,包括康涅狄格商学院、乔治·华盛顿大学、实务法律学院和宾夕法尼亚大学。他给超过 75 个职业团体进行过演讲,并为国内外期刊写过许多文章。沃恩茨还是哥伦比亚会计研究所、佩斯大学和瑞特格斯大学会计咨询委员会的成员。在耶鲁大学 3 年级时,他就是全美优等大学生荣誉协会和等多个团体的成员。

沃恩茨还积极参与他在新泽西州的家乡格林瑞治的教会、市政及社区事务,曾担任过社区联合基金会的会计主管(1957)、市议员(1958—1964)、格林瑞治公理教会审计委员会执事及主席,以及格林瑞治纳税人协会的会长等。

沃恩茨的会计格言是:"财务会计概念框架决定会计原则"①。

## 三、主要论著简析

沃恩茨一生著作颇丰,曾先后在会计杂志上共发表过 50 多篇文章,其中绝大多数是关于其在 SEC 任职期间所遇到会计问题的研究结论与处理结果。在写作方面,沃恩茨不仅证明了他的学识,也体现了他对法律与会计的关系的理解。以下其关于会计是一种管理工具的引文强有力地说明了这一点:"会计的管理工具论产生于企业,这种观点的发展必然需要立法界、司法界和管理人员的关注。这是不可避免的,在获得社会经济现象数据的有效途径的研究中,早期的来源应含有会计数据。从那时起,依赖会计过程就成为了一个虽短却符合逻辑规律的步骤。首先,作为一个观察经济个体活动的持续方法,一个规定和禁止其各项活动的方法。有趣的是,我们发现,会计作为一项管理工具对政府自身监管的有效利用远远落后于其作为一项政府监管手段的利用。仅仅在不久之前,企业会计才产生了一些明显的改进,以加强对政府行为的监管。"②沃恩茨发现,1950 年之前的半个世纪,代理管理人员对会计的发展起到了重要的影

① Tamas J Burns, Edwards N Coffman. The Accounting Hall of Fame: Profiles of Thirty-Six Members [M]. College of Administrative Science, The Ohio State University, 1976,71.

② 转引自 Gary John Previts. The SEC and Its Chief Accountants: Historical Impressions [J]. Journal of Accountancy, 1978,146(2):83-91.

响。他们加强和扩大了细节资料的收集,还在一定程度上促进了会计方法的发展。总的来说,代理管理人员使得会计理论和方法有了更深更快的发展和进步。沃恩茨的论文不仅建议关注会计作为一项管理工具的作用,也建议立法机构和政府机关运用会计信息进行社会监管和经济规划。有关沃恩茨会计思想与理论贡献,主要体现于以下几个重要文献之中。

### (一)《威廉·W·沃恩茨的会计思想》(1964)

《威廉·W·沃恩茨的会计思想》(*William W. Werntz: His Accounting Thought*)一书,是1964年11月出版的。该书是在沃恩茨于56岁的英年早逝后,美国注册会计师协会为了纪念这位会计先哲,由沃恩茨之前的合伙人之一——罗伯特·马丁·特鲁布拉德(Robert Martin Trueblood)和乔治·H·索特(George H. Sorter)教授,在收集其大量的专业论文和文献的基础之上,进行全面编辑并由美国注册会计师协会出版的全面研究沃恩茨会计思想的一本专辑。该书既是有关沃恩茨对美国会计职业界理论及其发展所做出的诸多贡献的一个总结,也全面梳理了沃恩茨对美国会计及审计思想发展的贡献,且专门介绍了其会计理论。该书中的文献并未按时间顺序进行编辑,而是将其从总体上分为五个部分:

第一部分,是会计研究和基本原则问题。主要包括:当今会计报告的困境(1955);会计研究对象(1939);公认会计原则的应用问题(1941);通过调查研究为社会公众服务(1941);会计原则研究(1958);向社会公众报告公司收益:会计职业界的责任(1958);成本与价值;基本会计原则:发展和应用问题(1961);关于会计原则的新建议(1963);对第3号ARS的评论:商业企业会计原则暂行草案(1962)。

第二部分,是会计报表的用途及使用者问题。主要包括:会计报表与证券事项的关系(1939);为投资者服务的财务报表(1939);会计与证券融资(1942);财务报表及其附注(1939);使资产负债表再次成为财务分析的有用元素(1953);证券持有者和债权人会计(1942);不记名证券投资者可获得的财务数据(1946)。

第三部分,是特定会计问题。主要包括:重要性原则(1959);会计的一些现时问题(1939);现时会计问题(1943);会计趋势(1945);会计困境(1957);战争对会计的影响(1943);损益表(1944);关于企业1939—1944年期间获取盈余的费用和信贷分析(1946);母公司会计问题(1939);资本原则评论(1942);企业联合、重组和兼并(1945);存货、利润与税收(1951);会计人员和经济学家对折旧的观点(1961)。

第四部分,是政府会计监管方面的问题。主要包括:政府对于会计报告规则的责任(1940);SEC对企业会计准则的影响(1942);管理机构对会计的影响(1953);对财务会计与税务会计关系的观察(1945)。

第五部分,是证券交易委员会方面的问题。主要包括:对首席会计师及其职责的讨论(1939);会计问题的一个解决方法(1939);SEC 的会计要求(1940);财务报表的现时缺陷(1941);合并报表(1941);SEC 会计文告评论(1947);SEC 会计的现时趋势(1950)。

美国注册会计师协会(AICPA)主办的《会计杂志》于 1969 年第 8 期发表了著名会计学家、美国证券交易委员会历史上的第一任首席会计师卡曼·乔治·布劳(Carman George Blough)的书评,对该书给予了高度的评价。认为该书具有如下特点:

首先,该书不仅完成了全面的编撰工作,还对选择每篇文章的理由进行了阐述。书中包括了作者关于会计事务各个方面的文章。例如,沃恩茨认为会计最重要的功能在于对被报告实体管理层之外的使用者提供财务信息。不管这一观点产生于其早期经验或是在 SEC 的工作经历,这在沃恩茨的基本观点中都是最重要的。此外,"会计报表与证券事项的关系"、"为投资者服务的财务报表"、"会计趋势"、"当今会计报告的困境"、"向社会公众报告公司收益:会计职业界的责任"等均是本书中沃恩茨关于财务报表对第三方的作用的诸多文献中的几篇代表作。

其次,书中其他文章也体现了作者对于财务报告应基于事实数据的强烈观点。最好的例子就是众所周知沃恩茨对于原始成本拥护的观点。书中也收录了"成本与价值"和"关于会计原则的新建议"等诸如此类的文章。沃恩茨先生曾经在 SEC 工作过 12 年,其中 9 年作为首席会计师,如果在他的文集中,没有大量有关他在该团体中所遇到的会计问题的文章将是很奇怪的。所以,本书中包含了大量有关此类事务的文章是恰如其分的,如"政府对于会计报告规则的责任"、"SEC 对企业会计准则的影响"以及"SEC 的会计要求"等就是这些文章的代表。

再次,沃恩茨的另一个兴趣领域是会计研究,他在这一方面也对会计发展产生了重大影响。在这方面比较突出的文章有"通过调查研究为社会公众服务"、"关于企业 1939—1944 年期间获取盈余的费用和信贷分析"以及"关于会计原则的新建议"等。

### (二)"会计的一些现时问题"(1939)

1939 年,沃恩茨在美国会计学会主办的《会计评论》(*The Accounting Review*)第 2 期上发表了题为"会计的一些现时问题"(*Some Current Problems in Accounting*)的论文。该文旨在对一些 SEC 日常工作中反复出现而会计原则中又未进行明确说明的问题进行阐述。沃恩茨援引了大量具体案例,使文章清晰易懂。此类问题的一个最简单案例是有关重组时重新收回的坏账和已倒闭银行的存款的核销问题。股东把这些项目记为盈余公积或利润损失,而报表审计人员认为这些项目应作为资本公积予以入账。在一个更重要的案例中,沃恩茨谈到了一个拥有多个其他企业股票的大型投资公司的诸多问题。这家公司对其资本进行了重估,将其拥有的证券价值减记至市值,将其盈余公积全部核销,并部分抵减了资本公积和由资本公积所进行的投资。如果投资的控制权掌握在重组公司手中,就会产生在准重组日对已经存在的附属公司的公积金处理方法是否适当的问题。

文中指出,海利(Healy)法官在亚特兰大召开的美国会计学会(AAA)会议上发表演讲之后,有关公积金的问题非但没有解决,反而日益积聚。在大量具体情况中,资本公积和盈余公积的区别需要具体分析。作为讨论某些此类问题的基础,美国会计师协会(AIA)特别委员会对纽约证券交易所上市证券委员会(The Committee on Stock List of the New York Stock Exchange)的一份报告中提到的5项公认会计原则中的第二项是这样规定的:“资本公积,无论是否已经产生,均不能用于抵减收入类账户当年已经发生或今后年度可能发生的费用。但公司重组是个例外。当现有公司继续存在时,重组后公司可抵减与收入相配比的费用,如果该事项已如同重组过程那样被充分披露并经股东正式同意,则未发生重组的情况下,得出相同的结果也是允许的。”此项原则颁布于1932年。1936年,AAA执行委员会(The Executive Committee of the American Accounting Association)颁布的会计原则临时草案(A Tentative Statement of Accounting Principles)中的第17项和第19项就有相同的表述。SEC首任首席会计师卡曼·乔治·布劳(Carman George Blough)也在1937年4月1日的演讲中重申了这一观点。文中特别列举了两个问题:

第一,准重组问题。在股东允许而没有新公司实体产生的情况下的资本重估和经营性赤字的抵消被称为准重组(quasi-reorganization)。这个概念的应用带来了许多有趣的问题。作为公认准则的附加例外原则,准重组表述了对于分解的一种新观点。为加强这种观点的可操作性,它只适用于充分和公允披露下的特定交易,且要求股东同意。但此程序的这一重要特征经常是不具备的。我们所讨论的这一过程基于这样的假设:该企业财产被高估,有经营性赤字,或同时具备这两个条件。此时,获取股东同意以重估资本,按与重组相同的方法减记资产或核销赤字比创建新的企业实体更符合成本-效益原则。准重组主要有四个步骤:第一步,是股东同意;第二步,是抵减的数额确定问题;第三步,是确认在核销赤字时建立何种储备金;第四步,是盈余公积全部抵减完是否是使用此项例外原则的必要条件。使用准重组技术所需遵循的主要原则有:盈余公积已全部抵减完;盈余类账户均无赤字;盈余公积附表中注明新公积金起始的时间点;该特别事项已事先经所有对公司政策有表决权的股东同意;资产未减记至低于其公允价值;日期尽可能地临近,但通常不早于上一财政年度期末。但对于附属或联营公司来说,取得对附属公司股利的控制权并可对合并资产负债表的公积金进行分类之日是确定准重组的重要时点。准重组的程序是当时新出台的,许多问题尚未有明确的规定。沃恩茨的研究给理论界和实务界都指明了方向。

第二,盈余公积的再确认问题。近期又出现了一个有关资本公积和盈余公积的区别问题。在近期大量案例中,股东考虑到企业今后的业绩,在征得会计人员同意后,将前期已适当确认的费用重新确认为盈余公积。表面上看,过去的错误得到了纠正,但对于一项已完全按照公认会计原则进行记录的交易,再确认及其随后处理方式的改变是否公正合理值得商榷。在一些案例中,改变后的处理方式是在原始企业实体创建时即可选用的另一种方式。而在其他一些案例中,改变的处理方式只在特定情况下可用,而这些情况与现时情况是不相关且不可预见的。因此,总的来说,问题在于资本公积和盈余公积相关贷项的处理形式。在某些案例中,资本公积在原始企业实体产生时已经存在。而在其他一些案例中,资本公积产生于原始股出售或附属于原始实体的有价证券的交易。也许这一问题可以简化为是否需要限制会计选择的法规法令。有关公积金的问题还带来了两个新问题:(1)在没有资本公积的情况下,将商誉的摊销抵减盈余公积以将摊销年份推迟至通过出售有价证券而产生资本公积后的做法,是否合理。(2)有关向未合并附属公司投资和预付款形成的资本公积准备条款。这关系到建立资本公积是否合理。

### (三)"会计教育与福特和卡耐基报告"(1961)

1960 年 8 月 30 日,沃恩茨在俄亥俄州立大学年会上做了题为"会计教育与福特和卡耐基报告"(*Accounting Education and the Ford and Carnegie Reports*)的演讲,该文后刊载于《会计评论》1961 年第 2 期。该文提出,如果会计职业界想要在今后的 25 年中像过去的 25 年一样发展,教育者和注册会计师们必须面对一些重要的问题。

沃恩茨首先谈到了他对正规会计教育(formal accounting education)的看法①。在不考虑实践经验的情况下,这些课程被认为可使毕业生有资格以会计师身份进入职业界初级水平,作为公共会计师、私人会计师,还是政府部门会计师。但沃恩茨认为,

① 这里所谈的正规会计教育,指会计专业学生为取得学士学位所必修的全部课程。

正规会计教育自身并不是会计教育的全部,而只是像自学或学徒那样获取会计必要知识的快速有效途径。然而,在今天,一个合格的会计职业人员不仅仅是一个技术人员,他必须对会计有深入的理解。一个人对会计的理解越深入,他作为会计人员的技术知识越发成为他作为商人或商业顾问的知识和能力不可分割的部分。当然,他所接受的会计教育并没有丧失。相反,正因为他从会计的视角看问题,他对涉及诸多领域问题的建议更有价值。

文中指出,我们习惯上认为正规会计教育为年轻人提供了广阔的知识,以使他们成为技术人员和高学历者,然而,正规会计教育又仅仅是获得所需知识和技能的快速有效途径。这就带来了一个所有会计工作者、尤其是成本会计人员非常熟悉的问题。人们应当为正规会计教育花费多少时间和精力,剩余多少应通过自学和实践经验获得?随之而来的另一个问题是,哪些公共和技术教育通过正规会计教育完成最好最有效,哪些部分通过自学、实践经验和在职培训获得更有效。福特和卡耐基报告对这一问题做出了结论。该报告认为,除了同时获得技术和公共教育的中等教育,高等教育需要至少 5 年的时间,讲授公共课程比讲授技术课程更有效。如果只能采用 4 年制教育,那么,技术性课程应尽可能地减少。

沃恩茨认为,福特和卡耐基报告的结论指明了正规会计教育的最终目标。但在现时情况下,该做法太过激进。沃恩茨认为,正规会计教育应遵循 AAA 提出的公共课和商科课程按 50∶50 或 60∶40 的比例开课建议。而会计课程,应当成为学生日常学习的一部分,即所有这些课程,都是从会计的角度出发的。对于正规会计教育中最为重要的“第五年”,沃恩茨认为称其为“职业教育年”更为合适。沃恩茨对这一年的正规会计教育提出了具体的规划。首先,作为职业会计教育,学生应了解会计职业的历史,尤其是其现时形式。职业会计人员应当知道会计职业的现状及其原因。其次,接受会计实践管理方面课程的教育。包括会计职业道德、办公实践、账簿记录、人事招聘和管理、员工选拔及培训、公共关系学、社区和城市关系学、国家和地方社会服务的角色和效用等。最后,接受传统会计理论、审计、成本会计、信息系统和税收等课程的教育。

文章的最后,沃恩茨简要介绍了其任职主席的大学关系委员会的工作。该委员会是在注册会计师教育和实践标准委员会的建议下,由贝利委员会(The Bailey Committee)设立的。其宗旨是寻找可使贝利委员会的建议得以有效实施的途径。在其第一年的工作中,主要研究了下列问题:学生实习与奖学金;公共会计指导计划的具体课程;职业规划和技能鉴定实习;院校招生和高等教育;工商管理教育报告。总的来说,大学关系委员会的目的在于探求执业会计人员帮助教育者和高校提高会计教育质量的方式和方法。

### (四)“联邦会计立法的影响”(1952)

1952年9月5日,沃恩茨在AAA年会上发表了题为“联邦会计立法的影响”(*The Impact of Federal Legislation upon Accounting*)的演讲,后刊于《会计评论》1953年第2期,文中许多观点出自其1951年冬发表于《爱荷华州法学评论》(*The Iowa Law Review*)上题为“管理机构对会计的影响”(*The Influence of Administrative Agencies on Accounting*)的文章。

文中指出,毫无疑问,管理机构在过去的大半个世纪中对会计概念的发展产生了重要影响,他们在极大程度上促进了对未明确团体或对其利益的确认,加速了会计思想的发展进程。从这个角度来看,管理机构的影响总体来说是有益的,应当继续存在下去。但另一方面,管理机构的存在抑制了会计思想的自由发展,使会计一直处于过时的模式当中,制定了仅适用于有限目的、而不适用于广大使用范围的会计标准。从这些方面来说,其作用又是负面的。总的来说,在管理机构的推动下,会计理论和实务有了更深入、更迅速的发展。

沃恩茨认为,作为一种强大的主流影响,讨论管理机构对会计的影响已没有意义。值得讨论的内容是:(1)此类影响的本质和发生作用的方式;(2)该影响的利弊,包括短期效应和长期效应两个方面。

接着,沃恩茨列举了管理机构的4种类型,即单纯的簿记管理机构、会计和会计人员账户记录和财务报表的管理机构、会计概念和思想的间接影响机构,以及会计的直接影响机构,本文主要对后两类管理机构进行了分析。

第一,是关于会计概念和思想的间接影响。在分析管理机构的角色之前,沃恩茨先分析了会计的概念。会计应用于政府控制目的时,通常遵循特定的模式。首先,要有信息反馈的需要。其次,要有数据按特定准则进行处理的管理或法定需要。再次,管理机构有法定权力对会计规则的具体内容进行描述。最后,要有推行会计方法的法定执行权。

第二,是关于管理机构对会计的直接影响。首先,从某种角度来说,会计概念的发展是无序和矛盾的。在这种情况下,管理机构发挥了重要作用,但其影响并不都是正面的。其中,最主要的负面影响在于形成了对会计的惯性依赖。其次,是会计发展管理部门的变迁没有涉及众多不同观点。最后,是批准对行为和思想进行控制的法规的功效。管理机构的正面作用在于:(1)在会计概念发展及其他社会经济活动领域起到了重要的推动作用;(2)它发展了特定领域的专有技术。

### （五）"财务报表的现时缺陷"(1941)

1941年，沃恩茨在《会计评论》第4期上发表了题为"财务报表的现时缺陷"(*Current Deficiencies in Financial Statements*)的论文。该文认为，SEC的主要作用之一，在于向投资者合理提供上市公司或通过州际贸易和邮政广泛发行公司债券企业的关于企业事务的完整、准确的信息。出于这个目的，《证券法》要求企业向SEC提供含有评价有价证券基本信息的财务报告。SEC会评估其报告是否有效或可经过一定修改后达到有效，未能对报告中的缺陷进行正确修改将导致企业停业或停盘。因此，财务报告是证券发行者和会计人员关注的焦点。另外，财务报告还有更广泛的重要影响，它是SEC影响会计实务准则的重要机制。

文中指出，财务报表的现时缺陷主要有三类：(1)在形式和内容上，违背了SEC的明确规定；(2)违背了SEC关于公共会计师执业权管理的有关规定；(3)违背了关于会计或披露的公认准则的规定。

### （六）"会计的最新发展"(1947)

1947年，沃恩茨在俄亥俄州注册会计师协会第42次会议上做了题为"会计的最新发展"的演讲，该文后刊于《会计评论》1947年第2期，全文亦发表于1946年冬的《俄亥俄州注册会计师》上。

1946年正是第二次世界大战结束后的过渡时期，因此，沃恩茨在文中主要讨论了一些过渡性问题。过渡时期的经济状况产生了大量的新生企业，他们利用低利率和低股利重新筹资，或以低股利的普通股代替高股利的优先股。更多企业首次寻求新资本。在另一些案例中，企业所有者向社会公众出售了其部分或全部股权。后两类指的主要是大量中小型企业——他们之前从未成为过公共投资的焦点。现时的大部分日常会计问题都与此类案例有关，许多典型的会计问题也可以此类案例概述。除了他们自身的特殊问题，沃恩茨还在这些案例中对几乎其他所有会计著作中提及的主要会计问题进行了阐述和说明。

沃恩茨通过对大量案例的研究，得出了以下结论：(1)关于某个项目该何时不再列入损益表中，现在并没有公认的会计标准；(2)无论是坚持他们自己的观点，还是在他们无力反对且有效标准缺乏的状况下，会计人员都愿意对财务报表进行鉴证；(3)由于存在收入和公积金处理的选择权，报告的收益可能在非常大的范围内波动；(4)会计实务缺乏统一的原则，原则的误用与误解给非会计领域专家的投资者带来了极大的伤害。

## 参考文献

[1] 任明川. 美国历史上最杰出的几位会计师[J]. 中国注册会计师,2004(2):62-64.
[2] 文硕. 审计巨星　光照百年[J]. 会计之友,1999(6).
[3] 杨庆英. 罗宾斯公司审计案加速美国公认审计准则的发展 [N]. 证券时报,2002-01-09.
[4] Adelman M. Correlations and Forecasting[J]. The American Economic Review, 1946,36(4):645-650.
[5] Anderson D R. The Function of Industrial Controllership [J]. The Accounting Review, 1945(1):55-65.
[6] Avery H G. Association Reports for the Year 1943 [J]. The Accounting Review, 1944,19(2):221-230.
[7] Avery H G. Accounting for Appraisals [J]. The Accounting Review, 1941,5(3):394-3994.
[8] Blough C G., Zlatkovich C T, William W Werntz. His Accounting Thought (Book Review) [J]. The Journal of Accountancy, 1969,128(2):90-91.
[9] Burns T J, E N Coffman. The Accounting Hall of Fame: A Profile of the Members [J]. Journal of Accounting Research, 1976:342-347.
[10] Burns T J. The Accounting Hall of Fame [J]. Journal of Accountancy, 1987,163(5):393-397.
[11] Cannon A M. Review: Standards of Education and Experience for Certified Public Accountants [J]. The Accounting Review, 1957,32(3):523-524.
[12] Coffman E, Tondkar R, G Previts. Integrating Accounting History into Financial Accounting Courses [J]. Issues in Accounting Education, 1993,8(1):18-39.
[13] Convention Report [J]. The Accounting Review, 1939,14(1):76-82.
[14] Convention Report [J]. The Accounting Review, 1940,15(1):95-100.
[15] Convention Report [J]. The Accounting Review, 1941,16(1):87-93.
[16] Convention Report [J]. The Accounting Review, 1942,17(1):67-72.
[17] Fuller G A, C T Zlatkovich. Encyclopedia of Auditing Techniques (Book Review) [J]. Journal of Accountancy, 1969,128(2):89-90.
[18] Funk R W. Recent Developments in Accounting Theory and Practice [J]. The Accounting Review, 1950,25(3):292-301.
[19] Hoffman R A. Inventories: A Guide to Their Control, Costing and Effect upon Income and Taxes [M]. Ronald Press Co., 1962.
[20] http://www.worldcatlibraries.org/wcpa/servlet/DetailDisplay;jsessionid. 2005-12-22.
[21] Kaulback F S. Jr. Elementary Accounting and the Non-Accounting Major-A Proposal [J]. The

Accounting Review, 1951,26(1):102-104.

[22] Kircher P. The Course in Accounting Theory [J]. The Accounting Review, 1951,26(1): 106-111.

[23] Lane J E. Elementary Accounting and the Non-Accounting Major-A Proposal [J]. The Accounting Review, 1951,26(1):105-106.

[24] Mcmenimen D J. TAXATION—Section 1563—The Internal Revenue Service Legislates [J]. The Journal of Corporation Law, 1978,4(1):191-212.

[25] Merino B D, T L Coe. Uniformity in Accounting: A Historical Perspective [J]. The Journal of Accountancy, 1978,146(2):62-69.

[26] Notes [J]. American Economic Review, 1929,19(4):750-769.

[27] Previts G J, Roybark H M, E N Coffman. Keeping Watch! Recounting Twenty © Five Years of the Office of Chief Accountant, US Securities and Exchange Commission, 1976·C2001 [J]. Abacus, 2003,39(2):147-185.

[28] Previts G J. The SEC and Its Chief Accountants: Historical Impressions [J]. Journal of Accountancy, 1978,146(2):83-91.

[29] Report of the Committee on Professional Programs of Accounting [J]. The Accounting Review, 43(ArticleType: research-article / Issue Title: Committee Reports: Supplement to Volume XLIII of The Accounting Review / Full publication date: 1968 / Copyright © 1968 American Accounting Association), 1968:23-49.

[30] Smith F P. Accounting Reports for Management Investment Companies [J]. The Accounting Review, 1940,15(3):301-321.

[31] Sprouse R T, M Moonitz. A Tentative Set of Broad Accounting Principles for Business Enterprises [M]. American Institute of CPAs, 1962.

[32] Terrill W A. Review: Accounts from Incomplete Records by John G. Simpkins [J]. The Accounting Review, 1957,32(3):522-523.

[33] Vatter W J. Another Look at the 1957 Statement [J]. The Accounting Review, 1962,37(4): 660-669.

[34] Walgenbach P H. Report of the Annual Convention [J]. The Accounting Review, 1961,36 (1):119-120.

[35] Werntz W W. Accounting in Transition [J]. Journal of Accounting, 1958,2(1):33-36.

[36] Werntz W W. An Approach to Accounting Problems [J]. NACA Bulletin, 1939a,20(10):583.

[37] Werntz, W W. Current Deficiencies in Financial Statements [J]. The Accounting Review, 1941,16(4):321-330.

[38] Werntz W W. Hearing before a Subcommittee of the Committee on Banking and Currency [M]. Investment Trusts and Investment Companies, 1963a, 910.

[39] Werntz W W. Influence of Administrative Agencies on Accounting [J]. the Liwa Law Review, 1950,36(1):270.

[40] Werntz W W. Recent Developments in Accounting [J]. The Accounting Review, 1947,22(2): 131-139.

[41] Werntz W W. Review: Inventories — A Guide to Their Control, Costing and Effect upon Income and Taxes by Raymond A. Hoffman [J]. The Accounting Review, 1963b, 38(3): 668-669.

[42] Werntz W W. Some Current Deficiencies in Financial Statements [J]. Journal of Accountancy, 1942(1):31.

[43] Werntz W W. Some Current Problems in Accounting [J]. The Accounting Review, 1939b,14(2):117-126.

[44] Werntz W W. Subjects for Accounting Research, an Address Delivered Before the American Institute of Accountants [M]. San Francisco, 1939c.

[45] Werntz W W. The Impact of Federal Legislation upon Accounting [J]. The Accounting Review, 1953,28(2):159-169.

[46] Werntz W W. Trends in Accounting [J]. Journal of Accountancy,1946,(1):36-37.

[47] Werntz W W. What Does the Securities and Exchange Commission Expect of Independent Auditors [C]. AIA,Papers on Auditing Procedure and Other Accounting Subjects, 1939d,17-26.

[48] Werntz W W. Accounting Education and the Ford and Carnegie Reports [J]. The Accounting Review, 1961,36(2):186-190.

[49] Williams D Z. A Seminar on the Teaching of Accounting [J]. The Accounting Review, 1966, 41(3):542-549.

[50] Wixon R. Legal Requirements and Accounting Standards [J]. The Accounting Review, 1945, 20(2):139-147.

[51] Zeff S A. A perspective on the US public/private sector approach to the regulation of financial reporting [J]. Accounting Horizons, 1995(9):52-52.

（初稿执笔人：王潇媛）

# 罗伯特·马丁·特鲁布拉德

## (Robert Martin Trueblood,1916 — 1974)

罗伯特·马丁·特鲁布拉德(Robert Martin Trueblood,1916—1974)是一位杰出的会计学家,以他的名字命名的委员会所提交的研究报告《财务报表的目标》(*Objectives of Financial Statements*,*Trueblood Report*)对美国乃至全世界的会计理论以及会计实务的研究与发展都产生了巨大的影响。他成为1974年唯一一位被选入美国会计名人堂的会计大师①。

## 一、个人简要生平

1916年5月4日,特鲁布拉德(见图34)出生于北达科他州一个叫肯德(Kindred, North Dakota)的地方。他的父母分别名塞缪尔·E(Samuel E.)和艾琳·拉尔森·特鲁布拉德(Irene Larsen Trueblood)。1932年他从肯德高中毕业,1937年以优异的成绩从明尼苏达大学获得学士学位。

图34 罗伯特·马丁·特鲁布拉德

大学毕业同年,特鲁布拉德加入了拜德曼-芬尼公司(Badman Finny Co.)。1942年,他离开了这家公司去海军服役并参加了第二次世界大战。1946年,他从军队退役。随后他加入了一家公司,这家公司后来被并入了著名的塔奇-罗斯会计师事务所(Touche-Ross Co.,简称TR),该公司就是现在著名的国际会计师事务所德勤公司的前身。1947年,特鲁布拉德成为该公司的合伙人,并在1963年被选为董事会主席,特鲁布拉德在此职务上一直任职到他逝世。

① 不知何故,在1969—1973年的5年内,会计名人堂均没有选入新人。

1941年，特鲁布拉德成功取得伊利诺伊州注册会计师资格。为了表彰他在注册会计师考试中的优异表现，他被美国注册会计师协会（AICPA）授予伊莱贾·瓦特·塞尔斯银奖（The AICPA's Elijah Watt Sells Silver Medal），还被伊利诺伊注册会计师协会授予金奖（The Illinois Society of CPAs' Gold Medal）。

1940年11月30日，特鲁布拉德与弗罗斯·亨利（Florence Henry）结婚，他们育有两个孩子。特鲁布拉德十分喜欢音乐，年轻的时候在钢琴方面具有相当高的天赋，但他后来放弃音乐而选择了会计，并在会计方面取得巨大的成就。特鲁布拉德逝世于1974年5月7日，享年57岁。

## 二、理论与实务的主要贡献

特鲁布拉德对美国会计的理论和实务作出了巨大的贡献。一生中，他担任了许多社会职务并且著作颇丰。其主要著作有：与理查德·M·西尔特（Richard M. Cyert）合著的《会计中的抽样技术》（*Sampling Techniques in Accounting*，1957）、与乔治·贝奇（George L. Bach）和贾斯汀·戴维森（Justin Davison）合著的《会计教育的未来》（*The Future of Accounting Education*，1961）、与尼尔·丘吉尔（Neil Churchill）和默顿·米勒（Merton Miller）合著的《审计、管理博弈和会计教育》（*Auditing, Management Games, and Accounting Education*，1964），以及与乔治·H·索特（George H. Sorter）合作为美国证券交易委员会（SEC）第二任首席会计师所编撰的专门文集——《威廉·W·沃恩茨的会计思想》（*William W. Werntz: His Accounting Thought*，1968），该书在业界有着重要的影响。在理论界，特别是以他的名字命名的“特鲁布拉德报告”以及他与理查德·M·西尔特合著的《会计中的抽样技术》对美国的会计和审计理论研究产生了巨大的影响。1976年，美国会计学者尤金·博瓦逊（Bryson R. E.）写了一部有关特鲁布拉德的专著，名为《特鲁布拉德：注册会计师——最有成就的职业人》（*Robert M. Trueblood, CPA: The Consummate Professional*）。由此可见，特鲁布拉德在美国的影响力之大。

特鲁布拉德一直活跃在美国的职业团体中。他曾担任宾夕法尼亚注册会计师协会的副会长（1958—1959）和会长（1958—1959）。1962—1963年，特鲁布拉德又先后担任美国注册会计师协会（AICPA）的副会长（1962—1963）和会长（1965—1966），同时还主持多个部门的工作，如美国注册会计师协会理事会（1959—1960）、执行委员会（1961—1963、1964—1967）、会计原则委员会（APB，1963—1965）、美国会计长期目标委员会（1961—1965）、会计师国际研究组（1966—1968）以及财务报表目标研究组

(The Study Group on the Objectives of Financial Statements,即俗称的特鲁布拉德委员会,1973)。这些部门在特鲁布拉德的主持下取得了丰硕的成果,其中最著名就是特鲁布拉德委员会 1973 年发布的《财务报告的目标》(即特鲁布拉德报告,Trueblood Report)。

特鲁布拉德也曾经供职于注册会计师共同知识体研究委员会(The Study of the Common Body of Knowledge,1963—1966)中,其许多研究成果被美国注册会计师协会出版的杂志《会计地平线》(1967)所发表。他同时是美国会计学会(AAA)、伊利诺伊注册会计师协会(Illinois Society of CPAs)、内部审计师协会(Institute of Internal Auditors)和全美会计师联合会(NAA)的会员。

特鲁布拉德经常利用假期到有关大学做访问与研究。1960—1961 年,他在卡内基-梅隆大学做福特杰出研究基金客座教授。此外,还曾先后在斯坦福大学(1969)、芝加哥大学(1971)和牛津大学(1967 年夏)等著名高校做学术演讲。1964—1974 年间,特鲁布拉德还在芝加哥大学长期担任职业会计研究所咨询委员会的主席。此外,他还经常督促他的注册会计师同事在工作中采用统计样本。

特鲁布拉德一生中积极地参加大量的政府、民间和社区活动。他曾担任约翰逊总统预算委员会的委员(1967)、美国空军部长助理的顾问(1953—1961)、宾夕法尼亚 Fox Chapel 区议员(1957—1961)、宾夕法尼亚阿莱县(Allegheny)市民俱乐部董事会成员(1951—1960)。

鉴于特鲁布拉德所做的特殊贡献,1963 年,明尼苏达大学理事会授予他一枚奖章以表彰他取得的突出成就,同年他被选为明尼苏达大学 Beta Alpha Psi 分部的荣誉会员,同时他也是 Beta Gamma Sigma 会员。卡内基-梅隆大学还专门以他的名字命名设立了一个会计教席。特鲁布拉德去世后,塔奇-罗斯基金会(Touche-Ross Foundation)和美国会计学会(AAA)合作设立了每年一次的特鲁布拉德教授纪念研讨会,值得一提的是这个研讨会现在依然在由德勤公司举办。实际上,特鲁布拉德生前,开办了一个以增加实业界和学术界的对话为目的的类似固定研讨会。他于 1971 年被授予美国注册会计师协会的最高荣誉——美国注册会计师金质奖章(The AICPA's Gold Medal Award),同时,他还被 Bete Alpha Psi 授予金奖。

特鲁布拉德的会计格言是:"财务报表的基本目标是为经济决策提供有用的信息"①。

① Tamas J Burns, Edwards N Coffman. The Accounting Hall of Fame: Profiles of Thirty-Six Members [M]. College of Administrative Science, The Ohio State University, 1976,69.

## 三、主要论著简析

### (一)《财务报表的目标》(1973)

特鲁布拉德对会计理论和实务最大的贡献就是他所任主席的特鲁布拉德委员会提交的研究报告——《财务报表的目标》(*Objectives of Financial Statements*,史称 Trueblood Report)。这份报告第一次全面、系统地论述了基于美国市场经济环境下财务报告的目标,这为后来美国财务会计准则委员会(FASB)继续探讨财务报表的目标,并将其作为概念结构的起点,提供了较好的基础与可能。

20 世纪 70 年代初,面临社会各界对会计职业界和会计原则委员会的批评与指责,1971 年 1 月,美国注册会计师协会(AICPA)的理事会召开了由代表 21 个主要会计师事务所的 35 位著名会计师参加的会议,研讨会计准则的制定问题。在充分讨论以后,会议坚定地支持并促使美国注册会计师协会成立两个委员会:一个以弗兰西斯·M·惠特(Francis M. Wheat)为首的"惠特委员会"(Wheat Committee),另一个则是以罗伯特·马丁·特鲁布拉德为首的"特鲁布拉德委员会"(Trueblood Committee),前者研究会计原则制定的机构和工作程序,后者研究财务报表的目标。AICPA 理事会为指导特鲁布拉德委员会的研究工作,提出 4 个参考课题:(1)谁需要财务报表?(2)他们需要什么信息?(3)在他们所需要的信息中,有多少是能由会计师提供的?(4)为提供所需要的信息,要求有一个什么结构?特鲁布拉德委员会集中了学术界、实务界和咨询专家进行了研究,并听取了超过 5 000 家公司和其他组织的意见,举行了超过 50 次当面访谈和由国家机构、会计职业界团体参加的 35 次会议,并在纽约举行 3 天公开听证会。经过两年多的研究,该委员会于 1973 年发表了一份题为《财务报表的目标》的研究报告。

特鲁布拉德委员会的成立意味着美国注册会计师协会关于会计理论的研究设想发生了重大的转变,即从 1961 年的研究逻辑之"基本假设→广泛适用的原则→会计原则委员会意见书"转向了 1971 年的研究逻辑之"会计报表目标→会计信息质量特征→会计要素→会计要素的确认与计量"为主体的财务会计概念框架的基本架构。因此可以说,特鲁布拉德委员会报告中所提出的理论体系是现代会计理论发展的一个划时代的贡献。

特鲁布拉德报告总结出 12 个财务报表的目的,即:(1)财务报表的基本目的是提供有助于作出经济决策的信息。(2)主要为相关使用者服务,他们获得信息的权力、能力或渠道均有限，主要依赖财务报表作为其信息的主要来源。(3)为企业投资者与债权人提供信息，根据报表所反映的金额、时间与有关的不确定性来预计、比较与评价其潜在的现金流入量。(4)为信息使用者提供用于预计、比较与评价企业获利能力的信息。(5)提供用于评价管理人员在实现企业主要目标时，有效使用资源能力的信息。(6)提供有关经济业务与其他事件的真实而又加以解释的信息，用于预计、比较与评价企业的获利能力。(7)提供财务状况表，用于预计、比较与评价企业获利能力。这种报表应提供有关企业未完成的经济业务与其他事件信息。当现时价值与历史成本存在重大差异时，须对现时价值进行陈报。对资产与负债应根据有关金额的不确定性、未来实现与清算的时间进行分类。(8)提供定期收益表，用于预计、比较与评价企业的获利能力。该目的涉及损益表或定期收益表的概念，该目的建议损益表或定期收益表列示已完成的盈利经济业务与事件、未完成业务的进展结果及价值的变化。其中，已完成的盈利业务须符合三个条件：支出已发生(实际付出现金)；有关利润已实现(实际收入现金或可能收入现金)；无须进一步行动。(9)提供财务活动报表，用于预计、比较和评价企业的获利能力。财务活动表主要应列出能产生或预计能引起重要现金收支的真实经济业务。该报表列出的资料一般不需由编制者进行判断与解释。(10)提供用于预测的信息。若财务预测数据能提高会计信息使用者进行预计的可靠程度，则应提供这种财务预测数据。(11)政府部门与非营利组织的财务报表目的是提供用于评价在实现组织目标中资源管理效果的信息。(12)陈报那些对社会产生影响的经济活动。

除了财务会计目标外，特鲁布拉德报告还提出对后来美国财务会计准则委员会(FASB)制定财务会计概念框架有参考价值的7项财务报告质量特征：(1)相关性和重要性；(2)实质重于形式；(3)可靠性；(4)不偏不倚(中立性)；(5)可比性；(6)一致性；(7)可理解性。

特鲁布拉德报告第一次全面、系统阐述了美国市场经济环境下财务报告的目标，标志着美国会计理论界的研究从以会计假设为起点转向了以会计目标为起点。在美国的财务会计概念框架中，FASB于1978年所正式发布的“财务会计概念公告”(*Statements on Financial Accounting Concepts*，简称SFACs)第1号——“企业财务报告的目标”(*Objectives of Financial Reporting by Business Enterprises*)得到极高的评价，这是因为它在很大程度上得益于特鲁布拉德报告的启发与基础作用。

### (二)《会计中的抽样技术》(1957)

1957年，特鲁布拉德和理查德·M·西尔特合著了《会计中的抽样技术》一书。该书是最早由会计学家所写的有关会计和审计中的统计抽样的专业书籍之一。特鲁布拉德是最早认识到统计抽样应用潜力的会计师之一。早在19世纪50年代早期，当特鲁布拉德还是塔奇-罗斯公司合伙人的时候，他就已经开始研究应用统计抽样来解决审计问题了。特鲁布拉德的研究给会计和审计实务的发展提供了一种新的科学方法，由于其积极推进这种新方法在实践中的应用，他也成为研究会计中的统计抽样问题的先驱之一。由于特鲁布拉德等人在统计抽样方面的研究，1958年，美国注册会计师协会（AICPA）成立了统计抽样委员会（AICPA-CSS）并由特鲁布拉德担任主席。可以说，正是由于特鲁布拉德个人的职业地位和声誉，才使统计抽样问题引起职业界的关注并使其得到迅速的发展。这本书主要论述了统计抽样在会计和审计实务中的应用问题，其部分内容是：

关于其应用意义，书中写道：统计抽样在其他领域的成功应用极大地推动了人们开始评估统计抽样在应用于审计问题的可能性。他们还举例来说明这个问题，1955年美国让数百万的儿童接种沙克疫苗的决定就是建立在统计学的基础上的，并且许多关键生产过程的检查和测试要用到科学的抽样，抽样还被利用在解决工程设计和军队后勤上面。

对于传统的抽样方法，书中认为：必须承认的是，抽样方法的选择是完全建立在目前审计实务中的判断基础上的。审计师通过他们所积累的经验和事实形成自己的观点，并利用这些观点来决定样本的大小、选择方法和对样本结果的解释。

有关统计抽样优势问题，书中提到：统计抽样可以用来减少纯粹主观判断的应用范围，并且提高在会计和审计中广泛应用的抽查判断程序的质量或者直接地替换这一程序，统计抽样能够减少很多目前所必需的会计工作量。

在书中，他们还提出了在第二次世界大战期间统计抽样的广泛应用从工厂转向办公室的方式。书中提到，由于审计师原来使用的抽查方法本身就不太十分充分，当审计界遇到诉讼时，比较容易证明自己的失误是由现行的方法所造成的。但审计界若充分地检验了抽样方法和数学概率的可行性，那么在涉及会计师的责任问题的诉讼中，会计师就难以找到理由为自己开脱了，因为一个有能力的统计学家能够用运算方法证明审计师的抽样程序或结论在统计上是不合理的。

为了推动统计抽样技术的普及与运用，1958年11月11日，特鲁布拉德在AICPA的理事会会议上做了一个专门报告，介绍了统计抽样委员会（AICPA-CSS）早期的活动。这个报告的内容主要是：AICPA-CSS是审计程序委员会的一个附属委员会，其功能是研究和探索一个新的领域。因此，该委员会即致力于从会计师和统计学家的角度来探索统计抽样以及研究如何利用统计抽样技术作为一个审计工具的问题。在次年，该委员会要做一些富有成效的安排，这些安排必须适度。首先，该委员会计划编写一个统计术语表,从某种意义上说,该术语表就是外专业人士运用该术语的字典它对那些欲探索这个主题的人会很有益处。委员会还要编写一个有关统计抽样这个主题的参考书目,在这个报告里,特鲁布拉德提出计划设立三个下属的委员会,分别研究与统计抽样有关的具体问题:第一个委员会主要负责研究在没有对结果统计评估情况下随机选择的应用;第二个委员会主要负责研究审计抽样的目的,这个问题是每一个要研究统计抽样的人都会遇到的问题;第三个委员会主要负责研究统计抽样对于重要会计数据挖掘的应用。特鲁布拉德还指出,AICPA-CSS 还积极地与美国统计学会展开合作,美国统计学会向 AICPA-CSS 提供了 5 个统计学家以供 AICPA-CSS 咨询。

**参考文献**

[1] 陈今池.现代会计理论概论[M].上海:立信会计出版社,1993.

[2] 葛家澍,刘峰.会计理论:关于财务会计概念结构的研究[M].北京:中国财政经济出版社,2003:46-47.

[3] 葛家澍.回顾与评介——AICPA 关于财务会计概念的研究[J].会计研究,2003:(11):51-57.

[4] 汤云为,钱逢胜.会计理论[M].上海:上海财经大学出版社,1997.

[5] 张为国.会计目的与会计改革[M].北京:中国财政经济出版社,1991.

[6] Churchill N C, Miller M H, and R M Trueblood. Auditing, Management Games, and Accounting Education[M]. Homewood, Illinois: Richard D. Irwin, Inc., 1964.

[7] http://fisher.osu.edu/departments/accounting-and-mis/the-accounting-hall-of-fame/membership-in-hall/robert-martin-trueblood/, 2005-12-05.

[8] http://www.deloitte.net/dtt/executive_profile, 2005-12-05.

[9] Trueblood R M, R M Cyert. Sampling Techniques in Accounting [M]. Englewood Cliffs N J: Prentice-Hall, Inc., 1957.

(初稿执笔人:管考磊)

# 伦纳德·保罗·斯帕切克

## (Leonard Paul Spacek, 1907 — 1983)

伦纳德·保罗·斯帕切克(Leonard Paul Spacek,1907—1983)是美国会计实业界的一位知名领袖,他在 1947—1963 年间曾任安达信会计公司的首席执行官,是会计原则委员会(APB)的创始成员之一,也是成本会计准则理事会成立的支持者。在他的职业生涯中,他推动了会计准则的标准化,从而使不同公司的财务报表可以相互比较,而且致力于加强审计程序。他为曾是五大会计师事务所之一的安达信创立了“诚信高于利润”的优良传统。由于他在会计理论以及公共会计实务方面的杰出成就,成为 1975 年唯一一位被选入美国会计名人堂的会计大师。

## 一、个人简要生平

1907 年 9 月 12 日,斯帕切克(见图 35)生于爱荷华州的塞达拉皮兹的一个小镇上。他的父亲名伦纳德·保罗(Leonard Paul),母亲是爱玛·C·斯帕切克(Emma Cejka Spacek)。

图 35　伦纳德·保罗·斯帕切克

斯帕切克小时候家境比较贫寒。他的父亲曾在镇外经营一个农场,但因为他的母亲患病严重,最后不得不长期住院治疗。而他父亲的收入又不足以维持农场的支出以及 3 个儿子的抚养。迫于家庭的经济压力,斯帕切克很小的时候就开始工作。

1924 年,他刚满 17 岁的时候,还没有完成高中学业就在爱荷华州电力能源公司会计部获得了第一份工作。他在工作期间,仍然利用晚上时间继续他的高中学业,并通过函授方式完成了伊利诺伊大学学业的最低要求,从而可以在 1940 年参加注册会计师的基础审计考试。1926—1927 年,以及 1930—1932 年间,斯帕切克又分别在寇伊学院和芝加哥大学接受夜校课程，但是都没有完成取得学位所要求的条件。不过他在1962年取得了寇伊学院授予的法律学荣誉博士学位后，又分别被国家教育学院(1967)和西北大学(1978)授予人文学荣誉博士学位。

在亚瑟·安达信会计师事务所审计爱荷华州电力能源公司期间，他的勤奋与努力引起了亚瑟·爱德华·安德森(Arthur Edward Andersen)的注意。1928年，斯帕切克在亚瑟·安达信会计师事务所获得了一个职位，成为了安达信芝加哥公司职员中的一个初级会计师，负责公司公用事业方面的工作。后来人们都把斯帕切克看作是亚瑟·爱德华·安德森的学生，这也成为了他人生的一个转折点。在经济上有了保障之后，斯帕切克则继续在事业上拼搏。1934年，他被提拔为经理，并于1940年获得了伊利诺伊州的注册会计师资格，同年被亚瑟·爱德华·安德森提拔为亚瑟·安达信会计师事务所的合伙人。1947年，亚瑟·爱德华·安德森去世之后，他成为公司的第二执行合伙人，并在首席执行官的职位上一直工作到1963年他被选为合伙人的主席。在这个职位上，他不负责经管责任，主要是维持和提高面对会计准则不断完善环境中的公司地位、开发公司特殊业务以及其他涉及公司业绩提升业务，实质上就是负责业务指导、业务开发以及市场开发方面的工作。在担任公司的执行合伙人和主席期间，会计职业变得越来越复杂，斯帕切克在亚瑟·爱德华·安德森死后以超凡的能力经营公司，并使其不断发展壮大。他极力维护股东的权益，在大量的文章和演讲中不断倡导会计"公允"观点。但是他的观点并没有被大多数同行所接受。1958年左右，是他人生的一个艰苦期，他同会计业界的关系因其观点变得极不融洽，大多数人认为他的观点太过严格而不予认同，另外七大会计师事务对他保持谨慎怀疑甚至是敌意的态度。1970年，斯帕切克被选为资深合伙人，他一直担任这个职位到1973年退休。

1929年1月19日，斯帕切克与利比·斯迈特兰(Libbie Smatlan)结婚，婚后育有两个孩子。斯帕切克晚年的主要乐趣是享受天伦之乐和阅读历史，他于1983年1月1日逝世，享年76岁。

## 二、理论与实务的主要贡献

### (一) 管理安达信公司的成就

斯帕切克管理亚瑟·安达信公司期间(1947—1963)，所奉行的原则就是"诚信重于利润"。安达信继续保持了其保护公众利益的姿态，坚持使用严格的会计标准，甚至牺牲本公司和其他公司的利润也在所不惜。虽然安达信转向咨询业务是在他任职期间开始的，他却常常令人信服地谈到审计师作为公众利益保护者的职责。例如，他曾指责拜斯海姆钢铁公司(Bethlehem Steel)将其1964年利润虚增60%，它还批评美国证券交易委员会(SEC)对公司假账监管不力。

在亚瑟·爱德华·安德森死后，斯帕切克与他的同事们努力挽救了处于解散边缘的安达信公司，并长期担任公司高层管理人员。斯帕切克领导安达信一直到1963年。这期间，1952年安达信在业界中率先步入了计算机时代，独立开发出了世界上第一套商务应用软件，并为通用电气的一个分厂建立了计算机化的薪资管理系统，成为计算机商业化应用的先驱。1955年，安达信在中美洲地区业务日趋国际化，并在欧洲和南美洲开办了事务所。

### (二) 积极服务于会计专业领域和民间组织

1960—1965年期间，他曾服务于美国注册会计师协会(AICPA)下属的会计原则委员会(APB)。他是AICPA下设的从事会计基本假设研究的项目咨询委员会成员，同时也是商誉会计研究委员会的主席。他曾经在70多个民间组织、教育理事会和政府机构担任过领导职务，从而显示其活动范围的广泛性，诸如：芝加哥议会的执行委员会委员(1963—1973)；美国童子军的执行委员会委员(1963—1973)；青年成就社团理事(1951—1965)；商用工业公司董事(1950—1973)；芝加哥医院理事会咨询委员会委员(1960—1966)；国际商会美国理事会理事(1965—1971)；寇伊学院理事(1962—1973)，并在1973年获得终身会员资格；芝加哥市立大学理事(1967—1968)；美国预算局顾问(1964—1973)；国防部工业咨询理事会成员(1968—1973)等。

因为斯帕切克卓越的领导和服务，使他在许多领域获得了尊重。他是成本会计准则理事会成立的支持者，并在1974年获得该组织第一届杰出公共服务奖。1966年，他获得了Alpha Kappa Psi会计奖；1973年洛约拉大学授予他Damen Award；1970年，他获得由挪威国王颁发的圣奥拉弗皇家一等骑士十字勋章；1973年，时任芝加哥市长理查德·J·戴利(Richard J. Daley)授予他芝加哥市功勋奖章。1955年，他被选为伊利诺伊大学Beta Alpha Psi分部荣誉会员。1978年9月，西北大学J·L·凯洛格管理学研究生院设立了以他的名字命名的会计教席。

斯帕切克的会计格言是："公允乃会计准则之魂"①。

① Tamas J Burns，Edwards N Coffman. The Accounting Hall of Fame：Profiles of Thirty-Six Members [M]. College of Administrative Science，The Ohio State University，1976：59.

## 三、主要论著简析

### (一)《亚瑟·安达信公司的成长:1923—1978》

斯帕切克根据在安达信工作的经历,以及对安达信过去历史的回顾,于1985著成口述体著作——《亚瑟·安达信公司的成长:1923—1978》(*The Growth of Arthur Andersen & Co.*, 1928—1973),由于该书的史料价值较高,于1986年荣获会计史学家学会的著作奖。

### (二)相关论文的学术观点

斯帕切克在担任安达信首席执行官期间(1947—1963),曾为专业杂志写过大量的文章,并在专业领域以及其他领域做过200多场报告演讲。但他主要是以个人的身份,从一名公共会计师的角度出发来分析与研究问题,对于推动会计理论和会计原则的发展,以及审计理论与实务的发展作出了杰出的贡献。他的许多文章和演讲都致力于解决会计职业界对会计目标定义的需要,这些会计目标定义是基于特定问题的考虑。为了确保向社会各界的信息使用者提供公正的财务信息,他是会计信息披露目标高于一切的改革者。下面所选录的是他的几篇代表性文章,以及在不同场合的演讲中所提出的为会计职业界所推崇和赞同的观点。

1.《对会计法庭的需要》(*The Need for an Accounting Court*)

本文系根据斯帕切克在美国会计学会(AAA)年会上做的一场报告整理而成,后载于《会计评论》(*The Accounting Review*)1958年第7期。斯帕切克作为安达信公司的合伙人,在文中以一名执业会计师(practicing accountant)立场,提出了需要会计法庭的观点。作为一名会计师,他的工作就在于向企业所有者报告收益,这是一项很实际的工作。企业财务报告应当以简洁的形式报告。当所谓的会计原则不切实际、不协调、不能保护审慎的管理者或不能区分审慎的管理者与肆无忌惮的管理者时,人们就会严厉地批评会计原则。股东希望财务报表的编制建立在同行业可比甚至不同行业可比的基础之上。因此,会计原则应对公众需要检验的观点违反了报表使用者的目的,尽管那些会计原则没有始终地应用于个别公司。如果要达到这一专业目标,执业会计师必须对每一个要遵守的会计原则的效用有明确的理解。但是没有一个可以将会计原则基本标准拿来讨论的地方,这就是我们需要会计法庭的原因。该文主要谈了6个方面的问题:公共会计师对社会公众的责任;在目前的条件下,怎样维持基本标准;公司年度报告编制方法的变革;因为没有会计法庭导致的对可选择会计原则的背弃;为什么需要会计原则特别法庭;我所设想的会计原则法庭或会计原则特别法庭。

2.《对原则困境的建议解决办法》(*A Suggested Solution to the Principles Dilemma*)

该文系斯帕切克1963年8月在美国会计学会(AAA)年会上的一次发言,后载于《会计评论》1964年第4期。本文集中讨论了会计原则困境的解决办法。在1958年由特别研究计划委员会递交给美国注册会计师协会(AICPA)的一份报告中,已经清楚地认识到了这个基本事实。目标建立的失败阻碍了解决问题的真正进展,它不仅揭示了会计原则的非常不充分,而且还揭示了其在遇到辩解或辩护时缺少逻辑支持。作为一个执业会计师,作者认为会计师在检查公司的报告时,必须避免在采用程序时产生既得利益是不言而喻的;否则,会计师就会失去客观性,就不能发现因程序选择而带来的错误结果。有人认为,会计职业界在会计原则上存在着严重的分歧实在是太为可惜,但总是会有不同的意见。会计师作为职业人士,并没有果断行动以建立一种思路继而提出解决这些问题的不同方法。

3.《公共会计师面临的挑战》(*Challenge to the Public Accounting*)

该文刊于1958年6月号的《哈佛商业评论》。文中探究了美国执业会计领域存在的缺陷、公共会计师扮演的角色以及责任;将会计原则用以编制一致的、合格的企业报表存在的分歧;公司年度报告在收益披露方面存在的利益冲突。作者在文中以3个问题引出了所要阐述的问题:(1)公共会计师的职业资格是否与它在公开的年度报告所显示的一样,真正向投资者和公众保证财务报表的可靠性?或者这个资格已经成为哄骗投资者和公众作出错误投资决策的一种手段?(2)是否有一个来自于投资者、管理层和公共会计师的意向的会议,讨论关于公共会计师在承担审计和报告企业财务报表时应做些什么?企业的财务状况和经营成果应当披露什么?公共会计师如何发表意见?(3)应当怎样来提高会计报告的质量,这个工作应该由谁来做?

4. 在其他的文章、演讲中提及的重要观点

(1) 在《有待解决的会计和财务报告问题》(*Business Success Requires an Understanding of Unsolved Problems of Accounting and Financial Reporting*,1959)一文中,批评了美国注册会计师协会下属的会计程序委员会(CAP)三个方面的问题:未能给财务执行官和会计参与者们举行听证会;未能就一些特殊问题展开工作;未能开拓出符合基本会计原则的综合说明①。另外,他还批评会计程序委员会允许采用备选会

---

① 转引自艾哈迈德·里亚希-贝克奥伊.2004.会计理论[M].钱逢胜,等,译.上海:上海财经大学出版社.

计方法,从而反映出斯帕切克与其他大型会计师事务所在理念上的分歧[①]。

(2) 在《公众财务报告的公允性研究》(*A Search for Fairness in Financial Reporting to the Public*,1965)一文中,就有关公允表述方面提出:在有关财务会计和财务报告中如何进行公允表述的基本原则尚未确定之前,讨论资产、负债、收入和费用确实为时尚早,也就是无意义的。会计和报告的公允性必须是为公众和向公众发布的。这些公众是我们社会的不同组成部分[②]。

(3) 1965 年 10 月在坦普尔大学会计论坛上发表了一篇题目为"会计原则"(*Principles of Accounting*,)的演讲,就当时报表披露频频出现的问题进行了分析[③]。演讲中提出:一些人天真地认为附注可以向投资者提供完整的信息,但我们在报表附注方面的标准较低。会计原则委员会(APB)规定,附注应当披露有关特殊会计业务的影响大小。但 3 个月后,迫于压力,其增加披露金额的要求被取消,附注现在仅仅需要披露业务。这样,就为财务报表编制者以及审计人员在这方面提供了一个逃避责任的方法,而我们作为专业人士,应当保护利用我们审计结果的信息使用者,不让他们背这个包袱,因为其并不知道所涉及的金额到底是多少啊。

(4) 1960 年 6 月 7 日在伊利诺伊州注册公共会计师学会的年会上发表的题为"会计实务的发展与扩充"( *Development and Expansion of an Accounting Practice*)的讲话中,提出了关于公共责任的论述:注册会计师从事会计业务必须承担专业责任,而不是一种挣取薪酬的工具。只有在我们决定是否接受业务之前,才能将收入与工作结果进行权衡。一旦接受工作,我们必须通过适当的程序完成工作,而不能再考虑对我们的收入的影响。我们只有在保持独立性的前提下才可以承担公共会计业务,这是最基本的要求[④]。斯帕切克认为,独立性是审计的灵魂:"如果我们要在工作中获得公众的信任,你和我都不能作为一个团体而生存,除非我们形成一个行业,并有一个可行的自我监管计划。"

(5) 1957 年 2 月 12 日在题为"职业会计师和他们的公共责任"(*Professional Accountants and Their Public Responsibility*)的演讲中,再次论证了公共责任问题。演讲中提出:虚假财务报表的存在只有一个原因,就是公共会计师违背了对公众的职业责任。为什么提交给公众和证券交易委员会的公司财务报告必须经过注册会计师审计呢? 这些报告为什么可信? 是不是因为相信注册会计师作为职业人士有责任保证

---

① 转引自美国公认会计原则(GAAP)的演变[EB/OL]. http://www.club.esnai.com[2011-10-11].

② 转引自艾哈迈德·里亚希-贝克奥伊. 2004. 会计理论[M]. 钱逢胜,等,译. 上海:上海财经大学出版社.

③、④ 转引自 Frank G, Spacek L. 2004. Leonard Spacek: Ahead of His Time, Relevant Today [EB/OL]. The CPA Journal[2011-10-17]. http://www.nysscpa.org/cpajournal/2004/304/perspectives/nv6.htm.

忠于公众的会计责任标准？答案为"是"。公众假定注册会计师的审计报告是公正的，且是独立于委托人的陈述而生成的，这些报告作为可以信赖企业财务报表的合理保证。美国证券交易委员会（Scurities and Exchange Commission，简称 SEC）以其法定权威颁布的会计准则和会计法规，都包含在 1933 年的《证券法》和 1934 年的《证券交易法》之中，这是悬于会计职业界之上的达摩克利斯之剑。既不是我，也不是你将其悬于此，而是公众。如果我们没有向公众提供真实的财务报表，这柄利剑就将会落下①。

（6）在 1960 年为 AICPA 年会所做一个演讲中，斯帕切克提出，会计师必须支持对会计原理推理的优先应用，并有能力解释为什么它们会使财务报表公允表述②。

（7）《双重标准对投资者有益，但却为证券业所不能接受》（*Are Double Standards Good Enough for Investors But Unacceptable to the Securities industry*）一文载于《财务分析师杂志》1965 年第 2 期。它是斯帕切克 1964 年 9 月 30 日为纽约社会保障分析师所作的一场报告，主要涉及 3 个问题：美国保障业的会计问题；向投资者提供可靠的财务报表的责任；会计原则发展的进步。

**参考文献**

[1] [美]艾哈迈德·里亚希·贝克奥伊. 会计理论[M]. 钱逢胜，等，译. 上海：上海财经大学出版社，2004.

[2] Frank G, L Spacek. Ahead of His Time, Relevant Today [EB/OL]. The CPA Journal, 2011-10-17.

[3] http://www.nysscpa.org/cpajournal/2004/304/perspectives/nv6.htm, 2004.

[4] John H. Elegy[J]. Fortune(Europe), 2002, 146(1): 17-17.

[5] Leonard S. Challenge to Public Accounting [J]. Harvard Business Review, 1958, 36(3): 115-124.

[6] Leonard S. Letters from the thoughtful businessman [J]. Harvard Business Review, 1961, 39(3): 14-25.

[7] Leonard S. Statements in quotes [J]. Journal of Accountancy, 1968, 126(4): 61-64.

[8] Spacek L. A Suggested Solution to the Principles Dilemma [J]. The Accounting Review, 1964, 39(2): 275-284.

[9] Spacek L. Are Double Standards Good Enough for Investors but Unacceptable to the Securities

① 转引自 Frank G, Spacek L. 2004. Leonard Spacek: Ahead of His Time, Relevant Today [EB/OL]. The CPA Journal[2011-10-17]. http://www.nysscpa.org/cpajournal/2004/304/perspectives/nv6.htm.

② 摘自 http://www.trinity.edu.

Industry [J]. Financial Analysts Journal, 1965,21(2):17-26.

[10] Spacek L. The need for an accounting court [J]. The Accounting Review, 1958, 33(3): 368-379.

[11] Squires S, Smith C, L Mcdougall, et al.. Inside Arthur Andersen: Shifting Values,Unexpected Consequences [M]. Upper Saddle River, New Jersey:Financial Times Prentice Hall, 2003.

（初稿执笔人:刘霞）

# 约翰·威廉·昆南

## (John William Queenan,1906 — 1995)

约翰·威廉·昆南(John William Queenan,1906—1995)是一位杰出的会计学家,他于1976年被选入美国会计名人堂。

## 一、个人简要生平

1906年1月11日,昆南(见图36)出生于美国伊利诺伊州的奥萝拉。他的父亲名威廉,母亲是玛丽·道尔顿·昆南。

图36 约翰·威廉·昆南

少年时的昆南,就读于伊利诺伊州的东奥萝拉高中。1923年,他完成了高中学业后,即进入伊利诺伊大学学习,1927年从伊利诺伊大学毕业。大学毕业之后,他进入哈斯金斯-塞尔斯(Hasking-Sells)会计事务所工作。1931年,他在伊利诺伊州获得注册会计师(CPA)资格,由于他在考试中获得了最高的成绩,因此他被授予伊利诺伊州注册会计师协会的金质奖章,这一表现预示了他以后会计职业生涯的成就。同时,他也在其他27个州获得了CPA资格。1936年,他被提升为经理,3年后即升为合伙人,到1956年时,他成为了执行合伙人,在这一职位上他一直工作到1970年退休为止。

1927年5月,昆南与艾丽斯·托马斯结婚,婚后育有4个孩子。昆南在他的业余时间里经常观赏歌剧,打高尔夫球,并且喜欢收集钟表。1995年4月,昆南的儿女们为了纪念他对会计界作出的重大贡献,在商学院设立了约翰·威廉奖学金,来奖励那些具有学术特点、领导能力、创造力且正直的会计专业本科生。

## 二、理论与实务的主要贡献

昆南曾任多种会计专业组织的职务。1958—1959年,他任美国注册会计师协会(AICPA)的副会长,1961—1962年间任会长;1957—1960年间,他是美国注册会计师协会理事会的成员,并且在AICPA下属的许多委员会担任职务,这些职务包括:1943—1946年间,任会计教育委员会的主席;1954—1961年间,任会计与律师关系协调会的主席。

昆南先后曾在3个主要制定会计原则的会计职业机构中担任职务:1949—1954年,任会计程序委员会(Committee on Accounting Procedure,简称CAP)成员;1963—1968年,任会计原则委员会(Accounting Principles Board,简称APB)委员;1973—1974年,任财务会计准则委员会(Financial Accounting Standards Board,简称FASB)副主席。

昆南还在许多州的会计师协会担任一些职务。1947—1950年间,他是伊利诺伊州注册会计师协会理事会以及会计师考试特别委员会的成员。他在新泽西州的注册会计师协会中表现活跃,同时担任了该州许多委员会的委员,并且两次被选作为财务主管。他还在纽约州注册会计师协会任职;1958—1961年间,任理事会理事;1960—1961年间,担任副会长。

除此之外,他还是许多机构与组织的成员,如美国会计学会(AAA)、康涅狄格州注册会计师协会、路易斯安那州注册会计师协会和俄亥俄州注册会计师协会,以及宾夕法尼亚州注册会计师协会的会员。

除了在会计界表现积极外,昆南还在政府、民间团体以及社区服务方面表现活跃。1971—1973年间,他是尼克松总统物价委员会的成员,同时也是国际商会美国理事会成员。在1972年,在他所在的康涅狄格州格林威治社区中担任社区福利基金的主席,并且兼任镇政府预算机关——评估和税收委员会的委员。在1975年,他担任了格林威治社区老年人协会主席。

昆南在职业组织内表现不凡。由于他与众不同的领导品质,突出的能力,以及对目标的执著追求,对会计职业的发展做出了重要的贡献,其中尤以他与威廉·L·詹姆士(William L. Jameson)以及欧文·N·格什渥德(Erwin N. Griswold,后来成为哈佛法学院的院长)一起为创立会计与律师关系协调会立下汗马功劳。这一联盟使得两个团体相互合作解决所得税实践问题变得可能。

1957—1961年间,他担任会计与律师关系协调会的联合主席。由于他积极提倡注册会计师要与律师合作并努力推动其实施，使得会计职业迈出了巨大的一步。1956年1月30日，美国财政部部长在发表的一份声明中就曾提到："国家法院应该适当地阻止非律师人员代表纳税人在财政部从事活动。"声明同时也要求，会计师和律师需要加强责任心，以认真考虑他们之间何时应该展开合作。与其他会计师相比，昆南最大的不同之处在于，他为在美国会计职业界域与律师界之间建立了相互信任方面作出了巨大的贡献，他的主要成就在于成功地解决了CPA税收实务范围这一持续了几十年的争论。

1968年，他获得了美国注册会计师协会的最高荣誉——美国注册会计师金质奖章。1970年，他获得了伊利诺伊大学的伊利诺伊成就奖。从1926年起，他就是伊利诺伊大学Bete Alpha Psi奖评审委员会的成员。

昆南的会计格言是："会计盈余管理的未来空间会日趋狭窄"①。

## 三、主要论著简析

作为1953年由美国注册会计师协会出版的《注册会计师手册》(*CPA Handbook*)的顾问编辑，昆南一生撰写了许多专业文章。1965年秋，昆南发表了一篇名为"国际审计的多样性"(*The Variety in International Audit*)的论文，该论文进一步加深了对国际会计以及其教育的研究，该篇文章被收录在《会计的国际化纪事》一书中，文章主要论及在陌生环境里拓展他们的实践而取得一定进展的美国人。文章中写到：从总体上讲，由于税法和法制系统的不同、语言的障碍、货币的不同、培养员工的区别，许多国家具有强烈的民族主义情绪，在会计原理和审计标准上会有一定的区别，这些都是企业在世界舞台上会遇到的一些问题。在国际投资、国际信用以及国际贸易迅速增长的背景下，能使国际会计实务达到一致性的满意方法，越来越多地受到重视。除了财产的偶尔升值，通货膨胀的影响通常不在外国公司的财政决算中显示出来。美国会计师事务所国际实践办公室在就业和职业训练方面存在一些比较特别的问题，如在引进外籍员工方面受到限制。

1966年4月25日，昆南曾发表了一篇名为"明日会计：服务良机"(*The Accountant of Tomorrow: Opportunities for Service*)的重要演讲。该演讲主要从以下方面谈论了会计未来将会面临的机遇与挑战：会计环境的变化；审计功能的变化；会计新领域的扩展；税收方面的服务；对管理者提供咨询服务；将来面临的问题；与社会公众的

---

① Tamas J Burns, Edwards N Coffman. The Accounting Hall of Fame: Profiles of Thirty-Six Members [M]. College of Administrative Science, The Ohio State University, 1976, 51.

关系；会计人员的胜任能力；会计理论的研究；会计人员的教育；职业道德和独立性等。

## 参考文献

[1] http://fisher.osu.edu/departments/accounting-and-mis/the-accounting-hall-of-fame/membership-in-hall/john-william-queenan/,2005-12-5.

[2] http://www.deloitte.com/view/en_US/us/About/History/Leaders-Shapers/3dfa5264b03fb110VgnVCM100000ba42f00aRCRD.htm，2005-12-30.

[3] Queenan J W. The Variety in International Audit[J]. International Journal of Accounting，1965,1(1):43-51.

[4] Queenan J W. The Accountant of Tomorrow: Opportunities for Service[J]. Vital Speeches of The Day，1967,33(7):200-207.

（初稿执笔人：陆震）

# 霍华德·欧文·罗斯

## (Howard Irwin Ross,1907 — 1974)

霍华德·欧文·罗斯(Howard Irwin Ross,1907—1974)是加拿大籍著名会计学家,也是国际知名的现行价值的倡导者,特别是对改进财务报表的方法做出了重要的贡献。他曾担任加拿大特许会计师协会(Canadian Institute of Chartered Accounting,简称 CICA)会长,并曾任麦考吉大学(McGill University)校长。他成为 1977 年唯一一位被选入美国会计名人堂的会计大师,也是入选会计名人堂的第一位非美籍公民。

## 一、个人简要生平

1907 年 12 月 10 日,罗斯(见图 37)出生于加拿大魁北克省的蒙特利尔市。他的父亲名约翰·沃德(John Wardrop),母亲名叫格特鲁德·哈特·罗斯(Gertrude Holland Ross)。

图 37　霍华德·欧文·罗斯

罗斯出生于会计世家,是家族里面的第三代会计学者,他们家庭的会计传统可以追溯到 1858 年,当时他的祖父菲利普·罗斯(Philip S. Ross)创办了一家名叫 P.S. Ross & Sons 的会计事务所。这家会计事务所于 1958 年 6 月 1 日与英国的乔治·A·塔奇公司(George A. Touche Co.)、美国的塔奇·尼文·贝利·斯马特会计公司合并成当时"八大"之一的国际性会计公司,正式更名为塔奇·罗斯·贝利·斯马特公司(Touche,Ross,Bailey & Smart,简称 TRB & S)。这家公司于 1969 年 9 月 1 日更名为塔奇·罗斯会计公司(Touche Ross Co.,简称 TR)并最终发展成为现在的德勤会计公司(Deloitte Touche Tohmatsu)。罗斯的父亲曾任蒙特利尔会计师协会秘书长和会长职务,并 3

次出任蒙特利尔贸易委员会主席。

罗斯在蒙特利尔的一所私立学校——加拿大洛尔学院接受了中学教育，并于1925年毕业。1930年，他在蒙特利尔的麦考吉大学获得了学士学位，1932年，在牛津大学获得了硕士学位。后来，他又分别被谢布鲁克大学（1963）、皇后大学（Queen's University，1964）、乔治·威廉大学（1965）和麦考吉大学（1973）授予法学荣誉博士学位。他还是一名加拿大特许会计师。

1938年10月7日，罗斯在与桃乐茜·迪安·切尔（Dorothy Dean St. Clair）结婚，婚后育有两个孩子。罗斯是蒙特利尔有名的帆船运动爱好者，他还喜欢打高尔夫球及弹钢琴。遗憾的是，他仅从麦考吉大学退休后的不到1年内，即于1974年9月18日逝世，享年66岁。

## 二、理论与实务的主要贡献

罗斯在会计实务与会计教育方面都取得了很好的成就。硕士毕业后，罗斯加入了塔奇·罗斯会计公司。1942—1969年间，他一直作为这家公司的合伙人，同时还担任公司很多委员会的委员，其中包括政策委员会主席。1932—1969年，他还在罗斯合伙（P. S. Ross & Partners）管理咨询公司工作，并在1943—1969一直是这家公司的合伙人。正像其父亲一样，罗斯也一直与母校麦考吉大学保持密切联系，并于1955—1956年任该校校友会会长，1956—1964年任麦考吉大学校长，1964—1969年担任荣誉校长。当他的会计事务所成为加拿大最大的事务所，以及他在麦考吉大学担任最高职务之后，于1969年从会计事务所辞职，成为麦考吉大学管理学院第一任院长，到1973从这所大学退休时一直担任院长这一职务。在他退休之际，麦考吉大学授予了他最高荣誉——管理学名誉教授和法学荣誉博士。为了纪念罗斯的管理成就，1974年，麦考吉大学的管理学图书馆用他的名字命名为霍华德·罗斯管理学图书馆。此外，他分别于1942—1964年在乔治·威廉大学、1947—1964在联邦技术学院出任校务委员会委员。

罗斯在会计职业活动也是非常积极并出任多种职务。1958—1959年，担任魁北克特许会计师协会会长；1960—1961年，任加拿大特许会计师协会会计与审计研究委员会主席；1963—1964年担任加拿大特许会计师协会会长，并且是物价变动会计委员会的委员；1960—1964年间，他还是女王大学商学院管理咨询委员会的成员和蒙特利尔大学联营公司执行委员会的成员；1964—1965年，任加拿大财务高等教育伯顿委员会的成员；1974年，任安大略教育委员会主任。

罗斯在公共服务方面表现也尤为活跃。1940—1943 年,他任蒙特利尔外汇交易控制委员会主席;1943—1945 年,任加拿大战时物价与贸易委员会成员,负责第二次世界大战期间军事给养供应管理;1959 年,任加拿大蒙特利尔俱乐部主席;1960 年,任蒙特利尔红羽毛运动的主席;1961—1963 年,任魁北克皇家调查委员会委员。此外,他还先后出任加拿大吉百利史威士公司和加拿大桂格燕麦公司的董事会董事,以及蒙特利尔皇家房地产信托投资银行的主席等。为了表彰他的突出贡献,1946 年他被授予不列颠帝国勋章。1967 年,他被巴黎市授予荣誉市民铜质奖章。

## 三、主要论著简析

罗斯作为一名国际会计界知名的现行价值的倡导者,20 世纪 60 年代末期开始,他就一直在寻找改进财务报表的方法。围绕这一主题,他曾给许多专业组织发表演讲,出版了多本专著,如《会计是难以捉摸的艺术:有关财务报表的一种冒昧诠释》(*The Elusive Art of Accounting: A Brash Commentary on Financial Statements*, 1966)、《财务报表——现行价值的改革》(*Financial Statement—A Crusade for Current Values*, 1969),还在专业期刊上发表大量文章如"财务报告的现时危机"(*The Current Crisis in Financial Reporting*, 1967)和"我们的税收——来自 Carter & Benson 的教训"(*Our Taxes, Lessons from Carter & Benson*, 1971)等。

### (一)《财务报表——现行价值的改革》(1969)

1969 年,罗斯出版了《财务报表——现行价值的改革》一书。由于罗斯是现行价值的积极倡导者,在他的这本简短但富有说服力的论著中,强烈呼吁在适当的时候,采用现行价值来取代历史成本作为财务报表的计量基础,从而提高财务报表的有用性。他认为,阻碍改进当前或更有用的财务报表的原因在于把历史成本作为会计的计量基础。他一再强调,尽管历史成本在某些情况下适用,但这种应用只是出于会计职业界免遭来自公众对财务报表的批判。尽管本书讨论的仅仅是计量基础,但与罗斯的第一本专著——《会计是难以捉摸的艺术:有关财务报表的一种冒昧诠释》有很多相似之处。

该书分 15 个章节来进行阐述,这 15 个章节可以被分成 4 个部分。第一部分为第 1～2 章。罗斯用切合实际的分析方法详细描述了会计之所以停滞不前的原因,总结了问题所在。罗斯认为,以现行价值为编报基础的财务报表要比以历史成本为编制基础的财务报表更有用。因此,罗斯倡导所有会计人员都应该把它作为一个目标来积极推动现行价值会计的变革，而不能只是消极地等待成文的公告发布或理论的形成。第二部分包括第3～8章，这是本书的中心思想所在。在这一部分里，会计计量领域的各种问题以更清晰的轮廓展现出来，同时建立了现行价值的思想。第三部分包含第9～13章，这一部分讨论了在现行价值编报程序下，编制好的财务报表所需要的各种方法并结合相关资产负债进行了说明。第四部分为第14～15章，主要对损益表涉及的现行价值问题进行了简单的讨论。

在该书的前言中，罗斯讲到："这是一个真实存在的问题，不能简单地机械地予以回答。仅仅依靠一些个人、团体或协会的倡导和声明，现行价值的可行性不会得以实现。这一问题只有在财务报表编制者的共同努力下才能得以解决。我并没有说历史成本应该被彻底废除，我相信它也具有一定的适用性。但是，除非我们对成本计量基础作彻底的改革，否则财务报表不会取得任何改进。"因此，本书的目的在于让人们接受并树立现行价值观念，告诉财务报表的编制者在什么情况下采用现行价值以及如何运用。作者看来，如果加拿大和美国的财务报表编制者能够付出最大努力的话，要最终切实可行地实现这种转换，也只需要几年时间。

在编写该书之前，罗斯曾对一些财务报表使用者作了问卷调查，询问他们到底需要何种财务信息。他认为这比直接告诉需要什么信息更为有效。但令他惊讶的是，报表使用者似乎对他们所获得的财务报表信息很满意。他们也的确提出不少批评意见，但这些都仅仅是像诸如这里需要补充些信息、那里需要分类说明等等细枝末节的建议，没有从根本上对财务报表有所触动。他们已经习惯了已有的财务报表，而且对某些改革财务报表的倡导者表示反感。然而，这一切并没有阻止罗斯对现行价值的研究。

罗斯认为，现行价值之所以不被认可的原因在于它无法可靠地、精确地得以计量，从而无法真实地在财务报告中予以反映。现行价值经常在精确性以及运用程序上受到质疑而没有被采用。但罗斯没有被这些困惑所吓倒，他继续同那些现行价值的反对者作斗争。他深入研究了现行价值的问题所在，虽然没有予以解决，但他相信，有志者事竟成，财务报表的编制者最终一定会把这些问题解决。

罗斯积极推广现行价值的应用，并提出了一些披露这些数据的过渡性方法建议。他提出，现行价值最初可以仅仅在补充资料、报表注释或附表中予以说明，最后可以在多栏或单栏式财务报表中予以披露。美国注册会计师协会(AICPA)也推荐在多栏式财务报表中运用现行价值。在该书的第九章，罗斯对绝大多数有形资产的现行价值计量进行了讨论，包括适用的情形及具体操作方法。

相对于资产负债表的极大关注而言，作者对现行价值对损益表影响的关注较少。

显然他认为，对资产负债表的调整最终不可避免地会影响到损益表，因此没必要对损益表作较多的讨论。

在该书的最后，作者更加充满激情地鼓动人们为推行现行价值做出努力。他指出，把财务报表全部建立在现行价值的基础上或许不会绝对现实，但是不论这样做是否会更加让报表使用者满意，我们都必须坦诚地去对待现行价值。不可否认，现行价值的计量有很多不确定性，需要更多的专业判断，但我们不能因为有诸多困难而对目前的状况做出妥协与让步，一味地规避这些问题，这样做会更危险。为了编制更有用的财务报表，我们要敢于面对这些困难，要以积极的姿态、充满信心地去加以解决，而不是只知道机械地去遵守那些所谓公认的会计原则。

### （二）《财务报告的现时危机》(1967)

1967 年，罗斯在《会计杂志》(*Journal of Accountancy*)上发表了题为“财务报告的现时危机”一文。众所周知，罗斯一直在为改进当时的财务报告而不懈努力，作者所持的是“决策有用观”。认为会计的本职工作是为报表使用者提供最好的最有用的信息，这些信息帮助他们做出理智的决策。该书即从信息有用性的角度详细描述了当时财务报告中存在的问题，分析了导致问题的原因，提出了解决的方法。

文章一开始就明确指出：会计是一种服务行业，它的角色是提供最优质的信息，这些信息能够得以提供并帮助那些使用者做出决策。作者将信息使用者分为两类：一类是企业的管理者，他们是企业的内部人员，实际上是这些管理者在编制财务报告。另一类是社会公众，他们是企业的外部人员，包括投资者、债权人、政府机构等，他们只是隔着窗户观望的局外人。这些外部人员共同关注一件事情，那就是公司的财务状况。该文主要分为 5 个部分。

第一部分，是对使用者的需求分析。作者首先指明了报表使用者究竟需要哪方面的信息。毋庸置疑，所有报表使用者都很想知道两方面的问题：(1)公司的经营状况如何；(2)公司未来的发展状况如何。这就摆在会计人员面前一个即使不是无法克服至少也是非常严峻的困难。传统报表提供的仅仅是公司目前的财务状况以及过去的盈利。过去已经发生的事情，像大坝上溢出的水，除了历史学家之外对其他任何人都没有直接的用处。报表使用者真正需要的是有关未来的信息。未来只能通过预测和推测来探索。我们提供过去状况的目的恰恰在于为预测服务。不同于以往的学者，罗斯肯定，会计可以预测未来的财务状况，结果或许会比其他人预测的更好。

第二部分，是现时财务报告存在的不足分析。由于会计本身是一门技术性较强的工作，这样，如果我们的报表不满意，那么就会被以为是因为技术的困难而使得充分有用的披露难以实现。真正让作者感到焦虑的是，似乎我们的财务报表并不仅仅是受到较多的批判，而其实是被完全忽略了。越来越多的人正在从其他途径获取财务信息，而没有使用我们已经准备好的财务报表。由此可见，对目前财务报表的不满是普遍的、严重的，并且这种形势会迅速变得更糟。因此，我们必须尽快地加以解决。

第三部分，是阻碍进步的因素分析。有两个原因来解释当前这种不令人满意的发展速度：(1)对会计的本质作用是什么这个问题缺乏清晰的思考；(2)没有用一种系统的、有次序的、明智的方式来解决问题，相反进行的只是杂乱无章的无目的的争论。作者认为，会计并非决策者，决策是诸如政治家、经营管理者、投资人等的事情。会计的工作是提供服务，是为决策者提供信息，提供可确保他们能够得到做出理智决策的最好的最有用的信息。这是一个值得尊敬的、有责任感的、需要熟练技术的、富有挑战性的智力工作。在财务报表编报的过程中需要不断地进行专业判断。我们想取得什么进展，以及怎样去实现是两个截然不同的问题。在处理第二个问题之前必须先果断地解决第一个问题。目前的讨论是在高度无组织的方式下开展的，其原因在于我们混淆了手段和结果。因此，要始终把讨论分成有明显区别的两类问题：一类是目标；一类是方法。

第四部分，是关于未来趋势分析。会计人员常常对任何含有预测成分的业务感到恐惧，尽管这的确是他的客户认为最有用的信息。我们的职业被对数据无懈可击的责任感所迷惑，这就让我们对任何可以预测未来的建议早早地避而远之。罗斯认为，在对未来财务报表的预测中肯定会有一定的科学成分，是有根有据的，而不是不负责任的夸夸其谈。那些试图通过过去的趋势来预测未来的人们已经取得了有用的成果，尽管他们的预期并没有精确地得以实现。罗斯相信，通过一定的培训(尤其是除去我们众所周知的谨慎)，会计人员应该能够比任何人更好地预测未来，并且这是一个日渐重要的领域。在这一领域里会计人员应该做好承担责任的准备。

第五部分，是当前亟待解决的目标。对于目前流行的提供现时财务状况的财务报表，作者认为要用最佳的评估值来反映所有可测量的资产，即要采用现行价值取代历史成本作为编制财务报表的计量基础。这一观点，与罗斯后来在 1969 年著的《财务报表——现行价值的改革》一书中的观点是一脉相承的。

该文最后，罗斯呼吁所有会计人员行动起来共同为改进财务报表作出努力。他指出："我们讨论了一个'职业'的进步，但职业本身从来没有什么思想，也不会做任何工作。如果有所进步的话，那也是因为一些个人或团体在做些什么。进步不会自动取得，这需要人们有意识地做些工作。具体来讲，除非会计人员着手去做，否则我们不会得到更优质的财务报表。"

## 参考文献

[1] 周年洋，王二龙，林明. 五大会计师行[M]. 北京：中国财政经济出版社，2003.

[2] http://fisher. osu. edu/departments/accounting-and-mis/the-accounting-hall-of-fame/membership-in-hall/howard-irwin-ross/，2005-12-05.

[3] Ross H I. The Wonderful World of Accounting [J]. Journal Of Accounting Research, 1970, 8 (3): 108-115.

[4] Ross H I. The Elusive Art of Accounting: A Brash Commentary on Financial Statements [M]. New York: Ronald Press Company, 1966.

[5] Ross H I. The Current Crisis in Financial Reporting [J]. The Journal of Accountancy, 1967, 124(2): 65-69.

[6] Ross H I. Financial Statements: A Crusade for Current Values [M]. NewYork: Pitman Publishing Corporation, 1969.

[7] Ross H I. Inflation Accounting: A Case of Misplaced Zeal [J]. Accountancy, 1972, 83 (1): 30-31.

（初稿执笔人：赵彩霞）

# 罗伯特·昆·莫茨

## (Robert Kuhn Mautz, 1915 — )

在会计专业领域中，罗伯特·昆·莫茨（Robert Kuhn Mautz，1915— ）是一位奇才。由于其杰出的成就，以及其传世之作《审计哲理》（*The Philosophy of Auditing*）对后世的影响，成为1978年唯一一位被选入美国会计名人堂的会计大师。

## 一、个人简要生平

1915年4月12日，莫茨（见图38）出生于加拿大安大略省的威廉堡，他的父母均为美国公民。父亲是威廉·弗雷德里克（William Frederick），母亲是卡罗琳·芭芭拉·昆·莫茨（Caroline Barbara Kuhn Mautz）。

在莫茨一岁之前，他们全家回到美国，先是定居在明尼苏达州的东格兰特福克斯，不久又搬迁到北达科他州的格兰特福克斯。在北达科他，莫茨开始接受当地学校的启蒙教育和初等教育，1933年高中毕业。1937年，他从北达科他大学获得了学士学位。1938年和1942年，他先后在伊利诺伊大学获得硕士和博士学位。1940年莫茨获得伊利诺伊州注册会计师资格。

图38 罗伯特·昆·莫茨

1942年，莫茨进入芝加哥的德罗伊特-哈斯金斯-塞尔斯会计师事务所（Deloitte Haskins & Sells）工作，成为了一名普通的会计职员。从1942—1943年，他仅仅在这个公司工作了1年，第二次世界大战爆发后，他志愿加入了美国海军并在海军预备役部队服役两年（1943—1945）。二战结束后，莫茨返回到德罗伊特-哈斯金斯-塞尔斯会计师事务所，再次开始了他的注册会计师职业生涯（1945—1946）。1946年莫茨离开原会计师事务所，来到亚历山大-格兰特（Alexander & Grant）会计师事务所，虽然这是一个规模要比德罗伊特-哈斯金斯-塞尔斯会计师事务所小一点的事务所,但他认为在那里可以获得丰富的经验,以帮助其实现在开始从事公共会计师职业时就定下的基本目标——进入教育界。

1948 年秋天,莫茨返回到伊利诺伊大学开始其教学生涯,并先后担任助理教授(1948—1949 )、副教授(1949—1954)和教授( 1954—1972)。在 1968—1969 学年期间,莫茨作为美国注册会计师协会(AICPA)第一位卓越的客座教授任教于明尼苏达大学。在 1969—1972 年间,他担任伊利诺伊大学会计学威尔顿·颇为尔教授(Weldon Powell Professorship)。1972 年 2 月,莫茨离开伊利诺伊大学,成为恩斯特-惠尼会计公司(Ernst & Whinney)的合伙人之一,在此期间,他帮助公司制定了许多规章并成为公司对美国财务会计准则委员会(FASB)和其他相关机构的发言人。1978 年,莫茨在达到公司的法定退休年龄后离职,其后在密歇根大学所设专门从事会计教育和研究的机构——佩顿会计教育研究中心任主任,直到 1985 年从大学退休。

1939 年 9 月 9 日,莫茨和露丝·S·尚德伯(Ruth S. Sundby)结婚,婚后育有 3 个孩子。莫茨的兴趣爱好比较广泛。在他闲暇的时候,喜欢摄影、打羽毛球、划船、滑雪、野营、散步和读书等等。

## 二、理论与实务的主要贡献

莫茨作为一名美国会计学会(AAA)、美国注册会计师协会(AICPA)和伊利诺伊注册会计师协会、俄亥俄注册会计师协会的资深会员,他担任了委员会的多种职务,为会计职业团体的发展做出了巨大贡献:他曾是 AAA 执行委员会的成员(1958—1961,1963—1966),并于 1965 年成为 AAA 的会长;1958—1961 年,他曾任著名的会计学专业期刊《会计评论》(*The Accounting Review*)的主编;1985—1988 年,任《会计地平线》(*Accounting Horizons*,又译《会计瞭望》、《会计视野》)的创始编辑。在 AICPA 中,他担任过审计程序委员会的委员(1963—1965)、理事会成员(1965—1967)和董事会董事(1969—1970);1971—1977 年,他是美国成本会计准则委员会最早的会员之一;1973—1977 年,任美国财务会计准则咨询委员会的委员;1976—1977 年,任美国财政部合并财务报表委员会的成员。1966—1977 年他担任美国审计总署的顾问;1981 年 1 月 1 日,莫茨被委派到公众监督委员会当第一任会计师,当时 AICPA 设立公众监督委员会的主要目的是对公众公司审计业务的会计师及会计师事务所执行 SEC 规则情况进行独立的检查监督。

莫茨作为活跃在 20 世纪审计领域的著名学者,以其独特的贡献弥补了审计理论学科的空白，丰富了审计学的内容。莫茨的研究领域广泛，学术成就卓越。他的研究领域不仅涉及会计学和审计学，而且涉及管理科学，共发表了100多篇论文，并出版了14部专著。其独自完成的著作主要有《报告经济交易的会计技术》(*An Accounting Technique for Reporting Financial Transactions*,1951)、《初级会计师的职责》(*Duties of Junior Accountants*,1953)、《基础审计学》(*Fundamentals of Auditing*,1954)、《多元业务公司的财务报告》(*Financial Reporting by Diversified Companies*,1968)、《环境对会计原则应用的影响》(*Effect of Circumstances on the Application of Accounting Principles*,1972)、《管理控制的标准》(*Criteria for Management Control*,1980)和《计算机信息系统的高级管理控制》(1983年)等。

莫茨与他人合著的著作主要有：1961年，和侯赛因·A·夏拉夫(Hussein A. Sharaf)合作完成的《审计哲理》(*The Philosophy of Auditing*，又译《审计理论结构》)；1964年，和E·J·德玛瑞斯(E. J. DeMaris)、菲利普·E·费斯(Philip E. Fess)等人合作的《基本会计假设和原则说明》(*A Statement of Basic Accounting Postulates and Principles*)；1970年，和弗雷德里克·L·纽曼恩(Frederick L. Neumann)合著的《公司审计委员会》(*Corporate Audit Committees*)；1977年，和弗雷德里克·L·纽曼恩(Frederick L. Neumann)合著的《公司审计委员会的政策和实践》(*Corporate Audit Committees: Policies and Practices*)；1978年，和W·G·梅(W. G. May)合著的《竞争经济环境下的公司财务披露》(*Financial Disclosure in a Competitive Economy*)；1980年，和瓦特·G·凯尔(Walter G. Kell)、迈克尔·W·马厄(Michael W. Maher)、亚伦·G·莫尔顿(Alan G. Merten)等人合著的《美国公司的内部控制：现状及趋势》(*Internal Control in U. S. Corporations: The State of the Art*)；等等。

由于其突出的贡献，莫茨一生获得许多荣誉：1970年，他获得美国注册会计师协会和美国会计学会联合颁发的美国会计学术文献杰出贡献奖(The AICPA-AAA's Notable Contributions to Accounting Literature Award)；1971年，他荣获Bete Alpha Psi奖；1976年，获得美国审计总署最佳服务奖；1979年，他获得美国注册会计师协会的最高荣誉——美国注册会计师金质奖章(The AICPA's Gold Medal Award)；1984年，他获得了美国会计学会的杰出会计教育奖。

学者们普遍认为，鉴于莫茨不仅是会计公司的合伙人，同时也是专业的公众监督委员会成员之一的特别身份，因而在专业领域中，他能够有意识地把很强的会计理论背景和广泛的会计实践巧妙地结合起来，故有着别人无法比拟的广泛获取会计知识的途径。著名会计学者弗雷德里克·L·纽曼恩(Frederick L. Neumann)曾这样评价他："在审计领域，他是一位杰出的理论研究先驱。如果将其与他娴熟的教书育人风格结合起来,那么你就会了解到他为什么是一个完美无缺的老师。他几乎被美国每个主要的会计和审计团体所聘任,并对其一些专门活动做深入研究。他认真地调查,深刻的理解和合乎逻辑的推理已经启发他的学生和专业人士数十年。”

## 三、主要论著简析

在莫茨的大量著作中,最负盛名的是其与学生侯赛因·A·夏拉夫合著的《审计哲理》一书。由于其受到世界审计领域的注目,也使其成为他的全部著作中流传最广的一部。尽管审计的历史源远流长,但其理论的文章却相对滞后。直到 20 世纪 50 年代,在审计文献中,论述审计理论的文章或专著仍较少。很多人认为,审计职业主要是依靠审计实务来保持其地位,并没有一种科学的审计理论体系来支持审计的实务。但是,审计人员开始遇到向不同类型行业扩展的企业和各种各样的经济业务,这种情况开始要求审计有一个统一的审计基础理论。这种理论应能够提供一个一致的基础,审计人员应当可以用逻辑的方法推导针对新情况的具体的审计程序。为了建立一个统一的审计基础理论,莫茨与其学生侯赛因·A·夏拉夫开始了对审计理论的探索。他们坚信审计也有自己的理论,不仅存在着对开展实务有直接帮助的基本的假设和知识体系,而且通过了解审计理论体系可以引导审计人员合理地解决他们面临的错综复杂的现实问题。在随后几年里,他们围绕着建立审计理论这一中心课题进行了大量的研究活动。他们发现在审计行为和思维的背后,存在着理论根据和基本的原理,如果将这些根据和原理抽象化、系统化,对于解决实际问题是至关重要的。莫茨和夏拉夫运用哲学中的一些概念和方法,对各种审计现象进行了哲理式思考。他们认为,应从理解、展望、洞察和想象 4 个角度去进行全方位的探索。他们观察出审计具有集合科学的性质,所以,莫茨和夏拉夫试图在不同的科学之间架起桥梁,将数学、行为学、逻辑学、道德学的一些研究方法渗透到审计中来,在这样一个更为宽厚的基础之上,他们丰富和发展了审计理论这门新学科。1961 年,莫茨和夏拉夫完成了《审计哲理》一书。此书是莫茨运用深邃的哲学思想进行理论研究的成果,详尽地阐述了作者对于建立审计理论学科的独特见解。

《审计哲理》一书从哲学高度来对审计的基本理论进行分析和论证,其内容涉及面广,寓意较深,思想内容深邃,不免有若干晦涩之处。但该书是审计学原理的精华,它在审计理论的论述上系统、深入、全面,而且是针对若干现实的审计业务问题,把实践经验上升到理论,开拓了审计理论研究的先河,对世界审计理论与方法的发展都有卓越贡献,不愧为当代的审计经典著作,被许多审计学者誉为审计理论的第一个里程碑。

该书共包括审计理论的探求、审计方法论、审计假设、审计理论中的概念、证据、应有的审计关注、公允表达、独立性、道德行为和审计的展望等10章。

### (一) 审计理论的探求

该书第一章是“审计理论的探求”。莫茨和夏拉夫批判了过去许多人把审计看成是一系列的实务、程序、方法和技术,因而不重视审计理论研究的做法。他们认为其结果会导致缺乏一套明确的审计理论体系来支持审计实务,难以合理地解决面临的许多错综复杂的问题,影响审计业务的开拓或发展,因而他们运用哲理思想深刻地论证了进行审计理论研究的重要意义和主要途径及方法,从而为建立系统的审计理论学科奠定了基础。

### (二) 审计方法论

该书第二章是“审计方法论”。作者指出审计与其他学科一样,有一套包括态度和程序的方法论问题。根据审计所面临的问题和试图解决的问题的性质来论述审计的方法,有利于进一步加深对审计本质的理解。为了对审计方法论的理解更加容易,作者将审计方法与科学的方法进行了比较分析。并明确指出:首先,审计方法的应用和科学方法的应用都有赖于概率论的支持。审计并不像其他学科领域一样过分依赖于测试和抽样,但是我们必须认识到,审计至今尚未找到像其他领域那种通过统计方法的应用,促进概率论在本领域发展的途径。其次,审计在两个层次上涉及价值判断的问题,不但审计人员在审计检查中面临着大量的价值判断问题,而且审计职业在着手明确其目的和社会责任时也会遇到类似问题。这就需要审计人员和整个行业行使适当的判断力对我们的职业观点予以精心地维护并使之不断完善。

### (三) 审计假设

该书第三章是“审计假设”。作者指出,如果把审计看成是一门科学、如果要发展审计学科、如果要将审计用于解决实际问题、如果要使审计能应对来自审计职业内外的挑战,确立审计假设是十分必要的。于是作者根据逻辑学和哲学所表明的“假设”的一般特征,论述了“审计假设”的基本概念,初步提出了八大临时审计假设并做出了具体的解释。正如作者所说,这些假设有助于在审计中进行推理或做出结论,它们并不是相互独立、相互排斥的,而是相互联系,共同为发展符合逻辑的、完整的审计理论提供了必要的前提。之所以作者说是“临时”假设,是因为“我们也必须认识到,曾被认为有效和有用的假设,有可能日后受到挑战,甚至会被证明是不正确的”。这8条假设的具体内容是:(1)财务报表和财务数据是可验证的;(2)审计师和受审企业的管理者之间无必然的利害冲突;(3)供验证的财务报表及其信息不存在串通作弊和其他舞弊行为;(4)现有的令人满意的内部控制系统能排除舞弊行为发生的可能性;(5)由于公认会计原则首尾一贯地使用,企业对财务状况和经营成果的表达是公允的;(6)只要没有明显的反证,则受审企业过去认为是真实的事项在将来也是真实的;(7)所有审计师都会尽职尽责地审核财务数据以发表独立的审计意见;(8)独立审计师的职业地位赋予其相应的职业责任。这 8 条基本假设隐含着 5 个基本概念,也即假设后概念:财务报表、财务数据、内部控制制度、公认会计原则、有关公允表达的意见。

### (四) 审计概念

第四章为"审计概念"。在一个完善的理论结构中,概念占据重要的地位。正是概念形成了一个框架,在理论研究中理论结构才得以系统化、进步和完善。而哲学研究途径中的理解意味着对事物的整体而不是其各个部分的了解,因此作者认为需要在审计学科中探讨证据、应有的关注、公允表达和独立性等普遍性的概念,正是这些概念反映了审计的本质特征,形成了审计理论结构的核心。"只有对这些具有广泛适应性的概念进行研究并获得承认,才会促进一个综合而连贯的审计知识体系的发展。"

该书第四章对概念的本质、形成、种类等问题进行了充分讨论,最终提出了与审计密切相关的 5 个最基本概念即证据、应有的审计关注、公允表达、独立性和道德行为。作者并不认为审计学只有这些重要概念,但无疑这些概念均在审计理论结构中占有重要的地位,构成审计理论的核心。因而他们在第五至第九章中理论与实践相结合,细致而透彻地论述了这 5 个概念的基本内容,这是作者研究的重点。这些概念的内容实际上概括了审计理论的基本构成要素。

第一,审计证据。此即第五章"证据"。作者指出,审计人员为了合理地判断所审查的财务报表中的各种声明,应收集相应的审计证据。而审计证据与其他领域的证据有相当大的区别,所以审计学科应该包括证据理论。莫茨和夏拉夫通过对需要做出审计判断的命题和不同审计证据的分析指出,有些命题需要获得强制性的证据加以判断,而有些命题则只能在考虑时间和成本—效益的前提下收集有说服力的证据加以判断。不同的审计证据对审计人员产生的影响不同,将不同类型的证据结合起来支持同一命题,常能提高命题被接受而不担风险的或然性。由于审计证据是通过运用基本审计技术获得的,为此作者将财务报表的声明分为 4 类,并为每一类声明确定了相应的审计证据、审计技术及采用的逻辑方法,有利于我们加深对审计证据的理解。

第二,应有的审计关注。此即第六章"应有的审计关注"。由于审计成本的存在以及不可能发现所有舞弊和差错，大多数文献和审计人员的观点是，审计人员能够将其检查扩大到足以合理地揭发重要的舞弊和差错，从而为其委托人提供有用的服务，同时也不会将审计计划扩展到成本所不允许的地步，从而一定程度地回避或缩小了审计人员的责任。但作者认为审计人员不仅应对其委托人和依赖于他的意见的人负有责任，而且作为职业专家，他们理应对经济社会提供有效的服务，推脱责任将不利于审计职业的声誉。所以，莫茨和夏拉夫主张形成一个职业关注概念，按照这个概念所要求的关注进行检查，将能发现若干类应被发现的舞弊和差错，从而为委托人和经济社会提供重要的服务，并提供有效的保护。同时该概念也对审计人员应实施检查的范围提供了有用的指南，对非审计职业人员确定对审计人员的期望、衡量审计工作的结果提供了一个满意的标准。审计关注概念的形成要求我们确立慎重看待实务家的观念以及指明审计人员在不同情况下进行审计工作时持有哪些应有的关注。

第三，公允表达。此即第七章“公允表达”。莫茨和夏拉夫指出，审计上的“公允表达”概念由会计上的妥当性概念、适当披露的概念和审计责任的概念三部分组成。“审计人员一般从会计那里借用公认会计原则，但又并不完全承认或接受公认会计原则。如果公认会计原则与现存实务需要不符，那么审计人员此时就不能采用公认会计原则，而应该进行最佳的职业判断。”因此会计妥当性的决定最终成为审计判断的问题，审计人员也正是通过这种途径对公认会计原则的完善做出贡献。适当披露概念包括应披露信息的详细程度和范围两方面。作者指出，随着证券市场的变迁、投资机构的兴起以及职业财务分析专家和投资顾问的出现，审计人员应跳出原有服务职能的圈子，扩大自己的检查验证范围，扩展审计服务，发展审计职业。审计人员应承担财务报表中会计的适当性和披露的适当性两方面责任，同时也对自己的行为、判断及工作报告的公允表述承担责任。随着审计概念的扩展与完善，审计人员应采取措施，预防阅读自己报告的人误解检查范围或审计意见的实质。

第四，独立性。此即第八章“独立性”。独立性是不可缺少的审计标准，审计人员不仅要保持实质上的独立性，也要保证形式上的独立性。但作者指出：“许多隐含在审计工作本质内部的特征会影响到审计人员独立性的判断。”委托人与审计人员之间的紧密联系、审计人员向委托人收取费用、审计与管理咨询业务并存以及审计事务所大型化和商业化发展等都会对审计人员的独立性产生影响。所以莫茨和夏拉夫就提出这样一个问题：审计业务同管理咨询业务是否具有兼容性。他们的结论是：“它们之间的不兼容导致这两种业务必须分离。”

第五，道德行为。此即第九章“道德行为”。通过对道德行为问题的探讨，作者严肃地指出，道德问题必须公正地去解决，任何偏见而不道德的行为都会使我们失去职业地位。所以，审计作为一种职业必须承担对委托人、社会、本职业同仁及自己的责任，职业道德要求审计人员有义务保持为公众服务的职业制度，应该以大众最佳利益为重的原则来解决职业及其价值问题，以促进审计职业及其服务的不断发展。

### (五) 审计的展望

在第十章“审计的展望”中，作者指出，审计的起源可以追溯到与会计相距不远的时代，文明发展到产生了需要某人受托管理他的财产的时候，对受托人的诚实性进行某种检查就成为必要。早期审计的目的是对会计记录和报告以及那些接受审计者进行独立的审核，后来审计业务扩大到对受托管理者的会计和破产者的会计进行审计，然后又产生了债权者审计，最后产生了我们熟悉的公司审计。

此书得到如下的结论：解决实际问题的唯一的积极方法，就是建立和运用理论。这就必然要求认识到审计是一门科学，去建立和运用理论。本书所传递的核心信息是，应从哲学的研究途径对审计理论进行全方位的探索，并构建了一个综合而连贯的审计理论结构体系：第一层次，是哲学基础；第二层次，是从哲学基础推出的假设，它为基本概念的发展提供了前提；第三层次，是审计概念；第四层次，是以审计概念为核心所形成的审计业务应用标准；第五层次，是用来指导实务的指南。因篇幅所限，在该书中作者对审计假设、审计概念与审计展望进行了系统而深入的探讨，而未对审计业务所适用的标准进行讨论。

《审计哲理》中的审计思想，对审计理论研究的影响是深远的，对审计基本概念、审计基本假设、审计方法论研究的影响更是深远的。继《审计哲理》之后，英国审计学家汤姆·李教授的《公司审计理论》、戴维·弗林特教授的《审计原理和原则》、美国审计学家尚德尔教授的《审计理论》、加拿大审计学家安德森教授的《外部审计》、我国著名审计学家杨时展教授的受托责任审计学说、还有沃尔尼采尔《作为独立鉴定的审计》、郎德《作为验证财务信息的审计》等，都是《审计哲理》一书影响的结果。特别值得指出的是，《审计哲理》对管理审计理论的研究，同样有着重要的影响。美国会计学家兰根德费尔教授和罗伯逊教授在研究独立管理审计理论结构时，就充分借鉴了《审计哲理》中的审计假设理论，提出了 8 条管理审计基本假设：(1)管理陈述和决策基础数据是可以验证的；(2)审计师与受审企业的管理者之间无必然的利害冲突；(3)供验证的管理陈述及其他与管理系统相关的数据不存在串通作弊和其他舞弊行为；(4)现有的令人满意的管理控制系统排除了作为管理决策基础的管理陈述，在向企业内外信息使用人发布时出现舞弊行为的可能性；(5)由于首尾一贯地认知和遵守“合理管理的标准”，企业的管理系统能有效地达到组织目标；(6)只要没有确凿的相反证据，即可认定企业的内部管理系统相对稳定不变，并且将来的内部管理系统也会像过去一样发挥功能；只要没有确凿的相反证据，即可认定对企业有影响的多变的外部环境并非必然对企业的将来产生影响；(7)所有审计师都会尽职尽责地审核管理陈述以发表一个综合性的披露说明；(8)企业内外部利害关系人将依赖独立审计师"综合披露说明"的事实，赋予独立审计师相应的责任。这 8 条假设也同样隐含着 5 个假设后概念：管理陈述、决策基础数据、管理控制、合理管理的标准、综合披露的说明。

《审计哲理》作为一部经典著作、一部里程碑式的著作，已经为 20 世纪后半期审计科学的发展产生了巨大的推动作用，在 21 世纪，它将继续作为推动整体审计科学发展的历史动力。

**参考文献**


[1] 莫茨，等. 审计理论结构[M]. 文硕，等，译. 北京：中国商业出版社，1990.

[2] 王光远. 莫兹与他的《审计哲理》[EB/OL]，2008-08-05.

[3] 文硕. 世界审计史[M]. 北京：企业管理出版社，1996：655-670.

[4] http://fisher.osu.edu/departments/accounting-and-mis/the-accounting-hall-of-fame/membership-in-hall/robert-kuhn-mautz/，2008-08-04.

[5] http://www.dbkjw.com/n7119c12.aspx，2008.


（初稿执笔人：文保同）

# 莫里斯·穆尼兹

## (Maurice Moonitz,1910 — )

莫里斯·穆尼兹(Maurice Moonitz,1910— ,又译莫立茨)是一位著名的会计学家,他对会计理论特别是会计准则问题的基础性研究成果,对推动现代财务会计准则理论的发展做出了重要贡献。穆尼兹是1979年唯一一位被选入美国会计名人堂的会计大师。

## 一、个人简要生平

1910年10月31日,穆尼兹(见图39)出生于在俄亥俄州的辛辛那提。他的父亲名为塞缪尔·大卫(Samuel David),母亲名为伊娃·维特斯坦·穆尼兹(Eva Wittstein Moonitz)。

图39 莫里斯·穆尼兹

幼年的穆尼兹在辛辛那提公立学校上学,并于1927年从Withrow高中毕业。他在辛辛那提大学上了两年(1927—1929)之后,由于经济原因被迫辍学。1929—1931年,在萨克拉门托一家银行在工作两年以后,他毅然决定在加利福尼亚大学伯克利分校继续完成他的学业,并于1933年获得学士学位。

穆尼兹大学毕业以后,在1934年的大半年里,他主要在伯克利联邦地产银行做商务簿记员。1934年秋,他又重新回到加利福尼亚伯克利分校学习,并一直到1937年。在这期间他获得了硕士学位(1936),并且通过了博士资格的考试。1937—1942年,在圣塔克拉拉大学任教期间,他修完了加利福尼亚大学伯克利分校博士学位课程,并于1941年获得博士学位。1942年,他从圣塔克拉拉大学辞职,前往斯坦福特大学任教,直到1944年辞职去担任亚瑟·安达信(Arthur Andersen & Co.)会计公司的一名审计员。1945年,他获得加利福尼亚州注册会计师资格。1947 年,他离开亚瑟·安达信会计公司,重返加利福尼亚大学伯克利分校任副教授(1947—1953),1953 年被提升为教授。

1955—1959 年间,穆尼兹一直担任加利福尼亚大学伯克利分校新成立的工商管理研究生院第一副院长。为了丰富自身的会计知识,曾于 1955—1956 年间离职去亚瑟·安达信会计公司工作,并于 1960—1963 年间再次离职去出任美国注册会计师协会(AICPA)会计研究部的主任。1963 年,他回到加利福尼亚大学伯克利分校。在 1963—1966 年任职工商管理研究生院期间,他还担任会计原则委员会(Accounting Principles Board,简称 APB)的委员。1966 年 9 月,他再次离开加利福尼亚大学伯克利分校,并于之后两年时间担任新成立的香港中文大学岭南工商管理学院首任院长。随后的 1968 年夏天,穆尼兹作为厄尔斯金学者访问了位于新西兰基督城的坎特伯雷大学,并且访问了位于达尼丁的奥塔哥大学、惠灵顿的维多利亚大学和奥克兰大学。在回美国的途中,他还参观澳大利亚的墨尔本和悉尼,并在这两个城市发表了关于他新近感兴趣问题的演讲——“为什么达成一套一致认可的会计准则如此困难?”

1968 年,他返回加利福尼亚大学伯克利分校任教,一直到 1978 年 7 月 1 日退休。

1934 年,穆尼兹与露丝·海伦·鲁宾(Ruth Helen Lubin)结婚,他们育有 3 个孩子。1957 年,穆尼兹与第一任妻子离婚。1959 年,他与李·瑟音斯娅·丹尼尔斯(Lee Cynthia Daniels)再婚。穆尼兹最主要的爱好是音乐,他大约从 10 岁的时候就开始拉小提琴。在他的一生中,他与萨克拉门托、伯克利、香港、加利福尼亚、纽约等地许多管弦乐队以及室内乐队一起演奏过小提琴。

## 二、理论与实务的主要贡献

穆尼兹在会计职业组织方面很活跃。1958 年,他担任美国会计学会(AAA)的副会长,且在 1978—1979 年间再任 AAA 的副会长;1951—1957 年间,他是 AAA 的概念与标准委员会的成员,且是改组后的会计理论委员会(1958—1959)主席。他曾在加利福尼亚注册会计师协会的东海湾分会担任过多种职务,包括财务主管(1969—1970)、副主席(1970—1971)和主席(1971—1972)。

穆尼兹对民众公益事务方面亦很热心。1959—1960 年间,他是《加利福尼亚管理评论》的编辑;1944—1945 年间,他是加利福尼亚州门罗帕克市计划委员会的成员;1942—1944 年间,他是门罗帕克市地面侦察部队的成员,为西部空军司令部观察飞行目标。他热衷于伯克利的 Beth El 宗教集会 (Congregation Beth El) 事务,并在 1951—1957 年,担当它的董事会成员,其间于 1952—1953 年任主席。他还是香港大学(1967—1970)和香港中文大学(1970—1978)的校外考评员。

穆尼兹是一位在会计理论研究领域里建树颇多的学者,他曾发表了大量的著作和专题论文。穆尼兹的主要著作包括:《合并报表的主体理论》(*The Entity Theory of Consolidated Statements*,1944);《论会计基本假设》(*The Basic Postulates of Accounting*,1961);与1994年会计名人堂成员罗伯特·托马斯·斯普劳斯(Robert Thomas Sprouse)合著的《论企业广泛适用的会计原则》(*A Tentative Set of Broad Accounting Principles for Business Enterprises*,1962);《会计职业界就会计准则达成一致意见》(*Obtaining Agreement on Standards in the Accounting Profession*,1974),等等。上述这些出版物被翻译成日文等语种出版,并在全球传播。穆尼兹也主著或主编了多部重要理论文献,主要包括:两卷本中级会计系列丛书——《会计:问题分析》(*Accounting: An Analysis of its Problems*)和两次修订版(与C. C. Staehling合作,1952;与Louis Jorden合作,1963—1964)在业界影响很大;1965年,他与著名会计大师阿纳尼亚斯·查尔斯·利特尔顿(Ananias Charles Littleton)合作编纂了《会计学重要论文集》(*Significant Accounting Essays*)。他还主持编辑了《公共会计:1980》(*Public Accounting*,1971)和《促进会计思想发展的三大事件》(*Three Contributions to the Development of Accounting Thought*,1978);作为一个责任编辑,他对1943年和1956年版的《会计师手册》(*the Accountants' Handbook*)贡献也很大[①]。此外,穆尼兹其他的重要文献还包括:《物价变动和财务报告》(*Changing Prices and Financial Reporting*,1973);与瑞德·K·斯托瑞(Reed K. Storey)合著的《联营股票投资的市场价值法》(*Market Value Methods for Intercorporate Investments in Stock*,1976);与Edward Stamp合著的《国际审计准则》(*International Auditing Standards*,1978)等。

1933年,穆尼兹被选为全美优等大学生荣誉协会(Phi Beta Kappa)的会员,并是该会伯克利地区1957—1959年间的主席;他也是Beta Gamma Sigma的会员,并于1974—1975年间被选为Beta Gamma Sigma杰出学者奖;1975年,他获得Alpha Kappa Psi会计奖;1976年,他获得加利福尼亚州注册会计师教育研究基金杰出教授奖;1978年,加利福尼亚大学伯克利分校授予他柏克利奖;1985年,他获得了美国会计学会颁发的杰出会计教育奖。

---

① W·A·佩顿(W. A. Paton)主编的《会计手册》(*Accountants' Handbook*)第1版由The Ronald Press Company于1922年正式出版,同时出版的还有罗伯特·希斯特·蒙哥马利(Robert Hiester Montgomery)主编的《财务管理手册》(*Financial Handbook*)和L. P. Alfordy主编的《制造成本手册》(*Cost and Production Handbook*),共3本工具书。该3本手册后在美国由著名学者不断修订并多次再版。

## 三、主要论著简析

### (一)《论会计基本假设》(1961)

穆尼兹所著的《论会计基本假设》是美国注册会计师协会(AICPA)于1961年以AICPA的名义发表的第1号会计研究公报(*An Accounting Research Study*,*ARS No*.1)。根据AICPA理事会的指示和项目研究专门委员会的看法,穆尼兹采纳了“会计假设是一系列基本假定,作为会计原则制定的基础,在所有的会计基本概念中,假设特别由环境决定的少数基本假设应是财务会计理论体系的起点”的研究思路。《论会计基本假设》共设6章:第1~3章(产生A类假设)是为了处理会计所存在的经济和政治环境,并提出会计的定义;第4章研究补充假设;第5章研究相关命题;第6章为总结。穆尼兹提出,会计职能由5个方面所组成:(1)计量属于特定主体拥有的资源;(2)反映这些主体内的债务和权益;(3)计量那些资源、债务和权益的变化;(4)将这些变化在特定的时间期限内分配;(5)以货币作为单位表述(计量)前述职能。以此认识为基础,《论会计基本假设》从环境、环境与会计的联系以及为保证会计信息有用而必需的(强制性)等三方面推导出3类14项基本的会计假设①。

第一类,是因经济政治环境(包括行业的思维与习惯模式)的分析及其衍生的假设(Accounting Postulates—the Environment,A类)。主要包括以下5个方面:(1)人们是在市场经济中生活,要进行经济决策,其中主要是资源配置的决策,要进行正确的决策,就需要定性和定量的信息,尤其需要严密准确的数量化信息。因此,产生假设A-1数量化(quantification)。(2)在市场经济中,绝大部分的货物和劳务在生产中是通过交换进行分配的,而不是由生产企业直接消费。因此,产生假设A-2交换(exchange)。(3)市场经济下的经济活动不可能由整个社会执行,它总是通过各个特定的单位或主体展开的,任何活动的报告都必须清楚地表明所属的特定单位或主体。因此,产生假设A-3主体包括主体的识别(entities identification of the entity)。(4)经济活动是在特定的某一时间期限内进行的,任何报告必须清楚地表明所属的时间期限。因此,产生假设A-4时期期限(time period)。(5)在市场经济中,货币是货物、劳务、包括人工和资本加以计量的共同单位。市场经济就是商品经济。任何商品的价值都不能自我表现,而必须转化为货币(即转化为以货币为计量单位的价格)。货币是价

① 主要参见葛家澍.西方财务会计理论问题探索[J].财会通讯,2005(1):6-9.

值唯一可以捉摸的存在形式。任何报告都必须清楚表明它应用的货币(如美元、法郎、英镑)。因此,产生假设 A-5 计量单位包括可识别性(unit of measure, including identification)。上面列举的 A-1 数量化、A-2 交换、A-3 主体、A-4 时期期限和 A-5 计量单位,都是直接根据会计(财务会计)所赖以存在和发展的经济、政治等环境推理的结果,实际上仅描述一些同财务会计相关的环境特点,但我们需要的是直接构成财务会计概念基础的假设,这就需要联系财务会计领域加以补充,严格地说是从 A 假设出发,联系经济、政治环境的特点,对财务会计的基本假设进行重述和补充。

第二类,是补充假设——直接具体到财务会计的假设(supplementary — the field of proposition, B 类)。主要包括以下 4 个方面:(1)市场经济中的各种经济决策要求数量化信息,而财务会计通过对交易和事项的数据处理,最后产生了一套内在联系的基本财务报表。应当说,财务报表是市场经济中(特别是在资本市场中)最有助于作出投资、信贷等决策的数量信息。因此,形成补充假设 B-1 财务报表(financial statements),这一假设是 A-1"数量化在财务会计中的体现。"(2)在商品经济中,凡是有商品生产的地方,就有商品交换。商品交换的依据主要由市场形成,经供需双方公认无损双方利益的交换价格即市场价格,公认而又公允的市场价格(特别是过去交易形成的市场价格即历史成本)应是财务会计数据和财务报表信息的计量属性。因此,形成补充假设 B-2 市场价格(market price)。穆尼兹认为,作为会计数据基础的市场价格产生于过去、现在或未来的交换,它们或是已经发生的,或是期望发生的。这一假设也同假设 A-2 交换相关联。把交换具体化为市场价格,为会计计量属性提供了基础。(3)在市场经济中,生产经营的基本单位是每一个独立经营的主体(主要指企业),经营主体理所当然地也是会计的主体,即会计处理的程序和最后的结果(财务报表)必然以各该主体为自己的对象和空间范围。会计作为一个经济信息系统,总是立足于特定的主体,如果是财务会计,其产生的财务信息,应面向市场上相关使用者如投资人、债权人等。因此,形成补充假设 B-3 主体(entities),它等于重述假设 A-3 主体。不过,在解释上,可以有所差别。前者可称为经营主体(A-3),后者则应称为会计主体。(4)根据会计所处的经济、政治环境,不确定性无所不在。然而我们必须假定每一个主体都能持续经营,在持续经营中,为了满足定期提供会计信息的需要,所以形成假设 A-4 时间期限,即会计分期。这实际上等于把企业的经营业绩(成果)在过去、现在和未来期限加以分配,形成一个短期的、有暂时性的业绩。因此,形成了并应强调的另一个假设 B-4 暂时性。它同假设 A-4 时间期限是关联的。

第三类,是必须的命题(a third set of propositions—the imperatives, C 类)。上述 A、B 两类假设虽来自财务会计所处的客观经济政治环境,并体现在财务会计的本质与特点中，但主要还是对若干基本概念的简单陈述，描述了作为财务会计的基础概念是哪些，但要使财务会计信息有用，还有一些应当如何，或必须的假设。在这里，作者实际上采用了规范的方法，认为它们是对A、B两类特别是B类假设的必要补充。这一类假设主要包括5个方面的内容：(1)首先，必须补充的假设是C-1持续性(continuity)。其实这一假设在A类时间期限前就应当陈述，它是经济活动存在不确定性下必须提出的基本假定，而且倘若没有这个假定，"时间期限"就没有必要。不论"经营的连续性"，还是"时间期限"都是环境假设的必要补充。如果有证据表明主体的寿命有限，那就不能认为该主体仍能无限期经营下去。(2)其次，一个主体的资产、负债的变化及其对收入、费用、留存收益的影响(如果有影响)，在它们能被客观计量以前，不能在账户中予以确认。这是另一个必须补充的假设C-2客观性(objectivity)。这项基本假设规定了所有会计要素进行确认的一条基本标准——可客观地被计量。(3)一个特定主体中应用的会计程序必须能恰当地计量它的(财务)状况和它的(经营)活动，而且应当在各个会计期间遵循一致的会计程序，这就产生另一个必需的补充假设C-3一致性(consistency)。(4)会计报告是以货币为计量单位，这在假设A-5中已经陈述，现在则要求所运用的货币单位必须是稳定的。就是说，必须有假设C-4稳定性(stableunit)作为会计报告的基础，实际上，C-4是A-5的必要补充。(5)会计报告的任务是传递信息，任何会计报告都应披露不致产生误导的信息。穆尼兹把这一点作为C类最后一项必需的假设C-5披露(disclosure)。这是会计报告应完成的基本任务。

### (二)《论企业广泛适用的会计原则》(1962)

穆尼兹与罗伯特·托马斯·斯普劳斯合作完成的《论企业广泛适用的会计原则》，是美国注册会计师协会(AICPA)于1962年以AICPA的名义发表的第3号会计研究公报(ARS No. 3)，它是穆尼兹以第1号研究报告——《论会计基本假设》的结论为基础，而与斯普罗斯合作完成的一项研究成果。ARS No. 3在会计假设的基础上论述了财务报表、资产、成本、折旧会计和折旧、负债、所有者权益、投入资本、留存收益、净利润、净损失、收入、费用、利得、损失等概念的定义，然后分别说明了资产的性质与计量，负债与所有者权益的性质与计量，以及利润的性质(包括收入、费用、利得和损失以及前期盈利错误更正的计量)。ARS No. 3所涉及的内容包括财务报表各要素的定义、确认与计量的全部原则，并提出了创新性的见解，其范围已经包括了20世纪70年代末至80年代中期美国财务会计准则委员会(FASB)所发布的"财务会计概念公告"(Statements on Financial Accounting Concepts，简称SFACs)的主要内容。与此同时，ARS No. 3也非常敏感地涉及当时的一般公认会计原则(Generally Accepted Accounting Principles,简称 GAAP)和会计实务中的计量惯例与规则。因此,会计原则委员会(APB)对它的关心程度显然与关心比较抽象的 ARS No. 1 不同。ARS No. 3 包括 3 个方面的主要内容:第一部分,是对财务报表及其要素给出了定义;第二部分,是提出为达到计量特定企业的资源和资源变动的正确职能而产生的广泛适用的原则;第三部分,是提出资产的正确计价(估价)和各会计期间利润的分配很大程度上是依赖于未来利益存在的估计,并且提出了 9 项基本原则[①]。

**(三)《联营股票投资的市场价值法》(1976)**

穆尼兹与瑞德·K·斯托瑞(Reed K. Storey)合著的《联营股票投资的市场价值法》一书,于 1976 年出版。本书序言中的第一句话就明确提出,作者打算解释为什么上市公司股票投资的市场价值是一个比历史成本更好的选择。作者说明了研究会着重考虑上市公司股票投资的市场价格是否普遍准确,但后来否定了这一目标,阐明研究的主要目的是分析会计方法和它运行的后果,而不是支持一种特定的方法。

该书第二章一开头,就指出了上市股票投资同其他资产投资有所不同。因为,投资者不能像投资存货、厂房设备等一样可以自己经营控制上市股票投资,同时投资需要分类,投资者需要关于被投资者财务或运营状况或市场对被投资者评价的信息。随后,作者叙述了成本法和市场价值法的异同。他们认为成本法存在报告的信息是不及时的、无规律的投资报酬率等不足,而且在成本法下管理层可能会操纵收益的确认时间。相反,采用市场价值法,可以报告现时数据(尽管不太客观),可以不依赖于销售时点来确认收入,而且报告的投资回报率是基于市场而非管理层的销售决策。采用市场价值法,存在 4 种选择:(1)把市场价值的变动作为列为当期收益,也可以分为当期已实现收益与未实现收益两部分报告;(2)市场价值的变动可以采用一个长期收益率或采用移动平均法在多期进行分摊;(3)把已实现的利得和损失作为当期收益报告,而把未实现的利得和损失作为资产负债表项目列示;(4)市场价值变动单独在新的一张独立报表上列示(净价值变动列示在损益表中或绕过损益表直接在所有者权益中列示)。除了历史成本和市场价值之外,作者还简要地介绍了 FASB 于 1975 年 12 月发布的"财务会计准则公告"(*Statements of Financial Accounting Standards*)第 12 号——《特定有价证券的会计处理》(*Accounting for Certain Marketable Securities*)中要求采用的成本与市价孰低法。总之,穆尼兹与瑞德·K·斯托瑞认为采用市场价值法,可以避免因采用成本法而可以进行盈余管理的重大缺陷。

---

① 详细内容可参见会计名人堂第 54 位名人罗伯特·托马斯·斯普罗斯的相关资料。

该书第三章针对采用市场价值法的反对意见，简单地阐述了作者的观点。实际上，当时许多企业报告市场价值已有多年，市场价值的不可靠性问题可以不予考虑。拥有大批股票的投资者可能会是一个问题，这大批股票的出售会影响股票价格。但是，现在任何持有超过20%股票的股东都要使用权益法报告或在合并报表中报告。

在第四章，作者用一个假设实例，说明了“单纯”市场价值法(把市场价值变动全部报告为当期收益)和把市场价值变动分别报告为当期已实现损益与当期未实现损益的方法。通过这一举例，作者明确地表达了这样一个观点：把市场价值变动分别报告为当期已实现损益与当期未实现损益的方法，实际上是试图强调实现原则来保留成本法的部分做法。而市价收益的真正特性是证券市场价格上升，再把这种证券区分为已售出证券(在损益表中)和继续持有证券是没有任何意义的。在资产负债表中或其他地方是很容易披露有关证券是否变现的信息的。

本书最后一章是简单地讨论了移动平均法和长期收益率法。作者回顾讨论了由威廉·亨利·比弗(William Henry Beaver)等关于市场价值法或移动平均法是不是预测持有股票投资未来可实现价值的最好方法的论文观点，指出计量可实现价值的精确计量是个实践问题，可实现价值的确定还没成为当时的主要目标。就是说，我们在实际操作运用可实现价值之前，必须先弄清楚这些概念性问题。

**(四)《会计:问题分析》(1952)**

穆尼兹所著《会计:问题分析》，是作为在研究生和高层次本科教程中的会计概念和步骤的展开表述而作。该书1952年初版时系与C·C·斯泰灵(C. C. Staehling)合作，1963—1964再版时则与路易斯·乔丹(Louis Jorden)合作。该书的特点是保留了对会计理论基础问题的强调，特别是在使会计成为思维规则而非仅仅技术应用方面有很大的贡献，但再版时是在会计理论基础上全新的内容，这一变化主要得益于于穆尼兹在任AICPA下属会计研究部主任期间的研究成果，因而新版本最显著的特征是以ARS No. 1——《论会计基本假设》和ARS No. 3——《论企业广泛适用的会计原则》的结论为基础。由于穆尼兹和研究公报的亲密联系，所以这些又可被认为是研究公报的延伸，成为每一个对会计理论的逻辑和连续系统感兴趣人士的必读书。

该书作为一本教科书，其最大贡献在于融合了理论问题和教学框架。许多教科书的作者即便站在高层次的，也趋向于把会计理论作为会计教学的附加。他们在课本的某些地方加了一到两章的理论，且在讨论其他程序时不止一次地涉及原则，但作为规则，他们没有对原则作具体的或严格的解释，或者把它们联合成一致的整体。

该书从会计理论的讨论开始，引出了关于会计理论的看法和所面临的问题，然后着手讨论会计程序。他们先讨论具体问题,然后再提出解决这些问题所选用的方法步骤。作者将所有的方法同这样一个假设联系起来,这个假设就是现代会计的主要目的——就是报告单一个体或其组合的财务状况与经济地位,这些信息可以是以一定方式提供某一时日的财务状况,或者是以这一日期为最后期间的经营情况报告,以帮助使用者决策。

由于篇幅所限,作者没有对撰著的主题作详细表述。但总体来看,作者是以逻辑顺序一步一步地来阐述他所倡导计量理论的基本概念。在他们看来,解释这些会计基本概念的程序,应当被重新估计,并说明了解释的一般程序。

本书第三部分的大多数内容均被期望列入中级课本,各个章节也专注于每一个重要项目,如应收款项、收益、损失、存货、长期项目、预付项目(包含契约)和设备工具等。在每一项目中,对现有程序的讨论都相当地清楚和具体。

在本书中,作者避免广泛使用"会计原则",除了偶尔在涉及赞成现存实务的常规争论时使用。因此,避免了由于区分他们的原则和公认原则而给读者带来的似是而非的模糊结果。在一定程度上,学生并不会比一个一般使用者更能确定一般公认原则是何物。如果因此致使学生由于模仿性思维而不敢效仿会计原则所参照的常用会计实务,则这个缺陷是不可弥补的。

总体上,作者很注意在他们所定的理论框架和他们所涉及现实实务方面的具体讨论上保持一定的均衡。因此,本书对那些喜欢深层思考会计面临理论问题的学生的专业发展有所帮助。

**参考文献**

[1] 葛家澍. 西方财务会计理论问题探索[J]. 财会通讯,2005(1):6-9.

[2] 莫里斯·穆尼兹. 杜兴强,孙丽影,译. 论基本会计假设(1961)财政部会计准则委员会编. 会计准则研究文库——会计基本假设与会计目标[M]. 大连:大连出版社,2005:96-132.

[3] Mootinz M. Annual Meeting of the American Economic Association [J]. The American Economic Review, 1951,41(2):157-165.

[4] Moonitz M, Robertt Sprouse. A Tentative Set of Broad Accounting Principles for Business Enterprises, Accounting Research Study No. 3[C]. New York: American Institute of Certified Public Accountants, 1962.

[5] Moonitz M. Can Laws Coerce Accounting [J]. Journal of Accounting Education, 1967a,5(1): 129-130.

[6] Moonitz M. Accrual Accounting for Employers' Pension Costs [J]. Journal of Accounting Edu-

cation, 1966,4(2):155-168.

[7] Moonitz M. Adaptations to Price-Level Changes [J]. The Accounting Review, 1948,23(2): 137-147.

[8] Moonitz M, L H Jordan. Accounting: Ananlysis of Its problems, Revised edition [M]. New York:Hot, Rinehart and Winston. Inc. ,1963.

[9] Moonitz M, A C Littleton. Significant accounting essays [M]. New York:Prentice-Hall, 1965.

[10] Moonitz M, C L Nelson. Recent Developments in Accounting Theory [J]. The Accounting Review, 1960,35(2):206-217.

[11] Moonitz M, E C Brown. The Annuity Method of Estimating Depreciation [J]. The Accounting Review, 1939,14(4):424-429.

[12] Moonitz M. Chambers at the American Institute of Certified Public Accountants [J]. Abacus, 1982,18(2):106-111.

[13] Moonitz M. Chambers on the Price Level Study [J]. Abacus, 1967b,3(1):55-61.

[14] Moonitz M. Functions of the Written Examination [J]. The Accounting Review, 1949,24(4): 432-435.

[15] Moonitz M. Handbook of Modern Accounting Theory [J]. The Accounting Review, 1955,30 (4):720-722.

[16] Moonitz M. Income Taxes in financial statements [J]. The Accounting Review, 1957a,32(2): 175-183.

[17] Moonitz M. International Auditing Standards [M]. London: Prentice-Hall International. Inc, 1979.

[18] Moonitz M. Inventories and the Statement of Funds [J]. The Accounting Review, 1943,18 (3):262-266.

[19] Moonitz M. Market Value Methods for Intercorporate Investments in Stock, Accounting Research Monograph No. 2[C]. New York: American Institute of Certified Public Accountants, Inc,1976.

[20] Moonitz M. The Entity Theory of Consolidated Statement [C]. Bloomington, Indiana: American Accounting Association, 1994.

[21] Moonitz M. Memorial: Carman George Bough 1895—1981 [J]. The Accounting Review, 1982,57(1):147-160.

[22] Moonitz M. Memorial: William Joseph Vatter (1905—1990) [J]. The Accounting Review, 1991,66(4):862-865.

[23] Moonitz M. Price-Level accounting and scales of measurement [J]. The Accounting Review, 1970a,45(3):465-475.

[24] Moonitz M. Reporting on the Flow of Funds [J]. The Accounting Review, 1956,31(3):

375-385.

[25] Moonitz M. Should We Discard the Income Concept [J]. The Accounting Review, 1962,37(2):175-180.

[26] Moonitz M. Specific Price Changes: A Note [J]. Journal of Accounting Education, 1965,3(2):253-254.

[27] Moonitz M. Statement Sin quotes [J]. Journal of Accountancy, 1973,136(2):64-71.

[28] Moonitz M. The Basic Postulates of Accounting, Accounting Research Monograph No. 1[C]. New York:American Institute of Certified Public Accountants, Inc,1961.

[29] Moonitz M. The entity approach to consolidated statements [J]. The Accounting Review, 1942,17(3):236-242.

[30] Moonitz M. The History of Accounting [J]. The Accounting Review, 1977,52(3):768-772.

[31] Moonitz M. The Law of Accounting and Financial Statements [J]. The Accounting Review, 1957b,32(4):175-183.

[32] Moonitz M. The Rise of the Accounting Profession, Volume One:" From Technician to Professional, 1896-1936" [J]. The Accounting Review, 1970b,45(2):391-393.

[33] Moonitz M. The Valuation of Business Capital: An Accounting Analysis, Papers and Proceedings of the Sixty-third,1961.

[34] Moonitz M. Three Contributions to the Development of Accounting Though [M]. New York: Arno Press,1978.

[35] Moonitz M. Wealth, Income, and Intangibles [J]. The Accounting Review, 1964,39(3):829-830.

[36] Moonitz M. Consolidated Financial Statements: Principles and Procedures [J]. The Accounting Review, 1950,25(4):470-471.

[37] Standards C O C. Consolidated Financial Statements: Supplementary Statement No. 7 [C]. The Accounting Review, 1955,30(2):194-197.

[38] Vatter W J, Bornemann A and M Zimering et al.. The Accounting Exchange [J]. The Accounting Review, 1946,21(1):85-99.

(初稿执笔人:白露珍)

# 马歇尔·史密斯·阿姆斯壮

## (Marshall Smith Armstrong, 1914 — 2005)

马歇尔·史密斯·阿姆斯壮(Marshall Smith Armstrong, 1914—2005)是一位杰出的会计学家和会计职业领导人,他曾任美国注册会计师协会(AICPA)的会长,也是财务会计基金会(Financial Accounting Foundation,简称 FAF)的创始人之一,并曾任美国财务会计准则委员会(Financial Accounting Standards Board,简称 FASB)的第一任主席。他具有丰富的会计学识和管理能力,由他任命的惠特委员会(Wheet Committee)以及特鲁布拉德委员会(Trueblood Committee)对现代会计准则的发展具有重要的影响[①]。由于其为美国会计的发展和会计准则的制定做出了杰出的贡献,成为1980 年唯一一位被选入美国会计名人堂的会计大师。

## 一、个人简要生平

1914 年 6 月 13 日,阿姆斯壮(见图 40)出生于美国印第安纳州的首府印第安纳波利斯,他的父亲名为威廉·A·史密斯·阿姆斯壮(William A. Smith Armstrong),母亲名为 L·芬·史密斯·阿姆斯壮(L. Fern Smith Armstrong)。阿姆斯壮在歇尔比附近的社区长大,在那里,他完成了初等教育和中等教育,于 1932 年毕业于歇尔比高中。阿姆斯壮在高中乐队中演奏萨克斯管,同时他在高中的撑竿跳纪录保持了许多年。

**图 40 马歇尔·史密斯·阿姆斯壮**

阿姆斯壮具有比较复杂的学习经历。1937—1945 年,在印

① 特鲁布拉德委员会(主席 Robert Martin Trueblood 的名字命名,特鲁布拉德曾任协会会长),其目的是确定会计报表的目标;惠特委员会(主席 Francis M. Wheat 的名字命名,惠特曾任美国证券交易管理委员会委员),其目的是研究 FASB 的架构。

第安纳大学读夜校，1945—1946 年，在巴特勒大学上夜校，但都没有达到获得学位的要求；1975 年，他被波尔州立大学和印第安纳大学授予荣誉法学博士学位；1985 年巴特勒大学授予工商管理荣誉博士学位。在 1945—1955 年，阿姆斯壮在印第安纳大学讲授了 10 年会计学课程；1978—1982 年在巴特勒大学做会计学客座教授。

在其职业生涯期间，阿姆斯壮一直与印第安纳大学保持密切联系并做出了自己的贡献：1954—1955 年，任高级管理课程项目主席；1956—1957 年，任管理学院的咨询委员会委员；1974—1977 年，任商学院院长咨询委员会委员；1974 年，他被推选为印第安纳大学杰出校友。

阿姆斯壮于 1932 年高中毕业时，面临着当时美国最黯淡的经济前景。大萧条早期的 1933 年，他的第一份工作是做一名真空吸尘器推销员。然而，在一整年里，他只售出了一台真空吸尘器，并且卖给了一个无法付给他钱的顾客。后来，阿姆斯壮回忆到这件事曾戏言道，这是他的第一次"坏账准备"经历。由于清洁器企业使他希望渺茫，他去做了皮鞋推销员，一年之后，他进入了人寿保险业。到 1935 年 8 月，阿姆斯壮已经学到了不少东西且有了一定声望，然而他觉得自己仅仅是一个穿着晚礼服来回奔波收取保险费的保险代理人，因此他发现人寿保险行业并不是他最好的人生选择。高中毕业后的阿姆斯壮，还始终保持着对音乐和舞蹈的兴趣。他必须长期穿着晚礼服，只有那样，他才能直接从收保费的途中赶到乐队表演的地方准备演奏音乐。

1935 年 8 月，阿姆斯壮的一个朋友约他一起在印第安纳州伊伍德的鞋店工作。阿姆斯壮和他的朋友在那里待了几个月，然后他决定在谢尔比开一家分店，他是那家分店的经理和唯一员工。在鞋店经营的 60 天内，他只卖出了两双鞋、三双家用拖鞋，还丢了他从一位朋友处借来的鞋刷。两个月之后，鞋店关门了，他经历了人生中的第一次失业。这种失业状况持续了两周，尔后他找到了一份印第安纳州哥伦布公用事业公司做门卫的工作。后来，他从门卫的位置上调到了会计部门，就是在那时，他才开始对会计知识感兴趣，由于找准了自己的位置，他即不断获得晋升机会且做到了会计部门负责人的岗位。

1942 年，他离开公用事业会计领域，成为 Geo S. Olive Co. 会计师事务所的一名职员。1946 年，他在印第安纳州成为一名注册会计师，并于 1947 年成为这个会计师事务所的合伙人之一，1970 年成为执行合伙人，在这个位置上他一直工作到 1972 年 11 月 1 日，即他成为美国财务会计准则委员会主席任命生效的那一天，从此开始了在美国注册会计师协会办公室的工作。阿姆斯壮是财务会计基金会（Financial Accounting Foundation，简称 FAF）的创始人之一，FAF 是 FASB 的上级机构。当阿姆斯壮于 1977 年 12 月 31 日从 FASB 主席的位置上离任时，他留下了一个拥有超过

100 名成员的有效组织。1978—1979 年间,他担任 FAF 的顾问。

1939 年 9 月 24 日,阿姆斯壮和马乔里·L·汤普森(Marjorie L. Thompson)结婚,他夫人于 2000 年 5 月 28 日先于他去世。他们育有 3 个孩子。阿姆斯壮的业余爱好主要包括高尔夫、钓鱼、划船和音乐,以及与孙辈逗乐。年轻时曾想成为一名职业音乐人未能如愿,但他演奏的萨克斯十分专业。2005 年 10 月 23 日,阿姆斯壮在他家庭成员的环绕下,于印第安纳波利斯的文森特救济院去世,终年 91 岁。

## 二、理论与实务的主要贡献

阿姆斯壮一生主要从事会计实务工作与会计职业组织的领导工作,他对会计的贡献主要集中在他在会计职业组织的工作方面。

阿姆斯壮曾活跃于美国注册会计师协会并卓有成效。1957—1962 年,是审计程序委员会的成员;1962—1963 年,是实务审查委员会的成员;1962 年,他还担任过对公司股东权益开展调查研究的项目咨询委员会的主席,以及在证券交易委员会注册的地方区域性事务所的置换问题研究委员会主席;1963—1969 年间,他服务于会计原则委员会;1970—1972 年,他是 AICPA 董事会成员之一;1969—1970 年,担任 AICPA 副会长;1970—1971 年,担任 AICPA 会长,并且是 AICPA 理事会的终身成员。在担任 AICPA 会长期间,他任命了弗兰西斯· M·惠特(Francis M. Wheat)为首的"会计原则制定研究委员会"(又称惠特委员会)和以罗伯特·马丁·特鲁布拉德(Robert Martin Trueblood)为主席的特鲁布拉德委员会。惠特委员会的研究成果是形成后来美国财务会计准则制定机构的基本组织架构,即建议组建一个新的准则委员会,这个新委员会中的所有成员是专职的和完全独立的,这个新委员会就是后来的美国财务会计准则委员会(FASB)。特鲁布拉德委员会则评估财务报表的目标以及达成这些目标所涉及的技术问题,后来指出了财务报告的目标,构成了 FASB 于 1978 年发布的第 1 号"财务会计概念公告"——《企业财务报告的目标》的基础。

阿姆斯壮也服务于其他会计职业团体。1960 年,他帮助组建了属于地方和地区性事务所的自愿性团体自组织,即美国会计师事务所联盟,并担任第一任管理委员会主席(1960—1963)。阿姆斯壮还曾在印第安注册会计师协会担任过多种职务,包括副会长(1960—1961)、会长(1961—1962)以及多个委员会成员(1960—1962)和教育基金理事会理事。

阿姆斯壮参与了大量的市政和社区事务。主要包括:1969—1972 年,任印第安纳波利斯市圣弗兰西斯医院的咨询委员会委员;1973—1981 年,任宾夕法尼亚大学附属沃顿商学院督导委员会委员；1974 年，任加利福尼亚大学证券法研究所咨询委员会委员；1978—1985 年，任 J·C·佩尼公司(J. C. Penney Company, Inc.)董事，等等。

阿姆斯壮曾获得多种职业荣誉。他是 Bete Alpha Psi、Beta Gamma Sigma 的荣誉成员；1973 年，他获得纽约市 Beta Gamma Sigma 奖；1975 年，他获得了哈特福德大学会计职业研究中心颁发的杰出贡献奖；1977 年，他获美国注册会计师协会的最高荣誉——美国注册会计师金质奖章，标志着他对这个职业的忠诚再一次得到同行的认可。

## 三、主要论著简析

阿姆斯壮是 1981 年出版的《会计与审计手册》(*Handbook of Accounting and Auditing*)的主要撰稿人，他亦曾多次为职业团体演讲，并为专业刊物写了不少文章，其学术观点产生了较大的影响。

影响较大的论文主要有：(1)"有关实质性权威支持的一些思考"(*Some Thoughts on Substantial Authoritative Support*)。该文发表于 1969 年 4 月的《会计杂志》(*Journal of Accountancy*)，其目的主要是分析执业界是否需要特别定义权威性支持，或者只需要提出指南以帮助执业事务人员或财务经理为应用会计准则提供足够的支持。阿姆斯壮认为，根据会计实务研究条款的实质性权威支持，提出用证物支持职业判断对注册会计师来说十分重要。通常情况下，公司的会计主管采纳会计原则并实际运用在他的公司中，但他必须查阅权威性的资料为他的会计决策找到支持。例如，美国注册会计师协会理事会的决策，就会影响所有成员的行为并且影响到许多商业部门和财务团体，协会成员也被要求注意在财务报表附注中或在 AICPA 成员的审计报告中揭示出与 APB 意见相违背的事项。(2)"FASB 的工作与业绩"(*The Work and Workings of the Financial Accounting Standards Board*)。该文谈到为整个经济社会确立会计标准的重要性，以衬托出会计职业的重要性，以提供会计报表使用者需要的信息。(3)"70 年代的审计员"(*An Auditor for the Seventies*)。本文研究美国会计实务中的内部审计问题、1974 年的雇员退休收入保障法案的实施，以及推广会计师服务方面的问题。

影响较大的演讲主要有：(1) "APB 在公众中的形象：会计哲学家"(*Public Image of the APB: the Philosophers of Accounting*)，这是他于 1970 年 6 月 26 日在弗吉尼亚注册会计师协会春季会议上所作的演讲。演讲中分析了 APB 在美国公众中的形象及其所面临的挑战。阿姆斯壮指出，我们生活在一个急剧变化的时代，技术和社会条件也不断发展,所以,规则或标准也不断受到挑战。我们会计职业要保持繁荣发展,就必须勇敢地适应这种挑战。(2)"需要帮助",这是他于 1974 年在 AAA 地区性会议所做的演讲。在这次演讲中,他呼吁所有的会计学教授来帮助和支持 FASB。FASB 在会计缺陷的解决上被过度吹嘘,以至于 FASB 的批评者难以理解 FASB 达到正常运作模式需要数月甚至数年的时间。甚至在 FASB 开始运作之前,他的压力已经来了。在攻击与压力之下,FASB 比此前的 APB 处在一个更弱的地位。拥有 18 名成员的 APB 是拥有 95 000 名成员的 AICPA 的组成部分。即使这样,它也无法应付周围的政治环境以至于无法生存,而 FASB 并不拥有同样的支持者,面临着更困难的政治形势。(3)"FASB 与新涌现的实践问题"(*The FASB and Emerging Practice Problems*),这是他于 1975 年 5 月 14 日在美国科罗拉多州斯普林举行的 AICPA 委员会会议所作的演讲。他回顾了准则制定的历史进程,探讨了 FASB 是时发布的第 5 号"财务会计准则公报"(*Statements of Financial Accounting Standards*)——《或有事项的会计处理》(*SFAS No1 Accounting for Contingencies*)并展示了他对委员会其他议程的总体看法,包括进一步研究会计与报告的概念框架。(4)"会计准则制定中的政治学"(*The Politics of Establishing Accounting Standards*),这是他于 1976 年 1 月 16 日在加利福尼亚圣地尔哥举行的证券规章协会第三次年会上所作的演讲。他在这次演讲中提出,会计像法律一样是一种艺术,不易于受到理科所能使用的有效性实际测试的影响。会计与恒定定律和自然定律不同的是,会计是公认的、一致同意的且能证实的约定。

**参考文献**


[1] 葛家澍,林志军.现代西方会计理论[M].厦门:厦门大学出版社,2001.

[2] FASB. News Report [J]. Journal of Accountancy, 1976,142(5):7-36.

[3] FASB. Statements on leases, inflation delayed [J]. Journal of Accountancy, 1976,141(1):12-14.

[4] http://boards.ancestry.com/mbexec/msg/an/kQB.2ACIB/3286, 2005-10-15.

[5] http://fisher.osu.edu/acctmis/hall/members/armstrong/index.html, 2005-10-15.

[6] John R and Linden. The FASB at age three [J]. Journal of Accountancy, 1976,142(2):75-81.

[7] Lee J Seidler. The FASB: Few Visible Means of Support [J]. Harvard Business Review, 1974,52(1):8.

[8] Marshall S Armstrong, Michael K Lowry. An Auditor for the Seventies [J]. Journal of Accountancy, 1976,141(4):57-64.

[9] Marshall S Armstrong, Robert I Dickey. Accounting Theory (Book Review) [J]. Journal of Accountancy, 1966,122(1):87-88.

[10] Marshall S Armstrong. Political Pressure Affecting FASB's Operation:Armstrong [J]. Journal of Accountancy, 1976,141(3):26.

[11] Marshall S Armstrong. The Politics of Establishing Accounting Standards [J]. Journal of Accountancy, 1977,143(2):76-79.

[12] Marshall S Armstrong. The Work and Workings of the Financial Accounting Standards Board [J]. Business Lawyer, 1974,29(2):145.

[13] Marshall S Armstrong. Some Thoughts on Substantial Authoritative Support [J]. Journal of Accountancy, 1969,128(2):44-50.

[14] Marshall S Armstrong. Public image of APB: Philosophers of Accounting [J]. Journal of Accountancy, 1970,130(3):67-76.

[15] Marshall S Armstrong. The FASB and Emerging Practice Problems [J]. Journal of Accountancy, 1975,140(1):63.

[16] Richard P, Brief, Owen Joel. The Role of the Accountant in Investment Analysis [J]. Financial Analysts Journal, 1975,31(1):52-56.

[17] Stevevs Roy. Profile of the President: Marshall S. Armstrong Takes Office [J]. Journal of Accountancy, 1970,130(4):32-34.

（初稿执笔人：张璟霖）

# 埃尔默·博伊德·斯达茨

## (Elmer Boyd Staats, 1914 — )

埃尔默·博伊德·斯达茨(Elmer Boyd Staats)(1914— )既是一位著名的经济学者,也是一位经验丰富的行政官员,曾担任过美国预算局局长助理、美国会计总署(U. S. General Accounting Office,简称 GAO)的第一到第五任审计长(Comptroller General)①。他多年从事公共服务事业,为美国公共会计事业做出了很大的贡献,是1981 年唯一一位选入美国会计名人堂的会计大师。

## 一、个人简要生平

图 41 埃尔默·博伊德·斯达茨

1914 年 6 月 6 日,斯达茨(见图 41)出生在美国堪萨斯州富田市一个普通家庭,其父亲名为威斯利·佛斯特(Wesley Forrest),母亲名为米达·古德渥·斯达茨(Maude Goodall Staats)。

1931 年,斯达茨毕业于西而维亚中学,由于其优秀表现,被安排

① 根据美国国会于 1921 年通过《预算和会计法案》(*The Budget and Accounting Act of* 1921),美国会计总署(General Accountability Office,简称 GAO)正式成立,但国内也将其翻译成"美国审计总署"。"美国会计总署"为一政府审计机关,是隶属美国国会四大辅助机构之一。其他 3 个分别为国会研究服务处(Congressional Research Service)、国会预算处(Congressional Budget Office)、国会科技评鉴处(Office of Technological Assessment)。我国若干学者在翻译此一审计机关的正式名称时,参照我国审计署之名称,径译美国审计总署。其实此一名称以"会计总署"命名有其尊重历史传统的原因存在。1921 年成立美国会计总署之后,国会议员多次拟更名为"美国审计总署"(U. S. General Auditing Office)皆未成功,其原因即在多数国会议员意在保有其历史的传统。我们尊重此一机关的特殊意义,在译名时仍依美国传统而径称"美国会计总署"(参见曹俊汉. 2000. 迈向评估审计的新纪元:美国会计总署结构与功能的研究. 欧美研究. 第三十卷第四期,185)。2004 年 7 月 7 日,GAO 根据国会通过的《GAO 人力资源改革法案》(*GAO Human Capital Reform Act of* 2004)更名为政府责任署(Government Accountability Office,简称依旧为 GAO,但内涵已经发生了根本性的变化)。[2008-09-01]. http://www. gao. gov/about/namechange. html.

在毕业典礼上作为毕业生代表致告别辞。1935年,斯达茨毕业于麦克弗森大学并获得学士学位。1936年,斯达茨继续在堪萨斯大学学习深造,1年后获得硕士学位。从堪萨斯大学毕业后,他花了整个夏天在堪萨斯托皮卡立法委员会从事助理研究员的工作。两年之后,他转到芝加哥公共事务管理服务部门工作。1938年年底,他来到华盛顿特区,加盟美国智库布鲁金斯研究所并成为其中一名志愿者。1年后,他进入预算局(The Bureau of the Budget,1975年改称预算事务管理局)工作,这是他从事政府部门服务工作的开端。

1940年9月14日,斯达茨与Margaret Shaw Rich喜结连理,婚后他们育有3个孩子。在业余时间,斯达茨热衷于打高尔夫球、园艺和摄影。

## 二、理论与实务的主要贡献

### (一)创新美国审计体系

在美国的国家审计体系建设上,斯达茨厥功至伟。他于1966年担任美国会计总署(GAO)的审计长时,会计总署的主要功能是在政务审计中的个案发票审计,目的在确认政府经费的合法性评鉴,但他上任后,将重点转移到项目结果评审(review of program result)、项目效能评估(evaluation of program effectiveness)等一系列的计划评估上,亦即迈入政策评估的时代。斯达茨长达15年的任期在1981年3月3日结束。在他任期内会计总署有相当大的改变。最明显的改变在于会计总署的工作性质转变为项目评估,以及不断出现的有待处理的国内外问题。

斯达茨上任之后的首要工作,就是让会计总署的工作更能直接地符合国会的需求,并且自我调适,以使政府施政方案及政策得到改变。他同时也希望会计总署能在和其他机关相互合作之下,强化其国内的审计和调查能力,借此以改善财政管理的工作。斯达茨在担任审计长15年的期间(1966—1981),他不但将适用于行政部门决策分析途径中的计划、项目、预算制度(planning, programming and budgeting system,简称PPBS)引进了会计总署,用以监督联邦政府的各项计划。而且在工作方向上,使会计总署朝着科技整合的道路上发展,以管理考评、政策评估等方法,注入国会用在行政部门层出不穷的各种复杂性的施政问题上,并提供研究报告。这种施政计划的评估取向,确立了会计总署努力的新方向①。斯达茨不但是一位相当有

① 此部分关于斯达茨的理论与实务贡献的资料主要参考:曹俊汉.迈向评估审计的新纪元:美国会计总署结构与功能的研究[J/OL].欧美研究,2000,26(3):185-286.[2008-08-06].http://www.ea.sinica.edu.tw/euramerica.

名的经济学者，而且也是一位行政经验丰富的行政人员。他曾在前4位总统任内担任过预算局的副局长与局长助理，前后服务公职达30年之久。这一经历使他对会计与审计之间的关系，以及其差异有明确的认识。这也与他能够把会计总署建立成以评估为导向的审计体系有密切的关系。在他的任期内，美国审计体系收到了全面改革的效果。由于在其任期内，施政范围的涵盖面非常广泛，主要贡献可概括为如下5个主要方面。

第一，是建立国防契约审计的原则。斯达茨上任之后，为解决因哈利菲尔德听证会(Holifield Hearings)所引发对会计总署角色扮演的争议，便立即处理有关国防契约审计的事务。他选择将重心放在《诚实谈判法案》(*Truth in Negotiations Act*)的推行上，这个法案要求在投标活动中，投标人有义务向政府机构提供准确的、现行和完整的成本或价格数据，使政府机构做出公平的决策。法案的目的明确指出：如果政府与承包商依据诚信原则谈判，且在交易过程中能得到确切的资料，将不会产生过度报价的情况。就斯达茨而言，伴随着这条法案的推行，以及对采买过程的监督，往后会计总署就不必再对国防契约作严格的审计了。

第二，是确立评估为导向的审计体系。1970年通过《立法重组法》(*Legislative Reorganization Act of 1970*)，确立会计总署可从事项目评估的工作。而1974年通过的《国会预算与保留管制法》(*Congressional Budget and Impoundment Control Act of 1974*)，则进一步扩大了会计总署项目评估的角色。该法要求会计总署对现有的项目进行检视与评估，并且协助对授权项目的执行目标与最终目的加以陈述，并对现行的项目探索出一套评估和报告的方法。这个法案也授权会计总署得以聘雇外部的专家协助从事项目评估的工作，并授权审计长得以设置一个项目评审与评估办公室，而后发展成所谓的项目分析处(Program Analysis Division，简称PAD)。这项法案明确指出国会对会计总署计划评估工作的大力支持，并且形成一种强制规定以扩展它的适用。显然，这一发展正与斯达茨的理念不谋而合。

第三，是构建财务管理的审计制度。其主要工作有5个方面：(1)会计系统的建立。1969年10月，斯达茨指出：会计总署不再对会计体系的运作仅做批准的工作，而且要付出较多的力量从事评鉴工作。为了这个目标，会计总署的政策及特别研究办公室开始发展会计制度的原则和标准，并和行政机关结合，共同进行研究，发展出一套体系，设计合乎会计原则和标准的报告书的格式，以建立会计体系的准则。本质上，会计与审计两个体系的良性运作是斯达茨对会计体系改革的基本理念。(2)联合财务管理改善计划。斯达茨较其前任审计长更注意与行政机关合作推动联合财务管理改善计划。1966年，他和财政部及预算局中的重要官员商谈，如何恢复这个计划的施行。而林顿·B·约翰逊(Lyndon B. Johnson)总统也公开支持审计与行政机构合作计划的恢复施行,并要求各机关首长相互合作。在斯达茨的带领下,联合财务管理改善计划开始了新的计划纲领,并且从事组织改革以加强其工作能力。1969年,联合财务管理改善计划下的决策委员会任命一位行政秘书,负责监督每天的工作,并且和行政部门保持联络,以便提示工作重点。联合财务管理改善计划在组织上的强化,反映出会计总署和其他机关对这项计划的强烈支持。(3)建立联邦与地方政府审计作业规范。自1960年起,各州和地方政府所获得的联邦补助金渐趋普遍,且在使用上呈多目标走向。联邦政府因而发现很难对这些支出作完全而精密的审计工作。到了20世纪60年代末期,很明显地需要一个适用于各级政府的审计标准。1970年,会计总署在专案小组的协助之下,开始发展一套配合这种需求的统一标准,最终在1972年由会计总署出版了《黄皮书》(*Yellow Book*),其中规定了政府组织、计划、行动和运作的审计标准。《黄皮书》规定的标准可适用于所有层级的政府组织。比起以往的审计规范,这一审计标准更强调对法令适用程度的评估,检视资源使用的效率和经济性,并且评估项目目标的是否达成。《黄皮书》不论在国内还是在国际间都很快地被接受。1984年通过的《单一审计法》(*Single Audit Act of 1984*)更要求审计人员在对州政府和地方政府作审计时,必须按照《黄皮书》中的标准执行。另外一项立法,则要求联邦检察总长必须采用《黄皮书》中的标准,对联邦政府的组织、计划、行动和运作加以审计。(4)倡导并推动成立国际审计组织。斯达茨在任内也积极推进了审计国际化。1968年,会计总署开始参与最高审计机关国际组织(International Organization of Supreme of Audit Institutes,简称INTOSAI)的活动。国际组织设立的目的是,通过国际交流,改善对政府绩效的评估,强化政府机关的财政管理,确保法律和命令的合宜性。这个组织在1953年首次于古巴举行例行性的会议,1968年斯达茨参与了在东京举行的第六次会议,由此美国会计总署开始参与INTOSAI的事务。1971年于蒙特利尔举行的第七次会议中,斯达茨首先发起讨论审计工作的性质。当年INTOSAI开会的主要目的是为了发行《政府审计的国际季刊》(*International Journal of Government Auditing*),由会计总署负责编辑和发行的工作。1979年,斯达茨开始一项审计人员的培训计划,让INTOSAI的会员国可以将本国的审计人员送到会计总署来受训,获取新的评估方法和实际经验。到了1991年,共有来自16国的176人完成这项计划。

第四,是进行审计行政体系的改革。由于持续地强调项目评估,使得斯达茨对会计总署做了结构上的改革。最明显的改革开始于他上任的6年之后。在斯达茨持续不断的组织重组之下,当1981年3月其任期届满之际,会计总署的组织结构与他刚就任之际已大不相同。项目评估和政策分析已成为会计总署的工作重点。当斯达茨离职时，会计总署共有 11 个分部和 15 个地区办公室，并且在法兰克福、檀香山和巴拿马市设有海外办公室。除了原先的副审计长一职外，还增设了 3 位助理审计长，专职行政、政策和策划以及项目评估的工作。斯达茨卸任审计长一职时，美国会计总署的组织与功能更为完整。

此外，在行政结构与功能的强化上，斯达茨也作了不少的贡献，以下 6 项是较具成就的项目：(1)人员征补与培训。斯达茨十分重视人员的征补和培训。在 20 世纪 60 年代年代初期，会计总署的专门人才几乎都以会计工作的背景为主要征选对象，但是从 1967 年开始，会计总署便从不同的领域中开始征用人才，所以到了 1977 年只剩 60%的人有会计和审计的背景。透过大学毕业生的选用及专门人才的培训，也反映出会计总署所面临的问题的多样性。(2)建立平等就业机会。在 1966 年之前，会计总署中的专业管理人员绝大多数是白人男性，女性及少数民族仅在交通运输部门中担任雇员。1966 年斯达茨开始在会计总署中施行平等就业机会计划，目的是增加少数民族和女性在专业职务上的就业机会。但这项工作进展十分缓慢，1973 年开始有许多黑人团体指责会计总署种族歧视，到 1981 年，会计总署才同意拿出 420 万美元来补贴这些人。总之，斯达茨在任内的确对这个平等就业机会计划认真地执行了。(3)使用咨询顾问小组。为了应付职务扩张，斯达茨广泛地使用咨询人员，并将他们分成两个小组。1966 年他建立了审计长咨询小组，包含了政府机关人员、专业会计师及私人企业员工等约 30 人。另外，也延续 1955 年坎贝尔(Campbell)设立的教育咨询小组，和学术界及专门的会计人员代表一同开会。在这些专门咨询人员的协助下，会计总署得以处理更广泛的问题。(4)建立组织结构的新规范，注重枢纽工作点与团队合作。斯达茨特别关注的是，会计总署应如何去组织和完成它的工作。这样的关注引发了各主要局处的重组，并且创设了领导处和指派各局处特定的议题领域。广义而言，领导处和议题领域的施行都有助于增加对联邦计划的评估。故当 1975 年宣布采取领导处这一措施时，斯达茨认为其目标在于改善会计总署内部各单位间的沟通，不同的局处和办公室间采用专家的意见，并且赋予各个局处对其政府将施行的计划预先作策划的责任。而 20 世纪 70 年代末期采用的团队途径，主要的观念来自于 1977 年设立的会计总署效能改进专案小组。团队途径被设计用来减少会计总署处理问题上的僵化，并尝试去解决会计总署面临工作进度落后的问题。但在实际运用这个途径过后，才发现它并不实用，所以没多久便被搁置不用了。(5)成立越南工作站。在 1964 年美国加入越战之后，大量的军事补给，物资、人力上的需求，使得会计总署的工作量更加膨胀。会计总署为了有效监督国防部在越战的支出，不仅在西贡成立了 30 人的常设办事处，就地督导；有时也因为人员的不足，还抽调人员增援。所以，会计总署在越南的工作不但实际介入战争的行为上，而且还扩充到人员的补给与物资的供给等有关的问题。似乎与越战有关的问题都在会计总署的工作范围内，甚至难民问题也包括其中。(6)推行政治献金的审计。

第五，是引导审计改革相关法案的制定。其中主要有3个方面：(1)1974年与1980年的《会计总署法》(*GAO Act of 1974*)。在斯达茨最后10年的任期里，国会通过了几项影响会计总署工作和组织的法案，特别是在1974年和1980年通过的《会计总署法》，更确立了会计总署作为辅佐国会机构的角色。1974年《会计总署法》的第二条规定，将以往会计总署对交通运输发票的审计工作移交出去，另外也减轻了会计总署对国营企业和其他事项的审计工作。而1980的法律则保有1974年法律中原有的某些条款外，主要是建立了会计总署对记录取得的一般程序。(2)1980年《会计总署人事法》(*GAO Personnel Act of 1980*)。(3)国会预算与保留管制法。

## (二) 积极服务于政府公共事务管理领域

从20世纪30年代末期开始，斯达茨经历了近40年的政府公共事务服务工作。1939—1943年，他在预算局公共管理部门工作；1943—1947年，被调到战时事务部门(1945—1947年间任主任)；第二次世界大战以后，美国经济日显萧条，1945—1947年、1949—1950年间，斯达茨先后协助富兰克林·德拉诺·罗斯福(Franklin Delano Roosevelt)和哈利·S·杜鲁门(Harry S. Truman)总统工作，将美国经济从战时转向和平时期的生产上来，使美国经济得以复苏；1947年，斯达茨任预算局副局长助理，很快被提拔到副局长，负责立法审计，协助杜鲁门总统及白宫议员修订立法程序；1949年，斯达茨任执行副局长；1950年，斯达茨被杜鲁门总统任命为预算局代理局长并总管局内一切事务，他在这个岗位上一直工作到1953年。

1953年后的大部分时间，斯达茨在马歇尔公司从事研究工作。1954年，德怀特·戴维·艾森豪威尔(Dwightd David Eisenhower)总统指派他到国家安全委员会工作，负责协调美国外交政策在国外的执行。1958年，他又回到预算局，再次担任副局长(1958—1959)。1959年3月，斯达茨被艾森豪威尔总统再次任命为常务副局长(1959—1961)。在肯尼迪总统和约翰逊总统执政期间，他仍然担任这一职务。1966年，他还被约翰逊总统任命为美国会计总署审计长。

在任审计长的同时，斯达茨在政府部门出任多种公职：1967—1968年，任总统预算概念委员会成员；1971—1973年，任政府采购委员会成员；1976—1978年，任联邦文书工作委员会成员；1976—1979年，任财政部联邦合并财务报表咨询委员会成员；1979—1980年，任美国股份有限公司国家咨询委员会成员；1980—1981年，任克莱斯勒贷款担保董事会成员；1969—1981 年，任最高审计机构国际组织成员；1972—1981 年，任技术评估咨询委员会成员；1979—1980 年，任联合改进财务管理计划成员；1969—1977 年，任公共事务研究所成员，等等。

1981 年，斯达茨从审计长岗位上退休，但他的公共服务生涯并没有因此而终止，不久即成为哈利·S·杜鲁门奖学基金会会长；1983 年，被罗纳德·威尔逊·里根(Ronald Wilson Reagan)总统任命为该基金会董事，随后被选为该基金理事会主席，另外，他还是艾森豪威尔基金董事会、科尔基金理事会、乔治·C·马歇尔(George C. Marshall)基金理事会成员及亚瑟·安达信公司公共评论委员会成员；1984—1990 年，他是政府会计准则委员会成员；1990—1997 年，他是联邦会计准则咨询委员会主席。

### (三) 积极参加各种职业团体活动

1939 年，他积极协助创建了美国公共管理协会，并于 1948—1961 年间担任该协会华盛顿特区分会会长、1959—1961 年担任该会副会长、1961—1962 年担任会长；自 1966 年起，他一直是美国政治与社会科学学会执行董事会成员之一；1967 年，他成为国家公共管理学会理事，1985 年被选为该学会会长；1970—1981 年，任成本会计准则委员会的首任主席；1977—1981 年，他是财务会计准则咨询委员会成员。此外，斯达茨还是美国经济发展委员会理事，以及经济咨询局、美国管理协会、政府会计师协会等专门组织成员。

斯达茨除了担任政府公职、参加职业团体外，还一直与教育机构保持紧密联系。1941—1946 年，他分别在美国大学、乔治·华盛顿大学兼任讲师；1947—1953 年，他兼任普林斯顿大学政治系顾问委员会委员；1974—1980 年，他还担任哈佛大学的约翰·F·肯尼迪政府学院以及多所大学的巡视委员会成员。此外，他还担任麦克弗森学院(1969—1979)和美国大学(1966—1980)理事会成员。从 1981 年起，他一直是国防大学访客委员会成员。

不懈的努力与卓越的贡献给斯达茨带来了许多荣誉。他曾被选入全美优等大学生荣誉协会、Bete Alpha Psi，Beta Gamma Sigma 等荣誉组织成员，并获得 Alpha Kappa Psi 会计奖；他曾获得来自 8 所大学所授予的荣誉博士学位以及堪萨斯大学和哈佛大学职业会计研究中心授予的卓越服务奖和明尼苏达大学授予的校友成就奖；他也被国际城市管理协会、制造工程师协会、国家安全工业协会以及美国加拿大政府财务主管协会吸纳为荣誉会员；1975 年，内部审计师协会授予他个人年度奖；1980 年，他分别获得美国生产力中心授予的生产力贡献奖、评估研究协会授予的联邦执行奖，以及圣费尔南多谷工程师协会授予的年度工程师奖;1980年,他荣获美国注册会计师协会的最高荣誉——美国注册会计师金质奖;1981年,他分别获得总统市民奖、纽约荷兰社区公共服务奖、会计总署公共服务奖等奖项,同年被选入会计名人堂;1988年,国际内部审计协会授予他 Thurson 奖。

由于斯达茨在公共服务事业上的卓越成就,美国公共管理学会以斯达茨的名义设立了埃尔默·B·斯达茨终身成就奖,奖励那些终身从事公共服务和管理事业并有所成就的公共管理者。1989年,美国大学公共事务与管理学院联合会也以斯达茨的名义设立了埃尔默·B·斯达茨公共服务事业奖,奖励那些激励学生从事公共服务事业的教师。

## 三、主要论著简析

斯达茨在从事公共服务事业的同时,在会计期刊、公共管理评论等杂志上发表了多篇文章,给职业团体做过多次演讲。

主要论文有:"公共服务与公众兴趣"(*Public Service and the Public Interest*, 1988);"审查联邦政府:改革历程"(*Overhauling the Federal Government: A Reform Agenda*, 1981);"21世纪审计面临的挑战"(*Auditing as We Enter the 21st Century—What New Challenges Will Have to be Met*, 1981);"SMR讨论:提高企业与政府在政策制定方面的合作"(*SMR Forum: Improving Industry—Government Cooperation in Policy Making*, 1980);"社会科学对GAO的影响"(*The Use of Social Science in the Changing Role of GAO*, 1979);"CPAs新展望:授权审计"(*Grant Audits: A New Vista for CPAs*, 1979);"一个好的会计系统是优良管理的关键"(*A good accounting system—A key to good management*, 1978);"人事管理是起点"(*Personnel Management: The Starting Place*, 1976);"政府审计:昨天·今天·明天"(*Government auditing—yesterday, today and tomorrow*, 1976);"政府项目评估存在的问题与挑战"(*Challenges and Problems in the Evaluation of Governmental Programs*, 1974);"90年后的公共服务"(*The Public Service—90 Years Later*, 1973);"公共服务面临的挑战"(*The Challenge of Public Service*, 1973);"评估和改进政府效率"(*Measuring and Enhancing Federal Productivity*, 1973);"多重目的审计"(*The Multipurpose Audit*, 1971);"企业与政府的关系"(*Industry-Government Relationships*, 1969);"GAO:现状与未来"(*The GAO: Present and Future*, 1968);"政府在应用研究与管理科学方面存在的问题"(*Applying Operations Research and the Management Science to the Problems of Government*, 1965),等等。

主要演讲有:"理想主义与厌世主义"(*Idealism or Cynicism*, 1973);"公众对政府的信心"(*Public Confidence In Government*, 1973);"欺诈、浪费、滥用职权与联邦政府"(*Fraud*, *Waste*, *and Abuse and the Federal Government*, 1981),等等。

## 参考文献

[1] 曹俊汉.迈向评估审计的新纪元:美国会计总署结构与功能的研究[J/OL].欧美研究,2000,26(3):185-286.

[2] http://newman.baruch.cuny.edu/digital/saxe/saxe_1979/staats_79.htm, 2005-11-15.

[3] http://www.aspanet.org/scriptcontent/index_awards_about.cfm, 2005-10-20.

[4] http://www.ea.sinica.edu.tw/euramerica.

[5] http://www.fisher.osu.edu/acctmis/hall/members/staats/index.html, 2005-10-05.

[6] http://www.napawash.org/about_academy/about_npsa2003winners.html, 2005-11-01.

[7] http://www.nysscpa.org/cpajournal/1999/0899/features/F24899.HTM, 2005-10-13.

[8] James F, Antonio, Ives, Martin, Defliese, Philip L Gary, Harmer W and E B Staats. Official Releases [J]. Journal of Accountancy, 1987,164(3):196-205.

[9] McClellan John L, Ervin Jr., Sam J, Hansen Clifford P, Staats Elmer B, Meany George. Controversy Over Implementing The Administration's *Philadelphia Plan* CON [J]. Congressional Digest, 1970,49(3):77-86.

[10] O'Leary Paul M, B Elmer. Staats. Discussion [J]. American Economic Review, 1945,35(2):186-192.

[11] Staats E B. A good accounting system-a key to good management [J]. Journal of Accountancy, 1978,145(2):66-69.

[12] Staats E B. Auditing as We Enter the 21st Century-What New Challenges Will Have to be met [J]. Auditing, 1981,1(1):1-11.

[13] Staats E B. Challenges and Problems in the Evaluation of Governmental Programs [J]. Interfaces, 1974,5(1):25-32.

[14] Staats E B. Fraud Waste. Abuse and the Federal Government [J]. Vital Speeches of the Day, 1981,47(11):329-332.

[15] Staats E B. Government Auditing-yesterday, Today and Tomorrow [J]. Journal of Accountancy, 1976,142(4):101-105.

[16] Staats E B. Grant Audits: A New Vista for CPAs [J]. Journal of Accountancy, 1979,147(4):68-72.

[17] Staats E B. Idealism Or Cynicism [J]. Vital Speeches of the Day, 1973,39(18):546-549.

[18] Staats E B. Industry-Government Relationships [J]. California Management Review, 1969,12(1):83-90.

[19] Staats E B. Measuring and Enhancing Federal Productivity [J]. Sloan Management Review, 1973,15(1):1-9.

[20] Staats E B. Overhauling the Federal Government: A Reform Agenda [J]. Policy Studies Journal, 1981,9(8):1206-1215.

[21] Staats E B. Personnel Management: The Starting Place [J]. Public Personnel Management, 1976,5(6):434-441.

[22] Staats E B. Public Confidence In Government [J]. Vital Speeches of the Day, 1973,39(9):281-286.

[23] Staats E B. Public Service and the Public Interest [J]. Public Administration Review, 1988,48(2):601.

[24] Staats E B. SMR Forum: Improving Industry-Government Cooperation in Policy Making [J]. Sloan Management Review, 1980,21(3):61-65.

[25] Staats E B. The Challenge of Public Service [J]. Public Personnel Management, 1973,2(5):358-361.

[26] Staats E B. The GAO: Present and Future [J]. Public Administration Review, 1968,28(5):461-465.

[27] Staats E B. The Multipurpose Audit [J]. Management Review, 1971,60(6):15-18.

[28] Staats E B. The Public Service-90 Years Later [J]. Public Administration Review, 1973,33(6):568-572.

[29] Staats E B. The Use of Social Science in the Changing Role of GAO [J]. Policy Studies Journal, 1979,7(4):820-826.

[30] Staats E B. Applying Operations Research And the Management Science to the Problems of Government [J]. Management Science, 1965,11(4):C-6-C-12-18.

[31] Sterling R R, Staats E B. Program Budgeting: Program Analysis and the Federal Budget(Book Review) [J]. The Accounting Review, 1970,45(2):418-420.

[32] Webb J E, Cleveland H, Gross B M, Staats E B, L N Ahmed. Currents and Soundings: From the Professional Stream [J]. Public Administration Review, 1966,26(3):205-216.

[33] http://www. naspaa. org/principals/awards/awards. asp, 2005-10-03.

[34] http://www. thomas. loc. gov/cgi-bin/query, 2005-10-06.

[35] http://www. truman. gov/about/about_list. htm, 2005-10-09.

[36] http://www. thekerrfoundation. org/admin. htm, 2005-10-25.

[37] http://thomas. loc. gov/cgi-bin/query, 2005-10-26.

[38] http://www.gao.gov/about/history/gaohist_1966-1981.htm，2005-11-11.
[39] http://web31.epnet.com/resultlist.asp，2005-11-15.

（初稿执笔人：陈红霞）

# 赫伯特·埃尔默·米勒

## (Herbert Elmer Miller, 1914—　)

赫伯特·埃尔默·米勒(Herbert Elmer Miller，1914—　)是一位著名的会计学家，由于其在会计教育方面的突出贡献，成为1982年唯一一位被选入美国会计名人堂的会计大师。

## 一、个人简要生平

1914年8月11日，米勒(见图42)出生于美国爱荷华州的一个小镇，其父亲名叫埃尔默·约瑟夫(Elmer Joseph)，母亲名叫玛丽娅·伯格·米勒(Marian Briggs Miller)。

**图42　赫伯特·埃尔默·米勒**

1931年，17岁的米勒从这个小镇的高中毕业并考入爱荷华大学。他分别于1936年和1937年获得爱荷华大学的学士学位和硕士学位，尔后于1944年获得明尼苏达大学的博士学位。1945年5月，米勒通过了爱荷华州举行的CPA考试并成为一名注册会计师。由于他在这次CPA考试中取得第一名的优秀成绩，因而被美国注册会计师协会(AICPA)授予伊莱贾·瓦特·塞尔斯奖章(Elijah Watt Sells Gold Medal)。

米勒一生的大部分时间贡献于会计教育事业。米勒曾在爱荷华州印第安纳市的萨姆森学院讲授会计学，但他的大部分职业生涯是在明尼苏达大学、密歇根大学和密歇根州立大学度过的①。在明尼苏达大学期间，他先后担任过讲

① 密歇根大学(University of Michigan，简称UM)建于1817年，是美国最早的大学之一，在美国乃至世界范围内享有盛名，是美国10佳综合性大学之一，被誉为“公立常青藤院校”和“公立大学的典范”，与伯克利大学(UC Berkeley)，弗吉尼亚大学(UVA)并称为公立大学三强；密歇根州立大学(Michigan State University)创立于1855年，为密歇根州(Michigan)的公立大学，该校的学术专业在20世纪90年代初期渐渐获得各方的青睐，在全美各大专院校的排名不断地有所斩获，US News & World Report 2006年评为全美国家级大学排名第71名。

师(1938—1944)和助理教授(1944—1946)。1946年,他就职于密歇根大学,在这里工作的15年期间,先后担任过副教授(1946—1949)和教授(1949—1961)。尔后,他进入密歇根州立大学(Michigan State University)任会计与财务学教授,直到1970年。此外,他还先后担任过爱荷华大学(1945)、斯坦福大学(1960, 1962, 1965)、夏威夷大学(1964)和佐治亚州立大学(1970)等院校的客座教授。

米勒在结束了30多年的教学生涯后,于1970年从教学工作转向全职会计实务工作,成为亚瑟·安达信公司(Arthur Andersen & Co.)的合伙人之一。但在此期间,他亦曾受邀回到学术界,在佐治亚大学创办J. M. Tull会计学院,并在此从事学术研究直至1983年退休。

1938年1月1日,米勒与勒诺·圣特克(Lenore Snitkey)结婚,婚后育有一个孩子。他业余生活的主要兴趣在钢琴、航海与赛车等项目。

## 二、理论与实务的主要贡献

米勒在会计职业组织中很活跃。1957—1965年间,他曾担任美国会计学会(AAA)的副会长,1965—1966年间,担任会长;1945—1948年间,担任《会计评论》(*The Accounting Review*)杂志书评专栏的编辑,在此期间,于1946年负责美国会计学会会计报告原则修订委员会工作,其报告于1948年以《企业财务报表基本概念和准则:1948年修订本》(*Accounting Concepts and Standards Underlying Corporate Financial Statements: 1948 Revision*)的名义出版。1972—1974年间,担任专业发展委员会的委员;1973—1976年,任AAA长期目标研究委员会委员;1976—1978年间,任地区与区域性组织研究委员会委员。同时,他还是审计教育委员会和会计执业资格教育规程与课程委员会的主席。

米勒不仅在AAA任职,还在美国注册会计师协会(AICPA)承担许多工作。1966—1969年,任理事会的委员;1967—1970年,任董事会的董事;1974—1977年,任职业会计教育标准委员会主席;1976—1978年间,他担任AAA/AICPA联合委员会的主席。除此之外,米勒在AICPA的任职还包括:奖励委员会委员(1949—1951)、CPA统一考试咨询委员会委员(1951—1953)、会计程序委员会委员(1956—1959)、会计术语委员会委员(1956—1959)、会计原则委员会委员(1959—1963)、教育执行委员会委员(1972—1975)等。

米勒在社会性的会计教育组织中也发挥了积极的作用。1948—1958年间,他担任密歇根州注册会计师协会的会计人员执业协调委员会主席,同时担任密歇根注册会计师协会教育委员会委员(1956)、董事会董事(1968—1970)。1981 年,他还出任了会计教育机构联盟的主席。

米勒一生获得很多殊荣。1970 年,获 Alpha Kappa Psi 会计奖;1977 年,获美国会计学会的杰出会计教育奖;1978 年,获得 Beta Alpha Psi 年度会计师奖;1981 年,获美国注册会计师协会的最高荣誉——美国注册会计师金质奖(The AICPA's Gold Medal Award);1981 年,被美国会计学会评为国际杰出会计讲师(AAA's Distinguished International Lecturer in Accounting);1983 年,被布鲁塞尔自由大学和德保罗大学等校授予荣誉博士学位;1988 年,在佐治亚大学 J. M. Tull 会计学院以他的名义设立了财务会计讲座教授。与此同时,米勒也是许多联谊组织的成员和支持者。自 1942 年以来几乎半个世纪,他是 Bete Alpha Psi 的成员和支持者;1959—1961 年任财务主管,1961—1962 年任主席。此外,他还是 Beta Gamma Sigma 的成员。

## 三、主要论著简析

米勒一生著作颇丰。但影响最大的是其在 1951—1956 年间,负责编辑与哈里·安松·斐内(Harry Anson Finney)合著的 3 卷系列教材——《会计原理:初级篇》(*Principles of Accounting, Introductory*)、《会计原理:中级篇》(*Principles of Accounting, Intermediate*)和《会计原理:高级篇》(*Principle of Accounting, Advanced*)的第 4 版而在学界扬名。自 1932 年以后,哈里·安松·斐内和赫伯特·埃尔默·米勒两位教授亦因著作本书而享誉全球。1968 年,米勒与哈里·安松·斐内合著的《财务会计原理:概念与方法》(*Principles of Financial Accounting: A Conceptual Approach*)正式出版。与此同时,他还负责编辑并促成了《CPA 先驱评论》(*Pioneering CPA Review Manual*)的前 5 次出版工作,其中第一次出版在 1952 年。

米勒还在《会计评论》和《会计杂志》等专业期刊上发表了大量的论文,写了大量的书评。主要有:"标准的审计工作底稿"(*Standardized Audit Working Papers*, 1949);"会计报表简介"(*Accounting Statements for Publication*, 1942);"鉴定:两种观点"(*Accreditation: Two Views*, 1978);"财务报表目标报告的机遇与挑战"(*Discussion of Opportunities and Implications of the Report on Objectives of Financial Statements*, 1974);"企业怎样隐瞒其收益以及如何理解公司的财务报告"(*How Corporations Conceal Profits and How to Understand Corporation's Financial Report*, 1944);"会计技能训练"(*Internship Training in Accounting*, 1945);"战时或有事项的确认与战后的调整"(*Reserves for War Contingencies and Postwar Adjustments*,

1944);“美国会计学会会计原则公告1948年修订本:总体评价”(*The 1948 Revision of American Accounting Association's Statement of Principles-A General Appraisal*, 1949);“无法解释的会计现象”(*Unaccountable Accounting*, 1973),等等。

## 参考文献

[1] Miller Herbert Elmer. Accounting Statements for Publication [J]. The Accounting Review, 1942,17(3):251-256.

[2] Miller Herbert Elmer. Reserves for War Contingencies and Postwar Adjustments [J]. The Accounting Review, 1944,19(3):248-253.

[3] Miller Herbert Elmer. Internship Training in Accounting [J]. The Accounting Review, 1945, 20(2):187-191.

[4] Miller Herbert Elmer. Surplus Reserves [J]. The Accounting Review, 1947,22(2):147-150.

[5] Miller Herbert Elmer. Quasi-Reorganizations in Reverse [J]. The Accounting Review, 1948, 23(2):154-157.

[6] Miller Herbert Elmer. Standardized Audit Working Papers [J]. The Accounting Review, 1949,24(2):233.

[7] Miller Herbert Elmer. The 1948 Revision of American Accounting Association's Statement of Principles-A General Appraisal [J]. The Accounting Review, 1949,24(1):44-49.

[8] Miller Herbert Elmer. Textbooks or Research [J]. The Accounting Review, 1966,41(1):1-7.

[9] Miller Herbert Elmer. Unaccountable Accounting [J]. The Accounting Review, 1973,48(3):631-632.

[10] Miller Herbert Elmer. Accreditation: Two Views [J]. Journal of Accountancy, 1978,145(3):56-65.

[11] Miller Herbert Elmer. A Synopsis [J]. The Accounting Education, 1983(1):5 8.

[12] Miller Herbert Elmer. How Corporations Conceal Profits and How to Understand Corporation's Financial Report [J]. The Accounting Review, 1944,19(1):92.

[13] Miller Herbert Elmer. Discussion of Opportunities and Implications of the Report on Objectives of Financial Statements [J]. Journal of Accounting Research, 1974,12(3):18-20.

[14] http://fisher. osu. edu/departments/accounting-and-mis/the-accounting-hall-of-fame/membership-in-hall/herbert-elmer-miller, 2005-08-02.

(初稿执笔人:郭方方)

# 西德尼·戴维森

## (Sidney Davidson, 1919 — 2007)

西德尼·戴维森(Sidney Davidson, 1919—2007)是美国会计学界很有影响的会计学家之一。他是1983年唯一一位被选入美国会计名人堂的会计大师。

## 一、个人简要生平

1919年5月29日,戴维森(见图43)出生于伊利诺伊州芝加哥,早年随家庭移居到密歇根州。他的父亲名为孟德尔(Mendel),母亲名为伊娃·莎士伯·戴维森(Eva Slosberg Davidson)。

1936年,戴维森毕业于弗林特北方中学,高中期间曾担任过该校的学生会主席。由于戴维森在职业生涯中的突出贡献,1986年在其毕业50周年聚会上,戴维森被评为弗林特北方中学的杰出毕业生。

图43　西德尼·戴维森

1941年,戴维森从密歇根大学获得文学学士学位,尔后取得工商管理硕士学位,并于1950年在该校获得经济学博士学位。1940年在密歇根大学读书期间,他被选为全美优等大学生荣誉协会(Phi Beta Kappa)的会员。1942—1946年间,他也曾在海军服役。读博期间,他还担任该校经济学(1946—1948)和会计学(1948—1949)两门课的教师。他最初学的专业是法律,直到师从1950年首批入选会计名人堂的著名会计大师威廉·A·佩顿(William A. Paton)后才改学会计。1951年,他通过考试成为马里兰州(Maryland)注册会计师,并因考试成绩出色而获马里兰州注册会计师协会颁发的奖章(Maryland Society of CPAs' award)和美国注册会计师协会伊莱贾·瓦特·塞尔斯奖(AICPA's Elijah Watt Sells Award)的提名。

1946年1月23日,戴维森与弗蕾达·乔伊·晨德(Freda Joy Sendler)结婚,婚后育有两个孩子。日常生活中的戴维森,其兴趣爱好十分广泛,他酷爱桥牌,在空闲时喜欢在海滩漫步或者到剧院欣赏歌剧。此外,他还是美国NBA大联盟中底特律活塞队的忠实球迷。2007年9月15日,作为芝加哥大学商业研究所终身教授的戴维森在芝加哥海德公园附近的华尔街寓所内逝世,终年88岁。

## 二、理论与实务的主要贡献

戴维森作为一名会计学教授,对于会计学专业教育和会计文化的发展作出了奠基性的贡献。他的大部分职业生涯是在约翰·霍普金斯大学和芝加哥大学度过的。在约翰·霍普金斯大学期间,他先后担任过助理教授(1949—1952),副教授(1952—1956)和教授(1956—1958)。1958年后,他进入芝加哥大学任会计学教授,1962年,他主持并筹建了职业会计研究所并任所长。1969年,他成为了该校商学研究生院院长,并担任这个职位一直到1974年。1974—1975年间,他短暂离开了芝加哥大学,专门到行为科学高级研究中心进行研究。1999年,戴维森正式退后后,仍然热衷于教育事业和慈善事业。

戴维森作为一名著名的会计专家,在1950年到1969年间,还先后到多所著名大学进行访问。如1950年夏天在加利福尼亚大学伯克利分校、1956—1957年间在伦敦经济学院、1960年夏天在夏威夷大学、1964年夏天在斯坦福大学、1965和1969年春季学期在耶路撒冷的希伯莱大学和密歇根大学等院校做访问学者。他还兼任佛罗里达大西洋大学和芝加哥大学等著名院校担任客座教授。

戴维森在会计学术组织中也发挥了重要的作用。1955—1956年担任美国会计学会(AAA)下设的研究部主任和执行委员会委员;1968—1969年间,任美国会计学会会长;1976—1978年间,他主持美国会计学会下属会计项目鉴定委员会的工作,并先后担任美国会计学会下设的会计教育未来框架、内容和范围委员会(1984—1986)等机构的成员。

戴维森在会计职业组织中多次出任要职。1986—1987年间,他曾担任美国注册会计师协会(AICPA)的副会长;1965—1970年间,担任会计原则委员会(APB)委员;1971—1973年,他是AICPA下设的财务报告目标研究小组(即"特鲁布拉德委员会",Trueblood Committee)的成员,并参与《财务报表的目标》(*Objectives of Financial Statements*)的研究与编写工作。在美国注册会计师协会(AICPA)中,他曾出任人事委员会成员(1955—1956)、大学关系研究委员会成员(1961—1964)、所得税会计研及项目咨询委员会成员(1960—1966)、注册会计师基本知识研究委员会成员(1963—1966)和重要性概念研究咨询委员会(1967—1972)主席等职。1973年,美国财务会计准则委员会(FASB)成立以后,他先后担任下设的咨询委员会成员(1973—1974)、租赁会计工作组成员(1973—1974)、金融会计准则委员会成员(1974—1976,1974—1975年间任主席)和会计概念框架工作组成员(1978),1981—1982年间,出任财务会计准则基金理事会(FAF)成员。1984年,被聘为伊利诺伊州注册会计师协会的终身名誉会员。

戴维森还担负了许多社会性的兼职工作。曾任美国经济学会的财务委员会委员(1982—1984);曾兼任《会计和经济学杂志》和《会计研究杂志》等著名期刊的编辑,并是四家《财富》500强公司和两家其他公司的董事会成员以及5家公司的审计委员会主席。他还是许多公司和政府机构的顾问,如美国财政部(1961—1969)、联邦贸易委员会(1975—1978)和证券交易委员会(1976—1977)委员等。

戴维森在会计领域的杰出成就使他赢得了许多的荣誉。主要有:1940年,他作为密歇根大学生代表入选全美优等大学生荣誉协会,他同时也是 Beta Gamma Sigm、Bete Alpha Psi 的成员;1974年,他获得 Alpha Kappa Psi 会计奖;1979年,荣获 Beta Gamma Sigma 卓越学者奖;1976年,他获得了美国会计学会(AAA)的杰出会计教育奖;1985年,他获得了由伊利诺伊州注册会计师协会颁发的杰出教育工作者奖;1984年,他获得 Beta Alpha Psi 年度会计师奖;1962年,他被任命为世界上第一位亚瑟·扬(Arthur Young)会计学教授(1962—1984),并且在1984年获得"亚瑟·扬卓越贡献会计学教授"荣誉称号。

缘于戴维森的杰出贡献,《纽约时代周刊》报道说"他被称为国家最优秀的会计师之一"①。

## 三、主要论著简析

戴维森是一位多产的会计专家,在他一生丰富多彩的职业生涯中著作颇丰。他除了为多种杂志撰写了大量的专业论文外,还独著或与他人合著了15部应用性与指导性强的著作,深受社会欢迎,其中大多数均多次再版。主要有:与克莱德·P·斯蒂克尼(Clyde P. Stickney)和罗曼·L·韦尔(Roman L. Weil)合著的《通货膨胀会计:一种会计与财务分析的视角》(*Inflation Accounting: A Guide for the Accountant and*

① [EB/OL].[2008-08-07]. http://www.chicagogsb.edu/news/2007-09-18_davidson.aspx.

*the Financial Analyst*, 1976);与克莱德·P·斯蒂克尼和罗曼·L·韦尔合著的《会计:商业语言》(*Accounting: The Language of Business*, 1987年出第7版);与克莱德·P·斯蒂克尼和罗曼·L·韦尔合著的《财务会计:概念、方法和运用绪论》(*Financial Accounting: An Introduction to Concepts, Methods and Uses*, 1988年出第5版);与克莱德·P·斯蒂克尼和罗曼·L·韦尔合著的《中级会计:概念、方法与运用》(*Intermediate Accounting: Concepts, Methods and Uses*, 1985年出第4版);与迈克尔·W·马赫(Michael W. Mahr)、克莱德·P·斯蒂克尼和罗曼·L·韦尔合著的《管理会计:概念、方法和运用绪论》(*Managerial Accounting: An Introduction to Concepts, Methods and Uses*, 1988年出第3版);与威廉·T·贝克斯特(William T. Baxte)合著的《会计研究》(*Studies in Accounting*, 1977年出第3版)等;与罗曼·L·韦尔一起编辑了《现代会计手册》(*The Handbook of Modern Accounting*, 1983年出第3版)和《成本会计手册》(*The Handbook of Cost Accounting*, 1978年)。此外,他还兼任《会计评论》和《会计与经济学杂志》(*Journal of Accounting and Economics*)等杂志的编辑工作。

在戴维森的众多著作中,在经济学界和会计学界有着深远影响的有两部书:一是他主编的会计概念与方法类的系列丛书,其中《财务会计》最为抢手,到2007年已经出版了第12版①;二是他与罗曼·L·韦尔合著的《现代会计手册》(*The Handbook of Modern Accounting*),在这部著作中广泛而又深入浅出地介绍了许多会计问题,对希望了解企业业务情况的人们提供了许多帮助,同时,它对一些专业名词和相关财务报表作了通俗易懂而又较为全面的介绍。

### (一)《现代会计手册》的形成与影响

历经18世纪至19世纪上半叶100多年旷日持久的探索与在渐进的历史过程中进行的革新,人类终于在19世纪末至20世纪初完成了会计发展史上的一次划时代的转变——由簿记时代进入会计时代。到20世纪三四十年代,世界又进入到以新技术革命为基本特征的信息时代。从20世纪40年代开始,大科学、大工程、大企业发展态势的出现,使科学研究和生产规模达到了前所未有的高度,开始了科学社会化、技术社会化、管理社会化、教育社会化以及生产社会化的新阶段,信息化经济成为历史发展的潮流。20世纪60年代,会计面临着新兴科学技术的挑战,“系统论”、“信息论”、“控

---

① Clyde P Stickney (Author), Roman L Weil (Author). Financial Accounting: An Introduction to Concepts, Methods and Uses (Hardcover), Publisher: South-Western College Pub; 12 edition. [EB/OL]. [2008-08-07]. http://www.amazon.com/Financial-Accounting-Introduction-Concepts-Methods/dp/0324381980.

制论”及“决策论”的理论和思想向各个社会科学领域渗透，它们所带来的新思想和新技术打开了会计界的思路。以美国为代表的西方会计界产生了旨在揭示新时期会计本质的“两论”，即“技术论”与“信息系统论”。美国会计学家阿纳尼亚斯·查尔斯·利特尔顿(Ananias Charles Littleton)在1953年指出：“会计是一种特殊门类的信息服务。”又指出：“会计的显著目的在于对一个企业的经济活动，提供某种有意义的信息。”1966年在美国会计学会(AAA)所发布的《会计基本理论说明书》(ASOBAT)对会计又作出如下定义：“从本质上讲，会计是一个信息系统。……会计既是一个经营实体一般信息系统的一部分，又是信息概念范畴中的一部分。”这一提法在20世纪70年代已为相当一部分学者所认同，并为大多数会计工作者所接受。1970年，美国注册会计师协会(AICPA)也改变了它在20世纪40年代“会计的性质是技术”的提法，而在公报中提出：“会计是一种服务活动。它的职能是提供有关经济事项的定量信息。该信息主要是财务性质的，而且是对经济决策有用的。”这份公报强调信息服务，并在信息服务与经济决策之间建立了必然关系。至20世纪70年代，会计是“一个经济信息系统”的观念逐渐成为主导流派的学术范式。戴维森也是这一观点的支持者。戴维森在其主编的《现代会计手册》序言中论及会计定义时更进一步阐明：“会计是一种信息系统——旨在向利害相关的各方传输一家企业或其他个体的富有意义的经济信息。”这种观点历经20世纪八九十年代，已成为在世界会计界占主要地位的一种论说，其影响之大是史无前例的。

戴维森组织编著《现代会计手册》的主要目的，在于为输出和接受会计信息的各种人员提供参考资料。书中阐述了一些范围广泛的会计问题，并且推荐了一些处理方法。而信息的接收者，诸如经理、股东以及一切企图了解一家企业业务及其现状的人们，则可以通过这本手册获悉有关会计名词、财务报表内涵等相对简单然而又较为全面的诠释。参与《现代会计手册》一书出版以及修订版的特约撰稿人涉及的范围很广，他们大多是美国同期著名的会计教授、副教授、会计学院院长、会计研究中心主任和相当数量任职于著名会计公司的合伙会计师，有的还是主要大公司的财务副总裁或者担任其他职务的高级主管。该书涉及的资料比较全面和丰富，编者力图把叙述正在改变会计面貌的那些最新的概念和技术，与充分阐明会计技术中那些经得起时间考验的理论和程序结合起来。因此，该书的内容不仅包括西方的会计学理论和传统的会计方法与制度，还包括重置成本、通货膨胀会计和电子计算机在会计上的应用以及分部报告和表外筹资等在当时来说较新的课题。此外，美国财务会计准则委员会(FASB)关于财务会计准则的最新规定和美国证券交易委员会(SEC)关于会计方面的申述和审计准则的规定，也都基本编入该书。因此，作为一本研究西方会计理论和会计实务的综合性参考书，它于1970年初版，并被译成多种文字传入其他国家，已经成为一本非常著名的经典会计文献。1976年发行第2版时，根据会计领域发生的一系列重大变化，作者不断对其进行内容提炼、更新和修改，组合成47章，约100万字。1983年第3版问世，将相关内容作了必要增删后，组合成42章出版。对于这部巨著，中国会计学会给予了充分的重视，自1980年开始组织十多位著名的会计专家对其主要内容进行了翻译和校阅，历时近10年，组合成6册分别出版。全书共涉及4个方面的专题。

### (二)《现代会计手册》的基本内容

会计和审计的基本理论专题。作者在第一册中以通俗的语言向读者介绍了4个方面的主要内容:(1)会计的概念、原则和审计准则及意见;营业收入的确定，主要包括满足营业收入确认的3个条件以及确认营业收入的3个主要时点。(2)物价水平变动的调整，主要介绍了对物价水平变动调整的3种方法:按一般物价水平变动调整实际金额、特定项目的现行价格、特定项目的现行价格和按一般物价水平变动进行的调整。(3)重置成本会计和现值会计，主要比较了两者的区别并介绍了两者的处理方法。

会计报表专题。作者在第二册中分别介绍了资产负债表和损益表、现金流量表和财务状况变化表、财务报表分析、中期报表、合并报表、部门报表的相关内容。(1)介绍了财务报表的相关概念，损益表和资产负债表的概念、编制目的、编制原则以及相关栏目的内容等。(2)介绍了财务状况变动表和现金流量表的编制技术，并介绍了资金分析和现金流量分析的用途。(3)财务分析。主要阐述了财务分析的方法和用途。在方法方面，主要是比率分析法，包括同一年份的财务报表中各个项目的比较、不同时期的比较以及企业之间的比较;在用途方面，作者主要提了3个方面的用途:确定偿债能力、评价经营业绩以及增强市场效率。(4)阐述了中期报表和部门报表的相关内容。在中期报表中，作者主要阐述了中期报表的概念、目的和局限性，并通过证券交易委员会以及财务会计准则委员会的相关文件要求论述了其对中期报表要求的变化;在部门报表中，作者主要阐述了分部组织和成绩、分部化公司计量利润的标准、共同费用的处理、分部之间的转让价格、分部利润表的相关格式以及使保持分部自主权和公司最大限度利润协调一致的方法。(5)合并报表部分。从股票的获得、计价、收益以及未合并的附属公司入手，介绍了合并报表的性质和目的以及不同时点编制合并报表的方法(主要是取得时和取得后的合并报表的编制)。此外，作者还介绍了合并收益表的编制、控股程度变化对合并报表的影响以及其他各种关系对合并报表的影响。

资产专题。作者在第三册中主要从现金、有价证券和投资、应收款项、存货、土地和自然资源、房屋和设备、折旧以及商誉和无形资产9个方面阐述了相关的内容。

(1)现金。介绍了现金和基金的定义、组成以及与银行往来调节控制现金的相关问题，并着重讨论了对现金流转概念的评价及其扩展。作者通过差异分析、时间序列分析、构成分析、比率分析以及现金回收率分析等方面讨论了对现金流转的评价，并将现金的概念逐步扩展到存款和有价证券、货币性流动资产减流动负债以及营运资本等方面。(2)有价证券和投资。主要介绍了5个方面的投资，即在定约证券上的投资、在权益证券上的投资、在混合证券上的投资、在专用基金上的投资以及在财务报表上的投资项目。(3)应收账款。主要介绍了应收账款的定义、确认、计量和管理的相关内容。(4)存货。主要介绍了存货的控制和计价。在控制方面主要介绍了存货的分类、订购时间的选择以及通过经济订货批量公式进行存货定购的决策；在存货的计价上，主要谈了成本与市价孰低法的应用。(5)土地和自然资源。主要介绍了销售土地的确认条件、土地在资产负债表上的反映以及房地产销售中确认利润的一般原则；对于自然资源，作者主要论述了自然资源生产者的特质、自然资源的取得和开发以及折耗、摊销和折旧的区别，并对林木资源会计、自然资源的会计记录和报表做了介绍。(6)房屋和设备。主要介绍了房屋和设备的特征、资本支出计划的编制、取得固定资产的会计处理、固定资产的保养、维修、增置、改良、迁移、换新、退废和变卖的会计处理方法。此外，作者还介绍了退废法和重置法在折旧中的应用，强调它们并不向受益期间分配成本，因而不是折旧方法。(7)折旧。认为它是一个分配的过程而非计价的过程，作者主要介绍了折旧的意义、计算、固定资产计算折旧的基数、对使用年限的估计、折旧方法的选择以及折旧会计处理中的一些特殊问题：包括对错估使用年限或残值的纠正；修理、重置和现行成本会计中的补充折旧。(8)商誉和其他无形资产。介绍了商誉的两种计价方法：直接法和残值法，以及负商誉确认问题的两种观点：一是将其确认为负商誉；二是将其确认为计价调整。

专门问题。作者在第六册中主要阐述了下面几个问题：(1)财务预报和预测。主要是前瞻性财务报表的编制、应用、表述、解释以及注册会计师对前瞻性报表的介入。作者认为，编制前瞻性财务报表的目的在于改进财务决策。在编制过程中，主要包括以下10个方面的内容：制定一个模型；估计外部假设的价值；反映未来的筹资需要；制定模型过程中的反馈；敏感性假设；隐含性假设；前瞻性财务报表的期间长度；AICPA发布的编制指南；对前瞻性财务报表的责任；管理当局的法律责任。(2)电子计算机与现代会计。从电子计算机的软、硬件入手，阐述了计算机处理数据系统的各种要素、信息系统开发纲要、计算机数据处理应用系统的开发、分析与设计工具、编制程序的步骤、数据处理的循环、计算机文件的组织与管理、处理方法的分类、对处理质量的控制以及计算机应用系统的处理查考线索等。(3)复利的概念及应用。主要阐述了复利、年金的概念及其在会计中的应用,以及终身或有年金的相关内容。(4)审计中的统计抽样和用于会计、审计的统计方法。从统计的基本概念入手,通过具体的统计方法和会计、审计方法结合运用的实例,向读者阐述了多种统计方法在会计、审计中的应用。(5)数学模型与会计。通过基本存货模型及其中某些复杂因素的分析,以及线性规划在会计中的应用,来向读者解释数学模型在会计中的重要作用。

### (三)《现代会计手册》的主要观点

深入浅出地阐述了会计审计的基本理论。主要介绍了会计的基本概念、基本原则和审计准则,讨论了营业收入的确认问题,并在此基础上,按会计的计量属性论述了物价变动会计、重置成本会计和现值会计的定义和运用方法。其中涉及的基本理论观点有:(1)会计概念是会计所赖以建立的基础,各种会计概念之间是相互紧密联系的。文中主要介绍了5种基本概念:财务状况、经营成果、企业、持续性、合理表述。(2)会计原则含义的阐释。认为"会计概念是通过会计原则来体现的,而会计原则则可以认为是恰当地进行会计工作的规范。"由此可见,会计原则一方面体现了会计概念;另一方面,又是进行正常会计工作的规范。(3)会计是一个确认、计量和报告的过程。所谓会计确认就是将会计所要反映的经济现象按照一定的分类标准在会计记录中作为某一个会计要素加以登记(即承认),并编列报告的过程。从这种意义上讲,"会计在很大程度上讲是一种分类技术。"理想的分类是尽可能使用较少的概念来概括同质的经济现象,类别少到不能再少为止。在会计中,这几个少到不能再少的概念便是会计要素。在会计要素业已规定的前提下,确认就是根据这些要素的定义或本质属性,来区分所反映的经济现象。(4)审计含义的合理解释。认为"审计就是依据一定准则,对各公司或企业组织的财务报表及报表赖以编成的会计记录进行专职的审查,并对所查的财务报表表述得是否合理,表明其独立的专职意见。"审计是按照一定准则对企业财务报表是否按公认会计原则合理表述所进行的一种专职审查,这一准则就是公认审计准则。它关注的不仅是审计师专职工作的质量,而且还有审计师在完成他的审计工作以及提出报告中所作的判断。

论述了会计发展的一些前沿问题。对于重置成本和通货膨胀会计以及分部报告和表外筹资等在当时来说较新理论的介绍,以使读者对会计发展的一些前沿问题有一个大致的了解。书中指出:(1)重置成本是在正常的经营过程中,为获得具有同等营运能力或生产能力的新资产而需付出的最低金额。重置成本的理论基础是由于营业的持续性,有必要保持资本的完整性。证券交易委员会(SEC)规定每一会计年度都要提供重置成本资料,包括期末存货的现行重置成本、期末生产能力(新的)现行重置成本及其折余的重置成本和按其计算的折旧、销售成立时售出货品的重置成本。重置成本和实际成本之间的区别是由价格的运动和技术的变革引起的。重置成本的计量方法有指数法、直接计价法、基价核定法和功能计价法等。重置成本折旧一般采用在经济年限内按直线法计算。当账面剩余年限和剩余经济年限不一致时，应把前者调整为后者。重置成本会计只是现值会计的一种计量方法，除此之外其他用于估价的方法还有现值（期望的未来现金流量的现值）和可实现净值（如果现在变卖资产，可以获得的价值）。（2）会计计量属性一般是实际金额（原始成本），但这不能提供任何物价变动影响的资料，因此应使用以下几种会计方法明白地计量物价变动，并对他们的影响单独提出报告：按一般物价水平变动调整实际金额、特定项目的现行价格、特定项目的现行价格和按一般物价水平变动进行的调整。按一般物价水平变动调整实际金额就是将常规的用货币单位表示的财务报表，按货币的一般购买力变动加以调整，并且把调整后报表的某些资料揭示出来。此方法可以使各个时期的数字比较更有意义，使收益的含义更完善，并且对各企业所受通货膨胀的影响提供明晰的资料。但也明显存在一些缺点，如不能恰当地衡量盈利能力，一般物价指数的可靠性不够，全面换算不符合成本—效益原则。采用特定项目的现行价格，即用现行成本取代原始成本，但不改变计量单位。该方法的最大优点是将日常的经营成果和持产损益区别开来，表述的财务状况和经营成果更有意义。特定项目的现行价格和按一般物价水平变动进行的调整这一方法结合了上述两种方法的优点，将持产损益分解为两部分："真实的"损益（特定物价的变动大于或小于一般物价水平变动部分）和"虚假的"损益（特定物价的变动等于一般物价水平变动部分）。（3）表外筹资指某些筹资方式所引起的债务，无须编制资产负债表。常见的表外筹资方式主要有财务附属公司、有追索权的应收账款出售、产品筹资协议、租赁、无货照付合约和通道定量合约、合资经营、营建信托、有限合伙和信托及研究开发合伙企业等。表外筹资的动机主要有改变资产负债表中某些比率，提高债务人信用等级，降低借款成本为未来的借款筹资提供更多的机会。因此，报表使用者要密切查核表外负债或潜在的负债，对表外负债予以调整，以便了解企业真实的信息。（4）自20世纪70年代以来，提供对投资决策有用的信息是合并报表的基本目标。关于财务报表的目标，历来有"受托责任学派"与"决策有用学派"之争，但自1978年美国财务会计准则委员会（FASB）发表的财务会计概念公告——《企业财务报告的目标》以后，就奠定了"决策有用学派"的主导地位，毫无疑问，这一概念公告对会计确认、计量与报告等具有普遍的约束力，当然，不会将合并报表的目标约定排除在外。戴维森认为："合并报表应根据实行统一控制的股东的观点来编制"。控制是理解现有合并报表理论的"金钥匙"。纳入合并范围的一个主要依据是控制权，即若某一公司通过拥有另一公司的股票而取得了另一个公司的控制权,则可将被控制公司纳入合并范围。合并报表的目的主要是为了向股权公司的股东、债权人以及管理层公允地报告股权公司和附属公司的营业结果与财务状况。因此,编制合并报表时要严格应用抵销原则,以消除公司间关系的一切痕迹。编制合并报表时至少应符合两条公认会计原则,即资产恰当计价的重要性和应用会计原则的一贯性。(5)所谓分部,是企业的组成部分,每一个分部在一定限度内控制着它的制造和销售两方面的活动,它构成一个利润中心,同时往往也是一个投资中心。分部化的实质就是委以获得利润的责任。对调动分部经理的积极性起直接作用的是分部成绩和经理的成绩。分部成绩是某一分部所达到的目标,一般可用获利能力(如利润及其派生物)来衡量。而分部经理的成绩一般用可控利润来单独评价。在确定分部并计量分部利润时,在选择或判别会计程序方面,除适用一切损益计算的准则外,还必须符合利润独立性和利润协变性两个标准。这两个规则要求在计算分部成绩时对共同费用的处理和转让价格的确定这两个问题格外关注。评价分部成绩的指标除了利润外还有投资收益率(净利润与投入资本的比率)和剩余收益(它是净收益超过取得收益所需资本的成本部分)。分部组织形式还需要解决如何保持自主权和公司最大限度利润一致的问题。证券交易委员会(SEC)要求,业务分部必须对外提供分部成果的报告。

详细论述了无形资产。该书对无形资产进行了详细的阐述,洋洋洒洒,比国际会计准则涉及的范围还要宽泛与详细。书中提出:(1)无形资产没有公认的定义,常常用列举法来解释。“美国企业会计确认的无形资产包括专利权、专利申请书、专营权、营业证协议、使用权协议、雇佣合同、租赁权利、设计权、技术图书收藏、悬案合同、用水权、不竞争协议、约束性协议、技术支持协议、电子计算机软件、商标和牌子名称、技术窍门、完备的组织和职工队伍、市场地位、声誉、扎下根基的坐落地点、机要加工法和配方、推销机构和商誉的其他要素等。”(2)在无形资产中,商誉由于具特殊性而广受关注。对商誉的定义往往着眼于具性质的不同方面。“总计价账户论”这一观点直接受制于商誉早期的“继续经营价值”概念和“未入账资产”概念的影响。“继续经营价值”概念是指商誉本身不是一项单独的创造收益的资产,而只是特殊的计价账户,它表明某企业各项资产合计的价值超过了它们各项个别价值的总和(整体大于各组成部分之和)。未入账资产概念是指商誉计量的结果,反映来源于种种要素的未入账。这两个观念产生了总计价账户概念,因为不能对构成商誉的个别组成部分继续经营部分和未入账资产部分计量、分配价值,所以这一概念的含义就是把商誉视为一种与企业整体相连的共同价值或联合价值,因为要恰当地分摊于资产的各个类别是办不到的。这一观点为全面理解商誉的本质提供了有意义的启迪。一方面,它表明商誉是一种未入账资产，它在经营活动后，通过计量而产生。另一方面，它表明商誉的计量是通过企业整体价值超过各项资产组成部分之和获得的。遗憾的是上述观点没有进一步上升到对商誉的本质及商誉计量的再认识。(3)另一个理论是“超额收益观”。该理论认为，商誉是企业超额的未来收益的现值。商誉会计因计量困难而受到阻碍。一般在企业合并的过程中才假定有商誉的购受并登记入账。合并商誉有两种计价法，即直接法和残值法。另外，关于负商誉的确认问题，主要有两种观点：一是将其确认为负商誉；二是将它确认为计价调整。

除了《现代会计手册》之外，在戴维森与克莱德·P·斯蒂克尼和罗曼·L·韦尔合著的《会计：商业语言》中，还对于会计确认和计量的基础理论和盈余管理进行了探讨，提出了自己的学术见解。

在解释了哪些会计事项应予以确认的问题之后，仍需要回答这些应予以确认的会计事项在何时确认、确认为哪一或哪些会计要素的问题。这一问题即为会计确认基础问题。从现行会计理论和实务看来，可供选择的会计确认标准有两个：权责发生制和收付实现制。“权责发生制会计是按货物的销售(或交付)和劳务的提供来确认收入，而不考虑现金的收取时间；对费用也按与相关联的收入的确认时间予以确认，不考虑现金支付的时间。”他们一致认为，会计确认的时间应该在会计事项的影响“真正发生”之时。“收付实现制是与权责发生制基础相对应，它要求收到现金时确认收入、支出现金时确认费用，收入确认无需对收入和费用进行配比。”由此可见，收付实现制一般只用来确认收入与费用，所有收到的现金都作为当期收入，所有现金支出都作为当期费用。

在会计学术界，盈余管理早期一般被理解为旨在有目的地干预对外财务报告过程，以获取某些私人利益的“披露管理”(disclosure management)。在1990年以前，会计理论界对盈余管理的研究以对外财务报告为主，把盈余管理限定在对外报告领域，而把管理会计报告以及那些意在影响或改变公认会计原则的活动等排除在其讨论之外。在此阶段比较多见的研究成果是盈余管理的技术，应计制下的会计政策、会计选择与股票回报的关系等。戴维森等人在《会计：商业语言》中，专辟一节讨论“会计游戏”(accounting magic)问题，并给盈余管理下了一个更加具体而狭义的定义：在公认会计原则限制的范围内，为了把报告盈利调整到满意水平而采取有计划行动步骤的过程。

**参考文献**

[1] 西德尼·戴维森，等. 现代会计手册[M]. 娄尔行，等，译. 北京：中国财政经济出版社，1982.

[2] 西德尼・戴维森,等.现代会计手册[M].徐政旦,等,译.北京:中国财政经济出版社,1985.
[3] 西德尼・戴维森,等,现代会计手册[M].余绪缨,等,译.北京:中国财政经济出版社,1989.
[4] 西德尼・戴维森,等,现代会计手册[M].张为国,等,译.北京:中国财政经济出版社,1987.
[5] 许家林.西方会计学名著导读[M].北京:中国财政经济出版社,2004.
[6] Baxter W T, S Davidson. Studies in Accounting Theory[M]. London: Sweet & Maxwell London, 1962.
[7] Davidson S, Stickney C P, R L Weil. Accounting: The language of business[M]. Sun Lakes, Ariz. :T. Horton, 1977.
[8] http://fisher.osu.edu/departments/accounting-and-mis/the-accounting-hall-of-fame/membership-in-hall/sidney-davidson, 2008-08-07.
[9] http://www.chicagogsb.edu/news/2007-09-18_davidson.aspx, 2008-08-07
[10] Daly John Charles, Davidson Sidney. Does the Government Profit from Inflation: A Round Table Held on May 25, 1977 and Sponsored by the American Enterprise Institute for Public Policy Research., American Enterprise Institute for Public Policy Research Book, 1977[C].
[11] Davidson Sidney, Roman L Weil. Handbook of Modern Accounting[M]. New York: McGraw-Hill. 1983.
[12] Davidson Sidney, Clyde P Stickney, Roman L Weil. Financial Accounting: An Introduction to Concepts, Methods and Uses (6th ed.) [M]. Bel Air, CA: Dryden Press. 1991.
[13] Davidson Sidney, Clyde P Stickney, Roman L Weil. Inflation Accounting: A Guide for the Accountant and the Financial Analyst [M]. New York: McGraw-Hill. 1976.
[14] Davidson Sidney, Hanouille Leon J, Stickney Clyde P, Roman L Weil. Intermediate Accounting: Concepts, Methods and Uses (4th ed.) [M]. Bel Air, CA: Dryden Press. 1985.
[15] Davidson Sidney, Mahr Michael W, Stickney Clyde P, Roman L Weil. Managerial Accounting: An Introduction to Concepts, Methods and Uses (3rd ed.) [M] Bel Air, CA: Dryden Press. 1988.
[16] Davidson Sidney. Accounting and Financial Reporting In the Seventies [J]. Journal of Accountancy, 1969,128(6):29-37.
[17] Davidson Sidney. Accounting Principles for Autonomous Corporate Entity [J]. The Accounting Review, 1988,63(1):176.
[18] Davidson Sidney. Beneficiary's Right to Disclaim Inheritance Was Not a Property Right to Which Federal Lien Could Attach [J]. Tax Adviser, 1999,30(10):742.
[19] Davidson Sidney. C. P. A. Examination Booklet by Sidney Davidson[M]. Glendale, CA: Paperback, Thomson Learning. 1981.
[20] Davidson Sidney. Depreciation and Profit Determination [J]. The Accounting Review, 1950,25(10):45.

[21] Davidson Sidney. Financial Reporting by State and Local Government Units[C]. Chicago:Center for Management of Public and Nonprofit Enterprise, Graduate School of Business, University of Chicago. 1977.

[22] Davidson Sidney. Fundamentals of Accounting[M]. Bel Air, CA:Dryden Press. 1975.

[23] Davidson Sidney. Hardcover, Performance Program[M]. Bel Air, CA:Dryden Press. 1984.

[24] Davidson Sidney. Impact of Inflation Accounting On 1974 Earnings [J]. Financial Analysts Journal, 1975,31(5):42.

[25] Davidson Sidney. Inflation Accounting the SEC Proposal for Replacement Cost Disclosures [J]. Financial Analysts Journal, 1976,32(2):57.

[26] Davidson Sidney. Lease Capitalization and Inflation Accounting [J]. Financial Analysts Journal, 1975,31(6):22.

[27] Davidson Sidney. Research and Publication by the Accounting Faculty [J]. The Accounting Review, 1957,32(1):114.

[28] Davidson Sidney. Special Report Future Accounting Education Preparing for the Expanding Profession [J]. Accounting Education, 1986,1(1):168.

[29] Davidson Sidney. The Development of Accounting and Auditing Standards [J]. Journal of Accountancy, 1987,163(5):110-127.

[30] Davidson Sidney. The Plant Accounting Regulations of the Federal Power Commission[M]. New York:Arno Press. 1978.

[31] Ventolo William L, Sidney Davidson(Editor). Principles of Accounting[M]. Old Saybrook, CT: Performance Programs, Inc. 1982.

（初稿执笔人:林宇、夏毅）

# 亨利·亚历山大·本森

## (Lord Henry Alexander Benson, 1909 — 1995)

亨利·亚历山大·本森勋爵(Lord Henry Alexander Benson, 1909—1995)是一位杰出的会计学家和审计实务领袖。由于其具有超凡的智慧、在实务界的突出成就与在国际会计舞台上所扮演的重要角色,而且还成功地领导了库珀兄弟会计师事务所(Coopers & Lybrand,该公司于1973年更名为永道国际会计公司)走向国际舞台,故于1984年成为唯一一位被选入美国会计名人堂的会计大师,且是第一个在世即入选会计名人堂的非美国人。

## 一、个人简要生平

1909年8月2日,本森(见图44)出生于南非(阿扎尼亚)的东北部城市约翰内斯堡(Johannesburg)。他的父亲名为亚历山大·斯坦利(Alexander Stanley),母亲名为弗罗伦萨·玛丽·库珀·本森(Florence Mary nee Cooper Benson)。本森的父亲亚历山大·斯坦利是一位律师,其祖父是 位教区牧师,其外祖父则在四兄弟中排行第三。

图44 亨利·亚历山大·本森

本森出身环境非常优越,但他却努力接受良好的教育。他先在一所私塾学校就读,后来转入了南非国办学校。1854年,威廉·库珀(William Cooper)在伦敦建立了自己的会计师事务所。7年后的1861年,库珀的其他三个兄弟也加入了这家事务所,于是便改称"库珀兄弟会计师事务所"(Cooper Brothers),本森的外祖父则是于1861年英国成立的库珀兄弟会计师事务所的创办人之一。他的一生之所以与会计专业结下不解之缘,亦因这种关系而起。他14岁那年,母亲把他带到了英国。在那次旅行中,母亲建议他去“库珀兄弟会计师事务所”看看，在事务所里，他见到了合伙人之一Stuart Cooper，也即其叔外祖父。Stuart Cooper这样跟他母亲说道：“如果你希望你的孩子在毕业之后进入事务所，你得送他来英国。”回想起这段经历，本森感叹道：“也许这就是我成为特许会计师的原因吧。”

本森较早就开始了其会计职业生涯。1926年，17岁的本森被获准进入库珀兄弟公司，此时公司的规模较小，其在全球的职工只有150位。当时的办公地点只有伦敦、利物浦、比利时和纽约，而到1973年永道国际和普华全球公司合并时，公司在140多个国家有超过70 000名员工。但本森认为，会计职业是世界上最令人兴奋的职业。本森进入永道时，他把会计公司看成是他的生命，而其他的一切事情都从属于它。他认为这不仅是一个个人抱负问题，而是有一种明确的希望，希望它能够成为最好的会计公司之一，并能够领导我们的职业向前发展。1932年1月，本森通过了英格兰和威尔士特许会计师的执业资格考试并取得了第四名的优异成绩。1934年，本森成为库珀兄弟公司的合伙人。从1947—1975年从事务所退休期间，他一直担任资深合伙人(senior partner)。

本森曾有令他感到荣耀的军旅生涯。1940—1945年，他服役于英国军队的近卫兵。在军队里，他成为了特别行动执行委员会的成员，同时被送到开罗指挥军队，他获得过陆军上校军衔。在此期间，他还被调派到温莎城堡保护居住在那里的两位公主。也许有人认为这是一件简单的事情，但本森却是佩戴着空左轮手枪在温莎城堡城墙巡逻的，这样的经历是非常令人佩服的。1943年9月至1944年7月，他被派遣到后勤部皇家军用工厂任职。当时，以提供枪支弹药和炸药为主要目的英国皇家军用工厂急剧扩大，但工厂的账户和内部控制处于混乱状态，他被派去的任务就是要解决这种混乱局面。他认为，在那里几个月的工作，是他曾经经历过的最令人兴奋的事情。现金、存货、设备和成本等所有的问题都高效地得到解决，仅用了10个月，他就顺利完成了所有的任务，并向世人展示了他杰出的组织能力和解决问题的能力。1943年12月，他被任命为军用工厂的主任以实施整顿计划。1945年3月，本森从部队转业后，被任命为建筑工程部建筑材料主计长。1945年10月，他被选派给卫生大臣服务，专门提供住房供给方面的建议。1946年，他回到了库珀兄弟会计事务所，同年，被授予不列颠服务勋章。此后，他一直从事公共会计职业。

本森在第二次世界大战后致力于实现自己的事务所扩张理念并收到显著的效果。战争结束回到库珀兄弟会计事务所后，本森和John Pears(供应部成本主计长)组成了一个强有力的团队。根据他们从军后取得的经验，他们在计划、组织、管理和系统方面引入新的服务。为了提高工作质量，他们形成了一套技术，即是后来广为流传的工作底稿(manual)。除此之外,他们也有将事务所推向事业顶峰的激情。几年之后,库珀兄弟会计事务所取得了非常巨大的发展。1945 年,事务所在英国只有 173 个工作人员,在国外也只有 66 个工作人员。至 1975 年本森从事务所退休时,在英国有 2 207 位工作人员,在国外有 16 179 位工作人员。此时的永道国际会计公司,在会计职业的各方面都具有领先地位。

本森的同事们均认为,和他一起工作是一段难忘的经历。他高度集中的注意力、清晰的思路和富有逻辑性的观点,比其富有天才性的想法更让人难忘。本森的自传《会计生涯》(*Accounting for Life*),于 1989 年他 80 岁时出版,书中披露了其职业生涯中许多鲜为人知的史实。

1939 年 9 月 2 日,本森与安妮·维吉利娅·麦克罗德(Anne Virginia McLeod)结婚,婚后育有两子一女。在业余时间他喜欢射击和航海。本森于 1995 年 3 月 5 日逝世,终年 86 岁。

## 二、理论与实务的主要贡献

本森的一生充满传奇色彩。但他对会计事业最重要的贡献则在于推动了国际会计准则委员会(IASC)的建立,以及会计师事务所国际间的合作与联合。

虽然国际会计准则委员会创立大会于 1973 年 6 月在伦敦召开,但它可追溯到 1966 年。当年夏天,本森在成为英格兰和威尔士特许会计师协会(ICAEW)主席时说:“在很长时期以来,我感觉到我们和加拿大特许会计师协会、美国注册会计师协会的关系是友好的但实际上是非常遥远的。我决定去看看我们是否能够获得更进一步的亲密关系。”1966 年秋天,他访问了美国和加拿大。他建议建立一个国际联合组织来研究主要会计问题和发布各方认可的声明。本森并不倡导管辖和统治,他所说的只不过是对另外两个国家会计职业发展认真地研究,这样可能会对三方都有利。在他的倡导下,英国、美国和加拿大 3 个国家随即联合成立了“会计国际研究小组”(Accounting International Study Group,简称 AISG),着手研究三国间会计和审计实务的异同。1967 年,在法国巴黎举行的第九届世界会计师大会上,正式成立的国际工作组(international working party)在深入调查了会计职业的国际需要后,AISG 发布了第一份研究报告——“加拿大、英国和美国关于存货会计处理的国际比较”(*Comparative Accounting Practices for Inventories in Canada, UK, and US*),拉开了国际会计比较与协调研究的序幕,还于 1972 年在澳大利亚悉尼举行的第十届大会上报告研究成果。至 AISG 于 1977 年解散时，在其存续的10年间共发表了20份研究报告，是会计国际化研究的早期重要成果，被广泛运用于IASC早期的准则中。为了推进国际会计准则委员会的工作，本森的下述理念起到了重要的作用。

第一，是认为推行国际会计准则非常必要。本森曾经指出："过去我不是这样认为的，但是现在我很肯定地说它是必要的。"他引例说，若一架日本飞机在接近美国纽约肯尼迪机场（KENNEDY AIRPORT）时遭遇大雾，飞行员是按照自己的规则来操作呢？还是试图用英语与地面的工作人员取得联系呢？以此作为类比，他认为编制财务报表的过程就是像在雾中摸索一样。其他事情也一样，企业也应该由相关法规和规则来指导，否则将进入混沌状态。如果一个跨国公司想在世界市场上筹集资金，必须有一些国际规则来判断其经营质量的好坏。1967年，会计国际研究小组（AISG）开始运行，本森解释道："我知道由3个国家发起这个组织，其他国家就会感到不安。但是我有一个坚定的信念就是今后这个组织一定会发展壮大。1972年悉尼召开的第十次国际会计师大会上，开始了下一步工作，会议决定扩大会计国际研究小组的工作范围，并且制定了一些更有抱负的事情。通常刚成立的组织都会经历磨难，例如相互不信任、相互不理解以及相互的批评。"但是一般共识形成了，在1973年6月，成立了国际会计准则委员会（IASC），本森被推选为第一任主席。

第二，是认为国际会计准则委员会（IASC）不会很快就获得成功。国际会计准则委员会成立之初，本森在世界很多国家说道："国际会计准则委员会影响不会很迅速，在今后的10年中影响会非常大，在2000年财务报表的披露方面会有更大的影响。"在当时，许多人认为国际会计准则委员会会失败。但在全球会计界的共同努力下，国际会计准则委员会取得了显著的成功。一些评论者认为国际会计准则不够详细，但本森认为：会计准则的清晰度应以使用者在编制财务报表过程中知道该怎么做作为标准，过分的详细可能适得其反。对任何一个会计人员来说，如果他想在职业生涯中成功，他就必须具备职业判断和专业常识这两种能力。因为在制订国际会计准则时我们完全引入了这两种能力。

第三，是认为国际会计准则制订不会受英国会计系统的影响。在制订国际会计准则时，每个国家都有不同程度的担忧，他们认为会有强调一个国家的惯例和观点而排斥其他国家的观点这种情况的发生。当本森被任命为国际会计准则委员会第一届主席时，其他一些国家都在观望英国的会计准则和程序是否优先考虑。本森认为，这种担忧是没有理由的。实际上，国际会计准则委员会正在艰难地向平衡的标准发展而非不恰当地强调一个国家而忽略另外一个国家。

第四，是对于推行国际会计准则充满信心。本森对当时欧洲一些国家跨国公司采用国际会计准则,而国内公司采用本国的会计准则的做法非常不满意。“我没有看出这样做的意义,它完全和我们这些欧盟成员国的观点相反。对于同一个国家的企业只是由于它和国际有联系就用不同基础编制报表,这样既浪费时间又容易使人产生误解。”本森相信,在21世纪,国际会计准则委员会地位可以得到提高,他唯一的希望就是能够看到赞同的声音。

本森亦从事过广泛的公共服务性事务。主要有:1952—1956年,担任皇家军用工厂委员会成员;1957—1975年,担任反欺诈调查委员会成员;1959—1960年,担任威尔逊委员会的成员,提出了对煤炭加工、成品油、化学制品和天然气等生产过程进一步深入调查的建议;1960年,担任特别咨询委员会成员,对英国运输委员会下属组织的结构、财务和其他工作进行检查;1961年,他由商务大臣任命,前往北爱尔兰调查铁路运行状况,并就关于阿尔斯特运输系统的改进效果提出报告;1962年,他被任命为一个专门委员会的主席,审查新西兰所从事的肉、乳制品和水果贸易的运输、辅助服务的经济状况;1963年,他被英国财政大臣指派参与一个委员会,就引入流转税的实施效果进行调查;1964年,他担任贸易委员会联合审查员,调查罗斯剃刀有限公司事宜;1966年,他担任了英国的钢铁联邦发展协调委员会独立主席;1974—1975年,任政府交流合作委员会委员;1975—1983年,从永道国际会计公司退休后,他连续8年担任英格兰银行行长的顾问。此外,他也曾在上议院担任过议员,其间非常关注经营欺诈问题。1984—1987年间,他曾被港府聘为佳宁案的“专家证人”。

本森曾在专业组织中相当活跃并做出了重要的贡献。1965—1966年,任英格兰和威尔士特许会计师协会(ICAEW)副主席,1966—1967年,任该协会主席;1969年,任欧洲财政经济会计专家联盟副主席;1973—1976年,担任国际会计准则委员会(International Accounting Standards Committee,简称IASC,2001年改组后称为国际会计准则理事会,即International Accounting Standards Board,简称IASB)的首任主席,在任期间对促进国际会计标准的发展起到了相当大的作用,他对国际会计准则委员会所做出的贡献为他在世界范围内赢得荣誉奠定了坚实的基础。

本森努力地为社会公众和会计职业服务的精神与成效,也给他带来了许多荣誉。1946年,被授予大英帝国司令勋章;1964年,被授予爵士爵位;1971年,被授予不列颠爵级大十字勋章;1977年,获得了哈特福德大学杰出贡献奖;1981年,被授予皇族与贵族勋衔中的男爵;1984年,他获得了英格兰和威尔士特许会计师协会(ICAEW)颁发的会计职业最高奖励——世纪贡献奖,以奖励他为英国在法律和会计职业方面做出的重要贡献,该奖项只限于颁发给社会做出重要贡献的IACEW成员。

## 三、主要论著简析

虽然本森主要从事会计实务工作，但在工作之余，他还给理论界提供了很多有建设性的意见。影响较大的有三个文献。

### （一）"有效财务管理的基本原则"(1992)

"有效财务管理的基本原则"(*Immutable principles of sound financial management*)一文，发表于《会计、商业与财务史》(*Accounting, Business and Financial History*)1992年第1期。文中提出：如果要想工业和商业经营繁荣的话，我们必须关注几项基本的财务管理原则。他指出，这些原则并没有随着时间的推移而改变，它们被忽略掉了，从而在很大程度上影响了我们的工业产出效果。在20世纪80年代，这样的例子不乏存在，而在20世纪80年代末影响就更加明显。英国大型企业和跨国集团特别关注高水准的管理方式。研究表明，英国优秀的大型企业和跨国集团能够与世界上其他国家的竞争者一较高下。而文章的主要研究对象是并非处于优秀企业行业的大部分英国公司，因为它们正是问题的所在。

文中认为，在财务管理中，有三个被忽视的最重要的原则。(1)资产负债比率应保持在很低的水平。当经济萧条、利润下降、公司面临巨额不能支付的利息费用时，银行开始催债，其结果导致企业裁员或崩溃。(2)经营活动必须产生足够的现金流量用于使企业更新跟进时代的科学设备，这些现金流量包括累计折旧和经营利润。通常科学设备是非常昂贵的，特别是在通货膨胀时期。如果企业不能拿出购置资金，设备重置和改进计划将会拖延，其结果最终导致企业失去竞争力。(3)股利支付必须保持在合理的水平。否则现金资源将进一步耗尽，而可用于发展新的投资项目的资金将少之又少。本森认为：如果这些原则一直被忽视，公司一定会面临困境。除此之外，公司使用的其他管理措施也将松懈，毫无疑问它会加大困境的局面。放弃这些原则并非归因于缺乏财务信息。通货膨胀的影响应该在财务报表中披露，但是披露与否相对来说已经不是那么重要了，因为公司现在已经在其账户中提供了大量的详细信息。有洞察力的读者就可以毫无困难地评价出公司的经营状况。

本森在文中也介绍了他于1975—1983年担任英格兰银行行长顾问时的有趣经历。那个时期英国面临着工业萧条，行长对于告知许多公司处于困境的情况非常担忧。按照常规，他们调查了年营业额超过2亿的上市公司对外公布的财务报表。他们选取了连续4年的中期和年度财务报告，并对按历史成本编制的报表进行了适当的调整。结果很快就出来了，许多公司面临困境。当然原因可能是多方面的，最主要的原因之一就是他们没有意识到非常高的通货膨胀率，当由历史成本转换成现行市价时，财务报表实际是亏损的。

本森认为，没能提供好的财务管理的主要失误在于董事会，但是董事们并不是唯一的错误人员。还有很多其他因素：(1)“食肉动物病”。有一个自由而开放的公司股票交易市场是重要的但不是绝对的保证。兼并热潮在促进工业发展和加强松散的管理方面很有帮助，但其往往也带来了高水平的资产负债率。因为大多数兼并是通过大额银行贷款来实现的。这种情况通常被形容为“食肉动物病”。这些“食肉动物者”潜伏在市场里“攻击”在他们看来没有分发足够的股利或者是发展太慢的企业，这些企业的资产被抽走而导致企业的长期计划被破坏。由于惧怕“食肉动物病”，董事会或者制定了高的股利支付率来提高公司股票的每股市价，或者在没有必要的货币资源和管理技术下急于扩张。“食肉动物病”的另一个危害是促使管理者在抵制这种攻击上花费太多的时间而没有集中精力发展公司的业绩。(2)“群集本能”。世界上所有的筹资市场都像绵羊。如果一个放弃一个或多个财务管理原则而在表面上获得成功，那么其他的组织就会仿效。他们害怕被认为过时；他们没有意识到这些收益只是暂时的，企业的健康发展受到损害。几年前在美国发生的管理移植，很好地例证了“群集本能”。这些都导致了大额借款发生和高的资产负债比率，最终引发灾难性后果。(3)银行之间形成了剧烈的竞争，货币贷出政策相当宽松。众多企业的倒闭导致大量银行不良资产则说明了上述问题。当然，在经济萧条时期肯定会导致银行不良资产的增加，但是如果债务人(不管是基于自己的考虑还是被董事逼迫)都一贯地遵守有效的财务管理原则，那么相信大多数企业都能够成功地经受住经济萧条的考验。(4)股东和基金管理者的态度并非时常有效。他们的目标是投资项目盈利，自己能够从中取得收益。“食肉动物病”有利于股东，因为它提高了公司股价进而促使盈利的实现。股东想影响其投资企业使其维持或增加股利。股东的短期行为观点和他们所投资企业的长期利益是相违背的。董事会不仅有责任保护股东的利益，而且有责任保护职工和顾客的利益，在这些方面，他们没有得到股东的支持。

本森并不认为他的职业应该免于受责，特别是那些财务主管们。他们没有向公众充分地强调企业的现实状况，他们一方面没能劝服自己的雇主；另一方面也没能使使用者们充分地观测一百多年来引导企业成功的原则。本森所加盟的会计师事务所的创办人威廉·库珀是本森的舅舅，在1855年他给申请加入事务所的员工这样写道：“当其他人员在安排和调整事务方面缺乏足够的能力时，通常要求会计人员帮助。”政府没有资格参与企业的微观管理，但是它能够监督事项发展的所有方面。特别是它能够通过许多公开方式提供建议和警告。本森认为,政府在这方面还做得不够。

### (二)“从事会计职业的9条原则”(1984)

1984年,本森在获得英格兰和威尔士特许会计师协会(ICAEW)颁发的会计职业最高奖励——世纪贡献奖时发表的演讲中,谈到指导会计职业的9条原则。这些原则,是他在获得英格兰和威尔士特许会计师从业资格后多年的经历基础上总结得来的。

即使在今天,这些原则一样具有相关价值。主要包括:(1)在会计专业问题方面,职业界应该有一个统治机构指导其从业人员的行为。会计有责任协调自己的私有兴趣来支持职业管理机构,而这恰恰是会员所容易忘记的。(2)职业管理机构必须制定充分的准入和后续教育准则,以使学员能够获得可接受标准的职业胜任能力。会员取得资格后,培训和教育必须继续,它一直持续到会员结束自己的职业生涯。(3)职业管理机构必须设定由会员监督的道德规范和职业准则,这些应该比普通法规所确定的标准要高。(4)职业管理机构所制定的条规和规则,应该有益于社会公众而不是有利于会员个人优势。(5)职业管理机构必须采取惩戒性的行动。如果所制定的条规和规则没有被监督或者会员提供了劣质的工作,若有必要可以开除会员会籍。我们不仅必须遵守这些规则,而且还要被独立的会员监督。(6)审计之类的工作必须保留给我们的执业人员。不仅是由于我们具有职业优势,而且是因为为了保护公众,审计必须由具有必要的技能、懂得相关标准和经过训练的人员来完成。(7)职业管理机构必须确保在实际职业中有公平和开放的竞争,以降低公众被利用的风险。执业会员必须提供关于经历、胜任能力、工作范围和费用支付等方面的信息给公众。正如每个会员所知,现在执业环境充满竞争。(8)会员必须具有形式上独立和实质上独立两个方面的要素。他们必须愿意毫无恐惧或者偏好地说出自己的想法。他们不能被有损于独立性的任何人或任何组织控制和支配。(9)由于学习领域的特殊性,执业人员必须引导他所服务的大众。

### (三)《会计生涯》(1989)

对外行人而言,会计是一种很沉闷的专业,因此,会计师写自传似不多见。但本森勋爵在1989年其80岁时出版的自传——《会计生涯》,属于开历史先河之举。书中对会计专业,尤其是特许会计师在英国以至海外数十国家的发展,有详尽、生动的描述,任何会计专业从业人员,若欲“增广见闻”,都不应错过阅读这本书;对于会计专业从业员来说,此书还可令你觉得会计专业的重要性,在本森笔下,会计是推动社会进步的不可或缺的专业!

本森认为,会计专业的其中一项责任,替面对逆境的公司企业诊断病情,然后以简明易懂的文字,解释致病成因及救治之法。因此,他特别强调会计师要有充分驾驭文字的能力;不过,写作技巧之外,把自己的看法清楚说出,亦极为重要。书中不止一次劝告有志投身会计专业的青年人,精通业务并不足够,因为说、写流畅和优雅的语言,是走上成功之道的必要条件之一。

该书第三章,记述了本森在第二次世界大战后至其 65 岁退休之年(1947—1975)库珀兄弟会计师事务所以及后来的发展①。本章收录有一份本森于 1957 年 5 月的《给一个初级合伙人的忠告》(*Notes for A Junior Partner on Joining the Firm*),全文共分 33 个要点,列为该章的附录。本文主要指导新入会计行业者应做的事和应注意的事项,事无巨细(包括如何"驾驭"秘书及口述信件等)。其中提到当会计师,至少要精通一项专业以外的嗜好或运动,不论高尔夫、网球、狩猎、航海、钓鱼、绘画、集邮……这不仅令你的专业生涯得到调剂和平衡,同时使你的客户不会觉得你很沉闷,因此较易成为朋友,对业务推广大有帮助。本森认为,一个只懂得解释资产负债表但对会计专业以外的天地一窍不通的会计师是个"大闷友"(a dull dog),这对吸纳新客户和保持老客户会产生消极作用。

许多新入行者都知道库珀会计师事务所为什么会生意兴隆、客似云来。本森指出,精通专业当然为不可或缺的要素,但他同时强调知名度对业务的发展绝对有益和有建设性,这或许是他不断出任公职的原因。他认为做一个称职的会计师,在工作日必须天天与客户午餐,他说,新入行者不必因自卑而不敢约大客户午膳,以本森的经验,许多大客户都乐于见见"新人"。

1971 年,本森被授予不列颠爵级大十字勋章(Knight Grand Cross of the Order of the British Empire,GBE),按例可设计"盾形纹徽",他要把他很具专业本色的座右铭"做得妥妥当当"(do the job properly)纹在盾形徽章上,但找不到相称的拉丁文,结果只得纹上"勤奋工作"之类的字句。事实上,凡事"做得妥妥当当"与"奉献",是本森成

① 1956 年,美国的莱布兰德·罗斯兄弟-蒙哥马利(Lybrand, Ross Brothers and Montgomery)会计师事务所找 Cooper Brother 接手其在管理上有麻烦的伦敦和巴黎分行,奠定下了两大会计师事务所初步合作基础;1957 年 1 月 1 日起,它们以 Coopers & Lybrand 为名在英美以外开业,在本国仍各用本名;由于合作愉快,1973 年,库珀兄弟(Cooper Brothers & Co.)、莱布兰德·罗斯兄弟·蒙哥马利及一家名为麦克唐纳·克里(McDonald, Currie and Co.)的加拿大事务所进行大合并,把名字正式改为永道会计师事务所(Coopers & Lybrand)。自此之后,Cooper Brothers 和 Lybrand, Ross Bros and Montgomery 不复存在。1998 年 1 月 1 日,当时六大会计事务所中规模最小但声望最高的 Price Waterhouse(普华)与 Coopers & Lybrand(永道)成功合并,更名为普华·永道全球国际会计公司(Price waterhouse Coopers)。

功的“秘诀”。可惜的是，“做得妥妥当当”是大多数专业人士尊奉的信条，但将一生“奉献”所业，则未必如此——即使你自己当老板亦未必能如此。本森退休后仍积极参与公共服务，于1981年获封男爵。

本森在书中提及有次在每年一度的同仁聚餐会上，在他发表的简短演说中，要求同仁“必须有奉献精神方能在事业上取得成功”，第二天便接获多封辞职信，请辞者的理由都是无法作出“奉献”，因为他们只为稻粱谋，目的在“做好例份工”而已；此举令本森感慨不已。

本森对会计职业的最重要“奉献”，就是倡导并参与制订“国际会计准则”（International Accounting Standards，简称 IAS），此准则现在为全球大多数国家与地区所接受，从而打破了会计专业的国家限制。这一历史功绩，将永远载入人类会计发展史册。

**参考文献**

[1] 周年洋，王二龙，林明. 五大会计师行[M]. 北京：中国财政经济出版社. 2003.

[2] Benson Henry. Accounting for life[M]. London：Kogan Page London. 1989.

[3] http://fisher.osu.edu/acctmis/hall/members/benson/index.html，2005-09-06.

[4] http://www.icaew.co.uk，2005-11-21.

[5] http://www.pinggu.org/bbs/b42i199073.html，2008-08-07.

[6] Lord Henry，Alexander Benson. Immutable Principles of Sound Financial Management [J]. Accounting，Business and Financial History，1992，2(1)：91-92.

[7] Lord Henry，Alexander Benson. The Story of International Accounting Standards [J]. Accountancy，1976，87(3)：34-39.

（初稿执笔人：黄俊华）

# 奥斯卡·斯坦德·格林

## (Oscar Strand Gellein, 1911— )

奥斯卡·斯坦德·格林(Oscar Strand Gellein, 1911— )是一位杰出的会计学家。他不仅具有渊博的学识和丰富的实务工作经验,还积极从事会计学方面的理论研究,并取得了很多成果。由于其对会计理论发展的突出贡献,是1985年唯一一位被选入美国会计名人堂的会计大师。

## 一、个人简要生平

1911年5月15日,格林(见图45)出生于北达科他州的米尔诺。他的父亲叫O·安德鲁(Ole Andrew),母亲名叫甘黑尔德·桑德尼斯·格林(Gunhild Sandnes Gellein)。格林的童年是在一个叫做爱达荷的大农场里度过的。16岁高中毕业后考入东南俄克拉荷马州立大学,于1932年获得数学学士学位。1939年,在俄克拉荷马州立大学获得数学硕士学位。大学学习期间,他选修了会计。在德克萨斯大学奥斯汀分校,他完成了会计学博士学位的论文,但没有达到获得学位的要求。1952年,他通过了美国科罗拉多州的注册会计师考试成为一名注册会计师。

奥斯卡·斯坦德·格林

早年时,他从事过很多职业,包括当过牛仔,还在加油站工作过,并曾在俄克拉荷马州的福克斯当过中学老师(1932—1933),后来还担任过中学的校长(1933—1948)。第二次世界大战期间,他曾在堪萨斯州立大学教过4年会计学(1939—1943)。后来,他加入了美国海军后勤部。从1943年到1946年他参军的这段时间里,他分别在佛罗里达州、俄克拉荷马州和加利福尼亚教航空航海技术。战争结束后,他在丹佛大学度过了6年(1946—1952),最初4年他在这所大学教会计,后两年他担任这所大学的财务部长。

1953年,在他被会计名人堂的另外两名成员约翰·威廉·昆南(John William Queenan, 1976年入选)和亚瑟·贝文斯·佛耶(Arthur Bevins Foye, 1958年入选)招募加入了德罗伊特-哈斯金斯-塞尔斯会计师事务所(Deloitte Haskins & Sells,即德勤国际会计公司的前身)。1955年他成为了一名合伙人。在此期间,他于1953年创立了公司研究部,并先后在公司纽约分部行政管理办公室、新泽西州和密歇根州的实务部门工作过,承担了通用汽车公司的审计业务。他在德洛伊特-哈斯金斯-塞尔斯会计师事务所共工作了21年直到1974年退休。当他退休的时候,他已是会计界和审计界的知名专家。

1928年6月15日,格林和他高中时就认识的内蒂·比尔·哈斯蒙(Nettie Belle Harshman)结婚,婚后育有一个孩子,并曾先后在16个州居住过。空闲的时候,他喜欢写作、园艺和打高尔夫球。

## 二、理论与实务的主要贡献

格林一生非常积极地参加会计专业团体的活动,特别是在美国注册会计师协会(AICPA)中更是相当活跃:1956—1961年,任统计抽样委员会(The AICPA'S Committee on Statistical Sampling)的委员,1958—1959年担任该委员会主席;1961—1967年,任审计程序委员会(CAP)委员;1968—1971年,任美国证券交易委员会合作关系委员会(The Committee on Cooperation with the SEC)主席;1971—1973年,他是会计原则委员会(Accounting Principles Board,简称APB)和美国注册会计师协会下设财务报表目标研究小组的成员,参与了会计目标的研究工作;1975—1978年,他是财务会计准则委员会的成员。退休后,他还保留了科罗拉多州和纽约注册会计师协会会员的身份。

1969—1970年,格林曾担任过美国会计学会(AAA)的副会长。此外,他先后还出任过会计学术文献奖委员会(Accounting Literature Awards Committee, 1972—1975)和职业会计教育标准委员会(Board on Standards for Schools of Professional Accounting, 1974—1975)等组织的委员。

他是Bete Alpha Psi和Phi Kappa Phi的成员。1974年,因其杰出的贡献,他获得了美国注册会计师协会的最高荣誉——美国注册会计师金质奖章。1985年,他获得东南俄克拉荷马州立大学的杰出校友荣誉。

## 三、主要论著简析

格林既是一位实务工作者，又积极从事会计理论研究。他写过许多论著，并在专业期刊上发表过许多有影响力的文章。此外，他还帮许多著名的会计学者写过书评。其中影响较大的文献主要如下。

### （一）《研究和开发支出会计》(1973)

格林具有较大影响力的著作之一，是他于1973年2月与合伙人M·S·纽曼(Maurice S. Newman)共同承担并撰写，后由美国注册会计师协会(AICPA)正式出版发布的第14号《会计研究公报》(*Accounting Research Study*，简称ARS)——“研究与开发支出会计”(*ARS No.14 Accounting for research and development expenditures*)。该书对后来的会计实务产生了深远影响。该文献中，他们从大量实务例证的角度剖析了当时研究开发支出会计处理中的4个问题，同时他们也认识到了在概念框架内会计处理一致性的重要性，涉及了有关建立概念框架的必要性论述，其独特的研究视角和方法体系值得每一个对研究开发会计感兴趣的人仔细阅读。

在20世纪50年代，企业管理者已经越来越重视研究与开发支出对企业经济的贡献，研究开发支出会计成了越来越多的会计人员、管理者和报表使用者关心的问题，但这是一个相当复杂的问题，尽管实务界有些公司对研究开发支出进行了确认，但缺乏内在的一致性，例如：一些公司将其确认为期间费用，直接冲减当期损益；而另一些公司可能分期摊销确认，针对研发会计中的4个可识别的问题，格林他们在逐渐形成的概念和框架内构建了自己的分析体系。

本书首先简要地介绍了其主要内容、研究方法体系、研究对象范围和一些主要结论，随后以美国工业企业研发支出的简要演变分析，以及学界有关研发支出的研究文献作为本书的研究背景，然后围绕如下四个问题进行了重点论述：(1)什么样的活动应在财务报表中描述成研究开发活动。作者认为，在实务界产生的有关研究开发成本会计的一些问题是由于缺乏一个以会计目标为指导的令人满意的研发支出的定义，支出达到多大程度时应被确认为研发成本，这个确定的程度很可能会影响当前会计净收益的计量，并且这个程度是很难确定的。因此，给其下一个定义是很必要的，从而为研发支出的确认提供了一个内在一致的要求。作者将研发支出按研究项目的不同分了4类，并主要讨论了继续研究项目和实际开发项目。(2)研发成本中多少应被作为当期损益立即确认，多少应被递延确认与未来期间收益相配比，这是研发会计中一个最重要的问题，也是本书论述的重点。一般公认会计原则要求当收入实现时，与收入相配比的研发成本应立即确认，为产生未来期望收益而发生的成本应摊销到未来的成本费用中去。作者认为，不管研发成本的发生是否归因于某特定产品，其递延到未来期间的成本是和与总收益相关的总成本相联系的。(3)递延研发支出的摊销与分配。作者认为，递延的研发支出是一项无形资产，并不能确定其有效使用年限。例如一项专利权，尽管法律上规定一个年限，但其有效使用年限可能比法律规定的年限要短，这种观点的提出在当时影响力很强，书中提出了一个研究项目需要满足 8 项标准时才可递延确认。(4)研发支出信息在财务报表中如何合理披露。对此问题，作者做出了一个深层次的思考，即研发支出在损益表中披露时是分开逐项披露，还是将其总计看作产品销售成本从毛利中扣除。本书的结尾，对以上 4 个问题的内在一致性进行了精辟的论述。

本书的研究范围是以持续经营假设为前提，且主要是针对工业企业研发成本会计问题，并不包括一些采掘业公司开发费用的会计问题，也不适用于正处于发展过程中财务资料不很健全的企业。本书的研究方法分为如下 3 步：第一步，是收集有关文献资料，从中找出有价值的理论基础，并获得在工业企业中研发支出越来越有意义的背景信息；第二步，是就研究与开发会计的原则和务实中的问题同财务分析师、银行家和行业组织的成员，以及会计教育者和其他利害关系人进行讨论；第三步，是通过三种途径在实务界进行调查研究，确定引起公司重视研发支出的因素。3 种途径分别是：一是对公司的股东报告和招股说明书进行评价；二是对那些研发支出金额相对较大的公司进行问卷调查；三是面对面地和一些有代表性的长期从事研发项目工作的公司进行交流。

本书的特点是内容的实务性观点比较多，对主管研发支出的会计非常有用。当然它存在一定的局限性，后来进行过修改，但它对研发会计的发展起到一定的积极作用。

### （二）“期间利润：是收益还是经济指标”(1987)

格林的这篇文章《期间利润：是收益还是经济指标》(*Periodic Earnings: Income or Indicator*)于 1987 年 6 月发表在美国会计学会(AAA)主办的《会计地平线》(*Accounting Horizons*)。作者认为，在财务报告准则的制定过程中，报表的不同使用者都很关心企业收益的本质和意义，也对期间利润在评价企业业绩过程中所起的作用十分关注。作者对期间利润到底是应该作为企业收益在财务报表中进行列示，还是将其看作是一个评价企业经营业绩的经济指标进行了深入透彻地阐述。文章以此为中心展开，提出了自己有关期间利润、企业收益和业绩评价指标之间的联系和区别。

引言部分,作者提到了美国财务会计准则委员会(FASB)有关“综合收益”和“利润”这两个术语的3个关键问题的论述,但并未解决它们之间实质性的差异问题。作者认为,即使这些尚待解决的问题被解决了,但除此之外公众更关心的是期间利润计量的可靠性和其功效性,只可惜有关收益的理论都仅局限于对收益的描述。文中引用了美国著名会计学家威廉·安德鲁·佩顿(William Andrew Paton)1975年有关企业收益的论述。以此为引导,作者从6个方面论述了这一问题。

第一,企业收益的本质(the nature of business income)。有关企业收益本质的主流观点认为,财富的增加或在会计上称作净资产的增加是企业收益的一个特征。虽然对财富增值的计量存在各种各样的观点,但几乎都同意净资产的增加就是会计收益。作者认为,收益从某种程度上讲就是在企业中形成的资本利得。它的金额等于公司净资产或资本中超过原始投入资本的余额。企业收益的本质可以从如下方面理解:一是威廉·安德鲁·佩顿和阿纳尼亚斯·查尔斯·利特尔顿对企业收益的描述;二是1976年FASB在财务概念框架中从权责发生制角度对企业收益的解释。企业的收益最终是以现金为基础的,虽然财富增加了,但如果现金可实现的概率很小的话,收益的确认是会令人怀疑的,净资产的增值直接作为企业收益确认本身就是一个抽象的概念。因为,从一个企业开始到最终清算,整个过程中所有者投入企业的现金(包括现金等价物)的数量是与所有者经过分配所得的现金数量存在差异。

第二,期间利润的本质。一定时期的利润是否应该被看作企业业绩评价的经济指标,应该考虑权责发生制会计的特征:一是记录的全面性;二是财务报表的核心;三是配比原则——成本与收益的配比产生了期间利润的计量;四是确认——在权责发生会计中收益的确认标准联系性不强;五是成本分配;六是历史计量属性——通常用来计量非货币性资产。

第三,期间利润——是经济指标?还是收益?格林认为,权责发生制会计中期间利润的特征并不能说明其本质是否与企业经济收益的本质一样,利润到底是企业业绩评价的经济指标还是代表那个期间企业财富增值的期间利润来计量呢?在这一部分作者列举了如下观点:20世纪40年代,从哲学角度看,期间利润应当作为当期经营业绩来计量而不应该被当作一个代表企业生命期间收益来计量。文章指出,在构成实务基础的会计原则和标准中也有关于利润的争论,并且有些财务报表本身也受到了利润应被看作一个企业经营业绩指标的这种观念的影响。他认为,企业收益的本质是以现金实现为基础,期间利润的确认由于现金交易并未完成存在不确定性,这说明期间利润只有在一个会计期末资产和负债是以现金为基础计量时,它在本质上才与企业收益一致。

第四,财务报表的不同计量结果使利润在本质上不同于企业收益。格林举例说明了,如果不是以现金为基础编制财务报表,对同一事项可能导致两种不同计量结果:一种情况是,忽视一些已发生的事项,在发生时不作处理,而在未来期间来说明。如递延法下的所得税处理和债务重组过程中债权人收益的确认;另一种情况是,当期就说明这些事项的影响,但这些事项在未来可能发生,也可能不发生,例如一般购买力变化下养老金的确认和个人保险。

第五,利润的波动性。由于期间利润是一个经济指标或是对资本增值的量度这一争论并未解决,我们可以从企业利润波动的有关争论中窥见一斑。格林认为,把利润看作是一个经济指标的人往往把利润的波动与利润指标的作用联系起来,他们认为利润指标具有如下指示作用:企业的营利能力,企业或管理层业绩,股利或利润的稳定性等。格林对此提出了如下几点看法:(1)这些概念导致了在确认利润波动或失真时的不同标准,单独根据一条标准去判断利润的变动和失真并不科学,并且在权责发生制会计中并没有一个内在机制去确认利润非失真或合理变动。(2)单独从会计角度来判断利润的盈亏是不合适的,因为一个企业的经营环境是不断变化的,利润的合理差异是固有的。

第六,结论。以对 20 世纪 40 年代与损益表相关的总括损益和当期经营业绩观点的比较为基础,文中提出需要理顺两方面的关系:(1)最终利润与经济指标的关系。格林提出:第一,为了揭示在一定时期的经营业绩去计量最终利润的努力是白费的,而且任何企图使利润不同于企业收益的行为都是徒劳的。第二,在财务界,财务报表的使用者都不会认为一个时期的利润仅仅只是一个经济指标而不是对企业财富增加的计量。第三,在权责发生制的会计理论中,需要一个规范性条款确保期间利润表现出财富的增加,并且列示于资产负债表的资产、负债都应满足现金的测试。第四,就资产负债而言,配比性、确认标准和现金制基础一起形成了一个稳定的系统,作为考虑潜在经营性的一般理论。(2)利润与业绩的关系。格林指出,财务会计也不应忽视业绩评价,尽管财务报告并不提供一个业绩净收益的计量,但是财务报表中反映的有关利润的情况可以帮助企业进行业绩评价。为此,格林提出一些建议,如将非持续经营收益同持续经营收益分开列示;区分一般性业务和非常规业务,一般业务与非经常性业务等。根据企业利润计算每股收益、资产回报率等指标来评价企业业绩。

**参考文献**

[1] Barr Andrew, Black Homer, Gellein Oscar S, Schindler James S, William J Vatter. Report of

the Committee on Concepts and Standards-General [J]. The Accounting Review, 1964,39(2): 425-431.

[ 2 ] http://fisher. osu. edu/departments/accounting-and-mis/the-accounting-hall-of-fame/membership-in-hall/oscar-strand-gellein, 2008-08-15.

[ 3 ] Gellein Oscar S, Maurice S Newman. Accounting for Research and Development Expenditures Accounting Research Study No. 14 [C]. American Institute of Certified Public Accountants, Feb, 1973.

[ 4 ] Gellein Oscar S. Financial Reporting: The State of Standard Setting, in Advances in Accounting, Vol. 3, ed. by Bill N. Schwartz [M]. Greenwich,Conn: JAI Press Inc. , 1992.

[ 5 ] Gellein Oscar S. Neutrality has Consequences [J]. FASB Viewpoints, FASB, Stamford, CT. 1978.

[ 6 ] Gellein Oscar S. Periodic Earnings: Income? or Indicator? [J]. Accounting Horizons, 1987 (3):59-64.

[ 7 ] Gellein Oscar S. Primacy: Assets or Income? Research in Accounting Regulation, Vol. 6, edited by Gary John Previts[M] Greenwich, Conn: JAI Press Inc. , 1992.

[ 8 ] Gellein Oscar S. Reflections on the FASB Conceptual Framework, Research in Accounting Regulation, Volume 4[M]. 1990.

[ 9 ] Gellein Oscar S. The Effect of Revised IAS 14 on Segment Reporting by IAS companies [J]. European Accounting Review, 2004,13(2):213-234.

[10] Gellein Oscar S. The Task of the Standard Setter [J]. Journal of Accountancy, 1978,162(4): 75-79.

（初稿执笔人:付丽）

# 罗伯特·牛顿·安东尼

## (Robert Newton Anthony，1916—2006)

罗伯特·牛顿·安东尼(Robert Newton Anthony，1916—2006)是一位著名的会计学家。鉴于其在会计理论领域里的贡献，特别是在管理会计与控制领域，以及在会计理论与实务相结合的开创性教材编写工作方面的贡献，成为1986年唯一一位被选入美国会计名人堂的会计大师。

## 一、个人简要生平

1916年9月6日，安东尼(见图46)出生于美国马萨诸塞州阿仍吉。由于其天资聪颖，读小学时曾跳了一级，高中就读于马萨诸塞的黑弗里尔中学，曾在学校乐队里吹萨克斯管。1933年他高中毕业，时年16岁。

图46 罗伯特·牛顿·安东尼

1938年，他获得科尔比学院的学士学位。在学校里，由于其优异的表现，曾是全美优等大学生荣誉协会(1938)和Phi Gamma Delta(1938)这两个荣誉组织的成员。后分别于1940年、1952年获得哈佛大学的硕士学位和博士学位。1940年，他进入哈佛商学院任教。在1983年退休时，被授予管理控制学罗斯·格雷厄姆·沃克荣誉退休教授称号。

1973年，安东尼与凯瑟琳·蕴妮(Katherine Worley)再婚，其与前妻格雷琴·林奇·安东尼(Gretchen Lynch Anthony)育有一子一女。安东尼酷爱运动，特别喜欢登山和滑雪。2006年12月1日，安东尼在新罕布什尔州汉诺威的家中逝世，终年90岁。

## 二、理论与实务的主要贡献

安东尼对发展和推动MBA教育做出了重要的贡献。他曾是洛桑管理发展学院(The Management Development Institute,简称IMEDE)最早的教职员之一(1957—1958),并且担任了其咨询委员会的成员达20年(1961—1981)之久。1983年以后,他帮助组建印度尼西亚管理发展学院(The Indonesia Management Development Institute,简称IPMI),并成为其国际咨询委员会成员。他曾在北美、中美、欧洲、澳大利亚和亚洲等作过许多演讲和短期培训。

安东尼曾出任多家出版机构的编辑与顾问。1969—1982年间,他担任理查德·D·欧文出版社威廉姆·J·格雷厄姆会计系列丛书(*Richard D. Irwin's William J. Graham Series in Accounting*)的顾问编辑;1982—1984年间,他曾任罗伯特·N·安东尼和威廉姆·J·格雷厄姆会计系列丛书(*Robert N. Anthony & William J. Graham Series in Accounting*)的顾问编辑。安东尼分别于1947—1960年、1958—1960年和1961—1968年担任《哈佛商业评论》(*The Harvard Business Review*)、《机械化核算杂志》(*Journal of Machine Accounting*)和《国际管理评论》(*Management International*)编辑委员会的成员。

安东尼也积极参加政府、商业和非营利组织的活动。1965—1968年,在罗伯特·S·麦克拉马纳出任国防部长期间,他担任美国国防部长助理兼审计长,负责编制和控制国防预算。他不仅为国防部开发了新的管理控制系统,而且负责指导美国最大的政府机构——国防部实施新的财务会计准则。此外,他也参加了许多其他的政府活动,例如,1971—1980年,他担任成本会计标准委员会的顾问;1973—1987年,他任美国审计总署(GAO)的教育咨询委员会的成员;1974—1978年,他担任联邦贸易委员会的分部报告咨询委员会的成员;1977—1985年,他担任纽约市审计委员会的成员;1982—1983年,他担任总统私营部门成本控制调查的顾问。第二次世界大战期间,他是海军军需部的一名官员,获得美国海军后备队(USNR)少校军衔(Lt. Commander)。1976年以后,他还一直被推选为新罕布什尔州沃特维尔谷镇(Waterville Valley)的审计员。

安东尼曾任多家公司的顾问与董事。1947—1954年,任安东尼汽车公司的总会计师和董事,于1955—1965年任管理分析中心的主任;1964—1965年,任后勤管理研究所理事;1965年,任列克星敦储蓄银行的理事。此外,安东尼担当了金刚砂公司(1971—1978)和华尔纳公司(1972—1986)的董事,并且担任审计委员会主席(1973—

1978)和成员(1974—1986)。另外,他还担任20多家著名公司的顾问,如美国电报电话公司、化工银行、通用汽车公司和联合太平洋铁路公司等。1959年以来,他一直担任科尔比学院的理事,1978—1983年间任理事会主席,1983年以后一直担任审计委员会主席。1983年开始,他是达特茅斯-希契科克医疗中心受托财务委员会的理事和主席。

安东尼对会计职业发展具有重要的贡献。在美国会计学会(AAA)中,他于1973—1974年任主席,1958—1959年曾任副主席,且在1972—1976年间任AAA执行委员会成员。在美国注册会计师协会(AICPA)中:1960—1962年,任职于租赁委员会;1969—1971年,任职于成本概念委员会;他还担任了AICPA的第4号会计研究公报——"财务报表中的租赁信息披露"咨询委员会的主席,该报告由约翰·H·梅耶思(John H. Myers)所撰;1973年后,他曾任财务会计准则委员会(FASB)的委员,从事会计准则的制定工作,1978年,他发表了一份题为"非营利组织财务会计"的报告,该报告直接促使财务会计准则委员会(FASB)成立一个专门委员会——非营利组织会计事务专门工作组,1981—1985年间,他一直是这个委员会的主席,领导着50多位委员,针对着不同类型的非营利组织制定会计准则。

安东尼在其他会计组织中表现也极为活跃。他曾任全美会计师联合会(NAA)的委员40多年,并在1969—1972年间担任基本成本概念小组委员会主席,1983—1985年间担任规范发布委员会的成员。继1968—1972年任职于NAA的管理会计实务委员会后,1984年被再次指派到该委员会工作。1986年,他成为NAA的退休职工联谊会的召集人。与此同时,他也在其他很多专业组织任职,包括财务经理人协会,美国军事审计长协会、美国煤气联合会和管理研究会的会员等。

安东尼卓越的成就使他赢得了许多褒奖和荣誉。1959年和1963年,他分别获得科尔比学院授予的文学硕士学位和人文学博士学位;1985年,他获科尔比学院颁发的马里纳杰出贡献奖;1967年,获得AGA颁发的卓越领导奖;1968年,获得美国国防部颁发的杰出公众服务奖章;1973年,获得总统行政办公室价格委员会颁发的优秀服务奖;1976年,他发表在《哈佛商业评论》(*Harvard Business Review*)第11～12月号上的论文"历史成本的真相"(*A Case for Historical Costs*)获得当年的麦肯锡奖;1978年,他成为犹他州立大学的Bete Alpha Psi名誉会员;1985年,获得Bete Alpha Psi年度会计师奖;1987年,他获得哈佛商学院颁发的杰出贡献奖;1989年,他获美国会计学会(AAA)的杰出会计教育奖。

## 三、主要论著简析

安东尼是一生著作颇丰。从1956年以来，他已经独撰和与其他学者合作撰写了100多篇文章和27本书，这些书很多已经被译成意大利语、西班牙语、葡萄牙语、荷兰语、南非荷兰语、德语、土耳其语、日语和汉语等15种语言，发行总量超过200万册，这其中不乏将理论阐述、实务研讨和案例分析有机结合、特别适合于MBA教育的诸多经典著作，现为美国斯坦福大学、哈佛商学院和麻省理工学院等100多所大学采用为会计学入门教材和MBA会计学教材。主要有：《会计学：教程与案例》(*Accounting: Text and Cases*, 1956)、《会计学精要》(*Essentials of Accounting*, 1964)、《计划和控制系统：一个分析框架》(*Planning and Control Systems: A Framework for Analysis*, 1965)、与约翰·迪尔顿(John Dearden)、理查德·F·范思尔(Richard F. Vancil)合著的《管理控制系统》(*Management Control Systems*, 1965)(至2000年时，该书已修订至第11版)。此外，还有《非营利组织的管理控制》(*Management Control in Nonprofit Organizations*)、《财务会计的未来发展》(*Future Directions for Financial Accounting*)、《现代公司主管》(*The Modern Corporate Director*)和《美国财务会计准则的反思：审视其是否有助于提供合理财务报告》(*Rethinking the Rules of Financial Accounting: Examining the Rules for Proper Reporting*)等。其中影响较大的主要有4本书。

### (一)《会计学：教程与案例》(1956)

《会计学：教程与案例》一书，是以安东尼1956年编写的《管理会计：教程与案例》为基础逐步修改完善而成的，该书也是关于这个主题的第一本案例型教科书，该书在1975年的第5版中，詹姆斯·S·瑞斯(James S. Reece)也参与了编写，而到1979年第6版时，作者将原书标题修改成现名，该书至今已经发行了第12版，其作者除安东尼外，还有另外两名美国知名大学的教授：一是长期任职于哈佛商学院的管理学资深教授大卫·F·霍金斯(David F. Hawkins)；另外一位则是曾任南加利福尼亚大学会计学院院长的肯尼斯·A·麦钱特(Kenneth A. Merchant)教授。

本书自出版以来，在各种教育实践中成功地使用了40多年，应用相当广泛。该书第10版在结构上分为均等的两大部分：财务会计部分与管理会计部分。在内容安排上，没有沿袭一般会计学类教科书那种过分注重程序和规则的做法，而是从管理者的角度，从培养和提高他们在管理实践中使用会计信息的能力的角度来阐述。通过大量案例的分析，使读者能够发现会计这种“商业语言”的潜在价值，从而很好地将其应用于实践，这正是本书的目的所在。本书共设“财务会计分册”（第1～14章）和“管理会计分册”（第15～28章）两篇共28章。

在“财务会计分册”中，所设14章的主要内容有：会计的性质与目的，包括信息的需求、会计职业人员、学习会计的方法、财务会计的框架结构和财务报表及3个典型案例；基本会计概念——资产负债表，包括基本概念、资产负债表、比率、资产负债表的变化及3个典型案例；基本会计概念——损益表，包括收益的性质、基本概念、费用的确认、利得与损失、损益表、有关收益的其他原则、会计与价格变动及6个典型案例；会计记录与会计系统；收入与货币性资产；销售成本与存货；长期非货币性资产及其摊销；资本来源——负债；资产的来源——所有者权益；其他影响净收益和所有者权益的项目；现金流量表；并购与合并报表；财务报表分析；理解财务报表。

在“管理会计分册”中，所设14章的主要内容有：管理会计的性质；成本习性；完全成本及其运用；其他产品成本计算法；标准成本制、变动成本制、质量成本和联合成本；生产成本差异分析；其他差异分析；控制——实施管理控制的环境；控制——管理控制过程；战略计划和预算；报告与评价；短期备选方案决策；长期决策——资本预算；管理会计体系设计。

### （二）《会计学精要》(1964)

《会计学精要》一书是安东尼和莱斯利·K·布赖特纳（Leslie K. Breitner）的合著，本书于1964年出版，并在教学中广为应用，该书至今已再版至第8版，经久不衰。该书在会计教育方面有着广泛的影响，现为美国斯坦福大学、哈佛商学院、麻省理工学院等100多所大学选用为会计学入门教材和MBA会计学教材。

这本书介绍最基本的会计知识，帮助读者从零开始学习会计的基本思想，理解财务报表中的数字，以及从数字中去了解一个组织的经营情况。它的写作方式独具特色，整个教材主体由概念解释与填空题、答案两部分组成，使读者在学习相应会计概念和含义后，立刻应用于实践中，这符合多数人的学习习惯。因为以实例讲解，边学边做练习，是最容易入门、加深理解和记忆、掌握所学知识的有效方法。

这本书有三大特点：(1)全书的结构体例在总体上以9个基本会计概念为主线贯穿全书，使各篇和各节自然衔接、前后连贯、逻辑严谨；特别是各篇各节中的每个段落（即所谓的“节或架构”）一般均讲清一个问题，有利于读者及时发现自己尚未学懂的内容。(2)全书将会计学的知识以简要计算、选择和填空并附以图表等形式进行讲解，让初学者边学边做，十分轻松地、循序渐进地掌握会计的基本概念和基本方法。(3)全书的内容偏重于对读者实际能力的培养，对 9 个基本会计概念及其相关术语的介绍并不是一种说教式的、没有做深厚的理论诠释，而是运用实例、图表形象而深入浅出地予以讲解，并将各个概念在各篇的相关部分中前后联系地反复讨论，以帮助读者进行理解。

全书围绕 9 个基本会计概念展开，具体包括：(1)复式记账概念(dual-aspect concept)。强调"资产＝负债＋所有者权益"这一恒等式成立。(2)货币计量概念(money-measurement concept)。说明会计报告仅仅反映能用货币额表述的事实，所以会计是一个反映企业状况的不完整的记录，而且并不总是反映一个企业最重要的事实。(3)企业实体概念(entity concept)。账户为实体服务，而不是为拥有、经营或其他与实体有关的那些个人服务。一个企业可以按照各种法律形式如公司制、合伙制(两个或更多的所有者)或者独资制(一个所有者)等一种形式组建。无论企业具有什么法律地位，实体概念均适用。(4)持续经营概念(going-concern concept)。是指在会计上除非有相反的证据，均假设一个实体无限期地持续经营。(5)资产计量概念(asset-measurement concept)。大多数货币性资产按其公允价值列报，而大多数非货币性资产则按照其成本数额列报。(6)稳健主义概念(conservatism concept)。强调权益的增加只有在合理确定的情况下才予以确认，然而权益的减少在可能发生时就应该予以确认。(7)重要性概念(materiality concept)。重要的经济交易是指在理解实体的财务事务中，能导致差别的那些交易。决定哪项业务重要是一种判断，对此没有机械的规则。(8)实现概念(realization concept)。在发出商品或提供劳务时确认收入。(9)配比概念(matching concept)。与某个时期的收入或业务相关的成本就是该时期的费用。说明是成本与收入配比，不是收入与成本配比。

### (三)《管理控制系统》(1974)

安东尼所著《管理控制系统》一书初版于 1965 年，当时主要是从财务控制角度对企业会计流程问题进行了一定的研究。后经作者不断修订与完善，至今已经出了第 11 版。管理控制系统是管理会计的一个重要组成部分，在管理者的日常管理和战略管理中占据极其重要的地位。该书与其说是一本会计书，不如说是一本管理书。作者从一个与传统的管理会计不同的角度，从管理控制系统入手，把会计与管理紧密结合，通过把大量实例与理论相结合，条理清晰地说明了管理者在日常管理中遇到的多种具体问题，并提出了相应建议。有志在新经济浪潮中搏击的真正的管理者，可在本书中找到不同于以往的高效管理控制系统。

《管理控制系统》第 11 版为管理控制系统教学提供了相关的概念、理论和案例。学习本书能够使学生们掌握与公司经理设计、实施和利用计划与控制系统来执行公司战略相关的知识、观点和分析技巧。本书并不详细讲述诸如成本会计和预算程序等方面的内容，重点大致在以下方面：(1)管理控制过程的技巧(如转移价格、预算编制、管理报酬)。(2)利用这些技巧时行为方面的问题(例如激励、目标一致、上下级的相关角色)。本书主要分为三个部分：第1章介绍了本书的整体概念框架。第一部分(第2～7章)讲述了管理控制发生的环境(责任中心)；第二部分(第8～12章)按顺序讲述了一般的管理控制过程的各个步骤(战略计划、预算编制、营业分析)；第三部分(第13～16章)讲述了管理控制系统的一些衍生形式(对差异化战略、服务型组织、跨国公司的控制以及项目控制)。

### (四)《美国财务会计准则的反思：审视其是否有助于提供合理财务报告》(2004)

《美国财务会计准则的反思：审视其是否有助于提供合理财务报告》(*Rethinking the Rules of Financial Accounting：Examining the Rules for Proper Reporting*)一书是安东尼于2004年在88岁高龄时，针对美国安然事件发生及其所形成的对会计准则的影响问题，集自己多年的经验而完成的一部财务会计理论著作。由于该书紧扣时代的脉搏，回答了当时人们普遍关心的一系列会计理论问题，因而产生了一定的影响。通用电气公司副总裁、审计长菲利普·D·阿明评价说："通过有效地将历史观点和当前的新闻头条紧密结合，安东尼博士描述了如何修补当前会计准则的不足之处，任何准备或正在使用财务报表的人都应该阅读本书。"斯坦福研究学会前任会长查尔斯·安德森认为："安东尼博士针对当前公司经营绩效的计量和报告方法提出了重要的疑问。他的建议尽管有一些尚存争议，但仍值得职业会计人员和其他关注公司会计责任的人们认真加以思考。"麦卡逊公司前任董事长兼首席执行官尼尔·A·哈兰也指出："当重新评价日益成为一项紧迫的任务时，罗伯特·安东尼教授已经对我们计量和报告企业经济事项的方式提出了严肃而又充满智慧的看法，并推荐了一些具有操作性的调整方案。《美国财务会计准则的反思》一书值得我们认真地关注和学习。"

该书的编辑者认为：世纪之交所暴露的一个又一个财务丑闻，不断地出现在商业报道的头版头条，我们已经很久没有对财务会计这一学科的基本原则进行回顾和修正。为使财务会计准则和实务紧跟当前时代变化的步伐，该书做出了自己明确的行动，其全面的研究范围和详细的解释说明将引致人们对财务会计问题更为广泛地争论，使那些长久以来处于阴影下的区域可以获得足够的阳光。书中在审视了财务会计这一对国家秩序和财富至关重要领域的每个方面后，阐述了其中一些必须进行更新和调整的内容。

该书所提出的基本理念是："大多数学科——物理、化学、经济学、医学、工程学、数学——都有关于报告其计量尺度的概念框架以及与之相符的一系列具体规则。随着时代的变化，我们需要间或对这些概念框架及具体规则进行检查。本书所关注的正是这些需要重新审视的规则。"在此理念下，作者分析了当时财务会计准则的最新发展及财务会计改革的迫切性，分析了当时尚存争议的概念和准则，并对当时财务报告模式提出了改进意见和方法。该书共设十一章，其主要内容如下：第一章"绪论"，论述了焦点、背景介绍、最新发展、泡沫和研究思路；第 2 章"标准"，论述了通用计量、有争议的概念、没有讨论的主题和财务会计中的计量概念；第 3 章"财务状况表"，包括背景介绍、偿债能力在其他国家受到重视、资产负债表的缺点、偿债能力表、关于偿债能力表的一些争议；第 4 章"收益表"，论述了权益利息、收益表其他问题；第 5 章至第 8 章分别是"权益变动表"、"现金流量表"、"非营利组织会计"和"州和地方政府会计"，内容都包括背景介绍、缺点和修正方案；第 9 章"建议的实施"，论述了建议需做出的变动和评论的汇总整理；第 10 章"联邦政府会计准则"，内容包括背景介绍、美国联邦会计准则咨询委员会、美国联邦会计准则咨询委员会失败的原因和建议措施；第 11 章"建议的总结"，分别阐述了对第 3 章到第 10 章的全部建议的要点。

## 参考文献

[1] [美]罗伯特·N·安东尼，等. 会计学精要[M]. 陈国欣，等，译. 北京：电子工业出版社. 2003.

[2] [美]罗伯特·N·安东尼，等. 美国财务会计准则的反思[M]. 李勇，等，译. 北京：机械工业出版社. 2005.

[3] [美]罗伯特·N·安东尼，等. 会计学教程与案例[M]. 王立彦、杜美杰，等，译. 北京：机械工业出版社. 2004.

[4] [美]罗伯特·N·安东尼，等. 管理控制系统[M]. 赵玉涛，等，译. 北京：机械工业出版社. 2004.

[5] http://fisher. osu. edu/acctmis/hall/members/anthony/index. html，2005-11-02.

[6] http://mba. netbig. com/dommba/schools/952/20000628/37182. htm，2005-12-13.

[7] http://www. haoplus. com/1-book/148221. html，2005-12-13.

[8] http://www. hbs. edu/news/releases/120506_anthonyobit. html，2008-08-15.

[9] http://www. hopebook. net/caijing/product/138652. htm，2005-08-15.

[10] http://www. nytimes. com，2005-08-15.

[11] Robert N Anthony. A Case for Historical Costs [J]. Harvard Business Review，1976，54(6)：69.

[12] Robert N Anthony. Accounting Rates of Return：Note [J]. American Economic Review，1986，76(1)：244.

[13] Robert N Anthony. Cases in Cost Accounting(Book) [J]. The Accounting Review, 1956,31(1):151.

[14] Robert N Anthony. Coping with Nonprofit Accounting Rules [J]. CPA Journal, 1996,66(8):50.

[15] Robert N Anthony. Games Government A Accountants Play [J]. Harvard Business Review, 1985,63(5):161.

[16] Robert N Anthony. GASB 34 should be Revised [J]. Government Accountants Journal, 2002, 49(1):36.

[17] Robert N Anthony. Making Sense of Nonbusiness Accounting [J]. Harvard Business Review, 1980,58(3):83.

[18] Robert N Anthony. Management Accounting for the Future [J]. Sloan Management Review, 1972,13(3):17.

[19] Robert N Anthony. Nonprofit Accounting Standards [J]. Accounting Horizons, 1995,9(3):100-103.

[20] Robert N Anthony. Readers' Input [J]. Strategic Finance, 2001,83(5):19.

[21] Robert N Anthony. Recognizing the Cost of Interest on Equity [J]. Harvard Business Review, 1982,60(1):91.

[22] Robert N Anthony. Rejoinder to David Mosso's Comments on "The Fatal Defect in the Federal Accounting System" ( PB & F 20:4) [J]. Public Budgeting & Finance, 2002,22(1):94-95.

[23] Robert N Anthony. Report of the Committee on Doctoral Programs in Accounting [J]. The Accounting Review, 1961,36(2):213.

[24] Robert N Anthony. Showdown on Accounting Principles [J]. Harvard Business Review, 1963, 41(3):99.

[25] Robert N Anthony. The Accounting Concepts We Need [J]. Accounting Horizons, 1988,2(4):128-135.

[26] Robert N Anthony. The Nonprofit Accounting Mess [J]. Accounting Horizons, 1995,9(2):44-53.

[27] Robert N Anthony. What should 'Cost' Mean [J]. Harvard Business Review, 1970,48(3):121.

[28] Robert N Anthony and Leslie K Breitner. Essentials of Accounting[M]. Boston, Massachusetts: Addison-Wesley. 1964.

[29] Robert N Anthony and Vijay Govindarajan. Management Control Systems, 11th Ed[M]. Columbus, OH: The McGraw-Hill Companies. Inc. , 2004.

[30] Robert N Anthony, David F Hawkins, Kenneth A Merchant. Accounting: Text and Cases, 10th Ed[M]. Columbus, OH: The McGraw-Hill Companies, Inc. , 1999.

[31] Robert N Anthony. The Fatal Defect in the Federal Accounting System [J]. Public Budgeting & Finance, 2000,20(4):1-10.

[32] Robert N Anthony. We don't have the Accounting Concepts We Need [J]. Harvard Business Review, 1987,65(1):75-83.

[33] Robert N Anthony. Doctoral Programs in Accounting [J]. The Accounting Review, 1965,40(2):414-421.

[34] Robert N Anthony. Eli Lilly and Co. (A) and (B) (Abridged) [J]. Harvard Business School Cases, Oct. 01, 1994.

[35] Robert N Anthony. Nonbusiness Financial Reporting: Is there Enough Guidance [J]. Journal of Accountancy, 1980,150(2):48-54.

[36] Robert N Anthony. Reminiscences about Management Accounting [J]. Journal of Management Accounting Research, 1989,(1):1.

[37] Robert N Anthony. Federal Accounting Standards have Failed [J]. International Public Management Journal, 2002,5(3):297.

(初稿执笔人:魏琴)

# 菲利普·路易·德弗利斯

## (Philip Leroy Defliese, 1915 — 1997)

菲利普·路易·德弗利斯(Philip Leroy Defliese, 1915—1997)是一位知识渊博且有不懈追求精神的会计大师,他的一生对会计职业和会计理论的发展具有不可磨灭的贡献,成为1987年唯一一位被选入美国会计名人堂的会计大师。

## 一、个人简要生平

1915年2月11日,德弗利斯(见图47)诞生于纽约市(New York)的王后郡(Queens County)。他的父亲名叫菲利普(Philip),母亲名叫弗朗丝·阿卡布恩德·德弗利斯(Frances Ankenbrand Defliese)。

德弗利斯是"活到老学到老"这句经典名言的忠实实践者。早年德弗利斯的正规教育是不系统的,但由于他积极上进、博览群书,因而得以在通向会计高峰的道路上不懈前行。幼年时的德弗利斯勤奋好学,曾就读于纽约市布鲁克林的Bushwick高中,并于1931年毕业。16岁高中毕业之后,德弗利斯边工作边学习。他在纽约物权和抵押公司找了份工作,但此工作与会计并不相关,只是一个学徒,除了白天工作,晚上他还要在纽约城市学院学习,通过不懈的努力,德弗利斯于1938年获得该校以会计和教育为主修课程的学士学位。尔后,德弗利斯离开了纽约物权和抵押公司,选择了在纽约市洛杉矶联合学区的格罗佛·克利夫兰高中当一名全职的会计专业代课教师。在接下来的4年时间内,德弗利斯又一鼓作气,继续在纽约城市学院上夜校,并于1940年获得企业教育硕士学位。此后,德弗利斯在纽约大学完成了他的博士学位课程,但未完成博士学位论文。由此可见,在对于知识的追求上,德

图47 菲利普·路易·德弗利斯

弗利斯表现出一种惊人的毅力，他是一个非常努力的人。1947 年，德弗利斯获得了注册会计师资格。1975 年，已经 60 高龄的他被威拉诺瓦大学授予商科荣誉博士学位。

德弗利斯曾有 5 年的从军经历。1942 年年底，德弗利斯加入了美国海军，在圣母大学的 V-7 计划中担任海军准少尉，由于其个人的努力，他被委任为准中尉，专攻反潜水艇作战。后来，德弗利斯就职于太平洋和阿拉斯加州的海关，在那里工作了 3 年，并成为海军中尉。

1946 年 2 月 28 日，德弗利斯与波琳·亨莉琪(Pauline Harnisch)结婚，并育有 3 个孩子。德弗利斯的兴趣广泛，包括风帆赛、徒步旅行、滑水、滑雪和高尔夫球。1997 年 4 月 16 日，德弗利斯逝世，终年 82 岁。

## 二、理论与实务的主要贡献

德弗利斯的一生与世界闻名的永道国际会计公司(Coopers & Lybrand，简称 C&L)有着不解之缘①。1942 年，德弗利斯即加盟永道国际会计公司，这对于德弗利斯来说，是一个很好的锻炼机会，但因战争需要他于当年即离开了事务所而从军投身第二次世界大战。1948 年，德弗利斯重新回到了永道国际会计公司，开始了新一轮的会计职业生涯。1956 年，德弗利斯在经过 8 年的打拼后，成为永道国际会计公司的合伙人之一。1962—1968 年间，他任该事务所的会计、审计以及为证券交易委员会(SEC)服务部的主任。1968—1976 年间，德弗利斯担任了事务所执行委员会的经营合伙人和主席。德弗利斯的接班人诺曼·阿巴赫(Norman E. Auerbach)，自 20 世纪 60 年代末起即成为他的助手，并出任 C&L 的副主席，由于其无论是在事务所政策的制定或执行以及业务的发展等方面，都同德弗利斯配合得非常默契而完美，后顺利接替德弗利斯担任 C&L 美国事务所代表人。

德弗利斯一生都热衷于教育事业，是一位德高望重的会计教育家。在第二次世界大战结束后，德弗利斯曾于 1947—1948 年间，担任阿德菲大学的一名助理教授。1950—1956 年间，他还曾在佩斯大学担任客座教授。1977 年，当达到永道国际会计公司退休年龄后，德弗利斯加入哥伦比亚大学会计教师队伍中，又重新回到了他所热爱的会计教育的职业中来，在商学院担任会计学教授。11 年后的 1988 年，德弗利斯成

① C&L 是永道会计师事务所的简称。它是一个国际性的会计师事务所联盟，以美国、英国、加拿大和澳大利亚这 4 个最大英语国家的会计事务所为骨干力量，于 1957 年结盟而成。它从英国事务所 Cooper Brothers & Co. 及美国事务所 Lybrand, Roos Bros & Montgomery 的名称中各取其首个单词，加以连缀命名。美国 C & L 的主要创始人之一是罗伯特·希斯特·蒙哥马利(Robert Hiester Montgomery)。

为哥伦比亚大学荣誉退休教授。

德弗利斯在会计职业活动方面极为热情。他曾同时在美国注册会计师协会(AICPA)的多个专业委员会任职:1957—1959 年,任审计程序委员会委员,并于 1959—1962 年任该委员会主席;1960—1962 年,任审计委员会的主席;1962—1965 年,任实务评论委员会的成员;1965—1969 年,任处理银行与其他债权人关系委员会的成员;1963—1972 年,担任会计原则委员会(APB)主席达 9 年之久,特别是在 1964—1972 年间,由于会计原则委员会(APB)正拟向财务会计准则会员会(FASB)过渡,这个主席职务被德弗利斯认为是其在整个会计职业中最受累而又不讨好的工作;1973 年,会计原则委员会(APB)被财务会计准则委员会(FASB)代替后,接下来起的一年半时间内,他是财务会计准则委员会下设咨询委员会的成员之一;1974—1975 年,任美国注册会计师协会董事会的主席;1984 年,德弗利斯积极倡导并创建了政府会计准则委员会,并成为政府会计准则委员会的发起人之一。1964—1969 年,他是纽约州注册会计师考试委员会成员,1979—1984 年,任纽约市审计委员会的首任主席。后来几年,德弗利斯担任了一些公司的主任会计师,并担任美国国防部的顾问。此外,德弗利斯还于 1964—1974 年间,任纽约市的民选议员和市议员。

德弗利斯一生对会计职业的杰出贡献使其获得多项殊荣。1972 年,获美国注册会计师协会的最高荣誉——美国注册会计师金质奖章;1995 年,鉴于德弗利斯对会计职业的卓越贡献,在华盛顿举行的一次美国注册会计师协会证券交易委员会联合会议上,公众监管委员会主席 A·A·萨默尔(A. A. Sommer Jr)授予了德弗利斯以约翰·J·麦克罗伊奖(John J. McCloy Award)。此外,他还是 Beta Alpha Ps,Beta Gamma Sigma 和 Delta Psi Epsilon 等组织的成员。2000 年曾任永道国际会计公司主席的尼古拉斯·G·摩尔 (Nicholas G. Moore)曾盛赞他说:“德弗利斯对会计职业作出了巨大的贡献,对推进永道国际会计公司的发展有重要影响。”

## 三、主要论著简析

德弗利斯一生为会计理论与实务的发展做出了卓越的贡献,其研究论著亦涉及会计、审计和税收等多个领域。除了在《会计评论》、《会计杂志》、《会计地平线》等会计和财务类重要期刊上发表了 50 余篇有相当影响的专业论文外,还出版了多部有着重要影响的论著,其中尤属作为《蒙哥马利审计学》合著者最具专业影响力。

### (一) 参与修订《蒙哥马利审计学》(1912)

德弗利斯作为罗伯特·希斯特·蒙哥马利(Robert Hiester Montgomery)的志同

道合者和继承人,通过其不断完善的这本被西方审计人员誉为"圣经"的传世之作——《蒙哥马利审计学》(*Montgomery's Auditing*),早已成为珍贵的审计文献和审计人员进行审计工作的指南流传于世界各地,其作用和意义是独特和卓越的[①]。

在美国民间审计理论发展史上,1905年应该是一个起点。这一年,蒙哥马利在纽约出版了英国劳伦斯·罗伯特·迪克西(Lawrence Robert Dicksee)教授的《审计学:审计人员实务手册》(*Auditing, a practical manual for auditors*)的美国版本。蒙氏在该书的前言中指出:我们发现我们自己正站在一个起点上,在美国,这个起点可能会带来审计职业发展的新时代。以后的事实证明确实是如此。这部《审计学:审计人员实务手册》的美国版问世,从某种意义上标志着美国只有审计实务、没有审计理论时代的结束,英国民间审计理论思潮对美国审计的发展产生深刻影响的开始。

《蒙哥马利审计学》是被列入美国会计名人堂的第2位成员罗伯特·希斯特·蒙哥马利于1912年在纽约推出的蒙氏审计学的第一版——《审计理论与实践》(*Auditing Theory and Practice*)的后续版本。1953年,蒙哥马利逝世后,由他的志同道合者发挥集体智慧,继续出版这本绝世巨著,德弗利斯是该书第8版到第11版4个版本的主要合著者之一,其中第8版和第9版,则是以德弗利斯为主,由其与永道国际会计公司其他同仁补充出版的。该书自第10版开始发行教学版本。在此过程中,德弗利斯不仅将《蒙哥马利审计学》继续发扬光大,而且成为美式审计学的忠实继承者。

1957年,由德弗利斯和诺曼·J·哈伦特编著并出版了《蒙哥马利审计学》(第8版)。本版分为三个部分:(1)审计学的理论和实践;(2)会计循环中各个环节的审计程序;(3)审计报告书的内容和编制。两位作者在该版中继续发展了蒙氏的民间审计思想。当时,虽然会计人员已经开始使用电子计算机,但它还不是审计方法中的一个因素。在第8版"管理咨询"一章中,对在第二次世界大战以后得到迅速发展的新兴业务——管理咨询业务,给予了足够的重视,并谈到了电子计算机和电子数据处理。他们认为:这种计算机处理经济信息的速度如此之快,以致它对会计和审计工作将会带来什么影响,目前还难以预料。1957年的修订主要着眼于会计原则和其他专业问题,尚未涉及审计方法的变化。当时,公认审计标准已开始编纂。附录中的一个问卷介绍了审计领域发生的一些变化,它预示着审计重点和组织将会出现重大变革,这些直到下一版才显示出来。

在20世纪70年代,将《蒙哥马利审计学》推向完善的,是永道国际会计公司的3位合伙人德弗利斯、K·约翰逊和麦克劳德。他们合作编著的第9版于1975年在纽

---

① 此部分主要参考文硕.世界审计史[M].北京:企业管理出版社,1996;部分内容可参阅本书罗伯特·希斯特·蒙哥马利的内容。

约正式刊行。第9版全书共3篇:第1篇共8章,论述审计理论与实践;第2篇共8章,论述会计循环中各个环节的审计程序;第3篇共4章,论述审计报告的内容和编制。本书出版后,其社会影响并不显著,人们甚至开始怀疑这部名著的权威地位。应该承认,从当时整个世界审计发展的潮流看,第9版虽然已涉及审计标准、计算机之类的新问题,而且较之第8版,在结构上和内容上也有所突破和创新,如将重点放在会计循环和审计实务上,但是并没有从超人的高度及时地捕捉审计理论和实务中跳跃的耀眼火花,没有全面顾及审计理论界,特别是实务界最新的、多方面的需要。他们都无力跃到世界民间审计发展大潮的浪头上来。与同时代的其他几部优秀审计名著相比,第9版显然黯然失色了。

进入20世纪80年代以后,为了继承蒙哥马利研究民间审计的传统,为《蒙哥马利审计学》增添新的活力,杰里·D·沙利文、理查德·A·格诺斯佩利奥斯、德弗利斯和亨利·R·贾尼克等人合作,对《蒙哥马利审计学》第9版重新进行了组合和改写,尽力让本书体现出时代特色,代表当时民间审计发展的最高水平,从而使这部巨著在当时世界民间审计领域一股否认该书第9版的现实意义的思潮中,经受了考验,维护了这部世界名著的尊严。1985年,《蒙哥马利审计学》(第10版)正式出版,它由5篇共42章组成。《蒙哥马利审计学》(第10版)在认真总结西方现代审计经验的基础上,以民间审计为主,兼顾内部审计和国家审计,对基本审计理论知识和实践知识,进行了系统的论述。本书第10版除在内容上对第9版进行全面翻新以外,对审计电算化和审计抽样这些以前版本没有放到应有位置的新知识、新技术,也以较大的篇幅作了详细介绍。尤其是为了提高审计实务部分的比重,第10版特增设一篇,为审计人员进行行业审计(包括金融业、大专院校、建筑行业、能源工业、卫生保健行业、高技术企业、保险公司、投资企业、采矿业、石油和煤气行业的审计)提供了指南。特别是第10版自始至终强调"效率审计"(efficient audit)。正如第10版"前言"中指出:"最近出现的一个变化是会计界内部竞争的不断加剧。这种竞争一方面降低了审计的收费,同时引起了审计人员对节约使用审计资源的极大关注。现在,人们把重点放在'有效率的'审计上,而本书正反映了这一重点。"

1992年,由德弗利斯最后一次主持修改补充的《蒙哥马利审计学》第11版问世,再次将这部作为美国审计起点的鸿篇巨著推到了时代的潮头。第11版全书以1988年作过重大修订的审计准则公报(Statements on Auditing Standards,简称SASs)为基础,系统地、具体地和详细地介绍了美国审计最新实务。《蒙哥马利审计学》(第11版)基本上反映了当时现代民间审计理论与实践的最高成就,堪称世界民间审计领域内容最丰富、权威性最高的巨著。对于了解当时西方特别是美国的审计理论与实务,这部百科全书式的审计学专著成为一部最理想的权威性工具书和必读之书。

**(二)《现值会计:对企业的实务指导》(1977)**

1977年,德弗利斯和永道国际会计公司的同仁沃伦·切普德里(Warren Chippindale)合著了《现值会计:对企业的实务指导》(*Current Value Accounting—A Practical Guide for Business*)。该书提出的写作宗旨是,基于大多数已发表的资料中,现值会计已经为专业人员和会计人员探讨、理解并服务于他们的业务,但是企业管理人员则被排除在外,因此,对于这些企业经理来说,就迫切需要有一本书能够清楚地解释现值会计的问题、选择以及优缺点。该书即希望能满足企业非财务经理的要求,为其提供一个全新的视角,这个视角能帮助他们对现值会计有一个很好的理解。因此,无论是对财务经理还是非财务经理来说,该书是很有益的。因为在通货膨胀或通货紧缩的情况下,它能为计量资产和利润提供广泛的信息。另外,该书强调现值会计能够很好地帮助经理人员做出决策。

该书的特点是,论述中注意贯穿永道国际会计公司实务操作中的一些国际惯例,在章节中也并没有很烦琐地重复一些基本知识。该书详尽地分析了考虑现值会计的原因、评价了现值会计的优缺点、阐释了操作中的实际问题以及透视了世界大部分工业国家通货膨胀会计的现状。该书并不是通常所见的传统中级会计课程,而是把现值会计延伸出去。如书中不仅详尽介绍了现值会计对企业内外部财务报告过程的影响,还包括对所得税过程的影响。

该书共有9章,另外还有加了评注的文献目录、术语汇编和一个详尽的索引。该书9章的内容简介如下①:第1章,论述通货膨胀对企业未来成功的威胁。第2章,论述通过运用现值信息完善企业决策。作者认为,现值应是许多决策所需成本信息的基础,而不应是历史成本。第3章,论述财务报告应如何应对价值变化。该章不仅探讨了历史成本法,包括后进先出法和一般物价水平会计;还探讨了现值会计,包括投入价值、脱手价值、利润计量等,其中利润的计量包括持有利得的计量和资本维护是否应以股东资金的购买力计量还是以企业的生产能力计量。第4章,论述现值方法。主要阐释了前面章节中出现的一些概念。第5章,论述通货膨胀对所得税的影响。阐述了通货膨胀对税后收益的影响,还探讨了通货膨胀所得税。第6章,论述一个现值体系的合法含义。该章比较短,它指出了一些不很常见但合法的衍生物,它们是由改换历史成本而采用的会计体系产生的。例如,现值会计将会对补偿津贴条款产生什么影响?

① Thomas J Burns, Roman L Weil. Current Value Accounting (Book Reviews) [J]. The Accounting Review, 1978,53(4):1022-1023.

或者在购买协议中对或有条款(依赖于报告的收益)有什么影响？第7章，论述在实施与运用现值会计时一些操作方面的考虑。该章是一种以回答怎么做的方式来写的，这种方式使得现值会计看起来是如此简单，以至于我们会想使用现值会计的困惑到底是什么。第8章，论述现值会计在世界各国的发展情况。第9章，论述现值会计需要国际协调。该章呼吁在10年或更长的时间内达成会计上的实质一致，而不是期盼这种一致性。

《现值会计：对企业的实务指导》一书的理论价值在于，长期以来历史成本计量是传统会计计量的核心，在强调收益计量且相对稳定的传统会计环境中，历史成本因其客观性、可验证性和有利于反映资产经管责任履行情况的优势而被广为推崇。然而，现代会计环境及信息需求者对会计信息的需求，自20世纪70年代以后发生了根本变化。全球性通货膨胀促成了现行成本法等通货膨胀计量模式的适时提出——现值计量基础，它可以随着经济环境的变化，及时地反映资产价值的变化和风险，具有高度决策相关性，并且能披露传统会计所无法处理的自创商誉、衍生金融工具和人力资源等会计信息，使资产负债表更能体现企业价值，提高了会计信息在经济信息系统中的地位。然而，许多会计人员反对现值会计，认为现值会计缺乏客观性和准确性。但德弗利斯则强调应以谨慎和理解的态度来看待现值会计。德弗利斯是现值会计的积极支持者，他指出："在美国，我们似乎很明显地感到没有动力可以去取代现有的框架，直至现值会计被理解与尝试运用(而在英国和澳大利亚，它现在被广为推崇)"。

此外，德弗利斯还曾发表了多篇有影响的专业论文，如"政务报告"(*Official Releases*, 1987)、"递延款项——更多致命的缺陷"(*Deferred Taxes—More Fatal Flaws*, 1991)、"永远的递延款项"(*Deferred Taxes—forever*, 1983)、"一位会计从业者对实现观念的看法"(*A Practitioner's View of the Realization Concept*, 1965)等。

**参考文献**

[1] 翻译组，译. 蒙哥马利审计学(上)[M]. 北京：中国商业出版社，1985.

[2] 汤云为，等. 蒙哥马利审计学(下)[M]. 北京：中国商业出版社，1990.

[3] 文硕. 世界审计史[M]. 北京：企业管理出版社，1996.

[4] Burns Thomas J, Philip Leroy Defliese. Financial Disclosure in a Competitive Economy(Book)[J]. The Accounting Review, 1979,54(2):461-462.

[5] Burns Thomas J and Weil Roman L. Current Value Accounting (Book Reviews) [J]. The Accounting Review, 1978,53(4):1022-1023.

[6] http://fisher.osu.edu/acctmis/hall/members/defliese/index.html, 2005-10-25.

[7] Defliese Philip Leroy, Owens G Chester. The Public Accounting Profession: Problems and Prospects [J]. Journal of Accountancy, 1978,146(6):86-88.

[8] Defliese Philip Leroy, Williams Harold M. Statement in Quotes [J]. Journal of Accountancy, 1978,145(3):74-85.

[9] Defliese Philip Leroy, Birenbaum David E. and Rhodes William S. Statement in Quotes [J]. Journal of Accountancy, 1975,140(6):71-77.

[10] Defliese Philip Leroy, Rosenfield Paul, Dent William C. Deferred Taxes—forever [J]. Journal of Accountancy, 1983,156(2):94-103.

[11] Defliese Philip Leroy, Warren Chippindale. Current Value Accounting: A Practical Guide for Business[M]. New York: Anacom, 1977.

[12] Defliese Philip Leroy. A practitioner's View of the Realization Concept [J]. The Accounting Review, 1965,5(1):517-514.

[13] Defliese Philip Leroy. Deferred Taxes—More Fatal Flaws [J]. Accounting Horizons, 1991,5(1):89-91.

[14] Defliese Philip Leroy. Inflation Accounting: Pursing the Elusive [J]. Journal of Accountancy, 1979,147(5):50-58.

[15] Defliese Philip Leroy. Official Releases [J]. Journal of Accountancy, 1987,164(3):196-205.

[16] Defliese Philip Leroy. Statement in Quotes [J]. Journal of Accountancy, 1971,131(2):66-71.

[17] Defliese Philip Leroy. The Search for a new conceptual Framework of Accounting [J]. Journal of Accountancy, 1977,144(1):59-67.

[18] Zeff Stephen A, Hoglund W E and Defliese Philip Leroy. Professional Notes [J]. Journal of Accountancy, 1979,148(4):96-105.

(初稿执笔人:吴小娇)

# 诺顿·莫尔·贝德福德

## (Norton Moore Bedford, 1916—1987)

诺顿·莫尔·贝德福德(Norton Moore Bedford, 1916—1987)是一位杰出的会计学家,由于他对会计理论发展所作出的卓越贡献,以及他在会计学教育上的很高成就,是1988年唯一一位被选入美国会计名人堂的会计大师。

## 一、个人简要生平

1916年11月11日,贝德福德(见图48)出生于美国密苏里州的一个绸布商人家庭,他的父亲名叫科尼利厄斯·大卫·贝德福德(Cornelius David Bedford),母亲名叫玛丽·莫尔·贝德福德(Mary Moore Bedford)。

贝德福德于1934年毕业于密苏里州圣约瑟夫的Benton高中。毕业之后,他即在当地的圣约瑟夫新闻报社做了3年的全职员工。在报社工作的期间,有一次在网球场上碰到一位后来成为他妻子的女孩,正是这位女孩的激发,促使他考入了当地的一所专科学校。1938年,他离开了圣约瑟夫考入了新奥尔良的杜兰大学,贝德福德通过努力分别于1940年和1947年在杜兰大学获得学士学位和硕士学位,接着又一鼓作气,于1950年在美国俄亥俄州立大学获得博士学位。贝德福德还于1947年在路易斯安那州获取注册会计师资格证书。

图48 诺顿·莫尔·贝德福德

贝德福德在攻读学位课程的同时,还在社会上担任相关职务。1940年,他在获得学士学位后,就被新奥尔良证券交易所雇用为行政秘书;1940—1941年,他在路易斯安那州做审计员;1941—1942年,在新奥尔良公共服务部门当职员;1942—1946年的第二次世界大战期间,他服务于美国军队。此外,他在杜兰大学攻读硕士学位和在俄亥俄州立大学攻读博士学位时，亦曾分别担任学校的管理员。

贝德福德在获得博士学位之后开始进入教育界。1950—1953 年，他在华盛顿大学任助理教授与副教授；1954 年 2 月 1 日，他以副教授的身份加盟到伊利诺伊大学的教师队伍；1969 年，他被任命为韦尔斯·鲍威尔荣誉教授；1974 年，他又获得一项荣誉，被任命为会计和工商管理亚瑟·扬杰出教授，并拥有这一荣誉直到 1987 年从伊利诺伊大学退休。

1943 年 3 月 19 日，贝德福德与海伦·格雷斯·霍恩(Helen Grace Horn)喜结连理，婚后他们生了两个孩子。贝得福德在业余时间喜欢旅游、游泳、散步和打高尔夫球。1987 年 11 月 26 日，贝德福德在加利福尼亚的帕萨迪纳家中去世，终年 71 岁。

## 二、理论与实务的主要贡献

在伊利诺伊大学期间，他担任了许多委员会的工作：1978—1979，任哲学博士学位授予委员会和战略目标委员会的委员；1980 年，任校杰出贡献奖评选委员会委员；1983—1984 年，任咨询委员会主席、哲学博士考试委员会主席；1985—1986 年，任副校长学术助理；1986—1987 年，任会计部门职业程序协调员；1986—1987 年，任教育政策委员会主席。贝德福德在 1974—1981 年任会计系主任期间，在推动由 3 个组织联合创立的 4 个命名荣誉教授职位中起到了非常重要的作用。

贝德福德致力于会计理论研究与思想传播工作。作为一个教育家，他在伊利诺伊大学担任了 50 多位博士论文答辩委员会的委员，并且担任了国外多所大学论文答辩委员会的成员。1954 年贝德福德加盟伊利诺伊大学以后，他先后被大约 100 所大学或学院邀请作客座教授，并曾发表了 250 多次专业讲座。1986 年 8 月 11～13 日，在加拿大安大略金斯敦女王大学举行的第七届会计学史学家年会上，时年 70 高龄的贝德福德作为会计名人堂成员代表，还曾与西德尼·戴维森(Sidney Davidson)和菲利普·路易·德弗利斯(Philip Leroy Defliese)一起受邀与会担当主讲人。

1957—1969 年间，他任麦克格劳-希尔书业公司(McGraw - Hill Book)的会计专业学术顾问；1979—1981 年，任《审计、财务与会计杂志》(The Journal of Auditing, Finance, and Accounting)编辑部的顾问；1986 年以来，任《香港企业管理杂志》(Hong Kong Journal of Business Management)的编辑委员会成员。

贝德福德在专业组织中也表现得非常活跃。1978 年，任会计教育机构联盟的主席；1961 任美国会计学会(AAA)副会长，1969—1970 年间任会长，并兼职于其多个委员会，如会计框架结构和会计内容体系研究小组等；在全美会计师联合会（NAA）中，1962 年任理事，1979—1980 年任副会长，1981—1984 年任执行委员会委员；1980 年，任全国教育委员会主席，其间完成著名的研究报告——《未来会计教育：准备扩展的会计职业》（*Future Accounting Education: Preparing for the Expanding Profession*，亦称"贝德福德委员会报告"）①；在美国注册会计师协会（AICPA）中，1971—1974 年任理事，1974—1977 年任财务会计准则咨询委员会成员。

贝得福德亦任一系列组织委员会成员。1969—1970 年，任美国国内税收署贸易专家咨询委员会成员；1972—1974 年，任会计研究协会委员；1978—1980 年，任财务会计基础委员会的理事；1984—1987 年，任伊利诺伊卫斯理大学董事会董事。

贝得福德一生获得众多奖项。1976 年，获得企业信息专家奖；1980 年，获美国会计学会（AAA）的杰出会计教育奖（AAA's Outstanding Accounting Educator Award）；1981 年，获得俄亥俄州立大学的杰出校友奖；1986 年，获得伊利诺伊注册会计师协会（Illinois Society of CPAs）的杰出会计教育奖；1987 年，获得美国注册会计师协会（AICPA）的杰出会计教育奖。

贝得福德还获得许多其他职业荣誉奖。1963 年，获得杜兰大学商学院年度杰出校友奖；1970 年，获得俄亥俄州立大学杰出贡献奖；1972 年，被评为富布莱特杰出学者；1973 年，评为伊利诺伊大学优秀学者。此外，他还是 Bete Alpha Psi 和 Beta Gamma Sigma 的成员。

1983 年，伊利诺伊大学为了鼓励和支持对会计及相关领域基本理论与应用问题的研究，并加强研究结果促进会计教育改进和实践工作，专门建立了伊利诺伊大学会计学研究中心，并且组织活动纪念诺顿·莫尔·贝德福德和 1978 年入选美国会计名人堂的另外一位著名会计学教授罗伯特·K·莫茨（Robert Kuhn Mautz）这两位在 20 世纪主导了会计学发展的教育学家和学者。

## 三、主要论著简析

贝德福德的一生，曾撰写了许多会计著作，发表了多篇会计学论文，对会计学的发展作出了杰出的贡献。先后独撰或合作发表了 70 多篇论文、11 本著作，参编了 34 本书籍，写了 20 多份书评。

---

① "*Future Accounting Education: Preparing for the Expanding Profession*", Report of the Committee on the Future Structure, Content, and Scope of Accounting Education, Issues in Accounting Education (April 1986: 168-195) [R]；许家林. 经济全球化下的会计教育国际化 [J]. 中国会计与财务研究，2004(1)：117-179。

### (一) 主要著作简析

贝德福德的主要著作包括《管理控制系统》(*Management Control Systems*, 1984)、《会计手册》(*Accountants Handbook*, 1970)、《高级会计:一种组织方式》(*Advanced Accounting: An Organizational Approach*, 1961)等。贝德福德还有几本书被翻译成日语,包括《收益计量理论:会计的基本构架》(*Income Determination Theory: An Accounting Framework*, 1965)、《会计披露的延伸》(*Extensions of Accounting Disclosure*, 1973)、《社会变化中的会计展望》(*The Future of Accounting in a Changing Society*, 1970)等。

《管理控制系统》是贝德福德影响较大的一部著作。该书由4部分所组成。第一部分,讲述管理控制的性质,管理控制与组织行为,策略,信息之间的关系;第二部分,介绍了管理系统的要素;第三部分,介绍管理控制的程序、计划、衡量标准和激励措施;第四部分,引用案例分析特殊情况的管理控制,如跨国公司和非营利组织的管理控制情况。这本书适用于管理会计专业作为教材使用。

### (二) 主要研究报告简析

1983年,在美国有关研究机构发布了题为《国家处在危险之中,教育改革势在必行》的研究报告后,美国会计学会(AAA)专门成立了一个由贝德福德教授领导名为"未来会计教育结构、内容、范围委员会"的组织(这个委员会也曾称为"贝德福德委员会"),以对未来会计教育的目标进行专门研究,委员会的成员多数为杰出的会计教育工作者,并包括了产业界、政府部门及会计师事务所的代表。

1986年,贝德福德委员会公布了一份名为《未来会计教育:准备扩展的会计职业》(*Future Accounting Education: Preparing for the Expanding Profession*)的报告[①],在这份被称为"贝德福德委员会报告"的著名文献中,对当时的会计教育作了严厉批评,指出当时50年不变的会计教育课程,已不再适用于未来会计专业发展的需要,会计实务和会计课程的差距越来越大。

贝德福德委员会的报告包括28个有关改进会计教育的建议,涉及会计教育的范围、内容、结构、教师、管理、授权、专业职业考试和专业团体信息等很多方面。其中,最重要的建议主要有:(1)会计应被视为一个以信息系统设计、运作为基础,处理和发布

① "*Future Accounting Education: Preparing for the Expanding Profession*", Report of the Committee on the Future Structure, Content, and Scope of Accounting Education, Issues in Accounting Education (April 1986:168-195)[R].

经济信息的过程。(2)大学会计教育应着重于专业技术和学习能力的培养。(3)特定的会计教育应建立在大学毕业的基础上。因此,一个完整的教育过程应包含一般教育(2～4 年)、一般会计职业教育(2 年)和特定会计职业教育(2 年)3 个阶段,而要完成这 3 个阶段的教育最少学习时间为 5 年左右。(4)教师应组织学生实习,使学生能够主动地学习,独立地解决问题,而不是被动地接受知识。(5)鼓励会计教师更多地与大学文科的教师进行交流。(6)为了培养未来人才,会计教师应根据会计实践和相关研究来组织教学内容。(7)提高学生综合素质,而不是将学生培养为仅仅满足现有执业要求的人。

### (三) 主要论文简析

"年度报告国际比较分析"(*An International Analytical Comparison of Annual Reports*, 1976)。该文在美国证券交易委员会(SEC)的原则要求下,比较年度报告的需求。文中提到欧洲经济共同体和瑞士的公司法,通过调查显示各国年度财务报表具有真实与公允、明晰性和持续经营的一般特征。欧洲经济共同体的一份指导性草案提出这些术语应该尽可能精确,但一个会计咨询团体发现这样做太死板,相比之下真实与公允性观点更合理些。在美国,客观性是公共会计的基本内容,要求数据客观可证实以至于不同的独立审计员可以获得相同的结果。在资产重估和价值反映方面,欧洲经济共同体和瑞士努力遵从经济实现的需要。考虑到市场经济的功能,贝德福德得出结论是,经济理论要求完全披露公司信息。

"比较分析欧洲经济共同体、瑞士和美国年度报告的结构与内容"(*An International Analytical Comparison of the Structure and Content of Annual Reports in the European Economic Community, Switzerland, and the United States*, 1974)。该文通过对三个地区会计规范的比较分析,发现了他们之间存在许多共同之处,也存在许多信息需求方面的差异。一般来说,在美国信息披露规范强调流动性,瑞士则给管理者留下更多的灵活可操作空间,而欧洲经济共同则更重视一致性。这些披露重点的不同,给国际会计准则的发展带来了许多障碍,根据流动性、一致性、客观性、披露范围、潜在经济理论和估价方法来比较披露要求,可以对这些不同之处有更深入的了解。文中指出,为了全面评价这三个地区会计披露要求不同的原因和影响,需要对以上 6 方面进行全面考察,当然其他方面有需要适当考虑,以使这些因素的影响可以清晰反映出来。

"可变现净值与重置成本的比较分析"(*Comparative Analysis of Net Realizable Value and Replacement Costing*, 1972)。该文主要讨论财务会计信息。文中将一项

资产的可变现净值定义为在短期内处理该项资产所获得的最大净额,其中净额又可以定义为售价减去处理成本后的净额。贝德福德认为,在平等、公平的完全竞争情况下,可变现净值和重置成本之间的差别最小,甚至忽略不计。

"面向管理者的管理信息系统概念"(*The concept of management Information Systems for Managers*)。该文介绍了管理信息系统的概念。由于电子技术的发展,导致自动化控制系统拓展到日常的决策过程,例如,存货控制系统在企业中运用得相当普遍,而管理控制系统的发展归因于管理信息系统。管理信息系统通过电脑自动生成技术在一定程度上取代了人类管理活动,由于决策时间和方式的发展变化使得管理活动自动化变得可能。从日常经营问题到高水平决策计划问题的管理活动,以计算机为基础的管理信息系统开始于管理的最低水平,并不断向更复杂的管理问题发展。

"会计思想的国际传播"(*The International Flow of Accounting Thought*, 1966)。文中认为,会计是一项职业,会计人员要为此不断寻找新的知识来提高会计在社会中的作用。回顾一下会计的发展历程可知,会计思想的国际传播是由基础会计技能和新的会计知识从一个地方向另外地方传播的过程所决定的。除非相类似的发展在世界上每个国家自动发生,会计知识的传播已经是实实在在地发生,因为会计思想是没有国界的。如果全球的会计人员作为一个职业团体,不断寻找新的方式来提高会计功能,而在不同的时间、不同国家有不同的发现,也有不同国家开始应用这些新技术,这时候就有必要充实与完善会计思想的国际传播。从历史的角度讲,会计程序和思想从一个国家传到另外一个国家的过程实际上是因会计人员的实际流动而实现的。

**参考文献**

[1] http://fisher.osu.edu/departments/accounting-and-mis/the-accounting-hall-of-fame/membership-in-hall/norton-moore-bedford/, 2008-08-06.

[2] Bedford Norton M. Advanced accounting : An Organizational Approach[M]. New York: John Wiley & Sons, 1979.

[3] Bedford Norton M. A Communication Theory Approach to Accountancy [J]. The Accounting Review, 1962,37(4):650-659.

[4] Bedford Norton M. A history of accountancy at the University of Illinois at Urbana-Champaign [C]. Center for International Education and Research in Accounting, 1997.

[5] Bedford Norton M. A Tribute to William A. Paton [J]. The Accounting Review, 1992,67(1): 1-16.

[6] Bedford Norton M. Accountants' Handbook, 5th ed. [M]. New York: Ronald Press, 1970.
[7] Bedford Norton M. Accounting and Business Fluctuations (Book) [J]. The Accounting Review, 1961,36(1):528-529.
[8] Bedford Norton M. An Information Theory Analysis of the Accounting Process [J]. The Accounting Review, 1969,44(2):256-275.
[9] Bedford Norton M. An International Analytical Comparison of Annual Reports [J]. International Executive, 1976,18(1):24-26.
[10] Bedford Norton M. An International Analytical Comparison of the Structure and Content of Annual Reports in the European Economic Community, Switzerland, and the United States [J]. International Journal of Accounting, 1974,9(2):1-44.
[11] Bedford Norton M. Beyond the Bottom Line (Book Review) [J]. Journal of Accountancy, 1979,148(6):99-100.
[12] Bedford Norton M. Consistency Reexamined [J]. The Accounting Review, 1968,43(3):453-458.
[13] Bedford Norton M. Cost Accounting and Control (Book). The Accounting Review, 1958,33(1):160.
[14] Bedford Norton M. Creative and Innovative Management: Essay in Honor of George Kozmetsky [J]. The Accounting Review, 1985,60(3):562-563.
[15] Bedford Norton M. Discussion of Opportunities and Implications of the Report on Objectives of Financial Statements [J]. Journal of Accounting Research 1974 Supplement, 1974,12(3):13-17.
[16] Bedford Norton M. Extensions in Accounting Disclosure [M]. Englewood Cliffs N J: Prentice-Hall, 1973.
[17] Bedford Norton M. Getting Acquainted with Accounting (Book Review) [J]. Journal of Accountancy, 1973,135(4):95-96.
[18] Bedford Norton M. Horizons for a Profession (Book) [J]. The Accounting Review, 1968,43(1):208-210.
[19] Bedford Norton M. Income Determination Theory: An Accounting Framework [J]. Journal of Accountancy, 1966,122(3):91-92.
[20] Bedford Norton M. Introduction to Modern Accounting [M]. New York: The Ronald Pr. Co., 1968.
[21] Bedford Norton M. Objectivity in Accounting [J]. The Accounting Review, 1966,41(4):828-829.
[22] Bedford Norton M. Comparative Analysis of Net Realizable Value and Replacement Costing [J]. The Accounting Review, 1972,47(2):333-338.

[23] Bedford Norton M. Reorienting Accounting Education [J]. Journal of Accountancy, 1987,164(2):84-91.

[24] Bedford Norton M. Report of the Committee on Establishment of an Accounting Commission [J]. The Accounting Review, 1971,46(3):609-616.

[25] Bedford Norton M. Research Methodology and Accounting Theory-Another Perspective [J]. The Accounting Review, 1961,36(3):351-361.

[26] Bedford Norton M. Some Distinctive Aspects of Accounting in the USSR [J]. International Journal of Accounting, 1968,4(1):29-40.

[27] Bedford Norton M. Special Report Future Accounting Education: Preparing for the Expanding Profession [J]. Accounting Education, 1986,1(1):168-195.

[28] Bedford Norton M. The Concept of Management Information Systems for Managers [J]. Management International Review, 1972,12(2/3):25-34.

[29] Bedford Norton M. The Contributions of A C Littleton to Accounting Thought and Practice [J]. The Accounting Review, 1975,50(3):435-443.

[30] Bedford Norton M. The Efficiency of Business Enterprises [J]. The Accounting Review, 1970,45(2):283-384.

[31] Bedford Norton M. The Foundations of Accounting Measurement [J]. Journal of Accounting Research, 1968,6(2):270-282.

[32] Bedford Norton M. The Future of Accounting in A Changing Society[C]. University Avenue Champaign, IL: Stipes Publishing L. L. C. 1970.

[33] Bedford Norton M. The Impact of Chambers on the Scope of Accounting: An Analysis and Extension [J]. Abacus, 1982,18(2):112-118.

[34] Bedford Norton M. The Impact of Information Systems on the Accounting Profession[C]. Dept. of Accounting, School of Business Administration, University of Massachusetts at Amherst, 1981.

[35] Bedford Norton M. The International Flow of Accounting Thought[M]. International Journal of Accounting, 1966,1(2):1-7.

[36] Bedford Norton M. The Laws of Learning and Accounting Instruction [J]. The Accounting Review, 1963,38(2):406-408.

[37] Bedford Norton M. The Nature of Future Accounting Theory [J]. The Accounting Review, 1967,42(1):82-85.

[38] Bedford Norton M. The Need for an Extension Of the Accrual Concept [J]. Journal of Accountancy, 1965,119(5):29-33.

[39] Bedford Norton M. The Theory of Rational Expectations and Its Applications in Accounting [C]. College of Commerce and Business Administration, University of Illinois at Urbana-

Champaign，1978.

［40］ Anthony Robert N，Deaden John Bedford，Norton M，Homewood Irwin. Management control systems[M]. Illinois：Estados Unidos，1989.

［41］ http://www. news. uiuc. edu/II/04/0122/index. html，2008-08-06.

（初稿执笔人：郑早琴）

# 井尻雄士

## (Yuji Ijiri, 1935 —　)

井尻雄士(Yuji Ijiri, 1935—　)是著名的美籍日裔会计学家和教育家。由于其在会计理论特别是在会计计量理论方面的突出成就,成为1989年唯一一位被选入美国会计名人堂的会计大师。

## 一、个人简要生平

1935年2月24日,井尻雄士(见图49)出生于日本神户的一个平民家庭,父亲名叫Takejiro,是一位面包师,母亲名叫Hiroko Hanno Ijiri。他的一生是在两种文化中度过的,一半是日本文化,另一半是美国文化。

井尻雄士从小就对数学感兴趣,6岁那年进入一所算术学校学习。在井尻雄士9岁时,神户遭到了严重的空袭,他和其余100名四年级的学生被疏散到Okayama的一所教堂里。在那儿,一位年轻人教他代数,直到1年多以后战争结束。当井尻雄士十年级时,他的父亲解雇了他所聘请的会计师,并让井尻雄士去接管这一职位,井尻雄士即喜欢上了会计。父亲希望他将来能够从事会计职业,他欣然应允,并决心成为一名注册会计师。

图49　井尻雄士

他的父亲觉得大学教育是浪费时间,因为他总是觉得工作实践更有用。井尻雄士艰难地说服他的父亲让他进入大学的夜校学习,以便能成功通过注册会计师的考试。1952年,在离开奈良商业高中前夕,井尻雄士通过考试获得了无需大学文凭就可以报考注册会计师的资格,经过在京都同治社短期大学1年的夜校学习后,他于1953年通过了注册会计师考试。在满足注册执业所必需的3年实践经验要求的同时,井尻雄士还曾进入京都立命馆大学学习。在大学里,井尻雄士曾跟随着一位会计教授学习,这位教授的观念与他父亲是完全不同和对立的。这位教授让他参加了一个会计研修班,在那儿,他们花了整整一个学期去读托马斯(Thomas Sartor)等人的著作。此后,井尻雄士为了理解教授关于会计和社会上事物的类比,花了近20年的时间。井尻雄士开始深深地相信关于他研究的动力、关于他笑声频繁的原因、关于他最深刻思想的来源之间的类推。井尻从数学、美术、音乐天才的类比中获得了进一步灵感的源泉。在这位教授的影响下,井尻雄士觉得除了爱以外,生活中的任何一件事情都是和会计有联系的,他一生中最大的挑战就是去发现爱和会计之间的联系。1956年,井尻雄士获得了法学学士学位,同时也达到了获取注册师资格的全部要求,当时他年仅21岁,因而成为日本有史以来最年轻的注册会计师。

大学毕业之后,井尻雄士先是在东京一家小会计师事务所工作了3年,尔后到普华永道国际会计公司(Price Waterhouse Co.)就职。在工作期间,他明显感到自己知识贫乏,于是毅然辞去工作,当年即到美国的明尼苏达大学攻读研究生,于1960年获得硕士学位。并于同年成为由美国著名会计学家阿纳尼亚斯·查尔斯·利特尔顿(Ananias Charles Littleton)和海勒姆·汤普森·斯科维尔(Hiram Thompson Scovill)教授于1919年在伊利诺伊大学创立的Bete Alpha Psi的成员。井尻雄士并没有满足于此,紧接着又就读于卡内基-梅隆(Carnegie Mellon University)大学,于1963年获得博士学位。在卡内基-梅隆大学,井尻雄士深受3位教授的影响:第一位是美国著名管理学家、1978年诺贝尔经济学奖获得者赫伯特·A·西蒙(Herbert A. Simon),并曾与西蒙教授有过研究与合作且完成了一部著作;第二位是著名的行为管理学家理查德·M·西尔特(Richard M. Cyert);第三位是著名的经济学家与会计学家、且在1995年被选入美国会计名人堂的第55位成员威廉·威格·库珀(William Wager Cooper)教授,他既是井尻雄士的良师益友,也是他的第三任父亲,曾经用一杯咖啡来影响井尻雄士去写会计论文。

从卡内基-梅隆大学毕业后,井尻雄士来到了斯坦福大学(Stanford University)任教并一直到1967年,其中1963—1965年为助理教授,1965—1967年为副教授。1967年,他回到卡内基-梅隆大学并晋升为正教授。1975年,他被遴选为以美国另一位著名会计学家、1974年入选会计名人堂的第34位得主罗伯特·马丁·特鲁布拉德(Robert Martin Trueblood)名字命名的会计学和经济学讲座教授,这是该校授予其教职员工的最高荣誉。

## 二、理论与实务的主要贡献

井尻雄士有着超乎寻常的记忆力,他的计算机水平达到了炉火纯青的地步。在井尻雄士的一生中，他对难题、文字和游戏（例如日本象棋）感兴趣，甚至于达到着迷的程度。井尻雄士对数学有着浓厚的兴趣，这使得他在一些文章中能够用数学逻辑去分析抽象的问题。在井尻雄士的一本著作中，他曾经引用过一位 CCNY 数学教授的名言："为了知道过去，一个人必须首先知道未来。"

井尻雄士非常赞同会计全球化，他认为会计学科和会计职业都非常需要同国外思想进行交流。他还认为全球化并不是简单地混合国外思想，而是各种思想的一种融合。为了做到这一点，我们必须首先寻找它们共同的起源，然后重新构建它们。这个从基础开始重新检查和重新构建的过程可以使一个国家、一个学科、一个职业更加强大，更富有创造性，最重要的一点是更易于在环境中和价值中改变。这个过程对于今天的会计发展来说是最迫切需要的。

井尻雄士以研究会计理论见长，他是一位在学术界享有崇高声誉的学者，其著述极为丰硕。他的研究范围较为广泛，诸如财务会计的理论、实务、制度与政策、管理会计、国民收入会计、电算化下的财务管理模式等，而关于会计计量理论与三式簿记理论的成果不仅是规范会计理论学派的重要代表作之一，更奠定了他在会计理论界的学术地位。

1983 年，井尻雄士还与他的老师威廉·威格·库珀教授一道，将 1961 年入选美国会计名人堂的著名教授埃里克·路易斯·科勒（Eric Louis Kohler）于 1952 年开始编纂的《会计词典》（*Dictionary for Accountants*）进行全面的修订与补充，并于 1983 年出版了第六版的《柯氏会计词典》（*Kohler's Dictionary for Accountants*），其重要贡献是将词条数从第五版的 2 260 个增加到了 4 538 个，该词典在全球范围内具有重要的影响。井尻雄士的著作曾被译为日文、法文、西班牙文和中文等多种文字而在全球得以广泛地传播。

井尻雄士在会计职业组织中也很活跃。他于 1963 年加入美国会计学会（AAA），后来长期为该会所属的相关组织服务，并分别于 1974—1975 年度和 1982—1983 年度担任副会长与会长。他同时还为许多公司和非盈利性组织担任顾问。

除了学术成就，井尻雄士在会计教育方面也是成绩斐然。他作为一名会计教师，工作兢兢业业，诲人不倦，培养出一批又一批杰出的会计人才，为会计知识的传播和发展做出了不可磨灭的贡献。为此，他也获得了许多殊荣。他是唯一一位 4 次（1966 年、1967 年、1971 年、1976 年）获得美国注册会计师协会（AICPA）、美国会计学会（AAA）联合颁发的会计学术文献奖（Accounting Literature Awards）的会计教育家；1985 年，美国会计学会授予他国际杰出讲师（AAA's Distinguished International Lecturer），1986 年又授予他杰出会计教育奖（Distinguished Lecturer，Outstanding Accounting Educator Award)；1990 年，他被美国芝加哥的德保罗大学授予荣誉法学博士学位；1996 年，卡内基-梅隆大学授予他杰出校友奖。可以说，井尻雄士的一生是为着会计事业发展而不断奋斗和奉献的一生。

## 三、主要论著简析

井尻雄士曾为会计学术杂志写过上百篇文章，还为美国会计学会(AAA)撰写了许多专题研究报告，并出版了多部专著。他的研究领域比较宽泛，涉及经济、管理、会计、税收与法律等多个领域。主要论著包括：《会计计量基础——一种基于数学、经济以及行为方面的探询》(*The Foundations of Accounting Measurement—A Mathematical, Economic, and Behavioral Inquiry*, 1967)；《会计计量理论》(*Theory of Accounting Measurement*, 1975)；与赫伯特·A·西蒙合著《公司的非均匀分布和规模》(*Skew Distributions and the Sizes of Business Firms*, 1977)；《契约性权利和义务的确认：对基本概念的探析》(*Recognition of Contractual Rights and Obligations: An Exploratory Study of Conceptual Issues*, 1980)；《历史成本会计及其合理性》(*Historical Cost Accounting and Its Rationality*, 1981)；《三式簿记和收益动量》(*Triple-Entry Bookkeeping and Income Momentum*, 1982)；《三式簿记结构》(*Framework for Triple-Entry Bookkeeping*, 1986)；《动量会计的三大假设》(*Three Postulates of Momentum Accounting*, 1987)；《管理学创新的新方向》(*New Directions in Creative and Innovative Management: Bridging Theory and Practice*, 1988)；《动量会计与三式簿记》(*Momentum Accounting and Triple-Entry Bookkeeping*, 1989)；《管理学方法的创新》(*Creative and Innovative Approaches to the Science of Management*, 1993)；《复式记账的完美性及其对会计信息本质的影响》(*The Beauty of Double-Entry Bookkeeping and Its Impact on the Nature of Accounting Information*, 1993)；等。他的许多著作被译为日文，甚至有一些被译为法文和西班牙文。但其影响最大的是关于会计计量理论的研究成果。

### (一) 关于会计计量理论的研究成果

在现代会计理论中，井尻雄士关于会计计量理论的研究可谓自成一派，影响广泛。在这方面，其主要代表作是《会计计量基础——一种基于数学、经济以及行为方面的探询》以下简称《基础》和《会计计量理论》(以下简称《理论》)。《基础》一书由新泽西州伦特斯-霍尔公司(Prentice-Hall)在 1967 年出版，1978 年该书又由得克萨斯州学者书业出版公司(The Scholars Book Co.)再版。《理论》一书是在《基础》之上发展而成的,于1975年由美国会计学会作为会计研究文集(第十辑)出版。

《基础》一书共分8章,以及两个数学分析的附录。前三章主要探讨构建会计计量理论的一些基本概念,包括表示方法、估价的双重性,以及控制、数量和交换三个定理。在这些基本概念的基础上,井尻雄士教授依次论述了历史成本会计的定理化结构、复式簿记的机制结构和多维会计、线性聚合、会计计量的客观性和可靠性,以及会计计量与决策制定之间的联系等问题。

《理论》一书共分4个部分:基础、结构、扩展和前沿。"基础"部分共分3章,以讨论模型在会计中的使用作为开篇,然后探讨了逻辑在会计计量研究中的作用,最后作者在第三章"会计计量的本质"中阐明了自己理论体系的主线——受托责任观,它是引导读者的中心词汇;"结构"部分的内容是《基础》的改编和压缩;在"扩展"部分,井尻雄士教授主要论述了会计可能拓展的领域和仍然保持原有目标框架和约束条件的领域;在"前沿"中,井尻雄士教授阐述了在理论框架中尚待解决的问题。

作者在这两本著作中,从阐述适用于所有计量方法的基本概念和原则入手,建立了严格的会计计量理论结构。当作者在讨论会计可能创新时,一次又一次回过头来对这些基本概念和原则进行了讨论。这一系统的方法反映了作者构建完整会计框架的努力,从而使得这两本著作不仅只是解决一些特殊问题,而是具有了一定的全面性。有学者认为,这两本著作的"主要贡献在于有效地揭示了会计基本命题的实质"。井尻雄士教授也因为这两本专著在会计计量理论方面独到的贡献,分别获得了1967年和1976年的美国会计学会"会计文献奖"。下文将以这两本著作为蓝本,对井尻雄士教授的会计计量理论的主要内容及特色做一个简要介绍与评价。

第一,会计计量理论的主线。井尻雄士教授试图通过对实践的观察构建一个会计理论体系,认为如果我们用"受托责任"将"会计"与其他信息系统区别开来的话,就可以合理地解释、验证现有实务,因此,其会计计量研究始终贯穿着反映受托责任的理念,反映受托责任也就成为井尻雄士会计计量理论的主线。

井尻雄士教授认为,受托责任是通过各种手段建立起来的,诸如宪法、法律、规章、合同、组织规则、习惯或非正式的道德义务等。一个公司要向它的股东、债权人、雇员、消费者、政府或公众履行受托责任。在公司内部,部门领导要向主管领导履行受托责任,主管领导又要向高层领导负责。从这个意义上讲,"我们可以毫不夸张地说,当前的社会是建立在受托责任网络关系之上的"。而在公司制下,客观上要求会计系统反映受托经管责任,从而形成了以受托经管责任为目标取向的"受托责任学派"。《基础》和《理论》这两本著作是"受托责任学派"的奠基之作,因此,井尻雄士教授的计量观又可以称为“受托责任计量观”。

“受托责任观”隐含了会计的目标，会计活动对业绩的计量也要服从于该目标。这样的计量首先是经济业绩的计量，会计实务已经实施了这样的计量——经营收益的计量。然后，作者进一步引导读者了解业绩计量过程所涉及的三方：企业管理当局、会计人员及会计信息使用者。这里的会计人员不仅包括簿记人员，还包括审计师和其他制定会计准则的专业团体，如美国财务会计准则委员会。井尻雄士教授假定这三方的利益通常并不一致，因此他的理论结构包括如下主张：(1)会计的目标是以恰当的方式有效反映资源受托者的受托经管责任及其履行情况；(2)强调会计人员与资源委托者和受托者之间的双重关系，将会计人员看成是处于委托者和受托者之间的中介角色，会计人员的行为不受资源委托者和受托者的影响，只受会计准则的约束；(3)应予公告的财务事项必须建立在委托人有权知道并且必须考虑信息披露对受托者的成本（例如商业秘密、竞争优势等）；(4)为了阻止受托者和委托人滥用业绩计量，计量必须标准化，必须可验证，这样就不会发生系统生成业绩计量的不一致性；(5)必须对会计人员的责任进行界定，这样业绩计量可以依赖于可靠的行为来产生和验证，使会计人员免遭无端的指责；(6)强调会计准则和会计系统整体的有效性。

由此可见，井尻雄士教授的受托责任观与现代决策导向观的观点极为不同。后者强调系统输出的有用性；前者则强调报表提供信息的形成系统以及由该系统处理每一笔交易的有效性。所以井尻雄士教授没有区分受托责任报告和决策制定目标报告的本质，决策制定者需要评价经营业绩，而强调报告受托责任并不能同时很好地计量经营业绩。但其计量标准化、会计人员中性地位、会计人员责任认定等思想却值得借鉴。

第二，会计计量的基本概念。井尻雄士教授认为，“表示”问题是“会计计量”的基石。在他看来，会计是利用某种“替代物”或符号体系，来表示“被替代物”的经济事实。他认为会计的“替代物——被替代物关系”是极为复杂的，是会计计量基础的难点。认识到这一关系使得人们意识到会计人员需要解决的是选择替代物或经济事实表现方法的问题。作者将会计计量看作是一种特殊的语言，它通过数字手段和由这个数字系统所决定的数字之间的关系来表现现实世界的现象。由此，井尻雄士教授认为“会计计量就是以数量确定目标或事项之间的内在关系，并把数额分配于具体事项的过程。”

关于“估价”，井尻雄士教授认为其基本属性是“双重性”。首先他阐明了价值在本质上是具有双重性的，因此估价（价值的计量）也必须具有双重性，即“为了获得商品必须牺牲利益和消费商品而获得收益”。价值的劳动理论强调前者，而价值的效用理论则关注后者。

井尻雄士教授认为，任何计价方法都必须遵循三个定理：一是控制定理，它用来确定一个实体的应该计量的资源，包括正资产和负资产（负债）；二是数量定理，它用于以类别名称和实物量度分类和量化资源；三是交换定理，它用于确认资源增加和减少之间的“因果联系”。这三个定理适用于各种计量方法，是构建会计计量理论结构的基础。

第三，会计计量的历史成本定理化结构。井尻雄士教授是以“更好地理解当前的会计为目标”来研究会计计量的，而不是探讨“会计应该是什么”。他认为，会计计量包含很多方面，但是当前会计计量的一个重要特点是历史成本原则占据主导地位，因此用了很大的篇幅探讨历史成本会计。

在阐明基本概念的基础上，井尻雄士教授构建了描述当代会计计量的“历史成本会计”体系，建立了历史成本会计的定理化结构。他首先分析了当前会计实务中大量的交易，以此来了解会计人员实际记录这些交易时所用经验判断的种类。通过详细的分析，他将经验判断精简为三个定理，即控制定理、数量定理和交换定理。然后，作者又将资产计价和收益计量总结为两个基本规则和三个计价规则，从而将上述经验判断应用于历史成本计价。最后，作者通过将历史成本与重置成本、现行现金等价物及贴现现金流量进行比较，阐明了历史成本会计的优点，特别是它符合在受托责任观下对会计计量可验证性的要求。

由于井尻雄士教授主张采用历史成本会计，同时由于“没有给定特殊目的就不能对计量的有用性进行评估，而评估计量的客观性却不需要给定特殊目的”，所以他认为客观性比有用性更重要，客观性是会计计量的本质属性，在这一点上与美国目前流行的决策有用性存在一定差距。

第四，历史成本计量理论结构的拓展。在建立了历史成本计量的理论结构基础上，井尻雄士教授研究了复式簿记的机制结构，并将其扩展到多维会计以适应其他计量方法。传统历史成本会计系统的定理化结构有其特别优势，在于其可以扩展到对资源的多重计量。在阐释扩展到多维会计之前，井尻雄士教授首先试图证明复式簿记是为了历史成本计价而发展的。他将复式簿记分为两种：分类复式簿记和因果复式簿记。基于因果复式簿记，井尻雄士教授认为，会计的必要要素不是某个实体资产的增加和减少，而是蕴含其中的因果关系。有学者认为，将复式簿记扩展到多维会计可能是井尻雄士教授更为重要的贡献，多维会计可以更为灵活地为不同的用户提供有用信息。

井尻雄士教授认为，会计中的计量多数是线性聚合的过程，只有少数情况是非聚合过程（例如成本的分摊）。因此，他对线性聚合进行了逻辑严密的数学分析。确定不同估价方法的关键是确定线性聚合的权重，不同的权重可以导出不同的估价方法。同时聚合会带来信息的损失，从而井尻雄士教授引入了聚合效率系数概念来估计信息的损失。运用数学来研究会计计量问题是井尻雄士教授的特色之一，井尻雄士教授希望读者即便是只有“高中代数的数学知识”就能够较为轻松地理解会计计量推理模型的逻辑基础，因此，文中尽量使用简明的数学表达，而在《基础》一书的最后添加了两个附录，对聚合等问题进行了更为详细深入的数学分析。

尽管井尻雄士教授反对历史成本以外的计价方法，但是他并不认为会计目标和约束条件仅仅局限在目前的形式。因此，井尻雄士教授还论述了会计可能拓展的领域与仍然保持原有目标框架和约束条件的领域。他提出了一些可以拓展领域的基本原理，包括：(1)一般物价水平会计；(2)承诺会计，其“目标在于记录未执行的合同，即协议双方都未履行其承诺”，这些合同可能包括买卖合同、租赁合同等；(3)未来资源会计，如人力资源会计；(4)财务预测报告等。

在《理论》一书的“前沿”部分，井尻雄士教授阐述了在其理论框架中尚待解决的问题。他认为，会计研究人员运用描述性和规范性模型存在严重的问题，并建议进一步提炼。他的全面分析似乎集中于基于会计信息使用者和提供者利益冲突的单一目标之上，一些粗略的关于分析的思想或许可以拓展到多目标框架。最后，作者讨论了将业绩计量分解为若干组件的可能性，这些组件可以与某种动因联系起来，例如环境的影响和决策制定者的影响。对于会计计量与决策制定的关系，井尻雄士教授在《基础》的第八章对此进行了启发式的讨论。他阐述了决策的三大要素，指出了决策的非结构化实质，并且认为会计计量有助于管理者进行结构化的决策。他特别指出，对于决策来说，无意识地对要素进行记录要比有意识地记录更有优势。会计过程通过有意识地决定“如何记录”和“记录哪些内容”不仅会影响决策目标的选择，而且也会影响决策方案的选择，因而各类要素在会计中的变化是非常重要的，而决策者通常并不了解或没有被告知这些变化以及这些变化对决策的交互影响，这显然是不合逻辑的。

从受托责任出发，井尻雄士教授演绎出了一整套会计计量理论，然而如他在《理论》一书的前言中所说，因为“在当代决策有用观已被人们广泛接受”，因此有不少学者从“决策有用观”出发对井尻雄士教授的计量理论提出了质疑，甚至有学者指出，“井尻雄士已经不是当今会计理论家的主流了”。

有关受托责任学派与决策有用学派的争论主要从会计目标的定位出发，最后集中到对历史成本计量的讨论。井尻雄士教授认为，尽管只有“硬骨头的传统学者坚持历史成本”，但“只要履行受托责任仍然是会计的主要功能，那么历史成本被取代是不可思议的”，“历史成本相对其他可选的计量方法来说拥有许多优点”，所以“我们应该通过修正来改进历史成本，而不是舍弃它”。所以有学者在评价《理论》一书时，称该书应该命名为"历史成本的辩护"。

尽管许多学者对井尻雄士教授会计计量的著作提出了批评和质疑，但是所有学者，无论是赞扬还是批评的学者，都无一例外地向读者推荐阅读这两本"老牌井尻"的著作，因为该书不仅探究广泛，措辞严谨，文字生动，而且充分运用数学和逻辑工具使得全书研究方法格外严密，也体现出了井尻雄士教授"不断超越自己"的可贵精神。阅读这两本著作，对于读者拓宽视野、训练研究和思考的逻辑能力大有裨益。

### （二）关于三式记账法的结构与原理方面的研究成果

井尻雄士有关三式记账法的结构原理方面的研究，可说是开创了簿记法的新局面，使其步入了一个新台阶。资产负债表和损益表之间的基本联系，早在15世纪末卢卡·帕乔利(Luca Paciolo)的《簿记论》中就被关注。自从那以后，许多学者都关注到了这一问题，但都没有对这一问题进行突破。井尻雄士从分析老制度入手，在20世纪80年代初期终于找到了突破口，在复式簿记理论的基础上打开了三式簿记的大门，逻辑严密地提出了时间三式簿记和微分三式簿记两种新制度。历经5年的研究，形成了三篇能够充分体现其学术思想且具有理论上递进关系的重要论文，即《三式簿记和收益动量》(*Triple-Entry Bookkeeping and Income Momentum*，1982)、《三式簿记结构》(*A Framework for Triple-Entry Bookkeeping*，1986)和《动量会计的三大假设》(*Three Postulates of Momentum Accounting*，1987)。三篇论文中提出的一个论述三式簿记的系统，由粗到细，由抽象到具体，深入浅出地介绍了他所设计的三式记账法。这为会计记账法的发展提供了一种新型模式，无论是对会计实务的发展还是会计理论的创新都具有重要的参考价值。其主要理论贡献体现在三个方面：一是科学地论证了借贷复式记账法两个度内在的逻辑关系，不仅对历史悠久的复式簿记二分法作了恰如其分的解释，而且为创立三式簿记奠定了基础；二是顺理成章地提出了时间三式簿记和微分三式簿记两个模式；三是论证了会计经管责任观的核心地位。该项研究成果的主要特点体现于四个方面：

第一，研究思路：逻辑严密。主要有两个方面的特色：

(1) 立足老制度，逻辑严密地推出新制度。在寻找"打开三式之门钥匙"的过程中，井尻雄士认为扩展了的制度必须保存原有制度的一切，同时又必须是逻辑地、单独地从原有复式簿记的两个度里推出来的。所以他坚持"保存老制度，完善新制度"的原则，立足于现有的复式簿记，对现有两个度之间的逻辑关系进行深入的分析并作出适当的解释，然后按照相同的关系原则引出第三度。

通过分析复式簿记的两分法，井尻雄士提出了两种较为符合制度完整性要求的复式簿记解释模式：一种方式是从时间的角度进行解释；另一种方式是从微分的角度进行解释。

如果从时间角度考虑，井尻雄士教授认为方程式“资产－负债＝资本”等号左边表示企业现时的资产和负债，是立足现在的；等号右边则记录企业资产和负债在过去时间里的变化，是面向过去的。于是这一方程式可以抽象为：现在＝过去。根据这种两分法，不难将其扩大为过去、现在和未来的三分法，可用方程式“未来＝现在＝过去”表示，更具体一点就是：预算＝财富＝资本，从而形成时间三式簿记。“现在＝过去”解释为现在完全是从过去核算出来的，是通过总结前期的实际活动，“向前调整为现状”；“未来＝现在”解释为现在完全是从未来核算出来的，是从目标资本出发，展望来年预算活动，“回头调整为现状”。

如果从微分角度考虑，井尻雄士教授认为方程式“资产－负债＝资本”可简记为“财富＝资本”，财富表示企业的财务现状，是反映存货的账户，资本表示过去的财富变化，是反映流转的账户，即“存货＝流转”。它可以理解为财富存货完全是从资本流转里核算出来的，流转意味着存货价值的变化，若存货价值持续不断地变化，可以认为流转是存货的“导数”。由于一切收益账户都是为了说明财富变化的原因，而资本可以理解为财富的微分，以此类推，资本的微分应该作为第三度。若用收益动量（即资本）来表示财富的变化，用动力来解释收益动量的变化，微分三式记账方程式可以表述为：财富＝收益＝动力。这一等式说明“动力引起收益变化，收益又引起财富变化”，从而微分三式簿记可以为收益变化找出理由（动力账户）。

（2）由抽象到具体，合理地进行结构安排。在阐述三式簿记的结构安排上，三篇研究报告依次提出问题、说明问题和论证问题，论述的范围逐渐缩小，针对性逐步加强，内容越来越具体，而且各部分之间的逻辑勾稽关系明确。《三式簿记和收益动量》从理论上提出三式簿记的设想，形成三式簿记的雏形，但比较模糊与空泛，在理解上和实施上都存在很大障碍，仅凭这样一份纯理论性的专题报告并不足以说明三式簿记的可行性，更是难以显示其优越性。于是，作者继续探索，并于 1986 年发表《三式簿记结构》，既是对前一份报告的必要补充，又有理论上的创新。文中深入探索三式记账的细节，用图表的形式结合微积分的知识，具体解释了三式簿记结构，将传统的“借≡贷”恒等式横向扩展为“借≡贷≡仨”，同时以导数/积分关系把各种计量“纵向”地连接起来，使三式记账法的理论更为完整，也更易于理解。该文还将三式簿记延伸到实践领域，举实例理顺了三式簿记 6 个度之间的关系，验证其可行性。此外，该文通过将账外的差异分析归类于动力账户，把管理会计的内容结合融化到账户体系中来，使管理会计和财务会计结成一体。而《动量会计的三大假设》将阐述对象缩小，集中讨论动量会计，通过将动量会计与传统财富会计相比较，指出传统簿记方式的不足和三式簿记的优越性，并提出了动量会计的三大假设，即动量保持假设、动量归因假设和动量调节假设。

姑且不论三式记账法对簿记理论和记账实践的意义，单从学术研究的思路和方法来看，井尻雄士教授不论是在对记账法从二度到三度的推导过程中，还是在三篇研究报告的结构安排上，都逻辑严密，具有说服力。这对我们系统从事学术研究具有重要的指导意义。

第二，研究方法：旁征博引。在介绍和论证三式记账法的过程中，井尻雄士旁征博引，以会计知识为基础，综合运用财务管理、财政学、数学、物理等各类学科知识，不仅使论述更为深刻，更具说服力，而且有助于各门学科的互相渗透，相互融合。

除了会计知识，井尻雄士教授运用最多的是数学和物理知识。微分三式簿记是他推崇并重点介绍的一种三式簿记模式，这种模式产生的逻辑基础就是会计恒等式和数学中倒数、微积分知识的融合。他认为复式簿记的纯粹形式为“财富＝资本”，财富表示资本存量，资本表示过去财富的变化，这一等式又可表述为“存货＝流转”，流转意味着存货价值的变化，可以看作存货的“导数”。如果继续对资本（流转）求导，就可以引出第三度了，这是开启三式簿记大门的一把钥匙。三式记账法下形成的新的会计恒等式为“财富＝收益＝动力”，其中“收益”和“动力”是参照牛顿力学中的“动量”和“力”两个概念。在详细说明和论证三式记账法时，井尻教授主要也是借助于微积分和牛顿力学的知识对新的会计恒等式进行阐述。在图解三式记账法时，作者用到了 6 个概念——财富、收益、动量、行动、冲量和动力；涉及三种关系——导数关系（财富与动量、动量与动力之间）、积分关系（动量与收益，动力与冲量，冲量与行动之间）和差分关系（动量与冲量、财富与收益、收益与行动之间）；运用到三张报表——财富表（财富）、动量表（动量和收益）和动力表（动力、冲量和行动）。在解释“动力”的概念时，作者再一次引入物理学的概念——摩擦和衰变。他认为企业获取的收益，不可能永续增长，摩擦指利润动量受到的干扰，衰变是指动力增长的衰变，两者的综合作用使得总收益大大低于理想状况。借助物理学上的概念，运用数学上的逻辑关系，井尻雄士教授使得三式簿记的原理和内容变得浅显易懂。

除了广泛运用数学和物理学的知识，三篇研究报告中还涉及财务管理的知识。在三式记账法下分析企业价值时，作者仍然是以资金的时间价值为基础。他认为一个公司的现时价值等于其现时财富（$W$）、收益动量（$\pi$）现值以及收益加速度（$\alpha$）现值三者之和。在计算每股收益时考虑其摩擦率，假设摩擦率为 $\mu$，资本化率为 $r$，收益 $\pi$ 的现值为 $I$，则 $I=\pi/(r+\mu)$。在计算收益加速度（动力）时考虑动力的衰变，设动力的衰变率

为 $v$,加速度收益的现值为 $A$,则 $A=\alpha/(r+\mu)(r+v)$,公司的价值就等于 $W+I+A$。

第三,学术价值:影响深远。井尻雄士关于三式簿记的设想和论证不仅给簿记领域带来了震撼,对整个会计学术研究领域都有重要影响。徐国君教授(2003)提出的三维会计概念,在研究动机和研究思路上均受到了三式簿记的启发,也是遵循“保存老制度,完善新制度”的原则,在深入分析现有复式簿记的基础上,逻辑严密地推导出第三度。

从理论研究方面来看,井尻雄士在论著中进一步强调了其一贯主张的会计“经管责任”观,对会计目标的定位有重要影响,成为“经管责任论”的理论依据。井尻雄士认为,会计的经管责任观优于决策有用观,因为决策观强调是财务报表的内容,而不是其所依据的会计制度,从而弱化了会计人员的责任,而经管责任观则重视会计制度,突出了会计人员保持客观公正的重要意义。在三式簿记法下,会计的经管责任得到进一步加强。就时间三式簿记而言,财富的变化不仅要用资本账户来解释,还要对照预算来核算,使原先几乎完全面向过去的经管责任观同时要面向未来。就微分三式簿记而言,要求为理由找理由(即找出收益、财富变化的理由),使会计人员面临更大的压力和挑战。

从实践探讨的角度来看,三式簿记的产生对财务报表的改革、税务会计模式的创新、成本管理模式的改进等都有重要影响。对于通行的财务报表,学术界指责颇多,主要集中在其提供的信息数量不足,相关性不强。在微分三式簿记法下,需要编制三张报表:财富表、资本表和动力表。财富表列示现时的资产和负债,资本表概括了引起财富变化的一切流转额,动力表则反映了收益的变化量。这为财务报表改革提供了一个方向,可以丰富报表的信息含量和提高信息质量。因为作业成本管理是以成本动因分析为基础的,而微分三式簿记将影响利润的各种因素如技术创新、人才引进、耗费节约等以账户的形式反映,并记录它们各自的影响程度,这将为作业管理中成本动因的选择和分析提供便捷而有效的信息。于是有人提出,可以微分三式簿记为新的操作平台,对作业成本管理模式加以改进。对于税务会计模式选择,有人建议实施“结合型税务会计”,即税务会计与财务会计相结合。其特点是在财务会计“借”、“贷”外添加一个“税”度,对涉税事项单独设置会计科目,可见这种模式也受到了三式记账法的启示,但第三度“税”并不是逻辑地、单独地从原有的两个度里推导出来的。

第四,实际运用:有待实践。井尻雄士教授一贯长于理论阐述,关于三式簿记的三份研究报告均属于“老牌井尻”之作,尽管理论推导上逻辑严密,但其本身暂时还缺乏实践操作性。如果将三式簿记用于实践,首先需要为所有的收益动量寻找理由(即引起收益变动的动力因素),其次要根据“借≡贷≡仨”的记账原则编制一套新的会计科目和记账体系；最后，还要添加新的会计报表“动力表”。在实务中为收益寻找理由不难解决，添加新的“动力表”也没有问题，难以实施的就是创建一套“借═贷═仨”的记账体系，包括科目的设置、格式的确定和金额的分配。如果考虑不周全，设计出来的记账体系不仅会降低会计工作效率，而且会影响会计核算效果。所以，尽管三式簿记提出迄今已有 30 多年了，却未见运用于实务之中，复式簿记依然盛行，且丝毫没有被取代的迹象。

三式簿记没有在实践中推行，与其外在环境不成熟是也分不开的。会计的变革有它赖以存在的基础，与社会经济环境及其他相关环境有直接联系。从簿记发展史上看，只有复式簿记的产生带来了一次重大变革。曾经有人预测，井尻雄士教授提出的“三式簿记”会替代复式簿记，但并未变为现实。这说明社会的发展还没有达到完全否定复式簿记，实施三式簿记的程度。比如复式簿记能够满足会计核算的要求，计算机技术的发展还不能支持三式簿记的运行，人们对会计管理职能的认识还不够充分，对三式记账法的实施还不能认同等。

三式簿记最终是否能够替代复式簿记尚难肯定，但它为会计记账方法的发展提供了一种新型模式，无论是对会计实务的发展和还是对会计理论的创新都具有极高的参考价值，从而使其成为世界会计理论宝库中弥足珍贵的一卷。特别是井尻雄士教授孜孜不倦、苦心钻研的精神更值得学界后人学习。

### （三）关于美国会计准则发展历史的研究

2003 年，井尻雄士教授应日本会计准则理事会和日本财务会计准则基金会的邀请，在日本东京为日本会计准则制定人员和会计职业界作了一篇重要演讲——“美国会计准则及其环境：75 年发展历史的二元研究”（US accounting standards and their environment：A dualistic study of their 75 years of transition），该演讲后全文发表于日本财务会计准则基金会《会计准则季刊》2003 年 9 月号上，其中涉及财务会计发展的许多基本理论问题，后由陆建桥等译成中文后，在《财会通讯》2003 年第 10～12 期全文刊出，其英文演讲稿亦刊于《会计与公共政策杂志》（*Journal of Accounting and Public Policy*）2005 年第 4 期。

在这篇重要演讲中，井尻雄士教授根据自己在卡内基-梅隆大学多年的教学研究中所积累的大量资料，以精确、中立和客观的方式介绍了美国会计准则及其环境，从学术的角度阐释美国会计准则制定过程中有关事件的发展历程及其原因，其时间跨度从 1929—2003 年共 75 年。主要内容由 3 大部分 6 个主题组成，各部分及主题分别为：第一部分为“历史的变革”，主要包括第一次市场大萧条和第二次市场大萧条、以事实为基础的会计和以预测为基础的会计；第二部分为“当前的问题”，主要包括改革法制和改革管理体制、程序公允和纯粹公允；第三部分为“未来的趋势”，主要包括预测的保护和预测的分离、以原则为基础的会计系统和以规则为基础的会计系统。

在分析问题时，井尻雄士教授习惯使用“二元法”，二元法是一种以两种不同的基本观点或者角度来解释现象的方法。显然，复式簿记就是建立在二元法的基础之上。井尻雄士在阐述上述主题时，每个主题也相应地包含着两种不同的观点或者角度。

### （四）其他主要论著

除上述主要论著外，井尻雄士自己独撰或者与他人合作的主要论文还有：“通过计提总量相等的折旧费用来实现定期的再投资”（1967）；“预算原则和预算审计标准”（1968）；“作为二元线性关联系数的线性集合系数”（1968）；“历史成本的估价定理：一个回顾”（1971）；“对 APB 基本申明的批评”（1971）；“集合理论的基本描述”（1971）；“当前会计计量的惯例：一个回顾”（1972）；“会计和人类行为”（1977）；“现金流量及其结构”（1978）；“公司财务标准简述”（1980）；“动量会计和动量管理目标”（1988）；“会计模型和三维分布”（1988）；“通用货币下的全球财务报告：一个加速理论前景”（1995）；“部门声明和信息计量：管理资本和管理资源”（1995）；“破产预算和计划的目标”（1963）；“预算和财务计划的线形程序模型”（1963）；“公司增长和规模”（1964）；“完全成本法下存货计价方法的影响”（1965）；“会计及其分析方法”（1966）；“会计计量的可靠性和客观性”（1966）；“公司增长的模型：计量经济学”（1967）；“用分类预算目录来构建预算和经营业绩的综合评价系统”（1968）；“减值概率和分组减值的内涵”（1969）；“减值概率的连续模型”（1970）；“数学控制理论在会计和预算上的运用”（1970）；“公司集中并购的影响”（1971）；“审计的综合样本目标模型”（1971）；“审计人员的抽样目标：四个还是两个”（1972）；“相关信息的本量线性关系和及时性”（1973）；“公司非均匀分布的解释”（1974）；“如何在团队组织中降低评价的主观可能性”（1974）；“多维会计和数据分布：对于组织和社会的意义”（1980）；“Stein's Paradox 和审计抽样”（1980）；“本-量-利分析的线性需求曲线”（1981）；“会计教育的新维度：计算机规则系统”（1983）；“财务、收入和物力计量的可靠性比较”（1984）；“成本与市价法的概念”（1989）；“信息技术和组织”（1990）；“商标管理的动量会计”（1993）；“国际经营计划的利润数量交换比率分析”（1996）；“会计基础研究：职业记忆和超出”（1996）；《电子商务时代的收益会计：概念及分析框架的探讨》（2002）；《区分财务报表中的事实与预测信息》（2005）；《量子信息与会计信息：显著特征与概念应用》（2006），等等。

## 参考文献


[1] 井尻雄士. 美国会计准则及其环境:75 年发展历史的二元研究 [J]. 陆建桥,隋春平,译. 财会通讯,2003(10-12).

[2] 李成艾,蔡传里,许家林. 井尻雄士的《三式记账法的结构与原理》[J]. 财会月刊(会计版),2006(5):47-48.

[3] 冉明东,蔡传里,许家林. 井尻雄士的《会计计量理论》[J],财会月刊:会计版,2005(11):44-45.

[4] 许家林. 西方会计学名著导读[M]. 北京:中国财政经济出版社,2004:482-497.

[5] Kohler Eric Louis, Cooper William W. and Yuji Ijiri. Accounting's Man of Principles[M]. Reston,Va.: Reston Pub. Co., 1979.

[6] Kohler Eric Louis, Cooper William W and Yuji Ijiri. Kohler's Dictionary for Accountants 6th ed. [M]. New York: Prentice Hall, 1983.

[7] Taggart Herbert F, Bedford Norton M, Chambers R J, Davidson,Sidney, Devine,Carl Thomas, Dyckman,Thomas R, Ijiri,Yuji, Keller,Thomas F. and Robert G Nichols. A Tribute to William A Paton [J]. The Accounting Review, 1992,57(1):3-16.

[8] http://fisher. osu. edu/departments/accounting-and-mis/the-accounting-hall-of-fame/membership-in-hall/yuji-ijiri/, 2008-08-16

[9] http://www. bestwebbuys. com/Yuji_Ijiri-mcid_2472677. html, 2005-10-15

[10] http://www. cob. ohio-state. edu/acctmis/hall/members/ijiri. html, 2005-10-15

[11] Cooper William W, Whinston Andrew B and Yuji Ijiri. Quantitative Planning and Control: Essays in Honor of William Wager Cooper on the Occasion of His 65th Birthday [J]. Academic Press, 1979.

[12] Yuji Ijiri, Gerald L Thompson. Applications of Mathematical Control Theory to Accounting and Budgeting(The Continuous Wheat Trading Model) [J]. The Accounting Review, 1970,45(2):246-258.

[13] Yuji Ijiri, Hiroyuki Itami. Quadratic Cost-Volume Relationship and Timing of Demand Information[J]. The Accounting Review, 1973,48(4):724-737.

[14] Yuji Ijiri, James Noel. A Reliability Comparison of the Measurement of Wealth, Income, and Force [J]. The Accounting Review, 1984,59(1):52-63.

[15] Yuji Ijiri, Demski Joel, FitzGerald Stephen A, Haijin Lin. Quantum Information and Accounting Information: Their Salient Features and Conceptual Applications [J]. Journal of Accounting and Public Policy, 2006(25):435-464.

[16] Yuji Ijiri, Glover Jonathan, Levine Carolyn, Pierre Liang. Separating Facts from Forecasts in

Financial Statements [J]. Accounting Horizons, 2005(19):267-282.

[17] Yuji Ijiri, Jonathan Glover. Revenue Accounting in the Age of E-Commerce: Exploring Its Conceptual and Analytical Frameworks [J]. Journal of International Financial Management and Accounting, 2002(13):32-72.

[18] Yuji Ijiri, Liang Pierre, Demski Joel , Fellingham John, Glover Jonathan, Shyam Sunder. Some Thoughts on the Intellectual Foundations of Accounting [J]. Accounting Horizons, 2002 (16):157-68.

[19] Yuji Ijiri. On Budgeting Principles and Budget-Auditing Standards [J]. The Accounting Review, 1968,43(4):662-667.

[20] Yuji Ijiri. Measurement in Current Accounting Practices: A Reply [J]. The Accounting Review, 1972,47(3):510-526.

[21] Yuji Ijiri. The Price-Level Restatement and Its Dual Interpretation [J]. The Accounting Review, 1976,51(2):227-243.

[22] Yuji Ijiri. New Directions in Creative and Innovative Management: Bridging Theory and Practice Robert Lawrence Kuhn(Editor) Hardcover[M]. Boston, Massachusetts: Addison-Wesley, 1988.

[23] Yuji Ijiri. Momentum Accounting and Triple Entry Bookkeeping: Exploring the Dynamic Structure of Accounting Measurements[C]. American Accounting Association, 1990.

[24] Yuji Ijiri. Creative and Innovative Approaches to the Science of Management[M]. Hardcover, Greenwood Pub Group, 1993.

[25] Yuji Ijiri. Global Financial Reporting Using A Composite Currency: An Aggregation Theory Perspective [J]. International Journal of Accounting, 1995.

[26] Yuji Ijiri. Axioms and Structures of Conventional Accounting Measurement [J]. The Accounting Review, 1965,40(1):36-53.

[27] Yuji Ijiri. The Foundations of Accounting Measurement: A Mathematical, Economic, and Behavioral Inquiry[M]. New York: Prentice-Hall, Inc. , 1967.

[28] Yuji Ijiri, Theory of Accounting Measurement, Studies in Accounting Research No. 10 [C]. American Accounting Association, 1975.

[29] Yuji Ijiri. Recognition of Contractual Rights and Obligations: An Exploratory Study of Conceptual Issues [J]. Financial Accounting Standards, 1980.

[30] Yuji Ijiri. Triple-Entry Bookkeeping and Income Momentum[C]. Studies in Accounting Research No. 18, American Accounting Association, 1982.

[31] Yuji Ijiri. Accounting Structured in A P L[C]. American Accounting Association, 1984.

[32] Yuji Ijiri. A Framework for Triple-Entry Bookkeeping [J]. The Accounting Review, 1986,61 (4):745-759.

[33] Yuji Ijiri. Three Postulates of Momentum Accounting [J]. Accounting Horizons, 1987.

[34] Yuji Ijiri. The Beauty of Double-Entry Bookkeeping and Its Impact on the Nature of Accounting Information [J]. Economic Notes, 1993.

[35] Yuji Ijiri. US Accounting Standards and Their Environment: A Dualistic Study of Their 75 years of Transition [J]. Journal of Accounting and Public Policy, 2005(4):255-279.

（初稿执笔人:蔡传里、李成艾、沈王月）

# 查尔斯·托马斯·亨格瑞

## (Charles Thomas Horngren, 1926 — )

查尔斯·托马斯·亨格瑞(Charles Thomas Horngren, 1926— )是美国会计学界和教育界享有盛誉的杰出学者,他的一生也是为会计事业发展而不断奋斗和奉献的一生。他现是斯坦福大学(Stanford University)的荣誉退休教授,曾任美国会计学会(AAA)会长。除了丰硕的学术成就外,他在会计教育方面也成绩斐然。他作为一名会计专业教师,工作兢兢业业,诲人不倦,培养出一批又一批杰出的会计人才,为会计知识的传播和发展做出了不可磨灭的贡献。但其最大的贡献是不仅发展了管理会计,而且在传播管理会计方法、注重将会计知识向企业管理层面普及方面,通过出版多种具有重要影响的教科书而起到了举足轻重的作用。由于其在会计教育和管理会计方面的杰出贡献,成为1990年唯一一位被选入美国会计名人堂的会计大师。

## 一、个人简要生平

1926年10月28日,亨格瑞(见图50)出生于威斯康星州(Wisconsin)的密尔沃基(Milwaukee)市,一个被后人称作复杂婚姻的蓝领家庭。之所以这样说,是因为他的母亲格蕾丝·凯瑟茵(Grace Kathryn)是爱尔兰的天主教徒,而他的父亲威廉·埃纳(William Einar)是瑞典的马丁·路德的信徒。父亲是一位在密尔沃基铁路线工作了40多年的普通邮递员,亨格瑞的童年也是在与密尔沃基铁路相关环境下度过的。亨格瑞7岁时,他的理想是当天主教教皇。8岁时,由于父亲是一个体育迷,经常带他去看棒球赛,在父亲的潜移默化下,他决定成为棒球队的一名主力队员,那时,亨格瑞的偶像是棒球运动的巨星卢·格纳(Lou Gehrig)。若干年后,他仍然对其第一场大型棒球赛中的惊人爆发

**图50 查尔斯·托马斯·亨格瑞**

力记忆犹新。9岁时，当他意识到自己无法将所喜爱的棒球玩得足够好时，他很不情愿地放弃了这个理想。

1944年，当亨格瑞从密尔沃基高中毕业后，他参了军，在军队待了26个月后，他考入了玛奎特大学(Marquette University)。由于其成绩优异，他在1947年被选全美优等大学生荣誉协会(Phi Beta Kappa)，1949年作为一名致告别辞的学生代表毕业于玛奎特大学。毕业以后，他进入了毕马威(KPMG Peat Manwick)会计师事务所任审计员。1953年，他成为威斯康星州一名注册会计师。

1950年，他在肯塔基州列克星士敦市的一所社区商业学院Spencerian学院任全职教师。随后考入哈佛大学，并于1952年获得硕士学位。尔后进入芝加哥大学边学习、边工作，1952—1954年间任讲师，1954—1955年间任助理教授，1955年以一篇题为"财务报告用途"的论文通过论文答辩并获博士学位。获得博士学位后，他又重返母校玛奎特大学作为助理教授工作了1年。1956—1959年，他作为助理教授在威斯康星大学密尔沃基分校执教。1959年，他回到了芝加哥大学担任助理教授，1963晋升为正教授，1966年受聘于斯坦福大学。1973年，他被授予斯坦福大学Edmund W. Littlefied会计学教授。

1952年9月6日，亨格瑞和琼·埃斯特尔·凯切尔(Joan Estelle Knickelbine)喜结良缘。婚后他非常重视家庭，他称妻子为他的"平衡车轮"(balance wheel)。为了纪念他的妻子，他于1984年在斯坦福大学专门设立了Joan E. Horngren Professorship会计教授职位。在业余时间，他经常和他的儿孙一块儿享受天伦之乐。除此之外，他还喜欢旅游和读书。

## 二、理论与实务的主要贡献

亨格瑞一生非常积极地参加各种会计专业团体的服务活动并做出了积极的贡献。他在美国会计学会(AAA)下属的多个部门任职：1964—1966年，担任研究部主任；1976—1977年，担任美国会计学会会长；一直担任美国会计学会下属的会计教育改革委员会的委员；1963年，任教学方法委员会的委员；1963—1965年，担任研究计划组织的成员；1966—1967年，任战略规划委员会的委员；1984—1986年间担任会计教育的未来框架、内容和范围委员会的委员。

亨格瑞亦曾在美国注册会计师协会(AICPA)的多个部门服务：1960年，任注册会计师考试委员会的委员兼主席；1965—1967年，任现金流量分析和资金报告委员会的项目咨询委员，兼任会计职业发展部的主任；1968—1973年，担任会计原则委员会

(Accounting Principles Board，简称 APB)的委员；1976—1980 年，担任美国财务会计准则委员会咨询委员会的委员；1978—1981 年，任注册会计师协会理事会委员；1981—1986 年，任未来事务委员会的委员；1984—1989 年，任财务会计基金会(Financial Accounting Foundation，简称 FAF)委员；1987—1990 年，任治理与结构委员会的委员。

亨格瑞在全美会计师联合会(NAA)中表现也很活跃。1963—1965 年，被选为研究计划组织的委员；1981—1984 年，担任全美会计师联合会(NAA)下属设的管理会计师协会理事，该协会主要负责管理注册管理会计师(Certified Management Accountant，简称 CMA)的考试工作。

亨格瑞还曾于 1962—1965 年、1962—1967 年和 1982—1988 年间分别担任《管理服务》(*Management Services*)、《会计研究杂志》(*Journals of Accounting Research*)和《政府和非营利组织会计研究》(*Research in Governmental and Nonprofit Accounting*)等杂志的编委和顾问。自 1978 年以来，他一直担任伦特斯-霍尔出版公司(Prentice-Hall)会计学顾问编辑。

亨格瑞是一位在会计学术界享有盛誉的学者，一生著述丰硕。他的研究范围较为广泛，诸如成本会计、管理会计、财务会计以及它们之间的关系，所有这些奠定了他在会计理论界的学术地位。他在很多专业组织发表过演讲，并且在很多学术杂志上发表论文，除此之外，他还独撰和与其他学者合著出版了许多经典著作。但在所有论著中，他最大的贡献是不仅发展了管理会计，还致力于传播管理会计方法。特别是在将传统会计课程中的产品成本积累和计算工作从成本会计转移到管理会计(为不同目的提供不同的成本资料)上起到了举足轻重的作用。据统计，亨格瑞从 1965 年至今，已著书约 80 部，发表学术论文多篇，最有影响的著作主要有：与乔治·佛斯特(George Foste)合作《成本会计：以管理为重心》(*Cost Accounting*：*A Managerial Emphasis*，1962；1987 年出版了第 6 版)；与格林·L·森登(Gary L. Sundem)合作《管理会计教程》(*Introduction to Management Accounting*，1965；1990 年出版了第 8 版)；与格林·L·森登(Gary L. Sundem)合作《财务会计教程》(*Introduction to Financial Accounting*，1981；1990 年出版了第 4 版)；与沃尔特·L·哈里斯合著的(Walter T. Harrison)《会计学》(*Accounting*，1979)；与 J·A·里尔(J. A. Leer)合著的《注册会计师的难题与解答》(*CPA Problems and Approaches to Solutions*，1959，2 卷本)；与西德尼·戴维森(Sidney Davidson)、大卫·格林(David Green)和乔治·H·索特(George H. Sorter)合著的《会计理论读本》(*Readings in Accounting Theory*，1965)；《财务会计与管理会计原理：独资企业探讨》(*Principles of management accounting*：*A sole proprietorship approach*，1994)；《会计：通向成功的钥匙》(*Ac-*

*counting with Keys to Success*, 1994);《美国:通向现代历史的途径》(*America: Pathways to the Present, Modern American History*, 2003);"数学模型和计算机在会计研究与教学上的应用:建议读物和相关信息"(*Mathematical models and computers in accounting research and teaching: Suggested readings and other information*, 1965);《会计与年度报告》(*Accounting and Annual Report*, 2001),等等。

除了学术成就,亨格瑞在会计教育方面也成绩斐然,现在仍然是斯坦福大学会计学荣誉退休教授。他最初发现自己对教学的热衷是当他在玛奎特大学读大学一年级时,当他为篮球队员和残疾退伍军人讲授会计课后,这一偶然的尝试使其终身致力于会计教育。他作为一名会计教师,工作兢兢业业,诲人不倦,先后在芝加哥大学培养出了两位知名的学生:一位是1996年入选会计名人堂并排名第56位、现为斯坦福大学商学院的威廉·亨利·比弗(William Henry Beaver)教授;另一位则是2000年入选会计名人堂并排名第64位、现为美国佛罗里达大学的乔尔·斯坦利·德姆塞克(Joel Stanley Demski)教授。

坚持不懈的努力和卓著的贡献给亨格瑞带来了很多荣誉。1973年,他荣获了玛奎特大学颁发的优秀毕业生职业成就奖,以及美国会计学会(AAA)颁发的第一个杰出会计教育奖;1976年,他被玛奎特大学授予商学名誉博士的称号;1975年和1983年,他作为唯一的教授分别获得由加利福尼亚注册会计师协会(California Society of CPAs)颁发的杰出人才奖和杰出教授奖,他是同时获得这两个奖的第一个人;1985年,他获得了美国注册会计师协会颁发的第一个杰出会计教育奖,同年被德保罗大学授予名誉博士学位;1990年9月,美国会计学会年会在多伦多召开,亨格瑞被选入会计名人堂,亨格瑞作为会计名人堂成立40周年唯一的第50个被授予此项殊荣的人。

据俄亥俄州立大学的著名会计学教授、也是1996年入选会计名人堂并排名第57位的托马斯·杰里·伯恩斯(Thomas Junior Burns)教授所提供的资料,亨格瑞教授在 次演讲中,曾有如下有关会计教师这一职业认识的精辟论述:"教师是一个神圣的职业,这一工作会带来好运。一位教师的事业会受到他的老师、同事和学生们的深刻影响。无论我在哪里工作,我都会得益于我周围人的激励。会计教学给了我很大的成就感,和其他学科相比,会计学课程的知识结构相对明确,即使是在一天天积累的基础上,一位老师也能通过学生们的不断学习很快得到反馈。总的来说,在我40多年的教学生涯中,我在不同的课堂上至少教了12 000名学生,因为我习惯把讨论和提问引入课堂,所以能从学生那儿获取各种各样有用的知识和见解。我非常确信是学生让我保持了年轻。当然,做任何事都有它的代价,我一直尽我最大地努力从事教学,但同时我也得到了很多。很多时候当我下飞机时,或许我的哥哥不会接我,但我的学生却专门在机场等我。由此你可以判断这种选择是成本还是收益。记得有一次,一名学生给我寄了一张贺卡和一封信,里面的感激用语强烈地震撼了我。我还记得一位 18 岁的陆军二等兵给我写了一封信,要求提高高中英语老师的教学水平。这件事让我感觉很有意义,所以我花了很多时间去了解高等教育,我还特别敦促这些年轻人不是等到下一年度,而是在下个星期就至少写一篇同样的信给他们的责任老师,并且让他们大胆地写,不要有后顾之忧。在科研方面,我非常希望能有更多集教学、研究和实践三位一体的教授。谁付出得越多,这三方面就会越来越扎实。除了学术方面,会计教学也给我的生活带来了很多乐趣。很多夏天我都在斯坦福大学经理项目班讲课。1988 年 7 月 4 日,我偶然给 3 个预科班中的一个班上课,而另外两个班则分别由一位管理学心理学家 Hal Leavitt 和一位在财务和经济方面都很知名的学者 Ezra Solomon 授课。巧合的是,我和他们是 35 年前,也就是 1953 年芝加哥大学的同学。像这种事发生的可能性有多大呢?职业就像我们的人生一样,会发生许多意想不到的轮回。还有一次,当我在威斯康星大学密尔沃基分校教书时,Jim March 是会计专业方面的资深教授,而他的儿子 Jim Jr. 正是我后来在斯坦福大学的同事,Jim Jr. 是一位在组织理论方面享誉世界的学者,而 Jim Jr. 的儿子 Roderic 则是我在斯坦福大学教过的 83 级 MBA 两个班里的一名学生。因而,可以说我有幸接触了 Marches 家族的三代人,这个世界有时看起来很小!我的职业生涯中最大的满足就是有工作可做并且有时间去做,我将尽我最大的努力去完成。我最大的遗憾就是时间不够,如果给我更多的时间,我的工作质量、成绩可能会更好;如果给我更多的时间,我将尽我所能不断更新知识、努力跟上时代步伐,这也是促进我不断前进的动力。我现在引用一个故事:在第二次世界大战期间,温斯顿·丘吉尔(Winston Churchill)的一位部长告诉了他一个不争的事实:'如果你打算将一辈子喝的白兰地现在全洒在这儿,即使在这间宽敞的屋子,他也将淹没你的桌子。'丘吉尔望着天花板感叹道:'要做大事,就要从小事做起!'这也是我今天要对会计教育同行、所有会计工作者、管理者和我的学生所说的主要观点。从我上学时起,会计和管理教学就在不断地向前发展,但它还有更长的路要走,这需要我们所有人的共同努力"。

## 三、主要论著简析

### (一)《管理会计教程》(1965)

亨格瑞的《管理会计教程》一书,是目前国际上公认的会计学经典名著,是斯坦福大学、西北大学、纽约大学和欧洲商学院等全球多所大学的会计学必读教材。该书是对内报告会计——通常叫做管理会计的入门教材，它涉及所有商科学生应该研究的重要问题。该书的第 1 版于 1965 年问世，到 1999 年出版的第 10 版曾被译为中文出版。2007 年 5 月时，出版了第 14 版，国内的清华大学经管学院、北京国家会计学院及中欧国际商学院等多所高校选用本书作为管理会计教材。

《管理会计教程》于 2005 年时出版的第 12 版，规范为如下 15 章的内容：第 1 章，管理会计与企业组织。包含会计与政策、政府监管的影响、服务性组织与非营利性组织中的管理会计、成本—效益与行为问题、管理过程与会计、预算与业绩报告的举例说明、产品生命周期及价值链的计划与控制、会计在组织中的地位、管理会计中的职业机会、适应变化、适时制理念和计算机集成制造、道德品德的重要性。第 2 章，成本性态和成本—数量关系。包含作业、成本与成本动因、变动成本与固定成本的比较、成本—数量—利润分析、成本—数量分析的其他作用、在非营利性组织中的应用、附录 2A——销售组合分析、附录 2B——所得税的影响。第 3 章，成本性态的计量。包含成本动因和成本性态、管理对成本性态的影响、成本函数、确定成本函数的方法、附录 3——最小二乘回归法的使用及说明。第 4 章，成本管理系统与作业成本核算法。包含成本管理系统、不同的决策需要不同的成本、作业成本核算法、作业成本法举例、作业管理。第 5 章，相关信息和决策制定。包含营销决策、相关性的概念、特殊销售订单、撤销或增加产品、服务或部门、有限资源的最优利用、定价决策、实践中影响定价的因素、成本在定价决策中的作用、目标成本法。第 6 章，相关信息和决策制定。包含生产决策、机会成本、实支成本和差量成本、联产品成本、历史成本的不相关性、无差异未来成本的不相关性、小心单位成本、决策制定和业绩评价之间的冲突、损益表如何影响决策制定。第 7 章，全面预算。包含预算和组织、全面预算的编制、销售预测的困难、让员工接受预算、财务计划模型、附录——电子表格在预算编制中的应用。第 8 章，弹性预算和差异分析。包含弹性预算、固定预算与实际结果间差异原因的分解、弹性预算差异详解、间接费用差异、一般方法。第 9 章，管理控制系统和责任会计。包含管理控制系统、设计管理控制系统、财务业绩的可控性及计量、非财务业绩计量指标、服务业、政府以及非营利性组织中的管理控制系统、管理控制系统的前景。第 10 章，分权组织中的管理控制。包含集权与分权、转移定价、业绩计量和管理控制、盈利能力的计量、投资回报率还是剩余收益、对投入资本的进一步讨论、管理控制系统成功的关键因素。第 11 章，资本预算。包含规划或项目的资本预算、现金流量折现模型、现金流量折现模型中的敏感性分析及风险评估、两个项目净现值的比较、所得税和资本预算、关于折旧的一些疑问、资本预算与通货膨胀、分析长期决策的其他模型、业绩评估。第

12 章，成本分配。包含一般意义上的成本分配、服务部门成本的分配、将成本分配到最终成本对象中、作业成本核算法、联合成本和副产品成本的分配。第 13 章，分批成本核算系统。包含分批成本核算法和分步成本核算法的区别、分批成本核算法示例、工厂间接费用的会计处理、间接费用分配示例、间接费用分配中的问题、分批成本核算环境中的作业成本法和作业、成本管理、服务业和非营利组织中的产品成本核算。第 14 章，分步成本核算系统。包含分步成本法介绍、分步成本法的应用、实物数量和约当产量、产品成本的计算、期初存货的影响、加权平均法、先进先出法、适时生产制中的分步成本法：反冲成本法、附录——混合成本核算系统——经营成本法。第 15 章，间接费用分配。包含变动成本法与完全成本法、固定间接费用与产品的完全成本、其他差异的影响、附录——产量差异与其他差异的比较。该书除在每章末均设计了记忆重点与会计词汇外，在书末的附录中还详列了推荐读物和专业词汇表。

《管理会计教程》这本经典、畅销的教材为了解和掌握管理会计理论、术语和程序提供了相关的、现实的方法，读者可以从中掌握管理会计的基本概念和技术，以及如何利用管理会计这个工具制定相关的管理决策。本书的重点在于计划和控制决策，而非基于存货价值和收益决策的产品成本。这本教材的教学方法很独特，结构很灵活，在选择教学的广度和深度、理论和程序的难易程度时，为教师留下了很大的自由度[①]。其主要特点体现在：

第一，是注重与实务的有机结合。要学好管理会计，实务方面的训练是必不可少的：只有借助大量的、针对实际应用的练习，抽象、单影像式的会计概念、准则、规定及原理等才能转化为具体、多样、行之有效的会计技能；有了相关的会计技能，读者才能分析和评估公司的财务报表，应用会计工具进行商务活动分析。在此理念下，本书提供了丰富多样的习题，以使其成为读者学好管理会计课程不可多得的配套材料。各章的作业题包括基础习题、问答题、认知练习、练习题、思考题、案例题、合作学习练习及互联网练习，这些问题体现了本书的一个主要目的，即增强读者阅读、理解与利用公布的财务报告和新闻资料的能力。

第二，是不断修订以使其能够反映管理会计的新趋势，并使得基本概念和技术讲解得更清楚。尽管管理会计的基本概念没有太大变化，但是，这些概念的应用受到世界范围内不断变化的竞争环境和世界级大公司所采用成本会计系统重大变化的极大影响。教材的重点仍然是对成本和成本性态的理解以及用成本信息进行计划和控制决策。因此，在每版中，均对书中的术语和应用背景进行修订，以反映当时管理会计现

---

① http://www.sinoshu.com/1003681/，[EB/OL]，[2008-08-18].

实应用中的变化。

第三,是努力追求一种平衡、灵活的方法。例如,除生产制造外,书中还大量涉及非营利性零售、批发、销售和管理等不同的环境。计划和控制的基本概念和技术可应用于所有的组织类型和组织职能,而不仅仅是生产制造。这种更具一般性的方法使得学生更容易将书中例题和问题与他们的特殊兴趣联系起来,而且,许多有价值的概念(如总预算)如果不被复杂的制造业环境弄得很难懂的话,则更容易掌握。

第四,全书的重点在于计划和控制,而不在于为了存货计价和损益计量而进行的产品成本核算。书中的成本计算方法消除了存货水平变动所带来的令人烦恼而又不重要的复杂计算,简化了课堂上对计划和控制技术的描述。不像大多数教材那样同时讨论控制及产品计算的成本。本书的前 13 章集中在计划和控制上,并未详细描述产品成本计算,在对计划和控制问题研究后,才有可能正确考虑以成本计算为目的的成本分配、分批成本法、分步成本法和间接费用分配,并且通过最佳存货计价方法,使这一讨论与管理政策决策相关联。

第五,是注重课程学习方法的指导。由于本书是供学生学习的教材,所以作者还专门提到了这本书的使用方法。作者认为,教学是高度个人化的,并且受到经历各异学生们的不同背景和兴趣的极大影响。为了满足这些读者的需要,教材必须具有适应性,而不应束缚读者的思想。通常,指导老师在讲授管理会计课程时的授课顺序明显不一致。一本教材无论采用何种编排顺序,批评意见总是不可避免的。因此本书试图提供一种组件式方法,使得可以很方便地前后跳跃式地阅读。概括地说,它的出发点是提供一个各章联系较为松散的编排顺序,以方便不同的教学方法。内容是第一位的,顺序则属于次要问题。

### (二)《成本会计:以管理为重心》(1962)

亨格瑞的《成本会计:以管理为重心》一书[①],是美国影响力最大的管理会计教材之一,该书自 20 世纪 60 年代出版以来,已连续修订 10 多次,40 多年来一直畅销全球,累计销量达 200 多万册,是一部世界级的成本与管理会计巨著。2008 年 3 月,该书已经出版了第 13 版。

《成本会计:以管理为重心》与《管理会计教程》相比,它更侧重于成本会计和管理会计的联系。书中从管理应用的角度出发,以研究与开发、设计、生产、营销、配送和售后服务这一价值链为主线,系统地阐述了成本会计的内容。这部书涵盖了成本管理会

① 国内有的将此书译为《成本与管理会计》之名,实为同一书。最早的合作者为乔治·佛斯特(George Foste),第 11 版的合作者为斯坎特·M·达塔。

计的主要内容，不但详细论述了企业成本会计的基本内容，而且用大量篇幅论述了企业成本会计的最新发展，如自动化作业对成本会计所造成的影响、计算机技术应用于规划与控制对成本会计的冲击与影响等。此外，本书对企业与个人的业绩衡量、资本预算与成本分析等问题进行了较详尽的论述，同时介绍了世界各国的企业成本会计实例，配备了大量的思考题与练习题。

该书贯彻以战略为起点、以价值创造为目的的最新管理会计理念，以丰富翔实的案例、简洁浅显的文字，介绍了基本的成本概念、成本计算方法、本量利分析、预算管理及差异分析等传统管理会计内容，阐释了管理会计的最新发展，如作业成本法及作业成本管理、平衡计分卡，并将作业成本法与各种传统的管理会计方法有效结合，而这正是同类教材所欠缺的。该书的体例和行文让读者身临其境地感受到管理者的需要和困惑，精心挑选的案例使读者领略到各行各业的独特之处，提供公司实务的全球调查更是让读者意识到全球化近在咫尺。

作者在 2004 年修订后的第 11 版中就曾指出，学习成本会计是学生能够作出最佳商业投资的关键需要之一。因为在商界——从最偏僻的小店铺到最大的跨国公司，其任何一次成功投资中，都需要用到成本会计概念和实务。成本会计为管理者提供编制计划和实施控制的关键数据，也用于产品、服务和客户方面的成本计算。本书中的主题也对个人理财同样具有重要价值。本书所强调的主题是，成本会计怎样帮助管理者制定更好的决策。成本会计人员正在从数据提供者向决策制定者转变。为了达到这种决策制定重心的目的，“为不同目的提供不同的成本资料”的观念贯穿本书始终。由于组织机构的变化进度正在持续加快，所以每版中所做的较大改动，正是要反映在组织中和在研究中有关成本会计发生的变化。《成本会计：以管理为重心》(第 11 版)中增加的关键主题为 7 个方面：

第一，拓展了战略问题范围以及成本信息的战略运用。第 13 章“战略、平衡计分卡和战略性盈利分析”，被改写和简化。此外，第 1 章描述了战略和战略实施；第 3 章讲述了本—量—利分析在定价、产品推广和选择成本结构等方面战略性决策的应用；第6～8 章讨论了预算和差异怎样为管理者提供有关其战略有效性的反馈；第 9 章描述管理者如何制定涉及生产量的战略决策；第 11～12 章讲述相关成本和相关收入在诸如开设或关闭一个部门及产品定价等方面的战略决策运用；第 19～20 章强调质量和适时存货制度的战略意义；第 21 章讲述怎样运用资本预算方法帮助制定诸如长期客户关系的战略决策。

第二，单独介绍了成本会计和成本管理框架。通过第 2 章中介绍的成本会计和成本管理框架，使第 1～2 章的成本概念与第 3～12 章的主题前后衔接相连。框架强调了成本会计和成本管理研究的 3 个关键观点:(1)计算产品、服务和其他成本对象的成本;(2)从计划、控制和业绩评估中获得相关信息;(3)识别制定决策所需的相关信息。框架提供了讨论各章主题时的结构,如战略评估、质量、持续计算产品成本的适时制、计划与控制以及决策视野。

第三,用单独的一章(第 5 章)阐述作业成本法,并与较为简单的分批成本系统(第 4 章)相连。与作业成本法有关的最新材料分别融入如下内容中:如预算(第 6 章)、计算作业率时的生产能力选择(第 9 章)、成本估计(第 10 章)、顾客赢利性分析(第 14 章)。作业成本法和作业成本管理的其他资料包括在如下章节中:第 7~8 章的差异分析、第 11 章的外购和增减分部、第 12 章的设计决策、第 13 章的重组和缩小规模、第 19 章的质量成本和质量改进以及第 20 章的供应商分析。

第四,增加了对利用成本会计信息制定决策的讨论。许多主题领域都体现了这一增加,如作业成本法(第 5 章)、差异分析(第 7 章和第 8 章)、生产能力分析(第 9 章)、成本估计(第 10 章)、相关成本和价格(第 11 章和第 12 章)、联合成本分配(第 16 章)、分步成本法(第 17 章)、质量管理(第 19 章)以及转移定价(第 22 章)。

第五,系统吸收了新的尚在形成阶段的管理思考。包括生产能力决策(第 9 章)、供应链分析、供货商存货管理、企业资源计划(ERP)系统(第 20 章)以及长期顾客关系(第 21 章)。

第六,将技术上的改进纳入各主题中。很多观念实施都重点讨论了技术、信息系统和互联网。比如,电子商务战略与管理会计(第 1 章)、应用服务提供商(ASPs)如何影响成本结构(第 2 章)、亚马逊的成本结构与风险—回报权衡(第 3 章)、利用作业成本法计量和管理电子零售(第 5 章)、利用网络技术制定预算(第 6 章)、网上定价(第 12 章)、dot. com 公司的发展与盈利性选择(第 13 章)、Levi Strauss 量身定制牛仔裤(第 17 章)、克服互联网上的瓶颈(第 19 章)以及即需即付(第 20 章)。

第七,提高对行为问题的关注。讨论了行为问题对成本管理的影响,如减少预算水分、激励管理者和雇员、建立学习和支持的文化(第 6 章)、在设定可达到目标与理想目标时的权衡(第 7 章)、联成本分配对业绩评估和管理行为的影响(第 16 章)、管理控制和转移定价对管理者行为的影响(第 22 章)以及组织文化、价值和内在动机在激励管理者时发挥的作用。

### (三)《财务会计教程》(1981)

《财务会计教程》是由亨格瑞教授与格林·L·森登(Gary L. Sundem)于 1981 合作完成并公开出版的一本适用于 MBA 教育的会计学畅销书。该书的主要对象是财务报表的使用者，但也可以充分满足未来会计执业者的需要。2005 年 1 月，该书已经出版了第 9 版。

亨格瑞等认为，经商是一个激动人心的过程，而会计则是一个帮助我们了解经济事件对商业活动影响的完美窗口。我们相信会计能帮助我们了解经济事件，且建立在一些简单原则基础之上。鉴于此，本书较其他教材更早地引入了一些概念——作者对这些概念的介绍不仅简单易懂，而且配以精心甄选的真实公司案例。该书在写作中，均假定读者先前没有会计学基础知识。因此，其基本编写原则是：首先，是介绍简单的概念，随着学生理解能力的增强，逐步提高这些概念的难度，并在各阶段都恰当地辅之以真实公司案例。于 2001 年出版的《财务会计教程》(第 8 版)的主要内容如下：第 1 章为会计：一门商业语言，内容包括：会计的性质、资产负债表、资产负债表交易、所有制类型、股东与董事会、可信性与审计的作用、会计职业。第 2 章为计量收益以评价业绩，内容包括：收益计量概述、计量收益、损益表、现金流量表、股利与留存收益的会计处理、4 个常用的财务比率。第 3 章为交易的记录，内容包括：复式记账系统、借贷、记账程序、分析双轮公司的交易、编制分录并过账、在日记账和分类账中记录双轮公司的交易、编制试算平衡表、错误的影响、不完整记录、数据处理与计算机。第 4 章为财务报表的使用，内容包括：账目的调整、Ⅰ—未耗用成本的到期、Ⅱ—预收收入的实现、Ⅲ—应计未记费用、Ⅳ—应计未记收入、调整过程综述、分类资产负债表、损益表、盈利能力评价比率、公认会计原则与基本概念。第 5 章为销售的会计处理，内容包括：销售收入的确认、销售收入的计量、现金、赊销与应收账款、坏账的计量、评价应收账款的水平、内部控制概述。第 6 章为存货与销售成本。第 7 章为长期资产与折旧。第 8 章为负债和利息。第 9 章为债券与租赁的计价和会计处理。第 10 章为现金流量表。第 11 章为股东权益。第 12 章为公司间的投资与合并。第 13 章为财务报表分析。第 14 章为概念框架与计量方法。

### (四)《会计学》(1989)

《会计学》是由亨格瑞与沃尔特·L·哈里斯(Walter T. Harrison)于 1989 年合作完成并公开出版的一本影响较大的专供非会计专业学生学习会计学的教科书，2008 年该书已经出版了第 7 版。该书以介绍会计学的基本概念、方法和原理为基础，将内容集中于核心概念上，为学生进入商界提供指南。作者在书中尽可能地采用真实的文件和案例背景，帮助学生顺利掌握财务会计知识，获得阅读和理解会计报表从而制定相关决策的专业能力[①]。

---

① http://www.china-pub.com/816408，2008-08-18.

修订后的第7版《会计学》共设18章，要其主要内容为:第1章，会计与企业环境。内容包括会计:企业的语言、对会计的监管、企业组织的类型、会计概念与原则、会计等式、对企业交易的会计处理、评估企业交易。第2章，记录企业交易。内容包括账户、分类账和日记账、复式记账、会计数据流、日记账和分类账细节、扩展会计等式、收入和费用、包括收入和费用后的更多问题、快速决策。第3章，调整过程。内容包括财务报表和调整分录、对账户进行调整、预付款项和应收项目、调整后的试算平衡表、财务报表、应收会计中的道德问题。第4章，会计循环的完成。内容包括会计循环、工作底稿、完成会计循环、资产与负债的分类、会计比率。第5章，商品流通企业的经营。内容包括商品流通企业是如何经营的、永续盘存制下的存货会计、商品流通企业的调账与结账过程、编制商品流通企业的财务报表、用于决策的两个关键比率。第6章，商品存货。内容包括存货成本的计算方法、永续盘存制下的存货成本、定期盘存制下的存货成本、会计原则与存货、存货的其他问题。第7章，会计信息系统。内容包括有效的会计信息系统、计算机会计系统与手工会计系统如何运作、特种日记账、普通日记账的作用。第8章，内部控制与现金。内容包括内部控制、作为控制手段的银行账户、现金收入的内部控制、现金支出的内部控制、在资产负债表上列报现金、道德与会计。第9章，应收项目。内容包括应收项目介绍、不能收回的款项(坏账)、信用卡、银行卡和借记卡销售、应收票据综述、应收票据的会计处理、利用会计信息制定决策。第10章，固定资产和无形资产。内容包括固定资产成本、固定资产折旧、固定资产会计中的其他问题、自然资源的会计处理、无形资产的会计处理、道德问题。第11章，流动负债和工薪会计。内容包括金额已知的流动负债、金额必须估计的流动负债、工薪会计、工薪系统、报告工薪费用和负债、列报负债中的道德问题。第12章，公认会计原则的基础。第13章，公司:实收资本和资产负债表。内容包括公司综述、股东权益基础知识、发行股票、现金股利的会计处理、股票的不同价值、评估公司的运营、公司所得税会计。第14章，留存收益、库存股票和损益表。内容包括留存收益、股票股利和股票拆分、库藏股票、列报中的问题、公司损益表的收益分析、股东权益表。第15章，长期负债。内容包括债券介绍、发行应付债券筹款、实际利率摊销法、关于债券的其他问题、债券与股票的利弊比较、租赁负债。第16章，投资和国际业务。内容包括股票投资综述、对债券和票据的长期投资的会计处理、国际业务的会计处理。第17章，现金流量表。内容包括现金流量表、用间接法编制现金流量表、用直接法编制现金流量表。第18章，财务报表分析。内容包括横向分析、纵向分析、基准法、利用比率制定决策、其他评价工具。另外，本书还设有4个附录，即附录A——年报、附录B——账户图、附录C——现值表和终值表、附录D——习题答案，以及术语表和索引。

2010年修订后的第8版《会计学》，则增加为23章与3个附录。主要章节为：第1章，会计与企业环境；第2章，记录企业交易；第3章，调整过程；第4章，会计循环的完成；第5章，商品流通企业的运营；第6章，商品存货；第7章，内部控制与现金管理；第8章，应收项目；第9章，固定资产与无形资产；第10章，流动负债、薪酬会计和长期负债；第11章，股份有限公司：实收股本及资产负债表；第12章，留存收益的作用和利润表；第13章，现金流量表；第14章，财务报表分析；第15章，管理会计简介；第16章，分批法与分步法；第17章，作业成本法与其他成本管理工具；第18章，本量利分析；第19章，短期业务决策；第20章，资本投资决策与货币时间价值；第21章，总预算与责任会计；第22章，弹性预算和标准成本；第23章，业绩评价和平衡计分卡。三个附录为：附录A，亚马逊公司2007年年报（摘录）；附录B，货币时间价值系数表；附录C，参考答案。

**参考文献**

[1] [美] 查尔斯·T·亨格瑞（Charles T. Horngren），格理·森登，威廉姆·斯特尔顿. 会计学（第3版）. 王化成，戴德明，等，译. 北京：中国人民大学出版社，1999.

[2] [美]查尔斯·T·亨格瑞（Charles T. Horngren），小沃尔特·T·哈里森，琳达·史密斯·班伯. 会计学（Accounting，第6版），清华MBA核心课程英文版教材（英文影印版）[M]. 北京：清华大学出版社，2005.

[3] [美]查尔斯·亨格瑞，格理·森登，威廉姆·斯特尔顿. 管理会计教程（第12版，北京国家会计学院会计经典教材系列）[M]. 潘飞，等，译. 北京：人民邮电出版社，2006.

[4] [美]查尔斯·T·亨格瑞，斯坎达·M·达塔，乔治·福斯特：成本与管理会计（第11版）[M]. 刘力，黄慧馨，王立彦，等，译校. 北京：中国人民大学出版社，2004.

[5] Charles T Horngren. Management and Cost Accounting 3rd ed[M]. Englewood Cliffs N J: Prentice-Hall, Inc., 2004.

[6] Charles T Horngren. Management Accounting: Some Comments [J]. Journal of Management Accounting Research, 2004, 16(5): 207.

[7] Charles T Horngren, Sundem Gary L, Elliott John A, Donna Philbrick. Introduction to Financial Accounting (Charles T Horngren Series in Accounting) 9th ed. Englewood Cliffs N J: Prentice-Hall, Inc., 2005.

[8] Charles T Horngren, Walter T Harrison. Accounting 7th Pkg ed[M]. Englewood Cliffs N J: Prentice-Hall, Inc. 2006.

[9] Charles T Horngren, Sundem Gary L, William O Stratton, Jeff Schatzberg. Introduction to Management Accounting (14th Edition, Charles T. Horngren Series in Accounting)[M]. Englewood Cliffs N J: Prentice-Hall, Inc., 2007.

[10] Charles T Horngren, Foster George, Datar Srikant M, Madhav Rajan. Cost Accounting: A

Managerial Emphasis 13th ed[M]. Englewood Cliffs N J: Prentice-Hall, Inc., 2008.

[11] Charles T Horngren, Foster George, Srikant M Datar Kostenrechnung. Entscheidungsorientierte[M]. Perspektive, Oldenbourg. 2001.

[12] Charles T Horngren, Harrison Walter T, Linda Smith Bamber. Accounting and Annual Report 5th ed. [M]Englewood Cliffs N J: Prentice-Hall, Inc., 2001.

[13] Charles T Horngren, Walter T, Jr Harrison, Michael A Robinson. Principles of Financial & Management Accounting: A Sole Proprietorship Approach[M]. New York: Prentice Hall College Div. 1994.

[14] Charles T Horngren. Implications for Accountants of the Uses of Financial Statements by Security Analysts[M]. Manchester, NH: Ayer Co., Pub. 1978.

[15] Charles T Horngren. CPA Problems and Approaches to Solution[M]. Englewood Cliffs N J: Prentice-Hall, Inc., 1979.

[16] Charles T Horngren. Accounting with Keys to Success[M]. Englewood Cliffs N J: Prentice-Hall, Inc., 1994.

[17] Charles T Horngren. Introduction a Contabilidad Financier- 5 Edicio[M]. Upper Saddle River, New Jersey: Pearson Education, 2000.

[18] Charles T Horngren. Introduction a la Contabilidad Administrative [M]. Upper Saddle River, New Jersey: Pearson Education, 2001.

[19] Charles T Horngren. America: Pathways to the Present, Modern American History[M]. New York: Prentice Hall, 2003.

[20] Charles T Horngren. Mathematical models and computers in accounting research and teaching: Suggested readings and other information[M]. Graduate School of Business, University of Chicago, 1965.

[21] http://fisher.osu.edu/acctmis/hall/members/horngren/index.html, 2005-10-20

[22] http://www.amazon.cn/detail/product.asp, 2007-07-07

[23] http://www.amazon.com/exec/obidos, 2005-11-07

[24] http://www.prenhall.com/horngren/hall, 2005-11-25

[25] http://www.ychinese.com/book/a/25371.html, 2008-08-18

[26] Walter T Harrison, Charles T Horngren. Financial Accounting, 6th ed.. Englewood Cliffs N J: Prentice-Hall, Inc., 2005.

(初稿执笔人:胡娟)

# 雷蒙德·约翰·钱伯斯

## (Raymond John Chambers, 1917—1999)

雷蒙德·约翰·钱伯斯(Raymond John Chambers, 1917—1999)是世界上最受尊敬的会计学者之一,也是一位出类拔萃的会计教育家。他被其20世纪同辈们称颂为20世纪的"会计先驱"、"知识巨人",一个真正的"文艺复兴人",被评为"20世纪会计思想家"之一。他是澳大利亚悉尼大学会计系的第一位全职讲师,具有渊博的学识和出色的理论水平,尤其是他所提出的持续现行会计(Continuously Contemporary Accounting,简称CoCoA)理论更使他享誉全球。钱伯斯于1965年创办了期刊《算盘》(Abacus,半年刊)并亲任主编。他的论著包括许多著作和200多篇文章,内容从对技术过程的描述到根据严谨科学理论论证。由于其所取得的突出成就,成为1991年唯一一位被选入美国会计名人堂的会计大师,也是1950年会计名人堂设立以来入选的第二位北美以外的成员。由于其对澳大利亚会计发展的贡献,于2010年10月8日,他也作为五位首批成员之一,也正式入选由墨尔本大学会计和商业信息系统学院下属的会计与行业合作中心承办的澳大利亚会计名人堂,也是目前世界上唯一入选两个会计名人堂的人。

## 一、个人简要生平

**图51 雷蒙德·约翰·钱伯斯**

1917年11月16日,钱伯斯(见图51)出生于澳大利亚新南威尔士州的第二大城市纽卡斯尔,他的父亲是约克郡煤矿的一名工人。钱伯斯就读于纽卡斯卡男子高中,由于其成绩优秀,因而获取了大学奖学金。由于其家境贫穷,当钱伯斯在悉尼大学经济学院注册成为一名半工半读的学生后,他不得不离开家,白天工作,晚上学习大学课程。1939年大学毕业并获经济学士学位。

钱伯斯早年即对会计有着浓厚的兴趣。自1934年开始,他便通过函授方式学习会计以获取资格证明。大学毕业后,钱伯斯先在新南威尔士州政府担任了3年初级职员,并曾到一家大型制造销售公司从事工资核算和存货控制管理工作,后又在一家大型工程公司从事生产和材料控制管理工作。钱伯斯在工业核算与管理方面的经历,使他察觉到做本计算和资产计价时所使用的方法相当粗糙。1943年,他取得了州联邦会计协会、澳大利亚成本会计协会和澳大利亚秘书协会的会员资格。

1943—1945年的第二次世界大战期间,钱伯斯在澳大利亚价格委员会的管制组工作。因不同企业使用不同的会计惯例所引起的极大而又频繁的差异,使其对于定价决策的制定和由会计产生的财务信息差异非常苦恼。在回忆这段工作经历时,钱伯斯曾写道,当时他主要从事公司财务报表的分析和成本计算,而价格是由成本和利润所控制的。理想的结果应当是,由公司提供的数据应源于相同的准则,以便能合理做出公司和行业间的比较,由于许多行业和许多公司记账都使用自己的会计惯例,故致混乱更加严重。

1945年,钱伯斯在经过近10年在工业管理实践的体验后,开始到悉尼技术学院管理系任兼职审计教师,后任该院财务管理课程的全职教师。在此期间,他曾教过包括会计的所有课程。此时,他仍因不同会计规则的存在导致不同质量的数据,以及对具有辨别能力的管理者、投资者和债权人如何能够使用这些数据感到非常困惑。

当他发现传统的会计教材忽略了会计与财务管理的联系以后,于1947年完成了《财务管理》一书,这是他作为一名专职教师前利用两年时间思考的总结。尽管写作该书时作者尚不足30岁,但这本书非常完善和综合,得到了美国、英国和澳大利亚学者的称赞与认可。

钱伯斯对澳大利亚特别是悉尼大学会计教育的发展做出了奠基性的贡献。20世纪50年代早期,钱伯斯曾在悉尼大学做了一系列演讲,这些演讲均在《澳大利亚会计师》杂志上发表。这些演讲代表了他早期在理论发展中的一些思想,其中也揭示了会计信息与内外使用者的关系,包括如何在会计报告中最佳地反映战后通货膨胀的影响。1953年,他到悉尼大学会计系任教,并成为该校会计学科自1907年以来的首位全职讲师,不到两年后,他晋升为悉尼大学会计副教授,这也是在澳大利亚所有大学中会计学领域里的首次晋升。1960年,他成为悉尼大学的第一位会计学教授,并开始了他15年连续担任会计系领导人的征程。那时他的会计师资队伍依然很小,仅1位全职讲师、3位兼职讲师、2位商业和工业法的兼职讲师。1962年,为了加强会计人员学术和实践之间的交流,钱伯斯创立了悉尼大学的帕乔利研究会(Sydney University Pacioli Society)。1963年,开始进行研究生教育,1966年,会计系授予了第一个经济学硕士学位。1972年，开始实施对硕士学位课程工作（后成为MBA工商管理硕士）的计划。在钱伯斯任悉尼大学会计系主任期间，该系在教员数量和学科范围方面都有所增长。当他1975年卸任时，该系已经有了由2位教授、1位助理教授、4位资深全职讲师、7名讲师和2位讲师秘书构成的精干学术团队，其职员与学员比在当时悉尼大学所有系科中几乎是最低的。尽管如此，他们仍然发表非常多的著作和论文。

1962年，他在芝加哥大学任客座教授。1966年7月，他接受邀请参观访问了加利福尼亚大学伯克利分校、斯坦福大学和华盛顿大学。1970年，访问了佛罗里达大学和堪萨斯大学。1971年，到了东京早稻田大学，不久又到了新西兰坎特伯雷大学。1980年，他是伊利诺伊大学的一名客座教授。在所有这些行程中，他应邀在大学里演讲或举行研讨会，他喜欢阐述和辩护甚而更改自身观点的机会。

1951年，钱伯斯与妻子玛格丽特（Margaret）结婚，婚后育有3个孩子。钱伯斯一生酷爱歌剧，而且总是拥有一张悉尼歌剧的季票。钱伯斯于1999年12月13日逝世，终年82岁。

## 二、理论与实务的主要贡献

### （一）开创了澳大利亚会计理论研究的先河

20世纪50年代中期，钱伯斯迈出了其创建理论和形成文献的重要一步。因为当时他发现大多数课本或文献仅仅是教条性质的，许多实践不被考虑或被不合理地遗漏掉，一些文献被称为理论性的，但理论分析却相当少，甚至得出自相矛盾的结论。那时，钱伯斯同时进行着两项工作，即在观察会计实践及其结果的同时，试图提出能构成牢固会计理论的大体想法。

钱伯斯一直希望建立一种具有科学基础的会计理论，他认为理论应当由清晰明了的假定逻辑推理而来。这一思想体现在他1955年发表于英国《会计研究》杂志上的“会计理论的蓝图”一文中，文中表述了会计理论基础应依赖经济实体的环境，必须要有一个会计的总体理论来提供不同实体类别的具体理论基础。这篇文章成就了钱伯斯在会计理论方面的另外一个重要贡献，就是率先在澳大利亚之外发表了第一篇澳大利亚学者所撰的专业论文。对此，他认为这是对其个人目标和方式的一次试验。20世纪50年代后半期和60年代早期，是钱伯斯特别繁忙的时期。他先后出版了《公司年报的作用和设计》（*The Function and Design of Company Annual Reports*，1955）和《会计和行为》（*Accounting and Action*，1957）两本书，做了3个研究演讲，写了24

篇论文并在悉尼大学开设了一门会计研究课程。

### (二)创办了澳大利亚的第一本会计杂志——《算盘》(Abacus)

1959—1962年,钱伯斯进行了广泛的海外旅行,其间访问了许多大学,花了2个月为美国财务会计准则委员会(FASB)的研究人员担当顾问,并参加了第八届国际会计师大会和美国注册会计师协会(AICPA)的年会,这些为他的理论研究奠定了相当重要的基础。1958年,英国的《会计研究》杂志停刊。自1962年起,钱伯斯即开始筹备出版一种新的期刊来填补这个空白,这是一个非常大胆的计划。在欧洲、北美和东南亚等大学,他详细地研究了创办一本专业期刊的前景,他亦曾想过与伦敦经济学院合办。在许多知名教授的鼓励和帮助下,钱伯斯终于于1965年创办了著名的会计专业杂志——《算盘》。要知道,当时在地球的另外一边——澳大利亚这个远离大多数世界会计学术界的地方编辑一种杂志并非易事。为提供更宽的覆盖面,钱伯斯将《算盘》定位为"一种会计和商业学习的期刊",在后来的10年间,他为此花费了大量的时间和精力,并担任该刊的编辑一直到1974年卸任。但直到他去世前,还一直是该刊的顾问。

### (三)出版了他涉及会计理论内容和方式的两部重要作品

1960年,钱伯斯出版了《会计研究环境》(1960),提出了他将在演讲中使用的科学方法。1961年,他将罗塞尔·马修斯(Russell Mathews)教授受邀在阿德莱德大学所作的演讲汇编成一本演讲集——《会计的一般理论》(*Towards a General Theory of Accounting*),第一次尝试根据经济行为与社会互相作用的财务方面相关假定来概述一种理论。罗塞尔·马修斯教授评论道,直到1961年,他才充分认识到钱伯斯是一位知识巨人,他将会计从一套专门的规则技术改变成一种严谨的概念框架和计量系统,并在随后多年里对会计概念框架和计量系统理论的发展起到了重要作用。因此,该专题文章是旧的实用风格会计与新的理论基础的分水岭。这本专论不论是在内容还是在方式上,均预示着钱伯斯于1966年名著——《会计、估价和经济行为》(*Accounting, Evaluation and Economic Behavior*,简称AEEB)将适时问世。早在1962年钱伯斯访问美国时,他即与伦特斯-霍尔公司(Prentice-Hall)签订了该书的出版合同。原稿花费了他1963年和1964年两年的时间,但其比他1961年出版的演讲集范围更大,逻辑更严密。在钱伯斯的全部作品中,AEEB被认为是他的代表作。1967年,因AEEB对会计理论的杰出贡献,美国会计学会和美国注册会计师协会联合授予其"会计学杰出文献奖"。2年后,亚瑟·安达信公司还授予钱伯斯一个独特的赞誉——在名为"会计、财务和管理”专辑中再版了他的50篇文章。

### (四)将其职业的大部分精力用于发展和传播他的会计思想

20世纪60年代后期以后,钱伯斯致力于解决“企业价值”、多栏报表、一般货币购买力会计和现行成本会计、关于不可建立一种所有使用者认可的会计标准的争论、市场基础理论和实际会计理论等多方面的研究。尽管许多作者曾严厉反对钱伯斯,但几乎没有人能同他在研讨会上当面较量。因为钱伯斯是一个出色的辩论者,他极少做出让步。《会计、估价和经济行为》出版后,钱伯斯用很大的精力答复来自于不同领域里评论家的褒贬。他以毫不倦怠的精力和富于使命的热忱出版论著以及在世界范围内授课、演讲,倾情解释他的观点。在《证券的背后:有关公司账户法律规范改革的案例分析》(*Securities and Obscurities: A Case for Reform of the Law of Company Accounts*)一书中,他还破例地运用了一种通俗的方式来扩大他所宣扬改革理论的读者群体。在该书中,他不再重述详细的理论证明,而改用了一种数量分析方法,即通过测试分析师、记者、经济学家、会计人员、行政人员、法律专家和其他评论家的得分来证明现存的会计惯例,得出的结论是,即使是管理规范的公司,所提供的信息通常也是不明确的,应该对现行会计法规和会计实践进行改革。

### (五)对介绍美国先进的会计理论起到了重要的推动作用

20世纪60年代至70年代,钱伯斯批判性地分析了许多文章中作者的观点,其中既涉及同为会计名人堂成员的井尻雄士(Yuji Ijiri)、菲利普·W·贝尔(Philip W. Bell)、埃德加·O·爱德华兹(Edgar O. Edwards),以及费雪(Fisher)、坎宁(Canning)和马特西奇(Mattessich)等人的作品,也涉及美国注册会计师协会(AICPA)的有关会计准则、物价变动会计和一般公认会计原则等问题的系列会计研究报告。所有这些文章,都显示了钱伯斯敏锐的洞察力和分析力。

### (六)推动会计实务的发展

1977年,钱伯斯被新南威尔士检察长邀请出任会计标准审查委员会主席。1978年,该委员会发布了一项对当时会计实践和标准的重要评论,并建议一些公司废除或者更改委员会认为普遍不适当和不一致的账户科目。钱伯斯在实践方面的重要作用,是取得了会计学者、会计政策制定者和美国、英国、加拿大和新西兰政府调查委员会对“现行价值”的认同。钱伯斯提倡的是脱手价值会计,即试图以现行脱手价格(current exit price)为基础建立一套综合的会计理论,因为“它在某一时点上对于所有市场上可能的未来行动都具有一致的相关性”。由于所有账户余额都代表着计量日的现行价值，因此，钱伯斯还将他这一会计理论体系称为“持续现行会计”。钱伯斯将资产定义为“企业所拥有的任何可分割收入”(any severable means in possession of the entity)，而且应当以资产的现行市场销售价格或“当前现金等值”(current cash equivalent)来计量和报告资产，负债则以合同金额进行报告，期间收益以资本保持原则为基础进行计量，摈弃了传统的实现原则。20世纪70年代中期，5家新西兰公司(包括国家的第二大公司)采用了持续现行会计作为他们年度会计报表的补充列示，并聘请钱伯斯为顾问。

### (七) 赢得许多学术荣誉

1958—1960年，他在澳大利亚大学会计教师联合会(Australian Association of University Teachers of Accounting，简称AAUTA)的建立中扮演了重要角色，并在1960—1961年任首届主席。1960年，任澳大利亚与新西兰会计协会的主席，1986年成为终身名誉主席。

1966年，他被澳大利亚和新西兰会计协会授予杰出会计研究文献奖；1976年，他被美国会计学会(AAA)评为北美以外第一位国际杰出会计学讲师；1991年，他被美国会计学会授予杰出会计教育奖；1993年，获得澳大利亚和新西兰会计协会颁发的杰出职业荣誉奖。1973年，因AEEB和钱伯斯其他作品的贡献，悉尼大学授予他经济学博士学位。也由于其对商业和教育的特殊贡献，特别是在会计和商业管理方面的贡献，1978年获澳大利亚勋章。

## 三、主要论著简析

钱伯斯被认为是会计领域的具有重要学术贡献的学者之一。他的目标就是改善会计惯例，揭露传统会计的不规律惯例和其结果的无用性。他从事会计研究的理念是:“复杂多变的会计实务需要更多的会计理论”。正是在这一理念的指导下，自从20世纪40年代开始，他致力于寻求会计理论研究对会计实务改进的指导作用，加强会计实务、会计研究和会计教育之间紧密联系是其工作的最重要部分和坚持不懈的主题。即使退休后，他仍然笔耕不辍。1982年，钱伯斯从悉尼大学退休，成为名誉退休教授。1982年11月，在钱伯斯退休之际，《算盘》发表了一份对他的纪念专集，并于2000年10月再版。1991年，他曾写了一份自传刊于《会计史杂志》。退休以后的钱伯斯并没有减慢他的理论研究步伐，直到20世纪90年代仍然继续在各地做演讲和出版新的著作。1995 年,他主持编辑出版了一部涵盖会计发展历史的百科全书——《会计辞典:会计五百年》(*An Accounting Thesaurus*:500 *Years of Accounting*)。在这部辞书中,他对会计如百科全书般地了解,以及他对理论演变的永恒兴趣得到充分的展示,这也是对他一生不知疲倦地致力于会计理论与实务的最恰当总结。

为了传播他的会计思想,他曾先后在澳大利亚、新西兰、加拿大、日本、英国、美国和欧洲多个国家的大学做了很多演讲,共著有 12 本书,发表了 200 多篇论文以及大量的专题报告,其内容涉及会计、财务管理及法律等领域。现择其要者介绍如下。

### (一)《会计、估价和经济行为》(1966)

1966 年 2 月,著名的伦特斯-霍尔公司(Prentice-Hall)出版了钱伯斯的《会计、估价和经济行为》。该书与其 1961 年出版的《会计的一般理论》(*Towards a General Theory of Accounting*)的主要差异在于,前者采用重置价格对非货币性资产进行计价,后者则否定了重置价格而支持"现行现金等价物",即出售价格——也被称为脱手价值(exit value)。钱伯斯认为,只有脱手价值,才能提供与公司环境、变现能力相关的会计信息。AEEB 的重要学术贡献在于,它既体现出百科全书般的知识,也远远超出于会计,并且作出了对会计提供新的、严谨框架的尝试。

《会计、估价和经济行为》共设 14 章,主要内容为:独立的思想与活动,方法与结果,活动的环境,货币计量,财务状况,会计的逻辑框架,信息与信息形成程序,传递规则,交易风险,会计与交易风险,企业经营,经营组织的财务风险,政府机构与服务,会计实务发展的理论。在该书中,钱伯斯提出并详细介绍了持续现行会计理论,简称 CoCoA,而价格变动会计则是他的 CoCoA 理论中非常重要的部分。CoCoA 体系的核心是前述 14 章中的 4 个章节(货币计量、财务状况、交易风险和会计与交易风险),这些章节都提倡基于再出售价值(现行现金等价物)的计价系统,考虑了期间内计量货币单位价值的变化。

CoCoA 理论的内容由大量关于货币、价格、价格水平和价格结构,计量理论的规则和财务计算的常规经济文献所组成。根据 CoCoA 理论,一个经济实体的"财富"被计量为它要求的没有负担的现行总购买力的金额;一个期间的收入是它财富的增长额;损失则是减少额。财富被计算为现金和其他流动资产的面值加上它的实物资产的现金等价物,减去它的负债的合同金额。一项实物资产的现金等价物最佳的说明是"现行售价"。在许多方面,CoCoA 和历史成本会计有相似之处:复式记账规则始终被采用;现金和信用交易都是以同样的方式记账,配比原则被系统使用。在 CoCoA 理论中,一个期间的收入由三个部分所构成:(1)净收益——包含经营过程发生的所有收入减去所有支出。(2)物价变动调整——实物资产的现金等价物中所有变化的净额。(3)资本维护调整——在期间开始时根据在会计期末对货币的总购买力必须调整财富的金额,它是对计量货币单位的总购买能力范围的价格调整的一种对账户的规模调整。钱伯斯对物价变动会计的贡献巨大,但这仅仅是他对会计思想和会计学科发展学术文献方面的贡献的一小部分。

CoCoA 理论体系的精华是它的现行现金等价物计价原则,钱伯斯指的是可实现价值。由于考虑到适用性,钱伯斯希望反映当时的财务状况,这使其采用现行价值而不是历史成本,他喜欢基于售价的现行现金等价物,而不是重置成本。因为,实体将不得不以当前的状况实现其资产,并且它们反映了实体当前持有资产的情况,而重置成本只是代表企业还没有获得的资产的成本,即使其将在未来被取得。钱伯斯认为,重置成本是关于重新购置决策的,但那是未来行为的问题,而并非当前财务的计量问题。同样,出于会计计量的目的,他又反对使用持有资产的现值,认为这也包含了对未来的预期。这些观点引起了对计量问题的广泛争论。1970 年,钱伯斯在《算盘》杂志 9 月号上发表了题为"关于 CoCoA 的第二思想"(Second thoughts on continuously contemporary accounting)一文,系统地回答了这些评论,并在许多方面进一步详细地阐述了 CoCoA 理论。文中指出,他在计价的观点中并不包括将重置成本代替在产品和不可销售耐用品的售价,他也承认在存货价值和收入关系的讨论中错误地使用了"实现"的观念。因此,CoCoA 体系的认定仅依赖于资产价格改变,而非资产的出售。除了作出上述两个让步外,钱伯斯一直以强有力的辩论来坚持他的立场。

### (二)《会计的一般理论》(1961)

《会计的一般理论》一书,系钱伯斯据其受罗塞尔·马修斯(Russell Mathews)教授邀请到阿德莱德大学所作的系列演讲整理而成的一本演讲集。在该书中系统地论述了 40 个基本假定,并从中得出了 21 个原则。

《会计的一般理论》中的重要理论观点体现于关于计价价格选择的论述,即关于一般物价指数的作用和货币单位的处理。关于价格变动,钱伯斯强调了在资产负债表日适当陈述财务信息的重要性。因此,他提出资产以重置价格计量的现行价格计价。后来,他修订了这个观点,提出采用售价而不是重置价格。他在早期的专业文章指出了一般价格水平的变化影响计量单位(货币)的价值问题,这与具体重置价格变化问题不同。1961 年,他正式提出了详细说明价格变化影响会计可选择模式的一个标准,即一般资产负债表的平衡关系是:

$$货币性资产(M) + 非货币性资产(N) = 负债(L) + 权益(R) \qquad (式 1)$$

在将其乘以一个期间的一般价格水平变化(1+$P$)后得出结果是：

$$M(1+P)+N(1+P)=L(1+P)+R(1+P) \quad \text{(式 2)}$$

(式 1)中的项目 $M$ 和 $N$，定义是有固定货币单位的。这样引起的结论是，如果 $P$ 为正，则持有货币将会有一个损失 $PM$ 和一个在借款上的收益 $PL$。尽管钱伯斯并未将该收益和损失作为利润的一部分，但这个简单的论述，现在貌似非常熟悉，可在当时却是对该问题的重大阐述。它使得钱伯斯又提出了资本的所有权观点并支持对资本维持目的的一般购买力指数的使用问题。

**参考文献**

[1] Chambers R J. The Conditions of Research in Accounting [J]. The Journal of Accountancy, 1960(110):33-39.

[2] Chambers R J, Dean G. Chambers on Accounting, 6 volumes[M]. New York: Garland Publishing, Inc., 1986/2000.

[3] Chambers R J, Goldberg L R Mathews. The Accounting Frontier: In Honour of Sir Alexander Fitzgerald[M]. Melbourne: E. W. Cheshire, 1965.

[4] Chambers R J. Financial Management. Sydney: The Law Book[M]. Co. of Australasia Pty Ltd., 1947.

[5] Chambers R J. Accounting and Shifting Price Levels [J]. The Australian Accountant, 1949 (19):313-320.

[6] Chambers R J. Accounting and Business Finance [J]. The Australian Accountant, 1952(22): 213-230 and (Aug): 1952:262-273.

[7] Chambers R J. Accounting and Inflation [J]. The Australian Accountant, 1952(22):14-23.

[8] Chambers R J. The Function and Design of Company Annual Reports[M]. Sydney: The Law Book Co. of Australasia Pty Ltd., 1955.

[9] Chambers R J. Blueprint for A Theory of Accounting [J]. Accounting Research, 1955(6): 17-25.

[10] Chambers R J. Some Observations on 'Structure of Accounting Theory' [J]. The Accounting Review, 1956(31):584-592.

[11] Chambers R J. Detail for A Blueprint [J]. The Accounting Review, 1957(32):206-215.

[12] Chambers R J. Towards a General Theory of Accounting [C]. Australian Society of Accountants Annual Lecture, University of Adelaide, 1961.

[13] Chambers R J. USA, 1962—Some Observations [J]. Australian Association of University

Teachers of Accounting, 1963(3):3-6.

[14] Chambers R J. Why Bother with Postulates [J]. Journal of Accounting Research, 1963(1): 3-15.

[15] Chambers R J. Conventions, Doctrines and Common Sense [J]. The Accountants' Journal (NZ), 1964(42):182-187.

[16] Chambers R J. Edwards and Bell on Business Income [J]. The Accounting Review, 1965(40): 731-741.

[17] Chambers R J. Measurement in Accounting [J]. Journal of Accounting Research, 1965(3): 32-62.

[18] Chambers R J. The Price-level Problem and Some Intellectual Grooves [J]. Journal of Accounting Research, 1965(3):242-252.

[19] Chambers R J. Accounting and Analytical Methods: A Review Article [J]. Journal of Accounting Research, 1966(4):101-118.

[20] Chambers R J. The Foundations of Financial Accounting' in Berkeley Symposium on the Foundations of Financial Accounting: 26-44[M]. Schools of Business Administration, University of California, Berkeley, 1967.

[21] Chambers R J. Accounting, Finance and Management[M]. Arthur Andersen & Co. , 1969.

[22] Chambers R J. The AAUTA News Bulletin[J]. Abacus, 1969(9):11-14.

[23] Chambers R J. Second Thoughts on Continuously Contemporary Accounting [J]. Abacus, 1970(6):39-55.

[24] Chambers R J. Value to the Owner [J]. Abacus, 1971(1):62-72.

[25] Chambers R J. Income and Capital: Fisher's legacy' [J]. Journal of Accounting Research, 1971 (9):137-149.

[26] Chambers R J. Measurement in Current Accounting Practice: A Critique [J]. The Accounting Review, 1972(47):488-509.

[27] Chambers R J. Multiple Column Accounting—Cui Bono [J]. The Chartered Accountant in Australia, 1972(3):4-8.

[28] Chambers R J. Quo Vado [J]. The Chartered Accountant in Australia, 1972(43):13-15.

[29] Chambers R J. Accounting Principles or Accounting Policies [J]. Journal of Accountancy, 1973,135(5):48-53.

[30] Chambers R J. Securities and Obscurities: A Case for Reform of the Law of Company Accounts [M]. Melbourne: Gower Press Australia, 1973.

[31] Chambers R J. The Development of the Theory of Continuously Contemporary Accounting in Chambers R, Accounting, Evaluation and Economic Behavior: v-xxvii[M]. Houston, TX: Scholars Book Co. , 1974.

[32] Chambers R J. Accounting for Inflation: Exposure Draft[M]. Department of Accounting, The University of Sydney, 1975.

[33] Chambers R J. Continuously Contemporary Accounting: Misunderstandings and Misrepresentations [J]. Abacus, 1976(12):137-151.

[34] Chambers R J. Current Cost Accounting—A Critique of the Sandilands Report[R]. International Centre for Research in Accounting, University of Lancaster, 1976.

[35] Chambers R J. The Possibility of a Normative Accounting Standard. [J] The Accounting Review, 1976(51): 646-652.

[36] Chambers R J. The Use and Abuse of A Notation: A History of An Idea [J]. Abacus, 1978 (14):122-144.

[37] Chambers R J. Company Accounting Standards: Report of the Accounting Standards Review Committee[R]. New South Wales, Government Printer, 1978.

[38] Chambers R J. Edwards and Bell on Income Measurement in Retrospect [J]. Abacus, 1982 (18):1-39.

[39] Chambers R J. Accounting for Foreign Business [J]. Abacus, 1983(19):14-28.

[40] Chambers R J. Accounting for Changing Prices in Chambers R and Dean G (eds.). Chambers on Accounting: V [M]. New York: Garland Publishing, Inc., 1986:269-277.

[41] Chambers R J. Changes in Accounting Theory in Chambers R and Dean G (eds.). Chambers on Accounting: III [M]. New York: Garland Publishing, Inc., 1986:33-49.

[42] Chambers R J. Positive Accounting Theory and the PA Cult [J]. Abacus, 1993(29):1-26.

[43] Chambers R J. An Accounting Thesaurus: 500 Years of Accounting[M]. Oxford: Pergamon, 1995.

[44] Chambers R J. Wanted: Foundations of Accounting Measurement [J]. Abacus, 1998(34): 36-47.

[45] Chambers R J. Early Beginnings: Introduction to Wisdom of Accounting [J]. Abacus, 2000 (36):313-320.

[46] Chambers R J. Accounting and Action[M]. Sydney: The Law Book Co. of Australasia Pty Ltd., 1960.

[47] Chambers R J. The Resolution of Some Paradoxes in Accounting[M]. Vancouver, B.C., Canada: Faculty of Commerce and Business Administration, University of British Columbia, 1963.

[48] Chambers R J. The Moonitz and Sprouse Studies on Postulates and Principles[C]. The Australasian Association of University Teachers of Accounting: Papers Presented at the AAUTA: University of Sydney, August, 1962 and Australian National University, January, 1964: 34-54.

[49] Chambers R J. The Development of Accounting Theory in Chambers R, Goldberg L and

Mathews R (eds. ). The Accounting Frontier: In Honour of Sir Alexander Fitzgerald: 18-35 [M]. Melbourne: F W Cheshire, 1965.

[50] Chambers R J. A Matter of Principle [J]. The Accounting Review, 1966(41): 443-457.

[51] Chambers R J. A study of a Price Level Study [J]. Abacus, 1966(2):97-118.

[52] Chambers R J. Accounting, Evaluation and Economic Behavior[M]. Englewood Cliffs N J: Prentice-Hall, Inc. , 1966.

[53] Chambers R J. Price Variation Accounting—An Improved Representation [J]. Journal of Accounting Research, 1967(5):215-220.

[54] Chambers R J. Accounting for Inflation: Methods and Problems[M]. Department of Accounting, The University of Sydney, 1974.

[55] Chambers R J. Canning's The Economics of Accountancy—after 50 years [J]. The Accounting Review, 1979(54):764-775.

[56] Chambers R J. An Academic Apprenticeship in Carnegie G and Wolnizer P (eds. ). Accounting History Newsletter 1980—1989 and Accounting History 1989—1994: A Tribute to Robert William Gibson: 101-111[M]. New York: Garland Publishing, Inc. , 1996.

[57] Dean Graeme. Policy Update—publishing Broad-based, Eclectic Research [J]. Abacus, 2005, 41(1).

[58] Ezzamel Mahmoud. The Beginnings of Accounting and Accounting Thought [J]. Accounting, Business & Financial History, 2003,13(2):263-265.

[59] Lee T A. The Golden age of Raymond John Chambers, Professional Accountant and University Educator 1917 to 1999: A memorial [J]. Accounting & Business Research, 2000, 31(1): 71-74.

[60] Lee T A. Chambers and Accounting Communication [J]. Abacus, 1982,18(2):152-165.

[61] Ma, Ronald. Chambers' Contributions to Analytical Rigour in Accounting. A Note on the Use of Selling Prices-Some Examples from the Nineteenth Century [J]. Abacus, 1982, 18(2): 129-138.

[62] Mathews Russell. Chambers and the Development of Accounting Theory: A Personal Reminiscence [J]. Abacus, 1982,18(2):175-178.

[63] Moonitz Maurice. Chambers at the American Institute of Certified Public Accountants [J]. Abacus, 1982,18(2):106-111.

[64] Staubus George J. Two Views of Accounting Measurement [J]. Abacus, 2004, 40(3): 265-279.

[65] Wells M C. Raymond John Chambers [J]. Abacus, 1982,18(2):97.

[66] Whittington Geoffrey, Zeff Stephen A. Mathews, Gynther and Chambers: Three pioneering Australian theorists [J]. Accounting & Business Research, 2001,31(3):203-233.

[67] Zeff Stephen A. In Appreciation of Ray Chambers, an Australian Original [J]. Abacus, 1982, 18(2):179-181.

[68] Chambers R J. Third thoughts [J]. Abacus, 1975,(10):129-137.

[69] Bedford Norton M. The Impact of Chambers on the Scope of Accounting: An Analysis and Extension [J]. Abacus, 1982,18(2):112-118.

[70] Brown Ronald S. Raymond John Chambers: A Biography [J]. Abacus, 1982, 18(2): 99-105.

[71] http://chambers.econ.usyd.edu.au/about.html, 2006-12-15.

[72] http://fisher.osu.edu/acctmis/hall/, 2006-12-15.

（初稿执笔人：朱晓江）

# 戴维·所罗门斯

## (David Solomons, 1913 — 1995)

戴维·所罗门斯(David Solomons, 1913—1995)是一位享誉世界的会计理论研究和会计教育的领导人,也是全球学者的模范典型。他曾以演讲者、顾问或者访问学者的身份在美国、英国、加拿大、澳大利亚、新西兰、整个欧洲和亚洲各国做过演讲和执教,其学生遍布世界各地,他的研究和著作对一些国家的职业界产生了重要的影响,也是唯一一位曾经领导大西洋两岸的两个最重要的会计学术组织——英国会计学会(British Accounting Association,简称 BAA)和美国会计学会(American Accounting Association,简称 AAA)并出任会长的学者。由于其突出的学术成就,成为 1992 年唯一一位被选入美国会计名人堂的会计大师。

## 一、个人简要生平

所罗门斯(见图 52)的事业可以分为英国和美国两个阶段。1913 年,所罗门斯出身于伦敦的一个中产阶级家庭,家境较为宽裕,兄弟姐妹共 4 人,他们的父亲先是做酒吧老板,后来还经营了一家汽车公司。所罗门斯在一所名叫 Hackney Downs 的男孩学校读了 8 年书,16 岁的时候去伦敦经济学院接受进一步的教育。在经过特别的 1 年学习后,他获准大学毕业。毕业以后,在其父亲付出 300 英镑的代价后,他得以进入狄更斯事务所,以便成为一名英国特许会计师。经过 3 年的艰苦努力,他最终得以如愿。

图 52 戴维·所罗门斯

1936 年,所罗门斯进入一家公司任职并成为一名会计主管。1939 年第二次世界大战爆发后,他立刻入伍成为皇家军队后勤部队中的一名士兵,并且在第二年被委以重任。他参加了北非战役，在1942年6月和另外的30 000个盟军士兵一块成为俘虏并且被囚禁，开始被囚禁在意大利后来转到德国。为了减轻军营里的单调生活，他开始教在一块的俘虏学习会计和经济学，1945年被解救后，他作为一个上尉离开军队。

第二次世界大战结束以后，他在伦敦经济学院教授会计课程，后获取博士学位。1946年，在不列颠全岛均没有全职会计教师职位的情况下，伦敦经济学院指定他为第一位全职的会计专业教师，故其在极为繁重的工作任务中度过了两年。1949年，他被提升为高级讲师。两年以后，著名会计学家W·T·巴克斯特(W. T. Baxter)被任命为伦敦经济学院的第一位专职会计学教授。1955年，所罗门斯离开伦敦经济学院任布里斯托尔大学的会计学教授，成为当时英国的第三位全职会计教授。

1959年，所罗门斯跨越大西洋到美国，在宾夕法尼亚沃顿商学院任会计教授。1969—1975年，任该院会计系的主任，并在1974年被指定为亚瑟·扬会计学教授。1976年取得美国国籍。1983年，所罗门斯70岁时才在沃顿商学院退休。他曾以访问学者的身份到过14个国家的多所大学，并拥有两个博士学位。

所罗门斯最喜欢的格言，是来自于一位曾经当过中学教师的喜剧演员萨姆·勒恩森的一句话："在我5岁生日的时候，我爸爸把他的手放在我肩上说，'记住，我的儿子，如果你在任何时候需要一只帮助你的手，你将在你手臂的末端找到它'"。

所罗门斯的婚姻颇具戏剧性。他在参加第一次舞会时即被后来成为他太太的米里亚姆(Miriam)的爱情所征服，6个星期内他们订婚并且在6个星期后结婚。婚后育有一子一女。在将近50年的时间内，他和太太仍然喜欢跳舞。他们喜欢莫扎特、歌剧、戏剧和电影，所罗门斯还曾经为泰晤士划船俱乐部划船。

1995年2月，所罗门斯教授逝世，享年82岁。

## 二、理论与实务的主要贡献

所罗门斯是唯一一位曾经领导大西洋两岸两个最重要的会计学术组织的学者。1955—1958年，他曾担任英国会计学会(BAA)会长，同时任英国大学会计教师协会的主席。并曾于1977—1978年，任美国会计学会(AAA)的会长。

所罗门斯为会计的许多领域作出了卓越贡献。但其中最重要的贡献是准则制定程序方面。他是著名的惠特委员会于1972年发布的"惠特报告"(Wheat Report)的主要起草者，正是在这一报告中，提出了建立美国财务会计准则委员会(Financial Accounting Standards Board，简称FASB)、财务会计准则咨询委员会(Financial Accounting Standards Advisory Council，简称FASAC)和财务会计基金会(Financial

Accounting Foundation，简称 FAF）的现代会计制定机构的基本框架，才导致美国财务会计准则委员会于 1973 年正式诞生。亦缘于此，他经常被美国会计学界誉为“美国财务会计准则委员会之父”。此外，他还是美国财务会计准则委员会（FASB）于 1980 年 5 月发布的第 2 号财务会计概念公告（Statements on Financial Accounting Concepts，简称 SFACs）——“会计信息的质量特征”（SFACs No. 2 Qualitative Characteristics of Accounting Information）的主要执笔人。他还参与了美国财务会计准则委员会（FASB）于 1984 年 12 月发布的第 5 号财务会计概念公告（SFACs）——“企业财务报表的确认和计量”（SFACs No. 5 Recognition and Measurement in Financial Statements of Business Enterprises）的基础研究工作。虽然在 1986 年 1 月的《会计杂志》（Journal of Accountancy）上，他曾发表文章中声明他并不同意第 5 号概念公告的结论。

所罗门斯积极服务于各种会计职业组织。他曾经担任过美国财务会计准则委员会（FASB）、美国证券交易委员会（SEC）、美国注册会计师协会（AICPA）、国际会计准则委员会（IASC）、加拿大特许会计师协会（CICA）等组织的顾问，他也曾任英国金融培训集团（FTC）以及英国许多公司和会计团体的顾问。

退休以后的所罗门斯在会计领域也极为活跃。他作为美国财务会计准则咨询委员会的一员，为美国财务会计准则委员会的职员举办专题研讨讲座；在世界巡回教学和演讲；主持了美国会计学会 1986 年关于财务报告准则制定的国际会议；还为在斯图加特和威尼斯举行的欧洲会计学会的年度会议提交了论文。

所罗门斯的学术成就为他赢得多种荣誉。1969 年，由于他所著的《职能分解：测度与控制》（*Divisional Performance: Measurement and Control*）一书，对从管理会计角度如何评价和控制分散式经营方面做出了重要贡献，获得了当年美国注册注册会计师协会（AICPA）的会计文献卓越贡献奖；1979 年，由于其于 1978 年 11 月发表的论文“会计的政治化”（*The Politicization of Accounting*）而获得当年《会计杂志》的 Lawler 奖；1980 年，获得美国会计学会（AAA）颁发的杰出会计教育奖；1989 年，获得英格兰与威尔士特许会计师协会（ICAEW）颁发的国际奖。

## 三、主要论著简析

所罗门斯也是一位多产学者，他一生发表了很多论文，出版了许多专著。其最著名的著作是《职能分解：测度与控制》一书，书中从管理会计角度就如何评价和控制分散式经营的问题进行了系统阐述。

### (一)《职能分解:测度与控制》(1965)

《职能分解:测度与控制》(*Divisional Performance:Measurement and Control*)一书于1965年出版,其目的是调查(研究)存在于一个部门化公司的中央管理和各个部门管理之间的财务关系状况,以及为了达到更有效地协调和控制部门经营的目的。该书在这一领域已经出版的文献里面,是最容易理解和最有效内容的精华部分之组合,它包含了对不同方法的实际评价,并提出了许多问题的解决方法。

该书共设8章:第1章讨论了部门化公司的结构关系;第2章描述了"公认会计原则"和它们对部门会计的影响;第3章分析了度量部门业绩的利润指标的作用;第4章描述了影响计量利润的几个问题,如存货价值、折旧方法和直接成本计算;第5章讨论了把投资基本原则引入估价系统的问题;第6章描述了部门之间关系,主要是内部交易定价;第7章涉及部门运营的预算控制;第8章讨论工作情况的非盈利性计量。此外,书末还设有3个附录。

所罗门斯在该书中采用的研究方法是通过实地访谈25个分散式的公司来"揭示"其理论与实务方面的差异。他采用这种方法而不是问卷调查法的原因,是为了避免与已经存在实务的冲突而使研究无果而终。此前,所罗门斯对这个领域的已有文献做了详尽的研究,并且测试了在真实经营情况下不同作者所表达的想法。

### (二)《会计政策的制定:寻求财务报告的信度》(1986)

《会计政策的制定:寻求财务报告的信度》(*Making Accounting Policy: The Quest for Credibility in Financial Reporting*)一书于1986年出版,其界定的主要阅读对象为负责公司财务事务和财务报告公允披露的高级执行官、证实这些披露真实性的审计师、美国证券交易委员会和准则制定团体之类的规则制定者、财务信息的主要使用者(投资者、债权人和分析师)和立法者。

书中共设12章加两个附录:第1章,会计政策的性质;第2章,美国会计政策的制定机构;第3章,国际会计准则的制定机构;第4章,财务报告的目标——决策有用性;第5章,会计信息的质量;第6章,财务报告的不足:确认与计量方面的问题;第7章,通货膨胀时代的利润计量:会计模式选择;第8章,通货膨胀时代的利润计量:改革的需要;第9章,调整与披露;第10章,有效市场条件下的会计政策;第11章,会计准则与公共政策;第12章,制定可接受的会计准则;附录,复数表与索引①。

① http://www.questia.com/library/book/making-accounting-policy-the-quest-for-credibility-in-financial-reporting-by-david-solomons.jsp,2008-08-22.

该书充斥了对会计制度改革的见解和建议。所罗门斯认为，当时的财务报告存在严重不足，专业人士必须在外力强迫其改变之前有所行动来修订这些报告。书中理所当然地包含了所罗门斯长期以来所关注的信息披露真实性问题。他引用了很多例子来指出会计人员忽视经营活动状况的基本事实，指出并没有在财务报告中反映出经济环境对企业的重要影响。他指出，保守主义的观念深入会计人员心灵。会计人员的工作不是保护投资者、债权人和其他利益相关人员不致遭受不确定性，而仅仅只是告知他们。

该书中，所罗门斯也清楚地察觉到当时影响审计师和财务领导者的许多问题，例如，不愿把租约下的财务当作资本使用。所罗门斯提出全面收益观，认为收益应当包括所有者权益的所有变化而不管现行会计实务对确认的约束。他认为，不管实现与否，收益都应包括资产的利得、损失，他将其称之为现行成本，以帮助财务报告使用者判断企业利润的质量。他支持发布辅助报告和终止经营结果的报告，并且建议披露以下其他内容：(1)可随意使用的项目，如大量慈善捐赠；(2)估价可靠性很小的项目；(3)与税的缴纳和退回有关的项目。所有这些披露毫无疑问将大大改善现行报告策略。

### (三)《成本计算研究》(1952)

所罗门斯于 1952 年出版的《成本计算研究》(*Studies in Costing*)一书，是由 W·T·巴克斯特(W. T. Baxter)写的《会计研究》(*Studies in Accounting*)的配套书目之一。出版该书的主要目的是为会计学生提供扩展型读物。书中收集了所罗门斯认为在当时 20 年间成本会计方面最好的 26 篇讨论原理性问题的论文，其作者在英国和美国之间均衡分配，他相信这些论文对学经济的学生都是有价值的。时年《会计评论》中发表的书评认为：虽然经济学家可能不能从这些论文中发现多少新的资料，专业会计师或者商业人士可能对这些论题不感兴趣，但是该书却聚集了有关当时企业经营和公司理论类经济著作的有用资料。由于该书中许多论文均写于许多年前，所以并未包含像管理成本的统计判定这些新的资料。因此，该书比起一般的教科书来，能提供对成本的更广泛的概念，它对于学商业的学生有毫无疑问的价值。

### (四)《成本分析研究》(1968)

《成本分析研究》(*Studies in Cost Analysis*)一书，则摘选了各式各样观点，这些精心挑选出来的文章代表了有关成本会计的最新见解。与《成本计算研究》(*Studies in Costing*)中所挑选的文章相比，所罗门斯提供了一个难得的机会——即通过一个更加独特的视角来观察成本会计在快速变化时期中的发展。

**(五) 其他主要论文简析**

所罗门斯至少对英国会计发展的 5 个领域有贡献,即管理会计、会计教育、会计历史、财务会计理论和会计准则制定。这些影响,体现于他不同时期的相关论文中。

1995 年,所罗门斯在《会计地平线》第 3 期上,发表了“会计模式的选择标准”(*Criteria for Choosing An Accounting Model*)一文。所罗门斯提出,作为选择较好会计模式的一个必要标准是,应当将资产负债表观念放在首位。在本文中,所罗门斯讨论了作为收入计量基础的费用与收入配比原则,以及收入应该通过计量净价值的变化来计量的观点,提出以资产负债表法的基本原则作为理论基础是修订会计原则的需要。

文中提出,如果想比其他会计模式更具竞争性,选择与确定会计模式应该达到以下 7 条标准。(1)资产负债表应该真实公允地反映实体在资产负债表日的财务状况,例如,它应该显示出实体所有的资产和负债,并只显示与资产、负债这些术语公认的定义一致的资产和负债。(2)实体公认的资产和负债应该以资产负债表日的价值记录入资产负债表。(3)损益表显示一定会计期间的盈利或损失应该代表在此会计期间产生的真实的财务资本是增加还是减少。(4)会计计量应该保持一贯性,并且前后会计期间具有可比性。(5)合计数应该是真实追加的。(6)财务报告所提供的所有信息应该是可检验和可证实的。(7)财务报告所提供的所有信息都应该具有超过其成本的价值。这 7 个标准实质上是公理性和通则性的,它显示出现行的一般公认会计原则并未达到其中任何一条。事实上,这个标准已经明确指出,会计模式的选择是基于企业的价值而不是历史成本。

所罗门斯也是经济收益概念的积极倡导者之一。他主张在会计计量中所维护的应是实物资本,而不是货币资本。他在 1961 年 7 月出版的《会计评论》中所发表的“经济收益与会计收益概念”(*Economic and Accounting Concepts of Income*)一文,经常被引用。在“会计和社会变革:一个中立观点”(*Accounting And Social Change: A Neutralist View*)一文中,所罗门斯提出,会计师的工作责任是适应社会经济变化的要求,提供没有偏见的信息来帮助社会和经济活动。虽然所罗门斯不是一位会计历史学家,不过他于 1952 年发表在成本计算研究上的关于“成本计算的历史发展”的论文却是一篇非常杰出的报告,这篇论文内容后来被认为是成本计算领域的重要文献,并且经常被引用和讨论。

**参考文献**

[1] http://fisher.osu.edu/departments/accounting-and-mis/the-accounting-hall-of-fame/member-

ship-in-hall/david-solomons/, 2008-08-22.

[2] http://www. questia. com/library/book/making-accounting-policy-the-quest-for-credibility-in-financial-reporting-by-david-solomons. jsp, 2008-08-22.

[3] Wheeler John T. Studies in Cost Analysis(Book) [J]. The Accounting Review, 1970,45(1): 219-220.

[4] Solomons David. Studies in Costing[M]. London:Sweet and Maxwell, 1952.

[5] Solomons David. Studies in Costing (Book) [J]. American Economic Review, 1953,43(5): 987-989.

[6] Solomons David. Decisional Performance: Measure and Control, by John Dearden [J]. Journal of Business, 1968,41(4):508-508.

[7] Solomons David. Studies in Cost Analysis[M]. Homewood, Illinois: Richard D. Irwin, Inc. , 1968.

[8] Solomons David. Establishing standards in the US [J]. Accountancy, 1972,83(950):18-20.

[9] Solomons David. The Politicization of Accounting [J]. Journal of Accountancy, 1978,146(5): 65-72.

[10] Solomons David. The Political Implications of Accounting and Accounting Standard Setting [J]. Accounting & Business Research, 1983,13(50):107-118.

[11] Solomons David. Making Accounting Policy: The Quest for Credibility in Financial Reporting [M]. New York: Oxford, 1986.

[12] Solomons David. The FASB's Conceptual Framework:An Evaluation [J]. Journal of Accountancy, 1986,161(6):114-121.

[13] Solomons David. Accounting and Social Change: A Neutralist View [J]. Accounting,Organization & Society, 1991,16(3):287-295.

[14] Solomons David. Criteria for Choosing An Accounting Model [J]. Accounting Horizons, 1995, 9(1):42-51.

[15] Solomons David. Economic and Accounting Concepts of Income [J]. The Accounting Review, 1961,36(3):374-383.

[16] Solomons David. Divisional Performance: Measurement and Control[M]. Homewood, Illinois: Richard D. Irwin, Inc. , 1965.

[17] Solomons David. The AAA's International Lecture Program:A Passage to India in 1984 [J]. Accounting Education, 1985(3):1-6.

(初稿执笔人:卓文妍)

# 理查德·托马斯·贝克

## (Richard Thomas Baker, 1917 — 2002)

理查德·托马斯·贝克(Richard Thomas Baker, 1917—2002)是一位杰出的会计学家,特别是在会计实务方面取得了非凡的成就,使他被誉为一个伟大的会计职业领导者。1993 年,他成为唯一一位被选入美国会计名人堂的会计大师。与此同时,他还入选了克利夫兰(Cleveland)的商业名人堂(the Business Hall of Fame)。

## 一、个人简要生平

1917 年 9 月 4 日,贝克(见图 53)生于印第安纳州(Indiana)的安德森(Anderson),当时正是第一次世界大战时期。他的父亲是莱斯利(Leslie),母亲名雷切尔·贝克(Rachel Baker)。父亲在德克瑞美汽车公司管理层工作了 35 年。在家里 3 个儿子当中,贝克最小,直到小学六年级他都一直在一个只有一间房子的学校里读书。

图 53　理查德·托马斯·贝克

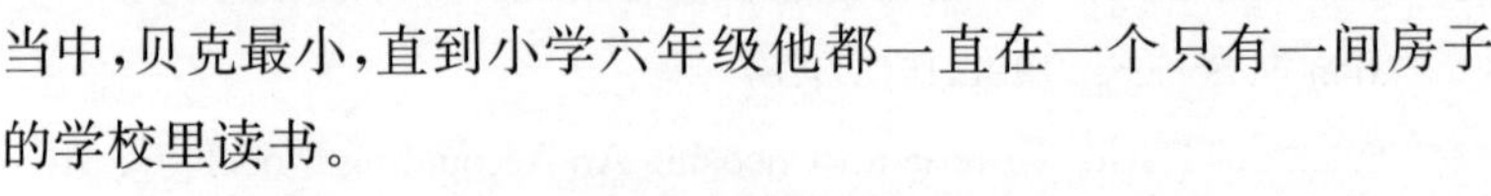

进入安德森中学后,贝克实现了每个印第安纳年轻人的梦想。在他中学二年级的时候,他就是校篮球队的明星,那支篮球队曾夺得州冠军并且在整个州所有篮球队里都赫赫有名。中学毕业以后,他宁愿支付非本州州民所要付的巨额学费去俄亥俄州立大学打球并学习会计专业。在大学的 4 年里,他找了份助理训练员的兼职工作来维持生活。他是一名狂热的篮球爱好者,曾参加了 1935 年的印第安纳州篮球锦标赛,之后入选印第安纳篮球名人馆。从大二开始他就进入篮球队,大四那一年他带领球队赢得十大冠军,在美国全国范围内获得极大的荣誉,但在 1939 年底该球队在第一次全国大学生锦标赛决赛中惨遭失败。

大学毕业以后，贝克开始寻找进入会计职业领域的途径。1939 年，整个美国仍然处于从经济大萧条中复苏的阶段，尽管他在学术方面取得了不错的成就，但注册会计师的工作仍然难找，但他却运气不错。6 个月后，他被克利夫兰(Cleveland)的恩斯特-恩斯特会计师事务所(Ernst & Ernst)暂时聘用。经过几个月的努力工作后，公司辞退了很多临时聘用的人，当然贝克除外。最后他一直晋升为公司的管理者，但在他成为公司管理者之前却一直是被临时聘用的员工。

贝克于 1977 年退休，退休以后他开始了他的第二职业，即继续在一些知名公司的董事会里任职，包括通用电器(General Electric)、好时食品(Hershey Foods)、安豪泽·布施(Anheuser-Busch)、美国国际纸业公司(International Paper)、德事隆(Textron)和路易斯安那房地产开发公司(Louisiana Land & Exploration)等进入全球 500 强的著名公司。这使他既可得以在实业界充分发挥作用，也给了他一个很好的机会去了解人们对商业的熟悉程度，而且收入也很高。在这 7 家公司里，他任审计委员会的主席，使得审计委员会的作用日益突出。1986 年，他被全美公司董事协会(NACD)选为当年杰出的理事。

贝克在很多方面都有突出的贡献，比如体育、商业、社会福利、教育和专业方面，特别是对恩斯特-恩斯特会计公司做出了很大的贡献。他获得了安哥拉天主教大学和俄亥俄州立大学的会计荣誉博士学位，并曾获得年度公共会计师荣誉称号。

1939 年，贝克大学毕业以后，与当时俄亥俄州立大学的舞会皇后马蒂·布朗(Martha Brownr)结婚，他们育有三女一子 4 个孩子。工作之余，他还热衷于钓鱼和打高尔夫，他打高尔夫的最高纪录是一杆 9 个洞。退休后他经常打打高尔夫球、钓鱼、狩猎，还有时间分享别人包括他大学毕业的孩子和剧作家儿子的成就。2002 年 10 月 7 日，贝克在佛罗里达州去世，享年 85 岁。

## 二、理论与实务的主要贡献

贝克对会计的贡献主要是体现在会计实务上。在恩斯特-恩斯特会计公司期间，他通过让公司大多数部门长期提供管理服务，通过加强公司成员与顾客、商业团体以及其他社会组织的相互沟通来强调顾客服务，最后强化了恩斯特-恩斯特会计公司的企业理念。

在公司的 37 年时间里，公司经过了 4 次挑战，贝克不仅使公司有效地避免卷入国家和全球会计政策之间的纷争，而且使公司在这些问题上成为最有效和最受尊敬的参与者。由于公众对会计信息可靠性和可理解性的需求不断增长，这些需求也带来了日益增长且活跃的资金市场和美国的经济增长。会计开始成为头条新闻，因为公众通过法院和议会给企业施加压力以求获得更多公开的、有价值的会计信息。贝克和其他人一起领导他的公司成为主要参与者，积极迎接这些挑战，并主张重视会计职业作为重要有效的私人部门的财务会计信息提供者、监督者的作用。会计公司的作用也被广泛的理论研究者所支持。他也经常密切关注美国财务会计准则委员会(FASB)的会计准则。贝克在实现企业职业诚信、职业创新和企业竞争能力的平衡方面也做出了巨大贡献。在一篇商业周刊的文章里，他说："我们愿意和有诚信的人做生意，而不是没有诚信的人"。他还说，在企业对合伙人的情况不是很熟悉时，会计公司能帮助企业识别诚信和不诚信的经理人，企业应该对经理人和董事进行全面检查。

贝克有着很卓越的领导才能，这一点在他独一无二的激发同事最高潜能上能得到很好地体现。作为一名优秀领导者，他通过为别人提供机会和鼓励别人奋斗，最后让他们认识自己所取得的成就。在恩斯特-恩斯特会计公司里，每个人不管其职位高低，他们的个人能力都能得到别人的尊重，结果使每个人的天赋得到了发挥，目标得到了实现。

作为一个长期教育的拥护者，贝克领导他的公司为其员工和其他学术、工商业界的人设计、构建了一个继续教育中心。他还鼓励在个人的事业生涯中都应该接受继续教育，因为快速变化的商业环境需要每个人的专业技能不断地更新和提高。他帮助建立了俄亥俄州立大学董事会，这个董事会为俄亥俄州的高等教育制定了一个总体规划。

贝克一直鼓励通过自己的努力而不是靠政府来解决遇到的挑战和问题。他相信私营部门通过利用和组织很多市民的能力，就能对我们的经济和社会福利做出更大的贡献。在整个职业生涯中，贝克在很多民事、商业和教育领导领域无私地贡献着自己的时间和精力。

贝克一生，主要从事会计实务，虽然留下的会计论著不是很多，但其在1995年的一次演讲中所表达的观点，充分体现了他善于思考和与时俱进的精神。在这次演讲中他指出，鼓励员工加入一些上市公司的董事会，能够给他们提供新的机会，可使他们能很好地继续工作，并列举原因说明为什么这个机会能让员工受益匪浅。他认为，由于实业界存在着下述6个方面的重要挑战，会改变占主导地位的上市公司的基本观念：(1)董事会不再主要由其他上市公司的首席执行官组成，那些公司的基本规范相同，没有各自的特色。(2)大多数情况下，首席执行官受不少于一个或两个其他上市公司的限制。(3)和企业有关联的律师、银行家和供应商不再自然而然地为董事会考虑的主要候选人。(4)一些机构投资者正逐渐挑战首席执行官和董事会成员之间的关系。

(5)几年以前,注册会计师会在他们的财务报告中加上这样一句话,即公司的管理层对他们的财务报告负责。(6)企业不得不努力形成一个无偏见的董事会,使之能处理很多新的复杂问题,例如,大量的公司规章、不断增长的各种诉讼、跨国经营和由财务会计准则委员会(FASB)所制定会计准则的改变。

他指出,上述6个主要原因说明了为什么上市公司要拓宽董事会人选领域,以及为什么会计学家们应该考虑会计信息质量因素。随着对财务报表管理和会计准则复杂化的一些新责任出现,管理上客观需要董事会里应当有一些对会计很了解的人,这样即可通过成立审计委员会来有助于保护公司相关利益者的权益不受侵害。

**参考文献**


[1] http://fisher.osu.edu/acctmis/hall/members/paton/index.html, 2005-12-25.

[2] http://www.findarticles.com/p/articles/mi_qa3657/is_199406/ai_n8727513, 2005-12-25.

[3] http://www.leelanaunews.com/obitarchive.php, 2005-10-15.

[4] Romney Marshall B. The Use Of Investigative Agencies By Auditors [J]. The Journal of Accountancy, 1979,148(4):61-66.


(初稿执笔人:袁海英)

# 罗伯特·托马斯·斯普劳斯

## (Robert Thomas Sprouse, 1922 — )

罗伯特·托马斯·斯普劳斯(Robert Thomas Sprouse, 1922— )是美国著名的会计学家。由于其在会计理论与实务方面的突出贡献,成为1994年唯一一位被选入美国会计名人堂的会计大师。

## 一、个人简要生平

斯普劳斯(见图54)虽然一生功成名就,但出身贫寒。1922年,斯普劳斯出生于圣地亚哥的乡村,父母离异后同母亲以及4个兄弟姐妹生活在一起。全家仅靠他的2个哥哥在周末给人当球童挣的钱来维持生计。他的母亲在圣地亚哥南部的柠檬园工作了25年,其主要工作就是分拣柠檬。

**图54 罗伯特·托马斯·斯普劳斯**

斯普劳斯是家里唯一读过大学的人。高中毕业后,承蒙其已自食其力哥哥的资助,他就读于圣地亚哥州立大学。2年后,他因在校表现不理想而留校试读,他的哥哥也不再资助他学习。此后,他曾以每周15美元的薪水在Piggly Wiggy百货店、托儿所以及花店工作,直到1942年被征召入伍。尽管他在基础培训前从未摸过枪,但却成为了一名神枪手,并很快先被提升为军士。后来,他就读于军官培训学校并于1945年被任命为步兵团第二营陆军中尉。第二次世界大战结束后,他受派遣进入国际军事法庭参与对战犯的审判工作,并成为他一生中的一项重要经历。1949年,他辞去了这份工作回到圣地亚哥州立大学继续由于战争而停止的学业。

在圣地亚哥州立大学学习期间,他在专攻美国军事法的同时,亦在查尔斯·W·罗顿(Charles W. Lamden)教授指导下主修会计学并从事了部分会计工作。

明尼苏达大学的R·诺顿(Ruel Lund)教授在访问圣地亚哥大学后,为他在明尼苏达大学申请到了奖学金。尔后,他即赴明尼苏达大学就读卡尔·L·尼尔森(Carl L. Nelson)教授的研究生。1956年,他获得了博士学位。接下来他先后在加利福尼亚大学伯克利分校、哈佛大学和斯坦福大学任教。

1945年,斯普劳斯在国际军事法庭做检察官时他遇见了后来成为他妻子的弗兰(Fran),当时她的身份是法庭记者。他和妻子弗兰共同生活了47年,并育有一子一女。退休后,他把全部精力均投入到饲养纯种赛马之中,其业余消遣活动包括跑步、园艺和游泳等。

## 二、理论与实务的主要贡献

斯普劳斯对美国财务会计准则委员会(FASB)的早期建设做出了重要的贡献。1973年开始一直到1985年,他一直在财务会计准则委员会工作了13年,并在1975年至1985年间担任了为期10年的副主席。

斯普劳斯对会计准则的基本理论,有着自己的独到见解。他与同为美国会计名人堂成员的莫里斯·穆尼兹(Maurice Moonitz, 1979年入选)一起为财务会计准则委员会编写了一些重要的会计文献,并以美国注册会计师协会(AICPA)的名义发表于“会计研究公报”(*An Accounting Research Study*)。其中最著名的有1961年发表的第1号会计研究公报——《论会计基本假设》(*ARS No.1 The Basic Postulates of Accounting*)和1962年发表的第3号会计研究公报——《论企业广泛适用的会计原则》(*ARS No. 3 A Tentative Set of Broad Accounting Principles for Business Enterprises*)。如今他的很多出版物都被推崇为经典会计理论文献。

斯普劳斯除了与莫里斯·穆尼兹(Maurice Moonitz)合著的《论企业广泛适用的会计原则》这一名著外,他还独撰了多篇有影响的论文,主要有:“会计师与会计职业教育的结合”(*The Synergism of Accountancy and Accounting Education*, 1989);“财务报告的觉醒”(*Sprouse on Financial Reporting*, 1988);“财务报告附注”(*Commentary on Financial Reporting*, 1988);“SEC和FASB的合作关系”(*The SEC-FASB Partnership*, 1987);“财务报告”(*Financial Reporting*, 1987);“财务报告发展展望”(*Prospects for Progress in Financial Reporting*, 1979);“财务报表目标报告的机遇与挑战”(*Discussion of Opportunities and Implications of the Report on Objectives of Financial Statements*, 1974);“直线折旧法的再探讨——一项会计方法变更的分析”(*Discussion of The Return to Straight-Line Depreciation: An Analysis of a*

*Change in Accounting Method*, 1967)；"收入的确认"(*Revenue Recognition*, 1967)；"关于实现概念的观测报告"(*Observations Concerning the Realization Concept*, 1968)；"历史成本和现实资产——传统的继承和违背"(*Historical Costs and Current Assets-Traditional and Treacherous*, 1963)；"会计原则和有限责任公司条例"(*Accounting Principle and Corporation Statute*, 1960)，等等。

斯普劳斯还曾于1972—1973年担任美国会计学会会长。在他的一生之中，还取得了很多荣誉。

## 三、主要论著简析

斯普劳斯与莫里斯·穆尼兹合著的《论企业广泛适用的会计原则》，是美国注册会计师协会(AICPA)于1962年以AICPA的名义发表的第3号会计研究公报(*An Accounting Research Study*, *ARS No. 3*)，是斯普劳斯对会计理论贡献最大的一部著作。ARS No. 3包括三个方面的主要内容①。

### （一）对财务报表及其要素给出了明确的定义

财务报表是企业用来表述其财务状况和经营成果的报表，包括次要的附表、企业经营活动某一特殊方面的详尽阐述、基本数据的重新排列和补充报告。其基本要素定义如下：

资产(assets)。资产是代表企业由于现在或过去的交易所形成的、已经取得的预期未来的经济利益与权利[这一定义同现在FASB对资产给出的定义十分相近，它还包括某些现在的交易(some current transaction)似更为进步]。

成本(cost)。成本是为了取得利益并按交换价格予以计量的一种放弃或一种牺牲的东西。折旧会计(depreciation accounting)是成本的分配程序或厂房设备等旨在产品上提供服务或在这些服务提供期间内其他计量服务的基础。任何既定期限的折旧是各该期限内的成本或其他用完的服务。

负债(liabilities)。负债是指转让资产或完成服务的义务，这些服务资产和服务的取得是由于过去和现在交易的结果，未清偿所有者权益是指企业的剩余资产的要求权。

投入资本(invested capital)。投入资本是股东权益的一部分，它起因于向公司交

① 参见本书第39位名人莫里斯·穆尼兹的相关材料，以及葛家澍.西方财务会计理论问题探索[J].财会通讯，2005(1)：6-9.

付资产的义务或从公司的留存收益转化而来。它们不能提取或减少,除非得到法律的许可。留存收益(经营盈利)是从经营中赚得的部分,不能被转列为投入资本。

净利润(经营收益)(earnings income)或净损失(net loss)。净利润或净损失是假定未发生投资或来自物价水平变动或来自增加的投资,或对股东的分配等以外的所有者权益变动。

收入(revenue)。收入是指一个企业由于生产和投资资金、提供服务的结果使企业净资产的增加。

费用(expenses)。费用是指一个企业为了取得收入的过程中,由于利用经济资源或由于政府单位征收税款的结果使企业的净资产减少。

利得(gains)。利得是指企业除由于增加投资资本以及除来自收入以外而使企业的净资产增加。

损失(losses)。损失是指不是由于投资资本的减少,也不是由于发生费用而使净资产减少。

分派(disribution)。分派是指企业的资产或产权向企业所有者转移。

### (二) 提出广泛适用的会计原则

ARS No. 3 提出,为了达到计量特定企业的资源(resources)和资源变动的正确职能而产生的广泛适用的原则,主要涉及四个方面:

第一,利润是可归之于企业经营活动全部过程的属性。所以,把利润指定为全部过程的一部分任何规划和程序,都必须连续不断地重新检查以决定其计入特定期限内报告利润金额的偏差程度。

第二,资源的变动应按其属性分为四类。包括:(1)美元的变动(一般物价水平变动),这种变动导致资本的重新表述,但不涉及收入或费用;(2)重置成本的变动(物价水平上下波动),这种变动导致利得(gain)或损失(loss)要素;(3)销售或其他转移或可实现净值的确认,都会导致收入或利得;(4)其他情况如以前未发现的自然资源的成长或发现(是否应导致收入或利得未予说明)。

第三,企业必须记录所获得的全部资产。企业的全部资产不论由所有者投资取得或举债获得或用其他手段获得,都必须在账户中予以记录并在财务报表中进行报告。一项存在的资产具有独立性意味着它已被企业获得。

第四,一项资产的计量(计价、估价)问题是计量其“未来的服务 ”(future services)。它至少包括三个步骤:(1)决定未来的服务是事实上存在。例如,一座建筑物为制造活动提供作业面积。(2)对服务的数量进行估计。例如,一座建筑物可使用 20

多年或只有估计数的一半。(3)上述(2)的基础上选择计价(估价)的服务数量的公式。一般地说,计价的基础可选择三种交换价格:第一种,是过去的交换价格。例如,取得成本或其他初始基础。当应用这一计价基础时,如果有关于资产计价的利润或损失在销售或转移于其他企业之前,将不予确认。第二种,是现行交换价格。例如重置成本。当应用这一计价基础时,计价中形成的利润或损失分两步予以确认。第一步确认在期间内或从取得资产效用或其他处置资产期间内的部分利得或损失;第二步在销售日期或从其他主体转移时确认剩余的利得或损失。两步的计量则按销售(转移)价格和重置成本。第三种,是未来交换价格。如预期销售价格。当应用这一计价基础时,假如有任何利润或损失已在账户予以确认。任何资产按这一基础计价是当作可接受的,在这种销售或其他将资产转移出企业(包括转换成现金),除非经过时间的消逝而产生利息(折现),结果将不会有利得或损失。

### (三)提出资产正确计价的原则

ARS No. 3 提出,资产的正确计价(估价)和各会计期间利润的分配很大程度上是依赖于未来利益存在的估计。不管资产计价应用什么基础,需要遵循如下原则:

现金及应收款项的计价原则。所有表现为现金的资产或具有现金要求权的资产必须表示它们的"折现现值或其等价物"(discounted at present value or the equivalent)。在折现过程中应当用取得资产日的市场(有效)利率为折现率。短期应收款项不必经过折现过程,因为此时利率的影响力不大,但"应收款项"的"账面价值"(carring value)应当扣除坏账准备的因素。预计的收账成本应当在账上加以记录。假定到期的现金要求权或收回金额是不确定的,它们必须按其"现行市场价值"(current market value)记录。如果现行市场价值也不确定,以至于不可能收回,这些资产应当按成本反映。

存货的计价原则。有已知价格和快速的可预知的处置成本,且稳定地及时可销售的存货,应当按其可实现净值(net realizable value)予以记录,其相关收入同时着手处理。其他存货应当按其现行(重置)成本(current replacement cost)进行记录,而相关的利得或损失(gain or loss)应分开报告。存货的会计(计量)结果的变动或是按收入(利得)记录,或是记录为损失,在销售生效之前,但它们还是发生期间净利润(损失)的组成部分。无论何时,可使用获得成本(acquisition costs)在可能的下列情况下,它们近似现行(重置)成本,如果存货组成部分的单位价格是合理稳定而周转是快速的。在一切情况下,计量基础的选择使用必须"服从于其他有能力的检查人员的验证"。

厂房设备的初始计价原则。所有在服务中的厂房设备项目或持有处于支持提供服务状态的厂房设备应当按取得或建设成本记录,但应结合币值变动的影响(包括最初的表述或补充的表述)。每当某些重大事件发生时,如经营主体重组,或与其他主体合并,或它成为一家母公司的子公司,在对外报告中的厂房和设备则必须按现行重置成本重新表述。即使没有重大事件,在账户中也应当隔一段期间,如每隔5年重新表述一次。如果建设成本和机器设备价格指数取得了令人满意的新发展,如在技术上是可行的、实用的和真实的,必将有利于对重置成本的计算。

厂房设备的折旧原则。在厂房设备上的投资(成本或其他基础)必须在预计服务年限内进行摊销,对特定资产采用特别的摊销方法的基础,必须是从它的能力产生一种与预计资产利益流动相一致的合理分配。

无形资产的计价原则。所有的无形资产,例如,专利权、版权、研究与开发和商誉,必须按成本予以记录,对于币值变动影响可在初始表述时或在补充表述中予以恰当地修正。对这些项目应当作为费用摊销不得超过预计年限,但把这些项目当作资产继续保留在账上不予摊销则不受预计摊销年限的限制。如果投资(成本或其他基础)在厂房设备或在无形资产上的金额由于重估价或运用指数评估而增值或减值,则嗣后的折旧或摊销必须按变动后的金额计算。

以现金清偿负债的计价原则。企业的所有负债必须在账户记录并在财务报表中报告。那些要求以现金偿还的负债应按未来偿付的现值(折现值)或其等价予以计量。收益(市场的、有效的)在发生负债的利息的收益率是用于折现过程的相关利率并用于折价和溢价的摊销,折价和溢价关于负债本金与发行价的差异。所以要在财务报表中密切联系负债(债务)的本金金额。

以实物或劳务清偿负债的计价原则。那些要求按货物或劳务清偿的负债(不要现金)应当按它们同意的销售价予以计量。但这种情况必须是当约定的服务已经提供或货物已生产或已运送对方且产生利润。

股东权益的分类与计价。在一个公司中,股东权益必须分为投入资本和留存收益(留存盈余)。投入资本必须依次按其来源分类,那就是按照形成投入资本交易的基本性质分类。留存收益应当包括净利润和净损失的累计数减去已宣布的股利分派并减去转入投入资本的金额。在一个非公司组织中,应遵循相同的计利,不过在资产负债表上报告每一个所有者或所有者群体的权益数据时,可接受的备选方案更为广泛。

经营成果的计量。一份经营成果的报表应呈现构成利润的重要组成部分,并且使经营成果的比较和解释成为可能,为此目的,经营成果的数据应至少分为收入、费用、利得和损失。(1)一般而言,在一个会计期间,一个企业的收入代表企业在该期间产品(货物与劳务)的交换价值。(2)广义地说,费用是按已确认的收入相关的成本金额计量。费用可能直接与所产生的收入交易相联系,如所谓"生产成本"(product costs)或如所谓"期间成本"(period cost)。(3)利得包含下列项目:持有存货的涨价结果;资产销售(但不包括交易中的股份)额超过其账面价值;负债按低于账面价值清偿。损失则包含下列项目:持有存货的跌价结果;资产销售或其退出使用(不包括交易中的股份)低于其账面价值;负债按超过账面价值清偿以及经过诉讼强制承担的负债。

1962年,《论企业广泛适用的会计原则》一书以美国注册会计师协会(AICPA)第3号会计研究公报(*An Accounting Research Study*, *ARS No.* 3)的名义发表后,在美国会计理论界引起了强烈的反响。为此美国著名会计学家阿纳尼亚斯·查尔斯·利特尔(Ananias Charles Littleton)还在1963年1月份的《会计评论》(*the Accounting Review*)上发表了长篇评论并阐明了自己的观点,其主要内容如下:

这一报告开始部分适当地引入已发布的第1号会计研究公报(*An Accounting Research Study*, *ARS No.* 1)的14项基本假设,作为会计原则研究的基础。随后的5个章节中着重讨论了企业会计应遵循的主要会计原则。第7章对相关会计原则进行了总结。接下来的24页主要是由9位委员会成员就广泛的会计原则和会计假设所发表的评论。报告的最后部分是长达4页的作者自转。

这份报告在某些方面得到一些评论的支持,也有些评论对此报告持有异议,持有异议的主要观点是:有些内容严重违背了此前的实务;建议的改革缺乏让人信服的逻辑基础;对于一些可供选择的会计原则没有足够的批评性研究;不充分的理由和判断;对于会计职能、会计目标和会计对象只进行了有限考察。这些问题可能会增加评论者的整体印象。如果会计原则和基本假设相互一致,这将对读者理解有很大的帮助。实现观念作为利润计算和确认的基础,受到事项原则计算和报告利得或损失观点的否定。通过企业业主权益的变动来计算企业利润越来越成为一种受欢迎的观点,这种观念似乎更支持企业的收益应该包括持有资产未实现价值变动损益和企业的营业收益。

资产的计价应该是计算资产在未来期间可提供的服务。对资产的计价问题是该书详细阐述的一部分,这部分被认为是本书中最关键也是最实质的部分。如果没有价值和计价,就很难研究会计,但寻找替代他们的词语是非常需要的,因为这些词在实际应用和经济学中被赋予了一些非会计方面的含义。毫无疑问的是,如果把解释将来预期发生事项的意义与记录交易价格相比,会计技术应该更多是倾向于后者。

文章似乎把计量、计价、估价等同看待,这点值得怀疑,因为这三个词语除了基本语言意思外,它们有更多的内涵。恰当地选用这三个词会使得技术语言更加清晰。

估价(valuation)是指非常主观的判断或者重新描述资产的价值。账户中所记录资产和负债取得价格的一些变动不能不考虑,但这并不是会计人员的责任,现在也有些权威的专业会计人员主张加速实务中不定期价格的重估。

由于“计量”这一词语贯穿于整个报告中，因此对货币和量化的强调也就意味着“计量”表达了一项关键的意思。然而它并没有弄清楚，计量本应该是在会计责任之外的，它在记录入账前已经做了量化。会计只是整理一些已经量化好的资料，然后把他们加以合理分配、调整，以便形成有利于使用者对企业理解的信息。给会计以更多的工作，也许是想让会计对企业的活动意味着什么作出说明负责任。然而从逻辑上讲，会计的责任应该是让人理解企业已经发生过的事实。

文中提到了第1号会计研究公报中会计环境部分的5项基本假设，这些假设被认为是“会计职能公告”的先导。其中两个基本假设的功能涉及将一些金额分配到一定会计期间和使用货币作为基本计量工具。会计中划分的期间就如同会计账户和企业自身一样，是为了归集数据，以使数据更具有可理解性而人为划定的。这些是现实客体必须遵循的观念，这些分类所组成的方法使用于企业的整个经营过程中，这使得企业可以更加容易地被及时了解。因此将金额分配到各个期间与其说是会计的一项职能不如说是会计的一项技术。

货币确实是一种很普遍的计量工具，但是会计上则不这样认为。交易必须需要货币，无论是否记账。会计上把货币价格作为一种事实而并非计量职能，我们不能把记账货币与反映价值的货币数额相混淆，这会使你感到很困惑。账户中所用的货币价格和美元标志是表明一种服务，这种服务是用交易的媒介表达出来的。

文章中的其他三项假设似乎表达了一项联系非常紧密的职能观念，这方面应该认真注意思考，而一些基本会计原则与会计职能和会计对象的关系就如同会计行为和技术的关系一样。

简单地说，这三项假设的观点是针对计量职能，这里的计量主要是持有的经济资源、企业的要求权以及如何计量他们的变动。不清晰的是这些形象化的职能是否同样可看成计量，还是看成是建立在计量基础上的报告。如果是后者，那么财务报告只是一种手段而不是结果；如果是报告期间的计量，似乎更符合逻辑，那么最基本的簿记可能会变成计量行为。如果实际地看待簿记的基础问题，所描绘出的则是一副由一些已经被市场上的真实交易媒介“计量”过的、各种各样分析性的被分类数据注释的图片。所以，数据的归集说明企业的经营行为，而会计是作为企业经营过程中的一种数据处理手段。

于是就出现了一些基本问题：会计数据什么时候停止对企业历史活动经历的反映？为什么会计技术（原则）要承担修整企业历史行为的责任？分析汇总会计数据这项职能转变为在会计账户中增加一些对企业变动的解释，把这两个职能在理论和实务中都加以严格的区分会有用处吗？它似乎适合设计会计技术并用来实现一些更深层的职能手段，这些手段一方面可以对数据加以分析综合，另一方面还可以解释将来意义的作用。

可能上面的思想更多地集中于财务报告书面表达，以至于把一些可以衡量企业能力、反映会计局限性的特征给抛在了一边。如果把实际和会计结合起来，可能比被视为价值计量工具的货币对会计服务有更大的意义。

现实实务中，会计账户以及相互关联复式记账内在逻辑的一致性，为企业交流先前的经历提供了技术方法，这些方法超出单纯的统计数据中的平均数或者指数的反应能力。

经济学中“增加社会福利”观念能否与会计学中常规的账户意义联系起来？会计账户的分类为我们利用公开交易得出的数据来计算利润、损失提供了一种手段。从表面上看，计算出来的企业福利变动可能会与前者有相似的结果，但实际上是不同的。比较不同时期企业的净值并不能提供一些数据，并以此来分析反映企业产生变动的一些因素。

当缺少常规经常使用的会计账户时，对社会福利增加的直接判断将需要频繁地对资产的价值进行重新评估。这样的结果是，企业价值的增加是资产价值增加和交易收入的混合。可能就是因为这种混合才鼓励人们去寻求办法解决它。支持应该报告资产持有损益，使用重置价格，或者定期重新评估资产价值的人来说，这似乎意味着他们要完成对企业在报告期间内导致企业净值变动的一些因素的细分，或者需要他们绕过，或者修改实际中常规的账户来实现。但是这样的结果会好于常规的损益表吗？

如同评论者早先对会计假设的报告中考察：问题的出现和变化更多地被认为是引发了对问题的更深入的探讨，而不是仅仅对理论研究是否可以最终有益于实践表达批评性的争论。无论是在管理会计还是财务会计领域，它们在需求压力下技术已经有了非常迅速的进步，但是在理论上面却没能跟上实务发展的步伐。

在理论领域里还有很多遗留问题等待解决。在一段时间内，理论（如同会计理论）还仅仅意味着是非实际的。理论赋予了实务重大意义，实务对理论的正确性给予验证。毫无疑问，理论并不能告诉我们应该走哪条路，但理论可以为我们照明地形，使我们能更好地作出选择。

**参考文献**

[1] Littleton A C. Review work(s): The Basic Postulates of Accounting [J]. The Accounting

Review, 1962,37(3):602-605.

[2] Littleton A C. Review work(s): A Tentative Set of Broad Accounting Principles for Business [J]. The Accounting Review, 1963,38(1):220-222.

[3] Robert T Sprouse and Charles H Griffin. Revenue Recognition [J]. The Accounting Review, 1967,42(3):631-632.

[4] Robert T Sprouse. Accounting Principle and Corporation Statutes [J]. The Accounting Review, 1960,35(2):246-257.

[5] Robert T Sprouse. Historical Costs and Current Assets-Traditional and Treacherous [J]. The Accounting Review, 1963,38(4):687-695.

[6] Robert T Sprouse. Observations Concerning the Realization Concept [J]. The Accounting Review, 1965,40(3):522-524.

[7] Robert T Sprouse. Accounting for What-You-May-Call-Its [J]. Journal of Accountancy, 1966, 122(4):45-53.

[8] Robert T Sprouse. Discussion of The Return to Straight-Line Depreciation: An Analysis of a Change in Accounting Method [J]. Journal of Accounting Research, 1967 Supplement, 1967,5 (3):184-186.

[9] Robert T Sprouse. Discussion of Opportunities and Implications of the Report on Objectives of Financial Statements [J]. Journal of Accounting Research, 1974 Supplement, 1974,12(3):25-28.

[10] Robert T Sprouse. Commentary on Financial Reporting [J]. Accounting Horizons, 1988,2(3): 110-116.

[11] Robert T Sprouse, Robert T. Sprouse on Financial Reporting [J]. Accounting Horizons, 1988,2(4):121-127.

[12] Robert T Sprouse. The Synergism of Accountancy and Accounting Education [J]. Accounting Horizons, 1989,3(1):102-110.

[13] Robert T Sprouse, Maurice Moonitz. A Tentative Set of Broad Accounting Principles for Business Enterprise [J]. Accounting Research Study No. 3, New York, American Institute of Certified Public Accountants, 1962,X:87.

[14] Robert T Sprouse, Zeff Stephen A. A Survey of Accounting Ideas-With on Approach Based On 'Claims To Services' (Book) [J]. The Accounting Review, 1964,39(2):536-537.

[15] Robert T Sprouse. Robert T Sprouse on The SEC-FASB Partnership [J]. Accounting Horizons, 1987,1(4):92-95.

[16] Robert T Sprouse. Prospects for Progress in Financial Reporting [J]. Financial Analysts Journal, 1979,35(5):56-60.

[17] Robert T Sprouse. Financial Reporting [J]. Accounting Horizons, 1987,1(3):104-108.

[18] Robert T Sprouse. The Effect of the Concept of the Corporation on Accounting(Hardcover) [M]. Arno, N Y: Arno Press, 1976.

(初稿执笔人　李晓丹)

# 威廉·威格·库珀

(William Wager Cooper, 1914— )

威廉·威格·库珀(William Wager Cooper, 1914— )是一位美国及全球著名的经济学家,曾任德克萨斯大学管理学、会计与管理学、信息系统教授,以及财务管理荣誉教授。库珀不仅是运筹学的创始人之一,而且在金融和会计领域有突出贡献。由于其在将数学知识运用于经济管理中解决实际问题方面的贡献,成为1995年唯一一位被选入美国会计名人堂的会计大师。

## 一、个人简要生平

库珀(见图55)的一生极具传奇色彩。1914年出生于美国亚拉巴马州(Alabama)的伯明翰(Birmingham),他的父亲曾是安海斯-布希(Anheuser-Busch)的一个簿记员,后成为其经销代理商。在库珀3岁的时候,他们举家搬到了芝加哥(Chicago),他的父亲在那儿经营一个加油站,不过这个加油站在经济大萧条中倒闭了。库珀在经济大萧条时芝加哥一个充满暴力的社区里长大,家境贫寒的他高中都没毕业。因为父亲身患重病,家里没有了经济来源,他不得不去寻找一切可以挣钱的活。他曾经在职业拳击赛中当过拳击手,在保龄球馆当过服务员,还去高尔夫球场做过球童。有一天,在他匆匆赶去高尔夫球场的时候,他碰见了以后成为他的终身老师、会计名人堂的成员之一的埃里克·路易斯·科勒(Eric Louis Kohler)。科勒非常惊讶这个年轻人对生理知识了解之透彻,就劝他去上大学。然而,刚开始时,没有一所大学愿意接纳他,最后在科勒的帮助下,芝加哥大学给了他一次学习的机会,库珀从而也开始了在芝加哥的无学位生涯。

图55 威廉·威格·库珀

进入芝加哥大学以后，库珀很快就喜欢上了那里的学习气氛，他很庆幸自己做出了这样的决定。于是他参加入学考试，准备以后成为一个药剂师，因为在那个年代，他觉得这是一个收入很不错的工作。科勒当时正好是安达信会计师事务所（Arthur Andersen）的负责人，他觉得库珀在数学方面很有天赋，于是就要他将数学知识运用到他们正在做的一个关于专利侵权案中。库珀通过努力终于发现了原告工程师所使用的数学方法存在着错误，这即给事务所帮了很大的忙。科勒也更加认为库珀是一个很有才华、有前途的人，于是就聘用他暑期做全职，而在开学之后去做兼职。这些激发了库珀对会计方面的兴趣，因而他将自己的专业由医学转到经济学，科勒则指导他学习有关会计方面的基本知识。

1938 年，库珀从芝加哥大学毕业，并获得经济学学士学位。这时科勒已经离开安达信，在田纳西州（Tennessee）河流管理局和经济管理局担任政府要员，他让库珀也在田纳西政府工作，主要研究程序审计（也就是我们现在所讲的效益审计）、成本的数学分摊方法，以及州政府在其他方面所遇到难题的解决办法，例如帮助科勒准备上议院联合调查委员会所调查案件的证词。这些工作使得库珀的会计知识有了很大的提高，也为他以后的辉煌人生奠定了良好的基础。1940 年下半年，他离开田纳西，去参加哥伦比亚大学的博士入学考试，并成为该校商学院的一名博士生。

1942 年，库珀取得博士学位以后，他参加了美国预算署——即现在的美国政府管理与预算办公室（OMB）的美国统计准则的制定工作。由于第二次世界大战的影响，他被安排去处理联邦政府所有的财务以及与财务相关的统计工作。二战快要结束时，即 1944 年年底，库珀离职后执教于芝加哥大学，两年后，他返回华盛顿并掌管战争时期的财务统计工作。在华盛顿期间，库珀成为卡内基科技工程学院（Carnegie Institute of Technology，现在的卡内基-梅隆大学）的一名成员，受卡内基-梅隆大学的创办者 Mr. William Larimer Mellon 的邀请，帮助他创建了工业管理研究生院，即现在的商学院和公共事务学院。他在那里工作了近 30 年，为卡内基-梅隆大学教育事业作出了杰出的贡献，但是他却没能培养出科勒为马歇尔计划所设想的财政检察官。库珀在他 68 岁时，受德州奥斯汀商学院创始人 Dr. George Kozmetsky 之邀，协同他的合作伙伴和部分有成就的弟子来到德克萨斯大学商学院，他的到来使商学院得到很大发展，商学院排行榜列入前 15 位，并且使其会计系排名全美第一位，管理科学和信息系统系排名全美第三位。

1970 年，俄亥俄州立大学授予他文学硕士学位；1975 年，哈佛大学又授予他荣誉理学博士学位，西班牙的艾丽思坎特大学授予他荣誉博士；1976 年，库珀获得哈佛大学艺术学专业的名誉硕士学位，同年他开始在哈佛大学企业管理学院做一个以亚瑟·劳斯·狄更斯命名的项目,直到1980年才完成该项目。尔后,他开始执教于得克萨斯大学,并被该校聘用为管理学、会计与管理学、信息系统教授,如今还是该校的财务管理荣誉 Foster Parker 教授。1982年,卡内基-梅隆大学也授予库珀理学博士称号。

库珀的妻子露丝(Ruth)是一位活跃在匹兹堡实务界的律师,也是他事业和生活的忠实伙伴和支持者。

## 二、理论与实务的主要贡献

作为一名经济学家,库珀活跃于多种专业组织,他是管理科学研究会(TIMS)的创始人以及第一任会长,曾担任过美国及欧洲经济和管理学领域主要顶级刊物如《管理科学》(*Management Science*)、《运筹学》(*Operations Research*)、《会计评论》(*The Accounting Review*)等杂志的编委。库珀同时也是国际会计研究学会的主席、美国会计学会出版物指导委员会成员和国际访问学者。1986年,他出国研究和演讲会计的热点话题,并拜访了拉美的学多学者。库珀还曾是美国联邦储备局、美国会计总署、金融总署和美国陆海空三军的高级顾问,以及曾被《Fortune》500强中的近200家公司聘为高级顾问。

库珀一生所获荣誉众多,且许多均为含金量颇高的奖项。1945年,获得美国注册公共会计师联合会(如今的 AICPA)颁发的会计学上最有分量的奖——最有价值会计论文奖;1982年,作为美国运筹学会、经济计量学会、政府会计协会和美国科学促进会的成员,获得运筹协会和管理科学协会联合颁发的约翰·冯·纽曼理论奖。同年,卡内基-梅隆大学还以他的名字设立了教授席位以奖励那些有才华的教授。1986年,被美国会计学会(AAA)下属的国际会计部选为国际杰出会计学教授;1988年,为了奖励库珀作为《审计:理论和实务》(*Auditing: A Journal of Practice and Theory*)杂志首位主编所做的成绩,美国会计学会的审计部授予他审计杰出贡献奖;1998年,卡内基-梅隆大学公共政策管理学院又以他和他妻子的名字设立了专门讲座;2002年,美国会计学会授予他管理会计终身贡献奖①;此外,由于库珀的杰出贡献,他还3次获得麦肯锡基金会的最有价值论文奖②。

尽管库珀一生获得了许多荣誉,但是他认为自己最大的一个贡献就是帮助他的学生井尻雄士(Yuji Ijiri)继续从事会计方面的研究。井尻雄士当时由于受诺贝尔经济

---

① [EB/OL].[2005-12-25]. http://hcr3.isiknowledge.com/formViewCharacteristic.cgi.

② 夏伯忠.《阶梯会计手册》[M]. 北京:企业管理出版社,1996.

学家赫伯特·A·西蒙(Herbert A. Simon)的影响,准备放弃会计而投向其他行业。从井尻雄士的作品中,我们仍可以看到库珀对其的影响,他们师徒两人合著过许多优秀作品,例如一起全面修订与补充并编著了1961年入选美国会计名人堂的第21位的著名会计大师埃里克·路易斯·科勒于1952年开始编纂的《会计词典》(*Dictionary for Accountants*),并于1983年出版了第6版的《柯氏会计词典》(*Kohler's Dictionary for Accountants*)。库珀在90多岁高龄后,虽然不再担任任何研究生的工作,但是他仍然手把手地指导他的博士生的论文,从中我们可以感受到这位伟大的经济学家春蚕到死丝方尽,蜡炬成灰泪始干的奉献精神!

库珀不仅在经济管理学术方面有所建树,在教育、艺术、公共事业以及其他方面也做出了巨大的贡献。库珀从事教育工作多年,在会计教育方面也是成绩斐然,他培养出来许多优秀的学生,比如井尻雄士和约翰·纳什等。他是一个富有思想的老师,教书育人都有自己独特的方式,因而他给学生的影响也是很大的。学生们对他的印象是这样的:如果你带着一个问题去问他时,他首先会反过来问你几个问题,当你回答了他的问题时,你会很诧异地发现你要的答案已经出来了,可是你自己却浑然没感觉到!

库珀是一位很有个人魅力的学者,他的有些言语已经成为他身边人的座右铭。比如1998年3月8日在美国管理科学协会(TIMS)成立纪念日上讲述当时的创立过程时,他说:一个人必须在适当的地方,适当的时机抓住从你面前晃过的那些机会,这是十分重要的!他将这段话作为自己的人生信条。在2003年接受卡内基-梅隆大学自办的一本杂志采访时,他又讲到这一点的重要性。他从自己在做拳击手的那段经历来告诫学生们要充分利用眼前的机会,就像在拳击比赛中,如果你等到哨子吹响才开始进攻的话就已经太迟了。现实是残酷的,只有当你的对手倒下时,你才能获得胜利。如果你现在不赶快学会这一点的话,以后就会为现在没学会而懊悔!

库珀与合作者著名运筹学家亚伯拉罕·查恩斯(Abraham Charnes)曾被提名诺贝尔经济学奖。库珀的学生小约翰·纳什(Dr. John Nash)亦于1994获得了诺贝尔经济学奖,好莱坞电影《美丽心灵》(*A Beautiful Mind*)就是讲述Dr. John Nash的故事。

库珀的专业研究理念是先集中精力研究解决问题的方法,等问题解决后再归纳出理论。

## 三、主要论著简析

库珀是一位善于创新的人,也是一位多产学者。他在学术上硕果累累,且涉及范围广泛。他的作品大多是关于定量管理方法和创新手段问题,会计、人力资源、政府经济和运筹学问题，以及将数学知识运用于经济管理中解决实际问题等。库珀一生独撰或与他人合著了 20 多本书，近 500 多篇文章。会计名人堂的成员罗伯特·特鲁布拉德（Robert Trueblood）、埃里克·路易斯·科勒和井尻雄士都曾是他的合作伙伴。以线性回归大师著称的运筹学家亚伯拉罕·查恩斯（Abraham Charnes），是他最长期的合作伙伴，他们一起研究出了著名的目标规划（goal programming）、机会约束规划（chance constrained programming）和如今一直都在研究的数据包络分析（data envelopment analysis，简称 DEA）。库珀的文章曾被译为中、法、日、俄、葡萄牙语以及保加利亚语等多种语言，其中的许多观点曾引起理论界和实务界的巨大轰动，当然也有不少现在仍是人们研究的热点话题。

### （一）会计与管理领域的主要论著简析

由于库珀师从被誉为作业成本之父的埃里克·路易斯·科勒，故其早期作品更多是关于成本管理、统计、政府会计和社会会计核算方面的内容。1945 年，他俩合撰的“成本、价格、利润——战时会计”被评为当年成本方面的最有价值论文奖。这篇文章主要阐述了战争时期的会计应该如何规划成本支出，怎样节约成本，以获得较高的利润。随后，他又与其他人一起研究社会上不同种类公司的成本核算问题，并且将运筹学的知识运用到财政预算成本中。如在研究高成本制造企业的会计问题时，他们提出了用一种新的成本库去调整产品技术迅速变化的高新技术产业的支出。运用这种方法，会计可以用历史成本提供企业过去和现在业绩的有效分析，即使是在技术不断变化的情况下也能够规划企业未来的成本行为。他们以一家半导体公司为例，说明这种成本库在成本核算领域的合理性及适用性。他们引进了一个简单的经济复苏机制中的道格拉斯指数，从而使得潜在成本核算也包括在总成本规划中。另外，在研究保险公司时，他们提出保险公司其实是一个财务调和媒介，而不是一个生产实体。通过对独资、合资保险公司，代销与直销公司的区别，从投资者、经营管理人员和投保人的角度剖析保险公司的成本核算。另外，这个时期他的代表作有与罗伯特·特鲁布拉德合写的《统计在会计、审计和管理控制中的运用研究与实践》（*Research and Practice in Statistical Applications to Accounting Auditing and Management Control*）、《成本会计》（*Cost Accounting*），以及发表在《会计评论》（*the Accounting Review*）上的“社会会计：会计职业新发现”（Social Accounting: An Invitation to the Accounting Profession）等。

20 世纪 60 年代末期，库珀开始研究人力资源方面的问题。20 世纪 70 年代时，由于科勒去世，他开始和学生井尻雄士一起整理科勒生前的文章并出版了一系列的书籍，以纪念其在会计方面所做的贡献。1978 年，库珀和井尻雄士合著了《埃里克·路易斯·科勒：一位很讲原则的会计人》(*Eric Louis Kohler-Accounting's Man of Principles*)，1979 年出版了《1919—1975 科勒论文集》。1983 年，库珀和井尻雄士又修订合编了第六版的《柯氏会计词典》(*Kohler's Dictionary for Accountants*)，该词典至今仍被广泛使用。在《柯氏会计辞典》中，他们已经对受托责任有了详细的描述，将其具体定义为：雇员、代理人或其他人定期报告其行动或行动上的业绩，以继续行使委任权力的责任；指定出纳总管责任金额或账目，以货币、财产或其他预先确定的基础表达对他人责任或义务的计量，以及法律、规章、协调或惯例所强加的证明良好管理、控制或其他业绩的义务；选为受托责任测定基础的单位叫受托责任单位。在定义了受托责任的一般意义之后，库珀和井尻雄士对受托责任作了如下分类：(1)货币受托责任(dollar accountability)。会计在传统上着重关注流动资产的流动——货币受托责任，亦即收益和费用的报告，流动资产的来源及由此而发生的活动。(2)业务受托责任(operational accountability)。区别于货币受托责任，是管理者有效使用全部资产和资源的责任，与之相配合的审计是业务审计或综合审计。(3)财产受托责任(property accountability)。看管和报告资产的存在、存放地点、用途及其他情况的责任，特别是可移动的固定资产和小型工具以及各种原因而尚未资本化的项目①。

在担任《审计：理论和实务》杂志主编时，库珀写了大量关于社会会计和审计方面的论文。在作为美国注册会计师协会(AICPA)的国际访问学者时，他研究了澳大利亚、日本、中国以及许多欧洲国家企业的会计问题，并运用他广泛深入的专业知识提出解决问题的具体方法。他比较有代表的作品是《内部审计的实地研究》(*A Field Study of Internal Auditing*)②。为了确认目前人们已经感觉到内部审计的存在，由执行多目标审计的审计人员发起了一次实地调查。它是广泛研究与计划和决策显著不同的管理功能问题，更确切地说，它是研究将审计作为管理工具的文章。审计效应的试验表明，审计可以通过审计师所通常关注的报告和被审人员对审计人员行为的所见所闻来扩大它的影响。例如，他们检查了什么，忽略了什么，一直在关注什么，以及他们的一系列行为。库珀他们选了宾夕法尼亚州匹兹堡地区 8 家企业，这 8 个样本包括了不同类型、不同规模和不同管理模式等的企业。通过对不同管理层次水平的员工的采访调查，运用满意度分析这种数理统计技术详细分析归类问卷答案，同时引入 18 个变量指导随后的一系列数据分析，最后得出结论是，大约有 75％的被调查者对内部

---

① [EB/OL].[2005-12-25]，http://www.xjife.edu.cn/HomePage/department/glyjy/zdyjxm/17311.asp.

② [EB/OL].[2005-12-25]，http://web11.epnet.com/error.asp.

审计和内部审计人员持赞成或是中立态度。

### (二) 运筹学领域的主要论著简析

库珀作为一名运筹学家,对该学科发展所作的贡献更是不可磨灭的,其具体表现在机会约束规划、目标规划方法和数据包络分析三个方面。

机会约束规划。随机规划是1955年以后新兴起的一门学科,它是随着数学规划的应用逐渐广泛和深入而产生的。当数学规划问题中的数据带有不确定性(或随机性)时,确定性的数学规划就变为随机规划。

机会约束规划是随机规划的一种,它是由亚伯拉罕·查恩斯和库珀于1959年在他们合著的《机会约束规划》一书中提出的,它是一类重要的随机规划,主要特点是约束条件中含有随机参数。在现实生活中,决策者进行投资决策时,有时决策者首先根据个人的实际情况确定一定的目标,要求实际收益率比某一期望收益率要大,以该目标为导向制定相应的最优策略,使风险达到最小。考虑到所做决策在不利情况发生时可能不满足约束条件,故允许所做决策在一定程度上不满足约束条件,但该决策应使约束条件成立的概率不小于某一置信水平,该方法就是机会约束规划。

目标规划方法。目标规划方法是1961年由亚伯拉罕·查恩斯和库珀在合著的《管理模型与线性规划的工业应用》一书中提出的,井尻雄士在其基础上进行了更深入的研究。目标规划用以解决如何合理地利用有限的人力、物力、财力等资源,取得最好经济效益的一种技术方法。随着其理论的日趋成熟,它逐渐地被用来解决含有多个不相容目标的优化问题,并广泛地应用于复杂系统的决策中,如城市土地目标规划、水资源规划、教育资源目标规划与评估系统等。

库珀他们所提出的目标规划是解决多目标问题而产生的一种方法。它要求决策者预先给每个目标定出一个理想值(期望值),这一点不仅是能做到的,而且往往是决策者所希望的。目标规划就是在满足现有的一组约束条件下,求出尽可能接近理想值的解——称之为满意解。目标规划不仅能用优先级与权因子等概念将多个目标按重要性进行排队,求得在这种重要性的排序下的满意解,而且决策者可对所求得的结果进行分析判断,指出不满意部分,分析工作者根据决策者的要求,通过人机对话、修改理想值或修改目标的排序等,求出新的满意解,即目标规划可通过交互作用具有相当的灵活性和实用性,它已成为目前解决多目标数学规划较为成功并很有前途的一种方法。

数据包络分析。在生产活动和社会活动中经常会遇到这样的问题:在经过一段时间后,需要对同类部门或单位进行评价,其中每个部门或单位称为决策单元(Decision

Making Unit,简称为 DMU)。评价的依据有两种:一种是决策单元在活动中需要耗费的量,即输入指标;另一种表明该活动的成效的量,即输出指标。假如要对若干个建筑卫生陶瓷企业的经济效益进行评价,每个企业就是一个决策单元。这时,输入指标有产品总成本、全部职工年平均人数、全年标准煤总耗量。输出指标包括卫生陶瓷产量、墙地砖产量、釉面砖产量、陶瓷锦砖产量。根据多个输入指标和多个输出指标的数据,要评价相对于所给的诸决策单元来说某决策单元的优劣,这就是评价决策单元间的相对有效性。DEA 模型是建立在数字规划理论上的,线性规划及其对偶和锥对偶理论,半无限规划及其对偶和锥对偶理论,非线性规划等①。

1978 年,由亚伯拉罕·查恩斯、库珀和 E· 福德(E. Phodes)从单输入、单输出的工程效率概念基础上以分式形式提出的第一个 DEA 模型(称为 $C^2R$ 模型),解决了多投入、多产出的效率计量问题,这一技术迅速得到了广泛的应用。1978 年,他们又讨论了具有不确定数据(包括区间数据、序数等)的 DEA,但要求每个投入产出要素必须分别至少含有一个确定性数据。1985 年,他们考虑到 $C^2R$ 模型中可能的凸性假设在某些条件下是不合理的,给出了一个新的评价生产技术相对有效性的 DEA 模型(称为 $C^2GS^2$ 模型)。这两个基本的 DEA 模型解决了许多传统的评价方法难以解决的经济效率定量化评价问题,奠定了 DEA 理论体系的基础。1986 年,库珀他们利用半无限规划理论将 $C^2R$ 推广到具有无限多个决策单元的情况,给出了 $C^2W$ 模型。1987 年,查恩斯、库珀与魏权龄、黄志民提出了称为锥比率的 DEA 模型($C^2WH$ 模型),这一模型可以用来处理决策单元的投入产出指标过多的情况,而且模型中各个锥的选定能够体现决策者的偏好②。灵活地运用这一模型,可以将 $C^2R$ 模型中确定的 DEA 有效决策单元进行分类或排序列。1988 年,库珀他们给出了一个综合的 DEA 模型(称为 $C^2WY$ 模型),该模型包含了两个最基本的 DEA 模型,还包含 $C^2W$ 模型和 $C^2WH$ 模型。1996 年,库珀等对机会约束 DEA 模型进行了更深入的研究,用满意度替代最优解,并给出了随机有效与随机非支配解的等价性。虽然将机会约束规范化为了确定性的规划问题,但问题还是很难求解,因为第一个约束条件是非线性非凸的。1996 年,库珀等人讨论了可以用一个凸规划来解决这一问题。传统的 DEA 模型要求 DMU 的投入、产出数据必须为准确数据。但实际问题中由于观测误差或信息不完备等原因,致使这些数据有可能不确定,尤其是一些预测数据,更是如此。在这种情况下,用一般的 DEA 方法就无法评价其相对有效性,当 DMU 的投入、产出数据为区间数时,评价其相对有效性的 DEA 方法称为区间 DEA。

---

① 韩松. DEA 方法的统计性质及机会约束 DEA 模型[J]. 统计研究,2002(6):28-31.

② 魏权龄. 数据包络分析[M]. 北京:科学出版社,2004.

数据包络分析法是近代统计学中的一门新学科,也是决策论和规划论中的一个重要分支。数据包络分析法借助线性规划研究具有相同类型的多输入、多输出、多个决策单元之间的相对有效性,评价各个决策单元的优劣。它具有适用范围广、科学性强、计算客观方便、更多的评价信息和灵活性好等等,因而在国防军事、工业生产、管理决策、日常生活等各个方面都有着十分重要的应用。

## 参考文献

[1] 韩松. DEA方法的统计性质及机会约束DEA模型[J]. 统计研究,2002(6):28-31.

[2] 魏权龄. 数据包络分析[M]. 北京:科学出版社,2002.

[3] 夏伯忠. 阶梯会计手册[M]. 北京:企业管理出版社,1996.

[4] http://fisher.osu.edu/departments/accounting-and-mis/the-accounting-hall-of-fame/membership-in-hall/william-wager-cooper/,2008-08-29.

[5] http://www.xjife.edu.cn/HomePage/department/glyjy/zdyjxm/17311.asp,2008-08-27.

[6] Cooper William Wager, Charnes A, A Henderson. Introduction to Linear Programming[M]. New York: John Wiley and Sons. Translated into Chinese, 1959 (Akad. Nauk SSR, 1960), and Japanese (Patorio, Tokyo, 1964), 1959.

[7] Cooper William Wager, Charnes A, C Colantoni. Economic Social and Enterprise Accounting and Mathematical Models, Urban Systems Institute Research Report No. 3[C]. Pittsburgh: School of Urban and Public Affairs, 1970.

[8] Cooper William Wager, Charnes A, E Schatz. Management Mathematics and Engineering Designs, Proceedings of the Second Conference on Engineering Design Education. Los Angeles: University of California, Department of Engineering and Engineering Extension, Sept. 5-7, 1962[C].

[9] Cooper William Wager, Charnes A, M Miller. Application of Linear Programming to Financial Budgeting and the Costing of Funds[J], The Journal of Business of the University of Chicago, 1959,32(1):20-46.

[10] Cooper William Wager, Charnes A, R J Niehaus. Manpower Planning for Decision-Making [J]. Civilian Manpower Management (U.S. Navy), 1968,2(4):22-27.

[11] Cooper William Wager, Charnes A, R J Niehaus. Studies in Manpower Planning[M]. Washington: Office of Civilian Manpower Management, U.S. Department of the Navy, 1972.

[12] Cooper William Wager, A Charnes. Data Envelopment Analysis: Theory, Methodology and Applications[M]. Boston: Kluwer Academic Publishers, 1994.

[13] Cooper William Wager, Brockett Patrick L, Golden Linda L, Rousseau John J, Yuying Wang.

Financial Intermediary versus Production Approach to Efficiency of Marketing Distribution Systems and Organizational Structure of Insurance Companies [J]. Journal of Risk & Insurance, 2005,72(3):393-412.

[14] Cooper William Wager, D Solomons (Chair), M J Barrett, W H Beaver, J Alex Milburn, David P Tweedie. American Accounting Association, Committee on Accounting and Auditing Measurement Report, 1989—1990 [J]. Accounting Horizons, 1991,(9):80-101.

[15] Cooper William Wager, Deng H Huang, Zhimin Li, Susan X. Chance constrained Programming Approaches to Congestion in Stochastic Data Envelopment Analysis [J]. European Journal of Operational Research, 2004,155(2):487-501.

[16] Cooper William Wager, E L Kohler. Costs, Prices and Profits-Accounting in the War Program [J]. The Accounting Review, 1945,20(3):1-42.

[17] Cooper William Wager,Everett Hagen, Irwin Friend, Morris Copeland. Social Accounting: An Invitation to the Accounting Profession [J]. The Accounting Review, 1949,24(3):233-264.

[18] Cooper William Wager, H J Leavitt, M Shelly. Effects of Auditing Records: Individual Task Accomplishments and Organization Objective, New Perspectives in Organization Research[M]. New York: John Wiley & Sons, Inc., 1964.

[19] Cooper William Wager, John Crawford. The Status of Social Accounting and National Income Statistics in Countries Other than the United States [J]. The Accounting Review, 1953,28(2): 221-228.

[20] Cooper William Wager,Lawrence M Seiford, Zhu Joe. Handbook on Data Envelopment Analysis[M]. Boston: Kluwer Academic Publisher, 2004.

[21] Cooper William Wager, N C Churchill. Auditing and Accounting-Past, Present and Future, in Eric Louis Kohler—Accounting's Man of Principles, W W Cooper and Yuji Ijiri, eds. [M]. VA: Reston Publishing Co., 1979.

[22] Cooper William Wager, N C Churchill, T Sainsbury. Auditing and Audits Per Se in Field and Laboratory Contexts,Management Controls: New Directions in Basic Research, C Bonini, R Jaedicke and H Wagner, eds. [M]. New York: McGraw Hill, Inc., 1964.

[23] Cooper William Wager, N C Churchill. A Field Study of Auditing as a Mechanism for Organizational Control, ONR Research Memo No. 126 [J]. The Accounting Review, 1965,40(4): 767-781.

[24] Cooper William Wager, P Chandra, Shanling Li, A Rahman. Using DEA to Evaluate 29 Canadian Textile Companies—Considering Returns to Scale [J]. International Journal of Production Economics, 1998,54(2):129-141.

[25] Cooper William Wager, P Hauser , W R Leonard. Financial Statistics in Government Statistics for Business Use[M]. New York: John Wiley and Sons, Inc., 1946.

[26] Cooper William Wager, R M Trueblood. Research and Practice in Statistical Applications to Accounting Auditing and Management Control [J]. The Accounting Review, 1955,30(2):221-229.

[27] Cooper William Wager, R F Byrne, A Charnes, O A Davis, Dorothy Gilford. Studies in Budgeting[M]. Amsterdam: North Holland Press, 1971.

[28] Cooper William Wager, Urton Anderson. DEA Evaluations of Performance Audits[J]. Internal Auditing, 1994,10(1):13-22.

[29] Cooper William Wager, Yuji Ijiri. Eric Louis Kohler—Accounting's Man of Principles[M]. Reston, VA: Publishing Co. , 1978.

[30] Cooper William Wager, Yuji Ijiri. Kohler's Dictionary for Accountants, 6th Ed[M]. Englewood Cliffs, N J:Prentice-Hall Inc. , 1983.

[31] Cooper William Wager. Statistical Use of Accounting Information in Federal Economic Policy Formation [J]. The Accounting Review, 1948,23(3):244-250.

[32] Cooper William Wager. Research and Practice in Accounting[C]. Paper presented on the occasion of inauguration into the Accounting Hall of Fame in Orlando, Florida on August 14, 1995. Subsequently published in Accounting Historians Journal, 1996,28(1):127-134.

[33] Cooper William Wager. Comments on the Use of Accounting in Internal Decision Making, Pittsburgh, and Management Sciences Research Report No. 75 and Evanston[C]. Northwestern University Systems Research Memorandum No. 151.

[34] http://hcr3. isiknowledge. com/formViewCharacteristic. cgi, 2005-10-29.

[35] http://web11. epnet. com/error. asp, 2008-12-15.

[36] http://www. unlv. edu/faculty/deng/Pictures/Supers. htm, 2008-12-15.

（初稿执笔人:周君）

# 威廉·亨利·比弗

## (William Henry Beaver, 1940— )

威廉·亨利·比弗(William Henry Beaver, 1940— )是当今世界著名会计学家,斯坦福大学会计学教授。在他56岁的时候,因其所开启"会计学中资本市场研究之先河"的突出成就,成为1996年被选入美国会计名人堂的3位会计大师之一。

## 一、个人简要生平

1940年,比弗(见图56)出生于伊利诺伊州(Illinois)的皮若亚城(Peoria)。他的父亲曾是一位煤矿工人,后来通过努力工作和不断学习成为一名土木工程师和住宅承建商,而他的母亲很早就为了4个兄弟姐妹而开始工作。比弗的童年是在印第安纳州(Indiana)度过的,12岁时随家人迁往哈蒙市(Hammond)。在高中时,他曾是校学生会的主席和优秀学生,并被选为结业典礼的致辞人。由于他的家庭笃信天主教,他只申请了一所大学——圣母大学(University of Notre Dame),并成为他家族中第一个上大学的人。

图56 威廉·亨利·比弗

在圣母大学期间,他是辩论团的团员并以优异的成绩毕业于工商管理专业。他的导师保罗·康韦(Paul Conway)建议他进入理论研究领域并按此方向来考虑个人的未来职业生涯。在追忆起这位对自己专业发展有着重要影响的导师时,比弗曾经深情地说:"他是一位优秀的老师,并且非常关心他的学生。"1962年,从圣母大学毕业并获经济学学士学位。

大学毕业时,比弗在获得多家公司聘书的情况下,最后选择进入芝加哥大学攻读工商管理硕士(MBA)学位。读书期间,他还在芝加哥一家抵押公司供职以赚取收入来帮助已退休的父母。1年以后，比弗转入一个由福特基金资助的博士研究项目，因其博士计划项目实施阶段卓有成效的研究成果，1965年，他最终同时获得了工商管理硕士学位和哲学博士学位。由于两个学位是同时授予的，因而，他常戏言自己是“在半小时内取得了博士学位”。在这段时间里，他有关会计教育和会计研究的思想受到当时芝加哥同行的影响。1969年，他在伊利诺伊州(Illinis)获得注册会计师资格。

在取得博士学位后，比弗随即留在芝加哥大学做了4年助理教授工作(1965—1969)，他早期一些关于会计计量方法与财务危机预警信息的文章就是在此阶段发表的，特别是他关于股票价格的研究开启了经验会计研究的先河，并对后来会计理论研究方法的发展及变革产生了极为重要的影响。1969年，他接受了斯坦福大学商学院研究生院的副教授职位，1972年任教授并一直在该校工作，现任斯坦福大学商学院的Joan E. Horngren教授。

1962年，比弗与其妻子休(Sue)相识于圣母大学的一次校园舞会上，休毕业于南部弯圣十字护士学校，1965年他们结为夫妻后，休也从圣母大学获得了英语学士学位和MBA学位。婚后共养育了玛丽(Marie)、莎拉(Sarah)和大卫(David)3个孩子，组成了一个幸福的家庭。1996年8月15日，在接受入选会计名人堂的仪式上，比弗是这样描述他的家庭成员的：“从休那里，我学到了很多东西，尤其是爱、同情和理解；从玛丽那里，我知道了一个人能在阿拉斯加灌木丛中生活9个月而且是承担攻击和零下50摄氏度的气候；莎拉教给我对艺术的热爱，她的画摆在我的家里和办公室里，是日常快乐的源泉；从大卫的身上，我领会了对音乐——尤其是爵士乐的痴迷，他很有幽默感，而且他还不断地提醒我每件事情不像我有时说得那么重要。家庭总是电池的充电器。我的家就是我的生命。他们过去将来也是我的名人堂。”①

## 二、理论与实务的主要贡献

比弗的研究兴趣主要在公司财务报告里的会计信息如何反映股票价格领域，他开创性的研究获得了学界的普遍承认，他是在用财务比率指标预测财务危机的开创者之一。他亦关注国家政策性证券，并将这些证券与公司财务披露有关的政府政策相关联。作为世界杰出的会计学家，比弗曾访问过英国、比利时、挪威、法国以及瑞士的一些大学和研究机构并传播其学术思想。

比弗曾活跃于多个会计职业组织并承担多项重要工作与重要职务。他先后为美

① [EB/OL].[2008-08-19]. http://findarticles.com/p/articles/mi_qa3657/is_199706/ai_n8761554.

国会计学会（AAA）、美国注册会计师协会（AICPA）、美国财务会计准则委员会（FASB）、伊利诺伊州注册会计师协会（Illinois CPA Society）和美国财务学会（American Finance Association，简称 AFA）等机构工作。在财务会计准则委员会（FASB）内：1975 年，任重要性原则专门工作组成员；1980—1983 年、1989—1990 年间任顾问；1984—1986 年，任财务会计准则咨询委员会委员；1993—1996 年，任财务会计基金会的托管人。在美国会计学会内：1978—1979 年；任其所属的财务会计准则委员会的主席；1985—1986 年，任杰出会计教育奖评选委员会主席；1990—1991 年，任提名委员会主席；1996—1997 年，任所属财务会计概念委员会的委员；1981—1983 年，任副会长；1987—1988 年，任会长。此外，比弗还在多个专业机构中兼职。1976—1977 年，任美国证券交易委员会（SEC）所属的公司信息披露政策委员会委员；1985—1986 年，任斯坦福大学投资信托董事会委员；1991—1995 年，任金融服务研究会的理事。

比弗也是多家会计顶级专业期刊的编委，如《会计评论》（*The Accounting Review*）、《会计研究杂志》（*Journal of Accounting Research*）、《会计学与经济学杂志》（*Journal of Accounting and Economics*）、《财务分析杂志》（*Financial Analysts Journal*）、《会计地平线》（*Accounting Horizons*）和《会计研究评论》（*Review of Accounting Studies*）等。

由于其在会计学专业领域里的丰硕成果与贡献，他曾多次荣获美国会计界的重要学术奖项。主要有：1967 年，获美国会计学会的最佳手稿奖；1978 年，获《会计杂志》论文奖；1978 年，获得加利福尼亚州注册会计师协会颁发的职业贡献奖；1979 年，被美国会计学会授予国际杰出会计教育奖；1979 年，被财务分析协会（Financial Analysts Federation，简称 FAF）授予 Graham and Dodd Award 奖；1981 年，被金融数量研究协会授予杰出研究奖；1982 年，获 Alpha Kappa Psi 会计奖；1985 年，获美国会计学会颁发的威德曼会计实务杰出研究奖；1985 年，获斯坦福大学商学院的杰出教学贡献奖；1989 年，获印第安纳会计学会的论文奖；1969 年、1979 年和 1983 年，获美国会计学会和美国注册会计师协会联合颁发的会计学术文献杰出贡献奖；1989 年，获美国会计学会颁发的会计学术文献重大贡献奖；1990 年，获美国会计学会的杰出会计教育奖；1998 年、2000 年，分获《会计研究评论》最佳研究报告奖；1999 年，获得隆氏会员优秀教育奖。在美国会计学术界，比弗是唯一一位获得过美国会计学会 5 个荣誉奖的学者。

此外，他还获得有关大学授予的荣誉博士学位。主要有：1996 年，获挪威经济学院授予的荣誉博士称号；1998 年，获圣母大学授予的法学荣誉博士称号；2002 年，获得希腊雅典经济与商业学院授予的荣誉博士称号。

1996 年 8 月 15 日，在推介比弗入选会计名人堂的仪式上，斯坦福大学的著名教授、1990年入选会计名人堂的查尔斯·托马斯·亨格瑞(Charles Thomas Horngren)在致辞中说:“我在1963年就认识了比弗,那时他是芝加哥大学的博士生。比弗从一个聪明、具有领导才能的博士生成为今天在全世界财务会计领域里的卓越研究者,我目睹了整个过程。比弗是一个学者极好的行为榜样。近30年来,他一直在研究第一线。他是关于会计和证券价格实证研究的先驱者。他令人吃惊的研究能力和创新能力会使他继续产生丰硕的成果。比弗不仅仅是一位研究者,他还是一位具有宽广视野的教育者。他在教学领域做出过杰出贡献,如斯坦福大学的MBA学生就把一年一度的杰出教育奖评给了他。他有许多优秀的博士生,有许多还是他的合作者。他的专著——《财务呈报:会计革命》就是教育改革的完美示范。”①

## 三、主要论著简析

20世纪60年代中期以来,比弗敏锐的洞察力、充沛的精力和对会计的执著在会计实务界和理论界有口皆碑,先后在《会计研究杂志》等重要会计期刊上发表了70余篇专业论文。其中影响最大的是1981年出版的著名论著《财务呈报:会计革命》和1968年发表的“年度收益报告的信息含量”(*The Information Content of Annual Earnings Announcements*)一文。

### (一)《财务呈报:会计革命》(1981)

《财务呈报:会计革命》是比弗论著中的代表作,初版于1981年,1989年出版了第2版,1998年出版了第3版。本书针对财务呈报的方式提出了一系列前瞻性的理论和建议,突出了揭示非财务数据、前瞻性数据和公允价值数据是财务呈报自然拓展的主题。因其论证严密、观点新颖和大量运用实证研究成果而被誉为“当代最有影响的会计学著作之一”,入选了由著名会计学家、美国会计学会前会长、芝加哥大学教授凯瑟琳·希珀(Katherine Schipper,2007年入选会计名人堂)主编的“当代会计名著系列(Prentice Hall Contemporary Topics in Accounting Series)”。

该书修订后的第三版共设7章。第一章“革命”,涉及历史观、信息观、信息观下的应计会计、财务呈报环境、经济后果与社会选择、财务呈报中的现行趋势和关键性特征,以及后续章节概要;第二章“信息”,涉及单一个体背景下的信息、多重个体交易背景下的信息、财务信息经济后果概要、社会价值与财务信息和结论性评价;第三章“确

① [EB/OL].[2008-08-19]. http://findarticles.com/p/articles/mi_qa3657/is_199706/ai_n8761554.

定性”,涉及完善完全市场和确定性:现值模型、确定性下的经济收益、永久性盈余、未来股利支付能力的指示器:盈余与现金流量、会计盈余与经济盈余、对不同会计方法的分析和结论性评价;第四章“不确定性”,涉及不确定性下的完善和完全市场、不完善或不完全市场中的计价和结论性评述;第五章“证据”,涉及价格变动与盈余变动——盈余的信息含量、价格变动对盈余变动的敏感性、证券价格和会计方法差异、盈余现金流量和应计项目、价格预期盈余——盈余的及时性、作为会计盈余预测器的股票价格——价格的信息含量、延迟确认、稳健主义、账面价值也能解释股票价格、附注披露解释证券价格、市场对酌定性部分和非酌定性部分进行差别定价、盈余波动与系统风险和总结;第六章“市场效率”,涉及市场效率概念的起源、市场效率的定义、市场效率的形式、有关市场效率的证据、研究设计问题、市场效率理论、市场效率的含义、对于财务报告环境各组成部分的重要性和结论性评述;第七章“规范”,涉及强制性财务呈报、为什么规范(规范可能的理性)、财务呈报的外部性、投资者之间的信息不均衡拥有、管理当局的披露动机、前述讨论的小结、潜在经济后果的小结、财务呈报规范效果的经验研究、双重规范和总结。每章末均单独设置了“参考文献”。

《财务呈报:会计革命》一书所讨论的“革命”,是从标准的经济学收入观到信息观的转变,此革命始于20世纪60年代中期,但是后来这种转变转向了决策观,尽管这种转变基本上是实证性的而非标准性的。

在本书的第一章,比弗着重描述了会计革命的内涵,为读者理解财务呈报的革命提供一个基础。20世纪初,受托理论是主导财务呈报的主要观点。在这一观点下,财务报表就是提供给投资者评价管理当局受托责任的报告。因此,传统会计主要倾向于经济收益的计量,对经济收益的计量大量采用了应计观点。然而,由于应计程序的模糊性和没有很好地定义导致了应计方法的最佳选择难题。因此从20世纪60年代开始,随着信息方法在财务呈报中的广泛运用,导致了财务呈报从经济收益计量观向信息观的转移,这种转移一直持续到现在,比弗将其称之为会计革命。财务呈报的信息观主要表现为信息经济学、证券价格和行为科学在财务会计研究领域中的运用。最明显的证据就是FASB在其财务会计概念公告中表现出的信息观。在信息观下,财务报告应当有利于投资者决定如何在当前消费和投资之间分配财富,以及如何在各种证券当中安排投资所需的资金数额。比弗认为,在信息观下,盈余数字能够提供一个比当前的现金流量更好的未来现金流量和股利支付能力信息,从而应计会计能够起到一定的作用。在这一章比弗还描述了财务呈报的投资者、信息中介、财务报告的规范者、管理当局、审计师等主要利益关系人以及财务呈报环境的主要特征、财务呈报的经济后果以及财务呈报的发展倾向。

本书第二章进一步探讨了信息观的内容,从投资人的角度解读财务报告,进而分析信息的功能特征。比弗以财务报表的个别用户为起点,然后扩展到在多重个体背景下进行分析。比弗认为在单一个体背景下,信息对单一投资者的作用主要体现在信息价值是个人的和主观的,并且可能因投资者的个性不同而有所不同。在多重个体背景下,比弗把其他投资者和其他利益关系人一并纳入研究范畴,指出财务信息系统的经济后果可能会以不同的方式影响利益关系人。由于财务呈报有许多潜在的经济后果,因此财务呈报制度之间的选择可以在本质上被看成是涉及利益关系人之间平衡的一个社会选择问题。比弗认为,依据这种观点,会计准则制定便成为政治程序的结果。由于决策的不确定性,各种利益关系人都可能会受到具体财务会计准则或公司披露要求的不同影响,同时,它也可能以不同方式受到信息的影响,所以对于何为"最佳会计方法"就不会有共识。因此比弗特别强调,报务呈报制度的选择虽然是一种社会选择,但仍然需要规范财务呈报提供信息的形式。

本书第三章和第四章分别探讨了确定性与不确定性条件下的会计盈余数字与企业价值及普通股价值之间的关系。第三章的背景是完善或完全市场和确定性。在这个背景下的经济收益概念能被清晰而准确地定义。但是,经济收益仅仅是公司及其股票估价的附属产物,财务会计在这个背景下是不重要的,因为市场价值会计(代替历史成本会计)使会计盈余等于经济盈余,价值及因此而形成的经济盈余可以直接从资产和要求权的市场价值观察中来直接计量。然而,由于存在备选会计方法,比弗认为,即使在确定性条件下,会计盈余与经济盈余之间的差异也可能存在,并将其称为会计盈余中的计量误差。

本书第四章介绍在不确定性下的完善或完全市场,并产生事前盈余、事后盈余的概念。在不完善或不完全市场下,由于证券市场价格不可能再充分反映个体的偏好,所以证券价格不再是一个很好定义的程序。在某些情形下,根本就不存在证券市场价格,而在其他一些情形下,观察到的证券市场价格可能因为某些不完善性而难以充分捕捉该要求权的价值。因此,在不完善或不完全市场下价格属性是未知的,如同从价格中得出的任何盈余数字的属性一样。因此,价格导向法不再具有完善和完全市场背景中所具有的明显的吸引力。比弗认为,在这一背景下,会计盈余可以从信息观的角度来加以评述。会计盈余是投资者用于评价证券价值的信息源,但会计盈余却不一定会像在完善和完全市场情形下经济盈余的表现那样,与证券定价过程具有简单的、直接的关系。为此,比弗研究了在不完善或不完全市场下证券价格和会计盈余之间的关系,他认为在不确定性条件下,应计会计就是一个信息系统,应计项目可以看成是对未来的预测,如果某一证券的价格和价值是预期未来现金流量的函数，应计会计就可能传递从过去现金流量分析中无法得出的信息。所以价格盈余程序可以看成是由当期价格与未来股利链、未来股利与未来盈余链、未来盈余与当期盈余链三个要素组成。根据这三个要素，就可能从概念上将价格与会计盈余联系起来。最后，本章探讨了现代财务报告系统的一些主要因素，例如推迟确认、稳健主义、权责发生制会计、预测未来现金流量的能力和关于会计信息的酌定性行为。

在本书第五章，比弗对12个令人感兴趣的关于会计盈余与股票价格之间关系的经验研究进行了回顾，这些经验研究的主要结论是：(1)价格变动与盈余变动之间呈显著正相关关系；(2)尽管价格变动与盈余变动之间的关系很显著，但它并不是简单的一对一关系，原因之一是价格会随着盈余中包含的某种暂时性因素而变动；(3)股票价格会随着投资者对企业间存在的许多会计方法反应差异进行部分调整；(4)股票价格会随着对盈余变动中的现金流量和应计项目部分分别进行定价而变动；(5)价格预测盈余是因为有更及时的信息源；(6)股票价格可以用来预测盈余；(7)价格会随着市场参与者意识到盈余和普通权益账面价值中的延迟确认因素而变动；(8)价格会随着市场参与者意识到盈余和账面价值中的保守因素而变动；(9)权益的账面价值和盈余在解释价格中似乎是很重要的；(10)年度报告附注中所披露的信息也能解释证券价格；(11)市场对会计数字的酌定性部分和非酌定性部分进行差别定价；(12)股票价格系统风险的计量标准与会计数字的系统性波动计量标准呈显著正相关。比弗认为，虽然经验研究在证券价格与会计盈余之间的关系已经取得了一些成果，但还有许多问题有待进一步探讨或尚未解决。如由于应计会计是现行财务呈报制度的一个主要特征，因此，比弗认为应计项目问题就成为一个非常重要的需要研究的问题。另外，他认为盈余是否是影响股票价格的信息还很难下定论。

比弗认为，在研究股票价格与会计盈余之间的关系时，中心问题就是市场效率。因此本书的第六章重点讨论了市场效率问题。比弗指出，市场效率对财务呈报的重要性主要表现在以下三个方面：(1)信息公开披露是否会对证券价格产生显著影响；(2)某个项目在附注中披露与在财务报表主体中加以确认是否会对股票价格产生不同的影响；(3)财务呈报数据相对于信息总体混淆而言具有何等的重要性。比弗写作本章的目的并不是要采取一种支持或反对与某一具体信息系统有关的市场效率立场，也没有详细、深入地对这类研究进行技术性评价。本章的重点在于市场效率的起源、定义、形式、证据、研究设计理论和应用，以及它对于财务呈报利益人的重要性。比弗认为，市场效率的讨论必须指定将要在其中定义市场效率条件下的信息系统。因为市场对某些信息系统而言是有效的，但并不意味着它对其他信息系统也有效。对于三种形式的市场效率，比弗认为，弱式效率中所描述的信息系统是半强式效率中所描述的信息系统的一个恰当子集，而半强式效率中所描述的信息系统又恰好是强式效率中所描述的信息系统的恰当子集。因此强式效率隐含了半强式效率，而半强式效率又隐含了弱式效率，但反过来却不成立。

在该书的第七章，比弗着重探讨了为什么要规范、如何规范、由谁规范（SEC或FASB）等一些财务呈报问题。财务呈报规范源自于1933年的《证券法》和1934年的《证券交易法》，为了确保发行证券的股份公司"充分与公允披露"，它赋予SEC决定符合其财务呈报要求的会计标准。SEC把这一权力交由FASB来确定符合SEC财务呈报要求的公认会计原则。对于为什么要强制规范财务呈报，比弗认为其潜在理性包括三类：(1)财务呈报涉及外部性和某种形式的市场失灵；(2)如果没有规范，市场力量将导致投资者之间的信息不对称或不均衡拥有；(3)公司管理当局有动机隐瞒不利的信息。但是实际结果表明，规范也许实际上根本不可能成为"理想"的规范。所以，比弗认为规范的功用还有待进一步讨论，其中规范公布时的预期影响和报告时的数据影响方面的经验研究在提供有关财务呈报规范某一方面的证据上也许是有用的。比弗进一步指出，作为一种社会选择结果的财务呈报制度，在即使有规范的环境下也不可能把"滥用"会计处理方法降为零。他还认为，即使有这种可能，也会因为成本过高而不具有可行性，同时还应当考虑规范者因缺乏投资者信息需求的证据所产生的介入性偏差。由于对利益关系人的规范具有潜在且相异的影响和后果，所以，财务呈报规范是一种社会选择。这种社会选择通常符合把财务呈报系统看成是一个多元个体背景下的信息系统观点。这种观点可能会导致财务呈报方面潜在的巨大变革，而且，这种变革可以看成是会计革命的一种形式。

在本书的结尾，作者对21世纪财务呈报的发展作了一个简短的预测，认为信息技术的飞速发展对财务呈报的形式和结构都可能产生巨大的影响，并且形成大量有趣的会计问题。

《财务呈报：会计革命》一书主要是为会计学术团体的学术研究所写，该书对财务呈报与证券市场之间关系的当前状况和未来发展作了一个非常有用的描述。该书着重阐述了财务呈报有待进一步研究的两个基础问题：一个是处于现行财务会计结构中心位置的应计会计功用问题；另一个是作为财务呈报环境主要构成的财务呈报规范的功用问题。作为一本关于会计未来的书，本书着重描述了一个概念框架，以使我们能够把对可能发生变化环境的认识放在其中来解释会计革命，并提出可行的解决方案。不过，正如比弗在他的书中声明，为了避免预测失误的尴尬，他只对会计的未来作最低限度的预测。

值得注意的是，本书是站在美国人的角度写作的，作者并没有尝试从国际视角来研究相关问题，因此本书对于美国以外的所有与财务呈报的计量和披露相关的经验研究结论被忽略了；另外，本书主要侧重于研究投资决策、金融市场和证券价格行为，对财务会计理论的研究较弱，没有讨论会计规范、会计实务以及盈余数字的经济后果，同时将财务呈报的使用者几乎完全集中在投资者身上，忽视了其他一些主要利益关系者(Martin N. Hoogendoorn, 1998)。而且本书虽然把应计会计的功用作为重点来探讨，但仅对这个问题的某些概念进行了诠释，仅为解释不确定性和不完善市场背景下的会计盈余提供一个框架，分析不够深入。但本书在激发读者的学术研究，帮助他们找寻相关研究主题方面有独特的学术价值。

### (二)"年度收益报告的信息含量"(1968)

比弗的"年度收益报告的信息含量"(*The Information Content of Annual Earmings Announcements*)一文发表于芝加哥大学主办的《会计研究杂志》1968 年增刊第 6 卷《会计实证研究：1968 年研究选登》中。这篇论文与雷蒙德·约翰·鲍尔(Raymond John Ball)和菲利普·布朗(Philip Brown)发表于《会计研究杂志》1968 年秋季号的"会计收益数据的经验评价"(*An Empirical Evaluation of Accounting Income Numbers*)的论文，一同促使了美国实证会计研究的长足发展。而实证会计研究的发展和美国的经济环境、科学技术的发展是分不开的，主要表现在：(1)证券市场在经济中占据的地位越来越重要，同时政府对证券市场进行了积极的监管，报告环境不断变化，如美国证券交易委员会等经常提出新的课题，因此资本市场的会计研究日益受到会计界的关注，不仅可以促进证券市场的监管和有序发展，也拓展了会计学的研究领域。(2)财务学和经济学的发展促进了会计研究方法上的创新，实证会计学的发展主要得益于实证经济学的发展。在 20 世纪 60 年代，美国著名经济学家、芝加哥大学经济学教授米尔顿·弗里德曼提出了"实证经济学"这一概念。他指出，规范经济学主要回答"应该是什么"，而实证研究重点强调"是什么"。(3)计算机技术和数据库的发展为实证会计研究提供了基础的数据来源，如芝加哥大学股票价格研究中心(CRSP)的股票价格数据库和 Compustat 数据库，比弗在文中也指出如果没有 CRSP 的帮助，数据的收集将是非常困难的。

比弗的这篇论文从信息观的视角出发，对年度收益数据的信息含量进行分析。通过股票成交量和价格的方差分析来判断收益数据是否有信息含量。该篇论文的主体结构如图所示。

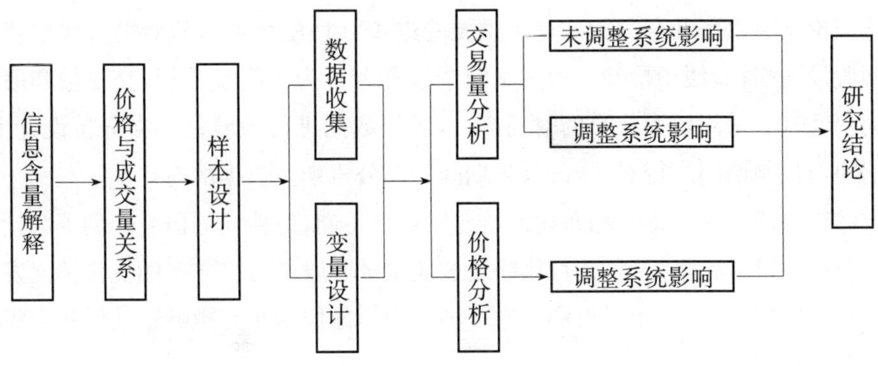


比弗在文中首先强调收益信息含量的重要性，指出信息含量表现在投资者对未来股价估计的概率分布发生了变化。通过样本设计、收集数据和变量设计来完成对股票成交量和价格变化进行方差分析，在与基期数据的比较中判断成交量和价格的变化是由于年度收益的发布所引起的，改变了投资者的预期和市场的均衡价格，进而得出年度收益是有信息含量的。

《年度收益报告的信息含量》一文的主要内容包括年度收益信息含量检验的提出、样本的选取、分析所用变量的定义、交易量分析与价格分析等五个部分①。比弗认为价格的变化状况很好地支持了收益报告具有信息含量的观点。通过对价格变化和交易量变化的观察，可以发现不仅个人投资者的预期会随着收益报告的发布而改变，而且整个市场的预期也会相应改变，这一点可以反映在均衡价格的变化上。在得出以上结论的同时，为了进一步说明交易量和价格的变化不是因为公告期间由其他新闻公告大量出现引起的，比弗验证了在公告期间并没有其他类型信息公告的大量出现，因此认为交易量和价格的变化主要是由于收益报告的发布引起的。

比弗认为，资本市场与企业财务报告数据之间的关系可以分为两类：一类是信息观，认为会计盈余是包含多种信息的信号；另一类是计量观，将会计数据作为计量的手段。比弗的这篇经典之作就是信息观的观点，“企业的收益报告导致投资者对于企业未来收益（或价格）概率分布的估计发生了变化，就像现行市场均衡价格发生变化一样，我们就认为收益报告具有信息含量。”这篇论文与鲍尔和布朗 1968 年的研究论文虽然都采用了信息观的观点，但这篇论文避开了鲍尔和布朗关于收益报告好坏的判断问题，重点强调了收益发布时成交量和股价变化要高于其他时间的变动。这样的处理

① 董黎明，龚翔. 会计数据信息含量研究起源与发展——威廉·H·比弗《年度收益报告的信息含量》评析 [J]. 财会通讯（综合版），2007(8)：45-52.

使得这篇论文在以下几个方面取得了重要的进步:(1)使用方差检验的方法取代了预期模型假设的指标,便于检验;(2)定义两个投资者行为的度量指标,交易量和股票价格波动幅度;(3)采用较为狭窄的时间窗口,对周数据进行检验;(4)在分析设计上,将分析期间与控制期间进行对比,即公告期间和非公告期间数据的对比。

虽然比弗的研究与鲍尔和布朗的研究侧重点不同,但他们的研究开创了会计收益数字的信息含量研究之先河,并且比弗通过成交量和股票价格方差的变化情况发现收益数据具有信息含量,改变了投资者的市场行为。他们的研究影响了其后几十年的资本市场会计研究的方向。

会计数据信息含量研究的一个主要内容就是确定资本市场通过股价、股票交易量或两者同时对各类会计信息所具有的信息含量进行反应的方式,包括股价的波动性、成交量的异常变化以及相关的检验方法(如方差检验)。另外,比弗在本文中所使用的事件研究方法也得到广泛的使用。此后,西方会计科学这一领域的研究主要包括以下几个方面:

首先,关于会计收益数据的信息含量问题。比弗(1980)在《股票价格的信息含量》中进一步研究了股票价格与收益之间的关系,运用时间序列预测模型来代替随机游走的预测模型,认为收益是股票价格变化的滞后反应,而股票价格的独立性使它与收益的相关系数接近0;Dontoh 和 Ronen(1993)指出,信息含量包括价格反应、成交量反应以及预期信息的提前披露,价格和成交量都不能单独反应收益的信息含量,必须和现存的信息环境结合才能达到准确反应信息含量的目的;比弗、Mcanally 和 Stinson(1997)通过联立方程的方法来确定价格和收益的关系,指出某些原因导致的收益变化不会改变股票的价格,某些原因引起的股票价格变化不会导致收益的改变。

其次,西方有关信息含量的研究也检验了其他会计数据的信息含量,包括中期报告、资产负债表数字以及股利分配的信息含量。Fama, Fisher, Jensen 和 Roll(1969)在《股票价格针对新信息的调整》中指出,市场能够认识到股票分割所隐含的股利增加信息,并利用该信息重新估计股票的预期收益。该研究认为,股票价格因新信息而迅速调整支持了市场是"有效的"的结论。Watts(1973)的研究发现将来的收益变化与目前未预期的股利变化之间的正相关关系,从而验证了股利具有信息含量的假设。

此外,会计数据的信息含量研究还检验了会计信息含量在预测公司财务失败和债务信用等级方面的有用性。关于信息含量的经验研究可以帮助准则制定者把握投资者重视的信息,进一步提高信息的有用性。

《年度收益报告的信息含量》一文对我国会计科学理论发展的具有重要影响。我国资本市场起步较晚,市场结构特殊,存在国有股一股独大,流通股与非流通股并存,市场运行机制不健全,中小投资者居多且缺乏理性等特点,对于资本市场会计研究的发展是一个借鉴国外已有观点和方法进而结合国内特殊情况进行改进的过程。会计数据信息含量的研究即是我国实证会计理论发展初期中重要的组成部分,主要涉及三类问题。首先,是开展了关于会计收益的信息含量的研究。其次,是针对我国所存在的A股、B股市场的差异性,考察采用不同会计准则下有关会计收益的差异、收益的信息含量与股票价格的相关性问题。最后,是部分学者还针对和财务报告相关的审计报告所具有的信息含量展开了深入的研究,认为非标准的无保留审计意见应该引起股价的下跌,且不同类型的非标准无保留意见审计报告引起反映问题的严重程度不同,应该具有不同的市场表现。

随着我国证券市场的法制化和规范化的建设,以及股权分置改革的完成,国内资本市场的数据为会计数据信息含量分析提供了更加有效的数据支持;同时,国内会计准则和国际会计准则的进一步趋同,将使我国资本市场会计研究在方法使用和关注的焦点问题方面与西方国家的会计研究进一步接轨,通过借鉴和吸收,更好地促进我国会计科学研究的发展。

## 参考文献


[1] 董黎明,龚翔.会计数据信息含量研究起源与发展——威廉·H·比弗《年度收益报告的信息含量》评析[J].财会通讯(综合版),2007(8):45-52.

[2] 王昌锐,蔡传里,许家林.威廉·H·比弗的《财务呈报:会计革命》[J].财会月刊(会计版),2006(6):48-49.

[3] 威廉·亨利·比弗.财务呈报:会计革命[M].薛云奎,等,译.大连:东北财经大学出版社.1999.

[4] 许家林.西方会计学名著导读[M].北京:中国财政经济出版社,2004:237-268.

[5] Dontoh Alex, Joshua Ronen. Information Content of Accounting Announcements [J]. The Accounting Review, 1993(10):857-869.

[6] Ball Brown. An Empirical Evaluation of Accounting Income Numbers [J]. Journal of Accounting Research, 1968(6):159-178.

[7] Beaver W H, Mcanally M L, Stinson C H. The Information Content of Earnings and Prices: A Simultaneous Equations Approach [J]. Journal of Accounting and Economics, 1997(5):53-81.

[8] Fama Eugene F, Fisher Lawrence, Jensen Michael C, Richard Roll. The Adjustment of Stock Prices to New Information[J]. International Economical Review, 1969(2):1-21.

[9] http://fisher.osu.edu/departments/accounting-and-mis/the-accounting-hall-of-fame/member-

ship-in-hall/william-henry-beaver/,2008-08-31.

[10] Peasnell K V. Book Reviews [J]. Accounting & Business Research, 1990,20(80):360-361.

[11] Hoogendoor Martin N. Book Reviews [J]. The European Accounting Review, 1998,7(4): 753-760.

[12] Elgers Pieter T. Book Reviews [J]. The Accounting Review, 1981,56(4):989.

[13] Watts Ross. The Information Content of Dividends [J]. The Journal of Business, 1973,46(2): 191-211.

[14] Beaver William, Richard Lambert. The Information Content of Security Prices [J]. Journal of Accounting and Economics, 1980,2(1):3-28.

[15] Beaver William H, Maureen F Nichols, McKaren K Nelson. Do Firms Issuing Equity Manage their Earnings? Evidence from the Property-Casualty Insurance Industry. Research Paper Series, No. 1605. January 2000[C]. Graduate School of Business Stanford University, 2000.

[16] Beaver William Henry. Financial Reporting: An Accounting Revolution(1981, 1989) 3rd ed. [M]. Englewood Cliffs N J: Prentice-Hall Inc. , 1998.

（初稿执笔人：张艳芳）

# 查尔斯·亚瑟·鲍雪

## (Charles Arthur Bowsher, 1931— )

查尔斯·亚瑟·鲍雪(Charles Arthur Bowsher, 1931— )是著名的会计学家①。由于其在任美国会计总署(General Accountability Office,简称 GAO)②总审计长的15 年间为构建现代美国政府审计制度方面的杰出成就,成为 1996 年被选入美国会计名人堂的 3 位会计大师之一。

## 一、个人简要生平

鲍雪(见图 57)于 1931 年出生于美国印第安纳州(Indiana) Elkhart 郡的一个双胞胎家庭,他的父亲是芝加哥人,而他的母亲是加拿大多伦多人。1949 年,他中学毕业之后,进入了伊利诺伊大学学习会计。在那里,作为会计名人堂成员的罗伯特·昆·莫茨(Robert Kuhn Mautz)和亚瑟·拉默·怀特(Arthur Ramer Wyatt)等著名教授,以及会计系其他老师所讲授的精彩课程激发了他对会计的浓厚兴趣,为其后来的职业生涯奠定了坚实的理论基础。1953 年,他在会计系顺利地取得学士学位,随后转服了两年兵役。1956 年,他又在芝加哥大学商学院研究生院取得了 MBA 学位。

图 57 查尔斯·亚瑟·鲍雪

凭着他对会计职业的兴趣和向往,他成为了一名出色的注册会计师,并于 1956 年进入了安达信公司(Arthur Andersen and Co.)任职,并一直工作了 11 年。1967 年,

① 现有多种翻译方法,典型的有:查尔斯·布什,查尔斯·鲍舍尔,查尔斯·鲍雪等。

② 详见本书埃尔默·博伊德·斯达茨的相关内容。

他被任命为海军部长助理,负责财务管理,任期4年。在任期间,他在推动政府部门是否也需要健全的财务报告进行公开讨论方面,起了重要的作用。另外,他还主持了一个检查联邦政府财政报告的项目,而且向联邦政府提出了出具合并财务报表的建议。他也负责合约起草,并确保其不违背联邦选举法。同时在20世纪70年代中期,公司在协助财政部处理纽约金融危机时,他也是主要负责人之一。在约翰逊与尼克松总统主政期间,他与罗伯特·牛顿·安东尼(Robert Newton Anthony,1986年入选会计名人堂)一起在美国国防部的五角大楼防卫厅出任会计与审计主任。1971年,鲍雪又回到了安达信公司。

1981年,鲍雪被罗纳德·威尔逊·里根(Ronald Wilson Reagan)总统任命为联邦政府审计长,后任美国会计总署的第六任审计长①,任期15年。

鲍雪从会计总署审计长的位置退休后,他还是许多组织的积极参与者。他被邀请为财务会计基金会(FAF)的托管人,出任财务会计准则委员会(FASB)和政府会计准则委员会(GASB)的顾问,担任了3年铁路会计原则委员会主席,并且是联邦会计准则咨询委员会(FASAB)的3位负责人之一。在他任主席期间,最高审计机关国际组织亦开始采用了国际审计准则和指南、内部控制和政府会计等。

由于他的突出贡献,他先后获得5所学校荣誉博士的头衔,并且获得了许多其他的荣誉和奖赏。

1963年,鲍雪与妻子玛丽·C·马哈尼(Mary C. Mahoney)结婚,婚后育有两个孩子。退休后,他们居住在马里兰州(Maryland)的贝特斯塔(Bethesda)安享着晚年,业余时间里,鲍雪嗜好阅读和高尔夫球。

## 二、理论与实务的主要贡献

鲍雪在会计理论与实务方面的主要贡献在于对美国审计制度的发展所起的建设性作用,他与其他5位历任审计长一样,在美国审计制度的形成过程中功不可没。美国审计体系的发展可分成财务监督的审计时期与计划评估的审计时期两个阶段,在这两个时期的进程中,历任审计长起到了重要的作用。通过简要回顾前4位审计长的贡献,有助于系统理解鲍雪在这一段历史中的作用②。

---

① 第1～5任审计长为本书前面介绍的埃尔默·博伊德·斯达茨(即第41名会计名人堂成员)。

② 曹俊汉.2000.迈向评估审计的新纪元:美国会计总署结构与功能的研究[J/OL].欧美研究,26(3)185-286.

### (一) 以财务监督为主的审计时期

这一时期大致可分为三个阶段。(1)确立审计权对行政权的制衡——麦克卡尔(John Raymond McCarl)审计长时代(1921—1936)。主要涉及:行政结构的构建,强调账册审计,落实财务审计,协调审计权面对行政权的冲击等问题。(2)建立综合审计制度——沃伦(Warren)审计长时代 (1940—1954)①。主要涉及:行政结构革新;大幅缩减会计总署的组织以达成人事的精简,废除 1942 年设立的六个分区,并且在助理审查长下建立了 23 个区域办公室,以负责原先由"审计处"担任的战时审计工作;会计总署首度在巴黎建立第一个海外办公室,之后陆续在世界各地建立办公室;建立国营企业审计;建立综合审计制度;制定 1950 年《预算与会计程序法》(Budget and Accounting Procedures Act of 1950)。(3)为会计总署重新定位——坎贝尔(Campbell)审计长时代 (1954—1965)。主要涉及:美国会计总署(General Accountability Office,简称GAO)的重组,审计人员的甄选与训练,国防契约审计的介入,评估导向审计的开始。

### (二) 推行计划评估的审计时期

这一时期大致为两个阶段。(1) 营建评估导向的审计体系——艾尔默·博伊德·斯达茨(Elmer Boyd Staats, 1981 年入选会计名人堂)审计长时代 (1966—1981)。主要涉及:建立国防契约审计的原则;谈判记录的取得;设立成本会计标准局;确立评估为导向的审计体系;营建财务管理的审计制度;建立会计系统;联合财务管理改善计划;建立联邦与地方政府审计执业规范;成立国际审计组织——最高审计机关国际组织(International Organization of Supreme Auditing Institutions, 简称 INTOSA);改革审计行政体系;制定审计改革的相关法案。(2) 确立评估行政机制——鲍雪(Charles Arthur Bowsher)审计长时代 (1981—1996)。1981 年斯达茨任期届满,沿用 1980 年通过的"会计总署法案"中有关提名审计长与副审计长的程序,里根总统从国会所推荐的 8 位候选人中,任命鲍雪继任审计长一职,而这项提名在 1981 年 9 月 29 日经过参议院同意通过,当时他是亚瑟·安达信公司华盛顿分公司的股东。里根总统认为他作了一次非常重要的任命,因为鲍雪是一个能做到内外兼顾的专才。鲍雪在任的 15 年间,他继续积极地推动美国政府审计体制的改革与完善,使会计总署的主要职责范围涉及保健、储蓄、贷款危机,以及联邦预算赤字和政府改革等领域。除此之外,作为审计长官,他在帮助解决洛克希德(Lockheed)、佩恩铁路(Penn Central)、克

---

① 1937—1940 年的审计长不详。

莱斯勒(Chrysler Corporation)和美国联合铁路(Conrail)4 家公司的财务危机过程中扮演了重要的角色。他是美国国会 1984 年通过的《单一审计法》(*Single Audit Act of* 1984)和 1990 年通过的《首席财务官法》(*Chief Financial Officers' Act of* 1990)的主要起草人,前者要求对州和联邦政府进行独立审计,后者则要求联邦政府和相关部门的年度财务报告必须接受审计。在他的任期内,先后到国会作证 200 多次。在他的领导下,美国会计总署提供给国会的审计报告与证词大大高于国会的要求。

**(三) 对会计总署的改革**

调整评估导向的行政结构。当鲍雪思索会计总署该如何工作时,他最先关注的是管理和部门重组的问题,为此,鲍雪任命了 3 名助理审计长,各有负责之事务。鲍雪在组织重组能力上表现了相当能耐。他了解署内充斥着不同职位的人员,这些人员如不透过功能加以分工,则不可能发挥到一个理想的境地。因而他认为重组工作将会对会计总署结构的营建发生良好的效果,使得会计总署各部门机构与各地区的分支机构,以及海外的部门连成网络,从事规划与汇报,以及运作的整体系统。例如,一些重要的组织结构即是按这一理念成立的,像资深经济学家室、信息管理与通讯室、律师事务室和特别调查室等陆续成立。这种结构的调整对评估工作的进行有极大的帮助。

人力资源发展。面对日益复杂的工作,特别需要计划评估的专才。鲍雪和他的工作小组开始重视人力资源的发展。除了在硬件设施上有所改进外,另外也改善了人员的甄选和训练。到了 20 世纪 80 年代末期,会计总署发展了一套系统,由称为"校园经理人"(campus executives)来协助从事甄选的工作。会计总署中的高级经理人被派到特殊的学术研究单位与学校中工作,而他们的工作使学生了解到会计总署的工作性质,并且趁机选用优秀的学生加入工作。而且鲍雪为了强化人员的训练,提供了更高级的在职训练,在 1988 年创立了一个新的训练机构,安排的课程使得会计总署的人员必须接受 80 个小时的专门训练,以担负更新的计划评估的工作。另外,鲍雪也采用一套修正过的工作评量标准来评定人员的工作,并且辅以"绩效奖金制"(Pay-for-Performance,简称 PFP) 来激励员工。在鲍雪担任审计长的最初 10 年内,会计总署在人力资源的运用上有长足的进展。

提升辅佐国会问政的能力。由于审计执业提升到计划与政策的评估阶段,而国会对专业性的问题势必求助专家的意见,此时会计总署将扮演极为重要的辅佐角色。为了改善与提升会计总署对国会的辅佐,在 20 世纪 80 年代,鲍雪采取多项积极新措施,主要有:提升政策规划能力;发挥会议评鉴的功能;充分掌握审计与评估的管理;出版专业性季刊——《会计总署杂志》(The GAO Journal),目的在于提高国会议员及决策者强化联邦计划的执行效率;发挥听证会的功能。

进行会计系统与财务管理的改革。在会计总署的工作中,鲍雪特别关注财务管理的绩效。他的做法是在政府各个层级的机构中健全财务结构,以新设置的首席财务官审计财务报表来强化财务的结构。在1985年一份名为《政府成本的管理:建立一套有效的财务管理结构》(*Managing the Cost of Government*:*Building an Effective Financial Management Structure*)的报告中,会计总署主张应该对政府的财务管理体系做调查,并且为后来的变革提供概念上的结构。变革包括了四个方向:强化会计、审计及报告;改善计划及方案;推进有效率的预算过程;建立一套系统性的工作评量量表。鲍雪同时也推动总体层次的财务报告书,这项工作也是当初他就任前所推动的工作之一。

联邦预算与赤字预算控制。鲍雪从上任以后就十分重视联邦预算及赤字逐年上升的情况。他在1981年的一次演说中指出,造成这一状况的原因是因为联邦负责预算、审计和计划分析等机关缺乏一个一致的协调。因此,他认为会计总署的首要工作在于打破这些部门间的区隔,并积极参与控制联邦机构的工作。他要求对预算的程序及观念作研究,并建议国会对联邦政府预算从事两年一次的审查。会计总署在这方面最大的贡献是,评估联邦预算制度的问题时,提出了赤字预算的危险性,同时也提出了解决之法。并促使国会于1985年通过了《平衡预算与紧急赤字控制法》(*Balanced Budget and Emergency Deficit Control Act of* 1985,又称为"GRH法案"),[①]而赋予审计长重要的角色。依往例都由管理预算局和国会预算局对联邦收支的评估提出年度报告,而根据鲍雪的报告,审计长可以做独立的分析,并可针对需要削减赤字数额,与总统、国会分别进行沟通,而后总统再配合审计长的报告缩减支出。如此一来,会计总署成为判断赤字是否超过法规所定的限度的机构,假如超过此一限度,会计总署有权分配支出的削减,使其在对抗行政部门的权限中多了不少筹码。

扮演契约竞争的审计角色。会计总署是否可以介入行政机关中关于签订契约或契约竞标的问题,一直是立法机关与行政机关权限分际的课题。1984年通过的《赤字删减法》(*Deficit Reduction Act*)第64条中第7款被称为《契约竞争法》(*The Competition in Contracting Act*,简称CICA),这条法律详细地说明了新的竞标过程,且影响了会计总署自1921年创设以来,一直介入其间运作的过程。在1984年会计总署将要执行《契约竞争法》之前,预算局便先行指示各行政机关不必理会这项条款。两个月之后,鲍雪便指责总统在指示行政机关不理会立法条款的命令是违宪的。众议院的"政

① 1985. Public Law[M]. 99-177; Trask R R. GAO History, 1921—1991[M]. US General Accounting Office, History Program, 1991:118-120.

府运作委员会”得知此事，便建议众议院终止联邦机构的预算，直到总统撤销他的命令为止。1984年通过的《单一审计法》(*Single Audit Act of* 1984)使得会计总署在行政机关的职权得到国会的强烈支持。根据此一法案，州或地方政府若每年收入超过10万美元以上者，必须接受每年或两年一次的审计。以此类推，这项法案根据不同政府机关的审计标准从事审计工作，会计总署可以发挥所谓因地制宜、因事制宜的功能。

### (四) 任内工作特点

在鲍雪长达15年任期的前10年间，他和前任审计长一样关注的是会计总署的组织与工作。他和管理人员及幕僚一同拓展及改善会计总署对国会的辅助，而这一直是他所关注的焦点。经过“报告专案小组”及其他人员的努力，会计总署在许多领域，诸如工作计划、报告品质、业务多元化、充分掌握时效以及产出的能力等课题上多有改进，却并未增加人力。

在领导特质上，鲍雪处理各项事务，无论是内部事情或是具有全国重要性的大小事项，都保持着坚毅、开放和精力十足的态度。他凭借各部门主管的协助，以及其他资深行政人员的共事，建立了坚实的领导中心，使得会计总署的工作日益精进。鲍雪强调集体决策，并且拓展至各层级。在他的带领下，会计总署不但成为国会不可或缺的左右手，还成为联邦财政管理上的领导者，并参与重要国家议题的讨论。也由于会计总署在拟定国内重要议题上的精到表现，使得国会愈来愈支持会计总署的工作。值得特别倡导的是，他处理各类计划或参与各种决策过程，都在建立其内部运作的模式，视它们为政府的整体而规划。

在20世纪80年代里，国会面对问题非常多，有的更是棘手。会计总署总是在国会召唤之下全力以赴地参与解决问题。在鲍雪的有效引导之下，会计总署不断地调整它的角色，来达到不同的要求。1990年时，他将各种不同概念投入会计总署的工作内容中去，就是很好的例证。鲍雪为了改善会计总署对国会的辅佐功能，也采取了多项新措施来力求重塑形象，并且收到了预期的效果。

## 三、主要论著简析

鲍雪一生，特别是在美国会计总署(GAO)就职后的时间内，多有论著问世，包括出版5本论著或相关专题报告，发表了数十篇论文，但内容主要涉及国家审计体制的构建问题。

鲍雪认为“对有效控制的最大需求可能是在信贷组合领域。一份没有丝毫谈及信贷组合的有关内部控制的财务报告是没有任何用处的。”

## 参考文献

[1] 曹俊汉. 迈向评估审计的新纪元：美国会计总署结构与功能的研究 [J]. 欧美研究，34(4)：185-286.

[2] 审计事务所承受限制税务服务的压力[EB/OL]，2005-12-25.

[3] 文硕. 立法模式国家审计的发展者——美国 [J]. 世界审计史(1-7)[M]. 北京：企业管理出版社，2000.

[4] 中国会计视野[EB/OL]，2008-12-11.

[5] Bowsher Charles A. Government Reform：GAO Comments on the National Performance Review：Testimony before the Subcommittee on Government Management，Information and Technology，Committee on Government Reform and Oversight，House of Representatives [R]. GAO/T-GGD-95-154. Washington，D C：United States General Accounting Office.

[6] Bowsher Charles A. The GAO and the Accounting Profession [J]. Journal of Accountancy，1983，155(2)：66-71.

[7] Bowsher Charles A. Governmental Financial Management at the Crossroads：The Choice is Between Reactive and Proactive Financial Management [J]. Public Budgeting & Finance，1985，5(2)：9-21.

[8] Bowsher Charles A. Sound Financial Management：A Federal Manager's Perspective [J]. Public Administration Review，1985，45(1)：176-184.

[9] Bowsher Charles A. Reducing the Federal Deficit：A Critical Challenge [J]. Journal of Accounting，Auditing & Finance，1986，1(1)：7-16.

[10] Bowsher Charles A. Federal Financial Management：One View [J]. Public Budgeting and Finance，1989，9(2)：91-98.

[11] Bowsher Charles A. Progress & Agenda for the Future [J]. Government Accountants Journal，1996，45(3)：12-17.

[12] Bowsher Charles A. Financial Statements for A Sovereign State：The Federal Government Reporting Study [J]. Accounting Horizons，1987，1(1)：17-24.

[13] Bowsher Charles A. Federal Financial Management：Evolution，Challenges and the Role of the Accounting Profession [J]. Governmental Accounting and Auditing：International Comparisons，1988，29-51，Croom Helm Series on International Accounting and Finance London and New York：Routledge，Chapman and Hall[C]. 1988.

[14] Bowsher Charles A. The Federal Budget：Presenting and Facing the Facts [J]. Accounting Horizons，1990，4(2)：96-109.

[15] Bowsher Charles A. Medical Devices [J]. Society, 1991,28(6):74-78.

[16] Bowsher Charles A. Budget Policy: Long-term Implications of the Deficit[R]. United States. Congress. Senate. Committee on Finance. Subcommittee on Deficits, Debt Management, International Debt, Bowsher C A, 1992.

[17] Bowsher Charles A. Meeting the new American Management Challenge in A Federal Agency: Lessons from the General [J]. Public Administration Review, 1992,51(1):3-7.

[18] Bowsher Charles A. Improving Government: GAO's Views on H. R. 3400 Management Initiatives [J]. The Office [distributor]. 1994.

[19] Bowsher Charles A. Management Reform—Implementation of the National Performance[R]. Washington D C, General Accounting Office, 1994.

[20] Bowsher Charles A. Restructuring the Federal Budgeting and Accounting System. Structural Budget Deficits in the Federal Government: Causes, Consequences and Remedies[M]. Lanham, Md. and London: University Press of America, 1987:223-243.

[21] Bowsher Charles A. Reforming the Federal Budget Process [J]. Public Budgeting and Finance, 1983,3(1):113-127.

[22] Bowsher Charles A. Federal Financial Management: Evolution Challenges and the Role of the Accounting Profession [J]. Journal of Accountancy, 1987,163(5):280-291.

[23] http://findarticles. com/p/articles/mi_qa3657/is_199706/ai_n8782439, 2008-08-31.

[24] http://fisher. osu. edu/departments/accounting-and-mis/the-accounting-hall-of-fame/membership-in-hall, 2008-08-31.

[25] http://www. chicagogsb. edu/magazine/summer98/bowsher. html, 2008-08-31.

[26] http://www. gao. gov/about/history/articles/working-for-good-government/07-gaohistory _ 1981—1996. html, 2008-08-31.

[27] http://www. gao. gov/about/namechange. html, 2008-09-01

[28] http://www. esnai. com.

[29] http://www. conference-board. org/pdf_f ree /757. pdf.

[30] U. S. General Accounting Office. Government Auditing Standards: Standard for Audit of Governmental Organizations, Programs, Activities, and Functions, 1988 Revision(R), 1988:5-6.

[31] U. S. Congress. GAO Services to Congress: An Assessment(R), 1978.

（初稿执笔人：刘公文）

# 唐纳德·詹姆士·科克

## (Donald James Kirk, 1935 —  )

唐纳德·詹姆士·科克(Donald James Kirk, 1935—  )是一位杰出的会计学家。他曾担任美国财务会计准则委员会(FASB)的第二任主席,还担任过多家会计专业杂志的主编,并兼任很多公司的董事。他热衷于会计知识的探讨,一生发表了很多具有实用性的文章。鉴于他一生为会计教育事业和地区会计职业组织的发展,以及为会计理论和实务作出的卓越贡献,成为1996年被选入美国会计名人堂的3位会计大师之一。

## 一、个人简要生平

1935年,科克(见图58)出生于一个普通的平民家庭,他的父亲是英格兰的移民,在18岁时自学成才成为了一名注册会计师,他的母亲出生于一个从拉脱维亚移民到克里夫兰的家庭。在青少年时代,科克把他的大部分时光都耗费在竞技体育项目上并具备了一定的基础,在俄亥俄高中读书时,他即成为学校橄榄球、足球、篮球和高尔夫球的队长。后来,在父亲的鼓动下,在耶鲁大学注册修读人文艺术专业。在大一的时候,诽谤以及他自称的有限技能迅速结束了他在高校的运动生涯。由于少年时期对学习上的毫无主见以及对独立生活的向往,促使他在1953年离开了耶鲁大学参与了海军航空兵训练,当时他刚读完大二。18个月以后,他获得了自己的飞行执照并且被分派到一个航母舰队。在海上长期孤独与受约束的日子里,他重新拾起了课本,接受一个由马里兰大学提供的会计函授课程学习。直到那时候,他才惊喜地发现,比起舰仓里掌握方向盘,他更加喜欢研究和探讨会计问题。

**图58 唐纳德·詹姆士·科克**

1957 年,他回到了耶鲁大学,并打算主修历史学专业。同时,他还决定选择两门由经济系提供的会计课程。其中有一门课由一位实务型的注册会计师主讲,每星期有好几个下午的课程。另外一门课由一位当时被认为是会计界的领袖人物教授讲述。在耶鲁大学的最后两年里,他主要是依靠打零工所挣来的钱,以及住在一家殡仪馆的三楼,依靠接听每晚由死者的朋友、亲戚以及其他爱捉弄人的朋友打来的电话抵房租的钱来支撑自己的学习生活。他曾说:"从那份工作我学会了怎样与人交往",1959 年,他从耶鲁大学的历史学专业毕业,但是在找工作时,他只接受会计公司的面试。

1959 年,他在普华永道会计师事务所(Price Waterhouse)开始了他的职业生涯。1961 年,他在纽约大学取得了 MBA 学位。1963 年,他通过考试成为纽约州的一名注册会计师。1967 年,也就是在普华永道工作 8 年之后,他正式成为普华永道会计师事务所的一名合伙人。

1973 年,美国财务会计准则委员会(FASB)成立时,他便进入该机构工作。1977 年年底,当美国财务会计准则委员会首任主席退休后,科克接任主席一职。

1987 年,他成为了哥伦比亚大学商学院的一名会计教授,直到 1995 年成为该学院的院长。

退休后的科克,居住在老家康涅狄格州的格林威治,他与孩子以及外孙女住在一起,他们构成了他生活中非常重要的一部分。

## 二、理论与实务的主要贡献

科克对会计理论与实务的主要贡献是其在财务会计准则委员会(FASB)的 10 年工作成就。1973 年,财务会计准则委员会成立时,财务会计基金会(Financial Accounting Foundation,简称 FAF)任命其为委员会的首批 7 位成员之一。1977 年年底,财务会计准则委员会(FASB)的原主席退休后,基金会便任命其为委员会第二任主席,并且一干就是 10 年。他在 FASB 工作的时间达到了所允许的最长年限。

科克担任财务会计准则委员会主席期间的一项重要改革,就是领导着委员会从封闭且带有机密性的会议转向开放型的公共会议。这些会议的参与者都对他非常赞赏,因为他可以对会议讨论的所有问题都非常熟悉且有深刻的认识,不论问题有多么复杂,无论与会者对问题持多么反对的态度,他都可以运用其完善的技巧把会议控制得井然有序,这些主席所承担的额外责任并没有减少其领导能力。

科克在财务会计准则委员会工作的早期,被认可为讨论复杂会计问题的领头人,这不只得到同事们对他协调能力的认可,而且也得到了外界的公认。他卓越的能力、正直的人品、执著以及自信,为委员会及其使命作出了贡献。他超强的演说能力以及卓越的工作作风赢得了所有和他一起工作的同事们的尊重,即使是那些反对他以及委员会工作的人士都对他刮目相看。

出于对公共事业的献身精神,他也一直把时间和精力贡献于教育事业和地区组织上。他是公众监督委员会(The Public Oversight Board,简称 POB)的一名成员,全国证券交易协会(National Association of Securities Dealers)的主席, 另外。他还担任多家公司的名誉顾问和审计委员会的主席。同时,他还频繁出现在国会和政府会议上,对有关会计报告和会计准则的事件作证。

科克非常热心社会公益事务。尽管他有着领导整个财务会计准则委员会在每个转折时期面对争论与批判的卓越历史使命,他还是省出时间和精力去为他的家乡康涅狄格州的格林威治市民服务。科克作为该市一位预算和税收委员会的委员一直工作了 12 年。他还是格林尼治医院协会的主席,以及全国艺术发展基金会的主席。

科克一生获得许多荣誉,主要有美国注册会计师协会(AICPA)颁发的金质奖,以及由利康明学院(Lycoming College)所授予的名誉博士学位。

## 三、主要论著简析

科克一生大部分的时间都是用于对会计组织的管理,由于他对会计理论知识的热爱,他在结合组织管理的基础上发表了一系列的文章,其中包括他在每个组织任职期间的一些演说,对我们研究会计理论和实务都是非常重要的借鉴意义。科克在知名学术杂志上发表了 40 多篇文章,并且是《会计地平线》(*Accounting Horizons*)等杂志的特约编辑。科克在会计理论与实务方面的论著主要涉及公司治理、基本会计问题探讨、机构建设与实务改进三个方面。

### (一)关于公司治理

科克在发表于《会计杂志》(*Journal of Accountancy*)1996 年第 1 期上的"董事以及审计师如何改进公司治理"(*How Directors and Auditors Can Improve Corporate Governance*)一文中指出:审计人员一直在为提高他们的职业能力以及实现其职责而努力着。早在 1994 年,证券交易委员会的总会计师怀特·苏切特兹(Whiter Schuetze)就针对独立审计师的审计没有达到其职业要求的完整性、独立性和客观性而发表了一系列的评论。他的思想和有些针对公司的董事会没有履行其作为公司监护人对公司及股东的职责,致使管理处于被动地位提出评论的人士的观点是一致的。

根据怀特·苏切特兹的观点，审计人员曾经处于主导地位，而不仅是被动的支持者。这篇文章涵盖了对这些职责的反映以及对提高财务报告质量的有用建议。文中强调指出：公众监督委员会(POB)曾经组织了一个3人咨询小组，针对审计人员的独立性通过分析评论决定会计实业界是否有必要采取措施以提高审计人员的独立性以及其职业判断的完整性和客观性。这个咨询小组在其最后的报告中强调了对独立审计人员的职业要求。这些有助于提高审计的质量和更好地为审计职业界最根本的客户——公众投资者服务。全文分9个部分：(1)作者通过咨询小组的报告得出结论认为，审计人员应该用新的视角去评价企业的能力，对审计人员的素质和专业能力加以提高是非常必要的。(2)咨询小组的结论引起了很多方面的关注，公众监督委员会(POB)以及证券交易委员会执业管理部对审计人员的关注有了很大的加强，并提出针对财务报告的一些建议。(3)要强调个人判断的重要性，不能局限于职业规则。(4)对咨询小组提出建议的质疑，作者运用说理的方法使读者消除了其本具有的疑问。(5)关于FASB的财务报告和概念的一些说明，及对其提出的一些要求。(6)关于第二号财务会计概念框架的制定和解释说明，这个文件主要是关于审计人员的要求的。(7)对咨询小组所提报告的评价，认为这个报告为组织的前进以及其稳定性作出了贡献。(8)深入讨论了公司、范围、义务等多个方面的问题，且承认了其正确性。(9)从现实出发，提出了针对这个决议应该采取行动，并且分析了它实施的重大意义。

科克在发表于《会计地平线》2000年第2期上的“在POB以及公司审计委员会的经历”(*Experiences With the Public Oversight Board and Corporate Audit Committees*)一文中，总结了他多年在POB、在公司管理层和审计部门的工作经验。这些经历都和财务报告的一般问题有着或多或少的关系。文中认为，审计的完整性、独立性和客观性对财务报告来说是非常重要的。一个独立的审计部门和高的审计质量将能为社会各个投资者提供更加准确的高质量的会计信息。全文分两个部分：(1)对POB做了一个简要的介绍。从其历史发展过程出发，介绍了其产生、发展和繁荣的经历，对其进行了非常全面的评价。在对POB进行阐述的过程中，作者无不贯穿着对于审计质量的评价，以及怎样去实现审计的真正意义上的功能。(2)以公司治理和审计委员会的职能为中心，说明了审计同公司治理之间的关系。作者认为高质量的审计能够完善公司治理。其中作者也引用了一个咨询小组的报告，说明提高审计质量的重要性。

### (二) 关于基本会计问题探讨

科克在会计理论方面的主要著述及理论观点，体现于其发表于《会计地平线》上的几篇主要文章中。在“财务报表的完整性和反映真实性”(*Completeness and Repre-*

*sentational Faithfulness of Financial Statements*, 1991)一文中,集中对美国财务会计准则委员会财务报告概念框架进行了评论,讨论了完整性和反映真实性的定义,并对博物馆等其他非营利组织的财务报告进行了研讨。在“竞争劣势及现行市价会计”(*Competitive Disadvantage and Mark-To-Market Accounting*, 1991)一文中,针对美国会计准则的竞争力不足和美国与国外实务界会计的不一致,提出了美国财务会计建立按市场价值计价会计的必要性,同时还指出了银行机构对以市场价值计价的反映、证券交易委员会对这个调整的反映以及美国财富杂志的观点。在“未来事项:何时使用于现在的衡量?”(*Future Events: When Incorporated into Today's Measurements?* 1990)一文中,主要集中于研究什么样的未来事项或者未来情况应该运用于对现在的资产和负债的评价,并对该问题产生的历史背景进行说明。文章包括对资产和负债的重新定义,对退休后福利的确认以及递延所得税的处理等三个方面。在“对会计局限性的评论”(*Commentary on the Limitations of Accounting-A Response*, 1989)中,首先对会计存在的局限性加以总结归纳,然后针对每个具体问题提出了自己的一些建议。内容主要包括概念框架的要求、美国财务会计准则委员会的公告和企业参与准则制定等三个方面。

1984年,科克发表于《公司法杂志》(*Journal of Corporation Law*)春季卷上的“经济不稳定时期的企业会计和经管责任”(*Corporate Accounting and Accountability in Turbulent Times*)一文,首先分析了影响公司会计和经管责任的主要因素,并列举了很多有关延伸大型公司组织会计和经管责任的事项,最后论述了由此而带来的公司财务报告的变动。

### (三) 关于会计组织机构建设与实务改进

科克发表于《会计杂志》上的“FASB会计准则:过多还是过少?”(*FASB standards: too many or too few?* 1983)一文,是其在担任美国财务会计准则委员会的第二任主席期间,于1982年12月15日所发表的一次演讲,它主要是针对准则制定过多而带来的麻烦而发表的。这不仅在当时很有现实意义,对现在仍然具有现实意义。

科克发表于《会计地平线》上的3篇论文,分别涉及组织机构建设方面的问题。“美国财务会计准则委员会选举要求”(*FASB Voting Requirements*, 1990)一文,集中讨论了美国财务会计准则委员会的选举规则、决定采用一个新准则对票数的要求,以及其他一些大众的要求。在“准则制定者的教育:回顾在FASB的14年”(*Looking Back on Fourteen Years at the FASB: The Education of A Standard Setter*, 1988)中,针对FASB对商业企业的影响,通过对或有事项和研究开发成本的定义讨论与影响的评价，指出了 FASB 的不足，并提出了一些建议，表明了作者的观点。在“关于 FASB 和 GASB 准则制定过程的管辖权冲突和概念差异”(*Commentary on Jurisdictional Conflicts and Conceptual Differences in Standard Setting: FASB and GASB*, 1988)中，针对 FASB 和 GASB 两个会计准则制定机构因为制定准则而引起的管辖权冲突和定义概念的差异，而引起的矛盾进行了解释和说明。首先是矛盾的产生，然后分析矛盾产生的原因，最后对矛盾通过协调加以解决。

科克发表于《会计杂志》上的“满足财产和意外保险的要求”(*Meeting Property and Casualty Insurance Needs*, 1996)一文主要包括六个方面：(1)个人和组织都会碰到不同的会使其财产受损的风险，包括死亡、残废、疾病、火灾、车祸、盗窃和诉讼等，风险管理将识别这些风险并采取措施去消除或者防止它们发生。(2)在这个领域里，CPA 将会为个人客户提供一系列的服务，包括财产保护范围、家庭协调和家庭离异问题等，同时保证这些范围能够和法律保持一致性。同时提出，一个保险公司的经济实力、名气、索赔款支付能力等也是非常重要的。(3)CPA 原本就和客户的日常经营紧密联系，他们有足够的能力去评价企业对保险的需求。虽然有上述的知识，CPA 还是需要专业的保险顾问及客户、保险公司经纪人和风险部门经理的协助。(4)CPA 财务规划人员也能够帮助客户区别财产和义务的风险，并且设计方案通过保险或者其他方式去应对风险。(5)财产所有者以及保险公司都认为财产及责任保险核保人(*chartered property-casualty underwriter*)会成为 CPA 提供专门咨询和有关企业、个人保险业务的最佳资源。(6)特殊的需求需要特殊的保险决策。一个结构恰当的、缜密的风险体系能够帮助企业摆脱或者避免诉讼的费用和意外的损失。

**参考文献**


[1] http://fisher. osu. edu/departments/accounting-and-mis/the-accounting-hall-of-fame/membership-in-hall/donald-james-kirk/. 2008-09-01.

[2] Kirk Donald J. Statements in Quotes [J]. Journal of Accountancy, 1980, 149(6): 80-88.

[3] Kirk Donald J. Statements in Quotes [J]. Journal of Accountancy, 1981, 151(4): 83-95.

[4] Kirk Donald J. R&D Accounting: The Question of Future Benefits [J]. Journal of Small Business Management, 1982, 20(4): 82-84.

[5] Kirk Donald J. Statements in Quotes [J]. Journal of Accountancy, 1982, 154(4): 82-94.

[6] Kirk Donald J. FASB Standards: Too Many or Too Few [J]. Journal of Accountancy, 1983, 155(2): 75-80.

[7] Kirk Donald J. Corporate Accounting and Accountability in Turbulent Times [J]. Journal of

Corporation Law, 1984,9(3):559-572.

[ 8 ] Kirk Donald J. Looking Back on Fourteen Years at the FASB: The Education of A Standard Setter [J]. Accounting Horizons, 1988,2(1):8-17.

[ 9 ] Kirk Donald J. Commentary on Jurisdictional Conflicts and Conceptual Differences in Standard Setting: FASB and GASB [J]. Accounting Horizons, 1989,3(4):107-113.

[10] Kirk Donald J. Commentary on the Limitations of Accounting-A Response [J]. Accounting Horizons, 1989,3(3):98-104.

[11] Kirk Donald J. FASB Voting Requirements [J]. Accounting Horizons, 1990,4(4):108-113.

[12] Kirk Donald J. Competitive Disadvantage and Mark-To-Market Accounting [J]. Accounting Horizons, 1991,5(2):98-106.

[13] Kirk Donald J. Completeness and Representational Faithfulness of Financial Statements [J]. Accounting Horizons, 1991,5(4):135-141.

[14] Kirk Donald J. Experiences With the Public Oversight Board and Corporate Audit Committees [J]. Accounting Horizons, 2000,14(1):103-111.

[15] Kirk Donald J, Arthur Siegel. How Directors and Auditors Can Improve Corporate Governance [J]. Journal of Accountancy, 1996,181(1):53-57.

[16] Kirk Donald J, Arthur Siegel. Meeting Property and Casualty Insurance Needs [J]. Journal of Accountancy, 1996,181(1):59.

[17] Kirk Donald J. Future Events: When Incorporated into Today's Measurements [J]. Accounting Horizons, 1990,4(2):86-92.

(初稿执笔人:杨智柳)

# 托马斯·杰里·伯恩斯

## (Thomas Junior Burns, 1923 — 1996)

托马斯·杰里·伯恩斯(Thomas Junior Burns, 1923—1996) 是一位杰出的会计学家和会计教育家,他是 1997 年入选美国著名会计名人堂的两位会计大师之一。

## 一、个人简要生平

1923 年,伯恩斯(见图 59)出生在威斯康星州(Wisconsin)的 Arena,在麦迪逊(Madison)附近的一个小城镇中度过了他美好的童年。中学期间,他开始学踢足球,但学习成绩却一直不错并以优异的成绩完成了中学学业。中学毕业之后,他以一名勤工俭学学生的身份被威斯康星大学录取,但为了能够资助他的妹妹完成一所专科学校的学业,他不得不将全部时间放在格思特机器制造公司(Gisholt Machine Company)的工作岗位上。

图 59 托马斯·杰里·伯恩斯

第二次世界大战期间,伯恩斯于 1943 年 3 月开始服兵役,并在美国陆军中担任宪兵。1945 年 12 月,他在二战结束时,重新回到威斯康星大学学习,并于 1948 年取得了会计学和美国历史学两个学位。

大学毕业以后,伯恩斯先在威斯康星州税务部工作,后来到威斯康星州阿普尔顿的劳伦斯大学任主计长。1952 年,他取得威斯康星州注册会计师资格(CPA)。在此期间,他除了担任主计长外,还开始找机会在学校讲授会计课程。在这所小型人文类学校中工作,激发了他献身于会计教师职业的兴趣。1955 年,他顺利进入了密歇根大学攻读硕士课程,并于 1957 年顺利获得 MBA 学位。随后在南伊利诺伊州大学经过将近 1 年的会计教学实践后,他进入了明尼苏达大学,师从卡尔·L·尼尔森(Carl L. Nelson)教授攻读博士项目。

1963年,伯恩斯在俄亥俄州立大学获得会计副教授的职位,1967年他晋升为会计教授,1977—1981年间任系主任。除了因受派遣先后到斯坦福大学、哈佛大学、芝加哥大学和加利福尼亚大学伯克莱分校任访问学者外,他此后的学术生涯都是在俄亥俄州立大学度过的。

1994年,伯恩斯作为德勤(Deloitte & Touche)会计教授从俄亥俄州立大学退休。尽管在晚年期间,严重关节炎一直困扰着他,但是他继续劝导和带领他的学生处理有关Bete Alpha Psi以及会计名人堂的事务,一直到1996年1月10日他在美国逝世,享年73岁。

## 二、理论与实务的主要贡献

伯恩斯一生献身于俄亥俄州立大学会计专业的学生培养和会计教学工作。他在1960后期创立了“优等会计课程”,并一直担任该项目负责人直到他1994年退休。这一课程为会计学生形成一种特别的教育经验,该经验包括了大学生论坛,之后即以他的名字命名这个项目。他从事“优等会计课程”和其第15个分会的组织、教学工作,他塑造了数以百计具有别具一格教育经验的会计学生,并留下许多值得我们借鉴的教学经验,其中就包括Bete Alpha Psi全国大学生研讨会。由于他的贡献和创新使得这个研讨会后来就更名为Thomas J. Burns大学生研讨会。它是给予全国大学生一个参与学术讨论机会的组织,其作用就是将学生聚集起来研讨一些比较流行的相关会计热点问题。参与讨论的学生将自己将要表达的问题写成一份10页左右的报告,然后参加有关主题的集体讨论。如1998年10月举行的一次主题为“投资者能否得到充分的会计信息以致可以减少审计财务报表的需要?”的研讨会上,就有全国大约60几位学生参加了研讨会。参加Thomas J. Burns大学生研讨会的学生们,发现其是一种很有价值的参与经验。讨论会很活跃且具专业相关性,学生们既增进了友谊,也积累了经历。

与此同时,他也担任俄亥俄州立大学会计博士生导师,在20年多年时间里他指导和带领了几十位新的研究者进入会计学界,他们的学生都是这样形容他的:他是一位具有很强洞察力和富有坚强意志的指导老师。在20世纪70年代的早期,他主持会计名人堂的工作直到1996年去世。

他先后曾担任Bete Alpha Psi的主席、美国会计学会教育分会的理事和美国会计历史学家协会会长。他一直为这些组织的发展奉献力量,因此也得到来着社会各界以及他所从事过的组织的尊敬和好评，这些荣誉包括1992年美国会计学会(AAA)和美国注册会计师协会授予的“美国杰出会计教育奖”，他也是第一位获得俄亥俄州杰出教育奖的人。

伯恩斯有关于美国会计历史研究的贡献得到了学界的肯定。他认为，美国出现会计名人堂，不仅是对已经进入名人堂的会计学家是一种鼓励，对那些有可能进入名人堂的会计学家也是一种激励。他还对美国会计的发展历程进行了深入细致的分析。他在这方面的最大贡献就是对会计论文和书籍的搜集整理工作，虽然这只是一项基础性的工作，但对会计学生学习和会计研究都是非常有帮助的。

## 三、主要论著简析

伯恩斯一生写过很多学术论文和专著，同时也出版了一些专项报告，如《会计中的行为和经验》、《财务会计入门》和《会计趋势》等。

### (一)《会计中的行为和经验》(1971)

伯恩斯主编的《会计中的行为和经验》(*Behavioral Experiments in Accounting*)一书的第一卷，就收录了1971年秋天在俄亥俄州立大学举行的两天专题讨论会的活动内容和成果。这次活动的参加者包括16位会计学家和18位行为心理学家，有8位会计学家提交论文讨论稿，每一篇文章都由2位行为心理学家进行评论。他们的评论可以用两句话进行概括：行为会计学家遇见了行为心理学家；行为会计学家失败了！然而，事情并非真的就是那么的简单。首先，这次专题讨论会的组织机构差不多就意味着行为会计学家会受到打击。其次，8篇文章作为一个整体质量而言，无疑没有他们所期望的水平那么高，但是比评论的水平要高一些。

### (二)《财务会计入门》(1972)

伯恩斯在所著《财务会计入门》(*The Accounting Primer: An Introduction to Financial Accounting*)中，他所倡导的将基础教育重点放在“惯例”的认识在会计界逐渐遭到批评。当时出版的许多书，普遍趋向于用1年时间快速介绍财务惯例的新模式。这本书是把重心集中在财务会计上的最具创新的书籍之一。

除了在学术上写了不少论文和专著，他还出版许多专项报告。他的一些报告提升了人们对会计行为和会计现象的研究。他也是会计教育改革的坚定支持者，在近30年的时间里，麦克格劳-希尔书业公司(McGraw Hill Book)一直连续出版他的《会计趋势》(*Accounting Treads*)一书,该书是一本收集年度创新课程大纲的书籍。

## 参考文献


[1] Burns Thomas J (editor). Behavioral Experiments in Accounting. Columbus[M]. Ohio: College of Administrative Science, The Ohio State University, 1971:439.

[2] Burns Thomas J (editor). Behavioral Experiments in Accounting. Columbus[M]. Ohio: College of Administrative Science, The Ohio State University, 1972:533.

[3] Burns Thomas J, Edward N Coffman. The Accounting Hall of Fame: Profites of Thirty-Six Members[M]. Columbus, Ohio: The Ohio State University, 1976.

[4] Burns Thomas J, Harvey S Hendrickson. The Accounting Primer: An Introduction to Financial Accounting[M]. New York: McGraw-Hill Book Co. , 1972.

[5] Burns Thomas J, Harvey S Hendrickson. The Accounting Sample, 4th ed. [M]. Columbus, OH: McGraw-Hill Co. , 1986.

[6] Daviel L Jensen, Eaward N Coffman, Thomas J Burns. Advanced Accounting, 2nd ed. [M]. New York: Random house, 1988.

[7] http://fisher. osu. edu/departments/accounting-and-mis/the-accounting-hall-of-fame/membership-in-hall/thomas-junior-burns/, 2008-10-13.


(初稿执笔人:许慧)

# 约翰·坎贝尔·布顿

## (John Campbell Burton, 1932 — )

约翰·坎贝尔·布顿(John Campbell Burton, 1932— )1972 年 6 月曾任美国证券交易委员会(Scurities and Exchange Commission,简称 SEC)的总会计师,他也任职于亚瑟·扬会计公司,并担任过《会计地平线》(*Accounting Horizons*)杂志的编辑,他所提出的公司按现实价值记录并揭示其财务状况和观点,对会计实务产生了重大的影响。1997 年,他成为入选为美国会计名人堂的两位会计大师之一。

## 一、个人简要生平

布顿于(见图 60)1932 年出生于纽约,他的祖父是苏格兰教堂的一位神父,其父亲则是早期著名的亚瑟·扬会计公司合伙人之一。虽然其父母没有强迫他必须从事会计事业,但布顿却是带着对会计的浓厚兴趣,以及对控制与计量问题的关注而长大的。

**图 60　约翰·坎贝尔·布顿**

1954 年,布顿毕业于哈弗福德学院(Haverford College),主修政治学。随即他进入哥伦比亚大学,主修会计专业,获得 MBA 学位,并在这期间他获得了学校的最高奖学金。在 1956 年毕业后,布顿加入了位于纽约的亚瑟·扬公司,在这期间他成为了一名注册会计师(CPA),并作为高级会计师对一些主要公众公司负责审计。1960 年,他受福特基金资助,回到哥伦比亚大学学习,并于 1962 年获得博士学位。

在大学时,布顿就经常参加体育活动,并考虑将职业场外的体育作为自己工作的一部分。因此,布顿在大学时期就为 Brooklyn Dodgers 棒球队做助理统计工作,在布顿为该队服务的 4 年时间里,该队曾获得 3 次三角旗和 1 次世界冠军。毕业之后,布顿受邀请去洛杉矶担当该棒球队的首席会计师，布顿感到很难拒绝这个诱人的邀请，因为这个工作可把他的两个爱好——体育和经济计量结合在一起。但在经过一番深思熟虑后，布顿还是决定留在他为之努力奋斗的纽约，并选择把自己奉献给经济计量、规则制定和信息披露工作，觉得在这个领域里，其成功不仅仅是由一次成败得失所能够决定的。

在完成博士学位学习之后，布顿在哥伦比亚大学的商业研究生院工作，主要讲授企业财务与企业安全性分析的课程，并对 MBA 和博士学生教会计课程，这一教就是 10 多年。在此期间，他写了 7 本书和 50 多篇文章。

1972 年，布顿继会计名人堂的第 26 位成员安德鲁·巴尔(Andrew Barr，1901—1995)之后，被任命为美国证券交易委员会(SEC)的第二任首席会计师。有意思的是，1972 年 6 月 19 日是布顿开始新工作的第一天，刚好也是水门事件爆发的一天。他在 SEC 工作了将近 5 年，很快成为活跃分子并作为 SEC 的知名发言人。布顿热衷于提高财务信息的披露要求以及强制披露行为，积极推动会计职业在全面自我规范框架下发展，并注意加强与财务会计准则委员会(FASB)的合作，以及与 SEC 其他部门的沟通，并热衷于会计教育事业。在通货膨胀率高达两位数的时期，布顿第一个提出了公司应按现行成本披露其财务报告的要求。

1976 年，布顿卸任 SEC 的首席会计师之后，被任命为纽约市的副市长，他“受命于危难之际”，分管当时处于困境时期的财政工作。作为财政方面的主要官员，它对纽约的长期财政规划、财政管理的运行情况，以及与其他政府部门的沟通负责。布顿通过实施纽约最早的整体财政管理系统，建立并健全了纽约的税收结构体系并带领其走出了短期财政困境，这些举措对纽约的经济发展起了重要的作用。

1978 年，布顿作为安永会计公司的财务会计专家重返哥伦比亚大学。1982 年，他担任该校商业研究生院院长，在这一职位上直到 1988 年。1988—1991 年，布顿还是美国会计学会(AAA)主办的杂志《会计地平线》(*Accounting Horizons*)的编委之一。

作为一名热心的读者和体育迷，布顿和其妻子 Jane 生活在纽约，有两个孩子，分别为 Bruce 和 Eve。Bruce 继承了布顿的聪明才智，现为多利水果公司(Dole Fruit Company)生产和市场部的副总裁，Eve 是纽约《每日新闻》的总顾问。

来自哥伦比亚大学的会计学史学家唐纳德·詹姆士·科克(Donald James Kirk)于 1998 年 6 月曾这样评价布顿：他一直是 FASB 的批评家，但他的才智和幽默使他成为一个可爱的评论家。有一次，一位发怒的财政官员向布顿发难说他根本就不能接受 SEC 特殊的、不能容忍的提议和原则，布顿则幽默地回答说：“这肯定是神的启示”。

布顿并不相信FASB是最佳的答案，当SEC考虑使用现值会计时，FASB却实行现时购买力会计这样一个与其相左的提议。布顿迅速反击，认为FASB的提议实则为物价总水平会计，并很快结束了这场竞争。有很多故事可以看出布顿的快速反应、幽默感、智慧和道义。唐纳德·詹姆士·科克曾开玩笑说，布顿有着和他腰围一样的宽广胸怀。布顿的卓著事业甚至跨越了会计实务界、学术界和政府管理不同领域，他作为智慧和才能的结合体，即使会计规则重焕了活力，也援救了处于财政危机的纽约市，同时他也引导了国家最好的商学院之一的未来。

## 二、理论与实务的主要贡献

布顿一生共写了7本书和50多篇文章，其中比较出名的著作为《企业合并会计》(*Accounting for Business Combinations*)、《审计：一种概念上的方法》(*Auditing: A Conceptual Approach*)、《会计和审计手册》(*Handbook of Accounting and Auditing*)和《公司财务报告：冲突与挑战》(*Corporate Financial Reporting: Conflicts and Challenges*)等。

20世纪70年代，布顿发表了大量的文章，其内容主要集中在会计、审计和会计教育这几个方面，且主要集中发表于《会计杂志》、《会计地平线》、《会计研究杂志》和《财务分析杂志》等，影响较大的论文有"财务报告的联系和变革"(*Communication and innovation in financial reporting*, *Financial analyst journal*, 1969)、"公司财务揭露的伦理标准"(*Ethics in corporate financial disclosure*, *Financial analyst journal*, 1972)、"资产负债表：路标与里程碑"(*Financial statement: signposts as well as milestones*, *Harvard business review*, 1972)、"财务报告的发展趋势"(*Emerging trends in financial reporting*, *Journal of accountancy*, 1981)和"会计教育与会计实务变革"(*Changes in accounting education and change in accounting practice*, *Accounting Horizons*, 1991)等。

1970—1972年间，布顿在《会计杂志》上发表了大量书评，几乎每期都有他对当期新书的评论，主要有《专业服务公司的蓝图》(*Blueprint for professional service corporations*, 1970)、《资本管理研究》(*Working capital management*, 1967)、《信息系统论管理》(*Mamagement by information system*, 1971)、《澳大利亚、加拿大、英国、美国四国审计准则之比较》(*A comparatives study of Auditing standards in Australia、Canadian、England and United States*, 1971)、《CPA的职业责任》(*Professional responsibility of Certified Public Accountants*, 1971)、《折旧》(*Depreciation*, 1972)、

《公司和股东的联邦所得税》(*Federal income taxation of corporations and shareholders*, 1972)和《应付账款的确认》(*Confirmation of trade accounts payable*, 1972)等。

布顿一生还担任许多机构的咨询委员会委员，主要有美国注册会计师协会(AICPA)和财务会计准则咨询委员会(Financial Accounting Standards Advisory Council, FASAC)等。此外，他还是国家证券业协会(National Association of Securities Dealers,NASD)的管理者，也是美国总审计长(U. S. Comptroller General)咨询团的成员之一，还曾任美国会计学会(AAA)的副会长。目前，他仍然服务于许多财政机构和公司的管理层。由于其杰出的业就，他一生获得无数荣誉和奖励，主要包括霍夫斯特拉大学的"杰出学者奖"(Hofstra University's Distinguished Scholar Award)和 SEC 的"杰出贡献奖"(The SEC's Distinguished Service Award)。

## 三、主要论著简析

### (一)《公司财务报告:冲突与挑战》(1968)

《公司财务报告:冲突与挑战》(*Corporate Financial Reporting*:*Conflicts and Challenges*)一书是 1968 年 10 月 7～8 日在新泽西州召开的关于"公司财务报告"研讨会的论文集。这次研讨会是由 AICPA、财务分析家同盟(Financial Analysts Federation)、财务经理协会(Financial Executives Institute)和 Robert Morris 协会联合举行的。该次研讨会的目的是三个:一是各组织、各与会人员对财务报告不同见解的交流;二是为满足不同财务报告使用者的需求而提出的创新观点;三是考虑财务报告的未来发展。这次研讨会是对与会者在会前提交的论文和评论文进行讨论，讨论主要集中在三个领域:一是报表使用者、编制者对财务报表的疑问;二是收入计量;三是审计人员的地位。

有关第一个领域共收录有 4 篇论文(每个与会组织各提交一篇)和 5 篇评论文章(其中有 4 篇是对上述论文的评论)。4 篇论文的标题为:权益投资人的需求(W. C. Norby);债权人的观点(C. T. McCarraugh);财务经理看财务发展(R. O. Whitnon);公司报告与财务准则:一位独立会计师的观点(T. D. Flynn)。论文涉及可比性、会计准则委员会的地位、未来收益估计的披露和对公司财务的监督 4 个主题。虽然不同组织终未达到正式的结论，但却一致认为，会计准则委员会是建立会计准则的最佳机构，仍需监督机制对会计报告进行监督。

第二个关心的领域是收入计量问题，主要集中在由罗伯特·托马斯·斯普劳斯(Robert Thomas Sprouse)写的一篇论文。斯普劳斯认为，在从公司间投资角度谈论收入计量问题之前，应首先解决收入计量的概念问题。他运用实例说明收入计量问题，引起了与会者围绕财务报表的客观性、物价水平会计、如何对待会计的变化、公司间投资4个方面问题的激烈讨论，对于这些问题，参与者并没有达成共识。

最后是对Joseph L. Roth的有关审计人员地位的一篇论文的讨论。在会上，各组织代表谈及标准格式审计报告的充分性时，争论的主要问题是：对审计范围来说，这是否有足够的信息量，注册会计师们是否对管理者提交的报告负更多的责任，缺乏专业知识的会计报表使用者在阅读财务报表、理解审计人员意见重要性时是否需要更多的细节性报告。在会上，与会者对"审计人员的责任"讨论更为激烈。一位与会的注册会计师提出，由于各种各样的监督机构(包括法院、法律条例等)把越来越多的重点放在公众利益上，审计人员最终是对公众负责，但公众利益是由公众所相信的事实决定的，而不是注册会计师所提交的审计意见，简而言之，注册会计师不应担心他所出示的报告的技术方法，而应更关心他应当如何给读者传递一个清楚的意见。

### (二)《审计:一种概念方法》(1971)

《审计:一种概念方法》(*Auditing: A Conceptual Approach*)一书在前言部分，布顿就表明了该书的目的，自从审计上的系统方法成为未来发展的潮流以来，我们就应该更加关注审计这个职业。本书分为四个部分：第一部分为第1～4章，主要介绍审计本质的变化。第二部分为第5～8章，主要介绍审计概念形成的原因以及对审计认识的发展和基本审计方法。其中，第5章介绍审计准则和审计证据，第6章介绍审计程序和审计实例，第7章介绍计算机在审计中的运用。第三部分为第9～14章，主要介绍审计人员认为必需的基本审计方法。第9章很有说服力地证明了审计人员应关心整个信息系统而不仅仅是财务报表，剩下的5章介绍审计的各个系统，包括产品、市场、现金管理和工作人员等，其中3章各有一个附录，代表了对不同业务分析的一般审计程序。第四个部分为第15～16两章，分别介绍了审计报告和审计人员对报表功能的扩展。

### (三) 其他主要文章的观点

布顿在《哈佛商业评论》(*Harvard Business Review*)1994年第1期上发表的"关于股票期权的考虑——FASB的观点是否代表着股权激励补偿方式的终结"(*Taking account of stock options: Will FASB's proposal be the end of stock-based compensa-*

*tion*)一文,是布顿发表论文中影响较大的一篇文章。布顿分析到:1993 年 6 月,FASB 提出公司应当将以股票为基础的薪酬计划包括股票期权都确认为费用。针对这个新提议有许多观点,许多投资者赞成这种做法,认为只有这样才能对公司财务状况有一个更好的了解。尽管许多管理人员不赞成这种观点,但并没有人口头反对。对于企业来说,股票期权是把那些聪明的天才管理者和技术人才从那些大公司、更成熟的公司挖过来的最好诱饵。诸多人预测,对于那些成长很快的成功企业来说,如把股票期权作为费用记入资产负债表,会使他们很快灭亡。而 FASB 认为,这恰好是问题的关键。因为对股票期权计量不同,成熟企业使用市场价值工资而新成长企业使用低于市场水平工资,使得期权有了不同的计量标准,就会对资产负债表和股票产生影响,因此必须把它们作为费用计量。布顿认为,FASB 在这个问题上陷入了困境。当 FASB 提出对股票期权费用化作为唯一的会计处理方法时,“四大”立刻从其客户的反对声中意识到他的客户要付钱来解决这个问题。在这个问题上的让步,会降低 FASB 的可信度,甚至会威胁到它的生存。一般认为,美国的会计准则能给投资者提供可信的一贯的信息,这提高了美国资本市场的质量,一旦我们降低了会计信息的可信性,重塑其形象就特别困难。围绕股票期权的会计处理主要是以下几个问题:什么时候确认,怎样确认,在哪个时期将成本计入资产负债表。对于这个问题有不同的答案。我们可以说以股票为基础的补偿根本就不是补偿。FASB 应受到批判,不是因为它要求对补偿进行确认,而是 FASB 没有限制其选择的余地。这样就有很严重的问题产生,最终后果可能是很坏的,甚至很难推测下一步会发生什么。另外,许多对 FASB 的提议持批评态度的人指出:这不仅仅是经济问题,这个提议会降低创新,因为股票期权是公司吸引有创意雇员的手段,能使他们对公司产生兴趣,这仅靠工资是得不来的。即使这是真的,那用公共政策手段来决定一种会计方法也是不合时宜的。布顿希望,FASB 能继续保持其在准则制定程序上的领导地位,对股票补偿使用稳健的会计方法是 FASB 展示其决定的最好方式。

1981 年,布顿在美国会计学会的年度会议上发表题为“制定州、地方政府财务会计和报告标准的框架”(*Structure for Setting State and Local Government Financial Accounting and Reporting Standards*)的重要演讲中,重申了此前作为 SEC 首席会计师曾在 1975 年 5 月 18 日发表“公允表达:另一种观点”(*Fair Presentation*:*Another View*)的演讲的观点。在这两个演讲中,他追溯了公认会计准则的发展与扩充,定义了公允可计量的会计模式。布顿指出,独立的公共会计师已经证明他们的客户财务报表被公允地和依照公认会计准则(General Accepted Accounting Principles,GAAP)披露将近 40 年了,对于“公允”有三种认识:一是认为公允性是 GAAP 的重要组成部分，因此公允性的定义应该包括在 GAAP 中，另外的定义是多余的；二是认为公允性的定义应与 GAAP 一致，因为资产负债表是基于认定的惯例，与抽象的定义无关，在 GAAP 中公允性没有标准，没有标准公允就没有意义；三是从历史角度看公允性，认为将公允写入标准形式的财务报告是一种意外，根据立法的历史，他们建议公允没有强迫意义。审计人员应该就下列三个问题表达一个意见或不能够表达一个意见：财务报表是否公允地揭示了企业的财务状况、经营状况和资金来源；财务报表是否按照与前期一致的 GAAP 编制；公允是否可能只是审计人员个人的看法。AAA 认为，财务报表是否公允地依照 GAAP 编制的审计意见需要回答下列问题：所挑选与应用的会计原则是否已经被普遍接受？原则与环境是否相一致？财务报告包括附注是否是影响使用者判断的信息？因此，AAA 认为，现有财务报告的分类与总结，既不能太细节化也不能太浓缩，财务报告应正确披露反映公司的潜在业务状况。

**参考文献**

[1] Burton John C. Auditing: A Conceptual Approach Belmont[M]. California: Wadsworth Pulishing Co., Inc., 1971.

[2] Burton John C. Accounting for Business Combinations [J]. Accountancy, 2002, 22 (1305): 104.

[3] Burton John C. Handbook of Accounting and Auditing[M]. Boston : Warron Gorhen & Lamont, 1981.

[4] Burton John C. Taking Account of Stock Options [J]. Harvard Business Review, 1994, 72(1): 27-34.

[5] Dickens Robert L. Auditing: A Conceptual Approach(Book Review) [J]. The Accounting Review, 1972: 227-228.

[6] http://fisher.osu.edu/Departments/Accounting-and-MIS/Hall-of-Fame, 2005-10-10.

[7] John C Burton & AICPA. Corporate Financial Reporting: Conflicts and Challenges[C]. American Institute of Certified Public Accountants, 1969.

[8] Sterling Robert R, Keller Thomas F. Corporate Financial Reporting: Conflicts and Challenges (Book Reviews) [J]. The Accounting Review, 1970(2): 389.

（初稿执笔人：钟文芳）

# 亚瑟·拉默·怀特

## (Arthur Ramer Wyatt, 1927 —  )

亚瑟·拉默·怀特(Arthur Ramer Wyatt, 1927—  )是美国著名的会计学家之一。因其对会计理论与实务发展的杰出贡献,于1998年入选美国会计名人堂。

## 一、个人简要生平

怀特(见图61)5岁时,曾在他家乡伊利诺伊州(Illinois)的小镇Aurora穿过街道时被一辆小轿车撞倒,医生告诉他的父母,他的右腿骨折得很严重,以至于他可能再也不能走路了。幸运的是,经过高强度的高尔夫运动和坚持不懈的体育锻炼,他的腿完全康复了。作为一名球童,他学会了打高尔夫球并慢慢迷上了这一运动项目,在此期间他遇到了许多知名的会计伙伴,正是这些人激起了他对会计这一职业的兴趣。在高中期间,一位老师在簿记课上发现了他的潜能与知识积累,于是安排他兼任学校里45个学生团体的会计,并安排他为当地的商人上会计课,从此他开始了他的教师职业生涯。

**图61 亚瑟·拉默·怀特**

1945年7月的一个星期五,高中毕业后第二天的怀特,马上进入了伊利诺伊大学,之所以如此快进入大学是为了在入伍前能在大学学习一个学期,可那年夏天第二次世界大战就结束了。直到1955年他才入伍,并在军队里服役两年。在描述他的大学生涯时,他说:"我那时候作出的提前进入学校的决定是明智的,因为我从来没有一个助教或指导老师,他们全都在战场上。同样,由于我提前一个学期进入大学学习,使得我在秋季那一学期的课程比较轻松,而那个时候我在高尔夫球队里。"

怀特在圆满取得了会计学学士学位后,参与了C·T·莫耶(Cecil Tee Moyer)教授的研究项目，并取得了研究生助教奖学金。他回忆说："回顾过去，我进行的研究工作本来应该是有报酬的；我所从事的教学工作不是为了任何报酬。"因为他钟爱讲坛，故决定继续深造并获得博士学位。1952年，由于他的博士项目已完成，他开始给学校高尔夫球队的教练当助理，这样一做就是15年。通过与球员一起工作和随同球队一起出行，他也成长为一名出色的高尔夫业余爱好者，曾赢得过俱乐部和当地锦标赛的冠军。

1953年，怀特以"传统对会计学的影响"为题通过论文答辩并取得博士学位，尔后进入了伊利诺伊大学的会计学系任教，在学校里，他对本科生和硕士生都造成了极大的影响，他写了很多书和文章，其中包括其代表作《企业合并会计》，不久即跻身为这一行业的专家行列。除了服兵役的两年外，他一直待在伊利诺伊直到1966年。

1966年6月，怀特离开了伊利诺伊，并开始了在公共会计领域的职业生涯，两年后成为亚瑟·安达信公司（Arthur Andersen & Co.）的合伙人。他进入了公司的会计准则小组，在George Catlett的领导下工作。Catlett退休后，他被任命为该小组的负责人，会计准则小组要对该公司最基本的会计政策负责，他在担任该小组负责人期间，以他的思维独立性和明智的判断而闻名。

1973年，怀特被任命为美国注册会计师协会（AICPA）会计执行委员会的成员，并于1977—1979年间任该委员会的主席。1978—1981年间，他又在财务会计准则咨询委员会服务。1980—1984年间，任美国注册会计师协会的执行董事。

1985年1月，怀特离开了亚瑟·安达信公司并成为财务会计准则委员会（FASB）的一员，他在那里一直工作到1987年12月辞职。怀特返回原公司工作时，又被AICPA任命为国际会计准则委员会（IASC）的代表，并从1990年7月担任该委员会的主席一直到1993年，由于其为会计准则发展方面的国际合作新纪元奠定了良好的基础而受到广泛的赞誉。

怀特于1992年离开亚瑟·安达信公司后，返回伊利诺伊大学教授高年级会计学学生，直到2003年从伊利诺伊大学退休。退休后的怀特居住在伊利诺伊的Champaign，冬天则在佛罗里达州度过。缘于其对高尔夫运动的热爱促使他对几个年轻的高尔夫球员进行了资助，每年都要出席许多重大的高尔夫锦标赛。

## 二、理论与实务的主要贡献

怀特是一个讲原则和守信用的人，并以其独立性和清晰的思维能力而著称。怀特还为多种职业组织的发展作出了贡献，其中包括担任美国会计学会（AAA）会长，

AICPA的副主席和不计其数的专业组织、公共组织、企业委员会和相关协会的成员，同时还是其母校——伊利诺伊大学一名永不知疲倦的员工代表。1967—1981 年间，他曾任芝加哥城市大学理事会的委员和秘书长，并曾任西北大学的会计助理教授。

怀特还通过对伊利诺伊大学基金会和伊利诺伊大学的 CPA 基金会捐赠资金而设立了 Arthur R. Wyatt 奖学金，该奖学金是为了奖励在伊利诺伊大学厄巴纳-香槟分校(University of Illinois at Urbana-Champagne，简称 UIUC 或 U of I，有时仅作 Illinois)学习的会计学研究生和税务会计研究生而专门设立的。章程规定，如果研究生要想获得这个奖学金必须符合以下条件：为成为一名 CPA 而努力和具有追随怀特教授职业辉煌的潜力；需要财务资助；具有很高的学术天赋。

## 三、主要论著简析

怀特一生，撰写了多篇重要的专业文章，并有多部著作出版，其范围涉及会计职业教育、有效资本市场以及会计准则国际协调等多个广泛的领域。怀特的相关论著中，影响最大的要数其围绕企业合并所撰写的一份专题研究报告与一本高级会计学的著作。

### (一) 关于会计职业教育(1959)

怀特教授发表了许多与会计职业教育相关的文章，但最能够体现其思想的是载于美国会计学会(AAA)主编的《会计评论》(*The Accounting Review*)1959 年第 2 期上的“会计职业教育”(*Professional Education in Accounting*)一文，提出了许多独具特色的观点。

会计职业教育应主要关注三个领域。即职业教育的含义、职业教育的目的和职业教育的工具。

会计职业教育应包括三大类主要课程。即文化和非工商类课程，在会计、工商企业和相关领域的基础教育类课程，以及在会计、工商企业和相关领域的专业教育类课程。

会计职业教育的最主要影响在于与会计、企业和相关领域的理论研究。可以通过以下几种方式来达到这个目标：更多的雇佣那些拥有充分的会计理论基础、较强的教学能力和有在企业实践经验的老师；更多地使用来自于会计实务和企业实践的案例，对会计的进一步研究不应该完全集中于目前所面临的共同问题的解决方案，也不应该把为通过 CPA 考试作准备作为会计职业教育的唯一目标或最重要的目标；更多地使用那些在会计和相关领域得到发展的文献资料;更多地使用练习资料和讨论资料,这些资料将会与会计和相关工商企业这些领域联系起来,并且要求学生在众多选择中作出决定,以锻炼他们的写作能力和口头表达能力,促使他们能更好地表达他们的决定。

美国会计学会(AAA)准则委员会于1954年公布的报告中提出,会计的教育目标为通识教育、商务教育和会计教育,作者对教育目标的观点与此一致。而对于教育目标的实现问题,作者对于当时流行的两种观点进行了评述:一种观点认为会计职前教育应与律师和医生的职业教育相似。这就是说,前两年或前3年的大学课程应该为文化科学知识、科学技术知识和非商务知识,然后接下来的两年的课程应该是一般商务知识和专业课。另外一种观点认为,能最好达到教育目标的就是将文化科学知识、科学技术知识、一般商务知识和专业知识的学习交织起来。

### (二) 关于有效市场假设(1983)

1983年,在当时很多人对有效市场假设(Efficient Market Hypothesis,EMH)持肯定态度的时候,怀特教授在当年美国注册会计师协会(AICPA)主办的《会计杂志》第2期上,发表了"有效市场理论对会计的重要性"(*Efficient Market Theory: Its Impact on Accounting*)一文,对当时的流行观点提出了质疑,并在这篇文章中列举了三个例子来论证他的观点,这三个例子分别是后进先出法下采用不同的计价方法对财务报表和纳税申报表的影响、表外融资租赁和企业合并,这三个看似平常的经济事项却给我们带来了不少的会计问题。作者在文中提出,如果市场是无效的,经理们会做些什么,没有更多的研究指明影响经理行为的因素,如果经理们对导致企业决定根本改变的会计变更做出反应,而如果股票市场并没有对这些决定做出反应,那么市场是真的有效的吗。该文表示的学术观点值得深思。

### (三) 关于会计准则的国际协调问题(1993)

怀特于1993年在美国注册会计师协会(AICPA)主办的《会计杂志》第1期上,发表了一篇题为"惊醒美国企业的呼声:国际会计准则即将实施"(Wake-up Call To American Business: International Accounting Standards Are On The Way)的论文,表达了其对当时会计国际协调,以及国际会计准则委员会(IASC)与美国财务会计准则委员会(FASB)协调的看法。该文中所表达的一些观点,具有一定的预见性。

文中提出,许多政府会计人员和投资组织成员相信世界会为一个单一的国际会计准则做好准备,支持全球会计准则,是因为他们相信企业正走向全球化经济的方向,他们坚信在全球化基础上,这个变化将会改变企业的管理模式,当然,也会改变交易记账方式和披露方式。全球资本市场的连接是导致统一会计准则的另一个驱动力量。美国企业协会也似乎并不相信会计准则将在全球化基础上趋同。大多数人认为，在世界上，美国拥有最好的会计标准和披露要求。因此，美国将不会降低自己的标准去适应世界上其他的国家，因此，美国企业并不对 IASC 的行动表示更多关注。

文章认为，美国企业应该改变他们的旧观念并且认识到世界上其他国家正考虑接受国际会计准则（International Accounting Standards，简称 IASs）的上市公司跨境融资。如果真的这样的话，美国企业如果不同样适应相同的会计准则，那么他们就不会处于竞争优势。因此，美国应该熟悉 IASC 的建议，否则，IASC 将不会考虑美国的大部分观念和建议并最终制定计划。

文中提出，两种方法可以便利跨境发行证券融资：第一，是相互一致。两个特定国家相互一致（有时称作双边协议）是指两个国家证券或政府部门达成的相互投入资本时都使用合乎国内要求的准则编制财务报表的一致协议。尽管这些协议使证券管理部门工作变简单了，但对投资人和债权人却没有什么帮助，他们仍然使用不同的会计准则处理报表以及伴随的风险和不确定性。第二，是专业创始。许多人相信国家会计准则的一部分——相对较少接受并要求披露投资者和债权人制定投资决策的合理需要的信息——应该通过许多国家的会计同行的协作得到发展。一旦这个标准被接受，在不同会计准则下的财务数据的风险和不确定性将会减少。IASC 在过去 4 年已经集中在这个方法上，且将在 1993 年完成。

文中分析了证券委员会国际组织（International Organization of Securities Commissions，简称 IOSCO）和 IASC 之间关系。提出 IOSCO 的代表已经表示：一旦 IASC 完成了其规定的工作方案，IOSCO 会考虑 IASs 的可接受性。这一方案包括了始于 1989 年的有比较的改进计划，该计划是随着以消除大量为 IASs 的会计选择为目的的公开汇票的发行而产生的。文中指出，像早先公布的那样，美国企业委员会对 IASC 的会计建议并不回应。IASC 发布了它的可比性——1989 年汇票披露的发展，160 多个回应方发来了书面建议，但这些回应里，只有 10 家是来自美国。文中指出，IOSCO 对 IASs 的接受，将使与 IASC 准则相一致的国际公司在没有完全和主流会计准则、规则一致的情况下参加多国证券交易。跨国公司将认识到，他们申请证券交易的时候，没必要重编财务报表以和各个国家准则一致，从而实质上节约了成本。因为此时不管交易在世界哪个地方发生，都将使用相似的方法编制报表。

文章最后提出，IASC 发布的 IASs 目标是建立一个广泛的原则。如果世界上其他国家趋向国际会计准则并且 SEC 允许外国公司在美国申请证券融资一致的话，那么美国公司也会这么做吗?

### (四)第5号《会计研究公报》(1963)

怀特在1963年执笔并由美国注册会计师协会(AICPA)出版的第5号会计研究公报(Accounting Research Study No. 5)中,强调了在非货币性交易中换入普通股的计价问题,他同样关注持有这些普通股的公司在股权交易中取得这些股票企业的计价。在该报告中,他认为界定企业合并的实质必须认识到企业合并可以采取的多种形式,无论如何,当一公司通过资产或权益的交易取得、行使或获得另一公司的资产或财产的控制权,或者两个规模相同的公司合并组成一家新企业时,企业合并就产生了。因此,企业合并的实质是一项特殊类型的经济交易。这是当时对企业合并实质较早提出的比较系统定义。他的"基于公允价值的权益结合法"的建议,要求在合并中只有参与合并各方在相对规模几乎相近时才能对资产进行重新计价,而对大多数合并企业来说,公司规模都是不一致的,他的标准使得很多公司的合并被看作是购买。这样,只有小规模公司的资产才能进行重新计价。权益结合法将会得到延续,但是一个基本条件就是合并各方是相对规模一样,当人们很难判断合并各方是否具有同等规模时就会存在"灰色地带"。

怀特的鲜明立场由于其使用"非重大交易"、"关联企业"这样的术语而受到影响。"关联企业"这个术语尤其令人苦恼,如果两个公司过去的交易使他们是关联的,那么这两个公司就可根据"关联企业"而使用权益结合法。借贷和租赁、销售和购买,以及互相提供技术支持这些交易不会使公司成为"关联企业"。该书中也提到相关法律,但基本上是用术语表达,而且书中并未介绍企业合并过程中所产生的法律问题。企业运营模式一章介绍了美国好几个州的公司法,其中一些规定允许在采取前面提到的购买合并方式下确定额外收益。像弗吉尼亚(Virginia)等类似州,已经将这些观点制定成了标准,这明显与AICPA的其他研究报告中的相关法律缺乏一致性。据此,作者成功地对企业合并会计中的权益结合法与购买法问题进行了清晰定义,对这两种方法进行了同等重要的介绍,列举了合并过程中的标准制定等问题与披露方式,并用图表描述了这两种方法。

怀特的研究还追述了以前企业所进行的合并,列举了1950—1962年发生的一连串合并。在研究中,早期起作用的一些因素,诸如反垄断法律出台、财务组织的影响等因素的相互作用都得到了很好的区分和证明。人们可能会质疑在这些问题上所作努力的必要性,但不可否认的是,作者对历史背景的描述是很有必要的。此后,怀特还发表了许多关于企业合并的文章以及购买法和权益法等方面文章。

### (五)《高级会计:一种组织方法》(1961)

1961年,怀特出版了《高级会计:一种组织方法》(*Advanced accounting: an organizational approach*)一书,该书后于1963年、1973年和1979年分别再版3次。在前言中,作者提出中级会计更多的是关注经营过程中的问题,而高级会计主要处理经营中每个部门活动所产生的问题,其处理的是以下五个阶段的活动,即企业组织的建立、企业组织的维持、企业组织的扩张、企业组织的衰退和企业组织的破产。本书的特点如下:

第一,是内容组织上的全面性。介绍合伙企业建立,接下来是维持、扩张、衰退和破产等问题,这种新颖的写作思路能使学生以一种有趣的方式与他所学的东西结合起来。采用这种写法时,虽然将合伙问题基本在每个部分都涉及了,但没有那一部分对其进行完整的描述,可都对其所涉及的主题进行了详尽而周全的描述。例如,在扩张部分的几个章节中都涉及合并报表,而且破产部分涉及企业清算过程中的各种各样的问题。书中作者不仅采用新方法,而且尝试着平衡地对众多概念和会计程序进行描述。这样不仅使会计程序得到了全面的描述和解释,且没有省略理论背景。

第二,是阐述了合并会计的部分基本理论问题。作者研究了与资产和权益计价相关的问题并解释了业主理论和主体理论。作者赞同主体理论,在主体理论观中,负债利息支出被看作是对收益的分配。但是根据主体理论观仍然需要对所有者控制独资企业中的突出事件——假设是为其他人服务的风险和合约的问题进行讨论。这在控股权密集的公司是很明显的,而在公众持股公司则可能是不现实的。主体理论观好像使不同企业之间的界限模糊不清,如果这种观点被用作财务报告目的,则可能会被证明是错误的,而且主体理论观引起了一系列推断,这些推断与我们的经济系统是不一致的。此外,扩张理论为掌握分支机构的经营和母子公司之间的关系提供了基础,讨论这些理论并为学生提供合并报表的编制方法和程序也是很重要的。书中的这部分内容极为突出,描述很详尽但并没有复杂的细节。关于合并的这些章节与第51号《会计研究公报》的要求相一致,既包含了其内容并对其进行了详细解释。

第三,是阐述了合并报表的编制理论与方法。首先是阐述与合并会计报表相关的基本理论,接着介绍了合并报表的编制步骤,同时也对根据主体理论而产生的少数股东权益而出现的计价问题进行了大量的讨论。合并会计报表是根据一定环境下的独立公司报表编制的,它涉及一个公司的所有股权被以账面价值收购、以高于账面价值的价格进行收购或以低于账面价值的价格进行收购三种形式,以及对子公司的控制权不是100%的合并。在介绍了合并报表中投资账户以成本或其他计价基础填列的问题后,向学生阐述如何根据一张工作底稿编制合并报表。在处理相互持股、间接持股等相当复杂情况下的利润分配问题时,作者采用了一种模型以减少学生把握这些知识的难度。在每个例子中,作者都提供了关于控制比例的图表,而且在图表后面附有简短的解释和为合并目的而提供的工作分录。

第四,境外业务的阐述。境外业务扩张被认为是一个成熟经济的重要问题,书中对其划分为三个主要部分进行介绍,即有着国外业务的国内公司、国外分支机构和国外子公司。书中通过一个简单易懂的例子来向学生介绍由于汇率变动引起的问题,且通过图表来讨论可实现的收益和确实要发生的损失以及不可实现的收益和不会发生的损失。为了描述国内公司、分支机构和母子公司之间关系,以摘要的方式解释了外币账户转成国内货币的转换基础。在企业组织的扩张部分中关于公司合并的内容,该书用图表来详细说明权益法和购买法的区别,根据这些区别如何在不同的计划下分配证券。

第五,是与精算科学相关的知识。作者在附录中对精算科学作了简短的解释并附了精算表,事实上在高级会计教材中的所有这些主要内容都是根据它们与组织形式的关系来写的。

第六,是内容的科学组织与图文并茂。人们读这本书时会对书中内容的逻辑性、作者对理论和程序的平衡把握而印象深刻,书中的所有内容均解释得清晰而具体,且附有明白易懂的各种图表。

## 参考文献

[1] Wyatt Arthur R, Donald E Kieso, Scranton. Business Combinations: Planning and Action [M]. Scranton PA: International Textbook Co., 1969.

[2] Wyatt Arthur R. [M]. Urbana-Champaign: University of Illinois at Urbana-Champaign, 1950.

[3] Wyatt Arthur R. Influence of Traditions in Accounting[C]. Urbana-Champaign: Thesis—University of Illinois at Urbana-Champaign, 1953.

[4] Wyatt Arthur R. Critical Study of Accounting for Business Combinations [J]. New York: American Institute of CPAs, 1963.

[5] Adams Hobart W. Reviewed work, Hobart W Adams Advanced Accounting: An Organizational Approach by Norton M Bedford; Kenneth W Perry; Arthur R Wyatt [J]. The Accounting Review, 1979,54(4):842.

[6] Bedford Norton M, Kenneth W Perry, Arthur R Wyatt. Advanced accounting: An Organiza-

tion Approach[M]. New York: Wiley, 1979.

[7] Healy Robert E. Reviewed work, Business Combinations: Planning and Action by Arthur R Wyatt; Donald E Kieso [J]. The Accounting Review, 1970,45(4):830-831.

[8] Wasley Robert S. Reviewed work, Accounting Systems: Procedures and Methods by Cecil Gillespie [J]. The Accounting Review, 1962,37(1):159.

[9] W T Anderson, C A Moyer, A R Wyatt. Accounting: Basic Financial, Cost, and Control Concepts[M]. New York:John Wiley & Sons,Inc., 1965.

（初稿执笔人：江丽）

# 杰依·迈克尔·库克

## (Jay Michael Cook, 1942 —  )

杰依·迈克尔·库克(Jay Michael Cook, 1942—  )是一位杰出的会计学家和管理学家,他曾任全球知名的专业服务机构——德勤会计公司的前主席兼首席执行官,也是妇女职业运动的创始人之一。他不仅在会计职业化方面有许多自己独到的见解,特别是审计方面的影响至深,还具有超强的管理能力和新颖的管理理念。库克扎实的基本功底和丰富的工作经验对会计实务的发展做出了突出贡献,成为1999年入选美国会计名人堂的两位会计大师之一。

## 一、个人简要生平

库克(见图62)1942年出生于纽约。他在佛罗里达大学进修会计学专业时,受到了当时讲授会计与税收课程的J. T. Ball教授的大力支持与鼓励。1962年夏天,库克在Lake Placid俱乐部工作时,遇见了当时管理德勤会计公司并担任美国注册会计师协会(AICPA)会长的会计大师约翰·威廉·昆南(John William Queenan)。库克与昆南就会计这一职业的重要地位和美国注册会计师协会所发挥的作用交流了彼此的看法,这次谈话给青年学生库克留下了极为深刻的印象,对他以后的人生道路产生了深远的影响。

**图62 杰依·迈克尔·库克**

1964年,库克从佛罗里达大学毕业,随后进入了哈斯金斯-塞尔斯会计师事务所(Haskins & Sells)的Fort Lauderdale办公室工作。1974年,在库克31岁的时候,他成为该公司的合伙人之一。20世纪70年代,库克被指派到公司全国性事务办公室工作,在此期间,他与两位会计大师奥斯卡·斯坦德·格林

(Oscar Strand Gellein)和肯尼思·斯特林格(Kenneth Stringer)亲密合作,他始终记得两位会计大师在专业上给予他的帮助,以及对他以后的职业发展所起到的巨大作用。1983年,库克在成功地发展了公司在佛罗里达的业务之后,被任命为德罗伊特-哈斯金斯-塞尔斯会计师事务所(Deloitte & Haskins & Sells)的全国总负责人,并于1986年成为该公司的主席兼首席执行官。

1989年,库克成功地指挥了德罗伊特-哈斯金斯-塞尔斯会计师事务所与塔奇·罗斯会计公司(Touche Ross)的合并,并被任命为新的拥有雇员82 000多名、机构遍及130多个国家和地区的德勤国际会计公司(Deloitte & Touche,简称D & T)的主席兼首席执行官,同时担任德勤国际会计公司基金会的主席和董事会成员。

从德勤会计公司退休后,库克仍活跃在职业舞台上。他先后在几个大公司的董事会和审计委员会中任职,诸如The Dow Chemical Company, Rockwell Automation, International Flavors & Fragrances, Comcast Corporation & The Fidelity Group of Mutual Funds等。同事们评价道:"迈克尔在会计和规章制度方面丰富的经验为他在离开会计公司后能在短时间内进入几个大公司任职打下了坚实的基础。"库克在Rockwell公司担任审计委员会主席,该公司的主席兼首席执行官Don H. Davis Jr说:"库克在本职工作上做得相当好,他牺牲了许多自己的休息时间,他会亲自去找财务总监并提议'在我们下次审计委员会的会议上,我想就这个问题展开讨论'"。他同时也将审计委员会的作用扩展到一些新的领域,比如说风险管理。他经常询问管理层,公司是否拥有各种保险和足够的盈余。由此,Davis说:"他是一个爱询问的人"。库克对工作总是充满着激情,他从心底里热爱自己的工作,对所有相关的规章制度和准则都了解得比较透彻,同时能够灵活运用自己所拥有的丰富专业知识。正是由于这一点,2002年他积极地推动了AT & T公司与Comcast公司的合并。

库克虽然已从会计公司退休,但他却一直心系东家。2001年,德勤基金会收到库克100万美元的捐赠,该基金会最后将这笔钱转赠给了其从1971年就开始资助的美国会计学会博士联合会,该联合会旨在给优秀博士生提供与杰出专家交流学术的机会。

如今,库克和他的妻子玛丽·安妮(Mary Anne)居住在康涅狄格州的格林威治,与他们的女儿Jennifer, Angela和儿子Jeffrey生活在一起,一家人享受着天伦之乐。

## 二、理论与实务的主要贡献

库克在担任德勤国际会计公司(D & T)高层工作的10年期间,该公司的年收入成倍地增长并突破了50亿美元，成为全国最好的会计公司之一。在库克的领导和管理下，1998年美国著名杂志——《财富》所评选的“美国百家最佳公司榜”上，德勤国际会计公司居第14位，1999年跃居第8位。而在这2年中，德勤国际会计公司都是榜上唯一的一家会计专业服务机构。

库克为推动会计女性职业化工作发展做出了巨大的贡献。1992年，他倡导成立并亲自主持了一个任务小组，目的是为了在公司内给女性提供更多的就业和发展机会。在工作小组的大力推动下，1993年4月妇女职业运动轰轰烈烈地展开了。为了使其领导的公司在女性职业运动中发挥更大的作用，库克邀请美国劳工部前秘书长主持了一次外部咨询者会议，并任命德勤会计公司波士顿办公室的一名合伙人Ellen Gabriel为该运动的全国负责人。库克为妇女职业运动确立了目标，他的努力成为该项运动的主要推动力，他把矛头直指在“发展”上，开展了许多项目以增强女性和男性的合作关系，并参加了第一个性别动力工作室。时至今日，妇女职业运动仍以减轻女性的负担和提供更多的就业机会而著称，它开展了一系列的活动，如辅导、网上工作、职业计划以及工作——家庭平衡项目，例如帮忙照顾小孩和老人以及其他援助。库克为推动优秀职业女性的发展以及为妇女职业运动所做出的不懈努力使他赢得了众多的荣誉。1997年，库克被《职业母亲》(*Working Mother*)杂志评选为“年度家庭冠军”，获得了Townsend奖。被《技术全球化浪潮中的妇女》(*Women in Technology International*)杂志授予“首席执行官伯乐奖”。库克成为了美国历史上妇女解放委员会的第一个男性成员。同时，德勤国际会计公司连续五年被《职业母亲》杂志评为“关注职业母亲的百家最佳公司”之一，并于1995年又获得了著名的Catalyst奖。

库克就许多专业问题发表过自己的独特见解，诸如国际会计准则、会计全球化、审计独立性、公司管理、职场上的男女平等、侵权行为和证券法的改革问题等，并经常应邀就专业问题发表演讲或出席国会听证。他在职业界所作出的努力促成了1995年《私有证券诉讼法案》的出台和实施以及1998年与该法案内容相一致的准则的制定，极大地改变了原有的会计诉讼准则。

库克一生非常积极地参加会计专业团体的活动。他是美国注册会计师协会(AICPA)在20世纪这一百年间所选出的最年轻的主席，并担任过其审计准则委员会成员、SEC委员会的主席，是AICPA理事会的终身会员。1992年，库克主持了世界会计师大会。他也是美国财务会计基金会里任期最长的理事(1990—1997)，并分别于1996年和1997年间担任基金会主席与理事长，极力主张制定私有企业财务会计和报告准则。他还曾服务于国际会计准则委员会下的咨询委员会(the Advisory Council of the International Accounting Standards Committee)、证券规则研究会下的执行委员会(the Executive Committee of the Securities Regulation Institute)、世界大型企业联合会(the Conference Board)、美国国际商业协会(the US Council for International Business)、美国公司董事协会下属的公司治理蓝带委员会(the National Association of Corporate Directors' Blue Ribbon Commission on corporate governance)、美国战略与国际研究中心理事(a Trustee and International Council of the Center for Strategic & International Studies)等机构。同时,库克也是美国会计学会(AAA)会员,并主导了其公司对会计教育工作的支持。

库克对民间团体和教育机构所做的贡献同样值得关注。他曾是 Catalyst 委员会(the Board of Catalyst)的主席,该委员会是为了促进职业女性的发展而成立的全国性组织。他担任过关注人体健康和服务的美国联合慈善基金会理事会(the Board of Governors of United Way of America)主席,他是旨在推进残疾人事业的 STAR 基金会的负责人之一,是关注健康质量、测量与报告全国性论坛的主要领导者,纽约城市合作会(the New York City Partnership)成员和负责消除毒品计划的副会长。除此之外,他还是三州联合慈善基金会(the Board of United Way of Tri-State)主席、中央公园和纽约芭蕾舞团理事会成员。库克服务于哥伦比亚商学院的监事会(the Board of Overseers of the Columbia Business School)、佛罗里达大学商业咨询委员会(the Business Advisory Board of the University of Florida)、哈佛商学院联营公司董事会(the Board of Directors of the Associates of Harvard Business School)、迈阿密大学理事会(the Board of Trustees of the University of Miami),鉴于他所在的公司——德勤国际会计公司为公共事业所作出的突出贡献,德勤公司被授予著名的"美国精神奖"(United Way of America's prestigious Spirit of America Award)。

库克一生赢得了许多荣誉,包括哥伦比亚商学院商业伦理 Botwinick 奖(Columbia School of Business Botwinick Prize in Business Ethics),耶希华大学的"杰出领袖奖"(Yeshiva University's Distinguished Leadership Award)和蒙茅斯学院的"杰出商业领袖奖"(Monmouth College's Distinguished Business Leader)。1986 年,库克被他的母校——佛罗里达大学授予"杰出校友",被 Beta Alpha Psi 和费雪会计学院授予"杰出校友"。2002 年,Director's Alert 授予库克为美国杰出领导者之一。

## 三、主要论著简析

库克是一位专业知识丰富全面、实践能力特别强的会计学家。他在实务方面的贡献往往更被人关注,因为他是德勤会计公司的前主席兼首席执行官,有着丰富的实践经验和超强的管理能力并取得了骄人的业绩，但成功的经验是以扎实的理论功底作为铺垫的，库克在理论上的贡献同样值得关注。他就许多专业问题发表过自己的见解，对会计理论和实践产生了深远的影响。

### （一）"内部会计控制：一项法律问题"（1979）

1977年12月签署的《反海外腐败法》要求，所有根据1934年《证券交易法》在证券交易委员会登记备案的美国公司必须实行内部会计控制，并把它上升到了法律的高度。该法案引来了诸多的争议，比如内部会计控制的定义与范围以及评价内部会计控制的合理标准问题。同时，也还存在着许多值得进一步探讨的地方，例如，成本—效益分析和关于内部会计控制的对外报告问题。1978年9月15日，美国注册会计师协会(AICPA)特别咨询委员会由此发布了关于内部会计控制的讨论性报告，得到了关心该问题的多方人士广泛关注。1979年，库克所撰写的"内部会计控制：一项法律问题"(*Internal Accounting Control: a Matter of Law*)一文在《会计杂志》(*Journal of Accountancy*)第1期发表，目的是为了就《反海外腐败法》所涉及的范围与产生的影响以及内部会计控制的讨论性报告里提供给管理当局的建议发表自己的见解，主要观点如下：

《反海外腐败法》是由当时现存的概念和已有的典型案例整理而成的。例如，法案中的内部会计控制条款是按照审计准则第1号的内容制定的。管理当局为了实现在此规定下所担负的责任，在采取行动时必须充分估计和评价与此相应的成本和效益。会计职业界被期望运用其自身的专业判断来评价公司的内部会计控制系统。而内部会计系统受到多种因素的影响，经营规模、经营的多样性、财务和经营管理的集中程度、日常经营中由最高管理层决定的合同数目以及许多其他问题都是管理当局在建立和维持其内部会计控制系统时应该考虑的因素。

法案中或其立法过程中始终没有涉及管理控制，会计控制与管理控制的差异在权威性的审计规范中已有提及。审计准则第1号320.27～28部分将两者定义如下：管理控制包括但不限于与决策过程有关的组织、程序和记录的计划，目的是为了实现管理当局对业务的权威性控制，这些控制是与实现组织目标的责任相联系的一项管理职能，也是建立会计控制的起点。会计控制包含关于资产的安全性和财务信息的可靠性的一系列组织、程序和记录的计划，目的是为了满足法案中所提到的目标而提供合理保证。毋庸置疑，有许多控制是同时服务于管理控制和会计控制目的的。审计准则第1号320部分也意识到了这一点，但是这并不意味着两种控制之间没有差异。在确定一项控制在性质上究竟是管理控制还是会计控制时，应充分地考虑审计准则中的定义及解释。在此问题上，审计准则第 1 号 320.19 部分明确地指出:内部会计控制中资产的保护涉及在处理相关资产时要防止有意识和无意识的错误所导致的损失。

管理当局不能把内部会计控制仅仅局限于财务记录上或财务报表本身。公司应该将会计控制延伸至历史财务信息的内部报告上，包括财务报表和相关的说明、其他会计或财务信息，例如，载有财务报表信息的文件(登记表、代理表或年报)、对公众发布的财务报告的其他形式(中期报告、利润分配表)。显然，传统内部会计控制的范围在以下两方面得到拓宽:一是从仅关心财务报表的编制到关心所有历史财务信息的内部报告;二是从关心财务记录的可靠性到关心确保财务报告可信度的控制。传统的内部会计控制范围限制了会计控制的程序和方法。在财务报表的编制过程中做出高质量的主观判断是必需的，例如，对意外事故的披露要求我们对可能出现的结果以及未来事项的影响做出估计。如果管理当局的判断不正确或是一项意外事故应该被披露而未披露，我们能因此说这是内部会计控制的疏漏，是违反法案要求的吗?如果能这么说的话，那么要何等的高人所制定出来的控制才能不违反规定呢?

文中强调了内部会计控制的定义和范围，作者认为它是极其重要的，公众公司应仔细地界定内部会计控制的范围以使其在满足法案的内部会计控制条款的基础上达到最佳状态。在定义"管理当局"时，作者认为应该包括董事会，因为至少来说，在建立合适的内部控制环境，在发展、检查、评价和监督控制程序和方法中，董事会所起的作用都证明了它的参与是合理的。同时还强调了"内部会计控制环境"的重要性。

文中提出，美国注册会计师协会特别咨询委员会建议管理当局对其内部控制环境以及程序和方法做出初步评价的基础上再决定"其他合理程序的方式、范围和时间"，在做初步评价时，管理当局很可能会用到对整个控制环境和会计系统的概况简介、控制环境和会计控制程序和方法相关的现有文件，以及内部和外部审计人员所做的近期报告和讨论稿。讨论性报告中也列出了几项管理当局在做初步评价时可能考虑到的因素，例如，内部审计范围和已引起管理当局注意的内部控制缺陷。"其他合理程序"关系到确定一条评价特定控制程序和方法的合理途径，关系到获得关于业务流程和会计控制程序的正确认识，关系到判断控制程序是否符合法案中所提到的目标以及关系到监督这些控制程序是否继续有效，是否继续提供合理保证。

文中提出，讨论性报告声明提供的这些标准是站在一家假定的制造型企业视角上制定出来的，因此，一些公司可在认识自身情况的条件下制定额外的标准，同时，所提供的标准中也有一部分可能不符合有些公司使用，因为它们没有那些特定的业务。而且，由于不同公司的经营规模、经营方式、提供产品和服务种类的多样性，经营区域的分散都得使用所提供的标准来回答每一个问题和满足所有公司的全部需求是不可能的。

本文的主要贡献在于，作者为各方更好地理解与遵循《反海外腐败法》和如何进行内部会计控制的评价指出了一条途径。

### （二）“谈审计人员独立性的要求”（2000）

2000 年 7 月 13 日，美国证券交易委员会（SEC）发布了关于审计人员独立性的规则修订稿，库克所撰“谈审计人员独立性的要求”（*Statement of Concerning Auditor Independence Requirements*）一文，就是针对该修订稿所发表的评论，其中提出了许多有价值的观点。

作者认为，当今社会，独立性问题已对审计和财务报告的可信性产生日益深远的影响，而由证券交易委员会通过制定规则来起到规范的作用是解决这一问题的唯一途径。审计人员的独立性，尤其是非审计业务可能带来的影响已成为多年来广泛讨论和关注的话题，在公众监管委员会（POB）成立时，其首任主席就已对日益扩大的非审计业务对审计人员形式上和实质上的独立性产生的影响表示了担忧。20 年后，公众监管委员会的审计有效性专题研究小组在一份草案公告中用了一整篇来阐述这一问题。各方给予了非审计业务以广泛的关注，当然也包括证券交易委员会。这些年来，职业界对此提出了多种建议并采取了诸多措施，但遗憾的是这些措施并没有止住非审计业务的发展步伐，没有达到预定的效果。如今，在职业界各个制定自律规则的大会计师事务所之间存在着大量的分歧，而证券交易委员会往往是通过与企业沟通，而不是通过会计师事务所去了解重大的会计问题，此种途径并没有带来良好的效果。

审计独立性问题应被提上议事日程并尽快地解决，如果没有决心，而只是无休止地在论坛上讨论将会引来更多的问题，将会对与资本市场息息相关的审计和财务报告的可信度产生不利的影响。此外，作者还希望通过这一问题的解决，来迈开重建证券交易委员会和会计职业界之间的建设性合作伙伴关系具有重大意义的第一步。重建此关系对于寻求服务和保护的投资者们来说是至关重要的。

审计人员帮助客户改善其经营管理是两者建立良好关系的一个重要组成部分，如增强内部控制的有效性、提高经营效率、合法地减轻税负等。而这些理由都不能用来为审计人员的独立性问题进行辩护，如果审计人员给客户提供了证券交易委员会要求禁止的业务，其独立性就遭到了损害这一说法是不对的。尽管如此，作者也不同意说明两者之间联系的证据是对审计人员进行惩罚措施的唯一合理基础，相反，作者认为如今大部分有关独立性的规则只是在形式上而非实质上进行限定。另外，他赞同证券交易委员会就没有相应的证据并不是为不采取任何行动而辩护的说法，尤其是在此类证据并不能很好地说明问题的时候。

文中提出，在审计质量问题上有两种观点：一种观点认为，咨询业务的开展对一项审计业务的执行来说是必需的，作者认为这一观点是不正确的。大部分审计业务所涉及的公司很少或没有向相应的会计师事务所进行咨询，这样的审计业务往往也是高质量的。另一种观点认为，如果新的规则要求会计师事务所将其审计业务与非审计业务分开的话，主要从事审计业务的咨询人员的技术将会失效，由此，审计质量也会遭到损害。五大会计师事务所中的大多数已经分开或正在分开其咨询业务，作为被这些事务所负责审计的众多公司董事会成员之一，作者希望问问他们，当在听见别人评论到在这样的条件下审计质量不能够被保证时，他们是如何做的。并建议证券交易委员会就此问题咨询各大会计师事务所，并把他们的答案与反对者做一比较，随后仔细地权衡并评价，其评价质量的高低将会对各方产生重大的影响。

如果禁止对审计独立性产生不利影响业务的开展，那么披露其他非审计业务的基础只能是这些业务是否在数量上削弱了审计的独立性而不考虑其性质如何。按照该原理，披露应仅关注数额和设定一个合理的临界值（如为审计费用的25%），低于此数额则无需披露，这样做将会避免一些不必要信息的披露，这些不必要的信息可能会导致关于独立性的不必要疑问，公司管理层和董事会也认为这些不必要信息的披露将会对他们公司的财务报告可信度产生不利的影响。

作者最后呼吁，对会计职业界来说，没有什么比其独立性和客观性的名誉更为重要了，在实务中也没有什么比今天讨论的这个问题更为复杂和棘手的了。在此问题上，将会存在众多难以调和的分歧，需要更多地交流看法。证券交易委员会为了保护财务报告的可信度，应当充分考虑和评估这些差异之处。

## 参考文献

[1] 周年洋，王二龙，林明. 五大会计师行[M]. 北京：中国财政经济出版社，2003.

[2] Cook Jay Michael. Internal Accounting Control: A Matter of Law[J]. Journal of Accountancy, 1979,147(1):56-64.

[3] Cook Jay Michael. The AICPA at 100: Public Trust and Professional Pride[J]. Journal of Accountancy, 1987,163(5):370-380.

[4] Cook Jay Michael. Two Years of Progress in Financial Accounting and Reporting—February 1985 to January 1987[J]. Journal of Accountancy, 1987,163(6):96-108.

[5] Cook Jay Michael. The future of the Accounting Profession[J]. Journal of Economics & Management Strategy, 1993,2(3):367-373.

[6] Cook Jay Michael. Summary Annual Reporting: A Cure for Information Overload[J]. Financial Executive, 1995, 11(1): 12-15.

[7] Cook Jay Michael. A Student's Perspective of Service Quality in Education[J]. Total Quality Management, 1997, 8(2): 126-131.

[8] Cook Jay Michael. Quality Improvement Through Organizational Development[J]. Total Quality Management, 1998, 9(4/5): 35-37.

[9] Cook Jay Michael. Happy People, Happy Clients[J]. Journal of Accountancy, 2005, 200(4): 38.

[10] Cook Jay Michael. Statement of Jay Michael Cook concerning auditor independence requirements. Securities and Exchange Commission Proposed Rule Amendments[J]. Public hearing Washington C D, July 26, 2000.

[11] Cook Jay Michael. Uniform Proposal form for the Subcontractor[J]. Transactions of AACE International, 1998.

[12] http://fisher.osu.edu/acctmis/hall/members/ Jay Michael Cook. 2005-10-01.

（初稿执笔人：黄媛媛）

# 雷·约翰·格罗夫斯

(Ray John Groves, 1935—　)

雷·约翰·格罗夫斯(Ray John Groves, 1935—　)是美国著名的会计学家之一，因其对会计理论与实务发展的杰出贡献，成为1999年入选美国会计名人堂的两位会计大师之一。

## 一、个人简要生平

1935年，格罗夫斯(见图63)出生在美国俄亥俄州(Ohio)的克利夫兰市。他曾在克利夫兰公立学校(Cleveland Public Schools)学习法语，并将法语水平从二级提升到了十级。格罗夫斯的职业生涯始于俄亥俄州立大学(The Ohio State University)的艺术和科学学院，但是二年级时他转行到工商管理。他的会计学课程教授和导师詹姆斯·麦克(James McCoy)推荐他获得通用电器奖学金，并将他安排在当地的一家会计师事务所做兼职，导师给他的教导、建议以及多方面的鼓励和帮助，激发了他对会计学的兴趣。在校期间，不论是学术项目还是体育运动格罗夫斯都表现得很出色，他担任了Bete Alpha Psi的会长，以及他们宿舍棒球队的投手兼管理人员。在大学高年级时，他获得了到克利夫兰的恩斯特-恩斯特(Ernst & Ernst，简写为E &E)会计师事务所实习的机会。

图63　雷·约翰·格罗夫斯

1957年，格罗夫斯以优异成绩毕业于俄亥俄州立大学工商管理专业，他放弃了去法学院深造的机会而加入了E &E会计师事务所，在那里从事全职的会计工作，前任E &E主席理查德·托马斯·贝克(Richard Thomas Baker)回忆道："在那段日子里，我为企业招募了很多新成员，成绩最优秀的就是这个来自克利夫兰的年轻人。"

1966年，31岁的格罗夫斯因工作出色而被提升为公司的合伙人，从而成为公司历史上最年轻的合伙人之一。在这段时期里，会计准则迅速发展和变化，格罗夫斯率先出版了一系列与会计审计相关的作品。20世纪70年代初期，他的部门在12个月里出版了100部作品。1977年成为E &E的主席和首席执行官后，格罗夫斯开始着手迎接20世纪80年代的全球市场化的挑战，回忆当时将面临新的行业焦点以及日益增长的财务服务方面的竞争力时，他说："为了迎接挑战，我们有三件事不得不做：在纽约建立一个更大更强的市场；创造一个国际企业；并且加强扩大我们的市场工作。"

1978年，E &E和纽约的S. D. Leidesdorf & Co.合并了，1979年，又和英国的Whinney Murray & Co.合并了，并将这个合伙公司更名为恩斯特-惠尼(Ernst & Whinney，简写为E & W)。1979年，E & W在格罗夫斯策划下，成立名为"恩斯特-惠尼国际"(Ernst & Whinney International)的国际性组织，并由格罗夫斯本人担任理事会主席。在格罗夫斯的领导下，E &W实力迅速壮大，业务突飞猛进，在八大中的排名稳步上升。E & W的成长过程中，在格罗夫斯领导时期发生了两项重大事件特别引起会计界及整个经济界人士的关注：一是第23届奥运会的成绩管理系统，在这次奥运盛会上，E &W成功地完成了所有计分及报道工作；二是克莱斯勒汽车公司的救亡评估。1989年，E &W和Arthur & Young Co.合并成为恩斯特-扬国际会计公司(Ernst & Young Co.，简写为E &Y，一般称安永会计公司)。1994年，格罗夫斯从E &Y退休。

在担任主席和首席执行官的17年里，他领导着这个在美国中西部有着特殊实力的国内企业成为了世界上最具优势的职业化服务企业之一，在储蓄和贷款产业崩溃的时期，诉讼案例非常多，他却领导企业坚守对质量、客户服务及职业诚信的承诺，从而使企业成功摆脱困境。

## 二、理论与实务的主要贡献

格罗夫斯一生均以自己所从事的职业为骄傲，不断学习是他的职业理念。在公司管理中，他能做到知人善任，将员工安排在他们最擅长的职位上，给他们足够的权利和自由度，从而使他们最大限度地发挥自己的聪明才智。

格罗夫斯很重视先进技术的运用，也很重视技术的不断改进。他认为，由于先进技术的存在，与客户交流变得异常方便，使员工能更快更全面地搜集到关于审计客户的财务信息，节省了大量的差旅成本，而且技术使学习变得容易，加快了学习速度。

格罗夫斯是一位精力充沛的人，他的交际能力高人一等。他语言简洁，思路清晰，归纳总结能力也很强,作为一个大公司的首席执行官,他可以将所有有关商业合并的会计规章归纳在一个钱包大小的卡片上。格罗夫斯之所以能获得如此大的成功,还有一个重要因素就是他优秀的倾听能力,当你向他说明一件事情的时候,他的注意力非常集中,似乎要钻进你体内将你所拥有的最好东西都掏出来。和他一起工作时,他总是倾力帮助你让你做到最好,让你觉得你是他很重要的朋友。

因其在会计界取得的杰出成就,1991 年获得美国注册会计师协会(American Institute of Certified Public Accountants,简称 AICPA)颁发的一项专门奖项——注册会计师金质奖(AICPA Gold Medal Recipients)

格罗夫斯对歌剧有着很深的兴趣,他担任了都市歌剧协会的执行董事、执行委员会成员和财务主管。除了歌剧以外,他还喜爱狩猎、高尔夫球和读书,还很支持他的妻子在美国和欧洲古董上的兴趣。他与妻子 Anne 居住在纽约市和康涅狄格,他们育有三个儿子,即戴维、菲利浦和马修。

格罗夫斯在职期间与退休后,亦曾在许多著名企业、职业组织、公共机构和教育机构担任职位并作出了积极的努力,具体可分为四个方面:

第一,是在知名企业的任职。1976 年任 E & E 的代理主席,1977 年接任理查德·托马斯·贝克成为了公司的主席和首席执行官,并一直担任这个职位到 1994 年;1994 年从 E &Y 退休以后,成为威达信集团公司(Marsh & Mclennan Companies,Inc.,简称 MMC)的董事会成员,2001 年 8 月加入该公司的管理层,成为高级顾问,2003 年 1 月接任 John T. Sinnott 成为首席执行官,2003 年 7 月担任主席;从 2001 年 10 月至 2005 年 7 月,他在 MMC 的子公司达信公司(Marsh Inc.)也担任过不同的角色,2003 年 1 月至 2003 年 6 月担任总裁和首席执行官,2003 年 7 月至 2004 年 10 月担任主席和首席执行官,自 2004 年 10 月开始担任高级顾问;1995—2001 年任美盛商业银行(Legg Mason Merchant Banking)的主席;1996 年 6 月 7 日成为电子资讯系统有限公司(Electronic Data Systems Corporation,简称 EDS)董事会成员;1998 年成为阿勒格尼技术公司(Allegheny Teledyne Incorporated)董事会成员,任期到 2001 年;1999 年成为波士顿科学有限公司(Boston Scientific Corporation)的董事会成员;此外,他还是 Consolidated Natural Gas 公司、Lamalie Associates 公司和 RJR Nabisco 公司董事会成员,以及吉列公司(Gillette Company)、美国水资源经营有限公司(American Water Works Company, Inc.)的理事会成员。

第二,是在职业组织的任职。1968 年,他被指定为 E &E 会计师事务所中北地区会计和审计的理事,4 年后,他成为 E &E 会计师事务所全国会计和审计的理事和 E & E技术委员会的主席;1984 年至 1985 年,他被任命为 AICPA 理事会的主席,作为主席，他创立并任命了全美"反欺诈财务报告委员会"，采取了一系列措施改善财务管理，阻止财务欺诈。此外，他还是财务会计基金理事会、美国证券交易所理事会、全国证券经纪人协会理事会和美国证券交易委员会及其附属委员会的成员。

第三，是在公共机构的任职。他曾任俄亥俄州 Lynhurst 市的议员，克利夫兰领导阶层理事会(Board of Trustees of Leadership Cleveland)的主席，菲舍曼-戴维森服务研究中心(the Fishman-Davidson Centre for Study of the Service Sector)的主席。此外，还曾任纽约市商业理事会(Boards of the Business Council of New York State)、联合国商业理事会(the Business Council for the United Nations)、纽约公共政策协会(the New York State Public Policy Institute)、国外关系委员会(Council on Foreign Relations)和国外事务理事会(Council on Foreign Affairs)的成员。

第四，是在教育机构的任职。他一直是一位高等教育的支持者，他曾经担任多所高校的顾问和理事，包括俄亥俄州立大学、芝加哥大学的商业研究生院(University of Chicago's Graduate School of Business)、乌尔苏拉会的修女学院(Ursuline College)等；他曾任宾夕法尼亚大学沃顿学院的监督委员会成员及其服务研究中心的主席(the University of Pennsylvania's Wharton School and Center for Study of the Service Sector)，俄亥俄州立大学基金会(vice-chair of Board of Directors of the Ohio State University Foundation)的董事会副主席。此外，他还是俄亥俄州立大学费雪商学院院长咨询委员会(Dean's Business Advisory Council of the Fisher College of Business)成员，费雪商学院竞选委员会的联合主席。在建立费雪商学院的过程中，格罗夫斯扮演了重要角色，他为筹集款项做出了许多努力，也因此使得该学院全国知名。

## 三、主要论著简析

格罗夫斯还长期关注过度的财务信息披露问题，他提倡提供财务和审计报告用于满足不同财务信息需求者的需要。在众多的论文与学术演讲中，影响较大的如下。

### (一)"未来全球市场的领导者"(1991)

1991 年 10 月 1 日，第七届质量论坛(Quality Forum)在纽约开幕，格罗夫斯在论坛上发表了题为"未来全球市场的领导者"(Leadership in Tomorrow's Global Marketplace)的重要演讲。他认为，商业界应该把质量作为他们成功的关键因素，为了迎接充满竞争的全球市场化的挑战，成为市场的主宰，企业必须满足顾客当前的以及预期中的需要。他主要介绍了国际质量研究(*International Quality Study*)方案的实施及其成果。这项研究调查了加拿大、日本、德国和美国四个国家的质量管理实践，涉及制造部门的汽车业和计算机业，服务部门的银行业和卫生保健业等四个行业。研究发现，虽然价值观不同、行业不同，但企业为了提高效益，最终都会采取行动提高产品或服务的质量，制定相应的策略。这种趋势显示，全球市场的领导权并不简单地属于那些一时拥有高质量产品的公司，只有那些能充分挖掘自己的潜力，能做出比其他竞争对手更高的承诺并能将承诺兑现的公司才能拥有未来全球市场的领导权，他们将把与质量相关的标准作为他们成功的关键指标，并经常进行改革创新。格罗夫斯着重介绍了这次调查中的六个重要发现：1)质量的技术尺度。人们普遍认为缩短周期、简化程序是将来管理的关键，而调查显示并非如此。2)质量的人力资源尺度。人是品质进步的核心，各行业应寻求方法激励员工的首创精神和进取心。3)涉及技术是一个趋同点，都希望能通过先进技术的运用来满足消费者的需要。4)高级管理人员的激励将和他们的业务或操作单位的质量表现联系起来，这也是一个趋同点。5)要把顾客需要和产品的设计生产联系起来，使顾客成为企业运转驱动器。6)在制定策略时更多地考虑顾客满意度。

### (二)“关于改进财务报告的建议”(1994)

1994 年 8 月 4 日，《华尔街杂志》(*The Wall Street Journal*)上刊登了格罗夫斯的一篇题为“关于改进财务报告的建议”(*A Proposal For Improved Financial Reporting*)的文章，文章中所提的建议缘于他所在的公司的一次非正式调查，调查对象是 25 家大型知名企业在 1972 年、1982 年和 1992 年的年度报告。调查发现，1972—1992 年，脚注和 MD & A 的页数分别增加了 325%和 300%，如果照这种增长率持续 20 年，年度报告将有 70 页脚注和 50 页 MD & A，格罗夫斯提出了两种解决方法：一是建立两个层次的财务报告。第一层次的报告应有较少的披露，广为发行，这个层次的财务报告应遵守 GAAP 并伴有审计报告；第二层次的财务报告应是为特定的信息使用者准备的，如银行、分析家和股票持有者，信息披露要详细些。二是依靠独立评价机构将最近 5 年的资料汇总，评价这 5 年的信息披露情况，将对决策不再有用的披露给删除掉。

### (三)“财务信息披露：是不是越多越好”(1995)

1995 年 3 月，在 CPA 定期刊物中登载了格罗夫斯的一篇有关“财务信息披露：是不是越多越好”(*Financial Disclosure: When More isn't Better*)的文章，表达了对财务披露过程的重视。他认为，现在许多投资者已经没有时间去搞清披露了大量复杂冗长信息的年报，作为专业人员，应引导信息使用者找到决策所需的关键条目，应为不同的信息使用者提供可用的、清晰的、有说服力的、简洁的信息。当时的会计准则要求对退休金及其他退休福利做非常详细的披露，它要求披露的信息包括：某一时期的退休金或退休福利费用的总数，流动负债总数，资产的实际回报，维修及利息费用，等等。格罗夫斯就此提出了以下问题：普通的信息使用者需要这些信息吗？更重要的是，他们在做决策时需要这些信息吗？如果只给信息使用者提供这一时期的退休金或退休福利费用的总数和流动负债总数是不是更合理一些呢？另外，在递延所得税方面，格罗夫斯对会计准则要求的信息披露也提出了质疑。在他看来，对于投资信贷决策而言，向财务报表使用者提供所得税费用的总数和递延所得税费用更为必要。他认为，信息披露应包括哪些内容，应当取决于哪些信息会对投资人和信贷人的决策造成影响。

### （四）关于审计独立性问题（2000）

2000 年 7 月 26 日，在审计独立性要求修订委员会（Revision of the Commission's Auditor Independence Requirements）举办的公开听证会上，格罗夫斯发表了一些个人观点，主要包括：同审计客户间的利益冲突会削弱审计独立性，但不是所有的共同利益都会削弱独立性；当审计人员作为审计客户的雇员或管理人员时，审计独立性会被削弱；当审计人员担当审计客户的代理者时，审计独立性不一定会受到削弱；在财务关系方面，希望保留原有的条款，允许会计师事务所的所有合伙人、负责人和股东直接投资审计客户；在雇佣关系方面，认为没有必要改变原有做法，委员会不应该提出一些使退休职工更难成为董事或经理的规定；在企业关系方面，认为关系性质已大大改变，一家公司可以同时是另一家公司的供应商、顾客、竞争者与项目合作者，委员会应当允许以市场的力量来发展审计人员和审计客户的关系，这反映出商业行为方式的改变，但不影响独立性；在非审计服务方面，认为如果审计公司执行了大量的非审计服务不一定会影响审计独立性，认为 SEC 的独立性要求适用于所有在会计师事务所工作并给审计客户提供非审计服务的人。

### （五）关于税务会计准则的制定基础问题

在美国税制改革时期，一些行政部门提出要以 GAAP 作为税务会计准则制定的基础，格罗夫斯对此表示坚决反对。他认为，从历史上来看，税务会计准则反映了议会对不同经济税收政策的关注，是立法行为的产物，它与提供财务报表并不相关，而 GAAP 的制定是为了反映企业在一定时期内的财务状况，将它作为税务会计准则制定的基础是不合适的。比如说,法律认为偿还应交税款的能力很重要,并允许某些纳税人按收付实现制计算应交税款,而在GAAP里这是不允许的。格罗夫斯还指出,对于会计师、律师、工程师等职业而言,他们获得收入的方式同企业行政人员或其他实体的员工获得收入的方式不同,当他们向客户提供服务后,可能几个月后才能拿到报酬,有些报酬可能还不会实现,所以按权责发生制对他们进行征税是不合理的,应按收付实现制对他们进行征税。

**参考文献**

[1] 文硕. 世界审计史[M]. 北京:中国商业出版社, 1996.

[2] Craig J, James L Ray Groves: A Leader With a Point of View[J]. CPA Journal, 1995, 65(3):22.

[3] http://fisher.osu.edu/acctmis/hall/members/groves/index.html. 2008-08-17.

[4] http://www.findarticles.com/p/articles/mi_qa3657/is_200006/ai_n88930442008-08-17.

[5] http://www.sec.gov/rules/proposed/s71300/testimony/groves1.htm. 2008-08-17.

[6] Groves Ray. Leadership in Tomorrow's Global Marketplace[J]. Vital Speeches of the Day, 1991, 58(5).

(初稿执笔人:柳金金)

# 乔尔·斯坦利·德姆塞克

## (Joel Standly Demski，1940— )

乔尔·斯坦利·德姆塞克(Joel Standly Demski，1940— )是一位杰出的会计学家，现任教于美国佛罗里达大学(University of Florida)。他治学严谨，思维敏捷，在专业领域提出了许多独创性的见解，尤其是在“信息经济学与代理理论在会计上的应用”这一问题上的独到建树，使其成为这一领域的领军人物。多年来，他一直活跃在会计研究领域。他敏捷的思维及富于探索的精神已经影响世人几十年之久。因其对会计理论与实务发展的杰出贡献，于2000年入选美国会计名人堂(Accounting Hall of Fame)，是当年入选的四位成员之一。

## 一、个人简要生平

德姆塞克(见图64)出生于美国密歇根州(Michigan)的斯特吉斯(Sturgis)，在家庭五个孩子中排行第二。他的母亲阿赛利亚(Athalia)大学毕业，而其父亲乔治(George)则没有读完中学。在德姆塞克成长历程中，父母都十分重视对他的教育。在20世纪40年代初，他家迁到了密歇根州的平卡宁(Pinconning)，在那里度过了他美好的童年时光，他的父亲开办了一个小型制造厂。

图64 乔尔·斯坦利·德姆塞克

考虑到自己的兴趣及其父亲的事业，德姆塞克进入了密歇根大学学习工程学，当时正值苏联发射第一颗人造卫星之后工程学教育蒸蒸日上的时期。德姆塞克回忆当时的情形时说：“取得工程学学位后，我并没有对我父母从事的事业(自动化工程)产生足够的兴趣，我仍然希望享受大学生活带给我的快乐时光。”鉴于此，他继续留在密歇根大学攻读MBA。在攻读MBA的过程中，他接触到了会计学大师威廉·安德鲁·佩顿(William Andrew Paton),并聆听到斯蒂文·亚当·泽夫(Stephen Addam Zeff)①和塞缪尔·R·霍普伍思(Samuel R. Hepworth)等开设的一些课程,在此期间,霍普伍思激起了他对会计学的浓厚兴趣,并鼓励他攻读哲学博士(Ph. D)学位。

1963年,德姆塞克以优异的成绩获得了MBA硕士学位。在复习完哲学博士课程之后,他选择了芝加哥大学(The University of Chicago)继续深造,当时芝加哥大学对数学特别重视,在进入芝加哥大学之前,他获得了福特基金会的资助。在芝加哥大学,他与西德尼·戴维森(Sidney Davidson)、尼古拉斯·道普齐(Nicholas Dopuch)和查尔斯·托马斯·亨格瑞(Charles Thomas Horngren)②等大师以及一大群如威廉·亨利·比弗(William Henry Beaver)③和菲利普·布朗(Philip Brown)等优秀的同学在一起学习,亨格瑞成为了他的良师益友,并指导他完成了博士论文,德姆塞克从此进入他辉煌的学术生涯。

1966年7月,德姆塞克开始在哥伦比亚大学(Columbia University)商业协会工作。1967年获得哲学博士学位后,即在哥伦比亚大学得到了自己的第一个教职,任助理教授。在那里,他与卡尔·L· 尼尔森(Carl L. Nelson)在一起工作,后来回忆说:"师从亨格瑞教授以及在芝加哥大学的学习经历教会了我如何去思考问题,而卡尔教会了我怎样成为一名合格的教授。"

1968年9月,他开始在斯坦福大学(Stanford University)会计系工作,并成功主持了会计学鲍尔·霍顿(Paul Holden)和约翰·E·霍根(Joan E. Horngern)教授会议。1985年6月,德姆塞克开始任教于耶鲁大学(Yale University),担任会计信息系统密尔顿·施泰因巴赫(Milton Steinbach)教授。1994年6月,德姆塞克离开了耶鲁大学,开始任教于佛罗里达大学,并成为弗雷德里克· E·费雪(Frederick E. Fisher)杰出会计学者。除了从事教学工作,他也活跃在诸如美国会计学会(AAA)等学术研究机构,他曾经在AAA的许多下属委员会及编辑分支机构工作过。2001年2月,德姆塞克就任AAA主席一职,谱写下了他会计职业生涯的新篇章。同时,他也是《会计研究杂志》(*Journal of Accounting Research*)的特约编辑。

1964年,德姆塞克与Millie Sobierary结婚,如今育有Jay, Rachel和Sybil三个儿女。他的兴趣主要集中在海滩运动和二十世纪历史等。

---

① 分别是会计名人堂的第3位和第70位成员。

② Sidney Davidson, Nicholas Dopuch, Charles Horngern分别为会计名人堂第43位、第68位、第50位成员。

③ Willian Beaver是会计名人堂第56位成员。

## 二、理论与实务的主要贡献

多年来，德姆塞克一直活跃在会计学术领域。他为人热情，平易近人，喜欢将自己投身于同事及学生的研究工作中，具有很强的团队精神，因此在平时的工作生活中，他一直受到同事及学生的褒奖和爱戴。在多年的教学工作中，他已将自己锻炼成为一位卓越的教育家。他授课风格别具一格，自成一体，同时善于言传身教，能够以学生易于接受的方式将知识传授给学生，深受青年学生的好评。目前，在各大学术会议及博士教学的课堂上仍可见到他的身影，听到他抑扬顿挫、耐人寻味的声音。

德姆塞克具有突破性的研究成果主要体现在他发表的60篇论文、5部专著和二十多篇未发表的工作论文中，全面阐述了他在应用信息经济学以及会计代理理论的独创见解。他以及他培养出的无以数计学生的研究成果开创了会计学中一个全新的领域。在会计文献引用中，他是被引用次数最多的学者之一，他的许多文章在会计领域广为传诵，并获得了许多奖励。1967年，他在美国会计学会(AAA)主办的《会计评论》(*the Accounting Review*)第4期上发表的“线性模型上的会计系统结构”(*An Accounting System Structured on a Linear Programming Model*)一文，获得美国注册会计师协会(AICPA)颁发的“会计杰出贡献奖”。3年之后，他的另一篇论文《在信息价值中的模型应用》(与Gerald Feltham合作完成)荣获了同样的奖项。1994年，他所著的《会计信息的管理应用》一书更是以其对基础会计问题的创建性思考陶冶着各个层次的学生。此外，他的早期作品《决策实施相互作用》，还赢得了1969年AAA的竞争性稿件奖。他的许多作品，几十年来一直是博士研究生的指定阅读文章，他的博士研究生课程在许多大学中广为流传。

德姆塞克至今已经出版的5部专著为《信息分析学》(*Information Analysis*, 1972; *second edition*, 1980),《会计信息的管理应用》(*Managerial Uses of Accounting Information*, 1994),与约翰·A·克里斯滕森(John A. Christensen)合著的《会计理论:一种信息含量视角的分析》(*Accounting Theory: An Information Content Perspective*, 2003)等。这些内涵丰富的作品，集中展示了他在会计与经济信息方面的研究成果。他的许多创建性的思想在学术领域有着广泛的影响。2005年11月，英格兰哥伦比亚大学(University of British Columbia)的荣誉教授Jerry Feltman专门撰写了一部名为《会计理论评说——Joel Demski的思想灵魂》(*Essays on Accounting Theory in Honor of Joel Demski*)的著作，书中详细论述了德姆塞克40多年来对会计理论研究工作作出的贡献。Jerry这样评价道：“Joel在会计理论及信息经济学方面的整体思想，以及他多年来努力发扬光大的学术观点在会计理论界已经掀起了一场思想上的革命。”

在会计前沿领域，德姆塞克经常向世人展现自己的思想火花，他是会计研究工作的先锋和领路人。辛勤的工作和对完美的不懈追求不仅使其声名大振，也给他带来了许多荣誉，如丹麦欧登塞(Odense)大学的荣誉教授、美国会计学会(AAA)杰出会计教育奖(1986)和佛罗里达大学的基础研究教授(2000—2002)。

关于会计理论研究，德姆塞克有三个重要的学术观点。

### (一) 关于会计研究的产品结构问题

德姆塞克认为，学术研究主要产出技术产品、信息产品和分析产品等三个方面的产品。其中，分析产品涉及理论与模型的建立，通过逻辑性很强的演绎方法保证内部解决方案的有效实施；信息产品强调经验的作用，通过归纳法保证实体外部有效性。同时，他还强调信息与分析的结合，指出成熟智力开发过程的一个显著特征，就是通过归纳与演绎的综合运用对进程进行深刻的描述，而对会计机制的理解也正是要通过经验与理论的融合。

### (二) 关于会计研究的范围问题

德姆塞克认为，我们目前的会计教学和研究工作被局限在一个很狭窄的范围内，会计并不是经济实体信息的主要来源，我们也不能仅仅依靠会计信息来量度一个企业的“健康”状况。所以，一大批相关理论和方法应运而生，作为会计度量的补充，如担保理论、非财务方法的运用、客户统计与监督机制。从更广的层面上看，商誉、公允价格、等级激励制度、竞争机制、产业比较、自主披露和利益驱动机制等也是会计度量的潜在补充因素。例如，有效的激励机制代替了古典收益分配合同中无效率的风险分担机制；同样，自主披露机制也可以取代目前的强制披露机制。

### (三) 关于会计研究中的历史信息运用问题

德姆塞克认为，会计研究工作应该明确行为与预期的均衡，历史可以指出我们仍然不知道的各种各样的因素，因而历史对于会计研究工作是十分重要的。历史可以把人们的预期转化为现实，因而商誉的创建与维持既可能成功也可能失败。任何成本利益分析理论都将会超出企业会计界定的范围或者我们所开设的会计课程。此外，我们也为历史因素寻求理论支持。他以沃尔夫森(Wolfson)1985 年的一个关于石油与天然气企业税务规避的课题为例，说明从主要企业的会计记录中我们看不到明显的价格调整迹象。当我们在进行会计模拟试验时，我们通常会给分析者一些虚构的财务信息，而这本身就是错误的，因为取得会计信息的具体程序本身就是至关重要的，它是竞争性信息的来源，所以抛弃历史因素，我们不可能真正理解会计。此外，他还以 Dye 于 1984 年在研究寡头垄断企业的信息披露时指出的信息披露方法本身就是重要的信息为依据，提出研究跨国公司的价格转移策略时，应当考虑其植根于产品市场上重复现象的不断上演这一事实。德姆塞克希望，当代理论研究能够确定竞争性信息来源，而当我们在专业行为上遇到困难的时候，能够反过来重视历史现象问题的研究。

**参考文献**


[1] Joel Standly Demski，J Christensen. Managerial Uses of Accounting Information[M]. Boston：Kluwer Academic Publishers，1994.

[2] Joel Standly Demski，G Feltham，S A Zeff，J Demski，N Dopuch. Cost Determination：A Conceptual Approach[M]. Lowa：Iowa State Press，1976.

[3] Joel Standly Demski，N Dopuch，J Birnberg. Cost Accounting：Accounting Data for Management's Decisions，2nd ed. [M] Boston，MA：Harcourt，1974.

[4] Joel Standly Demski，N Dopuch，J Birnberg. Cost Accounting：Accounting Data for Management's Decisions，3rd ed. [M] Boston，MA：Harcourt，1982.

[5] Joel Standly Demski，S Zeff，N Dopuch. Essays in Honor of W A Paton[M]. Ann Arbor，MI：University of Michigan，1979.

[6] Joel Standly Demski. Information Analysis，2nd ed. [M]. Boston，Massachusetts：Addison-Wesley，1972.

[7] Joel Standly Demski. Information Analysis，3rd ed. [M]. Boston，Massachusetts：Addison-Wesley，1980.

[8] Joel Standly Demski. An Accounting System Structured on A Linear Programming Model[J]. The Accounting Review，1967，42(4)：701-712.

[9] Joel Standly Demski. Accounting Research：1985[J]. Contemporary Accounting Research，1986，2(1)：69-75.

[10] Joel Standly Demski. Accounting Theory：An Information Content Perspective[M]. Columbus，OH：McGraw，Hill-Irwin，2002.

[11] http://fisher.osu.edu/acctmis/hall/members/joel/index.html. 2008-11-09

[12] http://www.cba.ufl.edu/faculty/facultyinfo.asp. 2008-11-09

[13] http://www.findarticles.com/p/articles/mi_qa3657/is_200106/ai_n8964574. 2008-11-09


（初稿执笔人：胡乾坤）

# 查尔斯·沃尔多·哈斯金斯

## (Charles Waldo Haskins, 1852 — 1903)

查尔斯·沃尔多·哈斯金斯(Charles Waldo Haskins, 1852—1903)被认为是现代注册会计师职业倡导的第一人,他同时也是现世界著名四大会计师事务所——德勤会计师事务所(Deloitte & Touche)初期的主要创设者之一。哈斯金斯在创建会计公司、领导注册会计师职业和从事会计史研究诸方面作出了卓越的贡献。因其对会计实务发展的杰出贡献,于2000年入选美国会计名人堂,也是当年入选的四位成员之一。特别需要说明的是,他是在逝世97年之后,被追授入选美国会计名人堂,而其当时的合伙人伊莱贾·瓦特·塞尔斯(Elijah Watt Sells, 1858—1924)则已经于1952年作为第六位成员入选美国会计名人堂。

## 一、个人简要生平

1852年1月11日,哈斯金斯(见图65)生于美国纽约市西南部的布鲁克林区一个在英国有着显赫地位和经商历史的家族。他的先祖是英格兰人,18世纪初移民到美国,定居于波士顿。曾祖父及祖父均是有名的商家,父亲因经营银行业务而迁居到纽约。哈斯金斯就读于私立学校,并于1867年毕业于布鲁克林工艺中学。哈斯金斯的岳父为当时纽约市非常有名的商人及杰出公民,其叔岳父曾两度出任纽约市长。太太娘家的声望及父亲在经济和银行界的关系,对哈斯金斯执行会计师业务有过很大的帮助。

图65　查尔斯·沃尔多·哈斯金斯

中学毕业后,哈斯金斯曾经在父母的支持下,想当一名工程师,但他后来还是决定从事会计方面的职业,并于1869年在纽约一家名为Frederick Butterfield的房地产公司的会计部门找到了一个职位。在这个公司工作了5年之后，他用了2年的时间在欧洲旅行，并在巴黎学习艺术，学习商业经营方法。回国后即在他爸爸的经纪公司工作了一段很短的时间，然后就进入了北河流建筑公司(North River Construction Company)的会计部门工作，当时该公司正在修筑纽约到布法罗的铁路，后来又承建了纽约和西海岸的建筑工程项目。在此期间，他的才能很快显现出来，并被提升为该公司基建会计的主管。西海岸的工程项目结束时，他已经成为公司的总簿记员兼支出审计师，直到纽约政府于1886年正式接收这条铁路为止。

1886年，当Frederick Butterfield公司被Vanderbilt New York Central System收购之后，哈斯金斯以其丰富的实践经验和学识获得了行业执照，创办了自己的公共会计师事务所，开始自己的会计师职业生涯。1886年以后的几年里，哈斯金斯一方面从事职业会计师工作，另一方面又兼任数家公司的重要职务，他为一些全国有名的公司提供建议并帮助他们建立了会计系统，这其中包括银行、铁路以及汽船公司等，如曼哈顿信托公司、旧多米宁建筑公司、佐治亚中心铁路公司、大洋轮船公司、切萨比克西部铁路公司，以及奥古斯塔采矿投资公司等。

1893年6月，哈斯金斯和伊莱贾·瓦特·塞尔斯(Elijah Watt Sells)作为会计专家，都被邀请进入美国第53届国会议院下属的一个联合委员会——多克里委员会(Dockery Commission)，负责检查美国首都各部、委、协会的组织、人员配备及工作效率等，并提出建议以改善他们的运作效率。由于两人在财务及会计方面有着广泛的实际工作经验，故在此次检查任务中表现非常杰出，深受国会调查委员会的赞赏。他们的工作研究报告直接导致政府在公共经济部门采取了一系列非常重要的简化和改革措施。时任联合委员会主席的历克斯·M·多克里对两位会计大师历经两年所提交的报告予以高度的评价，多克里说："无论从哪方面讲，这份报告都是美国历史上同类工作中所完成的最广泛、最重要的报告，它未改变任何必要的安全措施就达到了加快和简化公共事务处理的目的，因而是非常成功的，这一点已得到了所有部门的充分证实。"正缘于此，他们的名声在会计师界也大大提高，并为他们以后自己执行会计师业务奠定了良好的基础。在顺利完成这次非常成功的协作之后，通过在多克里委员会中共同谋事的亲密关系，哈斯金斯及塞尔斯在许多方面达成了共识。他们都认为会计师业务前途无量，大有作为，于是两人决定合作，创办自己的会计师事务所公开执业。

1895年3月4日，哈斯金斯-塞尔斯(Haskins & Sells)会计师事务所在纽约正式开业，哈斯金斯和塞尔斯共同建立了以他们名字命名的存在超过半个世纪的会计公司(后被德勤合并)。哈斯金斯-塞尔斯公司初期的客户中以铁路公司居多，这当然是因为两位创始人此前均长期在铁路公司担任会计及稽核工作的渊源有关。此外，政府机关、保险公司和银行也是其主要客户。这些客户主要包括瓦瑟学院(Vassar College)、美国邮政局(the U. S. Post Office Department)、博顿公司(Borden Company)、桂格燕麦公司(Quaker Oats)、芝加哥市巴纳姆-贝利马戏团(Barnum & Bailey's Circus)和一些铁路公司,此外,他们还为芝加哥市设计了新的会计体制。

由于生意顺利,业务发展迅速,哈斯金斯-塞尔斯会计师事务所成立仅5年就开始在外地设立事务分所,20年间国内分事务所已达数10个,当时的主要事务分所有芝加哥事务所(1900年12月)、圣路易斯事务所(1902年)、克利夫兰事务所(1902年)、匹兹堡事务所(1903年)、旧金山事务所(1912年)、洛杉矶事务所(1916年)、底特律事务所(1917年)、波士顿事务所(1918年)、新奥尔良事务所(1919年)、费城事务所(1919年)、达拉斯事务所(1920年)和得克萨斯事务所(1920年)等。从上述事务所的纷纷设立可见,哈斯金斯-塞尔斯早期的业务发展相当顺利,在当时出类拔萃。在20世纪的前几年中,该公司无疑是当时美国本土最具影响力和最受尊敬的公共会计师事务所。所以,哈斯金斯作为美国职业会计师的先驱是当之无愧的,说他们奠定了美国会计师职业的基础也是当之无愧的。

1885年,哈斯金斯与纽约当时富有家庭的女儿亨丽埃塔·哈福梅尔(Henrietta Havemeyer)结婚。但不幸因肺炎,于1903年英年早逝,时年近50岁。

## 二、理论与实务的主要贡献

哈斯金斯致力于提高会计标准以满足时代的要求。他是一位对会计师的职业标准和继续教育有着广泛影响力和具有极大热情的倡导者,从而改善了会计职业的地位。1894—1895年,他和塞尔斯受托重新修订了美国政府的会计体制,并极力倡导确立了注册会计师考试的法律地位。1896年,他在纽约州立法机构顺利通过《规范公共会计师职业法案》的过程中发挥了重要作用,为法案的制定做出巨大贡献,而这项法案的通过直接导致了第一次注册会计师考试的诞生。

哈斯金斯认为,要想使会计师职业充满生机,必须使会计师执业者具有统一的意识。1896年,美国纽约州的立法机构通过了《管制公共会计师职业法》,要求建立一个委员会审查那些想成为注册会计师的人们,这是美国首次在法律上承认注册会计师(CPA)。哈斯金斯符合法律规定的资格要求,并当选为因此设立的公共会计师国家检查委员会的首任主席,次年被选为纽约州注册会计师协会主席,在这个职位上,哈斯金斯一直干到1903年1月9日逝世为止。

哈斯金斯还担任了纽约州注册会计师监管委员会和纽约州注册会计师协会的第

一任主席。他与伊莱贾·瓦特·塞尔斯(Elijah Watt Sells)是纽约大学“商业、会计与金融系”的创办者,他在其中任教并担任了第一任系主任。在执教期间,他探索了一条可以包含所有商业活动的商学院教育模式,这种模式超越了狭隘的会计教学,反映了当时的商业教学特色。与此同时,由于哈斯金斯高尚的职业道德,在他领导下的纽约州注册会计师协会(the New York State Society of CAPs,简称 NYSSCPA)成为一个教育与引导整个注册会计师行业的机构。当哈斯金斯和他的同事们为注册会计师职业制定了一个法律框架之后,他们就继续建立了一个协会来使这个新生的职业能够超越法律的最低要求,从而促使这个职业更好地发展。这个年轻的团体建立了一系列的委员会,这些委员会好像一个论坛,为他们的成员共享一些我们现在称之为“最佳实践”的机会。该协会还出版一本名为《注册会计师杂志》(*The CPA Journal*)的学术杂志,它营造了一个非常有意义的职业道德环境。注册会计师协会的志愿者自愿花费时间去教育他们的成员,甚至自己的竞争者,为什么呢?答案很简单:团体的成员们之间不仅是竞争者的关系,他们还是注册会计师协会的成员和同事。

哈斯金斯不仅在会计公司、注册会计师协会建设上成绩卓著,而且在推动大学会计教育的发展上也发挥了领头人的作用。为了使大学的教育计划课程中排上会计学,哈斯金斯作出了极大的努力。1900 年,他积极地领导建立了纽约大学的商学院,并担任商学院的第一任院长与会计史教授到 1903 年逝世,在此期间,他促使会计及财务等课程成为商学院的主要课程。为表彰哈斯金斯对商业管理教育所做出的贡献,纽约大学于 1902 年 6 月授予他人类学荣誉硕士。在哈斯金斯逝世后,纽约大学于 1910 年建起一座青铜纪念碑,以使纽约大学的师生永远记住哈斯金斯的名字和功绩。

哈斯金斯受聘担任纽约大学的会计史学教授,这在美国是开天辟地的。他认为:历史是中肯的,评价过去可以提高判断力,可以使人用过去的经验来检验新思想的有效性。哈斯金斯对史学研究的贡献清楚地记录在他的著作之中,不过,遗憾的是他的过早去世未能使《会计史》的著作完稿。为了纪念他对会计史学的贡献,美国于 1977—1979 年连续 3 年分别在纽约和佐治亚州的亚特兰大举行了三次查尔斯-沃尔多-哈斯金斯会计史研讨会。

哈斯金斯性格热情、直爽,兴趣广泛、执著、勤奋。他在世时,经常出席关于商业教育的集会,并积极参加几个爱国团体的工作,如美国革命之子联合会(the National Society of the Sons of the American Revolution)、五月花后裔社团(the Society of Mayflower Descendants)和反殖民战争社团(the Society of Colonial Wars)等,并为在公共事业方面实现自己的理想做出了巨大的贡献。与此同时,他还活跃于几个舰艇俱乐部和乡村俱乐部,他也是一位多产作家和演讲家,他也是获得“审计与会计史教授”

称号的唯一一位美国大学教师。

哈斯金斯逝世后，塞尔斯在总结哈斯金斯的职业贡献时指出："鉴于他为会计事业的发展所做的巨大贡献，会计界对他表示永恒的感激。"弗兰克·A·范德里普在1910年纽约大学的哈斯金斯纪念碑揭幕式上对他作了客观的评价："回顾哈斯金斯的一生，我们发现有两个显著的性格特征：首先，他具有无私的职业热忱；第二，他具有敏锐地洞察未来的能力……"

## 三、主要论著简析

哈斯金斯头脑条理清晰、演讲丰富精彩，并写有许多会计文献。比较著名的书籍有《商业教育与会计》(*Business Education and Accounting*)和《如何记录家庭账簿：家庭理财手册》(*How to Keep Household Accounts A Manual of Family Finance*)。1904年，由弗雷德里克·A·克里夫兰编辑、出版了哈斯金斯的《商业教育与会计》一书，并于1978年再版。

### (一)《商业教育与会计》(1904)

哈斯金斯在《商业教育与会计》(*Business Education and Accounting*)中，阐述了他关于商业教育的一些观点，并对后世产生深远影响。本书共8章，其中有4章是哈斯金斯在1900年和1901年间发表的临时演讲，两章是关于会计史研究的内容，是其所著的会计史专著的绪言，其余两章则是一些精心构思的论文。由于企业经理人的信息主要来自于财务记录和一些账簿，所以他们不能直接了解业务发生的每一个流程。鉴于此，哈斯金斯产生了这样的想法，即将财务记录变为进行分类的科学基础。同时，他亦认为旧的簿记体制远远不能满足现代社会的要求，故支持"高级会计工作"的观点。该书对准备打造新的商业教学的人来说，非常有参考价值。其主要观点如下：

关于会计学科地位的认识。他认为，会计是一门科学，它可用来记录拥有的财富，确定客体的财务状况，以及决定是否、如何以利润的形式反映财富的增加和减少。作为一门科学，它奠定了所有记录收入和支出详情的技术和方法的基础，并且它与商业管理和金融学这两门"孪生科学"息息相关。从任何意义上讲，它都不属于其他科学的分支。这是非常明显的，就如同由于对事项进行了调查分析，并采纳了一些建设性意见以防止数量的漏记和多记，从而使从事专业会计工作的、敏锐的财务人员和管理者的独立性日益增强一样。会计的工作是去审计记账人员的工作，去设计一种体制，这种体制能为金融家和商业经理在任何时候提供他们所需要的信息，同时还要去完善记录体制并对其进行监管。

关于会计学科发展的认识。他认为,会计工作远远超出了簿记的范畴,不仅仅是准确的添加和复制数据,它是一门要求经过特殊训练,并且具有天生洞察力及广阔知识面的工作。人们在生活中和他们从事的商业活动中积累的经验对于提高会计工作的效率是非常必要的。此外,良好的道德意识也是非常必要的,但对于这一点无论现在还是此前,我们都没有给予应有的重视。人们希望会计人员像科学探索者一样,去发现和揭示重要的事实,经理人、股票持有者、立法人员和社会公众都接受会计人员提供的资料。因而,他们不应仅仅去洞察和分析事实,还应该有勇气去披露它。如果会计人员缺乏这种品质,那将给 20 世纪的工业带来巨大的冲击。

关于金融学的认识。就该书中提出"孪生学科"金融学的认识,哈斯金斯提出:从资本化到最后以股利的形式进行分配,资金利率贯穿于每一个商业部门和商业活动中。对于金融学的教学,应从对商业经营管理行为的特殊期望训练开始。实务工作者应该了解不同形式的可用资金、运用现金的优势、各种信贷资金转换工具,了解如何获得资金、如何利用各种金融机构和金融工具。同时,他们还应该懂得资本化方法和从实现商业目的角度看,使用现金方法的相对优势。他们应该知道如何利用金融手段获得固定资产,关注获得固定资产的使用年限及资本支付的附带条款。应该重视经营、预期利润的金融关联。

关于会计教学中理论与实务相结合的问题。哈斯金斯认为,实务工作者应该关注研究工作,它是商业学术训练的一部分。学术工作者应该通过关注私人财务状况和公司财务状况,并将其与公共财务状况对比,更好地了解实务工作者。对此,哈斯金斯在一篇论文中进行了更加充分的阐述。

(1)现时状况迫切需要一种新的教育。我们处在一种可笑和难堪的境地,那就是一部分积极的实务工作者比较了解现实状况,但是他们不可能教学;而正在从事研究工作的另一部分人能够教学,但他们并不了解现实状况。因而,老师必须从同时代的成千上万的实务工作者那里吸取知识、总结经验;他们必须在对这些实务工作者提供的具体信息进行了解后,形成一种"管理科学",并将这种科学的原则贯穿到将来的实践中。

(2)目前的商业教育亟待完善。尽管前辈已经意识到了这一点,并且一直试图纠正它,但是老师们必须承认,这一严肃的控告大部分都是事实。在过去的一段时间里,新商业学校的兴起和像哈斯金斯这样的实务工作者的态度都说明,迄今为止一直各自孤立的从事理论和实务两派工作者正在相互融合。但是对于形成"商业管理科学"仍是一个艰巨的任务。在一个世纪三分之一的时间中,心理学家、从事教育工作的老师、实践教育家一直都共同致力于形成一门教育科学，目前虽然取得一些成绩，但教育还远远不是一门科学，一些人断言教育不可能发展成为一门科学，它仅仅是一门通过实践而学习的技术。尽管如此，哈斯金斯在这本书中，早已对学校应该完成什么使命作了阐述：我们必须记住的是，没有学校，就没有理论，就不能使学生了解事件最本质最核心的问题。至于有关事实与关系的知识，或者商业代理机构和商业制度都可以总结为是科学的规则和结论，无论是对学科运用还是学科内容，商业教学都非常有价值。

### (二)《如何记录家庭账簿：家庭理财手册》(1903)

1903 年，哈斯金斯的《如何记录家庭账簿：家庭理财手册》(*How to Keep Household Accounts A Manual of Family Finance*)出版之前，大约已经有 1 000 多本关于家庭经济范畴的英文书籍出版，但当时的书评认为，哈斯金斯这本书是为家庭会计领域提出应对方案的权威书籍。

该书试图在个人消费和收入的调整方面提供建议，以便实现更多的消费者剩余，并提高生活质量。书中提出："我们的工作是为了满足我们的需要并增加我们的储蓄。我们的劳动是生产这些成果的元素。但是必须按比例合理分配我们的劳动。"

本书主要是专注服务于家庭主妇如何管理控制自己的福利。书中提出了一套理论，指出以前旧的消费理念和理想的家庭主妇管理理念之间的区别。为了对家庭账户进行划分，管理的目的用简单语言可以表述为："家庭经济学家的逻辑是：我们必须吃饭、喝水、穿衣，但这所有的一切都是有一个上限的，那就是我们必须为我们消费的服务付费，为子女的教育支付学费，照顾家庭里的每一个成员以保证他们能舒适地生活，福利得到提高，并且在所有这些支出之后我们还要尽可能地储蓄，而这一切支出项目都要来自于我们的收入。"从这一点出发，书中给家庭主妇划定了 7 个主要消费项目，即：食品、穿衣、租金和税金；照明、取暖、用水；家庭装修；教育和娱乐；金融投资。

为了核算上述事项，书中不仅给出了各个会计账户的形式，而且还讨论了家庭预算，并给出了最好的科学研究以解决可以为家庭提供最高福利的收入分配方案。

书中引用了恩格尔博士(Dr. Engels)提出的 4 条定理，简短的概括为：随着收入的增长，食品支出在总收入中所占的比重会下降；衣物的支出在总支出中所占比例保持平稳；住房、取暖和照明所占比重则不论收入为多少时都占很小的比例；其他各式各样的支出则随着收入的增长而增加。

该书根据这些观察到的结果，制定了一套严密的会计科目体系，为实现维持家庭更高享受程度的收入管理体系奠定了坚实的基础。在这一体系下进行的资产配置，使得各个种类的消费能够产生最高的福利，而这才是衡量对收入管理是否成功的标准。

## 参考文献

[1] 王光远.查尔斯·沃尔多·哈斯金斯:美国会计史学科的开辟者[J].财会通讯,1992(6).

[2] Zanoni Andrea Beretta. Genesis of the Entity Theory: an Analysis of the Scientific Context in the United States of America at the beginning of the ×× Century.

[3] Haskins Charles Waldo. Business Education, Accountancy, Edited by Frederick. Clavel[M]. New York: Harper & Brothers, 1904.

[4] Haskins Charles Waldo. How to Keep Household Accounts: a Manual of Family Finance[M]. Annals of the American Academy of Political and Social Science, Vol. 22[C]. Southern Educational Problems, 1903.

[5] Burchell D Earle. Business Education, Accountancy [J]. Political Science Quarterly, (Mar) 1905.

[6] Flesher Dale L, Gary John Previts. Profiling the New Industrial Professionals: The First CPAs of 1896-1897[J]. Business and Economic History,1996,25(1):252-266.

[7] Clow F R. Business Education and Accountancy[J]. The Journal of Political Economy, 1904, 588-591.

[8] http://202.205.213.113/opac/item.php. 2005-10-03

[9] http://fisher.osu.edu/Departments/Accounting-and-MIS/Hall-of-Fame/Membership-in-Hall/Charles-Waldo-Haskins. 2005-10-03

[10] http://web23.epnet.com. 2005-10-03.

[11] http://www.akpsi.com/about/history.cfm. 2005-10-03.

[12] http://www.big4.com/DeloitteTouche/History1.aspx. 2005-10-03.

[13] http://www.findarticles.com/p/articles/mi_m6280/is_4_190/ai_66527539. 2005-10-03.

[14] http://www.findarticles.com/p/articles/mi_qa3657/is_199806/ai_n8790599. 2005-10-03.

[15] http://www.georgiaencyclopedia.org/nge/Article.jsp. 2005-10-03.

[16] http://www.nysscpa.org/trustedprof/archive/1001/1Tp10a.htm. 2005-10-03.

[17] http://www.stern.nyu.edu/giving/sternfund/haskins_partners.htm. 2005-10-03.

[18] Gaertner James F Editor. Selected Papers from the Charles Waldo Haskins Accounting History Seminars, Monograph[J]. The Academy of Accounting Historians, 1983(4):135-151.

[19] Grumet Louis. A Call to Greatness[J]. CPA Journal, 2002,72(8):9.

[20] Johe Mark E, Dale L Flesher. Esprit De Corps and Transcendent Organizational Behavior[J]. CPA Journal, 2005,75(4):24-29.

(初稿执笔人:祁娅菲)

# 肖恩·芬顿·奥马利

## (Shaun Fenton O'Malley, 1935 —   )

肖恩·芬顿·奥马利(Shaun Fenton O'Malley, 1935—  )是一位杰出的会计学家和政治家,在会计理论与实务界特别是审计领域做出了重要贡献。他曾担任普华永道(Price Waterhouse)会计公司与其他重要组织的主席和董事会成员。因其对会计实务发展的杰出贡献,于2000年入选美国会计名人堂,也是当年入选的四位成员之一。

## 一、个人简要生平

1935年,奥马利(见图66)出生于宾夕法尼亚(Pennsylvania)的费城(Philadelphia),他的父亲曾做过律师和公务员。他在沃尔准-美夕学院(Waldron-Mercy Academy)接受了8年教育后,到坎特伯雷学校(Canterbury School)进修。在校期间,他是橄榄球、篮球和棒球队的成员,并且活跃在业余戏剧演出的舞台上。1952年秋天,他作为一名英语专业的学生进入宾夕法尼亚大学(University of Pennsylvania)学习,但在一个学期后由于家庭经济状况恶化而被迫辍学,随后他参军到德国服役直至1955年他的父亲过世。

图66 肖恩·芬顿·奥马利

从军队退役以后,奥马利回到宾夕法尼亚大学继续学习,并于1956年春天转到沃顿商学院(Wharton School),他通过士兵补贴、暑期打工和在大学图书馆勤工俭学来赚取学费维持学业。尽管如此,他仍然是校内活动和戏剧社的活跃分子,并且是学院学生会主席。

1959年,奥马利获得会计学专业的学士学位,毕业后即进入普华永道(Price Waterhouse)会计师事务所工作,并成为一名会计职业人士,后一直在费城工作,直到

1966 年被派往日本的东京和大阪，这段经历激发了他对国际会计事务的持久兴趣。

奥马利在 1968 年被分配到普华永道会计公司的国际事务研究部为会计原则委员会的同事提供帮助，1970 年他成为合伙人后回到费城。在随后 8 年里，他为许多国有企业的客户服务，对跨国公司进入新的商业与国际金融市场提供良好的会计与管理建议，因此他也赢得了客户与同事的尊敬。1978 年，他再次调往公司的国际事务部工作 1 年，协助新当选的公司主席来发展公司在通货膨胀会计和其他紧迫的财务报告等方面问题的业务；1980 年，他被任命为普华永道费城事务部的首席合伙人；1984 年，他被选为普华永道美国公司的治理委员会委员，1987 年被选为美国公司的主席和资深合伙人；1990 年被选为普华永道全球公司的首席执行官，并于 1992 年出任总裁，直到 1995 年他从普华永道退休。

## 二、理论与实务的主要贡献

奥马利对会计行业有许多贡献。当他出任财务会计基金会（Financial Accounting Foundation，简称 FAF）的理事会成员时，在财务会计准则委员会（Financial Accounting Standards Board，简称 FASB）的标准框架主体受到不断批评和攻击的时期，为 FASB 提供了强大的支持。同时，他也是美国证券交易委员会（Scurities and Exchange Commission，简称 SEC）的市场咨询委员会成员以及宾夕法尼亚注册会计师协会的许多委员会的成员。

1998 年退休以后，奥马利被任命为公共监督委员会审计效力小组（the Public Oversight Board's Panel on Audit Effectiveness）的主席，执行一项由证券交易委员会主席亚瑟·列维特（Arthur Levitt）要求的项目。经过一年半的努力，他对审计职业进行了全面的调查，包括对会计师事务所的实地考察，参阅了一定数量的实际审计业务的案卷，以及同不同层次的审计参与者会面。这个项目同样包含了与实习者、管理者、公司职员和内部审计员之间的广泛咨询、了解，以及在发布其报告与建议前后举行的一系列公开听证会。这份报告是用于改进审计效力和加强会计行业管理体系而作出的。

作为一名热情的演讲者，奥马利也在各大商业和专业杂志上发表了大量关于财务报告、道德规范、债务改革和其他问题的论文。早年在事务所工作时，他就积极地投入到这些问题的探讨之中。奥马利亦曾效力于宾夕法尼亚注册会计师协会的道德委员会，担任过华盛顿非盈利组织道德资源中心的成员和主编，并且在许多组织中发表过关于商业道德的演讲。

奥马利曾担任过费城经济发展委员会委员和区域计划委员会主席，为地区发展做出了重要贡献；他是费城国际网络和全球事务理事会的董事会成员；他还是费城七十人委员会的主席。在纽约，他曾在科赫(Koch)市长的私营部门调查执行委员会任职，同时在丁肯斯(Dinkins)市长的纽约城市国际商业联盟中担任领导职务，还担任了柯蒂斯音乐学院(Curtis Institute of Music)理事会成员及主席、沃顿商学院监事会成员，以及沃顿商学院 SEI 高级管理研究中心(the SEI Center for Advanced Studies in Management at the Wharton School)、莫奈尔化学感官中心(Monell Chemical Senses Center)、切斯努特山学院(Chestnut Hill College)、坎特伯雷中学(the Canterbury School)等机构的董事会成员。另外，他还出任过几家公司的理事，包括贺瑞斯曼恩教育公司(Horace Mann Educators Corporation)、维拉西奇国际食品公司(Vlasic Foods International)、费城建设、宾夕法尼亚财务公司和费城铁路运输线路公司(Philadelphia Belt Line Railroad)等。

## 三、主要论著简析

奥马利是一位积极的演讲者和评论人，他曾发表过许多关于会计理论与实务方面的文章、评论、报告和论著，特别是致力于会计行业进步方面的若干认识与观点，对后来审计实务的发展产生了巨大的影响，其主要文献如下。

### (一)《公共监督委员会审计效力专家组报告与建议》(2000)

2000 年，奥马利提交的《公共监督委员会审计效力专家组报告与建议》(*The Panel on Audit Effectiveness Report and Recommendations*)是在美国证券交易委员会(SEC)的要求之下，针对审计职业中的问题，为提高审计效力和加强行业管理而作出的研究报告，该文献具有重要的现实意义。文中对独立审计发展道路进行了全面回顾和评估，对当时公共审计的趋势给出了评价。

专家组为了促使更有效的审计，从而改善财务报告的可靠性，加强可信度，提高投资者对会计职业的信心，增强资本市场的有效性，提出的主要建议有：审计员在审计时必须执行“互辨式”程序以加强检测财务报告欺诈的能力；审计准则委员会要使审计和质量控制标准更加明确和权威，在特定领域，审计部门必须在必要时检查、改进他们的审计方法、指导和培训材料，同业互查应当在检查这些资料和执行审计合同的过程中保持一致，并报告他们的发现；审计部门必须在高层管理、执行评价、培训和赔偿及提升决策中重视高质量审计的作用；公共监督委员会(POB)、美国注册会计师协会

(AICPA)、证券交易委员会实务部(SECPS)和证券交易委员会(SEC)必须在稳固独立的公共监督委员会之下形成一套职业管理统一体系,使之可以监督准则框架(审计、独立性和质量控制方面)、控制规则和特殊评论;独立准则委员会(ISB)的大多数成员应该从职业中独立出来,在ISB执行任务时,证券交易委员会必须给予鼓励和支持;证券交易委员会实践部必须加强同业互查的过程控制,包括要求对大公司每年的意见,公共监督委员会必须增加对这些意见的监督;证券交易委员会实务部必须加强对日常规律性程序的管理;超过限定数量的非审计服务必须先经过审计委员会批准,在执行此项行动的时候必须考虑到特定的因素,ISB也必须鉴别这些因素是无误的;国际会计师联合会(International Federation of Accountants,简称IFAC)必须为国际审计职业建立一套国际性的自我调整体系。专家组认为,这份建议能为准则制定者和公司更好地满足投资者的需要提供可靠的基础,为市场上审计员提供的财务或非财务信息审计报告的可靠性提供保障。

### (二)"困境中的准则制定程序"(1991)

1991年,奥马利发表的"困境中的准则制定程序"(*Standard Setting Process in Trouble*)一文,是一篇评论性文章。作者对财务会计基金会(FAF)委托人建立监督委员会并取得大多数人投票的行为看作是对财务会计准则委员会(FASB)缺乏信任的表现这一说法提出了质疑,认为这两个行为是与委托人监督和改进准则制定程序的职责相一致的。

文中提出,FAF的存在是为了确保FASB实现其建立与改进财务会计准则和向投资者、审计人员以及财务信息使用者报告的任务。FAF明确表示,董事会不仅要实现自己的目标,且必须让委托人意识到这种实现。正是由于这种认识,委托人希望通过改变FASB的投票条件而得到改善。基金委托人认为通过他们对FASB支持的满意程度,这种改变会使将来发布的准则被广泛地接受。

文中提出,认知对一个新成立的监督委员会而言同样是个重要问题,它有着两重作用:(1)通过增加委托人和FASB之间的沟通来改善委托人对FASB压力的了解;(2)帮助委托人评估FASB的行为与其使命的一致程度。监督委员会的努力应该正确地确保"监督"不成为"越界",并且在这个过程中必须为所有的委托人增加信心,使他们相信FASB在制定准则时是公平、客观、有效的。

文中提出,以上行为是为相关的各种基金托管组织而设计的。他们无意并且不会妨碍董事会达到目标的能力。作者相信财务会计基金会的所有成员都强烈感受到准则框架的重要性会在一个稳固、独立和可靠的主体中最初始的部分得到很好的体现。

### (三)"会计职业面临的挑战"(1992)

1992年,奥马利发表的"会计职业面临的挑战"(*Accounting Profession under Fire*)一文,就会计职业发展所面临的问题进行了分析,并提出了自己的独到见解。文中强调企业和政府认识到会计职业受到挑战这一事实并为之而努力改造国家的侵权责任体系,使专业人员和公司、股东以及他们所服务的市场之间达到均衡是十分迫切的。其主要观点如下:

侵权责任危机继续在我们的社会中蔓延,并对会计职业造成了损失,出现大量对会计师的抨击和强制处理,虽然他们没有犯错,却被认为有罪,这已经在整体上危及会计行业的未来。而且,对会计行业的威胁也是对美国经济本身的威胁。

我们的侵权责任系统的许多威胁因素形成于风险转移诉讼理论,并在第二次世界大战后得到显著发展,这个理论的两个基本规则是:由于侵权行为造成的伤害与财务困境后果必须由个人承担转变到更有能力承担并能减少未来这种行为发生的组织比如企业、行业、责任承保人以及最终由社会承担;责任不仅延伸到造成损失或伤害的直接原因中,而且也延伸到一些使损失或伤害降低到最小可能性的人身上,无论他介入的程度如何。

对会计行业而言,风险转移意味着独立审计员可能会由于任何有客户公司的投资者或公司自身造成的财务损失而被起诉。随着我们对社会认识的不断加深,全部个体风险应该转向社会的观念已经不再合理。对个体是否有责任的判断标准不够明确,并且少数缺乏道德的人以社会的名义滥用此诉讼来获取利润,都使得侵权责任系统目前成为企业和行业生存能力的一个严重威胁,会计行业已经由于无根据的诉讼和频繁的强制执行而不堪重负。然而,审计师对无根据的滥用诉讼的潜在披露也有了一些进步。把这些组合起来就是连带责任学说,它使得各个被告充分对案件中所有估计到的损失负责,不管错误程度如何。连带责任的最终结果就是,即使没有确凿的罪证,一个公司的独立审计师也会因公司被宣告财务欺诈或过失而受到牵连。在强制处理情况下,连带责任下的全部损失赔偿预计、防御的高成本和可能的惩罚性损失赔偿都是需要考虑的重要因素。

由于我们会计行业在国家财务报告体系可靠性和完整性中的重要作用,法律责任危机给企业和经济造成了严重的后果,其中一个明显影响是所谓的"侵权税"——由于违约诉讼而增加商品和服务成本。另外,如果没有高昂的董事和官员责任保险,董事们一般不愿提供服务。

会计师事务所也通过降低风险来减少他们的法律责任,避免审计那些法律责任风险高的客户甚至整个行业。长期来看，至少要对把风险转移作为诉讼和对独立审计师的诉讼以获得损失赔偿的观念进行彻底的反思，把独立审计师作为财务风险完全保证的思想是不合理的，这将破坏会计职业履行职责的能力。

会计行业已经联合其他相关企业呼吁避免以证券交易委员会10b-5号规则名义的无根据诉讼而进行证券改革。搁置无优点的10b-5号法案的行为会减少但不会解决会计职业的法律责任问题。会计职业的地位是不稳定的，但与保留这个行业相比，存在更危险的事情。在这些危险中主要是独立审计程序的继续、财务报告体系的完整性和美国资本市场的实力，而不是负担着高昂诉讼费用的企业全球化竞争。

### (四)"法律责任对审计师作用产生的寒蝉效应"(1993)

1993年，奥马利发表了"法律责任对审计师作用产生的寒蝉效应"(*Legal Liability is Having a Chilling Effect on the Auditor's Role*)一文，其主要观点如下：

我们应该关注的一个变化是，责任制度的颠覆严重破坏了美国公司与具有更健全更稳定法律审判体系的国家在全球市场上的竞争能力。管理财务信息发展的系统和标准变得越来越复杂。对独立审计师而言，风险转移的后果是，当客户公司遭受财务损失时，审计师不仅会受到公司的指控，并且会在一定权限范围内受到某个甚至没有参阅审计报告而蒙受损失的任何人的指控。除了法律责任制度的危险以外，会计行业必须与对审计师职责和能力的不实期望做斗争，以降低风险，这是通过防止商业欺诈、管理不善、错误与失误来进行的。

为保障财务报告和审计环境，并证明在当时法律责任体系下执行的审计风险，文中提出了一些审计师避免法律责任的建议：(1)内部控制系统的管理和审计评价。合理设计和有效实施的内部控制系统可以增加阻止或检查出欺诈和非法行为的机会。为确保系统的有效运行，管理层和独立审计师必须通过财务报告和在年报上的公开披露定时对公司的内部控制进行评估。(2)合规性报告。合规性是管理责任的首要任务，在内部控制中，合规性上的最初评估和报告责任或者为确保合规性而设计的系统必须依靠管理，并且审计师必须检查和报告管理层的结论。如果缺少法律责任改革，不仅审计师而且连公司管理层都不愿承担内部控制和合理性的评估报告责任。(3)审计师对管理者的建议报告。会计行业认定，主要商业失误和欺诈的公共影响现在已经引起了对有限附加建议的提倡，我们也在财务欺诈检查和披露法案中对这种方法进行了提倡。这项法案需要审计师向管理者报告可疑的重大欺诈，而且只有在管理层和董事会失职时进行。(4)审计师与中期财务信息联合。中期财务信息如季报的可靠性有所增加，有些人建议，为了确保报告结果的可靠性，应当由审计师在一定程度上对中期财务信息进行审计。

会计行业将继续满足其专业职责和公共义务，也将继续为有意义的法律责任形成而努力，这两者是密不可分。

### （五）“新的公司治理模式及其对董事的挑战”（1994）

1994年，奥马利发表了“新的公司治理模式及其对董事的挑战”（*The New Corporate Governence Paradigm and its Challenges to Directors*）一文。文中指出：在美国，公司治理问题已经成为一个热点，董事们变得更加独立和主动，他们为了公司股东的利益而做出许多改变。他们面临的关键问题是：股东行动主义有了新的上升，市场的全球化，委员会内有不参与管理的董事，董事的责任最重要。种种证据表明，这些复杂的挑战开始成为董事会决策的一种激励。在应付挑战的过程中，他们在各方面证明了对公司监督的准备，也表现了当今公司治理争论的核心内容即责任感。

## 参考文献


[1] http://fisher.osu.edu/acctmis/hall/members/eaton/index.html. 2010-06-13.

[2] http://www.pobauditpanel.org/download.html. 2000.

[3] http://www.pobauditpanel.org. 2010-06-13.

[4] O'Malley Shaun Fenton. Accounting Profession under Fire[J]. Corporate Board, 1992, 13(77):1-5.

[5] O'Malley Shaun Fenton. Legal Liability is Having a Chilling Effect on the Auditor's Role[J]. Accounting Horizons, 1993, 7(2):82-87.

[6] O'Malley Shaun Fenton. Standard Setting Process in Trouble (Again)[J]. Accounting Horizons, 1991, 5(2):97.

[7] O'Malley Shaun Fenton. The New Corporate Governence Paradigm and its Challenges to Directors[J]. Directorship, 1994, 19(8):1-3.

[8] The Public Oversight Board. The Panel on Audit Effectiveness Report and Recommendations. [EB/OL]. 2010-06-13.


（初稿执笔人：范淑芬）

# 罗斯·麦格雷戈·斯金纳

## (Ross Macgregor Skinner, 1923— )

罗斯·麦格雷戈·斯金纳(Ross Macgregor Skinner, 1923— )是加拿大最杰出的会计实务家和理论家之一。他长期在事务所工作,积累了丰富的实务经验,他和另一名合伙人R·J·安德森在总结实务经验的基础上提出了流程图分析法,对加拿大的审计实务产生了革命性的影响。同时,他也在加拿大多个会计部门担任要职,撰写研究报告,为加拿大的会计发展出谋划策,它的许多观点被会计准则制定部门采纳,其对加拿大会计实务的影响不可估量,他的学术方法为会计和审计问题带来了新的解决方案。因其对会计实务发展的杰出贡献,于2000年入选美国会计名人堂,也是当年入选的4位成员之一。

## 一、个人简要生平

1923年,斯金纳(见图67)出生于萨斯卡通(Saskatoon),其父母从英格兰移民而来。他的父亲是一位长老会牧师,母亲是一位非常重视教育并且采取严厉措施以使自己的孩子受到最好教育的女士。他出生后不久,全家搬到美国纽约市东北部一个城市奥尼昂塔(Oneonta),但4年之后又返回到加拿大的多伦多(Toronto),在那儿他度过了自己余下的青春时光。在经过激烈的入学考试后,他得以进入多伦多大学附中(University of Toronto Schools,UTS)学习。学习期间,他是班上最优秀的学生之一,他也养成了对体育的浓厚兴趣,并形成了终身参加网球运动的习惯。尽管他的体重尚不足100磅,但他却曾在多伦多曲棍球联盟和UTS曲棍球队担当守门员。

图67 罗斯·麦格雷戈·斯金纳

1940年,斯金纳从UTS毕业后,他申请进入多伦多大学(University of Toronto)。经过7天的奖学金测试之后,他在希腊语和拉丁语方面获得了最高分,同时由于总体水平而获得了一项大学奖学金。在确定自己的理想是从事商业行业时,他参加了多伦多大学商业和财务荣誉学位课程的学习。在那个时候,商业课程被安排在政治经济学系,一半的商业和财务学科与政治学、经济学的学生共享。虽然他发现经济学的课程非常令他满意,但是他随后注意到:"会计和审计课程非常琐碎,统计学课程非常机械且非常富有洞察力。实际对今后事业最有用的课程是精算学,尤其是利息理论和商法。"在大学4年期间,他是学校足球和曲棍球队的成员,并且是曲棍球队的守门员,他所在的曲棍球队在22年内为它的学院首次赢得大学联赛冠军。大学四年级的时候,一位朋友说服他加入了辩论队,此后,他发现自己为了支持"女人就应该待在家里"的论点而花费了相当大的精力。1941年,在当年谷物丰收之后,他在萨斯喀彻温(Saskatchewan)地区进行志愿工作,这次粮食丰收对遏制伦敦的食物短缺是非常需要的。

由于斯金纳比大多数的同学小两岁,他直到大四才被招募到部队服役。在当时,他以一名气象学士的身份加入到了皇家加拿大空军。经过一个夏天的气象学习,他被安置在一所空军导航学校。起初,他每周要承担26课时的教学任务,但不久又被安排从事具有挑战性的任务,即为学院的飞行训练预测天气情况。战争结束时,他退役并返回到多伦多。

在22岁时,斯金纳决定成为一名加拿大特许会计师(Chartered Accountant, CA)。尽管他考虑过学术事业而且他被接受在芝加哥大学进行研究生学习,但是出于对父母的经济责任使得他选择了经商。1945年10月1日,他加入了加拿大最大的会计师事务所——Clarkson Gordon(即后来的Clarkson, Gordon, Dilworth & Nash)事务所。他在CA最后一门考试中因审计成绩优异而获得最高奖。1949年春天,他取得CA资格。1954年,他成为事务所的第32位合伙人。

出色完成的专业研究项目使斯金纳逐渐成为公司角色的核心。他成为合伙人之前,即在各种项目中协助高级合伙人J·R·维尔森和其他合伙人。这些项目中包括1947年的一个项目,正是这个项目导致他成为公司在公用事业效率管理方面的专家。他签署合伙协议后,负责会计和审计问题内部评估技术方面的工作。1956年,他支持发展一种新的审计方法,该方法综合了内部控制和系统抽样程序的复查工作,并以其作为发表审计意见和系统改进建议的基础,这也是他系统提出综合审计方法并做早期努力的一次尝试。1962年,他被任命为事务所国家会计准则部主任,他在自己的审计客户中得到发展和检验的审计程序创新被逐渐运用于整个公司。1975年,因健康方面的原因促使其放弃事务所国家会计准则部一职，但是他继续就广泛的议题进行研究，这些议题包括通货膨胀会计、政府会计、养老金成本和负债会计以及会计准则的演进。1983年，他从 Clarkson Gordon 退休。1987年，他以副教授和会计研究中心主任的身份加入多伦多大学，并担任这些职务一直到1990年。

1958年，斯金纳娶海伦·B·斯通（Helen B. Storms）为妻，她是一位在园艺和花卉方面非常知名的作家和演讲家。他们育有安妮（Anne）和珍妮（Jane）两个女儿。他和他的妻子现住多伦多，但一般都在安大略（Ontario）北部度夏。

## 二、理论与实务的主要贡献

斯金纳对加拿大会计职业界的贡献巨大，包括为职业界、政府和学术机构各种委员会所奉献的大量服务性工作：在加拿大特许会计师协会（the Canadian Institute of Chartered Accountants，简写成 CICA）的诸多委员会工作中，有5年的时间为会计和审计研究委员会（Committee on Accounting and Auditing Research）服务（1959—1964），包括任主席一职，以及5年时间为准则咨询委员会（Standards Advisory Board）服务（1990—1995）；他担任过政府会计与审计总审计长独立委员会（Auditor General's Independent Committee on Government Accounting and Auditing）主席（1975—1978），同期还对加拿大特许会计师协会组建自己的公共部门会计委员会（Public Sector Accounting Board）的决定产生重大的影响；他在安大略证券委员会的财务披露咨询委员会（Financial Disclosure Advisory Board of the Ontario Securities Commission）服务过两个5年任期（1974—1979和1990—1995），其中包括3年主席任期；他是公众审计期望委员会（Commission to Study the Public's Expectations of Audits，即 Macdonald 委员会，1987—1988）的顾问，并是该委员会报告的主要撰写者；他曾任过美国会计学会（AAA）的副会长；他也曾在多伦多的海福格尔学院（Havergal College）理事会的成员，以及《当代会计研究》（*Contemporary Accounting Research*）、《会计地平线》（*Accounting Horizons*）和《会计史学家杂志》（*The Accounting Historians Journal*）等杂志的编辑。

由于其贡献巨大，斯金纳获得诸多殊荣。1962年，斯金纳成为安大略特许会计师协会的成员；1984年，他成为首次获得该协会杰出贡献奖的5位获奖者之一。斯金纳获得其他荣誉有：布鲁克大学（Brock University）荣誉法学博士学位、加拿大特许会计师协会杰出服务奖，以及由加拿大会计学会（The Canadian Academic Accounting Association）颁发的会计思突出贡献奖——海姆·福克奖（Haim Falk Award）。

## 三、主要论著简析

斯金纳共出版了5本著作和一些专题性研究报告，还为会计和审计方面的出版物写过许多的文章。其中其与R·J·安德森合著有开创性的著作——《分析性审计》(*Analytical Auditing*)和《会计原则:加拿大人的观点》(*Accounting Principles*: *A Canadian Viewpoint*)两书影响较大，前书提供了一种新的审计技术，后书则导致了加拿大会计准则框架的发展①。

### (一)《分析性审计》(1960)

《分析性审计》(*Analytical Auditing*)一书，是1960年在Clarkson-Gorden事务所的一个实验项目成果。两位作者都是事务所的合伙人，他们希望寻找一种审计程序以帮助审计人员将对内部控制的评价与评估应用到其他的审计程序中，并将实验成果整理成书。

该书被认为是"实用性、系统导向的审计技术"教程。它的显著特点是利用流程图来分析一个系统以及通过该系统对实际交易状况进行有限的测试。作者非常谨慎地将该工具引入到合适的方法中。通过这样的做法，他们将审计分成两部分:(1)交易审计或中期审计阶段;(2)资产负债表审计阶段。只在第一个阶段才应用分析性审计来评价、评估和测试内部控制系统。使用分析性审计的一个前提是独立审计的主要目的不包括检查微小的错弊。仅当这个前提条件得到满足时，才可使用分析性审计的概念，尤其是对真实交易的有限测试。为达到内部控制目的而评价会计系统时，有两种基本方法，即"最终结果理论"(final result theory)和"方法理论"(method theory)。"最终结果理论"只看结果不看方法，使用这种方法时需要审核每一个记录交易的所有原始凭证;"方法理论"只看方法而不看结果，仅仅需要对有限原始凭证进行审核来了解产生结果的系统。需要注意的是，每一概念都包含了彼此的元素，二者的区别在于侧重点不同。分析性审计属于后一种审计方法。作者认为，它是应当采纳的最好的且最富逻辑的方法。通过分析流程图可以找出具体的弱点，通过系统对所有交易进行有限测试留下的轨迹，将确保系统按照它代表的功能运行，然后根据内部控制强弱程度做出判断，决定审计人员是扩大还是限制额外工作。

该书前三章的核心思想是:如果在系统中发现了重大错误，表明自始至终从大量

① 由于找不到原文以及国内学者对他的学术思想关注较少，这一部分的内容主要借鉴国外其他会计学家对他的书评以及相关报道对三部著作的内容作总结和概括。

的相同交易中获得轨迹是无益的。此时应当转用其他的审计技术，比如比率分析和预算比较来决定实质性错误是否真的发生。除了能够支持独立审计师的意见外，分析性审计使得审计人员能够对客户存在的内部控制缺陷或明显的系统漏洞提出建设性的意见。

第 3 章也包含了标准流程图技术的使用，介绍水平图的评价形式、流程图的标记和技术。这一部分的内容在第 4 章得到了拓展，同样，通过流程图系统记录交易的独特方式也得到了介绍。第 8 章也用来介绍流程图技术，解决提高它们自身效用的方式。尽管该书的大部分章节被用来介绍流程图技术，但是作者指出，流程图大约仅占整个审计工作的 1/8，真正的价值来自于分析、测试和评价。

第 5 章处理的是分析性审计的系统部分，包括编制流程图、流程图的更改、通过系统穿行测试交易以及系统评估，包括调整工作底稿的组织和处理系统。第 6 章继续详细介绍系统审计部分，讨论诸如缺陷调查和多种补充测试之类的问题。第 7 章举例说明流程图的使用，讨论在大多数审计中什么才是系统的主要构成。第 9 章介绍分析性审计在穿孔卡片和计算机系统下的应用，结论是分析性审计方法在自动化系统中能够也应该得到应用。最后一章，作者认为分析性审计必须遵循公认审计准则，特别是它确实导致了对作为信赖和判断基础的内部控制进行合理的研究和评估，在某种程度上对审计程序进行了限制。分析性审计可用于除极小规模公司以外的所有公司，并且给审计人员提供了许多方便。

### （二）《会计原则：加拿大人的观点》(1964)

《会计原则：加拿大人的观点》(*Accounting Principles: A Canadian Viewpoint*)一书是斯金纳于在 1964 年受加拿大特许会计师协会研究委员会(the Research Committee of Canadian Institution of Chartered Accountants)之托所做的研究报告，该研究报告的主要目的在于以下六个方面：回顾加拿大财务会计；盘点公认会计原则和惯例；整理这些原则并反映基本理论；把加拿大的原则和惯例与美国和英国的进行比较；考虑哪些领域的一些惯例与另外的惯例、权威的申明发生了冲突；对加拿大财务报告需要改进和职业界需要进一步研究的地方提出建议。该报告于在 1971 年完成，它包括两部分：第一部分完成前五个目标；第二部分解决最后一个目标。

研究报告的第一部分，概括了斯金纳搜集到的当时所存在的加拿大公认会计原则。它们主要分成六类：账户初次确认，交易额的计量，已赚取收入的确认，成本在各会计期间和账户之间的分配，资产、负债和所有者权益的计量与分类，用来解释投资、外币折算、公允披露与基本会计概念的细则。报告提出，所存会计原则的基本会计概念与以下项目有关:以货币计价的会计主体;持续经营;有用性(相关性);无偏见性;定期报告;一致性;可靠性(客观性);面临不确定性时的稳健性;重要性以及实质重于形式。围绕"交易分析"这个中心主题,斯金纳对会计原则和惯例进行了详细的分析。在早期,会计是以资产的直接价值为基础的,利润是通过简单的求减运算获得。然而在复杂的经济业务运行过程中,资产的独特性使得直接计价变得复杂,股东的注意力转向了股票价值而不是商业资产价值。因为可以感知的是股票价值反过来很大程度上取决于对利润和股利方面的考虑,所以没有必要惊讶地看到"会计将其目标转向了更加有限但更加容易实现的目标,从追求真实公允的财务状况角度转向公允合理的列示客观变化的交易的结果"。因此,财务会计原则趋向于将注意力集中在收入确认和费用分配。交易法具有重要的贡献,但作为指南在处理短期交易、获取利得和损失、通货膨胀,以及还有诸如养老金、长期租赁和商业确认方面还存在缺陷。

研究报告的第二部分,试图勾勒出会计的未来发展方向。斯金纳建议,当前的会计理论应从大量的逻辑推理中受益,并下大力气消除那些在基本环境下并不显示明显差异的多种会计惯例。对使用者和使用者需求进行确认,将会提供一个决定通过会计系统提供何种数据的结构,并且这种确认需要得到全面的研究。在某些情况下,那些被普遍接受的有用的会计假设应当被抛弃。为了适应准立法功能的需要,应采用推理方法以使之承担会计准则发展的责任,加拿大证券委员会在没有承担会计原则制定的法定职能时很难发挥它的监督和控制职能,加拿大特许会计师必须承担这个任务。准立法机构不应当关注准则过于细节化的形式,而应寻求对准则概括性的表达,这种表达是基于在惯例中的方法发生冲突时能否做出合理的判断,对这种判断的建议应建立在广泛的讨论基础之上。准则的应用应当留给会计师进行职业判断,有必要的话,留给代理机构——会计法院来解释由准立法机构制定的原则。加拿大特许会计师协会下属的研究基金会以及其他的职业团体,比如财务执行委员会(the Financial Executives Institution)和工业会计师协会(the Society of Industrial Accountants)应当为会计原则的发展而整合、加强和拓宽研究基础。在研究报告第二部分的后半部分,斯金纳对使用者的需求做了一般性的假设(比如预测目的和评价管理当局业绩),进而认为通过使用某些类型的现值,比如投资、实体资产、存货和自然生长和发现的资产可以弱化传统交易分析方法的缺陷。

### (三)《会计准则的演变》(2000)

《会计准则的演变》(*Accounting Standards in Evolution*)一书是由斯利纳与J·A· 米尔本(J. Alex Milburn)合作完成并于2000年再版。作者将写作该书的目的归纳为:有条理地论述影响当今财务会计的准则;解释为什么人们采取他们所用的方式——也就是揭示隐藏在当今准则中的一般性理论以及对个别准则的采用形式产生影响的特殊想法;对准则和基本理论进行批判性地评估,评价他们的优缺点,目的是为了激起大家的讨论和可能的改进。

本书共包括四部分:第一部分是对会计发展史进行简要的回顾,其中的第 2 和第 3 章回顾了簿记和财务报告功能的产生和发展。第二部分审视和评价当前会计准则的状况,包括增加资本市场的影响力,以及强化会计准则理论以应对新业务的复杂性,其中第 5 章和第 6 章是该书的一大亮点,作者提供了一个深刻的视角来认识当今会计人员在试图忠实地、公允地反映现代商业实体的财务和经济交易、事项和活动时所面临的基本问题和困惑。第三部分作为该书的重要组成部分,提供了对许多基本话题的评价,包括:应计会计;利润计量:费用、损失和或有事项的确认;资产、负债和资本会计;存货和销售成本;有形资产和折旧;无形资产和租赁;保险赔偿、养老金和股票期权;政府补助;所得税会计;金融工具;表达问题、企业合并和交互投资;外币折算;披露问题和物价变动会计。第四部分评论了为会计准则和财务报告设立概念框架所作的努力,用一章的内容讨论会计准则面临的各种变革力量以及在会计全球化的情况下会计准则的本质和目标。第四部分后半部分要解决的是非盈利组织会计以及政府会计和财务报告所面临的概念性和具体性的问题。

**参考文献**

[1] Griffin Charles H, A Jobe Larry. Analytical Auditing(Book)[J]. The Accounting Review, 1967,42(2):428-429.

[2] http://fisher.osu.edu/acctmis/hall/members/skinner/index.html, 2005-10-20.

[3] http://www.camagazine.com/index.cfm/ci_id/14465/la_id/1.htm, 2005-11-14.

[4] http://www.camagazine.com/index.cfm/ci_id/6220/la_id/1.htm, 2005-11-12.

[5] Murphy George J. Accounting Principles: A Canadian Viewpoint[J]. The Accounting Review, 1973,48(1):240-243.

[6] Norman B Macintosh. Accounting Standards in Evolution[J]. Canadian Accounting Perspectives, 2003,(2):196-199.

(初稿执笔人:叶向阳)

# 尼古拉斯·道普齐

## (Nicholas Dopuch, 1929— )

尼古拉斯·道普齐(Nicholas Dopuch, 1929— )是一位杰出的会计学家和会计教育家。他不仅在会计理论界有重大影响,还对会计教育发展作出了杰出的贡献。因其杰出成就于2001年入选美国会计名人堂,也是当年入选的两位成员之一。

## 一、个人简要生平

1929年,道普齐(见图68)出生于美国密苏里州(Missouri)的圣路易斯(Saint Louis),并在那儿度过了21年的时光。他的父亲十几岁时从塞尔维亚移民到美国,其父母都没有完成高中教育。道普齐在小学成绩优异,但到了高中便成绩平平。从圣-路易斯的麦克肯雷高中(McKinley High School)毕业后,他尝试了各种不同的工作,其间曾作为非全日制学生进入华盛顿大学(Washington University)学习。那个时期,他从来没有规划自己的学术或专业职业生涯。如果没有朝鲜战争,他就可能因为工作上的各种附加福利而留在安赫瑟-布斯克(Anheuser-Busch)。

图68 尼古拉斯·道普齐

1950年秋天,道普齐到空军服役。他在轰炸组担任电子计算度量操作员,主要职责是阻塞敌人跟踪站的雷达信号。空军的服役生涯使他确信,教育将在他的一生中有很重要的地位。1955年1月,他进入了印第安纳州立大学(Indiana State University),这所大学临近父母的小农场。当时,道普齐的父亲在圣-路易斯工作,并在周末乘公交车往返。所以他和新婚妻子以及他的母亲一起生活。他在这所大学主修会计,并且成为成绩优异的学生。大学毕业时,学院院长建议他继续在研究生院深造。于是他向三个排名前十的大学申请了研究生职位。1957 年秋，他选择了伊利诺伊大学(University of Illinois)。

在伊利诺伊大学，道普齐遇见了第一位对他有影响的导师诺顿・莫尔・贝德福德(Norton Moore Bedford，列会计名人堂第 48 位)。贝德福德的无边界范围思想是非常有感染力的，他向道普齐展示了会计学科的丰富内涵，他的指导和鼓励开启了道普齐通向今天的道路。1961 年，在伊利诺伊大学取得博士学位后，他加盟芝加哥大学著名的会计学院。在那里，西德尼・戴维森(Sidney Davidson，列会计名人堂第 43 位)、查尔斯・托马斯・亨格瑞(Charles Thomas Horngren，列会计名人堂第 50 位)、大卫・格林(David Green)和乔治・H・索特(George H. Sorter)将他对会计研究的感知提高到了一个新的水平。

在芝加哥大学，道普齐与许多初入道的同事共同研究、写作论文，提高了他们的理论研究水平。20 世纪 60 年代，他与一批志同道合且继续在芝加哥大学从事研究事业的博士生共同合作，使其水平得以进一步提升。他与 23 位不同同事合作的事实证明了他在许多重要会计与审计专题研究上的能力，这其中的杰出学者有雅各布・G・波恩伯格(Jacob G. Birnberg)、比尔・库珀(Bill Cooper)、乔尔・斯坦利・德姆塞克(Joel Standly Demski)、尼克・甘尼德斯(Nick Gonedes)、鲍勃・霍索森(Bob Holthausen)、理查德・莱夫维奇(Richard Leftwich)、斯蒂夫・珀曼(Steve Penman)、夏恩・桑德(Shyam Sunder)和罗斯・L・瓦茨(Ross L. Watts)等。如此高水平的同事，使道普齐成为会计文献中无可媲美的人物，并开始独自发表一些重要文章。

1968 年，在与大卫・格林一起担任编辑之后，他成为继大卫・格林之后为《会计研究杂志》(*Journal of Accounting Research*)的第二任主编，并一直任职到 1983 年。此后，又担任了 15 年之久的联合主编。作为主编，他指导了无数的会计研究者进行严密的经验研究和理论方面的探索工作，并促进了会计和审计问题新研究方法的发展。他对目标的执著以及他乐于与有抱负达到较高水平研究者合作的精神，极大地提高了《会计研究杂志》的文献质量，确立了《会计研究杂志》作为权威会计刊物的领先地位。

目前，道普齐和他的妻子巴巴拉一起住在密苏里州的临近圣-路易斯的拉都(Ladue)。

## 二、理论与实务的主要贡献

道普齐是一位富有创造力的学者，从 20 世纪 60 年代便开始发表论文，其学术作品包括 30 多篇公开发表的研究论文、4 本专著，以及许多工作论文和演讲。均产生了重要的影响。

道普齐发表论文的涉及面非常广，包括审计、财务会计、成本管理会计、会计教育以及对他人论文的评论，其中审计和财务会计方面的文章占多数。(1)审计方面论文的研究内容。主要包括：生产效率和服务定价；虚报低价对审计质量的影响；审计责任体系；审计骗术的运用；审计的独立性；审计效率；审计人员扮演的信息角色以及审计意见的发表等。其中，采用实验室方法对审计责任体系研究了连带责任和比例赔偿责任对审计利益关系人行为的影响，研究结论支持了职业界对比例赔偿责任的偏好，认为将审计师的责任由“连带和个别责任”改变为“比例赔偿责任”，不仅不会降低审计质量，实际上还会提高审计质量。1992 年，道普齐与同事 Ronald R. King 在实验室环境中设定了 3 种责任水平(无责任、过失责任和严格责任)、15 个过失责任市场，在其中模拟审计师、公司管理当局和审计信息使用者的行为，评价不同的责任环境对审计服务的需求和供给的影响。其研究认为，过失责任环境会激发更高的经济效率，扩大审计师的责任范围不会带来任何系统性的好处。(2)财务会计方面论文的研究内容。主要包括：会计政策和披露政策；会计规范团体的行为对财务会计研究的影响；存货会计方法的选择；转移价格问题之数学计划方法的会计含意；会计变化(会计计量方法或系统的选择)以及对辅助投资的可选择的会计规则的效果等。(3)成本管理会计方面论文的研究内容。主要包括：成本分析的数学程序和会计方法；生产变化对直接人工生产能力和直接材料耗用量的影响，对成本动因的展望(选择最佳成本动因)；标准成本差异分析。(4)会计教育方面论文的研究内容。主要包括：整合研究和教学，提出要将会计研究和教学的整合作为目标，并关注影响这个目标实现的因素，对增加专业教育要求的调查等。道普齐的研究论文还包括对他人论文的评论，其范围涉及激励性酬金方案、证券化资产的会计确认和计量问题、投资决策的会计信息的相关性以及对 FASB 关于财务会计目标和要素的说明等。

道普齐曾在美国会计学会(AAA)任职，并担任其下属的一些委员会的主席和成员，还广泛服务于会计博士生的各种社团；他是一名注册会计师，并且是美国注册会计师协会(AICPA)和密苏里州注册会计师的成员。

道普齐曾两次荣获美国注册会计师协会颁发的会计文献杰出贡献奖：一次是在 1974 年，他与 Nicholas Gonedes 合作在《会计研究杂志》(增刊)上发表的“资本市场均衡、信息产品和会计技术选择：理论框架和经验回顾”(*Capital Market Equilibrium, Information Production, and Selecting Accounting Techniques: Theoretical Framework and Review of Empirical Work*)一文；另外一次，则是 1980 年 1 月在《会计评论》(*the Accounting Review*)上与夏恩·桑德(Shyam Sunder)合作的“财务会计准则

委员会(FASB)关于财务会计目标和要素的说明：一个评论”(*FASB's Statements on Objectives and Elements of Financial Accounting: A Review*)一文，于1982年再次获奖。后来，他与Ronald R. King等一起进行的在审计和管理会计问题上的实验性研究工作，已经将实验性经济学确立为一种重要的会计研究方法。1981年和1999年，道普齐分别获得了美国会计学会(AAA)的杰出会计教育奖和杰出审计教育奖。道普齐还被伊利诺伊大学评为杰出校友，并被伊利诺伊大学、印第安纳大学(Indiana University)、澳大利亚的墨尔本大学(the University of Melbourne)以及新加坡的国立技术大学(National Technical University)聘为客座教授。如今，他在华盛顿大学任Hubert C. and Dorothy R. Moog会计教授。

## 三、主要论著简析

### (一)“资本市场均衡、信息产品和会计技术选择：理论框架和经验回顾”(1974)

1974年，道普齐在《会计研究杂志》当年的“财务会计目标研究”增刊中发表了题为“资本市场均衡、信息产品和会计技术选择：理论框架和经验回顾”的论文。该文共设序言(一些历史的观点以及关于论文目标和结构的说明)、市场环境、信息和信息产品机会的陈述、信息产品的收益、信息产品的市场环境、信息产品决策选择：生动的设想、可供选择会计技术的经验研究回顾、可选择会计技术的效果或愿望的评估方法，以及相关制度安排的总结和评论等10个部分。文中提出，现有的一些研究在考查供选择技术的有用性时，没有用到企业所有者股份的价格。这些研究没有对可选择会计技术的作用提供大量的可靠证据。这些研究之所以在这方面失败可以归因于两个基本层次的分析缺陷。首先，假设每个没有用到价格的研究框架是恰当的而被接受。即使这样是得当的，但这些研究以一些重大理论和技术问题为特征。在一些情况下，这些问题是统计上的问题。另外一些情况下，这些问题产生的原因是框架(比如，实验室研究中的个人行为理论和重要性方法中的重要性的明确说明)没有很好地制订难以产生可靠的结果，这些问题也许不是不可逾越的，一些问题也许可以通过改善统计工具以及更多地对使用的框架进行明确说明来缓解。其次，涉及没有用到价格的任何研究和资本市场代理商的行为之间的关系。采用的具体框架和资本市场代理商的资源分配决策之间的关系从来不明显。因此，即使每个独立的框架都完美而具体化，即使运用它们所需要的所有数据都可以得到，但每个分析框架之间的相关性大多数也不明显。

所以道普齐认为,一项研究不是因为未用到价格就是有缺陷的,而是现有的未用到价格的研究在克服一些比较重要的技术和理论问题上还不成功。

**(二)“财务会计准则委员会(FASB)关于财务会计目标和要素的说明:一个评论”(1980)**

1980 年,道普齐在《会计评论》第 1 期上发表了题为“财务会计准则委员会(FASB)关于财务会计目标和要素的说明:一个评论”的论文。该文包括 5 个部分:从目标和财务报表要素两方面与以前制订框架的努力结果进行比较;递延资产、勘探成本以及资产和负债的定价基础;财务会计目标的本质,介绍了功能目标、一般目标、统治集团目标、作为社会行为的会计、会计目标的功能性解释、会计目标的一般目标解释以及会计目标的统治集团的解释;解释为什么要探索概念框架;结论。文中提出了对 FASB 财务会计目标的说明和要素的征求意见稿的批评性评论:首先,通过对 FASB 的声明书与之前其他官方团体的比较,提出此前关于目标和概念框架的权威声明如果被判决失败,此项声明书所作的努力也将面临着同样的未来,因为其中新的和有望对解决会计问题提供帮助的内容很少。其次,是分析了失败的原因,并发现财务会计目标并没有一个明确的解释。文章对会计人员为什么不断地探索目标(以及概念框架)的权威定义作了一些解释,并在文章的最后对 FASB 的目标提出了一些建议。

**参考文献**


[1] Dopuch N, L Revsine. Accounting Research 1960—1970: A Critical Evaluation[C]. Center for International Education and Research in Accounting, 1973.

[2] Dopuch N, Birnberg J G, J S Demski. Cost Accounting: Accounting Data for Management's Decisions[M]. Boston, M A: Harcourt Brace Jovanovich, 1982.

[3] http://aaahq.org/newsarc/halloffame.htm, 2005-12-18.

[4] http://fisher.osu.edu/acctmis/hall, 2005-12-15.

[5] http://www.alibris.com/search/books/author/Dopuch, 2005-12-15.

[6] Demski Joel, Zeff, Stephen A, Nicholas Dopuch. Essays in Honor of William A. Paton[C]. Graduate School of Business Administration, The University of Michigan, 1979.

[7] Dopuch Nicholas, Shyam Sunder. FASB's Statements on Objectives and Elements of Financial Accounting: A Review[J]. The Accounting Review, 1980,55(1):1-21.

[8] Dopuch Nicholas. Analysis of Financial Statements: Financial Accounting and the Capital Market[C]. Studies in Accounting Research, April, 1989.

[9] Dopuch Nicholas. Predicting Audit Qualifications with Financial and Market Variables[J]. Working paper series, Center for Research in Security Prices, 1986.

[10] Gonedes Nicholas J, Nicholas Dopuch. Capital Market Equilibrium, Information Production, and Selecting Accounting Techniques: Theoretical Framework and Review of Empirical Work [J]. Journal of Accounting Research, 1974(2):48-129.

(初稿执笔人:翟月梅)

# 詹姆士·顿·爱德华

## (James Don Edwards, 1926 — )

詹姆士·顿·爱德华(James Don Edwards, 1926— )是一名精力充沛的会计实干家,他将毕生的精力都奉献给了他的事业和他的学生,并因此在业界享有良好的声誉。因其对会计实务发展的杰出贡献,于2001年入选美国会计名人堂,也是当年入选的两位成员之一。

## 一、个人简要生平

1926年,爱德华(见图69)出生于密西西比州(Mississippi)的爱立斯维尔(Ellisville),他的童年是在路易斯安那州(Louisiana)度过的。他的父亲詹姆斯·泰瑞尔·爱德华先生是一名基督教牧师(Baptist Minister)。爱德华毕业于路易斯安那州的亚特兰大高级中学,当时,他所在的班级只有10名学生。

图69 詹姆士·顿·爱德华

第二次世界大战期间,爱德华被征入伍,服役于美国海军陆战队(the U. S. Naval Marines),随军到过冲绳群岛、中国、韩国和日本。爱德华是一名非常上进和勤奋的青年。复员后,通过自己不懈的努力,于1949年从路易斯安娜州立大学(Louisiana State University)顺利毕业并获学士学位。1950年,从丹佛大学(University of Denver)毕业获得MBA学位;1953年,从得克萨斯大学(University of Texas)毕业获得博士学位。与此同时,他还通过了注册会计师考试成为得克萨斯州和佐治亚州的注册会计师。

1953年,爱德华从得克萨斯大学博士毕业后,受聘于密歇根州立大学(Michigan State University)会计系,并担任助理教授。鉴于爱德华的卓越表现,1955年被提升为副教授，1957年被提升为正教授，1958年被聘为会计系主任，在这个职位上他工作了13年。在此期间，他还曾担任过密歇根州立大学工商管理研究生院的执行副院长。

1970—1971年，爱德华任职于明尼苏达大学(University of Minnesota)。1972年，他加入佐治亚大学(the University of Georgia)，任会计系教授。1976年，爱德华被委任为第一位J. M. Tull会计学教授。在20世纪70年代，爱德华积极推动佐治亚大学会计系向会计学院的变革，并成为这一活动中的关键人物。在佐治亚大学任职期间，爱德华还积极参与了该校许多其他社会职务的工作，尤其是为该校的资金筹集事务提供了很大的支持和帮助。一分耕耘，一分收获；1984年，佐治亚大学授予他the Abraham Baldwin奖，以奖励他对该校所做出的杰出贡献。1999年，爱德华在辞去商学院临时院长以及为佐治亚大学服务了26年之际，佐治亚大学授予他“荣誉教授”。1998年，佐治亚州众议院邀请爱德华先生出席议会，议会充分肯定和赞誉了爱德华对会计领域及佐治亚州所做出的杰出贡献。

退休以后，爱德华先生仍活跃于佐治亚洲国家银行(Georgia National Bank)、(Georgia Cities in School)、绿野资本集团(Greenfield Capital)、角石银行(Cornerstone Bank)及东湖基金会(East Lake Foundation)等机构，继续发挥自己的余热。

爱德华和他的妻子卡拉若(Clara)于1947年结婚，卡拉若非常支持自己丈夫的事业，他们育有一个儿子詹姆斯·顿·小爱德华(James Don Edwards, Jr.)，现有4个孙女。目前一家人居住在佐治亚州的雅典(Athens)。

## 二、理论与实务的主要贡献

爱德华的主要研究方向包括会计学、财务管理及会计发展史。他编著的第一本《美国公共会计发展史》(*History of Public Accounting in the United States*)，至今仍不失为一份深入认识美国会计职业发展历程的重要材料，为表彰其对会计历史研究领域所做出的杰出贡献，美国会计史学会于当年授予他沙漏奖(Hourglass Award)。

爱德华曾多次应邀到其他国家和地区作学术报告及参加专题研讨会，其学术足迹遍布巴西、法国、英国、越南、古巴和乌克兰。爱德华不仅以访问学者身份踏进了牛津大学努费尔得(Nuffiele)学院，还获得了巴黎大学的荣誉博士学位。

在爱德华先生的职业生涯中，最难能可贵的是，他对会计理论领域及会计实务领域都做出了杰出的贡献。在做好理论研究的同时，爱德华积极参与会计专业团体活动，他是美国财务会计基金会(Financial Accounting Foundation)的创始人之一，曾任美国注册会计师协会(AICPA)指导委员会成员、职业行为标准委员会成员、考试委员会成员，以及管理会计师协会副主席和佐治亚州会计委员会主席。

爱德华曾在亚瑟-安德森公众评论委员会(the Public Review Board of Arthur Andersen)工作了10年之久，审视了40多个国家的审计质量。此外，他还活跃在其他许多专业和商业组织中发挥着自己的力量。

1970—1971年，爱德华在担任美国会计学会(AAA)会长期间，积极促进了所属会计准则制定委员会的形成。会计准则制定委员会的作用类似惠特(Wheat Committee)委员会，它的成立在很大程度上昭示了财务会计准则委员会(Financial Accounting Standards Board，简称FASB)诞生的必然性。此外，爱德华还积极领导促进了美国会计学会下属的博士论坛的创立。他很早便提倡有关会计教育研究成果的公开发行。在美国会计学会工作期间，无论高居主席之职还是作为一名普通的会员，他都尽职尽责。

爱德华有许多迷人的个性，这些个性给他的学生和同事们留下了深刻的印象。在学生眼中，他是一位激情、风趣的老师。他总擅长于引证据典，找些轶闻趣事来活跃课堂气氛。在他的同事眼中，他是一位很有威信、组织力很强的领导。他平易近人、善于交谈、乐于倾听和关注。当他的学生或同事的利益受到侵害时，他总是乐于站出来为他们争取和辩护。所有这些都令他的学生和同事难以忘怀。此外，爱德华认识很多非常有名的朋友，即使这些社会地位很高的人物也非常尊敬他。

鉴于爱德华对会计学术领域所做出的杰出贡献，1975年，美国会计学会(AAA)授予其"会计教育杰出贡献奖"。最值得骄傲的是，爱德华是第一位获Bete Alpha Psi年度杰出会计师(Beta Alpha Psi's Outstanding Accountant of the Year Award)称号的人。1983年，爱德华被路易斯安那州立大学选入该校的"杰出校友录"。1993年，爱德华被授予美国注册会计师协会金质奖章(AICPA Gold Medal)，以表彰他对美国会计行业所做出的巨大贡献。

## 三、主要论著简析

爱德华不仅是一位会计学家，还是一位优秀的会计教师。他一生著述颇丰。独著与他人合著了十几本教科书，发表了大量的专业学术论文。下面扼要介绍几篇文章。

### (一) 关于会计教育问题(1974)

《会计杂志》(*Journal of Accountancy*)1994年第6期刊登了爱德华一篇题为"关注会计教育——你是如何培养你的学生具备解决实际问题能力的?"(*How do You*

*Prepare Your Students to Find Solutions to the Real-world Problems They will Face in the Work Place?*)的文章，表达了作者对这一问题的看法：(1)在我的教学生涯中，最让人兴奋的一次是给研究生班的学生讲公司会计政策。在这次课堂上我没有介绍什么新的经济事项，而是帮助学生们了解现实中的会计问题是如何处理的。这堂课的目的是让学生们摆脱传统的“处理方法”的思维定式，而是要让他们学会站在信息使用者的角度来处理会计问题。(2)我们应把大多数讨论集中在分析年度报告上——财务状况说明书及其分析、财务报表、报表披露及财务分析。这样学生们就可以透过表面看到经济交易与事项的本质。我们应把更多的时间放在报表披露的讨论上，并鼓励和引导学生了解一个决策的制定所涉及的经济利益有多大。(3)通过课堂教学实验，我希望学生能透过数据的表面看到，在自由市场经济体制中，一项商业活动给一个公司所带来社会的、经济的、政治方面的影响。要让学生把会计从“处理方法”的思维定式转向“决策有用”的思维定式是比较困难的。要给学生们一个机会，以让他们发挥创造力，运用自己所学的专业知识，做一些财务报表方面的分析讨论是很有意义的。

### (二) 关于成本管理(1989)

爱德华曾以 Milliken 公司成本管理体系为例，在《会计杂志》1989 年第 4 期上发表了一篇题为“Milliken 公司是如何取胜的”(*How Milliken Stays on Top*)案例文章，影响较大。Milliken 公司是一家纺织品制造商，坐落于加利福尼亚州南部。为了打造世界一流的经营体系及本着为顾客着想的态度，该公司对其成本管理体系做了一系列的改革，包括简化标准成本体系及加入非财务量化指标。这些措施不仅提高了企业的经营效率而且降低了成本。此文详细地介绍这些改革措施及向读者展示这些措施是如何提高企业竞争力的。本文的主要内容包括 Milliken 公司成本管理体系简述、原有“标准成本”体系、评价原有成本管理体系、建议、实施和结语 6 个部分。Milliken 公司坚信，引入非财务指标进行生产和成本控制以及“成本趋势图”的采用，是其全面降低产品成本的直接原因。

### (三) 关于会计准则国际趋同(1999)

1999 年，爱德华在《今日经济改革》(*Ecomnomic Reform Today*)发表的一篇题为“统一国际会计准则”(*Reaching International Accounting Standards*)的论文，表达了如下观点：第一，建立国际通用会计准则的关键在于找到一种两全其美的财务报告体系。这种报告体系不仅适用于不同国家又符合国际上流行准则的一般标准(international guidelines)。建立和执行不同国家都认可的国际准则是非常重要的。当然，以国际通用准则为基础编制的财务报告也必须提供有助于财务管理人员、投资者、债权人做出决策所需要的财务信息。第二,面对国际会计准则委员会颁布的财务报告准则,国际上和各国的财务准则制定机构都开始承受越来越大的压力。准则制定者们都试图将最高水平的会计准则统一起来。然而,事实上很少有国家愿意接受和采用这些国际准则。这种"试图化"的统一似乎造成了一定程度上的不和谐,同时也违背了"准则国际化"的根本目标。第三,统一国际会计准则的一种较为实际的做法是,先制定一些新的准则,这些准则致力于提高当前国际财务报告体系。先努力使大部分的全球性组织接受并逐步采用这些新标准。以此为基础,从长远上促进世界范围内最高水平通用会计准则的制定和实施。第四,要鼓励那些还没有制定会计准则体系的发展中国家及正在研制会计准则标准的发展中国家采纳国际会计准则并加入到会计准则国际化这一潮流中来。对一个国家来说,发展自由的市场经济体制、建立在国际资本市场上都有较高公认度的会计系统是非常重要的。第五,国际会计准则委员会已发布国际会计准则,这些准则与美国、英国、德国的会计准则都存在差别。发展中国可以借鉴国际会计准则来建立自己国家的准则体系。第六,国际会计准则在全球范围内统一的最大困难来源于不同国家、地区制定会计准则与国际会计准则之间存在差异。有些差异很小且很容易将两者协调一致;而有的差异却很大,将二者协调起来难度就很大。第七,国际会计准则的目的和功用在于:便于国际间对比分析,为跨国企业的跨国业务提供会计标准,为国际资本市场提供会计信息,对全球范围内多样化的会计和财务报告体系进行融合统一。

**参考文献**

[1] Black Homer A, James Don Edwards. The Modern Accountant's Handbook[M]. New York: McGraw-Hill, 1994.

[2] http://fisher.osu.edu/acctmis/hall/members/paton/index.html, 2005-12-11.

[3] http://web1.epnet.com/resultlist.asp, 2005-12-11.

[4] Edwards James Don, John H Barrack. The New Income Tax Inventory Capitalization Rules: A Case Study[M]. New York: McGraw-Hill College, 1999.

[5] Edwards James Don, Lynn Thorne. College Accounting Fundamentals: Chapters 1-28[M]. New York: McGraw-Hill, 1981.

[6] Edwards James Don, Lynn Thorne. College Accounting Fundamentals: Chapters 1-14[M]. New York: McGraw-Hill, 1986.

[7] Edwards James Don, Michael Maher, Roger H Hermanson. Accounting Annual Report Book-

let [M]. New York: McGraw - Hill, 1994.

[8] Edwards James Don, Roger H Hermanson Ph. D. Principles of Financial & Managerial Accounting[M]. New York: McGraw - Hill College. 1993.

[9] Edwards James Don, Roger H Hermanson. Essentials of Financial Accounting With Ethics Cases[M]. New York: McGraw - Hill, 1993.

[10] Edwards James Don, Roger H Hermanson. Financial Accounting: Binding Unknown, Illustrated, 1987[M]. New York: McGraw - Hill, 1994.

[11] Edwards James Don, Roger H Hermanson. Study Guide for Use With Financial Accounting: A Business Perspective[M]. New York: McGraw - Hill College, 1999.

[12] Edwards James Don, Michael W Maher, Roger H Hermanson. Accounting: A Business Perspective/Annual Report Booklet to Accompany Accounting a Business Perspective[M]. New York: McGraw - Hill, 1994.

[13] Edwards James Don, Michael W Maher, Roger H Hermanson. Essentials of Managerial Accounting With Ethics Cases[M]. New York: McGraw - Hill, 1993.

[14] Edwards James Don, Michael W Maher, Roger H Hermanson. Working Papers for Use With Accounting a Business Perspective[M]. New York: McGraw - Hill College, 1999.

[15] Edwards James Don. College Accounting: Principles and Procedures: James Don Edwards Binding Unknown, Illustrated, 1977[M]. New York: McGraw - Hill, 1983.

[16] Edwards James Don. History of Public Accounting in the United States[M]. New York: McGraw - Hill, 1994.

[17] Edwards James Don. Principles of Bank Accounting and Reporting: Hardcover[M]. Washington: American Bankers Association, 1991.

（初稿执笔人:滕丽霞）

# 斯蒂芬·亚当·泽夫

## (Stephen Addam Zeff, 1933— )

斯蒂芬·亚当·泽夫(Stephen Addam Zeff, 1933— )是国际著名的会计学家、会计史学家、会计教育家和会计演说家,因其对会计理论发展的杰出贡献,于2002年入选美国会计名人堂,也是当年入选的唯一一位成员。

## 一、个人简要生平

1933年,泽夫(见图70)出生于芝加哥,其父是一家小型广告代理公司的发起人和董事长。泽夫在回忆父母的时候,曾说父亲"非常勤奋而且具有演说家的气质",而母亲则是一位"优秀的听众",自己之所以能成为教师和演说家正是得益于他们的言传身教。

**图70 斯蒂芬·亚当·泽夫**

1951年,泽夫从海兰德公园高中毕业,因为勤奋好学而被同学评为"最勤奋"的学生,随后进入科罗拉多大学(University of Colorado)学习会计学。他之所以选择会计学,是因为高中时期的一门簿记课程给他留下了极深的印象。在科罗拉多大学本科阶段的4年内,泽夫曾为一家学生报纸——《科罗拉多日报》(*The Colorado Daily*)工作,并任编辑部主任。由于其学习成绩优秀而且在有关活动中表现出杰出的才华和潜质,引起了威尔顿·T·安德森(Wilton T. Anderson)和罗伯特·S·韦斯利(Robert S. Wasley)的注意。两位教授鼓励他完成更高级的会计学课程学习,并激发了他从教的兴趣。在指导老师达拉斯·L·琼斯(Dallas L. Jones)的影响下,泽夫对劳动关系问题产生了浓厚的兴趣,后来以此为题完成了硕士毕业论文。1955年大学毕业后,韦斯利劝说他留在科罗拉多大学任教,因为在这里他能尽情享受教书的乐趣，同时攻读管理学硕士学位。上述这段经历使得泽夫最终选择了从教并决定继续攻读博士学位。

硕士研究生毕业后，正逢达拉斯·L·琼斯准备前往密歇根大学（University of Michigan）任教，琼斯建议泽夫赴密歇根大学攻读博士学位。泽夫听从了恩师的建议，于1957年开始了他在密歇根大学的博士生阶段学习，主攻会计学。给他授课的教授有威廉·安德鲁·佩顿（William Andrew Paton，列会计名人堂第三位）及威廉·J·斯科拉特（William J. Schlatter）等著名的会计学家。在攻读博士学位期间，除了兼任会计学教师外，他还参与了由赫伯特·埃尔默·米勒（Herbert Elmer Miller，列会计名人堂第42位）教授主持的中、高级会计学教材的编写工作，而且还是密歇根大学产业关系研究所的助理研究员。在其博士论文中，他从会计发展史的角度，批判性地讨论了会计理论的定位问题。1960年，密歇根大学授予他MBA学位，2年后授予他博士学位。

1961年，泽夫任教于杜兰大学（Tulane University）会计系，他在那里工作了17年并取得突出成绩。到杜兰大学后的不到2年里就被晋升为副教授，3年后即晋升为教授，1977年获得W. R. Irby会计学教授的称号。1978年转到莱斯大学（Rice University）任教至今，1979年，他又被莱斯大学授予赫伯特·S·奥德里（Herbert S. Autrey）会计学教授的荣誉称号。此外，泽夫在杜兰大学和莱斯大学期间还获得了其他许多杰出教学奖。

泽夫兴趣广泛，除了学术研究，他还对体育和歌剧情有独钟。

泽夫的经典理念有：会计教育是要培养会计思想家而不是会计操作技术人员；会计职业界在拥有其毋庸置疑的专业技能的领域内继续发挥其必要作用的同时，也必须对时代的发展变化作出反应。

## 二、理论与实务的主要贡献

泽夫多年来积极服务于会计职业组织。1962年开始，他与美国会计学会（AAA）结下了不解之缘，长期为之工作并做出杰出贡献：1967—1971年，他任学会教育部的第一任主任；1977—1982年，任《会计评论》的编辑；1985—1986年，出任会长一职。1974年，美国会计学会在新奥利斯举行年会，他担任组委会主任。他还是美国会计学会下属众多委员会的主席或成员。正因为他的杰出贡献，在1966年美国会计学会50周年庆典之际，他被推举主持撰写该会的发展史，即被广泛引用的经典文献“美国会计学会：它的头50年”（*American Accounting Association: its first* 50 *years*）。1989

年,他成为 Bete Alpha Psi 会员。

泽夫热衷于学术期刊的编辑工作。1962 年,泽夫就被推荐为美国会计学会会刊——《会计评论》(*the Accounting Review*)的书评作者兼编辑,并任职 4 年。在当时,书评部分是该杂志的主要组成部分,每年发表 50 余篇书评。除了担任《会计评论》的编辑之外,他还担任了众多学术杂志的编辑。1968 年,在美国注册会计师协会(American Institute of Certified Public Accountants,简称 AICPA)及其国际发展组织美国办事处的支持下,他发起成立了泛美会计通讯社(Boletín Interamericano de Contabilidad),以促进拉丁美洲、西班牙及葡萄牙的会计学教授与会计职业界之间的交流。在该通讯社于 1971 年移交给泛美会计学会(Inter-American Accounting Association)之前,他一直担任着编辑职务。此外,他还在全球 30 余个学术和专业编辑委员会中任职。

泽夫是国际会计学方面的专家。1970 年,泽夫应邀在苏格兰爱丁堡大学(University of Edinburgh, Scotland)发表 Arthur Andersen 演讲之后,他对国际会计学产生了浓厚的兴趣。他随后研究了 5 个国家和地区的会计准则制订程序,包括美国、加拿大、苏格兰、英格兰和墨西哥,开创了此类研究的先河。在对这 5 个地区进行深入的采访后,于 1970 年发表了题为"五国的会计准则制订:历史与发展趋势"的专论。这篇专论获得了美国会计史学家会(Academy of Accounting Historians)的第一届奥格拉斯奖,这也激发了他对国内和国际会计政策制定的研究兴趣,之后发表了众多这方面的文章和演讲。他是美国、墨西哥、澳大利亚、新西兰和荷兰等许多国家著名大学的兼职教授,亦曾兼任欧洲会计学会执行委员会委员和苏格兰特许会计师协会的国际研究顾问等职。苏格兰特许会计师协会(Institute of Chartered Accountants of Scotland)在 1991 年专门为他设立了国际研究顾问一职,他一干就是 11 年。2003 年 3 月,该协会授予他荣誉会员称号。此外,他还花了很多时间进行环球演讲,其演讲对象包括学生、学者和会计业界人士,总场次达到 500 余场,其中 380 余场是在国外。他也曾花 2 个月的时间赴拉丁美洲八国演讲,全部用西班牙语。1977 年,他被美国会计学会选为杰出的国际演说家。在 30 余年的时间里,他将美国会计学界与会计准则的制订情况介绍给 55 个国家,他是当之无愧的会计大使。

泽夫的著作和演讲材料被数次重印,其中多篇获奖:1988 年,他获得美国会计学会 (AAA)颁发的"美国杰出会计教育奖";1977 年和 1999 年,两次荣获美国会计学会(AAA)国际会计部颁发的"国际杰出会计教育奖"。他的卓越贡献也得到了会计学术界和实务界的广泛认可。1990 年,泽夫获得芬兰图尔库经济与工商管理学院(Turku School of Economics and Business Administration)的经济学荣誉博士称号。他还是许多大学的访问学者，包括加利福尼亚大学伯克利分校（University of California, Berkeley）、芝加哥大学（University of Chicago）、哈佛商学院（Harvard Business School）、西北大学（Northwestern University）、得克萨斯大学奥斯汀分校（University of Texas at Austin）及墨西哥、澳大利亚、新西兰与荷兰的许多大学。此外，他在杜兰大学和莱斯大学获得了10多个杰出教育奖。

## 三、主要论著简析

泽夫的研究领域极其广泛，范围主要涉及比较会计学、会计准则制订、财务会计理论和会计思想史等领域，其研究成果也极为丰硕，他先后出版了20多部著作和专论，并在学术杂志上发表了30余篇专业论文和150余篇其他论文、评论、书评和社论。其中影响最大的学术贡献有两个方面。

### （一）提出了会计准则制定过程的"经济后果说"(1978)

1978年12月，泽夫在美国注册会计师协会（AICPA）主办的《会计杂志》（*Journal of Accountancy*）第12期上，发表了一篇题为"经济后果学说的兴起——会计报告对决策的影响也许是20世纪70年代最具挑战性的会计问题"（*The Rise "Economic Consequences"—The Impact of Accounting Reports on Decision Making May be the Most Challenging Accounting Issue of the 1970s*）的著名论文，推动了会计理论研究内容方面的革命，为这方面的研究起到了奠基作用，该理论一直到现在都有着深远的影响，现已成为被广泛引用的经典文献。在该文中，他将"经济后果"定义为：会计报告对企业、政府、工会、投资者和债权人决策行为的影响。他认为，"经济后果学说"代表了会计思想真正的革命，社会和经济后果"已经成为当今会计的中心问题"。他系统地考察了经济后果学说的历史演进与发展，并得出结论：经济后果问题从一个只对准则制定过程有程序性含义的问题，转变成一个现在是作为准则制定者实质性政策框架的坚定组成部分的问题了，同时他还分析了造成这种局面的十大原因，如时代的发展、提出讨论的会计问题的复杂性等。最后他提出，财务会计准则委员会（FASB）应该把注意力集中在它的专业技能被认可的领域中，否则，它很有可能被解散。

### （二）提出了会计准则制定的"政治程序说"(2005)

泽夫在会计发展史，特别是准则制定发展史方面作出了卓越的贡献。他深入研究了美国及荷兰、新西兰等8个国家及国际会计准则委员会的会计准则制定程序，这使得他能够从独特的视角去理解和诠释准则的制定问题，其中最著名的思想是“准则制定程序也是一个政治过程”，这一思想为许多后来的会计学者所推崇。反映他这一思想的重要论文是其于 2005 年在纽约注册会计师协会（the New York State Society of CAPs，简称 NYSSCPA）主办的《注册会计师杂志》（*The CPA Journal*）第 1 期上发表的“美国一般公认会计原则的演进：职业准则背后的政治力量”（*The Evolution of U. S. GAAP: the Political Forces Behind Professional Standards*）一文上。

## 参考资料

[1] http://fisher. osu. edu/acctmis/hall/members/zeff/index. html，2010-06-17.

[2] http://www. abeauthors1. com/Author/1225078/Zeff+Stephen+A. html，2005-12-15.

[3] http://jonesgsm. rice. edu/Faculty/StephenZeff/Default. asp，2005-12-15.

[4] http://www. ruf. rice. edu/～sazeff/，2005-12-15.

[5] Zeff Stephen A and Bala G Dharan. Readings & Notes on Financial Accounting：Issues and Controversies[M]. New York：Irwin/McGraw-Hill，1997.

[6] Zeff Stephen A，Dan M Guy. Retired Audit Firm Partners on Boards：Independence Considerations[J]. Director's Monthly，(Feb) 2002.

[7] Zeff Stephen A，Geoff Whittington. Mathews，Gynther and Chambers：Three Pioneering Australian Theorists[J]. Accounting and Business Research，2001，31(3)：203.

[8] Zeff Stephen A，Kees Camfferman. The Contributions of Theodore Limperg Jr (1879—1961) to Dutch Accounting and Auditing，in Edwards. Twentieth-Century Accounting Thinkers[M]. London：Routledge，1994.

[9] Zeff Stephen A，Kees Camfferman. The Apotheosis of Holding Company Accounting：Unilever's Financial Reporting Innovations from the 1920s to the 1940s[J]. Accounting，Business & Financial History，Jul. 2003.

[10] Zeff Stephen A Alfred Rappaport，Peter. A Firm in Accounting：the Issues，the Problems，and Some Possible Solutions[R]. Public reporting by conglomerates，1968.

[11] Zeff Stephen A，Thomas F Keller. Financial Accounting Theory：Issues and Controversies，2nd ed. [M]. New York：McGraw-Hill，1973.

[12] Zeff Stephen A，Kees Camfferman，Frans van der Wel. A Retrospective on Company Financial Reporting After 10 Years [J]. Maandblad voor Accountancy en Bedrijfseconomie，(Nov) 2002.

[13] Zeff Stephen A. The Rise “Economic Consequences”：The Impact of Accounting Reports on Decision Making May be the most Challenging Accounting Issue of the 1970s[J]. The Journal

of Accountancy, 1978,22(12):56-63.

[14] Zeff Stephen A. American Accounting Association: Its First 50 Years, 1916—1966 and Other Books[C]. American Accounting Association, 1991.

[15] Zeff Stephen A. A Perspective on the US Public/Private-Sector Approach to Standard Setting and Financial Reporting[J]. Accounting Horizons,1995,9(1):52.

[16] Zeff Stephen A. A Study of Academic Research Journals in Accounting[J]. Accounting Horizons, 1996,10(3):158-177.

[17] Zeff Stephen A. The Early Years of the Association of University Teachers of Accounting: 1947—1959[J]. The British Accounting Review, 1997,29(1-2):3-39.

[18] Zeff Stephen A. Playing the Congressional Card on Employee Stock Options: A Fearful Escalation in the Impact of Economic Consequences on Standard Setting, in Cooke and Nobes: The Development of Accounting in an International Context: A Festschrift in Honour of R H Parker [M]. London: Routledge, 1997.

[19] Zeff Stephen A. The IASC's Core Standards: What Will the SEC Do[J]. The Journal of Financial Statement Analysis, 1998,4(1):67-78 .

[20] Zeff Stephen A. The Evolution of the Conceptual Framework for Business Enterprises in the United States [J]. The Accounting Historians Journal, 1999,26(2):89-132 .

[21] Zeff Stephen A, John B Canning: A View of His Academic Career[J]. Abacus,2000,36(1): 4-39.

[22] Zeff Stephen A. The Work of the Special Committee on Research Program[J]. The Accounting Historians Journal, 2001,28(2):141-186.

[23] Zeff Stephen A. 'Political'Lobbying on Proposed Standards: A Challenge to the IASB[J]. Accounting Horizons, 2002,16(1):43-54.

[24] Zeff Stephen A. Du Pont's Early Policy on the Rotation of Audit Firms[J]. Journal of Accounting & Public Policy, 2003,22(1):1-18.

[25] Zeff Stephen A. How the U. S. Accounting Profession Got Where It Is Today[J]. Accounting Horizons, 2003,17(3):189-205.

[26] Zeff Stephen A. U. S. GAAP Confronts the IASB: Roles of the SEC and the European Commission[J]. North Carolina Journal of International Law and Commercial Regulation, 2003,28 (1):879.

[27] Zeff Stephen A. The Evolution of U. S. GAAP: The Political Forces Behind Professional Standards[J]. The CPA Journal, 2005,75(2):18.

[28] Zeff Stephen A. Company Financial Reporting: A Historical and Comparative Study of the Dutch Regulatory Process (Amsterdam: North-Holland, 1992), and Frans van der Wel, Kees Camfferman[R].

[29] Zeff Stephen A. Henry Rand Hatfield: Humanist, Scholar, and Accounting Educator[M]. Stamford, CT: JAI Press Inc., 2000.

[30] Zeff Stephen A. Uses of Accounting for Small Business[C]. Bureau of Business Research, Graduate School of Business Administration, University of Michigan, 1962.

（初稿执笔人：张敏）

# 埃德加·O·爱德华兹

## (Edgar O. Edwards, 1919 — 2010)

埃德加·O·爱德华兹(Edgar O. Edwards, 1919—2010)是美国著名的会计学家,因其对会计理论特别是企业收益计量理论的杰出贡献,于2003年入选美国会计名人堂,也是当年入选的3位成员之一。

## 一、个人简要生平

1919年,爱德华兹(见图71)生于马萨诸塞州的佛克斯伯朗弗,1939年获得绿山学院(Green Mountain College)文科准学士学位。

图71 埃德加·O·爱德华兹

在第二次世界大战期间,爱德华兹服兵役于太平洋战场,随后在华盛顿杰弗逊学院(Washington and Jefferson College)学习并取得学士学位,尔后继续深造于约翰斯-霍普金斯大学(The Johns Hopkins University)的硕博连读。毕业后的前9年一直任教于普林斯顿大学(Princeton University),接着又被任命为莱斯大学(Rice University)的经济学教授。1969年被任命为福特基金亚洲和太平洋计划的经济顾问。1974年,爱德华兹回到莱斯大学做行政工作,并一直到1983年退休。

退休后的爱德华兹和其妻子吉恩(Jean)以及3个孩子凯瑟琳(Kathryns)、卡罗林(Carolyn)、道格拉斯(Dougla)定居于佛蒙特州(Vermont)的珀特里(Poultney)。爱德华兹于2010年6月5日逝世,终年91岁。

## 二、理论与实务的主要贡献

爱德华兹曾先后在肯尼亚、博茨瓦纳和黎巴嫩政府中担当重要的顾问角色，一直关注这些国家的经济发展和政策制定问题。他作为作者和共同执笔者著有10多本论著以及20多篇的学术性文章，其内容涉及经济发展、计划、会计以及企业收益等。其中最经典的著作则是1961年，他与菲利普·W·贝尔(Philip W. Bell，与其同年入选会计名人堂)合著的《企业收益的理论和计量》(*The Theory and Measurement of Business Income*，也译《企业收益理论和计量方法》)一书，该书被誉为真实收益学派的代表性著作。

1977年，美国会计学会在其所发表的《会计理论与公认理论报告》(*A Statement on Accounting Theory and Theory Acceptance*，简称ASOATTA，1973年完成)的报告中，将20世纪20年代开始到70年代中期的美国会计理论分为四大流派，他们分别是真实收益学派、规范的归纳学派、决策有用性学派和信息经济学派。这些学派分歧的根本原因在于各自所持基本观念以及各自所运用的方法论和在计量方法上的差异。爱德华兹和贝尔属于真实收益学派，他们倡导用主观价值和主观商誉来界定企业的利润，其所建议的计量方法是要说明重置成本的变化，并区分已实现收入扣减当期已耗非货币性资产重置成本的未实现变化。真实收益学派的基本观念是：会计应该反映主体(企业)的真正收益，然而现存的会计实务未能达成这一目标。真实收益学派倡导者们先设定真实收益的含义是什么，真实收益的具体内容又包括什么，进而将这一概念具体化到各会计要素上去，并设计出可用于具体操作的计量模式。而计量模式的构建存在理论和现实两种方式。通过理论推演构建计量模式的方式下，最理想的方法是：对所要计量的对象加以界定；根据给出的定义择定恰当的计量属性和量度单位；确定相应的计量模式。爱德华兹和贝尔首先论述的是多种可能的企业收益概念，再认定在他们认为是合理、可行的定义——主观价值和主观利润，并将这一概念加以具体化，然后在这些概念基础上推荐在他们看来最能符合定义要求的计量模式——现行成本和一般物价水平。

## 三、主要论著简析

1961年，爱德华兹与贝尔教授合著的《企业收益的理论和计量》，也译《企业收益理论和计量方法》一书，是20世纪60年代规范会计理论的经典作品之一。

该书出版后,在会计学术界与实务界产生极大反响,其好评如潮。时至今日,相关会计理论的研究中仍然大量引用该书的观点。美国财务会计准则委员会(FASB)的委员 L. Todd Johnson 认为,该书对于关心财务会计理论并怀有极大兴趣的读者,以及在实务中尝试采用较好理论确认收益而遇到困难的会计人员而言,是一本受益匪浅的书。它的价值,在于激发了新一代学者和政策制定者更加清楚全面地认识企业收益以及与财务决策和经济现象之间的关系。书中阐明了各种收益的概念本质,其提出的理论对于试图使其收益数据更加便于投资者和管理者决策使用和评估的会计人员,具有很大的实用价值。爱德华兹和贝尔在序言中表明,本书意在尝试性地发展一种有意义的企业收益理论并展现它是如何被运用于财务会计记录和报告的,他们最终成功地做到了。《企业收益的理论和计量》的基本要点如下①。

第一,是对现行会计实务提出批评意见。认为现行会计实务唯一的依据是把价格、产品的数量和质量视为长期不变,好像是人们生活在一个物价稳定不变的环境中,把个别商品看作价格稳定不变,因而对未来的经济活动看成确定性的经济。实际情况并非如此,会计面临的是一个动态市场经济环境,而不是静态的经济环境,企业之所以需要会计是为了进行经济决策,而经济决策总是针对未来行动的选择,现在会计实务所提供的数据,特别是收益数据,是不能满足面对未来经济决策需要的,因此,决策者要求反映的利润,是对决策相关的利润。可见,他们对传统会计持批评的态度。

第二,是论述了多种可能的企业收益概念。他们在论述了多种可能的企业收益概念后,再认定他们认为是合理、可行的定义——主观价值和主观利润,并将这一概念加以具体化,然后在这些概念基础上推荐在他们看来最能符合定义要求的计量模式——现行成本和一般物价水平。

第三,是令人信服地证明,发展一种建立在合理理论基础上且在实务中又具有可计量性企业收益的严格定义是十分必需的。鉴于会计收益理论存在的缺陷,人们从决策有用观出发,当相关性和可靠性发生矛盾时,宁愿牺牲一点可靠性而增加相关性,学术界在不损害可靠性的前提下,突破历史成本原则,实现配比原则和谨慎原则,试图形成一种新的收益理论。

第四,是提出了"企业收益"概念。他们肯定了经济收益的理论价值,即经济收益应理解为一定时期内企业资本净值的增值,但因它不能被客观计量而无法用于实际计量中,同时他们将经济收益与会计收益相结合,提出"企业收益"的概念。企业收益是私有企业经济运转所依赖信息的关键要素。收益的正确计量对于明智的企业管理以

① 葛家澍. 会计大典第一卷——会计理论[M]. 北京:中国财政经济出版社,1998:249;葛家澍. 西方财务会计理论问题探索(二). 财会通讯,2005(2):8-10。

及根据过去决策的内在评估为将来作出更好的相关决策都是非常重要的。它也是企业外部个人或团体，诸如投资者、债权人甚至是判断独立企业经营状况以及对不同企业或企业组织进行比较的管理机构所必需的，因为这些外部使用者影响着经济资源的配置。最后，合理的企业收益概念对于在考虑税收情况下权益的影响也是至关重要的。

第五，界定了企业收益的各种概念并讨论企业在计量实务中具有可行性收益概念的作用。本书不像其他经济学家那样一味地批评财务会计的传统做法，至少他们清楚明白财务会计人员在评估资产和确认收益时所碰到的实践性难题，知道被某些经济学家主观性界定的收益从财务人员的角度根本不能计量。因此当谈到企业收益时，英国经济学家希克斯(J. R. Hicks)1946 年在其著作《价值与资本》(*Value and Capital*)中对于经济收益的定义被人们所提及，他认为“一个人的收益是他在期末和期初保持同等富有前提下可能消费的最大金额”①。书中这一定义运用于企业时，表述如下：“在没有股利支付和新投资者投入情况下，收益等于期末管理者期望从企业现存净资产能够获得的净收益的折现价值减去期初用相似方法得出的主观价值”。他们不太同意西德尼·S·亚历山大(Sidnery S. Alexander)在《动态经济中的收益计量》(*Income Measurement in a Dynamic Economy*)中提出的观点：主观收益是一种理想化的计量，也是理想化的会计目标之一，基于企业资产的市场价值变化的处理方法是与实际状况最接近的。他们则坚定认为基于市场价值的收益概念本身就是最理想的，而不是最好的接近。书中提出，认为主观利润以及企业资产相关的主观价值具有经济意义：“如果企业试图最大化其利润，毫无疑问，企业应该选择那些在管理层眼里具有最大主观价值的资产”②。他们还指出，谈到最大化短期利润时必然会提到主观利润。

第六，创立了现行成本理论，并建议采用现行成本计量。该理论在 20 世纪 70 年代以后得到较快发展并获得了会计职业团体的支持，例如，美国证券交易委员会(Scurities and Exchange Commission，简称 SEC)于 1978 年发布第 190 号会计系列文告，要求上市的公众大公司必须编制现行重置成本报表，美国财务会计准则委员会(FASB)在上述公告中予以支持，要求各大公司不仅编报一般物价水平会计补充报表，而且还同时要求编制现行成本会计补充报表。英国、澳大利亚、加拿大和新西兰等国家的会计职业界亦追随美国和英国，陆续发表了现行成本会计征求意见稿，并试行

① J R Hicks. 1946. Value and Capital, Second Edition[M]. Oxford: Clarendon Press, 172.

② Edwards Edgar O. and Philip W Bell. 1961. The Theory and Measurement of Business Income[M]. Berkeley: University of California Press, 35.

现行成本会计①。根据作者的观点，从短期经营来看，为衡量收益与市场价值相关的概念有现行脱手价值、机会成本，还有资产能在企业外以迅速可获得的最好价格售出时实现的价值。利润应该定义为可实现利润，目的是给所有者做出明智决定的启示：让企业经营下去而非在期初时停业关闭。与初始投入相关的现行市场价值而非现行脱手价值，是另外一个与市场价值变化下收益定义有关的概念。现行市场价值指的是现行成本——是指替换一项现在拥有的功能良好的资产所应付出购买现金数，它关注资产的潜在服务成本。现行成本的一个重要特点是每一个会计时期，都要按现行成本重新开始计量，现行成本与历史成本，或前后两项现行成本的差额，要确认为持有（未实现）利得或损失。"每个企业的活动都有持有活动和经营活动。一个企业意图取得利润的活动很方便地分为：(1)通过或转换生产要素形成产品，其销售价值超过生产要素价值，从而产生利润；(2)由于资产价值升值或负债价值减值，而是企业所拥有这种资产（或负债）而产生的利得。在第(1)种情况下利润的形成由于利用要素；在(2)种情况下利得的形成结果则是持有要素或产品"②。建立在现行成本基础上的收益概念是企业利润，等于资产现行价值变化减去负债现行价值变化之差。

第七，提出有两种企业活动能形成利润也会带来损失。这两种活动分别是：(1)资产的持有活动(holding activities)，也就是同保持一定的数量、结构的生产要素与产品有关的活动。实际上这种活动与理财、筹资、投资都是密切相关的。这种活动会带来利得或损失，特别是可带来未实现(unrealized)的持有利得和损失(holding gains and losses)，如物价变动。有人认为，对物价变动引起的资产增值不代表企业业绩，这是不对的。让资产保留在那里，让它涨价或让它跌价，是企业理财的需要，保持多少数量的资产、保持什么结构的资产，也是投资的一个很重要方面，都是要做决策的。(2)资产使用活动，就是通常所说的供、产、销活动，它会带来经营收益或者损失。现代企业都有以上两种活动，他们把资产的持有活动称为"水平活动"（横向活动），资产使用活动叫做"纵向活动"。书中认为，只有把这两种活动发生的利得和损失加在一起才能反映企业全部利润即全部收益，这才是决策所需要的。

第八，规范了企业利润的构成，提出由当期营业收益、可实现成本节约和已实现的持有收益（资本利得）三部分组成。他们确信为了实现管理目标，将经营利润与由资产价格变化引起的成本节约和资本利得区分开来是必要的。列示企业利润的利润表能

① 当通货膨胀浪潮在全世界已基本平息时，除英国、荷兰等少数国家外，大多数国家的财务报表已很少按现行成本表述。

② Edwards Edgar O and Philip W Bell. 1961. The Theory and Measurement of Business Income[M]. Berkeley: University of California Press, 36.

清楚地表达这一点。企业利润的概念并不代表与传统会计原理的彻底脱离，基于历史成本的传统会计利润数据并不应抛弃，从利润表可以看出，会计利润可以作为当期营业收益、已经实现成本节约和已经实现资本利得之和。企业利润则是当期营业收益、可实现成本节约和与其他相协调已经实现或未实现项目增加金额之和。

书中提出，当货币单位价值改变考虑进去时，利润要素也需要调整。(1)现行经营利润。书中指出，当期营业收益应当与产品及其销售有关，它等于现行价值(收入)减去与之相配比的现行成本。现行销售收入不需另外计算，凡是收入都是现行的。而现行销售成本则要换算，因为现在的成本都是历史成本，其中销售成本是从存货中转出的，折旧也是从固定资产原始成本转出的，要换算为现行销售成本和现行的折旧费用。按照这种方法计算出来的收益有很大好处，在内部决策与评估时也很重要。如果一个企业有很多分部，生产销售同一种产品，只有用现行经营利润评价他们的业绩或问题才有可比性，如按历史成本与收入配比，所得到的利润是不能反映各分部的成绩或问题的。又比如，固定资产购入时间不同，其成本也不同，材料也存在这个问题，导致计算的利润也不同，这是否是管理者的业绩？这里成本和利润都是不可比的。如果各分部(厂)都换算为现行成本，这一问题就不存在了，成本和利润就具有可比性。书中指出，如果利润能够超过期初拥有资产现行成本可获利息数，那么企业生产是值得持续经营下去的。(2)可实现成本节约。可实现成本节约是在会计年度内企业持有资产现行成本的减少。书中指出，通过销售获得的资本利得和经使用实现的资本利得必须分为真实的和虚幻的两部分。比如说这时真正的企业利润等于名义企业利润减去虚幻的可实现成本节约，也等于当期营业收益加真的可实现的成本节约。爱德华兹和贝尔认为，在价格变化条件下，会计数据的修改对于评价过去决策收效甚微，但个别价格变化应该考虑进去，并认为处理个别价格调整比整体价格水平调整而言更重要，价格水平的调整使得所得税更加公平。(3)已实现的持有收益。它是指销售成本中历史成本与现行成本的差额。比如存货本来按历史成本应为销售成本，假定是 1 000 元，现在是按现行成本 1 200 元，经营利润就减少 200 元。固定资产的现行成本及其折旧的增减等问题，可以用补充报表反映。

该书既维护历史成本计量，又认为在物价变动时可以修正。这为后来美国财务会计准则委员会(FASB)制定发布的第 33 号财务会计准则——《财务报告与物价变动》(*SFAS No.* 33 *Financial Reporting and Changing Prices*)提供了一定的理论依据。

另外，爱德华兹曾经非常关注发展中国家的就业问题。他通过对发展中国家就业问题的综合观察，将发展中国家的劳动力利用不充分或劳动不得其用即广义的失业分为 5 种存在形式：公开性失业；就业不足；表面上是在工作或愿意工作，但利用不充分

(这种失业包括:变相的就业不足、隐蔽性失业、提前退休);损伤;生产无效益。爱德华兹对发展中国家失业存在形式的划分详细、具体、全面,尤其是对于非公开性失业的划分更是入木三分,人们在研究发展中国家失业存在形式的时候广泛引用和借鉴爱德华兹的划分方法。

**参考文献**

[1] 包继礼. 中国三元经济结构中剩余劳动力的转移[J]. 云南财贸学院学报,1999(3):12-16.
[2] 葛家澍. 会计大典第一卷——会计理论[M]. 北京:中国财政经济出版社,1998.
[3] 葛家澍. 财务会计理论方法准则探讨[M]. 北京:中国财政经济出版社,2002.
[4] 迈克尔·P·托达罗. 经济发展与第三世界[M]. 北京:中国经济出版社,1992.
[5] 裘宗舜. 财务会计概念研究[M]. 上海:立信会计出版社,2001.
[6] Hicks J R. Value, Capital, Second Edition[M]. Oxford: Clarendon Press, 1946.
[7] Edwards Edgar O, Philip W Bell. The Theory and Measurement of Business Income[M]. Berkeley: University of California Press, 1961.
[8] Revsine Lawrence. The Theory and Measurement of Business Income: A Review Article[J]. The Accounting review, 1981,56(2):342-356.

(初稿执笔人:颜菱)

# 菲利普·W·贝尔

## (Philip W. Bell, 1924 — )

菲利普·W·贝尔(Philip W. Bell, 1924— )是美国著名的会计学家,因其对会计理论特别是企业收益计量理论的杰出贡献,于 2003 年入选美国会计名人堂,也是当年入选的三位成员之一。

## 一、个人简要生平

1924 年,贝尔(见图 72)出生于美国纽约市(New York)。第二次世界大战期间他曾在美国空军服役,任飞行员。第二次世界大战结束后,即开始了他《纽约时报》(*New York Times*)记者的职业生涯。贝尔除了获得普林斯顿大学(Princeton University)经济学学士学位和博士学位之外,还获得了加利福尼亚大学伯克利分校(University of California, Berkeley)经济学的硕士学位。他在美国许多大学担任教师,包括加利福尼亚大学伯克利分校、哈佛大学(Haverford College)、莱斯大学(Rice University)和波士顿大学(Boston University),并且还担任了世界其他许多大学的客座教授。

图 72　菲利普·W·贝尔

1992 年他从波士顿大学退休后,仍然继续从事写作和咨询工作,并且接受了有关学校客座教授的职务。

目前,贝尔教授和他的妻子吉恩·韦思·贝尔(Jean Wyeth Bell)居住于宾夕法尼亚州(Pennsylvania)的肯尼特广场(Kennett Square)。他们育有 4 个孩子,即苏珊(Susan)、杰弗里(Geoffrey)、玛丽·艾伦(Mary Ellen)和詹姆士(James),共有 9 个孙子。

## 二、理论与实务的主要贡献

贝尔教授的大部分学术工作致力于使会计学和经济学相结合，并尽量使会计学向经济学靠拢，他认为经济学家应该更好地理解会计数据，而会计学家应该更好地理解经济学家需要什么样的会计数据，在美国财政部咨询处、美国国际开发总署和为发展中国家所作的许多实务工作中，充分体现了他的这种学术思想。他的诸多著作中，影响最大的是其于 1961 年与埃德加・O・爱德华兹(Edgar O. Edwards)教授合著的《企业收益的理论和计量》(*The Theory and Measurement of Business Income*，也译《企业收益理论和计量方法》)一书。

贝尔是现行成本会计模式的重要倡导者，也是企业经营权益新模式的开拓者。他和爱德华兹教授在两个问题上有开拓性的见解：一是成本模式，坚定地主张推行现行成本模式；二是坚定地要求改变现在的收益计算方法，而他们建议的是运用企业收益①。

**参考文献**

[1] 葛家澍. 西方财务会计理论问题探索[J]. 财会通讯，2005(2)：9-11.

[2] Annotated Listing of New Books[J]. Journal of Economic Literature, 1998, 36(3): 1619-1620.

[3] Book Review[J]. Issues in Accounting Education, 1998, 13(1): 239-240.

[4] http://fisher.osu.edu/acctmis/hall/members/bell/, 2005-12-15.

[5] http://fisher.osu.edu/news, 2005-12-15.

(初稿执笔人：叶仁敏)

① 本书的具体内容详见埃德加・O・爱德华兹简介，此处略。

# 詹姆斯·J·莱斯林

## (James J. Leisenring, 1942— )

詹姆斯·J·莱斯林(James J. Leisenring, 1942— )是一位杰出的会计学家,曾在美国会计准则委员会(FASB)工作多年,后服务于国际会计准则理事会(Financial Accounting Standards Board,简称 IASB)。因其对会计准则制定及其提高会计准则质量做出的杰出贡献,于 2003 年入选美国会计名人堂,也是当年入选的三位成员之一。

## 一、个人简要生平

莱斯林(见图 73)曾在艾尔比奥学院(Albion College)获得学士学位,在西密歇根大学(Western Michigan University)攻读 MBA。1964—1969 年,他在西密歇根大学任教。

图 73　詹姆斯·J·莱斯林

1982 年,莱斯林正式加入美国财务会计准则委员会(FASB),任研究与技术部的主任。1984 年,FASB 成立应急事务工作小组时,他担任第一任组长。1987 年 10 月,他被任命为 FASB 的委员,1988 年 1 月成为 FASB 的副主席。莱斯林曾任 FASB 的衍生工具应用组组长、金融工具组组长,同时也是金融工具国际联合工作组的一员。在 FASB 任职期间,他曾担任 $G_4+1$ 的主席[①]。

2001 年,莱斯林被任命为改组后的国际会计准则理事会(IASB)的成员,且是

① $G_4+1$ 是 20 世纪 90 年代除由加拿大、澳大利亚、美国、英国四大英语国家的会计准则制定机构组成的会计准则国际协调机构,1993 年,IASB 作为观察员身份参加活动,即形成 $G_4+1$ 格局,后来新西兰也加入该组织。

IASB与FASB之间的联络员，其任期于2010年6月30日结束。

莱斯林在加入FASB之前，他是Bristol，Leisenring，Herkner公司的合伙人和会计审计主管。这家公司现在是Plante & Moran公司的一部分。他曾担任过美国注册会计师协会(AICPA)审计委员会的主席，亦曾为其他几个职业团体服务过。

## 二、理论与实务的主要贡献

莱斯林为高质量的会计信息作出了巨大贡献。自从1987年正式成为FASB的一员开始，他就在财务报告和财务信息的审计方面投入了大量的精力。他在FASB中工作多年，但他对高质量会计准则的推崇和追求也仍像他刚刚以观察员身份加入FASB时一样强烈。莱斯林认为，人们判断和执行会计准则的基础是它的质量，FASB在改善本国和国际会计准则质量方面都起到了推动作用。尽管在他的任期中对有争议的准则有过激烈争论，他相信FASB的工作人员提供了无价的服务。“我一直很惊讶，对FASB批评最多的人是遵守FASB准则得到利益最大的人”。莱斯林的自我批评意识和对高质量会计准则毫不动摇的责任是其在FASB成功的关键因素。莱斯林说：“市场主要的受益者是最不屑于保护投资者脆弱信心的人，精确报告公司财务状况的会计准则质量是支持审慎的投资者和经济繁荣必不可少的。FASB保证了投资者对财务报告的信心。”他的工作业绩表现了他在制定准则方面的天赋。他的有关学术观点主要体现在以下五个方面。

### （一）对财务报告中立性的看法

财务会计准则委员会(FASB)公告指出：“会计准则是经济有效运行所必需的，因为分配经济资源的决策依赖于可靠、具体、可理解的信息。”莱斯林认为，会计准则的目的是确保财务信息以一种能使决策者做出正确决策的方式报告。为其他目的而建立准则，公司报告的财务信息将没有价值，与财务报告目标相违背，会对资本市场造成潜在的威胁。提供对财务报告使用者有用信息的基础是信息的中立性。中立的信息尽可能真实地报告经济活动，没有任何影响使用者决策的色彩。中立的信息是没有预先决定结果的无偏见的信息。中立性在会计中是检验财务报告准则的重要标准，因为信息缺乏中立性就失去了它的可信度和价值。如果信息可以被验证，如果在选择报告信息时是中立的，那么信息将不偏向任何一方的利益。任何市场都有双方，即买方和卖方。如果信息偏向于一方，那么一定会损害另一方的利益。莱斯林指出：“中立的会计信息可能事实上偏向特定的利益，那只是因为可验证的信息指向这种方法。这就像一个好的考试分数只青睐那些应得到这个分数的好学生。”

莱斯林认为,财务报告的中立性并不是说中立的信息没有结果。中立的信息如果是相关的、有用的当然会有结果。财务报告的信息可以帮助区分经济资源的使用是否有效或有助于评估两个可选择方案的相关收益与风险。为了扩大所提供的财务报告信息的范围,就要区分经济主体。当上述情况发生时,财务信息就在评估资金的供给甚至在拒绝给予特定主体或特定项目资金上起着重要作用。财务报告将恰当地完成其预定的工作。这个工作是提供对经济决策有用的信息,经济决策决定在不同经济主体和经济活动之间有效地分配资源。

莱斯林认为,有偏向的会计信息会影响资本的分配或使经济决策朝着某个已经预先制定的目标前进。因此,它将破坏资本市场的正常运行,损害投资者和债权人的资金分配决策。莱斯林说:“FASB 一定要抵制任何通过损害财务信息而影响资本分配过程的倾向。证券交易委员会和美国国会也要这样做。美国之所以是全球最有效的资本市场的主要原因,是投资者和债权人能收到他们进行有效决策所依靠的相关的、可靠的财务信息。”在财务报表中保护公众信心是 FASB 的目标。任何希望看到在市场经济下有效率和有效果的资本分配过程的人都会以保护公共政策为追求的目标。在市场导向经济中散播有偏见性的误导信息会损害所有人的利益,甚至预先感到信息被操纵可能会对成本和可利用资本有巨大相反作用。

### (二) 对权益联合法的态度

莱斯林赞成 FASB 反对权益联合法的观点,他指出:“权益联合法是一种非正常的处理方法,它损害了可比性、隐藏了投资。因此,它是毁坏性的、不能为概念所判断的。”

莱斯林赞成使用购买法会计,认为多变的股票价格并不足以解释放弃购买法会计。他解释说:“为获得净资产而支付的价格是交易会计模型的基础,为什么获得或购买有商业联合的性质而忽略支付的价格。如果以股票相交换,支付股票的价格就像支付现金一样清楚。因为股票价格易变就忽略支付的价格。如果以一千股股票与一辆卡车相交换,难道能因为股票的价格易变而忽略交易价格?”“购买法会计也存在问题”,“但我认为,是时候集中精力改进购买法会计,把它作为企业联合中唯一允许使用的会计处理方法。”

### (三) 对会计准则与时俱进的看法

在莱斯林的职业生涯中,尽管会计职业界遭受了巨变,但他对财务报告和审计的兴趣始终没有改变过。要知道，使准则和制度与时俱进并不是一件容易的事，莱斯林接受的这项挑战尤为重要。他说“财务报告改变得还不够”，他承认FASB有可能部分出错，但原因非常复杂，责任也难以分清。“FASB长期以来是一个改变世界的工具，而它所要改变的世界是一个组织相当完好的抵制变革的世界。是否今天抵制变革的力量比20年前要大，这个问题很难说清楚。”

莱斯林认为，任何一个时期准则制定者面临的最大挑战之一都是如何跟上快速前进并且越加复杂的经济环境。股票市场的变化改变了投资者对信息需求的性质。“新经济”型公司声称他们的财务成果不能有效地用传统方法来度量。莱斯林认为，准则制订者的挑战是精确描述这类公司的财务报告，而不是退缩去证明传统方法的质量。在查阅新经济型公司的投诉时，莱斯林质疑这些公司的动机。“如果没有收入是新经济公司的‘经济’，我就不清楚为什么报告没有收入的事实是错误的或不相关的”。然而，莱斯林承认传统的会计模式不是很容易适应新方法。例如，一家新经济型公司可能在开发市场时更加关注品牌价值，无形资产成为公司财务更加重要的组成部分。新经济型公司的内在特点就像他们自己所说的那样，一些相对重要的无形资产不能被确认。

### （四）对国际会计准则的看法

在FASB工作了13年后，莱斯林在2001年被任命为国际会计准则理事会(IASB)的成员。莱斯林曾公开批评过国际会计准则(IAS)和国际会计准则委员会(IASC)在发展核心准则以适应跨国金融市场方面的无能。但随着国际会计准则委员会的改组和$G_4+1$工作组的工作模式的建立，国际会计准则委员会发挥着日益重要的作用。莱斯林说：“国际会计准则制定者的主要目标应是发展全球范围内使用的高质量准则”。他的远见正是国际会计准则未来发展的方向。

莱斯林认为，国际会计准则制定者一定要把尽快达成一套普遍接受的国际准则体系作为首要问题。我们需要分析主要权限的取得、IASB的准则和怎样使趋同性在这段时间内最大化。很明显，这需要国内准则制定者的努力与合作，同样也需要来自IASB的授权。

莱斯林认为，国际会计准则常因为不够强硬而被批评。有时准则制定得很好，但执行过程和强制措施不够。有效的强制措施是必要的，但证券委员会国际组织(IOSCO)并没有行使它的权力。莱斯林说，当外国公司进入美国市场时，美国证券交易委员会(SEC)扮演了一个强制性的角色，它强制外国公司使用美国的一般公认会计原则(GAAP)。这时美国证券交易委员会(SEC)在行使法律授予它的权力，但世界上真正行使这样权力的机构并不多。从 IASB 的角度来看,没有有效的强制措施是一个严重的问题。因为缺乏强制措施将使准则受到不公平的对待。莱斯林说,为达到高质量财务报告的目标,我们必须有高质量的会计准则,但我们也必须有高质量的审计、高质量的强制措施和高质量的分析。尽管这些综合的因素没有必要同时到来,但国际会计师联合会(International Federation of Accountants,简称为 IFAC)正在为提高国际审计准则质量而努力。

莱斯林认为,制定国际会计准则的一个真正挑战是怀疑他们传统上认可的美国模式。因为美国拥有高质量的准则,即一般公认会计原则(GAAP)。在 FASB 中,有受人尊敬的准则制定者,有健全的会计职业体系。现在在制定国际会计准则上的大部分努力,很多人认为给美国的投资者带来很少的帮助。莱斯林说:"FASB 的目标是建立一套单一的高质量准则,这套准则适合国内和跨国团体在美国使用",这可能要求一套单一的国际准则来满足美国在准则质量和会计方法上的需要。

莱斯林认为,FASB 的方法已经在国外遭到了大量批评,尤其是欧洲。在欧洲有一些对国内准则美国化的恐慌。尽管这种准则趋同、一致现象不会很快地发生,但它是我们追求的目标。正如美国证券交易委员会(SEC)所言,有一些问题虽然已经超出了会计准则的范围,但为了达到高质量国际财务报告的目标,我们也必须考虑这些问题。

### (五)如何处理会计准则制定中有争议的问题

莱斯林说:"财务会计准则委员会仅仅是一个研究团体。假若这 7 个人持续一起工作,即使当他们在技术问题上有很大分歧,但在情感上几乎没有摩擦。但我仍然怀疑他们对任务和对作为决策基础的财务会计概念框架的认识是一致的,相反可能存在极大分歧。"

莱斯林认为,FASB 工作人员的努力被各界人士所认可,然而这些工作人员的压力还未被认识到。会计准则通常处理那些关系到特殊利益群体重大利益的问题,有时一个让步可能只是为了取得所有相关利益集团的一致认可。莱斯林认为,总体上委员会在权衡不同利益集团的利益冲突上做得很好。FASB 的程序要求从尽可能多的利益集团征求意见,其中很多利益集团可能不同意委员会的预案。莱斯林说:"我经常收到很多反对意见,通过对应询程序得来的反对意见的研究,我也多次改变想法。这些反对意见对我来说是建设性的,也是必不可少的"。

莱斯林提出,对一些特殊准则的反对者开始逐渐寻找国会的支持,如关于处理商业联合和取消权益联合法会计准则意见稿的听证会。政府直接干预准则的制定是存在的，但莱斯林认为来自特殊利益群体的政治压力是无效的。他说："这种压力确实威胁到独立部门准则的制定。但更重要的是，它可能会影响投资者获取有关投资和信贷决策方面的可靠信息，从而影响公共利益。"莱斯林坚持自己的信念：准则的质量是准则制定过程和决定一项特殊处理是否有利的驱动因素。

**参考文献**


[1] Tidrick Donald E. A Conversation with James J Leisenring, IASB Member[J]. International Accounting, 2002(5):48-51.

[2] FASB Concepts Statement No. 2. Qualitative Characteristics of Accounting Information[EB/OL]. [2005-06-15], http://www.fasb.org/.

[3] Leisenring James J. The Meaning of Neutral Financial Reporting [EB/OL][2005-06-15]. http://enzi.sen.gov/liesen.htm, 2005.


（初稿执笔人：崔慧静）

# 丹尼斯·罗伯特·贝雷斯福德

## (Dennis Robert Beresford, 1938— )

丹尼斯·罗伯特·贝雷斯福德(Dennis Robert Beresford, 1938— ),曾任美国财务会计准则委员会(FASB)主席,现佐治亚大学特瑞经济学院(the University of Georgia, Terry College of Business)的会计教授。因其对会计准则制定做出的杰出贡献,于2004年入选美国会计名人堂,也是当年入选的三位成员之一。

## 一、个人简要生平

1938年,贝雷斯福德(见图74)出生于美国加利福尼亚州(State of California)的洛杉矶,并在那里长大。他的父亲曾是一家化学公司和房地产公司的业务员,母亲是一位家庭主妇,他有一个兄弟和两个姐妹,他们都曾是排球队员。在他出生之前就去世了的祖父,生前曾是美国好莱坞格鲁奥曼(Grauman)中国剧院的经理。贝雷斯福德从11岁开始到高中和大学期间,每周至少会工作20个小时来赚取学费,他先在一家保龄球馆当球童,后来他又成为一家杂货店的伙计。

图74 丹尼斯·罗伯特·贝雷斯福德

高中毕业后的贝雷斯福德刚进入加利福尼亚大学洛杉矶分校(University of California, Los Angeles)不久,就去军队服了6个月的兵役,之后又返回到校园,1961年在美国南加利福尼亚大学(University of Southern California )取得了学士学位。在南加利福尼亚大学时,他是Bete Alpha Psi分部主席,获得了普华会计师事务所(Price Waterhouse)的优秀毕业生荣誉,并成为Beta Gamma Sigma成员。贝雷斯福德不仅是美国注册会计师(Certified Public Accountant,简称CPA),而且还是注册管理会计师(Certified Management Accountant,简称CMA)和注册财务管理师(Certified

Financial Management，简称 CFM)。他把通过参加注册管理会计师考试作为对自身管理会计专业知识的检验，以便更好地为所在的企业服务。

贝雷斯福德是家庭中的第一个大学生，而他最初的兴趣在于找到一份工作，以便有一个合理的未来和生活保障。在他看来，会计职业判断中的主观性和发展运用严谨思考的能力使会计变得如此有趣。1961 年大学毕业后，他加入了洛杉矶的安永会计师事务所(Ernst & Young)，并且一直在那里工作了 10 年。1971 年，他被调往安永在克利夫兰(Cleveland)的办事处，第 2 年他就成为了安永的合伙人，之后不久他又被任命为安永的会计准则指导委员会成员。

1997 年，在他从事 25 年的公共会计师和 10 年的 FASB 生涯后，他成为佐治亚大学的会计教授，他和他的妻子现居住在美国佐治亚州雅典市。

## 二、理论与实务的主要贡献

### (一) 积极服务于会计职业组织

1976 年，贝雷斯福德加入了美国注册会计师协会(AICPA)的财务会计准则执行委员会(Accounting Standards Executive Committee)，并在 1979—1982 年期间担任该委员会的主席，同时在 1980—1983 年间他服务于美国财务会计准则委员会(FASB)的财务会计准则咨询委员会(Financial Accounting Standards Advisory Council)，主要从事所得税会计和及时的财务报告指南方面的工作。1982 年，他被选举为美国注册会计师协会理事会的理事，任期 3 年。1982—1984 年间，他是国际会计准则委员会(IASC)中的两名美国代表之一。1984 年，他成为美国财务会计准则委员会应急事务工作小组(FASB's Emerging Issues Task Force)的首批成员。除此之外，他还在多个组织中服务过，包括财务经理协会(Financial Executive Institute，简称 FEI)、美国会计学会(The American Accounting Association，简称 AAA)和财务会计基金会(Financial Accounting Foundation，简称 FAF)等。

1987 年，贝雷斯福德当选为美国财务会计准则委员会(FASB)的主席，当他接到邀请担任该委员会主席的电话时，他刚从纽约的一个商业午宴上回来，那时他是安永的合伙人。财务会计基金会特别委员会主席杜安・基尔伯格(Duane Kullberg)打来电话，说理事会毫无异议地通过了任命他为财务会计准则委员会的下一任主席。这一请求和接受之只经历了 15 秒，但这却是 FASB 早在 1986 年就开始寻找新一任主席的高潮和结局。"我在安永实在是太忙了，以至于没有想太多谁将会取代唐纳德・詹姆士·科克(Donald James Kirk，1977—1986年间一直任FASB的主席)。”贝雷斯福德在当年2月份接受《会计杂志》(*Journal of Accountancy*)的采访时这样说，“但后来基金会的一位理事询问我是否能将我列入考虑范围内，当然我也被告知候选人很多。”

贝雷斯福德是一位思维缜密、考虑周到的人。当时他的两个孩子都还在密歇根读书，克雷格(Graig)23岁，已经获得了芝加哥大学(The University of Chicago)的心理学学位，正在密歇根大学(The University of Michigan)完成他的经济学学士学位；而贝丝(Beth)当时20岁，是密歇根希尔斯代尔学院(Hillsdale College)西班牙语专业的大三学生。他仔细权衡了去担任FASB主席对他的家庭、同事以及自己将意味着什么。他向他的妻子玛丽安(Marian)寻求建议，并衡量了各方面因素。后来，贝雷斯福德果断地接受了这个任命并在此岗位上奋斗了10年。他的协调能力帮助FASB维持了其世界领先的地位。他有着令人尊敬的杰出专业才能，在加入FASB之前，他从事了25年的公共会计师职业，他主持了当时最受争议的一系列会计问题，如股票期权、退休金福利、所得税和金融衍生工具等。同时他对国际会计准则委员会致力于建立一个全球认可的会计准则体系想法保持冷静态度，对会计准则国际化作出了初步的努力。贝雷斯福德被誉为会计行业的支柱，他一直致力于财务会计报告和公司治理专业领域方面的活动，在数十年内，巩固和维持了FASB在全球会计准则制订中的地位。

在贝雷斯福德担任FASB主席的1987—1996年10年间，他率领委员会通过了一系列具有挑战性的财务报告决定。这10年间，FASB先后制定了第92号到第131号共计39号准则，其中最困难的，给他留下深刻印象的是第106号准则——《雇主对养老金以外的退休后福利的会计处理》(*Employers, Accountings for Postretirement Benefits Other than Pensions*)、第109号准则——《所得税的会计处理》(*Accounting for Income Taxes*)和第123号准则——《股票型报酬的会计处理》(*Accounting for Stock-Based Compensation*)。关于退休人员健康医疗及类似责任义务的处理，是当时财务报告中的一个重要缺陷，贝雷斯福德通过努力工作和沟通，第106号准则也成为为数不多的事后得到财务总监和其他人员赞扬的准则中的一个。之所以提到第109号准则，很大程度上是因为它是对第96号准则《所得税的会计处理》的改良，FASB承认犯了错误并回过头去修改它。

第123号准则是关于股票期权的，这一准则在当时引起了巨大的争议，在2004年股票期权问题又一度成为最热门的话题。20世纪80年代，股票期权计划(Stock Option Plan)是当时兴起的一种激励经理人员的报酬制度，作为一种分配制度的创新，其产生和发展都与当时美国公司产权结构与公司治理结构的变革密切相关，由于股票期权将经理人员的报酬与公司的市场价值相联系，有利于协调经营者与所有者之间的利益关系,因此受到西方各国的普遍推崇。进入20世纪90年代,这一计划得到长足发展。在美国,以股票期权为主体的报酬制度已经取代了以年薪和奖金为主要内容的传统报酬制度。美国财务会计准则委员会(FASB)曾试图要求公司在损益表中反应期权成本,但当时除了FASB委员会的成员几乎没有人赞同将期权成本作为费用核算。在1995年代表经理人利益的政治说客们扼杀了这一想法,他们声称如果经理人股票期权(Executive Stock Option,ESO)被计入营运成本,那么ESO将会逐渐消失,管理层将不以股东价值最大化为经营目标,从而损害到美国经济的活力。贝雷斯福德说:"我知道对期权的估价问题存在着一些合理的担忧,但是我们已经有足够好的一些方法去确认这一成本,可此时却同政治联系起来了。问题不是它是否是一项成本或者是否能够真正被计量,最终变成是否将通过一项法律来阻止我们。"圣·乔·利博曼(Sen Joe Lieberman)法案的颁布,不仅仅是在这个项目上无视FASB的存在,而且立即使FASB在经济领域感到困惑不安,因为它要求美国证券交易委员会(SEC)审查并重新着手FASB取得进展的每一个项目。最终达成了妥协,规定公司必须在报表附注中披露如果将其确认为费用将对净利润带来的影响,从而为财务报告使用者提供良好的信息。由此可见,第123号准则——《股票型报酬的会计处理》(*Accounting for Stock-Based Compensation*)在当时引起了不小的风波,但是贝雷斯福德始终带领FASB坚守着自己的立场。2004年,股票期权问题再度成为热门话题,而这一次FASB却得到了更多的支持,有400多家公司已经自愿地将期权纳入成本。事实证明FASB当初的立场和行为都是正确的。

贝雷斯福德不仅率领委员会通过了一系列具有挑战性的财务报告决定,而且致力于维护委员会在面对外部利益极大压力时的正直性和独立性。他改善了委员会同各种各样学会的交流,包括AAA-FASB年度研究会议的创立。

### (二)积极推进会计国际协调工作

世纪之交,贝雷斯福德还带领美国财务会计准则委员会(FASB)进行了初步的国际化努力,先后与加拿大、澳大利亚和英国其他三大英语国家的会计准则制定机构组成了会计准则国际协调机构,1993年IASC作为观察员身份参加其活动,形成$G_3+1$的格局,后来新西兰加入,则继续称之为$G_4+1$。进入20世纪90年代,区域性会计协调得到快速发展,欧盟是最早进行地区会计协调的,然后是北美,最具有影响力当然还是$G_4+1$集团。$G_4+1$的协调目标包括:(1)为提供有助于资本市场参与者的财务信息,而制定高质量的财务报告准则。(2)探讨解决财务报告问题的通用方法。单一而高质量的财务报告方法比多个方法并存更有助于资本市场参与者。(3)财务报告准则应当建立在概念框架的基础上。作为组织成员,应当与其他成员具有类似的概念框架。(4)为了探索财务报告问题的通用方法,要求成员愿意并且有能力投入资源,以便在概念框架内解决这些问题。2001 年,$G_4+1$ 在伦敦召开了结束其使命的会议。备受关注的 $G_4+1$ 这一高姿态举动,也使国际社会和 IASB 如释重负,表明 IASB 得到了美、英等国会计准则制定机构的实质性支持。

$G_4+1$ 在其存续的近 10 年间,对成员国诸多会计领域的协调展开了卓有成效的合作与研究,达成了很多共识,发布了一系列研究成果,其中影响最大的是其关于企业合并和业绩报告的专题研究。这两个项目对 IASB 后来进行的质量改进和准则制定工作产生了很大影响。另外,$G_4+1$ 进行的协调和研究项目还包括:建立未来会计确认和计量的概念框架;关于"海静活动(期现对抵)"(hedging activities)的会计处理;准备的确认、计量和披露;执行租赁会计处理的新方法,确定长期资产可实现金额的会计标准;接受非互惠性资产转让(不包括所有者捐赠)的会计处理;企业合营或类似安排中的权益报告;以股份为基础的支付;新计量基础;收入和负债确认;衍生金融工具等。

### (三) 积极推行会计教学内容改革工作

在教学中,贝雷斯福德发现学生花费了太多的时间去关注具体的会计规定,包括那些令人头痛的 FASB 准则,发现他们也仅仅只关注会计事件而不关注更为广泛的经济和社会问题,最终学生们不适应于处理需要的职业判断。为此,他花费了大量的精力来倡导解决这一现实问题。

### (四) 热衷从事相关专业领域的工作

贝雷斯福德还一直活跃在公众视线中,从事专业领域方面的活动。1997—2005 年间,他是美国管理会计师协会(the Institute of Management Accountants,IMA)财务报告委员会(Financial Reporting Committee)和财务经理协会(FEI)公司报告委员会(Committee on Corporate Reporting)的成员;1999—2003 年间,他是财务经理研究基金会(Financial Executive Research Foundation)的副主席;2002—2003 年间,他是纳斯达克上市审查听证会(Nasdaq Listing and Hearing Review Council)的成员;2004 年,他又加入了股东代理咨询公司 PROXY Governance 的政策委员会(Policy Council)。此外,他还先后担任了数家公司的董事,2002 年,他分别担任了 Legg Mason 公司,Kimberly-clark 公司和 MCI 公司的董事;2006 年,他又担任了 Fannie Mae 公司的董事。

由于其杰出的贡献,贝雷斯福德一生获得了许多的荣誉和奖项:1982 年,他的文章获得了 Max Block 奖[1]；1984 年，他和安永合伙人约瑟夫·韦伯(Joseph V. Weber)以及劳伦斯·贝斯特(Lawrence C. Best)合写刊于《会计杂志》(*Journal of Accountancy*)1984 年 1 月号的“所得税会计：改革正在来临”(*Accounting for Income Taxes: Change is coming*)论文获得该杂志的年度文献奖[2]；1986 年，被评选 Alpha Kappa Psi 年度会计师；1995 年，他荣获德保罗大学(DePaul University)的名誉博士称号；1997 年，被授予加州注册会计师终身成就奖；2004 年，他的论文“我们能回到美好的过去吗”(*Can We Go Back to the Good Old Days*)再次获得 Max Block 奖的最佳评论奖。该奖评审委员会成员、信息技术安全审计机构理事布鲁斯(Bruce H. Nearon)说，“他把具有洞察力的评论带到了最重要的位置，这评论对我来说是针对了会计行业一些最令人沮丧的问题：准则超负荷，阅读和理解年度报告附注的相关困难，对一些新准则的实施和解释的近乎不可能性，公允价值会计的转移。记住美好的过去，但是我们知道已经回不去了”。另外一位评审委员会、佩斯大学(Pace University)会计教授玛丽·艾伦·奥利维瑞(Mary Ellen Oliverio)说：“贝雷斯福德教授在这篇文章中代表了他自己典型的公正和有洞察力的形象。他是明智的、有想法的。我希望他的文章能鼓励读者接下来的创新想法。读他的关于议案的建议是件乐事，他的独到的见解同他在该领域的宽广视野相结合，总是新奇和充实的。”2004 年 10 月 26 日，在奥兰多(Orlando)召开的美国注册会计师协会(AICPA)理事会会议上，他被授予 2004 年度美国注册会计师金质奖章(AICPA Gold Medal Recipients)，以表彰其对会计职业的突出贡献。

## 三、主要论著简析

贝雷斯福德也是一位多产的作家，先后在《会计杂志》(*Journal of Accountancy*)、《注册会计师杂志》(*The CPA Journal*)和《会计地平线》(*Accounting Horizons*)等专业学术期刊上发表了上百篇文章，访问过一百多所大学，并作了大量的演讲，他的许多观点经常被一些杂志和其他同行所引用。2000—2003 年，他担任了《会计地平线》的副主编；另外，他还担任过《注册会计师杂志》等许多杂志编辑委员会的成员。贝雷斯福德还曾与安永合伙人约瑟夫·韦伯(Joseph V. Weber)以及劳伦斯·贝斯特(Lawrence C. Best)合写过一本名为《所得税会计：可选方法评价》(*Accounting for Income*

① Max Block 奖始建于 1976 年，是为了纪念前任《注册会计师杂志》的编辑 Max Block 而设立的。

② 这一奖项是为了纪念前任杂志编辑和资深的美国注册会计师协会副主席约翰·劳勒(John Lawler)而建立的，由 500 美元的奖金和证书组成。该奖项由杂志的社论顾问们决定，在每年的六月份期刊上公布，颁发给会计杂志一年来发表最优秀文章的作者。

*Taxes*：*Review for Alternatives*，*Stamford*，*CT*：*Financial Accounting Standards Board*，1983)的书。

## 参考文献


[1] Robert Beresford Dennis，Bill Liebtag. Profile new FASB Chairman[J]. Journal of Accountancy，1987,163(2)：67-69.

[2] Robert Beresford Dennis. Accounting for Income Taxes：Review for Alternatives[C]. Stamford，CT：Financial Accounting Standards Board，1983.

[3] Robert Beresford Dennis. If I Could do It over Again[J]. CPA Journal,2001，71(7)：80.

[4] Robert Beresford Dennis. Some Thoughts on Students and Faculty[J]. CPA Journal，2004,74(1)：6-10.

[5] Heffes Ellen M. Stock Option Accounting[J]. Financial Executive，2004,20(3)：16-17.

[6] http://fisher.osu.edu/Departments/Accounting-and-MIS/Hall-of-Fame/Membership-in-Hall/Dennis-Robert-Beresford. 2006-03-12.

[7] Craig James L Jr. The FASB after Stock Compensation[J]. CPA Journal，1995，65(7)：32-36.

[8] Craig James L Jr. Reflections on Ten Years of Standard Setting[J]. CPA Journal，1997,67(8)：46-51.

[9] Calabro Lori. Farewell to FASB[J]. CFO，1997,13(5)：48-51.


(初稿执笔人：李佳梅)

# 杰拉尔德·艾伯特·费尔萨姆

## (Gerald Albert Feltham, 1938— )

杰拉尔德·艾伯特·费尔萨姆(Gerald Albert Feltham, 1938— )是加拿大英属哥伦比亚大学(the University of British Columbia)会计学院的教授,他致力于会计学前沿理论的研究近40年,对会计理论的发展作出了杰出的贡献。费尔萨姆于2004年入选美国会计名人堂,也是当年入选的三位成员之一。

## 一、个人简要生平

1938年,费尔萨姆(见图75)出生于加拿大萨斯喀彻温(Saskatchewan)的穆斯乔(Moose Jaw)。年轻的时候,他非常热衷于体育运动和教会的礼拜活动。在他20岁的时候,即兼职给人派送报纸并很快发展了100多名顾客,在高中的最后一年,派送报纸已经成为他一项具有稳定收入的临时工作。费尔萨姆的父母是穆斯乔公立学校的教师,他从小就继承了他父母优秀的数学和分析才能,这也引导他选择了会计职业道路。

图75 杰拉尔德·艾伯特·费尔萨姆

1955年,16岁的费尔萨姆高中毕业,随后进入了萨斯喀彻温大学(University of Saskatchewan)的商业与特许会计师专业学习。这个专业提供了在会计师事务所的实习工作并与学校相应的课程结合。在穆斯乔,费尔萨姆曾先后在两家事务所工作过,最初在McCartney & Marsh会计师事务所工作,后来又在R. L. Bamford Co.工作。在事务所的实践学习给了费尔萨姆丰富的实践经验,也对他今后的研究产生了一定的影响。1960年对于费尔萨姆来说是繁忙的一年,那年9月,他完成了最后的特许会计师考试,并且取得了全校最高分,12月,他与居妮·霍尔曼(June Holman)结婚,最后以优异的成绩获得了商业学士的学位。

费尔萨姆的长期兴趣并不在会计实务。受到萨斯喀彻温大学会计学教授约翰·帕克(John Parker)鼓励,他申请了美国的研究生课程。他很快就被美国加利福尼亚大学伯克利分校(University of California,berkeley)录取,同时还获得了助教的职位,但是女儿 Tracy 的降临却耽误了他到伯克利分校的研究生学习,后来他去了加拿大阿尔伯塔大学(University of Alberta)任教。

1963 年,费尔萨姆进入加利福尼亚大学伯克利分校进行博士课程的学习。在加利福尼亚大学伯克利分校,他致力于 Marschak & Radner 的信息经济学研究。他的论文指导教授西科特·安东(Hector Anton)介绍他研究用于决策预测的信息,在当时这种理论刚开始运用于会计研究。费尔萨姆加入了由约翰·巴特尔沃斯(John Butterworth)、泰德·马克(Ted Mock)和其他几个人组成的专门研究信息经济学发展的学习小组。这段研究经历使费尔萨姆放弃了会计的传统计量研究而转向探索会计信息的意义和经济影响。1966 年,费尔萨姆完成了他的博士论文并且获得了麦肯锡基金(McKinsey Foundation)的最高论文奖。同时,由于费尔萨姆获得了 1966 年度的亚瑟·安德森基金会助学金(Arthur Andersen Foundation Fellowship),使他和他的妻子以及两个女儿在他完成论文后能够继续留在伯克利。

1967 年,费尔萨姆完成了博士学习后,进入斯坦福大学的会计学院工作。他发表的第一篇题为“信息的价值”(*The Value of Information*)的论文来自于他的博士论文,这篇论文获得了美国会计学会(AAA)1968 年度的最具竞争优势奖(Competitive Manuscript Award)。该篇论文一发表就受到了会计研究人员的热烈认可与推崇,这也促使美国会计学会把他的博士论文《信息评估》(*Information Evaluation*)以专题论文的形式在系列学术丛书上发表,而这些学术丛书专门由一些高级学者预定后阅读。

## 二、理论与实务的主要贡献

费尔萨姆在斯坦福大学即开始与乔尔·斯坦利·德姆塞克(Joel Stanley Demski,列会计名人堂第 64 位)合作。1970 年,他们曾合作发表了第一篇论文“预测模型在信息评估中的运用”(*The Use of Models in Information Evaluation*)。由于其发展对会计学术的贡献,这篇论文获得了美国注册会计师协会(AICPA)的奖励。后来他们出版了一本重要的著作——《成本决定:一种概念方式》(*Cost Determination: A Conceptual Approach*)。此外,他们还发表了一系列有影响力的论文,其中“预算控制系统的经济动机”(*Economic Incentives in Budgetary Control Systems*)获得了美国会计学会(AAA)1994 年度的会计学术文献重大贡献奖(Seminal Contributions to Accounting Literature Award),是这个奖项于 1986 年设立 20 多年后获此殊荣的四篇论文之一。

费尔萨姆在斯坦福大学任教至 1971 年后,他回到加拿大进入英属哥伦比亚大学(the University of British Columbia)会计学院工作。那时他单独或合作发表了 28 篇重要论文和 4 部有影响力的著作。1994 年,他和以前的博士生吉姆·谢(Jim Xie)合作发表了"多种代理关系业绩评价的一致性和多样性"(*Performance Measure Congruity and Diversity in Multi-Task Principal/Agent Relations*),这篇论文获得了美国会计学会 1999 年度管理会计杰出贡献奖(Notable Contribution to Management Accounting)。此后,费尔萨姆和彼特·O·克里斯滕森(Peter O. Christensen)开始着手一项雄心勃勃的编著计划,计划编著一本分为两册的《会计经济学》,书中囊括 250 多种经过严密论证的理论、推理和辅助定理,以及它们对会计学的重要意义。该书的第一册《市场中的信息》(*Information in Markets*)已于 2003 年出版,第二册《业绩评价》(*Performance Evaluation*)则于 2005 年初完成并出版。

费尔萨姆的研究使其意识到会计的重要性,不仅体现在会计在信息决策中的直接作用,以及它创造促进最优决策的刺激因素的能力,另外还有代理理论和博弈理论在激励性契约检验中的运用。在他对会计问题的研究中广泛运用了经济学研究工具。一个典型的例子是 1995 年他和詹姆斯·A·奥尔森(James A. Ohlson)合著的一篇论文"经营和理财活动的估价与净盈余会计"(*Valuation and Clean Surplus Accounting for Operating and Financial Activities*)。这篇论文检验了市场价值和会计数字之间的关系,后来这也被广泛运用于实证会计研究。1998 年,由于该文对会计实证研究的重要贡献,这篇论文获得了美国会计学会与德勤国际会计公司联合颁发的 AAA/Deloitte Widman Medal Award。鉴于费尔萨姆对于社会科学研究的卓越贡献,2003 年他被推选为加拿大皇家社会科学院院士。在当时众多院士中,他是唯一一位会计学家,也是仅有的 5 位商业领域的专家之一。

费尔萨姆在专业服务领域也取得了非常杰出的表现。他连续 4 年担任《现代会计研究》(*Contemporary Accounting Research*)的编辑,超过 10 年担任《会计研究评论》(*Review of Accounting Studies*)的编辑,多年担任《会计研究杂志》(*Journal of Accounting Research*)、《会计与经济学杂志》(*the Journal of Accounting and Economics*)、《会计评论》(*the Accounting Review*)以及一些其他会计专业权威杂志的编辑委员会成员。他的众多荣誉和奖项中还包括加拿大会计学会的 Haim Falk 奖,借以奖励他对会计思想发展的杰出贡献。此外,他还是英属哥伦比亚注册会计师协会成员。

作为一位广受尊敬的国际型讲师，费尔萨姆在美国、加拿大、欧洲以及东南亚举行过多次博士论文写作、如何发表论文和会计研究方面的讲座。1997 年，他获得了美国会计学会的杰出国际客座讲师(Distinguished International Visiting Lecturer)以及杰出会计教育奖(Outstanding Accounting Educator Award)。

## 三、主要论著简析

1995 年，费尔萨姆和詹姆斯·A·奥尔森(James A. Ohlson)在《当代会计研究》(*Contemporary Accounting Research*)中发表的题为“经营和理财活动的估价与净盈余会计”(*Valuation and Clean Surplus Accounting for Operating and Financial Activities*)的著名论文，提出了干净盈余理论(Clean-surplus theory)，也称“费尔萨姆-奥尔森模型”。该模型使人们重新看到了会计计量经济收益的可能性，现代计量观就是在干净盈余理论基础上诞生的。

费尔萨姆-奥尔森模型的主要内容是，某一企业权益的市场价值可以表达为权益的当期账面价值和未来非正常盈余(即剩余收益)现值的一个函数。所谓非正常盈余是指从会计收益(指干净盈余，或称全面收益)中扣除权益资本成本后的余额。该模型用公式化语言描述如下：

$$V_t = BV_t + \sum_{s=1}^{n} \frac{(ROE_{t+s} - r) \times BV_{t+s}}{(1+r)^s}$$

式中，$BV_t$ 为第 $t$ 期权益的账面价值；$ROE_{t+s}$ 为 $t+s$ 期按权益账面价值计算的权益报酬率；$r$ 为折现率(权益资本成本)。该模型成立的前提条件是，要求在资产负债表与损益表之间建立清晰的逻辑关系，即保持干净盈余关系。所谓干净盈余是指除资本性交易(如业主投资、派发股利)以外的所有净资产变动都在损益表中反映，即它要求的会计盈余是一个“全面收益”。

从该模型中，可以引申出几个观点：在完善、完全的和确定性市场条件下的理想经济环境中，企业全部资产的市场价值等于其预期未来现金流量的折现值，企业的账面价值会等于企业的现行市场价值；企业的净收益等于企业期初价值乘以利率，投资者可以自行算出；剩余收益为零。因此，在理想状态下，企业价值就等于企业净资产净账面价值，对应收益成为理想状态下的“经济收益”，不存在任何超额回报，资产负债表包含了企业价值的全部信息含量，而损益表没有任何信息含量。在不完善、不完全以及不确定的现行市场条件下，因循传统的历史成本计量模式，资产负债表上除存货以外项目的数量接近它们预期现金流的现值，其他资产大部分是按历史成本折旧后计算的，这就不一定反映它们预期收入的现值。此外，目前在许多企业资产价值总量中占相当比重的无形资产，如商标资产、知识资产和管理资产，限于历史成本计量模式的局限性，它们没能在现有的资产负债表反映。因此。一般情况下，企业价值相对偏低，也就是存在正的剩余收益，存在超过正常收益的超额回报。在保持干净盈余的条件下，上述公式适用于任何计量基础的会计，并非仅限于理想状态下的无偏差会计。在现行历史成本会计模式下，企业的市场价值为资产目前账面价值与预期未来剩余收益的现值，从而损益表的信息含量得以体现。

近年来，费尔萨姆所提出的干净盈余理论成为现代计量观的理论基础之一。在现代计量观下，会计理论开始重新探索财务会计的“价值计量”、“经济收益计量”的途径。

**参考文献**

[1] 万颀钧，王宇峰. 收益报告目标的演变——从历史观、信息观到计量观[J]. 财会通讯(学术版)，2005(11)：99.

[2] 谢诗芬. 权益估价、会计信息、公允价值：模型与启示[J]. 财经理论与实践，2003(7).

[3] Christensen P O，Feltham Gerald A. Economics of Accounting：Volume I - Information in Markets[M]. Boston：Kluwer Academic Publishers，2003.

[4] Demski J S，Feltham Gerald A. Cost Determination：A Conceptual Approach[M]. Ames，Iowa：Iowa State University Press，1976.

[5] Feltham Gerald A，James A Ohlson. Valuation and Clean Surplus Accounting for Operating and Financial Activities[J]. Contemporary Accounting Research，1995，11 (2)：689-731.

[6] Feltham Gerald A. Information Evaluation，Studies in Accounting Research No. 5[C]. American Accounting Association，1972.

[7] http：//people. commerce. ubc. ca/faculty/feltham. 2010-07-25.

[8] http：//people. sauder. ubc. ca/faculty/feltham/docs/CV-Publications-9-04. pdf. 2010-07-28.

（初稿执笔人：李冰）

# 威廉·约瑟夫·瓦特

## (William Joseph Vatter, 1905—1990)

威廉·约瑟夫·瓦特(William Joseph Vatter, 1905—1990)是加利福尼亚大学伯克利分校(University of California, Berkeley)的终身教授,具有渊博的学识和一流的理论水平,他不仅在财务会计理论、管理会计和成本会计领域都作出了巨大贡献,还对会计教育工作产生了深远影响。由于其对会计理论发展作出的杰出贡献,于2004年入选美国会计名人堂,也是当年入选的3位成员之一。

## 一、个人简要生平

1905年,瓦特(见图76)出生于俄亥俄州(Ohio State)的辛辛那提(Cincinnati)。他从小就有很高的音乐天赋,并擅长很多乐器,如中提琴、小提琴、钢琴和法国号等等。20世纪20年代初期,他开始定位自己的人生,具备音乐天赋的他曾一度慎重考虑过要成为一个交响音乐家。但是后来由于某些原因,他放弃了自己的音乐梦想,踏入了会计领域。他先是在胜家缝纫机公司(Singer Sewing Machine Company,这家公司被公认为现代意义特许经营的鼻祖。1851年的美国,该公司的产品就在消费者中享有很高的声誉)当一名审计员,这样工作了七八年。但好景不长,在1931年美国经济大萧条最严峻的时候瓦特失去了工作,这成为他人生中一个巨大的转折点。

图76 威廉·约瑟夫·瓦特

由于失业和贫困的原因,瓦特耽搁了一段时间。幸运的是,他的一位伯父借给他一笔钱使他重新返回了学校,同时开始准备注册会计师(CPA)考试。大学3年期间由于他的勤奋好学和努力拼搏,1934年时,已经29岁的他以最高荣誉获得了俄亥俄州的迈阿密大学(Miami University)的学士学位,毕业后他受聘在迈阿密大学当了两年的讲师,从此和大学教育结下了不解之缘。

1936年,他取得了俄亥俄州注册会计师资格。但他并不满足,他想一鼓作气继续深造,所以他来到了芝加哥大学,在芝加哥大学他一边从事会计教学工作,一边攻读工商管理硕士,仅仅用1年时间他就获得了硕士学位。由于他突出的学习和工作能力,1937年他被留任于商学院工作。在1942—1944年间,他一直担任曼哈顿项目冶金学实验室(the Metallurgy Laboratory of the Manhattan Project)的财务主任。瓦特是一个非常有目标和追求的人,他在学业道路上不断向前。1946年,他获得了博士学位。1947年,他被提升为会计学教授。1936—1957年间,瓦特一直在芝加哥大学任教。1957年,他离开芝加哥大学来到加利福尼亚大学伯克利分校(University of California,berkeley,简称UC Berkeley)执教。在那儿他发挥才智、奉献自己。一直到1972年他光荣退休。

1930年,他与露西·H·舒马赫(Rose H. Schumacher)喜结连理。1990年,这位为会计学研究和会计教育奋斗了数十载的会计前辈离开了人世,享年85岁。

## 二、理论与实务的主要贡献

瓦特一生著述颇丰,独撰和与其他学者合作出版了许多经典著作,包括11本书、专题著作或专业实用手册(handbook contributions)、50多篇论文以及11份书评(book reviews)。值得一提的是,他所创作的作品并未随着他的年龄而减少,事实上,他将近50%的学术作品都是在他快荣誉退休前的12年内完成的。他的经典著作有《会计的资金理论及其对财务报告的影响》(*The Fund Theory of Accounting and its Implications for Financial Reports*,1946)、《经营预算》(*Operating Budgets*,1969)、《财务报告中的会计计量》(*Accounting Measurements for Financial Reports*,1971)等。瓦特还编写了一本独具匠心、适合初级学者的《管理会计》教科书(1950),这本书导致了一种管理会计教学新方法的产生[①]。与此同时,瓦特在各类刊物上发表的多篇论文以立论敏锐、论据中肯和文笔简洁而给读者以充分的启迪。如,"制造费用分配的局限"(*Limitations of Overhead Allocation*),这篇文章就多次被引用。在他的论文中,瓦特一再展示他非常善于把某个抽象理论和实际问题转换成一个简单问题。瓦特的论文选题涉及范围很广,有营利企业,也有非营利企业,有对会计基本理论的研

① 1991. Journal of Management Accounting Research, 3(3):233-235.

究,也有对管理会计或是财务会计某个具体问题的研究。他曾受总审计长委托做了一份题为《成本分析标准》(*Standards for Cost Analysis*)的报告,这份报告的内容史无前例,可以说是开辟了新领域,尤其是在成本费用分配方法领域。这份报告是成本会计准则委员会(Cost Accounting Standard Board)最初公报的主要概念性依据。独有的人格魅力和学术上的巨大成就,使得所有认识瓦特的人都非常敬佩他。

瓦特一生特别是对管理会计的影响非常之大。在这一领域,他最初的贡献体现在一本于1938年在美国出版的早期成本会计教科书——《纽伦成本会计》(*Neuner's Cost Accounting*)中,他编写了一章"从管理角度重新审视成本会计"(*A Re-examination of Cost Accounting from the Managerial Viewpoint*);1944年,这一内容又作为一个专栏出现在最初的《成本会计手册》中;1945年,他写了一篇文章"制造费用分配局限"。20世纪40年代后期,瓦特教授开始在芝加哥大学教管理会计课程,并亲自组织、排版与打印手稿,然后分发给学生。伦特斯-霍尔公司(Prentice-Hall)知道他的举措后建议瓦特将他的笔记和问题写成初稿,这样才有了1950年出版的《管理会计》教科书。虽然瓦特没有抽出时间把这本书精练到自己满意的程度,但世界各地的会计教授们都坚持使用这本书。这本书前后被再版了18次,直到1962年瓦特要求停止再版。几乎美国近30年来出版的每一本成本会计或是管理会计书籍都受到了这本书的影响。例如,对于相关成本和不相关成本的区别就可追溯到瓦特关于这一问题的阐述。

瓦特非常喜欢别人称他为课堂上的老师,和他一起工作的同事们都一致认为,他就是杰出老师的标杆。工商管理硕士培养计划中的基本财务会计和管理会计课程,他都教得非常好。而且,他总是很乐意帮助他的同事和学生,或是提出些有建设性的批评,或是交流一下思想等。他对他所带的博士生都给予了充分激励和及时反馈。瓦特为从事会计教育工作的人树立了很好的榜样,他一生热衷于学术,同时他也能很娴熟地从抽象理论转到实际运用问题中去,不论是在象牙塔里还是在每天都必不可少的会计实务中,他都是游刃有余。瓦特对会计教育的影响可以说是世界范围的,其在《会计杂志》(*Journal of Accountancy*)上发表的学术论文"资金报告编制的直接法",描述了T型账户法,这篇文章对教科书和学生的影响比任何一篇关于资金报告的文章都要大。

从瓦特的学术生涯中可得出,他不仅是一个富有创造力的、有影响力的作者,还是一个受人敬仰的老师、同事和导师。他经常让自己的学生接触他的一些同事,使这些学生受益匪浅。瓦特多才多艺,并且对问题非常具有洞察力。他是会计思维新方式的开拓者,这些思维方式对会计研究、会计实践和会计教学方面都产生了深远的影响。

总之，瓦特是一位在管理会计和其他领域会计都起主导作用的研究者和老师，就如一位既是他的学生又是同事的人所说："对认识他的人来说，一句话都不用说；对不认识他的人来说，没有字眼是足够的。"

不懈的努力和卓越的贡献为瓦特带来了许多荣誉。他曾被提名为澳大利亚会计师公会（Australian Society of Accountants）的名誉会员。他曾两次获得富布莱特奖（Fulbright Awards）①，因为这个交流项目，他来到澳大利亚，并对澳大利亚的会计教育产生了巨大影响。1969 年到 1970 年间，他担任美国会计学会（American Accounting Association，简称 AAA）的副会长；1984 年，获得 AAA 授予的杰出会计教育奖（Outstanding Accounting Educator Award），这个奖项对一个从事会计教育工作的人来说，有着特别的纪念意义。在瓦特的人生中还有一个意义非常重大的日子，那就是 1972 年 6 月 5 日，他获得了加利福尼亚大学伯克利分校的百年见证奖（the Centennial Citation）②。这个奖项是对他学术成就和教育工作所作出的充分肯定，同年他载着这个荣耀的头衔退休。

瓦特的经典言论是："一旦成本会计不能满足它本来应满足的目标，不能提供管理所需要的信息，成本会计要么被改进来满足需要，要么就被其他什么东西取代。"③

## 三、主要论著简析

### （一）《经营预算》(1969)

1969 年，瓦特出版了《经营预算》（*Operating Budgets*）一书。本书以严密的结构和通俗的语言，展示了使预算生效的管理和会计思想。这本书站在管理会计角度，主要讲述了为什么需要预算和怎样编制预算，本书的 2/3 都是关于编制预算的技巧和细节问题，并没有对与预算相关的管理和会计概念进行严密的框架性介绍。

本书共有 6 章。第一章即指出预算是对一个组织内各个方面进行系统性计划和控制的手段，因此需要各种管理技巧，故预算的性质和作用与综合管理决策息息相关。

① Fulbright 项目始于美国参议员 J William Fulbright 先生 1946 年的提案，旨在推进美国与世界其他国家和地区的平等理解和交流。Fulbright 项目已经发展成一个具有国际影响力的项目。

② 加利福尼亚大学伯克利分校奖项有三种：the Berkeley Medal，the Berkeley Citation 和 the Chancellor's Distinguished Honor Award，The Centennial Citation 奖是在 1967—1968 学年时加利福尼亚大学 100 年校庆时提出的，这个奖项是为对这个大学作出了显要贡献的个人和组织设置的，在 20 世纪末时这个奖项被改名为 the Berkeley Citation，迄今总共有 557 人获得这个奖。

③ William J Vatter. [EB/OL]. [2010－08－01]，http://cache. baidu. com/c? word＝william.

然后,对管理计划过程及其与财务和其他数据的关系进行概述,非常仔细地解释了与计划和控制联系紧密的个别概念。本书第一章,即很好地回答了为什么要预算这个问题。其余五章都是在解释如何执行预算功能问题,内容包括如下方面:谁负责执行预算管理,预算期多长,怎样获得销售数据的估计数,如何确定成本行为方式,如何使部门预算计划与公司整体预算协调,执行预算控制需要提高哪些反馈信息,什么是弹性预算,如何利用统计和其他分析方法来解释差异等等。

### (二)《会计的资金理论及其对财务报告的影响》(1946)

瓦特在财务会计方面的影响也是非常重大的。1946 年他出版的博士论文——《会计的资金理论及其对财务报告的影响》(*The Fund Theory of Accounting and its Implications for Financial Reports*),在 20 世纪 40 年代后期经过几次出版和翻译为日文版后,被众多会计专业的博士生所熟悉。他的资金理论堪称会计基本理论的经典,不仅是因为这一理论的先进,更重要的是他对会计本质的独到阐述。例如,他认为是否具有"潜在收益"是一项资产的最重要特征,这一观点影响深远。不论对于经济学家还是会计学家来说,这本书都是非常有意义的,它是会计领域的一项重要成果。

这本著作的目的是构建一个理论性框架以揭示现代会计的内在逻辑。瓦特认为当时所盛行的"所有权理论"和"实体理论"都是不合适的,主要是因为它们都把会计主体个人化。他声称这种个人化不利于各种定量分析所指目标的实现。尽管他对此没有进行详尽地阐述,但很显然的是,他在力图发展一种新的理论,这种理论不再主要关注私人所有者的利益,同时也要考虑其他不是特别重要的所有权要素。为了达到这一目的,瓦特引用了一个新的概念,即"资金"概念,认为资金是经营活动的一个方面,是利益的中心和关注的焦点。任何时候,一个会计主体都要利用资金。事实上,作者通过讨论都是为了得出一个结论:即要用资金报告取代传统的、一般目的的资产负债表和损益表。因此,作者还举例说明了资金报告,即对一个特定的企业来说,具体就是 6 种资金:现金和银行存款、一般经营资金、投资资金、偿债基金——流动资产、偿债基金——投资、资本资金。对每一种资金,他提出都要编制平衡表和经营情况表。资金平衡表在形式上非常接近于传统的资产负债表,而资金经营情况表不论在形式上还是内容上都与现在编制的损益表不同,它要报告和汇总一个会计期间所有的财务事项,包括:(1)收入和费用,这与一般的收入、费用概念相似;(2)财务活动(分为现金收入和支出,债券发行和赎回,其他与现金有关或无关的,固定资产的捐赠和报废等等),(3)市场因素的影响,如存货价格上涨或下跌。

瓦特在阐述他的理论时,并没有将其与某种具体的制度、规则相联系,这与他的两个基本看法有关:第一,他反对将收益的确认和计量作为会计的核心部分。他认为,收入是因人而异的,是一个主观概念,应与经济主体相联系。因此,在其报表中的有关收益数据只是一份对各种不同资金所有经营情况更加全面报告的一个附带产物。在他的报告中,没有净利润数字,但你可以从提供的各种报表数据中自己根据需要计算得出。第二,他使用了较为模糊的"权益"概念(如负债和所有者权益),他认为,权益仅仅只是对资金资产的限制权利。因此,瓦特坚持反对主体理论,认为应付债券(负债)与优先股或普通股(所有者权益项目)之间并不存在实质性的区别。尽管美国最高法院和证券交易委员会(SEC)都认为,债权人权益和所有者权益是截然相反的和不可协调的。瓦特的"限制"说法在某种意义上说是合法的,而且也可能是公正的和符合经济学解释的,但这种说法也许只适用于管理决策需要。

### (三)《财务报告中的会计计量》(1971)

1971年,瓦特出版的《财务报告中的会计计量》(*Accounting Measurements for Financial Reports*)一书,主要是为工商管理硕士的学生使用而编写的。由于这些学生从未接触过会计知识或会计人员,作者希望通过这本书能使他们对公布的财务报告有一个很好的理解。由于写这本书的时间有限,作者对会计方法介绍的篇幅并不多,他重点强调的是财务报表各个要素之间的本质联系和逻辑关系。为了满足这些不熟悉会计方法和报表学生的要求,他介绍和阐述了在汇总、归纳、报告和分析公司财务数据时要用到的一些基本术语和程序。在介绍记录经济交易事项采用的复式记账法和应计制原则时,瓦特并不是以会计恒等式为中心,而是以一种非传统的方式,即他以现金交易分析为起点,然后到收入和支出单据,更进一步到收益确定和应计制概念,最后才是复杂的分析。

本书的前十章都是讲述基本会计核算和会计记录。在讲述会计程序时,作者穿插讲述了各种相关要素的确认和计价概念。随着各种交易事项的关系越来越复杂,作者就先解释会计要素,介绍如何采用相应的会计程序将这些交易事项的结果计入适当的账户。书中的前四章,作者紧紧围绕基本的现金交易或事项引入了许多内容,如投资收益和持有收益的对比、当前收益与未来潜在收益的对照、净现金流量和净利润的区别、报告立场的作用等。以这些概念为基础,作者解释了信用制度产生的后果,介绍了应计制。在随后章节中,作者讲述了收入确认和计量的各种改进方法,以及在成本和费用的分期、确认和计价中所面临的问题及各种可供选择的解决方法。本书第十章,对商业企业采用的各种长短期债权和股权融资方式进行了分析,并对财务报告包含的各种基本概念、程序的适用范围进行了总结。随后,他用三章的篇幅讨论公开发布财务报表的编制和分析,包括合并会计报表的基本概念以及兼并和联合过程中产生的问题。书中最后一章分析了物价变动指数问题,以及物价变动对存货的计价、房屋和设备折旧等的影响。

虽然本书对会计程序和循环方面讲述的不是很多,但其中包含着大量的图例和实例,这些能很好地帮助读者扩展知识。同时,本书站在一个整体角度,而不是像以前的常用做法,把会计分成对外报告和对内的管理计划、控制两套体系。因而它更有助于理解财务报表里各种概念之间的关系。虽然本书不是讲会计实务,但是它提供了一个很好的开头和逻辑基础。

### (四)《澳大利亚会计教育调查》(1964)

1964 年上半年,瓦特教授对澳大利亚会计教育进行了第二次调查(1955 年,瓦特也曾在富布莱特项目的支持下访问过澳大利亚)。这项调查是由澳大利亚会计师公会、特许会计师协会、成本会计协会共同发起的,受到了富布莱特项目的财务资助。本次调查的结果和建议都体现在《澳大利亚会计教育调查》(*Survey of Accounting Education in Australia*, 1964)这本著作中,这本书毫无疑问可被简称为"瓦特报告"。

在《澳大利亚会计教育调查》一书中,瓦特在进行了全面和深入调查之后,鲜明地指出了澳大利亚当时的会计教育体系中存在的缺陷。例如:"澳大利亚会计行业在各个方面都需要全面的提升","进入会计行业的标准很低","考试体系认为操控性较大,也不能令人满意","会计地位不高","是考虑废除整个会计教育大纲的时候"等等。这份调查访问了很多对象,精心设置了问卷,抽样范围极广,包括 27 500 多位澳大利亚会计师公会成员、当地特许会计师公司的经理或是负责人、大学会计教师、500 位刚毕业的大学生。调查获得的大量统计和非定量数据,充分证实了瓦特教授对当时澳大利亚会计教育问题的评价。

报告用相当大的篇幅陈述了瓦特对澳大利亚会计教育改革的建议。瓦特认为,虽然有些理想化的成分,但从现有的"会计是一个分类和汇总交易的技术员"观念转换到"会计是经济事项的计量者和诠释者",还需付出努力。当时澳大利亚会计教育很大程度是非全日制的,瓦特通过对会计师公会成员教育背景的统计分析,发现他们平均受教育年限是 6 年半,具体包括,0.5 年的全职脱产学习,2.8 年的业余家庭自学,3.2 年的函授学习。因此,瓦特教授指出,澳大利亚当时并不存在一种真正的长效教育机制,长期如此,很可能导致会计职业所必要的技术和品质的减缩和匮乏。他说:"假定存在这样的情形:教育对于谋生和履行职责是第二位的,这就不是一个成功的职业教育。"在报告中,瓦特对会计人员提出的职业教育方案是:第一年,学习对美国大四学生来说具有挑战性的会计课程；第二年，全部学"管理会计"课程，涉及"预算、准则、数据决策和数学模型"（这是美国大二学生的重要课程）；余下的四年是间歇性学习，希望这些学生能在会计岗位工作的同时承担一些学术任务，所有的这些都是使他们会计执业能力达到应有的认可程度。这份报告产生了很好的效果，它动摇了澳大利亚一直以来固守传统的、缺乏弹性的会计教育体制的根基，它为澳大利亚教育机构中的大量优秀教师点亮了希望，激发了他们为澳大利亚会计事业发展作出巨大贡献的热情。

**参考文献**


[1] http://fisher. osu. edu/acctmis/hall/. 2010-08-12.

[2] Maurice Moonitz. Memorial: William Joseph Vatter, (1905-1990)[J]. The Accounting Review, 1991,66(4): 862-865.

[3] William J Vatter and J J W Neuner. Cost Accounting[M]. Chicago: Business Publications, Inc., 1938.

[4] William J Vatter. Accounting Measurements for Financial Reports[M]. Homewood, IL: Richard D. Irwin, Inc., 1971.

[5] William J Vatter. Estimated Costs, Section 11 of the Cost Accountants Handbook[M]. New York: Ronald Press, 1944.

[6] William J Vatter. Managerial Accounting[M]. New York: Prentice-Hall, 1950.

[7] William J Vatter. Operating Budgets[M]. Belmont, CA: Wadsworth Publishing Co., 1969.

[8] William J Vatter. Standards for Cost Analysis, A report to the Comptroller General of the United States[M]. Washington: Government Printing Office, 1969.

[9] William J Vatter. Survey of Accounting Education in Australia[M]. Melbourne: Australian Society of Accountants, 1964.

[10] William J Vatter. The Fund Theory of Accounting and Its Implications for Financial Reports[M]. Chicago: University of Chicago Press, 1951.


（初稿执笔人：吴令君）

# 威廉·斯帕兰德·巴克斯特

## (William Threipland Baxter, 1906 — 2006)

威廉·斯帕兰德·巴克斯特(William Threipland Baxter, 1906—2006)是伦敦经济学院的荣誉退休教授,也是英国最杰出的会计学家之一。由于其对会计理论的发展作出了杰出的贡献,于2005年入选美国会计名人堂,也是当年入选的两位成员之一。

## 一、个人简要生平

1906年7月27日,巴克斯特(见图77)出生于英格兰的格里姆斯比(Grimsby),渔业是当地的主要经济产业,他的父亲和祖父也都从事渔业。他3岁时,其父亲去世了。几年后,他的母亲为了离家人和朋友更近,也为了给她唯一的孩子提供更好的教育,搬到了爱丁堡(Edinburgh)。在那里定居之后,他就进入了爱丁堡大学(The University of Edinburgh)学习,该校是靠一个皮革制造商的帮助而维持,它凭借着在英文、拉丁文和法文语法以及严格纪律方面的全面教育而闻名。进入爱丁堡大学(The University of Edinburgh)后,巴克斯特通过自己不懈的努力,获得了商业学士学位,同时在5年内获得了注册会计师资格。在校期间,他还经常参加大学辩论社团的活动。在准备注册会计师考试期间,他在爱丁堡的Scott-Moncrieff, Thomson & Shiells会计师事务所里实习,并且学习了爱丁堡会计界举办的一系列夜校课程。在1929年,他以优异成绩通过了考试,并且加入了Graham, Smart和Annan在爱丁堡大学的团队,Annan当时是爱丁堡大学的会计学教授。此后一年内,他获得注册会计师资格并成为苏格兰特许会计师协会(Institute of Chartered Accountants of Scotland)的一员。

图77 威廉·斯帕兰德·巴克斯特

在Annan的鼓励下,巴克斯特于1931年秋天申请并获得了在美国学习2年的

Harkness 奖学金的机会，并在宾夕法尼亚大学(University of Pennsylvania)开始了他的学习生涯。缘于一次因哈佛商业史教授诺曼·格拉斯(Norman Gras)的介绍，使他有机会到波士顿进行两周的考察，这次考察使他得以到波士顿完成有关 John Hancock 家族公司的论文研究工作。

1933 年，当巴克斯特回到伦敦时，他发现了会计地位的缺乏，但他仍继续致力于 Hancock 的项目并进入了伦敦经济学院的课堂。在那里，他通过参加弗里德里希·冯·哈耶克(Friedrich Von Hayek)、利奥尼尔·C·罗宾斯(Lionel C. Robbins)和普朗特勋爵(Sir Arnold Plant)的学术报告和研究会确立了自己对经济学的理解。在第二年秋天，他回到了爱丁堡并在爱丁堡大学担任兼职讲师。而在假期里，他则回到伦敦经济学院继续学习。

1937 年，巴克斯特开始担任南非开普敦大学(University of Cape Town)的总会计师职位。在这所大学里，他和一些激进的同事一起工作了 10 年，其中包括 W·H·哈特(W. H. Hutt) 和乔治·瑟尔比(George Thirlby)。工作的同时，他完成了在伦敦经济学院的博士学位。他的博士论文题目就是《Hancock 项目：1724—1775 年波士顿的商业》(*The House of Hancock*：*Business in Boston*，1724—1975)，这篇论文于 1945 年由哈佛大学出版发行。

1947 年，巴克斯特回到伦敦经济学院任教授之职，他的会计同事包括戴维·所罗门斯(David Solomons，会计名人堂的第 52 位名人)、哈罗德·艾迪(Harold Edey)和杰克·凯勤(Jack Kitchen)等。在这里他遇见了许多著名的访问教授，包括菲利普·W·贝尔(Philip W. Bell，会计名人堂的第 72 位名人)、西德尼·戴维森(Sidney Davidson，会计名人堂的第 43 位名人)和詹姆斯·邦布赖特(James Bonbright)等，并和他们一起工作。

1958 年，在詹姆斯·邦布赖特(James Bonbright)的邀请下，巴克斯特作为哥伦比亚大学(Columbia University)的访问学者来到美国。第二年，他成为美国巴鲁克学院(Baruch College)、纽约市立大学(The City University of New York，简称 CUNY)的访问教授，并到拉各斯、牙买加、新加坡、澳大利亚和日本的多所大学做短期访问。

1945 年，巴克斯特在伦敦经济学院获得博士学位之后，就开始大量地发表自己的论文，主要涉及解决经济问题时价格变动和机会成本条件下的会计和报告等问题。他也是《会计研究杂志》(*Journal of Accounting Research*)第一任编辑委员会的成员，该杂志首次由伦敦经济学院和芝加哥大学于 1963 年联合出版。

巴克斯特退休后，还继续写作和发表文章，包括一部关于通货膨胀会计的著作，该著作源于其在南美的扩展研究。2004 年，他还在《会计史学家杂志》(*Accounting His-*

*torians Journal*，简称 AHJ)上发表了一篇论文。2006 年 6 月 8 日，巴克斯特在伦敦逝世，终年 98 岁。

## 二、理论与实务的主要贡献

巴克斯特一生著述颇丰，共包括 10 多本书、专论以及在学术期刊上发表的 70 多篇文章，主要有《折旧》(*Depreciation*，1971)、与哈罗德·艾迪(Harold Edey)和 B·S·耶梅(Basil S. Yamey)合著《债务、信誉、资金和利益》(*Debits，Credits，Finance and Profits*，1973)、《会计价值和通货膨胀》(*Accounting Values and Inflation*，1975)、《通货膨胀会计》(*Inflation Accounting*，1984)等专著。题为《会计理论研究》(*Studies in Accounting Theory*)的论文集，由芝加哥大学的西德尼·戴维森(Sidney Davidson)编辑，于 1962 年出版。他的论文涉及内容十分广泛，会计史、折旧、价值评估等均有涉及。他熟练地向学生和行业内的听众演讲，且从不回避争论。例如，1981 年他发表了一篇煽动性文章，在文中他以深思熟虑的专业判断质疑一些他认为已经过时的会计准则或会计惯例。

巴克斯特的一生中也获得了无数荣誉和奖励，其中获得四个荣誉博士称号，并被任命为伦敦经济学院和爱丁堡大学的荣誉讲师。作为一位非常受尊敬的老师，他参加了伦敦经济学院会计课程创新的许多工作，影响着不计其数的毕业生。同事和以前的学生对他在 1973 年从伦敦经济学院退休时出版的题为《债务、信誉、资金和利益》(*Debits，Credits，Finance and Profits*)的论文集非常欣赏。1996 年，在他九十大寿那天，题为《会计学的思考：献给威廉·T·巴克斯特》(*Essays in Accounting Thought：A Tribute to W. T. Baxter*)的论文集，由欧文·拉普斯利(Irvine Lapsley)编辑出版。

**参考文献**


[1] http://fisher. osu. edu/departments/accounting-and-mis/the-accounting-hall-of-fame/membership-in-hall/william-t. -baxter/. 2010-09-15.

[2] Irvine Lapsley. Essays in Accounting Thought：A Tribute to W T Baxter[C]. The Institute of Chartered Accountants of Scotland，1996：127-155.


(初稿执笔人：李晓琴)

# 爱德蒙德·L·詹金斯

## (Edmund L. Jenkins, 1935— )

爱德蒙德·L·詹金斯(Edmund L. Jenkins, 1935— )是一位卓越的会计学家。他在安达信会计师事务所工作长达38年之久,并长时间担任该事务所的合伙人。由于其对会计理论的发展作出了杰出贡献,于2005年入选美国著会计名人堂,也是当年入选的两位成员之一。

## 一、个人简要生平

1935年,詹金斯(见图78)出生于密歇根州(Michigan)东部一个小镇上,并在那里长大。他的父亲是在该州一个自然保护部门工作的生物学家,母亲是一个教师,詹金斯是他们两个孩子中的一个。

图78　爱德蒙德·L·詹金斯

詹金斯长大后,凭借一次奖学金得以进入艾尔比奥学院(Albion College),艾尔比奥学院是一所距他家仅仅60英里的文科学院。在那里他系统学习了经济学和政治科学。并结识了经济学教授梅纳德·E·艾瑞斯(E. Maynard Aris),他是被尊称为美国现代会计理论之父威廉·安德鲁·佩顿(William A. Paton,列会计名人堂第3位)的学生,当时梅纳德·E·艾瑞斯在该学院执教会计课程,他对詹金斯的人生产生了重要的影响,正是他将其引入会计这个行业的殿堂,并成为詹金斯的良师和终身益友。

1957年6月,詹金斯以优异的成绩从艾尔比奥学院毕业。一周以后,在梅纳德·E·艾瑞斯和安达信事务所底特律办事处的一位管理合伙人的鼓励下,詹金斯进入密歇根大学(University of Michigan)攻读MBA课程,在校期间他获得了佩顿奖学金和一个行政助理职位。尽管课程繁重,但凭借着勤勉努力,詹金斯仅仅用了3个学期,便修完了所有的课程,并于1958年6月从该校毕业。

1958年6月,詹金斯进入安达信事务所底特律办事处工作。在这里,他有幸结识了伦纳德·保罗·斯帕切克(Leonard Paul Spacek,列会计名人堂第35位)。斯帕切克从1947年就一直担任安达信事务所底特律办事处的管理合伙人,也是最早看出需要对当时财务会计准则进行改革的有识之士之一。在事务所里,詹金斯除了做与客户有关的工作以外,他还参与了其他许多工作,包括递延所得税会计处理问题。1968年,詹金斯成为安达信事务所底特律办事处的管理合伙人,此后被派到芝加哥办事处任职,在此期间,他主要负责协调公司与美国证券交易委员会(SEC)之间的相关事务。这个职位使他结识了两个新朋友,即安德鲁·巴尔(Andrew Barr,列会计名人堂第26位)和亚瑟·拉默·怀特(Arthur Ramer Wyatt,列会计名人堂第61位)。巴尔当时是美国证券交易委员的首席会计师;怀特是位教授,并担任安达信的合伙人,在其任职期间有过与美国会计原则委员会(APB)密切合作的经历。1974年,詹金斯作为管理合伙人被派到印第安纳波利斯(Indianapoils),两年以后重回芝加哥总部。此后的20年里,他承担过很多工作,包括负责公司全球范围内的会计审计事务和担任公司专业标准部的负责人。到1996年退休时,詹金斯共在安达信工作了38年之久。

除了积极参与会计行业的工作以外,詹金斯还从事了许多社区服务工作,在长达25年的时间里,他一直是芝加哥一个儿童护理机构的董事会成员,曾两度担任该机构的负责人。他曾获得许多荣誉与奖项,其中包括多所大学的荣誉博士学位。

除了积极参与社区服务以外,詹金斯也是一个滑雪爱好者。詹金斯在其高年级时与他的高中同学 Kay Moynihan 结婚,婚后育有4个孩子。

## 二、理论和实务的主要贡献

詹金斯有着丰富的会计从业经历,他在安达信会计师事务所工作了38年之久,从1968年起到1996年退休一直担任事务所合伙人。卓越的会计执业业绩使他可从容应对更富有挑战性的职责。因此,在其担任美国注册会计师协会下属的财务报告专门委员会主席和美国财务会计准则委员会(FASB)主席期间,均有突出业绩。

### (一) 安达信任职期间为他积累了丰富的实践经验

1958年,詹金斯开始其会计职业生涯直至退休,一直任职于安达信会计师事务所。从一名普通职员起步的他,凭借着其良好的职业素养、严谨的态度以及勤奋的敬业精神，最终成为安达信负责全球会计和审计事务的管理合伙人。在安达信工作的38年里，詹金斯积累了丰富的实务经验。长期的实务经历也使他对信息使用者尤其是投资者和债权人的信息需要有较为准确的把握。因此，他深知当时的财务报告存在的缺陷和不足。这一切都为其在担任财务报告专门委员会主席时提出富有创建性的研究报告奠定了良好的基础。

### (二) 担任 FASB 主席期间的贡献

早在安达信工作期间，詹金斯就是财务会计准则委员会(FASB)下属应急事务工作小组(EITF)的特许成员，并从该小组成立之日起就为其服务直至1991年。其后的4年间，他还任职于FASB的咨询理事会。1997年，詹金斯被任命为美国财务会计准则委员会(FASB)主席。在其任职期间，是财务报告准则充满争议和并引发人们众多怀疑的时期。但是在他的卓越领导下，财务会计准则委员会的工作仍然取得了重大进展，提升了投资者、社会公众对会计界以及公司财务报告的信心。该委员会发表了有关衍生金融工具的会计准则，废除了企业合并报表所采用的权益结合法。同时在其他的一系列技术问题上也取得了进展。此外，詹金斯在协调与FASB相关各部门关系方面也卓有成效。更为重要的是，詹金斯在和立法机构、监管当局通力合作的基础上依然保持了财务会计准则委员会(FASB)的独立性。在詹金斯领导下，财务会计准则委员会(FASB)积极参与了国际会计准则委员会(IASC)的改组工作，并最终促成了国际会计准则理事会(International Accounting Standards Board，简称IASB)这一机构的成立。其间的主要贡献有：

积极应对安然事件所引发的会计信任危机。2001年12月，美国最大的能源公司——安然公司，突然申请破产保护，此后，上市公司丑闻即不断暴露，规模也“屡创新高”，特别是2002年6月的世界通信公司会计丑闻事件，更是彻底打击了投资者对资本市场的信心。为了改变这一局面，美国国会和政府加速通过了《2002年公众公司会计改革和投资者保护法案》(*Public Company Accounting and Investor Protection Act of* 2002，*Sarbanes-Oxley Act of* 2002，即《2002年萨班斯-奥克斯利法案》，简称SOX法案)。该法案的第一句话就是“遵守证券法律以提高公司披露的准确性和可靠性，从而保护投资者及其他目的。”这与詹金斯为主席的美国注册会计师协会(AICPA)财务报告专门委员会于1994年提出《论改进企业报告——顾客导向：满足投资者和债权人的信息需求》(又称为Jenkins报告)的基本立足点——满足投资者和债权人的信息需求，提供较财务报告更为广泛的信息，是相吻合的。

在安然事件之后，财务会计准则委员会(FASB)也积极推出了《衍生工具和套期保值活动会计》的更新版。此外，作为FASB主席的詹金斯于2002年3月19日就有关人士提交给国会的投资者法案和会计法案发表了关于FASB独立性、会计准则制定流程化的观点。詹金斯在众议院能源和商业委员会作证时，进一步明确了FASB在制定美国会计准则和财务报告准则过程中的职责，以及如何通过履行这一职责保护投资者权益。詹金斯指出，FASB当时的工作和计划主要是对现存的准则加以完善和提高，包括特殊目的实体(SPE)的会计准则，并尽快出台同特殊目的实体相关的合并会计报表指南。

对于SEC主席哈维·皮特(Harvey Pitt)提出的改革建议，以及其他要求FASB加快准则制定的呼声，詹金斯认为，FASB当时已经着手采取若干措施，使得在不损害准则制定程序公开性、有效性的前提下，提高工作效率和效果。詹金斯指出，FASB并没有权利和责任管理审计业务、审计师的独立性及其业务范围。因此，并不能期望仅仅依靠FASB以及相应的会计准则本身来保持资本市场应有的透明度。其他市场参与者，包括报告主体、审计师和监管者应当各负其责，以便切实保证投资者权益。

积极参与国际会计准则委员会的改组。1998年12月，IASC发布了题为《塑造IASC的未来》的报告(*Shaping IASC for the Future*)，建议对IASC作彻底的改革。以上报告的征求意见稿一经发出，各国及国际组织即开始提出各种意见。其中美国财务会计基金会(Financial Accounting Foundation，简称FAF)及财务会计准则委员会(FASB)于1999年初提出了题为《国际会计准则的制定：未来发展之见》(*International Accounting Standard Setting：A Vision for the Future*)的报告。詹金斯和时任财务会计基金会主席Johnsion在1999年3月10日致信IASC秘书长对IASC改革提出了详尽的意见。

首先，是就IASC的组织结构和权力划分问题。詹金斯和詹森认为，应授予准则制定委员会在制定准则方面的充分自主权，而理事会应成为一个咨询性质的机构。准则制定委员会应由熟悉技术问题的专家组成，能深入讨论各种技术问题，并根据讨论结果投票决定是否颁布某项准则。如果授予理事会否决准则制定委员会已批准之准则的权利，以及调整准则制定计划的权利，有可能降低国际会计准则的质量，因为理事会成员不可能像准则制定委员会成员一样，参与准则制定的全过程，也不一定熟悉某一准则的所有细节。给理事会这种权利可能演化成根据所代表国家或团体意志而非按技术上合理性投票的机制。他们还认为，《塑造IASC的未来》的报告实质上是将未来的准则制定委员会视为当时的准则筹划委员会，不同之处可能是未来的准则制定委员会是常设的，而当时的准则筹划委员会是根据需要筹组的。此外，他们还认为，给准则制定委员会充分的独立自主权还将提高准则制定的效率，提高准则制定委员会成员的积极性。

其次，是关于如何分配 IASC 主要机构的席位问题。詹金斯和詹森原则同意报告所规定的标准，并认为，为达到这些标准，可采取两种措施：(1)授予准则制定委员会以在不受商业利益驱使下批准准则的充分独立自主权；(2)任免理事会成员的机制应避免各方面代表性的左右。詹金斯和詹森还明确提出，不给美国这样资本市场规模如此大的国家以新 IASC 基金会、理事会及准则制定委员会的固定席位几乎是不现实和不合理的。

## 三、主要论著简析

20 世纪 80 年代末期以后，美国国会、政府监管部门、学术界以及会计职业界对企业报告普遍表示不满，认为企业报告没有能够像人们期望的那样提供有价值的信息，会计信息严重地不完整，会计信息缺乏相关性，当时的企业报告只关注过去而不重视未来。证券交易委员会有关人士甚至建议成立全国会计审计委员会来全面解决企业报告存在的问题。与此同时，英国、加拿大等国也先后出现了类似议论和建议，并且认为，当时的资产负债表和利润表是从 19 世纪产业经济时代的企业报告演变而来的，它无法满足 20 世纪末期市场经济发展的新情况和新要求。为了回应国内外各方面的批评和建议，美国注册会计师协会(AICPA)于 1991 年 4 月成立了财务报告专门委员会，该委员会的任务是解决以下问题：第一，企业管理部门到底向各方面提供哪些信息；第二，审计师在企业报告信息中起怎样的作用，应当怎样改进审计工作；第三，为了实施以上建议，是否有必要从结构上对现行的会计准则制定程序加以改进。经过 3 年的研究，该委员会 3 年后发表了最终的研究成果。

也正是在 1991 年，詹金斯受命担任美国注册会计师协会(AICPA)财务报告专门委员会主席，负责提出对财务报告的改进意见。在此期间，他将自己关于财务报告的认识融入该专门委员会的研究结论之中，在他的领导下，该委员会经过 3 年的不懈努力，通过对大量的职业投资者、信贷者和他们的顾问人员的调查研究以后，以詹金斯为主席的专门委员会于 1994 年提出了著名的研究报告——《论改进企业报告——顾客导向：满足投资者和债权人的信息需求》(*Improving Business Reporting, A Customer Focus: Meeting the Information Needs of Investors and Creditors—Comprehensive Report of the Special Committee on Financial Reporting*，又称为 Jenkins 报告)。

该报告认为，应该从更广的视野来看待企业报告，财务报告仅仅是企业报告的一个重要组成部分。正基于此，该报告指出，企业报告也应该涵盖其他的一些信息，这些信息是财务信息的重要补充。通过提供涵盖更多信息的企业报告,以达到优化资源配置的目的。

该报告20页的摘要版发布于1994年10月,1994年11月又发布了长达200页的完整版。报告强调指出了提供涵盖广泛内容的企业报告的必要性,同时进一步指出企业报告所涵盖的内容要满足信息使用者评估企业价值和风险的需要。

一份区区20页的研究报告却花了长达3年的时间,表面上看,该报告所形成的结论并不能被称为革命性的,因为它保留了历史成本计量属性,也没有对当时所存在的富有争议性的会计问题提出偏好性的处理意见,它甚至建议财务会计准则委员会(FASB)不必就以价值为基础的会计问题以及是否提供具有预测价值的财务报告等问题进行研究。然而,该报告所形成的结论是以投资者和债权人是会计信息的主要使用者为前提的,它通过对使用者的需求分析,在不对传统会计计量模式做出重大变革的情况下,提出用涵盖内容更广泛的企业报告取代财务报告。这样做既能得到实务界的认可,又能满足使用者的要求,具有可实施性。这也正是他们的研究结论能够得到较为广泛认可的原因。詹金斯自豪地指出,"我们的研究深度是前所未有的,我们直接从使用者在投资和信贷决策中如何使用会计信息中获得有价值的结论,正是由于信息使用者关注的变化导致了会计准则制定方式发生了根本的变化,最终会导致企业报告取代财务报告。"

该报告原文共有8章和5个附录。第一章和第二章主要介绍了该委员会的研究背景、研究过程、研究方法等;第三章介绍了对用户信息需求的研究成果,它是该委员会各种结论和建议的基础;第四章阐述了该委员会对会计信息成本效益的看法,也是该委员会衡量各种方案可行性的重要依据;第五章至第八章分别就改进企业报告的模式、改进财务报表的结构和内容、改进审计工作以及采取必要措施推进以上变革提出了系统建议,这4章是全书的核心所在。附录一是建议概览,附录二是企业报告模型,附录三是福克思公司的企业报告例示,附录四是委员会及其工作的背景,附录五是数据库简介。

该报告对使用者需要的信息类型和改进现行财务报告的建议等作了全面阐述,认为信息使用者需要的且企业能够提供的信息主要包括以下5类:(1)财务和非财务数据;(2)企业管理人员对财务和非财务数据的分析;(3)前瞻性信息;(4)关于管理人员和股东的信息;(5)企业的背景信息。其中,使用者尤其希望财务报告更多地披露以下信息:(1)企业分部信息;(2)创新金融工具信息;(3)资产负债表外融资协议信息;(4)核心与非核心业务信息;(5)一些特定资产和负债计量的不确定性信息;(6)季度报告信息(包括第四季度报告和季度分部报告)(陈毓圭,1996)。

该研究报告指出，信息使用者信息需要变化的一个最显著特点，是从关注历史信息转向对未来信息的关注，信息使用者要求提供有关企业未来经济活动和有助于预测、评估企业未来财务状况与经营成果的经济指标及相关信息。因此，上述要求披露的信息几乎都是为了保证这些信息对使用者决策的最大相关性。我们知道，现行财务报告模式是在工业时代、基于公司的代理关系，为报告和解脱管理人员的经管责任而产生和发展起来的，以历史成本为基础反映过去的财务状况和经营成果，自然天经地义。而如今，在信息技术时代，宏观、微观环境发生了显著的变化：一方面，现行财务报告的历史交易信息与使用者经济决策的相关性正在日益减少，有些甚至已毫无用处；另一方面，许多与企业未来发展休戚相关的经济业务(如创新金融工具、信息技术资产)却未能在财务报告中反映出来，大大削弱了财务报告的有用性，也不符合充分披露原则。这样，改革现行的只关注过去的财务报告、建立起能更好地昭示未来的财务报告模式，已势在必行。但问题也因之接踵而至：(1)从理论上讲，公允价值信息比历史成本信息对于使用者未来的经济决策更具相关性，那么在未来的财务报告中是否须以公允价值的计量属性取代历史成本的计量属性呢？美国注册会计师协会下属的公共监督委员会为此曾专门出具了一份研究报告，要求美国财务会计准则委员会将这一问题纳入它研究议程(AICPA，1993)。但是，詹金斯报告经过充分的调查指出：使用者并不主张以公允价值模式替代历史成本模式。其理由主要是出于保证财务报告信息的一贯性、可靠性和成本—效益原则的考虑。不过，他们主张多种计量属性相混合模型(Mixed-attribute Model)，如对于一些特定资产、负债和行业可采用公允价值进行计量和报告，这些特定类型的资产、负债和行业包括：金融资产；可以从活跃的二级市场获取市场价格的(证券)资产；非核心资产，包括非经营性资产和不再构成企业持续经营业务组成部分的资产与负债(如行将销售、处置、清理的资产和负债)；金融行业。至于其他财务报表项目的公允价值信息则可在报表附注中加以披露，使用者可根据自己需要来对报表项目进行调整分析(AICPA，1994)。(2)关于计量属性的选择问题，詹金斯曾做出如下解释：就核心资产的计价而言，会计信息的使用者——不管是投资者还是债权人，并不十分关注这些资产的价值，他们更关注这些资产的盈利能力，因此，只有根据这些资产的盈利能力才能判断其价值；对于非核心资产，他们则关注其公允价值。

研究报告还指出，企业报告应包括分部报告的信息。因为使用者认为，分部信息是确认和分析企业面临机会和风险的一个强有力的工具，而评估机会和风险又是其决定投资、信贷等经济决策的主要依据，由此可见大公司中分部信息之重要，尤其是在分析盈利能力和现金流量时，使用者认为分部信息比企业整体信息更为有效。为此，詹金斯报告中将提供和改善分部信息放在了改进财务报告工作最为优先的位置，并且主张分季陈报。詹金斯报告中关于分部报告重要性的论述也引起了相关准则制定机构的关注，美国财务会计准则委员会(FASB)、加拿大特许会计师协会(CICA)下属的会计准则委员会(ASB)和国际会计准则委员会(IASC)也都随之积极推进这方面的工作。1993年，FASB和ASB联合发表了题为《欢迎评论：报告企业的分类信息》(*Invitation to Comment: Reporting Disaggregated Information by Business Enterprises*)的研究报告；1994年，IASC也发表了《报告分部财务信息：原则说明草案》(*Reporting Financial Information by Segment: Draft Statement of Principles*)；著名会计学家井尻雄士(Yuji Ijiri)甚至撰文主张设计一张分部报表(Segment Statement)作为除资产负债表、损益表和现金流量表之外的第四张基本报表 (Yuji Ijiri, 1995)。

詹金斯在《注册会计师杂志》(*The CPA Journal*)就研究报告所举行的一次讨论会中总结性地指出："就我本人的认识而言，当前会计准则制定机构和证券交易委员会所面临的最重要问题是如何理解企业报告所应涵盖的内容。到目前为止，FASB还只仅仅关注于财务报告，一些对FASB职能有所了解的人会注意到他们这么做尚不能使其理念得到充分履行，比如没有关注其他企业报告。其他一些人认为，它们已经充分履行其职能。显然，在很长时期内，证券交易委员会通过实施10-K和其他一些披露规范较好地处理了企业报告的问题。尽管证券交易委员会的相关要求和本研究报告的结论存在一些不一致，在是否提供广泛的、完整的满足特定需要的企业报告模型方面甚至还存在较大差异。因此，本报告的结论能否得到实施取决于会计准则制定者特别是FASB能否尽快制定相关披露规范，以保证结论能得到遵循。这对FASB而言是一个很大的挑战，假如FASB尝试这么做，那么我们很难想象他们能在不增加资源的情况下取得成功。本委员会(财务报告专门委员会)认为，这个问题是他们(FASB)要处理的所有问题中的中心问题。"①

关于Jenkins报告的重要意义，汤云为教授(1997)指出，詹金斯报告对财务会计的发展借鉴意义主要体现在两个方面：一是它的研究方法，即通过大量的实际调查后，再归纳、总结，下结论，贴近实际；二是它的内容，尤其是信息使用者信息需要的内容，我们认为，只要财务报告"服务于信息使用者决策需要"的目标不变，它必将是未来财务报告发展方向。

① 参考自The CPA Journal symposium on recommendations for improving business reporting. [EB/OL]. [2006-06-28]. http://www.nysscpa.org.

## 参考文献

[1] AICPA特别委员会发布.论改进企业报告——着眼于用户(1995)[M].陈毓圭,译.北京:中国财政经济出版社,1997.

[2] 陈毓圭.围绕信息需求,改进企业报告——美国注册会计师协会研究报告《改进企业报告》简述[J].会计研究,1996(5):42-46.

[3] 迈克尔·查特菲尔德.会计思想史[M].北京:中国商业出版社,1989.

[4] 汤云为,陆建桥.财务会计发展所面临的挑战与出路——国际动态和我们的思考[J].会计研究,1997(1):9-17.

[5] AICPA. Improving Business Reporting——A Customer Force[R]. 1994.

[6] AICPA. In the Public Interest——A Special Report by the Public Oversight Board of the SEC Practice Section[R]. 1993.

[7] Financial Reporting Reformer to Head FASB. [EB/OL].

[8] http://fisher. osu. edu/Departments/Accounting-and-MIS/Hall-of-Fame/Membership-in-Hall-Jenkins/. 2006-06-28.

[9] http://www. aicpa. org. 2006-06-28.

[10] http://www. nysscpa. org.

[11] Yuji Ijiri. Segment Statements and Informativeness Measure: Managing Capital vs. Managing Resources[J]. Accounting Horizons, 1995,9(3):55-67.

[12] The CPA Journal Symposium on Recommendations for Improving Business Reporting. [EB/OL]. 2006-06-28.

(初稿执笔人:李世凤、訾磊)

# 罗伯特·塞缪尔·卡普兰

## (Robert Samuel Kaplan, 1940 — )

罗伯特·塞缪尔·卡普兰(Robert Samuel Kaplan, 1940— )是世界著名的管理会计大师,也是平衡计分卡(Balanced scorecard,简称 BSC)的创始人,美国平衡计分卡协会主席。由于其对管理会计理论与实务的发展作出了杰出贡献,于 2006 年入选美国会计名人堂,也是当年入选的两位成员之一。

## 一、个人简要生平

1940 年,卡普兰(见图 79)出生于美国纽约市的一个知识分子家庭。他的父亲是纽约市公立学校校长和高中社会学的教师,母亲是高中学校里的一名秘书。10 岁之前,他一直与父母和两个姐姐住在布朗克斯(Bronx)Yankee 体育馆附近的只有一间卧室的公寓中,后来到布朗克斯(Bronx)高中理科学校学习,并获得国家优秀奖学金(National Merit Scholar)。1957 年,他高中毕业进入麻省理工学院(Massachusetts Institute of Technology,简称 MIT)学习,后获得电力工程学的学士和硕士学位。毕业后,在两家技术系统咨询公司——Mitre 公司和计划研究公司(Mire Corporation and Planning Research Corporation)工作了 2 年。

**图 79　罗伯特·塞缪尔·卡普兰**

为了寻求更具挑战性的职业发展,卡普兰进入康奈尔大学(Cornell University)攻读运筹学博士。在此期间,他选修了商学院的一些课程,这些课程引起了他对财务和会计的极大兴趣。1968 年,他获得了博士学位。此后即在卡内基-梅隆大学(Carnegie & Mellon University)工业管理研究生院(Graduate school of industrial administration,简称 GSIM)任教。在井尻雄士(Yuji Ijiri,列会计名人堂的第49位)、比尔·库珀(Bill Cooper)和其他同事的鼓励帮助下,他将财务管理和管理会计作为自己主要研究和教学的方向。除了有1年在芝加哥大学(University Chicago)做访问学者外,卡普兰在GSIM任教15年,其中1977—1983年期间担任GSIM院长。在做了1年的访问学者后,于1984年转到哈佛大学工商管理研究生院担任会计学教授[①]。虽然从全职变成兼职,但他仍然是哈佛商学院贝克基金会的教授。1994年获得斯图加特大学(University of Stuttgart)的荣誉博士,2006年又获得罗兹大学(University of Lodz)的荣誉博士头衔。

卡普兰还是一位经验丰富的演讲者和案例老师,并备有超过50个公开指导性案例和很多的讲座录像带供世界各地的学生理解作业成本和平衡计分卡。1983年,他获得美国会计学会(AAA)国际会计部(International Accounting Section)组织评选的国际杰出会计教育奖(Outstanding International Accounting Educator Award);1988年,他获得美国会计学会(AAA)的杰出会计教育奖(Outstanding Accounting Educator Award)。

他的工作得到国内外学术界和实务界的高度认可和赞赏,并荣获多种重要奖项:他的文章两度荣获美国会计学会(AAA)和美国注册会计师协会(AICPA)联合颁发的"会计学术文献杰出贡献奖"(Notable Contribution to the Accounting Literature Award),这两篇文章分别是1971年卡普兰和井尻雄士合写的文章"审计中的整合抽样模型"(*A model for integrating sampling objectives in auditing*),以及1983年发表的"衡量制造业绩效:管理会计研究的新挑战"(*Measuring manufacturing performance: A new challenge for managerial accounting research*)。2000年,卡普兰所著《战略中心型组织》(*The Strategy-Focused Organization: How Balanced Scorecard Companies Thrive in the New Business Environment*,2000)被Cap Gemini[②]安永作为最佳国际商务书。他与大卫·P·诺顿(David P. Norton)[③]合著的《平衡计分卡:化战略为行动》(*The Balanced Scorecard: Translating Strategy into Action*,1996)因其对实务的影响重大也被授予2001年度的Wildman Medal Award。《战略地图:化无形资产为有形成果》(*Strategy Maps: Converting Intangible Assets into*

① 哈佛商学院(Harvard Business School,简称HBS)是全世界最著名的商学院之一,早先名为"哈佛大学工商管理研究生院,乔治·F·贝克基金会",是常春藤联盟(The Ivy League)商学院之一。

② Cap Gemini是咨询、技术、外购和当地职业性服务的全球领先者。

③ David P Norton是复兴方案公司的总裁,该公司是一家专注于业绩衡量和组织创新的国际咨询公司。此前,他作为诺兰诺顿公司的创始人之一,在该公司被皮特·马威克兼并之前,担任了17年的总裁。他是伍斯特理工学院的理事和管理咨询工程师协会(Associate of Consulting Management Engineers,简称ACME)的前会长。曾为多家客户指导委员会服务,并因对国防部的信息管理方法提供支持而荣获优秀奖。

*Tangible Outcomes*,2004)是亚马逊网站和战略与商业类图书2004年度的十大畅销书之一。他也因在《哈佛商业评论》上发表的优秀论文而获"麦肯锡奖"(Mckinsey Award)①;2004年10月,他获得意大利电信授予的"商业和经济思想领导者奖";2005年,《财经时报》(*Financial Times*)将其列入年度最具影响的25名商业思想者。他与汤姆斯·H·约翰逊(Thomas H. Johnson)②合写的《相关性遗失:管理会计兴衰史》(*Relevance Lost*: *The Rise and Fall of Management Accounting*, 1987)于2007年荣获美国会计学会(AAA)的会计学术文献重大贡献奖(Seminal Contributions to Accounting Literature Award)。

不懈的努力和卓越的追求给卡普兰带来了很多荣誉。他于1994年获得英国特许管理会计师公会(The Chartered Institute of Management Accountants,简称CIMA)颁发的"杰出贡献奖"(Outstanding Contributions Award of the Chartered Institute of Management Accountants);2001年获得管理会计师协会(Institute of Management Accounting)颁发的"杰出服务奖"(Distinguished Service Award);埃森哲战略变革研究所(Accenture Institute for Strategic Change)2002年度和2003年度都评选他为排在前50位的管理思想者和作家。因卡普兰赋予成本会计新的生命力,将会计灵活运用于企业管理和战略计划的贡献,2006年,他获得美国会计学会管理会计部颁发的终身成就奖(Lifetime Contribution Award of the American Accounting Association's Management Accounting Section)。

## 二、理论与实务的主要贡献

卡普兰是许多专业组织机构的成员,如财务会计准则咨询委员会(Financial Accounting Standards Advisory Committee)、社会保障里根-布什任务组(Reagan-Bush Task Force on Social Security)、国家研究委员会制造研究理事会(Manufacturing Studies Board of the National Research Council)以及美国会计学会(AAA)、管理会计师协会(Institute of Management Accounting,简称IMA)、AACSB国际部(Association to Advance Collegiate School of Business-International,简称AACSB International)、国际计算机辅助制造公司(Computer-Aided Manufacturing-International,简称CAMI)和美国统计协会(American Statistical Association)。卡普兰还担任多家世

① Mckinsey Award由麦肯锡管理研究基金会与《哈佛商业评论》杂志合作从1959年设立。该奖项每年授予两篇发表在《哈佛商业评论》上的最好文章的作者(一等奖、二等奖各一篇)。

② Thomas H Johnson是美国波特兰州立大学Herbert Retzlaff成本管理教授。

界级大公司业绩和成本管理系统设计方面的高级顾问。他经常在北美、南美、欧洲、中东、南非、亚洲、澳大利亚、新西兰开展研究讨论会。他是 Palladium 集团实务领导委员会的主席，并在 KFX 公司①、Acorn System 公司②和管理技术协会(Technion Institute of Management)等机构担当董事。

卡普兰更是一位有创新精神的学者和多产作家，他单独编写或与别人合作的著作超过 12 本，在学术和专业杂志上发表的文章超过 120 多篇，并在不同国家做过多场学术演讲，编写了大量的教学与培训教材，为哈佛商学院编写了多种教学材料。特别是他能够借助于数学和统计，他早期的研究就着重将数学技术运用到会计当中，其中包括成本会计、审计和分析在资本市场中利用财务会计数据等。随着研究的深入，他开始关注并解决会计人员和经营者在商业环境下遇到的问题，包括作业成本和战略衡量管理问题。他的著作已经被翻成多种语言，影响世界范围内的公共部门、非营利组织和一般企业的管理会计实务。

卡普兰的研究集中于作业成本管理、平衡计分卡、业绩管理和战略执行等方面。但是他还关注企业改革、顾客盈利能力分析、顾客关系管理、管理会计和控制系统、业绩衡量、流程改进、社会企业和战略性变化等方面。但其最重要的学术贡献主要体现在以下三个方面。

### (一) 推动管理会计发展

卡普兰是管理会计研究中创新学派的代表人物，强调全面创新，偏好数学模型，依靠计算机技术解决预测、分析和决策所面临的问题。卡普兰的《高级管理会计》(第二版)是创新学派的代表作。人类社会进入 20 世纪 80 年代后，面对世界范围内高新技术的蓬勃发展及其在经济领域的广泛应用，"管理会计过时了"、"管理会计的理论与实践脱节"等话题受到传统学派和创新学派的共同关注，两派的纷争改变了卡普兰的观念。

卡普兰认为，管理会计研究方法必须改弦易辙，主张会计学者必须走出办公室，到实践中去，以寻求新的理论与方法。没有经过实践检验的会计理论是空洞的理论，没有理论指导的会计实践则通常带有盲目性。理论与实践常常不同步，实证研究(empirical research)为解决这个问题提供了一个有效的途径。

1987 年，卡普兰与汤姆斯・H・约翰逊(Thomas H. Johnson)合作的《相关性的遗失：管理会计兴衰史》(*Relevance Lost: The Rise and Fall of Management*

---

① KFX 是药品咨询方面的领先者，由 Kevin Flemen 负责经营。

② Acorn System 是一个公司绩效管理系统。

*Accounting*)一书,震动了整个管理会计学界,同时对全球管理会计的实践产生了重要的影响,促进了尔后管理会计领域生机勃勃的发展。这本书不单单回顾了管理会计实践的起源和停滞,而且为 20 世纪 80 年代公司管理会计系统的重建提供了重要的机遇。该书指出,过时的现行系统,严峻的竞争性和技术性挑战,要求所有的企业重新审视现有的实践活动,必须建立一个全新的管理会计系统。作者还介绍了一些变革路线,为设计旨在加强过程控制、计算产品成本、评价生命周期周期绩效的相关管理程序提供一个概念框架。

### (二) 探讨作业成本系统

卡普兰等人致力于管理会计信息相关性的研究,迎来了一个以"作业"(activity)为核心的作业管理会计(activity-based management accounting)时代。罗宾·库珀(Robin Cooper)是卡普兰在成本领域很好的研究搭档。1988 年至 1990 年,两人连续在《成本管理杂志》(*Journal of Cost Management*)发表多篇论述作业成本计算的文章,在西方掀起了一股作业成本计算研究的浪潮。1992 年,卡普兰与罗宾·库珀、劳伦斯·梅塞尔(Lawrence Maisel)、艾琳·莫里西(Eileen Morrissey)以及罗纳德·M·奥姆(Ronald M. Oehm)合作的《实施作业成本管理:从分析到行动》(*Implementing Activity-Based Cost Management: Moving from Analysis to Action*)一书,获得 1993 年美国会计学会(AAA)颁发的管理会计文献杰出贡献奖。1997 年,卡普兰与丹·维斯(Dan Weiss)、伊亚尔·戴舍(Eyal Desheh)三人合著的文章"用作业成本法来确定转移定价"(*Transfer Pricing with ABC*)获 1999 年度由管理会计师协会(Institute of Management Accountants)颁发的莱布兰德荣誉证书(Lybrand Certificate of Merit Award)。卡普兰和罗宾·库珀两人共同研究的成果《成本与效益:使用整合的成本系统来提高盈利和业绩》(*Cost and Effect: Using Integrated Cost System to Drive Profitability and Performance*)和《成本管理系统设计:教程与案例》(*The Design of Cost Management Systems: Text and Cases*)两书也分别于 1998 年和 1999 年出版发行。

近年来,卡普兰继续为制造业和服务业公司开发设计作业成本管理系统。卡普兰认为,为了更准确地衡量产品生产线、顾客、渠道和设备的盈利能力,世界范围的公司应使用作业成本系统。他近期的研究集中在以时间为动因的作业成本控制(Time-Driven Activity-Based Costing, 简称 TDABC)上。他认为,TDABC 能使作业成本控制变得更简单、更有力、更灵活。2007 年,哈佛商学院出版社出版了《时间动因的作业成本控制:简单但更有力的赚取高利润的途径》(*Time-Driven Activity-Based*

*Costing*: *A Simpler and More Powerful Path to Higher Profits*)一书。

### (三) 研究审计问题

卡普兰在审计方面也有研究,主要关注审计抽样目的、方法以及样本大小等。1971 年,他与井尻雄士合作的论文"审计中的整合抽样模型"(*A Model for Integrating Sampling objectives in Auditing*)以及 1972 年的"审计人员的抽样目的:四个还是两个"(*The Auditor's Sampling Objectives*: *Four or Two*)中,指出审计人员在抽样过程中,其抽样的目的与统计学家的抽样目的是不一样的,审计人员的抽样目的不是单一的,除了代表性抽样外,审计人员还要达到其他的目标,如准确性、保护性和预防性等。卡普兰在"运用辅助信息指标估计审计抽样大小"(*Statistical Size in Auditing with Auxiliary Information Estimators*)中认为,由于审计人员可以获得客户的信息,所以在审计抽样过程中需要全新的方法,比如借助辅助的信息评估指标。而在"美元单位抽样的样本大小计算"(*Sample Size Computation for Dollar-unit Sampling*)一文中,则具体介绍了美元单位抽样的样本大小计算。

## 三、主要论著简析

提到卡普兰,必然会提到他和大卫·P·诺顿(David P. Norton)的平衡计分卡。传统的绩效测评指标主要是财务指标,注重的是对过程和结果的反映,带有静止、被动的特点,不能全面、动态地反映过程中存在的问题,不能主动地进行分析和管理,也不能将组织的战略目标和战略管理手段有机结合。企业希望能够创造出一种管理程序,使企业能够像一位肌肉强健、反应灵敏、充满活力的运动员一样,随时根据市场的变化调整自己,及时、持续地为市场提供令人满意的优质服务和产品。竞争使得企业在关注内部的同时,更加关注外部变化。所以,绩效测评指标体系也当顺应这种变化。卡普兰和诺顿提出的平衡计分卡是企业业绩评价实践的提炼和升华。2002 年,《哈佛商业评论》在庆祝其创刊 80 周年之际,评选出了"过去 80 年来最具影响力的十大管理理念",平衡计分卡名列第二位。平衡计分卡作为一种前沿的、全新的组织绩效管理手段和管理思想,在全世界各行业得到了广泛的运用。

### (一) 平衡计分卡:三篇经典文章

1990 年,毕马威会计师事务所(Klynveld Peat Marwick Goerdeler,简称 KPMG)的诺兰诺顿研究所(Nolan Norton Institute)资助了一项为期 1 年、数家公司参加的研

究项目,叫做“未来的组织绩效衡量”。诺兰诺顿的执行长大卫·P·诺顿(David P. Norton)担任项目负责人,卡普兰担任学术顾问。来自制造业、服务业、重工业和高科技行业的12家企业参加了这项研究。正是这项研究,开始了卡普兰的平衡计分卡的研究之路,其以三篇经典论文的发表为标志。

首先,是平衡计分卡驱动绩效的评价指标体系。卡普兰和大卫·P·诺顿将项目的研究成果进行整理后,在《哈佛商业评论》1992年1—2月号上发表了关于平衡计分卡的第一篇文章“平衡计分卡:驱动绩效的评价指标体系”(*The Balanced Scorecard: Measures That Drive Performance*)。他们认为,可以把平衡计分卡看作是飞机座舱中的标度盘和指示器,为了操纵和驾驶飞机,驾驶员需要掌握有关飞机的众多方面的信息,诸如燃料、飞行速度、高度、方向、目的地及其他能说明当前和未来环境的指标。如果只依赖一种仪器,可能会致命。同样,管理一个组织,复杂性要求经理们能同时从几个方面来考察绩效。平衡计分卡使经理们不再只从一家企业的财务指标来判断它的业绩好坏,而是从包括财务、客户、内部管理及学习与发展四个方面来考察企业。它们给四个基本问题提供了答案:从客户的角度(customer perspective)了解客户是如何看待我们的;从内部管理角度(internal business perspective)分析我们必须擅长什么;从学习和发展角度(innovation and learning perspective)判断我们能否继续提升并创造价值;从财务角度(financial perspective)处理我们怎样满足股东。

其次,是平衡计分卡的实际运用。在1993年《哈佛商业评论》的9—10月号上,卡普兰和大卫·P·诺顿又发表了“平衡计分卡的实际运用”(*Putting the Balanced Scorecard to Work*)一文,专门介绍多家企业实施平衡计分卡的成功经验,说明一些公司是如何实际使用平衡计分卡的。通过罗克沃特(Rockwater)、苹果电脑(Apple Computer)和高级微型设备(Advanced Micro Devices)等公司平衡计分卡的实际运用,说明了在不同的企业里,平衡计分卡是可以将绩效评价与管理结合在一起的。

最后,是平衡计分卡在战略管理体系中的应用。在《哈佛商业评论》的1996年1—2月号上,再一次刊登了卡普兰和大卫·P·诺顿的论文——“平衡计分卡在战略管理系统中的应用”(*Using the Balanced Scorecard as a Strategic Management System*)。文中引入4个新的管理程序,使得公司把长期目标和短期行动联系起来:第一个程序是说明愿景(translating the vision),有助于经理们就组织的使命和战略达成共识;第二个程序是沟通与联系(commutating and linking),使经理能在组织中对战略进行上下沟通,并把它与各部门及个人的目标联系起来;第三个程序是业务规划(business planning),使公司能实现业务计划及财务计划的一体化;第四个程序是反馈与学习(feedback and learning),赋予公司一项战略性学习能力。

正是这三篇文章奠定了平衡计分卡的理论基础。平衡计分卡的理论并不是僵化不变的，随着实践的推动，平衡计分卡的理论体系不断得到发展和完善。

### (二) 平衡计分卡:四部系列专著

1996年，卡普兰和大卫·P·诺顿有关平衡计分卡的第一部专著《平衡计分卡:化战略为行动》正式出版，标志着平衡计分卡理论的成熟，并将平衡计分卡由一个绩效衡量工具转变为战略实施工具。2000年，卡普兰和大卫·P·诺顿联手推出了新作——《战略中心型组织:如何利用平衡计分卡使企业在新的商业环境中保持繁荣》，说明公司是如何使用平衡计分卡的。2004年，他们又出版了被誉为“平衡计分卡体系的巅峰之作”《战略地图——化无形资产为有形成果》。这三部已经分别被译成21种、18种和5种文字。至此，平衡计分卡理论形成了一个“描述战略、衡量战略和管理战略”的严密逻辑体系。这三本著作的关注焦点是不同的。第一部关注的是战略衡量，第二部关注战略管理，第三部则关注战略描述。2006年，他们又推出平衡计分卡系列的第四部专著《协调一致:使用平衡计分卡打造公司协同效应》，使用平衡计分卡来完成公司级水平战略。尔后，卡普兰正和诺顿又一起研究并筹备出版有关管理战略的平衡计分卡系列第五本著作。

《平衡计分卡:化战略为行动》(*The Balanced Scorecard: Translating Strategy into Action*, 1996)。这本书的出版标志着平衡计分卡这一理论的成熟。该书获得1996年度《财经时报》(*Financial Times*)和博思艾伦咨询公司(Booz-Allen Hamilton)评选的全球商业图书奖(Booz-Allen and Hamilton Global Business Book Awards)提名，并获得美国会计学会(AAA)颁发的管理会计文献杰出贡献奖(Winner of the Notable Contributions to Management Accounting Literature Award)。作者在该书开篇两章指明信息时代的企业为什么需要平衡计分卡，引出其重要性。接着第一部分(第3—8章)说明如何衡量企业战略。书中将层面、目标、指标、目标值和行动方案作为平衡计分卡的最基本概念，也是财务、客户、内部业务流程以及学习和创新四个方面的具体构成要素。第二部分从动态角度阐述了化战略为行动的4个重要管理流程，阐明并诠释了愿景和战略、沟通与联系、计划与制定目标值以及战略反馈与学习。

《战略中心型组织:如何利用平衡计分卡使企业在新的商业环境中保持繁荣》(*The Strategy-Focused Organization: How Balanced Scorecard Companies Thrive in the New Business Environment*, 2000)。如果说卡普兰和大卫·P·诺顿因为平衡记分卡“一技成名”，但是他们并没有停下探索的脚步。尽管平衡计分卡面世后好评如潮，他们仍然密切注视着平衡计分卡的执行，并不断完善平衡计分卡的理论。他们将过去十几年中平衡计分卡在各类组织中的应用做了一个盘点。将实施平衡计分卡的200多家企业长达10年的经验进行分析,抽取了20多个案例进行专门研究。他们发现,采用平衡计分卡的公司可以运用平衡计分卡解决更为重要的问题——即实施新战略,而不仅仅是绩效考核,因此一个新的组织形式——"战略中心型组织"开始出现。这些组织的执行官可以用平衡计分卡将围绕整个战略目标的经营单位、共享服务单位、组织和个人联系起来。这些组织已经运用平衡计分卡开创了一个全新的管理框架——将战略置于关键管理流程和系统的中心位置。他们在这本书中阐明了构建战略中心型组织的5项关键原则,即:将战略转变为业务术语;使组织与战略一致;使战略成为每个人的日常工作;使战略成为连续的过程;通过果断、有效的领导方式动员变革。

《战略地图:化无形资产为有形成果》(*Strategy Maps: Converting Intangible Assets into Tangible Outcomes*,2004)。战略地图是平衡计分卡的发展和升华。在过去多年研究与300多家组织合作的基础上,两位大师创造了一种新的工具——战略地图。战略地图能以一种清晰准确的方式描述无形资产与价值创造之间的关系。卡普兰和诺顿指出,执行战略最关键的是确保持续的价值创造,而确保持续的价值创造取决于对4个重要内部流程的管理。这4个重要的内部流程分别为:运营管理流程、客户管理流程、创新流程和法规与社会流程。他们向读者展示了公司是使用战略地图来连接流程与期望的结果,以及如何评价、衡量和改进对成功至关重要的流程。该书分为总论、价值创造流程、无形资产、构建战略与战略地图,以及案例集锦等5篇。在价值创造流程的基础上,作者阐明了战略的动态性;描述、衡量学习与成长流程中的3项无形资产——人力资本、信息资本和组织资本,并使它们与内部视角的战略流程和目标保持协调一致。作者通过案例介绍生动展示了如何创建客户化的战略地图,以使企业组织能够阐明战略并与全体员工沟通,确定驱动战略成功的关键内部流程,使人力、信息和组织资本协调一致取得最好效果,并揭示战略缺陷,尽早采取纠正措施。

《协调一致:使用平衡计分卡打造公司协同效应》(*Alignment: Using the Balanced Scorecard to Create Corporate Synergies*,2006)。许多组织包括众多的营运支持单元,由受过高级培训并富有经验的执行官来管理。但是各个单元的努力经常不能协调,导致了冲突、机会丧失或者绩效降低。卡普兰和诺顿认为,至关重要的协调责任在于公司总部。本书中,作者将革命性的平衡计分卡管理系统地运用到公司级的战略,揭示成功企业是如何清楚地明确总部在制定、协调和监督公司战略上的角色定位。通过广泛的实地研究,该书展现了公司是如何建立公司级的战略地图和清晰说明"公司价值定位"的平衡计分卡:企业创造出来的价值大于单个运营目标实现的价值总和。

该书提供了案例研究、可供操作的框架和平衡计分卡的例子，帮助理解如何将运营支持单元、董事会和外部合作者与公司战略协调，创造监督流程来实现持续的协调一致。战略执行的下一个突破点将是如何从企业的协同效应中协调一致，以使得公司未实现的价值得到发掘。平衡计分卡在线社区①的咨询顾问们已经完成了 1 000 多个帮助企业确定、沟通和成功执行战略的咨询项目，他们不断学习、更新，推动这一工具的不断发展，使平衡计分卡成为一个系统有效的帮助各类组织取得突破性成果的方法，并得到广泛认可与运用。

**参考文献**


[1] 丁友刚，姚姿. Robert S. Kaplan 学术成果述略[J]. 会计之友，2009(8)：4-9.

[2] 胡玉明. 管理会计发展的历史演进[J]. 财会通讯，2004(1)：18-22.

[3] 赵娟. 平衡计分卡创始人罗伯特卡普兰.[N]. 经济参考报，2007.

[4] Atkinson A Banker R，Kaplan R S，M Young. Management Accounting，3rd ed.[M]. Upper Saddle River，N J：Prentice-Hall，2001.

[5] Atkinson A，Kaplan R S，M Young. Management Accounting 4th ed.[M]. Upper Saddle River，N J：Prentice-Hall，2003.

[6] Atkinson A，A Kaplan R S，Ella Mae Matsumura，S Mark Young. Management Accounting 5th ed.[M]. Upper Saddle River，N. J.：Pearson Prentice-Hall，2007.

[7] Bruns W J，Kaplan Jr R S，Cooper R，Schleifer A，Donella Marie Rapier. Understanding Costs. Business Fundamentals Series[M]. Boston，Mass：Harvard Business School Press，1998.

[8] Bruns William J，Paul M Healy，Hertenstein J H，Robert S Kaplan，Sharon M McKinnon. Reading Financial Reports，2nd ed. Business Fundamentals[M]. Boston：Harvard Business School Press，2002.

[9] Cooper Robin，Robert S Kaplan. Design of Cost Management Systems：Text and System. 2nd ed[M]. Upper Saddle River，N J：Prentice，Hall 1999.

[10] http://drfd. hbs. edu，2007-07-08.

[11] http://fisher. osu. edu/departments/accounting-and-mis/the-accounting-hall-of-fame/membership-in-hall/robert-samuel-kaplan，2006-12-31.

[12] http://www. pricegrabber. com，2007-07-08.

[13] Kaplan R S，David P Norton. Alignment：Using the Balanced Scorecard to Create Corporate


① 平衡计分卡在线社区的网址为 http://www. bscol. com。

Synergies[M]. Boston: Harvard Business School Press, 2006.

[14] Kaplan R S, Steven R Anderson. Time-Driven Activity-Based Costing: A Simpler and More Powerful Path to Higher Profits[M]. Boston: Harvard Business School Press, 2007.

[15] Kaplan Robert S, Anthony A Atkinson. Advanced Management Accounting, 3rd ed. [M]. Upper Saddle River, N J: Prentice Hall, 1998.

[16] Kaplan Robert S, D P Norton. The Strategy-Focused Organization: How Balanced Scorecard Companies Thrive in the New Business Environment[M]. Boston Mass: Harvard Business School Press, 2000.

[17] Kaplan Robert S, David P Norton. Strategy Maps: Converting Intangible Assets into Tangible Outcomes[M]. Boston: Harvard Business School Publishing, 2004.

[18] Kaplan Robert S, David P Norton. The Balanced Scorecard: Translating Strategy into Action [M]. Boston: Harvard Business School Press, 1996.

[19] Kaplan Robert S, H Thomas Johnson. Relevance Lost: The Rise and Fall of Management Accounting[M]. Boston: Harvard Business School Press, 1987.

[20] Kaplan Robert S, Robin Cooper. Cost and Effect: Using Integrated Cost Systems to Drive Profitability and Performance[M]. Boston: Harvard Business School Press, 1998.

[21] Kaplan Robert S, William J Bruns, eds. Accounting and Management: Field Study Perspectives[M]. Boston: Harvard Business School Press, 1987.

[22] Kaplan Robert S. Measures for Manufacturing Excellence[M]. Boston: Harvard Business School Press, 1990.

[23] Kaplan Robert S, Robin Cooper, Larry Maisel, Eileen Morrissey and Ronald M Oehm. Implementing Activity-Based Cost Management: Moving from Analysis to Action[M]. Montale, N. J.: Institute of Management Accountants, 1992.

[24] Kaplan Robert S, David P Norton. Putting the Balanced Scorecard to Work[J]. Harvard Business Review, 1993(9):134-145.

[25] Kaplan Robert S, David P Norton. The Balanced Scorecard: Measures that Drive Performance [J]. Harvard Business Review, 1992(1):71-79.

[26] Kaplan Robert S, David P Norton. Using the Balanced Scorecard as A Strategic Management System[J]. Harvard Business Review, 1996(9):75-86.

[27] Robert S Kaplan's Biography. [EB/OL].

[28] Robert S Kaplan's Books. [EB/OL].

（初稿执笔人：颜菱、翁冬冬）

# 罗伯特·雷蒙德·斯特林

## (Robert Raymond Sterling, 1931—　)

罗伯特·雷蒙德·斯特林(Robert Raymond Sterling, 1931—　)是一位具有创新性和影响力的学者、老师和管理者。因其对会计理论特别是会计计量理论的发展所作出的杰出贡献,于2006年入选美国会计名人堂,也是当年入选的两位成员之一。

## 一、个人简要生平

1931年,斯特林(见图80)出生于美国俄克拉荷马州(Oklahoma)的Bugtussle市郊一个农民家庭,他是家中十个孩子中最小的一个,其父母均未受到良好的教育。他的父亲是一个失败的棉农,在20世纪20年代末期经济不景气所并发的失业等危机中,因受冲击而过早离世,其母亲则成为他们家10个孩子唯一的支持。在第二次世界大战中,他和许多天真而又爱国的青少年一样,在青少年时期就参加了战争。他曾服役于朝鲜战争(Korean Conflict),后在美国步兵比尔(Bill)的帮助下进入学院参加学习,这在他们家中是第一个。在丹佛大学(University of Denver),他分别获得了经济学学士和工商管理硕士(MBA)学位。接下来的教育生涯中,在法格·福斯特教授(Fagg Foster)的鼓励下,他于1957年注册登记了在佛罗里达大学(University of Florida)攻读经济学博士学位培养计划,并于1964年获得博士学位。

图80　罗伯特·雷蒙德·斯特林

1963—1966年,斯特林在宾厄姆顿(Binghamton)任教于纽约州立大学(State University of New York)的社会科学学院,教授过所有社会科学以及会计的课程。1966年,他获得了耶鲁大学哲学院和物理学院(Yale University's Departments of Philosophy and Physics)颁发的博士后年度奖学金。1967年,他进入了堪萨斯大学商学院(School of Business faculty at the University of Kansas)工作,并于1969年晋升为教授,于1970年被提名为亚瑟·扬(Arthur Young,原八大会计师事务所之中的Arthur Young及Ernst & Whiney之间的兼并造就了现在的Ernst & Young,即安永)会计教授(Distinguished Professor of Accounting)。在堪萨斯大学任教的4年当中,他曾出任校执行委员会主席,当时由执行委员会管理学校,才使得各部门的混乱秩序得到了控制。1974年,他接受任命作为莱斯大学(Rice University)耶西·H·琼斯管理学教授(Jesse H. Jones Distinguished Professor of Management)和会计学教授。在这里,他领导创建了会计系并任首任主任,之后又创建了莱斯大学琼斯行政管理研究生院(现为管理学研究生院),并出任首任院长。在1981年,他曾到加拿大的阿尔伯塔大学(University of Alberta)做访问学者,后加入了财务会计准则委员会(Financial Accounting Standards Board,简称FASB)研究部,并作为一名高级研究员工作了3年。在1983年,他接受任命为犹他大学(University of Utah)商业企业的肯道尔·D·加夫(Kendall D. Garff)教授,这一职位他一直保留至1991年退休。

斯特林现居住在得克萨斯州(Texas)的休斯敦(Houston),在那里他继续写作,并和知名的学者及学生们在一起讨论,经常与朋友和家人保持联络并看望他们,其中包括他的两个孩子和两个孙子。

## 二、理论与实务的主要贡献

斯特林一直致力于会计学术交流工作。在莱斯大学执教期间,他创立了会计研究者国际协会(Accounting Researchers International Association)并担任第一任会长。在堪萨斯大学任教4年期间,他组织举办了一系列具有影响力的会议,并以此内容编辑和出版发行了会议论文集,主要包括与威廉·本兹合编的《会计前景展望》(*Accounting in Perspective*)、《资产评估与收益确定》(*Asset Valuation and Income Determination*, 1971)、《会计研究方法论》(*Research Methodology in Accounting*, 1972)和《公众会计制度问题研究》(*Institutional Issues in Public Accounting*, 1974)等。1979年,他与亚瑟·L·托马斯(Arthur L. Thomas)合编了《拥有折旧资产的小公司》(*A Simplified Firm Owning Depreciable Assets*, 1979);1982年,他与肯尼斯·W·莱姆克(Kenneth W. Lemke)合编了《财务资本保全与实物资本保全》(*Maintenance of Capital: Financial versus Physical*, 1982)。此外,他也深知早期会计著作的重要性,并在亚瑟·安德森(Arthur Andersen)及其公司的帮助和支持下,创立了学者书业出版公司(The Scholars Book Co.),并多次再版20多本会计经典著作。

斯特林是美国会计学会(AAA)下属相关组织的成员,并多次以协会研究指导者的身份服务于社会。1976年,美国会计学会(AAA)的国际会计部(International Accounting Section)设立国际杰出会计教育奖(Outstanding International Accounting Educator Award)时,斯特林和澳大利亚著名会计学家雷蒙德·约翰·钱伯斯(Raymond John Chambers,列会计名人堂第51位)一起获得首届奖,并第一次以美国会计学会优秀国际讲师身份到其他国家讲学。此外,他还曾任《会计评论》(*The Accounting Review*)和《算盘》(*Abacus*)等著名杂志的编委会成员。

## 三、主要论著简析

斯特林是一位颇有洞察力的学者,在各类学术性和专业类杂志上发表了60余篇论文,其中就市场价值在财务报告中的角色作了积极探讨。他两次获得由美国会计学会(AAA)和美国注册会计师协会(AICPA)所授予的会计学术文献杰出贡献奖(the Notable Contribution to the Accounting Literature Award),即1969年的"持续经营假设的反思"(*The Going Concern: An Examination*)一文和1973年发表的论文——"会计研究、教育及实践"(*Accounting Research, Education and Practice*)。此外,他的另外两篇论文,即"关于理论的构建与验证"(*On Theory Construction and Verification*, 1970)和"物价变动时期的相关财务报告"(Relevant Financial Reporting in an Age of Price Changes, 1975),均被列入20世纪对会计研究作出最重要贡献的25项成果之中。他的主要著作有《企业收益计量理论》(*Theory of the Measurement of Enterprise Income*, 1970)、《关于会计作为一门科学》(*Toward a Science of Accounting*, 1979)和《会计确认论》(*An Essay on Recognition*, 1985)等。其主要论著的内容如下。

### (一)《企业收益计量理论》(1970)

《企业收益计量理论》(*Theory of the Measurement of Enterprise Income*)一书于1970年由堪萨斯大学出版社出版。R·W·斯凯特克(R. W. Schattke)在当年10月的《会计评论》(*the Accounting Review*)上发表书评,认为该书对计量、信息与传递概念的研究,以及对收益计量方法选择的研究,使一些重要问题更加清晰和明白。对于一个特定的公司以及经过仔细研究确定的公司模型的研究,使得这种类型公司对脱手价值的使用,以及设定阶段来对更复杂的模型进行分析,呈现出更具说服力的观点。

本书主张在评估和收益计量中运用脱手价值。若将斯特林的书与雷蒙德·约翰·钱伯斯(Raymond John Chambers)写的《会计、估价和经济行为》(*Accounting, Evaluation and Economic Behavior*，简称 AEEB)作比较会发现，钱伯斯和斯特林两人的相同之处远比想象中要少。钱伯斯主要致力于处理复杂公司模型，然而斯特林还包括了对简单公司模型的详细研究。斯特林主要在对对立观点的详细分析和决策分析方面花了较多的时间，然后用一小部分时间在财务报表和一些技巧方面的分析。他把重心集中在与收益计量相关的问题上，然而钱伯斯主要在比较宽泛的术语层面上来研究估价和行为问题。因此，虽然钱伯斯和斯特林都主张脱手价值的使用，但是他们的方法却非常地不一致。

斯特林在书中运用了一个简单的公司模型，即一个小麦商人在稳定价格水平下的理想市场中经营。小麦商人的决定和对小麦商人感兴趣的利益团体的决定，在数字方面都是很简单而且受到限制的。举例来说，当商人已经作出决定以一个小麦商人经营之后，他唯一要作出的决定就是要持有小麦还是持有现金。当然，简单公司模型因其在实际经营和决定情形方面有限的类同之处，以及其有限的含义而受到批评。然而，简单公司模型在探究估价的重要方面就如同一辆好车的样板服务，使得斯特林能够主张说:“在计算收益时，一种方法优于其他方法”，在明确的假定基础上作争论，并以一项限定性分析作为支持，使得争论和分析既详细说明且有假设基础，所以相关争论也能得到不断发展，从而也不断得出不同的相关意见。

书中分析是从收益的定义开始的。斯特林指出被普遍认同的是:“收益是指财富在两个时点间的变化与这一时期的消费之和”。他还指存在分歧的中心主要在于确定财富或财产的方法上，而且这也引导他对评估作了更广泛的讨论。在书的前面部分就简短地讨论过四种可供选择的评估方法，且现时市价法被确定为唯一有效的评估方法。

书中多于一半的内容(第一部分)用于对小麦商人的评估分析。对公司模型进行了描述，而且针对该模型给出了收益的定义。因为收益是在两时点之间进行计量的，且并不是像现金形式表示的所有资产情况那么简单，因此要选一种“评估系数”被用于在选定的某个时点以现金形式对小麦进行评估。选择一项系数需要有能够对数据调查和交流概念有用的数据作为支持，或许主要是对如何选择评估系数有帮助。

书中指出，只有真实而且相关的数据才是真正有用的。他强调数据传递角色的重要性，而且强烈支持关于问题解决方案理论能将相关信息具体化的观点。他的分析提出了一些有趣的观点，他观察到坚持相关性的一个很好理由便是频道容量的有限性，同时他还对反馈的有限效能发表了一些独到的见解。

书中更多的内容是投入了对计量的研究。但是相关性是很重要的，因为它能增加相关性数据的精确度、总括性和顺序性。斯特林坚持认为，价值是属于个人的信息，只能使用一种替代品才能进行计量。这种交换可以以货物尺度来进行计量，并且提供计量所必需的替代品。斯特林还用了一定的篇幅讨论决策和计量的时间尺度问题。因为他将时间计量尺度作为对预期购买（虽然重要却不能被计量）的研究基础，以及对外部购买或者是过去购买的现实效用（能被计量却因其与相关性有关而无法获得）的研究基础，所以暂时的时间尺度分析是相当重要的。时间尺度分析同样也作为对现实购买相对于过去购买优势分析的基础。现实购买与可供选择的现值估价方法有关，然而依照他的分析，过去购买与稍后时间的价值之间不具相关性。

书的第二部分是在斯特林对早期反对另 3 种可替代估价选择方法的延伸，这 3 种方法分别是博尔丁常数（Boulding's constant）、费雪传统方法（the Fisher tradition）和会计传统方法（the accounting tradition）。所有这些讨论都是有价值的。资金维持的问题也许这样被摒弃得有点儿太容易了，然而对折扣现金流量模型的讨论，有时显得很混乱和不具有说服力。斯特林对会计传统的大部分批评都不是新出现的，但是要点方面做得相当好，而且斯特林在批评过程中表现出的明显的趣味性，也使得他与读者之间得到了很好的交流沟通。

### （二）“会计研究、教育及实践”(1973)

“会计研究、教育及实践”（*Accounting Research, Education and Practice*）一文刊登于 1973 年 9 月的《会计杂志》（*Journal of Accountancy*）上，当时的斯特林已经是堪萨斯大学工商管理系著名的年轻教授，这篇文章是据其于美国会计学会西部地区第七届大会的一个讲话整理而成。

在文中，他提出了 6 个观点：(1)研究是从教育——实践中独立出来的；(2)教育和实践是互补的，因为教师讲的是公认惯例，并且从业者实践的也是他们被教授的东西；(3)公认的惯例是不一致的，因此，公认惯例“理论”是矛盾的；(4)被教授了公认惯例“理论”的学生们倾向于识别“理论上正确”与“实践上公认”，被教授了一个矛盾理论的学生们容易被矛盾说服，被教授了公认惯例的学生们容易抵抗会计原则委员会的尝试性实践改革；(5)管理者们倾向于抵抗会计改革，因为会计改革对于隐藏他们自身的弹性造成了威胁；(6)来自于管理者和以前的学生（从业者）的抵抗力是我们难以改革实践的重要原因。

### （三）《会计确认论》(1985)

《会计确认论》（*An Essay on Recognition*）一书于 1985 年由悉尼大学出版社出

版。该书由前言、致谢、5个章节和附录组成。5个章节是涉及两个有联系却截然不同的主题，可以被分成概念和确认测试两个主要部分。书中主要内容如下：

揭露了潜藏在会计概念建立逻辑上的至关紧要的错误，揭露了在识别问题本质上的理论进程；对“相关性和可靠性”权衡的争论尚未发现这两者都是抉择有用性时所必需的，因为“没有证据”显示大量的属性影响相关性或可靠性，“谨慎性不能要求将相关性替代为非相关性，或是把可靠性替代为非可靠性”；历史成本在许多情况下与过去价格不一样，推进历史成本系统发展的一种阻碍就是对成本的错误理解；可靠的陈述需要对现象的清晰表述，然后是财务报表的清晰表述。

但清晰表述与以下观点冲突：收入—费用观点，资产—负债观点。而最明显的冲突性例子是后进先出法—先进先出法的观点。因为后进先出法导致了有利的损益表和不利的资产负债表。那些希望能获得有利损益表和资产负债表的人，只能建议废除清晰表述。

有时，有一种倾向就是把报表视为“脱离上下文”，并与其正确性有一定背离的表述。这里有两种典型的代表：一是目前应收价格，即不存在追索权的现金和应收款项，与折扣后的金额或是其他预期可收回金额不一致。二是类似于以数字描述的来源于诉讼的义务。同样，义务的目前价格是多少——劳埃德拿额外的费用去赔偿——无折扣或是其他调整过的预期付款额作为审判结论。

该书呈现出一种新的会计“理论”的观点。对那些批判一般公认会计原则（Generally Accepted Accounting Principles，简称GAAP）的人来说，本书将会是强有力的武器。对于所有人来说，它将鼓励仔细地重新审视有关概念的表述以及财务会计准则委员会所扮演的角色。

### （四）《关于会计作为一门科学》（1979）

《关于会计作为一门科学》（*Toward a Science of Accounting*）一书于1979年由学者书业出版公司出版。著名会计学家、宾夕法尼亚大学（University of Pennsylvania）的会计教授戴维·所罗门斯（David Solomons，列会计名人堂第52位）在1982年4月的《会计杂志》上发表了书评，认为仅阅读这本会计著作的前言就令人为之振奋，即前言中不仅引用了亚伯拉罕·林肯（Abraham Lincoln）、查尔斯·达尔文（Charles Darwin）、索罗（Thoreau）和肯尼思·布林（Kenneth Boulding）等名家名言，还引用了来自科学家爱因斯坦和现代哲学家等的论断。

许多会计人员和其他人员仍把会计看作是一门艺术，而不是一门科学。一些会计人员非常满足，有时甚至骄傲，认为他们是艺术家。然而，正如作者指出，这会引起关于审计作用是否具有合法性的问题。“我们承认艺术是不能被审计的，然而把它们定义为艺术时，我们却需要审计财务报表。矛盾是显而易见的。承认了矛盾，就需要我们做出以下选择：一是放弃收支检查功能，因为我们不能审计艺术；二是重新定义财务报表的内容，不要让它们成为争论的众矢之的。”

该书的主要贡献是呼吁要对会计基本原则进行重新定义。斯特林声称“为重置成本增加一个脚注，建议调整历史成本的价格，这些可能是一种进步，但他们只是被教条所束缚的模型的附属物”。在财务会计准则委员会下设的会计原则委员会上，他说“我们所需要的是新的科学基础；我们得到的是一个新的制度遮雨棚。”

在本书中，斯特林批判了传统会计的历史成本观点。它主要是开启了如何对待非货币性资产的大门，即这被报告为历史成本的分摊。这样分摊方法是不能被以经验为主的方法所检验的，因为折旧费是通过估计资产的使用寿命得出来的，而这些只能在将来得知。“我们关注未来，因为我们定义了现在资产和收入的大小，而它们是依赖于未来数量大小所作的对过去数量大小的分摊……如果我们用短语表达我们目前的疑问以便它依赖未来，那么我们已经预先排除了一个答案。因为未来是未知的，同样因为现在依赖于未来，所以通过定义，我们无法知道目前状况。”无法知道目前状况，强迫我们接受历史成本会计，让我们对资产负债表和收益数字无法用经验方法检验。正如审计人员所做的，仅仅只是重复计算并不是真正的查证。

斯特林还批判了传统会计的相关性观点。他把相关性与决策模型联系起来，认为当且仅当用决策模型说明属性时，计量属性才是对决策模型“相关的”。斯特林批判其他相关性观点的一个理由是，没有提供清楚的相关性定义，然而这不是事实，财务会计准则的第 2 号概念公告——《会计信息的质量特征》，将“相关性”定义为对大多数会计人员有用，即“接收信息会产生决策差异，它能帮助使用者形成关于过去、现在和将来事件结果的预测，或者确认和更正先前的预测。”这一解释更接近于财务会计准则的定义，但它与斯特林的结论也并不冲突，斯特林认为，会计人员应该注重计量属性。然而相关性的定义已经明确了，除非法令、规则或契约规定，否则我们不可能确定到底有哪些历史成本信息是相关的。

斯特林抨击历史成本，这是无可厚非的。他绝不是第一个抨击会计准则体系的人，也绝不是最后一个。当然，应该用什么替代现行的体系，这是让抨击力减弱的原因所在。在这个重要的观点上，斯特林不曾怀疑。斯特林认为，脱手价值是解决所有会计问题的办法。脱手价值与变现净值是不同的，它是由经验决定的。他愿意让脱手价值成为现行成本质量的一部分。但是他认为，现行成本不能成为脱手价值的一部分，其原因是相关性（一旦获得资产，则不具相关性）。脱手价值与保留或弃置资产的决策是相关的。他认为,会计是一门科学。脱手价值是财务报表的基础,体现了计量的相关性,它能够被经验检验。

当然,斯特林的这些观点不会被广泛接受。斯特林的批评言论,在对脱手价值和现行成本作为会计的主要基础问题上很可能造成分歧。在第 33 号美国财务会计准则中,美国财务会计准则委员会(FASB)为两者找到了一个出路,至少是用现行成本补充财务报表;脱手价值和现行成本都是“交易价值”,这即是第 33 号所采用的会计基础。“交易价值”的概念似乎是一个妥协,但它有自身的逻辑。

也有学者认为,科学能够形成普遍规律,以及能够预测自然的、生物学的或社会现象。但会计并非如此,会计不是一门科学,它是一种服务活动。

**(五)“关于理论的构建及验证”(1970)**

“关于理论的构建及验证”(*On Theory Construction and Verification*)一文发表于 1970 年 7 月的《会计评论》(The Accounting Review)上。

文章的第一部分是前言。斯特林认为,在理论构建的过程中通常存在很多争议。很多理论看起来都似乎是来自于“直觉的闪现”;有许多理论是由归纳总结出的“自然法则”。然而极少的理论能以一种密切和一般的方式,紧密联系和解释这些归纳总结出的法则。因此理论构建的程序是不能被完全理解的。对于这种缺乏理解方面的线索只能以描述程序的语言而给出。虽然不知道理论是如何构建出来的,但是可以发现,一个新的理论通常是旧理论的一些“异常情况”产生出的结果。科学理论能提供关于现象的“预期”和“预测”,当这些预期发生的时候,他们就被描述为与理论相一致。而当意外的结果发生时,他们就被考虑为异常情况,最终需要对理论进行修正或提出新的理论。新理论或对理论进行修正的目的是使意外情况变成能被期望的情况,把发生的意外情况转换成预期的而且能够解释的发生情况。本文对科学理论的性质所作的简短评论,目的是为了对一些现在和被提议的会计理论提供简短的评论。被选择的可供替代的会计理论将会得到重新审视和批判,从而有利于对有关计量理论的构建程序提供一个建议性的大纲。

文章的第二部分是分析理论的本质。斯特林认为,理论首先应该是一组语言句子。理论是一种语言表达,因此对理论的研究和对语言的研究是相关的。莫理斯(Morris)、卡尔纳普(Carnap)和其他人将对语言的研究区别为句法学、语意学和语用论三大区域。对语言研究的这三大区域给科学研究的两大区域提供了基础。一般情况下,科学可能会被分为经验性和非经验性。非经验性的例子是逻辑和数学,这类科学由独有的分析性陈述组成,不需要依赖经验性的调查结果来证明其真实价值。经验性科学需要达到为现实世界的发生作出解释和预测的目的。因此，经验性科学的陈述，只有当它们正确地解释或预测一些经验性现象的时候才是真实的。

尽管为事实价值的任务而做了经验性的测试，但是经验性科学的理论并不是完全由能被观察查证的陈述所组成。相反，经验性科学的理论是由分析性和经验性陈述的组合构成。理论的依照句法的或逻辑性的部分能从其经验性部分中分离出来单独进行提炼和研究。这程序通常被称之为理论的“公理化”或“形式化”，结果被称之为一套“肯定的”或“形式的”体系。当然，正式体系就其本身而言并不是一个经验性的理论。要使正式的系统能作为一个经验性的科学理论，就必须增加语意的规则。

如果理论是非经验性的，输出的查证是不可缺少的。并不是所有经验性理论的每个陈述都必须是可查证的，正式体系里面存在许多操作术语不能依照观察进行查证(这些常常被称为“观察性的术语”和“理论性的术语”是相反的)。然而，经验性理论必须有一些可查证的陈述。这些个别陈述的查证被作为理论的一项测试。如果发现陈述是真实的，那么我们就说理论是有效的或可验证的。

因此，经验性科学的理论能分为两大区域：一是为解释符号而由抽象符号和一组句法的规则组成的正式体系；二是根据语意规则将特定符号和观察结果相联结，对正式体系的解释。对正式体系的陈述是分析性的，在某种意义上说它们来自于公理或定义的推论。对解释理论的陈述是经验性的，它们被观察所验证。语意规则和两种不同类型的观察有关：输入和输出。为了完成理论，就必须有观察的类型和和指定特定的测量规则。这些是对正式体系的经验性输入。然后那些输入就依照句法规则来操作。对正式体系的输出是根据语意规则，和观察结果相连接。如果观察结果能由正式体系具体指定，那么此特别的陈述便是可查证的。

文章的第三部分是做了一些会计解释。在会计理论构建及验证中遇到的困难之一，就是不同的会计理论通常是关于不同主题问题的理论。由于问题不多，使得有关相同的主题问题有很多不一致的理论，就如同各种不同的理论是与不同的主题问题有关。我们期望不同的主题问题将会产生各种不同的理论。也许关于一些理论的综述将会是有帮助的。该部分分门别类地介绍了 3 种学科对会计的解释，即人类学的解释、公司模型的解释和心理学的解释。

第一，是人类学的解释。认为构建会计理论的最传统和最普遍的方法是观察会计人员的行动，然后在公认原则之下进行总结，使他们的行动合理化。此结果不是关于会计或关于被解释事物的一种理论，相反，它是关于会计人员的一种理论。然后“会计原则”就是这样一种理论，即在这样那样的情况下，会计人员将会以这样和那样的方法行动。输入的是情况，输出是会计人员的行动。会计的人类学理论是对会计人员行为的观察。这种理论构建有一些困难。一是，会计人员以其应该行动的方式做出的行为并不必然是真实的。二是，程序不允许变化。三是，程序是循环往复的。四是，会计理论应该与会计现象有关，而不是会计人员。斯特林认为第四点最为重要，因为会计人员如何行动和了解他们为什么那样行动是很重要的。那些对行动的理解，需要建立在他们对"会计原则"的推广上。然而，与会计人员行为理论相反，这些知识却不能提供一种会计理论的基础，因此人类学的解释并不恰当。

第二，是公司模型的解释。认为会计程序可以用上述轮廓的形式依下列各项来解释：有可观察的发生（交易，交换），即对正式系统的输入（进入）——将这些依照特定的规则进行操作（区分或分类了的和总括的）——相应地输出（财务报表或任何特别的账户平衡）是可查证的（审核的）。在这一解释之下的会计系统表示为一个公司"模型"，一个人能通过阅读财务报表来决定公司的状况。报表经过每一次审核后，个别地方都会改变，因此相应理论也已经被确认许多次。这一解释的困难来自于收支检查中确认程序的特殊性质。收支检验程序不是因输出而变化，相反，它本质上是对输出的再计算和为检查输入准确性或真实性而对指定商业文件进行的"检查"。因此，收支检查程序主要把重心集中在对系统的输入和这些输入操作的方式，它不查证系统的输出。现代会计理论的输出是不能单独被证实的。因此，公司模型的解释也不是对现代会计理论的一个适当解释。

第三，是心理学的解释。在这一解释之下，财务报表不是理论的最终输出；相反，它们是对使用者的输入。使用者对财务报表的反应是可观察得出的系统输出。此解释同上述公司模型除输出确认以外的解释是完全一样。输入是可观察的依照会计法规进行操作的交易或者交换，依据规则形成发送给使用者的财务报表（或者其他的会计数据）。然后，使用者作出反应（或者未作出反应），而且这是可观察得出的系统输出。如果使用者作出了反应，就被作为财务报表是"有用的"或者包含"信息"的证据。

文章的第四部分是讲述一个有关计量理论构建的项目。斯特林认为，会计应该是一个"计量——沟通"的程序。会计人员应该计量某事，然后将计量结果与作决定的人进行沟通。在这解释之下，会计系统的输出是对决策理论的输入。这种解释把重心集中在决策理论，与心理学上把重心集中在决策制造者上的解释相反。如果存在一个定义明确的决策理论，那么此理论会将作出什么观察或者计量什么财产更加具体化。所以，斯特林相信会计应该提供由决策理论指定的数据，而不是决策制定者需要的数据。

每个理论都要求计量，而且会计只是对特定类型理论的计量活动。计量的发展不可避免地与理论构建紧紧连在一起。即理论的构建和计量的发展必须融合在一起。没有计量的理论就只是推测。简言之，理论构建和计量的发展是不可分的。理论叙述的是计量什么、如何操作计量和能期待的可计量结果是什么。这暗示了该理论被能计量的东西所限制。也暗示了计量在预测将会发生的数量，从而计量与理论互动，借着单独计量来查证理论。因此，如果会计是一个“计量——沟通”的程序，那么“会计理论”只是决定理论更一般的一个部分。会计数据只是对决定理论的简单计量输入，我们可能要以查证其他任何数据同样的方法来查证那些数据，但是没有确定的会计分支理论。

### （六）“物价变动时期的相关财务报告”(1975)

“物价变动时期的相关财务报告”（*Relevant Financial Reporting In an Age of Price Changes*）一文发表于 1975 年 2 月的《会计杂志》（*Journal of Accountancy*）上。这篇文章的宗旨是为了阐明物价水平调整这一观念。

作者首先指出，对于物价变动时期的财务报告，不应争论一套数据对与错，而是应该争论选择什么属性进行计量和报告。计量属性的选择需要有严谨准确的标准，并得到严格遵循。斯特林完全同意特鲁布拉德委员会（Trueblood Committee）关于会计基本目标或有用性标准的观点。用有用性标准取代可理解性和相关性是企图使这一标准能更加精确和具体，并不是意见分歧。可理解性标准是指给定的属性能被替换为真实的一对一的表述。相关性标准是指一项属性应取决于一个具体的经济决策需要模型。这必须是用“有用性”来解释的，如果一项属性不能被具体化为任何决策模型，那么自此之后将不能想象这一属性如何能够有用。

作者将这些标准在基于完全和不完全交易两种基础之上，通过纽约证券交易所的交易者进行了检验。基于第一个基础即完全交易基础的检验，显示了虽然货币计量属性（number of dollars，简称 NOD）具有很强的解释性，但是在完全交易基础下却是不相关的。然而实物计量属性（command over goods，简称 COG）却具有很强的相关性。所以在基于不完全交易基础之上的检验中，实物计量属性是能使相关性标准得到更加精确具体应用的一种计量属性，即决定是否以实物计量来解释其属性。

基于不完全交易基础之上的会计，有 4 种方法可供选择。每一种方法的选择都相应取决于特定的标准。有一些方法只是部分地符合标准，但只有物价水平调整现值法完全符合标准的规定。所以，物价水平调整现值法是唯一完全符合可理解性和相关性这两个标准的方法。

物价水平调整现值法的适当程序是：(1)将当前的陈述调整为现值；(2)将以前的陈述用一套价格指标进行调整。这两项调整都是必需的，且任何一项调整也不能被另一项替代，对这一点的认识是很重要的。美国财务会计准则委员会（FASB）关于这个问题的措词，似乎是指现值和物价水平调整这两种方法具有优劣之分，只能选择其中一种。

### （七）“持续经营假设的反思”(1968)

“持续经营假设的反思”(*The Going Concern*：*An Examination*)一文发表于1968年7月的《会计评论》(*The Accounting Review*)上。该文设7个部分，包括绪论、必要性、关系、公司模型、未来的问题、预测的可选择性和总结。

在“绪论”部分，斯特林指出，“持续经营”是会计中被广泛接受的最重要概念，虽然许多美国会计学会(AAA)的声明、会计人员手册和所有课本都将它列示为假定，但是很少有文献研究它的理由或发展。本文目的是对持续经营这个概念进行探索，讨论这个概念精确的意思是什么，以及根据它得出了什么，并特别关注它与历史成本的联系，以及作为公理的必要性。此外，还将探索它的时间纬度(temporal dimension)。

在“必要性”部分，斯特林认为有以下5点原因使得研究持续经营假设非常重要：第一，清算公司有必要测量真实的收入和状况。在持续经营条件下，收入和状况可以被估计，而且所有的报表都是临时的。第二，管理者对于公司前景的观点不见得是持续经营，但是不管管理者的观点如何，对于会计人员来说，仍然有理由持有独立观点。第三，持续经营假设不是利益理论必需的；相反，持续经营是可识别到未来利益所必需的。第四，持续经营对于正确预测未来利益来说是必需的，但是对于执行预测来说不是必需的。第五，连贯性是成功的必需的，但当它开始被测量时，假定成功则是错误的。斯特林认为，“持续经营对会计是必需的”这个论断并没有被证实，相反地有许多争论。事实上，持续经营不是会计必需的，清算企业的账务处理就是明显的根据。所以，持续经营模式仅仅是许多公司模式中的一种。从不同的模式中，推导出不同的会计方法。所以应该说，“基于清算基础的清算企业概念是对会计必需的”，同样，“基于持续经营基础的持续经营概念是对会计必需的”。清算企业概念也应该作为会计基础。企业应该有其他的模式，持续经营只是诸多可供选择的模式之一。那么，为什么我们选择那样的模式并取代其他的模式？选择模式的结果和含义是什么？

在“关系”部分，斯特林认为，持续经营概念与历史成本估价的关联并不是由于采用了非清算公司模式。在斯特林看来，持续经营假设为历史成本提供了支持，同时它也为批评成本估价的讨论提供了一个框架。斯特林认为，混乱的原因在于辨别利得和利得的价值。资产是拥有未来的利益或是服务的潜力。而我们马上就陈述有益于未来的成本，成本不能有益于未来或者是服务潜力。相反，成本是估价利益或潜力的方法。成本不会保证利润的存在，更不会使利润的存在需要成本。成本和资产是各自独立的概念。利润理论与持续经营概念在一定程度上是相关的,因为它们都是适用于未来的,但是持续经营概念与历史成本估价是没有联系的。

在"公司模型"部分,斯特林认为,持续经营概念的措词意味着公司与经济的稳定。根据检验,目前计划的实施是需要未来期望事件的发生。如果成本、价格、技术等仍然相当稳定,这一观点不会导致任何异议。如果把这个观念延伸到公司,可以清楚地发现,固定不变的状况是历史成本方法正确性的一个必要条件。如果持续经营模型意味着固定不变的状况,那么持续经营模型就是罕见的,所以历史成本会计方法绝不会是独一无二的。

在"未来的问题"部分,斯特林认为,对持续经营概念最好的解释是关于资产预报的庇护假设。第一个尚未解决的问题,是假设的标准。也许,会计人员应该报告公司未来前景而不是设想它们。如果这样,那么持续经营假设概念就是一个语言,它应该被重述。关于迹象的措词应该改变为更清晰,使得所有的迹象都被搜集和被衡量。第二个尚未解决的问题,是假设的理由。如果我们将概念作为一种假设,然后我们应该证明假设是合情合理的。"连续性是典型的"理由是依赖于考虑时间、公司类型、特殊公司的特性和其他因素。许多不同公司有着高破产率的历史。多数行业有许多"边缘的"公司。因此,持续经营概念需要重新解释。第三个尚未解决的问题,是预测的时间范围。这个问题很重要,因为直接影响到个别资产的寿命。目前的形势是预测资产的寿命,而没有考虑公司的寿命,这并不合理。

在"预测的可选择性"部分,斯特林认为,会计人员是正确的,他们试图去避免未来的问题。困难在于,当代的会计是一部分为未来导向系统,一部分是过去导向系统。为了目前的计量,就必须知道未来事件,这个想法是非常错误的。因此,持续经营概念在考虑公司未来状况的情况下来说是不相关的。然而,在一定时段里关于计量的概念是正确的。为了注明时间,暂时的计量适用于整体而不适用于部分。整体的价值是部分价值的汇总,持续经营概念不再适用,持续经营概念应该进一步延伸扩展。

在"结论"部分,斯特林认为,"持续经营概念对我们会计来说是必须的"这个观念是错误的。如果我们需要的话,我们应该假定间断性。如果持续经营的概念继续保持,它应该作为一个预测被重新解释。另一个可供选择的方法是净化持续经营概念的范围,因为它应用于企业的未来。从风险概念到持续经营概念的改变,不是使未来预测或假定成为必要。相反,它需要的仅仅是在一个时点的及时计量。对连续过程中的变化进行计量,不用知道那个过程在未来如何改变。或许,我们应该叫这个暂时的概念与风险概念形成对比。这个概念应该被扩展到公司组成成分的估价上,也可以扩展到公司及其资产的估价系数与资产的数量上。

## 参考文献

[1] http://fisher.osu.edu/departments/accounting-and-mis/the-accounting-hall-of-fame/membership-in-hall/robert-raymond-sterling. 2007-02-08.

[2] Petri Enrico. Book Review: An Essay on Recognition[J]. The Accounting Review, 1989,64(1): 190-192.

[3] Schattke R W. Book Review: Theory of the Measurement of Enterprise Income[J]. The Accounting Review, 1970,45(4): 822-824.

[4] Solomons David. Book Review: Toward a Science of Accounting[J]. Journal of Accountancy, 1982(4): 99-102.

[5] Sterling Robert Raymond. Accounting Research, Education and Practice[J]. The Journal of Accountancy, 1973(9): 44-53.

[6] Sterling Robert Raymond. An Essay on Recognition[M]. Sydney: University of Sydney Press, 1987.

[7] Sterling Robert Raymond. Asset Valuation and Income Determination: A Consideration of the Alternatives[M]. Kansas: Scholars Book Company, 1971.

[8] Sterling Robert Raymond. On Theory Construction and Verification[J]. The Accounting Review, 1970,45(2):444-457.

[9] Sterling Robert Raymond. Relevant Financial Reporting In an Age of Price Changes[J]. The Journal of Accountancy, 1975(2): 42-51.

[10] Sterling Robert Raymond. Research Methodology in Accounting: Papers and Responses from Accounting Colloquium Ⅱ[M]. Lawrence, Kansas: Scholars Book Co., 1972.

[11] Sterling Robert Raymond. The Going Concern: An Examination[J]. The Accounting Review, 1968,43(2):481-502.

[12] Sterling Robert Raymond. Theory of the Measurement of Enterprise Income[M]. Lawrence, Kansas: The University Press of Kansas, 1970.

[13] Sterling Robert Raymond. Toward a Science of Accounting[J]. Financial Analysts Journal, 1975(4):28-36.

（初稿执笔人：李静、周德旺）

# 凯瑟琳·席珀

## (Katherine Schipper, 1951— )

凯瑟琳·席珀(Katherine Schipper, 1951— )现为杜克大学(Duke University)教授。由于其对会计理论发展作出的杰出贡献,于2007年入选美国会计名人堂,是当年唯一一位入选者,也是该名人堂自1950年设立以来首位入选的女性会计学家。

## 一、个人简要生平

1951年,席珀(见图81)出生于俄亥俄州的圣玛丽(St. Marys),1971年毕业于美国十大天主教大学之一的戴顿大学并获得英语文学士学位(B. A. in English Literature),后进入芝加哥大学攻读研究生,1973年获得工商管理硕士学位,1975年获得图书馆学的文学硕士学位,1977年获得芝加哥大学会计学的哲学博士学位。

图81 凯瑟琳·席珀

1976年,她加入卡内基-梅隆大学工业管理研究生院,任职助理教授。1983年,她回到芝加哥大学,并于1984年晋升为教授。从1985年到1999年间,她在《会计研究杂志》(*Journal of Accounting Research*)从事了15年的编辑工作。1999年,她加入杜克大学,并被任命为工商管理专业的L. Palmer Fox教授。2001年,席珀担任美国财务会计准则委员会(FASB)成员,5年任期届满后,她又回到了杜克大学。

## 二、理论与实务的主要贡献

这位集会计研究者、编辑、教师、准则制定者于一身的席珀,在美国财务会计准则委员会(FASB)工作期间,深受研究有关会计政策影响的会计研究者们尊重。她满腔热情地对准则进行深层次的研究,并注重将研究成果贯彻到实务界。她也深受经验研究者的尊重。她严谨而又明朗的研究表现出对经济和财务报告复杂性的洞察力,而且对政策意义的观察力也是如此。除此之外,她还是《会计评论》(*The Accounting Review*)、《会计与经济学杂志》(*Journal of Accounting and Economics*)和《会计地平线》(*Accounting Horizons*)等杂志的编辑委员会成员。

她在许多学校和职业机构做工作,并常常为监管者和职业机构提供咨询服务。1995—1996年,曾任美国会计学会(AAA)会长。随后还担任过美国会计学会研究部、财务会计与报告委员会的主席等。1996—1999年,她是财务会计准则委员会咨询委员会的成员之一。在委员会工作的3年里,她对复杂会计问题所作的贡献无与伦比,不仅如此,她的研究成果对会计政策的制定也产生了很大的影响。她所在委员会的同事以及财务会计准则委员会的职员一直把她视为导师,并一致认为,在绝大多数复杂会计问题达成一致结论方面,她起到关键的作用。2001年,她任美国财务会计准则委员会(FASB)委员。2005年,她被授予美国会计学会(AAA)首席讲师称号(the American Accounting Association's Presidential Lecturer)。

作为一名优秀的教育者,席珀指导了近20篇博士论文,多次参加在中国、澳大利亚、中国台湾、英国、比利时和美国大学里召开的博士生学术研讨会并发表演讲。1991—1994年,她与他人一起指导了芝加哥大学的会计课程教育改革。她也一直积极参与包括纽约证券交易所(The New York Stock Exchange)、哥伦比亚大学(Columbia University)、斯坦福大学(Stanford University)、杜克大学、芝加哥大学和德意志银行(Deutsche Bank)等部门的高级经理培训项目。

由于其卓越的成就,她获得了许多荣誉和奖章,包括圣母大学(Notre Dame University)的荣誉学位(1996年),在芝加哥大学被任命为Eli B. & Harriet B. Williams会计学教授(1993—2000年)。在杜克大学(Duke University)工作期间,席珀被任命为工商管理的托马斯·凯勒教授(Thomas Keller Professor)。1999年,她被美国会计学会(AAA)授予杰出会计教育奖(Outstanding Accounting Educator Award),同年还获得伊利诺伊州注册会计师协会(the Illinois CPA Society)的杰出教育奖。

## 三、主要论著简析

席珀教授主要致力于会计信息在资本市场上的作用、财务报告准则、财务报告与会计政策、国际会计及公司治理等领域里的研究,堪称国际财务会计领域的权威。从

1974年开始，她先后在《会计评论》(*the Accounting Review*)、《会计与经济学杂志》(*Journal of Accounting and Economics*)、《财务经济学杂志》(*Journal of Financial and Economics*)、《会计研究杂志》(*Journal of Accounting Research*)和《会计地平线》*Accounting Horizons*)等国际权威杂志上发表的文章40多篇。她的文章不仅涉及学术前沿问题，同时也是相关研究领域的经典文献。她的论著以立论敏锐、论据中肯和文笔简洁而给读者以充分启迪，为会计实务与教育事业的发展做出了卓越的贡献。

### (一)"财务报告有失相关性吗?"(1999)

1999年，席珀和詹妮弗·弗朗西斯(Francis, Jennifer)等人在《会计研究杂志》(Journal of Accounting Research)上发表的"财务报告有失相关性吗?"(*Have Financial Statements Lost Their Relevance?*)一文，通过使用价格模型的回归结果发现，会计盈余的价值相关性呈逐年增强趋势；而只用收益模型的回归结果，却发现会计盈余的价值相关性下降。

该文认为，对于财务报告信息和股票价格及其变动之间的关系存在以下四种观点：(1)财务报告信息引导股票价格。这一观点认为，财务报告信息能够体现股票的内在价值，而股票价格则向其内在价值回归。因此，利用会计信息进行股票交易得到的收益可以被用来度量会计信息的价值相关性。这一观点需要假设会计数字而不是股价反映股票的真实价值。(2)如果财务报告信息包含了在估值模型中使用的变量或者是能够帮助预测这些变量，那么这些变量就是价值相关的。例如，对折现的股利估值模型、现金流量模型或剩余收益模型的估值模型而言，盈余的价值相关性就是预测未来股利、现金流量、盈余和账面价值的能力。(3)会计信息和股票收益的统计关系可以被用来度量投资者是否利用财务报告信息变更股价。因此，价值相关性体现为财务报告信息改变市场全部信息的能力，或者说价值相关性的信息可以改变投资者的预期，进而影响股票价格。这种观点在进行实证检验时需要考虑信息的及时性和投资者对信息的预期。例如，若盈余公布时股价没有变动，既可能是因为盈余是不相关的，也可能是因为盈余中所包含的全部信息已被投资者所预期并已反映在其公告前的股价中。(4)会计信息和股票价格或股票收益之间的相关关系可以说明财务报告信息是否和投资者使用的信息相关。在这一观点下，会计信息的相关性就表现为财务报告概括地反映各种影响股价信息的能力。也就是说，财务报告并不一定是最早的信息来源，但是财务报告会对其他较早或较为及时的信息具有验证的作用。

上述四种观点中，前两种观点反映会计信息的计量观，后两种观点反映信息观。财务报告并不直接计量公司权益的价值(例如现行会计准则并不确认自创商誉)，但可以为评估公司权益价值提供信息。因此,第(1)种观点认为会计数字反映权益的真实价值并不合理。第(3)种观点关注信息含量研究,投资者可以使用前期公布的财务报告以及其他信息预测本期的财务信息,投资者对财务信息进行预测的需求导致或者说是部分导致了更及时地披露行为的产生,并且,投资者预测财务信息的能力随着时间的推移而提高,与此同时财务报告公告的信息含量却在减弱。因此,若采取第(3)种观点进行实证检验,则很难区分究竟是投资者不关心财务报告的内容,还是由于财务报告的及时性或可预测性而使财务报告对投资者的有用性降低。

### (二)"准则制定与金融资产转移会计的相关研究问题"(2007)

2007年,席珀和泰瑞·L·约恩(Teri L. Yohn)在《会计地平线》(Accounting Horizons)上发表的"准则制定与金融资产转移会计的相关研究问题"(*Standard-Setting Issues and Academic Research Related to the Accounting for Financial Asset Transfers*)一文,从许多公司的截面数据出发,发现很多公司发生了金融资产的转移业务。财务会计准则委员会和国际会计准则委员会为金融资产,特别是关于金融资产的确认方面,进行了适当的会计处理。此文围绕着金融资产转移和总结相关的专业研究来讨论财务报告问题。也讨论了未来研究的潜在有用性,对学术研究成果能提供给准则制定者参考,以及对研究中的一些困难提出了建议。

该文认为,金融资产的转移从经济意义上讲是非常重要的,在许多企业(这些企业包括零售业、制造业和房产业以及金融机构),金融资产的转移影响着这些企业的杠杆比率。研究也认为,金融资产转移产生的原因有很多,如使资产多样化、增加资产的流动性、减少融资成本。最后,研究发现公允价值计量操纵的可能性与金融资产转移为持有待售的资产时计量的损益相关,虽然严谨的公司治理因素能减轻这种相关性。但是研究发现,信用评价师和投资者并不怎么关注资产负债表上金融资产转移,好比在评价公司风险时将其视为资产负债表上的一项债务,并认为公司改变证券化行为是为了达到会计准则的要求。

该文认为,在金融资产发生转移时会产生会计的基本问题,就是说应该在适合的情况下改变确认原则(资产持有者资产负债表的资产终止确认),并认为金融资产的转移能起到持有待售或用作借款抵押的作用。如果金融资产转移意味着准备销售,那么持有者将从资产负债表里剔除此类资产,并且披露它的损益,在销售价值与资产的账面价值之间就会出现计量上的差异。如果资产转移意味着借款抵押,那么金融资产还会在资产负债表上存在,并且持有者将其确认为一项债务。

该文还讨论了美国会计准则第77号对金融资产确认的要求中,关于附有追索权的应收账款的披露问题。文中指出，该准则是建立在贷款以抵押应收账款的基础上的，这些与附有追索权的应收账款的转移是显著不一样的；持有者放弃了应收款未来的经济利益，但还是保留着一些所有权上的风险。而且美国财务会计准则委员会认为对转移的资产要完全视为抵押贷款，如果持有者保留了任何风险将要求持有人记录此项债务，但它并不符合负债的定义，因为持有人没有义务偿还贷款（在整个过程中），但他有义务准备执行追索权的有关条款。

该文认为，美国财务会计准则第 140 号《金融资产的转移和应用及债务清偿的会计处理》（*Statement No.* 140, *Accounting for Transfers and Servicing of Financial Assets and Extinguishments of Liabilities*）中提出，附有追索权的应收账款转换为持有待售，如果它符合销售的标准，那么在销售过程中，追索义务的公允价值将会减少。也就是说，持有人不会确认转换的这项应收款，那么追索义务（recourse liability）的公允价值净值就不符合应收款这项资产。如果持有人还保留了次要的利益（持有人持有转换资产的利益，这项利益在其他投资者支付了款项后，因此承担了很多信用风险），就不是一项独立的追索权义务，因为投资者的现金流已脱离转换的资产，而不是原先的持有人。国际会计准则第 39 号《金融工具：确认与计量》规定，在年初和年末，要用风险收益模型的方法对金融资产进行确认。特别是资产的确认是建立在所有者的所有风险与收益之上，所以要求在分析收益报酬时要关注收益的变化，要比较不同类型金融资产的风险和收益的质量，包括风险收益与利率的变化、外汇利率、欺诈风险、还款风险这些相互联系的各种因素。

该文最后指出，金融资产转换的学术研究探讨了准则制定者所寻求解决的问题，为准则制定者提供了一种直接和间接的证据，能帮助准则制定者找到有用的方法。

### （三）“财务报告的强制性披露”（2007）

2007 年，席珀在《会计评论》（The Accounting Review）上发表的“财务报告的强制性披露”（*Required Disclosures in Financial Reports*）一文，总结了准则制定者在规范披露要求时所遇到的问题，以及研究者在提供有关披露要求的分析和经验证据时所遇到的问题。

该文从三个方面探讨什么是财务报告强制性披露：分析模型、财务报告概念、现行的分析和建议的披露要求。作者用准则制定者和研究者的观点讨论强制性披露，并说明分析模型和财务报告概念都不能为强制性披露形成客观一致的基础；分析模型和财务报告概念的方法在确认和披露信息时都很难区分。该文也说明了披露理论对于其功能还没有形成一致意见，故强制性披露理论还不能被大众广为接受。

文中指出，在缺少概念框架时，考虑会计实务能有助于有关信息披露的准则制定：一是准则制定者要考虑确认和计量之后的信息披露要求；二是准则制定者要为财务报告使用者可能形成的判断和决策形成明确的、潜在的假定；最后，对所确认项目的计量这个因素有时要求披露，这就需要建议一个合适的准则体系，以应对这些以财务报表要求确认计量项目为基础传达的概念、明确计量属性、以及能用来计量的交流信息。现行准则可以保留可转换债券的会计处理方法，但要求披露详细的信息。

文中谈到信息披露项目是否比确认项目更不可靠这个问题，并阐述了管理者对信息披露项目可靠性的观点。管理者关于信息披露项目的可靠性的表达方法有三种方式：直接披露、对较可靠或较不可靠的信息选择性确认（披露）、对披露的项目给予少量关注。并认为第一种具有明确的可靠性的管理特征，但在实务中很少出现。第二种则是管理层对那些不怎么可靠的项目进行选择性披露时都进行了预处理。第三种常常与相关时间或环境联系在一起。

作者认为，现行的披露要求，是在没有相应公认的强制性披露理论或准则制定者的信息披露概念框架提供指南的情况下形成的。财务会计概念框架第5号暗指披露的项目应在较低可靠性的确认项目中区分开来，并认为强制性披露的目的是为了陈述那些相关的、但是必须具备一定可靠性的却不能计量的项目，然而现行准则的披露要求并不能反映这些特性。很明显，披露的项目可能比确认的项目更不可靠，这说明可靠性差异确实存在。为什么报表编制者和审计师更加关注的是确认的项目而不是披露的项目，但现行的研究并没有说明这一点。

文章发现，准则制定者对信息披露的要求与依赖于财务报告信息进行判断和决策的使用者对具体信息的要求是不一致的。准则制定者是否考虑了财务报表信息使用者理解和使用这些披露项目时是否与他们的认识一致。虽然没有完整的证据来说明，但研究表明，信息使用者在处理披露信息时与处理确认的项目要么处理方式不一样，要么给予更少的关注。需要特别关注的是，由于财务报表使用者的关注度和专业素质缺乏良好教育与培训的指引，他们与准则制定者在处理信息时的差异就产生了，实际上，这些报表信息使用者很难受教育或培训的影响，那么准则制定者在制定信息披露方面的准则时，就应该考虑这些因素。

### （四）其他主要论著

1994年，席珀和詹妮弗·弗朗西斯在《会计研究杂志》（*Journal of Accounting Research*）发表的论文“股东诉讼和公司披露”（*Shareholder Litigation and Corpo-*

*rate Disclosures*)中提出,较早的盈余预测信息披露提高了公司遭受诉讼的可能性。但这一结论受到了其他学者的质疑。

1999 年,席珀与格雷斯·波拉尔(Pownall & Grace)合作在《会计地平线》(*Accounting Horizons*)上发表的文章"证券交易委员会遵守国际会计准则对美国证券发行的意义"(Implications of Accounting Research for the SEC's Consideration of International Accounting Standards for U. S. Securities Offerings)认为,运用 20-F 表为基础的研究对于研究美国 GAAP 与其他国家 GAAP 可比性存在局限,全面性、透明度、全面披露以及对准则的严格解释和运用所提供的证据的说服力比较有限。

2004 年,席珀和詹妮弗·弗朗西斯在《会计评论》(*the Accounting Review*)发表了"权益成本与盈余特征"(costs of equity and earnings attributes)。该文使用资本成本作为投资者投资决策的替代变量,并把盈余质量的 7 个测量方式分为"会计基础"和"市场基础"两大类别,考察盈余质量对资本成本的影响。他们发现,对资本成本的影响主要来自于"会计基础"的测量方式,特别是应计质量。

2005 年,席珀和詹妮弗·弗朗西斯在《会计与经济学杂志》(*Journal of Accounting and Economics*)杂志上发表的"应计质量的市场价值"(*The Market Pricing of Accruals Quality*)一文中认为,信息风险一般是指同投资者定价决策紧密相关的公司特征信息质量差的概率大小。并认为应计盈余质量越低,则公司的债务成本和资本成本都将上升。

2005 年,席珀和詹妮弗·弗朗西斯在《会计与经济学杂志》(*Journal of Accounting and Economics*)杂志上发表了"在现金索取权与决策权分离下的盈余和股利信息含量"(*Earnings and Dividend Informativeness When Cash Flow Rights are Seperated from Voting Rights*)一文,此文通过对美国的公司研究发现,股权结构中具有不同投票权的公司盈余反应系数较低,有双层股权结构的公司治理更弱,导致其盈余质量较低。

**参考文献**

[1] http://fisher. osu. edu/departments/accounting-and-mis/the-accounting-hall-of-fame/membership-in-hall/katherine-schipper/,2008-11-20.

[2] http://www. sem. tsinghua. edu. cn/homepage/infoSingleArticle. do,2008-09-25.

[3] http://sm2. xmu. edu. cn/Article_Show. asp, 2008-08-31.

[4] Schipper Katherine, Teri Lombardi Yohn. Standard-Setting Issues and Academic Research Related to the Accounting for Financial Asset Transfers[J]. Accounting Horizons, 2007 (3): 59-80.

[5] Schipper Katherine. Required Disclosures in Financial Reports[J]. The Accounting Review, 2007,82(2):301-326.

(初稿执笔人:杨亮)

# 安东尼·乔治·霍普伍德

## (Anthony George Hopwood, 1944—2010)

安东尼·乔治·霍普伍德(Anthony George Hopwood, 1944—2010)是位著名的热衷于会计研究的英国学者。由于其对会计理论发展作出的杰出贡献,于2008年入选美国会计名人堂,是当年的两位入选者之一。

## 一、个人简要生平

1944年,霍普伍德(见图82)出生在英国特伦特河畔斯托克(Stoke-on-Trent)。他对会计的兴趣开始于幼年时期,在第二次世界大战后的英国经济复苏时期,他的叔父——一名对会计与商业发展关注的会计师对他产生了影响。1962年,他从亨利中学(Hanley High School)毕业后,即进入伦敦政治经济学院(London School of Economics and Political Science)学习。在威廉·斯帕兰德·巴克斯特(William Threipland Baxter)、哈罗德·艾迪(Harold Edey)和B·S·耶梅(Basil S. Yamey)等教授的指导下,他专注于研究会计学,并以优异的成绩获得了各种奖章和奖学金。大学一年级时,曾以优异的成绩获得瑞雷斯大学生奖(Raynes Undergraduate Prize)。在1965年的大学毕业典礼上,他获得富布莱特奖学金(Fulbright Fellowship)去芝加哥大学商业研究生院(University of Chicago's Graduate School of Business)学习。

图82 安东尼·乔治·霍普伍德

在芝加哥大学获得工商管理硕士学位后,霍普伍德又获得会计学的福特基金博士奖学金(A Ford Foundation Doctoral Fellowship)和亚瑟-安德森奖学金(Arthur Andersen Fellowship),这使他得以继续留在芝加哥大学攻读博士学位。在此期间,在戴维·格林(David Green)和其他教师的影响下,以及在新办《会计研究杂志》(*Journal of Accounting Research*)的支持下,他对经验研究产生了越来越浓厚的兴趣。保罗·古德曼(Paul Goodman)传授的组织理论课程启发了他用新的研究方法去研究会计,并在印第安纳州(Indiana)加里市的钢铁厂进行了两年的现场调查研究,其博士论文也是依此调查所获取的资料而来。这项研究进一步促使他为会计制度的组织和社会分析作出了毕生奉献。

1970年,霍普伍德在芝加哥大学完成了博士论文并回到英国的曼彻斯特大学(University of Manchester)商学院工作;1973年,他成为泰晤士河畔亨利工商学院(Administrative Staff College at Henley-on-Thames)的高级职员;1976年,他加入牛津大学(University of Oxford)牛津管理研究中心(Oxford Centre for Management Studies);1978年,他进入伦敦商学院(London Business School)工作,后为该校的博士生项目组组长,同时也被任命为英国特许会计师协会的会计与财务报告教授;1985年,他回到母校伦敦政治经济学院任国际会计与财务管理 Ernst & Young 教授(Ernst and Young Professor of International Accounting and Financial Management)。10年之后,他回到牛津大学,先后担任管理研究教授、坦普顿学院(Templeton College)教授、管理研究教育中心副主任(Deputy Director of the School of Management Studies)。1999年,被任命为牛津塞德商学院院长(Dean of Oxford's Saïd Business School)之职,并工作了7年。同时,他还保留1997年牛津大学授予他的美国标准公司营运管理教授(the American Standards Companies Professorship in Operations Management)席位。另外,霍普伍德曾进入基督教会学院(Christ Church College),并担任过该学院的教师。

霍普伍德和妻子卡丽尔(Caryl)生活在白金汉郡的马洛(Marlow),他们育有两个儿子和四个孙子。2010年5月8日,霍普伍德在威尔士病逝,终年66岁。

## 二、理论与实务的主要贡献

霍普伍德为会计学发展所作的贡献包括为职业组织和政府机构提供服务。30多年来,他与位于布鲁塞尔(Brussels)的欧洲高级管理研究所(the European Institute for Advanced Studies in Management)进行合作,并在1995—2003年间担任该所所长。另外,他还在欧洲会计学会(the European Accounting Association)的成立过程中发挥了关键作用,并先后两次(1977—1979、1987—1988)出任会长之职。同时,他还先后为英格兰和威尔士特许会计师协会(the Institute of Chartered Accountants in England and Wales，ICAEW）、美国会计学会（AAA）、土耳其协会（the Tavistock Institute）、加拿大注册会计师研究基金会（the Canadian Certified General Accountants' Research Foundation）以及其他机构的委员会、理事会中担任过职务。

在政府领域，霍普伍德也为有关的委员会和工作组提供服务，而且还为欧盟（the European Commission）、美国、经济合作与发展组织（the Organization for Economic Cooperation and Development）、英国社会科学研究理事会（the British Social Science Research Council）和改善生活与工作环境的欧洲基金会（the European Foundation for the Improvement of Living and Working Conditions）等提供咨询服务。此外，他还是威尔士亲王项目"持续性会计"（The Prince of Wales Project on Accounting for Sustainability）的高级顾问。

在曼彻斯特大学工作以及与帕格曼出版公司（Pergamon Press）合作期间，霍普伍德曾打算创办一份会计专业杂志。1976 年，霍普伍德正式创办了《会计、组织与社会》（*Accounting*，*Organizations and Society*）杂志，该杂志为开阔会计研究新领域打下了一定的基础。随后通过多年的不懈努力，霍普伍德终于铺设了一个范围涉及欧洲以及美国的、致力于从社会学视角出发进行研究和教学的学者群体网络。

在会计理论研究的方法论上，霍普伍德钟情于福柯的法国批判理论，他曾用这种研究方法发表过不少很有影响的论文，他也用这种研究方法来剖析英国的增值会计问题。他认为，社会环境影响会计领域，反过来，会计工作也可影响社会环境。由于错综复杂、互相纠缠的建制关系、争议和紊乱的程序，成就了增值会计横空出世的基础。法国批判理论以当代另一位大思想家福柯的意见为代表。福柯的思想中最有名的内容就是他对历史非延续性的观点。福柯认为，历史的断断续续，没有对今天产生决定性的作用。但古今中外一切现象，都是权力现象不同形式的表现，其中从 18 世纪进入 19 世纪的时候，权力的表现由皇权形式转变为纪律形式，权力由皇帝明显操纵人身体的生死到纪律隐含操控人的思想，是划时代的改变。福柯研究历史取材于独特事件和其背后可能的多元条件，他称这种研究思路为心灵系谱学。所以，霍普伍德认为，在将这种研究方法应用在会计现象上，往往集中在会计要素的改变时刻，并研究其背后可能产生改变的多元条件，研究时需要将千丝万缕、纠缠不清的多元因素细心进行整理，最后得出结论。

由于其突出的成就与贡献，霍普伍德拥有许多奖章和荣誉，包括获得 5 所欧洲大学的荣誉博士。1998 年，他获得英国会计学会的杰出学者奖（the British Accounting Association's Distinguished Academic Award）。此外，他还被美国会计学会（AAA）、欧洲会计学会、乌普萨拉（瑞典）皇家社会科学院（the Royal Society of Sciences of

Uppsala, Sweden)和欧洲高级管理研究所(the European Institute of Advanced Studies in Management)等美国、欧洲的学术研究、职业机构聘任职务或高级讲师。1981年,美国会计学会(AAA)的国际会计部(International Accounting Section)授予他国际杰出会计教育奖(Outstanding International Accounting Educator Award);2008年,因其于1973年发表的《会计系统和管理行为》(*Accounting System and Managerial Behavior*)、1974年发表的《会计与人类行为》(*Accounting and Human Behavior*)以及1976年创办《会计、组织与社会》(*Accounting, Organizations and Society*)杂志,获得美国会计学会管理会计学部(Management Accounting Section of the American Accounting Association)颁发的美国管理会计终身成就奖(Lifetime Contribution to Management Accounting Section Award)。

## 三、主要论著简析

霍普伍德一生著述颇丰,独撰和与其他学者合作出版了很多经典著作,包括8本著作或专论,11本论文集,在学术和专业杂志上发表了80多篇论文。他的文章影响了欧洲和美国的无数学者,并且开创了会计研究的新领域,有利于我们进一步深入理解会计在当代社会中的作用。其代表性论著和观点如下。

### (一)《管理会计研究(第一、第二卷)》(2007)

2007年,由霍普伍德与克里斯托弗·S· 查普曼(Christopher S. Chapman)、迈克尔·D· 希尔兹(Michael D. Shields)3位教授联袂组织编写的《管理会计研究(第一、第二卷)》(*Management Accounting Research, Two-Volume Set*),由Elsevier公司正式出版。该书立足当代与历史两个维度,为会计研究人员和实务工作者提供了一个全面深入地透视全球管理会计实践和理论的平台,同时为致力于管理会计学术研究的学者和学生,提供了多角度、全方位的综合资源。该书第一卷建立了研究脉络,对管理会计作为一个学科和一种实践的历史发展轨迹进行梳理,从社会科学理论视角进行了丰富的针对学术文献的分析。第二卷汇集了一系列关于特定产业部门和特定管理会计实践的文献。

《管理会计研究》分为6个部分。第一部分——管理会计研究文献回顾,设管理会计:一个"文献学"式的研究和描绘;经验研究理论体系图形和指南等内容。第二部分——理论视角,设管理会计研究中的实践理论化;管理会计研究中的心理学理论;管理会计中的经济学;管理控制系统研究中的权变理论;管理会计研究中的批判理论;代理理论与管理会计;管理会计研究的历史理论化;管理会计与社会学等内容。第三部分——研究方法,设管理会计定性性实地研究:配置数据增进理论;管理会计定量性实地研究;比较管理会计研究:历史回顾和前沿动态;管理会计分析性研究中的模型化问题;管理会计的干涉主义研究;管理会计档案研究;管理会计的实验研究;从事管理会计调查问卷研究等内容。第四部分——管理会计实务综述,设价值链成本管理与成本结构;目标成本法:未涉及过的研究领域;成本和利润动因研究;管理会计研究中成本的分析性建模问题;转移定价:遵循税法的启示;预算研究:三个理论研究视角和选择性整合的标准;复杂组织的管理控制:管理会计和信息技术之间的关系;作业成本法述评:技术、实施和后果;转移定价的经济学视角;资本预算和投资评价文献述评——对过去、现在和未来的思考;管理会计与运营管理:理解集成制造带来的挑战;管理控制系统与战略定量研究评述;关于控制与责任的文献述评等内容;第五部分——管理会计实务应用,设医疗服务行业的会计与控制:基于行为学、组织学、社会学与批判学的视角;制造业管理会计:设计与生产阶段的成本管理;医疗服务行业的管理会计与控制:基于经济学的视角;跨组织会计等内容。第六部分——各国管理会计,设法国、意大利、葡萄牙和西班牙管理会计历史;中国管理会计实务;英国成本与管理会计的发展;德语国家管理会计理论与实践;美国管理会计历史;北欧各国成本与管理会计理念的发展;日本管理会计历史等内容。

哈佛商学院的罗伯特·西蒙教授评价说:"《管理会计研究》代表着一个雄心勃勃的、举足轻重的项目,它将管理会计这一重要领域的现代研究主流文献汇集在一起。致力于运用管理会计理论理解和改进实务的人士,都应当细心研读。"该书于2008年荣获美国会计学会(AAA)管理会计分会授予的"2008年度管理会计文献杰出贡献奖"。

**(二)"会计研究向何处去?"(2007)**

霍普伍德在2007年《会计评论》(*the Accounting Review*)上发表了"会计研究向何处去?"(*Whither Accounting Research*)一文,体现出他对会计研究的现状和方向(the state and direction)越来越有种不安的感觉。虽然在许多不同的情况下,不同学者使用了许多不同的研究方法去研究会计,但会计研究还是显得缺乏创新力,与实务也逐渐脱节。霍普伍德为会计研究的领域给出自己明确的观点,这些观点涉及它的现状和未来的发展——一种明智的方法或有些特殊的方法。

霍普伍德认为,学识在每个人眼里已经逐渐不复存在。实际上,具有明确的意识去理解研究是改革的一个过程,你对会计与财务的新旧知识的经历会增加学识。在任何时间，博士论文均开始展现出会计研究的一些新方法，将来的博士生必须学习较早的美国传统会计理论。

会计以及财务和管理是与较复杂的商业和学术界联系在一起的。当会计事件与资本密集(capital-intensive capitalist)的资本主义联系在一起时，其实他们早已相互适应了。但是在最近几十年里，会计学必须满足现实中的职工薪酬与雇员计划、满足更为复杂的公司主体、机构之间关系的重组，以及要考虑经济后果的公司生存与获利。这样，新问题就产生了，因为这些现象至少是来自于世界的激烈竞争。会计实务要解决这些问题，就需要准则制定机构来调解这些问题。

会计上的压力产生后，其他重要的世界会计组织、审计公司就需要进行根本上的改革。审计公司不仅具有国际化性质，而且也比会计实务界更加国际化，对于少数公司来说，他们更加具有商业目的。如果过分追求商业目的，那么这些公司就会变得不够专业化。审计公司对会计实务来说其实是一个较为重要的组织，因为审计行业对准则权威性(regulatory authorities)的需求更为强烈，他们也需要在国际化公司和会计之间建立一种灵活的关系。

审计公司如今已经在范围上更为国际化，那么会计本身——财务与管理也较以前更为国际化，会计规范也已超出了国界。所以，公司会计常常具有多民族性质，管理会计的改革也遍及整个世界，管理方面的咨询事务也遍及开来，部分审计公司起到了关键性的作用。

在面临复杂而又确实存在的问题时，会计研究却逐渐变得谨慎和保守，也过于严谨和传统，从而不能协调解决新问题。目前会计研究只是信奉新的知识体系，而不是对于新知识的出现感到兴奋，会计专业人士宁愿关注现存的传统问题。当然，需要指出会计不是一个独立的方面，会计研究还受到其他方面的影响。到目前为止，商学院的优势只是在于传授给你整个商业领域优良的知识观点。这就可以看出在其他方面也存在类似的不足，因为有些商业院校本身也存在很人的问题。

文中最后指出，会计研究在职业管理体系所起到的作用也很危险，因为阅读这些会计研究文献的人员也跟随先前的会计研究。会计研究界过多地关注他们之间的相关参考，较少地关注多样化问题，而这些问题却更能创造新的会计知识，也更能形成积极的会计研究者。

### (三)《会计系统与管理行为》(1973)

《会计系统与管理行为》(*An Accounting System and Managerial Behaviour*)一书于1973年由Saxon House出版。在该书中，霍普伍德表达了其对会计系统与管理行为的观点，意在告诉读者一个有关人类社会因素更加结构性的感知（structured appreciation），而这些因素影响着会计体系的运作。

在预算体系形成时，会计师对会计信息处理过程起到关键性的作用。会计师为管理决策提供信息；但是很少意识到管理层如何使用信息或很少关注业绩控制系统下职工对工作的反应。大量有关预算对组织机构影响的研究主要关注职员工作适应性行为方面的证据。

书中检验了行为因素对大型芝加哥公司会计系统的有效性。公司的会计系统是建立在灵活的预算和标准成本预算程序之上的，会计系统不仅仅提供业绩信息，而且可作为对下级评价的一种方式。已有的研究说明这种情况对行为管理和不良行为来说是成熟的，职工行为受到了会计系统的监督。为了调查职工行为，作者采用了调查问卷和访谈方式，不仅检验了许多已知的环境因素，而且观察到职工应付不同监管者管理风格的潜在行为。

书中区分了管理者评估他们下属表现的三种不同方法，分别是强制性预算模式、利润意识模式和非会计模式（budget constrained style; profit conscious style; non-accounting style）。强制性预算模式评价方法是指监管者关注他们下属达到短期预算的能力，并且特别关注可计量的行为；利润意识模式是指管理者评估他们下属长期的组织有效性，并通过一种更为广泛的方式检验这些职员的贡献，但是没有可测量的要求，也没有一定的标准；非会计模式是指在评估过程中，管理者很少用到会计信息。下属感到的压力、对待同事的行为、工作的努力程度，这些在利润意识模式中常常作为一种参考因素，但是当他们为了达到短期预算的目标时，他们就会与上司或同事的关系处理得不好并且伪造会计信息。被调查的参与者表现出能减少某种程度上的压力、改进与同事或上司之间的关系、并且消除会计报告不利的影响。对于强制性预算模式来说，虽然审计师承认对此体系进行评价时存在一些困难，但是预算体系的准确性并不能营造一种好的工作环境或更为复杂的关系。另外一个意想不到的结论是有野心的管理者所表现出来的行为也受到强制性预算模式的监督。作者也发现在强制性预算模式下，管理者为了自己晋升会有很多做假的行为。

作者的结论是支持管理层关系产生更好的工作环境，并且管理风格能一直存续下去。此文的创新点是在类似的工作环境里将影响因素量化，然后通过更为社会所需求的社会管理模式来比较几种注重会计信息的行为变量。

### （四）《作为社会与制度缩影的会计》(1994)

《作为社会与制度缩影的会计》(*Accounting as Social and Institutional Practice*)

一书，是霍普伍德和彼得·米勒(Peter Miller)合作的成果，于 1994 年由剑桥大学出版社出版。

本书的第 2～10 章，将会计的社会历史研究与当前的会计实务紧密联系起来，极大地扩展了会计作为一门技术的传统历史认识，认为经济领域的方法是被不断变化的计量实务所建立或再建的。书中有几章说明了社会制度和会计的关系，也探讨了新型的商业与银行机构。指出 15 世纪至 16 世纪出现的复式记账法，它的影响和发展应与三类社会机构结合在一起来看，这三类机构是教会、教育机构和印刷机构。实务界与机构的相互影响使得新的"可控制的实体"——公司(所有者与经营者的分离)成为可能。当会计作为客观经济后果的唯一影响时，现代组织和会计就确定了相对的关系。

全书的结论是，会计被认为是社会与制度的一个缩影。从本质上讲，它是由社会关系组成，而不是衍生出来的或是派生的。会计作为社会与制度实务，说明会计是如何进行研究的，是如何被理解为社会机构、经济和管理技术、知识体系、社会形式，以及计量与分类技术的历史交叉点的。

### (五) 关于行为会计的研究

霍普伍德作为行为会计研究的主要倡导者，他在行为会计的发展上起着独一无二的作用，在行为会计研究领域及研究方向上比任何学者更有影响力：一个是他撰写了大量与行为会计有关的论文；另一个是他创办了《会计、组织与社会》(*Accounting, Organizations and Society*)杂志，开辟了行为会计研究的专门阵地，此杂志对行为会计研究产生了最重要的影响。集中体现其行为会计学术观点的论文集——《来自于外界的会计》(*Accounting from the Outside*)一书于 1988 年由 Garland Publishing 公司出版。此书以评价会计艺术开篇，追忆了霍普伍德从事会计研究的兴趣变化：会计的作用——会计发挥作用的途径与方式——决策过程、组织现象是如何影响会计的。该书包括以下几个部分：扩展会计的用途；组织机构环境下的会计；会计与公众的转变；社会会计与会计师的社会意义；会计变革的动力；研究的反思；论文精选。

### 参考文献

[1] Hopwood G Anthony. Whither Accounting Research[J]. The Accounting Review, 2007,82(5):1365-1374.

[2] Tweedie D P. Book Review[J]. The Economic Journal,1974(3): 672-673.

[3] Flamholtz Eric G. Book Review[J]. The Accounting Review, 1990(4): 971-972.

[4] http://fisher. osu. edu/departments/accounting-and-mis/the-accounting-hall-of-fame/membership-in-hall/anthony-george-hopwood，2010-07-28.

[5] Dillard Jesse F. Book Review[J]. The Accounting Review，1996(4)：593-594.

（初稿执笔人：杨亮）

# 沃尔特·保罗·苏切特兹

## (Walter Paul Schuetze, 1932— )

沃尔特·保罗·苏切特兹（Walter Paul Schuetze，1932— ）是位著名的会计学者。由于其对会计理论发展作出的杰出贡献，于2008年入选美国会计名人堂，也是当年的两位入选者之一。

## 一、个人简要生平

1932年，苏切特兹（见图83）出生于德克萨斯州（Texas）的中南部，在美国经济大萧条时期，他在其父亲经营的农场中长大。他的父亲赫伯特·苏切特兹（Herbert Schuetze）不仅经营着自己的农场，并且从事水管工、电工、木匠、泥工和测量员的工作。他的母亲玛莎·罗瑞塔·里拉德（Martha Lorretta Lillard）是一个家庭主妇，同时进行地图制作的工作。他的曾祖父母是19世纪90年代从德国移民过来，并一直在这个农场生活，他们不会讲英语，所以他和他的兄弟在学英语之前一直学的是德语。在他的记忆当中，这个大家庭基本上是自给自足，除了维持基本生活外，基本上没钱去买其他商品。

**图83　沃尔特·保罗·苏切特兹**

苏切特兹所受到的教育始于Guadalupe河边班克斯的一所学校，他从中心中学（Center Point High School）毕业，由于其成绩优秀，被推选为毕业典礼上班级的告别辞发言人。1949年中学毕业后，他进入美国奥斯汀州立大学（Stephen F. Austin State College）主修英语和外国语言学。但在1951年1月，因朝鲜战争他被招募进入美国空军，在此期间，他担任俄国语言专家一职。1955年退役后，他进入得克萨斯大学奥斯汀分校（University of Texas at Austin），他上的第一堂会计课是由约翰·阿克·怀特(John Arch White)讲授的,约翰·阿克·怀特的教学激发了他对会计的持久热情。苏切特兹也非常怀念当时的乔治·纽拉夫(George Newlove)、葛兰·威尔士(Glenn Welsch)以及查尔斯·左拉卡非特克(Charles Zlatkovitch)等可爱的老师。1957 年,他在获得了得克萨斯大学奥斯汀分校的学士学位后,即进入位于得克萨斯圣安东尼奥的 Eaton & Huddle 公司开始其职业生涯。在此后 1 年里,Eaton & Huddle 与 Peat, Marwick, & Mitchell Co. 这几家公司合并,形成现在的毕马威会计师事务所(KPMG LLP)。1962 年,他到纽约新开了一家公司。1965 年,他成为 PMM 的合伙人。1973 年离开公司后,他成为 FASB 最初的 7 位成员之一并服务至 1976 年中期,尔后又回到原公司工作。20 世纪 80 年代,他服务于美国注册会计师协会(AICPA),并先后担任过会计标准执行委员会成员、主席。

1992 年 1 月,苏切特兹被任命为美国证券交易委员会(SEC)的首席会计师,直到 1995 年 3 月退休。

1997 年 11 月至 2000 年 2 月,他被任命为 SEC 执行部(the Commission's Division of Enforcement)的首席会计师。2000 年 3 月至 2002 年 3 月,他出任 SEC 执行部有关会计、审计和政策执行方面的顾问。

退休后,苏切特兹一直从事法律顾问、会计专家方面的工作,并且继续宣传他在财务报告、审计和准则制定方面的学术观点。近几年,他在许多公司的董事会中任职,并任审计委员会主席。目前,他和他的妻子吉恩(Jean)生活在得克萨斯州的伯尼(Boerne),他们有 3 个儿子、两个孙子及一个曾孙。

## 二、理论与实务的主要贡献

苏切特兹一生著述颇丰,独撰和与其他学者合作出版了很多经典著作。他的论著以立论敏锐、论据中肯和文笔简洁而给读者以充分启迪,为会计理论的发展作出了卓越贡献。他围绕公允价值的适当性和充分性在财务报告中如何体现这一主题,写了许多文章,他于 2004 年出版的一本题为《按市值计价会计:财务报告的实质》(*Mark-to-Market Accounting: True North in Financial Reporting*)的书,收集了他 43 年的论文和演讲。他的这些文章,着重于希望从市场价值和不受管理层影响出发来编制非常简洁的财务报告。除此之外,他常常为财务媒体撰稿,并且在得克萨斯大学奥斯汀分校、德克萨斯大学圣安东尼奥分校、南加利福尼亚大学等许多大学演讲,有些观点影响至深。

## 三、主要论著简析

### (一) 关于审计师的独立性问题(1994)

1994 年 3 月,苏切特兹在《会计地平线》(*Accounting Horizons*)上发表的“福音还是陷阱”(*A Mountain or a Molehill*)一文,全面论述了审计师的独立性对财务报告和资本信息处理过程可靠性的重要性。对于“联邦证券法”而言,审计师的独立性不仅意味着要向公众提供好的财务信息,而且还要加强投资者对财务信息的可靠性和准确性的理解。由于个体的思想行为无法进行监管,美国注册会计师协会(AICPA)和证券交易委员会(SEC)发布的独立性准则以求解决审计师独立性的问题。但是由于无法预知实务中一些灵活性问题的结果,如航空公司修理引擎或机身的费用,有些航空公司将此项修理费用予以递延,并在未来估计的受益期内予以分摊。对于这类问题,审计师可能将其划分为资产负债表上的流动资产,并在随后年限内分摊计入费用。作者指出,此种做法可能有失公允性,他很难理解将此种资本性支出作为流动资产来列示。

独立性是一个抽象的概念,难以准确定义,从而注册会计师在实际操作过程中也很难把握。从某种程度上讲,独立性与诚实、正直、品质这些词的含义相似。这就意味着,注册会计师出具的审计意见是他真实所观察到的,不允许带任何偏见。因此,对那些违反了独立性要求的注册会计师应该给予严厉的处罚,而且发布那些可能会影响独立性的具体条令和规则。具体规则中应该明确独立性的客观标准,但是这也许仍难以满足注册会计师在执业时判断自己的行为是否合适,他们还必须避免那些会招致不恰当影响的推论行为。

文中认为,审计师偏向于代理人会引起有关独立性(形式上和实质上)的不良问题。审计师在审查公司的证券发行、贷款等事项时,由于屈服于代理人,那么其独立性就受到危害。至少在资金方面,如果将独立性受到影响而形成的审计报告公布给投资者,这些投资者的投资决策就会受到误导。文中认为,代理人和他们的审计师就独立性进行协商是值得鼓励的。文中虽然没有提出对问题的具体解决方案,只是对现状的一种评论,但作者希望职业界应该能自制,同时也要求审计师对发现的真实问题判断不要受任何干扰。

### (二) 美国债务危机及其对会计的影响(1994)

1994 年 3 月,苏切特兹在《会计地平线》上发表了题为“美国债务危机及其对会计的影响”(*The Liability Crisis in the U. S. and Its Impact on Accounting*)一文。文中认为,只有清晰地确定会计准则,审计人员才能明晰地审计财务报告。由于资产负债确认、计量准则的模糊性,使得审计人员总是难以准确地抓住要害、甚至可能出错。我们需要一套清晰完善的会计准则体系,以使得资产、负债得到明晰地、可理解地、相关地描述和计量。由于对贷款损益确认的会计准则的模糊性,导致储蓄成本、贷款减少以及相关的法律诉讼。如果会计体系较为完善,储蓄信贷危机可能不会发生。为了像非担保投资一样获得更多回报,允许互助储蓄银行资金抽逃长期稳定的住房贷款投资时,就已经埋下了灾难的祸根。互助储蓄银行发现可以将保险基金按风险资产的购置价格全部贷款给建筑商和开发商,以获得高收益,这种贷款也称为“收购开发和建设”贷款(“ADC”贷款)。但是模棱两可的收入确认原则使得这些贷款延长了收益的确认,相反却延缓了贷款损失的确认,会计准则显得模糊和自相矛盾。

20世纪80年代,在互助储蓄银行界,“ADC”贷款普遍流行,但是当时研究和规范“ADC”贷款收益确认的文献极少,如仅有旧的第4号会计原则委员会公告(Accounting Principles Board Statement 4)曾指出:一般应在营利活动已经结束或实质上结束时确认收入;转让资产使用权的收入(如利息)应该在使用期结束或者预期可以收到时进行确认。而1979年AICPA的储贷审计会计指南(AICPA Savings and Loan Audit and Accounting Guide)则允许按每份贷款合同确认利息收入,而不太赞成过于谨慎的收入确认。所以,如同手续费收入确认一样,一般按照贷款的条款来确认利息收入。这样,互助储蓄银行不断确认手续费收入和利息收入,即使没有收到一分钱,互助储蓄银行的贷款余额和应计利息余额仍然会不断增长。

同时,第5号财务会计准则公告(1975)要求:当贷款可能或已经发生损失且损失大小可以估计的,应该确认贷款损失。但是随后发布的第15号财务会计准则公告(1977)没有涉及坏账准备问题,对坏账准备的估计方法既没有提供指导,也没有提出不允许的情况。第5号财务会计准则公告(1975)相对较为合理,并且规范了何时应该确认损失,但是它并没有规范如何计量损失。而第15号财务会计准则公告(1977)却指出,如果贷款人期望收回全部应收金额,不管收款期有多长,都不应该确认损失。可见,这两项准则是模糊甚至是相互矛盾的,会计人员和审计人员就会无所适从。

所以当互助储蓄银行面临困境时,即使ADC贷款的公允价值实际上比账面价值和应收利息少很多,但还是选择确认ADC贷款的手续费收入和利息收入、除非贷款资产被取消赎回权也不确认贷款损失。独立审计师或多或少地认同权威文献要求的会计处理。政府部门、规则制定者想维持互助储蓄银行业的虚假繁荣,对这种会计处理也是睁一只眼闭一只眼。最终所导致的结果是,权益投资者、纳税人、会计师及许多其他人都遭受了巨大损失。

所以苏切特兹认为,模糊的会计准则的原因,不是审计失败而是储蓄信贷危机爆发的重要原因,ADC 贷款案例就是很好的案例。

也许有人指出,如果财务报表的编制者和独立审计师关注了 ADC 交易安排的实质而不是形式,那么就应该将 ADC 贷款确认为一项实物投资,也就不会确认所有的手续费收入和利息收入,储蓄信贷危机也就不会发生。苏切特兹认为,如果事项、环境、安排和交易的实质可以成为指导一切的规则,那么就不需要会计准则或任何准则制定机构。如果我们只遵循实质重于形式这项原则,那么财务会计和报告就无任何秩序可言。实质重于形式原则本身是一个模糊的概念,如果把它作为一般准则而没有具体准则,那么财务报表就没有任何可比性、可理解性,财务报表也就没有任何意义。

文章最后认为,向投资者提供具有相关性的财务报告和具有相关性的资产负债数据信息,是保护投资者利益的重要方面。而这样的财务报告和资产负债信息来自简单而又明晰会计准则指引。如果规范这样要求,对资产而言,财务报告披露的资产金额不能超过市价或公允价值,而披露的负债金额不得低于结算金额,那么这些数据都是与投资者决策相关的,投资者将更容易理解财务报告提供的信息,从而更容易和更准确地对不同企业的财务状况与经营成果作出比较与评价。同样,审计师也欢迎简单而又清晰的一套会计准则体系,因为这样的准则更能形成让理性投资者和法官容易理解的财务报告,从而有利于审计师减少法律诉讼的风险。

### (三) 关于资产和债务的定义与内涵问题(2001)

1993 年 9 月,苏切特兹曾在《会计地平线》上发表的题为“何谓资产”(*What is an Asset*)的文章中提出:FASB 把资产直接定义为一种“未来经济利益”,由于其过于复杂和模糊不清而招致批评,美国 SEC 前任首席会计师,前任 FASB 成员的华尔特·舒尔茨(W. P. Schutze)就曾提出:“FASB 的定义过于复杂、抽象、包罗万象且模糊不清,我们无法用它解决问题……这个定义无法帮助我们区分和确定哪些东西是资产,它描述的是一个空盒子,一个拥有巨大餐具橱的空盒子,几乎所有的事项都适合这一定义”。舒尔茨提出 FASB 对资产所下定义的批评后,表明了自己的观点,他认为资产应该是“现金、对现金或劳务活动的要求权以及能够出售、变现的一些项目”。上述定义虽然满足了财务上的要求,体现了会计确认与计量的特征,但作为对资产的定义,缺乏严谨和科学性。对资产的定义,一方面,要做到体现资产的经济、法律特征,概括资产的本质;另一方面,资产的定义还要满足财务上的要求,便于会计操作,即满足会计确认与计量的要求。

2001年2月，苏切特兹在《算盘》(*Abacus*)上发表的题为“何谓资产和债务？其真实性是什么？”(*What Are Assets and Liabilities? Where is True North?*)一文中，认为财务会计与报告最重要的地方应该是现金，即现金本身、现金索取权、现金等价物和现金的支付义务以及资产和债务应该在公司的资产负债表上以公允价值计价。

作者认为，美国的财务会计与报告内容异常庞大，过细、过于复杂、也过于深奥。财务会计准则委员会本身发布了许多解释公告，其成员也发布了技术公告(Technical Bulletins)。美国注册会计师协会也颁布了大量审计和会计指南、意见声明(statements of position)和技术公告。证券交易委员会及其成员也发布了大量有关财务会计与报告的规章、制度、条例和公告。所有的这些条款形成一般公认会计原则，并要求公司来执行。这些文件的复杂性制约了国内税收条例和相关的规章制度。但这种情况还会发展下去，因为公司有责任编制财务报告和财务报表，外部使用者需要审查这些财务报告，如投资者、债权人、保险商、董事会和审计委员会，以及分析师，还有监管机构等。

作者认为，财务会计报告与法律不同，它应该建立在直截了当而不是谆谆教诲之上，这就会变得比较简单些。一般公众、首席执行官、生产管理人员、董事会成员、投资者和债权人以及监管者，他们都并非会计师，所以财务报告应该看起来能够被理解，他们毕竟是使用财务报告的非会计师。作者通过询问这些人员，发现他们并没有怎么理解这些财务报告的信息。文中运用他姐姐编制的报告信息为例，说明他的姐姐虽然没有接受过大学教育，但是能将财务报告以通俗语言报告给她的所有者。尽管财务会计准则委员会声明了其财务报告信息的“决策有用”观，但是按照这些准则所编制出的信息却很难让人理解。对于财务报告使用者来说，他们感觉财务报告没有什么信息，反而觉得麻烦。导致这种现象的原因是，证券交易委员会以前和现在也不接受资产以公允价值计价(极端情况除外)，因为他们认为公允价值容易被操纵。

作者认为，财务会计准则委员会对资产所下的定义很复杂，很抽象，可结果是解决不了问题。由于没有考虑资产的可转换性，因此使得所有支出被包括在资产里面。这些定义并不能区分和帮助我们决定那些边缘性的项目究竟是否为资产。结果导致实务界发生的情况是，除非企业支付了现金或同意在未来支付现金而减轻了债务或获得权益的项目，一般在资产负债表上是不会确认为资产，而是确认为费用。事实上，会计师认为，有些资产应该按照费用来确认。所以苏切特兹将重新资产定义为：现金、对现金的索取权，现金等价物以及衍生合同等。并指出，真实的资产应该既能进行贷款抵押也能捐赠，资产具有可转换性(exchangeability)。抽象的未来经济利益不能出售、抵押或捐赠。

作者认为，资产的新定义很大程度上简化了会计实务中的问题，也简化了财务报告。并认为即使是非会计师看到依此定义而形成的财务报告，也能明白切实地看到一些信息。如果会计师使用作者下的定义，那么他能很方便地通过排除法，将适合资产定义的资产进行确认。苏切特兹同时指出，财务会计准则委员会给负债下的定义与资产一样都很容易被操控，认为负债的定义时应参照谈判条例、合同、法律法规等要求的未来现金流出。

### （四）关于财务报表信息含量问题（1994）

1994 年 7 月，苏切特兹在《欧洲会计评论》(*European Accounting Review*)上发表了题为"财务报表相互确认的未来和可比性的必要性"(*What is the Future of Mutual Recognition of Financial Statements and is Comparability Really Necessary*)的文章。此文认为，为了实现资本市场的目标，美国已经形成了一套较为完善的财务会计报告体系，要求公司对其商业和经营情况进行透明的披露，而透明度受信息综合过程的限制，以至于企业可能将信息进行人工处理后向所有者和债权人披露，使得市场参与者需要理解或掌握这些信息，以判断公司的实际情况，并判断这些情况是如何影响股票价格及资本是如何分配的。

文中提出，国际会计准则委员会在财务报告的编制与披露框架里采用了投资者导向和资本市场导向的方法决定财务报表应披露哪些信息。作者认为，资本市场导向会对欧洲或其他地区公司的未来产生不确定性，而这些公司希望提供世界性市场范围的债务或权益证券。如果这类公司愿意像提供给主要债权人和股东一样提供给公众投资者类似的信息，那么这类公司就不会期待世界范围的投资者以较高的价格购买其证券。隐藏信息是要付出代价的，其代价是降低证券的价格。如果世界范围内的投资者选择是否购买两类发行商的证券：一类是广泛披露且透明的公司；另一类是最小程度且不透明披露的公司，那么投资者会选择前者。

在相互确认模式下的证券发行监管，监管者要求证券的发行或上市要进行全面确认而不论发行公司如何进行披露。但是这种模式在表面上要求发行商达到要求，而实际上是给投资者带来了巨大的风险。在这种模式下，投资者不得不学习和熟悉发行商所在国的会计要求。为了能帮助投资者进行判断，这些监管要求在制定规章时应该有助于投资者。作者认为；相互确认模式不仅存在以上弊端，还存在另一个弊端，即存在最小范围的综合症：一些公司的管理层实质上没有谋求投资者利益最大化也没有公开披露财务信息。如果世界范围内的这些公司以非披露和随意为基础平滑他们的收益，或恣意决定其收益以达到隐藏会计信息的目的，那么其他公司也会采取同样的模式以维护其竞争优势。

由于会计信息的披露情况会影响公司的股价，作者认为，发行商公布财务报表信息时会权衡信息私有化和股票价格最大化之间的矛盾。如果发行商想一直对其公司事务保密，就会采取较低层次的透明披露，但当所有者想要股票有个好的价格时就会提高其信息披露的透明度。作者建议，证券交易委员会对财务报告体系的要求是向投资者全面披露，这样以便美国证券市场能像吸引本国资本一样吸引国际资本。

**参考文献**

[1] 石本仁. 论资产的定义[J]. 南京经济学院学报，2000(4)：5-56.

[2] http://fisher. osu. edu/departments/accounting-and-mis/the-accounting-hall-of-fame/membership-in-hall/walter-paul-schuetze，2008-11-20.

[3] Schuetze Walter P. The Liability Crisis in the U. S. and Its Impact on Accounting[J]. Accounting Horizons，1993(7)：88-91.

[4] Schuetze Walter P. What is An Asset[J]. Accounting Horizons，1993(9)：66-70.

[5] Schuetze Walter P. What is the Future of Mutual Recognition of Financial Statements and is Comparability Really Necessary[J]. European Accounting Review，1994(7)：330-334.

[6] Schuetze Walter P. What Are Assets and Liabilities? Where Is True North[J]. Abacus，2001(2)：1-25.

[7] Schuetze Walter P. A Mountain or a Molehill[J]. Accounting Horizons，1994(3)：69-75.

（初稿执笔人：杨亮）

# 托马斯·理查德·迪克曼

## (Thomas Richard Dyckman, 1940— )

托马斯·理查德·迪克曼(Thomas Richard Dyckman, 1940— )是一位优秀的会计学家和会计教育家。由于其对会计理论发展作出的杰出贡献,于2009年入选美国会计名人堂,是当年的两位入选者之一。

## 一、个人简要生平

迪克曼(见图84)于20世纪40年代出生在底特律(Detroit)的一个普通家庭。他在芝加哥度过了其中学时光。1950年,他怀着成为一名优秀化学工程师的梦想,以优异的成绩考入美国莱斯大学(Rice University)。一年后,他发现自己对数学有着极高的兴趣,即毅然放弃在莱斯大学的学业,转入美国密歇根大学(University of Michigan)就读由数学学院和商学院联合开办的精算数学专业。这个联合项目激发了他对商学的学习兴趣,大学本科毕业后,迪克曼毫不犹豫地选择留在密歇根大学继续攻读工商管理硕士(MBA)。MBA课程使得他得到向比尔·佩顿(Bill Paton)学习会计的机会,与此同时,这一过程也给他提供了充分的与统计学接触的机会。1955年,迪克曼以优异的成绩获得工商管理硕士学位。同年6月,他加入了美国海军,在美国海军情报部门工作到1958年9月。从海军退役以后,由于MBA的学习经历一直使他无法忘怀,迪克曼决定回到密歇根大学继续攻读商学博士学位。在保罗·W·麦克拉肯(Paul W. McCracken)这位刚从艾森豪威尔总统经济顾问委员会成员中退下来学者的指导下,迪克曼只用了3年时间就获得了博士学位。

图84 托马斯·理查德·迪克曼

1961 年，迪克曼博士毕业后，接受了在加利福尼亚大学伯克利分校助理教授的职位，负责教授中级会计和统计课程，这一经历为他后来成为最受尊敬的会计学者和教师奠定了基础。受伯克利分校会计系前辈教授们的影响，其中包括西科特·安东(Hector Anton)、理查德·马特西奇(Richard Mattessich)、莫里斯·穆尼兹(Maurice Moonitz，列会计名人堂第 39 位)、罗伯特·托马斯·斯普劳斯(Robert Thomas Sprouse，列会计名人堂第 54 位)、乔治·斯托布斯(George Staubus)和拉里·范斯(Larry Vance)等，激发了迪克曼对会计研究的浓厚兴趣。也许是受比尔·布鲁斯(Bill Bruns)的行为学方面博士论文工作和西科特·安东所指导的一位博士生的鼓舞，迪克曼开始从事一项实地研究。1964 年，该项研究成果成功地发表在新办的《会计研究杂志》(*Journal of Accounting Research*)上。

1964 年，迪克曼进入美国康奈尔大学(Cornell University)，获得副教授职位。1968 年，他晋升为正教授。迪克曼在康奈尔大学教学、研究有 40 多年，1977 年，他被授予为 Ann Whitney Olin 会计教授，直至 2006 年退休。在康奈尔的时光中，迪克曼以他的多才多艺和生动的授课方式赢得了师生的广泛喜爱和尊敬。

1955 年，迪克曼与妻子安·普莱德(Ann Pletta)结婚。他们有 4 个孩子，10 个孙子。迪克曼喜爱马拉松长跑运动和游泳、单车、赛跑三项全能运动。现在，他与妻子夏季住在纽约，冬季住在佛罗里达。

## 二、理论与实务的主要贡献

迪克曼的一生中，培养了众多成功的会计人才，其中包括罗伯特·麦吉(Robert Magee)和艾比·史密斯(Abbie Smith)等。由于其在教学上的优异表现，1987 年，迪克曼获得美国会计学会(AAA)颁发的杰出会计教育奖(Outstanding Accounting Educator Award)，1994 年获得康奈尔大学颁发的斯蒂芬和马杰里罗素杰出教学奖(Stephen and Margery Russell Distinguished Teaching Award)。

除教学和研究外，迪克曼在康奈尔大学先后担任了多项职务，表现出卓越的领导与行政才能：1974—1977 年，他担任康奈尔和普华永道会计师事务所夏季会计项目的负责人；1985 年，他晋升为商学院副院长，管理教学事务有 13 年之久；1995—1997 年间，他兼任约翰逊管理学院研究生院的院长；1970—1996 年间，他兼任康奈尔执行发展计划的协调员，主要负责财务会计、管理会计和财务决策等方面事务；1998—1999 年，他担任康奈尔大学信息技术部副主席；1989—1993 年间，他被聘为美国财务会计基金会(Financial Accounting Foundation，简称 FAF)的理事；1976—1978 年间，他担任美国会计学会(AAA)的研究主任,并在 1981 年任美国会计学会(AAA)会长。此外,迪克曼还参与了美国国内众多著名 AAA 级博士生联盟的创建,并参加了 AAA 级青年教师联合会。

迪克曼的学术研究侧重于与财务报告及相关法规和市场现象有关的经验研究。迪克曼是 20 世纪 60 年代早期会计经验研究的倡导者之一,并且在 20 世纪七八十年代主导了会计信息披露对市场价格影响的开创性研究。至今为止,他已出版了大约 11 本书籍和专论,公开发表了 60 多篇文章。他发表的文章主要研究计量经济学模型、投资决策、会计方法选择、会计报告的行为效果、会计决策的经济后果,以及统计技术等几个方面。他当前正在研究的是会计标准化和描述性决策的制定。他曾两次获得美国注册会计师协会(AICPA)/美国会计学会(AAA)联合颁发的会计学术文献杰出贡献奖(the AICPA/AAA Notable Contribution to the Literature Award):第一次是 1966 年发表在《会计经验研究》(*Empirical Research in Accounting*)中的论文"收入趋势、规模和存货估价程序对评估商业公司的影响";第二次是 1978 年他和戴维·唐斯(David Downs)、罗伯特·麦吉合作发表的专论"有效的资本市场和会计:一项批判分析"。他的部分文章的主要观点如下。

迪克曼发表于《会计、组织与社会》(*Accounting, Organizations and Society*)1981 年第 6 期上的"模糊中的信息"(*The intelligence of ambiguity*)一文,提出推进会计实践、研究和教学进步的主要力量是决策的理性——计算模型,但由于组织学理论文献的新发展挑战了理性——计算模型的首要地位,该文即研究了这些行为科学理论中的新思想并且试图弄清楚它们对管理学和会计实践的启示。

迪克曼发表于《会计与经济学杂志》(*Journal of Accounting and Economics*)1979 年第 1 期上的"油气生产公司的财务会计和报告:信息效应研究"(*Financial accounting and reporting by oil and gas producing companies: A study of information effects*)一文的背景是,1977 年 12 月,美国财务会计准则委员会(FASB)发表了第 19 号财务会计准则——《油气生产企业的财务会计及报告》(*Financial Accounting and Reporting by Oil and Gas Producing Companies*),为从事油气生产活动的企业实体制定了财务会计及报告准则。该文研究了市场有效性和由财务会计准则委员会(FASB)发表的《油气生产企业的财务会计及报告》提出的事件信息含量的共同假设。FASB 在上述准则中提出,所有油气生产企业都应该在财务报告中使用成果法。但业界越来越多地集中关注于这样一个问题,即使用成果法这样一个改变将对使用完全成本法的公司筹集资本的能力造成负面影响。这种影响也将反映在证券投资收益的变动上。该文运用两种方法检验了在推行新的财务准则后,使用完全成本法和成果法公司证券收益分配的不同之处。该文得到的结论为:成果法的使用的确给使用完全成本法的公司的证券收益造成了负面影响,特别是在准则发表的那段时间内。但是,若结合方法问题看,结论的强度就减轻了,这证明了所谓潜在市场效应的存在。

迪克曼发表于《会计、组织与社会》1982 年第 7 期上的“会计政策变更和信息处理变化”(*An accounting change and information processing changes*)一文,关注的是在会计政策发生变更时,经济个体进行信息处理会发生怎样变化。作者通过对实验数据进行模型分析得出结论:由于会计处理政策的变更以及与其相关信息的变化,经济主体明显改变了他们处理信息的方式,但这种影响是一种非线性的。

迪克曼与莱斯大学的斯蒂芬·亚当·泽夫(Stephen Addam Zeff,列会计名人堂第 70 位)合作发表于《太平洋会计评论》(*Pacific Accounting Review*)1999 年 11 月号上的“财务报告的未来:缩小报表和实际的差距”(*The Future of Financial Reporting: Removing It from the Shadows*)一文,关注的是财务报告的改进趋势。作者认为,会计发展没有跟上经济发展的脚步,财务报告不能完全反映企业最核心、最主要的部分。首先,经验主义认为会计披露的应该是真实的存在,而随着经济和科技的发展,越来越多的企业拥有了越来越多的无形资产,这些无形资产却并未出现在企业的资产负债表中,而它们往往对企业无比重要。例如,可口可乐公司的注册商标。其次,资产与负债的计量基础一直以来都是历史成本,但历史成本不能真实地反映企业的价值。资产与负债的计量基础应该更多地使用现值,并且能够反映公司未来的前景。另外,财务报告的使用者也越来越多,不仅仅只有公司股票持有者,还有债权人等,财务报告所包含的信息量也应该增加,使其适用面更广。

**参考文献**

[1] http://fisher.osu.edu/departments/accounting-and-mis/the-accounting-hall-of-fame/membership-in-hall, 2007-07-30.

[2] http://www.johnson.cornell.edu/faculty/profiles/Dyckman, 2007-07-30.

(初稿执笔人:王晓亭)

# 雷蒙德·约翰·鲍尔

## (Raymond John Ball, 1944— )

雷蒙德·约翰·鲍尔(Raymond John Ball,1944— ,有时也记为雷·鲍尔,即Ray Ball)教授是闻名世界的美国当代会计学家之一,由于他对大学会计教育、会计理论的发展与注册会计师职业所做出的杰出贡献,于2009年入选美国会计名人堂,是当年的两位入选者之一。

## 一、个人简要生平

鲍尔(见图85)于1944年出生在澳大利亚(Australia)的悉尼(Sydney)。他的父亲经营着一家红十字会的农场,并且向当地的各个红十字会医院配送货物。母亲通过卖花、缝纫以及洗衣来帮补家计。鲍尔小学毕业后,虽然出去短暂地工作了一段时间,但是其优异的成绩促使他重新回到学校,并且成为他们家族里第一个完成高中学业的人。

图85 雷蒙德·约翰·鲍尔

短暂的工作经历点燃了他对会计学的兴趣,于是他打算毕业后从事会计行业,而后一份公司提供的奖学金促使他报考了新南威尔士大学(The University of New South Wales,简称UNSW),并且要求他在大学假期期间,可兼职从事会计和行政工作。入学第一年,鲍尔便取得了优异的成绩。他也因此得到了W. J. McK. Stewart的邀请并加入了一项着重于会计理论的会计荣誉课程中。此外,斯图尔特还鼓励他到美国攻读研究生学位,并安排他在大四学年担任一名会计兼职教师,毕业一年后即成为一名全职教师。鲍尔在新南威尔士大学期间的掌控教学助理菲利浦·布朗(Philip Brown)则鼓励他报读芝加哥大学并向他介绍了实证研究。后来在他们长达14年的研究合作关系之中,一共完成了10多篇研究论文。

1965年，鲍尔从新南威尔士大学取得商业学士学位，并赢得一等奖和大学奖章(First Class Honors and the University Medal)。次年，他获得富布赖特学者(Fulbright Scholar)称号，以及芝加哥大学(The University of Chicago)商学院提供的研究生奖学金。1967年，他又荣获福特基金会的奖学金，并且开始攻读博士学位。1968年他应邀在芝加哥洛约拉大学(Loyola University Chicago)教授会计和金融课程。1969—1972年，他进入芝加哥大学工作。1968年和1972年，鲍尔分别取得了工商管理硕士学位和经济学博士学位。

1972年，鲍尔返回澳大利亚昆士兰大学(University of Queensland)担任会计学和金融学教授。1976年，他被任命为澳大利亚管理研究生院教授，并与他以前的老师、同事和首任院长菲利普·布朗再度合作。在此期间，鲍尔和布朗开展了澳洲股市最初的研究工作。1986年，他回到美国担任了罗切斯特大学(University of Rochester)的韦斯瑞(Wesray)工商管理教授。2000年，他又回到芝加哥大学的布斯商学院(the University of Chicago's Booth School of Business)担任西德尼·戴维森(Sidney Davidson)会计教授。

目前，鲍尔和他的妻子贾尼丝(Janice)住在芝加哥。贾尼丝持有罗切斯特大学博士学位，并在德保罗大学(De Paul University)任教。他们在1970年结婚并育有两个孩子。鲍尔喜欢阅读、烹饪和调酒。此外，他还是芝加哥公牛篮球队的一名忠实粉丝。

## 二、理论与实务的主要贡献

鲍尔以其出色的实证研究成果而跻身于会计界最受敬重且多产的研究学者行列。在其职业生涯中，他撰写或与人合著了4本书，在学术期刊上发表了超过55篇文章，在专业期刊和其他出版物上发表了超过25篇文章。此外，他还完成了18个教学案例和5项由政府部门或商业机构委托的研究报告。

1968年，鲍尔和布朗的研究论文——“会计收益数据的经验评价”(*An Empirical Evaluation of Accounting Income Numbers*)发表于《会计研究杂志》(*Journal of Accounting Research*)秋季号后，便广为其他会计研究者所引用。这篇文章彻底改变了人们对于上市公司信息披露和股票价格影响的认识，并且为尔后许多会计研究领域的拓展奠定了基础。1986年，美国会计学会(AAA)开始设立的一个特殊奖项——会计学术文献重大贡献奖(Seminal Contributions to Accounting Literature Award)时，将第一个奖项颁发给鲍尔和布朗，而在授予该奖时对这篇论文的评价是：“在过去30年中,没有任何一篇会计学论文像本文那样在会计研究的发展中产生如此重要的影响。”①此外,鲍尔还有两篇论文也得到了广泛的认可。其一,是1978年发表于《财务经济学》(*Journal of Financial Economics*)的“证券收益率与其他替代指标的异常关系”(*Anomalies in Relationships between Securities' Yields and Yield-Surrogates*),该文是第一篇承认有效市场理论之中的系统性异常的学术文章;其二,是2000年发表于《会计与经济学杂志》(*Journal of Accounting and Economics*)的“国际制度因素对会计盈余属性因素的影响”(*The Effect of International Institutional Factors on Properties of Accounting Earnings*),该文是其鲍尔与S·P·科塔里(S. P. Kothari)和阿肖克·罗宾(Ashok Robin)合作完成,该文在将国际会计引入到研究主流方面起到了重要作用。

在2000—2008年间,鲍尔一直担任著名的学术权威期刊——《会计研究杂志》(*Journal of Accounting Research*)的编辑。在返回芝加哥大学之前,他也曾在著名的学术权威期刊——《会计与经济学杂志》(*Journal of Accounting and Economics*)担任编辑长达14年之久。他是《澳大利亚管理学杂志》(*Australian Journal of Management* )的首任编辑。目前,他还担任《当代会计与经济学杂志》(*Journal of Contemporary Accounting and Economics*)的副主编。此外,他还在《银行和金融杂志》(*Journal of Banking and Finance*)、《企业财务与会计杂志》(*Journal of Business Finance and Accounting*)、《全球管理研究》(*Global Management Research*)以及《会计研究网络》(*Accounting Research Network*)等杂志担任副主编或编委会成员等职。

鲍尔是海港基金理事会(the Board of Trustees of Harbor Fund)成员之一,并主持其审计委员会的工作。此外,他还任职于美国财务会计准则委员会下设的咨询委员会(Financial Accounting Standards Advisory Council,简称FASAC)、英格兰及威尔士特许会计师协会(the Institute of Chartered Accountants in England and Wales,简称ICAEW)的财务报告咨询组、美国企业研究所(the American Enterprise Institute)资助的影子金融监管委员会(the Shadow Financial Regulation Committee)、圣母大学会计研究与教育中心的顾问委员会(the Advisory Board for The Center for Accounting Research and Education at the University of Notre Dame)等机构。他也为许多学术、专业机构做出了贡献,其中包括美国会计学会(AAA)、美国注册会计师协会(AICPA)、英格兰及威尔士特许会计师协会、欧洲会计学会(the European Accounting Association)、欧洲高级管理研究所(the European Institute for Advanced Studies in

① 杨松令. 实证会计理论的先驱——记澳大利亚著名会计学家菲利普·布朗教授[J]. 会计之友,2000(12).

Management)和英国会计学会(British Accounting Association,简称 BAA)。

鲍尔拥有许多荣誉和奖项,包括从赫尔辛基经济学院(Helsinki School of Economics)、荷语天主教鲁汶大学(Katholieke University Leuven)、昆士兰大学(the University of Queensland)和伦敦大学(the University of London)获得的名誉博士学位。同时,他也是欧洲高级管理研究所的一名教授。他还分别在美国芝加哥大学(1976 年和 1985 年)、伦敦商学院(London Business School, 1996—2002 年)和东京的庆应义塾大学(Keio University in Tokyo, 1990 年)担任过客座教授,并应邀在超过 40 所大学和专业会议上演讲。鲍尔主讲的课程包括财务会计、国际财务报告、财务报表分析、投资和公司理财等。他曾撰写了许多教学案例,他的授课效果显著,曾在罗切斯特大学、芝加哥大学教学时获得了许多奖项,其中包括 Hillel J. Einhorn 教学优秀奖(the Hillel J. Einhorn Excellence in Teaching Award)。1999 年,他被美国会计学会授予国际杰出讲师(Distinguished International Lecturer)。2003 年,他又荣获美国会计学会(AAA)颁发的美国杰出会计教育奖(Outstanding Accounting Educator Award)。

## 三、主要论著简析

鲍尔研究的主要领域包括市场经济体制、财务报告和信息披露、盈余和股票价格、财务信息分析、国际会计和市场效率等。他的大部分文章主要刊登在《会计研究杂志》、《会计与经济学杂志》、《财务经济学》等权威期刊上,下面择要编译并简析。

### (一)“会计收益数据的经验评价”(1968)

1968 年,鲍尔和布朗在《会计研究杂志》(*Journal of Accounting Research*)第 2 期上发表了著名的论文——“会计收益数据的经验评价”(*An Empirical Evaluation of Accounting Income Numbers*)。该文主要目的是通过研究现有会计收入信息内容和时间性来评估其有用性。年度收益数往往可以包含公司的全部信息。但是由于年度收益报告的大部分内容(约 85%～90%)可以通过更为及时的其他渠道(比如中期报表)获得,它并未被视为一个及时的媒介。此外,由于资本市场的效率性主要取决于其充足的数据来源,因此年净收益仍是市场数据来源的首选。该文在此基础上提出了很多可进行深入研究的问题,如对于会计师来说,评估年度收益报告和更为及时的中期报告成本仍有待解决,未预期的收益变化幅度与伴随着股价调整之间的关系仍有待研究。这会给评估收益变化的信息价值带来新的思路。该文为颇具争议的对外报表的选择提供了一个实证分析范本。

### (二)"证券收益率与其他替代指标的异常关系"(1978)

1978年,鲍尔在《财务经济学》(*Journal of Financial Economics*)第2~3期上发表了"证券收益率与其他替代指标的异常关系"(*Anomalies in Relationships between Securities' Yields and Yield-Surrogates*)一文。文章主要探讨的是企业报表公布后企业股价的非正常变化原因。其他文献证明,在企业对外公布收益报告后会,投资者持续得到超额回报。如果说公开的收益报告属于一项公共产品,那么在证券市场上出现的这种现象就与公共产品这一假设不符。因为公共产品并没有私人成本,那么也就不会带来私人回报。对于这种异常现象,学术界有许多不同的解释。该文认为,最有可能的解释是,在双参数模型中,收益变量替代了省略参数和其他未定因素,因此测算的市场组合均值和方差均变得无效。这种异常现象还适用于其他收益率的替代指标,包括股息收益率和价值评级。

### (三)"投资组合中的业绩评价问题:一种反向投资策略的应用"(1995)

1995年,鲍尔在《财务经济学》(*Journal of Financial Economics*)第1期上发表了"投资组合中的业绩评价问题:一种反向投资策略的应用"(*Problems in Measuring Portfolio Performance: An Application to Contrariant Investment Strategies*)一文。该文主要通过对5年内逆势投资组合的回报率进行测算分析来说明问题。文中指出,所谓的"看跌"股票大多具有价格低廉且呈现扭曲的回报分配曲线。由于它们的最低价格四分位的位置,这类股票的平均回报率为163%。股价格上涨1/8,而平均回报则降低了25%,充分显示了它们对于微观结构和流动性影响的敏感性。因为价格长期处于低位,这类股票历经熊市后出现不均衡发展并因此引起预期回报效应。与前一年12月底成立的反向投资组合对比,当年6月底成立的组合出现了负的非正常报酬。此外,该文的结论不只是适用于特定条件下的资本资产定价模型(CAPM)。

### (四)"收益报告中包含了多少新信息"(2008)

2008年,鲍尔在《会计研究杂志》第5期上发表了"收益报告中包含了多少新信息"(*How Much New Information is There in Earnings*)一文。为了量化分析收益报告给股市提供新信息的重要性,论文对证券市场第四季度的盈利公告进行$R^2$回归分析。$R^2$的平均数为5%~9%,它主要用于衡量年收益报告和股价中所包含的总信息量。文中总结出季报平均所能包含的信息量大致为1%~2%,这就为市场提高了为数不多的信息。该结论可以支持这样一个观点,即收益报告的基本经济职责并非及时地向股市提供新的信息。通过推理分析，收益报告有着其他方面的作用。例如，解决债务和赔偿合同以及修正先前的信息（包括公司会计体系中所显露的管理信息披露）。收益报告的相对资讯性呈现为一个凹函数。近年来，收益报告公布后所带来的增量信息有一部分是因为同期公布了管理预期情况。此外，并无数据显示在公布收益报告后的前后几周会出现反常信息。论文认为，早在收益报告公布之前（非之后），大量实质性的信息就已经通过管理预测和分析师的预测修正而反映出来了。

### （五）"IPO公司的盈余质量"（2008）

2008 年，鲍尔与 Lakshmanan Shivakumar 合作在《会计与经济学杂志》（*Journal of Accounting and Economics*）第 2～3 期上发表了"IPO 公司的盈余质量"（*Earnings Quality at Initial Public Offerings*）一文。本文主要探讨的是 IPO 公司的盈余质量问题。文中证明，与人们普遍认为的结论相反，首次公开募股（IPO）的公司在其报告中往往更加遵循谨慎性原则。文中对之前认为 IPO 公司在报告上采取投机主义产生了质疑。作者把这种现象归因于财务报表使用者对公众公司的报告质量要求更高，因此内外部审计人员、管理层、分析师、评级机构、媒体以及律师对报告的要求也更为严格。所以，当 IPO 公司未达到财务报告的高标准时，它就更有可能面临股东诉讼和监管行为。作者通过大量英美两国 IPO 公司的样本研究显示，IPO 公司募股说明书中盈利预测是相对保守的。当重要事项发生时，企业往往伴随着现金流和营运资金的内源性变化，故形成了一种反常盈利的现象。因此作者推测，以往观测到的随意性应计项目主要发生在重要交易事项的盈余管理研究过程中。

### （六）"海外会计——如何规范企业管理者和审计师的行为"

2002 年，鲍尔在《资本观念研究》（*Capital Ideas Research*）第 4 期上发表了"海外会计——如何规范企业管理者和审计师的行为"（*Accounting Abroad-How to Keep Managers and Auditors In Line: Reforming Financial Reporting in Developing Nations*）一文。本文为鲍尔与同事在安然事件发生后的 2002 年完成的一份研究报告，其重点讨论正在由计划经济向市场经济转变的国家，其企业财务报告的质量如何得到改进。

文中提出，以往的经验认为，这些国家只需采纳高质量的会计准则，就能确保企业财务报告和财务状况披露的质量。欧洲议会最近刚采用了这种做法，但此法尚未在欧洲外的其他国家广泛使用。会计标准革新的关键在于恢复利益受到侵害的股东和债权人就有误导性的财务报告对管理者和审计人员提出起诉的权利。安然公司丑闻发生以后,美国的会计制度以及财务报告和财务状况披露问题受到前所未有的关注。然而,尽管安然事件在美国引起了轩然大波,但在其他国家,安然式的会计操作依然是规范性的做法。各国政府和类似美国证券交易委员会(SEC)的机构对该事件本能的反应就是收紧各自关于会计准则的规定,尽管事实证明,这些规定往往会降低财务报告的质量。公开财务报告是指由公开上市的股份制公司所发布的财务报告。高效的财务报告和披露系统对一个国家高效率证券市场的发展,以及整体经济水平的提高都是至关重要的。

文中,鲍尔教授考察了用现有会计理论解释发展中国家财务改良问题的局限性,提出了以前被会计理论界所忽略的诸多需要改进的内容。同时,研究发展中国家实施这些革新的成效也有助于确认美国会计制度相对优劣之所在,其基本观点如下:在德国、中国、日本和其他一些国家,管理者和审计员习惯于在财务报表中隐瞒企业收支盈亏的真实情况,此类做法导致财务报表质量低劣和企业效率低下。对于财务报告质量不高的国家,先前的研究认为,强制采用国际会计准则是帮助这些国家将其会计实务提高至正常水平的一剂良药。鲍尔认为,单纯强调会计标准于事无补,关键问题在于在现有制度下根深蒂固的会计实践。他认为:"一个国家财务报告制度的质量取决于给制定财务报表的管理者和审计员以什么样的激励机制。只要改进了激励机制,会计标准也就会随之得到改善。"

鲍尔在倡议全面改革的同时,也认识到实施如此大范围改变的难度。如果不改变整个社会经济、法律和政治的基础结构,则很难单独改变会计制度的基础结构。但他建议,发展中国家首先应该放宽股东和债权人提出诉讼的法律规定。在改进会计实务方面,一个有效的私人诉讼制度所起的作用比政府颁布的法律更大。诉讼制度可以促使管理者和审计人员更好地遵守规则。鲍尔表示:重要的是重新审视那些在现有的经济体系中被看作是理所当然的东西,那些基本到甚至连老师都不会在课堂上教授的东西。

此外,该文还介绍了习惯法(common law,或称判例法)和成文法体系(code law,或称法典法)。即会计制度分为两大类:一是以市场为导向的习惯法(或称判例法)制度,澳大利亚、加拿大、英国和美国等国家采用此法;二是以计划为导向的成文法体系(code law,或称法典法),法国、德国、日本和其他一些亚洲国家采用此法。习惯法制度的会计准则源自被普遍接受的实践标准,并通过民事诉讼得以实施。例如,在美国,由专业审计员确定所有人都必须遵守的会计标准。这些标准就是所谓的美国一般公认会计准则(GAAP)。习惯法制度一般比成文法体系更强调公开信息的重要性。习惯法制度的一个主要优势是,企业的经济损失能迅速反映在所公布的财务报表中。及时确认损失意味着管理者一旦发现长期投资项目的预期现金流量有减少的趋势,就可以立刻将该信息作为一次性亏损体现在损益表中。习惯法制度鼓励管理者采取积极行动改进效益不佳的投资项目和投资策略,从而提高公司的运行效率。确保损失能得到及时承认的决定性因素来自股东有权提出诉讼的威胁。在成文法体系下,政府制订和执行会计法规,对违反者处以法律惩罚。使用成文法体系的国家更多地依赖私下流通的信息而非公开发布的信息,这些国家不认为交易必须与公开市场紧密相连,因此也不认为公司一定需要公开披露。成文法体系会计制度使公司管理者在做各种会计估计的时候拥有相当程度的灵活性。例如,在经济状况佳的年景,为了减少申报利润,管理者可以高估支出,低报收入,甚至将资金转入隐藏的储备。这些技巧可以让企业"把钱存入银行",以备将来所需。这样在经济不景气的年景,他们又重新使用正常的会计估计,"从银行中取钱",从而增加申报的利润。

戴姆勒·克莱斯勒(Daimler Chrysler)公司臭名昭著的例子反映了在实行成文法体系的国家企业财务报告质量低下的问题。根据德国成文法律规则,该公司 1993 年的申报利润为 6.15 亿德国马克。但它在纽约证券交易所上市时,根据要求所提供的符合 GAAP 规定的财务报告却显示当年亏损高达 18.39 亿德国马克。该公司能在德国的法规下掩藏的巨额亏损,只有到一个实施习惯法的国家上市时才显露出来。

在现行的两种制度下,高效率的财务报告制度究竟有哪些具体要求呢?鲍尔的建议为:(1)确保有足够数量受过专业训练的审计员对财务报表的质量进行验证,并保证审计员独立于管理人员;(2)尽量将公开财务报告和公司申报所得税这两个制度分开,以避免企业因为避税的目的而歪曲财务报告所披露的信息;(3)改变企业所有权和管理结构,以形成一个真正需要可靠的公开信息的开放市场机制;(4)建立一套可以制订和维护独立及高质量会计标准的制度;(5)建立一套高效、独立的法律制度,用以检查和处罚任何欺骗、违规操作和违反会计标准及其他披露标准的行为,制订有关条款,规定股东和债权人在由于不完善的财务报告和披露而蒙受损失的情况下有权提出私人诉讼。上述 5 条是习惯法财务制度的重点,许多国家都在试图采纳这种公开披露的模式。鲍尔教授说:"如果在财务报告的质量方面对成文法和习惯法进行比较,习惯法稳操胜券。""安然公司恰恰放弃了习惯法制度的诸多优势,他们没有及时地报告其损失,而且还提前虚报公司尚未获得的利润,"鲍尔教授说。"安然事件之所以激起了轩然大波,是因为该公司的行为违反了美国会计制度的根本宗旨。"

鲍尔认为,发展中国家试图改进财务报表的质量不仅仅取决于适用的标准,单纯地采用标准而不改变激励机制是毫无用处的,马来西亚、新加坡、泰国和中国的经验都证明了这一点。这些国家采用了习惯法的会计标准,但却没有在体制上进行实质性的变更以使这些标准能真正发挥作用。在这些国家，采纳新标准并没有真正提高财务报告的质量。即使在现有的习惯法制度下，管理者也面临操纵财务报告数字的巨大诱惑。在职位提升、奖金和股票等潜在利益的驱使下，所披露的信息与管理者个人的利益息息相关。在一些实行成文法体系的国家，还有来自政治和文化方面的压力，迫使管理者不得不为了避免披露企业盈利和亏损的大起大落而暗做手脚。

鲍尔认为："如果在一个经济体系中存在着和你的调控意愿背道而驰的激励机制，你就不可能完全有效地对这个体系进行调控。"亚洲国家的会计制度还必须抵制其强调家族纽带和私人关系的文化因素。由于过分强调私人关系，亚洲的审计员缺乏做出客观评估的正面激励机制，他们也很少遇到司法诉讼的压力。中国法律规定，有外资参股的企业要做两本账：第一本根据中国的会计规则制订，并由中国的审计员验核。这样的做法就会产生与安然公司类似的问题，即审计员与管理者的关系往往过于密切。第二本账依据国际会计标准（IAS）制订，由五大会计师事务所中的某一家验核。但是鲍尔教授发现，尽管采用了更为科学的会计标准，但是依据IAS制订的财务报告在反映经济损失方面并没有实质性的改善。他说："人是有共性的，作为一名审计员，尽管采用相同的会计标准，但如果身处一个强调和睦相处与稳定关系的社会，而且没有股东诉讼的潜在威胁，你的行为当然会和在纽约进行审计时的行为大相径庭。"

欧洲议会立法要求欧洲的公司在2005年以前全部采用IAS标准公布财务报告，鲍尔对其有效性表示怀疑。他说："欧洲议会没有减轻欧洲公司经理们的压力，以阻止他们隐瞒损失或低报巨额利润，也没有给股东和债权人提供保护自己不受此类行为伤害的权利。"

鲍尔认为，私人诉讼权利是一个高效率的披露制度最基本的要求。没有对不完善的财务披露和报告进行惩罚的制度，其他的制度改革也将注定要失败。强调私人诉讼也意味着政府的作用应该受到限制。"政府官员不懂财务报告，从长远看，他们越少插手越好。"尽管会计制度改革尚未在发展中国家开展起来，美国的公司总裁们在评估海外投资计划的时候，应核验被投资公司的股票是否曾在其他能依法对不遵守上述规定的公司进行严惩的地区上市。

该文中，鲍尔对安然事件也进行了评价。他认为，安然事件反映了习惯法会计实践中的一次失误，但这样的案件是十分罕见的，而且在私有经济的体制下得到了有效的处理。他指出："很多人说，安然事件让我们对美国的会计制度失去了信心，我认为这有点言过其实。我们会从安然事件中吸取教训，我们的财务报告制度仍将保持高质量。当然，必须保证它不会受到政治程序的干扰。"

## 参考文献

[ 1 ] Ball R, L Shivakumar. Earnings Quality at Initial Public Offerings[J]. Journal of Accounting and Economics,2008(45): 324-349.

[ 2 ] Ball Ray, Lakshmanan Shivakumar. How Much New Information is there in Earnings? [J]. Journal of Accounting Research, 2008,46(5): 975-1016.

[ 3 ] Ball Ray, S P Kothari, Jay Shanken. Problems in Measuring Portfolio Performance: An Application to Contrariant Investment Strategies[J]. Journal of Financial Economics,1995, 38(1): 79-107.

[ 4 ] Ball Ray. Anomalies in Relationships between Securities' Yields and Yield-Surrogates[J]. Journal of Financial Economics, 1978,6(2-3): 103-126.

[ 5 ] Ball Ray. Accounting Abroad-How to Keep Managers and Auditors In Line: Reforming Financial Reporting in Developing Nations[J]. Capital Ideas(Chicago GSB),2002.

[ 6 ] Ball Ray, S P Kothari, Ashok Robin. The Effect of International Institutional Factors on Properties of Accounting Earnings[J]. Journal of Accounting and Economics,2000, 29(1): 1-51.

[ 7 ] Ball Ray, Philid R Brown. An Empirical Evaluation of Accounting Income Numbers[J]. Journal of Accounting Research, 1968(6):159-178.

[ 8 ] http://www.chicagobooth.edu/capideas/spring02/accountingabroad.html, 2008-09-12.

[ 9 ] http://www.chicagobooth.edu/faculty/bio.aspx, 2008-09-12.

（初稿执笔人：邓越）

# 大卫·迈克尔·沃克

## (David Michael Walker, 1951— )

大卫·迈克尔·沃克(David Michael Walker, 1951— )是一位优秀的会计学家。由于其对会计理论和实务发展以及注册会计师职业做出的杰出贡献,于2010年10月1日入选俄亥俄州立大学(The Ohio State University)为美国著名会计学家设立的专门纪念厅——会计名人堂(Accounting Hall of Fame),是历史上第86位入选者,也是当年唯一的一位入选者。

## 一、个人简要生平

大卫·迈克尔·沃克(见图86)于1951年10月2日出生于亚拉巴马州(Alabama)的伯明翰(Birmingham),他毕业于美国佛罗里达州(State of Florida)的杰克逊维尔大学(Jacksonville University),并在该校取得会计学学士学位。后来,他在从布莱恩特大学(Bryant University)获得了第一个荣誉学位后,还陆续拥有了美国其他大学和他的母校杰克逊维尔大学在内的多个学校的荣誉博士学位。

图86 大卫·迈克尔·沃克

1989—1998年间,沃克作为安达信的合伙人,担任安达信的人力资本服务事务的全球总经理。在任期间,他负责公司的人力资本战略、机构变革与管理、养老金和医疗保健服务。他还在一些政府机构担任领导职务,其中包括1990—1995年间,出任社会保障和医疗保险的公共受托人和里根政府时期劳工退休金福利方案的助理秘书长。在他加入安达信之前,沃克在一个名为Source Finance的私人机构工作。在此之前,沃克在Coopers & Lybrand会计公司的人力资源部工作。

沃克亦曾在多个委员会和咨询机构任职，包括联合国独立审计咨询委员会的主席、联邦预算委员会的委员、公共服务的合作伙伴、上市公司会计监督委员会的咨询委员会成员、彼得森基金会和托佛勒公司的职员等。与此同时，他也是三边委员会的委员之一，并是哈佛大学约翰·肯尼迪政府学院的高级经理。

1998—2008 年间，沃克先后担任美国审计总署（U. S. Government Accountability Office，简称 U. S. GAO）的秘书长和美国总审计长。作为总审计长，他还担任过最高审计机关国际组织（the Inter-national Organization of Supreme Audit Institutions，简称 INTOSAI）在美国的审计论坛主席，这个论坛的成员由全美的联邦、州和地方审计和问责性组织领导人组成。

沃克也曾被美国第 42 任总统威廉·杰斐逊·比尔·克林顿（William Jefferson Bill Clinton）任命为联邦政府的首席审计师，其任期跨越民主党和共和党政府执政期。沃克在 GAO 的任期内与布鲁金斯学会、协和联盟及遗产基金会合作，致力于财政监管工作，以提醒美国人警惕政府开支的浪费。在任 GAO 秘书长期间，他领导的改革大大提高了该机构的绩效、效率、信誉、知名度和美誉度。在他 GAO 任期内的第 7 年，即 2007 年 9 月 19 日，GAO 以 75％的得票率建立了 GAO 在其 86 年历史上的第一个工会以解决劳资关系问题。在此期间，他是一个非党派的财政责任和政府转型的提倡者，他还领导了现代化政府问责制在国内和国际的发展。

此外，沃克还与各个州和各个国家的政府高层、私人和独立部门的官员有交往。2007 年 11 月，他被联合国大会选举成为一个 4 年任期的联合国独立审计咨询委员会（IAAC）的成员，并被连选连任为独立审计咨询委员会主席。他曾担任最高审计机关国际组织（INTOSAI）战略规划专责小组的董事会成员和主席。

2008 年 3 月 12 日，沃克离开 GAO 加入彼得森基金会任总裁兼首席执行官。彼得森基金会的使命是促进联邦财政责任和问责制的推行。这包括采取行动以提高公众对财政政策和威胁到美国未来可持续发展挑战的了解，并获取公众支持以实现必要的变革。在慈善事业上，沃克主张采取更多的实际行动，他认为，该基金会在是否参与以及在多大程度上参与慈善事业上，已经非常谨慎甚至有些过于保守。由于在 GAO 和彼得森基金会的杰出工作，沃克在 2008 年 10 月 19 日被授予美国注册会计师协会（AICPA）的最高奖项——美国注册会计师协会金质奖章。他于 2010 年 10 月 15 日辞职，离开了彼得森基金会。

近 20 年来，沃克一直是政府信息透明度和问责制方面的先驱。他于 2011 年 2 月 14 日创立了 the Comeback America Initiative（简称 CAI）并任首席执行官。这是一个通过促进公众参与和协助关键决策者在非党派的基础上进行决策，推进财政责任和可持续发展,解决联邦、州和地方政府的所面临的财政收支不平衡困境的一个新的非营利性组织。他拥有在私企、事业单位和非营利性单位37年以上的经验,他丰富的领导经验体现在这三个领域的很多方面,包括国际组织间和政府间的问题。包括Paul Volcker和Pete Peterson在内的很多人认为他是现代的Paul Revere。

因为他的领导能力、成就等,他获得过很多奖项。其中主要有国际财富观察者的年度财务奖(2010年)、印度尼西亚总统授予的追求卓越总统奖(2009年)、美国注册会计师协会授予的金质奖章(2008年)、战略和国际问题研究中心授予的战略远见奖(2008年)、国防部授予的杰出贡献奖(2008年)、协和联盟授予的年度经济爱国者奖(2007年)和乔治·罗姆尼全国年度最佳公共管理者奖(2006年)等。

在美国新闻界中,沃克始终强烈批评联邦政府的肆意挥霍财政开支:在著名的《财富》杂志上,他认为"我们需要从华盛顿中学习领导能力,而不是懒散";在《金融时报》上提出,信贷紧缩可能预示着一个更大的财政危机;在CNN上指出,美国承担着"50万亿美元调整"的长期义务。

目前他和妻子Mary Etherege住在康涅狄格州的布里奇波特,他们有两个子女和三个孙子。

## 二、理论与实务的主要贡献

沃克主要的研究领域主要是政府会计领域。他部分文章的主要观点如下:

沃克于2004年4月发表在《会计杂志》(*Journal of Accountancy*)中的"可靠性和透明度:联邦政府的财务状况和财政前景"(*Truth and Transparency: The Federal Government's Financial Condition and Fiscal Outlook*)一文中,对美国财政面临的挑战敲响了警钟。他认为,当时联邦政府的财务报表和年度报告并没有给政策制定者和美国人民对政府的整体表现和真实的财务状况提供足够的认识。GAO的长期模拟预算表明,这个国家面临庞大和不断增长的结构性赤字,其主要原因是已知人口发展趋势和不断上升的医疗成本。联邦政府必须在财政开支方面和税收方面加大监管。沃克认为,该是精简和简化联邦政府组织结构的时候了。

沃克于2004年1月发表在《国际政府审计杂志》(*International Journal of Government Auditing*)中的"解决财政风险:提高政府财务报告的可靠性和透明度"(*Addressing Fiscal Risks: A case for Greater Truth and Transparency in Government Financial Reporting*)一文认为,美国政府日益恶化的财务状况还没有获得应有的重视。他在文中试图提出事实、讲真话、向美国人民解释美国日益严重的财政失衡。现实情况是，美国所面临结构性赤字，将会不断恶化，并对国家支出和税收政策造成空前压力。经济增长放缓和保持财政紧缩并没有起到改善的作用。

沃克于2005年10月发表在《会计杂志》中的“业界的七种呼声”（*Seven Voices From the Profession*）一文认为，从长远看，会计界需要实现现代化和拓展财务与业绩报告模型，包括采用连续审计的方法。会计师和审计师必须将最佳做法融入日常工作。他们必须把公众利益放在个人利益之前，做道德上正确的事，并不仅仅是法律允许的事，将事物表象和实质联系起来，特别是当它涉及独立性问题时，并且他们应当认识到持续改进是必要的。为了维护公众信任，沃克认为，在企业财务报告流程中的从业者应当将透明度、问责性和完整性的价值观付诸实践。

## 三、主要论著简析

沃克在《退休保障：理解并规划你的未来财务》（*Retirement Security: Understanding and Planning Your Financial Future*，1997）一书中认为，在未来的几年内数以百万的美国人将面临着的个人退休危机。根据现时的人口发展趋势，在不遥远的将来，社会保障和医疗保险计划的将会失衡，退休人员养老金和福利待遇将发生不利变化，计划和规划的不足将威胁居民的退休保障。人们已经认识到这样一个事实，那就是社会保障、医疗保险和其他为他们父母提供了一个合理的、高质量生活的制度不能确保当他们到达退休年龄时获得相同的利益。所以只有通过个人教育、切实规划和实际行动，才可确保退休后一个合理的生活水平和生活质量。

沃克为人们合理规划退休保障提供了完整、有见地的建议。他认为影响退休保障的因素主要有社会保障、医疗保险、养老金、退休人员的医疗计划和个人储蓄投资等。他还解释了人口统计、经济、法律和政治对公共和私人投资的影响。沃克提出了如何设计、实施和修改退休计划基于投资原则的直接而有效的七步法，为寻求有关政府和雇主提供退休福利的进一步信息提供指导。

沃克的《交付承诺：如何吸引、管理与保留人力资本》（*Delivering on the Promise: How to Attract, Manage and Retain Human Capital*，2007）一书在美国很是畅销，这本书为公司如何获得人力资本投资价值最大化和回报最大化提出了一种革命性的方法。沃克强调人们要重视和发展人力资本，而不是只是消耗人力资本。在该书中，沃克概述了企业可以采用的具体策略用以识别，评估和应对人力资本的关键管理问题，如招聘、保留、退休、绩效管理、奖励和表彰、职业发展、继任规划和培训等等。并为企业遵守法律、改善劳资关系以及加强沟通提供指引。为企业评估现有的人力资本政策和规划、实施和监督新的既有利于企业又有利于雇员的人力资本政策提供了一步步的框架。沃克对如何评估现有人力资本和与企业特定目标相关的人员方案,以及如何在必要时重新调整企业的重点进行了阐释。按照安德森的"五平方"法确定人力资本发展的五个阶段:阐释、评估、设计、实施和监督来进行相应的说明。

沃克在《恢复美国:国家的财政责任》(*Comeback America: Turning the Country Around and Restoring Fiscal Responsibility*, 2010)一书中,以强硬的态度、创新性和启发性帮助我们避免临近经济深渊,使国家再次回到正轨上。沃克提出:"该是唤醒我们自己和美国意识到不负责任财政的致命威胁的时候了"。沃克致力于提高公众对美国越来越多的财政赤字、向外国的贷款和对国外债权人愈加依赖的认识。作为美国的总审计长和美国审计总署(GAO)的负责人——"国家的顶级审计师"——沃克警告说,在乔治·布什政府和国会下,联邦盈余实际上成为一个巨大的赤字。作为彼得森基金会总裁兼首席执行官,他致力于努力提高公众对强加给后代的债务负担将会带来恶果的意识。这本书是他的重要宣言,其中介绍了有助于奥巴马总统结束政府开支失控局面、改革税制、退休、医疗保健、国防和其他国家系统的一种重要方式。沃克认为,如果政府规划和政策没有发生重大改革,至 2030 年,联邦税可以在目前的水平上增加一倍,这意味着更少的钱和较差的教育,这就会伤害我们的家庭和影响美国的经济实力以及国际地位。这本书展示了为子孙后代考虑应当如何坚守财政责任的基本原则,在书中提出了包括控制支出、节约社会保障费用、大幅度改革医疗保险制度和简化税收政策等建议,所有这些都考虑到奥巴马政府所做的努力,这也使得这该书得到了前所未有的称赞。书中没有党派、思想之争,充满了作者对自己国家的热爱,故其是对美国未来经济感兴趣人们的重要读物。

## 参考文献

[1] http://en. wikipedia. org/wiki/David_M. _Walker_(U. S. _Comptroller_General),2011-10-21.

[2] http://fisher. osu. edu/departments/accounting-and-mis/the-accounting-hall-of-fame/membership-in-hall/david-michael-walker/,2011-11-16.

[3] http://www. amazon. cn/Comeback-America-Turning-the-Country-Around-and-Restoring-Fiscal-Responsibility-Walker-David-M/dp/1400068606/ref,2011-11-16.

[4] http://www. amazon. com/gp/feature. html/,2011-11-16.

(初稿执笔人:柴小康)

# 加里·约翰·普雷维茨

## (Gary John Previts, 1942— )

加里·约翰·普雷维茨(Gary John Previts, 1942— )教授是一位因研究会计发展史与会计思想史的成就而闻名世界的美国当代会计学家,他对会计专业的奉献精神,赢得了学术界和实务界的尊重和敬佩。于2011年入选俄亥俄州立大学(the Ohio State University)为美国著名会计学家设立的专门纪念厅——会计名人堂(Accounting Hall of Fame),是历史上第87位入选者,也是当年的两位入选者之一。

## 一、个人简要生平

1942年,普雷维茨(见图87)出生在美国俄亥俄州克利夫兰,他的父亲是一位教育家,曾在哥伦比亚大学师范学院(Teacher's College, Columbia University)完成了研究生的学业。他的母亲则是一位家庭主妇。普雷维茨的打工生涯始于小学,他曾做过《克利夫兰新闻》(*Cleveland News*)的报童。他的初期兴趣主要用于收集古典音乐、流行音乐和爵士音乐唱片,以及提升对克里夫兰管弦乐团的欣赏与爱好。早年的普雷维茨曾与他哥哥一道活跃于童子军运动中,并取得了鹰级童子军(Eagle Scout)的排名。在大学期间,他曾在一家商品连锁店打工,主要负责销售商品和库存货物管理,并协助进行专卖店的汽车修理工作,这种经历还激发了他对一位收藏家所收藏的1965年版福特敞篷车的维修保养兴趣。

图87 加里·约翰·普雷维茨

在克利夫兰西城教区学校和私立学校毕业后,他进入约翰康奈尔大学(John Carroll University),由会计学教授Fran McGurrr指导。毕业后即在德勤(Haskins & Sells)工作了一段时间,随后才进入美国俄亥俄州立大学(The Ohio State University)

攻读会计学硕士学位。

1964 年,他从俄亥俄州立大学毕业,尔后重新回到德勤驻克利夫兰办公室工作。从康奈尔大学( John Carroll University)毕业后,他收到了军队的服役令,从 1965 到 1967 年服役两年,并曾作为一名中尉到过越南战场。

在德勤工作一年后,普雷维茨才决定从事高等教育的职业生涯。1968 年,他接受了奥古斯塔学院(Augusta College)的教职,并开始准备攻读博士学位。1970 年,在佛罗里达大学(University of Florida)的威利亚德·斯通(Williard Stone)教授的指导下,他倾注全力开展他的博士学习生涯,Williard Stone 教授培养了他对会计史研究的终身兴趣。在 1973 年,他开始在阿拉巴马大学(Culverhouse School)会计系(当时是贸易与工商管理学院的一个系)任教。1979 年,他回到克利夫兰,进入凯斯西储大学(Case Western Reserve University)管理学院会计系教学。

普雷维茨是一位不知疲倦的导师和同事,他在大学和管理学院工作期间,担任了 13 年的副院长以及两个学期的会计系主任。他的研究成果表明了他始终如一地致力于帮助他的博士生以及同事发展。同时,他也是一名优秀的、多才艺的老师,作为客座讲师和会计史学家,他在世界各地游历讲学,这表明了他对会计历史和管理的研究在世界范围内的学术影响。

普雷维茨一生获得了许多荣誉和奖项,包括任命为 E. Mandell de Windt 教授,以及最近被任命为凯斯西储大学的特聘教授。他对会计界的贡献获得充分认可,美国注册会计师协会(American Institute of Certified Public Accountants,简称AICPA)和俄亥俄州注册会计师协会均授予他最高荣誉——注册会计师优质服务金质奖章。在 1986 年和 2010 年,他分别获得俄亥俄州会计教育终身成就奖和美国注册会计师协会颁发的会计教育终身成就奖。并且连续入选 Accounting Today 评出的“会计界 100 位最有影响力的人物”。

普雷维茨热爱他的信仰和家庭,并从中获得灵感。在大学期间,他认识了后来的妻子弗兰,他们在 1964 年结婚。他们经常在位于俄亥俄州岩石河家中与 4 位子女、7 位孙子女享受天伦之乐。

## 二、理论与实务的主要贡献

普雷维茨教授曾撰写或合著 7 本书籍和专著,并编辑或联合编辑一系列会计历史和实务的专辑。他的著作包括超过 70 篇在各类学术期刊上发表的论文以及所编辑的专辑章节。他在博士期间的主要研究方向是对会计历史的研究。1979 年,他与巴巴拉·达比斯·莫里诺合著了《美国会计史》(*A History of Accountancy in the United States*)一书,这是一项具有开创性的工作,记录了几个世纪以来会计在美国的发展,该书于1998年进行了修订与扩充后再版。他的许多论文采用了档案分析,探讨了会计界、会计实务、相关监管机构的发展以及会计界关键人物传记。此外,他担任了多家杂志社的编辑职务,包括《会计历史学家》(*Accounting Historians Journal*)、《会计监管研究》(*Research in Accounting Regulation*)、《俄亥俄州注册会计师杂志》(*The Ohio CPA Journal*)。此外,他还是《算盘》(*Abacus*)杂志的北美编辑和世界各地许多杂志的编辑委员会的成员。

普雷维茨教授在学术及专业组织中也起着非常重要的作用。他曾担任美国会计学会(American Accounting Association,简称AAA)会长,并在其许多委员会中任职。此外,他是会计史学家学会(the Academy of Accounting Historians)的创始成员之一,担任其第一届主席和其杂志《会计史学杂志》(*The Accounting Historians Journal*)的首位编辑。1987年,他感到需要对监管框架的研究进行激励,他创立了一份新的杂志《会计监管研究》(*Research in Accounting Regulation*)。作为阿拉巴马州和俄亥俄州的注册会计师,他曾在美国注册会计师协会理事会(AICPA Governing Council)(1987—1995)和其管理委员会(1995—1998)任职。他是美国四大注册会计师协会的永久会员,并曾担任俄亥俄州注册会计师协会(1993—1994)的主席。他主持了两项财务会计准则委员会的研究项目(Financial Accounting Standards Board's Business Reporting Research Project),也曾是美国注册会计师协会1991年成立的财务报告特别委员会(称为"詹金斯委员会")(The Jenkins Committee)所完成重要研究项目——《论改进企业报告:顾客导向——满足投资者和债权人的信息需求》的领导者①。

在20世纪90年代末,他曾在美国总会计办公室(the United States General Accounting Office )(现为美国审计总署)、白宫管理与预算办公室就职,也曾任职于美国财政部协助美国会计师协会为美国政府实现规定203项权威会计准则(the U. S. Treasury to assist in the securing AICPA Rule 203 recognition of authoritative accounting standards for the U. S. Government)。在2007—2008年间,他曾担任美国财政部审计咨询委员会(the U. S. Treasury Department Advisory Committee)的成员,并主持其人力资本小组委员会。目前他是美国审计总署审计咨询委员会(the GAO's Accountability Advisory Council)和美国公众公司会计监督委员会咨询理事会(the PCAOB's Advisory Council)的成员。此外,他还一直活跃在家乡的公民事务

① 参见本书爱维蒙维·L·詹金斯的相磁内容。

中，担任了两届市长展望委员会(Mayor's Vision Committee)的主席，两次作为宪章审查委员会( Charter Review Committee)成员，目前仍是税务审核委员会(Tax Review Board)的主席。

## 三、主要论著简析

加里·约翰·普雷维茨教授主要有两个研究领域：一是会计思想和管理体制的发展，他通过对公司起源和当前事项的研究，塑造当代会计实务；二是对会计信息披露监管的研究。先后曾撰有《美国会计史——会计的文化意义》(*A History of Accountancy in the United States: A Historical Interpretation of the Cultural Significance of Accounting*)、《若干财务问题的历史观点》和《注册会计师服务的范畴》等多部会计学著作。他的大多数文章主要刊登在《会计史学家杂志》(*The Accounting Historians Journal*)等权威期刊上，下面择要编译介绍。

### (一)《美国会计史——会计的文化意义》(1979)

《美国会计史——会计的文化意义》一书是唯一一本全面涵盖由殖民地时代至今的美国会计编年史。它侧重于会计文化意义的阐述，以美国建国后经济与会计发展特点为主线，依照时间顺序，以殖民地时期、建国以后国民经济的形成、美国公司制的起源、镀金时代、第一次世界大战和第二次世界大战以后至 FASB 成为准则制定机构等几个关键事件作为分水岭，从美国注册会计师职业，会计记录、确认、计量、披露的程序与规范，会计理论的形成与不断发展，会计教科书和会计教育等方面进行全面而精辟的描述、记载与分析。全书共 8 章，史料确切，立论公允，作者从社会、政治和经济的角度讲述了会计的演进，讨论了每个历史时期的主要任务，为研究和了解美国的会计如何随着它的经济腾飞而发展提供了重要的历史证据。《美国会计史——会计的文化意义》的出版，既为相关研究者提供了重要的参考资料，也为会计学史证研究提供了重要的、典型的历史证据。此外，该书对高等院校的会计学研究生了解和掌握美国会计的发展历程，深入理解若干会计理论问题(如会计思想、会计概念、会计观点等)的发展脉络，也具有重要价值。

### (二)《注册会计师行业：机遇、责任与服务》(2006)

《注册会计师行业：机遇、责任与服务》(*The CPA Profession: Opportunities, Responsibilities and Services*)于 2006 年由纽约注册会计师协会出版。作者认为，会

计在变化的环境中发展，它也为有经验者和新入行者提供了丰富的职业机遇和责任。文中阐述了注册会计师必须具备相应的素质，才可保护投资者获得信息的权利，这些素质包括：为公众利益服务的承诺、能力、诚信和客观。作者在文中采用了非技术语言，明确阐述了学生和青年会计师如何发展成为有竞争力和有道德的注册会计师以及注册会计师的发展方向。同时该书附有重要及实用的附录，该书是每一位从业者都需要的资源和参考书。

### （三）“追踪会计思想的发展”（2011）

“追踪会计思想的发展”（*Tracing the Development of Accounting Thought*）一文发表于 2011 年《会计史学家杂志》（*The Accounting Historians Journal*）的第 38 期。文章通过归纳从 1963 年至今几十年的会计研究特征，纵向分析了会计思想的发展。文中还探讨了会计学者之间的互相影响，分析了研究质量与覆盖面、方法工具，以及引用之间的关系，阐述了会计研究在其研究内容与研究方式方面的演变过程。

### （四）“公司治理与内外部控制”（2009）

在“公司治理与内外部控制：以巴尔的摩和俄亥俄州铁路公司为例”（*Corporate Governance in the 19th Century: Evidence from the Chesapeake and Ohio Canal Company*）一文中，作者认为在资本市场有压力、衰退、动荡的时候，会增加对公司治理的关注。美国国会、总审计署、证券交易委员会等其他政府组织强调了董事会中审计委员会的重要性，这引起了作者关于其历史问题的兴趣。现代公司治理审计预期的渊源是什么？该委员会在完成财务报告的作用起源是什么，是内部控制还是经营效率呢？文中研究追溯了美国最早的公司章程来获得原始资源证据。巴尔的摩和俄亥俄州铁路公司（B & O）审计委员会在创立初期的工作表明：在存在制度要求或外部审计之前，控制和报告活动经历了长期发展。在 1827 年，合并注册建立 B & O，将董事会中审计委员会执行的必要审计和控制责任要求详细列在董事会手册中。文章阐述了由 B & O 早期形成的审计委员会的来源、授权、构成及活动，并采用证据来支持他的观点：审计委员会有效地促进 B & O 在发展阶段的成功。主张这种公司的控制过程起源反映了不同投资者为公司提供资本，它包括拥有股票的董事，反映了私有财产权的基本结构以及资本形成中的投资者体系的平衡，表明了在严重依赖广泛的公众资本市场商业背景下，获得信息权利的源泉很广泛。这一历史调查的结论，主要是要发扬信息权利观。

### （五）“用历史的视角解读美国审计”（2005）

“用历史的视角解读美国审计”（*Auditing in the United States, A Historical*

*Perspective*)一文报告了一些审计发现的档案,包括与审计有关的美国早期公司背景下一些重要但没有公布的信息。尽管巴尔的摩和俄亥俄州铁路公司从 1827 年创立以来一直依赖董事会中的审计委员会,19 世纪 50 年代移动和 B & O 审计委员会是文章的首要主题,但也提供了其他铁路公司的例子。美国早期公司采用审计为当前会计研究者和从业者提供了很好的视角,即审计的基本控制和管理价值功能。该文促进了对美国审计起源和发展的解释。

## 参考文献

[1] Previts G J, Barbara D M. A History of Accountancy in the United States: A Historical Interpretation of the Cultural Significance of Accounting. Ohio State University Press, 1998.

[2] http://fisher. osu. edu/departments/accounting-and-mis/the-accounting-hall-of-fame/membership-in-hall/gary-john-previts/, 2011-10-21.

[3] http://weatherhead. case. edu/faculty/Gary-Previts/, 2011-11-16.

[4] Previts G J, Badua F A , M A Vasarhelyi. Tracing the Development of Accounting Thought (1 ed. Vol. 38, pp. 31-56). The Accounting Historians Journal, 2011.

[5] Previts G J, Flesher D L, W D Samson. Auditing in the United States, A Historical Perspective Abacus, 2005.

[6] Previts G J, Moehrle S R, Reynolds-Moehrle J A. The CPA Profession: Opportunities, Responsibilities and Services (2006 ed. , pp. 254). New York: American Insitute of Certified Public Accountants, 2006.

[7] Previts G J, Russ R, Coffman E N. Corporate Governance in the 19th Century: Evidence from the Chesapeake and Ohio Canal Company. Accounting Historians Journal, 2009.

(初稿执笔人:周超)

# 里德·卡尔·斯托雷

## (Reed Karl Storey, 1926—1999)

里德·卡尔·斯托雷(Reed Karl Storey, 1926—1999)是一名德高望重的美国当代会计学家,由于他对会计原则委员会(the Accounting Principles Board,简称 APB)和美国财务会计准则委员会(the Financial Accounting Standards Board,简称 FASB)发展所做出的杰出贡献,于 2011 年入选俄亥俄州立大学(The Ohio State University)为美国著名会计学家设立的专门纪念厅——会计名人堂(Accounting Hall of Fame),是历史上第 88 位入选者,也是当年的两位入选者之一。

## 一、个人简要生平

1926 年,斯托雷(见图 88)出生在美国犹他州(Utah)奥格登(Ogden)。斯托雷年少时,他的父亲就鼓励他追求以会计为职业。1944 年高中毕业后,他进入当地的韦伯学院(Weber College)。次年,他被应征在美国海军后备队(the U. S. Naval Reserve)服兵役直到 1946 年夏。1949—1952 年,他曾作为一名会计职员为其父亲卡尔·S·斯托雷(Karl S. Storey)工作,其时他的父亲是犹他州(Utah)奥格登(Ogden)的一名注册会计师(Certified Public Accountants,简称 CPA)。

图 88 里德·卡尔·斯托雷

1952 年,斯托雷在曾担任助教的犹他州立大学(the University of Utah)取得了学士学位,并成为一名注册会计师。毕业后他进入美国加州大学伯克利分校(the University of California at Berkeley)开始了他的学术生涯,并于 1958 年在该校获得了博士学位,其博士论文题为《成本与收入的匹配:会计适应的不确定性分析》(*Matching Costs with Rev-*

*enues: An Analysis of Accounting Adaptation to Uncertainty*)，该文章是在莫里斯·穆尼茨(Maurice Moonitz，列会计名人堂第39位)的指导下完成的，后正式出版发行。斯托雷与此相关的文章也于20世纪60年代发表在《会计评论》(*The Accounting Review*)和《会计杂志》(*the Journal of Accountancy*)中。

1956—1963年间，斯托雷在华盛顿大学(the University of Washington)会计系任副教授。在华盛顿工作的最后一年里，他成为美国注册会计师协会(the American Institute of Certified Public Accountants，简称AICPA)会计研究部的项目经理，并被美国注册会计师协会(AICPA)任命为会计研究部副主任，后于1964年接任保罗·富兰克林·格雷迪(Paul Franklin Grady，美国会计名人堂的第28位成员)成为会计原则委员会(APB)的董事，负责制定研究计划并督导委员会的各项研究工作。1973年，会计原则委员会(APB)由美国财务会计准则委员会(FASB)代替后，他加入纽约市立大学(the City University of New York)巴鲁克学院(Bernard M. Baruch College)成为一名会计教授。在此期间，他还担任Haskins & Sells公司和Coopers & Lybrand公司的顾问①。后来，他即一直留在巴鲁克(Baruch)，1975年他成为财务会计准则委员会(FASB)的研究技术人员，1977年他被委任为研究和技术部门的副主任，并于1981年成为高级技术顾问，直至1996年退休。

斯托雷和妻子玛丽亚(Maria)育有3个孩子和2个孙子。他于1999年4月辞世，其妻子在2008年去世。

## 二、理论与实务的主要贡献

在华盛顿大学(the University of Washington)工作的最后几年里，斯托雷开始研究会计原则的历史及其发展，并于1964年由美国注册会计师协会(AICPA)发表了题为“会计原则探索：今天的问题透视”(*The Search for Accounting Principles: Today's Problems in Perspective*)的文章。作为美国注册会计师协会(AICPA)的会计研究理事，他负责管理一系列由学术和实践工作团队研究的享有盛誉的会计研究出版物。这些研究中有一些是“由理事给予意见”，还有一些伴随着批判性研究。在他担任财务会计准则委员会(FASB)的高级技术顾问时，他在诸如国外业务和外汇交易会计、限制债务会计、合并及相关事宜、长期资产减值以及提供资产和服务会计的委员会

① Haskins & Sells公司于1978年与Deloitte Dever Griffiths合并组成Deloitte Haskins & Sells，发展至今天的德勤会计师事务所(Deloitte & Touch)；Coopers & Lybrand公司即永道，它与普华(Price Waterhouse)于1998年合并组成普华永道会计师事务所(PricewaterhouseCoopers，简称PwC)。

项目中发挥了重要作用。此外，他与财务会计准则委员会(FASB)的整个概念框架项目密切相关并对财务会计准则委员会概念报表(the FASB Concepts Statements)前6项的建立发展提供了帮助。在1980年美国会计学会年会上，他明确表达了关于"建立概念框架的必要条件"(*Conditions Necessary for Developing a Conceptual Framework*)的观点，次年，该观点发表在《会计杂志》上。他持有的关于概念和标准关系的观点也体现在财务会计概念框架和标准中，并在他女儿西尔维亚(Sylvia)的帮助下，该观点首先于1991年作为引导章节发表在《会计人员手册》(*The Accountants' Handbook*)上，并于1998年作为财务会计准则委员会(FASB)的专题报告。他富有洞察力，合乎逻辑的理性推论以及写作天赋。他被以前的职员称为年轻员工的良师益友，他关于财务会计标准、报告实践依赖于目标基础以及会计学基本原理的主张也被以前的同事所铭记。

## 三、主要论著简析

斯托雷以会计原则历史及其发展作为其主要的研究领域。他的大部分文章主要刊登在《会计杂志》和《会计评论》等权威期刊上，还有很多著作出版发行。下面择要简介。

"国际企业投资会计探讨：行为领域实验"(*Discussion of Accounting for Intercorporate Investments: A Behavior Field Experiment*)一文于1971年发表在《会计研究杂志》(Journal of Accounting Research)第9期①。文章以实证研究的形式介绍了该实验的进展情况，文中斯托雷借鉴了巴雷特(Barrett)教授的实证研究方法与过程。第一，从实证研究角度分析了问卷调查反映结果的低效益问题，认为产生这种现象的主要原因是被调查者本身对问卷形式的抵触以及客观环境的变化如失业问题的影响等使得被调查者不愿参与调查。第二，在此次试验中，文章假设不考虑一些有助于读者判断的信息如对问卷设计的说明，也没有说明对专家样本的调查结果反映的效益比率与非专家调查结果反映比率之间的关系。第三，文章对于相关概念做了界定，认为文章所指国际企业投资只包括那些狭小投资领域中至少有两种特质能够影响实验结果的投资，而且石油行业的国际投资可能有别于其他国际投资。

"建立概念框架的必要条件"(*Conditions Necessary for Developing a Conceptual Framework*)一文于1981年分别发表在《金融分析师》(*Financial Analysts Jour-*

① Storey, Reed Karl. Discussion of Accounting for Intercorporate Investments: A Behavior Field Experiment. *Journal of Accounting Research*, 1971, 6(9): 74-78.

*nal*)第 3 期和《会计杂志》第 6 期①。文章提出 FASB 建立一个有效的财务会计报告框架需要具备三个必要条件：首先，是框架的概念本身必须根植于现实世界，认为这是概念框架建立所需具备的最基本条件，且也是财务会计和财务报表实用性和代表性特点的直接反应，认为资产的计量应该与收入和成本匹配；其次，是一个成功的概念框架需要有足够的耐心并花费较长的时间去改变一些态度和思维模式，斯托雷认为这需要 5 年甚至更长的时间；最后，是一个有效的概念框架如果要得到社会的认可并贯彻执行，首先需要 FASB 整体成员冠以认真的态度对待。

"财务会计概念框架和标准"(*The Framework of Financial Accounting Concepts and Standards*)是以专著的形式由美国财务会计准则委员会(FASB)于 1998 年出版发行②。书中重点介绍了 FASB 财务会计概念框架建立的必要性以及委员会决定将财务报表细分为资产和负责的原因。专著前半部分，主要介绍了建立标准和概念的失败历史以及取得的经验，最终得出结论是由于部分或者全部归结于没有坚持的概念基础做支撑。后半部分，则主要介绍并分析了概念框架的相关概念。如对于资产和负债，作者重新定义了收入和费用相匹配的原则，即将资产和负债定义为首要概念，其后的相关要素根据配比原则以资产负债概念为基础进行概念扩散定义。作者着重介绍了概念报表的 1～6 项公告，研究了各项公告与标准之间的关系，以及各项公告相互之间的关系，并详细介绍了第 2 号公告——会计信息的质量特征(*Qualitative Characteristics of Accounting Information*)、第 5 号公告——企业财务报表的确认和计量(*Recognition and Measurement in Financial Statements of Business Enterprises*)以及第 6 号公告——财务报表的要素(*Elements of Financial Statement*)。

## 参考文献

http://fisher.osu.edu/departments/accounting-and-mis/the-accounting-hall-of-fame/membership in hall/reed-karl-storey/,2011-10-25.

(初稿执笔人：钟淑雅)

---

① Storey, Reed Karl. Conditions Necessary for Developing a Conceptual Framework. *Financial Analysts Journal*, 1981, 37(5-8): 51-58.

② Storey, Reed Karl & Sylvia Storey. The Framework of Financial Accounting Concepts and Standards. *Financial Accounting Standards Board*, 1998.

# 第二部分

# 其他西方会计名人

（39 人）

# 卢卡·帕乔利

## (Luca Pacioli, 1445 — 1517)

意大利著名数学家卢卡·帕乔利(Luca Pacioli, 1445—1517)是现代会计的先驱，被誉为“现代会计之父”①。他在 1494 年 11 月 10 日发表的《算术、几何、比及比例概要》，又称《数学大全》)中有世界上最早对复式簿记的系统描述，把古代会计推进到近代会计的历史阶段，开创了世界会计发展史上的新时代——卢卡·帕乔利时代。《算术、几何、比及比例概要》的第三卷第九部第十一篇题为《计算与记录详论》②(通称《簿记论》)，是第一本系统论述复式簿记原理及其适用方法的经典名著，帕乔利对现代会计及其理论的发展做出了奠基性的卓越贡献。

## 一、个人简要生平

1445 年，帕乔利(见图 89)诞生于意大利的托斯卡纳省圣西波哥城的博尔戈-圣塞波尔克罗(Borgo-San Sepolcro)的一个小镇，这个小镇位于佛罗伦萨东南约 80 英里处。他出生于当地一个中产阶层的家庭，他的父亲名为帕托罗米欧(Bartolomeo)，母亲姓氏不详。帕乔利自幼天资聪颖，勤奋好学，但不能像有钱人家的了弟那样聘请家庭教师施教，而在免费的教会学校念书。在少年时代，帕乔利学习了语法、修辞法(文

---

① 卢卡·帕乔利的意大利文原名在不同文献所载极不一致，这是因为意大利存在多种方言的差别所致。帕乔利姓名的拼音有 Pacioli 和 Paciolo、Paccioli 和 Paccilo、Paciuoli 和 Paciuolo 这样几种拼写方法。他的中文译名亦很不一致，早在 20 世纪 30 年代，潘序伦先生将其译为巴希罗(Paciolo)，陆善炽将其译为巴舒里(Pacioli)；近年的文献中葛家澍、林志军先生等译为巴其阿勒；张以宽先生译为卢卡·帕西奥利；郭道扬、文硕先生等译为卢卡·帕乔利，其他还有巴希隆、巴乔洛等多种译法，本文采用 1994 年在他的故乡圣塞波尔克罗镇为他所建的纪念碑上所写的 Luca Pacioli 的原文及卢卡·帕乔利的译法。关于帕乔利的全名与出生年月，邬杏川的译本扉页列为法拉·卢卡·巴其阿勒(Fra Luca Pacioli, 1445—1510)，郭道扬(2008)考证记为卢卡·帕乔利(1445—1517)，本书中通用此全名与生卒年代。

② 有学者译成《计算与记录要论》。

图89 卢卡·帕乔利

件绘制和书信习作)和辩证法(逻辑学)等课程。此外,他还受到相当好的神学教育,学完了《圣经》和弗郎西斯卡主教的布道。随着年龄的增长,帕乔利又学习了算术、几何学、天文学和音乐,以及当时的各种古典文学。

16岁时,帕乔利去当地一位大商人——作坊主行业的成员弗勒库·德·贝尔夫西的家庭作坊当学徒。但是出于对数学、科学及神学的爱好,他毅然放弃了传统的手工学徒生活,师从蜚声艺坛的画家皮埃罗·德拉·弗朗西斯卡(Pietro Della Francesca)学习美术。弗郎西斯卡既是一位艺术大师,同时又是一位数学家,帕乔利深受弗朗西斯卡的影响。帕乔利在他的悉心教导之下进步很快,打下了在数学方面的深厚根基。帕乔利在跟随他学艺期间,经老师介绍,认识了乌比诺公爵费得拉果(The Duke of Urbino, Federigo)和他的独生子盖杜巴尔多王子(Prince Guidobaldo),以后还成为了王子的亲密朋友并被允许自由进入了乌比诺公爵的私人藏书馆。该馆内藏有大量的书籍,帕乔利在这个知识的海洋里刻苦求索,使他在数学方面造诣日深。帕乔利还参加了一系列的教育组织,这使他有幸结识意大利文艺复兴时代的一些著名的艺术家和思想家,并成为终生的朋友,像皮埃罗·德拉·弗朗西斯卡(画家、拉丁语学者、诗人、宇宙学者、建筑学、数学家),他给帕乔利讲授了数学和绘画,特别是讲授了比例学,这对帕乔利的一生都产生了巨大的影响。还有昂利·巴蒂斯塔·艾伯蒂(建筑师、艺术家、科学家、作家)、波普·保罗二世、列奥多·达·芬奇(Leonondo da Vinci),帕乔利同这些艺术家和建筑师的合作,在艾伯蒂圣玛丽故事的正面几何图形的比例中得到证实,并在达·芬奇《最后的晚餐》上复杂的透视画法中得到进一步的证实。

1464年(也有说1466年),帕乔利离开故乡圣塞波尔克罗镇来到商业中心威尼斯。在威尼斯的德克岛上,他受聘为当地富商安东尼奥·得·罗皮耶希(Antonio de Rompiasi)的3个儿子的家庭教师,主要讲授数学知识。在此期间,他除了做好家庭教师外,还向威尼斯著名数学家、贵族多梅尼克·普拉加迪诺(Set Domenico Pragadino)学习数学并得到了进一步提高。在商人家中,帕乔利开始接触威尼斯商业簿记,并进行了认真的研究。在进行了研究后,他以丰富的知识对其在数理逻辑方面进行了加工和提高,使得它更加符合科学规范。帕乔利把自己所获得的知识传授给了商人的儿子,并为这3名学生写了一部有关数学和簿记学的讲稿。他后来在自己的著作中写道:“因为这位商人的缘故,我乘上了满载商品的帆船”。这册讲稿中初次显露了他在数学方面的才华,而且反映出他从数学与经济管理结合的角度对威尼斯式簿记进行比较深入研究的初步成果。正是从这个时候起,帕乔利把簿记看作应用数学的重要组成部分,确定了复式簿记的科学性、系统性与重要性,为其后来从理论与实务两方面研究借贷复式簿记奠定了思想基础。6 年之后,帕乔利来到古城罗马,寄住在弗郎西斯卡的好友、当时的建筑大师和作家雷奥·贝蒂斯塔·阿尔贝蒂(Leon Bottista Alberti)家中,他仍然作为学生,跟着阿尔贝蒂一起工作和学习。后来通过阿尔贝蒂,帕乔利认识了教皇保罗二世。不久,帕乔利参加弗朗西斯卡教团,此时的帕乔利大约 30 岁,他准备步入大学执教并开始研究与写作。

1475 年是帕乔利一生中发生重大转折的 1 年,这一年他受聘于佩鲁贾大学(the University of Perugia),成为该校首席数学讲师。而且帕乔利还毅然走进教堂,成为一名虔诚的修道士。大约 1480 年,帕乔利离开佩鲁贾大学,开始去周游了意大利的那不勒斯、米兰、佛罗伦萨、比萨、威尼斯等地,在许多大学讲学并从事研究工作,成功的讲学使帕乔利的名字因此传遍了意大利。在 1481 年以前,帕乔利先后发表了他的 3 部数学论著,为数学基本理论的建设、数学方法在社会实践中的运用以及数学知识的传播与普及做出了重要贡献。他在 1486 年重返佩鲁贾大学、获得主教授学衔①。1488 年,帕乔利回到罗马,在那里的大学中讲授数学直至 1490 年。在 15 世纪 90 年代初期,他也曾在那不勒斯大学授课。1482—1490 年这 8 年间,他往来于罗马、那不勒斯、比萨与威尼斯等城市之间,实地考察了复式簿记在商品货币经济发展中的种种表现,并透过繁荣发展的经济对簿记的需求这一客观事实,观察到经济管理工作中所存在的种种弊病与早期复式簿记在运用中暴露出来的缺陷。

1494 年前夕,帕乔利到乌比诺暂住了一段时间,开始编写他的《算术、几何、比及比例概要》一书。帕乔利在乌比诺图书馆完成了《算术、几何、比及比例概要》的修订阶段,这个藏书丰富的乌比诺公爵费得拉果私人图书馆为他的巨著问世创造了优越条件。在乌比诺公爵和盖杜巴尔多王子的鼓励和帮助下,帕乔利终于完成了这部伟大的著作。

1494 年,49 岁的帕乔利再次来到当时的意大利出版中心威尼斯,通过出版商帕格尼尼,于同年 11 月 10 日出版了自己呕心沥血、辛苦半生的力作《算术、几何、比及比例概要》(又称《数学大全》)。此书问世后,帕乔利更是名声大震,不仅得到了社会的普遍赞誉,也为帕乔利赢得了很大的声望。

1496 年,帕乔利受邀到米兰宫廷执教。在米兰期间,他同时在米兰宫廷和米兰大学讲授算术、几何和军事技术。此时,著名的画家、数学家和雕塑家列奥多·达·芬奇在米兰的宫廷里任职。当他见到《数学大全》一书后欣喜若狂,立即邀请帕乔利前来米

---

① 相当于现在的博士学位。

兰宫廷讲授数学。帕乔利于1496年来到米兰同达·芬奇一起讲授算术和几何，切磋美术和军事战术。他们两人兴趣相同，成为莫逆之交。在1496—1499年朝夕相处的几年间，达·芬奇采用帕乔利传授的透视画技法，绘制了其传世之作——《最后的晚餐》；帕乔利则撰写了脍炙人口的《神妙的比例》一书。两位伟大的科学家相互学习、相互鼓励的精神，成为会计史上的佳话。

1499年，帕乔利来到佛罗伦萨，受聘于佛罗伦萨大学，并在那里授课直到1506年。从1506年起的5年内，帕乔利到比萨大学讲授欧氏几何学，并将欧几里得的《几何原本》一书翻译成拉丁文。其间，还曾去波伦亚大学任教2年。1508年，教皇米利叶斯二世发布一道特别训旨授予帕乔利拥有个人财产的特权。1510年前夕，帕乔利回到久别的故乡，被任命为圣塞波尔克罗修道院院长，但他仍前往佩鲁贾大学讲学。4年后，罗马教皇利奥十世(Leo X)决心把罗马大学办成全世界最著名的学府，高薪聘请欧洲各地的杰出教授，其中包括帕乔利。此时，受聘的帕乔利教授可谓是学识渊博、著作等身、桃李遍地，并享有崇高声望。1514年，帕乔利重返教席，受聘于罗马大学。

帕乔利既是一位伟大的数学家、会计学家、艺术家及当时意大利的一流教授，又是一名虔诚的修道士；他既信奉上帝为千万人祈祷，希望把他们送进天堂的大门，又坚信科学的力量，力求使科学为促进社会经济发展服务。到桑榆暮景之年，他悄然回到圣塞波尔克罗小镇，默默为家乡服务。

1515年，帕乔利的名字开始消失。大约在1515年前后，帕乔利与世长辞，结束了他圣洁而不平凡的一生。帕乔利死后葬于圣·约翰教堂里，帕乔利虽辞世而去，然而他所开创的近代会计事业却永远光照人间。

## 二、主要论著简析

### (一)《簿记论》的内容概要

《算术、几何、比及比例概要》的第三卷第九部第十一篇题为《计算与记录详论》(亦译《簿记论》)，是世界会计理论研究的起点之作，也是近代经济理论研究方面的一个重要突破。这部巨著改变了世界会计发展的历史航向，结束了簿记实务口授心会、单脉相传的时代，而把簿记实务与簿记理论结合在一起，使会计得以成为一门独立的科学。同时，由于它的问世，使经济学从黑暗中解放出来，既解决了经济计量科学化的问题，又解决了经济管理科学化的问题，并卓有成效地改变了世界贸易的发展状况，为新世纪经济的迅速发展创造了基本条件。

《算术、几何、比及比例概要》共分为5个部分:(1)算术和代数;(2)算术和代数在商业中的应用;(3)簿记;(4)货币兑换;(5)纯粹几何学和应用几何学。帕乔利关于簿记理论的论述在《算术、几何、比及比例概要》的第三部分——“计算和记录详论(通称为《簿记论》)”中。《簿记论》的37章和两个附录又可以分为两个部分,第一部分是介绍财产盘存,第二部分论述账务处理。其中第1～4章是财产盘存与财产目录的编制;第5～14章介绍了三种账簿的登记方法和借贷记账法的基本原理与应用;第15～27章介绍了会计分录的编制与分类账的登记;第28～34章说明了结账与编制试算表的方法;第35章介绍了凭证的保管;第36章和第37章介绍了分类账簿的经济规则和登记内容;最后的附录部分介绍了商人需要记录的项目以及分类账过账举例。以下是本书的主要内容①:

成功的商人必须具备三个条件:要有现金,或某些与此等值的经济实力,否则经商将是非常困难的;商人必须是精明的会计员和敏捷的数学家;必须有条不紊地记录所有商业事务,使商人能一目了然地了解自己的经营活动。如谚所云:“物乃万物之源。”借贷记账法是记录经商活动最有效的方法。借贷记账法是流行于威尼斯的记账方式,这种借贷记账方式要比其他记账方式完善。

商人应将属于自己的一切财产,包括动产和不动产,列出详细清单,记下它们的状况和性质,说明是库存的还是出借在外的。然后据此编制财产目录。这是对成功的商人的训诫和忠告。

完成财产盘存之后,立即要用到三种账簿:备忘簿,或称杂记簿或家务费用账,是商人用来记录其一切交易的账簿;日记账,它使用两个独特的表达符号:Per(借)和A(贷);分类账,它是主要的业务账簿。我们把分录从日记账过入分类账,注销日记账中的分录,并在每一分录的旁边注明两个分类账的页码。

---

① 该书的详细出处与具体章次数,在不同的文献中有6种说法:(1)张文贤(2002)指出,《数学大全》由5个部分所构成,第(3)部分“簿记”是关于会计方面的共36章;(2)林志军(1988)等译的《巴其阿勒会计论》的第27～28页中指出,《算术、几何、比与比例概要》主要分为5个部分,第三部分为“簿记”,由于“簿记论”的标题是“*Particularist de Computis et Scripturis*”,可以翻译为“计算与记录的详论”;(3)葛家澍(1998)指出,《算术、几何、比与比例概要》第三部分论述簿记,称为《簿记论》,共包括37章和两个简短的附录;(4)文硕(1987)指出,《数学大全》由5部分组成,第三部分是簿记,其中论述复式簿记的是第三卷第九部第十一篇《计算与记录详论》(*Particularist de Computis et Scripturis*);(5)邬杏川(2004)指出,该书可分为三个部分,共39章;(6)郭道扬、叶青等(1999)的《会计史》、郭道扬(1984)的《会计发展史纲》和郭道扬(2008)的《会计史研究:历史·现时·未来》(第三卷)均指出,《算术、几何、比与比例概要》第三部分论述簿记,其中关于借贷记账账法的论述,列于该书第九部,第十一篇,题为《计算与记录要论》(*Particularist de Computis et Scripturis*),该书分为36章。根据作者的分析,采用了郭道扬教授的表达方式。

商人的账簿要呈递给商务官员验证，向他说明这些账簿将由其本人或其他人用以记录其所有的交易，并明确记录交易采用的货币单位和重量单位，并将这些内容登记在账簿的扉页上。还要盖上有关官员的图章，这样可以防止舞弊。

进行购货交易，不论以汇票付款或通过银行付款，应按下列顺序进行记录：首先记入备忘簿，然后登记日记账，最后过入分类账。

以货易货交易（包括简单易货、复杂易货和定期易货），先要记入备忘簿，并对特定的货物进行货币计价，然后再转记到日记账和分类账中去。

有关各种费用，例如，正常的和非正常的家务费用、营业费用、雇员和学徒的工资等，都要记入“营业费用”账户或“家务费用”账户的借方。要把商店假设为债务人，当从商店收到款项，应贷记商店账户。然后将上述收支业务合计转入“收入和费用”账户，在结账时将该账户余额转入“损益”账户，再将“损益”账户的余额转入“资本”账户。

如果外出经商，则需设置两套账簿：一套分类账放在家中；另一套则随身携带。外出经商时，借记你配备的各货物账户，贷记商号账户。顺利回来时，将交易所得的款项或换来的货物交还商号，结清与商号的往来账户，并计算损益。“损益”账户的借方表示蒙受了损失，贷方则表明取得了利润。

分类账户的账页填满时，应转到所有其他账户的后面。每一年都结清账簿是一个好办法，合伙经营尤为如此。

错误更正法。如果本应记入贷方的分录记入了借方，则在错误分录之前打上交叉号或其他符号，在编制账户说明时将其剔除并将校正分录填入贷方栏。

结账前，要将日记账和分类账一一仔细核对，日记账和备忘簿的核对应当逐日进行，然后，结清分类账的各账户，将这些账户的余额转入新的分类账簿，并编制列出所有借方余额和贷方余额的试算表。

交易凭证底稿、机密信件、保险单据、诉讼传票、法庭判决和其他重要文件，都要登记在记事簿上，然后按年按月捆扎，并有秩序地存放。

记账的规则和方法。主要有：所有贷项必须写在分类账户的右边，所有借项必须写在左边；所有分录必须由两个账项组成一个借项和一个贷项；每一借项和贷项均须包括三项内容：日期、金额及入账原因；借方账项和贷方账项应同日过账；应编制分类账簿的试算表，试算表必须平衡，即借方总额必须等于贷方总额，否则，分类账中一定会出了差错；“现金”账户的余额应在借方，或者没有余额，不可能在贷方；分类账簿中的记录，必须使用同一种货币计算其价值；当旧分类账簿已经用完或者需要启用新分类账簿时，要将账户余额都转到新的分类账簿中去。

### (二)《簿记论》的合理内核

复式簿记从萌芽到比较完备,大致经历了300年左右。最早流行于佛罗伦萨的形式仅限于记录债权、债务;后来在热那亚应用的账簿已把记账对象扩大到商品和现金。比较完备的复式簿记是威尼斯盛行的方法。帕乔利总结推广的复式簿记,正是当时已臻于最完美形式的威尼斯簿记。今天我们仍然遵循的复式簿记的基本原理和规则,在卢卡·帕乔利的《簿记论》中几乎已包括无遗。如果说,以威尼斯的簿记为代表的复式簿记是一个了不起的创造,那么,帕乔利却进行了再创造。他不仅通俗而详尽地描述了威尼斯复式簿记中的账簿体系、记账方法和主要业务的记录,而且加以必要的总结与提炼,他把复式簿记原理和方法的精华,再现于他的著作之中。学者们的研究认为帕乔利《簿记论》的合理内核可概括为如下方面。

复式簿记是一个旨在及时地向商人提供资产、负债和损益信息的会计信息系统。帕乔利认为,为了顺利地获取关于债务和债权的资料,应努力把自身业务纳入应有的秩序之中。因此,进行核算是为了弄清楚债权和债务的数额。同时,在所有交易事项均已记录以后,还应加设一个"损益"或"利得与损失"虚账户,并将该账户的余额结转到"资本"账户上。这说明,复式簿记并非一种纯粹的记账技术,它具有很明确的目标,即不仅为商人及时地提供资产、负债信息,而且还要及时地提供损益信息。

《簿记论》隐含着一些会计假设和会计概念的思想。比如,把合伙经营实际上视为一个"会计主体",在分类结账时考虑会计年度问题,在登记日记账时要求详细记明货币种类及其兑换价值问题等。帕乔利虽没有使用"balance sheet"概念,也未确定商人在特定期间赚取利润所涉及的会计期间概念,但他对各种交易事项的分类和记录以及所提到的资产负债表必备要素,使复式簿记成为了一个巧妙的核算系统。因此,有人将帕乔利视为"资产负债表之父"。

《簿记论》创建了"人的一科目说",首立会计平衡方程式。在簿记论中,所谓的"借"和"贷"都保持了其原本的含义——债权和债务,同时用"借主"(debtor)和"贷主"(creditor)来说明记账,成为"拟人"学说之萌芽。帕乔利指出,为了理解如何将财产目录中的内容记入日记账和分类账,你必须学会使用另外两个术语:一个称为"现金",另一个称为"资本"。所有的营业日记账与分类账启用时,资本总是作为贷项登记而现金则作为借项登记。这里的借项和贷项的称谓,把现金账户和资本账户都视为"人",而不是物,这实际上意味着该项交易事项既有借入关系,又有贷出关系。伴随着企业交易事项不断复杂化,会计上除了用人名账户外,还要用物的账户,以及反映所有权关系的"资本"账户。对此,帕乔利的办法是:物的账户迁就人的账户,把物人格化。尽管把物说成人是一种虚构,但由于这一虚构认定物的账户的变动有人参加,因而才有理由用债权和债务来解释。帕乔利认为,一个会计分录要记两个账户,代表借主的账户=代表贷主的账户。这实际上就等于提供了一个最重要的会计上的平衡方程式:"一个人所有的财物=该人所有权总值"。帕乔利首立的会计方程式,不仅表现了数学和会计之间的美妙结合,而且揭示了资产、负债与资本之间的关系。

科学的账户体系是帕乔利簿记论具有高度稳定性的重要原因。帕乔利认为,账户只不过是由商人自我建立的合理程序,通过这种程序可以获得自己所有业务及其进展情况的信息。从这种"合理程序"中,账户可分为影响损益计算的账户(如收支账户、费用账户)和不影响损益计算的账户(如现金、资本、债权、债务等账户),同时账户又可以分为人名账户和非人名账户。帕乔利指出,首先应设立"现金"和"资本"账户;同时商人还应设立营业费用、正常家务费用、非正常家务费用以及零用现金账户,还应设立损益账户;针对特别情况还作了特别说明,如合伙账户,各账户须作定期结账,"账目常清,友谊长存";特别地,帕乔利认为支出不应用收入来冲销。这样,就形成了一个实账户与虚账户、影响损益账户和非影响损益账户相统一的账户体系。账户的设置旨在反映实际的交易事项,而确认交易事项必须考虑4个肯定的因素:即主体、客体、时间、地点。这些因素相关的4个问题是:交易人名、交易事实、交易时间、交易地点。

会计业务处理基本要求是《簿记论》中借贷记账方法的核心。账簿体系所反映的记账程序,在数据处理方法和步骤上,与今天的复式记账可说是一脉相承。帕乔利在论述如何进行账务处理时,首先就明确要求设立3种账簿:第一本为备忘簿,第二本为分录账簿,第三本为分类账簿,其中小企业仅有分录账和分类账。备忘簿是因经营业务繁多而设置的,他要求将所有的经济业务按照发生时间顺序详细地加以登记,以免遗忘或遗漏。分录账系根据备忘簿整理之后,用"借"或"贷"来进行对应登记。而后转记分类账。

初步提出了复式簿记的记账规则,并编制了试算表。帕乔利专门论述了借贷双方相互关联所形成的平衡关系,据此编制出试算表,形成了帕乔利的两个等式:一是借方总发生额恒等于该账户体系的贷方总发生额;二是借方总余额恒等于该账户体系的贷方总余额。这实际上就是"有借必有贷、借贷必相等"规则的雏形。

必要的内部会计控制是复式簿记信息质量的有效保证。要保证商人们及时准确地获得资产、负债及损益方面的信息,就必须建立和健全内部会计控制。这包括:各种备忘簿、分录账和分类账的账页均须事先编号,账面都必须填写号码和日期;各种交易事项的原始记录应详细编制、永久存档并妥善保管;零星费用不必项项都设账户,而是将其汇集于总括账户,以免分类账过于杂乱;会计账簿应予内部审查,错误一经发现即予更正。

财产盘存和财产目录是帕乔利《簿记论》的有机组成部分。编制财产目录是《簿记论》所强调运用的借贷复式簿记的基础。帕乔利的《簿记论》由两部分组成:一为财产盘存;二为账务处理,且盘存是账务处理的基础。帕乔利指出,成功的商人必须有条不紊地将所有商业事务进行记录。商人在记录商业事务时应该使用借贷记账法,借贷记账法是记录商业活动的最有效的方法。在使用借贷复式记账法时,商人首先应将属于自己的一切财产(包括动产和不动产)列出详细清单,记下它们的状况和性质并编制财产目录。帕乔利围绕财产盘存与编制财产目录的问题进行了探讨,主要介绍了财产目录的性质、作用与编制方法,强调财产目录应先记录那些价值高且易丢失的东西,如现金、珠宝和银器等,然后按照适当的顺序记录其他财产,这类似于现代财务会计中资产负债表资产项目填列所遵从的"流动性递减顺序"。帕乔利建议应按财产目录编制分录,一方面记入财产账户的借方,另一方面记入资本账户的贷方;在贷记应付款账户时,还应借记资本账户,实际上所有账户的开设都要通过"资本"账户。"资本"账户是全部账簿记录的终结。

总之,帕乔利的《簿记论》反复强调复式簿记的基本操作方法和基本运行程序,特别是作为"方法"和"程序"基础的双重性、综合性和平衡性若干特征。

### (三)《簿记论》的学术贡献与影响

1.《簿记论》在全球广泛传播

《算术、几何、比及比例概要》中的《计算与记录详论》(通译《簿记论》)在1504年出版了单行本,全书于1523年再版发行。帕乔利的《簿记论》问世后,曾先后被译为多国文字并广为流传,主要有现代意大利语译本(1878)、德语译本(1876,1933)、荷兰语译本(1896)、俄语译本(1898)、英语译本(1914,1924,1963)、日语译本(1920,1956,1975,1983)、波希米亚语译本(1933)和中文译本(1935,1988,2004,2010)[①]。20世纪早期,约翰·B·盖吉斯比克(John B. Geijsbeek)和皮埃罗·克里弗里(Pietro Crivelli)分别于1914年和1924年将此书翻译成英文;1920年,日本人平井泰太郎根据盖吉斯比克的1914年英文版将此书译成日文。

《簿记论》问世500多年来,人们以不同的形式缅怀卢卡·帕乔利这位著名的学者。为了纪念他对数学和簿记学的巨大贡献,他的家乡圣塞波尔克罗于1878年在市立美术馆为其专门建立了一座永久性的大理石纪念碑,并写下了如下感人铭文:"献给卢卡·帕乔利:他是列奥多·达·芬奇和雷奥·贝蒂斯塔·阿尔贝蒂的朋友和教师。

① 文硕.西方会计史(上)[M].北京:中国商业出版社,1987:184-185.

他首先赋予代数以科学的地位和结构；他是把数学应用于几何学的伟大先驱；他创立了复式簿记并撰写了其后来成为未来思想的基础和不变形式的数学著作。在本地区商界社团的推动下，圣塞波尔克罗民众对过去370年的疏忽深感遗憾，现特为自己的伟大市民树立此纪念碑。”为了将帕乔利思想和精神发扬光大，意大利还专门成立了帕乔利协会(Luca Pacioli Society)。1990年，该协会与西南出版公司合作制成了一部名为《未被歌颂的文艺复兴时期的英雄(*Luca Pacioli：Unsung Hero of the Renaissance*)》的录像片。1994年，来自世界各地的数百名会计学者，在卢卡·帕乔利的家乡举行了纪念《算术、几何、比及比例概要》发表500周年的隆重集会，追思这名公认的“现代会计之父”对会计科学及其理论发展的贡献。

2.《簿记论》在中国

《簿记论》在国内有4个译本：第1个译本，是1935年由我国著名会计前辈陆善炽先生根据平井泰太郎的日文版将此书编译并载入徐永祚会计师事务所主办的《会计杂志》第6卷分期连载的《巴舒里之“计算与记录要论”汉译》；第2个译本，是1988年由林志军、李若山和李松玉据R·戈里·布朗(R. Gene Brown)和肯里斯·斯坦顿·约翰斯顿(Kennety Stanton Johnston)于1963年用现代英语再次将其翻译的英文本所译，并由立信会计图书用品社出版的《巴其阿勒会计论》(*Pacioli on Accounting*)；第3个译本，是2004年，由郇杏川据20世纪90年代中期的英译本翻译为中文，经赖永添校、由中国商业出版社出版的《会计账簿及记录》——摘自《算术、几何、比及比例概要》；第4个译本，是2010年5月立信会计出版社将《巴其阿勒会计论》的1988年译本以《簿记论》为名纳入“会计经典丛书”出版。该书中译本的概要还被收入许家林主编的中国财政经济出版社2004年1月出版的《西方会计学名著导读》一书之中。

3.《簿记论》的评价

(1) 西方会计学者的评价。复式簿记盛行500年而至今不衰，现代会计离不开复式簿记，而复式簿记则离不开卢卡·帕乔利。帕乔利的名字，是同复式簿记和建立在复式簿记基础上的现代会计紧紧联系在一起的。帕乔利及《簿记论》对现代会计产生的影响，是任何人都无法比拟的。正如几位著名的会计学家对他以及这本著作的评价：“牢记1494年，会计人员应当不会感到困难，因为这个年代紧靠1492年。而1492年是哥伦布发现新大陆的1年。在会计的发展史上，1494年是一个具有重要意义的年代——不是因为它表示簿记的产生而是因为在这一年意大利出版了第一部有关簿记的论著。”①“1494年在威尼斯由卢卡·帕乔利出版的《数学大全》是第一本描述复式

① Littleton A C, Zimmerman V K. 1962. Accounting theory, Continuity and Change[M]. Englewood Cliffs, N J: Prentice-Hall, Inc., 1.

簿记制度和提供会计记录论据的著作”,“虽然帕乔利不是复式簿记的创始人,而他的著作却把复式簿记的利用推广到全欧洲。”①“卢卡·帕乔利被认为现代会计之父是因为他(描述)的威尼斯方法随后就变成了教科书的模式,为期超过了 200 多年。”②“不用说,卢卡·帕乔利 1494 年在威尼斯出版的关于《数学大全》一书,对复式簿记来讲,具有里程碑的性质。”③“关于《簿记论》的影响,可以从以下三个方面加以判断:帕乔利通过将当时的优秀方法公之于众,扩大了改善会计实务的范围;对教授方法和教科书的编写法影响甚大;对会计学产生了影响。”④

(2) 中国会计学者的评价。正是由于《簿记论》所提出复式簿记原理的科学性以及其对后世会计理论与会计实践产生的影响,国内专家对其价值给予了高度评价。葛家澍教授指出,复式簿记“为资本主义时代的到来准备了一个完美的经济信息系统”,没有复式簿记,“会计能否成为一门科学,都是难以肯定的”⑤。郭道扬教授提出:“卢卡·帕乔利《簿记论》的问世,开辟了人类会计发展史上的新时代,它对近代乃至现代簿记或会计思想、方法,以及簿记或会计教育事业的发展都具有重要的影响。在会计发展史上,《簿记论》是一部永远也不会过时的著作。”⑥“《簿记论》作为人类簿记学乃至会计学产生与发展的奠基之作,它使簿记学乃至会计学得以立足于人类科学的殿堂,成为管理学发展中的一个重要部分。”⑦文硕先生曾将帕乔利的形象作了一个生动的比喻:“他像意大利的雅努斯(Janus)神一样有两张脸:一张脸面朝后,向中世纪的会计作最后的顶礼膜拜;一张脸面朝前,向未来召唤,是会计发展新时代的领路人和导师”⑧。

(3) 西方其他领域学者的评价。西方相关领域里的专家学者对复式簿记的价值也从不同的视角给予了高度的评价:德国诗人、文学家和自然科学家约翰·沃尔夫冈·冯·歌德(Johann Wolfgang von Goethe, 1749—1832)在《威廉·迈斯德》一书中曾经写到:“他从复式簿记中得到了多大的好处!这是人类智慧最好的发明之一”⑨或

---

① Eldon S Hendriksen, Michael F Vanbreda. Accounting Theory 3th ed. [M]. Homewood, Illinois: Richard D Irwin, Inc., 1977:35-36.

② Eldon S Hendriksen, Michael F Vanbreda. Accounting Theory 4th ed. [M]. Homewood, Illinois: Richard D Irwin, Inc., 1986:35.

③、⑨ 井尻雄士. 三式记账法的结构和原理[M]. 娄尔行,译. 上海:立信会计图书用品社,1988:1.

④ 迈克尔·查特菲尔德. 会计思想史[M]. 北京:中国商业出版社,1989:70.

⑤ R·G·布朗,K·S·约翰斯顿. 巴其阿勒会计论[M]. 林志军,等,译. 上海:立信会计图书用品社,1988:3.

⑥、⑦ 郭道扬. 会计史研究(第 3 卷)——历史·现时·未来[M]. 北京:中国财政经济出版社,2008:266.

⑧ 文硕. 西方会计史(上)[M]. 北京:中国商业出版社,1987:176.

曰“复式簿记是人类智慧的绝妙创造之一，每一个精明的商人从事经营活动都必须运用它”①。德国著名社会学家和哲学家马克斯·韦伯(Max Weber，1864—1920)指出：“复式簿记从技术角度看，是簿记发展的最高形态”②。德国著名社会学家、经济学家、思想家和经济学史学家维尔纳·桑巴特(Wener Sombart，1863—1941)指出：“对资本主义企业的形成具有重要意义的事是复式簿记的引进”③。“创造复式簿记的精神，也就是创造伽利略(Galileo)和牛顿(Newton)系统的精神。很难设想会存在没有复式簿记的资本主义。它们是形式和内容的关系。但是，很难决定，到底是资本主义在复式簿记中为自己找到了使它更为有效的工具呢，还是资本主义是从复式簿记的‘精髓’中推导出来的”④。英国著名数学家亚瑟·凯利(Anther Cayley，1821—1895)认为，复式簿记原理“像欧几里得的比率理论一样，是绝对完美的”⑤。英国经济学家J·A·休姆帕特(J. A. Schumpeter)指出：“资本主义的行动使货币单位转为合理计算费用和利润的工具。复式簿记是高耸的纪念塔。”⑥日本会计学家黑泽清在《改订簿记原理》中指出：“在复式簿记出现之前，世界上不存在所谓‘资本’的概念。或者说，倘若没有复式簿记，就没有‘资本’的出现”⑦。美国会计学家约翰·K·香克(John K. Shank)说：“资本主义制度的繁荣，要归因于复式簿记的发展”⑧。美国著名会计学家井尻雄士(Yuji Ijiri)则指出：“资本账户记录了导致现状的各种过去业务，所以，经管责任(accountability)乃是复式簿记的核心”。“更重要的是，在复式记账制(Double-entry System)之下，从过去算到现在的会计，不是碰巧地、随意地完成的，而是完全地、有系统地完成的，不然的话，两方就失去平衡了。复式簿记最基本的贡献就是它让经理和会计人员经受这种压力，一定要交代财富的变化”⑨。

### (四) 帕乔利的其他主要论著

帕乔利也是一名多产作家。他所留下的许多不同文献著作的目录，足以使人钦佩他的博学多才。帕乔利从1470年撰写代数讲稿开始，到1517年去世，前后共著书11部，不仅有数学、簿记学方面的内容，而且还有军事战术和战略学、国际象棋、牌技、以

① R·G·布朗，K·S·约翰斯顿. 巴其阿勒会计论[M]. 林志军等，译. 上海：立信会计图书用品社，1988：1；林良治. 1982. 德国簿记·会计学史[M]. 税务经理协会，扉页；文硕. 西方会计史(上)[M]. 北京：中国商业出版社，1987：161.

②、⑥ 文硕. 西方会计史(上)[M]. 北京：中国商业出版社，1987：161.

③ [日]白井佐敏. 会计思想史序说——复式簿记和损益计算[M]. 白桃书房出版社，1980：4；文硕. 西方会计史(上)[M]. 北京：中国商业出版社，1987：161.

④、⑤、⑦、⑧ [美]井尻雄士. 三式记账法的结构和原理[M]. 娄尔行，译. 上海：立信会计图书用品社，1988：1.

⑨ 井尻雄士，三式记账法的结构和原理[M]. 娄尔行，译. 上海：立信会计图书用品社，1988：1-13.

及魔方方面的内容。目前，一般认为他撰写有下列著作：1470 年的《代教讲稿》(已遗失)、1476 年的《多面等边立体几何学讲稿》、1480 年的《欧式几何学手稿》(已遗失)、1481 年的《代教手稿》(已遗失)、1494 年的《算术、几何、比及比例概要》、1504 年的《成功经商之道》、1505 年的《智者之道》(已遗失)、1508 年的《数的奥妙》、1509 年与著名画家、数学家、雕刻家列奥多·达·芬奇合作出版的《神奇的比例》以及 1509 年的《欧式几何学》。

迄今为止，现代会计离不开复式簿记，而复式簿记则离不开卢卡·帕乔利。只要有一点会计史常识的人都懂得，帕乔利的名字是同复式簿记和建立在复式簿记基础之上的现代会计紧紧联系在一起的。帕乔利的《簿记论》是否算是第一本描写复式簿记的著作可能仍有争论，但不管其结论如何，都不会有损于帕乔利这本著作在会计发展史中的地位及其巨大深远的影响，所以我们尊称帕乔利为"现代会计之父"。

**参考文献**

[1] R·G·布朗，K·S·约翰斯顿. 巴其阿勒会计论[M]. 林志军，等，译. 上海：立信会计图书用品社，1988.

[2] 迈克尔·查特菲尔德. 会计思想史[M]. 文硕，董晓柏，译. 北京：中国商业出版社，1989.

[3] 成圣树. 卢卡·帕乔利生平事迹[J]. 财会通讯(增刊)，1994.

[4] 葛家澍，王光远. 纪念帕乔利复式簿记论——建立我国财务会计概念结构[J]. 会计研究，1994(3)：8-11.

[5] 葛家澍. 复式簿记的开山之作：《巴其阿勒会计论》[J]. 财会通讯，2007(9)：78-79.

[6] 郭道扬. 试论"帕乔利时代"[J]. 会计研究，1994(3)：36-39.

[7] 郭道扬. 回首前年话沧桑——公元 11 世纪至 20 世纪会计发展述评[J]. 会计研究，2000(1)：3-9.

[8] 郭道扬，会计史研究(第三卷)[M]. 北京：中国财政经济出版社，2008.

[9] 刘兴云，孟凡利. 卢卡·帕乔利会计思想研究及其现实意义——纪念《数学大全》出版 500 周年[J]. 会计研究，1994(3)：23-28.

[10] 刘永泽，王觉. 复式簿记在中国发展的回顾——纪念卢卡·帕乔利的复式簿记著作出版 500 周年[J]. 会计研究，1994(3)：43-44.

[11] 娄尔行，陈信元. 宝贵的启迪——纪念帕乔利复式簿记著作出版 500 周年[J]. 会计研究，1994(3).

[12] 王昌瑞，蔡传里，许家林. 卢卡·帕乔利的《簿记论》[J]. 财会月刊，2006(4)：49-50.

[13] 吴水澎，刘峰. 从《簿记论》看帕乔利的会计思想[J]. 会计研究，1994(3)：29-31.

[14] 许家林，西方会计名著导读[M]. 北京：中国财政经济出版社，2004.

[15] 阎达五. 理论的力量源于实践——纪念《算术、几何、比及比例概要》问世 500 周年[J]. 会计研究,1994,(3):5-7.

[16] 杨时展. 让会计在市场经济中发挥其应有的作用——纪念帕乔利《簿记论》发表 500 周年[J]. 财会通讯(增刊),1994:22.

[17] http://www.ecfo.com.cn/Article/Class3/accountant/200502/434.html, 2005-09-12.

(初稿执笔人:王昌锐)

# 西蒙·斯蒂文

## (Simon Stevin, 1548 — 1620)

## 一、个人简要生平

西蒙·斯蒂文(Simon Stevin, 1548—1620),是普鲁士著名的数学家、哲学家、物理学家和会计学家,他是西方会计史上著名的承上启下的会计学家。

图 90　西蒙·斯蒂文

年轻时,斯蒂文非常喜欢经济管理工作,最初是在安普特的一家商行担任会计员,不久即到普鲁士法兰克福邮政局任职。1571 年,他游历了波兰、斯堪的纳维亚和比利时各国后,移居尼德兰,在莱顿大学讲授数学,并潜心研究。荷兰独立后,他曾担任荷兰政府的堤防监督官员,一年后,调往海军司令部任财务总监。

## 二、理论与实务的主要贡献

斯蒂文(见图 90)对科学的态度是:奇特的事物并不一定奇特,即世界上奇特的事物都是可以解释的。所以,他能够勇于创新,并在许多领域里均有建树。尤其是在 1605—1608 年间,他所著的《数学惯例》(*Wisconstighe Chedachtenissen*)一书问世,标志着人类会计发展史上以各种会计名著出现为标志重新组建会计理论第三次革命的发生,人类会计行为在方法体系初步形成的基础上跨入了会计理论体系建构时代。该书于 1605 年出版拉丁语版,1608 年出法文版。该书由 5 个部分所构成,其中第五部分论述簿记,其主要内容有:(1)详细地介绍了由日记账、分类账、总账、现金出纳账和经费账组成的账簿体系，其中现金出纳账属于辅助账；(2)会计分录更为简单明确，而且没有以“per”和“A”作为记账符号，采用 Debt(借)和 Credit(贷)的形式，这是近代西欧 Debt 和 Credit 作为记账符号的转折点。(3)清醒地认识到财产系统账户和资本系统账户，从而提出了朴素的二账户学说的思想。(4)设计有划时代意义的总账。这种总账已经具备表的格式，只记录日期、过账记号和金额，而不像以前那样注重使用叙述式的词句。(5)极力主张年度决算。首次在总账以外编制资本状况表和损益证明表。资本状况表的左方反映期末负债和资本，右方反映期末资产，这即英国式资产负债表的原型；损益证明表用于验证资本状况表的正确性。这两种表分别是现代意义上资产负债表和损益表的前身。

斯蒂文与以往任何簿记著作作者的显著不同在于：他以一个会计学家的切身体验，在著作中深刻地反映了当时经济发展对会计改革的需要。会计史学家 O・腾・海渥(O. Ten Have)在他的著作中写道“佛兰芒会计学派支配着整个 16 世纪……该学派的两位传人就是英平和斯蒂文，是英平将威尼斯会计学知识传播到荷兰。”

**参考文献**

[1] 郭道扬. 会计史研究(第 3 卷)——历史・现时・未来[M]. 北京：中国财政经济出版社，2008.
[2] 文硕. 西方会计史(上)[M]. 北京：中国商业出版社，1987.
[3] 徐国君. 会计学科概览[M]. 北京：中国商业出版社，1999.

(初稿执笔人：许家林)

# 爱德华·托马斯·琼斯

**(Edward Thomas Jones, 1767 — 1833)**

爱德华·托马斯·琼斯(Edward Thomas Jones,1767—1833)是18～19世纪英国著名会计学家之一,因其所著《英式簿记系统》(*English System of Bookkeeping*, 1796)一书而名垂会计青史。

## 一、个人简要生平

琼斯于1767年1月23日出生在英格兰(England)的布里斯托尔(Bristol)。15岁时,他到一位名叫约翰·马拉德(John Mallard)的商人处做学徒。马拉德既是一名芥末制造商,又是一名会计师。当时英国还没有学校进行正规的会计教育,琼斯在与马拉德朝夕相处之中,通过耳濡目染其经商的理念以及其对经济活动过程和结果进行记录、定期整理与结算的方法,不仅掌握了经商的一些技窍,也了解了会计记录的方式。很显然,琼斯的这段经历,对他后来的职业发展产生了极其重要的影响。据有关资料记载,在1793年布里斯托尔市的工商行业人名录上,当时年仅15岁的琼斯已跻身于该市150位公共会计师之列。

## 二、理论与实务的主要贡献

根据相关资料记载,尽管琼斯当时在公共会计师行业圈中的地位并不高,但他凭借着一股初生牛犊不怕虎的勇气,对传统英式簿记作了一系列大胆的改革与创新,并以所发明的英式簿记理论与实务体系为基础,整理出版了《英式簿记系统》一书,从此把英国会计引上独立发展的轨道,对推动英式簿记的创新作出了奠基性的贡献。

琼斯1796年出版的这本专门簿记论著,其书名是一段长长的、且看上去有些自诩

**图 91 《琼斯的英式簿记系统》**

的话——《琼斯的单式或复式英国簿记系统：在这个系统中，任何再小的错误也不可能滑过而不被发觉。只要将其用于各类交易事项，有效的计算即可防止错误出现》(*Jones's English System of Book-Keeping by Single or Double Entry, in Which It Is Impossible for an Error of the Most Trifling Amount to Be Passed Unnoticed; Calculated Effectually to Prevent the Evils Attendant on the Methods So Long Established*)，后人一般将其缩写为《琼斯的英式簿记系统》(*Jones's English System of Bookkeeping*)。在这部书出版后不久，琼斯又写过另外一本书，主张使用多栏式会计账簿、辅助总账、控制账户，希望通过这种方法来减少记账工作量。

琼斯的《英式簿记系统》正式出版后，对 18 世纪末的英国会计界产生了重要的影响，在该书中，琼斯将改革的矛头直指意大利复式簿记，尖锐批评了传统复式簿记存在的问题，提出要以琼斯的新式簿记取代意大利复式簿记体系，书中倡导要对已经流行欧洲大陆 200 年的意大利簿记系统进行颠覆式革命。他的举动在当时英国引起了一场轩然大波，不仅带来了广泛的争议与批评，还引致了许多同时期新会计著作的出版，从而成为英国簿记发展史上的一大事件。

## 三、《英式簿记系统》简析

1944 年，值琼斯《英式簿记系统》一书出版 150 周年之际，时为伦敦经济学院(London School of Economics)教授的著名会计史学家贝斯尔 · S · 亚梅(Basil S. Yamey)在《会计评论》(*The Accounting Review*)第 4 期上发表了“爱德华 · 琼斯的英式簿记”(*Edward Jones's English System of Bookkeeping*)一文，对该书出版时的经济背景，以及出版前后围绕着其内容争论的学术价值进行了全面评价。

琼斯掀起“英式簿记”革命始于 1795 年，这一年他对银行家、批发商和零售商发表了关于其创新式簿记体系的演讲。在演讲中，他以其独有的方式与风格，一一列举了时存记账方法的错误、缺陷和存在欺诈的危险，并预示其新系统将要受到的阻挠与非议。

为了弘扬其所倡导簿记系统的理论与实务，他以列举现实对新簿记系统的客观需求为开端，来阐述英式簿记系统改革的重要性，同时也回应人们对他所宣扬新簿记体系的质疑。他提出“……新的发明必然面临着不赞成和反对的意见，直到它们被实际经验所证实";"人们认为传统方法以及普通使用的习惯足以拒绝改善的想法"。他谴责了人类思想的惰性,但他也认同一项发明必须在"要求公众注意"之前得到证实。他承认,"既可从人类的坦白和慷慨中收到前所未有的认可,也有义务注意它遇到的不真诚的反对"。他要求那些反对他的人思考他的作品,并预言:"英式簿记系统将上升到合适的地位,继续反对它的人将被留在一个愠怒的区域——正如他们提出反对所依据的原理一样黑暗。"他宣告:"新的簿记系统作为一项更为实用的发明,其广泛使用会更有利于商业和贸易领域的发展,可以防止会计欺诈行为的发生"。据此他断言,"反对这项发明的人自身应该被怀疑。"

此外,丰富的会计实务经验促使他敢于揭露当时会计实践中所存在的大量缺陷,他决心通过自己的努力来修补这些缺陷,他宣称:"四个不同的合伙企业在同一笔交易中所使用的一套账户引起了我的注意,它们的账目从未平衡过,或者每个合伙企业的账户并未定期结账!实际上这些人不是会计师,结果是第四个合伙企业解散了,账户便平衡了。正是这些促使我下定决心不放弃这个问题,直到我完成了这个方法为止,肯定能克服这些令人担忧的缺陷。"这个信念,促使他在成功之前,将"5 年多的空闲时间"均花费"在厌烦的和徒劳的簿记体系改革的努力中"。"……因为我并不认为自己是独一无二的或自己比别人更聪明","但是并不是每个思考过现有簿记系统缺陷的人,都着手过寻找补救的措施。"

他也猛烈地抨击当时的单式记账法和复式记账法。他认为,它们具有的复杂性容易导致欺骗和欺诈,平衡账项的过程是困难且使人疲倦的,而且也无法发现欺骗和错误。考虑到欺骗,他对单式记账的态度没有那么激烈:"在这两种方法中,某种程度上,我们更倾向于单式记账;因为复式记账更复杂且更难以理解,在进行欺骗的情况下可以更好地保密,而且更能遮掩事实,因为通过精心地设计可以造假。"复式记账提供的算术平衡使信息使用者能够安于错误的安全感。"如果破产者本身是一个不诚实的人而不是一个不幸运的人,并且采用复式记账法记账,它们表面上的规律性可以对欺骗进行掩饰"。他指出:"在这之前从未有过更声名狼藉且狡猾的系统,尽管这个系统的初衷并不是这样"。

在将当时会计实践存在的缺点列出来之后,他用一种明确的态度列举了自己所倡导方法的优势,即可以节省劳动力并且很容易进行检查。"应用这个方法后,不可能从账簿中产生错误的报表。"他的方法非常简单"……以至于适用于小学生"。"而且值得注意的是,在任何情况下,这个朴素且简单的方法均可以确定收益和损失,如果他的合伙人仅具备普通的理解能力,这个方法可以减少最聪明的人欺骗他的合伙人的可能性。"

在1795年著名演讲的次年，琼斯便在布里斯托尔出版了他的《英式簿记系统》(*English System of Bookkeeping*)一书。此后，该簿记系统在英格兰和美国得到了广泛的使用。

在琼斯的《英式簿记系统》一书中，他将簿记系统分为两本会计账簿，即日记账和分类账，一个账目字码表和一个备用原始凭证分录表。在这个系统中，以日记账为中心，该日记账设有三个金额栏(如表1所示)：左侧设借方金额栏(1)，右侧设贷方金额栏(2)，中间区域设借方和贷方合计栏(3)。为了便于过账和说明业务内容，日记账中每个账户的金额，不管是在借方还是在贷方，都是记入表中间的一栏即"借方和贷方"栏。这几栏每月、每季、每年都是平衡的——在年末将会列示本年利润。在业务多时，簿记员只需将正确的金额记入中间一个金额栏，并说明"借"或"贷"符号。在一定时间后再转入"借"或"贷"并记入其他两栏，其中所有借项记入左边一栏，贷项记入右边一栏。左右两栏应按月进行合计，左右两栏数字加起来，应等于中间一栏的合计数。如果不相符，则肯定存在错误。

表1　　　　日　记　账

| Sundry 先生账目(1) | 借方和贷方合计栏(3) | | Sundry 先生账目(2) |
|---|---|---|---|
| 1 000 英镑 | 贷：应付票据(接受 Andrews 的汇票)<br>借：John Antonio(承兑了他的汇票) | 1 000 英镑<br>1 000 英镑 | 1 000 英镑 |

分类账是指"……业务人员可以根据每个人购买商品或收到货款、销售商品或支付货款等在分类账中开设一个账户，从日记账里面获取每笔交易的日期和数额，并在分类账中对应账户进行记录。"分类账也包括现金账户："现金账户，作为一个个人的账户，它取决于与现金收支有关人员的名字，而且现金账户应该总是被登记在分类账中。"应付账款和应付票据也包含于分类账中。简言之，分类账是一个根据债权人和债务人的名字设置的账本，包括资本、现金和票据账户，以及其他账户。除了它仅有一个账户，根据具体情况记在借方或贷方，分类账中借、贷规则和复式记账法一样。

琼斯解释了日记账记账的程序和缺点："作为一个快速发生的业务，有时将出现在每一个地方，也许会导致在日记账中借记而非贷记，或者是贷记而非借记，故通过在记账的时候，对每笔交易中收到的金额仅设置一栏，无论借方还是贷方，从而尽可能地消除它存在的缺陷。为便于区分借方与贷方，在过账之前我将另外两栏在同一页纸上记下来，从而有利于解除困惑并降低复杂性。"

琼斯提倡的日记账看上去像一堆的数据的列表。然而，进一步观察可以发现它包括分类账中惯常的规则和另外一组反映货币借贷的四栏账。每一栏包括一个季度的金额。分类账中每一个账户首先记入普通栏中，然后在季度栏中账户的同一边重复列示。因此，分类账不仅用通常的方法显示了账户的状态，同时也通过设计季度栏，显示与每季度相关的交易。

琼斯通过计算日记账中借方和贷方的合计数以及分类账中季度栏的合计数，得出交易结果，商人可以确定"他进行交易的所有金额"和是否"所有的金额正确地记入了分类账"，因为日记账和分类账的季度总额是相等的。他指出，没有其他的方法能提供这种的检查。"然而任何缺乏这种信息的东西，将依赖于不可靠的事物。"他也抨击了随意接受试算平衡作为复式记账"证据"的行为："具备普通理解力的人怎么能相信分类账中借贷平衡或数额一致是表明日记账是公允且正确的证据，而且肯定是记账中最重要的一点！它们两个完全一致吗？证明了原始数据得到了正确的反映，或者将两个重量相等的物品放在一个天平上，能证明它们是用标准进行称量吗?"他认为：即使日记账总额等于分类账总额，也无法绝对证明分类账中每一个项目都得到了正确的记录。通过给每个分类账户分配一个字码从而获得证据。"过账时，将这些字码黏在日记账的每笔数额上，用来标识它已经过账了，所以，有必要比较并理解日记账中每笔分录所黏贴的字码，与在字母表中对同一个名字加前缀一样；当然，这里体现了一个差异，一个错误；否则它肯定是正确的。"

另一个证明琼斯具备独创性的例子是他提出的"消除分类账余额"方法：所有账户的借方总额减去所有账户的贷方总额必须等于所有账户的余额合计！"通过这种方法能证明分类账户的余额无法偷偷地被错误消除"。

当然琼斯也指出，他所倡导的方法也有缺点，主要在于它是一个"简单地"得出企业利润的方法。在日记账中借记"未出售库存商品"之后，分类账中也会形成一个库存商品账户。在计算本年所有借方合计数和贷方合计数之后，将贷方合计数减去借方合计数，差值便是利润。

琼斯在其书中，很少提及他的职业，但却体现出他具备丰富的会计实践经验。他的书以一句广告式的语句结尾："琼斯先生向英国的银行家、批发商和零售商等表达了他的敬仰之情，作为一个会计师，他在合伙企业的会计处理中，或者在破产事务中结算或检查账目时，或者在通过公断或其他方法解决有争议的会计问题时，为他们提供服务。"

琼斯对当时英国的簿记体系的大胆攻击也导致了许多已习惯老一套做法人士的不满。琼斯簿记体系在分类账中只设了现金、债权、债务和资本科目，缺少购进销售账户，加上它的日记账和总分类账都不是完全的复式簿记，这就使得利润计算和账簿之间的核对验证极为不便。因此有人认为，使用琼斯的这套做法，会使记账工作缺乏效率。尽管如此，琼斯所倡导的簿记系统改革在 18 世纪末会计发展的历程中，仍然称得上是一个划时代事件。这诚如著名会计史学家迈克尔·查特菲尔德(Michael Chatfield)所指出的，琼斯将单式簿记的简易性与意大利复式簿记的综合性结合起来的尝试是正确的。这种方式打破了沿袭帕乔利簿记法的状态，促进了簿记从文字叙述式会计记录法向统计简明会计记录法发展。罗伯特·斯特朗(Robert Strong)也说：琼斯的英式簿记导致会计职业发生了更多的变革。

琼斯宣称，只有他所创立的英式簿记才适应英国经济发展的需要，而意大利式复式簿记已属于需要加以改革的传统簿记。这种向意大利式簿记挑战的举动，在英国及欧洲引起了激烈的争论，这场争论长达半个世纪之久。在这场旷日持久的论战中，尽管大多数人认为意大利式复式簿记依然要优越于琼斯英式簿记，但琼斯立足于英国当时经济发展情况所进行的簿记改革却顺应了历史发展的潮流，其影响极其深远。随着时间的推移，也完全证实了他对意大利式复式簿记所提出批评的正确性，故会计学界对琼斯的历史贡献作出了充分肯定：(1)这场改革推动了簿记的基础理论——簿记原理的建设。1801 年，著名数学家、天文学家帕特里克·凯利(Palriok Kelly)博士所著《簿记原理》便是在这场变革推动之下成书问世的。(2)推动了早期成本簿记研究工作的开展，为 19 世纪成本会计的专业化及独立分支学科的建设奠定了基础。(3)正是在这次改革的基础上，以特殊分录账为主要特征的英式簿记组织被建立起来，也正是在这一账簿组织建设的基础上，才最终促使与大陆派簿记相鼎立的英美派簿记的产生。

琼斯为了研究所倡导的"英式簿记法"(English Bookkeeping)，前后经过长达 15 年的努力，其间也曾得到了英格兰银行总裁 D·迪尔斯(D. Giles)和罗伯特·皮尔(Robert Peel)的支持，他们两人不仅在该书的序言上签了名，并明确表示"赞成他(琼斯)的英国式簿记"，"琼斯英国式簿记的直率——勇于创新的精神与朴素地发现问题的方法"要优于意大利式簿记方法，诸如可以节约时间、便于决算、易于揭发舞弊，以及避免出现转账错误等。

琼斯的英式簿记系统在当时可谓名噪一时，受到英国许多人士的赞赏，在商界反响也十分强烈。就凭这些，琼斯申请到一项专利，任何人未取得他的许可使用权，不得使用这一簿记方法，琼斯对许可证或授权使用收取的费用并不高，只要购买一册《琼斯的英式簿记系统》即可。这样一来，即使得琼斯的著作得以广泛流传。后来，随着经济交往的增加，琼斯的英式簿记体系也流传到了国外，在波士顿、巴尔的摩和查尔斯顿等地名盛一时。作为一项特殊的簿记发明专利，他也从中获利达 25 000 多英镑。

由于琼斯簿记的广泛流传，使得琼斯在职业界的地位有所上升。在当时城市工商行业人名录中，凡名声较高的公共会计师，在其名下要注明会计师头衔，而对一般者，尽管他们也在从事公共会计师职业，但在人名录中仅录的是“××先生”字样。直到1810年，琼斯43岁时，才终于脱掉了“先生”这件外衣，换上了“会计师”头衔。

琼斯的《英式簿记系统》一书，因其观点独特，故被广泛地译成德语、法语、意大利语和俄语，在短时间内即获得了较高的国际知名度，并在18世纪末到19世纪中叶前产生了一定的学术影响。

德国著名的会计教科书作者安德里亚斯·瓦格纳(Andreas Wagner)就对琼斯所倡导的英式簿记方法表示欢迎，他将《英式簿记系统》一书译成德文，并以《爱德华·T·琼斯的最新发现：单式和复式英式簿记，这种方法可以识别最微小的错误》为名在1801年出版。瓦格纳在评论中说道，尽管琼斯对单式记账的偏见是不公平的，对复式记账的批评有点过于极端，而且对相关术语的评论也很苍白，但该书“仍然是一项对人类智慧作出贡献的发明。”他对琼斯的簿记系统也提出了批评意见，认为这个方法没有揭示单个企业的利润，没有提到外币交易，没有要求设立详细的发票登记簿，其“坏账”(现金和票据)将使外行人士感到困惑。他将这些缺点归咎于琼斯阐述得过于简单，并且相信这些缺点很容易被克服。他的意见是“由于它与众不同的简单性，必然能防止错误的发生并更易于掌握，这个方法远远领先于其他的方法，进行合适的修改后，它值得被大家广泛使用。”同时，他也认为这个方法并不是全新的。实际上，1712年德国人约翰·克里斯蒂安·佛博(Jahann Christian Ferber)在汉堡出版的*Wohlunterrichteten Kaufmann*书中，就已经提议使用三栏式日记账，其在本质上与琼斯相似。“任何一个公正的专家都能确定佛博的方法是否与琼斯的英式方法不一样；除了形式，它们很少有差异，三栏账中的借方、贷方和总额栏是紧挨着的。很遗憾佛博没有进一步发展这个方法，以至于德国的发明没有得到传播，而使这个发明的所有权属于一个外国人。”此外，与瓦格纳处于同一时代的另外一个德国人J·G·梅森尔(J. G. Meisner)，也于1803年在布雷斯劳出版了他的著作《德国簿记最新发现——与琼斯英式簿记相反的尝试》。尽管梅森尔解释他的作品不打算抨击琼斯，但当涉及外币时，他仍然批评琼斯《英式簿记系统》中介绍的英式簿记方法是不切实际的。同时，他也指出，这个方法无法防止欺骗，因为无法察觉到日记账中的虚假分录，而精心设计和大量的算术检查则能做到这点。他以从债务人处收到现金为例，即使仅贷记债务人的个人账户，并且不借记现金账户，这将不会扰乱分类账和日记账之间的规则。亚梅认为，梅森尔的德式方法有它自己的主要特征，将原始账本分为现金账和日记账，即将现金分录记入现金账，其他的分录记入日记账。可以在早期实践和出版的相关教科书中看到这项最新发现技术的痕迹。

亚梅认为，能够证明琼斯系统不适当的最有意义的证据不是他那个时代对他的批评，而是他自己渐渐废弃了他的发明这一事实。尽管他后面所有版本都保留了这个标题，一个接一个的创新，不断被他丰富想象力产生的新发明所取代。如1831年的分类账不再包括一系列专栏，而且三栏账从日记账中消失了。但我们必须驳斥有关琼斯的部分贬低性说法：有说他是一个无耻的骗子或者一个突发奇想、异想天开的人，有说他是会计中一个有趣但完全不重要的人物，有说他对这门学科的发展所做的直接贡献是微不足道的，有说在他出版作品和描述的方法中存在着严重的缺陷。同时需要明确的是，他的成功主要归因于他倡导系统所具备的大胆、普遍的说服力和巧妙地选择标题，因为那个时代迫切地需要对簿记方法进行改进。可以说，琼斯的英式簿记系统体现了经济发展对会计的要求。

亚梅认为，缘于奴性的忠诚确定了惯例和程式化的实践模式，无法使这个记账方法适应复杂的要求，更缘于自复式记账出现以来，环绕其教学与实践的神秘气氛以及商业的低标准，使会计中忽略了数量控制，不仅严重妨碍商人的工作，并为所有类型的骗子提供了很多机会。

亚梅认为，除琼斯以外，也有其他人提倡改革会计操作，尤其是通过复式记账，旨在提高分类账记账的速度和准确性。因此，1812年，约翰·兰伯特(John Lambert)在他的《永久平衡》(*Perpetual Balance*)一书中写道："进一步完善这个普遍接受的方法也许需要一些额外的帮助，这样可以使它的各个组成部分加快走向成熟，通过一个更早且更容易的过程，使整体得到理想的结果，目前仅在折现期才能获取总余额，而且需要通过一些沉闷且令人厌烦的操作。"迈克尔·珀尔(Michael Power)也于1815年在他的《记账没有难题》(*Bookkeeping No Bugbear*)一书中抱怨，因为没有记入分类账，所以"直到这样的过程之后，读起来会觉得很无聊，而且的确要完成一项最令人厌烦的任务。"

亚梅认为，琼斯的改革表明，改良者努力消除会计欺诈的可能性或者加快侦查犯罪速度的计划注定会失败，因为仅改进会计方法并不足以确保商业诚信。复式记账仍然被抨击为帮助不诚实的合伙人或雇员犯罪的武器。因此，19世纪末期的Franz Boucken(Theodor Ezersky的学生和俄式簿记的作者)就将复式记账描述为"……在复式记账的帮助下，合伙人可以欺骗他的伙伴，通过多次从一个账户中过入另一个账户并最终放进他自己的口袋中，雇员可以欺骗他的雇主"；而且"……保持可怜的资产负债表观，通过意式簿记的圈套他能继续使大部分资产落入他的口袋"。欺诈事件越来越频繁地发生，为了防止欺诈，需要一个综合的审计方法。正如Alexander Pulling在《法律的实用性概要和商业账户的用法》一书中写的"……没有比现在的法律更严厉的规则用来规范联合股份公司的账户审计方法，账户本身促进了而非防止管理不当和欺诈的发生。”

亚梅认为，我们也许可以推断出琼斯“间接地对这门学科的发展施加了很大的影响”。他所倡导系统的出版，最终使公众对会计这门学科产生了广泛且空前的兴趣，这也应为琼斯所倡导《英式簿记系统》的功绩之一。

琼斯在18世纪末所发起的这场簿记改革运动，不仅促使欧洲簿记革命高潮的到来，迎合了处于发展时期的资本主义经济对新式簿记管理理论与科学方法的需要，而且在海外造成了一定的影响，美国大型企业早期的簿记实务处理及簿记教育，以及稍后所进行的簿记改良运动，都受到英式簿记革命的影响。正是因为这一点，著名会计学家郭道扬教授认为，19世纪以前，在簿记理论体系与方法体系建设方面有突出贡献的杰出人物，除了卢卡·帕乔利(Luca Pacioli, 1445—1517)和西蒙·斯蒂文(Simon Stevin, 1548—1620)外，就是爱德华·托马斯·琼斯。

《英式簿记系统》一书的最初版本仅印刷了数千册。大约有4 000多个英格兰居民订阅了该书第一版，英格兰银行和东印度公司各订了5本。然而时过境迁，现在的人们所见到的，都是后来重印的版本。据统计，该书在英格兰大约有16个版本。最新一次印刷是2010年5月28日。现在，这本78页书的平装本及其内容已经被广泛地介绍到阿拉伯联合酋长国、澳大利亚、比利时、巴林、瑞典、中国、德国、西班牙、芬兰、法国、中国香港、印度尼西亚、印度、日本、肯尼亚、科威特、斯里兰卡、马来西亚、荷兰、新西兰、俄罗斯、沙特阿拉伯、新加坡、泰国和南非等国。

## 参考文献


[1] 郭道扬.中外会计史评说——资本主义的簿记革命[J]. 财会通讯，1992(8).

[2] 许家林. 2010. 会计理论发展通论[M]. 北京：经济科学出版社.

[3] 张杰明.爱德华·托马斯·琼斯[J].财会通讯，1992(4)：60-61.

[4] 文硕.西方会计史(上)[M].北京：中国商业出版社，1987.

[5] Bywater M F, Basil S Yamey. Historic Accounting Literature: A Companion Guide[M]. London/Tokyo, 1982.

[6] Drew William C. 1816 Micropaque. New York: Reade Microprint, courtesy of A. A. S., 1986. http://www.antiqbook.co.uk/boox/bestbu/66536.shtml, 2010-08-14.

[7] Jones E T, G. Forman. Jones's English System of Bookkeeping, by Single Or Double Entry: In which it is Impossible for an Error of the Most Trifling Amount to be Passed Unnoticed; Calculated Effectually to Prevent the Evils Attendant on the Methods So Long Established; and Adapted to Every Species of Trade[M]. Printed by C Forman, opposite the Post-Office, for

James Hyer, No. 21, Gold-Street, 1797.

[8] Thomas, Jones Edward. English System of Bookkeeping[M]. Cincinnati, Ohio: Williams & Mason, 1796.

[9] Yamey Basil S. Edward Jones's "English System of Bookkeeping"[J]. The Accounting Review, 1944,19(4):407-416.

（初稿执笔人:许家林　黄　茜）

# 查尔斯·彼德·达夫

## (Charles Peter Duff, 1802—1869)

查尔斯·彼德·达夫(Charles Peter Duff，1802—1869)是19世纪早期美国著名的会计学家,他在会计和商业正规教育制度建立方面作出了杰出的贡献,在会计教科书的编写方面也为后人提供了宝贵经验①。

## 一、个人简要生平

1802年,达夫出生在加拿大新不伦瑞克省(New Brunswick)一个农民家中,祖籍为英格兰。达夫不愿继承父业,很早便征得父母同意东渡苏格兰,在爱丁堡求学。他曾一度想学医,但兴趣很快就转到商业方面。

达夫是一个不怕失败、敢于从失败中奋起的人。他的一生尽管受到多次挫折,但始终未能消磨他的斗志。他曾在一次返回加拿大时顺便携带了不少各种货物,他计划在加拿大售出这些货物,以赚取一笔学费,可装载这批货物的船触了礁,达夫的货未能运抵加拿大。可达夫并不气馁,他用保险商的赔款重新购买了货物,并获得了成功,得到了一笔丰厚的利润。这次冒险成功,使达夫决定做一名出口商。到1835年,他已拥有几家货栈和几艘船,成为新不伦瑞克省圣·约翰城(Saint John)最成功的商人之一。然而不幸的是,1835年的一场大火席卷了圣·约翰城。大火摧毁了大半个城市,也将达夫的几家货栈化为灰烬。达夫无力继续经营,不得不宣告破产,但这场大火也成为达夫投身会计事业的契机,他先是从事会计师工作,后来转而创办会计教育工作。达夫于1869年逝世,享年67岁。

---

① 本文主要以下列资料为基础进行调整与补充而成。张杰明.彼德·达夫(Peter Duff)[J].财会通讯,1992,(5)62.

## 二、理论与实务的主要贡献

### （一）创办会计专业教育(1840)

33 岁在达夫在结束了圣·约翰城生意后即移居美国，在由东向西旅行过程中，他选定在匹兹堡(Pittsburgh)这个商业贸易集散中心定居。在这里，达夫开始从事会计师工作。他先是担任记账员和会计，记账、结账、编制资产负债表以及他自己所说的"调整混乱的账目"。也正是在此时期，达夫注意到了当时会计所面临的一个主要问题，即没有任何可供有兴趣学习簿记和其他商业课程的地方，如果一个人要想学习会计和商业，那只能进入一家商业机构工作。

为了满足现实的要求，1840 年，达夫创办了美国第一所会计职业学校并很快获得了成功。1851 年，该校迅速地扩充为一所高等学校——费城达夫商业专科学校(Duff's Mercantile College)。学校的课程也由过去单纯的簿记学习扩展到其他商业科目，如速记、商法、保险学、经济学、轮船簿记和普通商业簿记等。学校分日间部和夜间部，并建立了全日制和非全日制两种学习制度。达夫去世后，其 3 个儿子继承了他的事业，与其他家族成员一起继续经营着这所学校，后曾改名为达夫城市学院(Duff's Iron City College)。直到今天，该校仍旧坐落在匹兹堡市，现名为达夫商学院(Duff's Business Institute)，已成为美国历史上资历最久的会计人员培训机构。

### （二）编写会计教材——《达夫北美会计》(1848)

达夫还注意到，在当时除了缺乏正规的会计教育组织外，还没有一套体系完整、规则明确，并能适应于不同商人需要的簿记。那些通过实际工作培训出来的会计人员，学到的只是他们各自雇主所使用的某种专门会计系统，而不是内容完整的簿记学。为了解决这一问题，达夫编写了一些会计教科书，以供他的学生和其他人使用，其中最著名的就是初版于 1848 年的《达夫北美会计：适合于美国内陆与海上贸易实务的单式、复式簿记原理》(*Duff's North American Accountant: Embracing Single and Double Entry Bookkeeping, Practically Adapted to the Inland and Maritime Commerce of the United States*)一书，该书当时在纽约出版时仅 120 页，此后几乎平均每年再版一次，1868 年，达夫对该书进行了全面的修订与扩充后重新出版，篇幅扩充为 220 页。在此后几十年间，该书一直为达夫学校的会计教材。该书还于 1982 年重印。达夫去世后，该书于 1874 年被其后代补充并以《达夫的单式与复式簿记：独资公司的、制造商的私人银行、铁路和国家银行账务实务图解》(*Duff's Bookkeeping by Single and*

*Double entry*: *Practically Illustrating Merchants', Manufacturers' Private Bankers', Railroad, and National Bank Accounts*)为名在纽约出版,其内容涉及多个领域,篇幅亦达到400页,到1887年,共出了20版。达夫去世后,他的3个儿子查尔斯、威廉和罗伯特还在前书的基础之上,于1877年联合出版了《达夫普通学校簿记学》(*Duff's Common School Bookkeeping*)一书,该书到1904年为止还曾再版多次。

### (三) 编写行业会计教材——《西部轮船会计》(1846)

1846年,达夫首次出版了另一部影响较大的著作——《西部轮船会计》。由于当时达夫居住的匹兹堡是著名的俄亥俄河的东端,时常目睹来来往往的轮船,这即增加了他的一个认识,即轮船对商业发展极其重要。《西部轮船会计》一书,第一次在会计教科书中单独介绍了某一种产业的专门会计系统。在此以前,几乎所有的簿记教科书都侧重不同系统的共用性。因此,该书也可以说是今天行业会计的发端,它使用专门的会计记录方式去核算轮船经营,预示着在会计教材体例上要发生相应的重要变化。此后,专门讨论铁路会计、银行会计和制造业会计的教材与参考书陆续问世。

从学术造诣上讲,达夫在会计史上也许不算是巨人。但是由于他开创了会计专业教育事业,因而在会计历史上的地位不可动摇。由于达夫会计职业学校、达夫商业专科学校的兴办,使得达夫这个名字的流传超过了与达夫同时代的许多著名会计人物。

### 参考文献

[1] 张杰明. 彼德·达夫(Peter Duff)[J]. 财会通讯,1992(5):62.

[2] Duff Charles Peter, Duff W H, R P Duff. Duff's Common School Bookkeeping. Bookkeeping by Single and Double Entry. A Text-book[M]. New York: Harper(Same. 1879, 1879, 1881, 1892), 1877.

[3] Duff Charles Peter. Duff's North American Accountant: Embracing Single and Double Entry Bookkeeping, Practically Adapted to the Inland and Maritime Commerce of the United States [M]. New York: Harper, 1848.

[4] Duff Charles Peter. Duff's Book-keeping by Single and Double Entry. Practically Illustrating Merchants, Manufacturers Private bankers, Railroad, and National Bank Accounts. Enlarged and Revised[M]. New York: Harper & Brothers (Same 1884. 20th Edition. New York: Harper and Brothers), 1874.

(初稿执笔人:许家林)

# 戴维·罗纳德·斯科特

## (David Roland Scott，1887—1954)

戴维·罗纳德·斯科特(David Roland Scott，1887—1954)是20世纪初期美国知名会计学家之一，其学术观点对当时美国会计理论与实务发展产生了重要影响。

## 一、个人简要生平

1887年10月24日，斯科特出生在美国密苏里州(Missouri)东北角一个靠近蒙得塞露的地方。他姓名中的D. R.是取其父亲戴维·罗纳德·斯科特(David Roland Scott)头两个字母。斯科特先是在他出生地刘易斯县的一所乡村小学就读，1902—1904年在坎顿镇(Canton)读中学，1904—1906年在坎顿的卡尔弗——斯托克顿学院(Culver-Stockton College)读书。1907—1910年就读于密苏里大学(University of Missouri)，1910年获得文学和新闻学双学士学位，1930年获得哈佛大学(The Harvard University)哲学博士学位。

1911年，斯科特担任密苏里大学讲师，在政治经济学系任教1年。1912年，他离开学校，到《底特律时报》担任记者，1914年又回到密苏里大学，帮助学校筹建了商学院，并于1917年成为经济学助理教授。1918—1919年，他在驻法美军基地总参谋部担任统计员。1919年成为经济学副教授，1920年成为经济学教授。1930年秋，获得会计学及统计学教授职称，从此以后，他转到新成立的会计统计系担任系主任，共任职10年。

斯科特不仅是美国会计学会和美国大学教授协会的成员，还是美国经济学会、中西部经济学会、Beta Gamma Sigma、Alpha Kappa Psi等组织的成员。

斯科特不仅撰写了大量不朽的会计文献，还在美国会计学会、教授协会等各种组织中担任要职，为学术事业的发展作出重大贡献。1941年，他被推选为美国会计学会

(American Accounting Association)副会长,并作为该会正式代表出席1952年在英国伦敦召开的国际会计研讨会。也就在这1年,他又被推选为美国大学教授协会(American Association of University Professors,简称AAUP)的首任副主席,任期两年。1954年,就在他作为该协会负责人参加华盛顿特区一个会议返回后的第二天,不幸逝世。

## 二、理论与实务的主要贡献

斯科特曾就会计问题发表过26篇文章,其中的13篇刊登于《会计评论》(*The Accounting Review*),另有2部著作:一部是写于1925年的《账户理论》(*Theory of Accounts*);另一部是1931年出版的《会计的人文意义》(*The Cultural Signification of Accounts*),该书于1973年再版。这2部书和26篇文章集中反映了斯科特的会计思想。

斯科特的一些会计思想对会计理论的发展产生了一定的影响。1961年,莫里斯·穆尼兹(Maurice Moonitz,又译莫立茨,列会计名人堂第39位)在美国注册会计师协会(American Institute of Certified Public Accountants,简称AICPA)出版的《会计研究公报》(*Accounting Research Study*,简称ARS)第1号——《论会计基本假设》(*The Basic Postulates of Accounting*)中曾经评价说,斯科特的文章奠定了"会计准则的基础"。威廉·约瑟夫·瓦特(William Joseph Vatter,列会计名人堂第76位)1961年在《会计评论》(*The Accounting Review*)杂志上发表了题为《会计和统计》(*Accounting and Statistics*)的文章,称斯科特的文章"对美国会计和统计理论与技术具有深远的影响"。在纪念密苏里大学商业和公共管理理学院成立50周年之际,罗伯特·L·卡瓦姆编辑、出版了《D·R·斯科特选集》,这本选集收录了斯科特的26篇论文和罗亚尔·D·M·鲍尔撰写的一篇精彩前言。

斯科特的会计思想对高层次会计教育发展也产生了一定的影响。现在,美国许多研究生的会计理论教材都参考斯科特著作中的相应内容。在密苏里大学的会计系,每年都有纪念斯科特的系列讲座,邀请著名的会计学家来做当代会计思潮的学术报告,这些报告都会公开出版发行。同时,密苏里大学会计系的所有博士生,都要求必修"会计的人文意义"课程,并将斯科特的著作作为历史文献加以研究。1979年,在加里·约翰·普雷维茨(Cary John Previst)和巴巴拉·达比斯·莫里诺(Barbars Dubis Merino)所著的《美国会计史——会计的文化意义》(*A History of Accountancy in the United States: The Cultural Significance of Accounting*)中,开头和结尾都引用了

《会计的人文意义》一书中的相关论述。

## 三、主要论著评析

### （一）《会计的人文意义》（1931）

1931年，斯科特所著的《会计的人文意义》（*The Cultural Significance of Accounts*）正式出版。1973年，该书由密歇根大学的学者图书公司再版发行。该书共设有十二章，其基本内容可概括如下。

该书前两章主要解释作者如何用哲学和自然科学的方法进行客观分析。第三章讨论了以个人主义为特征的市场规制（market control）的兴起，认为在现代欧洲封建制度没落过程中，城镇的发展起了重要作用。作者指出，城镇发展是建立在商业和手工业快速发展的基础之上。个人主义发展的特征之一是经济组织之间有序竞争机制的建立与发展。斯科特指出："机器工业技术的运用破除了经济活动的约束，扩大了市场的范围，使得市场的作用得以提高，上升到从未有过的支配地位"。第四章则主要关注市场规制的崩溃，以及个人主义的没落。作者把市场缺位作为导致这种变化发生的主要原因，市场缺位致使人们对市场规制的作用产生了怀疑。大规模的竞争性生产，使得价格和利润变得更加不确定。人们把这些变化归因为行业规制、管理不力。随着竞争性生产风险的增加，产生了资本主义垄断，进一步导致人们对市场规制作用的怀疑。由于公众对自由竞争市场认识的改变（怀疑其有效性），政府规制（governmental regulation）成为自然而然的替代规制手段。作者在文中指出，商业周期的存在就是对竞争制度内在不稳定性的最好证明。第五章主要讨论价值理论（value theory）的衰落过程。作者提到传统的价值理论曾起到重要作用，但现在正逐渐衰落。作者认为，必须发展新的价值理论。这种新理论的建立依赖于对经济现象更加精确的统计或者会计计量。第六章把社会主义（socialism）当做对崩溃的竞争体制（competitive system）的替代。作者认为，社会主义不能导致文化重构，因为社会主义和竞争体制的社会理念是一致的，而新制度的产生必然依赖于新的理念。第七章至第十章，主要是从自然科学角度，寻找社会重构的基础。自然科学与机器技术的进步一定程度上体现了文化进步。科学技术快速发展是时代趋势，促进了管理科学化，经济活动参与者将以客观合理的方式去组织生产和管理。纯粹的个人主义管理方式下，产生了一系列特定的规则和实践，指引企业的商业行为。但是，随着公司管理方式的发展，这种实践也会导致管理缺失，甚至欺诈行为。第十一章讨论了法律本质及其与市场之间的关系，揭示了法律概念落后于社会组织演变的发展现状。作者试图通过文化重构或调整来提供新的社会理念和新的法律机制,以维持原有的社会形态。第十二章,作者评价了会计在当代文化模式(cultural pattern)中的地位。认为市场作为一种配置机制在先锋者时代(pioneer age)是适合的。在这种环境下,市场通过对效率进行考量,履行了其管制职能。然而,在一个要求精确计量的时代,市场必然被其他工具所替代。这个事实衍生出会计作为一种新的控制机制(controlling device)的重要性。作者在指出"会计仍旧依赖市场"的同时,也提出疑问,"这种依赖关系是否必须和不可避免?如果市场成为次要机制,会计是否仍旧依赖于市场?"作者指出,这些问题尚未有明确的答案,尚待解答。

由于作者的独特研究视角,以及富有哲理性的认识,该书对当时会计理论的发展产生了一定的影响。该书出版后,即引起多方关注与评论。

明尼苏达大学的R·A·斯蒂夫森(R. A. Steveson)教授在1933年的《区域经济史》(*Economics History of Geography*)杂志上发表专文,对该书进行了全面评价。斯蒂夫森认为,这是一本富有启示意义的书,相信不同社会科学领域的学生都会感兴趣。他的评论指出,斯科特教授在这本书中从会计视角对社会经济组织进行了分析。正如其在引言中提到的那样,本书目的是为会计学科发展提供一种指引。因此,具体的会计实务操作并不是此书的重点,重点在于讨论会计作为经济机构的形态与功能,从中世纪以来,随着会计文化形式不断改变,而逐渐发展成为现代会计的演变过程。斯蒂夫森认为,读完这本书,就会想起斯科特教授在前言中关于会计学科定位的评述:"每一位演讲者以不同的方式和措辞,试图证明其所钻研的学科在科学舞台中占据中心地位,而其他学科不可避免地处于次要地位"。在评价会计的文化意义过程中,斯科特教授也不可避免地会持有偏见。或许作者也对自己的偏见有所认识。斯蒂夫森教授认为,在与社会文化模式(cultural pattern)磨合过程中,会计有了革命性的进步。事实上,作者所指的会计十分宽泛,包含了现有文献中对会计这一学科的不同解释,把管理实践过程中所用到统计计量方法也囊括在内。即便如此,他也未宣称会计师已在现代工业社会中占据了支配地位。但是,作者却给读者留下了会计师终将取得这种地位的印象。如果会计真能获得这么重要的地位,那么对会计从业者的认识也将颠覆。会计师不再仅仅作为会计技术专家为公众所接受,还应该是经济学家、统计学家,甚至是哲学家。这种提升需要会计师的主观态度有一个全新的转变。但是,不管会计行业是否已经在现代社会中占据支配地位,这种主观态度的转变本身都是有正面意义的。会计的社会意义尚未得到社会经济活动实践者们的广泛认可。在经济利益导向的私营企业管理者眼中,会计只是用来记录企业经济活动结果的媒介。

密苏里大学的会计学教授里克·伊拉姆(Reeker Ilam)在评价斯科特的会计思想时指出:斯科特的《会计的人文意义》一书与索尔斯坦·维布伦(Thorstein Veblen)的著作有点相象①。斯科特本人在书的序言里也承认,维布伦的思想是他本书观点的来源之一。1958年,L·J·本宁格评价说:"作为个人的追忆,我记得斯科特曾经以使用维布伦曾使用过的书桌而感到骄傲……可以说,如果斯科特对经济学的兴趣多于会计学,则作为维布伦理论的研究者,他会取得一定成就的。"维布伦思想对斯科特的影响是一方面,科学管理文献对斯科特的影响是另一方面,《会计的人文意义》中有一章专门论述了科学管理运动与文化及会计的关系。里克·伊拉姆在研究斯科特的会计思想时得出的结论是,斯科特的理论是维布伦思想和弗雷德里克·温斯洛·泰勒(Frederick Winslow Taylor,1856—1915)思想的有机结合。

### (二)《账户理论》(1925)

1925年,斯科特所著的《账户理论》(*Theory of Accounts*)一书正式出版。作为一本会计课程的入门教材,其教学总课时设计在一个学期左右,全书分为引言、账户体系、企业所有权和价值评估四个主要部分。由于其较强的理论性与务实性,出版后得到了学界的广泛关注。美国著名会计学家、密歇根大学(University of Michigan)的威廉·安德鲁·佩顿(William Andrew Paton)就曾在1926年的《统计学会杂志》(Journal of the American Statistical Association)第153期上发表专门书评,对该的理论与实用价值给予了客观中肯的评论,并概括了其六个方面的主要特点。

第一,是内容叙述方式十分可取,注重灵活多样与清晰易懂。在论述会计信息来源和记账技术之前,作者耗费大量篇幅(大概90多页)来说明会计目标,着重解释资产负债表和收益表的目的。作者自始至终都在强调一般原则对于具体记账技术的重要性,并运用大量经济学的说理方式来说明问题,特别在价值评估一章。

第二,适用范围比较广泛。该书作为一本短学时初级会计教材,适用于文学院、科学院和艺术学院等学生,这些非会计专业学生不要求深入掌握会计专业知识,只需要

① 索尔斯坦·维布伦(Thorstein Veblen, 1857—1929)是美国20世纪社会科学中的杰出人物,是美国著名的经济学家、社会哲学家。他是对高等教育卷入商业价值理念作出哲学批判的第一人,也是高等教育哲学中理性评论的卓越代表。维布伦在大的文化和社会背景下,阐述了教育系统内部的事业和财产,从而揭示了现代高等教育的本质。在今天的计划经济向市场经济转轨的过程中,我们要正确客观地评价维布伦所表达的观点:"大学是不受价值影响的象牙塔,成为人们进行知识探索的自律场所……高等教育的商业化会导致学术贬值,而远离现实是学术研究不可缺少的条件"。面对市场经济,高等学校不应该把它看作洪水猛兽,消极地加以拒绝,而应该积极主动地研究对策,趋利避害,从而更好地发挥自身的潜能。桑斯坦·维布伦对政治、经济、教育理论的贡献是富于启发性的。其高等教育思想主要反映在1918年出版的《美国高等教育》中。

大概了解会计的职能和流程。会计基本原理是后续深入学习的基础,对于那些教授学生会计基本原理的老师,也可以在这本书里发现一些好的素材。由于该书仅提供了提纲式的内容,许多重要方面没有详细提及。对于会计专业初学者而言,本书不能提供会计技术性操作方面的具体指导,但教学者可以而且应该在课堂里面提供大量解释性、补充性的材料,帮助学生更好地理解会计。

第三,作为一本会计理论书籍,所涉及内容比较传统(orthodox)。但作者并不把自己束缚于惯例和权威之下,他坚信市场价值的重要性,认为市场价值是会计估价的基础,他的这种观点广受会计学者推崇。但是考虑到折旧、证券贴现(discount on securities)等现实,作者也明确承认其他估价方式在这些方面的用处。

第四,该书尚存不尽如人意之处。主要有三个方面:一是对于一些存在争议的地方,存在许多缺乏支撑的论述;二是接受了一些尚待论证的惯例性学说(观点);三是存在许多不严密、有问题的推理(reasoning)。

第五,书中有关存货估价的不统一表述(考虑将本段归纳为:市场价格变化对于收益和资产价值的影响)。在存货估价中,作者在强调市场价格的重要性的同时,又认为收益不应该受到以市场价进行估价所带来的影响。作者甚至认为对于持续经营企业,销售实现的增值不是会计层面的真实收益,因为销售实现的增值不能用于分配,而被用于代替股票。这在评论人看来站不住脚。如果说市场价对收益不产生影响,那么市场价对于资产负债表也就失去了意义。资产负债表的目的是提供真实可靠的资产价值,资产的价值只能通过投资或盈利创造(不考虑捐赠等情况)。另外,账面收益必须等于可分配收益也明显不正当。价格上涨要求增加投资以维持股票价格,这说明投资增加不能作为账面收益确认。会计收益不能准确计量购买力的增加,比如美元价值的变动。当然,一些特殊价格变动会影响特定企业的存货价值,但这与货币价值变动不同。显然,作者并不建议为企业构建一套类似账面收益的会计方法,用以精确计量企业购买力变化。任何合法资产都可以"储存"收益。存货价值变化所导致的利润如同销售利润那样不会被剔除。

第六,关于折旧问题。作者以新的形式说明已有的观点,直线折旧法会导致过多费用的积累,对于多部件构成的资产会造成隐性积储(secret reserve)。对于这个复杂问题的支持或是反对观点,无法进行深入讨论。然而资产价值可以通过估价服务评估,评论人认为,直线折旧法不会导致严重资产价值低估、运营费用高估。真正问题的关键在于如何对大量小额资本投资提供大量估价服务。相对陈旧资产,新资产具有较高的价值,代表大额投资,因为修理和重置的可能性较小。而且,实际生产过程中,相对于陈旧资产,新资产会生产出更多的产品或者生产质量更高的产品。也就是说,陈旧资产存在应计折旧(accrued depreciation),按照传统直线折旧法不需调增折旧额。当然,这并不否认累计折旧总额有可能超过资产的重置成本的事实。

## 参考文献


[1] 王光远. D·R·斯科特[J]. 财会通讯,1992(7):55-56.

[2] 许家林. 会计理论发展通论[M]. 北京:经济科学出版社,2010.

[3] http://219.219.191.244:1980/pe/kuaiji/xii/interna/200511/1376.html, 2008-04-03.

[4] http://www.esnai.com/exam/PrintDoc.asp, 2008-08-14.

[5] Paton W A. Reviewed work(s): Theory of Accounts, Volume I by D R Scott[J]. Journal of the American Statistical Association, 1926,21(153):102-105.

[6] Scott D R. The cultural significance of accounts[M]. Scholars Book Co. in Houston,1973.

[7] Scott D R. The Cultural Significance of Accounts[M]. New York: Henry Holt, 1931.

[8] Scott D R. Theory of Accounts[M]. New York: Henry Holt, 1925.

[9] Stevenson R A. Book Review[J]. Economics History of Geography, 1933,23(2):286-289.

[10] Vatter William J. Accounting and Statistics[J]. The Accounting Review, 1961, 36(4): 589-597.


(初稿执笔人:许家林 唐伟杰)

# O·腾·海渥

## (O. Ten Have, 1899—1974)

O· 腾·海渥(O. Ten Have, 1899—1974)是荷兰的一位在会计史方面有着重大贡献的学者,其所著《会计史》一书具有重要的学术价值。

## 一、个人简要生平

1899年3月4日,海渥出生于荷兰东部的维尼特斯维克,他的父亲是一位历史学与经济地理学方面的教授,这一出生背景对海渥选择会计史作为主要研究目标有着重要影响①。

1925年,海渥在鹿特丹经济学院(即目前的鹿特丹依阿斯缪大学)完成了经济和企业管理方面的学业。第2年,他即取得了会计师执照,并开始担任国家信贷保险公司的秘书,1931年,他开始担任荷兰公文与注册学会的秘书,与此同时,他还曾在伦敦等地担任会计师职务。从1939年起,他一直受聘于荷兰统计局,并曾担任社会经济统计部部长。在任部长期间,他经常作为政府代表出席各种国际性会议,因而有机会与各国的经济学家和统计学家保持接触,一种强烈的国际责任意识促使他去了解其他国家的经济情况。作为荷兰政府的代表,他还多次出席了日内瓦国际劳工会议,并出任欧洲经济共同体,荷兰、比利时和卢森堡三国经济联盟等一系列国际会议的正式代表,他还一直奔忙于三国之间的会议与访问工作,直到退休。1974年,海渥在荷兰逝世,终年75岁。

海渥在繁重的行政工作之余,将主要精力放到会计史学的学习与研究上。1933年,他发表了题为《17、18世纪之间荷兰王国的簿记史》的博士学位论文,引起了会计

---

① http://www.rahul.net/van7ter/baybooks/ten_have/ten_have_1_lc_entry.pdf;另参见文硕,付磊,杨健,译.会计史[M].北京:中国商业出版社,1991.译者前言.

史学界的注意。许多会计史学家撰文赞誉这是一部难得的力作，其中，著名会计史学家B·S·耶梅(Basil S. Yamey)在谈及这篇文章时称赞说："O·腾·海渥的贡献在于，他从先前那些不引人注意的著作中，识出了极富价值的东西"。仅在美国就有11所大学的图书馆收藏了这篇论文的副本。尔后，他出版了只有80页的《簿记史鸟瞰》一书，因为其权威性而成为参加会计学教师考试的必备参考书。海渥在由会计史大师阿纳尼亚斯·查尔斯·利特尔顿(Ananias Charles Littleton)和B·S·耶梅主编的《会计史论文集》上发表了题为《普鲁士的西蒙·斯蒂文》的著名论文，使英语国家的史学家们对荷兰这位会计史学家的研究领域有了更加全面的了解。海渥对会计史学的贡献集中表现在，对于17、18世纪荷兰等西北欧国家会计发展这一领域，他以强烈的好奇心，从早前那些鲜为人知的著作中甄别出独创性和有价值的材料，反映了经济和统计领域的研究成果。

## 二、主要论著简析

《会计史》(*The History of Accounting*)(见图92)是海渥的最后一部会计史专著。这部书的雏形最初发表在1971年的荷兰《企业管理与组织》月刊上。当时，海渥应邀撰写了一组介绍会计发展各阶段历史的系列文章，作为该杂志创刊75周年的纪念性文章，连载了6个月。在这篇文章里，作者一方面叙述了会计发展的一般情况；另一方面又在所挖掘丰富材料的基础上，进一步阐释了自己的思想和观点。在系列文章的基础上，他将原稿修改补充，以书籍的形式再版，于是《会计史》在其去世的那1年(1974年)出版了。这部著作凝结了作者对自己以往著述的再思考，全面地扩展了过去的内容，成为他最后奉献给世人的"不朽的金字塔"。海渥从文明史发展这一制高点上展开了对会计发展史的探索，认为一部会计史实际上就是一部文明发展史。

**图92 《会计史》**

《会计史》这本著作实际上是一部世界会计简史，它包括导言、古代会计、1500年以前意大利会计的发展、1500年以前意大利以外地区会计的发展、从欧洲贸易向世界贸易转化、16世纪至19世纪的会计作者、19世纪和20世纪前半叶会计的发展等7章。

《会计史》这部史学名著也勾画了从古代世界到20世纪前叶簿记的演进过程，其中以系统地、综合地论述17、18世纪荷兰的会计发展和产业革命时期资本主义的会计发展尤具特色，不仅涉及账户理论，而且涉及会计理论，反映出物的二账户学说的思想。海渥的《会计史》一书，将会计发展史和会计思想史两者交融在一起，比较符合其主题，反映了会计实务和会计理论的相互促进、相互制约关系。这部著作既讨论会计而又不局限于会计，作者把会计的发展变化置于整个社会经济的演变与进化环境之中来观察和讨论，通过会计来展现经济、统计、社会、法律的关系，使读者明白无误地看到，会计是如何在与周围环境的相互影响、相互作用下生存与发展的。正如海渥自己所述："对那些认为会计不仅是一种技术系统，而且认为其多样的形式受到各时代工商组织发展的影响的人来说，会计史与经济史的密切关系是显而易见的。所谓时代，指的是这些技术形式达到的发展阶段。正是每个时代企业发展的需要，创造了这一技术系统的结构。"这种研究方法，体现了"应该将时代精神纳入分析之中"的思想，这对于我们今天的会计研究工作仍有启迪作用。

海渥的《会计史》一书是对会计史学的巨大贡献，值得会计学者和其他人员研读。这本著作于 1976 年由 A·A·斯文特(A. Aan Seventer)译为英文出版，1986 年第 2 版英文版面世；1991 年文硕、付磊和杨健等译为中文后纳入文硕主编的"世界审计会计名著译丛"由中国商业出版社正式出版，并被收入中国财政经济出版社 2004 年 1 月出版的《西方会计学名著导读》一书之中。

**参考文献**

[1] 文硕，付磊，杨健，译. 会计史[M]. 北京：中国商业出版社，1991.

[2] O. Ten Have. The History of Accountancy[M]. Palo Alto, California: Bay Books, 1976.

（初稿执笔人：蔡传里）

# 迈克尔·查特菲尔德

## (Michael Chatfield)

### 一、个人简要生平

迈克尔·查特菲尔德(Michael Chatfield,生卒年月不详)是美国的著名会计史学家,系加利福尼亚州立大学(The California State University)的会计学教授,《会计思想史》(*A History of Accounting Thought*)是其完成于1974年的一部会计史学方面名著。

### 二、主要论著简析

查特菲尔德(见图93)的《会计思想史》(见图94)的第1版于1974年出版后,曾在美国会计学界引起轰动,受到专家学者的好评。《企业财务与会计杂志》(*Journal of Business Finance and Accounting*)曾在1975年春季卷上发表专门的书评;由美国会计学会(AAA)主办的《会计评论》(*The Accounting Review*)也在1975年卷第4期发表书评;本书修订后的第2版于1977年面世后,《会计评论》又在1978年卷的6月号上发表了专门的书评。在上述书评中,对本书的理论价值作了高度的评价。

**图93　迈克尔·查特菲尔德**

查特菲尔德的《会计思想史》是近几十年来出现的一部通用会计史的重要著作。这本著作集中了大量而分散的论文和书籍中所包含的会计史知识,通过对会计历史中所有重大发展的讨论,以较翔实的资料向读者提供了有关会计思想发展的一般观点。

图 94 《会计思想史》

研究历史必须同现代问题相联系，因此作者把研究重点放在 20 世纪会计思想的发展上，本书的绝大部分是介绍近代会计的发展。作者通过对近代会计学家简洁的介绍，以其特有的技能深入挖掘各种观点的本质，并从中提炼吸收了有用的成分。尽管查特菲尔德在前言中指出本著作的重点是会计思想，但实际上他基本是在介绍会计实践，是在介绍诸如理查德·布朗(Richard Brown)、B·S·耶梅(Basil S. Yamey)、威廉·安德鲁·佩顿(William Andrew Paton)、乔治·奥利弗·梅(George Oliver May)、埃德加·O·爱德华兹(Edgar O· Edwards)、塞缪尔·保罗·加纳(Samuel Paul Garner)、埃尔登·桑德·亨德里克森(Eldon Sende Hendriksen)等一些会计名家的历史成就。所以本书所指的会计思想主要表现为这些会计名家的思想观点，而不是指会计理论连续一贯的发展。

查特菲尔德在《会计思想史》中分 3 大部分共 20 章介绍了古文明时代到现代会计实践的发展，每一章包括大量的评论和参考文献。第一部分基本上是采用事件综合年表的方法，主要研究古代到工业时代的会计思想发展。第二部分主要研究 20 世纪英国和美国会计思想的发展，其中对美国会计思想的发展研究较多。在这一部分查特菲尔德分别研究了财务审计、成本会计、预算和所得税的发展。第三部分是本书最精彩的部分，它主要研究会计原则的发展，同时还对会计原则、会计假定或基本原理以及会计理论结构作了一些综合讨论。例如，在研究企业思想的发展时，查特菲尔德讨论了文艺复兴时代簿记的拟人化账户、18 世纪和 19 世纪的所有权理论、威廉·安德鲁·佩顿(William Andrew Paton)的实体理论和现代企业理论，对这些理论按时代、同其下一时代的联系及其发展原因进行了分析解释。

《会计思想史》一书按一般读者所熟悉的文学艺术方式展示了会计思想史的优秀研究成果，它可以使读者对会计发展的各方面有所了解，包括各方面的相互联系及影响。而且，《会计思想史》这本书不仅分析了会计思想的发展，还对会计为何这样发展等问题作了一些解释。本书不仅可供会计初学者使用，也会对有经验的会计史学家有所帮助。本书浅显易懂，读懂它只需要具备基本的会计知识就够了，而且每章末的参考文献为那些感兴趣的读者提供了学习起点。本书还有助于会计史学者对某一特定历史时期的研究，它有助于全面了解该段历史以及史前缘由。本书还有助于会计专业教师、研究者和研究生学习理解会计方法的发展变化。总之《会计思想史》一书是对会计史研究的一项重要贡献。该书于1991年经文硕等译为中文后纳入文硕主编的“世界审计会计名著译丛”，由中国商业出版社正式出版，并被收入在中国财政经济出版社2004年1月出版的《西方会计学名著导读》一书中。

## 参考资料

[1] Epstein Marc J. Book Review. Accounting Review，1975(4)：418-419.

[2] Givens Horace R. Book Review. Accounting Review，1978(7)：799-800.

[3] http://www.cba.gsu.edu/facultyresearch/publications/pubs96/books.html，2010-08-21.

[4] Krieger Robert E，Michael Chatfield. A History of Accounting thought，2nd ed. [M]. New York：Publishing Company，1977.

（初稿执笔人：蔡传里）

# Я·В·索科洛夫

## （Я. В. Соколов，1938—不详）

## 一、个人简要生平

Я·В·索科洛夫（Я. В. Соколов，1938—不详）（见图95）于1938年1月11日出生于前苏联的列宁格勒（即圣彼得堡）的一个会计世家，父亲德米特里耶维奇·В·索科洛夫被誉为苏联的第二代会计学家。索科洛夫出生时正是第二次世界大战时期，由于德国人的包围和封锁，他的一个哥哥和一个弟弟被饿死。但即使是在这种恶劣的环境条件下，他的父亲仍然坚持会计学专业的研究，这种对科学事业的献身精神对索科洛夫以后的发展产生了重要的影响。1963年，索科洛夫获得副博士资格，1974年取得博士学位。他曾任苏联列宁格勒（即圣彼得堡）财经学院会计教研室的教授。

图95　Я·В·索科洛夫

## 二、主要论著简析

索科洛夫是当时苏联会计界最活跃、最富有成果的理论专家之一。索科洛夫的专著主要有《会计核算理论》（1981年，与巴利合著，并两次修订再版）、《自动化管理系统与会计理论》（1983年，已修订再版一次）和《会计发展史》（1985年）等。此外，索科洛夫还先后在有关专业期刊上发表了大约150篇会计学专业论文。

《会计发展史》是索科洛夫的一本重要著作。该书以会计科学思想的逻辑发展为主线，不仅详细地介绍了会计观念、技术和方法的演进过程以及有关会计学派的特点，而且从会计的继承性、连续性阐述了社会主义会计模式以及有关概念、规则的形成与变化。特别是对不同学者对会计科学发展贡献的理论概括与观点介绍，均前后相互联系地加以评述，从史学发展的角度来研究会计科学思想的演变规律，从而体现出其他西方类似著作所缺乏的一个基本特征。

该书包括前言、经济核算与复式会计的产生、复式簿记在欧洲得到承认、核算成为科学、改革前俄国核算的产生与发展、俄国会计科学思想、资本主义国家的会计核算、社会主义条件下的会计核算和跋 9 个部分。索科洛夫在该书前言中指出，科学有其内在的发展原因和外在的发展条件，会计是与其发展的环境紧密相连的，会计是社会经济发展到一定阶段的产物。正因如此，索科洛夫从社会经济发展的不同阶段出发，以会计科学思想的发展为主线，详细地介绍了会计观念、技术和方法的演进过程以及有关会计学派的特点。

但是，索科洛夫对相关观点的评论较少，较多的是对不同学者观点的总结即会计思想的总结，因此该书更像是一部会计思想史。由于对会计核算发展阶段的划分不可能和各个经济发展阶段完全吻合，所以作者可能在不同地方多次提到同一学者的不同思想，这需要读者结合当时的社会环境前后联系地加以思考，以获得更加全面的认识。

索科洛夫的《会计发展史》所展示的不同时期大量会计学者的观点，为我们了解会计发展特别是会计思想的发展提供了宝贵的资料，我们可以通过其对有关古代会计核算到现代会计核算发展的系统研究，汲取以下思想精华：会计核算方法随经济的发展而变化；会计学的本质在于其方法的改变，会计发展旨在制定统一的方法；会计核算的对象是由经济管理目标派生的，管理职能在会计中占据越来越重要的地位；会计核算应该遵循成本—效益原则；会计实践与会计理论研究是两个互动的范畴，会计科学的形成需要加强有关理论体系的研究，会计理论研究在会计发展中极其重要；社会形态与思想观念的原则差别并不排除思想成果的运用和某些会计领域的经验交流，各国可以通过交流和协作统一会计术语与方法，统一是会计的主要发展趋势，等等。这些思想对我们加强会计理论研究、依据经济实际建立会计理论框架、加强会计国际协调研究等具有重要的借鉴意义。

该书出版后在国际会计学术界产生了一定的影响，曾先后被译成捷文、德文和英文等多种文字，并被誉为是一部具有世界水平的会计史名著。该书于 1991 年经陈亚民译为中文后纳入文硕主编的“世界审计会计名著译丛”，由中国商业出版社正式出版，并被收入在中国财政经济出版社 2004 年 1 月出版的《西方会计学名著导读》一书中。

## 参考文献


[1] 巴里·索科洛夫. 会计核算原理(Теория бухгалтерсго учета)[M]. 王立才,等,译. 北京:中国财政经济出版社,1989.

[2] 索科洛夫. 会计发展史[M]. 陈亚民,译. 北京:中国商业出版社,1991.

[3] 蔡传里,许家林. 索科洛夫的《会计发展史》[J]. 财会月刊(会计),(3):56-57.

[4] 李孝林. 会计产生探索[J]. 四川会计,1998(3):15-17.

[5] 许家林. 西方会计学名著导读[M]. 北京:中国财政经济出版社,2004.

[6] История Развития Вухтадтерского Уиета. Финансы И Статистка[M]. Москва. 1985.


(初稿执笔人:蔡传里)

# 塞缪尔·保罗·加纳

## (Samuel Paul Garner, 1910—1996)

## 一、个人简要生平

塞缪尔·保罗·加纳(Samuel Paul Garner, 1910—1996)(见图96)是一位极具绅士风范的美国学者,在促进学术发展及会计国际交流方面作出了杰出贡献。

1910年,加纳出生于北卡罗来纳州(North Carolina,简称NC)。他早年求学于杜克大学(Duke University),受J·哈密尔顿(J. Hamilton)博士影响,对企业史产生了浓厚兴趣。1932年、1934年在杜克大学分别获得经济学学士与硕士学位。毕业后,即致力于会计理论研究与会计教育。1937年秋,他进入得克萨斯大学(the University of Texas)攻读博士学位,在乔治·纽拉夫(George Newlove)教授指导下,于1940年完成了其博士论文——《1925年前成本会计的演进》(*Evolution of Cost Accounting to* 1925)。1939年后,他一直是美国注册会计师协会(AICPA)的会员;第二次世界大战期间,他曾任美国教育部和国防部顾问;1951年,他出任美国会计学会(AAA)会长;1964—1965年,他出任美国商学院联合会(The Association to Advance Collegiate Schools of Business,简称AACSB)会长;1973年,他出任会计史研究会(Academy of Accounting Historians,简称AAH)会长;1984年,他担任新成立的国际会计教育和研究协会(the International Association for Accounting Education and Research,简称IAAER)的首任会长。

图96 塞缪尔·保罗·加纳

鉴于加纳教授的学术成就,1990年,获美国会计学会(AAA)的国际会计部(International Accounting Section)国际杰出会计教育奖(Outstanding International Accounting Educator Award);1993 年,获得美国会计学会(AAA)颁发的美国杰出会计教育奖(Outstanding Accounting Educator Award)。

1996 年 10 月 16 日,加纳病逝于亚拉巴马州(Alabama)的诺斯波特(Northport),终年 86 岁。时任美国注册会计师协会(AICPA)副会长的丹·盖伊(Dan Guy)对其一生的贡献予以高度评价。

## 二、主要论著简析

加纳一生,曾用多种语言发表学术论文 40 余篇,以及多部论著,其学术观点均产生了很大的国际影响。但影响最大的当推其以博士论文为基础整理出版的《1925 年前成本会计的演进》一书。该书是加纳的代表性作品,于 1954 年由亚拉巴马大学(The University of Alabama)出版社出版,1976 年由美国会计史学家学会(Academy of Accounting Historians,简称 AAH)资助作为会计史经典系列文集第一册再版发行。

《1925 年前成本会计的演进》一书共设 12 章,各章内容如下:第一章,中世纪的工业会计;第二章,1885 年前英、法、美成本会计的发展;第三章,原材料会计的演进;第四章,直接人工会计的演进;第五章,制造费用会计的演进;第六章,成本与财务记录一体化的演进;第七章,部门间产品转移会计的演进;第八章,副产品会计的演进;第九章,边角废料会计的演进;第十章,工厂存货计价方法及理论的演进;第十一章,分步法与分批法的演进;第十二章,源自历史的结论。通过上述研究,加纳教授在全书的最后一章就成本会计的产生与发展得出了一系列结论:(1)在 1885 年以前,尽管人们对成本理论和实践亦曾有过一定兴趣,但却没有哪位权威人士将它看作一个值得专心研究的问题;(2)1900 年前,英国成本会计师对成本会计的基本观念和程序做出了不可磨灭的贡献;在此之后,美国理论家和实践者超过了他们的英国同行;(3)主要成本制度的运用远较完全工厂成本安排为早;(4)在 1900 年以前,作为成本第三大项的工厂间接费用一直为人们所忽视,但自此之后,人们对它的关注远胜于前两个项目(直接材料和直接人工);(5)在大量条件和判断的约束之下,从所得到的证据来看,似乎工业活动比较"低迷的年份",往往会是在引入新的成本会计技术和程序方面硕果颇丰的时期;(6)在美国早期成本会计发展中,工程师而不是成本会计师或一般会计师更关注成本计算问题;(7)在较早时期有关成本问题的讨论中,美国人对工厂存货计价理论和方法的关注远不如英国人;(8)进入 20 世纪之前,成本记录与财务记录一体化的步伐一直非常缓慢，直到20世纪20年代，有关细节问题尚未得到完全解决；(9)成本会计理论和方法的发展是工业环境变化的结果，日渐复杂的生产工艺流程促进了成本会计理论和方法的快速发展。加纳教授上述结论概括了成本会计发展的基本规律，进一步印证了"会计是反映性的"，其中一些结论（工程师而不是成本会计师或一般会计师更关注成本计算问题）值得我们会计人员深刻思考。

《1925年前成本会计的演进》一书在系统研究早期工业簿记实践中复式簿记原理的运用及1700—1885年间成本会计缓慢演进的基础上，对1885年以后成本会计各主要议题的发展演进做了深入细致的分析研究。本书最大的优点，在于所运用资料的广泛性及分析的深入性与细致性。从中可以系统而明晰地看到早期会计及相关经典著作中对成本会计问题的研究与诠释，把握有关方法及观念的演进思路。所以本书无论是对教师、学生还是实务者都具有极大的借鉴学习价值，会计实务人员了解了会计在历史发展进程中所遇到的困难复杂问题之后，也许会很欣赏当前会计实务的精炼性。当然本书的研究内容与范围相对狭窄一些，实际上其他一些国家（如20世纪的德国）的成本会计发展也是值得研究的。与此同时，我们还应对1925年以来成本会计理论与实务（如标准成本、变动成本计算等）的发展予以更多关注。

在加纳教授之前，关于成本会计的历史发展，除个别学者有过部分关注之外，从来未曾有过系统全面的研究。因此本书作为成本会计领域一部具有指导性意义的经典论著，面世以来一直受到多方面普遍关注，为作者赢得了很高的国际声誉。美国会计史学家学会在将其作为会计史经典系列的开篇再版发行时称其为"会计史研究方面一部真正的经典之作"，也是至今研究成本会计发展问题最系统最完整的一本著作。

**参考文献**

[1] 宋小明，蔡传里，许家林. S·保罗·加纳的《1925年前成本会计的发展》[J]. 财会月刊，2006(3):45-46.

[2] 徐国君. 会计学科概览[M]. 北京：中国商业出版社，1999.

[3] Garner S Paul. Evolution of Cost Accounting to 1925 (1954) [M]. Tuscaloosa, A L: University of Alabama Press, 1976.

[4] http://www.journalofaccountancy.com/Issues/1997/Feb/obituary.htm, 2010-08-01.

（初稿执笔人：宋小明）

# 约翰·班纳特·坎宁

## (John Bennet Canning, 1884 — 1962)

约翰·班纳特·坎宁(John Bennet Canning, 1884—1962)是一位杰出的经济学家,他在其名著《会计学中的经济学:会计理论的一种批判性分析》(*The Economic of Accountancy*: *A Critical Analysis of Accounting Theory*)中,将经济学的观点系统地引入了会计理论的研究中,对现代会计理论与实务的发展产生了极其深远影响。

## 一、个人简要生平

1884年11月25日,坎宁(见图97)出生于美国密歇根州(Michigan)的休伦湖(Huron)。他的父亲是一名加拿大人,于1881年移民来到美国。

1901年,在他16岁的时候全家搬到了西部的俄克拉荷马州(Oklahoma)。尽管坎宁少时很讨厌干农活,但是作为6个孩子之中的老大,他必须帮助父亲打理奶场。18岁时,坎宁接管了父亲的奶场,虽然在家时他也得到了学习的指导,但直到21岁时才进入俄克拉荷马城市中学(Oklahoma city high school)。在业余时间,他还是继续在农场工作。在他管理农场的6年里,农场的价值增长了3倍。俄克拉荷马城市中学提供了丰富的课程,其中包括4年的拉丁语。在高年级时,坎宁担任学生创办的月刊《学生》杂志主编,并且还在学校足球队里担任后卫,这项业余爱好直到大学时代还一直保留着。1909年5月,他获得Seventy Enter Higher School的毕业文凭。

**图97 约翰·班纳特·坎宁**

1909年秋季,24岁的坎宁考入芝加哥大学(The University of Chicago),主修政治经济学专业,但他也花费了大量的时间学习德语和法语,并学习了数学、英语语言和文学、政治科学、社会学、人类学、生理学和地理学等课程。在大学4年生活中,坎宁每年都获得奖学金。在大二时,坎宁选修了会计课程,主讲人是内森·C·普林顿(Nathan C. Plimpton)。普林顿当时是芝加哥大学会计主管(最后成了一名审计人员)。坎宁一位最亲密的朋友和同事爱德华·G·尼尔森(Edward G. Nelson)回忆道:坎宁说是普林顿让他了解到会计不仅仅只是簿记。但是坎宁对会计感兴趣另一个更实际的理由是,他需要赚生活费。普林顿给他找了一份工作,让他兼职帮助一家企业解决财务混乱问题。这段经历可能激发了他对会计计量问题的兴趣。

1913年6月,坎宁取得芝加哥大学的学士学位,并获得奖学金继续他的研究生学习,在此期间,他也修习了芝加哥大学政治经济学博士课程。在接下来的4年里,他陆续选修了保险、会计、统计、工业管理、货币银行学、价值、分配、经济思想史、人口、公司财务、投资学以及商法、政治科学、社会学和数学等课程。1919年,他最终获得了芝加哥大学的经济学博士学位。

1913年,坎宁大学毕业后在芝加哥大学攻读研究生期间,还担任了教师工作。1914—1915年担任助教工作,1915—1917年担任讲师。1917年,他被聘为斯坦福大学(Stanford University)的经济学助理教授,但是在他准备任职前,爆发了第一次世界大战。在这之后的两年里,坎宁加入了美国军队参加战争。1918年,他以上尉军衔在法国服役。

1919年秋天,坎宁在斯坦福大学开始了他的职业生涯,一直到1941年春天。那个时期的斯坦福大学经济系,学院教员有很大的自由来选择自己所提供的课程。在1919—1920年,学院只有7名教员。第1年,坎宁讲授初级会计、统计学入门、保险学、中级会计学、企业管理和高级会计学。从一开始,坎宁就对这两类学生感兴趣:一类是那些将来打算成为职业会计人员的学生;另外一类就是那些已经选择好自己未来职业并渴望了解会计方面知识的学生。他认为,自己担负着吸引有胜任能力的学生成为公共会计人员(public accounting profession)的责任。在经济系期间,坎宁建立了一套完整的会计课程。坎宁一直都是经济系的活跃成员,在暑期里,他还曾到加利福尼亚大学(University of California)和华盛顿大学(The George Washington University,GWU)做访问学者。1925年,坎宁晋升为副教授;1926年,他在经济系里设置了会计研究所;1930年,他晋升为教授;1941年,他成为食品研究所(the Food Research Institute)的副教授。

1946年6月,坎宁在斯坦福荣誉退休。但他仍然在德国供职到1948年12月,当时由于健康问题他不得不从政府岗位上退休。

1915年12月23日,坎宁和他的大学同学桃乐茜·海伦·珀拉姆(Dorothy Helen

Plumb,1894—1979)在俄克拉荷马州举行婚礼。婚后他们育有3个儿子,分别是约翰·霍华德(John Howard)、詹姆斯·吉尔莫(James Gilmore)和托马斯·诺曼(Thomas Norman)。1962年6月4日坎宁教授因病逝世,终年78岁。

## 二、理论与实务的主要贡献

坎宁的学术生涯可以大致分为两个阶段,即20世纪20年代和30年代。在20世纪20年代坎宁很关注会计职业的提升和改进,他的研究兴趣集中于会计学中的经济学。

在斯坦福大学任教期间,坎宁是一位极其优秀的老师。他讲话很缓慢,仔细选择所用词语,不断发展和丰富自己的思想。尽管他对所使用的教材不怎么感兴趣,但是却完善地运用资本和价格理论解释会计信息对经济决策产生的基础性影响。坎宁认为:当时对会计人员的大学培训还很不令人满意。就拿当时的公开课程来说,都过于强调常规会计程序,而不是他们10年后将主要面对的实质性问题,也很少关注哪些基本理论,而这些问题却是学术界所必需的,很少发现有哪些能够使学生读懂现代优秀统计出版物的数学课程,很少人明白这样的道理:会计人员面对的论题很多没有解决,大多数也没有被觉察出,哪些问题需要数学基础,但很少会计人员掌握了。他也写道:"通过著作和会计程序可以得出这样的结论,对法律的充分理解可以引导人们对分类和计量的实质性改善,可以使他们对不符标准的项目更谨慎。"几年之后,坎宁就对处理实务的人多掌握着不完全的会计知识提出意见:会计被称为企业的语言,但大多数工程师、经济学家对这种语言都是无知的,一些人承认会计对他们来说是一个谜;另一些则承认知道会计知识但却忽略了它;还有一些人(包括许多会计人员)了解会计,但却像被训练的会说很多英语的鹦鹉,却不知道它真正讲述的是什么意思。

在斯坦福的时候,坎宁在经济系设置了一个完全不同于传统会计的全新会计课程——利用经济学原理来研究会计理论。这个课程吸引了一部分优秀学生参与,他们在经济学和会计学方面都接受过严格的训练。20世纪20年代开始,坎宁致力于会计学和经济学的联合研究。随着1929年《会计学中的经济学》一书的发行,坎宁在这一领域的研究达到了顶峰,并且在会计研究领域开拓了一片新的天地,同时也丰富了经济学家关于商业企业的理论。他的同事与学生对他的教学才能与厚实的经济学功底给予了很高的评价。沃尔特·B·麦克法兰德(Walter B. Mcfarland)在坎宁的指导下完成了博士论文,他说:"当我作为博士研究生时,我发现坎宁教授的课程很刺激也充满新的观点。"罗伯特·D·卡尔金(Robert D. Calkin)则这样评价坎宁教授:"当我被他探讨会计的方法和对费雪(Irving Fisher)的贡献深深吸引时,他正被许多经济学家嘲笑为具有数学才能的傻瓜。坎宁是一个完全诚实的人,他不追求无价值的东西也不自负,他对荣誉不感兴趣。"爱德华·S·肖(Edward S. Shaw),一位对坎宁深深敬佩的经济学教授这样讲到:"作为他的学生和朋友,我发现他是一个优秀的、有魅力的、聪明的人。他理解统计学和计量经济学对经济的潜力。"

在20世纪30年代初期,在继续对会计领域深入研究的同时,他的兴趣逐渐转向了经济学其他领域的研究。由于经济萧条所带来的严重失业问题唤起了他强烈的社会意识,他开始全神贯注于经济萧条的社会和经济问题。坎宁教授是很早发现政府支出和不平衡预算在减弱经济萧条与促进恢复方面扮演着重要的角色的经济学家之一。在经济大萧条时期和罗斯福新政的恢复期,他的研究领域变得越来越重要。1932年12月,他和他的同事爱德华·G·尼尔森(Edward G. Nelson)在美国统计协会年会上发表了题为"预算平衡和贸易稳定"(*Budget Balancing Versus Trade Stabilization*)的论文,此后该文章发表在《美国经济评论》上并在美国参议院金融委员会(the U. S. Senate Committee on Finance)上得到宣读。同时,坎宁也积极关注失业保险和社会保障系统的研究,研究结果也在联邦和州进行了实践。1934—1935年,他担任旧金山市商会失业准备金与失业保险咨询委员会(the Advisory Committee of the San Francisco Chamber of Commerce on Unemployment Reserves and Insurance)的成员以及加州失业保险联合立法委员会(the California Joint Legislative Committee on Unemployment Insurance)的顾问。所以,他的研究项目也逐步转向了失业保险和社会保障。在接下来的几年里,坎宁一直担任这一领域咨询工作并且发表了多篇论文。1934年,加利福尼亚医疗协会(the California Medical Association)开始关注健康保险,坎宁受其邀请成为咨询委员会的成员,担任该协会理事会所执行的"医疗经济调查"项目的经济顾问,这项工作一直持续到1936年。

20世纪30年代的后期,他将自己的注意力转移到农业政策上。当时第二次世界大战迫在眉睫,对加州农业劳动力问题的研究兴趣导致了他对战时国家农业政策和食品供应非常关注。1939—1941年,他写了很多关于这方面的文章,两度参加了由总统和农业部分别组织的全国性会议。1942年,坎宁结束了他作为经济学家的职业生涯,进入了一个崭新的领域,担任全职的管理专家,开始担任美国农业部部长的经济助理,并在接下来的3年里一直供职于该部的不同部门。1945年战争快结束时,坎宁来到柏林(Perlin)担任美国军事管理委员会(the U. S. Office of Military Government)经济部门所属的食品与农业处的首席代表,其主要职责是在四国占领委员会中担任美国代表负责占领区的食品和农业问题。

## 三、主要论著简析

1928年10月20日，坎宁在一封寄往芝加哥大学的信中，提交了他的“著作”以申请博士学位[①]。坎宁讲述了这本书的写作思想与形成历程，并将其命名为《会计学中的经济学：会计理论的一种批判分析》(*The Economic of Accountancy*: *A Critical Analysis of Accounting Theory*)。坎宁的这本书经威廉·安德鲁·佩顿(William Andrew Paton)极力推荐由罗纳德出版公司(the Ronald Press Company，在商界和会计界最有影响力的出版社)于1929年正式出版。1930年5月1日，《会计学中的经济学》由于其对会计学的显著贡献而被授予Alpha Kappa Psi图书奖(Alpha Kappa Psi Book Award)。该书出版后，当时著名的经济学家欧文·费雪教授曾在1930年第4期的《美国经济评论》(*The American Economic Review*)撰专文用较长的篇幅推介其学术价值[②]。

《会计学中的经济学》一书的主要贡献是把经济学的一些观点引进到会计学和会计工作中来。坎宁认为，由于会计本身具有很大不确定性，当时的会计实务在很大程度上缺乏统一性。因为在1929年还没有公认会计原则，而会计实务的发展又非常迅速，使得会计师很难正确决定会计该做什么，不该做什么。因此，他得出的结论是：应该从经济学中引进若干与会计相关的概念，如财产、财富、资本、收益和成本等来解释会计现象，因为会计学经常会应用到这些概念。

坎宁的会计思想受到世界著名经济学家欧文·费雪教授的很大影响，以至于他在《会计学中的经济学》序言中写道：“我不需要宣称费雪教授的论文对我思想的影响，因为它出现在整本书中。”费雪是美国耶鲁大学的教授，曾经担任美国经济学会会长，而且是美国计量经济学的一代宗师，是计量经济学的先驱者之一。费雪同会计学相关的重要经济理论之一，就是对收入的研究。费雪认为，收入是指资本额所提供的未来服务(future service)，未来服务的价值是未来每年现金的流入按照利率所折现的贴现值。未来服务的价值实际上也就是资产的价值(资本物的价值)。

坎宁把费雪关于收入的理论引进到会计学当中来，对资产、收益两个概念给出新的定义，这与以前会计学家的看法和与当时对会计实务的认识都不相同，并在《会计学

---

① 因为ronald press company已经同意出版，而在那个时代的美国，其博士论文必须在授予学位前正式出版。

② Fisher Irving. The Economics of Accountancy[J]. The American Economic Review, 1930. 20(4): 603-618.

中的经济学》中提出了四个方面的新见解:(1)资产是指处于货币形态的未来服务。他根据费雪的观点,认为资产的本质是现已处于货币形态,或未来可转化为货币的未来服务。(2)收益是指处于货币形态的、由企业的资产以及其他服务所提供的最终成果。而且又强调最终成果是现金的流入,特别是现金的净流入。他还假设财务报告的使用者是业主和与业主有利害关系的其他人——投资者、债权人。同时假定这些人所最关心、最需要的信息是一年内企业经营活动而导致的可以支配的未来最终收益的净变化,就是最终可供分配的期初、期末净财富的增减变化。(3)理想的计量模式应该是按照资产的直接估价来计量资本价值的年度净变化,估价方法是按每项资产直接计量。(4)直接计量应按未来现金流量的贴现值来表示,如果这一点做不到(因未来现金流量难以估计,贴现率、时间也难以确定),也可以采取间接计价,即按成本计价。

坎宁的上述观点在当时没有得到重视,因为他的观点同当时的会计实务格格不入。但是到 1961 年和 1962 年,当莫里斯·穆尼兹(Maurice Moonitz,会计名人堂第 39 位成员)和罗伯特·托马斯·斯普劳斯(Robert Thomas Sprouse,会计名人堂第 54 位成员)在分别撰写 ARS No. 1《论会计基本假设》和 ARS No. 3《论企业广泛适用的会计原则》两份会计研究公报特别是 ARS No. 3 时,才重温了 30 多年前坎宁著作中的一些观点。尽管 ARS No. 3 后来被认为是不符合当时的会计实务而遭到了否定,而到了 20 世纪 80 年代,美国财务会计准则委员会(FASB)却又基本上吸取了坎宁的观点,且在以后的会计文献中又陆续都引用了他的观点,如 1980 年发布的"财务会计概念公告"第 3 号——《企业财务报表的要素》(*SFAC No.3 Elements of Financial Statements of Business Enterprises*),以及后来于 1985 年发布的取代 SFAC No.3 的"财务会计概念公告"第 6 号——《财务报表的要素》(*SFAC No.6 Elements of Financial Statements*:*An Replacement of FASB Concepts Statement No.3—Incorporating an Amendment of FASB Concepts Statement No. 2*)。

《会计学中的经济学》全书共分为 15 章。主要内容如下:第 1 章,会计的学术地位,描述了经济学家对会计学家的依赖,以及经济学和会计学的不同起源;第 2 章,资产的性质,从会计基本等式、一项资产的特征谈到资产定义;第 3 章,资产:解释的难点,从基金账户、计价账户和商誉三个角度解释了资产;第 4 章,净资产所有权;第 5 章,负债和净资产所有权:解释的难点,讨论了负债和所有者权益,分别从权益总额、权益和负债之间的区别来进行诠释,并从次级债务、优先权的区别和公司的所有者权益分析了负债和所有者权益解释上的疑难;第 6 章,总收益,讨论了收益的概念和"最终收益总额"的定义;第 7 章,净收益,讨论了从总收入中抵扣项目的性质和损益表;第 8 章,收入的计量:会计师理论同经济学家理论的比较与对比,讨论了会计学家的理论同经济学家的理论的对照与对比，以及费雪教授的理论和会计学家的理论的比较；第 9 章，财务状况，讨论了“财务状况”在文献中的定义、会计人员估价的假设前提和“财务状况”的理想定义；第 10 章，会计师的估价问题，讨论了会计师所受的约束、价值理论与计价理论；第 11 章，直接计价，讨论了直接计价成为可能的条件；第 12 章，间接计价，讨论了资产价值和企业价值不一定相等；第 13 章，重估价值的方法，讨论了直线法模型、偿债基金模式、固定比例均衡递减模式、年数总和法和服务单位准则；第 14 章，再评估技能，讨论了如何调整计量的问题；第 15 章，总结与展望。

## 参考文献


[1] 葛家澍. 西方财务会计理论问题探索[J]. 财会通讯，2005(1)：9.

[2] Canning John B. The Economic of Accountancy：A Critical Analysis of Accounting Theory [M]. New York：The Ronald Press Company，1929.

[3] Irving Fisher. The Economics of Accountancy[J]. The American Economic Review，1930，20 (4)：603-618.

[4] Zeff Stephen A，John B Canning：A View of His Academic Career[J]. Abacus，2000，36(1)：4-39.


（初稿执笔人：李冰）

# 亨利·惠特科姆·斯威尼

(Henry Whitcomb Sweeney, 1898 — 1967)

亨利·惠特科姆·斯威尼(Henry Whitcomb Sweeney, 1898—1967)是20世纪30年代美国知名的会计学者之一,其于1936年所著《稳定会计》(*Stabilized Accounting*,或译《稳定币值会计》)对现代会计理论的发展产生了重要影响。

## 一、个人简要生平

斯威尼出生于1898年7月30日。1924—1925年间,曾任匹兹堡大学(University of Pittsburgh)商务行政学院的会计助理教授。

1924年5月25日,斯威尼通过了哥伦比亚大学哲学博士的综合口语测试,决定开始准备博士论文的选题。经过12年的努力,在凯斯特教授的指导下,他终于完成了题为《稳定会计》的博士论文并正式出版,并据此申请获得了博士学位。

《稳定会计》正式出版并获得博士学位后,斯威尼将精力转向实现一个很久的梦想上去,即去当一名律师。于是在1936年秋,他进入了华盛顿的乔治敦大学法学院(Georgetown University Law Center)学习,并于1940年7月获得了法律学士学位,当月还通过了哥伦比亚地区的律师资格证考试。工作之余,他除被聘为《乔治敦法律杂志》(*Georgetown Law Journal*)做编辑外,并开始编写个人所得税法资料,并还继续演说他的稳定会计学。

1939年夏天,斯威尼担任了华府海军和约上诉理事会的首席会计师。不久后,第二次世界大战在欧洲爆发,战争似乎也正逐渐在美国浮出水面并准备爆发。新的职位职权广泛,也有大堆有关于海军扩军的尖锐争论,以致他不得不在各种各样的联邦合约中周旋。在1940年和1941年,斯威尼雇佣和培训了大部分身为海军军人的"账目核查"职员,他们审计了大量的个人花销记录以保证战争需要并和海军部签订合约,这些审计结论直接决定了政府用于补给的费用、减少了政府建房支出等。1942年初，斯威尼被指派监督所有的审计工作，他跑遍了全美劝告契约人和监督它们的操作者，评估契约者为额外补偿的要求，阐述合约终止的条款，以及在新的法律改革提出和发展方面发挥了相应的作用。

斯威尼于1967年3月1日逝世，终年69岁。

## 二、理论与实务的主要贡献

1927—1935年间，斯威尼将自己的阶段研究成果，先后在《哈佛商业评论》(*Harvard Business Review*)；《会计评论》(*the Accounting Review*)和《会计杂志》(*Journal of Accountancy*)上发表了十多篇论文，其中主要有："德国通货膨胀会计"(*German Inflation Accounting*, 1927)；"通货膨胀对德国会计的影响"(*Effects of Inflation on German Accounting*, 1927)；"资本的维持"(*Maintenance of Capital*, 1930)；"稳定性的减值"(*Stabilized Depreciation*, 1931)；"稳定性的升值"(*Stabilized Appreciation*, 1932)；"资本"(*Capital*, 1933)；"收益"(*Income*, 1933)；"通货膨胀如何影响资产负债表"(*How Inflation Affects Balance Sheets*, 1934)；指数估价的概算"(*Approximation of Appraisal Values by Index Numbers*, 1934)；"稳定会计的技术"(*The Technique of Stabilized accounting*, 1935)，等等。

## 三、主要论著简析

### (一)《稳定会计》的形成

斯威尼的博士论文——《稳定会计》(见图98)，从1924年立题到1933年形成并通过论文答辩，及至1936年正式出版并取得博士学位，历时12年。这篇论文的形成过程充满艰辛与汗水①。

图98 《稳定会计》

1925年，他与其导师、哥伦比亚大学著名的会计学教授罗伊·伯纳德·凯斯特(Roy Bernard Kester，1957年入选会计名人堂，列第18位)讨论了对价值方法的一些看法后，确定以

① Henry W Sweeney. 1936. Stabilized accounting[M]. New York: London, Harper & Brothers.

货币计量单位为主题的学术论文。凯斯特教授就明确指出，密歇根大学的威廉·安德鲁·佩顿(William Andrew Paton)教授已经在20世纪20年代初发表过这方面的论文。凯斯特教授还指出，如果只有一个理论，不管它在学术上有多么的引人注意，论证多么彻底，都达不到任何效果。他提醒斯威尼，任何时候所提出的会计方案都要经过实际会计操作的检验，以证明它的实用性。换句话说，任何不适用和不实用的会计方案都不会令哥伦比亚大学满意。你可以建立系列的理论，但是如果你的理论不能被证明是有用的和合理的，那只是在浪费时间。

1925年夏天，斯威尼决定不再用所有时间去学习和从事教育，计划将其会计理论放在可怕而又残酷的会计实践中进行检验。他辞去了老师的工作，回到了美国公共会计的中心——纽约。1925年秋，他作为拥有两个州的注册会计师执业证书和一本基础会计理论著作(1924年出版)的作者，在凯斯特教授的大力支持下，成为一家著名专业会计公司的审计员，并在那里一直工作到1931年的夏天。在这个职位上，他经历了20世纪20年代中后期的经济繁荣，1929年的股市动荡以及大萧条的初期阶段。在那里的大部分时间里，他都一直忙于大量所谓的“资产负债表”审计，间或做一些指派的任务和研究。在担任纽约其他两家会计公司主管的3年里，斯威尼感到，公共会计行业虽然在规模上发展得很快，且其重要性也日益提高，但会计理论作为会计实践的基础却仍然是空白。依然强调的只有实用性、实用性，还是实用性。

斯威尼在接下来的博士论文酝酿和研究过程中，深切地感到，1914—1918年间爆发的持续5年的第一次世界大战，使得德国通货膨胀激增，马克作为官方货币完全失去了控制。但德国的商业仍然在运行，会计得以保存。会计师们怎么能搞清楚与账户、资产负债表以及利润表毫无关系的资金额数呢？当然，人们不得不寻找一些解决的办法。那究竟是什么呢？为了回答这个问题，在凯斯特教授的引荐下，他咨询了俄亥俄大学会计学院的丹尼尔·珊亭(Daniel Shonting)教授，请其帮助选择关于通货膨胀会计学的德语文献。与此同时，斯威尼也一直在请教前德国埃森州德累斯顿(Dresden)银行主管、莱比锡大学博士贝特霍尔德·哈尼伯科(Berthold Hahnebach)，请其帮助理解德国的技术扩张以便于修正会计指数在通货膨胀期间的度量错误。

斯威尼在研究过程中发现，关于这方面的德语著作均有很强的逻辑性，思路清晰，论证彻底，极具实用性，如，弗伦斯堡大学的沃尔特·马赫伯格(Walter Mahlberg)教授的“*Bilanztechnik und Bewertung bei schwankender Wachrung*”；科隆大学企业经济学教授奥根·施马伦巴赫(Eugen Schmalenbach)在生前写了大量的经济学著作，并参与编写了*Die Zeitschrift fuer Handelswissenschaftliche Forschung*。由于斯威尼在德国和法国上大学期间接受了严格的语言训练，达到了外语专业硕士的水平。结果,在复习德语几个月之后,他即可以不再借助字典阅读关于德国通货膨胀的著作。

1927年年初,斯威尼开始利用会计公司的工作之余为《会计杂志》写稿,发表的第一篇文章题为"通货膨胀对德国会计的影响"(*Effects of Inflation on German Accounting*)。1927年5月,他向哈尔特·斯卡夫尼与马克思学术奖(Hart, Schaffner & Marx)经济学比赛递交了其第一份400页的关于稳值会计学的草稿,其主要内容是基于德国在通货膨胀期间的会计方面的惯例研究与建议,有些观点来自于其与前述部分德国当时顶尖的会计学家进行的交流和沟通。该稿件不仅最后荣幸获奖并得到500美元的奖金,但获奖条件是稿件必须在两年内能准备由Houghton, Mifflin & Company正式出版。

1931年秋,斯威尼完成了《稳定会计》的第二稿(这份草稿包括五六百页打印纸、许多的图表,其中许多图表有2页纸宽)。至此,他已经在这个项目上工作了7年——主要思想已得到了全面发展和阐述,并开始伺机寻找出版的机会。在接下来的12个月里,随着国家在萧条中越陷越深,许多领先的出版商不愿出版手稿(尽管善意的对手稿给予了赞扬,但因出版成本可能很高,并且这类理论和观点新颖书籍的市场可能很小)。

1933年年初,斯威尼获准参加最后的博士考试,包括博士论文《稳值会计》的答辩。斯威尼的博士考试和论文答辩通过了,学位的授予只等着论文的出版。但是《稳值会计》的手稿,在出版商看来,仍旧太过庞杂,且带着许多大规模的图表。

为了使文章的话题更引人入胜,斯威尼于1933年开始,将手稿的一部分发表在了有关学术杂志上,且大多数发表在《会计评论》上。尽管他最初曾打算最终将这些发表的文章收录到书中,但最后的处理是,将关于新颖观点的冗长解释发表在杂志上,然后将这些解释的归纳放进书中并在书中用注释表示这些解释。

1935年春末,斯威尼在好友——时为美国会计师协会(American Institute of Accountants,简称AIA)副会长的约翰·兰辛·凯里(John Lansing Carey,1968年入选会计名人堂,列第32位)的推荐下,他被任命为位于华盛顿的联邦通讯委员会(OSS)资产减值测算专家,这一职务给了他成为估值方面专家的机会。该职位不仅使斯威尼最终成为了一家公用设施公司在资产减值和投资回报率方面的独立顾问,而且还提供了一个在大萧条时期高于同等公共或私人部门会计职务所能提供的薪酬,同时也保证他后来拥有了一个能学习、实践罗斯福总统社会改革新方案的人事部门职务。遗憾的是,由于多方面的原因,这一任命并没有给予斯威尼心中那些想要的那些东西。于是在几个月的实习期后,他调到了又一个总统新方案代理机构——农业信贷管理部门,其职务为银行监察。斯威尼在这个部门待了4年，直到1939年8月。

1935年春，斯威尼从所有实际商业职务中抽身以准备《稳值会计》的最后一稿。因此，在两个半月在家闭门修行的时间里，他完成了文稿最后的修订，其工作包括：重排了内容，清晰化了说明，将长度缩短了一半以上；精简了词语、句子和文章；插入了对重要理论的频繁说明；拓展了范围，并且只提供了编制"价值稳定财务报表"所必需的样本性的工作论文。在做这些工作时，他将能够出版列入首要目标，当完成上述工作后，即将书稿的风格由典型博士论文型转变成了一本经济学和会计学实用基础读本。这是他自1924年以来的第4次从头到尾的重写，许多部分和章节甚至重写了4次以上，有的部分甚至多达10次，故最后一稿并非一种对长文的单纯缩写。

斯威尼所完成的书稿，被推荐给了 Ordway Tead, Harper & Brothers 出版社经济类图书编辑中负责区别鉴赏手稿并做出选择的一位资深编辑，由于其预见了通货膨胀——紧缩会进行20年的循环，且他感到斯威尼的书可能可以告诉人们怎样从根本上提高美国经济及其财政决算的质量并予以指导，如果此书确实能做到这点，那么将成为一次出版创新，也可能会成为变革的先驱，最终将这一新的理论纳入会计实践。正因为这位资深编辑的慧眼识珠，1935年末的时候，斯威尼得以与该出版社签订协议，并于1936年出版了他的第一本书。该书正式出版后，斯威尼还做了许多的相关工作，主要是围绕着在价值领域里如何导致更精确和完整的会计核算进行研究与实践。

### （二）《稳定会计》的基本结构

1936年，斯威尼出版的博士论文——《稳定会计》由八章所构成：第一章，普通会计哪里出错了（普通会计循环的描述；普通的会计程序是不相关的；普通会计程序在数学上是不合理的；一般会计程序是不完整的）；第二章，稳定币值会计是如何纠正普通会计的（稳定币值会计程序的描述；对稳定币值会计的评价）；第三章，基于重置成本的稳定性（重置成本评价方法的历史背景；名义资本、实物资本和不动产资本；重置成本下稳定币值会计的阐述）；第四章，公用事业的稳定会计解说（账面数据；稳定的数字；稳定币值会计的评价）；第五章，以毛纺厂为例说明稳定会计（账面数字；稳定的数字；稳定币值会计的评价）；第六章，保理公司稳定币值会计的说明（账面金额；稳定数值；该案例下的稳值会计估计）；第七章，关于稳定币值会计的各种问题（稳定币值的实际问题；新政和稳定币值会计之间的关系；稳定币值会计有利于保全净资产中的实物资本）；第八章，对反对币值稳定会计异议的回答（对合理异议的回答；对不合理异议的回答）。本书的主要贡献是，提出如何将传统历史成本会计报表上的美元调整为"等值美元”的程序与方法，它是有关现时购买力会计的第一本著作①。

### （三）《稳定会计》的学术贡献与影响

《稳定会计》出版的时代背景是美国刚度过1929—1933年灾难性的大经济危机。由于美国罗斯福政府实行对市场经济进行干预的新政，美国经济开始复苏，但20世纪30年代初经济大萧条带来的物价波动、通货紧缩、物价狂跌和企业倒闭的阴影，仍使美国人心有余悸。反映到会计上，就有一种需要，即当物价波动时，应当如何用稳定的会计数字反映企业的“真实收益”。斯威尼建议，为了计量资本的真实价值，在物价变动时可采用“一般水平”作为稳定的计量单位。这个建议直到40多年后，才被美国财务会计准则委员会（FASB）于1979年9月所发布的第33号财务会计准则（Statements of Financial Accounting Standards，简称SFAS）——《财务报告与物价变动》（*SFAS No. 33 Financial Reporting and Changing Prices*）所采纳。

斯威尼还主张，在理想的环境下，计量模式最好参照边际使用者（marginal user）未来生产能力的变化，计量资本真实价值的变化。葛家澍教授认为，斯威尼的这一主张——真实收益学说与美国20世纪20年代另外一位著名会计学家约翰·班纳特·坎宁（John Bennet Canning）在其名著《会计学中的经济学：会计理论的一种批判性分析》（*The Economic of Accountancy: A Critical Analysis of Accounting Theory*）中的思想颇为相似，即深受当时经济学的影响（包括当时的经济政策）②。

国外有关学者（Graves，1991）研究认为，斯威尼的稳定币值思想的形成，受到法兰克福大学（Johann Wolfgang Goethe-University）经济学教授弗立茨·施密特（Fritz Schmidt）所著《在经济结构中的组织会计》（*Die orgamsche Bilanz im Ramen der Wirtschaft*）中提出思想的影响较大，该书1922年第2版时改名为《组织的现值会计》（*Die orgamsche Tageswertbilanz*）。从某种意义上看，要比科隆大学企业经济学教授奥根·施马伦巴赫（Eugen Schmalenbach）1925年所著《动态会计学》（*Dynamische Bilanz*）观点的影响要深。

该书出版时，其导师凯斯特教授亲自作序，对其学术价值做了高度评价，称“在这个国家没有事先已发明的技术或方法来阐明一个企业记录受价格变化的影响，并且因此能够在企业政策制定中正确地认识他们”，“斯威尼先生做了一个开拓性的尝试去展示这是怎样发生的。这个技术或其他基于它的技术最终是否能占主流，只有时间和环境才能证明”，但是“他对这个问题的处理方式是激动人心的”。

---

① 陈今池. 现代会计理论[M]. 上海：立信会计出版社，1998：410.

② 葛家澍. 西方财务会计理论问题探索[J]. 财会通讯，2005(1)：6-9.

《稳定会计》一书于 1964 年再版时，美国著名会计学家威廉·安德鲁·佩顿(William Andrew Paton,列会计名人堂第 3 位)教授专门作序,作为编辑的斯蒂芬·亚当·泽夫(Stephen Addam Zeff,列会计名人堂第 70 位)写了推荐性序言,对其学术精神大加赞赏,并对其学术价值进行高度评价。佩顿认为,斯威尼博士是那些杰出的会计学学者之一,他在各个重要的会计学术期刊所发表的大量文章见证了他长达 10 年的研究,他的《稳定会计》一书是他辛苦工作的积累。尽管当时该书对会计行业的影响令人失望,但它确实在学术界引起了极大的震动。在学术界,这本书很快被认为是一项开创性的具有里程碑意义的研究成果,它是第一次对在美国由美元不稳定引起的财政测量问题的彻底分析解决——一种基于长期运用大量的例证材料进行分析、调查的处理方法。此外,在对不稳定或一般的会计数据,以及对这些问题解决的需要方面的限制意识发展中,该书可以更有理由地被认为是迈出了重要的第一步,或说是突破点。泽夫认为,作为一般所说的经典并不只是指伟大的和被广泛接受的,一部经典的标志还表现在影响后辈的意义上和思想行为的深度上超越同时代的作品。在会计学上,这些后辈正在或将出现在大学里,很多也已经或将投入实践,他们大学的和继续的教育都来自于这些会计学的经典,这些经典是现行惯例的可能解释的来源,同时也是为获得可取变化的共同启发的来源。斯威尼的《稳定会计》(1936 年)以及相关文章就是经典之一,它是美国第一部从清晰的会计学认知的理论基础上和实际应用上对价格变动的综合性研究,而其建议的大部分内容都和后来大多数研究的课题有关联①。

1944 年,斯威尼的《稳定会计》一书曾由我国当时的文信书局组织翻译并以《币值变动时之会计》为书名正式出版②。

**参考文献**

[1] Graves O Finley. Fritz Schmidt, Henry W Sweeney and Stabilized accounting[J]. Accounting and Business Research, 1991,21(82): 119-124.

[2] Henry W Sweeney. Effects of Inflation on German Accounting[J]. Journal of Accountancy, 1927(3): 183-191.

[3] Henry W Sweeney. German Inflation Accounting[J]. Journal of Accountancy, 1927(2): 183-191.

---

① Henry W Sweeney. Stabilized Accounting(reprint)[M]. New York: Holt, Rinehart and Winston, Inc., 1964.

② [EB/OL]. [2010-08-06]. http://www.mortgage-rate.com.cn/res/dfwx/lst/mgsm2.html.

[4] Henry W Sweeney. Maintenance of Capital[J]. The Accounting Review,1930,5(4): 277-287.

[5] Henry W Sweeney. Stabilized Depreciation[J]. The Accounting Review,1931, 6(3):165-178.

[6] Henry W Sweeney. Stabilized Appreciation[J]. The Accounting Review, 1932, 7(3): 115-121.

[7] Henry W Sweeney. Capital[J]. The Accounting Review, 1933,8(3):185-199.

[8] Henry W Sweeney. Income[J]. The Accounting Review,1933,8(4):323-335.

[9] Henry W Sweeney. Approximation of Appraisal Values by Index Numbers[J]. Harvard Business Review, 1934(10):108-115.

[10] Henry W Sweeney. How Inflation Affects Balance Sheets[J]. The Accounting Review,1934,9(4):279-399.

[11] Henry W Sweeney. Stabilized Accounting [M]. New York: London, Harper & Brothers, 1936.

[12] Henry W Sweeney. Stabilized Accounting[M]. New York: Holt, Rinehart and Winston, Inc. (reprint), 1964.

[13] Henry W Sweeney. The Technique of Stabilized Accounting[J]. The Accounting Review, 1935,10(2):183-205.

（初稿执笔人：许家林）

# 斯蒂芬·吉尔曼

## (Stephen Gilman, 1887 — 1959)

## 一、个人简要生平

斯蒂芬·吉尔曼(Stephen Gilman, 1887－1959)是美国早期著名的会计学家之一,他曾是美国多个会计组织的创始人。吉尔曼 1887 年出生于芝加哥(Chicago),1906—1910 年就读于威斯康星大学(The University of Wisconsin),并获得理学学士学位,1918—1959 年任国际会计师协会(The Association of International Accountants)副会长,1959 年病逝,享年 72 岁。

## 二、理论与实务的主要贡献

吉尔曼一生,曾有多本会计基本问题方面的著述,其主要著作有《会计学原理》(*Principles of Accounting*, 1916; 1924 年第 6 版)、《企业人士形象图说》(*Graphic Charts for the Business Man*, 1917; 1938 年第 7 版)、《财务报表分析》(*Analyzing Financial Statements*, 1925; 1945 年第 6 版)、《利润的会计概念》(*Accounting Concepts of Profit*, 1939; 1982 年第 7 版)和《数字意味着什么》(*What the Figures Mean*, 1944)等。

吉尔曼在会计学术研究上的贡献主要在于以下四个方面:一是管理会计的经营分析;二是关于费用动态的理论;三是对会计名词概念的阐述作出了一定的贡献①;四是

① 陈今池. 现代会计理论[M]. 上海:立信会计出版社,1998:389, 403.

较早提出会计国际协调问题，即检验会计原则的标准，如能否跨越国界检验，德国和美国是否具有同样的会计原则？能否跨越行业的限制，汽车行业与包装行业是否有同样的原则？能否超越企业组织形式的限制，如独资、合伙企业与公司是否有同样的原则？等等①。

当然，吉尔曼对现代会计理论发展影响最大的文献，是其于1939年所著的《利润的会计概念》(*Accounting concepts of profit*)一书，该书由当时的Ronald Press公司出版。由于其具有很高的学术价值，故曾于1941年、1945年、1956年和1983年多次再版。

## 三、《利润的会计概念》(1939)简析

### (一)写作背景与特点

20世纪20年代末期第一次全球经济危机后，支配美国公司财务报告的思想发生了一定的变化，资产与负债流动性原则(liquidity doctrine)受到强烈冲击，于是，金融资本家们开始关注公司盈利方面的信息。同时，公司发行普通股票成为重要筹资来源，股东成为财务报表的主要信息使用者，并且在“两表”中从“资产负债表”转向更多地关注“损益表”②。吉尔曼所著《利润的会计概念》一书，正是在当时会计理论的重心开始由资产负债表观转变为损益观这一背景下完成的，相对来说，该书如实客观地见证了“过去六年”(即1933—1938年)会计理论上的这种转变，此为该书的最大特点之一。

吉尔曼认为，该书的部分读者，特别是法律界人士、工程师、经济学家、统计学家、投资者、债权人以及企业管理层可能并没有意识到这一转变的深远意义。他们或是专业或是业余人士，也了解损益表是大势所趋，但也对其运用所产生的一系列问题感到困惑不解。同时，由于日常工作的压力，当时许多会计人员根本无法就收入决定的问题展开广泛的讨论，尤其是当没有人将相关书籍、期刊和新闻稿等材料上的研究以及其他零散资源进行汇总分析时，这一问题更加突出。基于此，对这些内容的收集和对比分析，即成为该书编写的前提。

在该书中，作者曾经反复提及亨利·兰德·哈特菲尔德(Henry Rand Hatfield)、

---

① 葛家澍，刘峰. 会计理论——关于财务会计概念结构的研究[M]. 北京：中国财政经济出版社，2003：13-14.

② 查特菲尔德. 会计思想史(第一编)[M]. 北京：中国商业出版社，1989：109.

威廉·安德鲁·佩顿(William Andrew Paton)、阿纳尼亚斯·查尔斯·利特尔顿(Ananias Charles Littleton)、约翰·班纳特·坎宁(John Bennet Canning)和罗伊·伯纳德·凯斯特(Roy Bernard Kester)等当时会计界的权威人士,并反复引述其观点,以希望围绕会计利润这一主题,在前辈观点的基础上有所突破。作者指出:尽管与收入相关的问题是老调重弹,但因当时发生的部分事件暴露了某些冲突和不一致,因而有必要进行重新调查研究;尽管利润决定问题自会计形成之初就存在,但作者仍然希望用不同的方法对其进行研究,希望能够像艺术学家们一样,用标准化的工具,在对材料和主题了如指掌的前提下,通过选择和重心的不同创造出不同的作品。该书中,作者试图有条不紊地呈现重要的会计假设、规则以及准则,认为它们影响了会计利润的确认,同时也回避了某些广为人知并得到充分研究和那些受到法律影响深远的领域,如所得税会计。人们普遍认为应纳税所得额受特殊行为的操控,并不影响会计利润的确认方法。

该书的另外一个特点是,作者并没有对所有影响利润的因素逐一研讨,而是用大篇幅的章节着重并详尽地探讨了与会计利润息息相关的两个项目,即存货和固定资产与企业净利润的关系,以及其计价方法的选用对利润的确认和利润结果的扭曲。作者认为,这两个项目最具代表性,由此得出的结论具有一般性,能够推广应用。他同时认为,尽管“会计利润”一词在当时并未得到广泛使用,但仍有经济学家认为该词的运用大有裨益。基于同样的原因,该书即采纳这一词,并试图将这一经过严格会计核算的结果与其他的会计概念区分开来,如“纯粹利润”、“应税利润”和“可分配利润”等。

当然,也有学者认为,吉尔曼的《利润的会计概念》一书,围绕着利润概念对会计问题而展开讨论,详细且全面。但是,书中主要是对当时实务中已经存在的各种理论、观念、惯例和原则等加以整理,尚未给出一套内在一致的原则,甚至未给出一个逻辑严密、内在一致的利润概念,是为憾事。而且,在讨论利润概念时,作者较多地采用了描述式的方式,将经济学家、法学家、统计学家和会计学家们从各自角度界定的利润概念进行了罗列,观点众多,但歧义纷呈,而吉尔曼只是对其所认同的观点进行综述后,结束全书。因此,该书的理论价值仅在于:比较全面地提供了 20 世纪 30 年代不同领域的专家学者对利润内涵的认识与其形成过程的理解。

笔者认为,尽管经过数十年的发展,围绕利润确认及财务报告基本观念的变革问题经历了由“资产负债表观”到“损益表观”的转变,又改向由“损益表观”到“资产负债表观”的轮回,《利润的会计概念》一书中所讨论的内容似乎已经失去了现实价值,但其作为一本反映 20 世纪 30 年代围绕这一会计理论核心问题之一的重要理论文献,正是因为其相对如实详尽地对各学术观点进行了记载与综述,应当更加有助于我们今天了解当时会计理论发展的基本脉络与态势。此外,我们还应当特别关注的一个事实是,吉尔曼在序言中特别提及了著名会计学家威廉·安德鲁·佩顿教授,说其为该书承担了"繁重的修订和校正工作"并"花费了大量时间",同时"提出了许多宝贵的意见",这更足以表明该书的理论价值。

### (二)基本结构与内容

该书共设三十五章,大致可分为四个主体部分,其基本结构如章次核心内容如下:

第一部分为会计基本业务处理中所运用理论的基本阐述,共涉及十章。第 1 章为绪论,主要内容有三个批判群体、测试会计命题的方法、会计固有局限性、计算会计利润的方法和章节排列;第 2 章为对会计的外部影响,主要内容有会计服务的群体、法律对会计的影响、经济对会计的影响、企业对会计的影响;第 3 章为利润发展追溯,主要内容有三个基本会计假设、推动利润发展的因素,包括公司、成本会计、所得税以及资产负债表审计;第 4 章为个人会计实体,主要内容有人群隔离的效果、损失和收益、收付实现制、估值假设、估值含义、非现金交易、罗马奴隶制理论;第 5 章为企业会计实体,主要内容有会计术语、实体和所有权概念、反对实体理论的权威人士、法律对实体理论的反对、实体描述、实体理论与规模的关系、估值假设、成本估价、分类、对分类的修改完善、资产和负债的关系、实体和所有者、投资和利润、无限所有权、实体假设的优点、实体理论和会计师;第 6 章为早期贸易活动中的利润决定,主要内容有经营活动的完结、经营活动的部分完结、现代独立交易行为、现代连续交易行为、交易行为的重叠;第 7 章为会计分期假设,主要内容有业务连续性、用破产清算来检验利润、期间利润估算、期间资产计价、持续经营假设、待摊和递延项目、未分配利润、资本和收益、固定资产面临的问题、资产负债表观下的利润计算、分析法计算会计利润、利息对利润的影响、会计期间假设的影响;第 8 章为期间收入确认,主要内容有现金确认、所有权转移实现收入、货物装载和发运实现收入、收入确认的检验、收入实现面临的特殊问题、不确定性账户、存货和收入的实现;第 9 章为期间收入与成本的配比,主要内容有成本会计、通用会计、时间和金额的不确定性、实务中的配比问题、平均成本、存货的重新估值、保守性;第 10 章为非常利得和损失,主要内容有主体损益、非常规项目处理、互斥性分类、四重分类的阐述、盈余调整、前期报告重构、经营成果的扭曲、更正低估资产产生的收入、三种常用方法的比较和广泛接受的惯例。

第二部分为会计准则方面的理论问题阐述,共涉及七章。第 11 章为企业惯例,主要内容有企业相关特征、企业所有权的类别、企业利润决定、企业的控制、企业资产初始估值、库存股;第 12 章为会计准则探索,主要内容有会计的详尽阐述、会计惯例、会计准则、证券的新形式、关于准则的不同意见、制定准则的尝试、制定准则的困难、制定准则的可行性；第 13 章为会计准则术语，主要内容有关于准则的争议、法律和商业影响、会计准则的数量、共轭准则、定义、区别、准则的可替换含义、五个准则、对准则的检验；第 14 章为准则的复合列表，主要内容有一般准则、利润表准则、资产负债表准则、合并报表准则、注释和脚注；第 15 章为会计学说和惯例，主要内容有保守主义学说、一致性学说、披露学说、重要性学说、学说的比较、会计惯例；第 16 章为会计原则与规则，主要内容有原则测试、替代术语、共轭原理、工程类比和统计类比。

第三部分为会计实务方面的理论问题阐述，共涉及十八章。第 17 章为账户分类的发展，主要内容有当前的资产和负债、基本账户分类、资产分类、负债分类、所有权分类；第 18 章为所有者权益分类，主要内容有所有者权益的基本分类、企业所有权、盈余的种类、损益的分类、损益表、会计历史和披露；第 19 章为资产、收入和支出，主要内容有支出和收入、成本、费用和损失、作为递延费用的资产、存货性质、分类测试的意图、分配和转移、递延费用的收回；第 20 章为支出和成本的问题，主要内容有保险类型的支出、组织费用、特殊的成本问题、估算成本、再吸收成本、联合成本、支出和时间滞后；第 21 章为资产成本的周期性，主要内容有资产分配的术语、分配方法、折旧替代理论、存货替代理论、折旧基金、净值和提前退休、提前损失；第 22 章为存货的特征，主要内容有资产负债表观、损益表观、观点的比较、存货分类、周期性库存、永续盘存、零售盘存法、方法的小结；第 23 章为存货费用，主要内容有采购发票成本、购买折扣和商业折扣、不确定采购成本、回收商品、以旧换新商品、套期保值交易、标准成本；第 24 章为贷记存货，主要内容有贷记存货的类型、对领料单定价的方法、实际成本法、平均成本法、先进先出法、后进先出法、重置成本法；第 25 章为存货重估方法，主要内容有重估方法的原则、支持重估的因素、三种存货重估方法、存货零售价格法、净销售价格法、基本库存法；第 26 章为成本与市价孰低法重估存货，主要内容有观点之间冲突、价格水平和实现、规则的来历、流动比率的影响、成本与市价孰低法的应用、成本与市价孰低法的历史回顾、市场价格的性质、重估调整、支持存货重估的论据、反对存货重估的论据、收益和损失的歪曲、成本或者市价调整的替代选择；第 27 章为存货计价方法的比较，主要内容有比较的类型、存货计价的结论；第 28 章为固定资产的取得与计价，主要内容有固定资产的计价、其他的非流动资产、经营成本的折旧、取得资产的方法、分期付款合约、固定资产计价方法、固定资产成本的分配；第 29 章为固定资产的使用寿命，主要内容有影响固定资产使用寿命的因素、资产份额、资产组和资产综合折旧、资产份额和资产组方法的比较、资产份额的组成部分、残值、固定资产使用寿命的预测；第 30 章为折旧方法，主要内容有折旧费用、折旧对应的贷方、各种折旧方法、折旧的复核；第 31

章为固定资产重新调整，主要内容有实际报废的会计观、资产报废之前的重新估值、资产的重估和利润的扭曲；第 32 章为销售总利润，主要内容有损益表的格式、销售总收入和销售净收入、存货、销售成本、销售总利润；第 33 章为其他收入费用前的净收入，主要内容有期间费用、收支平衡点、百分比分析、扭曲、日常经营净利润的重要性；第 34 章为提作盈余的期间净利润，主要内容有其他业务收入的组成部分、其他业务费用的组成部分、对各学派观点的总结、盈余和备抵账户、投资者与净利润、净利润和企业经营管理。

第四部分为全书论证内容的总结性阐述，即第 35 章为会计利润的重要性，主要内容有会计组成部分、特定的利润概念、会计利润和会计假设、实体观与所有权观、关于资产价值的观点、会计利润的定义、权威人士的观点、扭曲和不一致、全书总结。

## 参考文献

[1] 陈今池. 现代会计理论[M]. 上海：立信会计出版社，1998：389-403.

[2] 葛家澍，刘峰. 会计理论——关于财务会计概念结构的研究[M]. 北京：中国财政经济出版社，2003：13-14.

[3] 徐国君. 会计学科概览[M]. 北京：中国商业出版社，1999：316.

[4] 许家林. 会计理论发展通论[M]. 北京：经济科学出版社，2010

[5] Gilman Stephen. Accounting Concepts of Profit. The Ronald Press Company，New York，1939.

（初稿执笔人：许家林　陈红燕）

# 肯尼斯·福赛思·麦克尼尔

## (Kenneth Forsythe MacNenl, 1895—1972)

肯尼斯·福赛思·麦克尼尔(Kenneth Forsythe MacNenl, 1895—1972)是以经济价值(市场价值)为基础(economic value-based)的资产计量属性的坚定拥护者,并以此观点为会计理论研究者所了解,《会计中的真实性》(*Truth in Accounting*)是其代表作。在该书初版之后的70年间,尽管书中观点曾被广泛引用且在有关学术研讨中提及,但却没有学者对麦克尼尔及其代表作《会计中的真实性》进行深入研究。不仅其身世背景鲜为人知,人们也不知道他从事过什么职业;是什么促使他脱离当时正统的会计理论和实务,并对当时的会计理论和事务进行猛烈的抨击;他是如何写出这本著作的;他后来又怎么样了;也不知道他为何在1939—1941年间写出这本著作后,就再没有写出一篇会计方面的论文以及著作。由于时代久远,加上所存相关文献缺乏,下文仅据有关资料予以整理。

### 一、个人简要生平

1895年12月20日,麦克尼尔出生在伊利诺伊州(Illinois)的贝温(Berwyn)。他的父亲亚瑟·W·麦克尼尔(Arthur W. MacNenl)是一名内科医生,并创建了一所医院,该医院现以麦克尼尔命名(MacNenl Memorial Hospital)。麦克尼尔少年时代,在芝加哥(Chicago)郊区的斯特林·莫顿(Sterling Morton)一所中学接受了中学教育,高中毕业后,于1912年9月进入了芝加哥大学(The University of Chicago)学习,主修商业和管理专业。

在芝加哥大学学习期间,麦克尼尔选修了会计学原理、中级会计和成本会计3门会计方面的课程,这3门课程均由杰伊·邓恩(Jay Dunne)教授主讲,其成绩分别为会计学原理(B-)、中级会计(B)、成本会计(C)。总之,他在校的分数多半是由B、C、D

组成,并且有1/4的课程得了F。1916年1月,他被学校开除,原因是"学业太差"。不过他向其朋友们说真正的原因是因旷课太多。据说,这次被开除的经历倒成了他后来骄傲的一个资本,原因是这可证明他能保持独立思考的第一个证据。当年麦克尼尔在芝加哥大学学习的时候,约翰·班纳特·坎宁(John Bennet Canning)也在同一所学校学习,但是没有证据证明他们两人曾经有过接触。在社会活动方面,麦克尼尔则表现得很积极,不仅参加了学校的一些社团组织,如Phi Gamma Delta,并在团队里面有良好表现。

1915—1916年间,麦克尼尔又进入西北大学(Northwestern University)商学院学习,并选修了由大卫·希梅尔布劳(David Himmelblau)教授主讲的两门会计课程,但均未取得学分,仅有其选修由Arthur E. Anderson公司创始人、著名会计学家亚瑟·爱德华·安德森(Arthur Edward Andersen,列会计名人堂第8位)教授主讲的CPA测试课程,最终获得了C的成绩并获相应学分。

1916年1月,时年20岁的麦克尼尔在西北大学学习时,即加入了位于芝加哥的普华会计公司(Price, Waterhouse & Co.,简称PW,即今天Price Waterhouse Coopers普华永道国际会计公司的前身之一)芝加哥分所,从而开始了其职业会计生涯。在后来所著的《会计中的真实性》一书的前言里,他提及最早接触传统会计的感受时写道:"在Price, Waterhouse,我被告知会计不过是一种'常识',是在两所大学接触到的不成熟经济理论的补充。但以我在工作中的经验,无论是公众的还是私人的,都无法使我自己确信会计不过是一种常识。然而在个人的会计实践中,我感觉到的一个重要缺陷是会计和经济逻辑的基本原理不一致,而出现这种不一致的往往都那种通常被称做常识的东西。"①

1917—1919年第一次世界大战期间,麦克尼尔依法从军并被派到法国服役,在此期间他还在法国的一所大学进行了短期学习,服役期满后回到美国继续其职业生涯。1919年11月,麦克尼尔在伊利诺伊州参加了CPA执业资格的统一考试,因取得了第一名的优异成绩而获金牌奖励。1920年4月,他成为伊利诺伊州的第234名注册会计师。1944年,他又取得了宾夕法尼亚州(Pennsylvania)的CPA执业资格证书。

自20世纪20年代开始,麦克尼尔相继在费城(Philadelphia)的一些公司做财务和会计工作,这其中包括制造业、建筑业、酒店行业、房地产以及金融行业等。1929—1930年,他作为一支投资信托基金的财务主管,负责协调和领导其他5名注册会计师,对纽约证券交易所的上市公司公开发表5年间的财务报表进行了广泛分析和研

---

① K MacNeal. Truth in Accounting[M]. Tuscaloosa, AL: University of Pennsylvania Press, 1939.

究。1944 年，他在费城创建了一个小的会计师事务所，并命名为麦克尼尔（Macneal）会计师事务所，不久后因为其他合伙人的加入而改名为麦克尼尔-凯茨-阿伦（Macneal, Keetz & Allen）会计师事务所。

1921 年 5 月 19 日，他和玛格丽特·吉拉德（Marguerite Giroud）结婚，并育有 3 个孩子，即理查德·亨利，爱德华·亚瑟和玛格丽特·路易斯。60 年代，麦克尼尔退休，1972 年 3 月 16 日，麦克尼尔逝世，终年 77 岁。

## 二、理论与实务的主要贡献

麦克尼尔一生著述较少，且集中在 1939—1941 年间。除了其代表作《会计中的真实性》（*Truth in Accounting*）外，他还发表过 3 篇论文，即刊发于《国家》（*the Nation*）杂志 1939 年 10 月 7 日与 14 日的"会计到底怎么啦"（*What's Wrong with Accounting*）和 1941 年 1 月 8 日的"告诫投资者"（*Caveat Investor*），以及发表于 1941 年 4 月号《会计论坛》（*the Accounting Forum*）上的"我们的财务报告系统完美吗"（*Is Our System of Financial Reporting Round*）。

## 三、主要论著简析

### （一）《会计中的真实性》的写作动因

1940 年 5 月 17 日，麦克尼尔在写给亨利·兰德·哈特菲尔德（Henry Rand Hatfield，列会计名人堂第 5 位）的信中，曾就《会计中的真实性》（*Truth in Accounting*）（见图 99）一书的写作动因做了解释。麦克尼尔说，促使他写作该书是源于和当时 PW 的一次争论。这次争论发生在 1930 年，当时由 PW 审计麦克尼尔和其他人共同控制的一家信托投资公司，在审计中，PW 拒绝按照市场价值对投资组合进行确认与计量，也拒绝将市场价值（经济价值）和账面价值的差额在利润表上进行反映并将该差额包括在总利润中。于是麦克尼尔构造了一个名为"两个信托投资公司的寓言"的故事，在寓言中，麦克尼尔解释了证券投资组合的管理人如何通过"灵活"选择确认"未实现收益"的时间来为自己牟利，试图以此来说服 PW 接受其建

**图 99 《会计中的真实性》**

议，即对投资组合用市场价值(经济价值)来计量，并将市场价值和账面价值的差额确认为收益，该收益也应该在利润表上反映。麦克尼尔在信中还表示，PW 当时显然已被他说服(Evidently Impressed with His Argument)，但当时 PW 的高级合伙人乔治·奥利弗·梅(George Oliver May，列会计名人堂第 1 位)似乎并没有接受他关于未实现收益的处理方式，因为梅曾表示接受麦克尼尔的意见是需要时间的。不过麦克尼尔认为："PW 事务所同意严格按照现值计价方法来编制报表，并将未实现利润列入收益表和总利润中。我记得在那个时候还没有哪一家有声望的事务所干过这样的事情，同时我也为自己感到骄傲"①。

在与 PW 的争论中，麦克尼尔受自己感觉到所获得"胜利"的鼓励，促使他开始了一场试图对当时会计实务进行激烈变革的"圣战"(Holy Crusade)。经过 7 年的努力之后，麦克尼尔完成了这部传世著作的手稿，并用了这个颇具挑战性和煽动性的(provocative)书名——《会计中的真实性》(*Truth in Accounting*)(Zeff，1982)。不知道是否因其倡导的变革过于激进有关，《会计中的真实性》的出版却颇费周折。麦克尼尔先是将该书的打印稿送给他的同仁阅读，并且将复印的成果发给部分出版商，但却相继遭到了麦克格劳-希尔书业公司(McGraw-Hill Book)、罗纳德出版公司(The Ronald)以及布伦特斯-霍尔公司(Prentice-Hall)的拒绝。随后，麦克尼尔联系了宾夕法尼亚大学出版社(由于他当时居住在费城，离出版社非常近)，该社在做出出版决定之前，征求了一位经济学家和一位会计专家的意见，得到两位专家的赞同，随后才正式出版了麦克尼尔的著作。30 年后，该书于 1970 年又由学者书业出版公司(The Scholars Book Co.)重印。

### (二)《会计中的真实性》的基本理论线索

从《会计中的真实性》的出发点上看，麦克尼尔主要关注的问题是财务信息使用者之一的小投资者的利益保护问题。他认为，当时秉承"实现原则"(realization)和"谨慎原则"(conservatism)理念的财务报表报告模式很容易使小投资者受到欺骗。因此，在该书前 1/4 的内容中，他不仅提出了这个问题，还指出一些会计条约(即原则)样本中的自相矛盾之处，试图揭露隐藏在"实现原则"和"谨慎原则"背后的真实原因，并不遗余力地阐述他要提出的问题，即小投资者被那些不是基于经济价值编制的财务报表所误导了。

该书由十五章构成：第一章，三个寓言；第二章，现代会计原则；第三章，现代会计

---

① K. MacNeal. Truth in Accounting[M]. Tuscaloosa，AL：University of Pennsylvania Press，1939.

原则的辩护；第四章，现代会计原则的起源；第五章，价值的本质；第六章，货币；第七章，市场价格；第八章，市场价格的替代；第九章，真实的财务报表；第十章，资产；第十一章，资产；第十二章，估计账户；第十三章，负债；第十四章，损益表；第十五章，未来会计。

在该书的开始，麦克尼尔就构造了三个寓言，来说明小投资者在"实现"和"谨慎"理念主导的财务报表模式下是多么容易被欺骗。随后，麦克尼尔又对"实现"和"谨慎"理念形成的原因进行了分析，进而指出，当众多小投资者成为财务报表的使用者时，坚持"实现"和"谨慎"已经不合时宜了。否则，众多小投资者只能被永远欺骗而看不到任何希望——他们不但不能知道其持有股票所代表资产的真实价值，也无法获知公司的真实收益情况。那么怎样提供众多小投资者容易理解且反映公司资产、收益真实情况的会计信息呢？麦克尼尔就这个问题给出了他自己的答案。

第一，是关于资产的价值问题。麦克尼尔认为，"经济价值"是一个众多只有"一般知识"(common sense)小投资者容易理解的概念，而且资产的真实价值就应该是其"经济价值"。因此，资产的计量应该首选"经济价值"；当无法获知"经济价值"的信息时，可以使用"重置成本"；如果无法获知"经济价值"和"重置成本"的信息，则使用"历史成本"。麦克尼尔也给出了可以使用"经济价值"的三个条件：(1)市场充分自由，没有权力的干预；(2)充分竞争，没有足以影响价格的垄断势力的存在；(3)市场要足够广阔，可以在一定程度上反映整个世界的供求状况。当某个资产的交易市场满足上述3个条件时，就应该对其用"经济价值"亦即市场价格予以计量，并确认未实现收益。当资产的市场不完全满足上述3个条件时，要根据资产是否可以重复生产来确定其可以选择的计量属性：可以重复生产的资产使用"重置成本"来计量；不可以重复生产的资产利用"历史成本"计量。

第二，是关于负债的计量问题。麦克尼尔认为，负债应以须偿还的数额计量。这似乎没有贯彻其在资产计量中所秉承的原则——"经济价值"计量属性。对此，麦克尼尔解释说，对负债使用"经济价值"意义不大①。

第三，是关于利润的计量问题。麦克尼尔认为，利润是净财富的增加，损失是净财富的减少。这种观念也是经济学家对利润的定义。解决了资产和负债的计量问题后，在不考虑股权变动的情况下，就很容易确定当期的利润了——期末净财富和期初净财富之差。因此，采用此种方式计算的利润既包括已实现的利润也包括未实现的利润。

第四，是关于会计报表的编制问题。麦克尼尔也给出了基于上述理论的资产负债

① Kenneth MacNeal. Truth in Accounting. Scholars Book Co., Vernon Houston, Texas, 1970:274-275.

表和利润表编制方式。他认为："资产负债表的资产并不反映一个企业的总价值，而只不过是代表一个企业拥有的总财富"。"负债也并不反映一个企业所有负债的价值，而是一个企业不可分割财富的法律索赔权"。"甚至在很多情况下，负债和股本的市场价值并不完全清楚。当这些市场价值对股东和债权人像会计师那样一样适用的时候，在使用这些报表时才不会需要额外的相关信息。""商誉和组织成本不是资产"。① 麦克尼尔所倡导"真实"的内涵是：(1)在资产负债表中，要按照经济价值来反映一个公司的财产(在必要的时候是替代品)，负债是法律上所欠的，所有者权益是前两项相减的剩余部分。(2)在利润表中，要反映出实现的和未实现的利得损失，并将它们各自归入"流通"和"资产"部分。可见，他所倡导"真实的"信息是站在小投资者(可能加上债权人)立场上真实地记录公司资产的价值，真实地估价是站在真实或者估计的"事实"上，而不是对未来的期望之上。此外有一点奇怪的是，尽管早在20世纪30年代中期，由于1933—1934年美国《证券法》和《证券交易法》的实施，以及美国证券交易委员会(SEC)日益强化的监管行为，在财务报表中增加附注和其他解释说明已经成为美国公司的一项普遍共识，但麦克尼尔在该书中对附注和表外披露的内容却一点儿也未提及。虽然也有学者提出披露一些诸如重置成本数据和购买力重述的会计信息作为增加报告，而麦克尼尔坚持认为这些"真实信息"应该由财务报表本身来提供，而不应当由其附加信息来提供，这一认识也许与当时人们对表外信息的研究与运用尚未规范所致。

### (三) 围绕《会计中的真实性》的诸多争议

《会计中的真实性》一书对当时通行的以历史成本为基础的计量属性予以批判，并积极倡导以经济价值为基础的资产计量属性，建议财务报告应以经济价值计量模式为基础进行编制。在《会计中的真实性》前言里，麦克尼尔承认自己是一个脾气不好，很容易发火的人，而且自己经常意识不到这个缺点。他也承认在对当时通行的历史成本计量属性以及会计理论和实务界批判时，使用了过于激烈的言语。

麦克尼尔在《会计中的真实性》中，就曾使用了以下形容词来描述当时的会计实务：untruthful，faulty，fraudulent，deceptive，misleading，morally indefensible，fallacious，false and pernicious，false and misleading，childish，demonstrably absurd，deplorable，seriously false and misleading，misleading and untrue，unjust and pernicious，false，untenable，disgraceful，flagrant，wholly misleading，maliciously mis-

---

① Kenneth MacNeal. Truth in Accounting. Scholars Book Co.，Vernon Houston，Texas，1970：274-275.

leading, indefensible。除了使用上述形容词以外,麦克尼尔还用了以下词语来批评当时的会计理论和实务界:sheerest nonsense, illogic and fundamental unsoundness, grotesque humor, sophistry and specious reasoning, defraud, a tool of knaves, misrepresented facts, exhibiting a meaningless figure, deception, falsify, erroneous ideas, evils, fraud。由于麦克尼尔对当时会计界的批评使用了过激的言论,尽管他多次声明,他的批评针对的是结果而非行为动机,但仍然在业界产生了重要的负面作用,从而受到了猛烈回击。

同期另一会计理论名著《会计学中的经济学:会计理论的一种批判性分析》(*The Economic of Accountancy: A Critical Analysis of Accounting Theory*)的作者约翰·班纳特·坎宁(John Bennet Canning)就认为,麦克尼尔忽视了市场的多变性,没有考虑提供信息所需要的成本问题,也没有说明所谓真实的信息是如何导致投资者更好决策的。坎宁这种有关会计信息对投资者决策影响的前瞻性认识,一直到 20 世纪 70 年代才引起较多的关注并成为研究的热点,最终深化成现代的主流观点。作为当时著名会计学家之一的威廉·安德鲁·佩顿(William Andrew Paton),其实在 1917—1918 年间曾是一位重置成本计量属性的坚定拥护者,但即便如此,他也被麦克尼尔书中所奉行的"真实"观念及其对当时会计实务的激烈批判所激怒。而在 1939—1940 年间,却正是佩顿思想比较保守的时间,由他和阿纳尼亚斯·查尔斯·利特尔顿(Ananias Charles Littleton)合作撰写的《公司会计准则导论》(*An Introduction To Corporate Accounting Standards*, 1940)也是在此期间发表,由于该书很大程度上是为传统财务会计理论辩护之作,故此时的佩顿最多也只是会计改革的谨慎拥护者而已。虽然他赞同麦克尼尔指出的会计理论发展方向,但对麦克尼尔就一些会计问题的具体处理则持否定态度。时为斯坦福大学商学院研究生部的教务长和会计学教授 J· 休奇·杰克逊(J. Huge Jackson)也没有给《会计中的真实性》这本书一个积极的评价,但由于杰克逊是传统会计理论的坚定拥护者,没有积极地评价《会计中的真实性》也是正常的。时为莱布兰德-罗斯兄弟-蒙哥马利会计师事务所(Lybrand, Ross Brothers and Montgomery)合伙人之一的威廉·M·莱布兰德(William M. Lybrand),特别对每年重估资产的可行性提出了质疑,他也似乎不愿意倾听麦克尼尔的任何解释。甚至有人认为,该书除了挑起争论外,并没有什么实质的内容。

相比之下,只有美国著名的会计学家、会计教育家亨利·兰德·哈特菲尔德(Henry Rand Hatfield)对麦克尼尔的评价可能较为客观一些。他认为,麦克尼尔的 3 个寓言很好地引导人们去反思很久以来就存在争议的资产计价问题,但他对麦克尼尔的一些具体会计处理,如不确认商誉、将债券溢价或者折价确认为损失或者收益等观点则表示质疑。哈特菲尔德还对麦克尼尔关于商誉的解释及其对母公司采用成本法确认对全资子公司投资的批评表示赞同。此外，哈特菲尔德还指出了麦克尼尔文中出现的一些历史知识方面的错误，并将自己关于《会计中的真实性》评论的草稿邮寄给麦克尼尔，两人曾通信两年之久。

总之，关于《会计中的真实性》的评论更多的是批评而非鼓励，甚至当时的《会计评论》(*the Accounting Review*)都没有对该书发表书评。至于为何没有评价的原因，我们现在也无法获知，但是以下事实似乎可以在一定程度上解释麦克尼尔所受到的攻击和不公正的对待：(1)麦克尼尔富有攻击性的辩论和批判极大地激怒了当时会计理论界和实务界的领袖人物。(2)他对当时被视为神圣的“实现原则”和“谨慎原则”嗤之以鼻的态度也使他只能被当时一小部分会计学者所接受。(3)当时的证券交易委员会(SEC)对历史成本原则的支持使其理念无法被接受。因为 SEC 认为，当时的成本原则可能会给管理当局操纵利润提供条件，故其从成立之初直到 20 世纪 70 年代，出于监管的需要就一直坚持历史成本。由于 SEC 在这一问题上立场坚定，会计界即意识到任何关于资产计量模式变革的讨论都是没有作用的。直到 20 世纪 70 年代以后，SEC 的立场才发生了变化，会计理论界以及会计准则制定机构才又开始了关于资产计量模式变革的讨论。美国财务会计准则委员会(FASB)在关于财务会计概念框架(conceptual framework)的讨论稿(discussion memorandum)中，就曾两次引用麦克尼尔的文献。(4)Mckesson & Robbins 会计丑闻的发生导致了会计信息使用者和监管当局对当时会计实务界所遵循的一些会计原则的正确性、合理性产生怀疑，而会计界为了避免其成为替罪羊自然不希望有人特别是会计界的人批评他们所遵循的会计处理方式。

1938 年 12 月，在《会计中的真实性》这本书出版前不到半年的时间里，Mckesson & Robbins 丑闻爆发了，随之即发生了一件有意思的事。美国著名的杂志——《财富》(*Fortune*)了解到麦克尼尔将要出版这本新书的内容与消息后，即约他写一篇批评性的文章，麦克尼尔接受了这个任务。在几周之内，《财富》编辑在《会计中的真实性》中截取了 9 000 字左右的文章，按照杂志风格冠以“会计到底怎么啦?”(*What's Wrong with Accounting*)题名准备发表，并配写了如下编者按：“会计师是善良的，但是，他们的方法古老得令人感到绝望。因此有位作者号召大家为了更真实地反映企业的真实情况应该采用新的方法。”《财富》还在这篇文章的一个注释里，将麦克尼尔形容为“一个对他自己职业有很长批评史的人。”麦克尼尔在这篇准备刊出文章的手稿中，对当时会计职业界的传统理念进行了猛烈的抨击，开篇即用这样的语言来吸引读者：“会计的基本原则是一种已经陈旧的协定，它是不准确的、误导的和不真实的。”麦克尼尔的手稿在经过《财富》编辑并接受了外部人士的独立评论之后，计划刊登在1939的7月号上。但这篇文章在获得发表通知消息的11个小时之后，却被莫名其妙地宣告取消发表了。麦克尼尔认为，取消发表的原因是迫于当时的PW以及美国会计师协会(American Institute of Accountants，简称AIA)的压力。

意外的是，在麦克尼尔这篇论文形成4个月后，在1939年5月20号出版的美国另外一个重要期刊——《国家》(*The Nation*)上，他的文章被分为两部分以"会计到底怎么啦?"(*What's Wrong with Accounting*)为题刊登出来，同时还撰文指出，麦克尼尔的文章由于《财富》接到时代公司的命令而取消发表，并披露说出版商 Henry Luce受到了来自"一个有名的会计师事务所的压力而枪毙了这篇稿子"，但《财富》的出版商和责任编辑否认了他们受到的压力，并坚称做出不发表麦克尼尔文章的决定仅仅是由于编辑的考虑："主要的争论是围绕在，麦克尼尔主张会计师应成为估价师以及资产账面价值的提高和降低应该遵循一套新的规范。"很明显，当 Mckesson & Robbins 案件展示出审计中出现的问题但是还没有开始质疑会计估计和会计计量出现问题的时候，《财富》有理由将这样一篇对会计估计进行猛烈抨击的文章撤稿。

尽管如此，麦克尼尔坚持认为，会计师们在记账和审计时候的思想存在问题，而这两种思想是不能分开的。在《国家》杂志同期的作者来信专栏里，麦克尼尔也撰文质疑了《财富》声明中所述没有受到任何一家会计师事务所压力的说法，认为《财富》的领导层没有将事实的真相告诉作者。麦克尼尔文中所提到的PW事务所，在20世纪30年代的美国，它在业界毫无疑问是一所比较有实力的事务所，所以他怀疑PW事务所利用它的影响力来施压，这表明了他对所发生事情的看法。尽管该论文得以在《国家》上发表自然对《财富》极为不利，但这一文章得以在一本周刊上发表，也反映了一种独立理念的成功之处。

文章的发表与书的出版，也给麦克尼尔带来了很大的烦恼，以至于其在1940年的一次演讲中伤心地说："我的那些同行使用了很多我难以接受的言语来批评我本人以及我的观点"。他对批评者用于批判的词语总结如下：audacious，combative，foolish，antiquated，crackpotty，inadequate，academic，disturbing，impractical，accusatory，dubious，illogical，bold，drastic，ineffective，controversial，extreme，light，critical，exaggerated，nebulous，cocky，unorthodox，not plausible，unmerciful，pugnacious。可见，麦克尼尔似乎没有想到他的观点会引起如此大的反响，面对来自于业界潮水般的批评，由于没有任何精神准备，他感到了巨大的压力。他听到一些传言说在会计界他被列入不受欢迎的人士之列。正是在这样一种情况下，麦克尼尔不仅亲身感受了当时会计机构及其会计学术界对他的批评，也令他感到十分的失望与失意，在《会计中的真实性》出版两年后，他决定放弃刚刚开始的“圣战”（holy crusade）并选择了退出学术圈。此后，他即消失在学术界的视野里，不再有著作与论文发表，不再参加任何的学术活动。在以后的岁月中，他也拒绝再谈起这个有争议性的问题。

1982年7月，美国著名会计学家斯蒂芬·亚当·泽夫（Stephen Addam Zeff，列会计名人堂第70位）以“肯尼斯·麦克尼尔的磨难之作：《会计中的真实性》”（*Truth in Accounting*：*The Ordeal of Kenneth MacNenl*）为题，在《会计评论》上撰写了一篇长文对麦克尼尔的身世及该书进行了全面评介，使后人可部分地了解这一史实的真相。泽夫认为，麦克尼尔的悲剧主要在于，他做了一个非变革时代的变革者。20世纪30年代的经济环境，对于美国的会计变革而言并非一个有利的时代。当时的SEC作为一个历史成本原则的坚定支持者，刚刚开始行使它在美国会计原则制定方面的权威，而处于辩护地位的美国会计界，也正思考着如何才能消除Mckesson & Robbins会计丑闻对会计职业界所产生的负面影响。因此，20世纪30年代和40年对会计界来说，并不是一个适合创新的时代。当麦克尼尔试图放弃实现原则，而尝试用市场价值来计量资产时，他也会发现，这样做会遇到很多困难，因为只有有价证券和其他一些基本商品的市场可以满足他所界定的3个条件——即当3个条件同时满足时，才可以用市场价值来计量资产。

泽夫（1982）认为，麦克尼尔的叙述风格也可能使得学界和实务界人士感到不悦，而他对当时被视为教条的谨慎原则和实现原则的公开蔑视在当时也只能得到一小部分人的接受。在20世纪20年代，美国证券交易委员会（SEC）对现值的估价以及资产的估值都采取了抵制态度，几乎也不能容忍人们对历史成本进行挑战的行为。但从麦克尼尔所处的时代看，他是一个十分勇敢的人。但是如果他的作品能够成功地改变那些人的思想，那将是更为了不起的一件事。

泽夫（1982）也认为，从会计理论发展史上看，麦克尼尔并不是唯一一个确立了理论但并没有立即得到很多支持的学者，约翰·班纳特·坎宁（John Bennet Canning）和亨利·惠特科姆·斯威尼（Henry Whitcomb Sweeney）的理论分别形成于20世纪的20年代末期与30年代中期，但也是到了20世纪60年代，他们的理论才开始有了大批的追随者。佩顿丰富的论著固然有助于其影响力的提升，但其在大学的长期任教似乎对其影响力的提升作用更大。而麦克尼尔则没有担任过任何教职，并且在1941年就退出了会计学术界。尽管麦克尼尔以及其他先驱没有被同时代的人所欣赏，但他们给后来的变革者以勇气，并让变革者知道：其实他们并不孤独，而且不仅仅只是他一个人在战斗。

## 参考文献

[1] MacNeal K. Truth in Accounting [M]. Tuscaloosa, AL: University of Pennsylvania Press, 1939.

[2] MacNeal K. What's Wrong with Accounting[J]. The Nation, 1939(10,7): 370-372.

[3] MacNeal K. What's Wrong with Accounting[J]. The Nation, 1939(10,14): 409-412.

[4] MacNeal K. Caveat Investor[J]. The Nation 1941(Feb,8): 151-153.

[5] MacNeal K. Is Our System of Financial Reporting Sound[J]. The Accounting Forum, 1941(6): 7-11.

[6] MacNeal K. Truth in Accounting[M]. Vernon Houston, Texas: Scholars Book Co, 1970.

[7] Zeff Stephen A. Truth in Accounting: The Ordeal of Kenneth MacNeal[J]. The Accounting Review, 1982, 57(3): 528-553.

（初稿执笔人：訾磊）

# 西德尼·斯图尔特·亚历山大

## (Sidney Stuart Alexander, 1916—2005)

西德尼·斯图尔特·亚历山大(Sidney Stuart Alexander, 1916—2005)是20世纪美国著名的会计学家之一,特别是其所著《动态经济中的收益计量》(*Income Measurement in a Dynamic Economy*,又译《动态中的收益计量》)一书,对现代会计理论的发展有着重要的影响。

## 一、个人简要生平

1916年5月3日,亚历山大(见图100)出生于美国宾夕法尼亚州(Pennsylvania)的森林市(Forest City)。1936年,他以优异的成绩从哈佛大学(Harvard University)毕业后继续在校深造,于1938年获得硕士学位,1946年获得博士学位。

图100 西德尼·斯图尔特·亚历山大

第二次世界大战期间,亚历山大在战略服务办公室(Officc of Strategic Services,简称OSS)服役,并担任欧洲国家军事能力及经济基础研究室(the Director of Research on the Economic Basis of the Military Capability of the European Enemy Countries)主任。第二次世界大战结束后,亚历山大担任国务院(the Department of State)和经济合作局(the Economic Cooperation Administration,或称马歇尔计划署,The Marshall Plan Agency)顾问,就马歇尔计划的预计费用进行咨询,并建议其启动。1949—1952年,他任职于华盛顿特区的国际货币基金组织(the International Monetary Fund,简称IMF)。尔后,他担任哥伦比亚广播公司(the Columbia Broadcasting System, Inc. ,简称CBS)的经济顾问,为当时新兴的商业广播电视提供

了经济分析。

从1956年开始，亚历山大在麻省理工学院（Massachusetts Institute of Technology，简称MIT）斯隆管理学院（Sloan School of Management）和经济系任教直至退休。

1966年，他就电视教育问题为卡耐基委员会（Carnegie Commission）主持了一场题为"全国电视教育系统成本研究"（Study of Costs of a Nationwide Educational Television System）研讨会。该委员会的报告称之为"公共电视：一个行动计划"，于是普及了"公共电视"的一个理念，从而导致1967年的《公共广播法》（*Public Broadcasting Act of* 1967）通过，并推进了公共广播事业的发展。

2005年2月26日，亚历山大逝世，终年89岁。

## 二、主要论著简析

1950年，亚历山大出版了《动态经济中的收益计量》（*Income Measurement in a Dynamic Economy*，又译《动态中的收益计量》）一书。该书共分5章，其基本内容如下：第一章，收益的基本概念，主要论述了收益的概念基础、收益概念的用途、收益的概念、年度收益和经营利润等问题；第二章，收益概念的演变；第三章，确定条件下的收益，主要论述了确定条件下的收益、资产的价值、权益的价值、定义是否间接、单纯的经济收益、收入的现行价值变化、利得和损失的权责发生制与收付实现制的比较，以及波动收益与稳定收益的比较等问题；第四章，不确定条件下的收益，主要论述了不确定条件下的收益、可靠性与相关性的比较、预期变化、可变收益的概念、可变收益与意外利得，以及可变收益在实务中的计量等问题；第五章，价格变动下的收益，主要论述了价格的变化、实时收益、实时收益与货币收益的比较、净利润与混合收益的比较、同期销售收益与净销售收益的比较，以及意外利得是否应计入收益等。亚历山大在《动态经济中的收益计量》一书中，所表达的主要学术观点可简要归纳如下：

第一，关于收益的内涵问题。一年的收益，从根本上说就是一个自然人或法人在一年中能耗用财富数额，且其在年末和年初的状况能保持得一样好。该书的研究主题，即关于"年末和年初状况一样好"的含义问题。书中所讨论的是在动态经济中，当价值因物价变动和对未来盈利能力预期发生变动时，收益计量实务中尚没有唯一明确而理想的收益概念可供比照。相反，可以设想许多不同的概念，在特定目的下每个概念都有各自的优点。因此，在任何关于收益该怎样计量是最佳的争论中，通过诉诸基本收益概念来解决这一问题极为少见。更常见的是，几个在考虑中的不同收益计量方法都与收益的基本概念一致，但每个方法都对组成（收益）基础概念的基本元素给出了不同的解释。特别是,收益计量实务中的重要变动与“一个自然人(或法人)的状况在收益期末与期初一样好”的含义的不同解释有关。

第二,关于收益计量方法的选择问题。因为“一个自然人(或法人)的状况在收益期末与期初一样好”的含义可能存在不同的解释,也因为任何收益概念只能通过其使用来证明其合理性,所以在众多收益计量方法中唯一的选择标准是不同方法服务于收益使用目的所产生的相对效果。但是,收益事实上可用于很多不同的目的,因此,某一特定目的的最佳收益计量可能不是很适合另一特定目的即是很自然的。也就是说,或者设计出一个对多种目的适用但是又对每个目的都不完美的折中方法;或者针对每一种目的都设计出一种具有针对性的方法。在实务中,这两种方案都被使用过。在不同收益概念中做出选择,不仅仅是受某种计量方法最能服务于已有目的的想法支配。另一个对会计方法发展产生巨大影响的因素是会计师试图减少对执业人士职业判断所负的责任。这种规避责任的企图导致会计人员为合理的会计核算设立了两条要求,即客观性和谨慎性,这在某种程度上限制了会计方法的选择。当会计人员在某种程度上已经实现了客观性和谨慎性时,他们也把收益计量转变为一项更安全的活动,但同时也使得收益核算只能部分地实现所试图达到的目的。任何使用会计人员收益计量结果的人,尤其是商人,必须通过自己的主观判断将会计人员的收益计量结果调整为与现实一致,而这种主观判断正是会计人员所回避的。事实上,与商人行为和责任相符的最终评估收益的必要主观判断,要比会计人员更多。所以,会计师自然不应该承担上面所提到的责任。但必须承认,由会计师计量的收益对任何特定用途而言确实不够理想和恰当。因为本身存在于收益计量中的主观判断,已经被会计师们规避掉了。

第三,关于可变收益概念的引入问题。经济学家设计的收益概念主要与“未来是确定的”这一情况相适应。当未来能合理确定时(如债券或年金),会计师即采用经济学家关于收益的观点。但是在企业收益计量中,上述观点却被放弃了,可能是因为企业经营固有的不确定性。为了将经济学家的收益概念和会计师的收益概念进行有意义的比较,经济学家的收益概念必须以某种方式扩展到未来不确定的情况下。这种扩展可通过引入可变收益的概念来实现,关于可变收益的概念在该书第四章有详细论述。可变收益是指一年内的收入减去事先确定的调整额,它可以视为在不确定环境下经济学收益概念应用的代表,也可与会计师按照惯例计量的收益进行比较。

第四,关于现行价值是否应计入收益的问题。会计师计量的收益与经济学家的收益概念之所以偏离,其主要原因系与其追求客观性有关。会计实务由历史成本与历史收入的配比组成,因而其仅处理已记录的事项,且其唯一的困难也是会计的传统难题,即如何使那些与任一特定期间有关的已记录的事项相匹配。商誉或现行价值的变化，不是已记录事项而是对事项未来进程的判断，其通常不允许记入会计师的收益记录。从经济学家的角度来看，现行价值的变化却应该计入收益，因为其确实影响了一个人能处置的财富数量并使其期末的状况与期初保持的一样好。而且，在收益计量中包含现行价值变化能更好地适用于多个用途。虽然会计实务中根据客观性的需要将现行价值的变化排除在收益计量之外，但有争议认为，试图以会计原则为借口来证明将现行价值的变化排除在收益之外是合理的做法，应当是没有根据的。

第五，关于收益应该以货币计量还是以实值(货币购买力)计量的问题。会计师的收益概念与经济学理论观点的第二个不同，是会计师接受用货币衡量价值，然而经济学推理则更常用实际价值计算，例如根据货币购买力来衡量。这并不代表经济学家认为当价格水平变化时，以货币价值来衡量收益是错误的。但是整个经济学推理的方向，则是倾向消除货币计量的假象并且鼓励按实值计量。关于收益计量的最激烈的争议，从根本上说，在于将收益是以货币计量还是以实值计量，特别是折旧是以历史成本还是重置成本为计量基础，从根本上取决于收益是以货币计量还是以实值计量。因为支配收益界定的最终标准是收益所服务的目的，所以选择用货币计量还是实值计量取决于已有的目的。然而，使用哪种程序的问题不能根据会计原则来解决，只能根据哪种程序在应用中运行得更好为依据。如果一种方法运行得更好，那么这种方法就优于其他方法，且求助于一般(会计)原则可能淡化支配选择的社会哲理或实际经验。适用于任一用途的收益没有理由不能被界定得最完美以服务于相关的一般福利和利益。当这些利益相互冲突时，应通过比较不同的利益和要求权的价值来解决问题，而不是求助于一个“真的”收益概念，并使收益计量独立于所服务的目的。

第六，关于资本利得是否应计入收益的问题。收益计量争议的另一个未解决的问题是资本利得是否应计入收益。这个问题可以通过将资本利得分解为两部分得到些许解决：一方面，类似于债券价值评估中的利得，可以很明确地确认为收益；另一方面，若一项资产的市场价值变化，其是否计入收益就很有争议。资本利得的第二个构成部分是意外利得，将它排除在资本利得之外的主要争议在于，意外利得不是对一个人状况变得更好程度的衡量，而仅仅是对这个人现有的富裕程度评价的修正。然而，即使这个观点被认同，这意味着过去某个时候取得的一项资产在现在被认为其价值比其当时(取得时)所认为的更多，更确切地说，是其现在的价值比当时取得这项资产花费的成本更多。因此，意外利得必须计入某一期间的收益，且意外利得区别于其他形式收益的主要方面是在资产的拥有期内，将意外利得与某一特定期间相联系存在困难。

亚历山大认为,收益应以货币计算还是以实值计算和资本利得是否应计入收益,这两个问题都体现在折旧是以历史成本还是重置成本为基础计量的矛盾上。现行会计实务将折旧建立在历史成本的基础上,这意味着收益将以货币计算。企业所使用资产的资本利得计入收益,即以历史成本为基础计提的折旧和以重置成本为基础计提折旧造成当年收益的差异可被视为以货币计量的固定资产的资本利得,而这部分资本利得已经计入了当年的收入。如果资本利得不应计入收益的观点被采用,那么重置成本就应成为折旧计量的基础。如果以购买力计量而不是以货币来计量的收益(甚至包括资本利得)被采用,那么折旧计提就应根据一般价格水平的变化而不是所拥有具体资产的重置成本变化而调整。但如果将资本利得计入收益并且用货币计量收益,那么现行实务就需建立一种简洁而自动的分配方法,以正确核算需折旧资产使用寿命期内产生的以货币计量的资本利得。

亚历山大《动态经济中的收益计量》一书的重要贡献,是强调了使用现时成本会计的必要性。葛家澍教授认为,该书对会计计量问题表达的 3 个基本见解,具有重要的理论价值:一是他不主张采用单一的计量属性;二是他认为计量属性应服从于决策模式,因而应适用不同决策者的需要而选用不同的计量模式;三是他设想在理想的模式下,对企业资本化价值及其变化进行计量而不赞成采用一般物价水平为计量标准。

20 世纪 70 年代初,亚历山大所著"动态经济中的收益计量"被选入由美国堪萨斯州立大学的罗伯特·雷蒙德·斯特林(Robert Raymond Sterling, 2006 年入选会计名人堂,列第 80 位)主编的"会计经典丛书"中,这套丛书共收录了 14 本经典名著,其中列为第一本书的内容,即是由"企业收益专题研究组"于 1950 年 5 月 13 日组织研讨会上交流的论文所构成的,书名为《有关企业收益计量的五篇专题论文》(*Five Monographs on Business Income*),列入该书的 5 篇论文有:西德尼·斯图尔特·亚历山大(Sidney Stuart Alexander)的"动态经济中的收益计量"(*Income Measurement in a Dynamic Economy*);马丁·布朗佛布伦(Martin Bronfenbrenner)的"物价水平变动条件下的企业成本与收益"(*Business Cost and Business Income under Changing Price Levels*);所罗门·法伯坎特(Solomon Fabricant)的"货币理论视角的企业收益概念"(*Business Income Concept in the Light of Monetary Theory*);所罗门·法伯坎特(Solomon Fabricant)的"考虑通货膨胀影响与变化的企业收益计算"(*The Varied Impact of Inflation on the Calculation of Business Income*);克拉克·渥布顿(Clark Warburton)的"货币理论与价格水平的未来趋势"(*Monetary Theory and Price Levels Trend in the Future*)。

## 参考文献


[1] Alexande Sidnery S. Income Measurement in a Dynamic Economy in Five Monographs on Business Income，American Institute of Certified Public Accountants，1950；London：Sweet and Maxwell，1950 and 1962.

[2] Alexander Sidney S. The Marshall Plan. Description [Washington DC]：NPA International Policy Committee，1948.

[3] Sidney Stuart Alexander. http://www.tiac.net/~mabaker/ssa.html,2010-08-05.

[4] 陈今池.现代会计理论[M].上海:立信会计出版社,1998:387.

[5] 葛家澍.西方财务会计理论问题探索(一)[J].财会通讯,2005(1):9.


(初稿执笔人:许家林　舒利敏)

# 埃尔登·桑德·亨德里克森

## (Eldon Sende Hendriksen, 1917— )

埃尔登·桑德·亨德里克森(Eldon Sende Hendriksen, 1917— )是美国著名会计学家之一,它也是20世纪60～90年代活跃在会计论坛上的一位有影响的会计学家。

## 一、个人简要生平

1917年11月20日,亨德里克森出生于美国加利福尼亚(California)的阿罕布拉(Alhambra),1941年在加利福尼亚大学伯克利分校(University of California, Berkeley),获得学士学位,1947年获得工商管理硕士学位,1957年获博士学位。

亨德里克森曾于1941—1945年服役于美国预备海军基地并成为一名海军军官;1951—1953年,就职于美国旧金山的哈斯金斯-塞尔斯(Haskins & Sells)会计师事务所,1953—1955年,任位于爱达荷州莫斯科市(Moscow)的爱达荷大学(University of Idaho)会计系副教授,从1955年开始一直在华盛顿州立大学(Washington State University)任企业管理学教授,其中1970—1971年间,曾任伊利诺伊大学(University of Illinois)的客座教授。1969—1970年,他曾任美国会计学会(AAA)的副会长,是美国经济学会(AEA)和美国注册会计师协会(AICPA)的成员。1970—1972年间,任《会计评论》(*the Accounting Review*)编辑,也曾是《国家税收杂志》(*National Tax Journal*)和《国际会计教育和研究》(*International Journal of Accounting Education and Research*)等杂志的特约撰稿人。

亨德里克森一生著述颇丰且涉及范围较广,其中主要有:与罗伯特H·塞克顿(Robert H. Sexton)合著的《地方工会的会计方法》(*Accounting Methods for Local Unions*)1948);与戴尔·约德(Dale Yoder)合著《自由经济的人力资源规划》(*Man-*

*power Blueprint for a Free Economy*，1953）；《人力资源管理丛书》（*The Manpower Management Five-Foot Shelf*，1956）；《解读当前经济》（*Readings in Current Economics*，1958）；《雇佣关系研究：总结和评价》（*Employment Relations Research：A Summary and Appraisal*，*Harper*，1960）；《财务报表的物价水平调整：对两家公用事业公司的案例研究和总结性评价》（*Price-Level Adjustments of Financial Statements：An Evaluation and Case Study of Two Public Utility Firms*，1961）；与约德合著《劳动经济》（*Labor Economics*，1965）；《会计理论》（*Accounting Theory*，1965）；《人力资源审计和人力资源资产》（*Personnel Audits and Manpower Assets*，1967）；《雇员计划和预测》（*Employer Manpower Planning and Forecasting*，1970）；与布鲁期·P·布奇（Bruce P. Budge）合著的《当代会计理论》（*Contemporary Accounting Theory*，1974）。当然，上述论著中影响最大的是其1965年所著的《会计理论》（*Accounting Theory*）一书，本书由作者分别于1970年、1977年、1982年和1992年进行了4次修订（第5版系与他人合作）。由于本书涉及的内容丰富、立论精辟、构思精密、文字严谨，在美国深受读者欢迎，先后多次重印，行销很广。

亨德里克森的父亲是亨利·A·亨德里克森（Henry A. Hendriksen），母亲是玛戈·亨德里克森（Margot Hendriksen）。他于1942年10月8日与E·凯瑟琳·波德莫尔（E. Kathleen Podmore）结婚，婚后育有两个孩子：玛戈特（Margot）和丹（Dan）。

## 二、主要论著简析

亨德里克森教授的著作广泛被大量研究者所引用，最为突出的就是《会计理论》（*Accounting Theory*）和他关于物价水平变动影响会计的精辟阐述。

### （一）《会计理论》（1965）

亨德里克森于1965年所著的《会计理论》（见图101）堪称这一领域里的一部杰作，它在很长时间内是美国会计学术界中专门论述会计理论的唯一教科书。由于该书对会计理论广泛的探索和分歧的观点几乎无遗漏地介绍，在会计理论领域中没有其他同时代的著作可堪与该书相媲美。该书的每一次出版，都会引起会计学术界的关注，弗吉尼亚工业大学、密歇根大学和纽约大学等校的知名学者曾分别在美国会计学会主办的权威期刊《会计评论》（*the Accounting Review*，1971年4月号、1978年4月号和1983年7月号）的书评专栏发表了有相当分量的书评，对该专著的理论价值、实际应用指导价值和教学应用价值作了很高的评价，认为其不仅适用于高层次和中级财务会

计课程以及个别从事会计理论研究的学生，即使是对那些为注册会计师考试做理论准备的人也有一定的参考价值，而对那些对财务会计理论有兴趣的学者和业主来说也不失为一本有价值的参考书。由于该书在不断修订后保持了在总结理论、收入理论、资产计量、负债计量和会计历史发展等方面对高层次课程的适应性，也使得该书对任何一个对会计理论有浓厚兴趣的人来说，不失为一部有收藏价值的书。书评认为，该书的最大成功在于完整地构架了会计理论基本研究的框架，以至于任何准备开设会计理论课程以及自己学习会计理论的人都需要高度重视该书所描述的内容。

**图 101　立信会计图书用品社翻译版的《会计理论》**

该书的第 5 版由 18 章组成，前 3 章对不同类型的会计理论及其发展，以及那些与会计理论联系特别密切的经济和行为科学的论点进行了粗略介绍。第 1 章主要论述会计理论的方法学；第 2 章与第 3 章主要论述会计理论的历史和发展；第 4 章主要论述会计概念、计量和会计理论的结构；第 5 章到第 8 章主要讲的是收益的概念、收入和费用、价格变化和价格水平、现金和资金的流动；第 9 章和第 15 章主要讲资产与负债的广泛概念及其确认与计量原则问题；第 10 章到第 14 章讲的是这些广泛的概念在特殊资产和负债中的运用问题；第 16 章和第 17 章讲的是所有者权益；第 18 章则讲的是财务会计报告的披露。其具有重要影响的观点主要有以下几个方面。

第一，是关于会计理论的作用。1977 年和 1982 年，在《会计理论》第 3 版和第 4 版中，亨德里克森把 Webster 新国际词典中的理论定义引进到财务会计领域。他认为会计理论应定义为"一套广泛适用的、作为形式的原则所进行的逻辑推理。会计理论的主要作用是作为评价会计实务的一般依据；指导和发展新的会计实务和会计程序。会计理论还可用来解释会计实务以便更好地理解它们"。值得注意的是，亨德里克森并不把解释作为会计理论的首要作用。通过解释以便理解会计实务虽然也是会计理论的任务，但理论的首要任务则是评价实务和指导、发展实务。亨德里克森关于理论的这一观点显然不同于实证会计理论的看法，而充分反映了规范研究的要求。

1992 年，即 1982 年的《会计理论》出版 10 年之后，亨德里克森与迈克尔·F·范布雷达(Michael F. Vanbreda)完成了修订后的《会计理论》第 5 版，在基本观点并无太大改变的前提下，他们重新定义了"会计理论"，即"一套逻辑严密的原则：使实务工作者、投资人、经理和学生更好地理解当前的实务；提供评估当前会计实务的概念框架；指导新的实务和程序的发展。"在这里，会计理论虽然包括构成会计原则的基础，但主要指一系列内在联系的会计原则，亦即财务会计概念框架。因为在第 4 版发行以后的 10 年中，美国财务会计最引人瞩目的发展就是从 1978 年开始至 1985 年，美国财务会计准则委员会(FASB)研究并发展了一系列财务会计概念公告(SFAC No. 1-6)。它把会计理论从抽象引向务实，从间接影响会计实务到直接评估和促进会计准则与实务的发展。概念也是发展的，这是科学发展的规律。故亨德里克森在修订第 5 版时，不能不把财务会计概念框架的出现这一会计理论方面的重大变化反映在他们的新版“会计理论”定义中。

第二，是关于会计理论的层次。自第 3 版开始，《会计理论》一书最重要的变化就是对会计理论的三个层次的研究。根据亨德里克森的观点，会计理论概念的价值体现在三个层次上：(1)机制和结构的层次，在这一层次里，从逻辑上的一致性来检查各种不同的会计理论，并且预测会计人员如何对特定局面做出反应和他们如何报告特殊事件；(2)解释和语义的层次，在这一层次里考虑会计描述和对现实世界现象外部有效性测量之间的联系；(3)行动和实务层次，在这一层次里从个别和整体范围内来考虑会计信息对用户的行动和决策导向的影响。关于会计理论的结构层次，亨德里克森指出，从其本身来说在这几种方法中没有一种对会计理论的处理是充分的，任何完整的明确表述的理论都必须通过演绎推理来完成。因此，他在该书中，发展了应用性的会计理论，并试图以合适的观点来把握研究理论的方法，意欲通过对演绎过程的特别强调和对经验研究相关成果的讨论来达到这一目的。书中对财务报告客观性的描述，并不是指给那些在权威、能力和资源方面受限制的只能在公开发表的财务报告中获取信息的投资者提供财务信息，作者的结论是，重点应当放在精明的投资者和财务报告分析家的需要上，而对于可供选择的信息资源证据以及这些证据对财务报告的应用只给予了少量的关注。

第三，是关于商誉的性质。关于商誉的性质，学术界有许多论述，亨德里克森在其书中介绍了三个论点：(1)商誉是对企业好感的价值。对于这一论点的解释是：“人们通常认为商誉是产生于融洽的商业关系，企业与雇员的良好关系以及顾客对企业的好感。这种好感可能起源于企业所拥有的优越的地理位置、良好的口碑、独占特权和管理有方等。”(2)商誉是企业超额盈利的现值。这里所说的“企业超额盈利”应该是指在较长时期内能获取较同业平均盈利水平更高的利润。(3)商誉是一个企业的总计价账户。曾有学者认为：“‘总计价账户论’是持续经营价值概念和未入账资产概念的产物。持续经营价值概念认为商誉本身不是一项单独的资产，而只是特殊的计价账户，它表明该实体各项资产合计的价值(整体价值)，超过了他们个别价值的总和，即‘整体大于其各组成部分的总和’”。从会计账户处理角度看，未入账资产概念认为商誉是计量了未入账资产的结果。其实企业拥有许多的未入账资产，例如优秀的管理人才、先进的技术、科学的管理制度、忠实的客户和有利的地点等等。另外，亨德里克森还有关于“负商誉悖论”的观点。如果被并购企业可以辨认的净资产的公允价值之和大于主并企业的收购价格，那么目标企业的所有者就会将净资产逐项出售，而并不会再像存在（正）商誉那样将净资产整个或一揽子进行出售。也就是说，负商誉在逻辑上是不可能存在的。但是，负商誉在企业并购中的确存在。这可以看作是“负商誉悖论”。[①]亨德里克森认为，“负商誉悖论”的产生隐含着两个前提条件：一是目标企业的各项可辨认净资产的公允价值可以无代价地取得，而且交易双方对各项净资产的公允价值都完全认同；二是目标企业的各项净资产的公允价值之和大于主并企业的整体购买价格。

第四，是关于会计目标。亨德里克森在在《会计理论》1982 年版中指出：“任何研究领域的起点都是提出研究的界限和确定它的目标”。在其名著《会计理论》中，他为我们描绘了会计理论的结构图[②]。

第五，是关于会计理论的伦理问题。长期以来，人们在理论上和实践中不断探索和追求会计准则、会计理论的公正性，亨德里克森指出：会计理论上的道德标准应将重点放在正当、真实和公允上。随着公正伦理在会计理论研究中的深入，公正伦理对会计准则和实务产生了广泛的影响[③]。

总的来说，在这本书中，亨德里克森运用恰当的方法将其理论发展成为折衷派，并且小心地指出各个学派之间的联系与区别。他将自己定位为历史学家、演说家和时尚评论家。当他发表自己的意见时，他大多是作为一个仲裁人而不是会计理论家。他自己的鲜明观点又往往是为了抛砖引玉，学生们对此方式的极高评价大大超出他的预料。亨德里克森认为，“使用者”的方法（又分为行为性和实用性的）不同于研究方法，而且前者要重要得多。譬如，考虑收益和资产计量的内部用途对会计理论的发展就有很大帮助。

有的书评也认为，尽管本书具有论述的可靠性和对会计理论教科书体系的重要贡献等特点，但其也存在诸多不足。譬如，本书对信息内容主要讲究客观性，而很少做分析、综合与批评，如对何时和怎样使用会计信息模式的缺位，以及因缺少模式对大多数现行会计研究工作造成的影响，本书就没有讨论。此外，对会计概念框架的讨论也显不足。不过，瑕不掩瑜，上述不足并无损于本书的会计理论价值。

---

① 杜兴强. 负商誉“悖论”的解读[J]. 河北经贸大学学报，1999(1)：46-53.

② 刘骏，袁园. 财务报告目标：如实反映[J]. 金融会计，2007(1)：36.

③ 论会计准则的伦理基础. [EB/OL]. [2007-06-17]. http://www.chinaacc.com/new/2005_12/5120210282825.htm.

**(二)《财务报表的物价水平调整》(1961)**

1961年出版的《财务报表的物价水平调整:对两家公用事业公司的案例研究和总结性评价》(*Price-level Adjustments of Financial Statements: An Evaluation and Case Study of Two Public Utility Firms*)一书和发表在《会计评论》1963年7月刊上的"购买力和重置成本概念是相关的吗?"(*Purchasing Power and Replacement Cost Concepts-Are They Related?*)一文是亨德里克森关于物价水平会计方面的代表作。《财务报表的物价水平调整》一书包括6章、3个附录和25个统计表格。书中以华盛顿水能源公司和波兰公用电力公司这两家公用事业公司为例,研究的时间范围是1937—1957年,当时物价水平波动的重要性评估已经运用到它们的财务报表。书中主要观点可简要归纳如下。

自第二次世界大战以来,物价变动对会计的影响一直是非常值得关注的问题,在美国和其他国家已经展开对这个话题的研究。该书的研究目标定位于四个方面:一是评估用单一价格指数来调整所有资产负债表和利润表项目的预设程序;二是评估物价水平变动调整的理论基础并对调整程序设立标准;三是分别从理论和实务角度评价几个价格指数的合适性;四是评价资本资产增值和技术进步对调整因素的影响。为了达到评估目的,亨德里克森引用了拉尔夫·C·琼斯(Ralph C. Jones)和佩里·莫斯(Perry Mason)在早期研究中所使用的方法。这项研究基于如下事实:即当前公认可接受的会计实务假设美元的稳定,以及若会计期末和会计期初所投资的资本数量一致时,就表示资本具有持续一致性。但实际上的资本持续一致性,即是指仅当会计期末和会计期初资本的货币购买力一致。因此,仅当企业持有资产的购买力增加时才表明一个企业赚取了利润。

资产负债表的一个目标是披露一个企业在特定时点的财务状况,但物价水平的变动导致未调整资产负债表项目具有不相同的购买力价值,故这个结果具有误导性。亨德里克森注意到选用合适的价格指数运用到价格调整程序的重要性。而当时一些人认为应运用单一的、简单的、普遍接受的指数,也有一些人认为为了更精确些,应为不同行业甚至为不同企业制定指数。作者认识到了使用不同指数的优缺点,为便于比较起见,故使用了6类指数。

亨德里克森认为,在调整过程中最好的指数应该是特定企业投资购买力指数。他还认为,通过企业使用的普通资产价格指数可以得到一个近似的替代指数,但这个替代指数的缺点就是容易人为操纵,也不容易为所有企业提供一个持续的基础,运用较复杂而且成本很高,同时也有高估调整结果的趋势。同时从理论和实务上看,对于一个大量投资于厂房和设备的企业，基于国民生产总值（Gross National Products，简称GNP）中建设和厂房投资部分结合的价格指数是最合适的。在理论上公共设施综合指数是最合适的，但是研究发现其结果严重偏离了未调整的数据。

亨德里克森认为，调整后的财务数据在管理或财务分析中不具有同等效力作用。调整后数据被广泛运用于评估企业或部门的效率；但是在资本预算中的运用还有待商榷。他还总结出计量净利润的变动是非常重要的。也就是说对于一个非常规企业，净利润应该反映持有长期负债和优先股的购买力收益与损失；对于一个常规企业，由于维持企业资产的需要，净利润也应予调整。

亨德里克森的研究表明了作为总投资调整的计量结果，调整后数据是否优于调整前数据是值得怀疑的。有人认为，厂房和设备的近期增值抵消了一定程度的物价变动影响。研究也部分证实了上述抵消作用。研究也发现，两公司在1948—1956年固定资产的快速增值，减少了调整后数据和调整前数据大约25％～50％的差异。但是，以当前速度扩大，估计大约需要维持10年的价格稳定才能得到调整后数据和调整前数据的不显著差异。

该书是亨德里克森以前研究成果的延伸而不是开辟了一个新的研究领域，其研究价值在于他运用前期在公共设施企业的研究方法，而且通过使用6类指数的对比扩充了这一研究。他认为，如何对所有行业财务报表的价格调整是一个太大也太复杂的问题。因此，在最后的分析中，他认为，物价变动会计需要汲取许多研究者的成果。评论者认为，该书的价值在于其既为后来和其他已经做出的研究提供了有价值的参考与比对资料，也为形成可以普遍接受的实务程序提供了一个良好基础。

## 参考文献

[1] 葛家澍. 什么是会计理论——规范会计理论的一种观点[J]. 会计研究，2000(10)：4.

[2] 许家林. 西方会计名著导读[M]. 北京：中国财政经济出版社，2004.

[3] Hendriksen Eldon S，Michael F Vanbreda. Accounting Theory 5th ed.[M]. Homewood，Illinois：Richard D. Irwin，Inc.，1992.

[4] Hendriksen Eldon S. Price-Level Adjustments of Financial Statements：An Evaluation and Case Study of Two Public Utility Firms[M]. Washington State：Washington State University Press，1961.

[5] Hendriksen Eldon S. Accounting Theory[M]. Homewood，Illinois：Richard D. Irwin，Inc.，1965.

（初稿执笔人：黄俊华）

# 乔治·H·索特

**(George H. Sorter, 1927— )**

乔治·H·索特(George H. Sorter，1927— )是国际著名会计学家，曾在芝加哥大学(The University of Chicago)、堪萨斯大学(The University of Kansas)和纽约大学(New York University)等高校从事教育和研究工作，现为纽约大学荣誉退休的文森特·C·罗斯(Vincent C. Ross)会计学教授。索特是会计理论研究"事项法"的创立者与积极倡导者。

## 一、个人简要生平

索特(见图102)出生于1927年，他的求学经历甚具传奇色彩。在进入芝加哥大学攻读哲学时，他仅受过2年的中学教育，哈钦斯计划(the Hutchins Plan)使索特得以顺利进入大学。然而，在经历了军队的服役和1年的内科学业之后，他辍学了，并开始对桥牌锦标赛、数学、英语和逻辑领域等感兴趣，但在后来一个突然的改变促使索特返回学校继续学业，从而为会计学术界增添了一个著名的学者和改革家。

**图102 乔治·H·索特**

索特于1953年毕业于芝加哥大学，取得哲学学士学位，随后继续在该校深造，分别于1955年和1963年获得经济学硕士学位和会计学博士学位。1956年，取得硕士学位之后，索特开始在母校芝加哥大学法学院担任讲师一职，并于1959年成为助理教授，1963年成为副教授，1966—1974年间担任教授。1970年，索特被聘为堪萨斯大学(The University of Kansas)亚瑟·扬(Arthur Young)会计学教授。自1974年开始，索特先后被授予法学教授(1974)、文森特·C·罗斯(Vincent C. Ross)会计学教授(1979，2003)、欧林西(Olincy)法学和会计学教授(1988—1989)、名誉退休教授(2003)等荣誉。

可以说,索特得以成为会计领域的一位重要理论家和创新家,重要原因之一是其早期所受到的非传统的教育,这样的教育使得索特不会墨守成规,在作学术研究的时候往往独辟蹊径,进行有价值的探索和创新。和当时会计理论界的流行观点不同,索特认为会计数字不是"硬"数字,没有揭示"真正的"、"内在的"或"公允的"价值。有鉴于此,索特提出了"事项理论",该理论以将一个单位的重要事项历史载入的形式描述会计,强调的是过程而不是结果,以及过程是否可能被重复或改变。像所有的历史一样,事项理论的目的是理解过去以计划未来,索特 40 年研究和教学的主题就是怎样能够更好地构造这个理论。

1990 年,索特在加入纽约大学法学院后,他的研究领域主要是会计和法律、法律问题中的会计信息高级分析和银行法。他关注会计数据在法律问题上的应用及其局限,如契约、损害赔偿和估价方面的会计问题。他在纽约大学开设的课程主要是《法务会计》和《会计信息的高级分析》。

尽管索特被称为是"攻击传统观念的人",但美国会计学会(AAA)仍于 1979 年授予其美国杰出会计教育奖(Outstanding Accounting Educator Award)。美国著名的《财富》(*Fortune*)杂志也将其誉为 8 个最有天赋的商学院教授之一。此外,索特还曾获纽约大学法学院的优秀教师奖(Great Teacher Award)。

## 二、理论与实务的主要贡献

索特的研究领域相当广泛,他在会计理论、财务会计、成本会计、财务分析和法务会计等方面均有涉猎,其博士学位论文为《会计的界限——选择的会计规则》(*The Boundaries of the Accounting Universe: the Accounting Rules of Selection*,1963)。

1964—1966 年间,受美国会计学会(AAA)委托,索特作为"基本会计理论报告委员会"(Committee to Prepare a Statement of Basic Accounting Theory)的委员之一,参与了《论基本会计理论》(*A Statement of Basic Accounting Theory*,简称 ASOBAT)一书的研究与编写工作,当时其余编写组的成员均赞同基于使用者的需求而建立会计理论,但索特表示反对,并向传统会计理论的价值观发起挑战,提出了事项会计思想的基本构想,并由此开始了其事项会计理论奠基者和倡导者的学术生涯。1969 年,索特的著名论文"基本会计理论的'事项法'"(*An "Events" Approach to Basic Accounting Theory*)发表于《会计评论》(*the Accounting Review*)第一期。这篇论文被认为是事项会计理论的开山之作,在该文中,索特首次系统论述了事项会计理论的基本观点，介绍了与传统会计理论“价值法”相对立的“事项法”，正式提出了“事项会计”的思想。

继1969年索特的著名论文发表以后，直至20世纪80年代中期，西方会计界的部分学者对事项会计理论进行了深入而细致的研究，取得了比较丰硕的成果，奥雷斯·约翰逊(Orace Johnson)、A·Z·利波曼(Arthur Z. Lieberman)、安德鲁·B·威斯登(Andrew B. Whinston)、C·S·克兰托尼(Claude S. Colantoni)、R·P·玛涅斯(Rene P. Manes)、威廉·D·赫斯曼(William D. Haseman)、伊扎克·伯恩巴赛(Izak Benbasat)、阿伯特·S·德克斯特(Albert S. Dexter)、纳什·A·凯德琳(Nils A. Kandelin)、汤姆逊·W·林(Thomas W. Lin)以及J·C·维斯特兰(J. C. Westland)等会计学者分别在事项会计的基本理论和基于事项会计思想的信息系统研究方面做出了一定的贡献，促进了事项会计理论的发展和传播，并逐渐形成了事项会计理论体系。

20世纪80年代中期以后，西方会计界对事项会计的研究出现沉寂。面对事项会计理论研究低迷的情势，索特和M·J·英格勃曼(M. J. Ingberman)以及H·M·马克西门(H. M. Maximon)于1990年合作出版了《财务会计：一个事项和现金流方法》(*Financial Accounting: An Events and Cash Flow Approach*)一书。该书是事项会计理论的第一部论著，它以教材的形式呈现，从事项法的角度阐释财务会计，较为深刻地阐述了与事项会计相关的理论。

索特的论著虽然不过20本左右，但影响颇大，除前述外，其他主要论著作还有：《财务报告的目标》(*Objectives of Financial Reporting*, 2004)、《资产确认和经济特性：相关成本》(*Asset Recognition and Economic Attributes: the Relevant Costing*, 2004)、《Mixmax公司》(*The Mixmax Company*, 1990)；《有关财务报表》(*Relevant Financial Statements*, 1978)、《会计的界限》(*The Boundaries of the Accounting Universe*, 1978)、《财务报表的目标》(*Objectives of Financial Statements*, 1974)等。

索特在《会计评论》(*the Accounting Review*)、《会计研究杂志》(*Journal of Accounting Research*)、《商业杂志》(*Journal of Business*)和《财务分析师杂志》(*Financial Analyst Journal*)等期刊上发表20多篇专业论文，影响较大的主要有："会计理论回顾"(*Review of Accounting Theory*, 1983)、"资产确认和经济特性：相关成本方法"(*Asset Recognition and Economic Attributes: the Relevant Costing Approach*, 1962)、"报告收益和存货变更"(*Reported Income and Inventory Change*, 1959)、"反映在会计决策中的公司特性：一些初步发现"(*Corporate Personality as Reflected in Accounting Decisions: Some Preliminary Findings*, 1964)、"直接、相关或是吸收成

本”(*Direct, Relevant or Absorption Costing*, 1963)、“废弃物的会计处理:一个建议”(*Accounting for Obsolescence—A Proposal*, 1959)、“经营提供的资金”(*Notes on Funds Provided by Operations*, 1959)、“财务报表目标报告的机遇与挑战”(*Opportunities and Implications of the Report on Objectives of Financial Statements*, 1974)、“投资者会计理论回顾”(*Review of A Theory of Accounting to Investors*, 1963)和“会计理论收益法回顾”:(*Review of An Income Approach to Accounting Theory: Readings and Questions*, 1964)等。

## 三、主要论著简析

1969 年,索特在《会计评论》第一期发表了著名论文“基本会计理论的‘事项法’”,提出了“事项会计”的思想。索特所倡导的事项会计理论认为,由于财务报表的使用者多种多样,传统会计方法下生成的通用会计信息不可能适合所有使用者的需要,为此,会计应提供与决策相关的能反映经济事项原始数据的信息,而将事项信息转化为适合各使用者所用决策模型的信息工作则应留给使用者自己去做,由使用者按照自己的需求选择原始事项信息和做进一步的加工,会计人员的职责仅是提供多维度的、非综合的相关经济事项的原始数据。事项会计的特点是强调事项本身,按照事项会计学派的解释,事项指的是可能对使用者造成经济影响的所有事件、现象和交易,包括企业与其顾客、供应商等外部主体之间的交易和企业内部的经济活动,事项具有可为人们直接观察的多重属性,会计需要反映所有这些属性,而不能仅将反映的范围局限于事项的价值量。

索特所提出的事项会计理论是对传统会计理论的极大挑战。在该文中,索特还对事项会计可能会对传统会计报表产生的影响及事项法理论与《论基本会计理论》(*ASOBAT*)的关系进行了讨论。该文共包括 3 个主要部分:第一部分,对价值法与事项法这两个观点进行对比分析。在批判传统会计理论价值法的基础上提出了事项会计理论,认为会计的目的是提供决策有用的经济事项信息,其提供的应是可让信息使用者输入决策模型的相关经济事项的原始信息,而不是直接为决策模型提供输入值。第二部分,讨论了事项法的可能结果。主要是试图在现行会计框架下运用事项法观点对会计报表进行阐释以及探讨事项法会计理论与《论基本会计理论》(*ASOBAT*)的关系,并预测了可能与事项法相适应的财务报告的类型,但认为当时谈论事项法的长期影响还为时尚早。第三部分,是结论。作者希望,其所提出的对会计理论新定向的看法能够促进进一步的研究,并提出了 5 个可供未来进一步研究的领域:(1)在解释厂商的未来价值方面，事项的预测是否比诸如收益这样的集计数据更为有效；(2)调查研究现行会计报告格式并发现这些格式的作用；(3)开发可用来更精确解释现金流入和现金流出时滞的模型；(4)调查研究当前会计人员使用的集计方法所带来的信息损失；(5)基于事项法构建会计报告形式。索特形成于1969年的对传统会计价值法的批判思想，即使在今天看来，也深具意义。虽然在当时限于技术经济条件，以事项为核心进行会计系统设计在实践中显得没有什么效用，然而随着商用数据处理系统的迅速普及，电子信息技术革命使事项会计学派的理想可望成为现实，索特的事项会计思想开创了一个崭新的会计理论研究领域，索特也因之被确认为事项会计学派的创始人和奠基者。

1990年，索特和M·J·英格勃曼以及H·M·马克西门合作出版了《财务会计：一个事项和现金流方法》(*Financial Accounting*: *An Events and Cash Flow Approach*)一书。该书共分为4部分：第一部分，是关于会计模型。它包括7章和两个附录，分别是：(1)导论，会计的本质和目标；(2)现金流及现金等价物，现值和未来价值；(3)会计类型：资产和权益；(4)会计数字；(5)美国Grabule公司的第一天：债务、信用和资产负债表；(6)美国Grabule公司的第二天：收益表；(7)交易分析：会计的事项法；(8)美国Grabule公司的前两天：现金流量表；(9)确认和量化、记录和报告会计事项。第二部分是关于经营事项。它包括4章和一个附录，分别是：收入和经营费用；计算无法收回的调整项；存货的消耗：销货成本；长期资产的摊销；所得税。第三部分是关于财务事项。它包括3章，分别是：(1)长期债务：借款；(2)长期债务；(3)债券，所有权财务事项。第四部分是关于投资事项。它包括2章，分别是：长期资产投资会计和对其他公司投资会计。该书认为，财务报表的目的是提供事项的历史记录，这些记录对于估计企业的现金流是有用的，会计应对与会计主体相关的各种会计事项进行选择、描述和沟通，以有助于预测未来现金流量。该书在对事项会计基本理论进行深入解说的同时，研究其实际应用问题，是事项会计理论发展中的一个重要研究成果。遗憾的是，由于该书采用教材形式，其目的在于研究如何用事项法改造传统财务会计，并不是一本研究性的事项会计理论专著。

当然，事项会计理论的研究至今仍未形成一个比较完善的体系，其实施则面临着诸多问题，诸如：应当如何解决既可以度量所有重要事项的各种属性又不至于加重信息提供者和使用者的负担？如何衡量哪些事项是“重要的”？如何计量事项的所有属性……令人扼腕的是，不仅20世纪80年代末开始西方对事项会计理论的研究出现停滞的现象，即便是索特本人，在研究和倡导事项会计理论多年之后，对其研究兴趣似乎也是激情不再，特别是其在加入纽约大学法学院后，他的研究领域开始转向与法律相关的会计问题，故近年来已经很少看到索特对其所提出的事项会计理论通过著书立说以发扬光大其影响。

## 参考文献


[1] Benbasat Izak, Albert S Dexter. Value and Events Approaches to Accounting: An Experimental Evaluation[J]. The Accounting Review, 1979(10):735-749.

[2] Colantoni Claude S, Manes Rene P, Andrew B Whinston. A Unified Approach to the Theory of Accounting and Information Systems[J]. The Accounting Review, 1971,46(1):90-102.

[3] Haseman W D, A B Whinston. Design of A Multidimensional Accounting System[J]. The Accounting Review,1976(1):65-79.

[4] http://www.martindale.com/Search_Tools/Law_Schools/schl0569.aspx, 2010-08-12.

[5] https://its.law.nyu.edu/facultyprofiles/profile.cfm, 2010-08-12.

[6] Johnson Orace. Toward An "Events" Theory of Accounting[J]. The Accounting Review, 1970,45(4):641-653.

[7] Kandelin Nils A, Thomas W Lin. A Computational Model of An Events-Based Object-Oriented Accounting Information System for Inventory Management[J]. Journal of Information Systems,( Spring) 1992.

[8] Lieberman Arthur Z, Andrew B Whinston. A Structuring of An Events-Accounting Information System [J]. The Accounting Review,1975,(4):246-258.

[9] Sorter George H, M J Ingberman, H M Maximon. Financial Accounting: An Events and Cash Flow Approach[M]. New York: McGraw-Hill, 1990.

[10] Sorter George H. An "Events" Approach to Basic Accounting Theory[J]. The Accounting Review, 1969,44(1):12-19.

[11] Westland J C. Reporting Strategies for "Events" Accounting[J]. Journal of Information Systems, (Spring) 1992.


（初稿执笔人：李朝芳）

# 罗纳德·德林

## (Sir Ronald Dearing, 1930—2009)

罗纳德·德林爵士(Sir Ronald Dearing,1930—2009)是英国著名的政治家、实业家、会计准则专家和教育家。

## 一、个人简要生平

1930年7月27日,德林出生于英国的赫尔(Hull)。由于其父亲在空袭中死亡,因此,作为家中长子的德林在16岁时离开学校参加工作,最初的一份工作是在当地的劳动力市场做秘书。工作之余,德林进入唐卡斯特文法学校(Doncaster Grammar School,现改为Hall Cross School)学习,尔后进入英国皇家空军进行国民服役。复员后,他作为一名下士教官被派往在伦敦的燃料和动力部,一直工作至1962年。在此期间,通过两年的努力,德林在1954年获得赫尔大学(University of Hull)的经济学学士学位。1962—1964年,德林在财政部以及贸易工业部担任不同职务。工作一年后他成为伦敦商学院(The London Business School)的斯隆研究员(Sloan Fellow)①,在担任贸易工业部的纽卡斯尔地区主任期间,德林是第一个成功地吸引日本企业在英格兰北部投资的人。由于其在工作中的突出表现,使得他回到伦敦即成了一位副秘书长,并最终成为贸易工业部的副部长,与包括托

**图103　罗纳德·德林**

---

① 斯隆研究员计划是由通用汽车公司1937—1956年的董事长艾尔弗雷德·P·斯隆基金会支持的一个中等职业的在通用管理与领导方面的硕士学位。它的对象是那些已经在职业生涯表现出成功的有经验的经理或在组织内具有相当程度的企业家。伴随这一计划的大多数的斯隆研究员在全球市场中担当了主管领导级别的职位。

尼·本(Tony Benn)和基思·约瑟夫爵士(Sir Keith Josep)在内的成功的部长密切合作。1981—1987年,德林任邮政局局长,在此期间,他负责了英国电信公司的分离试点。由于他实行雇工制度的改革,结束了在英国的一些最严格的限制性措施,使得英国电信公司变成一个每年为国库带来超过1亿英镑的企业。

1987年,德林从邮政局退休后开始了公务员以外的第二职业生涯,他担任达勒姆郡开发公司(the County Durham Development Company)的董事长,并担任了包括惠特布雷德控股(Whitbread)、啤酒公司(the brewery)、保诚集团(Prudential)、保险公司(the insure)、IMI集团和设计公司(the engineer)在内的英国蓝筹股公司的一些董事并持有相应的股份,他还是英国煤炭公司(British coal)、英国房产(English Estates)等董事会成员。

1980年末至1990年初,德林开始参与会计规范的制定工作。这段期间,会计准则委员会(Accounting Standards Committee,简称ASC)作为英国当时的会计准则制定机构,广遭争议和批评。尤其是"现时成本会计"等具有争议性的准则的发布、修订乃至最终取消使ASC的权威性受到严重质疑,这使得会计职业界开始正视ASC机构本身及其准则制定过程存在的诸多问题。为了回应外界对ASC的批评,1987年11月,会计职业团体咨询委员会(The Consultative Committee of Accountancy Bodies,简称为CCAB)任命德林审查准则制定过程,并为会计准则审查委员会(the Accounting Standards Review Committee,简称ASRC)服务。1988年,德林完成了名为"会计准则的制定——审查委员会的报告"(The making of accounting standards-report of the Review Committee)的著名报告(即"德林报告",The Dearing Reporting)。该报告就英国会计准则如何制定与完善问题提出了十三个方面的建议,并产生了重要的影响。"德林报告"一经发布,即被CCAB以及英国贸易工业部所接受,也因为"德林报告"的影响力,1990—1993年,德林任财务报告委员会(the Financial Reporting Council)的主席。

1993—2001年,德林任英国诺丁汉大学(the University of Nottingham)的第五任校长。在此期间,为应对全国范围内学校教师抵制评估测试的危机,德林被邀请成为学校课程与评估委员会(the School Curriculum and Assessment Authority,简称SCAA)的主席,1994年年底,德林巧妙地就不在政治议题中讨论课程内容达成一致。于是,他被委任重新审查16岁至19岁年青少年的教育问题,并于1996年3月形成了一份报告,该报告因其提出的学术和职业资格的国家框架而赢得了广泛赞誉。同年,第四任教育部长吉莉安·谢珀德(Gillian Shephard)要求德林主持英国高等教育全国调查委员会(National Committee of Inquiry into Higher Education)以负责重新考虑未来 20 年英国高等教育的需求，这导致最有名的“德林报告”产生。

2007 年，德林任教会学校调查委员会的主席。此后，德林在不同时期任直销机构主席、教会院校协会主席、地方政府协会副主席、伦敦教育事业合作企业主席、高等教育政策研究所所长和北部交响曲欣赏委员会主席等。

由于德林在各方面的突出贡献，1984 年被授予爵士位，1998 年德林被封以“罗纳德·德林勋爵”称号的终身贵族，并且荣获达勒姆大学(Durham University)、赫尔大学(University of Hull)、布赖顿大学(University of Brighton)和墨尔本大学(University of Melbourne)等学校的荣誉学位。

在工作中，德林以勤奋著称。每天早上他 7 点离开家，晚上总是工作到很晚才回家，平均一天工作 15 小时左右，一年当中只给自己两个星期左右的假期，而且假期都是在二手书店中度过。即使他在漫长和痛苦的癌症治疗时期，仍然坚持撰写出 1997 年的“德林报告”。在生活上，德林很简朴，他主要的娱乐活动就是在家清理烟囱和更换地板。德林还是虔诚的遁道卫理信仰者。除工作之余，德林还爱好文学，他喜欢躺在床上听录音的诗句，他最喜欢的诗人是哈代(Hardy)、豪斯曼(Housman)和 R·S·托马斯(R. S. Thomas)。

20 世纪 90 年代中期，德林患上癌症，但患病期间他仍坚持工作，在与病魔十几年的抗争后，德林于 2009 年 2 月 19 日逝世，享年 78 岁。

## 二、理论与实务的主要贡献

### (一) 会计领域

德林在会计理论与实务方面的重要贡献，也就是其于 20 世纪 80 年代末期，在为英国会计准则审查委员会服务期间，最后发布的题为“会计准则的制定”(*The Making of Accounting Standards-report of the Review Committee*)的著名报告(即“德林报告”，*The Dearing Reporting*)，该报告于 1988 年 9 月由英格兰及威尔士特许会计师协会(Institute of Chartered Accountants in England and Wales，简称为 ICAEW)在英国伦敦出版，书名为“会计准则的制定：审查委员会的报告——呈献给会计职业团体咨询委员会”(The Making of Accounting Standards-report of the Review Committee: Presented to the Consultative Committee of Accountancy Bodies)，该报告当中提出的“成立财务报告委员会，将现有的 ASC 改组为 ASB，建立一个处理新兴争议的正式机构，成立针对大公司的专门审查小组”等机构设置方式对英国会计准则的制定架构产生了深远的影响，为英国会计准则理事会的成立和架构起到了奠基作用。特别是针对ASC的改组建议，在汲取了ASC的成功经验和失败教训的基础上，从领导机构、成员来源、成员人数、领薪方式以及其发布准则的权限等几个方面作出了根本性的改进，使得ASB在形式和实质上保持了独立性，加强了其权威性，为后来英国会计准则的发展与完善提供了制度上的保证。该报告中提出了十三条具体建议，其主要内容如下：

(1) 应进一步发展会计概念框。但是，概念框架的发展应注意规模适度的原则，只有当财务报告委员会判断存在可持续发展的可信赖基础时，才可以提高经费支持的力度。

(2) 应当完善会计准则发布的内容。当会计准则发布时，需同时附上会计准则基础原则的说明，以及为什么备选方案被拒绝的理由。

(3) 应当增加对会计准则质量和及时性的关注。同时，还要减少所允许选择权的范围，督促减少选择权的执行。

(4) 明确会计准则对私人公司的适用范围。在私人公司方面，由于其规模小，故效益低。与小公司相比，大公司的单位会计信息成本更低，其会计信息使用者的收益越大。因此基于成本效益原则的考虑，准则在发布时应清楚地表达其对小公司的适用性，即小公司在多大程度上应用该准则。

(5) 公共部门应在建议的框架内实施会计准则。具体为三个层次：对于卫生部门，由于1982年卫生部门通过卫生服务司库协会，对包括慈善团体卫生当局信托基金在内的卫生服务方面原已使用的会计准则进行了梳理，因此，对于卫生部门不能主动接受的会计准则和实务说明，应由英国特许公共财务会计师公会与会计准则委员会共同商议；对于行政机构、发展公司和大学、高等院校和其他高等教育机构等其他重要的公共部门，则建议遵守准则制定主体相关声明的原则，除非原则明显不合适；对于政府部门，财务报告将仍然由国会规定。此外，还建议继续保留公共部门联络委员会[①]来考虑公共部门的特定相关事项，并将相关情况报告会计准则委员会；保留那些将会计准则应用于当地政府和其他公共部门的实务说明；若新准则不能直接被现行条例所应用，应检查对于其在短期内公共部门的适用性；公共部门对会计准则制定程序的资金资助的安排应比照私人公司类似规模的资金资助。

(6) 加强会计准则的法律支持。为了给予会计准则更多的法律支持，使会计准则的发展和执行工作具有一个全面的基础，政府立法时应考虑：大公司的负责人应对年度会计报告作出说明，不论其是否与会计准则一致，特别是要解释那些与会计准则发

① 公共部门联络委员会是ASC的下属委员会，主要处理公共部门的争议，包括公共部门的建议实务公告(SORPs)发布初期的处理。

生重大背离的原因。对于某一授权的团体或国务秘书来说,《民法》下应有一个新的法定权力机构,其具有责令那些没有给出真实、公允的会计信息的提供者进行修改的法定权利;为支付会计准则的使用和监督费用,所有公司需增加对公司注册办公室的投入。

(7) 成立财务报告委员会,负责制定会计准则政策上的指导。财务报告委员会的工作职责包括将指导优先交给准则制定主体制定;对于公众关心的问题或争论则给予框架的建议;推动好的会计实务,督促会计准则的遵守,鼓励主体代表委员会积极关注准则的发展;出版年度报告以评价六大会计师职业团体①、会计准则理事会、专门审查小组以及其他相关团体对于好的实务的贡献,表达对于近年来会计实务的关注,不管是否令人满意;审查相关团体的预算以确保团体有效地运行,若发现出现不适当的情况,则使其结束以引导到正确的行为中来。在开会频率方面,财务报告委员会一年应开 3 次或 4 次会;在人员安排方面,数量应在 20 名左右,成员组成应是来自工业、商业和政府部门等实务界的会计师,以及来自相关领域的成员。此外政府可对指派成员或监督员。对于主席的人选,应先进行适当的咨询,这其中尤其是要与英国及爱尔兰会计职业团体咨询委员会的主席沟通,尔后再由国家贸易和工业部部长和英国央行行长共同指派。

(8) 将现有的会计准则委员会(ASC)改组为会计准则理事会(Accounting Standards Board,简称 ASB)。ASC 改组为 ASB 后,不再受制于 CCAB,而是下属于财务报告委员会,有权自行制定并发布准则。在人员组成上,与 ASC 的成员全部为兼职且不领薪,不同的是,ASB 要求主席和技术指导应是全职的且可获得适当报酬,他们均需具有会计师资质,尤其是主席还需具备重要的资格证书。此外,ASB 的主席也应是财务报告委员会的成员。为提高效率和减少争议,ASB 的人员包括主席和技术指导在内不应超过 9 人,政府具有监督者席位。为强化会计准则的制定,准则的发布为满足2/3的大多数人通过即可,不需在会计准则委员会的一致通过。

(9) 建立一个处理新型业务争议的正式机构。随着商业活动的复杂化,常常会出现复杂的新型业务处理方面的争议;为减少现实对会计准则进行解释说明的需求,会计准则委员会应建立一个处理新型业务争议的正式机构。

(10) 成立针对大公司的专门审查小组。为有效地监督准则的遵守情况,应建立针对大公司的专门审查小组,以对其是否存在重大的、与会计准则相背离的情况进行

① 英国的六大会计师职业团体分别是英格兰和威尔士特许会计师协会(ICAEW)、苏格兰特许会计师协会(ICAS)、爱尔兰特许会计师协会(ICAI)、特许公认会计师公会(ACCA)、特许管理会计师协会(CIMA)、特许公共财务与会计协会(CIPFA)。

审查。专门审查小组的成员由财务报告委员会作出任命，成员的组成应具有广泛性，可以是来自商界、机构投资者、证券交易所以及会计师专业团体。

(11) 在解决会计准则争议前设立咨询环节。在准则争议前进行全面的咨询是很有必要的，因为进行咨询可确保准则的质量，以及会计信息提供者所承担的义务和财务报告的使用范围，咨询也可以使新型业务争议在发生的早期得到解决。

(12) 关于机构的人员组成问题。为保持独立性，会计准则委员会的成员应由为共同秘书处服务的专业人士组成，对人员的聘用可采用续约合同和从职业界借调两者相结合的方式。

(13) 建立广泛的资金来源基础。为确保财务报告委员会的独立性和财务运行，会计准则委员会应该有一个广泛的资金基础。因此，其资金除了来源于会计职业界外，还可以来自会计准则委员会发布的会计准则和其他声明的版权收入，公司注册办公室向那些在其备案年收益的公司收取少量、适当的额外费用，证券交易所应当按其收取上市费的适当比例。此外，银行、投资机构、金融顾问和在金融机构的交易员等也可以一定的形式向该委员会提供资助。

### (二) 教育领域

德林的工作经历丰富，在不同部门及不同行业任职过，且在每一个岗位上都做得很出色，其中最为人知的应属其在教育领域发布的三个报告：第一个报告是三个报告中最有影响力的报告，它是德林任诺丁汉大学校长期间于 1997 年发布的正式名为“在学习型社会中的高等教育”(*Higher Education in the Learning Society*)的报告，也就是人们通常所称的“德林报告”(*Dearing Report*)，该报告是英国高等教育全国调查委员会(National Committee of Inquiry into Higher Education)系列报告中的主要报告，该报告是继 1960 年年初罗宾斯委员会以来对英国高等教育最大范围的重新规划。报告的内容主要是关于资金、课程扩展与教学标准的保持方面的 93 条建议。在资金方面，最主要的变化在于本科生的学费从完全由政府赞助转变为由学生缴纳学费与低息贷款相结合的混合方式；在课程扩展方面，他主张增加副学位课程和学位课程以满足雇主对高素质受雇者的需求；在教学标准方面，他建议教学人员在试用期内应接受一些教学训练。该报告的学费改革建议解决了在 20 世纪 80 年代末和 90 年代初学生人数大幅上升，但高等教育的资金远远落后于人数的增加，导致大学普遍抱怨资金紧张的问题。最终，政府采纳了这份报告的大部分内容，使得英国高校的学费方式发生根本的变化。第二个报告发布于 2003 年，这份报告号召重新引入学生助学金，以使工薪阶层的申请人能获得学习机会。第三份报告在德林于 2007 年主持一个教会学校调查委员会时发布的，其名为“学校中的语言”。针对强制性语言课程取消后导致了学习语言的人数直线下降这一情况，德林在报告中认为，决定取消强制性语言课程有充分的理由但建议采取行动来挽回学习人数下降的局面。德林的三份报告，特别是第一份报告对英国的高等教育改革有深远的影响。

## 参考资料


[1] 刘微芳，孙蔓莉，肖泽忠. 英国会计准则制定机构的沿革[J]. 审计研究，2002(6)：48-52.

[2] 汪祥耀. 英国会计准则的演进与最新发展[J]. 财经论丛，2002(2)：56-61.

[3] 杨孙蕾，苏雯，许家林. 英国著名会计准则专家：罗纳德·德林[J]. 财会通讯，2012(11)：117-118.

[4] http://www.timesonline.co.uk/tol/comment/obituaries/article5792071.ece，2010-08-13.

[5] http://www.independent.co.uk/opinion/uneducated-but-no-empty-head-as-sir-ron-dearing-steps-into-the-national-curriculum-firing-line-he-tells-colin-hughes-how-he-will-handle-the-conflicting-demands-1456703.html.

[6] http://www.guardian.co.uk/education/2009/feb/23/obituary-lord-dearing-tuition-fees.

[7] http://en.wikipedia.org/wiki/Dearing_Report.

[8] http://www.telegraph.co.uk/news/obituaries/4800229/Lord-Dearing.html.

[9] Dearing Report (1988). The Making of Accounting Standards-report of the Review Committee: Presented to the Consultative Committee of Accountancy Bodies, Chaired by Sir Ronald Dearing. London: ICAEW.


（初稿执笔人：杨孙蕾）

# 艾哈迈德·里亚希-贝克奥伊

## (Ahmed Riahi-Belkaoui, 1943 — )

艾哈迈德·里亚希-贝克奥伊(Ahmed Riahi-Belkaoui, 1943— )是国际会计界著名的会计学教授,其专业知识面宽,涉及的领域广阔,特别是其所著《会计理论》(*Accounting Theory*)一书在学术界具有重要的影响。

## 一、个人简要生平

1943年12月1日,贝克奥伊(见图104)出生于北非的突尼斯,曾获得加拿大国籍,后移居美国。贝克奥伊早年曾经自修过数学专业,后来专攻管理学。1967年6月毕业于突尼斯大学商学院企业管理专业;1970年6月获伊利诺伊州立大学(Illinois State University)工商管理硕士学位;1973年1月获雪城大学(Syracuse University,也称锡拉丘兹大学,简称SU)会计学博士学位。曾于1973—1981年在渥太华大学(University of Ottawa)会计系工作,先后任助理教授、副教授,其间于1979—1980年在芝加哥大学(University of Chicago)作过一年的客座副教授。后一直在伊利诺伊大学芝加哥分校(Illinois State University at Chicago,简称UIC)工作,主要讲授《会计理论》、《管理会计》(*Managerial Accounting*)与《国际会计》(*International Accounting*)等课程。

图104 艾哈迈德·里亚希-贝克奥伊

贝克奥伊的生活与专业阅历非常丰富,曾经先后在突尼斯、法国、意大利、西德、比利时、前苏联、瑞士、加拿大、美国、墨西哥、哥伦比亚、秘鲁、巴西、阿根廷、巴哈马群岛、马提尼克岛、科威特、约旦、丹麦、瑞典、乌克兰、印度尼西亚和摩尔达维亚等国家和地区生活或旅行过,这些经历为他在国际会计方面的成就奠定了坚实的基础。此外,贝克奥伊也曾先后在渥太华大学(University of Ottawa)、卡尔顿大学(Carleton University,Ottawa)、谢布鲁克大学(University of Sherbrooke)、芝加哥大学(University of Chicago)、伊利诺伊大学(University of Illinois)、魁北克大学(The University of Quebec,Hull)、威尼斯大学(University of Venice),以及印度尼西亚和波尔多等地的大学进行过教学或学术研究。贝克奥伊主要讲授财务管理和国际会计等课程,主要进行国际会计、社会经济会计和管理会计等领域的研究。1988 年以后,他还先后到科威特、德国、法国、约旦、意大利和加拿大等许多国家的大学作过学术演讲,为国际会计的发展做出了卓越贡献。

贝克奥伊在从事教学与研究的同时,亦兼职多种社会、行政和学术性工作:1986—1987 年及 1995—1999 年间,担任过学校研究生主管,主持编写会计教学大纲;1990—1991 年,任美国会计学会(AAA)学术评奖委员会国际部(Dissertation Award Committee,International Section)成员;1990—1991 年,任文化研究与会计研究委员会国际部(Cultural Studies and Accounting Research Committee, International Section)主席;1991—1992 年,任国际杰出会计教育家委员会(Outstanding Accounting International Educator Committee)主席;1994—1995 年,任突尼斯概念框架 ABT 顾问;1996 年,任国防部第八个四年军事援助观察组的顾问(Johnson & Johnson Consultant to assist the Department of Defense in the 8th Quadrennial Review of Military Compensation);1992—1999 年,是伊利诺伊大学人力资源研究中心人才研究会会员(Member of the Faculty Research Board, Center for Human Resource Management, University of Illinois);1993—1999 年,是赫尔大学国际会计研究中心顾问委员会会员(Member of the Advisory Board, Center for International Accounting Research, The University of Hull)。

此外,贝克奥伊还受邀担任过《企业财务与会计杂志》(*The Journal of Business Finance and Accounting*)、《国际会计前沿》(*Advances in International Accounting*)、《中东商业与经济评论》(*Middle-East Business and Economic Review*)、《全球商业杂志》(*Journal of Global Business*)等多家杂志的编委,现在仍是《财务管理》(*Managerial Finance*)、《印度尼西亚管理与会计研究》(*Indonesia Management and Accounting Research*)、《国际商业与经济评论》(*International Business and Economic Review*)、《印度会计评论》(*Indian Accounting Review*)、《环境技术与管理》(*Environmental Technology and Management*)等杂志的编委,曾担任《会计评论》(*the Accounting Review*)、《金融杂志》(*the Journal of Finance*)、《财务评论》(*Financial Review*)、《财务研究杂志》(*the Journal of Financial Research*)等期刊的审稿人,自

1991 年以来一直是《财务管理》杂志的特约撰稿人与匿名审稿人。作为《财务管理》的特约撰稿人，近 20 年来，贝克奥伊集中对以下问题做了研究："利润和现金流量对决策的影响"(*The Impact of Profit and Cash Flows on Decision Making*, 1991)、"经营者激励"(*Executive Compensation*, 1992)、"增值报告"(*Value Added Reporting*, 1993)、"实行经营者激励计划的负面影响"(*Reaction to the Implementation of Management Compensation Plans*, 1996)、"财务分析人员预测的预期效应"(*Prediction Performance of Financial Analysts' Forecasts*, 1998)与"国际化及其影响因素"(*Mutinationality and its Determinants*, 1998)、"盈利与非盈利指标的作用"(*The Role of Earnings and NonEarnings Figures*, 1999)、"造假的经济和会计因素分析"(*The Economics and Accounting for Fraud*, 2000)、"投资决策"(*The Investment Opportunity Set*, 2000)、"跨国公司的市场评价"(*Market Valuation of Multinational Firms*, 2001)和"盈余管理"(*Earning Management*, 2001)等。

鉴于贝克奥伊在会计研究和会计教育等方面的成果，他曾先后获得过多种奖励。除 2000 年度获得美国会计学会(AAA)国际会计部(International Accounting Section)组织评选的国际杰出会计教育奖(Outstanding International Accounting Educator Award)外，还获得了 1964—1967 年突尼斯证券交易所治理奖(Bourse du Gorvernment Tunisien)、1968—1973 年的国际开发署学者荣誉奖(Agency for International Development Scholarship)、1991 年度伊利诺伊大学 MBA 学生会教育优秀奖(1991 Excellence in Education Award, MBA Student Association, UIC)、1992 年度毕业生教学杰出贡献银奖提名(Nominee for the Silver Circle Award for Excellence in teaching by the Graduating Seniors)、1996 年度伊利诺伊大学突出研究成就校友奖(Alumni Award for Distinguished Research)、1996—2001 年伊利诺伊大学工商管理学院杰出会计教育奖(CBA Distinguished Professor of Accounting, UIC)、1997 年金钥匙全美荣誉协会会员(Honorary member in the Golden Key National Honor Society)、2001 年度标准治理与商业银行奖(Standard Corporate and Merchant Bank Award)、2000—2003 年伊利诺伊大学学者荣誉(University Scholar, UIC)。

贝克奥伊学识渊博、多才多艺，能说写英语、法语和阿拉伯语，能熟练理解意大利文。还出版了《耻辱》(*Shame*)、《芝加哥爱情故事》(*Chicago Love Stories*)和《苍蝇的噪音》(*Noise of a Fly*)等近 10 部小说。

## 二、理论与实务的主要贡献

贝克奥伊的著述颇丰，独撰和与他人合著专著有 60 余部，主要有：《会计理论》

(*Accounting Theory*, 1981)、《会计道德》(*Morality in Accounting*, 1992)、《增值报告:美国的经验》(*Value Added Reporting*: *The Lessons for the U. S*, 1992)、《管理会计的新基础》(*The New Foundations of Management Accounting*, 1992)、《行为会计学》(*Behavioral Accounting*, 1989)、《国际会计》(*International Accounting*, 1985)、《双重经济下的会计》(*Accounting in the Dual Economy*, 1991)、《经营者激励的影响因素:所有权、经营业绩、公司规模与公司多样化》(*Determinants of Executive Compensation*: *Ownership*, *Performance*, *Firm Size and Corporate Diversification*, 1991)、《会计:一门综合性科学》(*Accounting*: *A Multiple Paradigm Science*, 1996)、《澳大利亚的会计理论》(*Accounting Theory*: *The Australian Edition*, 2002)、《资本结构:决策、评价与会计》、《财务报告的现在与未来》(*Financial Statements*: *Present and Future Scope*, 2001)、《社会经济会计》(*Socio-Economic Accounting*, 1984)、《会计面临的挑战》(*The Coming Crisis in Accounting*, 1989)、《管理会计的概念基础》(*The Conceptual Foundations of Management Accounting*, 1980)、《学习曲线:管理会计的工具》(*The Learning Curve*: *A Management Accounting Tool*, 1986)、《质量与控制:一个会计观点》(*Quality and Control*: *An Accounting Perspective*, 1992)、《组织和预算松弛》(*Organizational and Budgetary Slack*, 1994)、《高级管理会计》(*Advanced Management Accounting*, 2001)、《资本项目评价》(*Evaluating Capital Projects*, 2001)、《国际会计批判》(*Judgement in International Accounting*, 1990)、《跨国公司管理会计》(*Multinational Management Accounting*, 1991)、《跨国公司财务会计》(*Multinational Financial Accounting*, 1991)、《发展中国家的会计》(*Accounting for the Developing Countries*, 1994)、《会计文化》(*The Cultural Shaping of Accounting*, 1995)、《会计语言》(*The Linguistic Shaping of Accounting*, 1995)、《充分披露:特征与影响因素》(*Disclosure Adequacy*: *Nature and Determinants*, 1997)、《跨国公司:收益、效率与市场》(*Multinationality*: *Earnings*, *Efficiency and Market Considerations*, 2002)和《行为管理会计》(*Behavioral Management Accounting*, 2002)等。

此外,贝克奥伊还在《会计评论》(*the Accounting Review*)、《会计研究杂志》(*Journal of Accounting Research*)、《会计与财务评论》(*Review of Accounting and Finance*)、《国际会计杂志》(*International Journal of Accounting*)、《国际会计前沿》(*Advances in International Accounting*)、《美国商业评论》(*American Business Review*)等期刊发表论文160余篇,影响较大的诸如:"收益周期与证券评价"(*Earnings Cycles and the Pricing of Securities*)、"日本财务报告变迁的本质评论"(*Discussion* of "*The Changing Nature of Financial Reporting in Japan*")、"跨国公司的成长机会、内在化与市场评价"(*Growth Opportunities, Internalization and Market Valuation of Multinational Firms*)、"收益、国际化与投资决策"(*Profitability, Multinationality and the Investment Opportunity Set*)、"公司披露评级的影响因素:国际化水平、成长机会与规模"(*Level of Multinationality, Growth Opportunities and Size as Determinants of Analyst's Ratings of Corporate Disclosures*)、"投资决策对股利分配与市盈率的影响"(*Investment Opportunity Set Dependence of Dividend Yield and Price Earnings Ratio*)、"增值报告:规范研究与经验研究的回顾"(*The Value Added Report: A Review of the Descriptive and Empirical Research*)、"会计研究规范"(*Formal Knowledge in Accounting Studies*)、"美国大公司的盈余管理与信誉确立"(*Earnings Management and Reputational Building for Large US Firms*)、"或有成本控制、或有信息处理与信息可靠性"(*Probabilistic Cost Control, Probabilistic Information processing and Source Credibility*)、"增加值的信息含量、收益与现金流量:美国的案例"(*The Information Content of Value Added; Earnings and Cash Flows: U. S. Evidence*)、"所有权结构、公司业绩、多样化策略对 CEO 激励的影响:一种分析方法"(*Effects of Ownership Structure, Firm Performance, Size and Diversification Strategy on CEO Compensation: A Path Analysis*)和"环境成本的会计处理"(*The Accounting Treatment of Pollution Costs*)等。

## 三、主要论著简析

《会计理论》(如图 105)一书是贝克奥伊的代表作之一,该书初版于 1981 年,先后于 1985 年、1992 年、2000 年和 2004 年修订了 4 次。该书从第 1 版到第 5 版均以其翔实的资料、系统的论述,受到国际会计界的广泛关注与好评,被会计界人士奉为圭臬。

图 105 《会计理论》

《会计理论》一书试图融有关专家对财务会计理论、资产计价和资产收益决定等问题的讨论意见和争论问题为一体,满足财务会计大学教学中的初级、中级和高级教程的需要。这本书所描述的内容对于那些希望通过专业会计考试和希望拥有最新会计理论研究、教育的同学来说,无疑是大有裨益的。本书的一个重要特点就是在每一章结束部分中,提出了许多问题,这些问题的提出是基于引导同学们为寻求答案而便于查阅有关文献的设想。另外，在每章结尾部分所列的参考书目是对每个结论比较深刻论证的一种启示，对每一学习会计理论的学生来说，都会激励他们去论证文章中的所有观点，意识到来自同行和一些未完工作的挑战，而去积极地从事会计研究实践活动。

1981 年初版的《会计理论》由九章组成。第 1 章阐述了会计理论研究的传统方法；第 2 章详细阐述了会计理论研究的现代方法，这些现代方法作为会计理论框架的一个附加部分是需要加以论证的；第 3 章是财务会计目标的本质，也就是讨论概念性框架结构的发展；第 4 章论证和解释了会计理论的结构；第 5 章讨论了作为现代会计基础的资产确认、计量与资产收益决定的问题；第 6 章阐明作为可供选择的一般物价水平会计；第 7 章是确认资产计价和收益模式的分析，在特征的计量和被选择标准一致性上是有明显区别的；第 8 章向我们展示了会计发展的未来趋势；第 9 章阐述了会计作为一门复杂模式学科的基本原理。《会计理论》(第 1 版)被杨进等译为中文后于 1991 年 3 月由陕西人民出版社正式出版，并且其概要被收入中国财政经济出版社 2004 年 1 月出版的《西方会计学名著导读》一书之中。

贝克奥伊的《会计理论》第 1 版写于 1981 年，但由于该书只有大约 131 页(全书共 318 页)的篇幅用于介绍物价水平会计和现行价值会计以外的内容，因此该书的大多数讨论不能在所涉及内容的优缺点、异同点等方面加以展开。即有学者认，该书中忽略了许多本应讨论的东西，没能准确把握重点；所涉及内容的处理方式也值得商榷，没能采用广大潜在读者能接受的形式展现上述内容，应该在可读性、布局安排等方面作些改进(Enrico Petri, 1982)。

针对上述批评及会计理论的实际发展，贝克奥伊教授随后几次再版时均进行了重大改进和补充。在第 2 版中，贝克奥伊在独立的一章中介绍了构建会计理论的规范方法，而且拓展到如何对待“由谁制定会计准则”、“怎样规范会计职业”等问题；更深入讨论了信息处理法，新增加介绍了实证研究方法，还讨论了财务会计数据的信息含量，评价了“市场反应预测方法”；重新界定了财务会计概念结构一章的标题和内容安排，不再仅仅是列示一下每一个基本的和次级质量特征，增加介绍了 CICA 的 Stamp 报告内容；在关于会计未来发展趋势的一章中增加了 3 个主题内容：现金流量会计和报告、雇员报告、增加值报告。

2000 年修订后的《会计理论》于第 4 版增加介绍了会计职业、国际会计、未来会计发展等最新会计研究进展，对当今会计职业的现状进行了中肯的评价。该书的第 4 版由钱逢胜等译为中文后于 2004 年 5 月由上海财经大学出版社正式出版。该书第 4 版设16章，主要内容为：会计的历史和发展；会计的性质和用途；构建会计理论的传统方法；构建会计理论的规范方法；财务会计和报告的概念框架；会计理论的结构；会计中的公允、披露与未来趋势；会计的研究视角；会计：一门多重范式的科学；事项法与行为法；预测方法与实证方法；现时价值会计；一般物价水平会计；各种资产计价与收益确定模式；当代会计职业的背景；国际会计。

而后来修订出版的《会计理论》第5版，则根据实证会计理论及实务的发展，单独设章介绍了实证会计理论，并根据经验研究的发展更新修正了每一章的内容；同时根据需要将会计职业和国际会计理论的内容进行了重新整理，没有单独设章，而是分散到其他各章中。修订后的第5版《会计理论》共设16章，主要内容如下：会计的历史与发展；会计的性质与用途；会计理论的结构；构建会计理论的传统方法；构建会计理论的规范方法；财务会计和报告的概念框架；会计假设、理论概念和会计原则；会计中的公允、披露和未来发展趋势；会计的研究视角；会计：一门多重范式的科学；事项法和行为法；构建会计理论的预测法；实证会计理论；现行价值会计；一般物价水平会计；各种资产计价和收益确定模式。

虽然贝克奥伊的《会计理论》一书存在一些需要改进的地方，但它为我们全面理解会计理论及其方法，展现了一幅全方位的画卷。该书就建构会计理论中存在的问题，为我们提供了一整套的方法与建议。该书比较全面地涉及构建会计理论的传统方法、构建会计理论的规范方法、财务会计和报告的概念框架、会计理论的结构、会计的规范理论与实证理论、会计的研究视角等一系列内容，为我们解释了会计研究范式的性质，并运用不同的哲学观点来解释会计实务，探讨了会计理论的未来趋势，同时，对当今会计职业的现状进了中肯的评价。而且本书每章结尾都有大量思考题和按相关主题提供的参考文献，这将有助于读者作进一步的讨论和研究。由此可见，《会计理论》一书对有志于提高会计理论水平，并以此指导实践工作的人士来说，极具有借鉴意义；同时，对于意欲扩大个人会计视野的财经类专业本科生、研究生而言，也是一本不可多得的优秀教科书与参考书。

**参考文献**

[1] 艾哈迈德·里亚希-贝克奥伊. 会计理论[M]. 杨进，等，译. 西安：陕西人民出版社，1991.

[2] 艾哈迈德·里亚希-贝克奥伊. 会计理论(2000)[M]. 钱逢胜，等，译. 上海：上海财经大学出版社，2004.

[3] http://www.amazon.co.uk/exec/obidos, 2010-09-12.

[4] Riahi-Belkaoui Ahmed. Accounting Theory[J]. Centage Learning(Formerly Thomson Learning), 2004.

（初稿执笔人：蔡传里）

# 迈克尔·C·詹森

## (Michael C. Jensen, 1939— )

迈克尔·C·詹森(Michael C. Jensen, 1939— )教授是一位具有经济学、金融学和公司财务与治理知识背景,横跨金融经济学和企业管理学的世界级大师。他除了在资本市场理论中确立举足轻重的地位外,还在公司控制理论和资本结构理论方面做了开创性工作,他也是代理经济学的创始人之一。

## 一、个人简要生平

1939 年 11 月 30 日,詹森(见图 106)出生于美国明尼苏达州(Minnesota)罗切斯特市(Rochester)。1992 年,获得麦卡莱斯特学院(Macalester College)经济学学士学位,1964 年获得美国芝加哥大学(University of Chicago)工商管理硕士(Master of Business Administration,简称 MBA),1968 年又在芝加哥大学同时获得经济学、金融学和会计学博士学位。除此之外,他还获得多所大学的名誉博士学位:1991 年 7 月,获比利时鲁汶大学(University Catholique de Louvain)名誉博士学位;2000 年 12 月,获瑞士伯尔尼大学(University of Bern)名誉博士学位;2001 年 6 月,获纽约罗切斯特大学威廉·西蒙工商管理学院(University of Rochester William E. Simon Graduate School of Business Administration)名誉法学博士学位;2005 年 6 月,获加拿大多伦多大学(University of Toronto)名誉博士学位等。

**图 106 迈克尔·C·詹森**

1967 年,詹森在芝加哥大学攻读博士学位期间就开始了从教生涯,其职业生涯比较顺利:1967—1971 年,任纽约罗切斯特大学威廉·西蒙工商管理学院助理教授;

1971 年提拔为副教授;1979 年晋升成为教授。1984—1988 年间,任该校的工商管理 LaClare 荣誉教授。詹森在罗切斯特大学任教长达 21 年(1967—1988 年),在此期间主要为研究生讲授公司理财、资本市场、经济学、会计学、组织管理、公司政策和计算机经济学等课程。1997 年,詹森在罗切斯特大学创办了经济管理研究中心(Managerial Economics Research Center at the University of Rochester),并担任首任中心主任至 1988 年。与此同时,他还于 1984—1985 年间担任哈佛商学院(Harvard Business School)的客座教授,而后正式加入哈佛商学院并一直执教至 1988 年。1989—1997 年间担任该学院的 Edsel Bryant Ford 教授[①],1999 年至今为其名誉退休教授,并兼任摩立特集团(Monitor Group)组织战略执行董事。

教学之余,詹森积极投身于各种社会活动。1973 年,创办了《财务经济学杂志》(Journal of Financial Economics),这份杂志后来成为三大顶级财务经济学期刊之一,他亲自担任编辑一职直至 1986 年;1987 年至今,他一直担任《财务经济学杂志》的总编辑。1992—1998 年,他服务于哈佛大学心智行为计划(Mind Brain Behavior Initiative)的监管委员会,该项目研究人脑的局限性和人脑对行为的逆反应。1994 年,还创办了《财务文摘》(Journal of Financial Abstracts)杂志。1993 年,他和尤金·法玛(Eugene F. Fama)等人合作[②],在美国佛罗里达州(Florida)萨拉索塔创办了社会科学电子出版公司(Social Science Electronic Publishing Inc.,简称 SSEP),致力于社会科学文献的电子出版,建有专门的网站——社会科学研究网(Social Science Research Network,简称 SSRN)[③]。

1967 年至今,詹森也一直担任多家公司的顾问以及其他组织机构的会员:1978—1987 年间,任《会计与经济学杂志》(Journal of Accounting and Economics)副主编;1978—1990 年间,任《经济学快报》(Economics Letters)的顾问编辑;1981—1983 年间,成为西方经济协会(Western Economic Association International)国际执行委员会委员,1991 年担任该组织的副主席,于 1992 年当选为主席,并于 1993 年正式出任西方经济协会主席一职;1983—1985 年间,担任美国金融协会(American Finance Association,简称 AFA)董事会成员,1990 年晋升为副主席,1991 年当选为主席并于 1992 年正式出任主席一职;1986—1989 年,他是美国《财富》杂志(Fortune)的提名委员会会员;1988 年至今一直担任《实用公司理财》(Journal of Applied Corporate Finance)

① 埃德赛尔·布赖恩特·福特(Edsel Bryant Ford)是"汽车大王"亨利福特的儿子。

② 尤金·法玛是金融经济学领域的思想家,最主要的贡献是提出了"有效市场假说"(Efficient market hypothesis,简称 EMH)。

③ 网址为 http://ssrn.com/。

顾问委员会会员；1991年至今，任匹兹堡大学(University of Pittsburgh)企业契约与结构研究中心(Center for Research on Contracts and the Structure of Enterprise)咨询委员会成员，1994年至今，任该中心的董事会成员；1996年，他当选美国人文科学院(American Academy of Arts and Sciences)的会员；2002年，由于在公司治理方面的杰出贡献被聘为欧洲公司治理研究所(European Corporate Governance Institute)研究员。

除了从事学术相关的工作外，詹森也曾担任过许多公司与政府机构的顾问与董事，并曾多次在美国法庭与国会担任专家证人。卓越的学识和出色的社会工作为詹森教授赢得了大量的荣誉。1966年，获哈佛大学商学院罗伯特·F·格林希尔奖(Robert F. Greenhill Award)，当选荣誉协会会员①；1974年，获管理研究生院教学优秀奖；1979年，因其杰出的论文"企业理论：管理行为、代理成本与所有权结构"(*Theory of the Firm: Managerial Behavior, Agency Costs, and Ownership Structure*)，获芝加哥大学商业研究生院首届"里奥·米兰姆杰出学者奖"(the first Leo Melamed Prize for outstanding scholarship)；1979年，与William Meckling合著"公司能继续存在吗"(*Can the Corporation Survive*)。此文被财务分析学会(the Financial Analysts Federation)评为1978年度最佳论文，并被授予"格雷汉姆和多德普雷克"奖(the Graham and Dodd Plaque)。1989年，获《哈佛商业评论》麦肯锡奖(McKinsey Award)；1990年，他被东部金融协会(Eastern Finance Association)评为"年度杰出学者"(Scholar of the Year)，同年入选《财富》"年度25位最具魅力的商界人士"(Year's 25 Most Fascinating Business People)；2004年，因"高估权益和公司财务现状的代理成本"(*The Agency Cost of Overvalued Equity and the Current State of Corporate Finance*)一文被欧洲财务管理协会(European Financial Management)评为2004年度最受读者欢迎的财务管理方面的论文；2006年，获德雷克塞尔大学的列博商学院(LeBow College of Business, Drexel University)公司治理领导奖(Deans Leadership Award in Corporate Governance)，同年还由于其在金融方面的成就被LECG公司②授予LECG卓越贡献奖。

## 二、理论与实务的主要贡献

詹森的学术研究领域极为广泛，其主要研究兴趣在公司理论、公司治理、协调、控

① 该项荣誉只授予GPA在3.67以上的学生和在商学院协会(The Association to Advance Collegiate Schools of Business，简称AACSB)认证的商学院成绩名列前10%的学生。

② 设在宾夕法尼亚州韦恩的咨询公司。

制和组织管理、组织性变革、市场对公司的监管和组织战略等，共发表论文近 60 篇，出版著作十多部。主要著作有：《公司理论：治理、剩余要求权及组织形式》(*Theory of the Firm: Governance, Residual Claims, and Organizational Forms*, 2000)、《组织战略基础》(*Foundations of Organizational Strategy*, 1998)、《现代公司理财理论》(*The Modern Theory of Corporate Finance*, 1984)、《危机中的民主》(*Democracy in Crisis*)和《资本市场理论研究》(*Studies in the Theory of Capital Markets*, 1972)等；其经典论文有："企业结构与公司治理"(*The Structure and Governance of Enterprise*, 1990)"公司经理、股东与董事之间的权利分配"(*The Distribution of Power Among Corporate Managers, Shareholders, and Directors*, 1988)、"投资与融资行为"(*Investment Banking and the Capital Acquisition Process*, 1986)、"管理者薪酬与经理人市场"(*Management Compensation and the Managerial Labor Market*, 1985)、"公司控制权市场：科学证据"(*The Market for Corporate Control: The Scientific Evidence*, 1983)、"基于市场有效性的反面证据"(*Some Anomalous Evidence Regarding Market Efficiency*, 1978)和"企业理论：管理行为、代理成本与所有权结构"(*Theory of the Firm: Managerial Behavior, Agency Costs and Ownership Structure*, 1976)等。其主要学术贡献表现在以下几个方面。

### (一) 创立"代理成本学说"

詹森是代理成本学说的创始人之一。他与威廉·H·麦克林(William H. Meckling)一起合作，1976 年在《财务经济学杂志》(*Journal of Financial Economics*)上发表的"企业理论：管理行为、代理成本与所有权结构"一文首次提出代理成本说。文章吸收了代理理论、产权理论和财务理论，提出了"代理成本"(agency costs)概念和企业所有权结构理论。该文也成为企业理论领域中引用度最高的经典论文之一，1984 年被美国科技信息所(the Institute for Scientific Information)授予经典引文(citation classic)。同时该论文还入选《财务经济学杂志》评选的年度全明星论文(*the Journal of Financial Economics All Star Paper Award*)。

在现代企业理论中，关于企业的性质，有两种影响较大的观点，表现为对企业的两种不同定义：一是罗纳德·科斯(Ronald Coase)的定义；二是詹森和麦克林的定义。他们认为，传统新古典经济学的企业理论，实际上是企业扮演重要角色的市场理论。企业作为一个"黑盒子"，按有关产出和投入的边际条件运行，以实现利润或现值最大化。传统的企业理论不能解释企业各参与者相互冲突的目标是怎样达到均衡而实现利润或现值最大化的，也不能解释"所有权与控制权分离"的现象，以及大公司经理的行为。

在詹森和麦克林看来，企业的本质是契约关系。他们把企业定义为一种组织。这种组织和大多数其他组织一样，是一种法律虚构，其职能是为个人之间的一组契约关系充当连接点；就企业而言，这“一组契约关系”就是劳动所有者、物质投入和资本投入的提供者、产出品的消费者三方之间的契约关系。这里的契约关系既包括我们通常理解的明确的书面或口头契约，也包括不明确契约，即所谓“默契”。从这个观点出发，把企业人格化，比如说，若问企业的目标函数是什么，就是严重的误导。企业不是个人，而是使许多个人冲突的目标在契约关系框架中实现均衡的复杂过程的焦点。因此，产权这个概念就有了决定成本和报酬如何在一个组织的参与者之间分配这个更宽一些的含义。由于权利通常都是由或明或暗的契约规定的，所以组织中个人，包括经理人员的行为，都取决于这些契约的性质。换言之，契约，尤其是企业所有者与经营者之间的契约所规定的产权，应当具有明确的行为含义。

同产权理论相关或互补的是代理理论。詹森和麦克林把代理关系定义为这样一种关系：委托人授予代理人某些决策权，要求代理人提供有利于委托人利益的服务；并且认为，假定双方都追求效用最大化，那么就有理由相信，代理人不会总是根据委托人的利益采取行动。为解决这个问题，首先，委托人可以激励和监控代理人，以使后者为自己的利益尽力；其次，代理人可以用一定的财产担保不损害委托人的利益，或者即使损害也一定给予补偿。显然，这样就发生了正的委托人监控成本和代理人担保成本。此外，即便如此，代理人的决策与使委托人效用最大化的决策仍会有差异，由此造成的委托人利益的损失，叫做“剩余损失”，也是一种代理成本。

公司股东和经营者的关系，完全符合代理关系的定义。所以，在所有权分散的现代公司中同所有权与控制权分离相关的问题，最终都和代理问题有关。代理问题的通则是促使代理人采取使委托人福利最大化的行为，它存在于所有的组织和合作努力中。说明公司形式为何以及如何产生代理成本，就能引申出企业的所有权(或资本)结构理论。

詹森和麦克林对资本结构概念作出了有效的拓展。长期以来，资本结构被简单地认为是权益资本和债务资本的比重，但他们则认为，资本结构不仅包括两者之间的比重，还应包括公司经理和外部人持有这两种资产的比重，以及这两种资产的构成。研究资本结构就必须研究债务内部的构成(如长期债务、短期债务、公开发行的债券、私募债券、可转换债券所占的比重)和股权资本内部的构成(如普通股、优先股等比重)。在诸多因素中，“代理成本”是企业所有权结构的决定因素。他们认为，代理成本的产生是由于经理人不是公司的完全所有者。不同的资本结构与不同的代理成本相联系，资本结构的选择是为了使代理成本最小化，最优的资本结构实际上也就是企业代理成本最低时的融资结构。让经营者成为完全剩余权益的拥有者，可以降低甚至消除代理成本。

**（二）提出“詹森指数”**

由于兼具专业化管理、长期理性投资、支持和稳定市场等功能作用，20 世纪 60 年代以后，证券投资基金在各国发展势头迅猛。随着基金规模的不断扩张，基金产业竞争加剧。如同一项持续、激烈的竞赛，基金经理为排名而战，其收益水平、未来升迁等都与定期绩效排名高度相关。如何对基金绩效作科学而准确的价值判断就显得尤为重要。经过时间和市场的检验，在各种排名方法中，詹森 29 岁时（1968 年）在“1945—1964 年间共同基金的业绩”（*The Performance of Mutual Funds in the Period* 1945—1964）一文中提出的“詹森指数”，逐渐成为衡量基金绩效最为常用的经典方法。

早期在评价基金业绩时，用一段时期内资产净值平均增长率所表示的基金收益是较简单的指标，但它没有将基金收益与获得这种收益所承担的风险综合考虑。詹森指数的特点是综合考虑收益和风险两个因素，比单纯考虑基金收益大小要更科学，也更具有可比性。

詹森指数法是直接在诺贝尔经济学奖成果——资本资产定价理论（Capital asset pricing model，简称 CAPM）的基础之上，引入了市场基准指数，能直接告诉人们各基金表现优于基准组合的程度。依据 CAPM，在均衡条件下，任何证券或组合的期望收益完全由其系统风险的大小所决定。因此，由 CAPM 模型所给出的这种期望收益率就可以作为衡量基金组合表现的基准。具体而言，若实际取得的收益率扣除由资本资产定价模型所决定的期望（理论）收益率的差值为正，说明基金组合收益在经由资本资产定价模型进行的风险收益调整后的表现优异，基金绩效超过了市场表现，基金经理具有超常的选股能力，跑赢大市，且差值越大，业绩越好；如果差值为负，则说明基金组合风险调整后的表现较差，基金经理的选股能力欠佳，跑输了指数。这个差值即为詹森指数。将詹森指数的概念运用于基金投资中，就是要通过主动管理的方式，追求詹森指数的最大化，来创造基金投资超额收益的最大化。

**（三）倡导实证会计研究**

1976 年，詹森在斯坦福大学（Stanford University）举办的“1976 年斯坦福会计年会”上发表了被后人称为“罗切斯特学派宣言”的演讲——“关于会计研究现状与会计管制的思考”(*Reflection on the State of Accounting Research and the Regulation of Accounting*)。该文正式提出了实证会计理论研究的概念,是向规范会计研究发起的挑战宣言,引领了一大批会计学者在实证会计研究的道路上前行[①]。这篇向传统会计研究提出挑战的檄文,在西方会计界引起了很大的反响。

文章共有 7 个部分。第一部分为引言,介绍演讲的主题;第二部分为会计研究的批判性评价,抨击传统会计研究的缺陷;第三部分为财务发展史,从财务发展史不同阶段的对比,说明了实证理论对解答规范问题的重要性;第四部分为需要实证会计理论的原因,举例说明实证理论是回答规范问题的前提,提出对实证会计理论发展的前景预期;第五部分为变革的若干建议,提出了会计系统中的人——“REMM”假设[②],重新审视会计系统的各方参与者;第六部分为会计准则与披露的管制及对公司的责难,分析了证券交易委员会从限制自身的准则制定活动到加强准则指导方面作用的转变,提出更多的政府管制必然对审计师和公司造成压力;第七部分为现行趋势对会计职业的影响,分析了民间准则制定机构难以保持准则制定权,对会计准则与披露管制的加强会增加会计师事务所的成本,成本最终转给公司促使其数量减少,而会计师事务所只能希望国有企业或政府机构接受审计服务,以保持审计市场。

### (四) 开拓新的研究领域

詹森目前仍在从事理论研究工作,其研究方向主要集中于以下两个方面:第一,是协调、控制和组织管理。他的研究目标旨在对以下的两个问题获得清楚的认识:(1)公司的组织原则如何影响管理者实现其目标的能力;(2)如何构造组织原则来解决问题并提高生产率。他关于集权、分权、转移定价、利润成本的选择及预算中心的分析,强调了通过组织规则来恶化或改善自利的人所拥有冲突目标的重要性。詹森假定个人能利用充分的资源分析,能获得奖励的正式规定或是潜规则,进而采取行动。并注意个人对强大防御机制行动会产生的非理性或者负面影响。他的研究,还强调了信息及其传递成本对于组织问题解决的重要性,该研究在很大程度上要依靠金融经济学、心理学及神经科学的理论。第二,是组织变革、公司控制权市场和第三次工业革命。特别关注公司作用的改变及竞争性的组织结构。他的研究重点分析了积极投资人的再次出现,他们拥有大量的股权或债权,或兼而有之,他们还积极地投入到公司战略方向的制定中去。并对 18 世纪和 19 世纪发生在英国、美国的第一、第二次工业革命的情

---

① 温倩,朱康萍,蔡传里,等.会计研究方法的历史性转变[J].财会通讯(综合版),2007(9):92-95.

② REMM 指 Resourceful Evaluation Maximizing Model,即将个人视为机智的、会评价的、最大化倾向的人。

况进行对比，调查分析由于技术、政治、管理的变化促使全球商业环境到底发生了哪些主要变化，进而提出了自己的学术主张。

**参考文献**

[1] 卢俊.资本结构理论研究论文集[M]. 上海:上海人民出版社,2003.

[2] 沈艺峰.资本结构理论史[M]. 北京:经济科学出版社,1999.

[3] 温倩,朱康萍,蔡传里,等. 会计研究方法的历史性转变[J]. 财会通讯(综合版),2007(9):92-95.

[4] 徐涛,万解秋. 迈克尔·詹森对金融与经济学的贡献[J]. 经济学动态,2003(6):90-93.

[5] Jensen Michael C, Clifford W. Smith Jr.. Investment Banking and the Capital Acquisition Process[J]. Journal of Financial Economics, 1986,15(1-2).

[6] Jensen Michael C, Clifford W. Smith. The Modern Theory of Corporate Finance[M]. New York: McGraw-Hill Publishing Company, 1984.

[7] Jensen Michael C, Jerold B Warner. The Distribution of Power Among Corporate Managers, Shareholders, and Directors[J]. Journal of Financial Economics, 1988.

[8] Jensen Michael C, Jerold L Zimmerman, eds. Management Compensation and the Managerial Labor Market[J]. Journal of Accounting and Economics, 1985,7(1-3).

[9] Jensen Michael C, Richard S Ruback, eds. The Structure and Governance of Enterprise[J]. Journal of Financial Economics, 1990,27(1-2).

[10] Jensen Michael C. Reflections on the State of Accounting Research and the Regulation of Accounting[C]. Stanford Lectures In Accounting(Graduate School of Business, Stanford University, Palo Alto, California), 1976:1-26.

[11] Jensen Michael C. Some Anomalous Evidence Regarding Market Efficiency[J]. Journal of Financial Economics, 1978,6(2/3).

[12] Jensen Michael C. Organization Theory and Methodology[J]. The Accounting Review, 1983, 58(2):319-339.

[13] Jensen Michael C. Agency Costs of Free Cash Flow: Corporate Finance and Takeovers[J]. American Economic Review, 1986,76(2):323-329.

[14] Jensen Michael C. Foundations of Organizational Strategy[M]. New York: Harvard University Press, 1998.

[15] Jensen Michael C. Theory of the Firm: Governance, Residual Claims, and Organizational Forms [M]. New York: Harvard University Press, 2000.

[16] Jensen Michael C, Richard S Ruback. The Market for Corporate Control: The Scientific Evidence[J]. Journal of Financial Economics, 1983,11(1-4).

[17] Jensen Michael C, William H Meckling, Democracy in Crisis [J]. unpublished manuscript, 1977.

[18] Jensen Michael C, William H Meckling. Theory of the Firm: Managerial Behavior, Agency Costs, and Ownership Structure [J]. The Journal of Financial Economics, 1976, 13(4): 305-360.

[19] Black F, Jensen M C, Scholes M. The Capital Asset Pricing Model: Some Empirical Tests[J]. Studies in the Theory of Capital Markets, 81. 1972.

[20] http://hcr3. isiknowledge. com/, 2007-06-22.

[21] http://www. people. hbs. edu/mjensen/, 2007-06-23.

[22] http://papers. ssrn. com/, 2007-06-25.

（初稿执笔人：许慧　陈勇）

# 菲利普·布朗

## (Philip Brown, 1940 — )

菲利普·布朗(Philip Brown, 1940— )是澳大利亚一位著名的会计学家,1968年,因其与雷蒙德·约翰·鲍尔(Raymond John Ball,2009年入选美国会计名人堂,列第85位)联袂在《会计研究杂志》(Journal of Accounting Research)在秋季卷上刊发了"会计收益数据的经验评价(*An Empirical Evaluation of Accounting Income Numbers*)"一文,从而开启了会计学界实证会计研究的新篇章。由于其对澳大利亚会计发展的贡献,于2010年10月8日,作为5位首批成员之一,正式入选由墨尔本大学(The University of Melbourne)会计和商业信息系统学院(Department of Accounting and Business Information Systems)下属的会计与行业合作中心(Centre for Accounting and Industry Partnerships)承办的澳大利亚会计名人堂(Australian Accounting Hall of Fame)①。

## 一、个人简要生平

图107 菲利普·布朗

1940年,布朗(见图107)出生于澳大利亚,1963年以优异成绩获得会计学商科学士学位,同年获福布莱特奖学金(Fulbright Fellowship)赴美国芝加哥大学(The University of Chicago)继续深造,于1965年获得工商管理硕士(财务)学位,1968年获得经济学(财务和会计)博士学位。

1968年博士毕业后,布朗即来到西澳大利亚大学(The University of Western Australia),一直在会计与财务

① 本文主要以下列资料为基础进行调整与补充而成。杨松令.实证会计理论的先驱——记澳大利亚著名会计学家菲利普·布朗教授[J].会计之友,2000(12).

系从事教学和研究工作。1968—1974年,任西澳大利亚大学商业系副教授;1975—1979年,任新南威尔士大学(The University of New South Wales)澳大利亚管理研究生学院首任院长;1980—2001年,任西澳大利亚大学会计与财务系教授;2003年1月起,任新南威尔士大学的会计与财务学教授;2004年1月起,任西澳大利亚大学商学院的会计学教授。此外,还于1971年、1979年任芝加哥大学(University of Chicago)客座教授,1983年、1987年任斯坦福大学(Stanford University)客座教授,2002年,任兰卡斯特大学(Lancaster University)会计与财务系客座教授。作为一名会计学教授,他在校内承担并负责多门课程的教学和协调工作,担任并负责本科生、硕士研究生、博士研究生会计和财务课程的教学工作,讲授了包括会计理论、公司财务管理、管理会计以及投资组合管理等课程。他还指导多名会计和财务方向的硕士生、博士生,他指导的博士生中有的成为政府高级官员,有的成为大学的教授和研究机构的负责人。

除此之外,布朗教授还担任许多社会及学术兼职:他是澳大利亚社会科学院院士(Fellow of the Academy of Social Sciences in Austria);他曾担任澳大利亚大学会计教师协会(澳大利亚和新西兰会计协会的前身)主席;从1991年起一直担任澳大利亚联邦政府公司和证券咨询委员会委员;1989—1990年,出任调查澳大利亚大学会计教育的马修斯委员会副主席(Deputy Chair of the Mathews Committee of enquiry into accounting education in Australia's universities);美国林肯大学会计课程咨询委员会校外委员;新加坡国立大学MBA课程外部监督人;美国会计学会多个委员会的委员等。除此之外,布朗教授还是《算盘》(*Abacus*)杂志、《澳大利亚管理》(*Australian Journal of Management*)、《会计与商业研究》(*Accounting and Business Research*)、《会计与财务》(*Accounting & Fiance*)以及《国际财务管理与会计杂志》(*Journal of International Financial Management & Accounting*)和《太平洋地区财务杂志》(*Pacific-Basin Finance Journal*)等刊物的编辑委员会成员。

布朗教授对中国经济和会计研究的发展十分关注。1999年,他出席了在香港举行的"第一届中国会计与财务研究国际研讨会",并在大会上作了题为"金融市场与财务会计"主题发言。他对中国证券市场和中国会计理论研究的前景充满信心。他认为,中国的证券市场发展为实证会计研究提供了舞台,中国证券市场特殊性也给会计理论研究者提供了独有的机会。

布朗教授退休后,除了作为非全日制教授继续在西澳大利亚大学工作外,还到世界上许多国家的大学去讲学和访问,并望有机会能够为中国会计理论的发展作出贡献。

## 二、理论与实务的主要贡献

布朗教授的主要研究领域是资本市场中的会计信息和价格发现、股票市场异象、分析师预测、雇员与高管股票期权、会计准则制定政策和公司治理等。作为一名学术成就斐然的著名学者，布朗教授的许多学术论文发表在《会计研究杂志》(*Journal of Accounting Research*)等国际一流的刊物上，他还单独或者和其他人合作出版了多部专著，主要有："会计收益数据的经验评价(*An Empirical Evaluation of Accounting Income Numbers*, 1968)"、"分析师的股利预测"(*Analysts' Dividend Forecasts*, 2002)、"文化因素对价格聚集的影响：来自亚太股市的证据(*The Influence of Cultural Factors on Price Clustering: Evidence from Asia-Pacific Stock Markets*, 2002)、"澳大利亚会计准则的政策、进程和未来"(*Politics, Processes and the Future of Australian Accounting Standards*, 2001)、"法律认可对公司自愿性披露的信息含量与强度的影响"(*The Impact of Statutory Sanctions on the Level and Information Content of Voluntary Corporate Disclosure*, 1999)、"研究方法与兼并公司的长期绩效"(*Research Method and the Long-run Performance of Acquiring Firms*, 1998)、"澳大利亚证券交易所中要价时的交易概率的日内分析"(*An Intraday Analysis of the Probability of Trading on the ASX at the Asking Price*, 1995)、"澳大利亚的股票价格在股息归集抵免之前和之后的除息日表现"(*The Ex-dividend Day Behaviour of Australian Share Prices Before and After Dividend Imputation*, 1993)、"市场微观结构与资本市场的信息含量研究"(*Market Microstructure and Capital Market Information Content Research*, 1992)和"资本市场会计研究导论"(*Capital Markets-Based Research In Accounting: An Introduction*, 1993,2000)。

在布朗教授的所有文献中最有名的，当数1968年他与澳大利亚籍同事雷蒙德·约翰·鲍尔在《会计研究杂志》秋季卷上发表的"会计收益数据的经验评价"(*An Empirical Evaluation of Accounting Income Numbers*)一文，该文是公认的实证会计领域的第一篇经典文献，文中开创性地提出了会计理论领域里新的研究方向，它从行文体例、变量设计、数据搜集和样本选择，以及研究方法等方面均提出了研究会计问题的新思路。该文对未预期盈利的变化和异常报酬率的关系进行了经验检验。他们根据严格的标准挑选了261家在纽约证券交易所上市的公司所公布的盈利作为"样本"，并把盈利和股票价格的关系的分析限定在1957—1965年等9个会计年度(不考虑1957年以前已作为盈利变化的回归中预计参数)内，利用科学的方法检验了异常报酬率和未预期盈利两个重要变量的关系，得出如下两个方面的重要结论：一是85%～90%股票价格的变化和未预期盈利是相联系的，但发生在年度收益报告公布之前，于是可以假设盈利(季度报告或来自其他方面)确实能够向会计信息使用者传递信息，但是年度财务报表提供的信息不够及时；二是盈利的变化同异常报酬率的变化是相关的，盈利仍然是影响股票价格的有用信息①。

这篇文章主要是采用实证的方法来研究会计问题，这对于当时会计理论研究主要采用规范性研究方法是一个重大突破，因为当时只是在财务理论研究领域才采用实证方法。当然，也正是由于该方法的超前性，使得这一文章的发表遇到了较大的困难，他们感受到了被退稿的苦恼。但是，事实证明，他们所倡导的研究方法是科学的，此后，实证会计研究的学术论文如雨后春笋涌现出来。目前，西方主要的会计理论研究刊物，如《会计评论》和《会计研究杂志》等绝大部分刊登的都是实证性或者说是经验性研究论文。可以说，在推动会计理论方法的创新和改革方面，布朗教授是实证会计理论的先驱和开拓者。因此，这篇文章也成为20世纪60年代以来会计理论研究中引用率最高的文献之一。

由于布朗教授的卓越贡献，其一生获得过许多称号和荣誉。1986年，美国会计学会(AAA)自1986年开始设立的一个特殊奖项——会计学术文献重大贡献奖(Seminal Contributions to Accounting Literature Award)，该奖项设立目的在于认可那些经得住时间考验、对以后的理论研究具有基础导向作用的重大研究成果，其重大(seminal)的含义是指"具有原创性的能力、原则或者资源；孕育或者播下了对以后研究发展的种子"。该奖项至少每隔3年才颁奖一次，并且每次颁奖只有一个获奖名额，而且要求只有在距获奖前1年，至少已经发表了15年的作品才有参加评选的资格。布朗教授和雷蒙德·约翰·鲍尔教授的"会计收益数据的经验评价"一文最终获得首届美国会计学会会计学术文献重大贡献奖，美国会计学(AAA)的颁奖辞中写道："在过去30年中，没有任何一篇会计学论文像本文那样在会计研究的发展中产生如此重要的影响"。美国实证会计大师罗斯·L·瓦茨(Ross L. Watts)和杰罗尔德·L·齐默尔曼(Jerold L. Zimmerman)教授在《实证会计理论》一书中，也有相似的评论："在所有财务学论文中，鲍尔和布朗的文章具有最大的影响。"

除此之外，布朗教授获得的主要奖励和荣誉还有：1963年，获新南威尔士大学奖章(University of New South Wales Medal)，并获澳大利亚-美国教育基金奖(Aust-American Educational Foundation Award)；1979年，成为澳大利亚社会科学院院士；

① Ball Ray, Philid R Brown. An Empirical Evaluation of Accounting Income Numbers[J]. Journal of Accounting Research, 1968(6): 159-178.

1991年,获美国会计学会杰出国际客座讲师(American Accounting Association's Distinguished International Visiting Lecturer);1991年7月—1992年6月,任永道会计师事务所-澳大利亚新西兰会计学会(AANZO)在澳大拉西亚的客座研究教授(Coopers & Lybrand-Accounting Association of Australia and New Zealand Visiting Research Professor in Australasia);1996年,获澳大利亚新西兰会计学会会计研究文献杰出贡献奖(Accounting Association of Australia and New Zealand's Outstanding Contribution to the Accounting Research Literature Award);2000年,获澳大利亚新西兰会计学会会终身会员荣誉称号(Life Member, Accounting Association of Australia and New Zealand);等等。

2002年,我国学者杨松令博士曾在《会计之友》第2期以"实证会计理论的先驱——记澳大利亚著名会计学家菲利普·布朗教授"为题,对其学术成就撰专文介绍。

## 参考文献


[1] 菲利普·布朗. 资本市场会计研究导论(2000)[M]. 杨松令,译. 北京:中国人民大学出版社,2004.

[2] 杨松令. 实证会计理论的先驱——记澳大利亚著名会计学家菲利普·布朗教授[J]. 会计之友,2000(12).

[3] Brown Philip R, A Clarke. The ex-dividend Day Behaviour of Australian Share Prices Before and After Dividend Imputation[J]. Australian Journal of Management, 1993(18):1-40.

[4] Brown Philip R, J Mitchell. The Influence of Cultural Factors on Price Clustering: Evidence from Asia-Pacific stock markets[J]. Pacific-Basin Finance Journal, 2002(10):307-332.

[5] Brown Philip R, R da Silva Rosa. Research Method and the Long-run Performance of Acquiring Firms[J]. Australian Journal of Management, 1998,23(1):23-38.

[6] Brown Philip R, M Aitken, H Y Izan, A Kua, T Walter. An Intraday Analysis of the Probability of Trading on the ASX at the Asking Price (with)[J]. Australian Journal of Management, 1995,20(2):115-154.

[7] Brown Philip R, S Taylor, T Walter. The Impact of Statutory Sanctions on the Level and Information Content of Voluntary Corporate Disclosure[J]. Abacus, 1999,35(2):138-162.

[8] Brown Philip R. [EB/OL]. [2010-08-06].

[9] Brown Philip R, A Clarke, J How, K Lim. Analysts' Dividend Forecasts[J]. Pacific-Basin Finance Journal, 2002(10):371-391.

[10] Brown Philip R. Market Microstructure and Capital Market Information Content Research, Studies in Accounting Research, No. 32[C]. American Accounting Association, 1992.

[11] Brown Philip R, Ann Tarca. Politics, Processes and the Future of Australian Accounting Standards[J]. Abacus, 2001,37(3):267-296.

[12] Ball Ray, Philid R Brown. An Empirical Evaluation of Accounting Income Numbers[J]. Journal of Accounting Research, 1968(6):159-178.

[13] http://www.firn.net.au/network/bios/brown.html.

（初稿执笔人:许家林）

# 罗斯·L·瓦茨

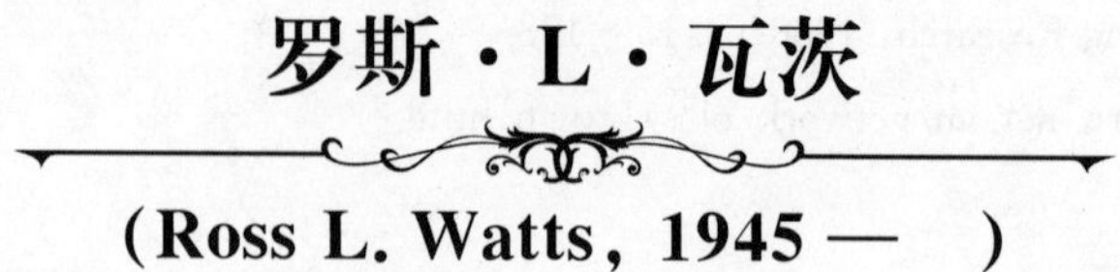

**(Ross L. Watts, 1945— )**

罗斯·L·瓦茨(Ross L. Watts, 1945— )是一位国际著名的会计学家和杰出的会计教育家,曾是罗切斯特大学威廉·西蒙工商管理研究生院(University of Rochester William E. Simon Graduate School of Business Administration)的教授,2002年后,任麻省理工学院斯隆管理学院(Sloan School of Management Massachusetts Institute of Technology)的客座教授。因其于1986年与杰罗尔德·L·齐默尔曼(Jerold L. Zimmerman)合著的《实证会计理论》(*Positive Accounting Theory*)一书而在当今世界会计领域里享有盛名。

## 一、个人简要生平

1966年,瓦茨(见图108)大学本科毕业于澳大利亚的纽卡斯尔大学(University of Newcastle)并获得学士学位,后分别于1968年和1971年在芝加哥大学(University of Chicago)获工商管理硕士学位和博士学位。

**图108 罗斯·L·瓦茨**

1960—1966年间,瓦茨曾在澳大利亚纽卡斯尔的福赛思公司(Forsythe & Co.)任助理查账员,1964年始任执业会计师。但在1966年被聘为纽卡斯尔大学(University of Newcastle)的会计兼职教师后,瓦茨用主要精力从事会计教育工作:1969—1970年,兼任芝加哥大学商业研究生院(Graduate School of Business, University of Chicago)财务会计讲师;1971年开始到罗切斯特大学威廉·西蒙工商管理研究生院(William E. Simon Graduate School of Business Administration, University of Rochester)任教,1971—1978年任助理教授,1978—1984任副教授,1984后任教授。在此期间,瓦茨还曾经先后出任罗切斯特大学教学委员会主任、西蒙商学院院长遴选委员会主席、金融研究与政策项目主任和院长顾问等职务。

此外,瓦茨到多个学校访问讲学或者任客座教授:1981年与1984年,两次前往澳大利亚莫纳什大学(Monash University)财务会计系任特派讲师与客座教授;1984年,曾任澳大利亚新南威尔士大学澳大利亚管理学研究所(Australian Graduate School of Management, University of N. S. W.)的客座教授;1995年,曾到伊利诺伊州埃文斯顿西北大学J·L·凯洛格管理研究生院(J. L. Kellogg Graduate School of Management, Northwestern University)任研究学者;1995年,受聘担任香港中文大学兼职教授;1998年,受聘任厦门大学的兼职教授。

瓦茨也曾多次出席美国会计学会(American Accounting Association,简称AAA)年会和世界各地召开的会计学术会议。此外,他还受聘担任许多著名会计学专业期刊的编委及审稿人,主要有:1978年至今,一直任《会计与经济学杂志》(*Journal of Accounting & Economics*)的创刊联合编辑之一;1972—1978年,任《会计研究杂志》(*Journal of Accounting Research*)的副主编;1983—1985年,任《当代会计研究》(*Contemporary Accounting Research*)编委会成员;1995—1997年,任其发起建立的社会科学研究网(Social Science Research Network,简称SSRN)和《会计研究网络》(*Accounting Research Network*)的主编;等等。

瓦茨因其学术成就而多次获奖:他与齐默尔曼教授合作发表在《会计评论》(*the Accounting Review*)1978年第1期和1979年第2期上的"关于决定会计准则的实证理论"(*Towards a Positive Theory of the Determination of Accounting Standards*)与"会计理论的供给与需求:理论解释"(*The Demand for and Supple of Accounting Theories: Market for Excuses*)两篇论文,连续获得1999年、2000年美国注册会计师协会(AICPA)颁发的会计文献杰出贡献奖;1985年,他与齐默尔曼教授因《实证会计理论》(*Positive Accounting Theory*)一书对会计理论发展的贡献获得当年的Alpha Kappa Psi会计奖;1996年5月,获罗切斯特大学威廉·西蒙工商管理研究生院授予其杰出教授称号;2000年,美国会计学会(AAA)授予其美国杰出会计教育奖(Outstanding Accounting Educator Award);2004年,他与齐默尔曼教授还合作在《会计评论》(*the Accounting Review*)1978年1月号上发表的著名论文——"关于决定会计准则的实证理论"获得美国会计学会(AAA)自1986年开始设立的一个特殊奖项——会计学术文献重大贡献奖(Seminal Contributions to Accounting Literature Award)。

数据的时间序列性,经验性研究对早期政府管制存在理由的影响等;第三部分为第8章至第13章,主要阐述了试图解释和预测会计在实务过程中所形成的理论。包括:建立在理财实务基础上的理论,起源于管制理论的那部分会计理论,以及有关政府政策的经验性检验。第四部分为第14章至第15章,主要阐述了会计研究的作用,并对实证会计理论进行了总结与评价,展望了其发展前景。有专家认为,实证会计理论的最重要学术贡献可以归纳为两个方面:(1)研究了会计数据的潜力,检验了会计信息(主要是盈利信息)与股票价格的相关性,证明了充分披露的会计信息是推动资本有效运转的要素之一;(2)提出并检验了分红假设、契约假设和规模假设,解释了会计数据在制定和执行报酬计划、债务契约中的作用,以及由此引发的各种会计政策选择行为。

在《实证会计理论》一书中,作者用了2/3的篇幅详尽介绍有代表性的实证研究在上述两个领域所取得的进展和成果。此外,该书还就信息披露的管制理论、契约理论在审计中的应用、会计研究的作用进行了较为全面的阐述。该书的主要特点可以归纳为:一是全面回顾了会计学中大量的、与日俱增的以经济学为基础的经验性理论和方法;二是提出了对变量之间相互关系需要理论进行解释和检验的必要性;三是指出了按现行观点来解释研究结果的经验性研究的不足;四是力图阐明各种文献所采用的方法论;五是注重将单期间的资本资产计价模型(CAPM)作为一种计价模型贯穿于全书;六是提出理论研究的发展源自于需求的推动(即理论研究的供求关系是信息需求、教学需求和政策服务需求);七是指出社会对实证研究的需求会始终存在,会计研究人员的声誉和论述技巧越高,他的成就越可能受到实务工作者、管理者和其他学术界人士的重视,更多的学生和资金就会流向他所在的大学;八是信息技术的发展使实证会计研究成本呈现出不断下降的趋势。

《实证会计理论》自1986年正式出版以来,成为美国广大工商管理硕士和博士生的必读著作,从某种意义上说,该书已成为启蒙、普及实证会计研究的“圣经”。如果没有此书的问世,实证研究在会计学术界就不会如此普及和深入人心。《实证会计理论》首次中译本于1989年由中国商业出版社出版,1999年经原译著中部分译者修订后由东北财经大学出版社再次出版,2004年收入《西方会计学名著导读》一书中,2008年《实证会计理论》(*Positive Accounting Theory*)的英文版亦由东北财经大学引入中国市场。

### (二)其他重要理论观点

有学者曾对瓦茨1982—2003年的主要文献进行了全面回顾,认为其核心内容主要体现在以下几方面[①]：

数学模型在财务会计中的应用(1982)。该文认为，数学模型已经被广泛应用于财务会计中，具体包括：评估公共信息披露后果，判断信息的有效性；了解增加公共信息的揭示对私人动机的作用。可获得的公共信息具有指定的内生性且无成本，数学模型无法真正判别公共信息是有选择地生成还是多数有效率地提供，而且还假设交易者可观察公共信息的独立性。利用数学模型可以获得具有内生性私人成本的信息，揭示并帮助决定数学模型在财务会计中的应用价值。值得注意的是，数学模型通常在方法论上被错误地应用。这个讨论在该领域获得很高的评价。

股票价格与高管层的变动(1988)。该文主要研究公司股票利润与后来发生的高管层变动之间的关系，并通过在纽约上市的美国 269 家公司在 1962 年 7 月 2 日的股票交易中建立的模型来检验。公司董事长、主席、高级经理的名字来自公司的注册登记，董事和经理的相关情况来自 1962—1980 年的记录，主要是比较不同年度高管层的组成情况。高管层变动与股票业绩变化之间存在关系的可能性用 Logit 模型估计。认为通过董事控制或高管层管理能够产生这种关系，但是非股票业绩极好或极坏，否则 Logit 模型没有这方面的预测能力。

审计责任与信息披露(1988)。该文认为，以往审计只是关注增加审计责任所产生的潜在收益而忽略了降低公共信息全部价值所带来的高额成本。增加审计责任而引起的系统成本包括对投资者和审计者的利益损害，比如通过立法可使审计者和高管层有揭示信息的动机，但信息却不一定对投资者有用。通过时间序列分析审计者法律责任与审计诉讼案表明，审计责任的变化并非是审计者所期盼的。强制责任的规定能够增加会计信息价值，但 Kaakman 对此表示怀疑。

实证会计理论：十年回顾(1990)。该文认为，1978 年，瓦茨和齐默尔曼发表了“关于决定会计准则的实证理论”后，又于 1979 年发表了“会计理论的供给与需求：理论解释”。前者对实证会计领域产生了极大影响，它揭示了契约成本的重要性，发现了以前不为人知的实证检验规律，后者引起对以往没有注意到的方法论的讨论。实证研究在会计选择上有以下几方面的进步：提高了理论与实证结果的相关度；发展了不合时宜变化的模型；减少了测试净利润的误差，增加了检验的可信度。

会计选择理论与基于资本市场的会计研究(1992)。该文认为，分红计划、负债与权益比率及企业规模都与会计程序的选择有关联，但这些变量只能在很有限的范围里预测不同行业在会计程序选择方面的差异。用于解释不同行业报告频率差异的变量，

---

① 李丹.实证会计理论先驱瓦茨主要文献述评[J].财会月刊，2005(8)：56-57.

主要是为了说明通过提高报告频率来降低债务和权益的代理成本所能获得的利益。并且发现，解释报告频率问题比解释用于计算报表中的某个数字的特定会计程序更加困难。

投资机会与公司筹资政策、股利政策、报酬政策(1992)。该文提出，有证据表明，在解释筹资政策、股利政策、报酬政策的交叉组合变化时，契约理论比税收理论或信号理论更为重要。根据1965—1985年度行业数据分析表明：公司投资机会的安排(如公司扩大规模的效用)与公司的筹资政策、股利政策以及实行的报酬政策有关。在有更多选择权、低股利、高报酬以及大量运用股票选择和奖金计划时，其杠杆作用较小。最后分析发现，大公司都有较高的股利分红和高额报酬。

经济决定因素与收入变化和股票收益之间的关系(1993)。该文提出，在竞争的资本市场里，平均资本成本随着公司投资风险的增加而增加。因为会计收益的计算并没有扣除资本风险，它们被认为是随公司投资风险的增加而增加。这个简单竞争平衡分析了投资风险与预期收益之间变化的关系，而且利用1950—1988年度收益数据也可证明二者之间的变化关系。然而从平均水平看，只有较小比例的年度收益与风险变化支持该结果，更大比例的变化则来自经济因素。这说明利用收益与风险关系杠杆难以完全弥补投资风险。

审计诉讼(1994)。该文提出，近期的实证研究表明，审计诉讼与客户股票价格、客户规模、审计结构、审计报告以及从客户那里得到的审计收入等因素有关。审计诉讼与客户规模之间的关系更进一步反映了客户经济实力保证程度或者规模与赔偿的关系以及其他与客户规模有关的因素。单一变量分析表明，审计诉讼与客户的财务困难有关联，但是在多元变量分析里如何还不清楚。而且，没有证据表明审计公司的规模与诉讼可能性之间有联系。

基于市场的任意获利模型的评估(1996)。该文提出，为了评估5种任意获利模型，需先指定一个简单的收益模型，并以三个管理判断假设为前提：一是业绩测试假设。任意获利模型比不可任意支配的获利模型更能帮助管理者获得可靠、及时的公司业绩测试信息。二是机会主义的获利管理假设。任意获利模型更能隐藏不好业绩或在未来递延一部分显著的高额收益。三是任意获利模型在收益里有“噪音”，这就是噪音假设。该假设使基于收益组成的相对变量引出的预测更加清楚，也能更清楚地看到任意获利与不可任意支配获利、股票回报与收益组成之间的关系。

收入与现金流量的关系(1998)。该文提出，收入、现金流量、获利被考虑在随机游走销售过程的模型里，该模型里还包括可变成本、固定成本、获利以及存货。该模型暗示收入能更好地预测未来营运现金流量而不是现时营运现金流量，以及营运现金循环的变化差别。而且,该模型也被用于预测公司事件连续的交互关系。这些暗示和预测通过1963—1992年度1 337家公司样本检验,对收入、现金流量的预测以及交互关系的预测均与数据吻合。

价值相关性文献与财务会计准则框架设置的相关性(2001)。这篇文章从批判角度评价了财务会计准则框架可以通过对价值相关性的研究而导出的推论。文章指出,除非在这些理论中有对会计、财务会计准则框架、价值的客观描述,否则财务会计准则框架设计时,价值相关性文献中出现的会计数据与公允价值之间的联系只能被有限地利用在所谓的推论里。文章还指出,在这种理论下难以做到对财务会计概念的客观描述,因此较难通过对价值相关性的研究来推导财务会计准则框架。

会计谨慎性:解释及其含义(2003)。这篇文章首次分两部分介绍谨慎性在会计中的应用。第一部分,介绍谨慎性在会计中的多种解释以及在会计原则中的含义。谨慎性被定义为在利润和损失确认中的不同分类。对谨慎性的传统阐述是:预期收益不确认,但预期损失确认。无论受到怎样的批评,谨慎性在会计领域已被运用了几个世纪,且近30年来有上升趋势。美国财务会计准则委员会(FASB)则试图取消谨慎性原则。第二部分,阐述了谨慎性存在的经验数据,讨论了谨慎性的未来发展空间。实证主义用了大量时间序列和分组交叉方式在股东诉讼、税收、会计规则中解释谨慎性的运用。研究者注意到,管理者会计行为对财务报告发展有重大影响。若一种会计方法既想做到客观估计又想完全满足财务报告使用者的需要,则要求管理者有能力利用这些方法对会计数据作假。有证据支持谨慎性揭示了非对称变化在限制作假和欺骗中的作用。

**参考文献**

[1] 罗斯·L·瓦茨,杰罗尔德·L·齐默尔曼.实证会计理论[M].陈少华,黄世忠,等,译.大连:东北财经大学出版社,2000.

[2] 李丹.实证会计理论先驱瓦茨主要文献述评[J].财会月刊,2005(8):56-57.

[3] http://papers.ssrn.com, 2010-08-08.

[4] http://www.simon.rochester.edu/fac/watts/index.html.

[5] Watts Ross L, Jerold L Zimmerman. Positive Accounting Theory[M]. Englewood Cliffs N J: Prentice-Hall, Inc., 1986.

[6] Watts Ross L. [EB/OL].[2010-08-10].

(初稿执笔人:蔡梅江　何雁明)

# 杰罗尔德·L·齐默尔曼

## (Jerold L. Zimmerman, 1945— )

杰罗尔德·L·齐默尔曼(Jerold L. Zimmerman, 1945— )是一位国际会计领域里的著名学者,现为美国罗切斯特大学威廉·西蒙工商管理研究生院(William E. Simon Graduate School of Business, University of Rochester)的会计学教授和工商管理罗纳德·L·比特纳荣誉教授。因其于1986年与罗斯·L·瓦茨(Ross L. Watts)合著的《实证会计理论》(*Positive Accounting Theory*)一书而在当今世界会计领域里享有盛名。

## 一、个人简要生平

齐默尔曼(见图110)本科就读于美国科罗拉多大学邦德尔分校(University of Colorado, Boulder),于1969年获得金融专业学士,后就读于加利福尼亚大学伯克利分校(University of California, Berkeley),于1974年获博士学位。

图110 杰罗尔德·L·齐默尔曼

取得博士学位后,齐默尔曼开始在罗切斯特大学威廉·西蒙工商管理研究生院(William E. Simon Graduate School of Business, University of Rochester)任教,其职业生涯非常顺利:1974—1980年,任助理教授;1980—1985年,任副教授;1985—1987年,任教授;1985—1988年,任工商管理研究生院副院长,在任工商管理研究生院副院长4年中,通过有关管理工作,更加深了齐默尔曼博士对于复杂组织管理的理解。他还担任西蒙工商管理研究生院多个委员会的成员:1997—1999年,任项目执行委员会主席;1999—2001年,任新技能委员会委员;2004—2005年,任MBA项目规划委员会主席;2003—2004年,任院董事会主席。2004—2005年,他曾任罗切斯特大学校董事会成员。此外,齐默尔曼还于1996年出任香港中文大学客座教授、1998年出任香港大学客座教授、2000年出任香港科技大学客座教授。

## 二、理论与实务的主要贡献

在罗切斯特大学任教期间,齐默尔曼担负着会计、财务及经济学多个领域课程的讲授工作,在其讲授的会计课程中,不仅涉及非营利组织的有关会计内容,而且还涉及中级会计、会计理论及最新管理会计方面的知识。他所主讲的课程主要有《会计学概要》(*Essentials of Accounting*)、《决策与控制会计》(*Accounting for Decision and Control*)、《国际会计》(*Intermediate Accounting*)、《会计的实证理论》(*Positive Theories of Accounting*)、《实证会计研究》(*Empirical Research in Accounting*)和《政府、非盈利组织会计》(*Accounting for the Non-Profit Organization*)等会计类课程,《公司理财》(*Corporate Finance*)和《公司理财案例》(*Cases in Corporate Finance*)等财务管理类课程和《控制与组织理论》(*Organization Theory and Control*)、《计算机经济学》(*Economics of Computers*)等课程。

齐默尔曼教授还出任多种社会兼职工作:1978年至今,他一直是国际权威会计学术杂志《会计与经济学杂志》(*Journal of Accounting & Economics*)的创刊联合编辑之一;1994年至今,他也一直是《印度金融》(*Finance India*)编委;1997—1999年,曾任《管理会计研究杂志》(*Journal of Management Accounting Research*)的编委;2000年至今,他是多伦多著名的有线公共事务频道(Cable Public Affairs Channel,简称CPAC)董事会的成员,并任审计委员会主席;2006年至今,他也是国际电工委员会(International Electro Technical Commission,简称IEC)董事会成员。

齐默尔曼的研究领域广泛,涉及成本分配、市政会计、预算、税收、审计、财务会计理论、兼并和收购、贸易组织和资本市场会等诸多领域,不仅出版了近10本学术论著,还发表了大量的论文。

齐默尔曼所出版的独著与合著的学术论著主要有:《决策与控制会计》(*Accounting for Decision Making and Control*, 1995,1997,2000,2003,2006,已译为中文);与詹姆斯·布利克里(James Brickley)、克利福德·史密斯(Clifford Smith)等合作的《基于利润创造的组织设计:从策略到结构》(*Designing Organizations to Create Value: From Strategy to Structure*,2003);与S·P·科塔里(S. P. Kothari)、T·Z·利斯(T. Z. Lys)、D·J·斯金纳(D. J. Skinner)和罗斯·L·瓦茨合作编撰的《当代会计

研究:综述与评论》(*Contemporary Accounting Research*: *Synthesis and Critique*, 2002);与克利福德·史密斯(Clifford Smith)和詹姆斯·布利克里(James Brickley)合著的《管理经济学与组织架构》(*Managerial Economics and Organizational Architecture*, 1997,2001,2004,2006);与戴尔·莫斯(Dale Morse)合著的《管理会计:分析与说明》(*Management Accounting*: *Analysis and Interpretation*, 1997);与詹姆斯·布利克里和克利福德·史密斯合著的《组织结构:一个管理经济学方法》(*Organizational Architecture*: *A Managerial Economics Approach*, 1996);与罗斯·L·瓦茨合作的《实证会计理论》(*Positive Accounting Theory*, 1986)。

齐默尔曼在学术方面的杰出贡献,为他带来了大量的殊荣:1996 年和 2000 年,罗切斯特大学威廉·西蒙工商管理研究生院先后两次授予其杰出教授称号;2004 年,他与瓦茨教授合作在《会计评论》1978 年 1 月号上发表的著名论文——"关于决定会计准则的实证理论"(*Towards a Positive Theory of the Determination of Accounting Standards*)获得美国会计学会(AAA)自 1986 年开始设立的一个特殊奖项——会计学术文献重大贡献奖(Seminal Contributions to Accounting Literature Award),该文还获得当年美国注册会计师协会(American Institute of Certified Public Accountants,简称 AICPA)颁发的会计文献杰出贡献奖;1986 年,他与瓦茨教授因《实证会计理论》(*Positive Accounting Theory*)一书对会计理论发展的贡献获得当年的 Alpha Kappa Psi 会计奖;1979 年,他与瓦茨教授因在《会计评论》第 2 期上发表的"会计理论的供给与需求:理论解释"(*The Demand for and Supple of Accounting Theories*: *Market for Excuses*)一文的重要贡献,而获得当年美国注册会计师协会(AICPA)颁发的会计文献杰出贡献奖;1978 年,他撰写的论文"成本及成本分配的收益"(*The Costs and Benefits of Cost Allocations*)一文当年美国会计学会(AAA)的优秀论文奖。

## 三、主要论著简析

除《实证会计理论》外,齐默尔曼所独著的《决策与控制会计》(*Accounting for Decision Making and Control*)一书可谓实证会计理论界巨擘的代表作之一,其在国际学术界的影响也较大。该书的第 2 版由东北财经大学出版社组织翻译于 2000 年出版,其第 5 版则由北京大学出版社组织翻译于 2007 年出版。2006 年出版的第 5 版共设 14 章,即导言、成本性态、资本的机会成本与资本预算、组织架构、责任会计与转移定价、预算、成本分配——理论、成本分配——实践、吸收成本系统、对吸收成本系统的批评——过度生产的激励、对吸收成本系统的批评——不准确的产品成本、标准成本——直接人工与材料、管理费用与营销费用差异和变化环境中的管理会计等。

《决策与控制会计》一书将管理会计系统视为企业组织架构的一个有机组成，而不是一个单独的核算系统，试图通过强有力的概念框架、关注组织实际动作的商业导向、概念与实践并辅以及多种层次的练习，带给学生及经理人员理解与评估企业中会计系统的能力，以便于他们能够更有效地使用这一系统。其最大的成功之处在于以极为浅显的语言为我们讲解了十分复杂的会计系统理论。它具有以下三个方面的独到之处：第一，是以机会成本和现代组织理论作为分析的基本框架，讨论了管理会计的各种重要问题；第二，是强调了用于决策制定的会计系统和用于控制的会计系统的相互替代作用；第三，是率先提出了经济学中的优胜劣汰法则。

**参考文献**

[1] http://www. simon. rochester. edu/fac/zimmerman/ZimmermanVita%20March%2006. pdf, 2010-09-15.

[2] Zimmerman Jerold L. Accounting for Decision Making and Control[M]. Homewood, Illinois: Richard D. Irwin, Inc., 1995.

[3] Watts Ross L, Zimmerman, Jerold L. Positive Accounting Theory[M]. Englewood Cliffs N J: Prentice-Hall, Inc., 1986.

（初稿执笔人：吕敏康　瞿月梅）

# 威廉姆·R·斯科特

## (William R. Scott, 1931 — )

威廉姆·R·斯科特(William R. Scott, 1931— ,也译司可脱)教授现为加拿大滑铁卢大学(University of Waterloo)的荣誉教授。斯科特教授在财务会计理论领域的成果对世界会计界产生了深远影响,《财务会计理论》(*Financial Accounting Theory*, 1997)即是其代表作,此书成为很多科研单位和高校会计专业学生必读会计理论著作之一。

## 一、个人简要生平

1931年,斯科特(见图111)出生于洛杉矶(Los Angeles),在渥太华(Ottawa)长大。1949年,他就读于加拿大的卡尔顿大学(Carleton University),并于1953年获得商业学士学位。1966年,他进入芝加哥大学(University of Chicago)商学院继续学习,1968年获得芝加哥大学的工商管理硕士学位,1973年获得芝加哥大学的博士学位,其博士论文是用贝叶斯方法解决会计中的资产评估和审计范围问题。

**图111 威廉姆·R·斯科特**

大学毕业后,斯科特曾为麦当劳等公司工作,并于1956年成为特许会计师(Chartered Accountants,简称CA)。此后,他即在渥太华的一个建筑公司从事会计与财务工作。1956—1961年间,他工作之余,亦在卡尔顿大学(Carleton University)兼职任教,并于1961年成为该校的一名全职教师;1961—1968年间任助理教授;1969—1970年间,任副教授。1970—1972年间,兼任芝加哥大学的会计学讲师;1970年,到女王大学(Queen's University)商学院任教,1970—1978年间,任副教授,1978—1983年间,任教授;1982—1983年间,任康卡迪亚大学(Concordia University)兼职研究教授;1983年,他进入滑铁卢大学(University of

Waterloo)的会计与金融学院任会计学教授,主要为学生讲授《财务会计理论》(*Financial Accounting Theory*)和《研究方法》(*research methodology*)课程,直至1996年退休。退休后的斯科特,还兼任滑铁卢大学和女王大学名誉教授。

1991—1996年间,斯科特曾任安大略省特许会计师协会主席。他还是加拿大会计准则委员会下属的学术咨询委员会成员以及概念框架讨论小组的成员。1984年到现在,一直担任加拿大会计学会(The Canadian Academic Accounting Association,简称CAAA)主办的著名会计刊物——《当代会计研究》(*Contemporary Accounting Research*)的编委,并于1989—1991年间任主编。此外,他还担任过《会计研究杂志》(*Journal of Accounting Research*, 1978—1989)、《会计评论》(*the Accounting Review*, 1978—1981)和《审计》(*Auditing: A Journal of Practice and Theory*, 1987—1990)等杂志的编委。

斯科特所获得的学术荣誉主要包括:1988年,获得加拿大会计学会海姆·福尔克会计思想杰出贡献奖(CAAA Haim Falk prize for Distinguished Contribution to Accounting Thought);2005年,获加拿大会计学会L·S·罗森杰出教育奖(the L. S. Rosen Outstanding Educator award of the CAAA)。

## 二、主要论著简析

斯科特的主要研究兴趣在财务会计理论和会计准则、盈余管理和行政补偿(executive compensation)等方面。他曾在《会计研究杂志》、《企业财务与会计杂志》(*Journal of Business Finance and Accounting*)、《会计文献杂志》(*Journal of Accounting Literature*)和《当代会计研究》等期刊上发表过多篇学术论文,出版过多本学术论著,当然影响最大的则是他于1997年完成的一本教科书——《财务会计理论》(*Financial Accounting Theory*),该书亦被译为汉语和日语出版。退休后,斯科特继续对他所编写的教科书进行修订,分别于2000年、2003年、2006年、2009年进行了四次修订。2009年1月,该书的第5版已经问世。

《财务会计理论》是斯科特以其为加拿大特许会计师协会(Canadian Institute of Chartered Accountants,简称CICA)讲授财务会计理论课程的讲义为基础而形成的一本专著。该书的内容建立在这样一个基础上,即过去多年来,我们已经从证券市场和以信息经济学为基础的研究中,了解了大量关于财务会计和报告作用的理论,并且只有当我们真正认识到经济活动中普遍存在着信息不对称现象时,财务会计理论才能形成其自身的体系。为此,斯科特尝试用一个统一的框架将这一系列庞大的理论研究组织起来，并用适当的方式加以阐述，以使意欲在学术领域发展的学生能将财务会计理论及其所处的经济环境联系起来，从而理解和接受他们，并最终对他们的学术研究有所帮助。尽管该书以理论为主，但是也没有忽略财务会计和准则制定的制度结构，其特点是广泛地涉及财务会计准则。书中对许多重要的准则都做了描述并进行了评价，并且对会计准则制定机构的结构也进行了描述，并评价了这一结构在促进设计出成功准则方面的作用。该书坚持了这样的观点，即投资者理性和有效证券市场理论是指导会计师进行披露决策最有用的理论，并且对于财务报告来说，报告经营业绩的动机与向投资者提供有用的信息同样重要。

《财务会计理论》全书共分 13 章。第 1 章概括和阐述了全书整体框架。第 2 章描述了理想环境中的会计问题。第 3 章阐述了投资决策过程、投资组合理论、决策有用性概念和财务会计准则委员会(FASB)的财务会计概念框架，以便为第 4 章打下基础。第 4 章是有关有效证券市场理论以及对财务报告的意义。第 5 章阐述了决策有用性的信息观，这一理论引发了关于证券市场对会计信息反应的经验研究，研究结果支持有效证券市场理论。第 6 章阐述了决策有用性的计量观，通过对市场有效性的分析，提出了支持计量观的理由。第 7 章介绍并评估了一些主要以计量为中心的准则。第 8 章首先阐述了财务报告对管理当局和其他利益集团的影响，即会计信息的经济后果；然后介绍了实证会计理论，给出了经济后果的原因所在，引入了有效契约的概念，并回顾了近年来实证会计理论的研究成果。第 9 章详细讨论了作为经济后果和实证会计理论基础的管理人员动机及冲突。为此，引入了博弈论和代理理论的一些模型，从博弈论可得出财务报表具有契约签订基础的作用，冲突理论能够使有效市场理论和经济后果协调起来，代理理论能说明以历史成本为基础的净利润在签订合同时有其优势，代理理论也说明了会计准则和审计在增强作为合同签订基础净利润的可信度上是起着重要作用的。第 10 章讨论了管理人员的薪酬计划，并得出结论，认为财务报告对于激励管理人员的业绩具有重要作用。第 11 章介绍了盈余管理的动因、方式及其效果，认为盈余管理是“好”还是“坏”，取决于如何使用它。第 12 章从经济理论的角度分析了准则制定问题。该章首先探讨了对会计活动的管制，然后分析了信息生产的动力，接着分析了市场失灵的根源，最后讨论了如何提高管制的效率问题。第 13 章从政治学的角度分析了准则制定问题。该章首先评价了管制的两种理论(公共利益理论与利益集团理论)，然后审视了准则制定的过程，最后研究了准则制定必须考虑的原则。

虽然斯科特自己认为其主要研究领域是审计理论，但是他所撰写的《财务会计理论》一书却比其他的专著在国际上影响更为广泛。本书第三版的主译者陈汉文教授在译者“序言”中，就曾对本书的理论价值给予了极高且精辟的评价。他认为：斯科特教授的《财务会计理论》一书，力图以信息经济学的框架来解释财务会计在现实世界中所碰到的基本矛盾。在这一框架内，《财务会计理论》总结了西方会计理论界20世纪60年代以来的实证研究成果，书中所讨论的一系列学术文献为读者勾勒了西方实证会计研究的大致脉络。不仅回答了“将近50年的实证研究的意义何在?”这样的疑问，而且为有志于进行这方面学术研究的读者提供了一个接触实证会计理论研究方法的机会，向读者展示了会计理论研究及“实证”会计的独特魅力。这对于以会计学为专业及准备投身于财务会计研究的读者而言，这种“导游图”式的著作所能提供的帮助是尽快取得成功的关键。对于那些希望从财务会计的视角来充分领略经济学魅力的读者，本书在展现现代经济学中涌现的纷繁复杂的数理模型的同时，还提供了一个逻辑一致、现实鲜活的运用实例。著名的有效市场假说、企业契约理论都在财务会计的现实领域找到了最好的注脚。此外，本书通过正文和每章后的大量习题为我们展示了美国的社会经济环境，透过取材于现实中的跨国企业财务报告、著名公司运作案例、各种传媒的报道，使读者可以从立体的视角来把握全书的整体结构。它们不仅提供了有关美国证券市场的运作情况，还对金融、财务领域的专业人士起到了宝贵的借鉴作用，即不论是在从事会计实务工作，还是在进行会计理论研究的领域中，均能够从环境的角度来对中国和国外的情况做比较，从而得到意想不到的收获。

该书第一版于2000年由陈汉文翻译，机械工业出版社正式出版，并被收入中国财政经济出版社2004年1月出版的《西方会计学名著导读》一书之中。该书第三版亦于2006年由陈汉文翻译为中文，亦由机械工业出版社正式出版。

**参考文献**


[1] 威廉姆·R·斯科特.财务会计理论[M].陈汉文，等，译.北京：机械工业出版社，2006.

[2] http://accounting.uwaterloo.ca/alumni/fellowships/BillScott.html，2010-08-08.

[3] http://www.caaa.ca/AboutCAAA/committees/AcadAdvisorycouncil/index.html，2010-08-08.

[4] http://www.dfscott.com/authors/william_r_scott.htm，2010-08-18.

[5] Scott W R. Financial Accounting Theory[M]. Upper Saddle River，N J and Toronto，Ontario：Prentice Hall Inc. and Prentice Hall Canada Inc.，1997.


（初稿执笔人：冯俊、向玉章）

# 夏恩·桑德

(Shyam Sunder, 1942— )

夏恩·桑德(Shyam Sunder, 1942— )是著名的美籍印裔会计学者,现为耶鲁大学(Yale University)商学院会计、经济与财务方向的詹姆斯·L·弗兰克(James L. Frank)教授。

## 一、个人简要生平

桑德(见图 112)教授早年毕业于印度的一所工程学院,1963—1970 年就职于印度铁路公司,曾做过特别工种学徒和管理实习生,后晋升为工程师。1970 年,桑德考入卡耐基-梅隆大学(Carnegie Mellon University)继续攻读学位,并分别于 1972 年、1974 年在该校获得硕士和博士学位。

图 112　夏恩·桑德

桑德教授取得博士学位后,1973—1977 年,在芝加哥大学(The University of Chicago)管理学院任助教,1977—1982 年任副教授;1983—1988 年,任明尼苏达大学(University of Minnesota)商学院会计学方向的霍尼维尔(Honeywell)教授;1988—1999 年,任卡内基-梅隆大学(Carnegie Mellon University)工业管理研究生院任理查德·M·西尔特(Richard M. Cyert)经济管理学教授;1999 年至今,一直在耶鲁大学(Yale University)商学院任教。

桑德教授亦曾在多所大学做访问研究:1981 年冬开始,在加州理工学院(California Institute of Technology)任人文学科和社会学科的商业经济访问协会教授和印第安管理学院任访问学者;1982—1983 年,任不列颠哥伦比亚大学(The University of British Columbia)会计访问学者;1986 年秋,任亚利桑那州立大学(Arizona State

University)商学院经济科学研究所的客座教授;1993年春天,曾在西班牙的庞培法布拉大学(Pompeu Fabra University)经济系做访问学者;1995年夏天,曾在日本神户大学(Kobe University)商学院做客座教授;1997年夏天,曾在西北大学的J·L·凯洛格管理研究生院(Northwestern University's J. L. Kellogg Graduate School of Management)做访问学者;2001年夏,在卡内基-梅隆大学做客座教授;2002年,在台湾大学做客座教授。20世纪90年代末期以来,桑德教授多次到中国讲学:1998年1月,在广州中山大学召开的第二届中国会计学博士生联谊会上,桑德教授曾受邀莅临大会并发表专题演讲;2007年,在武汉召开的中国会计学会学术年会上,他亦与会并做演讲;2007年来,曾到北京大学、西安交通大学、东北财经大学等校讲学。

在会计学术领域里,桑德教授也较为活跃,并任多种学术兼职:1988—1990年担任过美国会计学会(AAA)国际部研究主管人员和行政委员会成员;1999年任美国会计学会首席研究讲师;2000年曾任美国会计学会的杰出国际讲师;2006—2007年,曾任美国会计学会(AAA)会长。他还是《会计研究杂志》、《会计地平线》和《印度会计评论》等多家学术杂志的编委。此外,1986—1989年和1998—2001年间,他还曾任美国经济科学协会执委会创办成员。

桑德教授曾获多种奖励,其中主要有:1975年,获美国会计学会优秀论文奖(American Accounting Association Manuscript Award);1982年,获Alpha Kappa Psi会计奖;1982年和1998年,分获当年AAA-AICPA的会计学术文献杰出贡献奖(AAA-American Institute of CPAs Notable Contributions to Accounting Literature Award)。

桑德教授现与妻子曼居拉(Manjula)生活在纽黑文(New Haven),他们育有两个孩子,一个在上大学,一个在上高中。

## 二、理论与实务的主要贡献

桑德教授在学术上硕果累累,且涉及范围较为广泛,他曾分别在《会计评论》(*the Accounting Review*)、《会计研究杂志》、《会计与经济学杂志》(*Journal of Accounting and Economics*)、《会计地平线》、《计量组织理论》(*Computational Organization Theory*)、《当代会计研究》(*Contemporary Accounting Research*)、《经济理论》(*Economic Theory*)、《亚洲教育》(*Education About Asia*)、《印度会计评论》、《会计杂志》(*Journal of Accounting*)、《审计和财务》(*Auditing and Finance*)、《经济季刊》(*Quarterly Journal of Economics*)、《会计研究评论》(*Review of Accounting Studies*)和《中国会

计研究》(*Chinese Accounting Review*)等会计、商业、经济和财务期刊上发表了百余篇有影响的专业论文。

此外,还出版有5本论著:1977著《石油工业利润》(*Oil Industry Profits*);1994年,与丹尼尔·弗雷德曼(Daniel Friedman)合著的《实证方法:经济学家们的初级读本》(*Experimental Methods: A Primer for Economists*);1998年与S·阿部(S. Abe)、K·井川庆(K. Igawa)等合著《日本:经济对日常生活的影响》(*Japan: Why It Works, Why It Doesn't? Economics in Everyday Life*);1999年与英俊山路(Hidetoshi Yamaji)合著《日本的企业会计风格》(*Japanese Style of Business Accounting*);1997年著《会计与控制理论》(*Theory of Accounting and Control*)。

桑德教授最近研究的问题主要涉及会计与控制的合约理论、资本市场的实证研究及货币理论、时间维数和资源管理、评估的统计理论、战略财务决策和电子商务等更为宽广的专业领域。

## 三、主要论著简析

《会计与控制理论》是桑德教授的代表作之一。本书在很多方面突破了传统会计理论的框架,是近十多年来美国会计学界享誉甚高的少数几本会计理论著作之一。本书共分为3篇13章。第一篇为企业的契约理论,包括会计与控制理论导论、会计与企业的契约模型2章;第二篇为会计与控制的微观理论,包括为管理技能而缔约、经理与会计决策、收益及其操纵、投资者与会计、会计和股票市场、审计人员与企业等6章;第三篇为会计与控制的宏观理论,包括惯例与分类、决策标准与机制、会计的标准化、政府、法律与会计和非剩余利益组织会计等5章。

据作者介绍,《会计与控制理论》一书的写作初衷形成于20世纪70年代,写作基础则形成于1982—1983年的研究生课程讲义,该书的初稿曾为斯蒂芬·亚当·泽夫(Stephen Addam Zeff,列会计名人堂第70位)和美国著名实证会计大师杰罗尔德·L·齐默尔曼(Jerold L. Zimmerman)等著名会计学家审读,并最终成为其在卡内基-梅隆大学工业管理研究生院任职期间的一部重要的代表性著作。

桑德教授的《会计与控制理论》一书把经济分析、组织理论和企业模型引入会计研究领域,从而拓展了会计理论研究的传统思维模式,同时,也考虑了将现代经济理论与现代管理理论研究的最新成果移植和嫁接到现时的会计研究内容之中,使会计研究同会计与控制理论联系起来,因此该书可以帮助会计实务人员了解会计研究与会计实务之间的关系。此外,读者也会发现,该书是介入传统的规范会计研究与近20多年来发展起来的资本市场会计研究或实证会计研究之间的一类书籍，因此它为读者理解规范会计理论和实证会计理论架起了一道桥梁，而且书中附带的参考资料索引也有助于读者进一步研究所讨论的内容。由于该书研究视角独特，观点新颖，不愧是跳出了"就会计论会计"狭小圈子的一部优秀著作，为我们研究中国会计、审计问题提供了一个较好的研究思路和研究范式，我们应该在研究中国会计审计问题尽可能地考虑到企业契约主体的方方面面，使各主体利益达到持续均衡，维持企业契约的相对稳定。

该书中文版于 2000 年由方红星、王鹏和李红霞翻译，东北财经大学出版社正式出版，并被收入中国财政经济出版社 2004 年 1 月出版的《西方会计学名著导读》一书之中。

**参考文献**

[1] 夏恩·桑德. 会计与控制理论[M]. 方红星，等，译. 大连：东北财经大学出版社，2000.

[2] Sunder Shyam. Theory of Accounting and Control[M]. Miami F L: South-Western College Publishing, Division of International Publishing, Inc., 1997.

（初稿执笔人：何雁明）

Wales,简称 ICAEW)下设的财务报告委员会委员,以及欧洲会计师联合会会计工作组(the accounting working group of the Federation des Experts Comptables Europeans)的副组长,同时也兼任欧盟经济合作委员会(European Economic Cooperation Committee,简称 EECC)的咨询委员;他也是英国特许会计师协会(Association of Chartered Certified Accountants,简称 ACCA)的会员。此外,他还兼任了澳大利亚悉尼大学出版的会计理论刊物《算盘》(*Abacus:A Journal of Accounting,Finance and Business Studies*,简称 Ab)、英格兰和威尔士特许会计师协会(ICAEW)出版的会计理论刊物《会计和商业研究》(*Accounting and Business Research*,简称 ABR)和《国际会计研究杂志》(*Journal of International Accounting Research*,简称 JIAR)等重要期刊的编委会成员。

2002 年,诺比斯被美国会计学会(AAA)国际会计部授予国际杰出会计教育奖(Outstanding International Accounting Educator Award)的荣誉称号。

## 二、理论与实务的主要贡献

诺比斯的研究兴趣一直集中于公司财务报告的国际差异方面。自 1973 年来,他的主要研究项目之一就是国际会计准则委员会(IASC)的历史。他先后独著或与他人合著了 14 本专业论著,除了众所周知的《比较国际会计》一书外,其他较有影响的论著主要有:《税收经济学》(*The Economics of Taxation*,2001)、《国际财务会计绪论》(*An International Introduction to Financial Accounting*,2001)、《理解公司账户的国际指南》(*International Guide to Interpreting Company Accounts*,1999)、《通俗会计》(*Pocket Accounting*,2001)和《会计大词典》(*Dictionary of Accounting*,2000)等。近年来,诺比斯的重要论文有两篇:一是刊于《算盘》杂志 2002 年 2 月号上的论文《权益法的国际发展》(*The International Development of the Equity Method*);二是他与 D・H・凯恩斯(Cairns,D. H.)合作并提交给的 ICAEW 的报告《英国财务报告要求与国际会计准则的比较研究》(*A Comparison between International Accounting Standards and UK Financial Reporting Requirements*,2000 年)。

## 三、主要论著简析

在诺比斯的所有著作中,影响最大的当属其与罗伯特・帕克(Robert Parker)所著的《比较国际会计》(*Comparative International Accounting*)一书,该书自 1981 年出版后，即得到世界各国会计学界的广泛推崇，也成为国际会计领域里最有影响的教科书之一，已经被全球许多知名大学所选用。至2010年，该书已经出了第11版，即第10次修订版，修订后的第11版分为6个部分23章加两个附录：第一部分为环境分析，设第1章　导论、第2章　国际差异及其原因、第3章　财务报告的国际分类和第4章　国际协调共4章；第二部分为上市公司财务报告，设第5章　上市公司财务报告的环境、第6章　国际财务报告准则的要求、第7章　国际财务报告实务的不同版本、第8章　美国的财务报告、第9章　财务报告的主题、第10章　财务报告准则的实施和第11章　会计准则的政治游说：美国、英国与国际经验等7章；第三部分为欧洲和东亚的协调与转轨，设第12章　欧洲的会计协调和转轨和第13章　东亚的会计协调和转轨共2章；第四部分为单一公司的财务报表，设第14章　单一公司财务报告的环境、第15章　制定欧洲非上市公司会计规则和第16章　欧洲单一公司规则与实务共3章；第五部分为跨国公司财务报告专题，设第17章　集团会计、第18章　外向折算和第19章　分部报告共3章；第六部分为分析与管理专题，设第20章　国际财务分析、第21章　国际审计、第22章　公司所得税的国际问题和第23章　管理会计共4章。此外，书后还附有部分课后问题的参考答案等。

图114 《比较国际会计》

本书作者采用比较研究的方法，并借鉴法学、史学、管理学、财务学、税收学乃至自然科学等方面的理论和知识，以大量的研究材料、案例和翔实的分析，对世界上多个典型国家的财务报告和会计准则进行了广泛比较、深入分析和横向研究，以多重视角诠释各国财务报告的差异及原因，以及会计准则制定的原则和方法，为我们全面理解会计的国际协调和其他国家的会计惯例提供了很好的参考。

## 参考文献

[1] Nobes Christopher W, Robert Henry Parker. Comparative International Accounting[M]. Englewood Cliffs N J: Prentice-Hall, Inc., 1981.

[2] http://www.businesstitles.com/cat/accounting/comp5626.html, 2010-09-08.

（初稿执笔人：王圆）

# 罗伯特·亨利·帕克

## (Robert Henry Parker, 1932 — )

罗伯特·亨利·帕克(Robert Henry Parker, 1932— )是英国著名的会计学家之一,因其与克利斯托弗·W·诺比斯(Christopher W. Nobes)于1981年所著的《比较国际会计》(*Comparative International Accounting*)一书,而在世界会计领域里产生了重要的影响。

## 一、个人简要生平

1932年,帕克(见图115)出生于英国东部诺福克郡(Norfolk)。与同年代的许多会计学者一样,他也在伦敦大学(University of London)学习了经济学。1958年,他注册成为伦敦的一名特许会计师并发表了第一篇文章。不久后,他即去尼日利亚工作一年。接着,他又以一名讲师(后为高级讲师)的身份去了澳大利亚的艾德雷德(Adclaide)和佩斯(Perth),并在那里一直工作到1966年,由此开始了他杰出的教育生涯,并与澳大利亚结下了不解之缘。1964年,他与贝内特(Bennett)合作出版了第一部著作,1969年,他又与艾德雷德的同事合作出版了第二部著作。

图115 罗伯特·亨利·帕克

回到欧洲后,帕克曾在多家大学和专门研究机构从事研究工作:先后曾在伦敦的政治经济学院(London School of Economics and Political Science,简称LSE)作研究人员,在曼彻斯特商学院(Manchester Business School)研究管理会计,在丹地(Dundee)任法学院院长,最后在埃克塞特大学(University of Exeter)作会计学教授。同时,他经常到澳大利亚去进行学术交流与访问,亦曾先后在新南威尔士大学(The University of New South Wales,简称UNSW)、悉尼大学(University of Sydney)和纽卡斯尔大学

(The University of Newcastle)等做过客座教授。帕克现为位于英格兰西南部的埃克塞特大学(University of Exeter)的会计学荣誉退休教授。

由于帕克教授的突出贡献,曾于1997年被英国会计学会评为年度杰出学者,2003年被美国会计学会(AAA)的国际会计部(International Accounting Section)授予国际杰出会计教育奖(Outstanding International Accounting Educator Award)的荣誉称号。

## 二、理论与实务的主要贡献

帕克作为一名在英国和澳大利亚均具有重要影响的会计学者,很多资深的学者都愿意与他合作进行研究、合作出版书籍,并推举他作为相关专业委员会的主席。1975—1993年间,他一直担任英格兰及威尔士特许会计师协会(The Institute of Chartered Accountants in England and Wales,简称ICAEW)出版的会计理论刊物《会计和商业研究》(*Accounting and Business Research*,简称ABR)的编辑,他是英国会计学会(British Accounting Association,简称BAA)复兴的重要贡献者,是英国会计学会的资深会员,并参与创办了由其主编的《英国会计评论》(*The British Accounting Review*,简称BAR)杂志,他还兼任其他专业杂志的编辑。此外,他还倡导建立了一些会计研究的群体,多年来一直对重要的国际会计学术会议慷慨解囊。他在会计学术研究领域里所表现出来的方向专一与不断创新的品质,为他很多现在已经取得成功的学生树立了榜样。

随着职务、年龄以及管理经验的增加,帕克开始不断撰写著作和论文,在《会计研究杂志》(*Journal of Accounting Research*)等世界著名的会计学专业期刊上,均可读到他的文章。在论文写作风格上,帕克一直寻求文章的实用性。他所发表的众多内容严谨而条理清晰的文章,对指导会计职业界和在校学生均具有极高的价值。他在著作中,也非常善于把那些线条模糊的会计历史问题按学术要求予以整理和分类,从而形成他个人的一种有关会计历史的观念、一部标准的会计教科书和一份具有普及意义的会计文献。也许帕克最擅长的研究领域是19世纪的盎格鲁-撒克逊(Anglo-Saxon)会计史和国际会计,但学术界从来没有人批评他的研究兴趣狭窄。正是由于他所作的广泛的基础性理论研究,使得目前许多新领域的会计问题都可在帕克多年前的文章中找到相应的阐述。

他发表的主要论著包括:与诺比斯合著的《比较国际会计》(*Comparative International Accounting*,2010)、《财务报告与国际资本市场:1973—2000年国际会计准则委员会的历史》(*Financial Reporting and Global Capital Markets. A History of the International Accounting Standards Committee*, 1973—2000,2008)、《解读公司财务报表》(*Understanding Company Financial Statements*,2007)、《澳大利亚的执业会计和审计(1880—1900)》(*Professional Accounting and Audit in Australia*, 1880—1900,1999)、《国际框架下的会计发展》(*The Development of Accounting in an International Context*, 1997)、《解读真实与公允》(*Readings in True and Fair*, 1996)、《文艺复兴时期至今的会计史》(*Accounting History from the Renaissance to the Present*, 1996)、《二十世纪早期英国会计职业的发展》(*The Development of the Accountancy Profession in Britain to the Early Twentieth Century*, 1986)等专著 20 多部。此外,他还先后在《会计、商业与财务历史》(*Accounting, Business & Financial History*)、《会计和商业研究》(*Accounting and Business Research*)、《英国会计评论》(*The British Accounting Review*)和《欧洲会计评论》(*The European Accounting Review*)等重要专业期刊上发表了"荣誉与烙印:1853—2003 年间英国的会计师和会计职业团体"(*Naming and branding: accountants and accountancy bodies in the British Empire and Commonwealth*, 1853—2003,2005)、"美国一般公认会计原则对美国和澳大利亚会计计量政策协调的影响"(*The Influence of U. S. GAAP on the Harmony of Accounting Measurement Policies of Large Companies in the U. K. and Australia*, 2001)、"会计师与帝国:澳大利亚与英国会计职业团体合作的案例分析"(*Accountants and Empire: the Case of Co-Membership of Australia and British Accountancy Bodies*, 1999)、"会计政策的国际协调方法:统计比较观点"(*International Harmony Measures of Accounting Policy: Comparative Statistical Properties*, 1998)、"1179—1998 年间的英国会计文化"(*Searching the British Accounting Literature 1179—1998*, 1999)等许多有影响的论文。

**参考文献**

http://site.ebrary.com/lib/ivytech, 2010-09-08.

(初稿执笔人:王圆)

# 弗雷德里克·D·S·乔伊

## (Frederick D. S. Choi, 1942 — )

弗雷德里克·D·S·乔伊(Frederick D. S. Choi, 1942— )是一名美籍韩裔会计学家,其所编《国际会计学》(*International Accounting*)一书在国际会计学术界产生了重要的影响,它是国际会计、比较会计领域享誉全球的经典教科书之一,被国外诸多优秀大学所采用。

## 一、个人简要生平

乔伊(见图 116)出生于 1942 年,1965 年毕业于夏威夷大学(University of Hawaii),1968 年获工商管理学学士和硕士学位。1972 年毕业于华盛顿大学(Washington University),获会计学博士学位。1981 年,加入纽约大学(New York University)后,即在伦纳德·L·斯特恩商学院(Leonard N. Stern School of Business)一直工作了 20 多年。在此期间,曾出任该院本科部主任,国际商务系、税务与商法系和会计系主任,以及商学院副院长、院长,担任过文森特·C·罗斯会计研究中心(Vincent C. Ross of the Institute of Accounting Research)的主任,担任过财务经理研究基金会(the Financial Executives Research Foundation)的理事,现为该院名誉退休院长和杰出教授。

图 116 弗雷德里克·D·S·乔伊

乔伊还曾作为优秀国际会计讲师,访学于世界各地,其足迹遍及欧洲、拉丁美洲和亚洲,主要有中国工业与管理发展研究中心,世界最大和最有影响力的独立商学院之欧洲最受尊重、历年排名首位的顶级工商管理院校——法国的欧洲工商管理学院(European Institute of Business Administration, INSEAD),英国的克兰菲尔德管理学院(Cranfield School of Management),意大利的博克尼大学(Bocconi

University)、瑞典的斯德哥尔摩大学(Stockholm University)和华盛顿大学(University of washington)。他还曾服务于设在瑞士日内瓦的联合国贸易与发展会议(the United Nations Conference on Trade and Development),主要在该会下设的联合国会计与报告国际标准政府间专家工作组(Intergovernmental Working Group of Experts on International Standards of Accounting and Reporting,简称 ISAR)从事会计与报告的国际标准制定工作。此外,他还是国际财务经理研究基金会(The Financial Executives Institute Research Foundation, 简称 FEIRF)的首位学术界理事、《国际财务管理与会计杂志》(*Journal of International Financial Management & Accounting*,简称 JIFMA)的创刊主编、国际商务研究院(Academy of International Business,AIB)的研究员。他也是美国会计学会(AAA)成员,以及 Phi Kappa Phi、Bete Alpha Psi、Beta Gamma Sigma 的成员。他还是日本国际会计研究会(Japanese Association for International Accounting Studies)的荣誉会员之一。

由于乔伊在国际会计领域里的突出贡献,曾于 1993 年荣获美国会计学会(AAA)的国际会计部(International Accounting Section)组织评选的国际杰出会计教育奖(Outstanding International Accounting Educator Award)。此外,他亦获得美国出版商协会优秀图书奖(the American Association of Publisher's Outstanding Book Award)和花旗银行杰出教学奖(Citibank Excellence in Teaching Award)等。退休后,他与妻子洛伊丝(Lois)生活在纽约。

## 二、理论与实务的主要贡献

乔伊教授的主要研究领域包括国际会计、国际财务报告与控制、会计披露差异对资本市场的影响、比较会计以及外币业务和物价变动会计等,所主讲的课程包括《财务会计》、《国际会计》和《财务报表分析》等。

乔伊一生著述甚丰。其主要著作除《国际会计学》(*International Accounting*)外,还有《国际财务与会计手册》(*International Finance and Accounting Handbook*)、《会计差异世界中的国际资本市场》(*International Capital Markets in a World of Accounting Differences*)、《财务会计与报告的全球化》(*Globalization of Financial Accounting and Reporting*)等。此外,他亦曾在《会计研究杂志》(*Journal of Accounting Research*)、《财务分析杂志》(*Financial Analysts Journal*)、《财务与数量分析杂志》(*Journal of Financial and Quantitative Analysis*)、《会计杂志》(*Journal of Accountancy*)和《国际商业研究》(*Journal of International Business Studies*)等学术刊

物上发表了100多篇论文。

## 三、主要论著简析

乔伊的大量著述中,影响最大的当推1984年出版的《国际会计学》(*International Accounting*)一书。由于该书具有题材丰富、资料翔实、结构清晰、层次分明等显著特点,尤其是在国际会计比较与协调以及国际管理会计和税务筹划等方面更比其他同类论著略胜一筹。自该书出版以来,已经先后6次修订再版,至2010年,已经出版了第7版,该版由乔伊与格林·K·米克(Gary K. Meek)合作完成。本书内容经过修订后反映了最新的、有关互联网领域的发展,添加了会计在全球市场中的作用以及美国公认会计原则、国际会计准则和英国会计准则的比较等内容,更新了一些案例的数据。在每一章均有学习目标,并附有参考文献、讨论题、练习题以及若干生动的案例。

图117 《国际会计学》

本书的第7版主要包括12章,各章主要内容如下:第1章 导论,涉及历史视角、现代视角、跨国经营的增长与扩展、全球竞争、跨国兼并与收购、金融创新、资本市场的国际化、欧洲权益市场更仔细的观察、我们在哪儿;第2章 发展和分类;第3章 比较会计(上),涉及基本概念以及美国、法国、德国、捷克、荷兰和英国6个国家的财务会计体系;第4章 比较会计(下),涉及选择墨西哥、日本、中国和印度这4个国家或地区的原因、对这4个国家或地区及其会计的若干考察、4个国家或地区的财务会计体系;第5章 报告与披露,涉及披露的发展、报告和披露实务、新兴市场国家或地区的年度报告披露及其对财务报表使用者和管理人员的影响;第6章 外币折算,涉及折算的原因、背景和术语、问题、备选折算汇率对财务报表的影响、外币交易、外币折算、折算会计的发展、第52号准则的特点与争论、外币折算与通货膨胀、其他地方的外币折算和当前的趋势;第7章 财务报告与物价变动,涉及物价变动的定义、为什么物价变动期间的财务报表可能会产生误导、通货膨胀调整的类型、一般物价水平调整、现行成本调整、哪种方法最好、通货膨胀会计的国际展望、国际会计准则理事会和通货膨胀会计问题;第8章 国际会计协调,涉及导论、国际协调综述、国际会计准则制定历史上的若干重大事件、促进会计协调的主要国际组织概述、国际会计准则理事会(IASB)、欧洲联盟(EU)、证券委员会国际组织(IOSCO)、国际会计师联合会(IFAC)、联合国会计与报告国际准则政府间专家工作组(ISAR)、经济合作与发展组织

(OECD)和结论;第 9 章　国际财务报表分析,涉及导论、跨国分析的挑战与机遇、经营分析框架、国际经营战略分析、会计分析、国际财务分析、国际前景分析和进一步的问题;第 10 章　管理规划与控制,涉及确定经营模式、规划工具、资本预算、管理信息系统、管理信息与恶性通货膨胀、财务控制问题、战略成本计算、对国外经营的业绩评价、业绩评价实务:ICI 公司、业绩标准;第 11 章　财务风险管理,涉及概要、为什么要对财务风险进行管理、会计的作用、套期保值产品的会计处理、外币投机、披露和财务控制;第 12 章　国际税收与转移定价,涉及初始概念、各个国家或地区税收制度的差异、国外所得征税和双重征税、税务筹划的视角、国际转移定价:复杂化的因素、转移定价方法、转移定价实务和未来。

由于乔伊所具有的东方式思维风格,也使得本书较其他同类书而言,更适合中国读者的口味。因而,该书在我国先后由 4 个出版社将其翻译或者改写后正式出版了 6 个不同的版本:2000 年,周晓苏和方红星等据该书第 3 版(1999)翻译后由东北财经大学出版社出版;2002 年,北京大学出版社将该书第 4 版(2002)纳入"MBA 经典教材书系"影印出版;2003,李荣林等将该书第 4 版(2002)翻译后由上海财经大学出版社正式出版;2005 年 11 月,方红星将该书第 5 版(2005)改写后,纳入"高等院校双语教学适用教材" 由东北财经大学出版社出版;2007 年 1 月,方红星等将该书第 5 版(2005)翻译后由东北财经大学出版社出版;2008 年 9 月 1 日,任明川将该书第 6 版(2008)改写后,纳入"工商管理经典教材・会计与财务系列・国际会计学"(英文版)系列,由中国人民大学出版社出版。

**参考文献**

[1] Choi F D S, Frost C A, Meek G K, et al.. International Accounting[M]. New Jersey: Prentice Hall, 1999.

[2] http://www. allbusiness. com/professional-scientific/accounting-tax/144131-1. html, 2010-08-11.

[3] http://aib. msu. edu/fellow. asp, 2010-08-11.

[4] http://w4. stern. nyu. edu/accounting/facultystaff. cfm, 2010-08-11.

(初稿执笔人:颜菱)

# 杰罗姆·李·尼科尔森

# (Jerome Lee Nicholson, 1863—1924)

杰罗姆·李·尼科尔森(Jerome Lee Nicholson, 1863—1924)是19世纪与20世纪之交著名的会计学家,他对美国成本会计理论与实务的发展作出了重要的贡献,在美国有"成本会计之父"的美誉。

## 一、个人简要生平

1863年,尼科尔森出生于美国新泽西州(New Jersey)的特伦顿(Trenton)。早年生活在宾夕法尼亚州的匹兹堡,并曾在那里的公立学校接受初级教育。读完公立中学后,他进入宾夕法尼亚(Pennsylvania)的匹兹堡大学(University of Pittsburgh)商学院学习,大学毕业后即进入商界。到1889年时,时年26岁的尼科尔森就已经积累了丰富的会计从业经验以及商业营销经验,他决定辞职离开所任职的私营企业,在纽约市注册开设了自己的工作室,主要是以执业会计师和管理顾问双重身份从事管理咨询服务。由于其特定的服务内容,不久,尼科尔森和他的公司在咨询和成本会计领域开始变得有名并引起了业界的广泛的关注。

尼科尔森在宾夕法尼亚铁路局工作时,曾被分派去计算火车头的供水成本,没有想到的是,这引起了他对成本会计和工业工程的兴趣,并由此而将其余生精力均都投入其中。

1911—1917年,他在纽约大学(New York University)和哥伦比亚大学(Columbia University)多次举办有关成本会计的演讲,1917年被任命为商贸局成本会计分部(Chief of the Division of Cost Accounting of Foreign and Domestic Commerce)主任,在这个职位上,他主要负责战时契约成本核算管理,同时担任联邦贸易委员会(The Federal Trade Commission)的成本咨询专家。1917年下半年,他还被任命为军官预备队军械部少校(a

Major in the Ordnance Department，O. R. C.），主管会计工作。

第一次世界大战结束后不久，他来到伊利诺伊州（Illinois）的芝加哥（Chicago），创立了杰罗姆·李·尼科尔森成本会计联谊会（J. Lee Nicholson Institute of Cost Accounting），提供成本会计方面的指导，以及培训会计师的实际操作能力。他敏锐地觉察到对公众进行这种知识普及与加强学习的必要性，并对培养这个专业上有能力的人非常感兴趣。美国会计学家麦克劳德（Dr. S. C. McLeod）博士在尼科尔森的讣告中就曾写道："这项工作对少校来说是神圣的，但疾病使他不得不放弃它"。

尼科尔森曾是许多职业组织的成员与组织者。1901年，他获得纽约注册会计师资格；1902年，成为纽约州注册会计师协会的会员，并担任该协会的第一任副主席；1906年，加入美国公共会计师协会（American Association of Public Accountants，简称AAPA）并一直积极活跃在该组织中，直到1916年AAPA更名为美利坚会计师协会（Institute of Accountants in the United States of America，简称IAUSA）为止。1919年，美国全国成本会计师协会成立，该协会会员由会计师与工程师两方面组成，从此，会计师与工程师开始结合研究标准成本问题，其研究成果被推广。尼科尔森在职业组织中作用最大的是全美成本会计师协会（the National Association of Cost Accountants，简称NACA）亦即现在的美国管理会计师协会（Institute of Management Accountants，简称IMA），并担任协会的第一任会长，他对美国成本会计的发展作出了卓越的贡献。

因为健康方面的缘故，尼科尔森退休后在加利福尼亚（California）度过了他人生中最后两年岁月。有学者评论认为，退休只是他迁徙的假象。他的退休，不是为了去加利福尼亚休养，而是为了开一家工业工程公司。

1924年11月2日，尼科尔森在旧金山逝世，享年61岁。尼科尔森是勤奋的一生、战斗的一生。正如麦克劳德博士评价的那样："尼科尔森是一个斗士，他的人生就是一场永无止境的征服的战争"。

## 二、理论与实务的重要贡献

成本会计在经过百余年的痛苦发展之后，随着当时美国经济的快速发展需要，终于在19世纪80年代脱颖而出，成为会计学的一门新的学科分支。1885—1920年，现代成本技术的核心已经形成。在某种程度上，当时的成本会计实务也趋于标准化：实践中采用了可行的间接费用分配方法；成本账户和财务账户得以结合；标准成本制度已经通行。所以，与其说尼科尔森是一个革新家，倒不如说他是一个集成者，他的主要贡献就在于组织、推进和传播这门新知识，使成本会计从少数公司扩大到众多的 20 世纪初仍未建立成本会计制度的制造公司。起初，尼科尔森只是以批判性的观点撰写成本会计文章，后来则开始出版著作，他在成本会计发展方面的贡献与代表性文献主要有三个方面。

洛杉矶州立大学(Los Angeles State Collage)的伦纳德·W·海恩(Leonard W. Hein)教授于 1959 年在《会计评论》(The Accounting Review)杂志第 1 期上撰文，专门对尼科尔森的学术功绩进行了全面的评价，并称其为美国的“成本会计之父”，并高度地评价其人生的 61 年中实实在在的会计成就，倡导我们应当关注这些成就，并强调人类会计历史的锻造者和他们留下的会计遗产不应该从我们的记忆中消除，因为他们的成就像是在会计地平线上一团熊熊燃烧的火焰，我们怎能忽略而任它渐渐熄灭呢？

海恩首先通过一个事例，说明会计专业人员了解会计发展历史的重要性。这个事例是，一群注册会计师在一起讨论美国成本发展历史的问题时，大多数人尚不知 J·李·尼科尔森为何人。海恩认为，这一事例可引发如下思考：第一，是作为一门专业，我们是否忽视了我们的历史，忽视了创造历史的人们所取得的成就。第二，我们不能仅对怎样做的手法感兴趣，而对历史因素和特征不予考虑，现实情况是，目前少有写陈述历史的文章。第三，会计绝非一个新的专业。有证据证明，人类开始记账的历史可以追溯到人类开始写字时。我们几乎不会怀疑一个人当时会在心里记账，甚至在更早以前。但是会计作为现代意义上的一门专业还是相当年轻的。会计的许多传统是人们的生命周期中发展起来的。第四，会计是一门正在发酵中的专业。在相同的生命周期里，会计这一管理活动从书本上的管理者变成了整个商业范围内备受尊重的权威，而下一个生命周期它会在哪里是谁都说不准的问题。第五，会计专业范围的扩张已超过了它的成员数量的增长。但我们的大学倾向于教授初学者们原理方面的内容，却忽略了几乎所有它的历史和传统惯例，这些问题在大学会计教育中确实存在。海恩认为，对会计先驱成就的深入研究能帮助我们进入一个更加密切的会计领域，这是一个既有趣而且也很有发展潜力的问题。接着，他以 J·李·尼科尔森为例子。他做了些什么获得了上述成就。他的最重要贡献就是从编写重要书籍到发展延伸出一个学科，从提供直接的咨询服务到成为大学讲师，从一个重要的财务会计领域进入同样重要的成本会计领域。

海恩认为，尼科尔森贡献了很多成本会计方面的文献。如果仅凭其出版物数量来和他那个时代部分文思如泉作家比的话，他不能算是一个高产的作家，但他的书却是那个时代引用的重要标准，他们对当时正在美国逐步壮大的成本会计领域作出了持久性的贡献，会计文献的本质就在于他们持久性的价值能被现在的文献所吸收利用。

海恩认为，如果从现时的会计准则要求的角度分析，尼科尔森并不总是正确的。例如，他是把投资过程的收费作为成本的拥护者之一，从而引发了学界的一场旷日持久的学术论争。据查，早在19世纪早期，法国人米戈达尔就于1827年7月发表观点，建议把利息包括在资本中，当作损益中的一项费用。直到今天，一些成本会计教科书中甚至将这项费用视作是管理决策的一种辅助性费用。尼科尔森的第一件重要工作，就是于1909年出版了《尼科尔森的企业组织和成本》(*Nicholson on Factory Organization and Costs*)。

海恩认为，当读者在享受尼科尔森给成本会计领域所做的贡献时，专业上的成就并不能传达出他的个性特征。尼科尔森的朋友和助手认为，他是一个亲切但是很执著的人。麦克劳德博士说："他一旦克服一个难题或者取得一次成功后，马上就会投入下一个问题之中。他的雄心抱负从来没有被实现过，也不可能实现。他人生的快乐来自于征服，而不是关注那些已获得的成功。因此，他的脸永远总是仰望着高处。"麦克劳德博士曾经描述了其所知的一件有关尼科尔森的轶事："当他还住在芝加哥时，受邀去参加我们分会的演讲。在去火车站的路上，他所乘坐的出租车和一辆卡车不幸相撞，他从出租车的玻璃窗中被甩了出来，头部被划了两个深深的伤口，胳膊被飞溅的玻璃碎片划伤。警察赶到现场后，立即叫了一辆私人汽车来，并问他想去哪家医院？但是，少校愤怒地回答'不去医院，送我去火车站'。然后，他在汽车站上了他所要搭乘的火车。幸运的是，刚好火车上有一位医生，帮他包扎了伤口。他带着伤赶到会场，坚持做完他的演讲，这就是他的做人方式。"

海恩认为，尼科尔森对其成本管理思想的传播是不遗余力。在他去世前不久，在《管理周刊》(Management Week)举行的一个系列活动期间，他先后连续做了其认为对原全美成本会计师协会(NACA)来说是"微不足道"的四场演讲，即：周二晚上的"工资系统和它与管理的关系"(*The Wage System and Its Relation to Management*)；周三通过无线电广播演讲的"作为管理功能之一的预算控制"(*Budget Control as One of the Functions of Management*)；周四在百分之百俱乐部前"关于管理"的演讲；周五在美国机械工程师协会(American Society of Mechanical Engineers，简称ASME)关于"管理的功能"(*The Management Functions*)。这就是他对"微不足道"的理解——他的疾病已经迫使他不得不"退休"去加利福尼亚休养身体去了。

加利福尼亚州立大学的会计史学教授迈克尔·查特菲尔德(Michael Chatfield)在评价尼科尔森时指出：今天人们之所以对尼科尔森感兴趣，是因为：第一，他改进和传播了变化后的成本会计知识；第二，作为早期的成本会计学家，他在大学讲授成本会计，并推进成本实务的标准化，促进学院派和实务派的相互沟通；第三，他创建了全美成本会计师协会(NACA);第四,他的著作和文章不仅反映了那个时代最先进的会计实务技术,而且预见到了未来成本会计的发展趋势。

## 三、主要论著简析

### (一)《尼科尔森与工厂组织和成本》(1909)

尼科尔森的第一部重要著作名为《尼科尔森与工厂组织和成本》(*Nicholson on Factory Organization and Costs*),该书完成于1909年,该书是一部综合性很强的书籍,涵盖了当时著名的成本会计理论和实务,也包括了作者大量的原始贡献,因而,也是一部总结和推动当代成本会计实务发展的巨著。

Nicholson on Factory Origanization and Costs

Jerome Lee Nicholson

图118 《尼科尔森与工厂组织和成本》

这部书的主要贡献在于:全面描述了工厂的工作程序和工艺流程;详细说明了每种方法的适当使用;解释了怎样累计部门成本并在生产过程中的后续步骤加以结转;建议使用汇总材料领用单,以便于过入存货分类账并发挥过渡账户的作用;提出了若干种余料处理的会计方法,并建议采用改进的永续盘存制度;提出销售及管理费用并不增加制造产品的价值,应从间接费用分配中剔除;提出新的机器小时比率法(New Machine Rate),建议将人工和间接费用首先按部门集中,然后按每一产品的机器工时比例加以分配等。尼科尔森的书,使困扰会计学者一个多世纪的间接费用分配问题有了初步的解决办法。对尼科尔森该书的最好理解和诠释可能为:它包括对25种产品的订单表格的解释,其中包含了28张时间表格和14张付费登记单。而在第一次世界大战期间的任何会计讨论,每一种商业表格都会以一种彻底的、不同一般的方式呈现出来。这本书的若干特点均体现出,它是尼科尔森作为一个成本会计实践者的如实反映,它有一种手册的风味,而不是教科书的方式。它包含非常详细的说明,并且告诉读者如何选择最适合自己的方法。

当然,在美国学界关于这本书的褒贬不一。麦克劳德博士说:"我们应该公正的评价尼科尔森,在他去世之前,他诚挚的表示后悔写了这本书。"尼科尔森在咨询公司的伙伴约翰·F·D·罗尔巴赫则曾颇显滑稽地说:"尼科尔森少校对我第一次介绍成本会计就是关于原材料问题。因此,我的第一份工作就是拿着这些原材料并分配给我的顾客们。所以我很熟悉他在原材料上的第一份工作。"罗尔巴赫先生使用"原材料"这一词,大概是参考了尼科尔森对会计中清点存货问题的关注。

海恩在尝试着评价尼科尔森的学术贡献时提出，一个现代理论家会倾向于把尼科尔森划为一个综合者而不是看作一个创新者，这并非是在贬低合成性理论——它是一个重要且必要的方式——因为尼科尔森是一个标准的出类拔萃的理论综合者。但是无论如何，他也是一个创新者，其特长就是比综合者更加超越一点，就是提升、强调和改善学术前辈的工作。当然这些创新不会总是能获得预期的成果。偶尔，尼科尔森也会偏离目标，其观点会被会计专业人士认为不可接受或没用而遭拒绝。但利用失败来评论一个人，是在使用错误的标准，因为一个永远不会失败的人是一个永远都没有去尝试的人。

著名的成本会计专家、曾任美国阿拉巴马州大学（The University of Alabama）商学院院长、美国会计学会（American Accounting Association，简称 AAA）会长（1951—1952）和美国大学商学院联盟主席（1964—1965）塞缪尔·保罗·加纳（Samuel Paul Garner）教授认为，尼科尔森所做的是一项综合性工作，这本书是一件综合性极强的作品，故在其代表作《1925 年前成本会计的发展》（*Evolution of Cost Accounting to 1925*）中高度地赞扬了此书，认为其至少是他自己作品综合性的 12 倍成就。加纳表彰了尼科尔森书中的许多重要贡献。例如，提议对请购单做汇总以此作为商店分类账和成本记录的辅助记录，在这个同样与原料相关的会计方法，他是实际运用永续盘存制度的典型代表。虽然他不是第一个提出这个想法的人，但是他进一步完善了这个想法，他设计了原材料分类账簿，使其不仅能够计量，还能在已经指明的平衡下接受和使用。加纳赞扬了尼科尔森对几种会计方法的发展，尽管早期有些学者已经在这个领域做了研究，但是他觉得后来学者的著作只是对尼科尔森方法作出的详细描述而已。在用不同的会计方法来划定和整理成本方面，尼科尔森很有远见，他漏掉的仅仅只是现在认为是理所当然的观念，比如存货价值等价物和对已售商品成本的归集。他显然是在一个积累或没有积累，也就是逐渐上涨或不是逐渐上涨成本的基础上，确立成本会计这一观念和相对优点的第一人。

**（二）《成本会计：理论和实务》（1913）**

尼科尔森的第二部重要著作名为《成本会计：理论和实务》（*Cost Accounting: Theory and Practice*），该书完成于 1913 年。这部书实质上是尼科尔森在哥伦比亚大学和纽约大学教学经验的总结，它是一本教科书而不是一本手册，它反映了尼科尔森作为一个大学老师在纽约大学和哥伦比亚大学的学术影响，它从一个侧面揭示了尼科尔森的综合能力和在学术上的成长。该书曾于 1978 年由 Arno Press 出版公司纳入其组织编纂的"当代会计思想发展系列丛书（*Development of Contemporary Account-*

*ing Thought Series*)”再版。2010 年，该书又由 Kessinger Publishing 公司再版发行。

这部书在成本会计理论与实务上有一个最显著的贡献，就是它说明了怎样将工厂成本由相关账户集中到总账账户上，而其最引人注目的是关于业务部门与间接服务部门的划分，以及辅助生产部门和管理部门所形成产品生产间接费用分配方法。同时，他还建议以预计后进先出法（last-in，first-out，LIFO）的现时价格来估计销货成本。而另一个历史性的重要贡献则是通过运用交互账户将公司的一般性财务账项集成在一起，因为在研究什么是成本以及如何做成本账之外的其他方面，他均做得很好。特别是在对公司组织结构，比如成本部门和公司其他部门之间的关系方面就很感兴趣。

### （三）《有利可图的管理》

《有利可图的管理》（*Profitable of Management*）一书，也许是尼科尔森的最后一部著作，该书的篇幅很小，仅有 117 页，但其综合性很强。在管理理论和实践方面的现代作者，可以仔细阅读这本书，并且会发现在当代著作中并不大提倡的观点。该书内容包括对办公和销售过程的成本的管理，以及设定比较和控制标准的建议。尽管直到今天，这些程序也没有完全被采纳，但因为办公费比公司的成本增长得快，这些控制在现在看来比 19 世纪 20 年代要有意义得多。尼科尔森也知道，利润分析的问题来自流动价格水平，他推荐了一种产品成本定价方法，即产品以现行价格卖出。然而，他自己当时也不是很清楚，他所提倡的方法是否就是后进先出法或者是次进先出法。这种方法就是——如果这个过程是紧接着的，那么商品就是以它的实际成本价格入账，但是用于使用的却是替代价格，有关两者造成的差额由商店的会计人员作出调整——这种解释好像就是后进先出法，因为材料的计价仍然不是很合理。虽然后进先出法在会计这个领域还是没有被接受，但是一些会计学者认为这种方法弥补了后进先出法带来的时间上的延后的问题。

尼科尔森在《管理》（*Administation*）杂志上发表的一篇文章中，概括性地提出了六个观点，以协调成本部门和其他部门的关系，从而减少管理成本以提高工作效率。（1）成本部门和其他部门之间的人际关系必须融洽。这个观点大家几乎都赞成，但是缺乏一定的和谐性却是经常的事。努力地去消除一些小的或者大的不和谐因素会提高成本部门的效率。（2）成本会计师必须提供相关的报告。其他部门的执行人员需要这种报告。该观点强调了成本部门的本质是提供服务，特别是服务其他部门。尼科尔森总是强调各部门的总经理需要具备基层管理能力。（3）成本会计人员在和其他部门的总经理处理事情时，必须善于交际和机敏，但是也要用足够的力量去维持一些必要的准则。现代管理思维基本上和尼科尔森早期形成的观念相同，除了权利应该只局限在某些人物上外，首席成本会计师对于除成本会计部门以外的部门没有直接的权力。(4)成本部门应该在管理间接费用这方面培养管理人员，并极力推荐成立产品计划部门。产量越多，由于一定的固定成本在产量之间进行分摊，则单个产品的成本就会越低，这方面的管理人员应该对产品加以控制。既然产品计划和控制已经难以实施，这个理论就失去了效力。但是，他在培养间接费用管理人才这方面的观念，虽然无法实现，仍是一个理想的目标。(5)成本部门应该将劳动力、材料、分摊的间接费用，以及产品的比较成本提供给工厂经理，相关部门应该将销售额的变化成本信息提供给销售部门。这个过程的目的和教育目的是相类似的。如果销售部门知道，随着销售的变化其成本会如何变化，这相对于仅仅知道某个销售水平下的剩余产量而言，了解这个关系将会更加有意义。

### (四) 关于成本信息服务于会计决策问题

尼科尔森的后期作品中，预计了成本数据对决策的有用性和成本控制中的行为控制，他围绕这一主题撰写了许多文献，比如 1921 年发表的题为“成本部门与其他部门的关系”的文章，以及对《管理周刊》(*Management Week*)所发表的谈话等。

尼科尔森作为管理咨询公司的领导人，他的注意力始终集中在成本会计和工业效率的关系上，他强调成本会计是一项服务性工作，它的功能取决于对其他部门的有用性。成本会计师既要与管理人员往来又要与各个工长打交道，因而必须非常老练，并充分利用、实现成本控制的组织纪律，他强调每一管理层次提供适当成本数据的重要性，并教育工长和部门经理认识到间接费用是成本控制的第一步。成本会计师应当给部门经理提供可用于比较的材料、人工、间接费用、产量和存货的成本，每一生产部门反过来应通知销售部门这些数据将怎样随销售量的变化而变化。

### 参考文献

[1] 王光远. J·李·尼科尔森[J]. 财会通讯，1992(9)：60-61.

[2] 许家林. 2010. 会计理论发展通论[M]. 北京：经济科学出版社.

[3] Chatfield Michael. *A history of accounting thought*. R. E. Krieger Pub. Co., 1977.

[4] Chatfield Michael. *The History of Accounting: An Encyclopedia*. Taylor & Francis Group, 1996.

[5] Garner S Paul. *Evolution of Cost Accounting to 1925 (1954)*[M]. Tuscaloosa, AL: University of Alabama Press, 1976.

[6] Hein Leonard W. *J Lee Nicholson: Pioneer Cost Accountant*[J]. The Accounting Review, 1959, 34(1): 106-111.

[7] Nicholson J L，J R D Rohrbach. *Cost Accounting*，New York：The Ronald Press Company，1919.

[8] Nicholson J L. *Cost Accounting*，*Theory*，*and Practice*[M]. New York：The Ronald Press Company，1913.

[9] Nicholson J L. *Nicholson on Factory Organization and Costs*[M]. New York：The Ronald Press Company，1909.

[10] Nicholson J L. *Profitable Management* [M]. New York：The Ronald Press Company，1923：117.

（初稿执笔人：许家林　华雯）

# 詹姆斯·奥斯卡·麦肯锡

## (James Oscar McKinsey, 1889—1937)

詹姆斯·奥斯卡·麦肯锡(James Oscar McKinsey,1889—1937),是芝加哥大学(The University of Chicago)著名教授,是20世纪早期美国著名的会计学家之一。他曾最早就预算问题出版专著,也是第一个出版管理会计教科书的学者,特别是其建立的第一家咨询公司——麦肯锡咨询公司,从而开创了现代管理咨询的新纪元,因而被誉为管理咨询的祖师爷。

## 一、个人简要生平

1889年6月4日,麦肯锡(见图119)生于密苏里(Missouri)。1912年,获密苏里州立师范学院教育学学士,一年后又在阿肯色大学(University of Arkansas)获法律学学士学位。

图119　詹姆斯·奥斯卡·麦肯锡

1914年,麦肯锡在刘易斯大学(Lewis University)开始了他的会计生涯。在那里,他学习并讲授簿记课程。虽已有了两个学位,但他仍决定进入芝加哥大学商学院深造并于1919年获硕士学位,同年还通过了伊利诺伊州(Illinois)的注册会计师考试。在获得该证书以前,他就被邀进入芝加哥大学会计系工作,与此同时,也被邀在Flazer and Torbet公共会计公司工作,后来受该公司派遣到纽约筹建了办事处。在纽约期间,他还被邀在哥伦比亚大学(Columbia University )作会计学演讲。1921年,他又回到了芝加哥大学。

20世纪30年代以前,麦肯锡对美国会计教育的发展发挥了十分重要的作用。1924年,他35岁时,就出任美国会计学会(American Accounting Association,简称AAA)的前身——美国大学会计教师联合会(The American Association of University Instructors in Accounting,简称 AAUIA,成立于 1916 年)的主席,该协会当时的成员仅为从事会计教育工作的大学教师,后来随着协会事业的不断发展和机构不断扩大,大学教师以外的会计学专家也被吸收进该协会。在担任美国大学会计教师联合会主席后不久,他就将精力从会计学转到了管理咨询领域并很快获得成功:1925 年,他创立了自己的麦肯锡管理咨询公司(Mckinsey & Company);1935 年,他完成了在美国史上 15 大富豪排行榜第九的马歇尔·菲尔德(Marshall Field & Company)公司的管理咨询合同并取得了成功,以致该公司董事会聘请他为总经理和董事长;1936 年,他当选为美国管理协会(American Management Association)主席。

极其遗憾的是,麦肯锡于 1937 年 11 月 30 日不幸英年早逝,时年仅为 48 岁。麦肯锡留下很多管理箴言让后人受益,影响较大的有:时间是世界上一切成就的土壤,时间给空想者痛苦,给创造者幸福。

## 二、理论与实务的主要贡献

### (一) 会计教学理念与论著

1919 年,麦肯锡开始了他的写作生涯,他所出版的第一本书名为《1918 年税法指南》。1920 年,他与艾伯特·克莱尔·霍奇(Albert Claire Hodge)合作出版了《会计学原理》(*Principles of Accounting*),当年他还出版了《簿记学和会计学》第一册,并于次年出版了第二册。1922 年,他先后出版了《案例分析》、《财务管理》和《预算控制》(*Budgetary Control*)三本书。他在预算控制的研究上,所取得最有价值的成果便是今天的目标管理。

1919 年,麦肯锡在一篇文章中提出,从历史上看,会计教育一直都是针对从事统计工作的人而言的,因此,会计课程的重点一直就放在会计记录的形成上。会计课正式进入大学教育后,几十年来还沿用了原来的作法。但大学的学生很少会当会计师,他们大都会成为公司的管理人员。因此,麦肯锡认识到会计课应注重使用会计资料,而不是如何准备这些资料。

尽管麦肯锡从事教育的时间非常短,但他对会计教育的发展起了多方面的作用,特别是其教学理念更有独到之处。在会计学教学中,他特别强调技术原理的教学内容,这在当时是一种新思想。他要求学生从管理者的角度而不是簿记员的角度去看待会计学,要更多地注意原理而不是技术。他认为受过教育的人都应能看懂会计资料,在提高学生推理逻辑水平上,会计学与其他大学课程一样起作用。麦肯锡认为:商业管理学院的学生都应接受会计的基本训练,应当把它作为完整的商业课程中的一部分;会计训练的目的在于使学生知道,在解决商业问题时应当如何运用会计;为达到这一目标,应当向学生评价那些一般商业组织经常遇到的问题、教给他们实用的会计技术知识、给予一次从头至尾的训练,即从计划到控制商业经营整个过程中应当怎样使用会计和统计资料。历史上,教给学生会计的实用技术知识(通过 CPA 考试)一直是会计教育的主要目标,但麦肯锡具有开拓性地提出重要的在于使用会计资料。

1924 年,是麦肯锡人生中的一个有意义的转折点,因为他的兴趣开始从财务会计和预算转向管理会计,后来又把兴趣集中到管理上,并把其余生全部花费在管理咨询领域。1927 年以后,他就只教授商业政策课程,他也是美国的第一位商业政策教授。从某种意义上说,咨询业是麦肯锡留给企业的遗产,他在管理咨询方面的经验大都总结在《管理与咨询》一书中。在他放弃会计教学以前,他还于 1929 年写了一本《会计原理》(*Principles of Accounting*)并由芝加哥大学出版社正式出版。

### (二) 预算控制理论与实务

1920 年开始,预算在企业得到迅速运用,但在麦肯锡的《预算控制》(*Budgetary Control*, 1922)一书出版以前,工业预算行为还没有得到推广。该书出版前,人们曾认为预算并不适用于商业经营,考虑到当时对预算的认识,他指出:"过去,预算控制主要当成与政府部门有关的东西,不仅流行的观念如此,而且实际上,所有关于预算控制的文字都只限于对政府预算的讨论……这些章节的目的是要表明,预算控制同样可以运用于单个的商业组织,正如它可运用于政府组织一样,同时说明运用这些原理的方法问题。"

第一次世界大战发生后,使效率问题变得重要,这即刺激了预算控制技术的推广。麦肯锡在该书中,不仅将他前两年发表的几篇文章导入,很多内容还源于他的咨询工作,并且有对实际情况的相应说明。麦肯锡总结了实务中的各种预算经验,并将它们纳入一个完整的方案,还首次尝试性地讨论了整个预算计划。麦肯锡在书中强调说明,预算是动态,所有的答案仍然是未知的。尽管本书是首次尝试,但它囊括了当时预算行为的许多方面。

1945 年,《预算控制》一书仍被列为 12 本最必需的管理书籍之一。编辑们之所以将这样一本老书列入其中,其理由是麦肯锡的著作并没有因时间流逝而失去其应有的价值。编辑认为,除了弹性预算外,麦肯锡的著作把预算当作一种计划工具,仍然具有现实意义。他多次指出,单位成本随生产量变化而变化,但他从没提到弹性预算的概念。他认识到了生产量变化的问题:"各种预算数都不可能准确,因此,应有分析地而不是任意地使用这些预算数。也有必要说明,实际与预计有差距时,应经常地对预算数作出修正。”麦肯锡虽然没有使用弹性预算一词,但提出在得知实际生产量水平后要修正预算,可见其并不是真正疏忽了弹性预算。比起把预算当作控制手段的观念,麦肯锡认为预算更主要的是起计划和联系的作用。事实上,强调预算的联系作用也许是他的最大贡献,他把预算当作一种方法,并把各种商业管理的问题综合起来,从而形成了一个整体。

### (三) 管理会计理论体系的创建

麦肯锡认为,会计工作在企业中应成为控制的基础。为了起到这种作用,会计工作就要不局限于对过去结果的记录上,而是必须能表明现在的状态和将来会出现怎样的情形。他不同于当时大多数会计教师,他认为“会计,如果想要为管理提供帮助,就必须提供信息,这种信息是行为的基础,而不是仅作为后悔的理由。”他批评道:“会计人员常常习惯于在会计期间终了时作正式的资金平衡表和收益、亏损报表,把它们作为最终的会计目标并相应地设计和建立他们的会计系统,其结果,会计记录常常不能为管理提供帮助,而只是提供事后证据的手段。”

为了解决这一问题,麦肯锡积极倡导建立管理会计课程体系,并于1920年率先在芝加哥大学开设了“管理会计”讲座。1924年,他所撰写的《管理会计》(*Managerial Accounting*)一书出版,成为管理会计领域里出版较早的专著。

在该书前言中,麦肯锡指出,应把商业课程看成一个完整的整体:“如果会计人员要想为商业管理人员提供良好的服务,他就必须明白一个观点,而且能够把管理所需要的信息,以这样一种形式表达出来,以便管理人员在解决日常问题时能使用它们。遗憾的是,会计人员和商业管理人员常常相互不明白对方的观点和对方的问题,希望这一课程能消除这一困难。”因此,他将管理会计问题分成17个大的方面,即:标准与记录的需要和性质;需要标准和记录控制的组织;管理报告;销售控制;购货控制;交易控制;生产控制;人员控制;设备控制;部门控制;投资控制;对责任的控制;费用控制;财务控制;财务和经营计划;所有权控制;利润控制和分配。该书第一册包括前7个问题,每一个问题下又分成几章,剩下的留给预计一年以后出版的第二册,遗憾的是,计划中的《管理会计》第二册一直没能出版。

### (四) 主张加强人力资源管理审计

麦肯锡对管理审计包括对人力资源管理审计也做出了开创性的贡献。他创造性地主张,应当对企业定期实行管理审计,其内容包括审核企业的总体目标和政策,未来或持续进行的规划、人事、管理以及财务状况,实现从总体到个体、从不同分部到所有业务活动的全面分析与评价。

### (五) 创建管理咨询服务业

第一次世界大战期间,麦肯锡以军官的身份在美国各地奔走,寻求解决美国军队后勤给养问题的方法;一战以后,他决定运用其所有的经验和学说。1926 年,他创立了致力于管理战略咨询的实践并实施严格控制的机构——麦肯锡公司。在管理咨询的理念上,麦肯锡是最早极力提倡工作午餐的人之一,并借助此举接触了客户公司内部所有具备不同重要性的人物——他从不错过任何一个与他人沟通的机会,他还与公司的共同创始人马文·鲍尔(Marvin Bower)一起将法律界"专业服务"的理念也引入公司的管理咨询活动中。

麦肯锡是一位严格、认真、古板、治学严谨的会计学教授,但其管理观念却领先于其他管理人士四十多年。他深受美国古典管理学家、科学管理理论的主要倡导者、被后人尊称为"科学管理之父"的弗雷德里克·温斯洛·泰勒(Frederick Winslow Taylor)思想的影响,只是泰勒强调的是怎样管工人,而麦肯锡讲的则是怎么管老板,他觉得一定要以科学的方法来帮助美国企业并提高他们的水平,应当用科学、理性来管理公司,在公司内部应该强调怎样做才会是一个合格的老板。

麦肯锡公司在创立初期是一家综合性的管理咨询公司,但以会计及工程方面的顾问服务为主,其惨淡的业务还使其曾经被卖掉,故可以说,麦肯锡不是最出色的咨询师,但他却是世界上所有最出色的咨询师都会仰视的人。直到 1929 年,由于美国爆发了经济危机,社会经济的大萧条致使很多公司陷入困境,大批公司开始倒闭,因而需要会计事务所去进行清算和资产登记工作,企业需要进行资产重组,也需要有人指点迷津,这才为麦肯锡公司的发展带来了难得机遇。麦肯锡公司通过从事大量的清产核资、资产重组和管理咨询工作,逐渐成为"精英荟萃"的"企业医生",不断提升了其声誉和地位,从而也带动了美国咨询业的发展与壮大。

1937 年,麦肯锡教授逝世后,公司内部曾一度发生矛盾,从事会计事务的芝加哥分部因不满纽约分部的亏损而另立山头。经过调整与动荡后的麦肯锡公司,从 20 世纪 50 年代初期开始进行战略转移,提出其服务对象仅限于大公司的 CEO,要求员工由最优秀的 MBA(工商管理硕士)组成,确立了本行业最重要的品质点位:"严守客户秘密,甚至在离开公司后仍然知道保持沉默"。自此之后,麦肯锡公司实现了快速发展,开始成为美国国内咨询业首屈一指的领跑者,并为其后于 20 世纪 60 年代在国际市场上的拓展作好了充分准备。到了 20 世纪 60 年代末,麦肯锡公司已成为一家在欧洲和北美市场享有盛誉的大型咨询公司。

当年的麦肯锡可谓才华横溢，当他成为著名的咨询策划人之后，并不满足于这个角色。1935年，麦肯锡正式进入马歇尔·菲尔德(Marshall Field & Company)公司做总裁，亲自对该百货公司进行大刀阔斧的整改，结果因触犯内部的矛盾而前功尽弃。麦肯锡因此郁郁而终，并在临死前留下了一条重要的训示："做咨询时一定要保持独立性，不要过多干预客户的内部事务。"这条戒律在后来几十年中深刻地影响着麦肯锡公司，并被许多咨询公司奉为金科玉律，以至影响着整个咨询界。虽然现在很多人对此持怀疑甚至否定的态度，但不可否认的是，在咨询之初，管理咨询还未成熟的时候，这条戒律确实发挥了巨大的作用。可见，麦肯锡不仅创造了咨询业，还通过惨重的教训得来的上述结论也是一个伟大的贡献。在麦肯锡之后，尽管出现了很多很多出色的咨询师，虽然其咨询的内容与方法也越来越多样化，但其所有工作的不过是在不断完善这个行业罢了。如果没有咨询业的出现，他们可能只是其他行业的精英。因此可以说，是麦肯锡创造了一个特殊的行业，更创造了一个社会的加速器。

麦肯锡在会计、预算、管理会计、会计原理、商业政策和管理财务等商业教育方面都作出了贡献。他是为数不多的几个处在商业研究前列的学者之一，他的开拓性工作，为后续者开辟了道路。麦肯锡逝世20多年后，为了纪念其伟大的成就，麦肯锡管理研究基金会(McKinsey Foundation for Management Research)与《哈佛商业评论》(*Harvard Business Review*)杂志于1959年开始合作设立了麦肯锡奖(McKinsey Award)，但该奖项每年只授予两篇发表在《哈佛商业评论》上最好文章的作者(一等奖、二等奖各一篇)。为评此奖项，《哈佛商业评论》每年须由编辑们先推选出一个由公司总裁、学者、政府或社会机构领导人组成的独立专门小组来决定奖落谁家。获奖文章主要关注其对现有知识的贡献、轻松应对传统思想的能力、分析问题的深度、合理的逻辑以及清晰的风格等方面，但最为关键的还是文章对于经理人的实际工作以及他们面临的问题是否相关，亦即获奖文章以其内容是否会引起人们的思考和行动为标准。该奖项设立以来，很多著名的现代管理大师均获此殊荣，如彼得·德鲁克(Peter F. Drucker)和迈克尔·波特(Michael Porter)等。

**参考文献**

[1] Hodge Albert Claire and James Oscar McKinsey. Principles of Accounting[M]. Chicago: University of Chicago Press, 1920.

[2] http://en.wikipedia.org/wiki/James_O._McKinsey, 2010-08-12.

[3] http://wiki.ebusinessreview.cn，2010-08-12.
[4] McKinsey J O. Budgetary Control[M]. New York：The Ronald Press Company，1922.
[5] Mckinsey J O. Managerial Accounting[M]. Chicago：University of Chicago Press，1924.

（初稿执笔人：朱廷辉　许家林）

# 弗朗西斯·桑迪兰兹

## (Sir Francis Sandilands, 1913 — )

弗朗西斯·桑迪兰兹爵士(Sir Francis Sandilands, 1913— )是物价变动会计的奠基人。1975年,桑迪兰兹爵士担任桑迪兰兹委员会主席,发布了著名的《通货膨胀会计:桑迪兰兹报告》(*Inflation Accounting*:*Sandilands Report*,以下简称《桑迪兰兹报告》),对于后人研究物价变动会计产生了深远的影响。

### 一、个人简要生平

弗朗西斯·桑迪兰兹爵士出生于1913年。1935年,桑迪兰斯加入商业联合保险公司(Commercial Union Assurance Company),于1958—1972年任总经理期间,显示了其卓越的领导才能。他对公司进行了大刀阔斧的改革,通过并购重组,提高了公司在整个行业中的地位。1972年,桑迪兰兹爵士荣升为公司副董事长。1975年,他担任帝国化学股份有限工业公司(Imperial Chemical Industries,Ltd.)董事,1976年担任Kleinwort股份有限公司和Plessey电子有限公司的董事。由此可见,桑迪兰兹爵士具有丰富的实务工作经验。1983年,桑迪兰兹爵士隐退,淡出公众视野。

### 二、《桑迪兰兹报告》(1975)简析

第二次世界大战以后,西方国家物价普遍上涨,尤其是到了20世纪70年代,整个欧美市场处于持续的“滞涨”阶段,大部分国家的通货膨胀率都达到或超过两位数,严重削弱了财务报告和财务信息的有用性。这一外部环境促使会计学界深入研究如何在会计处理中消除物价变动的影响,相应地形成了物价变动会计或通货膨胀会计分支。1974年1月,英国会计准则筹划委员会(The Accounting Standards Steering

Committee,简称 ASSC)在第 8 号征求意见稿(Exposure Draft, ED 8)讨论期间,英国政府设立一个由桑迪兰斯爵士担任主席的独立委员会(即桑迪兰兹委员会)深入调查通货膨胀产生的各种问题以及相应的会计处理。1975 年 9 月,该委员会发布了著名的《桑迪兰兹报告》。

### (一) 核心内容

《桑迪兰兹报告》由 20 章和 4 个附录组成,其核心内容是对会计信息主要使用者(不包括经济学家)的需求进行分析,然后讨论会计基本概念,对现存的或提议的会计模式进行详细的比较。除此之外,该报告还对会计准则筹划委员会提出的通货膨胀会计模式进行犀利的批评。在对其他国家通货膨胀会计调查的基础上,该报告倡导"现行成本会计模式",并且用一章的内容描述它的唯一目标就是对那些可以描述成"指数化"的建议进行否定。该报告所提倡的现行成本会计模式,就是要以现行成本来代替历史成本,以消除各个企业所承受的个别物价变动影响。它的主要特点是不改变传统的会计计量单位(仍按照现行记账用货币单位表示),但全部财务会计记录和由此形成的财务报表应以现行成本属性为基础。然而在理论上,对现行成本的含义有不同的理解,包括现值(present value,简称 PV)、可变现净值(net realizable value,简称 NRV)和重置成本(replace cost,简称 RC)等。并且,不同的会计信息使用者对现行成本有不同的理解,股东更关注现值,债权人则关注可变现净值,而重置成本很少使用。桑迪兰兹委员会提出现行成本模式的依据是:在通货膨胀时期,由于历史成本已失去计量基础作用,报表使用者对企业持有资产的历史成本信息关注较少,而对在持续经营条件下财务报表所能传达的更符合各个时期实际情况的财务信息关注较多。

该报告提出以现行成本模式进行通货膨胀会计核算,不同于会计准则筹划委员会提出的通货膨胀会计处理方法。由于建筑物、厂房和机器等实体资产对企业价值具有重要的意义,因此现行成本会计模式通过重估实体资产的价值重新进行确认计量,但是它并不能确认由于通货膨胀产生的真实购买力在借贷双方之间的转移。在现行成本模式下,需要解决两个问题:确定各项资产的现行成本和计量现行成本变动的持有损益。此外,该报告还包括对通货膨胀会计处理的调查结果,尽管调查问卷的问题设计和样本量并不多,但是这个结果对委员会的评议结论没有太大的影响。

### (二) 指出传统会计报表的缺陷

《桑迪兰兹报告》的前几章主要关注传统会计报表的构成和缺陷。它认为传统会计报表有两个主要缺陷:第一,如果利润是衡量成本和售价之间的必不可少的差额,那么这些要素都应该以现值表示。销售收入通常是现行价格,但是一些成本项目却是基于前期的成本而计算的。折旧和存货则是产生该问题的主要领域。损益表中的折旧数字与很多年前固定资产购买时的价格有关,因而成本不是现行成本。与此类似,计入销售成本的期初存货的数额,很可能是计入上一年销售成本的一部分。因此,再一次证明:成本不代表现行价格。第二,资产负债表提供的资产和负债项目也不是现行价格。涉及该问题的主要是固定资产和投资项目。在大多数情况下,报表数额表示的是历史成本扣除折旧的净历史成本。因此,资产负债表在提供商业组织真实价值方面的指导作用非常有限,尽管很多投资者想当然地认为资产负债表中的资产是现行价值。

### (三)利润内涵及计算

《桑迪兰兹报告》中定义的利润概念来源于希克斯(J. R. Hicks)的格言:"一个人的收益是他在期末和期初保持同等富有的前提下可能消费的最大金额"。该报告建议,利润可以类比的定义如下:利润是公司在1年中可以分配的最大值,并且期望在年末和年初一样富裕。通过所有的未来的年末净现金流量的折现值减去所有未来的年初净现金流量的折现值,加上1年中由于净资本调整而增加的净现金流量就可以计量利润。《桑迪兰兹报告》认为,现行的利润计算方法根本不是测算利润的一种方法,而是测量现金流量的一种方法。准确地说,现行利润是总的已实现利得减去现行成本价格下估计的折旧价值,再减去平均存货价格与平均存货价格上升指数的乘积。也就是说,现行利润是1年营业活动中产生的现金流量,而不是放大或缩小经营活动。流动性是测量现行利润的有用指标。拥有较高现行利润的公司不会很快破产,它可以从事一些积极的投资活动来改变通货膨胀带来的影响,但是高通货膨胀率却会改变传统的现金流量和利润之间的关系。因而,银行、保险公司和其他现金充裕的公司在现行成本会计模式下运作良好。但是,这也不能阻止他们的所有者权益被通货膨胀所侵蚀。

### (四)企业经营状况一览表的变化

为了求得现行成本下的经营利润,《桑迪兰兹报告》在改变企业经营状况一览表方面也有三个主要的变化。

第一,销货成本调整。销货成本调整(cost of sales adjustment,简称COSA)是指确定当期抵减收入的已消耗部分存货的费用时,扣除物价变动的影响。即商品销售成本应加以调整,以消除持有利得。它是企业对已消耗存货的估价与以历史成本为基础计算的存货成本之间的差额。因此,调整后的全部成本表示企业当期为赚得收入所消耗的存货的价值。这就意味着如果一个公司以 10 便士购买货物，当重置成本是 12 便士时，以 15 便士的价格销售。该交易的经营利润就是 3 便士，剩下的 2 便士在传统会计利润中将会被看成持有利得，作为资产负债表的存货调整储备列示。在大多数情况下，这一储备可能会被视为不可分配的，尽管报告并不完全清楚这个问题。并且，该报告认为这个问题在新公司立法中要明确澄清。

第二，折旧调整。折旧调整是在确定当期抵减收入的固定资产已消耗部分的费用时，扣除物价变动的影响。因此，调整后的全部折旧费表示企业为赚得当期收入而消耗的固定资产的价值。折旧的计算应基于现行成本而不是历史成本，也就意味着所有固定资产都要调整折旧的影响。这个调整可能要在工商企业的 19 项资本支出中执行。并且，该报告指出，所有折旧计算应基于固定资产年末的成本，尽管企业经营状况一览表是一份年平均报表。但是，该报告第 609 段指出：在采用年末的损益项目计算经营损益而产生的毛利误差，要权衡传统实务界的做法。桑迪兰兹委员会断言，英国通货膨胀会计制度的最富有成效的发展方向将是一种基于重置成本的方法。该委员会甚至提议建立一种称为“现时成本会计”的制度。其实，桑迪兰兹报告提出的这项建议实质上非常简单，而且对现存的会计准则与实务不产生较大的改变。该报告最初提出的两项调整，是要求通过原始成本损益表来反映收益产生过程中所消耗的资产的经营价值。这两项调整分别是销货成本调整和基于固定资产年终计价基础上的折旧费用调整。这两项调整是参考一系列公开的物价指数，在资产负债表的资产计价中进行调整。

第三，货币性营运资本调整。在一个持有存货的企业中，货币性营运资本调整(monetary working capital adjustment，简称 MWCA)是对销货成本调整的补充，并且两者共同剔除了物价变动对企业在其日常经营中使用的营运资本总额的影响。例如，关于赊购方和赊销方所做的货币性营运资本调整和销货成本调整之间的关系如下：按信用销售时，企业不得不在收回货款之前，为其价格上发生的变动筹集资金，货币性营运资本调整中与赊购方有关部分实际上是销货成本调整时应予以考虑的；反之，当企业赊购材料和服务时，在赊欠期间价格变动所需资金则由供货方提供，企业无须增加额外的资金，而且减少了对销货成本调整的需要，并且在某种情况下也减少了债权人进行货币性营运资本调整的需要。涉及赊销方的那部分货币性营运资本的调整反映了这个减少额。此外，未持有存货的企业同样也有必要进行货币性营运资本的调整。货币性营运资本是企业净营运资产的一个不可缺少的组成部分。本报告规定在确定现行成本经营利润时进行货币性营运资本方面的调整。这项调整是由于企业使用和筹措的在商品或服务的投入价格的变化上而引起的财务上所需的货币性营运资本的增加(或减少)额。然而,在实务中客观地区分那些作为企业净营运资产组成部分的货币性资产和负债可能是困难的。然而,若要确认经营利润,就不得不认可一种切合实际的方法来区分它们。为了达到合理的准确度和客观性,通常按照财务惯例只计算货币性营运资本中的债权和债务,不过,金融机构在这种情况下要适当增加其内容。此外,存货数量、债权和债务的波动也可能导致现金或透支额的反向波动。如果这对现行成本经营利润产生重大影响的话,就必须把现金或透支额纳入货币性营运资本之中。货币性营运资本也可以包括维持企业经营所需要的现金浮游量(cash floats,或译为"托收未承付存款"),所采取的处理方法必须前后一致。

尽管现在大多数会计师都接受传统的会计方法是有严重缺陷的,但是修订会计方法达成一致也被证明是非常困难的。1974 年 5 月,英国会计准则委员会(The Accounting Standards Committee,简称 ASC)发布《标准会计实务公告第 7 号——货币购买力变动的会计处理》(*Statements of Standard Accounting Practice No. 7 — Accounting for Changes in the Purchasing Power of Money*),要求上市公司根据价格指数(通常是零售价格指数)提供现行购买力会计补充报表。1975 年,160 多家上市公司发布了购买力会计补充报表,但是仍旧招致很多批评。因为,这种按照一般价格指数调整的资产真实价值数字可能与资产价值变动没有任何关系。1976 年 7 月,更多的公司倾向于采用桑迪兰兹报告所建议的现行成本方法,提供通货膨胀会计报表。桑迪兰兹报告得到会计职业界和政府的广泛认可之后,一个准备制定现行成本会计初始准则的筹划指导委员会在道格拉斯·莫泊斯(Douglas Morpeth)领导下成立了。该委员会建议推行现行成本会计的观点体现在:1976 年 11 月会计准则委员会颁布的第 18 号征求意见稿中。1977 年,英国一些会计团体强烈指出,任何通货膨胀会计提供的信息应该是补充报表,而不应该取代传统的会计报表。1978 年 1 月,《标准会计实务公告第 7 号》被废除,桑迪兰兹报告倡导的方法得到广泛应用。1980 年 3 月,体现桑迪兰兹报告思想精髓的《标准会计实务公告第 16 号——现行成本会计》(*Statements of Standard Accounting Practice No. 16 — Current Cost Accounting*)得以正式发布。

尽管如此,桑迪兰兹报告发表后,也招致一些批评,主要来自商业银行。商业银行强烈呼吁新的会计模式也应该允许他们同其他人一样减少报告的收益。他们认为,反映现金流而不是利润的现行成本会计作为一种措施,反映了银行在年内产生的现金流入,而不是从他们保持储备的实际拨备中拨款,这一点是正确的。

总之,桑迪兰兹委员会试图产生一个考虑到价格变化的、简单的、容易理解的会计系统。但是,对一项资产仍被使用但已被完全注销的情况下,该报告没有给出相应的会计处理。委员会还认为,非调整事项由那些已调整的账目组成,这些已调整项目由于一般购买力利得和损失而产生了货币性资产或负债。尽管桑迪兰兹委员会所提倡的建议是应采纳更现实的和更有意义的会计处理方法，但是这个过程中也不可避免地产生了现行成本应该如何计算的争论。而且，桑迪兰兹报告的最重要缺陷是在现行成本会计模式下不能提供连贯一致的账户体系。尽管如此，该报告在阐明其目标并描述目标如何实现这一问题上，是英国在通货膨胀会计方面独一无二的出版物。它是通货膨胀会计深入研究和广泛讨论的出发点，而不是替代品。

## 参考资料

[1] 葛家澍，曲晓辉. 物价变动会计[M]. 北京：北京经济学院出版社，1991.

[2] 冯丽丽，许家林. 物价变动会计奠基人：弗朗西斯·桑迪兰兹[J]. 财会通讯，2012(10)：114-115.

[3] 孙铮. 物价变动会计理论与实务[M]. 上海：立信会计出版社，1995.

[4] 吴革. 物价变动会计的国际比较与展望[M]. 对外经济贸易大学学报，2003(4)：57-60.

[5] 许家林. 物价变动会计的产生与应用[M]. 中国农业会计，1997(6)：10-11.

[6] F E P Sandilands. Inflation Accounting — a Review Article. The Economic Journal，1997，87(346)：300-311.

[7] Keith Robson. Inflation accounting and action at a distance：the Sandilands episode. Accounting Organization and Society，1994，19(1)：45-82.

[8] P R A. Kirkman. Current Cost Accounting. Managerial Finance，1993，2(1)：5-12.

（初稿执笔人：冯丽丽）

# 埃里克·G·弗兰霍尔茨

## (Eric G. Flamholtz, 1944— )

埃里克·G·弗兰霍尔茨(Eric G. Flamholtz, 1944— )是国际著名的人力资源会计大师,其研究领域广阔,被认为是人力资源会计领域的奠基人之一,他所著《人力资源会计》(*Human Resource Accounting*)一书在学术界具有里程碑的意义。

## 一、个人简要生平

1944 年,弗兰霍尔茨(见图 120)出生于美国。1964 年,毕业于纽约城市大学亨特学院(Hunter College, City University of New York)获经济学和会计学学士学位;1966 年,毕业于华盛顿大学(Washington University)获工商管理硕士学位;1969 年,毕业于密歇根大学(University of Michigan)获工商管理博士学位。此后,弗兰霍尔茨曾执教于哥伦比亚大学(Columbia University)和密歇根大学,亦曾是密歇根大学社会研究所的一名工作人员。1973 年至今一直就职于加利福尼亚大学洛杉矶分校安德森管理研究生院(Anderson Graduate School of Management, University of California at Los Angeles),于 1973 年被评为教授,2006 年成为名誉教授。2007 年 4 月,弗兰霍尔茨获得了密歇根大学罗斯商学院颁发的"杰出博士校友奖",以表彰他在管理和组织方面的贡献,他是密歇根大学博士校友中第七位获此殊荣的人。

图 120 埃里克·G·弗兰霍尔茨

弗兰霍尔茨主要讲授企业组织管理和人力资源管理与组织行为学两门课程。此外,弗兰霍尔茨还是哈罗德价格中心的一名教职研究员;管理系统咨询公司的总裁;"99 美分"公司——纽约证券交易所上市公司的董事会成员且负责该公司的战略计划和薪酬制度。

1978 年，弗兰霍尔茨与他人联合创建了管理系统咨询公司（Management Systems Consulting Corporation），并出任总裁一职。此后，他将以下两个基本问题的研究作为其职业生涯的重点：一是怎样才能使组织长期发展并保持成功；二是什么是管理人员所需的，并使其在整个职业生涯保持成功。这两个问题的回答促使弗兰霍尔茨建立了一系列的研究框架，以帮助组织和个人成功地从一个发展阶段过渡到下一个阶段。他的最终目标是探索一个全面的方法来长期成功地管理企业成长。

目前，弗兰霍尔茨已经帮助数百个组织成功地在其成长和发展的不同阶段进行过渡，包括星巴克咖啡公司、胜腾抵押贷款、美国世纪投资、美国太平洋健康卫生系统、美国 31 冰激凌、强生及其子公司、美国联合航空公司和露得清公司等。此外，弗兰霍尔茨为各种各样的公司和组织举行学习研讨会，这些组织包括财富增长会议、财富人力资源论坛、CFO 财富论坛、福布斯总裁论坛、ARCO 艺术博览、耐克、青年总裁组织、高露洁棕榄有限公司、美国电话电报公司、美国直播电视集团有限公司、通用汽车、百事可乐公司、博格华纳、TRW 汽车集团、联邦快递、美国凯悦国际酒店集团、新加坡海外联合银行以及一些各行各业的中国公司等，弗兰霍尔茨报告演讲的足迹遍及美国、欧洲、墨西哥、新加坡、菲律宾和中国。同时，他还与 IBM、纳普通信公司、德勤会计师事务所、新世界娱乐和爱迪生能源公司进行合作。

## 二、理论与实务的主要贡献

弗兰霍尔茨对人力资源会计的兴趣起于他在密歇根大学研读博士学位并同时在社会研究所（ISR）做研究期间，他在 R·李·布鲁门特（R. Lee Brumment）和伦西斯·利克特（Rensis Likert，最早从事人力资源会计研究的学者之一）两位教授的指导下，走进了人力资源会计这一领域。博士毕业后，弗兰霍尔茨在洛杉矶加利福尼亚大学等大学任教，一直继续着人力资源会计的研究，发表了大量关于人力资源会计研究的论文。

弗兰霍尔茨的研究范围较广，涉及组织成长、组织发展、管理控制系统、人力资源会计、领导绩效以及人力资源管理等领域的研究，但对组织行为、人力资源管理和会计学的研究较为深入，他不仅在以上 3 门学科的各自领域中进行教学和研究，还将 3 者相结合进行跨学科教学和研究，从而也为他后来的研究工作奠定了基础。

弗兰霍尔茨先后著有《企业成长之痛：创业型企业如何走向成熟》（*Growing Pains: Transitioning from an Entrepreneurship to a Professionally Managed*

Firm)、与人合著《管理的内部策略：如果转变为一个管理角色》(*The Inner Game of Management*：*How to Make the Transition to a Managerial Role*，1987)、与人合著《改变战略：第一、第二和第三类组织的转型》(*Changing the Game*：*Organizational Transformations of the First*，*Second*，*and Third Kinds*，1998)、《人力资源会计》(*Human Resource Accounting*)和《有效的组织控制：理论与实践》(*Effective Organizational Control*：*Theory and Practice*，1996)在内的多部著作。最近，弗兰霍尔茨还出版了《引领战略改变：理论与实践的桥梁》(*Leading strategic change*：*bridging theory and practice*，2008)、《公司文化：企业最终的战略资产》(*Corporate culture*：*the ultimate strategic asset*，2011)。

弗兰霍尔茨自1976年开始研究组织成长和发展，这些研究成果使他的理论形成了一个框架，该框架用以分析组织得以成功的关键组成部分以及组织如何从一个发展阶段过渡到到下一个阶段。因此，弗兰霍尔茨的大多数著作在于解决以下问题：为什么一些组织可以取得成功，而另一些组织则不能？与此同时，弗兰霍尔茨不仅在《欧洲管理杂志》(*European Management Journal*)和《人力资源成本及会计杂志》(*Journal of Human Resource Costing & Accounting*)等期刊上发表了一系列选题广泛的文章，还担任《欧洲管理杂志》以及《人力资源成本及会计杂志》的编委。

## 三、主要论著简析

### (一)《人力资源会计》(1974)

在所有论著中，影响最大的当属弗兰霍尔茨所著《人力资源会计》(*Human Resource Accounting*，见图121)一书，该书是人力资源会计自20世纪60年代兴起以来的第一部系统著作，也是最具影响和最权威的著作之一。该书于1974年由Dickenson出版公司出版；经修订和大量充实后的第二版《人力资源会计：概念、方法与应用》由Jossey Bass出版社于1985年出版；再次修订后的第三版《人力资源会计：概念进展、方法与应用》(*Human Resource Accounting*：*Advances in Concepts*，*Methods*，*and Applications*)由Kluwer Academic出版社于1999年出版。

图121 《人力资源会计》

弗兰霍尔茨在1985年撰写的人力资源会计第二版《人力

资源会计:概念、方法和应用》是在第一版的基础上,吸收了至当时为止有关人力资源会计理论、方法和实践的成果,全面反映了当时人力资源会计研究和实践的状况与水平。正如作者所指出的那样,该书的目标是:论述人力资源会计的概念和方法;阐述人力资源会计作为一项工具对于专业人员、管理人员和投资者的作用;叙述人力资源会计研究、试验和应用的情况;探讨发展人力资源会计的步骤;指出未来人力资源会计需研究的问题。弗兰霍尔茨认为,社会经济正在向知识经济迅速发展,而知识经济的一个显著特点是对人力资本的重视,即对人们的知识、技术和经验的重视更甚于实物资本,组织对人力资本的投资增加,组织中人力资产的价值得到确认,人力资源会计的作用日益重要。

《人力资源会计:概念、方法和应用》论述了人力资源会计至当时为止的 5 个发展阶段,阐述了人力资源会计的作用,包括人力资源会计对公司经理和人事管理人员的用途、在公司财务报告中的使用及对投资者的用途。该书对人力资源成本会计和人力资源价值会计的理论与方法作了系统全面的论述,包括:人力资源会计的概念和计量方法;第一代人力资源成本会计制度;第二代人力资源成本会计制度;人力资源价值的概念和理论;人力资源价值确定的货币计量方法和非货币性计量方法;第一代人力资源价值会计制度和第二代人力资源价值会计制度。

该书还有一大特点是理论结合实践,书中对人力资源会计制度的设计和应用作了深入探讨,并结合人力资源会计理论和方法的论述,引用了人力资源会计应用和试验的大量实例。这使读者不仅认识到人力资源会计的理论价值,也可看到人力资源会计的实际用途和应用前景,对于推动人力资源会计的研究和发展,起了巨大的作用。

自弗兰霍尔茨的《人力资源会计》第二版出版以来,人力资源会计的理论和实践已得到了巨大的发展,该书的影响和作用功不可没。

1999 年出版的第三版《人力资源会计:概念进展、方法和应用》是弗兰霍尔茨在具有里程碑意义的第二版的基础上进行了大幅修订和更新,反映了人力资源会计在 20 世纪 90 年代末期的状况和水平:由训练有素的专业人员组成的、以知识和信息为基础的行业在许多国家的经济中日渐开始占主导地位。如果人力资本是一个组织成功的关键因素,那么为提高公司业绩而在员工的培训和发展方面进行投资是这种成功的一个重要组成部分。人力资源会计是一种管理工具,可以通过测量招聘费用、雇佣、补偿和培训员工来获得有价值的信息,它也可以用来评估员工培训计划,提高生产率和提高在促销、员工调动、裁员以及营业额这些方面制定管理决策的可行性。

自弗兰霍尔茨撰写的第一版《人力资源会计》在 1974 年问世至今,已有 30 多年的光景,而该书一直盛行不衰,并为各个国家人力资源会计的发展奠定了一定的理论和实践基础。因此,我们不得不承认弗兰霍尔茨在该领域中的成就和贡献。此外,弗兰霍尔茨在《成本会计手册》(*Handbook of Cost Accounting*, 1978)一书中所撰写的"人力资源会计篇"经厦门大学陈仁栋教授翻译,1986 年由上海译文出版社以《人力资源管理会计》为名出版,也对我国人力资源会计知识的传播和研究,产生了广泛的影响。

### (二) 其他主要论著

弗兰霍尔茨管理学论著颇丰,独撰以及与他人合著专著有十几部,主要有:

《企业成长之痛:创业型企业如何走向成熟》(*Growing Pains: Transitioning from an Entrepreneurship to a Professionally Managed Firm*)。该书第一版 1986 年出版后经过 3 次修订,第四版于 2007 年 4 月由 Jossey-Bass 出版社出版,该书同时还出版了 CD 版。该书是唯一一部讲述企业如何从创业走向成熟的著作,它为企业提供了一个标尺,用以评价一个正在运营的公司状况。一个企业成功的基础是在于知道如何使企业在经济增长的适当时期进行过渡。该书利用企业成长周期理论,结合自身对创业型企业的研究经历和咨询经验,阐述企业成长各阶段的管理方法,介绍了一系列用于减轻企业成长之痛的管理工具,探讨如何实现由创业型企业到规范管理转型,从而帮助管理人员或创业人员理解如何在创业后继续保持企业成功发展,顺利度过企业成长的各个阶段。

《管理的内部决策:如果转变为一个管理角色》(*The Inner Game of Management: How to Make the Transition to a Managerial Role*, 1987)。该书于 1987 年 9 月由 Amacom Books 出版社出版。该书定义了决策的本质,并指出作为一名经理在制定重要的商业决策过程中应具备的心理要求。在借鉴现实中组织管理人员实际经验的基础上,作者为组织能成功过渡到新的责任和权力中心提供了一些建设性的、具体的技术措施。一些不成功的经验可以让组织失败,但也可以给组织创造一个发展的机会,而内部管理决策就在这关键时刻给管理人员提供了积极且有益的见解。

《有效的管理控制:理论与实践》(*Effective Organizational Control: Theory and Practice*, 1996)。该书于 1996 年 2 月由 Spinger 出版社出版。从组织的长远效益来看,组织的控制问题以及最优控制制度设计的问题是至关重要的。本书不仅提出了解决上述问题的概念框架,还假定并讨论了控制系统的核心功能及其组成部分,包括:规划、测量和反馈以及评估和奖励制度。该书还讨论了控制系统的核心如何在一个较大的组织结构中运营。

该书于 1998 年 10 月由牛津大学出版社(Oxford University Press)出版。几乎所有组织在当他们必须改变战略或灭亡的时候,都会在其生命周期内面临一些关键的过渡时期。该书不仅一针见血地指出了组织三个决定性的发展或休息时期,也指出什么是使组织成功转型的关键。此外,该书还为转型组织的战略管理提供了一个全面的框架和一套工具,这有助于管理者在商业环境中面临日益激烈的挑战。

《引领战略改变:理论与实践的桥梁》(*Leading strategic change: bridging theory and practice*,2008)。该书于2008年7月由剑桥大学出版社(Cambridge University Press)出版。本书作者表明,一个组织能长期成功的关键是其有能力去适应和应对不同类型的变革。借鉴30多年作为大公司顾问的经验,作者将组织变革的理论和实践模式相结合,建立一个可以理解、规划和领导变革的框架。这个框架的范围和价值,在现实世界的9个案例企业中得以体现,案例企业从相对较小的公司到大型跨国公司。本书的重点是对关注管理和领导变革的组织提供实际的指导。因此,它是一个很好的指南,为组织的成功变革提供许多可汲取的教训。

此外,弗兰霍尔茨独自及与他人合作在期刊上发表了很多选题广泛的文章。如"管理组织转变:企业和人力资源管理的含义"(*Managing Organizational Transitions: Implications for Corporate and Human Resource Management*, 1995)、"有效的组织控制:框架、应用及影响"(*Effective Organizational Control: A Framework, Applications, and Implications*, 1996)、"组织的成功与失败:整体模型的一个实证检验"(*Organizational Success and Failure: an empirical Test of a Holistic Model*, 2000)、"人力资源会计:历史观点与未来启示"(*Human Resource Accounting: a Historical Perspective and Future Implications*,2002)等。

**参考文献**

[1] Davidson S, Weileds R L. Handbook of Cost Accounting [M]. New York: McGraw Hill, 1978.

[2] Flamholtz Eric G. Human Resource Accounting: Dickenson Series on Contemporary Thought in Accounting[M]. West Sussex: Dickenson Pub. Co., 1974.

[3] http://personal.anderson.ucla.edu/eric,flamholtz.

[4] http://www.anderson.ucla.edu/x2201.xml, 2010-08-13.

[5] http://www.dbkjw.com/n7120c12.aspx, 2010-08-13.

[6] Prof. Eric G Flamholtz's Homepage. [EB/OL].[2010-08-13].

(初稿执笔人:林芳)

# 劳伦斯·罗伯特·迪克西

## (Lawrence Robert Dicksee, 1864—1932)

劳伦斯·罗伯特·迪克西(Lawrence Robert Dicksee,1864—1932)是英国一位著名的审计学家。1892年,他写下的审计传世之作——《审计学:审计师实务手册》(*Auditing: A Practical Manual for Auditors*)对现代审计理论与实践产生了重要的影响。

## 一、个人简要生平

1864年5月1日,迪克西(见图123)出生于英国伦敦(London)米德尔塞克斯郡(Middlesex)的圣潘克拉斯(St Pancras),从小就生长在一个颇有艺术气氛的家庭里,其父亲名叫约翰·罗伯特·迪克西(John Robert Dicksee),母亲名叫玛丽·安·迪克西(Mary Ann〈Bernard〉 Dicksee)。由于迪克西的父亲是伦敦城市学院(City of London College)的一名绘画教师,他即于1881年进入该校学习。后曾先后跟随C·N·里德和温特沃思·H·普赖斯研修会计师业务,17岁便成为一名公司簿记员。

图123 劳伦斯·罗伯特·迪克西

1886年,迪克西经考试合格成为英格兰及威尔士特许会计师协会(The Institute of Chartered Accountants in England and Wales,简称ICAEW)的会员。在独立执业3年后,他加入彼得先生的事务所(Mr. Peter Price of Cardiff),并开始在加的夫创建自己的会计事业,同时在当地的技术学校讲授簿记学。1894年,他回到伦敦,创建了塞尔斯-迪克西(Sells & Dicksee)合伙会计师事务所,其合伙人即是著名的亚瑟·L·塞拉斯(Arthur J. Sellars)。

1903年,因其出版的著作与取得的成就为英国伯明翰大学(University of Birmingham)校理事会所认可,他被任命为该校会计系主任,并于1902—1906年期间担任伯明翰大学会计学教授。同年,他也受邀出任伦敦经济学院(the London School of Economics)兼职讲师,并于1918年起出任伦敦经济学院会计学及企业管理学教授,在那里他一直工作到1926年退休止。退休后,被授予伦敦大学荣誉教授称号。

1894年,迪克西与诺拉·比阿特丽斯·普拉姆(Nora Beatrice Plumbe)在英国伦敦的马里列本教区(Marylebone district)喜结连理,婚后育有一子劳伦斯·罗伯特·亚瑟·迪克西(Lawrence Rowland Arthur Dicksee, 1897—1916),但其19岁时却不幸夭折,此后,未再养育孩子。1932年2月14日,一代会计大师迪克西在英国伦敦的汉普斯特德教区(Hampstead district)不幸逝世,享年68岁。

## 二、理论与实务的主要贡献

### (一) 完成多种会计论著

迪克西是19世纪末到20世纪初最有影响的会计大师之一,在他从事会计审计实务近40年的历程中,不仅在公司会计实践和特许会计师业务方面取得了卓越的成绩,更重要的是在推进会计审计理论与会计审计科学发展方面也作出了极为重要的贡献。

**图122 《审计学:审计师实用手册》**

迪克西也是一个极具影响力的多产作者,自1892年出版其富有世界影响的《审计学:审计师实用手册》(*Auditing: A Practical Manual for Auditors*)一书开始,他结合自身从事审计实务的丰富经历,撰写了大量会计、审计、企业组织管理类书籍,特别是有关会计入门的著述20多种,其涉及范围广泛,主要为审计、折旧商誉、外币转换、拍卖会计、法务会计、煤气会计、旅馆会计、开采业会计与管理等多个领域,其主要作品有:《审计学:审计师实用手册》(1892, 1904年由Gee & Co.出第6版,2009年由BiblioLife出版公司最新再版)、《会计学生簿记》(*Bookkeeping for Accountant Students*, 1893年初版,2009年由BiblioLife公司再版)、《会计学生指南》(*The Student's Guide to Accountancy*, 1897)、与弗兰克·蒂利亚德爵士(Sir Frank Tillyard)合著的《商誉及其账务处理》(*Goodwill and Its Treatment in Accounts*, 1897由Arno Press公司出版)、《公司秘书簿记学》(*Bookkeeping for Company Secretaries*, 1897)、《比较折旧表》(*Comparative Depreciation Tables*, 1895 年由 Gee & Co. 出版)、《会计专业学生簿记练习题集》(*Bookkeeping Exercises for Accountant Students*, 1899 年由 Gee & Co. 出版,2010 年由 General Books 公司再版)、《拍卖商会计》(*Auctioneer's Accounts*, 1901)、《募捐会计》(*Solicitor's Accounts*, 1902)、《高级会计学》(*Advanced Accounting*, 1903 初版,2010 年由 Nabu Press 再版)、《折旧、备抵与准备金》(*Depreciation, Reserves and Reserve Funds*, 1903 年初版,2010 年由 BiblioBazaar, LLC 再版)、《酒店会计》(*Hotel accounts*, 1905 年由 Gee & Co. 出版)、与赫伯特·埃德温·布莱恩(Herbert Edwin Blain)合著的《公司组织与管理及文秘工作》(*Office Organization and Management: Including Secretarial Work*, 1906)、《企业方法与战争:制造成本、发布的资产负债表以及弄虚作假的基本原则》(*Business Methods and the War: The Fundamentals of Manufacturing Costs and Published Balance Sheets and Window Dressing*, 1915, 1980 年由 Arno Press 公司纳入其"会计理论与实务经典丛书"再版)、《簿记入门》(*ABC of Bookkeeping*, 1908 年由 Longmans, Green, and Co. 出版,2009 年由 BiblioBazaar, LLC 再版)、《商业组织》(*Business Organization*, 1910 初版,2010 年由 Kessinger Publishing 公司再版)、《个人会计与管理》(*Mines Accounting and Management*, 1914 由 Gee & Co. 出版)、《如何成为会计组织成员:对学生注册会计协会的演讲》(*Machinery as an Aid to Accountancy: A Lecture Delivered to the Members of the Chartered Accountant Students Society of London, on Wednesday, April 5th 1916*, 2010 年由 BiblioLife 公司再版)、《真实的效益基础》(*The True Basis of Efficiency*, 1922)、《修理厂会计》(*Garage Accounts*, 1929 年由 Gee & Co. 出版)、《有价证券及其交易》(*Securities and their transfer*, 1930 年由 Gee & Co. 出版)等。美国著名会计史学家迈克尔·查特菲尔德(Michael Chatfield)称迪克西是那个时代最高产的会计作家,他丰富的实践经验以及其广阔的研究范围,都是非常惊人的。

### (二) 提出重要的会计理论观点

19 世纪后期,会计实务中许多制造公司采用"单式簿记法"或存货法对资产进行评估。在对固定资产计价时,将其视作未卖出的库存商品。由于在每个会计期末,对资产的估价和重估价都采用上述方法,所以,利润往往随着资产价值的变化而变化。这样,在资本支出和收益支出之间,在流动资产和长期资产之间,在固定资产的增添和折旧之间,或者通货性增长和真正收益之间看不到有什么根本性区别,这种会计实务存在明显的缺陷。而这一做法,受到了迪克西的批评,他要求对其进行改革,其所提出的观点和贡献主要有：

(1) 倡导分期合理地计提折旧。按照法律的要求，英国的铁路及某些公用设施采用期末余额法来评估资产，长期资产的取得成本只记入资本费用账户而从不计提折旧，由于这些公司必须长期地保持固定资产，且只要这些资产处于良好的运作形态，其价值就视为固定不变。所以，欲保持资产的自然形态就必然发生修缮和增添投资，自然其折旧费用不变。在当时，折旧费用不被视作经营费用，而在资产报废重置时直接冲减营业收入。迪克西对这种方法给予了强烈的抨击，他坚决主张固定资产应计提折旧。他认为，会计不仅考虑资产的现时价值或获得时的成本，而且应考虑资产的未来价值。同时指出，当时的稳健主义原则不要求计提折旧，以及对资本耗费不应超过资产重置率的假定是不合理的。1902 年，迪克西在其《审计学》的第 5 版中，就强调资产估计必须按持续经营概念来进行，即"分期合理计提折旧的数额正是在账簿上要反映的资产价值。"

(2) 提出企业的持续经营观念。迪克西的公司无限寿命假设也要求制造公司的资产负债表不能使用清算价格。假如一个企业要长期保持它的固定资产，似乎就不能通过以转卖价值为基础的年度资产评估来确定利润。因为不试图销售这些资产，市场价格的波动，就不能视为资产的利得或损失。长期资产应按照获得成本扣除折旧后的净值来估计。当时有人认为，资产的价值不随"时间和损耗"的变化而变化，迪克西对此给予了有力的驳斥，他强调不应该过分注意资产的实现，强调资产是为了使用，而不是为了销售来赚取利润。对持续经营的企业来说，流动资产是按照净实现价值来估价的，因为购置或制造流动资产是为了销售，且这些资产对价值的变化和价格的跌落很敏感。迪克西认为，这种"跌落"应作为一种损失在账簿上记载。基于同样的逻辑，资产价格的上涨似乎应贷记收益账户，但迪克西认为这是不慎重的："因为在销售以前，资产的应实现价值是否会真正地发生，仍是值得怀疑的，若将这笔假定的利润计入收益贷项，需谨慎对待，稳健的做法是等到实际获得这笔收益时再计入。"这是迪克西在 1903 年的《高级会计学》中提出的革命性的会计思想，1909 年，美国会计大师亨利·兰德·哈特菲尔德(Henry Rand Hatfield)的代表作《现代会计学》(*Modern Accounting*)一书中，就充分吸收了迪克斯的这一观点。总之，迪克西提出的持续经营原则是会计学上一个极其重要的基础概念，也推动了会计核算观念的一次革命。

(3) 批评稳健主义原则。他认为，稳健主义原则要求资本耗费不应超过资产重置率的假定是不合理的。

### (三) 对审计学发展的划时代贡献

迪克西所撰写的《审计学：审计师实用手册》一书，集中地反映了当时最为先进的英国审计制度,是现代审计理论的奠基之作,它是迪克西众多作品中最优秀、影响最大且最能反映其思想的一本著作。该书被公认为是现代审计理论的奠基著作之一,其对英国乃至世界审计理论与实务的发展均产生了深刻的影响。该书主要根据英国的《公司法》和法院的一些相关判决案例编著而成,比较集中地反映了当时英国的审计思想与制度。后来,该书又陆续采纳英国有关会计职业组织的建议,增设了会计与审计程序的相关章节,从而使其内容更加完善。到 20 世纪 90 年代初,该书已经再版到 19 版,2009 年,该书又由 BiblioLife 出版公司出版了最新版本。

美国注册会计师职业的杰出领导人、世界著名审计大师罗伯特·希斯特·蒙哥马利(Robert Hiester Montgomery),也正是从迪克西那里将英国的审计理论和实务操作办法引进到美国,从而开创了独具特色的美国审计理论与实务体系。1905 年,蒙哥马利编辑并出版了英国劳伦斯·罗伯特·迪克西(Lawrence Robert Dicksee)的审计传世之作——《审计学:审计师实用手册》的美国版本,这是一部详细介绍英国审计的作品,它不仅介绍了英国审计理论与实务,标志着美国自 19 世纪开始的只有审计实务而没有审计理论时代的结束,并且将现代审计理论与实务推进到一个新的历史阶段。19 世纪以后,尽管当时英国的民间审计理论思潮对美国审计的发展产生了深刻的影响,但当时英式的审计理论和实践在美国风行的时间并不太长,特别是进入 20 世纪以后,美国的经济形式发生了很大的变化,呈现出与英国不同的特色。在 1905—1933 年之间,美国公司资金的周转主要依靠银行贷款,而不是通过在证券交易市场上发行股票,因而对审计的要求更多地是来自金融家和贷款人。这些债权人迫切需要了解被审企业的流动资产和流动负债的比例,以作出是否投资的决策。为了适应经济环境变化与美国会计职业发展的需要,蒙哥马利在糅合迪克西的英国式审计理论和先进的美国实践经验的基础之上,于 1912 年出版了自己的专著——《审计理论与实践》(*Auditing Theory and Practice*),这本美国审计学界的第一本审计学专著,标志着美国审计开始脱胎于英国审计的影响,从而走上独立发展的道路。尽管如此,迪克西所撰写的《审计学:审计师实用手册》一书对于美国审计职业及其世界审计职业发展的积极作用与影响是毋庸置疑的。

### (四) 专家的评价与赞誉

作为一代会计大师,迪克西的功绩得到了世界各国的公认。世界各国出版的《会计名人录》和《会计大词典·会计名人篇》,都记录下了劳伦斯·罗伯特·迪克西的名字和他对会计审计事业的贡献。1980 年,由 J·基钦(J. Kitchen)和罗伯特·亨利·帕克(Robert Henry Parker)、英格兰及威尔士特许会计师协会(The Institute of

Chartered Accountants in England and Wales,简称 ICAEW)出版的《会计思想和会计教育发展史上的六位英国先驱》(*Accounting Thought and Education*: *Six English Pioneers*)一书中,迪克西即赫然在列。而理查德·P·布里夫(Richard P. Brief)则专门对迪克西的思想进行了研究,写就了一部《迪克西对会计理论和实务的贡献》(*Dicksee's Contribution to Accounting Theory and Practice*),于 1980 年由纽约阿尔诺出版公司(Arno Press)纳入其"会计理论与实务系列丛书"(*Dimensions of Accounting Theory and Practice Series*)中出版,该书则对迪克西的历史功绩进行了全面而又系统的总结。

美国著名会计学家阿纳尼亚斯·查尔斯·利特尔顿(Ananias Charles Littleton)高度评价了迪克西,指出"在把持续经营假定发展为一个富有意义的会计概念方面,他比其他人作出了更大的努力。他为围绕持续经营原则综合有关的理论概念奠定了基础"①。

著名会计史学家、《会计思想史》(*A History of Accounting Thought*)的作者迈克尔·查特菲尔德(Michael Chatfield)所称赞:迪克西是最早对会计理论和实务作系统研究的会计学者之一,他为资产估价和收益计量奠定了理论基础。他将资产估价和收益计量理论向前推进了一大步,提出资产估价应按未来价值进行,围绕着持续经营概念,对确立历史成本原则、客观性原则、配比原则、收入实现原则等其他会计原则都作出了奠基性的工作。

日本的会计学家樱井弘藏称赞道:迪克西 1892 年出版的《审计学:审计师实用手册》和蒙哥马利 1912 年出版的《审计理论与实践》(*Auditing Theory and Practice*),可并列为誉满全球的审计文献。迪克西的审计思想和会计思想对后续会计大师如哈特菲尔德和蒙哥马利等都产生了极大的影响。

**参考文献**

[1] 王光远,任咏恒. 劳伦斯·罗伯特·迪克西[J]. 财会通讯,1992(12):56-57.
[2] 文硕. 世界审计史[M]. 北京:企业管理出版社,1996:245-247.
[3] 徐国君. 会计学科概览[M]. 北京:中国商业出版社,1999.
[4] 许家林. 会计理论发展通论[M]. 北京:经济科学出版社,2010.
[5] Brief Richard P. Dicksee's Contribution to Accounting Theory and Practice[M]. New York: Arno Press, 1980.
[6] Kitchen J, R H Parker. Accounting Thought and Education: Six English Pioneers[J]. Institute

① 迈克尔·查特菲尔德. 会计思想史[M]. 北京:中国商业出版社,1989,182.

of Chartered Accountants in England and Wales，1980.

[7] Lawrence Robert Dicksee. http://cn. bing. com/images/search/ Lawrence+Robert+Dicksee，2012-12-30.

（初稿执笔人：许家林　徐源）

# 阿尔文·A·阿伦斯

## (Alvin A. Arens, 1940—　)

阿尔文·A·阿伦斯(Alvin A. Arens, 1940—　)是美国著名的审计学家,其主著的《审计与保证服务:整合法》(*Auditing and Assurance Services: An Integrated Approach*)被世界多所大学的会计与审计专业选作教科书,在世界审计领域里产生了重要的影响。

## 一、个人简要生平

阿伦斯(见图124)早年毕业于密歇根州立大学(Michigan State University),并分别于1960年、1967年和1970年在该校获得学士、工商管理硕士和哲学博士学位。1963年,他就取得了美国明尼苏达州的执业会计师资格,在公共会计领域里工作4年之后,1963年以讲师身份在明尼苏达大学(the University of Minnesota)开始了他的教育生涯。1966年,他又辗转到位于明尼阿波利斯的奥格斯堡学院(Augsburg College),1968年后到密歇根州立大学执教,后任美国密歇根州立大学商学院(Eli Broad College of Business, Michigan State University)审计学教授。

**图124　阿尔文·A·阿伦斯**

阿伦斯教授于1968年加入美国会计学会(AAA),是该会中的一名相当活跃的成员,并曾任多个不同的职位:1977—1978年间,出任学会审计部主任;1983—1986年间,任学会理事会的成员、学会秘书兼司库;1990年,当选为学会会长。此外,他还是美国注册会计师协会(AICPA)、密歇根州注册会计师协会和明尼苏达州注册会计师协会的成员。

由于阿伦斯教授的杰出成就,他获得了多种重要奖励,主要有:1988年,获美国会计学会(AAA)的国际会计部(International Accounting Section)组织评选的国际杰出会计教育奖(Outstanding International Accounting Educator Award);美国会计学会(AAA)的杰出审计教育奖、美国注册会计师协会(AICPA)的杰出教育奖,以及全国的Bete Alpha Psi年度教授奖以及多项密歇根州的教育奖和其他奖。作为美国会计学会1988年度的国际杰出会计教育奖获得者,他被派到世界各地讲学,20世纪80年代末期就曾先后到新加坡、马来西亚、印度、泰国和中国等亚洲国家的大学进行学术访问与交流。

## 二、主要论著简析

阿伦斯的主要研究领域是审计学,其主讲的课程却包括审计学、财务会计准则、会计职业准备和财务会计概念等课程。阿伦斯教授的学术成果丰硕,由他单独撰写和与他人合作的著作共有30余本。主要书籍有合著并多次再版的《澳大利亚审计》(*Auditing in Australia: An Integrated Approach*)和《新加坡审计》(*Auditing in Singapore: An Integrated Approach*)等。此外,他还撰写了大量的专业论文与有关学会活动方面的报道文章,分别发表在世界各种会计类专业期刊上。1988年,他还曾在当时的《上海会计》上发表了一篇名为"有效审计师的素质要求"的论文。当然,阿伦斯最具作表性的著作是其1976年与詹姆斯·K·洛贝克(James K. Loebbecke)合著的《审计:整合法》(*Auditing: An Integrated Approach*,又译为《当代审计学》或者《阿伦斯审计学》)。该书自1976年出版后,分别于1980年、1984年、1988年、1991年、1994年、1996年、2000年、2002年、2004年、2005年、2007年和2009年修订12次,出了13版。但从2002年第9版开始,更名为《审计与保证服务:整合法》(*Auditing and Assurance Services: An Integrated Approach*),现系与兰德尔·J·埃尔德(Randal J. Elder)和马克·S·比斯利(Mark S. Beasley)合著。

本书第12版从审计职业、审计过程、审计过程在销售与收款循环中的应用、审计过程在其他循环中的应用、完成审计工作、其他保证和非保证服务6个方面入手,主要关注财务报表审计和财务报告内部控制审计中的审计决策过程,强调将审计和其他保证服务的重要概念与相关实务结合起来,以帮助读者理解审计决策与证据收集的逻辑方式。本书第12版在之前版本的基础上,纳入了最新风险评估准则和与治理层沟通相关的新准则(SASS112—114);整合了《萨班斯—奥克斯利法案》包括404条款和上市公司会计监督委员会(PCAOB)的第2号审计准则的相关要求。该书共包括6个大的部分,设26章,分别是:第1部分——审计职业,设对审计及其他保证服务的需求、注册会计师职业、审计报告和法律责任共 5 章;第 2 部分——审计过程,设审计责任和目标、审计证据、审计计划和分析程序、重要性和风险、404 条款下的内部控制审计与控制风险、舞弊审计、信息技术对审计过程的影响、总体审计计划与审计方案共 8 章;第 3 部分——审计过程在销售与收款循环中的应用,设销售与收款循环审计:控制测试和交易实质性测试、审计抽样在控制测试与交易实质性测试中的应用、完成销售与收款循环的测试:应收账款和审计抽样在余额细节测试中的应用共 4 章;第 4 部分——审计过程在其他循环中的应用,设工资与人员循环审计、采购与付款循环审计:控制测试与交易实质性测试及应付账款、完成采购与付款循环的测试:验证选定账户、存货与仓储循环审计、资本取得与返还循环审计和审计现金余额共 6 章;第 5 部分,设完成审计工作一章;第 6 部分,设其他保证服务、内部和政府财务审计与经营审计两章。

本书对会计审计的区别有着独到的认识。书中专门指出:许多财务报表使用者和一般公众都将审计与会计混为一谈,其原因在于大多数审计都与会计信息相关,同时许多审计师又都是会计专家。此外,将多数从事审计业务的人称为"注册会计师"更是加剧了这种混淆。会计是以逻辑方式对经济事项进行记录、分类和汇总,其目的是为决策提供所需的财务信息。为了提供相关的信息,会计人员必须全面掌握表述会计信息所应遵循的原则和规则。此外,会计人员应制定一套会计处理系统,以确保能以合理的成本,及时、恰当地记录单位所发生的经济事项。在审计会计数据时,审计师应关注所记录的信息是否恰当地反映了会计期间内所发生的经济事项。由于公认会计原则是评价会计信息是否恰当记录的标准,因此审计师必须全面掌握公认会计原则。除了懂得会计之外,审计师必须拥有收集和解释审计证据的专业能力,这种专业能力正是审计师与会计人员的区别所在。确定适当的审计程序、所测项目的数量和类型以及评价结果等,都是审计特有的工作。

《审计与保证服务:整合法》一书是美国最经典的现代审计学教材之一,也被公认为是系统学习和全面掌握现代西方特别是美国审计理论、实务的最佳图书,为全球多所著名大学所采用。在中国,该书亦曾受到我国已故著名会计学家杨时展教授的高度重视、推介和运用,并组织了最初的引介和翻译工作。该书在国内有多个译本与影印本,主要有:1991 年 10 月,张杰明等将第 4 版翻译后纳入由文硕主编的"世界会计审计名著译丛",以《当代审计学》为名由中国商业出版社出版;2001 年 8 月,石爱中、李斌和柳士明等将第 7 版翻译后由中国审计出版社出版;2005 年 3 月,张龙平等将第 9 版翻译后由东北财经大学出版社出版;2005 年 8 月,王英姿、杜英等将第 10 版翻译后纳入"新世纪高校会计学教材译丛",由上海财经大学出版社出版;2006 年 3 月,清华大学出版社将第 11 版改编后出版影印本;2009 年 4 月,雷光勇将第 11 版改编后中国人民大学出版社出版;2009 年 8 月,中国人民大学出版社将第 11 版的课后习题答案翻译出版;2009 年 6 月,谢盛纹等将第 12 版翻译并经张龙平校订后由中国人民大学出版社纳入“工商管理经典译丛·会计与财务系列”出版。

本书之所以在国内一再以不同形式出版并附大量的书评予以推介,全赖其具有如下特点:第一,理论线索清晰。本书中关于美国 CPA 行业发展轨迹、现状、职业道德、法律责任方面都有值得我们借鉴的内容。第二,注重案例教学。作者以诸多案例来讲述这些内容,每章的开篇也是从一个案例开始。第三,涉及范围全面。该书经过多次修订后,不再只是一本只谈审计的教材,还包括了鉴证服务。因为作者是从注册会计师的角度来写的,所以也对 CPA 的非鉴证类业务也有介绍。此外,对内部审计、政府审计、经营审计都有简单探讨。第四,注重分析问题的逻辑。本书花费了很大力气讲解审计目的及其分解(如完整性、存在性),然后再谈审计过程、证据、计划等。在明白审计目的后,其后的操作流程就是顺理成章了。可见作者的基本理念是,凡事的出发点是从目的开始,目的是决定此后的方法、程序的指南。第五,内容新颖,体例合理,结构严谨,分析透彻,理论联系实际,实务说明具有典型性和可操作性,易于讲授与学习。该书也由于提出并倡导“切块审计”的思想而备受审计理论界、教育界和实务界的推崇。第六,论证逻辑严谨。该书以注册会计师财务报表审计为主要内容,强调审计师的决策过程;强调以有助于学生理解审计决策和证据搜集的逻辑方式,将审计和其他保证服务的最重要概念与相关实务有机地整合在一起。此外,该书与国内审计教材相比较,其一大特色是在很多章节中都探讨了信息技术对审计的影响,其中包括了在审计实务方面的,也有鉴证业务拓展方面的(如 Web Trust)。

**参考文献**

[1] 张为国,等. 世界杰出会计学教授[J]. 会计学刊,1989(2):125-126.

[2] Arens Alvin A, Elder Randal J, Mark S Beasley. Auditing and Assurance Services: An Integrated Approach 13th ed. [M]. New York: Prentice Hall, 2009.

(初稿执笔人:许家林)

# 詹妮·梅·帕伦

## (Jennie May Palen, 1891—1900)

詹妮·梅·帕伦(Jennie May Palen,1891—1900)是近代会计500年发展史上最杰出的妇女之一,她既是一名注册会计师,还是一名诗人①。

## 一、个人简要生平

1891年10月2日,帕伦出生于美国纽约(New York)的桑松维勒(Samsonville),其父亲名弗兰克·埃弗里·帕伦(Frank Every),母亲名玛丽·埃弗里·帕伦(Mary Every Palen)。1919年,帕伦以最优异的成绩毕业于纽约大学(New York University)获得学士学位。

当帕伦从纽约大学毕业的时候,美国很少有女性从事会计工作,更少有女性进入公共会计领域,也几乎没有大的会计公司雇佣女性。可能由于第一次世界大战导致男性审计师短缺的缘由,1918年,27岁的帕伦进入哈斯金斯-塞尔斯(Haskins & Sells)会计公司,在工作30年之后,1949年帕伦从该公司退休。1923年7月9日,她通过了纽约州注册会计师协会(New York State Institute of Certified Public Accountants)组织的注册会计师考试,取得纽约州第1322号注册会计师执业资格证书(New York CPA certificate No. 1322),从而成为纽约州注册的第10名女性注册会计师。而据有关资料记载,美国注册会计师发展史上的第一位女性是克里斯廷·罗斯(Christine Ross),她于1899年10月27日取得纽约州第143号注册会计师执业资格证书。

帕伦兴趣广泛,除从事会计职业外,还善于演讲和写诗。里士满弗吉尼亚联邦大学(Virginia Commonwealth University)会计学教授丽塔·赫尔(Rita Hull)评价她

① 本文主要以下列资料为基础进行调整与补充而成。王光远.珍妮·M·帕伦(Jennie M. Palen)——500年会计发展史上最杰出的妇女[J].财会通讯,1993(3):63-64.

说:"在詹妮·梅·帕伦的职业生涯跨越数十年期间,她无论是作为一名会计师,还是作为一位编辑、作家,抑或是一个演说家,都干得非常出色。她是一位真正的杰出会计大师"。也正是鉴于詹妮·梅·帕伦对女性会计事业的杰出贡献,她才被录选为第5辑《美国妇女名人录》。

1990年10月8日,帕伦溘然辞世,终年99岁。

## 二、理论与实务的主要贡献

20世纪初的注册会计师领域,妇女的地位相当低,虽然妇女能获得成为注册会计师所必需的专业教育,但公共会计公司一般不雇佣妇女。截止1909年,美国才有10位妇女获得CPA称号,到1924年,也只有50位妇女合格注册。

帕伦在取得CPA证书后,即被哈斯金斯-塞尔斯公司聘用,这充分证明了她的能力,她也开创了妇女CPA进入大型会计公司的先河,从而为提高妇女会计师职业作出了有益的贡献。

在哈斯金斯-塞尔斯公司,帕伦先从簿记员干起,随后担任秘书、校阅员,1935年担任公司的主管。对于她的工作成绩,公司合伙人戈登·希尔作了这样的评价:我曾与帕伦共事多年,在20世纪三四十年代,帕伦是公司审计报告的复核人,在这个职位上,帕伦表现出她卓越的才能;那个时代,在公司从不派女性出外审计的情况下,她能获得成为"高级会计师"的实务知识,的确令人震惊。由于当时对女性的偏见,帕伦未能成为哈斯金斯-塞尔斯公司的合伙人,但她的卓越才能改善了女性CPA的形象,提高了女性CPA的职业地位,最终在20世纪60年代,大型会计公司的合伙人应由男人担任的神话即被打破。

帕伦也是早期妇女会计师运动的倡导者和领导人。她认为许多妇女拥有在公共会计界取得成功的必要条件,但她们要获得大会计公司的职务却相当难,而有同等条件的男人可以极容易地谋到职务。为此,帕伦拿起笔来大力呼吁以提高女性CPA地位。1931年,在多丽丝·E·弗莱希曼主编的《会计学》中,她写了"女性职业概要"一章,对希望进入大型会计公司就职的CPA妇女提出了如下建议:"目前如果想成为大会计公司职业人员显然是行不通的,但如果是簿记员……或秘书干起,你的愿望也许会实现。因此,职业工作地位的提高,完全取决于每个工作者的个人能力和工作质量"。在一篇题为"女性在公共会计界"的文章中,帕伦写到"会计不是一个懒惰或无能的男人所适合的领域,更不是一个懒惰或无能的女人所适合的领域。这是一个艰苦的职业。它充满了工作上的艰辛、苦苦的思考和沉重的责任,而它的报酬只给予那些勇于迎接挑战的人”。到1938年，帕伦在哈斯金斯-塞尔斯公司干了20年后，用下面一句话描述了这段时间工作的感受：“女性进入公共会计职业界就如同进入诺克斯城堡一样难”。

1933年，美国已有100多位女性获得了注册会计师证书，为了提高女性会计师职业地位，推动女性会计事业的发展，在美国成立了女性注册会计师协会(American Woman's Society of Certified Public Accountants，简称AWSCPA)。1938年，又成立了美国女性会计师协会(American Society of Women Accountants，简称ASWA)。帕伦作为一名女性CPA积极参加AWSCPA的活动，并在1946—1947年担任该协会的主席。1945年，她在AICPA的会刊《会计杂志》(*Journal of Accountancy*)发表了题为“女性会计师在战后的地位”(*The Position of the Woman Accountant in the Post-war Era*)的专文，就20世纪40年代乃至战后公共会计界对会计师的需求作了深刻的分析，她写道：“10年前，一个年轻女性申请一份公共会计职务时，人们会告诉她：一旦雇佣女性，公司就会停业”，“而在和平时期，女性将证明她们的才能，她们再也不会被摒弃于会计公司之外了”。帕伦相信女性在公共会计界即将赢得永久性位置，但令她失望的是，因为战后女性CPA并未获得固定的职务，社会对女性的偏见还相当严重。1946年，她在纽约注册会计师协会的会刊《纽约注册会计师》(*New York Certified Public Accountant*)上发表了“公共会计领域中女性地位的保持”(*Women Hold Their Place in Public Accounting*)的论文。

20世纪40年代末，随着女性CPA的发展，在美国注册会计师协会(American Institute of Certified Public Accountants，简称AICPA)的理事会和各州会计师协会主席的位置上都有了女性的身影。这时，帕伦从哈斯金斯-塞尔斯公司载誉退休，时间是1949年。

20世纪50年代，帕伦积极投身于会计研究和会计写作。1953年，她在《会计论坛》(*The Accounting Forum*)上发表了“女性会计20年(1933—1953)”(*Women in Accountancy*：1933—1953)。1955年，她的《会计师报告的撰写》(*Report Writing for Accountants*)一书由Prentice-Hall公司出版，内容主要涉及审计责任、审计报告、财务报表与撰写技术。1956年，她在J·K·拉瑟(J. K. Lasser)主编的《会计师标准手册》(*Standard Handbook for Accountants*)中撰写了一章“资产负债表与经营表”(*Comments upon Balance Sheet and Operating Statements*)，描述了注册会计师报告，她的相关建议至今仍然值得借鉴。

1957—1962年，帕伦在纽约市立大学巴鲁克学院(Baruch College of the City University of New York)任教，继续撰写了许多推动女性会计职业发展的文章，还担任该学院期刊《会计论坛》(the Accounting Forum)的顾问。帕伦在从事注册会计师、会计研究及会计教育工作的同时，还积极参加编辑工作。她曾担任过 AWSCPA 和 ASWA 两大女性会计组织的会刊《女性注册会计师》(Women CPA)的编辑。1963—1966 年，她又在出版了大量优秀会计书籍的 Prentice-Hall 公司担任高级编审，在此期间她编辑出版了两部大作：一部是《会计账表和会计报告百科全书》(*Encyclopedia of Accounting Forms and Reports*)；另一部则是《审计技术百科全书》(*Encyclopedia of Auditing Techniques*)。

帕伦也是一位诗人，她先后撰写了 600 多首诗歌，出版了 3 本诗集：1949 年，当她在哈斯金斯-塞尔斯公司退休时，出版了一本名为《曼哈顿的月亮》(*Moon over Manhattan*)的诗集，这作为一个会计师是不寻常的事；1957 年，她出版了第二本诗集，名为《早上好！亲爱的王子》(*Good Morning, Sweet Prince*)；1964 年，她出版了第三本诗集——《陌生人，让我说》(*Stranger, Let Me Speak*)。由此，她也获得了无数的文学奖，其中包括 1958 年度的 Pen and Brush 俱乐部奖。虽然她又成了诗人，但她的第二职业并未减少她对会计职业的关注。

帕伦是第一位进入大型会计公司的女性注册会计师，也是第一位发表 3 本诗集的会计师；在 20 世纪 30—70 年代女性会计事业发展的艰难岁月中，她不仅担任过 AWSCPA 的会员和主席，美国会计师协会(AIA，即现在 AICPA)、纽约州注册会计师协会和美国会计学会(AAA)的会员；在 Beta Alpha Psi 和 Beta Gamma Sigma 等组织名誉会员的行列中也有帕伦的名字，这样的女性在 20 世纪是凤毛麟角的。在“最好”、“最高”、“最优秀”的形容词中，我们真找不出能描述帕伦众多成就的词，但其作为 500 年来和众多男会计大师齐名的杰出会计大师，则当之无愧。

**参考文献**

[1] 王光远. 珍妮·M·帕伦(Jennie M. Palen)——500 年会计发展史上最杰出的妇女[J]. 财会通讯，1993(3)：63-64.

[2] Flesher Dale L, Gary John Previts, Andrew D Sharp. Jennie May Palen, Accountant and Poet, 1891—1990[J]. The CPA Journal, (Dec) 2009.

[3] http://www.nysscpa.org/ cpajournal/1996/0696/newsviews/nv1，htm.

[4] Spruill Wanda G, Charles W Wootton. Jennie M Palen. [EB/OL]. [2010-08-15].

[5] Spruill Wanda G, Charles W Wootton. The Struggle of Women in Accounting: The Case of Jennie Palen, Pioneer Accountant, Historian and Poet[J]. Critical Perspectives on Accounting, 1995, 6(4)：371-389.

(初稿执笔人：许家林)

# 阿道夫·亚历山大·菲茨杰拉尔德

## (Sir Adolf Alexander Fitzgerald, 1890 — 1969)

阿道夫·亚历山大·菲茨杰拉尔德爵士(Sir Adolf Alexander Fitzgerald,1890—1969)是澳大利亚一位著名的会计学家,他在澳大利亚会计史上具有开创性的地位。由于其对澳大利亚会计发展的贡献,于 2010 年 10 月 8 日,作为 5 位首批成员之一,正式入选由墨尔本大学(The University of Melbourne)会计和商业信息系统学院(Department of Accounting and Business Information Systems)下属的会计与行业合作中心(Centre for Accounting and Industry Partnerships)承办的澳大利亚会计名人堂(Australian Accounting Hall of Fame)。

## 一、个人简要生平

1890 年 10 月 26 日,菲茨杰拉尔德在科林伍德(Collingwood)出生,是家中的老三,但从小就展露出了极高的天赋。1905 年,他获得了波克斯希尔语法学校(Box Hill Grammar School)的奖学金,在学校,他不仅成绩名列前茅且担任了班长一职。

大学毕业后,菲茨杰拉尔德供职于一家硬件公司,在此期间,他开始学习会计。1915 年,他与两位公众会计师——Oxlade 和 Mackie 合作,成为会计师事务所合伙人之一。1927 年,他担任联邦会计研究协会(the Commonwealth Institute of Accountants)委员;1928—1930 年,1935—1937 年间担任州主席;1940—1941 年担任主席。此外,1936—1954 年间,菲茨杰拉尔德担任《澳大利亚会计》和《澳大利亚会计师》杂志的编辑。在此期间,他拟订了文章写作和刊载的标准。

1924 年,菲茨杰拉尔德向道格拉斯·珂普兰(Douglas Copland)教授(爵士)建议在墨尔本大学增加电子商务学位,并展现出自己的专业性,次年,他即入选为该专业首批学生,并且同时担任会计助理讲师。1927 年毕业后,他继续利用空余时间执教会计课程直至1954年。尔后,他被任命为戈登·L·伍德(Gordon L. Wood)会计学教授,在执教期间一直成绩斐然。

菲茨杰拉尔德曾在政府和多个社会公共服务领域时任职并卓有成效。他通过直接与政府官员进行探讨、对不同委员会的年度报告进行评价、公开发表演讲(主要是引起大家对会计学发展和当时政府会计存着问题的关注),以及他自身的教学来发挥自己的影响力。这些工作在很大程度上改善了州和联邦各级政府的财务报告质量。1936—1937年间,菲茨杰拉尔德担任了维多利亚皇家委员会成员,主要负责水资源的供应。1939年,他作为国家经济委员会的财务顾问,负责调查维多利亚铁路的财务收支。第二次世界大战期间,他又加入了陆军会计咨询小组(1942—1943)和资本问题咨询委员会(1942—1946)。二战以后,菲茨杰拉尔德担任联邦拨款委员会主席一职长达15年(1945—1960)。菲茨杰拉尔德还曾是乳制品行业的成本调查委员会(1953—1959)成员。1955—1969年,他担任国家电力委员会成员。1953—1955年,他是陆军部和商业企业董事会成员顾问。1959—1960年间,他开展了邮局账户的调查工作。1962—1965年,他又供职于莱斯利·马丁爵士(Sir Leslie Martin's)的委员会,该委员会致力于澳大利亚的高等教育未来问题的研究。1957年,菲茨杰拉尔德开始任职于十进制货币委员会理事(the Decimal Currency Council)并于1960年担任主席一职。此外,他还是多家公司的董事,并在诸如商业档案理事会(the Business Archives Council)等机构担任过各种职位。1960—1964年,菲茨杰拉尔德担任富布赖特奖学金咨询委员会成员。1961—1965年,他还出任墨尔本大学研究生学会主席。

作为一个出色的管理者,他在政府会计和公共服务方面作出了巨大的贡献。他的一生被各种荣誉所包围,不仅受到会计从业人员的欢迎,也因不断引进海外会计最新动态而受到学者们的推崇。菲茨杰拉尔德常常会鼓励与他一起工作的伙伴们,他的个人优点在于准时、对答案保持精确、给工作人员的指示清晰以及细致的时间管理计划。尽管他取得了巨大的成就,但他为人仍然谦虚、礼貌。他的文章,就像他的讲座一样,通过生动的语言清晰而又有组织性地表现出来,从而给读者带来巨大的吸引力和说服力。由于其在政府公共领域与会计方面的杰出的贡献,他于1953年被授予官佐勋章(Officer of Order,简称OBE),并于1955年被封为爵士。1966年,他从事务所退休,次年,澳大利亚管理学院授予他(爵士)约翰斯托雷金质奖章。

1969年8月22日,菲茨杰拉尔德在波克斯-希尔市辞世,享年79岁。

## 二、理论与实务的主要贡献

亚历山大·菲茨杰拉尔德毕生研究范围非常广阔,因而在澳大利亚会计史上占有特殊的地位。他不仅是一个成功的私营企业实践者，也是一位伟大的教育家和学者。他具有强烈的服务精神，为政府和公共服务做出了巨大的贡献，也因此获得了诸多会计领域的殊荣。菲茨杰拉尔德是一个真正的会计全才，他代表着当时澳大利亚会计学术界的最高水平。

他创立的菲茨杰拉尔德-戈恩合作公司得到了澳大利亚商界的高度重视。在公司的发展过程中，他发挥了核心作用。他在商业上面的成就，教育了同时代的人们。

作为一名教师和研究人员、管理者和作家，他为澳大利亚的会计发展作出了开创性贡献。他一生完成了六本著作，以及 250 多篇文章和评论。其中主要著作有《会计报告中的统计方法运用》(*Statistical Methods as Applied to Accounting Reports*, 1940)、《财务和营运报告的分析和解释》(*Analysis and Interpretation of Financial and Operating Statements*, 1947)、《会计分类》(*Classification in Accounting*, 1952)、《财务报表的形成和内容》(*Form and Contents of Published Financial Statements*, 1948)。特别是他所主编的教科书——《中级会计学》(*Intermediate Accounting*, 1948)，更是影响了一代又一代的教师和学生。

**参考文献**


[1] Australian Accountant, 39, Oct 1969: 453, 40, Nov 1970: 61.

[2] Herald (Melbourne), 10 Feb 1955, 26 July 1960, 13 July 1966, 1 Aug 1968, 22 Aug 1969.

[3] http://adbonline. anu. edu. au/biogs/A140186b. htm.

[4] Chambers R J, Goldberg L, R L Matthews (eds). The Accounting Frontier (Melb, 1965).

[5] University of Melbourne Gazette, Nov 1969.


(初稿执笔人：邓越)

# 伊丽莎白·亚历山大

## (Elizabeth Alexander)

伊丽莎白·亚历山大(Elizabeth Alexander)是澳大利亚会计实务界的著名领袖人物之一。由于其在对澳大利亚职业发展的贡献,于2010年10月8日,作为5位首批成员之一,正式入选由墨尔本大学(The University of Melbourne)会计和商业信息系统学院(Department of Accounting and Business Information Systems)下属的会计与行业合作中心(Centre for Accounting and Industry Partnerships)承办的澳大利亚会计名人堂(Australian Accounting Hall of Fame)。她是5位入选者中的唯一女性,也是澳大利亚会计界迄今为止最为著名的妇女活动家,她曾是当年澳大利亚"八大"会计公司的第一位女性合伙人。

## 一、个人简要生平

伊丽莎白·亚历山大(Elizabeth Alexander)(见图125)出生于澳大利亚墨尔本的里士满。19岁时,伊丽莎白考入墨尔本大学,在法律系和商贸系之间,她选择了后者。当时在墨尔本大学商贸系的500名全日制学生中,只有30名女生,其中学成后有15名从事教学工作,而真正闯荡商界的女生并不多。伊丽莎白由于学习成绩优异,因而被学校准许提前一年毕业,但她却坚持继续学习,最终考取了商学硕士。毕业后,她先后任教于圣希尔达学院、墨尔本大学和莫纳什大学。

图125 伊丽莎白·亚历山大

## 二、理论与实务的主要贡献

伊丽莎白是会计职业界的著名妇女活动家,她先后加入的职业团体并担任职务的有：澳大利亚会计师学会（Association of Accountants of Australia，简称 ASA）主席、澳大利亚特许会计师协会（The Institute of Chartered Accountants in Australia，简称 ICAA）联合标准委员会委员、澳大利亚会计师学会维多利亚分会 1984 年度主席和澳大利亚管理学会会员等。

伊丽莎白除任澳大利亚 CSL 制药公司主席外，还担任了 Duxus 资产集团和 Medibank Private 私人医疗基金的非执行董事，她还被选为澳大利亚审慎监督管理局审计委员会独立主席。从 1977 年到 2002 年，伊丽莎白担任普华永道的合伙人，主要从事风险管理和公司治理方面的工作，并负责在澳大利亚地区的实践。在任澳大利亚会计师协会主席期间，使得会计准则在澳大利亚法律化得到了实现。因而在其被选为澳大利亚会计师学会首任女主席后，其职业影响力也达到巅峰。

**参考文献**

http://www.blakedawson.com/Templates/Profiles/x_profile_content_Elizabeth+Alexander，2011-11-09.

（初稿执笔人：李想）

# 雷金纳德·桑尼·吉恩瑟

## (Reginald Sydney Gynther, 1921 — 1999)

雷金纳德·桑尼·吉恩瑟(Reginald Sydney Gynther, 1921—1999)是澳大利亚著名的会计学家,由于其在对澳大利亚会计准则制订与会计实务方面的贡献,于2010年10月8日,作为5位首批成员之一,正式入选由墨尔本大学(The University of Melbourne)会计和商业信息系统学院(Department of Accounting and Business Information Systems)下属的会计与行业合作中心(Centre for Accounting and Industry Partnerships)承办的澳大利亚会计名人堂(Australian Accounting Hall of Fame)。

## 一、个人简要生平

1921年9月24日,吉恩瑟出生在位于布里斯班(Brisbane)市郊Nundah的家中,其父母为普通的工薪阶层,在大三那年他不得不离开学校去工作,并注册成为一名夜校的业余学生。第二次世界大战期间,他在军中服役,后晋升为中尉。战后,他在一个公司担任秘书及会计,并逐渐成为几家公司的经理助理,最初的工作地点在悉尼,后来转移到布里斯班。

1952年,吉恩瑟于开始在昆士兰大学(University of Queensland)担任兼职会计讲师,1959年,时年37岁的他成为经济学院的一名高级讲师。1961年,昆士兰大学会计学院成立时他出任首任院长,并于第二年获得了昆士兰大学的学士学位。1964年,他获得阿德莱德大学授予的会计学硕士学位,同年出任澳大利亚会计学教师协会(Australian Association of University Teachers of Accounting,简称AAUTA)的主席。

1965—1966年间,他在华盛顿大学攻读博士学位。他的读博经历颇具传奇色彩。在昆士兰大学任教后,有人告诉他,如果没有博士学位就无法成为教授,而且当时在昆士兰,没有人有能力胜任会计学博士论文的导师。于是,他申请获得了1年的学习假期，通过不懈的努力询问，他发现位于美国西雅图的华盛顿大学可以让他攻读博士学位，而且如果他已经具有硕士学位的话，仅需在校学习1年即可。随后他致信Russell Mathews教授，询问阿德莱德大学（University of Adelaide），是否可以录取他通过提交论文的方式攻读经济学硕士学位。Mathews说服了学院院长接受这样的安排。在世俗看来不可能的情况下，吉恩瑟找到了自我。Mathews还同意做Gynther的论文导师。于是，Gynther完成了一篇有关价格变动时期会计指标选择的论文，由于其水平超然，即于1962年发表。凭此论文，他于1964年取得硕士学位，两年后该文以《价格变动时期的会计：理论与程序》（*Accounting for Price-level Changes：Theory and Procedures*）为题正式出版。在获得硕士学位之后，吉恩瑟又获得了安达信奖学金，并使用福特基金会的奖学金于1965—1966年在华盛顿大学攻读博士学位。他的博士学位论文主题是有关澳大利亚会计职业的研究。事实上，在1964年到1965年之间，吉恩瑟已经设计了一套调查问卷并寄出、收到回复，在去西雅图前就完成了其论文的初稿；因而他研究论文最重要的部分在博士学习的第一年就完成了。在西雅图时，吉恩瑟震惊于竟然有那么多会计以外的课程需要学习，并且在完成论文的同时还有那么多口头、笔头的考试需要通过。凭着不屈不挠的精神和激情，他仅用了12个月的时间就完成了博士学位的要求，其中还包括助教工作，于1966年被授予工商管理博士学位。

1967年，他成为了昆士兰第一位会计学教授。吉恩瑟在任时，还引入了澳大利亚首个与贸易和法律相关的双学位——法律与会计，即使是在今天，这种学位在研究生中仍然最受欢迎。1977年他离开昆士兰大学的时候，被授予了荣誉教授的头衔。

但吉恩瑟在年届55岁的时候，决定离开学界而开始在公共会计政策的制定方面做一些工作。他成为Coopers & Lybrand的澳洲全国合伙人，主要负责研究与职业教育，并作为Coopers & Lybrand会计与教育研究基金会的创始人，改革了基金资助会计学术研究制度并提供荣誉及硕士学位的奖学金。1985年，他从该公司退休。

1977年到1983年，吉恩瑟还曾在澳大利亚会计准则委员会供职，在此期间，他还积极参与了澳大利亚会计准则评审委员会（The Accounting Standards Review Board，简称ASRB）工作程序的准备工作，草拟了委员会有关金融类项目的决议草案。吉恩瑟也曾是澳大利亚成本会计师协会、澳大利亚特许会计师协会（ICAA）、澳大利亚秘书协会的会员。

澳大利亚会计研究基金会的前理事、Coopers & Lybrand合伙人凯文·斯蒂文森（Kevin Stevenson）认为，吉恩瑟在澳大利亚会计准则理事会（Australian Accounting Standards Board，简称AASB）任职期间是许多人的指导老师，他面对同时任职于昆士兰大学的现实，很好地平衡了学术与实务的关系，对任何需要完成的工作都做到了尽心尽力。

吉恩瑟于 1999 年 11 月 27 日逝世,享年 77 岁。

## 二、理论与实务的主要贡献

### (一) 主要论著与贡献

在 1961 年到 1977 年之间,吉恩瑟共发表了 27 篇文章,后来均以论文的形式发行,创造了学术界的一段传奇。此外,他还出版了两本著作。

第一本出版于 1966 年,是以其硕士论文为基础进行修改与补充后,由加利福尼亚大学的 Pergamon Press 出版社以《价格变动时期的会计:理论与程序》(*Accounting for Price-level Changes: Theory and Procedures*)(见图 126)为题出版。该书后于 2010 年 1 月出版了第 4 版。在该书中,吉恩瑟在解释他对财务报告中具体价格指数选择的观点时指出:通常情况下,公共会计师们倾向于使用一套通用的指标,因为他们的职责主要在于保护股东的利益。另一方面,工商企业的会计们则通常倾向于使用具体的指标。由于他深受其所处环境(工业)的影响,故支持使用具体指标进行损益确定、资产计价、日常会计报告。这个观点与他的硕士导师 Russell Mathews 是一致的,Russell Mathews 还曾以一个经济学家的身份提出过这个与商业健康攸关的问题。

**图 126 《价格变动时期的会计:理论与程序》**

第二本出版于 1967 年,是以其博士论文为基础进行修改与补充后,以《澳大利亚的会计师职业:一项分析研究》(*Practising accountants in Australia: an analytical study*)为题出版。这本书得到了人们不同的评价。Dixon 在《会计评论》(*The Accounting Review*)上撰文赞扬本书是"通过合理的呈现调查问卷的方式良好地展示出其研究成果"。

在 20 世纪 70 年代至 80 年代有关通货膨胀会计论战中,他代表 Coopers & Lybrand 发表演说,并针对现行成本会计写了一些文章。吉恩瑟的大多数文章是关于价格变动情形下的会计理论与实务问题,他还不知疲倦的倡导现行成本会计,其在《会计评论》上发表的 3 篇文章吸引了相当多的注意:"会计概念与行为假设"(*Accounting concepts and behavioral hypotheses*, 1967),"关于商誉的一些概念"(*Some "conceptualizing" on goodwill*, 1969)以及"资本保全,价格变动与利润确定"(*Capital main-*

*tenance*, *price changes*, *and profit determination*, 1970)。

### (二) 会计教育的主要贡献

在会计教育方面,吉恩瑟自20世纪60年代早期起就在会计学院开设了一项荣誉课程。据说这是"澳大利亚首个会计及其相关学科的荣誉课程"。他的许多学生都因此进入了学界并逐渐成为了领头人,那些上过他荣誉课程的人们都十分尊重他的教导"。

在教育理念上,吉恩瑟坚持他的每个学生都要具有思辨精神,每节课前都要针对某些专业问题精心辩论,他很擅长将其关于会计理论乐观主义精神传递给他的学生们。他的一个名为Geoff Meredith的学生,于1969年在其指导下取得了博士学位,从而成为了澳大利亚第一个在本土获得会计学博士学位的人。

在师资队伍建议上,吉恩瑟聘用了一支强大的教职工队伍,包括从芝加哥大学毕业的Robert R. Officer和Ray Ball。Officer在管理学院工作,Ball在会计学院工作。吉恩瑟认识到发源于芝加哥的实证会计理论研究浪潮的重要性,他卓有远见地引入新的研究人才,使其在澳洲处于第二的地位。譬如,Ball在1972年27岁的时候作为会计与财务教授加入会计学院,不仅是昆士兰大学最年轻的全职会计学教授,在全澳大利亚也是最年轻的。Ball的任命完全改变了学院的研究文化,从而为该院会计教育的快速发展打下了良好的基础。

### 参考文献

[1] Whittington Geoffrey, Zeff Stephen A. Mathews, Gynther and Chambers: Three Pioneering Australian Theorists. Accounting and Business Research, 2001, 31(3):203-234.

[2] Gynther R. Accounting for Price-Level Changes: Theory and Procedures. Oxford: Pergamon Press, 1966.

[3] Gynther R. Accounting Concepts and Behavioral Hypotheses. The Accounting Review, 1967, 42(4): 274-290.

[4] Gynther R. Practising Accountants in Australia: An Analytical Study. St. Lucia, Qld.: University of Queensland Press, 1967.

[5] Gynther R. Some "Conceptualizing" on Goodwill. The Accounting Review, 1969, 44(4): 247-255.

[6] Gynther R. Capital Maintenance, Price Changes, and Profit Determination. The Accounting Review, 1970, 45(10): 712-730.

(初稿执笔人:李寒珺)

# 欧根·施马伦巴赫

# (Eugen Sehmalenbaeh, 1873—1955)

欧根·施马伦巴赫(Eugen Sehmalenbaeh, 1873—1955)是20世纪上半叶德国的一位学者和经济学家。施马伦巴赫最为人所知的是作为科隆大学教授时,在德国专业期刊上发表的诸多涉及经济学相关分支学科以及企业管理和财务会计等新兴领域的论文,其产生的学术影响几乎遍及整个世界。当然,其在会计学术领域里影响最大的成就是创立了动态会计学说。

## 一、个人简要生平

1873年8月20日,施马伦巴赫出生于德国的威斯特伐利亚区(Westphalia)。高中毕业后,他进入其父亲所办的一家锁具制造厂做工。1898年,他25岁时才开始就读于新成立的莱比锡商学院(Leipzig Business School),毕业后即留校担任卡尔·比凯(Carle Bikai)教授的助手,同时攻读硕士学位。取得学位以后,施马伦巴赫开始执教于德国的科隆商学院(Cologne Business School),该院于1919年更名为科隆大学(Universitaet zu Koeln),1906年,他在科隆大学获教授头衔,此后,即一直在该校任教。

图127 欧根·施马伦巴赫

施马伦巴赫的妻子玛丽安·萨克斯(Marianne Sachs)是一名犹太人(jewish),夫妻俩婚后共育有玛丽安(Marian)和弗里茨(Fritz)两个孩子。1933年希特勒上台后,鉴于其对犹太人大加迫害的背景,施马伦巴赫为避免关注而被迫提前退休。

退休以后,施马伦巴赫开始从事著书立说和社会咨询活动。1945年第二次世界大战结束后，他才又重新开始举办学术讲座以传播自己的学术思想，并直至生命的最后一刻。1955 年 2 月 20 日，施马伦巴赫在德国科隆逝世，享年 82 岁。

## 二、理论与实务的主要贡献

施马伦巴赫对会计学的主要贡献在于，他提出并发展了动态会计学的概念，提出了统一账户科目表的观点，从而丰富了会计计量理论和方法，并在管理会计、价格、审计、企业组织理论和市场学等方面也作出了重要贡献。鉴于其在会计学和管理学领域里的卓越贡献，德国和其他国家的很多大学均授予其名誉博士学位。因此，虽然他从未出国讲学或在任何职业团体任职，人们仍公认他是德国乃至欧洲大陆从事会计教学、研究和实务工作的领袖式学者之一，也是德国会计学和商业管理学的缔造者之一。

施马伦巴赫在从事学术研究早期，为了聚合有共同兴趣的人在一起研究企业管理及其所面对的商业经济世界，他曾创立了"施马伦巴赫社"这个学术机构，该组织一直存续到 1978 年其与另一组织合并为止。施马伦巴赫在社会学方面的研究成果也为该学科的研究奠定了一定的基础，而其中最为人熟知的则是其在界定社会学概念与范围时所倡导的观念，他认为社会学是一种群体生态同盟行为，并对泰莱斯(Tonnies)在同盟形式下所倡导的礼俗社会(gemeinschaft)和法理社会(gesellschaft)提供了可供选择的方式。他的这一观念影响了后来很多社会学家的研究理念，诸如凯文・赫瑟林顿(Kevin Hetherington)的"施马伦巴赫的同盟概念与当代意义"(The Contemporary Significance of Schmalenbach's Concept of the Bund)、阿比・彼得森(Abby Peterson)的"当代政治异议"(Contemporary Political Protest)、格雷戈・斯密的"关系、网络与弹性同盟"(Ties, Nets and an Elastic Bund)、T・G・比克斯塔夫"信用共同体同盟的纽带价值"(The Significance of the Common Bond in Credit Unions)和罗纳德的"当代社会生活和社会运动理论中的狂热(社区、交流和反主流文化)"(Wild 〈Community, Communion and the Counterculture〉, in theorising contemporary social life and social movements)等。

## 三、主要论著简析

### (一)《动态资产负债表》(1919)

在 20 世纪初期的世界会计领域里，静态会计学的观点占有绝对优势，当时的学者们普遍认为资产负债表是第一报表，它所反映的是一系列真实价值。与此同时，学者们也开始探讨从另外的角度研究会计理论问题，动态会计理论即应运而生。

1919 年，施马伦巴赫出版了其传世名作《动态资产负债表》(*Dynamische Bilanz*)一书，系统地阐明了其有关资产负债表理论的新观点，即动态会计观。该书共设 9 章，其主要内容如下：第 1 章　年度报表的发展历史，涉及年度报表的起源、1673 年的商业法、1862 年《纽约时报》的德意志 Handelsgesetzbuch 3，The aktiennovelle of 1884、米克尔阿尔的税改革、巨大争议、1931 年和 1937 年法律和高税负影响下的经营表等问题；第 2 章　资产负债表的主要类型，涉及静态、动态和二元的资产负债表、所有者资本的体现和资产负债表结果等问题；第 3 章　动态会计的目的，涉及控制企业行为、会计责任、利润份额的确定和企业比较等问题；第 4 章　动态资产负债表的原则和构成，涉及原则、会计结果的构成等问题；第 5 章　收入和费用的本质及处理，涉及收入及费用的本质、处理等问题；第 6 章　价值独立于价格的变化，涉及谨慎原则、有形固定资产的会计、无形资产的会计处理、存货的会计处理、债权债务的会计处理、公积金、准备金及调整类账户、特殊费用、更正前期会计差错等问题；第 7 章　价格变化对评估的影响，涉及价格变化对固定资产评估的影响、价格变动对存货估价的影响、价格变动对其他资产负债表项目评估的影响等问题；第 8 章　对影响损益账户的外部因素中经营因素的分离，涉及分离目的、分离外部因素等问题；第 9 章　为特殊目的编制的资产负债表，涉及为获取贷款编制的资产负债表、动态会计和反映资本需求的资产负债表、资产的流动性、清算账户、清算报表、通货膨胀会计报表、重置价值和合伙人退伙等问题。Dynamische Bilamz 于 1919 年正式出版后，在德国会计界引起强烈反响，该书旋即成为德国大学里公认的教科书。由于研究与教学需要，该书多次再版，1953 年、1955 年还分别出了第 11 版与第 12 版。

1953 年该书出第 11 版时，仍健在的施马伦巴赫在"第 11 版序言"中对本书的形成背景做了简要介绍。施马伦巴赫指出，该书重点论述了企业组织的年度账目在接近年度结账时已经发生变化的过程与结果。据作者回忆，当他于 1908 年第一次阐述关于"动态会计"的观点时，当时的大多数律师和会计师均觉得企业年度账目最主要的作用有两个方面：一是对实际资金数额的确认；二是把年度盈利或亏损数额以不同于初始资金和结束资金差额的形式来确认。作者的目的是在更好的基础上来替代这一作用，从而作为反驳上述观点的依据。他的这一观点体现于当年发表在 *Zeitschrift fiirhandelszuissenchaftliche Forschung* 上关于折旧的文章中。文中指出，一个企业的年度账目里，不应该只为其提供关于资金状况的信息，而还应该服务于确认该企业组织运行的结果，并论述了折旧是作为一种费用被分配于固定资产的可使用年限内。他的这一观点在报纸 Der Berliner 上受到抨击。1910 年,施马伦巴赫写了第二篇题为"*Uber den Zweck der Bilanz*"的文章回复这种抨击,并在这篇文章中演示了"inter alia",即通过虚构的资产负债表来推算资金。1915 年,施马伦巴赫在发表于同一杂志上并题为"*Theotie der Erfolgsbilanz*"一文中,对其构思的动态资产负债表给出了系统框架。1919 年,发表了题为"*Grundlagen dynamischer Bilanzlehre*"一文。以上述几篇重要论文为基础,作者于 1919 年完成了《动态会计》一书,并正式出版发行。据施马伦巴赫回忆,在 20 世纪初期,对此学说持反对的观点特别是反对盛行于学者之间有关税收的观点,就是公司的盈利或亏损账户和补充登记的资产负债表在本质上不同于非盈利企业的收入和支出表,这种不同来源于资产负债表的存在的必要性,当时很多人都把初始资金和结束资金数额的对比结果当做是区分企业收入和费用的过程。施马伦巴赫倡导动态资产负债表观的目的,就是展现一个公司的营运表,它不同于仅简单记录收入和支出额的收入和支出账户,而是将其增加额也记入到账户中。

施马伦巴赫分析了他的观点在当时难为人们所接受的原因,主要是静态会计观已经逐渐呈现在会计实践和会计资料中,从而成为会计发展的障碍。直到 20 世纪 50 年代,仍然有些学者认为,公司的账目应该展现企业资金的运营结果而不是其变化过程,企业会计账户应该怎样准备去反映公司的运营结果。此外,一直存在于会计领域里的一个重要问题一直没有受到抑制,且一直破坏着企业账户提供信息的价值,这个问题就是这样一个观点:尽管高估资产一直被禁止,但是低估资产可以随意的运用。正是由于这个观点不可思议地被认可,从而使得通过年度账目确认的资金运营结果对公司和国际经济都显得极其重要,因为它主要是在数额的变化中展现一个公司正在如何运作,从而扮演着指南针的角色。

后来,Mahlberg(1923)、Geldmacher(1923, 1929)等对动态资产负债表理论进行了一些变动和扩展。施马伦巴赫的学生韦勃(Walb)把施马伦巴赫的单边观点(即资产负债表是决定收入的主要方法)转换成一个更完善的观点,即损益账户应作为资产负债表的一个平等和可供选择的搭档。

1959 年,该书由时为曼彻斯特大学经济学院会计系(Accounting, Department of Economics, University of Manchester)的高级讲师 G · W · 墨菲(G. W. Murphy)和"西蒙研究员"1975 年起一直在佛罗里达国际大学(Florida International University)企业管理学院任会计学教授的肯尼士 · S · 莫斯特(Kenneth S. Most)联袂将该书的德文版译为英文,并由 Arno Press Inc. 公司纳入由理查德 · P · 布里夫(Richard P. Brief)主编的"会计理论与实务重要文献专辑(*Dimensions of Accounting Theory and Practice*)"中正式出版。出版时才将该书正式定名为《动态会计》(*Dynamic*

*Accounting*)，这一译法使人们确信术语“Bilanz”可能是指整个会计系统，或者指包括收入账户在内的资产负债表。

《动态会计》一书的译者墨菲和莫斯特在该书英文版的“译者前言”中，则对该书的理论价值给予高度的评价。他们认为，将施马伦巴赫所著的该书提供给老师、学生和所有对会计学感兴趣的人，可供他们了解某些以前从来没能接触到的东西。因为这本书不是作为簿记和账户的技术手册来阅读，而是将会计学作为经济学的一个分支来用合适的观点表述的系统尝试。他们认为，没有人比施马伦巴赫教授更有资格去缩小经济学和会计学之间的差距。这是由于，施马伦巴赫当时在科隆大学所教课程“Betriebswirtschaftslehre”也可以称为“企业经济学”，他所说的“企业”不仅仅只指盈利性质的企业，也指任何存在于当代社会经济活动中的各种组织，即其应当包括国家的管理机构和地方政府。从这一认识出发，我们从该书中得到的最大收获应当是，在所有经济活动中，不论是经济还是非经济组织(尽管某些组织的责任只是针对科学管理的规定去组织税务系统营运)均应当最大限度地保证这一理念。他们认为，通过阅读该书可知，施马伦巴赫在成为教授之前是实干家，而且在他从事学术工作之后仍然接触着实际会计问题，也曾作为一个审计师多年参与德国经济活动中。除此之外，他还继承了家族的生意，使他可以将其作为实验室，把实践中遇到的问题带到大学中去研究，并且将学术研究得出的结论与原理再运用到工厂的会计系统中去观察哪些原理应当如何在实践中起作用。他们认为，在施马伦巴赫教授所有的工作中，不仅仅只是展现了他的首创和爱探究的想法，并且体现了一种高度的使命感，这种品质充分体现在 *Dynamische Bilanz* 一书里，因为 *Dynamische Bilanz* 从他在 1908 年在他的 *Kostenrechnung* 里发表的一篇文章发展到 1919 年才成书正式出版，尤其重要的是，他于 1906 年创办的 Zeitschrift flir Handelszcissenschaftliche 仍旧定期刊印。因此，可以毫不夸张地说，施马伦巴赫通过发起一场商人对会计态度的革命，以及通过会计自己延伸他们的愿景和相应的活动，从而转变了德国会计职业的航向。在会计理论的研究领域，该理论认为企业本质上不同于它的所有者。因此，在有关管理变革和企业贸易发展趋势的问题中，德国理论有着明显的吸引力，这也许能解释为什么施马伦巴赫的理论能够在德国以外的其他欧洲国家获得成功，并能够为 *Nicklissen*、*Schmidt*、*Lehmann*、*Mahlberg*、*Werner*、*Goldmacher* 和 Best 等一群卓越的专家所推崇，因为他的理论阐明了会计能够如何明晰成本、统计和计划之间的关系，并以财务会计为出发点展现了经济控制方面的四个基本观点和有关规范公司运作的真实看法。

虽然动态会计理论体系的创始人是施马伦巴赫，但这一理论的基本观点并非源于施马伦巴赫，他自己也曾声明：冯·威廉玛斯克(Von Wilmowski)的著作是其所倡导动态会计理论的重要灵感与源泉之一。施马伦巴赫动态资产负债表理论的基本特征就是特别强调收入确定，主要是为了达到有效控制的目的。因此，施马伦巴赫赋予资产负债表一个动态的而不是静态的使命，他把收入的计算转移到资产负债表而不是在损益表中，并且否定前者在年末计量股本的任务。一个对施马伦巴赫理论的相关解释，就是他相信"正确的" 收入计量与"正确的"股本计价是不相容的。这种"一元论"的观点后来遭到支持"二元论"的法兰克福大学经济学教授弗立茨·施密特(Fritz Schmidt)和其他学者的批判和反驳。对于计价，施马伦巴赫针对不同的资产项目采用不同的计价基础。这个多重计价方法基本上是以历史成本为基础，在通货膨胀时期也可能用一般价格水平调整。尽管如此，他仍拒绝接受施密特的现行价值基础，认为它没有在产生相关资产计价方法的同时产生正确的收入计量的能力。同时，他也排斥把现值方法应用到财务报告上(除了一些减值的目的)。

在施马伦巴赫的相关论述中可见，他继承了欧洲微观经济学的传统，认为企业是将现金转换成其他经济资源从而取得经济效用的实体，而企业的其他资源最终又将其转换成现金。资产负债表是用来展示这一转换过程中处于各中间阶段资产变化的报表，它所表示的，只不过是"不同种类的应计事项或预付事项的记录，这些应计事项或预付事项有些是从事经管业务所必需的，有些是为了投机的目的而持有的"。因此，在会计上计量收益和绩效的重点应当放在收益表上，资产负债表所列的价值数据只不过对收益表的数据起证明作用。

**(二)《账户结构》(1927)**

施马伦巴赫对世界会计的最大贡献还是他提出的统一账户表。这一账户体系由以下十类账户组成：非积极账户，包括全部非流动资产账户和非流动负债账户；财务账户；中性账户，用于将财务账户与管理账户区分开来；一般费用账户；原材料及工资账户；自由用作内部会计的账户；服务费用中心账户；生产费用中心账户；在产品及完工产成品账户；销售费用、销货收入及定期成果账户。

施马伦巴赫利用账户分类的原则，使全部账户组成一个系统化的账户体系，并试图正确地追溯资源的消耗。为了既能反映通行的会计价值指标，又能正确地计量资源的消耗，增加账户体系的信息量，施氏引入了费用账户，并对以下几对概念作出了明确的区分：一是用于现金流动的计量方面，是"现金支出-现金流入"；二是用于传统收益的计量方面，是"费用-收入"；三是用于管理结果计量方面，是"成本-绩效"。

1927年，施马伦巴赫在《账户结构表》(*Charts of Accounts*，德语 *Der Kontenranmen*)一书中对上述观点作了系统的阐述。鉴于这一账户体系里可以采用各种不同的价值(价格),在此后的几年里,施马伦巴赫致力于研究以会计为基础的,能够引导管理行为的决策价值。二次世界大战期间,他提出了企业应当采用完全成本(取得成本或重置成本)、管理成本或直接成本,或者其他一些价值(后来称作影子价格),借以增强企业盈利的条件,从而为建立一个以决策为导向、以会计为基础的信息系统奠定了基础。

施马伦巴赫所提出的统一账户表理论,其影响是广泛并深远的。直到1939年,当时的法西斯德国管理部门还强制推行这一账户表,大多数企业自愿采用这一账户体系。后来,在第二次世界大战结束后的前苏联和东欧国家所采用的账户体系中,也可以发现其与施氏账户表极为相似之处。这说明了他所提出的账户体系不仅能够有效地适应不同的经济制度,而且对国营经济也有一定的吸引力。这一观点的提出有力地推动了会计电算化和各子公司之间会计信息沟通的进程。因此,现代许多会计学家认为,欧根·施马伦巴赫是一位很"现代"而且也是一位很有远见的人。

关于成本与费用问题,施马伦巴赫强调了成本核算的独立性,以便控制内部生产流程。因此,明确收入、支出和费用三个范畴的区别成为他所倡导成本核算方法的关键:一方面,有成本(如经济活动和业主的建筑物)而没有费用;另一方面,有费用(如捐赠或利息支出)但不是由生产过程引起的,因此不被认为是成本。这些产生了一个清晰的概念框架包括诸如"中性费用"、"中性成本"等术语,即符合费用特征但不同时符合成本特征,而符合成本特征不同时符合费用特征。和动态资产负债表(收购成本)不同,施马伦巴赫在他的成本会计系统中使用完全不同的估价原则(边际成本)。因此,有必要对这些概念进行综合或调整,这一点在他的《账户结构表》中已有所体现。只有在20世纪的后10年,才能够在德语中发现一个更简单和更普遍的成本概念的回归。尔后,受全球化及财务概念进一步以现金流为导向的影响,成本会计、财务会计和投资理论之间的联系又开始凸显出来。

**参考文献**

[1] 文善恩. 欧根·施马伦巴赫[J]. 财会月刊,1991(7):55.

[2] 文硕. 西方会计史(上)[M]. 北京:经济科学出版社,2012:327-328.

[3] 许家林. 会计理论发展通论[M]. 北京:经济科学出版社,2010.

[4] Mattessich R. Two Hundred Years of Accounting Research: An International Survey of Personalities, Ideas and Publication. London: Routledge, 2008.

[5] Richard Mattessich, Hans-Ulrich Kupper. Accounting research in the German language area-first half of the 20th century. Review of Accounting and Finance, 2003:2,3.

[6] Schmalenbach E. Grundlagen der dynamischen Bilanztheorie (Foundations of dynamic accounting), Zeitschrift für handelswissenschaftliche Forschung, 1919(13): 1-60, 65-101 (published in book form as Grundlagen dynamische Bilanzlehre, Leipzig, 1920; later as Dynamische Bilanz, 3rd edn, Leipzig, 1925; English translation as Dynamic Accounting, London: Gee and Co., 1959).

[7] Schoenfeld Hanns Martin. Schmalenbach, Eugen (1873—1955). In History of Accounting: an International Encyclopedia, edited by Michael Chatfield and Richard Vangermeersch. New York: Garland Publishing, 1996:514-516.

[8] Schmalenbach Eugen. Dynamic accounting(1919). by E. Schmalenbach; trans. from the German by G W Murphy and K S Most. Description Lond: Gee, 1959.

[9] http://en.wikipedia.org/wiki/Eugen_Schmalenbach, 2013-01-01.

（初稿执笔人：许家林　王梅斯）

# 罗伯特·休·格瑞

## (Robert Hugh Gray)

20 世纪 70 年代以来,随着人类社会可持续发展的理念深入人心,企业社会责任履行情况以及其生产经营活动对环境的影响已引起了公众的广泛关注,现实需求也给研究工作带来了难得的契机,一大批国外学者围绕企业社会责任与环境会计问题进行了广泛深入的研究,取得了极其丰硕的成果。但作为环境与社会责任会计的积极倡导者与践行者之一的苏格兰圣安德鲁斯大学(University of St Andrews)罗伯特·休·格瑞(Robert Hugh Gray)教授,其系列研究成果不仅在这一领域里独领风骚,而且对相关国际组织专门规范的出台也产生了积极而重要的影响。

## 一、个人简要生平

图 128　罗伯特·休·格瑞

罗伯特·休·格瑞是环境与社会责任会计领域著名的会计学家,也是一名特许会计师,现担任苏格兰圣安德鲁斯大学社会与环境会计研究中心(The Centre for Social and Environmental Accounting Research,简称 CSEAR)主任、研究生中心主任、会计学教授,并兼任澳大利亚墨尔本皇家理工大学研究员、英国特许会计师公会(The Association of Chartered Certified Accountants,简称 ACCA)社会和环境问题委员会(the Social and Environmental Issues Committee)成员。格瑞曾于 1991 年至 2007 年担任《社会和环境会计》(*Social and Environmental Accounting Journal*)杂志编辑,他还担任了多达 14 种会计期刊的编辑部委员会委员,这些期刊包括《会计组织和社会》(*Accounting Organizations and Society*)、《会计、审计和经济杂志》(*Accounting, Auditing and Account-*

*ability Journal*)、《环境会计和管理的发展》(*Advances in Environmental Accounting and Management*)和《英国会计评论》(*The British Accounting Review*)等。因其对会计行业的突出贡献,2004 年,格瑞被选为英国会计协会会计名人堂 14 位创始会员之一,并在 2009 年英女王生日宴会上被授予大英帝国勋章。

## 二、理论与实务的主要贡献

格瑞的研究成果极其丰硕,他不仅编著了多本著作,并发表有大量的论文,其数量达 250 余部(篇),且大多均是围绕着环境与社会责任会计这一主题。格瑞撰写的著作主要包括《环境会计》(*Accounting for the Environment*)、《财务会计:实践与原理》(*Financial Accounting: Practice and Principles*)和《公司社会和环境报告的变化与挑战》(*Accounting and Accountability: Changes and Challenges in Corporate Social and Environmental Reporting*)等,他的论著已经被翻译成包括汉语在内的八种语言,在会计和社会学界引起极大反响,亦被学术界广泛引用,但其中影响较大的主要是他主著的《环境会计与管理》(*Accounting for the Environment*, 2001)和《社会与环境会计》(*Social and Environmental Accounting: Sage Library in Accounting and Finance*, 2010)两书。

### (一)《环境会计与管理》(2001)

《环境会计与管理》(*Accounting for the Environment*)一书由格瑞和简·贝宾顿(Jan Bebbington)合著,它既是环境会计方面的一部经典著作,也是该领域里最具影响和权威性的教科书之一。该书初版于 1993 年,第一版曾经被翻译为日文和西班牙文,第二版于 2001 年出版,2004 年 11 月本书经王立彦、耿建新等译为中文后,由北京大学出版社纳入"经济与管理经典教材译丛"公开发行。第二版的《环境会计与管理》提高了对该领域新出现的研究著作的重视并显示出了在经营中建立环境发展规程的困难的认识。本书从环境管理到可持续发展对环境会计学的学科发展进行了概括,综合了本学科学术研究和实际工作两方面的主要发展成果,并着重介绍和解释了目前与会计人员有关的环境问题。该书共组合为四个部分计 15 章:第一部分是主题导论,包括第 1、第 2 章两章,分别阐述了企业与环境对会计和财务的挑战和企业与环境的议程、态度和行动;第二部分是管理信息与会计,包括第 3~9 章,分别阐述了组织的绿化,环境政策,环境审计和管理系统,会计与能源成本控制,对废弃物、包装物和再循环物成本的核算与控制,投资、预算评估和生命周期评估与物质均衡;第三部分是外部关系,包括第 10~13 章,分别讨论了绿色金融，在财务报表中的报告，财务报表以外的环境报告和社会会计与报告以及外部“社会审计”；第四部分是未来的方向，包括第14、第15章两章，分别阐述了面向未来的会计和报告与范例的改变。该书的基本内容如下。

(1) 企业与环境对会计与财务的挑战。在过去的一百年中，我们已经目睹了经济活动的剧增、企业组织在规模和实力方面前所未有的壮大以及科学技术的突飞猛进。同时，我们也看到，人类所赖以生存的自然环境状况以及人类自身的健康状况都在不断地下降，以致现在的环境问题已经到了一种相当危险的境地。所有的群体都必须对他们的活动进行反思，评价这些活动产生的影响，然后努力探寻怎么样才能使这些活动与环境构成良性发展循环。强烈的外部环境问题和内部企业变革的需求迫使传统的会计与财务必须要作出改变。两个主要原因可以解释会计人员为什么必须对环境危机予以特别的关注。首先，企业和会计是密不可分的。如果企业将要对日益增加的环境问题的需求作出反应。它就需要会计来推动。正如我们所看到的那样，企业组织所从事的环境发展方面最显著的两个方面(环境管理系统和环境报告)都需要会计师的全力支持才能有效地运行。其次，从更细微的角度来说，正是会计惯例和当前会计关于利润、成本的基本假设才使得经济上的成功和失败与环境危机毫不相关。尽管由于受到现存财务信息系统约束的影响，会计人员并没有被看做是企业革新的主要源泉，但是随着对组织压力的日益增加，这种情况也在发生变化，对企业迅速变化的需求仍将会导致对会计人员活动进行变革的迫切需求。

(2) 管理信息与会计的关系。“如果你不能对它计量，那你也就不能对它实施管理”这句话，清楚地表明了会计在公司管理及管理信息输出过程中的重要性。在许多公司，会计人员很好地定义了环境的政策和目标，这使得他们可以在环境的计量、分析和控制方面发挥很大作用，由此也促进了环境的改善。成功地实施有效的环境管理依赖于经理人员可获得信息的质量。尽管公司更多地依赖于建立在规则基础上的传统类型的管理信息，但是对于新信息的需求(诸如排放物、管制标准的符合数据、废弃物的回收和再利用的程度，以及产品处置的影响)和对现存系统诸如能源和废弃物等一些领域内容的某些重新关注仍然是非常有必要的。迄今为止，许多企业只是从环境回顾中获取一些非正式的信息，原始数据的缺乏导致企业在环境管理实践上存在着很大的难题。毫无疑问，会计和财务系统在提供更好的信息和帮助管理决策方面需要发挥更大的作用。问题就是该如何去实施。从短期看，会计人员可以关注那些已经在环境管理政策中明确的业绩考核事项，考虑它们在现存会计和财务系统运行中的作用。从中期来看，会计人员需要对计划和预测系统进行重新定位以适应环境改善的目标和它们的财务内涵。从长期来看，生态会计或自然资源会计将得到发展，它们将提供有关环境账户来反映所有的生产成本，甚至包括那些不能进行货币计量的领域。

(3) 环境会计的外部关系的协调。会计师在环境管理中之所以起了一定的作用，是由于环境事项具有潜在的商业影响。如，土地污染会影响到资产和负债，在违背协议或者发生清理要求时会产生成本等，这些都是和会计师利益直接相关的项目。可以这样说，环境会计及其报告其实就是对外部的各种关系进行协调的产物。正如货物和服务的供给和购买一样，资金的供给和购买也受着不断发展的环境事务的影响。银行越来越关注贷款的安全性和借款方的潜在还款能力；保险公司越来越关注商业上是否可保；对一些投资社团而言，有证据表明他们不仅在决策是否购买股票时执行一些环境上的标准，而且在兼并、收购和 MBO 时也充分地考虑到环境标准的关键性作用。公司面临的不仅有不断增加的短期限制性条款，还有因为环境创新而不能提供传统意义上的有吸引力的投资回报率而产生的吸引资金的困难，要吸引到这些资金就越来越需要附上环境状况的报告，环境会计及其报告已经成为影响公司发展的重要因素之一。基于上述因素的影响，我们可以发现，公司有在报告中披露虚假环境信息的强烈动机。财务会计以及尤其是财务报表中的利润数字在每个环境危机的中心都有可能撒谎。会计在环境事项中是如此不明确的主要原因是公司、行业以及一个经济体可以用利润和增长等形式来显示积极的"成功"因素。而与此带来的经济后果则是蓬勃发展的外部社会审计以及与此相关的各项法规的制定和实施。显然在诸多涉及环境问题的事项中，会计与会计师不仅要参与其中，在某些情况下还会担当重要的角色，他们需要协调外部与外部各相关者的关系，当然在这个过程中，媒体的角色也不能被忽略。

(4) 面向未来的会计和报告应当兼具可持续性、经管责任和透明度。可持续性是指人类必须确保既满足当代人的需要，又不对后代人满足其需要的能力构成危害的发展。如果我们把参与可实施的活动作为一种前进的方法，我们必须力图对可持续性作出某种真实的解释，而可持续性能够用可获得真实世界的多种方式清楚地进行表达。对可持续性的报告，最终必须是关于公司正在减少(或增加)后代人可选择权程度的报表的组成部分。如果不是不可能的，那么这就是一项深奥复杂的任务。而且，它表现为三种主要方法，通过它们使组织以一种可行、系统，且潜在地有助于报告的方式力图接近这个目标。这些方法是盘存法、可持续成本法和资源流量法，前两者是试图报告可持续性，而后一个是试图接近可持续性的报告。但同时，可持续发展的思想精髓也必须要在一个经管责任和透明度兼具的框架下才有意义。环境和社会的经营责任和透明度的本质是，社会和环境事物要是托付在已经过于沉重的公司的手中，那就太复杂了，也是极为困难的。要求公司接受，甚至更多地影响我们未来的决策，不但是不合理的，而且这些决策要用独特的和理性的方法做出，也没人有这方面的信息。如何履行这种环境和社会的经管责任,并获得各种所需信息,这些问题在原则上可能会相对简单地得以解决。但是,这些并不会得以妥善解决,同时,公司也不会愿意接受要求这类披露的立法的必要性。因此,对自发的环境和社会经管责任机制发展的信心是错误的。像所有在报告和经管责任方面的实质性发展一样,它们依然需要规则。

### (二)《社会与环境会计》(2010)

《社会与环境会计》一书,由罗伯特·休·格瑞、简·贝宾顿和苏·格瑞等主编,该书综合了近几十年来国际学术领域有关环境与社会责任会计研究的重要文献,因而可以说是该领域内研究的集大成之作。该书将自20世纪70年代以来诸多学者对环境与社会责任会计研究成果进行了精心汇编,内容综合了学术研究和实际工作两方面的前沿研究文献,具有较强的理论性和实践应用指导性。所选文章大多是在该领域内产生过较大影响的,在研究方法上均具有明显差异性和较强创新性,书中诸多学者的研究结论和学术观点,既可为我们了解环境与社会责任会计起源和发展奠定坚实的基础,也可对未来的深入研究发挥重要指导作用。

在该书的内容编排上,作者将其划分为基础理论、研究进展、争论和冲突以及实践、创新和未来可能的突破等四个部分。第一部分分为5章,主要是概括前期学者所做的理论研究,包括早期的社会会计研究的理论成果以及在外部环境和报告披露方面所做的研究。第二部分则在前述基础上,介绍了领域内的研究进展情况,分5章来进行论述,内容涵盖了调查法、内容分析法、实证研究等不同研究方法的运用,以及利益相关者理论、合法性理论、媒体议程设置等相关理论在实践中的应用等。第三部分是争论和冲突部分,作者将注意力集中于那些有较大争议的研究文献,这部分设为4章,介绍了会计学者围绕社会会计认知所进行的激烈交锋以及从生态和女权视角讨论了会计和环境问题等。第四部分是实践、创新和未来可能的突破部分,编者通过对文献的梳理,全面地揭示了社会与环境会计未来发展的方向,同样设4章内容,针对社会与环境会计实践中出现的一些新证据再反馈于理论研究,如碳交易、利益相关者对话和互联网等。可以说该书几乎囊括了所有社会与环境会计研究问题,既有体系构建等比较宏观的探讨,又有专注于某个问题的研究,其层次体系分明,结构合理。因此,该书对于那些有志于在社会与环境会计领域从事研究和实践者来说,它是一本很有价值的参考文献。本书的核心内容如下。

(1) 早期理论成果。在20世纪70年代以前,几乎没有学者关注社会责任与环境会计。直到70年代,才有一些学者开始进行这方面的相关理论研究与探索。格瑞将70年代初至80年代末近20年时间的一系列研究归纳为早期成果,从形式上看,早期以规范性研究为主,从内容上看,主要侧重于理论体系的构建以及未来发展方面。如卡瓦斯里·拉玛纳森(1976)创造性地从基于社会契约的角度完整地构建了一套包含有相互联系的目标和概念在内的公司社会会计理论框架体系,将社会会计与财务会计有机地融合在了一起。安东尼·霍普伍德(1978)认为,社会会计尽管已经得到了长远的发展,也引起了社会的大量关注,但依旧只是停留在概念性阶段,实践性的缺乏以及多样化的诉求导致其理论体系显得过于单薄,这使得我们很难对其未来作出一个长远的规划。戴维·所罗门斯(1974)指出,尽管社会会计有其积极的方面,但从技术上而言,客观地对公司社会绩效进行评价依然有很长的路要走,个人的主观判断将仍会在其中发挥作用,只有在该领域积累了足够的经验后,我们或许才可以要求公司如报告财务绩效一样来报告社会绩效。理论研究的另外一个重要方面就是雇员和就业,这在早期的诸多文献中都有所涉及。早期的理论研究也涉及了雇员就业以及生态环境等方面,如埃里克·弗拉姆豪茨(1972)首次发展了一套完整的计量模型来探讨如何衡量作为正式组织中的人的价值问题。詹姆斯·帕克(1971)从经济学的角度提出了可以通过扩大会计信息报告范畴来解决生态环境问题的观点。他认为,生态问题可以视为社会的成本,这种成本是由于社会资本分配扭曲所造成的外部经济无序问题导致的,问题的根源还是在于信息不足。我们可以通过联合会计师、经济学家、工程师、政治家、科学家及社会学家等多种社会资源形成一个团队,来共同解决社会生态问题。除主流的规范性理论研究以外,早期学者也进行了少量的实证研究,如阿瑞·乌尔曼(1985)研究发现围绕美国公司的社会绩效、社会披露及经济表现这三者关系的诸多实证研究结论并不相一致,甚至出现了截然相反的情况。他指出,差异产生的原因主要有缺乏完整的理论框架、关键术语定义的失误以及实证研究数据的缺失等三个方面。作者建议采取建立完整的理论框架和进一步完善研究方法的措施来得出更具说服力的结论。总的来看,早期的环境与社会责任会计研究以规范性为主,内容涉及了体系构建、发展趋势、雇员与就业、自然环境等诸多方面,在今天看来,这些研究成果依然具有十分重要的借鉴意义。但遗憾的是并没有形成一套公认的完整的理论体系,这也造成了时至今日,环境与社会责任会计虽然研究甚多,但却依然不能与传统的财务会计相提并论。

(2) 研究进展。进入 20 世纪 90 年代后,环境与社会责任会计的迅速发展,已在全球大多数国家全面开展。这阶段的研究集中于以下三个方面:研究方法的多样化、相关理论的形成与完善以及环境与社会责任报告的发展。针对研究方法的改进,詹姆斯·格斯里等(2006)指出,尽管内容分析技术在进行实证研究时很有用,但使用范围较窄,仅限于上市公司的年度报告。作者试图将内容分析技术的使用范畴扩大至囊括社会环境会计的多个方面。此外,由于内容分析技术本身存在一些缺陷,作者提倡在利用内容分析技术的同时结合其他辅助方法一起使用。有关相关理论的形成与完善，罗伯·格瑞等(1995)认为，利益相关者理论和合法性理论可用于解释公司环境与社会责任报告。前者从公司管理层的角度来进行研究，认为公司持续的存在需要得到利益相关者的支持，公司环境与社会责任报告可以被视为这两者联系的桥梁，而后者则强调公司的价值取向需要与社会的价值取向相符，否则公司活动的合法性将会被公众质疑，公司环境与社会责任报告可以作为获得合法性的重要手段。诺埃尔·布朗等(1998)讨论了在议程设置理论和合法性理论框架内，媒体对公司环境绩效关注度与公司年度报告内环境绩效披露程度两者之间是否存在关联的问题。罗宾·罗伯茨(1992)认为，利益相关者理论可以很好的用来分析公司社会责任行为和披露，公司当前的社会责任披露水平取决于前期的公司经营绩效、利益相关者权力以及公司针对社会责任所采取的战略因素。关于社会责任与环境报告的发展，诺拉·布尔(2002)指出，公司环境报告在很大程度上源于合法性理论和结构性观点，其发展过程可以使用支配性维度和代理-结构属性的交互作用来进行解释。布伦丹·奥德维耶(2002)认为，既然基于自愿披露的完全反映公司社会责任的社会报告在短期内并不太可能出现，那么我们就应当通过制定相应的规章制度来确保公司提供高质量的社会报告，从而将社会利益置于公司利益之上。罗伯·格瑞(2006)通过对诸多涉及公司经营业绩、公司社会及环境绩效、公司社会及环境信息披露这三者间两两关系研究的文献进行归纳总结，发现这些研究并没有得出一致的结论，甚至出现了结论相悖的现象。作者认为，综合这些结论，可持续发展报告能否改善公司行为的答案并不确定，除非能搜集到比现有文献更加完善的数据，否则这个问题将不太可能得到肯定的答复。从形式上看，当前的环境与社会责任会计研究范式已逐渐由早期以规范研究为主转向以实证研究为主，研究方法也得到了较大的拓展。从内容上看，这一阶段的研究已不仅限于探究环境与社会责任会计的发展趋势、理论体系等，一些主流理论如利益相关者理论、合法性理论、媒体议程设置理论等得到完善，无论规范研究还是实证研究都更倾向于采取这些具有说服力的理论来解释所观察到的现象，研究成果的现实性和可操作性更强。

(3) 研究争论。前期的争论更多的集中于环境与社会责任会计本身的认知上。如李·帕克和安东尼·G·普西提围绕社会责任会计所进行的激烈交锋。两者冲突源自普西提(1986)对帕克的观点所进行的评论。他质疑了帕克的观点，认为社会责任会计并不是仅仅因为多元化的需求而产生和发展起来的，深层次的原因是在于在社会中占主导地位的利益需求扭曲了信息的交流，社会责任会计只是其中一个方面。李·帕克(1991)则对普西提的观点予以了回击，他归纳并评价了他与普西提(1986)以及格瑞(1991)在对待社会责任会计时风格迥异的观点。他认为自己采取的是功能性观点，普西提采取的是政治性观点，而格瑞采取的则是平衡的观点。他反驳了普西提的结论，认为其存在诸多自相矛盾之处，且观点过于极端和片面，缺乏足够的证据来支撑。在帕克(1991)对自己观点提出批评后，普西提随后就发表了《社会责任和广义语用学》一文，针对帕克和格瑞对自己的质疑一一进行了回应。他明确指出，自己不接受帕克和格瑞对自己观点的批评。作者坦承自己与两位学者在社会责任会计认知的某些方面的确存在分歧，但同时他也指出将不同的观点整合成类似的见解，以及纠结于字面上的批评对于社会责任会计的发展并没有太大帮助。托尼·廷克等(1991)质疑了格瑞等学者的中间路线观点，认为这种观点并不是一种一直都合适的做法。作者使用了近30年来美国公司社会责任报告的相关数据进行分析，从中间路线的变化、宣扬的优点以及政治无为主义等三个方面否定了格瑞的观点。一些学者跳出了就会计论会计的思维模式，从生态和女权主义的视角对社会责任与环境会计进行了广泛而深入的研究。弗兰克·比尔金(1996)就从生态的角度探讨了会计问题。他指出，当前的会计概念和方法都只是排他性的使用一种方式来理解的产物，存在比较明显的缺陷，这就要求我们采用生态会计整体论来为我们提供新的方法和研究思路。克莉丝汀·库珀(1992)对女权主义者所做的会计分析进行了评价。作者赞扬了女权主义者为会计的发展和研究所做的贡献，但同时作者也认为，过度依赖于女权主义者的观点会使我们产生一个并非合适于绿色会计的评价。当然，并非所有学者都对社会责任与环境会计持欢迎态度，露丝·海内斯(1991)在《自然的估值》一文中就痛斥了社会责任与环境会计。她呼吁人们尊重自然环境，放弃使用一切会计形式进行度量的做法。综合研究争论和冲突的文献，我们可以发现，尽管国外社会责任与环境会计自20世纪70年代开始已进行了40多年的研究，但社会责任与环境会计的一些基础性理论问题仍然没有得到妥善的解决，依然存有较大的争议。作者认为导致这种现象的根源还是在于我们并没有解决理论体系的问题，没有一个大家公认的理论基础做支撑。社会责任与环境会计和传统的财务会计在计量手段、方法、对象等诸多方面存在较大的区别，我们在构建完整的社会责任与环境会计理论体系时，必须重新审视公司与社会、环境的关系并且要合理定位会计在其中的作用。

(4) 实践及研究创新。在全书的最后一部分，格瑞总结了自2000年以来社会责任与环境会计研究中所取得的一些新成果。贝宾顿等(2001)质疑了联合国世界环境与发展委员会1987年对可持续发展所做的定义，认为其概念不够清晰。两位作者通过实地检验得出两点重要结论：其一，是由于我们并不清楚什么才是可持续发展，我们只能通过其反面，也就是不可持续发展来对可持续发展成本进行计量；其二，是当公司采取可持续发展路线时，其商业行为不会再和以前一样，我们需要转换思维模式。迈克尔·约翰·琼斯等(2000)认为,传统的公司报告剔除了那些没有明显市场价值的环境因素,报告并不能全面反映公司活动对环境的影响。作者从栖息地、植物群和动物群三个方面将自然资产分别划分为关键资产和非关键资产,并使用会计手段来记录、估值和报告,进而构建起一整套模型来衡量自然存量。卡罗尔·亚当斯(2004)认为,公司报告绩效与实际绩效之间的差异可以被视为衡量公司对利益相关者负责任的程度,通过发布强制报告守则、更高标准的审计准则、对跨国公司的强制性审计要求以及彻底改革公司治理体系等多项措施可以提高公司报告的负责任程度。简·贝宾顿等(2008)指出,全球气候变暖正引起世界范围内的关注,由此衍生出的如碳交易市场等,对传统的会计事项产生了巨大的挑战,如碳交易限额的定价以及环境资产和负债的确定等。通过对风险和不确定性两方面所做的区分,作者认为,全球气候变暖所带来的影响已经超越了会计事项,我们需要在已有的社会会计基础上通过设立新的社会账户来应对这种不确定性。

通过格瑞对近10年的文献梳理,我们发现社会责任与环境会计研究已不仅仅限于研究对资本市场上股东财富的影响,部分还涉及了对整个社会的政治、经济等诸多方面影响的研究,一些比较前沿的工具也在最近的研究中有所体现,研究方法也更为多样,包括了经验研究、问卷调查、内容分析、实证研究等多种,并且提出了一些操作性更强的建议。

## 三、环境与社会责任会计的未来

首先,就规范研究而言,合理建构环境与社会责任会计的理论体系仍是未来理论研究的重要方面。虽然当前的环境与社会责任会计研究已有一些理论基础,但还未能够形成一套完整且得到各方认可的理论体系。我们须注意到,就领域本身而言,社会责任会计并不是对传统财务会计的补充扩展,而是有别于传统会计的一个新方向。以新古典经济学为理论基础来构建环境与社会责任会计理论框架已经被证明是不符合实际需要的,我们需要在这个基础上,及时将来自制度经济学、政治经济学及其他社会学科的思想和理论以及来源于实践的新证据补充进来。正如管理会计领域的重要学者安东尼·霍普伍德(1978)所分析的,我们需要重点关注社会会计如何与更大范围内的社会及经济的发展相联系,包括社会会计在内的所有形式会计的发展可以通过社会内部的咨询和参与来进行,雇员、贸易联盟、中央及地方政府及其他的利益群体都应参与到这个进程中来。

其次,就实证研究来说,由于环境和社会责任会计关注的是公司对相关利益者的社会责任，我们需要突破仅限于资本市场的研究，由于公司的环境和社会责任涉及整个社会的方方面面，我们需要针对社会的政治、经济、文化、法律等多层面、多角度进行广泛而深入的分析。另外，我们还发现，某些重复性实证检验的结论差距较大，容易造成混淆，如阿瑞·乌尔曼(1985)、罗伯·格瑞(2006)等所做的分析。除缺乏一套完整的理论体系外，样本数据的选取和指标衡量存在差异也是问题的原因，如何形成一套高质量的数据体系和评价指标将会是未来思考的方向。正如罗伯·格瑞(2006)所得出的结论，除非能搜集到比现有文献更加完善的数据，否则结论不一致的问题将不太可能得到有效的解决。

最后，如何响应罗伯·格瑞在《环境会计与管理》一书中的呼吁，在可持续性框架下，形成更具透明性、更负责任的公司环境和社会责任报告也是未来值得深入挖掘的重要方面，近期兴起的公司整合报告研究就是一个不错的回应。此外，笔者发现，针对报告的第三方验证所进行的研究并不多，国内是受限于法规并未强制要求以及成本较高等因素的影响，国外在实务上虽早已制定了包括 GRI、AA1000、ISAE3000 等在内的多项审验标准，但围绕第三方验证所进行的文献却也依然不多，相信这会成为未来研究的重要方向。

## 参考文献

[1] 罗伯·格瑞，简·贝宾顿．环境会计与管理[M]．王立彦，耿建新，译，北京：北京大学出版社，2004.

[2] 蔡传里，许家林．论循环经济理念下社会责任会计体系建设与创新[J]．财会通讯(综合版)，2008(3)：19-23.

[3] 董峰，许家林．环境与社会责任会计的倡导及践行者：罗伯特·休·格瑞[J]．财会通讯，2012(12)：100-103.

[4] 沈洪涛．公司社会责任和环境会计的目标与理论基础——国外研究综述[J]．会计研究，2010(3)：86-92.

[5] 许家林，蔡传里．中国环境会计研究回顾与展望[J]．会计研究，2004(4)：87-92.

[6] Gray Rob, Jan Bebbington, Sue Gray. Social and Environmental Accounting. SAGE Pub., 2010.

[7] Gray Rob, Jan Bebbington, Diane Walters. Accounting for the environment. M. Wiener Pub., 1993.

[8] Gray Rob, Jan Bebbington. Accounting for the Environment, 2th ed, Sage Publications of London, 2001.

(初稿执笔人：董峰　许家林)

# 后记

当下我们一走入书店，各种各样装帧考究、形式多样的名人传记即会扑面而来，有政治家传记、科学家传记、哲学家传记、教育学家传记、法学家传记、经济学家传记、管理学家传记……但有关会计学家的传记却几乎没有，这对我们会计学科而言不能不说是一件憾事，当然也是一件应当而且必须弥补的事。

十年前，我即萌发这个想法，我们能否也写一本会计学家的传记，以使会计学专业的学生们了解会计学术思想、会计理论与实务发展提供一些逻辑线索与传播载体呢？

于是，我于 2001 年即开始了紧锣密鼓的准备。2004 年，与当时在校学习的 2003 级研究生王辉（现任职于深圳某公司财务部）一起，制定了一个研究方案并于当年秋天启动，希望能够经过几年的努力，完成一本有关会计名家传略的书。

当然，说到会计名家，就会有中国会计名家与西方会计名家之分。

关于中国会计名家，我的朋友、现首都经贸大学的汪平教授原在山东经济学院工作时，曾以永信现代会计研究所的名义，约请当时健在的国内著名会计学者，基本上是以第一人称的形式，完成了一本《中国当代名会计学家传略》，于 1994 由西南财经大学出版社出版，收录了当时的 17 位会计学博士生导师和部分会计学硕士生导师（19 位）的学术生平。由于该书的出版年代已久，不仅学者们有新的学术成就需要补充，而且新的优秀学者也不断出现，国内有些期刊和媒体也通过一定的形式予以介绍，因此，需要重新整理结集。而我的另外一位朋友——湖北荆州职业技术学院的陈元芳教授对此项目早就有着浓厚的兴趣，已经搜集了大量的国内会计名家资料，且完成了《中国会计名家传略》一书的编著工作，该书与本书一道纳入“中外会计人文系列丛书”出版。

此外，说到名家，就有一个“名”由谁来认定问题，而从西方特别是以美国为代表的会计学界来看，对这一问题的认定也有多种方式，如美国会计名人堂、澳大利亚会计名人堂、美国杰出会计教育奖、国际杰出会计教育奖、会计文献重大贡献奖、美国管理会计终身成就奖和美国注册会计师金质奖等，而仅美国会计学会（AAA）所颁发的奖项就有十几种。在我搜集资料的过程中，发现有的教授就曾获得过多种奖项。

为避免重复，我在确定这本《西方会计名家传略》的甄选对象时，在征询有关专家意见的基础之上，通过查阅大量国外资料，最终确定以美国俄亥俄州立大学（Ohio State University）于1950年所创设的美国会计名人堂（Accounting Hall of Fame）入选的会计名人为基础，根据其他资料，结合自己的专业偏好（当然这是每位编书者的个人权利）而选定了127位。他们可分为两大类：一是列入美国会计名人堂的会计名家；二是其他会计名家（如写过一本很有影响的会计学著作或者完成过一份重要的会计研究报告等）。对其生平资料、学术贡献、论著目录、传世名言以及生活轶事等进行整理，形成了127份个人小传。

基于我对这一工作的个人兴趣，近几年的很大一部分精力，就放在了这本《西方会计名家传略》有关资料的搜集与整理上，这一工作可谓费时费力。

这项工作看起来简单，做起来其实并不简单，语言障碍是一个方面，资料的详略不一也是一个方面。完成这一工作的一般程序是，先在我所承担的《会计基本理论研究》课堂上招募硕士研究生志愿者，通过抽号确定谁去完成一位会计名家的资料搜集任务（没有抽完的均分配由我所带2003—2012级研究生认领），然后由他们去搜集英文资料进行编译，我再指定一位英文较好的同学进行校核，最后提交与我，再对资料一一校订，并最终编著成书。

真没想到的是，这件事从策划开始至今，已经十年，直到2011年国庆节前，我们的这一工作才基本告一段落，将127份名家小传文件放入一个大文件中时，才发现其成果可谓相当可观，总篇幅出一本书是绰绰有余了。

于是，我们即与立信会计出版社联系，在得到了该社的大力支持后，这才有了这本开创性的新作呈现给读者。

当然，本书中肯定还有很多地方有待完善。请读者相信，尽管会有很多预想不到的困难，我们肯定也会不断努力地继续做好这件好事，特别是不会排除为了满足读者需要而进行的补充、修订与再版。

许家林

2013年7月8日于武昌·南湖